ŒUVRES

ÉCONOMIQUES ET PHILOSOPHIQUES

DE

F. QUESNAY

FONDATEUR DU SYSTÈME PHYSIOCRATIQUE

ACCOMPAGNÉES

DES ÉLOGES ET D'AUTRES TRAVAUX BIOGRAPHIQUES SUR QUESNAY

PAR DIFFÉRENTS AUTEURS

PUBLIÉES AVEC UNE INTRODUCTION ET DES NOTES

PAR

AUGUSTE ONCKEN

PROFESSEUR D'ÉCONOMIE POLITIQUE À L'UNIVERSITÉ DE BERNE

FRANCFORT $^s/_M$

JOSEPH BAER & CIE, LIBRAIRES-ÉDITEURS

18, ROSSMARKT, 18

PARIS

JULES PEELMAN & CIE

189, BOULEVARD ST-GERMAIN, 189

1888

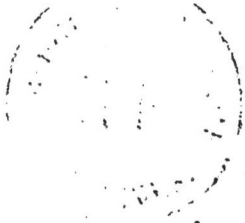

ŒUVRES ÉCONOMIQUES ET PHILOSOPHIQUES

DE

QUESNAY

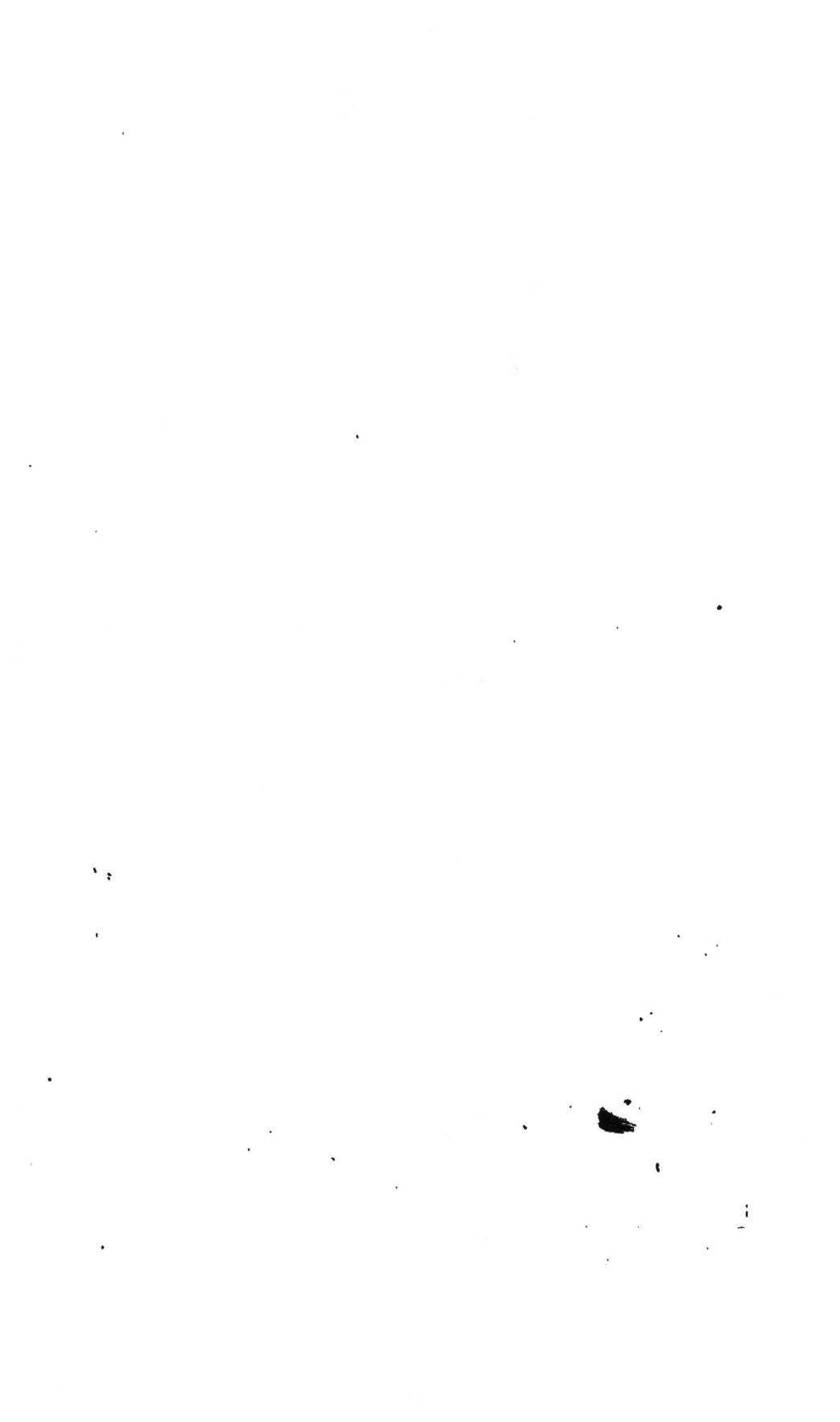

ŒUVRES

ÉCONOMIQUES ET PHILOSOPHIQUES

DE

F. QUESNAY

FONDATEUR DU SYSTÈME PHYSIOCRATIQUE

ACCOMPAGNÉES

DES ÉLOGES ET D'AUTRES TRAVAUX BIOGRAPHIQUES SUR QUESNAY

PAR DIFFÉRENTS AUTEURS

PUBLIÉES AVEC UNE INTRODUCTION ET DES NOTES

PAR

AUGUSTE ONCKEN

PROFESSEUR D'ÉCONOMIE POLITIQUE À L'UNIVERSITÉ DE BERNE

FRANCFORT $^s/_M$
JOSEPH BAER & CIE, LIBRAIRES-ÉDITEURS
18, ROSSMARKT, 18
PARIS
JULES PEELMAN & CIE
189, BOULEVARD ST-GERMAIN, 189
1888

TABLE DES MATIÈRES

PAGES

INTRODUCTION   IX

I. PIÈCES BIOGRAPHIQUES

ÉLOGE FUNÈBRE DE FRANÇOIS QUESNAY PAR LE MARQUIS DE
    MIRABEAU.   3
ÉLOGE DE QUESNAY PAR JEAN-PAUL GRAND-JEAN DE FOUCHY   15
ÉLOGE HISTORIQUE DE M. QUESNAY PAR LE COMTE D'A(LBON)   39
ÉLOGE DE FRANÇOIS QUESNAY PAR G. H. DE ROMANCE, MAR-
    QUIS DE MESMON.   73
MÉMOIRES DE MADAME DU HAUSSET (Extraits)   115
ŒUVRES POSTHUMES DE MARMONTEL (Extraits).   139

II. ŒUVRES ÉCONOMIQUES

NOTICE ABRÉGÉE DES DIFFÉRENTS ÉCRITS MODERNES QUI ONT
    CONCOURU EN FRANCE A FORMER LA SCIENCE DE L'ÉCO-
    NOMIE POLITIQUE (première partie), par Dupont   145
FERMIERS, article de l'*Encyclopédie*   159
GRAINS, article de l'*Encyclopédie*   193
QUESTIONS INTÉRESSANTES SUR LA POPULATION, L'AGRI-
    CULTURE ET LE COMMERCE.   250
ANALYSE DU TABLEAU ÉCONOMIQUE.   305
MAXIMES GÉNÉRALES DU GOUVERNEMENT ÉCONOMIQUE D'UN
    ROYAUME AGRICOLE.   330
NOTES SUR LES MAXIMES   337

JOURNAL DE L'AGRICULTURE, DU COMMERCE ET DES
    FINANCES (1765 et 1766), extraits:

    I. LE DROIT NATUREL   359
    II. LETTRE PAR M. H. ET MÉMOIRE SUR LES AVANTAGES
        DE L'INDUSTRIE ET DU COMMERCE ET SUR LA FÉCON-
        DITÉ DE LA CLASSE PRÉTENDUE STÉRILE   378
    III. RÉPONSE au Mémoire de M. H.   384

PAGES

IV. LETTRE ET RÉPONSE A LA QUESTION SUR LES PROFITS
DE LA FABRICATION DES BAS DE SOIE EN FRANCE .   396
V. OBSERVATIONS SUR L'INTÉRÊT DE L'ARGENT par M.
Nisaque   399
VI. QUESTION SUR LES DEUILS par M. N.   407
VII. RÉPÉTITION DE LA QUESTION AU SUJET DU BÉNÉFICE
QUE LA FABRIQUE DES BAS DE SOIE, ÉTABLIE A NIMES,
PRODUIT A LA FRANCE, réponse par M. N.   409
VIII. LETTRE DE M. DE L'ISLE et REMARQUES SUR L'OPINION
DE L'AUTEUR DE L'ESPRIT DES LOIS CONCERNANT
LES COLONIES   424
IX. SUITE DE LA RÉPÉTITION DE LA QUESTION DES FABRI-
CANTS DES BAS DE SOIE DE NIMES, etc., par M. H. . .   437
X. ANALYSE DU TABLEAU ÉCONOMIQUE, AVIS AU LECTEUR
par Dupont   440
XI. LETTRE DE M. N. au sujet de la productibilité du com-
merce et de l'industrie   444
DU COMMERCE, premier dialogue entre M. H. et M. N. . .   446
XII. PREMIER PROBLÈME ÉCONOMIQUE   494
XIII. OBSERVATIONS SUR LE COMMERCE par M. Montandouin,
insérées dans le Mercure, copiées et accompagnées de notes
par M. H.   516
XIV. SUR LES TRAVAUX DES ARTISANS, second dialogue . .   526

ÉPHÉMÉRIDES DU CITOYEN OU BIBLIOTHÈQUE RAI-
SONNÉE DES SCIENCES MORALES ET POLITIQUES
(1767 et 1768), extraits :

I. ANALYSE DU GOUVERNEMENT DES INCAS DE PÉROU, par
M. A.   555
II. DESPOTISME DE LA CHINE, par M. A. :
Avant-propos   563
Chapitre premier
§ 1. Introduction   565
§ 2. Origine de l'empire de la Chine   566
§ 3. Etendue et prospérité de l'empire de la Chine . .   576
§ 4. Ordres des citoyens   581
§ 5. Des forces militaires   583
Chapitre II. Lois fondamentales de l'empire.
§ 1. Lois naturelles   585
§ 2. Livres sacrés ou canoniques du premier ordre . .   590
§ 3. Livres canoniques du second ordre.   591
§ 4. Sciences des Chinois   592
§ 5. Instruction   594
§ 6. Études des lettrés   598
§ 7. La propriété des biens   599
§ 8. L'agriculture   600

PAGES

§ 9. Le commerce considéré comme dépendance de l'agriculture 602

Chapitre III. Législation positive 605

Chapitre IV. L'impôt 610

Chapitre V. De l'autorité 613

Chapitre VI.

§ 1. Administration 615
§ 2. Lois pénales 617
§ 3. Mandarins de l'empire 619

Chapitre VII. Défauts attribués au gouvernement de la Chine 622

Chapitre VIII. Comparaison des lois chinoises avec les principes naturels constitutifs des gouvernements prospères 636
§ 1. Lois constitutives des sociétés 637
§ 2. Autorité tutélaire 637
§ 3. Diversité des gouvernements imaginés par les hommes 638
§ 4. Sûreté des droits de la société 640
§ 5. Les lois naturelles assurent l'union entre le souverain et la nation 641
§ 6. Les lois constitutives de la société ne sont pas d'institution humaine 642
§ 7. Le droit de l'impôt a une base assurée 645
§ 8. Le droit naturel 645
§ 9. La manifestation des lois fondamentales du gouvernement parfait suffit pour assurer le droit naturel . 645
§ 10. Nécessité de l'étude et de l'enseignement des lois naturelles et fondamentales des sociétés 646
§ 11. Diverses espèces de sociétés 646
§ 12. Sociétés agricoles 647
§ 13. Simplicité primitive du gouvernement des sociétés agricoles 647
§ 14. La communauté des biens, leur distribution naturelle et paisible; la liberté personnelle; la propriété de la subsistance acquise journellement 647
§ 15. Les guerres de nation contre nation 648
§ 16. La défense des nations est assurée par la force; la force exige des richesses; les richesses sont gradées par la force 648
§ 17. Etablissement de la société agricole, où se trouvent naturellement les conditions qu'il exige 649
§ 18. Institution de l'autorité tutélaire 650
§ 19. Législation positive 650
§ 20. Le revenu public 651
§ 21. Proscription de l'intérêt particulier exclusif . . . 655
§ 22. Réduction des frais de justice 656
§ 23. Droit des gens 657
§ 24. La comptabilité des deniers publics 659

PAGES

    III. LETTRE DE M. ALPHA SUR LE LANGAGE DE LA SCIENCE
        ÉCONOMIQUE 661
    IV. LETTRES D'UN FERMIER ET D'UN PROPRIÉTAIRE par M. A.
        1. Lettre du fermier à son propriétaire 685
        2. Lettre du propriétaire à son fermier 686
SECOND PROBLÈME ÉCONOMIQUE, extrait de la *Physiocratie* . . 696

III. ŒUVRES PHILOSOPHIQUES

MÉMOIRES DE L'ACADÉMIE ROYALE DE CHIRURGIE
PRÉFACE 721
ESSAI PHYSIQUE SUR L'ÉCONOMIE ANIMALE:
    I. ANALYSE CRITIQUE tirée des „Göttinger Gelehrte Anzeigen"
        (1748) . . . . . , ... 739
    II. LA LIBERTÉ, extrait du tome III 747
    III. DE L'IMMORTALITÉ DE L'AME, extrait du tome III 758
ÉVIDENCE, article de l'*Encyclopédie* 764

APPENDICE

    I. NÉCROLOGUE DE M. QUESNAY DE ST-GERMAIN, petit-fils du
    docteur Quesnay, par Dupont de Nemours 801
    II. TABLEAU COMPLET DES ŒUVRES DE QUESNAY 809

INTRODUCTION

Dans son célèbre ouvrage, l'*Ancien régime et la Révolution*, dont l'idée principale consiste, on le sait, dans la démonstration que l'on doit apprendre à connaître la grande Révolution française non seulement en elle-même, mais encore par l'histoire des temps qui l'ont précédée, Tocqueville fait remarquer que le caractère véritable de ce grand évènement historique peut le mieux être découvert dans les écrits des économistes ou physiocrates. Toutes les institutions que la Révolution devait abolir sans retour ont été l'objet particulier de leurs attaques; toutes celles, au contraire, qui peuvent passer pour son œuvre propre, ont été annoncées par eux à l'avance et préconisées avec ardeur; on en citerait à peine une seule dont le germe n'ait été déposé dans quelques-uns de leurs écrits; on trouve en eux tout ce qu'il y a de plus substantiel en elle, y compris le tempérament révolutionnaire.

Même en admettant que ces remarques soient discutables, il ne s'ensuit pas moins que pour comprendre ce grandiose évènement, il ne faut pas négliger l'étude des œuvres du parti dont il s'agit. A la veille du centenaire de la grande Révolution française, l'édition de tous les écrits économiques du fondateur de l'école physiocratique, ainsi que des traités philosophiques du même auteur ne doit pas paraître inopportune.

Non seulement des raisons historiques, en général, mais encore et spécialement des raisons d'économie politique paraissent rendre désirable une publication de ce genre dans le moment présent, car à notre époque s'applique à un plus haut degré encore qu'au temps même de Tocqueville (1856) ce que cet écrivain ajoute, à savoir: « De tous les gens de ce temps-là les économistes sont ceux qui paraîtraient le moins dépaysés dans le nôtre. Si je lis les discours et les écrits des hommes qui ont fait la Révolution, je me sens

tout-à-coup transporté dans un lieu et au milieu d'une société que
je ne connais pas. Mais quand je parcours les livres des économistes,
il me semble que j'ai vécu avec ces gens et que je viens de dis-
courir avec eux. »

Dans ces derniers temps, des problèmes que l'on croyait oubliés
et abandonnés depuis longtemps ont été remis en lumière. Tel est
le cas du vieux principe physiocratique suivant lequel le pouvoir
de l'Etat doit vouer une sollicitude particulière à l'agriculture
indigène et s'efforcer, par sa politique commerciale, de lui procurer
pour ses produits le meilleur prix possible; ce principe est actuellement inscrit sur le drapeau d'un parti qui s'est formé dans presque
tous les pays civilisés, le parti agraire ou des Agrairiens. La
lutte relative à la liberté du commerce des grains et du commerce
en général est, de nos jours, menée avec une ardeur à peine
moins vive qu'au temps de la physiocratie, et avec peu de nouveaux arguments. Et même la prétention de l'école, — prétention
dont on s'est raillé pendant tout un siècle comme étant un paradoxe, — d'établir un impôt unique, a récemment trouvé dans la
personne de l'Américain Henry George un défenseur aussi énergique que puissant par le nombre de ses adhérents. Dans son
livre connu *Progress and Poverty*, il résume ses idées de la
manière suivante, en en appelant spécialement à l'école de Quesnay:
« Les économistes français du siècle dernier proposaient exactement
ce que j'ai moi-même proposé, c'est-à-dire que toute imposition soit
supprimée à l'exception d'un impôt sur la valeur des terres. » Et
ce même auteur a dédié un autre ouvrage « à la mémoire de ces
illustres Français du dix-huitième siècle, Quesnay, Turgot, Mirabeau,
Dupont et leurs collègues, qui, dans la nuit du despotisme, ont prévu
la magnificence des jours à venir. »

D'après ce qui précède, on pourrait presque parler d'une renaissance actuelle du système physiocratique, si des divergences très
sensibles ne se faisaient remarquer entre les anciennes et les nouvelles idées.

Le parti moderne agraire cherche à relever l'agriculture par
des moyens complètement opposés à ceux que préconisait en
son temps le parti des économistes. Un prix élevé des céréales
doit être obtenu non par la liberté extrême du commerce, mais par le
protectionnisme. En outre, la liberté absolue du commerce est maintenant devenue le programme du parti économique, contre les intérêts
duquel les physiocrates voulaient précisément s'élever, c'est-à-dire des

gros négociants et des gros industriels. Enfin, H. George ne demande pas, comme ses devanciers, l'impôt unique pour garantir la propriété privée des biens-fonds et montrer par là le droit d'une classe spéciale de propriétaires fonciers, mais, au contraire, pour mettre à l'écart cette classe de propriétaires par « l'appropriation de la rente foncière par la voie de l'imposition, » et pour arriver à la nationalisation de la propriété du sol.

Ce n'est donc pas le système physiocratique comme tel qui célèbre maintenant sa résurrection. Il s'agit plutôt du réveil de quelques idées éparses de ce système, idées qui se rapportent aux intérêts les plus divers et dont quelques-unes frappent même par un violent contraste. Il devait donc être d'autant plus intéressant de jeter un regard en arrière sur cette ancienne doctrine elle-même, à l'époque où les principes qui sont maintenant indépendants les uns des autres, se mouvaient encore paisiblement unis et étaient tenus en équilibre par une discipline d'idées sévèrement logique.

Et pour cette raison aussi, la complète reproduction des œuvres de l'auteur de cette doctrine doit être considérée comme une entreprise opportune.

En effet, l'étude de la doctrine de Quesnay, auquel revient certainement le mérite incontesté d'avoir établi le premier système strictement scientifique d'économie politique, a été jusqu'ici négligée d'une manière surprenante. H. George avoue franchement ne connaître qu'indirectement la doctrine de Quesnay et de ses disciples, c'est-à-dire par les ouvrages des écrivains anglais. En conséquence, il ne sait pas non plus si, de la phrase approuvée par lui « la terre est la source de tous les biens », ces hommes en ont encore déduit d'autres principes vrais ou faux. D'ailleurs on entend assez fréquemment exprimer la plainte que, malgré toute la bonne volonté, on ne peut se procurer aucune connaissance détaillée sur le système physiocratique, attendu que dans les courtes mentions qui en sont faites dans les manuels d'économie politique, on ne rencontre que des paradoxes sans pouvoir découvrir l'idée qui doit les relier. Cette plainte est justifiée. On peut même parler du discrédit dans lequel cet ingénieux système est tombé chez les théoriciens économistes peu après la mort de son fondateur. De quelle manière s'explique ce fait étrange?

On ne se trompera sans doute pas, en en cherchant la cause moins dans le naufrage qu'a subi le système au point de vue pratique pendant les deux années du ministère de Turgot, que dans la critique défavorable dirigée contre la doctrine de Quesnay par Adam Smith, dans son célèbre ouvrage *Inquiry into the nature and causes of the wealth of nations* (1776). Le grand prestige dont cet ouvrage a joui jusque bien avant dans notre siècle et qui n'a commencé à décliner que depuis une époque relativement peu éloignée, faisait considérer à tous les disciples de Smith comme un sacrilège de vouer une attention sérieuse à un système que le maître condamnait.

Il est vrai que cette critique n'est pas demeurée complètement sans réponse. Ainsi, abstraction faite des physiocrates, le comte Lauderdale (*Inquiry into the nature and origine of public wealth*, 1804), la qualifie de manquée, et envisage que les défenseurs de la doctrine attaquée ne l'« ont pas tant favorisée avec tout leur talent, que l'auteur de la *Richesse des nations* par la manière dont il a cru la réfuter. » Et dans l'appendice de sa traduction allemande du *Traité d'économie politique* de J. B. Say (1807), L. J. Jakob, en approuvant Smith, a toutefois ajouté : « Mais si l'on examine les raisons par lesquelles Smith a cherché à soutenir sa thèse et à démontrer la fausseté des principes de Quesnay, on ne peut nier qu'une grande lacune n'existe dans son raisonnement et que beaucoup de ce qu'il dit paraît confirmer plutôt que réfuter le principe fondamental des physiocrates » (que le travail de l'agriculture est le seul qui soit productif).

En outre, dans une longue note de sa traduction française de l'ouvrage *Wealth of nations*, G. Garnier a tenté de réunir le système de Smith à celui des physiocrates, et a déclaré que les contre-observations de celui-ci résultent d'un simple malentendu. Quoiqu'il en soit, l'opinion dominante des autres spécialistes a toujours été celle que A. Blanqui a exprimée contre G. Garnier par ces mots : « Le système est jugé sans appel. »

En raison de la grande influence exercée pendant tout un siècle, par la critique d'Adam Smith, sur le sort du système physiocratique, il a paru impossible de passer ce fait sous silence dans un ouvrage réunissant l'ensemble des travaux économiques de Quesnay. Et nous devions d'autant plus donner une explication à ce sujet qu'il résulte d'un examen approfondi que les objections du célèbre Écossais ont souvent un caractère hautement arbitraire et ne tiennent pas debout devant une contre-critique objective.

Les rapports de A. Smith avec Quesnay et son école ne furent pas seulement de nature scientifique, mais aussi de nature personnelle. Pendant le séjour de deux ans et demi (mars 1764 à octobre 1766) que l'ancien professeur de philosophie morale à Glasgow a fait sur le continent avec son illustre élève, le jeune duc de Buccleugh, il a passé environ dix mois à Paris. Ainsi que nous l'apprennent non seulement son biographe, Dugald Stewart, mais encore des communications provenant de Dupont de Nemours et de l'abbé Morellet, Smith s'est trouvé dans cette ville en relations assez intimes avec Quesnay et ses disciples, et surtout avec Turgot, à qui il avait été particulièrement recommandé par David Hume. Ainsi, J. B. Say (*Cours complet*, t. II, page 562) veut avoir entendu de Dupont de Nemours que celui-ci a souvent rencontré Smith dans les réunions des économistes, et que ce dernier « y était regardé comme un homme judicieux et simple, mais qui n'avait point encore fait ses preuves. » Du reste, Morellet nous confirme qu'à cette époque Adam Smith s'était livré d'une manière spéciale à des études économiques ; dans ses *Mémoires,* il dit (t. I, p. 244): « J'avais connu Smith dans un voyage qu'il avait fait en France. Il parlait fort mal notre langue ; mais sa *Théorie des sentiments moraux* m'avait donné une grande idée de sa sagacité et de sa profondeur, et véritablement je le regarde encore aujourd'hui comme un des hommes qui ont fait les observations et les analyses les plus complètes dans toutes les questions qu'il a traitées. M. Turgot, qui aimait ainsi que moi la métaphysique, estimait beaucoup son talent. Nous le vîmes plusieurs fois ; il fut présenté chez Helvetius: nous parlâmes théorie commerciale, banques, crédit public, et de plusieurs points du grand ouvrage qu'il méditait » etc.

Ses relations avec les économistes paraissent avoir été si intimes qu'ils le considéraient comme un condisciple. On peut du moins tirer cette conclusion d'un passage des « Observations sur les points dans lesquels Adam Smith est d'accord avec la théorie de M. Turgot, et sur ceux dans lesquels il s'en est écarté » que Dupont a jointes aux *Réflexions sur la formation et la distribution des richesses* dans son édition des œuvres de Turgot ; ce passage, qui fait partie de la polémique contre Smith, est ainsi conçu: « Smith en liberté, Smith dans sa chambre ou dans celle d'un ami, comme je l'ai vu quand nous étions condisciples chez M. Quesnay, se serait bien gardé de le nier, etc. » Le désappointement a donc dû être d'autant plus pénible, lorsqu'enfin l'ouvrage *Wealth of nations* a paru et que les physiocrates y ont trouvé une critique aussi tranchante.

Il est vrai que Smith a revêtu sa critique de toute la politesse imaginable. Il fait l'éloge de la simplicité et de la modestie personnelles de « l'ingénieux et profond auteur de ce système. » Les partisans de celui-ci sont des hommes « d'un grand savoir et d'un talent distingué.» Il déclare « noble et généreux » le système lui-même et dit qu'« avec toutes ses imperfections, néanmoins ce système est peut-être de tout ce qu'on a encore publié sur l'économie politique, ce qui se rapproche le plus de la vérité. » Souvent ces passages sont cités pour mettre en lumière la prétendue haute opinion que Smith doit avoir eue pour la doctrine des économistes. Mais en réalité ces remarques ne servent qu'à donner une force d'autant plus grande aux objections formulées, car si en parlant avec des ménagements tellement évidents, on arrive en définitive à un jugement condamnant la doctrine, ce jugement doit donc être d'autant plus juste. Si maintenant Dugald Stewart dit qu'Adam Smith, ainsi qu'il l'a appris de sa propre bouche, a voulu dédier à Quesnay son ouvrage *Wealth of nations,* et qu'il n'a été empêché de le faire que par la mort de Quesnay survenue auparavant, nous sommes loin de vouloir douter de cette assertion. Mais cela ne peut nous empêcher de relever aussi les circonstances qui lui sont contraires.

En effet, on doit malheureusement dire qu'Adam Smith n'a pas apporté une très grande bonne foi dans sa critique, comme on le remarque dès les premiers mots.

Lorsqu'à la fin de mars 1776, le savant Écossais a livré à la publicité son livre longtemps attendu, Turgot occupait déjà depuis près de deux ans son fauteuil ministériel. Tout le monde civilisé suivait avec une profonde attention le tableau, qui se présentait pour la première fois, d'un grand empire devant être régi et même réorganisé d'après les principes de la science. Cet évènement ne pouvait intéresser personne plus qu'Adam Smith, dont l'esprit préparait un ouvrage sur la même matière, et qui avait précédemment échangé personnellement ses idées avec l'auteur et le guide de ces réformes politiques administratives en France. Or, est-ce que Smith qui, dans ce temps-là, n'habitait plus sa retraite à Kirkcaldy, mais se trouvait à Londres, où il mettait la dernière main à son ouvrage, n'aurait absolument rien appris de ces évènements qui se produisaient dans le pays voisin? Et cependant il commence le chapitre « des Systèmes agricoles » par la surprenante observation que voici: « Le système qui représente le produit de la terre comme la seule source du revenu et de la richesse d'un pays n'a jamais, autant que je sache, été adopté par aucune nation et n'existe à présent que dans les spéculations d'un petit nombre d'hommes en France » etc. Et il ajoute, pour justifier ce qu'il dit, qu'il veut simplement se borner sur ce point à reproduire les principes fondamentaux de ce système: « Ce n'est sûrement pas la peine de discuter fort au long les erreurs d'une théorie qui n'a jamais fait et qui vraisemblablement ne fera jamais de mal en aucun lieu du monde. »

Or, abstraction faite de la circonstance que, précisément pour cette époque, l'explication qui précède était fausse, il faut d'ailleurs envisager comme singulier l'argument consistant à subordonner la valeur scientifique d'un système à la question de savoir si ce système a déjà trouvé sa réalisation dans la pratique ou s'il est à présumer qu'il la trouvera encore. La théorie de la politique de Platon n'a jamais non plus été appliquée et ne le sera sans doute jamais; cependant, on ne lui a jamais contesté sa place dans la science. En voyant d'ailleurs que dans les éditions ultérieures de son ouvrage et même dans la 3ᵉ édition (1784) qui se distingue par un grand nombre d'additions et d'améliorations, Smith n'a modifié en rien cette explication, nous pouvons parfaitement admettre qu'il n'a pas jugé à propos de faire une telle modification en raison de la place défavorable qu'il avait trouvé bon d'accorder au système de Quesnay à côté de sa propre doctrine. Cette impression se renforce encore, lorsque nous examinons de près et en détail les développements de Smith.

Que cet auteur reproche à la doctrine combattue de nombreux paradoxes, cela peut encore passer. Mais ce qui est déjà injuste, c'est d'appliquer continuellement aux disciples de cette doctrine l'expression de « secte », à laquelle les physiocrates étaient très sensibles et contre laquelle ils ont sans cesse protesté comme « une expression injurieuse » (voir la note 1, page 716). Et ce qui est une altération de la vérité, c'est lorsqu'il dit d'eux « qu'ils affectent de dégrader (sic) la classe des artisans, manufacturiers et marchands en la désignant par la dénomination humiliante (sic) de *classe stérile* ou *non productive* », et qu'il répète à plusieurs reprises, avec insistance, qu'ils auraient en revanche décerné à l'agriculture le *titre honorifique* (honorable appellation) de *classe productive*.

Il serait difficile de trouver un ouvrage physiocratique qui, en discutant ce point, ne repoussât pas le reproche que la qualification de *non productive* a quelque chose d'humiliant. « Cette épithète, dit Quesnay lui-même, n'a rien de choquant; il y a beaucoup d'états plus relevés que le commerce qui l'adoptent sans répugnance. Les ministres des autels, les magistrats, les militaires exercent des emplois utiles et sont de la *classe stérile* quant à leurs fonctions . . Les distinctions physiques ne font rien à la dignité ; elles doivent intéresser peu l'amour propre des hommes » etc. (voir pages 521 et 522). Or, cette question formait justement le point central de la lutte passionnée dans laquelle le parti physiocratique était engagé à l'époque où Adam Smith vivait à Paris au milieu des membres de ce parti. La qualité de productivité appliquée à la fois aux trois classes de productions : l'agriculture, l'industrie et le commerce, n'a nullement été établie par Adam Smith seul. Au contraire, elle était déjà revendiquée avec énergie par les défenseurs du système mercantile contre Quesnay, comme on peut s'en convaincre en lisant la partie du présent ouvrage dans laquelle rentre ce sujet. Smith a été témoin personnel à Paris de tous les évènements et incidents qui se liaient aux articles de Quesnay publiés par le *Journal de l'agriculture, du commerce et des finances*. (1766). Au lieu donc de reprendre pour son compte le reproche, maintes et maintes fois réfuté, des adversaires de cette époque, il aurait été bien plus convenable de sa part de défendre l'école contre l'accusation qu'elle avait voulu attacher un discrédit à la désignation de *non productive*. Et il aurait eu d'autant plus de raison d'agir ainsi que, dans son propre système, il maintient, on le sait, la qualification d'*improductive,* si ce n'est pour les professions industrielles et commerciales, du moins pour les classes des travailleurs intellectuels, tels que les fonctionnaires de l'Etat, les ecclésiastiques, les médecins, les artistes, etc., et il n'entend pas non plus jeter par là de la déconsidération sur ces dernières classes. Le reproche de Smith ne peut donc pas être envisagé comme tout à fait loyal.

Mais aussi les objections positives dirigées contre la classification établie par les économistes, sont d'une faiblesse considérable, et nous nous trouvons ici en présence de la partie de la critique qui, d'après le jugement de Lauderdale et de Jakob, soutient plutôt qu'elle ne renverse les principes dont Smith fait le procès.

Quesnay n'avait pas reconnu aux industriels et aux commerçants la qualité de *productifs,* parce qu'ils ne faisaient que transformer et réexpédier des matières existantes et qu'ils n'en produisaient pas eux-mêmes. Mais la culture de la terre produit, outre l'entretien du travail qu'elle exige, un excédent de matières d'abord pour le propriétaire foncier, puis pour les classes professionnelles, et c'est pour cette cause purement physique qu'elle reçoit la qualification de productive. L'argument principal que Smith avance contre cette « erreur principale, » comme il l'appelle, du système attaqué, est le suivant.

Il est exact, en effet, que, indépendamment du rendement déterminé pour leur entretien et la continuation de l'exploitation, les fermiers et les paysans produisent encore un produit net pour les propriétaires fonciers, ce qui n'est pas le cas des professions industrielles. Mais il continue ainsi : « Nous n'appellerions pas stérile ou non productif un mariage qui ne reproduirait seulement qu'un fils et une fille pour remplacer le père et la mère, quoique ce mariage ne contribuât point à augmenter le nombre des individus de l'espèce humaine et ne fît que continuer la population telle qu'elle était auparavant. Aussi, de même qu'un mariage qui donne trois enfants est certainement plus productif que celui qui n'en donne que deux, de même le travail des fermiers et ouvriers de la campagne est assurément plus productif que celui des marchands, des artisans et des manufacturiers. Toutefois, la supériorité du produit de l'une de ces classes ne fait pas que l'autre soit stérile et non productive. » Ainsi parle Adam Smith.

On se demande avec étonnement comment Smith a pu ici parler d'une « erreur principale, » car il est pourtant évident qu'il fait moins une distinction de la chose que de la terminologie. Du reste, aujourd'hui encore la question est sujette à discussion, de savoir si — en admettant la même base — le mode de classification de Quesnay n'est cependant pas préférable à celui d'Adam Smith. Ainsi qu'on le sait, la théorie du travail productif et improductif a précisément été le point que les disciples de Smith n'ont pas maintenu. Déjà son apôtre le plus fervent, J. B. Say, s'est élevé avec force contre cette théorie, du moins en tant qu'elle combat la productivité du travail intellectuel.

D'ailleurs, un fait qui démontre combien la critique tout entière a été rédigée avec peu de soin, c'est que Smith a complètement négligé, dans l'exposition du système, l'importante théorie de l'impôt unique.

Il a en outre prétendu que le système des économistes attend de trois moyens le plus haut degré de bien-être de toutes les classes du peuple, à savoir : l'établissement 1° d'une justice parfaite, 2° d'une liberté parfaite, et 3° d'une égalité parfaite (perfectly equality). Or, le fait que les physiocrates ont au contraire déduit de l'ordre naturel le principe de l'inégalité sociale et économique, vient contredire ce troisième point. Ce fait constitue même l'une des doctrines fondamentales du système.

Enfin, lorsqu'on lit aussi bien comme titre de chapitre que dans l'exposé lui-même que le système « représente le *produit* (produce) de la terre comme la seule source du revenu et de la richesse du pays, » on se trouve en présence de notions et d'opinions erronées introduites dans le système même. En effet, Quesnay et ses disciples ont toujours représenté les terres et, dans un sens plus étendu, l'agriculture comme la source des biens et de la prospérité publique, mais jamais il ne leur a assimilé les *produits* des terres. Chez Smith, il en est autrement. L'« annual produce of labour » dans l'état primitif de la culture, et l'« annual produce of land and labour » dans l'état de la culture progressive, forment, comme on le sait, d'après sa terminologie, le « fund » et, dans un sens étendu, la « source » de la richesse publique; la « source », parce que, suivant son système, deux torrents de biens se répandent du fond annuel, l'un pour la consommation immédiate (immediate consumption) de la population, l'autre, comme capital dans le propre sens du mot, pour l'exploitation de l'entreprise qui doit produire de nouveaux biens. Mais Quesnay fut toujours étranger à une semblable manière de voir.

Pour terminer, ajoutons encore que Smith, en vue d'assurer à son système la place à laquelle il prétendait le mettre, de théorie intermédiaire entre le mercantilisme et le physiocratisme, a représenté la chose comme si le principe de la « liberté naturelle » devait être sauvé par lui contre ces deux systèmes. Comme toutefois la théorie de Quesnay repoussait à un degré beaucoup plus élevé encore l'intervention de l'Etat et comprenait donc la notion de liberté économique à un point de vue infiniment plus « naturel » que Smith lui-même, on peut ainsi se faire une idée de la justesse avec laquelle Blanqui, en se basant directement sur cette critique de la physiocratie, pouvait dire: « Le système est jugé sans appel. »

Personne n'est plus disposé que nous à reconnaître le grand mérite qu'Adam Smith s'est acquis dans la cause du développement de l'économie politique. Mais, pour être juste, il faut dire

que la critique dirigée par lui contre le système des économistes
français, n'est pas à la hauteur de ce que l'on était raisonnablement
en droit d'attendre de lui. Cette critique ne prouve en aucune façon
ce qu'elle veut prouver. Aujourd'hui encore, le système physiocratique
attend sa réfutation scientifique. Et il en résulte la conséquence que
l'on a fait tort, pendant un long siècle, à la doctrine de Quesnay, si erronée qu'elle puisse être d'ailleurs. Il serait temps de
réparer ce tort par une nouvelle étude des œuvres de ce maître.

Les compatriotes de Quesnay, il est vrai, n'ont pas négligé cette
étude dans la même mesure que les autres nations, mais ils l'ont
cependant fait d'une manière assez sensible.

En général, toutefois, on ne peut certainement pas reprocher
aux Français de n'avoir témoigné aucun goût pour les études littéraires historiques en matière d'économie politique. Au contraire,
ils sont sur ce point beaucoup plus avancés que toutes les autres
nations. Ils n'ont heureusement pas suivi l'avis de J. B. Say,
leur « plus célèbre économiste » d'après Blanqui, qu'il importait
peu de savoir ce que nos prédécesseurs ont rêvé sur le sujet, qu'il
s'agissait d'oublier les anciennes erreurs et non d'apprendre à les
connaître. Tous les économistes remarquables de la France, depuis
Montchrétien de Vateville, ont été l'objet de travaux monographiques
plus ou moins détaillés, et provoqués en partie par les concours de
l'Académie des sciences morales et politiques. Outre une grande quantité d'essais sur l'histoire de la littérature économique, nous possédons
une série d'ouvrages étendus et précieux sur l'activité administrative
de Colbert et les principes mercantiles qui s'y rattachent; nous en
avons aussi sur Boisguillebert, Vauban, Law, l'abbé de St-Pierre, etc.,
qui souvent ont été étudiés par plusieurs auteurs. Même plusieurs
membres de l'école de Quesnay ont été, de nos jours, l'objet
d'études littéraires particulières. Rappelons entre autres l'ouvrage
important, *Les Mirabeau* de Loménie, qui marche de pair avec
la nouvelle édition de l'*Ami des hommes*, due à W. Rouxel;
rappelons aussi le livre, paru il y a peu de temps, de G. Schelle,
Dupont de Nemours et l'école physiocratique. Même un physiocrate aussi secondaire que Ch. de Butré a eu, il n'y a pas
longtemps, l'honneur d'une étude monographique détaillée dans
le livre de R. Reuss. Mais Quesnay lui-même, qui est pourtant
la gloire des économistes français, est resté dans l'ombre. Il
est vrai que dans la *Collection des principaux économistes*, éditée
chez Guillaumin il y a un peu plus de quarante ans, Quesnay a

trouvé place (t. II, 1846) à côté d'autres membres de son groupe, tels que Dupont de Nemours, Mercier de la Rivière, Baudeau et le Trosne. Une série de ses œuvres y est reproduite, précédée d'une introduction et d'une esquisse biographique par E. Daire. Mais ce qui pouvait satisfaire les besoins scientifiques de la première moitié de notre siècle et peut-être même aller au delà de ces besoins, ne suffit plus pour les exigences de l'époque actuelle. Il faut reconnaître que l'édition faite par Daire des principaux écrits du fondateur du système physiocratique fut, pour son temps, un évènement scientifique. A une époque où, par suite des louanges excessives adressées, précisément par un français, J. B. Say, à Adam Smith, le maître écossais exerçait un empire illimité dans le domaine de l'économie politique, il y avait du mérite à relever le fait que des hommes semblables avaient déjà vécu et que le premier système théorique en cette matière était né en France. De nos jours, par contre, on peut dire que cette édition de Daire apporte des entraves dans les recherches littéraires historiques. On s'est tellement habitué à trouver dans cette collection tout ce qui mérite d'être connu du système physiocratique, que l'on a complètement renoncé à étudier les œuvres originales. Bien des choses qui auraient pu avoir une grande valeur pour l'intelligence des idées du système, prises dans leur ensemble, sont par là tombées dans l'oubli. Au point de vue de l'exactitude des relations historiques sur les systèmes, il ne suffit même plus maintenant de connaître simplement les œuvres prétendues les plus importantes d'un auteur: on doit étudier l'homme sous tous ses aspects; on doit rechercher non seulement ses mérites, mais encore ses défauts, qui souvent n'apparaissent comme tels que pour le temps où il vivait, tandis que plus tard ils peuvent se présenter comme étant de véritables forces. On veut, maintenant, pouvoir poursuivre la naissance et le développement des idées afin de savoir pourquoi elles se sont formées et ont dû se former de cette manière et non autrement. Pour cela, des circonstances en apparence secondaires et même des tentatives non réussies sont souvent beaucoup plus importantes que les travaux principaux qui montrent l'homme sous son côté parfait.

Fréquemment l'impression d'ensemble diffère essentiellement de celle que l'on acquiert de quelques parties, toujours réunies d'une manière arbitraire, du moins jusqu'à un certain point. Souvent aussi un auteur a traité, dans des passages saillants, un point principal de sa doctrine avec peu de vigueur, parce qu'ailleurs il s'étend sur le sujet avec d'autant plus de détails. Dans les travaux reproduits par E. Daire, personne, par exemple, ne pourra tirer un renseignement sur l'opinion de Quesnay en ce qui concerne la politique du taux de l'intérêt de l'argent. D'après le caractère dont est pénétrée sa théorie, qui tend à repousser toute ingérence de l'Etat dans les relations économiques, le lecteur supposera que sur ce point Quesnay est aussi demeuré fidèle à ce principe. C'est exactement le contraire qui est vrai. Dans le présent ouvrage (pages 399 et suivantes), on peut lire un article intitulé *Observations sur l'intérêt de l'argent,* qui a paru sous le pseudonyme de M. Nisaque (anagramme de Quesnay) dans le numéro de janvier du *Journal de l'agriculture, du commerce et des finances,* et dans lequel Quesnay combat vivement l'opinion des commerçants et financiers, suivant laquelle « le taux de l'intérêt de l'argent prêté à constitution de rentes perpétuelles doit hausser ou baisser à raison de la concurrence du nombre plus ou moins grand de prêteurs ou d'emprunteurs; d'où résulterait la ruine de la nation. » Et, chose digne de remarque, il base expressément ses arguments sur la *loi naturelle* qui doit être dans ce cas étayée par la *loi positive.* Il faut, dit-il, une « loi positive du prince, » une « règle authentique qui serait renouvelée au moins tous les dix ans » pour protéger l'emprunteur contre le taux arbitraire de l'intérêt de l'argent, fixé par le prêteur, et surtout pour maintenir dans des proportions convenables le taux d'intérêt du capital avec le revenu des biens-fonds; car rien n'est aussi nuisible à l'agriculture qu'un taux d'intérêt supérieur au revenu naturel des biens-fonds et, en outre, continuellement variable; par là, les hypothèques expulseraient les propriétaires de leur patrimoine, etc. On peut remarquer que les idées de Quesnay concordent déjà jusqu'à un certain point avec celles de Rodbertus.

Par ce qui précède et d'ailleurs par d'autres faits encore, on peut voir que Quesnay était bien éloigné de pousser jusqu'à l'extrême la liberté économique demandée par lui. Il se distingue essentiellement en cela de son école. Ainsi, Dupont, qui était alors rédacteur du *Journal de l'agriculture,* etc., a laissé entrevoir, déjà au moment de l'impression de l'article, son opinion divergente; en effet, il a fait remarquer, dans une note, que les idées de l'article ne s'appliquaient qu'à l'agriculture dans le sens étroit du mot, ce qui ne répondait pas à l'opinion de Quesnay, et il a ajouté qu'il « souhaitait une réplique beaucoup plus qu'il ne l'espérait. » Dans la collection des écrits économiques de Quesnay, qu'il a publiée plus tard sous le titre de *Physiocratie,* il a intentionnellement omis cet article.

D'autres exemples pourraient encore être donnés pour démontrer que, d'après ses œuvres économiques complètes, Quesnay n'avait pas exactement les mêmes vues que celles qu'on lui attribue en prenant pour base ses ouvrages « les plus importants » connus jusqu'à présent. Mais il résulte d'ailleurs de l'exemple cité, que c'est une illusion de croire que l'on peut aussi bien apprendre à connaître le système de Quesnay par les ouvrages des disciples que par ceux du maître lui-même.

Au contraire, plus on étudie les innombrables écrits du parti physiocratique, plus on remarque clairement les divergences essentielles qui existent entre ses membres. En particulier, rien n'est moins exact que l'énonciation d'Adam Smith se trouvant dans sa critique ci-dessus rapportée, et consistant à dire « que les écrivains de cette secte suivent tous, dans le fond et sans aucune variation sensible, la doctrine de M. Quesnay; » et ce qui fait ressortir encore la légèreté de Smith, c'est qu'il qualifie ensuite de « petit livre » l'ouvrage de *l'Ordre naturel et essentiel des sociétés politiques* par Mercier de la Rivière, ouvrage en 2 volumes comprenant ensemble 900 pages in-12, et auquel il renvoie spécialement le lecteur. Il est vrai que les divergences citées par Dupont de Nemours dans sa *Notice sur les économistes* qu'il a mise en tête de l'*Éloge de Gournay* dans son édition des œuvres de Turgot, ne sont pas justes non plus. Quoiqu'il en soit, on ne peut trouver la doctrine de Quesnay dans sa pureté que chez le maître lui-même, et c'est aussi le maître seul qui peut nous faire connaître exactement les principes philosophiques de son système économique. Plusieurs conséquences strictement logiques de certains principes fondamentaux avec lesquels l'édifice complet subsiste ou s'écroule, sont présentées sans enchaînement par les disciples et apparaissent en conséquence comme paradoxes.

L'étude des développements du fondateur du système physiocratique, qui ne sont obscurs que si l'on n'en a que quelques parties devant soi, est rendue plus attrayante par la circonstance que l'on n'y trouve pas ce fatigant enthousiasme des disciples pour le maître, enthousiasme qui a, par exemple, poussé le marquis de Mirabeau à prétendre que le *Tableau économique* est la troisième grande invention du genre humain après celle de l'écriture et de la monnaie. Et pourtant cet enthousiasme ne s'est en général manifesté que lorsque la propre puissance intellectuelle de l'écrivain a commencé à décliner.

Certes, l'étude des travaux économiques de Quesnay n'était pas une chose si aisée, une partie d'entre eux étant difficile à trouver. L'erreur très répandue que le médecin versaillais a peu écrit en matière économique repose évidemment sur le fait que, dans les domaines autres que celui de la médecine, Quesnay n'a produit aucun ouvrage volumineux et que, sur les questions économiques, il n'est sorti de sa plume que des études et des articles disséminés, qui n'ont d'ailleurs pas été publiés sous son nom. C'est ce qui explique, par exemple, que le disciple contemporain de Quesnay en Allemagne, Mauvillon, a pu dire dans les *Physiokratische Briefe an den Herrn Professor Dohm* (1780): « Dans le système physiocratique, bien loin que son inventeur eût écrit seul, c'est précisément lui qui a écrit le moins. »

Blanqui, dans son *Histoire de l'économie politique* (1838), s'exprimait dans le même sens en disant: « Quesnay écrivait peu et d'une manière presque toujours sentencieuse et obscure. » Et même dans l'ouvrage de Léonce de Lavergne sur *les Économistes français du dix-huitième siècle* (1870), nous trouvons cette phrase surprenante: « Outre ses maximes, Quesnay a très peu écrit. » Nous pensons que grâce au tableau des œuvres de ce dernier, que nous donnons dans le présent ouvrage, cette assertion ne se reproduira plus. Nous espérons en même temps avoir contribué à faciliter dans une large mesure l'étude des travaux du fondateur du premier système scientifique d'économie politique.

Il nous reste encore à parler maintenant des points de vue qui nous ont dirigé dans la rédaction de cet ouvrage.

Le premier devoir que nous avions à remplir, c'était d'être *complet*. En effet, il n'y aurait eu aucun sens de présenter de-rechef au public un simple *choix* des travaux de Quesnay, puisque l'édition de E. Daire, pleine de mérite pour l'époque où elle a paru, est actuellement considérée comme insuffisante en raison, précisément, de son état incomplet. En conséquence, nous avons recherché avec ardeur toutes les œuvres sorties de la plume de Quesnay, et avons fait notre possible pour nous les procurer. Nous avons la conscience de n'avoir laissé inutilisée aucune indication quelconque, fournie à cet égard par la littérature physiocratique.

Un autre devoir était l'*exactitude*. Lorsqu'il ne s'agissait pas de fautes d'impression évidentes, nous avons reproduit les textes originaux avec toutes leurs imperfections, sans même corriger les fautes manifestes de l'auteur. Nous sommes parti de l'idée que, dans le doute, le lecteur préférait se tromper avec l'auteur que d'avoir raison avec l'éditeur. Mais nous avons envisagé qu'il était conforme à notre tâche de faire remarquer, dans les notes, les endroits selon nous incorrects.

En ce qui regarde le contenu lui-même du livre, nous avons cherché à remplir plus complètement encore le premier de ces devoirs, en recueillant, autant que cela a été possible, et en insérant dans l'ouvrage les œuvres philosophiques de Quesnay, ainsi que les notices biographiques écrites sur lui dans son temps et aussitôt après sa mort. En revanche, les œuvres médicales ont été, cela va sans dire, laissées de côté. L'ouvrage se divise en trois parties principales, savoir:

    I. Pièces biographiques;
    II. Œuvres économiques;
    III. Œuvres philosophiques.

Puis vient un Appendice, renfermant, d'abord, un supplément biographique de Dupont de Nemours sur la postérité du maître, puis un Tableau général de tous les produits littéraires de Quesnay, y compris ses ouvrages médicaux.

La première partie (pièces biographiques), dans la forme qui lui a été donnée, pourrait peut-être paraître singulière à quelques personnes. Bien que nos études sur les évènements de la vie du médecin versaillais aient été assez approfondies, ainsi que le lecteur le remarquera de suite, nous avons néanmoins renoncé à faire nous-même, sous forme d'essai, un résumé du résultat de ces études, comme cela est d'usage dans les éditions de ce genre. Considérant que les anciennes sources littéraires qui donnent des renseignements biographiques sur Quesnay et auxquelles les auteurs suivants ont puisé, sont également devenues rares, nous avons envisagé qu'il y avait du mérite à rendre plus facile, par une réimpression, l'usage des Eloges de Quesnay par le marquis de Mirabeau, le comte d'Albon, Grand-Jean de Fouchy, Romance de Mesmon, et en outre, les passages, relatifs à notre sujet, des Mémoires de madame du Hausset et de Marmontel, etc. Au moyen de ces divers documents, le lecteur peut dès lors établir lui-même la biographie du fondateur de la physiocratie, sans qu'il ait besoin pour cela des yeux d'une autre personne. Pour nous-même, nous nous sommes attribué le modeste rôle d'indiquer dans des notes les résultats de

nos propres investigations, d'examiner quelques assertions au point
de vue de leur exactitude et de rétablir sous leur vrai jour quelques opinions étranges qui étaient devenues une tradition.

Le contenu de la seconde partie principale (œuvres économiques)
a été puisé aux sources suivantes:

I. Tomes VI et VII de l'*Encyclopédie* de d'Alembert et Diderot, 1756 et 1757;

II. Quatrième partie de l'*Ami des hommes*, par le marquis de Mirabeau, 1758;

III. *Journal de l'agriculture, du commerce et des finances*, rédigé par Dupont, septembre 1764 à novembre 1765;

IV. *Ephémérides du citoyen* ou bibliothèque raisonnée, rédigées par Baudeau et Dupont, à partir de janvier 1767;

V. *Physiocratie* ou constitution naturelle du gouvernement le plus avantageux au genre humain. Recueil publié par Dupont, 1768.

L'étendue totale des œuvres économiques de Quesnay renfermées
dans le présent volume s'élève, dans le même format, à plus du
double de celles qui sont contenues dans l'édition de E. Daire.
Celui-ci s'est borné à reproduire les travaux qui se trouvent dans
l'*Encyclopédie* et dans la *Physiocratie*.

Dans les notes, nous nous sommes intentionnellement abstenu de
toute discussion des principes théoriques. L'historique spécial de
chaque mémoire a seul été annoté. L'ouvrage aurait pris un autre
caractère que celui qu'il doit avoir, si nous avions voulu nous engager dans une critique des principes de Quesnay. Ceci serait l'objet
de traités particuliers. Et le fait que Daire s'est quelquefois
écarté de cette ligne de conduite n'a pu que nous fortifier à agir
ainsi, car nous ne considérons pas son procédé comme heureux.

En ce qui concerne enfin la troisième partie (œuvres philosophiques), les motifs pour lesquels nous avons placé après les
œuvres économiques les écrits philosophiques qui sont plus anciens
que celles-ci, sont expliqués en détail dans la note de la page 721;
nous pouvons donc, sur ce point, renvoyer le lecteur à cette note. Et
pour permettre de jeter un coup d'œil sur la connexion qui existe
entre les idées médico-physiologiques de Quesnay et ses travaux
métaphysiques et économiques, nous avons donné, en traduction
française, une analyse critique assez détaillée des « Göttinger Gelehrte Anzeigen » de l'ouvrage de Quesnay *Essai physique sur
l'économie animale* (2ᵉ édition 1747), critique probablement due à

la plume de A. de Haller. Mentionnons encore que l'éditeur,
dont la langue maternelle et usuelle est l'allemand, a estimé
qu'il allait de soi que le présent ouvrage devait paraître en entier
dans la langue de Quesnay. Et il se sent pressé de témoigner ici
toute sa reconnaissance à M. E. Bonjour, traducteur au département
fédéral des affaires étrangères, à Berne, qui a établi le texte français de l'introduction, des notes, etc., ainsi qu'à M. le professeur
docteur Wilhelm Lœwenthal, qui a soigné la partie philosophico-
médicale de l'ouvrage. Les notes de l'éditeur sont désignées par
les initiales A. O., afin de les distinguer de celles qui sont renfermées dans les textes originaux.

Encore un mot.

Le présent ouvrage paraît au moment où le représentant actuel le
plus autorisé de l'histoire de la littérature économique en Allemagne,
Wilhelm Roscher, à Leipzig, célèbre le jubilé de sa cinquantième
année de carrière scientifique. En nous permettant de déposer sur
la table de fête l'édition complète des œuvres économiques de
l'homme auquel le monde doit le premier système scientifique d'économie politique, nous exprimons l'espoir que ce jubilé, auquel
prennent part de cœur non seulement les savants de l'Allemagne,
mais encore ceux des pays situés au-delà de ses frontières, puisse
donner une impulsion nouvelle aux études littéraires historiques
dans le domaine de l'économie politique. On ne saurait dire qu'aujourd'hui l'on se consacre à ces études autant qu'elles le méritent.
En Allemagne surtout, ce sont les questions pratiques de politique
sociale qui attirent maintenant, en première ligne, l'attention des
jeunes gens qui travaillent dans le champ de la science économique.
Et, dans les recherches si savantes et si méritoires que l'on fait
sur le passé, on traite l'histoire des conditions économiques bien
plus que l'histoire de la théorie. En même temps on cherche à
accomplir une revision des principes fondamentaux de la science conformément à la vie économique plus avancée du temps présent.
Tout cela est très réjouissant mais n'épuise pas le sujet. S'il est
vrai que la théorie qui nous a été transmise ne répond plus et ne
peut plus répondre aux prétentions du temps actuel, parce que de
nouveaux éléments de civilisation ont pris place dans la vie économique et sociale des peuples, il n'en est pas moins vrai que
nous ne trouvons de base solide pour l'établissement de nos
propres idées, qu'en nous rattachant au passé et en puisant dans
ses trésors intellectuels. Ne perdons pas de vue que d'anciennes

questions depuis longtemps en repos renaissent tout-à-coup avec
une nouvelle vigueur, et remarquons d'autre part que souvent
aussi des théories anciennes ne sont insuffisantes pour notre époque
que parce qu'elles nous ont été transmises d'une manière également
ment insuffisante. C'est ainsi que surgit à côté de la nécessité d'une
revision des principes fondamentaux, l'exigence d'une revision de la
tradition scientifique. La tradition est et doit être de même en
mouvement continuel; car selon que les nécessités du moment
pèsent lourdement, tantôt sur un facteur économique, tantôt sur
un autre, il s'ensuit, pour les systèmes économiques entrés dans
l'histoire, un changement de classification au point de vue de leur
valeur dans le présent. Il faut donc toujours retravailler les matériaux qui s'y rapportent. Personne ne voudra avoir la prétention
d'avoir jamais fait sous ce rapport quelque chose de complet et
de concluant; il ne peut être ici question que de contributions
à l'œuvre générale. Et en exprimant le vœu que le présent ouvrage
soit considéré comme une modeste contribution dans ce sens, nous
le présentons par ces lignes au savant dont nous célébrons le jubilé,
ainsi qu'au public scientifique.

Berne, octobre 1888.

AUGUSTE ONCKEN.

I.

PIÈCES BIOGRAPHIQUES

ÉLOGE FUNÈBRE

DE

M. FRANÇOIS QUESNAY (¹),

prononcé le 20 du même mois, dans l'assemblée de ses disciples,
par M. le marquis DE MIRABEAU (²).

MESSIEURS,

Nous venons de perdre notre maître: le véritable bienfaiteur
des hommes n'appartient plus à la terre que par le souvenir et
l'effet à jamais durable de ses bienfaits. C'est pour le commun

---

(1) Mort le 16 décembre 1774, à sept heures du soir. (Note de l'original.)

(2) L'éloge a été, peu de temps après, publié dans le premier numéro des
„*Nouvelles Ephémérides économiques*“, qui ont paru depuis le mois de janvier
1775. Cette revue mensuelle formait la suite de l'organe physiocratique „*Ephémérides du citoyen*“, qui avait cessé de paraître en 1772, et elle devait soutenir
le régime de Turgot. La rédaction en avait été reprise par le fondateur des
anciennes *Ephémérides*, l'abbé Baudeau, et sa publication a discontinué dès
la chute de Turgot (juillet 1776). — On trouve dans l'ouvrage „Les Mirabeau.
nouvelles études sur la société française au XVIIIᵉ siècle“, par Louis de Loménie, Paris 1879, T. I, p. 335, une notice détaillée sur l'assemblée dans laquelle l'éloge a été lu; voici cette notice:

„Le 20 décembre 1774, au milieu des espérances enthousiastes que faisait
naître un nouveau règne, cinq mois après l'entrée de Turgot au ministère, un
assez grand nombre de personnes, en habit de deuil, étaient réunies dans le
principal salon d'un hôtel de la rue Vaugirard. A l'extrémité du salon, on
avait placé un grand socle surmonté d'un buste en marbre, et toute l'assemblée étant tournée vers ce buste avec l'attitude de la douleur et du respect,
le maître de la maison prononça un discours assez singulier, surtout pour
l'époque, etc.“ A. O.

Oncken, Œuvres de Quesnay.

1

des hommes qu'on a dit que leur dernier jour était le jour de la louange: une famille nombreuse et sensible, pénétrée, abattue, consternée plutôt qu'éplorée, à l'instant où elle vient de perdre un aïeul vénérable à qui elle dut tout et espérait toujours tout rapporter, ne songe point encore à honorer sa mémoire, et ne lui offre, dans cet instant de terreur, de délaissement et de solitude générale, d'autre hommage que celui de sa propre consternation. L'amour, la reconnaissance et la piété ne peuvent que soupirer dans ces moments redoutables, où la résignation nous soutient péniblement, en attendant l'instant de nous relever et de nous rendre une sorte de confiance, et de nous montrer que le grand principe et l'Auteur suprême de tout bien, de tout génie, de tout don, de tout avantage, nous demeure et ne nous manquera jamais. L'estime même la plus froide et la plus désintéressée, la renommée enfin se taisent par respect; et d'ordinaire les premiers mots qui rompent ce silence religieux sont ceux-ci: *Quel dommage? Et tels et tels vivent encore pour peser à la terre: O profondeur!*

Il m'appartiendrait moins qu'à tout autre, de pouvoir élever la voix en ce moment, Messieurs, à moi, dis-je, dont l'ambition première sera toujours de me dire le fils aîné de sa doctrine(¹); moi

(1) L'ouvrage déjà mentionné de Loménie (*Les Mirabeau*) T. II, p. 170-172, contient au sujet de la conversion du marquis de Mirabeau à la doctrine de Quesnay, conversion qui a, plus tard, été très célébrée par l'école physiocratique, une relation assez détaillée que nous reproduisons ici:

„Le vieux docteur Quesnay, médecin de madame de Pompadour, tout en soignant avec un zèle extrême la santé de sa belle et peu respectable cliente, ruminait depuis longtemps dans sa tête un système complet de bonheur public. Il avait fait imprimer en 1756, dans l'*Encyclopédie*, au mot *fermier*, quelques aperçus nouveaux sur l'agriculture, qu'il avait développés dans un second article publié en 1757, au mot *grains*. Les deux articles, dont la publication était contemporaine de celle de l'*Ami des hommes*, n'avaient pu servir en rien à l'auteur de ce dernier ouvrage, et quoiqu'ils eussent été remarqués, le docteur n'avait point encore atteint son but, qui était de se procurer des disciples et de fonder une école. En lisant l'*Ami des hommes*, il fut frappé du rapport que plusieurs idées répandues dans ce livre avaient avec les siennes; mais comme l'ensemble de l'ouvrage lui paraissait souvent en désaccord avec ses doctrines, il écrivit en marge de son exemplaire, ces mots auxquels on reconnaît tout à la fois le médecin et le futur chef de secte: *L'enfant a tété de mauvais lait, la force de son tempérament le redresse souvent dans les résultats, mais il n'entend rien aux principes.* Et il exprime le désir d'une entrevue avec le célèbre écrivain, afin de l'éclairer et de le convertir. Il me fit prier, écrit le marquis de Mirabeau à Longo, de vouloir bien lui faire dire quand je viendrais à Versailles, car il ne quittait

qu'il dota de ses découvertes, qu'il enrichit des fruits de son travail opiniâtre, qu'il anima du souffle de son rare génie, qu'il guida par les soins répétés et si nécessaires de son jugement, qu'il suivit de l'œil, soutint de la main, à qui il daigna enfin remettre le soin d'annoncer aux humains la méthode infaillible et calculée d'être heureux et justes, et la loi suprême de l'ordre naturel. Nous avons perdu notre père; c'est tout ce qu'à présent je puis dire, c'est ce que je vous invite à répéter. En effet, nous lui devons tout, et nos principes, et la règle physique de nos devoirs, et le zèle qui donna commencement à ces assemblées (¹) qui m'honorent, qui nous

son poste ni jour ni nuit; et quand plus tard il venait chez moi, madame de Pompadour le descendait à ma porte pour deux heures, dans les voyages qu'elle faisait à Paris, c'était tout. — Cette première entrevue, qui eut lieu le matin, dans l'entresol que le docteur occupait à Versailles au-dessus de l'appartement de madame de Pompadour, fut orageuse. Quesnay déclara à l'auteur de l'*Ami des hommes* qu'en partant du principe que la population est la source des richesses, il avait mis la charrue avant les bœufs, et que les écrivains dont il s'était inspiré, notamment Cantillon, l'auteur d'un *Essai sur le Commerce*, étaient des sots. Le marquis en conclut d'abord que son contradicteur était un fou. Mais il se contint, dit-il, par politesse, rompit la conversation et se retira. Cependant, préoccupé des objections du tenace docteur, il revint le trouver le soir du même jour et, „la lampe entre deux", il reprit la controverse. Ce fut alors, ajoute-t-il, „qu'on fendit le crâne à Goliath" (on devine facilement qui est Goliath et qui est David). Dès cette seconde conversation, le docteur avait conquis le premier et le plus fanatique de ses disciples. Ce patricien si orgueilleux et si ironique, ne jurait plus que par le maître; il lui vouait une sorte de culte qui dura sans altération jusqu'à sa mort, et il allait dès ce moment consacrer toute son activité à développer, à propager les doctrines et à fonder l'école de Quesnay." — *Ibid.* p. 196: „La fameuse entrevue dont on a lu le récit eut lieu en juillet 1757, car c'est à la date du 29 juillet de cette année que, dans sa correspondance inédite, le marquis parle pour la première fois à son frère de ses rapports avec le docteur, qu'il qualifie *une conquête de la faculté.* Il avait en effet conquis le docteur avant d'avoir été conquis par lui, puisqu'on se rappelle que c'était Quesnay qui, séduit par la lecture de l'*Ami des hommes*, où il reconnaissait cependant des erreurs, avait désiré conférer avec l'auteur pour le redresser et le convertir." A. O.

1) Dans l'ouvrage de Loménie, on trouve aussi une relation sur ces assemblées régulières, organisées par le marquis de Mirabeau pour propager la doctrine de Quesnay, et au nombre desquelles il faut placer l'assemblée funèbre elle-même. Le maître, plus libre après la mort de madame de Pompadour (avril 1764), paraît y être venu souvent de Versailles. L'ouvrage cité s'exprime comme suit, t. II., p. 262 et suivantes:

„Tout en prodiguant sa prose au recueil qu'il appelle ses chères *Ephémérides*, l'auteur de l'*Ami des hommes* avait fondé, dès 1767, ces fameux mar-

instruisent, qui font le foyer de la doctrine; et cette lumière inextinguible à jamais jetée sur la solidarité physique des intérêts humains, fraternité recommandable, base solide et presque nécessaire de celle des sentiments et des âmes que la religion nous recommande sous le nom de *charité*.

Qu'êtes-vous devenus, dons uniques et si précieux pleinement accordés à un homme seul sur la terre; âme ardente, douce et forte à la fois, cœur sensible et toujours paternel pour l'humanité

dis, parfois tournés en ridicule par Bachaumont ou Grimm, et dont le but était d'entretenir le feu sacré parmi les adeptes de la science, d'en augmenter le nombre et d'attirer à la doctrine les étrangers de distinction qui voyageaient à Paris. Nous donnons, écrit-il le 16 juillet 1767, à son frère qui se trouvait en Provence, deux d'ners par semaine. Le mardi, ce sont les *économistes,* sorte de secte (*sic*) fort renommée, dont je suis un des chefs. Là vient un concours de gens de mérite et de jeunes magnats, qui sont plus aisés à instruire que ceux qu'il faut convertir; tu y verras pourtant des gens en ce genre de notre âge, comme le maréchal de Broglie, par exemple, puis des étrangers. En un mot, cela tourne au profit de l'humanité et me fait plus d'honneur que de dépenses, car, comme nous nourrissons nos gens, il y a toujours un gros fonds de dîner. Le vendredi, ce sont nos amis, c'est-à-dire madame de Rochefort, MM. de Nivernois, de Brancas, de Flamarens et autres. Celui-là est une plaisanterie habituelle: ils y portent du vin. — Dans la même année, il écrit à un de ses gendres: Nos mardis deviennent fort brillants et sont, par conséquent, très utiles. Vous y auriez vu ce dernier, le maréchal de Broglie, le duc de la Rochefaucauld, et force jeunes notables. — Le marquis maintint ces assemblées du mardi pendant bien des années; il n'y renonca que sous l'influence du discrédit et de la ruine qui pesèrent à la fois sur sa vieillesse.... Après le dîner, on lisait des morceaux destinés aux *Ephémérides* et on agitait toutes les questions économiques ou politiques à l'ordre du jour."

A ces assemblées, madame de Pailli, vaudoise, amie du marquis, paraît avoir fait les honneurs. Cela résulte du moins d'une lettre de Letrosne, adressée d'Orléans à la société économique de Berne, et qui est conservée dans les archives de cette société. On y lit, sous date du 22 août 1767:

„Pendant mon séjour à Paris, j'ai beaucoup cultivé nos maîtres en science économique: M. Quesnay, inventeur de cette science et auquel tout l'honneur en doit être rapporté, M. Mirabeau, M. Turgot, M. Dupont et l'abbé Baudeau, auteur des *Ephémérides*. M. le marquis de Mirabeau a établi un dîner tous les mardis, auquel sont invités de droit tous les amateurs de la science. J'ai eu l'honneur d'y être admis pendant mon séjour et l'on me mande que les plus grands seigneurs du royaume s'empressent aujourd'hui d'y venir puiser des lumières. Madame de Pailli, femme d'un colonel de votre pays, s'y trouve régulièrement. Peut-être la connaissez-vous; c'est une femme vraiment philosophe et qui joint tous les agréments de son sexe à la profondeur et à la solidité de l'esprit." (Voir A. Oncken, *Der ältere Mirabeau und die Oekonomische Gesellschaft in Bern,* Anhang p. 75.) A. O.

souffrante et pour la vertu laborieuse, esprit également prompt et patient à la réflexion, qu'autrefois et dans des temps où je vous croyais invulnérable, j'appelais instinct *cherche vérités,* opiniâtreté invincible au travail de se détromper, ou de nourrir, d'assurer, de fortifier une idée et d'en généraliser les conséquences et les résultats, sagacité dans les aperçus, justesse dans la décomposition, et surtout lumière et divinité de génie, qu'êtes-vous devenus? Seriez-vous à jamais disparus d'entre nous? Non, l'auteur de l'*évidence* a montré qu'il savait se servir de son âme pour la connaître, la saisir, la suivre, la posséder dans l'immortalité. Indépendante des accidents et des ruines de son écorce, cette âme supérieure se montrait toute dominante au milieu des débris de son image habituelle; de manière qu'assis auprès de notre maître, perclus, aveugle, souffrant et presque accablé, nous le sentions tout entier, nous l'écoutions tout oracle, nous le révérions immortel.

Il le sera, Messieurs, il le doit être d'abord parmi nous; cette âme vénérable reçoit en cet instant notre hommage, surveille et sourit à nos travaux. Ils lui furent chers jusqu'à son dernier moment, et plus que son souffle et sa vie. Au bruit qui se répandit ici mardi dernier de sa maladie, notre confrère le plus zélé y courut et fut reçu près de son lit, en un temps où depuis plusieurs jours il ne voyait plus personne. Il le trouva dans cet état de tranquillité morale et de résignation physique dans lequel il attendait d'ordinaire patiemment l'évènement du combat entre le mal et la nature; depuis longtemps il ne parlait pas, mais il se ranima au son de la voix du premier auteur et du restaurateur des Ephémérides; il lui en demanda avec empressement des nouvelles, et de ses amis et compagnons de zèle; sa parole et la netteté de ses idées furent telles qu'il rendit toute espérance à son disciple. Sitôt après que ce dernier fut sorti, il tomba dans l'affaissement jusques au moment du repos pour lui et du deuil pour nous (1).... Laissons cela, les

_____

(1) On ne sait pas d'une manière certaine si Quesnay est mort à Versailles ou à Paris; ni les *Eloges,* ni d'autres publications contemporaines ne fournissent de données positives à ce sujet. C'est pourquoi Joseph Garnier, dans son article *Quesnay* du *Dictionnaire de l'Economie politique* (Coquelin et Guillaumin, Paris 1873), a fait suivre la phrase „mort à Versailles" d'un (?). La question ne peut donc pas être ainsi tranchée en faveur de Versailles, attendu que Quesnay, comme cela résulte de diverses indications, avait à Paris un logement permanent et avait reçu sa retraite quelque temps avant sa mort (voir page 11, note 1). Toutefois, le fait qu'aucun de ses disciples demeurant à Paris n'a assisté à ses derniers moments, et qu'on loue ici particulièrement

larmes étaient défendues dans la sage Egypte, sitôt que les juges avaient déclaré un homme juste et reçu dans le sein des Dieux. La voix publique nous défend aujourd'hui d'en répandre; une sorte de joie terminait la cérémonie de l'apothéose: l'antiquité eût placé notre maître au-dessus, bien au-dessus de Minos et de Rhadamante; et le 4 juin, jour de sa naissance, sera un jour de fête pour la postérité.

Si mihi quæ quondam fuerat . . . . si nunc foret illa juventa . . . . Que n'ai-je le même feu, la même ardeur qu'autrefois il ne dédaigna pas d'inspirer et de conduire! Que ne suis-je ce que je fus pour rendre un digne et juste hommage à celui qui voulut, par des soins assidus et paternels, me dévouer à quelque utilité! Qu'il me serait doux de vous le montrer à la tête, non seulement de tous les philosophes, mais encore de tous les bienfaiteurs de l'humanité; plus studieux, plus laborieux sans doute que Socrate, plus généreux encore, car Socrate ne donnait à ses disciples que ses discours, et notre maître nous enrichissait de ses propres écrits; plus sage enfin, car Socrate se fit des ennemis: partout le mérite et la vérité en trouvent la semence, mais le parfait mérite leur cède en apparence et ne les opiniâtre pas; il sent que toute contention est division et par conséquent maladie sociale.

Telles furent les idées et les mœurs de notre maître. On nous dira peut-être que ses disciples ne lui ressemblent guère; c'est au futur à montrer quelle société nous aurons troublée, ou plutôt laquelle ne devra pas à notre maître l'hommage de son propre bonheur. Socrate, dit-on, fit descendre du ciel la morale, notre maître la fit germer sur la terre. La morale du ciel ne rassasie que les âmes privilégiées, celle du *produit net* procure la subsistance d'abord aux enfants des hommes, empêche qu'on ne la leur ravisse par violence et par fraude, énonce sa distribution, assure sa reproduction; et, nous mettant à l'abri des gênes de la nature impérieuse,

---

l'éditeur des *Ephémérides* (l'abbé Baudeau) de s'être rendu auprès de Quesnay dès qu'il eut appris que son état s'était aggravé, semble faire pencher définitivement la balance pour Versailles. A Paris, toute la société physiocratique aurait sans doute entouré le lit de mort de son maître. Il faut d'ailleurs remarquer que l'éloge funèbre a été tenu non pas dans la maison mortuaire, devant le cercueil, mais dans le logement, à Paris, du marquis de Mirabeau, devant le buste couronné du défunt et quatre jours après sa mort; c'était peut-être le jour de l'enterrement à Versailles; on possède, du reste, aussi peu de renseignements sur l'enterrement que sur le lieu où repose la dépouille de Quesnay. — A. O.

nous oblige au culte d'obéissance par le travail, amène au culte d'amour et de reconnaissance par ses succès. Aussi zélé que Confucius pour la vérité qu'il chercha partout, qu'il déterra partout en parcelles, mais plus heureux en ce qu'il découvrit enfin sa racine, rien que le grand, l'utile et le vrai ne lui parut digne de ses veilles: partout il rassembla les flammèches du flambeau de Prométhée; il en réunit les parcelles éparses dans les mains de l'homme, lui apprit à s'en éclairer sur la terre, et à tout rapporter au ciel de qui seul il peut tout tenir. Il découvrit dans la médecine l'économie animale, dans la métaphysique l'économie morale, dans l'agriculture l'économie politique: et formant un ensemble de tout ce que l'homme imagine, conçoit, désire, laboure, façonne, navigue, il ramena le tout au simple sous la double étreinte de nos droits et de nos devoirs établis, dictés, protégés par Dieu même dès l'instant de sa volonté créatrice, et visiblement renfermés dans la grande loi de l'ordre naturel.

« Toute la doctrine de Confucius tendait à redonner à la nature « humaine ce premier lustre et cette première beauté qu'elle avait « reçue du ciel, et qui avait été obscurcie par les ténèbres de « l'ignorance et par la contagion des vices. Il conseillait, pour pou- « voir y parvenir, d'obéir au Seigneur du ciel, de l'honorer et de « le craindre, d'aimer son prochain comme soi-même, de vaincre « ses penchants, de ne prendre jamais ses passions pour règle de « sa conduite, de les soumettre à la raison, de l'écouter en toutes « choses, de ne rien faire, de ne rien dire, de ne rien penser même « qui lui fût contraire. » (¹) On ne pouvait rien ajouter sans doute à cet arc-en-ciel radieux de morale religieuse; mais le point essentiel était de le fixer sur la terre: c'est ce qu'a fait notre maître, en faisant sortir du sein de la mère commune la base de ce brillant édifice, désormais fondé sur le *produit net*. La liberté active, l'équité distributive, la charité fraternelle, l'unité de tous les intérêts enfin, sont les quatre vertus qui, s'élevant sur ce bloc nourricier, offrent à l'Eternel le tribut d'action de sa créature privilégiée, et qui fixeront désormais sur la terre ses inépuisables bienfaits.

Après les premiers philosophes, quels autres hommes la reconnaissance publique pourrait-elle un jour lui comparer en matière de bienfaits? Les législateurs et les administrateurs quelconques, instruits, comprimés et forcés par les circonstances, ne purent

(1) Histoire de la Chine, du P. Duhalde, t. 2, p. 322. (Note de l'original.)

imaginer tout le bien qu'il y avait à faire, ni faire tout celui qu'ils purent imaginer. Dût-on aujourd'hui nous tenir pour atteints et convaincus de manie enthousiaste, je prouverais, si j'étais digne encore de cette tâche, que jamais homme présent ni passé ne mérita autant de l'humanité.

Si je m'abstiens aujourd'hui par décence, et au futur par le sentiment de ma propre faiblesse, de payer le juste tribut de piété filiale que je lui dois, je ne renonce pas néanmoins à faire l'analyse de ses ouvrages. Je commençai dans le temps mes *Éloges des hommes à célébrer*, pour rendre justice au respectable Boisguilbert, trop oublié de ses concitoyens volages; cette tâche est remplie, quoique non publiée. Si j'ai continué depuis, ce fut dans l'idée que si Dieu, selon la nature, me destinait à survivre mon maître, ce dernier devoir serait aussi le dernier emploi de ma plume, je m'en acquitterai. (¹)

J'aurai peu à dire sans doute sur ses ouvrages, les miens ne sont que l'analyse des siens; mais je rendrai justice à sa mémoire: je peindrai sa modération, sa sagesse, sa résignation, ses vertus. Je ferai voir d'où il est parti, où il est arrivé, quel emploi il fit de ses talents, de son génie, de sa faveur; je dissiperai les ombres que l'envie voulut répandre sur sa carrière en lui faisant un crime d'avoir rassuré une tête faible, effrayée, et émoussé ainsi l'arme meurtrière que l'intrigue, hideuse et toujours active, avant-courrière des crimes réfléchis et préparés, présente sous toutes les formes à toute illégitime autorité. Je dirai ce qu'il fut, ce qu'il put, ce qu'il fit pour lui, pour les siens, pour les malheureux, pour le mérite ou réel ou en espérance; ce que surtout il s'abstint de faire, et dans quel siècle, avec tant d'esprit, de perspicacité et de moyens; avec quelle fermeté probe et concentrée il souffrit le vent subit d'une disgrâce aussi audacieusement ameutée que profondément méditée. La même région qui, le siècle passé, porta contre Catinat l'arrêt sensé des Abdéritains contre Démocrite, renouvela de nos jours ce décret odieux et stupide contre Quesnay. Je dirai enfin, avec quelle sagesse il choisit, il mesura, il rendit honorable sa retraite et donna sans ostentation comme sans faiblesse, le rare

(1) Le marquis n'a pas néanmoins tenu sa promesse. Il est vrai qu'un an après sa mort, un ouvrage a été publié sous ce titre: *Hommes à célébrer pour avoir bien mérité de l'humanité par leurs écrits sur l'économie politique*. Ouvrage publié par P. Boscovich, ami de l'auteur; Bassano 1789, 2 vol. in-8°. Cet ouvrage ne contient rien sur Quesnay. A. O.

exemple de la seule bonne conduite en ce genre, qui consiste à éluder et à amortir la persécution sans lui faire tête ni la fuir. (¹)

(1) On ne sait généralement pas que le revirement qui, par la nomination de Turgot au ministère, a rendu dominant en France, pour quelque temps, le système économique de Quesnay, a été fatal au maître pour sa position personnelle à la cour. Seul, l'Eloge de Mirabeau fait une communication à ce sujet, et il en ressort que le premier médecin ordinaire a été contraint par un décret formel à prendre sa retraite et était ainsi tombé en pleine disgrâce. La cause en est-elle due à un fait qui se serait passé au lit de mort de Louis XV, ainsi que cela paraît être le cas, ou à une autre circonstance? C'est ce que l'on ne saurait dire avec certitude. Toutefois, l'aversion profonde de Louis XVI pour toutes les personnes qui ont eu une part dans les menées des maîtresses de son grand-père, est trop connue pour que l'on puisse admettre, avec Mirabeau, qu'il a fallu une puissante intrigue pour amener la chute de Quesnay. Il faut supposer qu'il y a beaucoup de vrai dans l'expression du bailli de Mirabeau à son frère aîné, que Quesnay, „existant par le plus grand de tous les abus, crie contre les abus". Bien que l'on doive rendre hommage à l'intégrité personnelle du médecin ordinaire de Versailles, et que l'on doive même considérer comme exemplaire dans son genre la fidélité inaltérable avec laquelle il est resté attaché à sa bienfaitrice, la marquise de Pompadour (voir ci-après des renseignements à ce sujet tirés des mémoires de Madame du Hausset et de Marmontel), il est néanmoins incontestable que la postérité ne lui fait pas grand honneur de sa liaison avec la maîtresse mal famée de Louis XV. On conçoit que les disciples de Quesnay aient cherché à cacher tant sa position vis-à-vis de la marquise de Pompadour que sa disgrâce finale. Si nous ne possédions pas les mémoires de Madame du Hausset, nous ne saurions à peu près rien à l'égard de cette position. Et quant à la mise à la retraite de Quesnay, nous ne trouvons rien à ce sujet dans toute la littérature physiocratique, outre l'indication ci-dessus. Cependant, le fait lui-même a été confirmé par une notice du 26 juillet 1774, publiée dans les „Göttinger Gelehrten Anzeigen", et conçue dans les termes suivants:

„*Versailles.* Nachdem seit verschiedenen Jahren die wichtige Bedienung eines ersten Leibarztes erledigt geblieben war, hat der neue König am 7. Mai (? la mort de Louis XV n'est survenue que le 10 mai) dieselbe mit dem berühmten Herrn Lieutaud wieder besetzt, dessen wichtige Werke wir verschiedentlich angezeigt haben. Herr Quesnay, welcher Leibarzt en survivance war, ist als veraltet in seiner Ruhe gelassen, und an seine Stelle Herr de la Sone, der Königin Leibarzt befördert worden."

(Comparer, au sujet de la position officielle de Quesnay à la cour, la note 2, page 15.) Il est fort possible que cette mise à la retraite qui, suivant les paroles de Mirabeau, a profondément blessé celui qui en était l'objet, a aussi contribué à hâter sa mort, qui a eu lieu peu de mois après. Quoiqu'il en soit, il résulte de ce qui précède que le soir de la vie du créateur de la physiocratie n'a nullement été aussi serein qu'on pourrait être disposé à le croire en raison de la nomination de Turgot (19 juillet) à un fauteuil ministériel. A. O.

Comment enfin son âme toujours supérieure, non seulement aux disgrâces humaines, mais à celles mêmes de la nature, fut toujours paisible, douce, forte, égale, gaie, active et surtout sagement et profondément résignée au sein des souffrances et de la caducité.

Mais le sentiment et la vérité m'entraînent et m'engagent; et mon maître, presque vivant encore, me voit et m'entend. C'est à moi pareillement à l'entendre; il me dit: J'ai vécu, mais il vous reste encore à vivre, c'est par vos œuvres qu'il faut honorer ma mémoire et justifier mes leçons. Il me répète: *Posside sapientiam, acquire prudentiam; arripe illam et exaltabit te.* Possédez la sagesse, acquérez la prudence, saisissez-la avec effort et elle fera votre gloire. O mon maître, vos principes furent à la portée de tout le monde, mais il n'en saurait être de même de vos leçons et de vos exemples: vos disciples ne tiendront de vous que la sagesse du désintéressement et la prudence des calculs. Mais ils tâcheront d'hériter de votre volonté ferme et sainte pour le bonheur de l'humanité.

C'est elle, c'est ce zèle constant et impossible à rebuter qu'ils désirent d'atteindre, qu'ils espèrent de conserver, *arripe illam.* Que le vulgaire des clabaudeurs les dénonce comme de fougueux et fanatiques sectaires; qu'il grossisse d'un nom de guerre que l'usage leur attribue, la liste des prétendus partis que l'envie, l'opposition, l'inquiétude et l'oisiveté réalisent et perpétuent, comme elles les firent naître dans la capitale des dédains et des prestiges, des prétentions et des ridicules, des plaisirs et des déplaisirs; que le séjour des faux calculs, des faux jugements, des faux rapports, des faux échos et des fausses certitudes les déclare enthousiastes et dangereux: qu'importe après tout à la terre, tant et si longtemps patiente à prêter le champ à tous les délires de notre petite espèce et à rétablir la nuit ce que nos vertiges ont détruit le jour. Qu'importe au grand ordre qui nous ouvre son sein paternel prêt à nous remettre dans la voie dès l'instant où le suicide habituel, désormais dépouillé des haillons et des lambeaux de notre création, se laissera voir dans sa difformité; que lui importe, dis-je, que dans le temps même où l'Europe entière se réveille à la voix de la vérité, écoute, croit ou doute du moins, et cherche à connaître et à s'instruire, quelques enfants perdus de la frivolité et de l'envie, et peut-être quelques émissaires du monopole et de la corruption, tentent de les ridiculiser ou les calomnient.

Tout roule, tout obéit tôt ou tard à l'impulsion primitive qu'il reçut de la nature. Les premiers rayons de la lumière subite, excitent les cris et les sifflements des sinistres oiseaux des ténèbres, surtout quand son éclat se montre et s'élève au milieu de leurs repaires habituels. Mais en vain ces hideux ennemis font voler des nuées d'ordures et de poussière, en vain quelques-uns d'entre eux, plus hardis, semblent chercher le flambeau et le défier à l'attaque. Où le grand jour luit une fois, il faut que les ombres se dissipent, que les fantômes de toute espèce décroissent et disparaissent, et que leurs fauteurs téméraires périssent et sèchent dans leurs trous. Le calcul et la distinction des avances et du produit net ne sont plus un secret pour la pauvre espèce humaine fascinée, tout tenait à cela. Bientôt tous les hommes l'entendront, ce calcul; tous connaîtront leurs droits et leurs devoirs, la nécessité des rapports, la liberté qui en est la base, la propriété qui en est le résultat, l'identité de tous les intérêts humains, l'unité du point central où tous ils se réunissent, l'équité calculée à sols, livres et deniers, et la *fraternité* portée en recette, en attendant que la grâce la vivifie et en fasse la *charité*, et que le bonheur et l'abondance, élément de l'homme fidèle à la nature, l'élève jusqu'à l'excellente *piété*.

Alors, mais alors seulement, on ne parlera plus d'*économistes*; et quand l'homme, instruit par l'homme, contenu par l'homme, aidé par l'homme, respecté, choyé par l'homme, qui verra dans lui l'agent utile et nécessaire de son intérêt, marchera dans la voie du Seigneur Dieu son créateur et sera fidèle à la loi de l'ordre naturel, comme le soleil et le reptile, alors, mais seulement alors, le plus grand nombre des dissidents possible rentreront dans la foule active des hommes qui n'ont de souci que de leurs propres affaires, au sein de la concorde et de la paix, et ces dangereux sectaires aussi qui se disent les disciples du bienfaiteur universel de la terre entière. Ils passeront, mais la mémoire de leur respectable maître à jamais demeurera. L'homme, malgré lui-même, toujours empreint de quelque reste du sceau de son origine, l'homme, dis-je, n'est point ingrat, il ne charge que trop les registres de son souvenir; et dans les vastes recueils de ses annales frivoles ou dépravées, la feuille serait bien légère qui n'admettrait que les noms de ses bienfaiteurs; mais ce discernement-là même doit naître de la connaissance de ses vrais intérêts, et c'est un don de plus dont il devra l'hommage à notre instituteur.

Puisse cet heureux temps être accéléré par nos travaux et par nos veilles! Mais aujourd'hui, et dans le moment même où notre maître nous quitte, il appartient aux races futures, il s'empare de la postérité . . . . .; mais il nous quitte. Quelle fonction, Messieurs, quel devoir pour mon cœur de vous répéter qu'il nous quitte et que son âme même nous défend d'en être découragés. O mon ami sévère et sûr, témoin de ma docilité, garant de mon honnêteté, ô mon conseil, ô mon guide, qui désormais, dans les occasions majeures, rangera mes idées, m'enseignera, par son exemple, la patience et la résignation? O mon maître, combien je vous ai dérobé, et combien pauvre et dénué je me trouve; et vous me laissez le chef en quelque sorte, ou du moins l'ancien de vos enfants désolés: viennent donc les vents et les orages pour nous rendre, par la nécessité, l'action et le courage qu'il est impossible de n'avoir pas perdus . . . Mais où m'emporte une douleur indigne de son sujet; ce n'est point par des pleurs qu'on honore la mémoire des grands hommes: toute faiblesse est bannie de leur culte; leur âme héroïque (et celle-là surtout) dédaigna toujours tout autre hommage que les efforts qu'on fait pour les imiter. Ne nous occupons plus, Messieurs, que de cette tâche plus méritoire encore que pénible, et renouvelons, dans ce moment d'angoisse et de tendresse, le serment intérieur que nous fîmes de consacrer nos travaux à l'instruction de nos semblables et au développement de la science, qui doit un jour rendre les sociétés paisibles et prospères et les hommes raisonnables et vertueux.

Buste vénérable qui nous représente les traits de notre commun maître, l'image du père vigilant et tendre que nous avons tous perdu, c'est devant toi, c'est sur l'autel élevé à la charité domestique que nous jurons d'être à jamais fidèles au vœu de la fraternité universelle que notre conscience, éclairée par les leçons de l'homme excellent que tu nous retraces, nous fit prononcer. O mon maître qui nous entends, ne fallut-il qu'étendre et perpétuer à jamais ta mémoire, notre zèle tendre ne trouverait rien de difficile, rien de rebutant; mais tu te ranimerais pour repousser la louange si elle devait être stérile. Vouloir le bien, connaître le bien, faire le bien, éclairer, instruire et ramener l'ordre, voilà le seul hommage digne de t'être offert; ce sera le culte de notre vie entière: daigne en recevoir le serment solennel et l'offrir à l'auteur de tout bien et de toute vertu auquel tu rapportes maintenant tout le profit qu'ont fait et que feront les talents qu'il te donna à faire valoir dans ta carrière. Daigne, daigne, du haut des cieux, sourire encore à nos travaux et à nos larmes, tandis que ma main tremblante t'offre sur la terre les prémices du laurier qui s'élèvera sur ta tombe et qui ne périra jamais!

ÉLOGE

DE

QUESNAY

PAR

JEAN-PAUL GRAND-JEAN DE FOUCHY

secrétaire perpétuel de l'académie des sciences [1].

François Quesnay, écuyer, conseiller du roi, premier médecin ordinaire, et premier médecin-consultant [2] de sa Majesté; des Acadé-

---

(1) L'éloge se trouve reproduit dans l'*Histoire de l'Académie royale des sciences*, année 1774, parue à Paris en 1778. — Grand-Jean de Fouchy, astronome, fut depuis 1731 membre et depuis 1743 secrétaire perpétuel de l'Académie. En cette dernière qualité et conformément à l'usage, il avait à prononcer l'éloge des membres décédés. Grand-Jean de Fouchy ne fut nullement physiocrate; c'est pourquoi ses communications sur les études économiques de Quesnay sont très brèves, et ne sont d'ailleurs pas tout à fait exactes. Au surplus, presque toutes les données renfermées dans les trois éloges qui suivent doivent être examinées et pesées avec soin, attendu non seulement qu'elles se contredisent souvent, mais encore qu'elles sont parfois d'une nature bizarre. A. O.

(2) L'*Almanach royal*, annuaire politique de l'ancien régime, indique, pour cette époque, l'ordre suivant des médecins du roi. En tête, se trouve le „premier médecin du roi" qui est à considérer comme le médecin proprement dit du roi en cas de maladie. Vient ensuite le „premier médecin ordinaire du roi" qui avait, paraît-il, à surveiller quotidiennement le régime du roi au point de vue hygiénique (a). La troisième catégorie est formée des „médecins servants par quartier en cour". Leur nombre s'élevait en moyenne à huit, et

---

(a) On peut du moins tirer cette conclusion d'indications données par Capefigue (*Madame de Pompadour*, Paris, 1858), sur les soupers du roi à Choisy. « Jamais qu'un seul vin n'était servi pour le roi, le champagne frappé et glacé, cet agréable excitant, et pour les estomacs froids et malades, les vins de Volnay et de Clos-Vougeos. Le Bordeaux, mis à la mode par le maréchal de Richelieu, était exclu des soupers du roi comme nauséabond et indigeste, selon l'avis de Quesnay. » A. O.

mies royales des sciences de France et d'Angleterre, de celle de Lyon, et ancien secrétaire perpétuel de l'Académie royale de chirurgie, naquit à Mérey (¹) près Montfort-l'Amaury, le 4 juin 1694, de Nicolas Quesnay, avocat (²) en parlement, qui exerçait sa profession à Montfort, et de Louise Giroux.

---

une remarque de l'*Almanach royal* dit d'eux: „Les médecins ordinaires du roi servant par quartier, font au Louvre des consultations gratuites tous les mardis de chaque semaine, excepté les jours de fête, depuis trois heures de l'après-midi jusqu'à cinq". La plus grande partie d'entre eux avaient leur domicile à Paris. Dans la quatrième catégorie, il y a les „médecins consultants du roi", demeurant les uns à Versailles, les autres à Paris. Cette rubrique comportait en moyenne quatre noms. Enfin, la liste se termine par les „autres médecins consultants du roi". Ce sont des médecins que le roi charge de missions spéciales soit à Paris, soit à Versailles. L'*Almanach royal* indique, dans cette rubrique, le nom de Quesnay pour la première fois en 1750, ensuite de changements qui avaient eu lieu déjà dans le courant de l'année 1749. Deux autres noms y figurent aussi, et tandis que ceux-ci sont suivis de divers titres, Quesnay y est simplement inscrit comme suit: „Quesnay en cour". C'est l'époque où Quesnay a quitté le service du duc de Villeroi pour entrer à celui de la marquise de Pompadour. En 1752 eut lieu sa promotion au titre de „premier médecin ordinaire" et de „médecin consultant du roi". L'*Almanach royal* ne cite pas sous un titre spécial la dignité de „premier médecin consultant du roi". Les membres de cette catégorie sont mentionnés dans l'ordre d'ancienneté. Voir aussi note 2, page 31.

Quant au titre de *conseiller du roi*, le nom de Quesnay manque complètement dans la liste des membres du conseil d'état publiée chaque année par l'*Almanach royal*. Dans les autres listes officielles, ce titre ne lui est non plus nulle part donné, ce qui a cependant eu lieu pour quelques-uns de ses collègues ou prédécesseurs. A. O.

(1) Les incertitudes commencent déjà à propos du lieu de naissance. Que le comte d'Albon écrive *Méré* (orthographe maintenant admise) au lieu de *Mérey*, cela n'est qu'une différence d'orthographe. D'autre part, Romance de Mesmon nomme le village d'*Ecquevilly* non pas expressément comme endroit de naissance de Quesnay, mais cependant comme lieu de domicile de ses parents. Cet auteur a ensuite été probablement suivi par lord Crawford, premier éditeur des *Mémoires de Madame du Hausset*, qui dans son esquisse biographique de Quesnay désigne formellement Ecquevilly comme lieu de naissance. A. O.

(2) Il existe également des divergences en ce qui concerne la profession du père. Tandis que de Fouchy et d'Albon s'accordent à dire que le père était avocat, mais habitait avec sa famille un petit endroit de la campagne, Romance de Mesmon fait entrevoir que le père et la mère étaient de simples cultivateurs. Il paraît, ici aussi, que lord Crawford n'a fait qu'accentuer plus fortement en disant en propres termes „fils d'un laboureur". Chose curieuse, cette indication se trouve aussi dans la *Notice sur les économistes* que Dupont de Nemours a ajoutée aux œuvres de Turgot, éditées par lui (1808);

Quoique M. et Mme Quesnay vécussent dans la plus grande union, leurs goûts étaient cependant bien différents: le père, homme de loi, se livrait tout entier à sa profession, mais il l'exerçait d'une façon bien singulière: lui et le procureur du roi de Montfort, avec lequel il était lié d'amitié, étaient à l'affût, pour ainsi dire, de toutes les affaires susceptibles d'accommodement, et pour peu qu'ils trouvassent des parties raisonnables, ils ne manquaient pas de les arranger à l'amiable; on juge bien que leur but n'était pas l'intérêt. A la honte de l'humanité, il y a communément bien plus à exiger de la passion qu'à espérer de la reconnaissance.

Ces occupations généreuses absorbaient M. Quesnay le père tout entier, et il ne se mêlait presque point du gouvernement de sa maison, ni de l'éducation de ses enfants, dont il se reposait absolument sur son épouse.

Celle-ci était au contraire vive, agissante, ne perdant pas de vue, un seul instant, l'intérieur de son ménage et l'administration d'un bien de campagne qui leur appartenait, et où une sage économie avait fixé leur demeure. Les premiers objets qui se présentèrent aux yeux du jeune Quesnay furent donc les travaux de l'agriculture, les premiers mots qu'il entendit prononcer furent des termes de cet art, dans les fonctions duquel il employa ses premières années; sa mère croyant ne pouvoir rien faire de mieux que d'élever son fils dans ses principes, le destinant uniquement à la remplacer quand elle serait hors d'état de tenir les rênes de sa maison: quel tort elle aurait fait à son fils et à ses concitoyens, si la mauvaise éducation (¹) pouvait étouffer absolument le génie!

Heureusement la nature y avait pourvu: l'esprit actif et perçant du jeune Quesnay le mettait en état d'analyser tout ce qu'il voyait: il observait les faits, il en pénétrait les rapports, il savait en tirer des règles sûres, et s'était, sans aucun secours, mis en état de commencer à lire dans le grand livre de la nature.

---

on y lit (avant l'éloge de Gournay): „M. Quesnay, né dans une ferme, fils d'un propriétaire, cultivateur habile", etc. Mais sa plume a sans doute été conduite par la manie de faire paraître Quesnay comme un cultivateur accompli dès sa jeunesse. Sous ce rapport aussi, on doit s'en remettre aux indications données par de Fouchy et d'Albon, car elles concordent avec les autres renseignements qui sont fournis sur le père de Quesnay et qui proviennent en partie du fils lui-même. A. O.

(1) Voir le jugement infiniment meilleur sur le mode d'éducation de la mère, dans l'éloge de d'Albon, page 42, note 2. A. O.

C'était en effet le seul dans lequel il pût s'instruire, car la vérité de l'histoire ne nous permet pas de dissimuler qu'à onze ans il ne savait pas encore lire; le premier livre qui lui tomba sous la main fut la *Maison rustique* de Liébaut, l'envie d'y puiser des connaissances fut presque son seul maître, et il parvint à le lire couramment, avec le peu de secours qu'il put tirer du jardinier de la maison.

Cette première lecture ne pouvait manquer de faire sentir à un esprit aussi droit que le sien quel fruit il pouvait tirer des ouvrages de ceux qui l'avaient précédé, et l'envie de s'instruire lui fit non seulement dévorer les livres écrits en sa langue qui se trouvèrent à sa portée, mais encore elle lui fit affronter toutes les épines de la grammaire: et il apprit, presque sans maître, le latin et le grec qui lui devenaient nécessaires pour puiser dans les trésors de l'antiquité.

On aurait peine à imaginer jusqu'où allait son ardeur: on l'a vu quelquefois partir de Mérey, au lever du soleil, dans les grands jours d'été, venir à Paris acheter un livre, retourner à Mérey en le lisant, et y arriver le soir, ayant fait vingt lieues à pied et lu le livre qu'il était allé chercher; l'extrême envie de s'éclairer faisait disparaître à ses yeux les fatigues et les désagréments d'un voyage de cette espèce.

Il est aisé de juger combien des dispositions si heureuses devaient être agréables à son père, qui voyait alors en lui tout l'espoir de sa famille; aussi ne cessait-il de l'animer: *le temple de la vertu est*, lui disait-il, *appuyé sur quatre colonnes, l'honneur et la récompense, la honte et la punition*; il n'était pas difficile de deviner celle que le jeune Quesnay choisirait pour s'appuyer, et sa conduite n'a laissé aucun doute sur ce chapitre.

Malgré les progrès rapides qu'il faisait dans la vaste carrière des sciences, il avait l'esprit déjà trop mûr pour ne pas apercevoir qu'il était impossible qu'un seul homme pût, s'il m'est permis de parler ainsi, mener de front toutes les connaissances humaines, et qu'il fallait absolument faire choix d'une seule science, à l'étude de laquelle il se pût consacrer entièrement. Le désir d'être utile à ses compatriotes le détermina en faveur de l'art de guérir, qui lui offrait à la fois un vaste champ pour acquérir des connaissances utiles et satisfaisantes et, ce qui touchait encore plus vivement son cœur vraiment ami de l'humanité, lui procurait des occasions sans nombre de rendre ces connaissances utiles à ses concitoyens.

Ce projet si louable éprouva cependant des difficultés de la part de sa mère; elle voyait avec peine tout son système renversé, et l'amour maternel lui peignait avec les couleurs les plus vives les dangers qu'avait à courir un jeune homme de seize ans hors de la maison paternelle: cette crainte cependant qui n'eût été que trop juste avec beaucoup d'autres, ne devait pas l'alarmer pour son fils; l'ardeur du jeune homme pour acquérir les connaissances qui lui manquaient était devenue chez lui une passion violente qui exigeait impérieusement le sacrifice de toutes les autres: il fallut donc se rendre à laisser partir le jeune Quesnay.

Comme il s'était déterminé à commencer par l'état de la chirurgie, il se mit pour en apprendre les premiers éléments chez un chirurgien établi dans son voisinage et qu'il crut en état de les lui enseigner; il se trompait, il ne put en tirer que d'apprendre à saigner. Mais s'il ne fut pas d'un grand secours au jeune Quesnay, celui-ci lui fut en récompense très utile; cette espèce de maître n'était pas même reçu à Paris, d'où ressortissait le lieu de sa résidence, et, ce qui est bien pis, il n'était nullement en état de l'être. Le jeune Quesnay lui vint fort à propos; il trouva moyen de s'emparer pendant l'absence du jeune homme, des cahiers que celui-ci écrivait pour sa propre instruction, il les vint présenter à Paris au lieutenant du premier chirurgien du roi comme des leçons qu'il donnait à son élève: celui-ci les trouva excellentes et, sans autre examen, lui délivra ses lettres de maîtrise (¹): c'était Quesnay qu'il recevait, sans le savoir, sous le nom de l'autre.

---

(1) La communauté des chirurgiens de Paris était organisée comme un corps de jurandes. Elle se divisait en deux sections; la section inférieure comprenait les barbiers-chirurgiens, la section supérieure, les chirurgiens de Saint-Côme. Les membres de cette dernière section, à laquelle Quesnay appartenait, avaient suivi les cours de l'école de Saint-Côme et étaient considérés comme de vrais maîtres. — Comme il est souvent question, dans la suite, des institutions dont il s'agit, nous reproduisons ci-après un abrégé de leurs statuts, tel qu'il est contenu dans le *Dictionnaire du Commerce* de Savary, édition de 1759, article „Chirurgien". Les statuts datent de 1699 et 1701 et se divisent en 17 titres.

„Le 1er titre traite des droits et de la juridiction du premier chirurgien du roi, qui est déclaré chef et garde des chartes et privilèges de la chirurgie et barberie du royaume.

Le 2e parle de ceux qui composent la communauté, qui sont le premier chirurgien du roi et son lieutenant; les quatre prévôts et gardes; le receveur, le greffier et les maîtres, divisés en quatre classes.

Dans le 3e, l'élection des prévôts et du receveur est réglée, savoir, celle de

Quoique M. Quesnay ignorât cette supercherie, il s'aperçut bientôt du peu de fonds qu'il pouvait faire sur les connaissances de ce prétendu maître, et il le quitta pour venir à Paris profiter de tous les secours qui y sont répandus avec tant d'abondance.

deux nouveaux prévôts chaque année, et celle du receveur seulement toutes les deux ans; toutes trois à la pluralité des voix et dans l'assemblée générale.

Le 4e est pour la convocation des assemblées, l'ordre des séances et la manière de donner et recueillir les voix. Le premier chirurgien du roi est président né des assemblées; son lieutenant préside en son absence; et en celle du lieutenant, l'ancien des prévôts en charge.

Il est parlé dans le 5e titre, de ceux qui doivent composer les assemblées générales; dans le 6e, de ceux qui composent les assemblées du conseil; et dans le 7e, de l'élection de ces derniers.

Le 8e traite des droits, immunités, prérogatives et fonctions de la communauté. L'art de la chirurgie y est déclaré un art libéral, avec attribution de tous les privilèges des arts libéraux. Les armes de la communauté, qui sont d'azur, à trois boîtes d'or, deux en chef et l'autre en pointe, avec une fleur de lys d'or en abîme, lui sont confirmées; et l'on y donne aux maîtres de Paris, le droit d'être reçus aggrégés dans toutes les communautés du royaume, sans nouvelle expérience, et sans rien payer, avec séance du jour de leur réception dans celle de Paris.

Le 9e marque qui sont ceux qui peuvent exercer la chirurgie dans la ville et faubourgs de Paris; ce qui n'est permis qu'aux maîtres, ou aux aggrégés reçus dans la communauté, soit au grand chef-d'œuvre, soit à la légère expérience.

Le 10e parle des apprentis, des aspirants à la maîtrise, et des qualités qu'il faut avoir pour être admis au grand chef-d'œuvre. Aucun des maîtres ne peut avoir plus d'un apprenti à la fois; l'apprentissage ne peut être moins de deux ans sans interruption; nul ne peut être aspirant pour le grand chef-d'œuvre, s'il n'est fils de maître, ou apprenti de maître, ou s'il n'a servi l'un des maîtres pendant six ans consécutifs, ou plusieurs maîtres pendant sept ans. En cas de concurrence, les fils de maîtres ont le premier lieu, suivant l'ancienneté de leur père; ensuite les apprentis, et puis les garçons et serviteurs des maîtres.

Dans le 11e titre, on explique les actes qui composent le grand chef-d'œuvre: ces actes sont l'immatricule, la tentative, le premier examen, les quatre semaines, le dernier examen et la prestation du serment. L'immatricule, c'est l'enregistrement du nom de l'aspirant sur le registre de la communauté, comme admis au chef-d'œuvre, qui ne lui est accordé qu'après qu'il a été jugé suffisant et capable par un examen sommaire. Les interrogats du premier examen se font par neuf maîtres, au choix du premier chirurgien, et ceux du dernier, par douze au moins, tirés au sort. Les quatre semaines sont, la première de l'ostéologie, la seconde de l'anatomie, la troisième des saignées, et la quatrième et dernière des médicaments, pendant lesquelles l'aspirant soutient divers actes, fait plusieurs démonstrations, compose divers médica-

Ce fut là qu'il ne mit plus de bornes à son ardeur, et qu'il suivit à la fois la théorie et la pratique de la médecine et de la chirurgie. Non content d'assister assidûment aux leçons des écoles

ments, et répond à plusieurs interrogations qui lui sont faites par les quatre prévôts en charge. Enfin dans le dernier acte, appelé de réception, ou de prestation de serment, l'aspirant est interrogé par le premier chirurgien, ou son lieutenant, sur quelque maladie, ou quelque opération chirurgique, dont sur-le-champ il est obligé de faire son rapport par écrit; et son rapport lu et approuvé, il est reçu et prête le serment.

Dans le 12e titre, on traite de la légère expérience, qui consiste en deux examens faits en deux jours différents, l'un sur la théorie et l'autre sur les opérations.

Le 13e titre est des aggrégés à la communauté, et de la manière de les aggréger et recevoir. Ceux qui peuvent être aggrégés sont les chirurgiens du roi, ceux de la famille royale, les quatre barbiers-chirurgiens suivant la cour, à la nomination du grand prévôt; les huit chirurgiens servant en la grande artillerie; les principaux chirurgiens de l'hôtel royal des invalides, qui y auront servi six ans, etc., qui tous après avoir été reçus, ne font plus qu'un même corps avec la communauté, jouissent des mêmes privilèges, sont sujets à la même police, soumis aux mêmes statuts, et régis par les mêmes règles.

On parle des experts pour les bandages des hernies dans le 14e titre, et de la réception des maîtresses sages-femmes dans le 15e. A l'égard des premiers, il leur est défendu de faire aucune opération, ni incision, sous quelque prétexte que ce soit; et il leur est permis de faire seulement l'application de leur bandage. Aucun aspirant ne peut être admis à être reçu à la qualité d'expert pour les bandages que sur le consentement du premier médecin du roi, et s'il n'a servi deux ans chez l'un des maîtres chirurgiens, ou chez l'un des experts, pour lors établis à Paris. Dans l'examen qu'il doit subir, les interrogats se font par le premier chirurgien, ou son lieutenant, et par les quatre prévôts en charge. Enfin, il doit payer les droits réglés par l'article 126 des statuts. Pour ce qui concerne la réception des sages-femmes, elles ne peuvent être reçues qu'elles ne soient filles de maîtresses, ou apprenties, savoir de trois ans chez les maîtresses, ou de trois mois à l'Hôtel-Dieu. Leur examen se fait par le premier chirurgien, ou son lieutenant, les quatre prévôts en charge, et les quatre jurées sages-femmes du Châtelet, en présence du doyen de la faculté de médecine, des deux médecins du Châtelet, du doyen de la communauté et de huit maîtres. Les droits qu'elles doivent payer sont réglés par l'article 127 des statuts.

Les droits qui doivent être payés pour les réceptions et aggrégations sont réglés par les huit articles du 16e titre.

Enfin le 17e et dernier titre établit la police générale qui doit être observée dans la ville et faubourgs de Paris, par tous ceux qui exercent la chirurgie, ou qui sont tenus à l'exécution des statuts et règlements; et pour y tenir la main, les visites des prévôts en charge sont ordonnées, même dans les lieux privilégiés". A. O.

de la faculté et de celles de St-Côme, il suivait en même temps les cours d'anatomie, de chimie et de botanique; il ne manquait aucune visite ni aucun pansement dans les hôpitaux et surtout à l'Hôtel-Dieu où il fut bientôt admis à travailler lui-même, et malgré ce grand nombre d'occupations suivies, il trouvait encore le temps de parcourir toutes les parties de la philosophie; il avait même effleuré les mathématiques, mais il avait fait surtout une étude suivie de la métaphysique, pour laquelle le livre de la *Recherche de la Vérité* du P. Malebranche, lui avait inspiré le goût le plus vif et le plus décidé.

Au milieu de tant d'occupations sérieuses, il savait cependant dérober des moments pour son plaisir: un heureux hasard l'avait placé chez le célèbre M. Cochin, de l'académie royale de peinture; il en profita pour employer le peu de moments qui lui restaient libres, à apprendre le dessin et la gravure. Ce nouveau travail lui servait de délassement, et il y avait fait de tels progrès qu'on a vu des portraits de sa main très ressemblants, et qu'il avait dessiné et gravé la plupart des os de l'homme d'une manière assez parfaite pour que ces ouvrages pussent être avoués par les plus habiles en ce genre.

Ses cours étant absolument finis, il n'était plus question pour lui que de faire servir, au bien de ses concitoyens, les lumières qu'il venait d'acquérir: dans cette vue, il forma le projet de s'établir à Mantes et, pour y parvenir, il se présenta aux chirurgiens de cette ville pour être admis aux épreuves ordinaires; sa réputation, qui l'y avait devancé, devait lui aplanir toutes les difficultés; elle fit un effet tout contraire; les chirurgiens de Mantes crurent voir dans ce candidat un concurrent dangereux, et le refusèrent absolument; muni de l'acte authentique de leur refus, M. Quesnay vint à Paris se faire recevoir pour la ville de Mantes, il fut reçu avec les plus grands éloges et eut ses lettres le 9 août 1718. Ce fut aussi dans le même temps qu'il se maria avec Jeanne-Catherine Dauphin, fille d'un marchand des six corps de Paris.

La jalousie des chirurgiens de Mantes, qui les avait détournés de s'associer un homme qui leur faisait tant d'honneur, ne put empêcher sa réputation de s'étendre; il était principalement appelé pour le traitement des grandes blessures, et ses succès lui firent donner la place de chirurgien-major de l'Hôtel-Dieu, place alors d'autant plus importante que cet hôpital servit, pendant plusieurs années, d'asile à un très grand nombre de blessés du régiment du roi, employé, dans ce temps, aux travaux publics de la reconstruction d'une partie du vieux pont, nommé *pont Fayol*, lequel a été depuis remplacé par le magnifique pont qui a été construit sous les ordres de M. Perronnet, de cette Académie. Il s'était fait aussi un nom dans la pratique des accouchements, et il était habituellement désiré et reçu avec distinction chez tous les seigneurs voisins ; ce fut là que feu M. le maréchal de Noailles (¹) eut occasion de le connaître, et, ce qui en était une suite presque nécessaire, de l'estimer et de l'aimer ; le témoignage avantageux que ce seigneur rendit de lui à la feue reine détermina cette princesse à ne point faire venir ses médecins, dans le séjour qu'elle fit à Maintenon, en allant à Chartres, et en revenant de cette ville, après la naissance de feu Mᵍʳ le Dauphin (²) : elle osa confier le soin de sa santé à ce même chirurgien que ceux de Mantes avaient refusé peu d'années auparavant d'admettre parmi eux, et sa confiance ne fut point trompée.

Jusqu'ici nous n'avons vu M. Quesnay lutter que contre la fortune et contre des concurrents peu dignes de lui : nous allons bientôt le voir, sur un plus grand théâtre, aux prises avec un adversaire redoutable, et remporter sur lui la victoire la plus complète.

Le célèbre M. Silva publia en 1727 un livre sur la saignée, ce livre fut reçu avec tout l'applaudissement dû à la réputation de l'auteur ; M. Quesnay osa y remarquer des fautes, et en fit une critique, fondée sur les lois de l'hydrostatique ; plusieurs de ses amis, auxquels il confia le projet qu'il avait formé de la publier, et entr'autres le célèbre P. Bougeant, firent leur possible pour l'en détourner : ce dernier-ci nommément, ami de l'un et de l'autre, représentait à M. Quesnay avec combien de désavantage un simple chirurgien de province allait lutter contre un des coryphées de la médecine de Paris, reconnu presque unanimement pour législateur en cette partie. M. Quesnay ne répondit à cet imposant tableau qu'en priant le P. Bougeant de vouloir bien lire son manuscrit : il le lut et bientôt il ne craignit plus pour M. Quesnay : mais effrayé de l'orage qui menaçait le livre de M. Silva, il vint à Paris, lui présenta le manuscrit et tenta de l'engager à voir

(1) Adrien-Maurice duc de Noailles, maréchal depuis 1704 et, pendant la régence, longtemps à la tête des finances de l'Etat avec le duc de Villeroi. † 1766. Quesnay lui a dédié plusieurs de ses ouvrages, ainsi qu'à son fils Louis de Noailles, qui fut également plus tard maréchal. A. O.

(2) 1729. A. O.

M. Quesnay. et à s'arranger avec lui pour que sa critique ne fût pas publiée.

M. Silva, comptant peut-être un peu trop sur la supériorité de ses lumières, se contenta de rendre le manuscrit avec une espèce de dédain; cependant à peine le P. Bougeant fut-il parti qu'il voulut renouer la négociation, mais il n'était plus temps, le manuscrit avait été remis à M. Quesnay; cependant M. Silva trouva moyen d'engager M. le maréchal de Noailles à faire trouver chez lui les deux contendants en présence de plusieurs personnes en état de connaître de ce différend. M. Silva, toujours guindé sur sa réputation et sur sa prétendue supériorité, crut en imposer à M. Quesnay par un ton magistral et une espèce de persiflage ironique; mais le chirurgien de Mantes ne se payait pas de pensées brillantes, il réunit bientôt en sa faveur les suffrages de tous les assistants, et il fallut laisser à M. Quesnay la liberté de publier son ouvrage. Nous passerons ici sous silence le retardement qu'y apporta le censeur royal, ami de M. Silva, qui retint le manuscrit près d'un an; mais enfin M. Quesnay obtint des ordres exprès de M. le chancelier d'Aguesseau, le manuscrit fut enfin retrouvé, approuvé et imprimé [1].

M. Silva, irrité de cette publication qu'il regardait comme une espèce d'attentat, voulut accabler son adversaire d'une réponse foudroyante; il rassembla, dans cette vue, plusieurs fois chez lui les plus fameux géomètres de cette Académie qui l'avaient aidé dans les calculs sur lesquels était fondé son premier ouvrage; mais après avoir bien lu et examiné la critique de M. Quesnay, il fut décidé qu'elle resterait sans réponse; apparemment M. Silva adopta de bonne foi cette décision, car à sa mort arrivée bien des années après cet évènement, on ne trouva dans ses papiers aucun vestige de réponse projetée. Ce fut à peu près vers ce même temps qu'il fut admis dans la société des arts, qui subsistait alors à Paris avec la permission du roi et sous la protection de feu Mgr le comte de Clermont. prince du sang.

Nous avons dit dans l'éloge de M. de la Peyronie (V. *Hist. de*

(1) Sous le titre: *„Observations sur les effets de la saignée,* par François Quesnay, maître ès arts, membre de la société des arts, et chirurgien de Mantes, reçu à Saint-Côme, Paris 1730."* Ce premier écrit de Quesnay est dédié: à M. d'Abos, chevalier, seigneur de Binanville, Arnauville, Boinville, Breuil et autres lieux. conseiller au parlement de Paris. A. O.

l'Ac. 1747, p. 137) (¹), qu'en 1731 il obtint du roi l'établissement de l'Académie de chirurgie (²): on peut juger combien il était occupé de ce projet, il en conférait souvent avec M. Quesnay qu'il rencontrait chez M. le maréchal de Noailles; il ne fut pas longtemps sans s'apercevoir qu'il avait trouvé en lui un homme tel qu'il le pouvait désirer pour en faire, en qualité de secrétaire perpétuel, l'interprète de cette compagnie auprès du public.

Pour y parvenir, M. de la Peyronie avait deux choses à faire, et ni l'une ni l'autre n'étaient sans difficulté; il fallait premièrement déterminer M. Quesnay à venir s'établir à Paris, et il y avait la plus grande répugnance: il était très aimé à Mantes, et y jouissait de la plus grande considération; il pensait très philosophiquement et l'ambition n'avait aucune prise sur lui, et si l'adroit premier chirurgien n'eût su mettre en jeu l'amour du bien public, il ne serait jamais parvenu à le déterminer, mais ce motif triompha de sa résistance: il quitta Mantes et vint s'établir à Paris où il entra chez M. le duc de Villeroi, comme son médecin et son chirurgien, et bien plus encore, comme son ami; ce seigneur le gratifia quelque temps après d'une place de commissaire des guerres à Lyon, dont il avait droit de disposer en qualité de gouverneur de cette ville (³).

----

(1) On y cherche vainement des communications sur sa position vis-à-vis de Quesnay. A. O.

(2) „L'Académie royale de chirurgie, établie depuis 1731, confirmée par lettres patentes de 1748, est sous la direction du secrétaire d'état de la maison du roi, ainsi que les autres académies royales établies à Paris. Le premier chirurgien du roi y préside; les assemblées se tiennent dans la salle du collège de Saint-Côme, le jeudi. Le jeudi d'après la *Quasimodo*, elle tient une assemblée publique, dans laquelle l'Académie déclare le mémoire qui a remporté le prix fondé par feu M. de la Peyronie. Ce prix est une médaille d'or de la valeur de 590 liv. Cette médaille représentera, dans quelque temps que la distribution s'en fasse, le buste de *Louis le Bien-aimé*.“ Art. „Chirurgie“ de l'*Encyclopédie* par d'Alembert et Diderot. A. O.

(3) L'ouvrage de Quesnay: „*Essai physique sur l'économie animale*“, dont la première édition a paru en 1736, s'ouvre par un „Discours sur la théorie et l'expérience en médecine, présenté à l'Académie des sciences et belles-lettres de Lyon le 15 février 1735“. Comme l'auteur se donne, sur la page-titre de l'ouvrage, la qualité de membre de cette académie, il est évident que son admission a eu lieu lors de sa présence à Lyon. En outre, l'auteur se nomme déjà „chirurgien de Monseigneur le duc de Villeroi“. L'ouvrage est toutefois dédié à Monseigneur Adrien Maurice duc de Noailles et maréchal de France. L'incipit du discours présentant quelque intérêt biographique, nous le reproduisons ici; il est conçu en ces termes: „Mon établissement en province

Il restait encore une difficulté à vaincre à M. de la Peyronie. M. Quesnay, quelque digne qu'il en fût, n'était pas membre du collège de chirurgie de Paris, il ne pouvait pas honnêtement lui proposer d'y entrer par la voie ordinaire: pour lever ce dernier obstacle, il le fit revêtir, le 3 août 1737, d'une charge de chirurgien ordinaire du roi, en la prévôté de l'hôtel, qui lui donna de droit l'agrégation au collège de chirurgie, et lui fit peu après obtenir le brevet de professeur royal des écoles, pour la partie des médicaments chirurgicaux (¹).

Les désirs du premier chirurgien furent donc satisfaits: M. Quesnay fut nommé secrétaire de l'Académie de chirurgie, et il ne tarda pas à justifier le choix qu'on avait fait de lui, en publiant le premier volume des *Mémoires* (²) de cette compagnie, à la tête

(l'auteur était établi à Mantes sur Seine d'où Mgr le duc de Villeroi l'a retiré depuis peu pour le placer auprès de lui) m'a mis dans la nécessité absolue de m'appliquer autant à l'étude de la médecine qu'à celle de la chirurgie; et pendant environ vingt ans que j'y ai exercé sans relâche ces deux professions ensemble, j'ai été fort attentif à remarquer quelles sont les connaissances que l'on peut acquérir dans l'art de guérir par ce qu'on appelle vulgairement expérience, et combien on peut compter sur les recherches que l'on fait du côté de la théorie, pour nous éclairer dans la pratique de cet art", etc. — Par ce qui précède, nous pouvons fixer avec assez de certitude l'époque où Quesnay est allé s'établir à Paris. Comme le discours a été présenté à la mi-février 1735, que l'auteur y parle de son entrée au service du duc de Villeroi, qui a eu lieu „depuis peu", et que l'éloge lui-même dit que sa mission à Lyon lui a été donnée „quelque temps après" cette entrée, il est de toute probabilité que Quesnay s'est fixé à Paris au nouvel an 1735. A. O

(1) Cette indication de Fouchy ne concorde pas complètement avec l'*Almanach royal*. Dans cette publication, Quesnay n'a jamais été porté sous la rubrique „chirurgiens ordinaires du roi", mais il commence à figurer dans l'*Almanach* de 1738 (qui répondait déjà en partie à l'état de choses de 1737), comme l'un des 174 „chirurgiens jurés de Paris", avec domicile rue de Varenne, à l'hôtel Villeroi". En 1740 seulement (soit 1739), son nom figure aussi dans la rubrique „démonstrateurs (non pas professeurs) royaux en chirurgie. matière chirurgicale". Deux ans plus tard, nous trouvons à côté de lui, comme „substitut" son gendre (d'alors ou futur?) M. Hévin, qui fut ultérieurement premier chirurgien de la reine. L'année suivante (1743, soit 1742), la situation se présente dans le sens inverse, Hévin est démonstrateur et Quesnay substitut. Les choses restent dans le même état jusqu'en 1750, année où le nom de ce dernier disparaît soudain de toutes les catégories concernant Paris et est transféré dans la rubrique „autres médecins consultants du roi" avec la qualification „en cour". conformément à sa promotion, qui a eu lieu en, 1749, comme médecin particulier de la marquise de Pompadour. A. O.

(2) *Mémoires de l'Académie royale de chirurgie*, tome premier, Paris 1743. in-4°. Le deuxième volume n'a été publié qu'en 1753. Quesnay avait alors

duquel il mit une préface qui a été universellement regardée comme un chef-d'œuvre; un journaliste célèbre la compare à celle que feu M. de Fontenelle mit à la tête du premier volume de cette Académie (1); c'était en faire le plus grand éloge possible; nous pouvons même assurer que l'utilité de cet ouvrage n'est pas bornée à instruire ceux qui se destinent à la chirurgie; il n'est aucun des amateurs de toutes les autres sciences qui ne puisse trouver à y profiter.

Après quelques réflexions générales sur les obstacles qui semblent s'opposer le plus à l'avancement des sciences, il entre plus particulièrement en matière, et développe les règles principales qui doivent diriger ceux qui s'appliquent à l'art de guérir. L'observation et l'expérience sont les deux guides qu'il leur offre; par l'une, on démêle la marche souvent obscure de la nature; par l'autre, on l'interroge et on parvient à lui arracher ses secrets; l'une et l'autre ne doivent jamais se séparer. L'observation sans l'expérience ne peut produire qu'une théorie incertaine; l'expérience sans l'observation ne donne qu'un amas confus de faits sans liaison, et plus propres à jeter dans l'erreur qu'à conduire à la vérité; jointes ensemble, elles y mènent sûrement, et sans elles il n'y a ni science ni art; appliquant ensuite ce principe à la chirurgie, il en écarte avec soin les opinions arbitraires et peu fondées, les simples vraisemblances et les possibilités; il n'admet que les connaissances appuyées sur les causes et sur les signes qui les font reconnaître; en un mot, il trace dans cet ouvrage le plan d'une théorie lumineuse et d'une pratique sûre et éclairée; il y relève le mérite des grands hommes qui se sont distingués dans cette utile et brillante carrière, et dans le nombre desquels il serait trop injuste de lui refuser, après sa mort, une place distinguée. Les bornes prescrites à nos éloges nous ont forcé d'abréger extrêmement la notice que nous venons de donner de cette pièce intéressante pour tous ceux qui aiment ou qui cultivent les sciences.

Ce même volume contient, outre plusieurs observations détachées, quatre mémoires de M. Quesnay.

Le premier est un précis de diverses observations sur le trépan dans des cas douteux, où il cherche les raisons qui peuvent en

le titre de „secrétaire vétéran". Ce volume, non plus que le tome troisième qui a paru en 1757, ne renferme plus aucun travail de Quesnay. En revanche, le tome troisième contient des articles flatteurs sur les ouvrages publiés dans l'intervalle par Quesnay. A. O.

(1) C'est l'Académie royale des sciences. A. O.

pareil cas déterminer à recourir au trépan ou à éviter cette opération; on y trouve aussi des remarques sur l'usage qu'on doit faire des observations en général.

Dans un second mémoire, il recherche, d'après ses observations, les différents cas dans lesquels il est nécessaire de multiplier les couronnes de trépan, et fait voir, par des exemples remarquables, que le crâne peut être ouvert avec succès dans une grande étendue dès que le cas le demande.

Le troisième contient des observations sur les exfoliations des os du crâne et sur les moyens dont on se sert pour accélérer cette exfoliation.

Enfin le quatrième contient des remarques sur les plaies du cerveau, desquelles il résulte qu'il est susceptible de plusieurs opérations qui peuvent, dans bien des cas, sauver la vie aux malades; il y examine encore quels sont les remèdes qui conviennent le mieux pour la cure des plaies de ce viscère, et quelle est la manière la plus avantageuse de les employer. Ces quatre mémoires sont, comme on le voit, une dissertation suivie sur les plaies de la tête (¹); on dirait que M. Quesnay avait voulu donner dans ce même volume un exemple de l'application des règles qu'il avait données dans sa préface.

Le procès qui s'éleva presque aussitôt après la publication de ce volume, entre la faculté de médecine et le collège des chirurgiens, mit la capacité de M. Quesnay à une nouvelle épreuve; ceux-ci crurent avoir une ressource assurée dans ses talents, et ils ne se trompèrent pas; il eut la plus grande part non seulement aux ouvrages polémiques, mais encore aux mémoires juridiques qui parurent pendant l'intervalle de sept ans que dura cette grande affaire; le chirurgien devint antiquaire, jurisconsulte, historien, et rendit en toutes ces qualités les services les plus essentiels à sa compagnie. Mais parmi tous les ouvrages que ces circonstances exigèrent de lui, celui qu'il affectionnait le plus était l'écrit intitulé *Examen impartial des contestations* (²), etc. Ce n'était sûrement

---

(1) Cette analyse des mémoires n'est pas complètement exacte. Voir le *Tableau des Œuvres complètes* de Quesnay. à la fin de cet ouvrage. A. O.

(2) Le titre complet de cet ouvrage qui a paru sous un pseudonyme, est: *Examen impartial des contestations des médecins et des chirurgiens, considérées par rapport à l'intérêt public,* par M. de B. 1748, in-12°. Bien que Quesnay fût lui-même, depuis quatre ans déjà, docteur en médecine, il combattait dans cet ouvrage les prétentions excessives des médecins. L'intérêt

pas le temps qu'il y avait employé qui lui inspirait cette affection; car il fut conçu et exécuté en dix à douze jours; ce qu'il y a de plus singulier, c'est que lorsqu'il le composa il était déjà docteur

public parlait en faveur du droit des chirurgiens. Dans les conclusions du mémoire on lit: „Le public a sa vie à défendre dans les contestations des médecins et des chirurgiens; ceux-ci, au contraire, combattent pour des intérêts bien importants.... L'intérêt public est donc réellement l'unique objet de la décision des contestations des médecins et des chirurgiens; et cet intérêt est de la dernière importance.“ L'article *Chirurgien* de l'*Encyclopédie* de d'Alembert et Diderot donne des renseignements détaillés sur le sujet spécial de la lutte. D'après cet article, la patente royale de 1731 par laquelle l'Académie royale de chirurgie avait été fondée, avait accordé au corps de St-Côme divers droits qui rapprochaient des médecins les membres de cette communauté.

„Cette loi — ainsi s'exprime l'article dont il s'agit — les lavait de l'ignominie qui les couvrait: en rompant le contrat d'union avec les barbiers, elle rendait les chirurgiens à l'état primitif de leur art, à tous les droits, privilèges, prérogatives dont ils jouissaient par l'autorité des lois avant cette union. La faculté de médecine disputa aux chirurgiens les prérogatives qu'ils voulaient s'attribuer, et elle voulut faire regarder le rétablissement des lettres dans le sein de la chirurgie, comme une innovation préjudiciable au bien public et même au progrès de la chirurgie. L'université s'éleva contre les chirurgiens, en réclamant le droit exclusif d'enseigner. Les chirurgiens répondirent à toutes les objections qui leur furent faites. Ils prouvèrent contre l'université, qu'une profession fondée sur une législation constante les autorisait à donner, partout où bon leur semblerait, des leçons publiques de l'art et science de chirurgie; qu'ils avaient toujours joui pleinement du droit d'enseigner publiquement dans l'université; que la chirurgie étant une science profonde et des plus essentielles, elle ne pouvait être enseignée pleinement et sûrement que par les chirurgiens; et que les chirurgiens ayant toujours été de l'université, l'enseignement de cette science avait toujours appartenu à l'université. De là les chirurgiens conclurent que l'université, pour conserver ce droit, qu'ils ne lui contestaient pas, avait tort de s'élever contre la déclaration du roi, qui en maintenant les chirurgiens (obligés dorénavant à être maîtres-ès-arts) dans la possession de lire et d'enseigner publiquement dans l'université, lui conservait entièrement son droit. Ils ajoutèrent que si l'université refusait de reconnaître le collège et la faculté de chirurgie, comme faisant partie d'elle-même, elle ne pourrait encore faire interdire aux chirurgiens le droit d'enseigner cette science, étant les seuls qui soient reconnus capables de l'enseigner pleinement; et que l'université voudrait en vain dans ce cas opposer aux lois, à l'usage et à la raison, son prétendu droit exclusif d'enseigner, puisqu'elle ne peut se dissimuler que ce droit qu'elle tient des papes, a donné par nos rois, seuls arbitres du sort des sciences, à différents collèges qui enseignent, hors de l'université, des sciences que l'université enseigne elle-même. Ces contestations, qui furent longues et vives, et dans le cours desquelles les deux principaux partis se livrèrent sans doute à des procédés peu meen médecine. Ce changement d'état qu'on lui a souvent reproché, mérite bien que pour sa gloire nous en rapportions les motifs.

Tous ceux qui ont connu M. Quesnay, savent combien son envie

surés, pour soutenir leurs prétentions respectives, sont enfin terminées par un arrêt du conseil d'Etat du 4 juillet 1750. „Le roi voulant prévenir ou faire cesser toutes nouvelles difficultés entre deux professions (la médecine et la chirurgie) qui ont un si grand rapport, et y faire régner la bonne intelligence, qui n'est pas moins nécessaire pour leur perfection et pour leur honneur que pour la conservation de la santé et de la vie des sujets de Sa Majesté, elle a résolu d'expliquer ses intentions sur ce sujet." Le roi prescrit par cet arrêt: 1° un cours complet des études de toutes les parties de l'art et science de la chirurgie, qui sera de trois années consécutives; 2° que pour rendre les cours plus utiles aux élèves en l'art et science de la chirurgie, et les mettre en état de joindre la pratique à la théorie, il sera incessamment établi dans le collège de St-Côme de Paris, une école pratique d'anatomie et d'opérations chirurgicales, où toutes les parties de l'anatomie seront démontrées gratuitement, et où les élèves feront eux-mêmes les dissections et les opérations qui leur auront été enseignées; 3° Sa Majesté ordonne que les étudiants prendront des inscriptions au commencement de chaque année du cours d'étude, et qu'ils ne puissent être reçus à la maîtrise qu'en rapportant des attestations en bonne forme du temps d'études. Le roi règle par plusieurs articles comment la faculté de médecine sera invitée, par les élèves gradués, à l'acte public qu'ils soutiennent à la fin de la licence, pour leur réception au collège de chirurgie; et Sa Majesté veut que le répondant donne au doyen de la faculté, la qualité de *decanus saluberrimæ facultatis*, et à chacun des deux docteurs assistants, celle de *sapientissimus doctor*, suivant l'usage observé dans les écoles de l'université de Paris. Ces trois docteurs n'ont que la première heure pour faire des objections au candidat; les trois autres heures que dure l'acte, sont données aux maîtres en chirurgie, qui ont seuls la voix délibérative pour la réception du répondant. Par l'article xix de cet arrêt, Sa Majesté s'explique sur les droits et prérogatives dont les maîtres en chirurgie doivent jouir; en conséquence elle ordonne que conformément à la déclaration du 23 avril 1743, ils jouiront des prérogatives, honneurs et droits attribués aux autres arts libéraux, ensemble des droits et privilèges dont jouissent les notables bourgeois de Paris; et Sa Majesté par l'article xx déclare qu'elle n'entend que les titres d'*école* et de *collège* puissent être tirés à conséquence, et que sous prétexte de ces titres les chirurgiens puissent s'attribuer aucun des droits des membres et suppôts de l'université de Paris. Cette restriction met le collège de chirurgie au même degré où sont le collège royal et celui de Louis-le-Grand."

Lors de la solution définitive de la contestation qui s'était terminée par la victoire des chirurgiens, Quesnay se trouvait déjà depuis une année dans une situation influente à la cour. Il a sans doute fait de grands efforts en faveur de l'arrêt du 4 juillet 1750 et c'est peut-être sur cela que repose l'assertion de Fouchy disant que dans cette affaire Quesnay s'est aussi montré comme „jurisconsulte" et a rédigé divers „mémoires juridiques". A. O.

de servir ses compatriotes était vive et désintéressée : dès l'âge de vingt ans, il avait été attaqué de la goutte, qui se portait par préférence sur ses mains et sur ses yeux ; les attaques devinrent plus fortes et plus fréquentes, et il les regarda comme un ordre de la providence qui lui interdisait les opérations manuelles de chirurgie, et il crut devoir se mettre en état de rendre ses connaissances utiles dans la médecine proprement dite ; il prit donc le bonnet de docteur dans l'université de Pont-à-Mousson pendant la campagne de 1744, où il avait suivi le feu roi à Metz (¹) ; et pour se mettre en état d'exercer la médecine sans inquiétude, il acheta peu après de M. Marcot la survivance de la charge de premier médecin ordinaire du roi et de médecin du grand commun, et il obtint par la suite la place de médecin consultant de Sa Majesté, vacante par la mort de M. Terray (²).

(1) C'est-à-dire qu'il accompagnait le duc de Villeroi comme étant alors son médecin, et non pas encore en qualité de médecin du roi. A. O.

(2) De Fouchy n'est pas dans le vrai en disant que Quesnay avait „peu après" 1744, acheté la survivance de la charge de premier médecin ordinaire du roi. Déjà ailleurs (note 2, page 16), nous avons établi que Quesnay n'a été appelé à la cour que dans le courant de l'année 1749, et d'abord en qualité de „autre médecin consultant du roi". Il a revêtu ces fonctions pendant trois ans et ce n'est qu'en 1753 que l'*Almanach royal* diffère des précédents par suite des changements survenus en 1752. Tout-à-coup nous trouvons le nom d'abord à la deuxième place comme suit :

Premier médecin ordinaire :

M.: { Marcot, médecin de la faculté de Montpellier, en cour.
{ Quesnay, docteur en médecine, *en survivance*.

En même temps, son nom figure aussi dans la rubrique : „médecins consultants du roi", tandis qu'il disparaît de celle intitulée : „autres médecins consultants du roi". Le „peu après" de Fouchy s'étend ainsi en réalité à huit ans. Quesnay n'a pas non plus acheté la survivance de la place importante „pour se mettre en état d'exercer la médecine sans inquiétude", mais c'est un évènement déterminé qui a amené ce changement dans la position de Quesnay (voir à ce sujet note 1, page 32). Après la mort de Marcot, survenue en 1755, le nom de Quesnay paraît seul, et avant lui, comme „premier médecin", figure celui de M. Pierre Senac en remplacement de messire François Chicoyneau, décédé la même année. En 1762, l'*Almanach royal* donne un second nom à côté de celui de Quesnay, savoir Le Monnier, médecin de la faculté de Paris, *en survivance*. En 1773 et 1774, la charge de „premier médecin" demeure vacante. Il est bien possible que Quesnay en ait rempli les fonctions sans en être le titulaire légal, et ce fait peut avoir donné lieu, pendant la maladie de Louis XV, à ces frottements qui ont provoqué la disgrâce dont Louis XVI a frappé Quesnay. L'*Almanach* de l'année 1775 (Quesnay est mort le 16 décembre 1774) l'indique cependant encore dans son ancienne charge.

Cette dernière grâce du roi avait été précédée par une autre
d'un genre tout différent: le roi lui avait accordé des lettres de
noblesse, et ce prince, qui l'appelait souvent *le penseur*, lui donna
lui-même pour armes trois fleurs de pensée, avec cette devise:
Propter cogitationem mentis (¹).

Mais dans la rubrique „premier médecin" paraissent subitement deux nouveaux noms, ceux de MM. Lieutaud et de la Sone. A. O.

(1) Quesnay a, pour la première fois, ajouté le titre d'„écuyer" sur son
„*Traité des fièvres continues*", „l'ouvrage le plus intéressant peut-être qui sortit
de sa plume" (Fouchy, page 34), paru en 1753. Ce titre est donc en connexité
avec ses autres avancements. Ceux-ci ont été la récompense de ce que Quesnay a
sauvé le dauphin atteint de la petite vérole en 1752. L'anoblissement de Quesnay et la qualification de „penseur" qui lui a été donnée de la part du roi
sont d'autant moins dus aux travaux économiques du créateur de la physiocratie, que son premier traité économique (article „Fermiers" de l'*Encyclopédie*)
ne date que de 1756. Il est hors de doute que la marquise de Pompadour,
qui était alors au plus haut degré de sa puissance, ait concouru d'une manière
décisive à tous ces bienfaits. Un document lui attribue même directement à ce
sujet une action qui sans cela est attribuée au roi. Dans l'ouvrage de Capefigue, *Madame la marquise de Pompadour*, Paris 1858, p. 262, on lit: „Madame de Pompadour avait dessiné ses armoiries (celles de Quesnay) comme
elle l'avait fait pour le comte de Buffon. Les armoiries consistaient en trois
feuilles de pensée avec cette devise: „Propter cogitationem mentis". Ceci concorde mieux avec les renseignements que nous avons sur la position de
Quesnay vis-à-vis du roi et vis-à-vis de la Pompadour que les données de Fouchy
qui cependant sont encore soutenues par d'Albon et Romance de Mesmon.

Quoiqu'il en soit, celui qui avait été subitement comblé de bienfaits s'est
senti profondément obligé envers la Pompadour. Sinon il lui aurait difficilement dédié son „*Traité des fièvres continues*", publié peu après (1753) et
dont nous communiquons ici la dédicace assez humble:

„A madame de Pompadour.

Madame,

L'estime que Vous faites des talents et le soin que Vous avez d'attirer sur
eux ces regards puissants qui font leur gloire et leur récompense, Vous donnent
un droit légitime aux hommages de tous ceux qui cultivent les sciences et
les arts. Celui que je Vous rends aujourd'hui Vous appartient à des titres
plus particuliers. La confiance dont Vous m'honorez, Madame, me donne un
avantage sur tous ceux qui, comme moi, Vous adressent leurs respects. Elle
me met à portée de voir chaque jour le principe même de ces sentiments
généreux dont les autres ne ressentent que les effets. Oui, Madame, j'admire
sans cesse cette bonté d'âme qui s'étend à tous et qui met tant d'attention
à saisir les instants de faire le bien, et tant de soins à en éviter l'éclat. C'est
à ce trait qui Vous distingue singulièrement que je consacre mon hommage
et le respect infini avec lequel je suis, Madame, Votre très humble et très
obéissant serviteur   Quesnay." A. O.

Un homme tel que M. Quesnay était fait pour être désiré dans toutes les compagnies littéraires; il était dès 1735 de l'Académie royale des sciences, belles-lettres et beaux-arts de Lyon; la Société royale de Londres l'avait depuis longtemps admis au nombre de ses membres; l'Académie désirait aussi de se l'acquérir, elle profita de la première occasion qui se présenta, et il y obtint le 12 mai 1751, la place d'associé libre, vacante par la mort de M. le marquis d'Albert. Il y avait longtemps que M. Quesnay avait fait ses preuves par les excellents ouvrages qu'il avait publiés; indépendamment du livre qu'il publia en 1730, relativement à sa dispute avec M. Silva, sous le titre d'*Observations sur les effets de la saignée*, il avait publié dès 1736 son *Essai physique sur l'économie animale*, auquel il joignit un autre petit ouvrage intitulé: *l'Art de guérir par la saignée*. Il est étonnant de voir avec combien de précision et de brièveté il avait su traiter ces deux importants objets, en approfondissant néanmoins tout ce qu'il y a de plus intéressant sur ces matières; car l'ensemble des deux ouvrages ne compose qu'un seul volume in-12; les faits y forment partout les principes et les preuves qui lui servent de base; ils sont exposés avec une telle brièveté et mis dans un si beau jour que, quoiqu'ils ne fassent pour ainsi dire que passer rapidement sous les yeux, ils n'en sont pas moins frappants; de plus, l'ordre dans lequel ils sont présentés est si naturel qu'il en résulte un système rempli de nouveautés sans être nouveau. Ce ne sont que les vrais principes de cette partie de la médecine, appuyés d'observations plus décisives qu'on n'en avait employé jusqu'alors et desquelles il résulte une pleine conviction: les raisonnements tiennent peu de place dans cet ouvrage; on n'y trouve que ceux qui sont nécessaires pour exposer et pour prouver avec précision la doctrine qui doit naître des expériences et des observations énoncées par l'auteur; et il est si persuadé qu'au delà des faits il n'y a plus rien de sûr, que les premières causes qu'il admet ne sont ordinairement que de premiers effets généraux qu'il n'entreprend point d'expliquer, mais qui lui servent à en expliquer une infinité d'autres. Il donna par la suite une seconde édition de son *Économie animale*, considérablement augmentée, et surtout de beaucoup de tables; elle parut en 1747 en trois volumes in-12; la seconde édition du *Traité des effets et de l'usage de la saignée* parut aussi en 1750 avec des additions; elle avait été précédée en 1749 par deux traités, l'un sur *la suppuration*, et l'autre sur la *gangrène*.

En 1753, M. Quesnay publia son *Traité des fièvres continues*, dans lequel il a rassemblé et examiné les principales connaissances que les anciens avaient acquises sur cet objet par l'observation et par la pratique, et particulièrement sur les pronostics, la coction, les crises et la cure de ces maladies. Nous ne répéterons point ici ce que nous avons dit alors dans l'*Histoire de l'Académie*; (1753, p. 143) mais nous ne pouvons nous dispenser d'ajouter une anecdote singulière; cet ouvrage, le plus intéressant peut-être qui soit sorti de sa plume, a été composé entièrement à l'armée, au milieu du tumulte d'un camp et dans une grange qui servait de logement à lui et à tout son monde, et où il s'était retranché sur un tas de paille. On peut juger par là de la facilité avec laquelle il travaillait et de la fidélité de sa mémoire; on ne doit pas au reste en être surpris; celui qui savait lire et méditer sur un grand chemin pendant les ardeurs de la canicule, devait être fort à son aise pour composer un livre dans la grange et sur le tas de paille où nous venons de le représenter.

Les derniers ouvrages de M. Quesnay furent imprimés à Versailles, par ordre exprès du feu roi, qui en tira lui-même quelques épreuves; ils consistaient en des observations sur la *conservation de la vue*, in-4°: en un ouvrage sur la *psychologie ou science de l'âme*, même format, et en un extrait assez étendu des *économies royales de M. de Sully*. Ces ouvrages ont été si soigneusement séquestrés qu'il n'en est pas même demeuré un seul exemplaire à sa famille ([1]).

Le dernier était le commencement du travail qui a occupé M. Quesnay pendant la plus grande partie de ses dernières années; il avait, au suprême degré, l'esprit de patriotisme; il connaissait

(1) Au sujet de cette énonciation quelque peu singulière, voir, sur l'origine du Tableau économique, la note 1, page 125, du présent ouvrage. — Mais que l'on remarque déjà ici que cette phrase ne se rapporte pas à moins de trois ouvrages de diverses branches des sciences (savoir: médecine, philosophie et économie politique), qui „furent imprimés à Versailles par ordre exprès du roi, qui en tira lui-même quelques épreuves". L'image que nous donnent de Louis XV les biographes de Quesnay diffère à un très haut degré de celle que nous fournissent d'autres sources historiques et notamment les *Mémoires de Madame du Hausset*, que l'on trouve ci-après. G. Kellner, dans son ouvrage „Zur Geschichte des Physiocratismus", Göttingue 1847, indique même (page 18) que Louis XV a collaboré à l'ouvrage de Quesnay „Histoire de l'origine et des progrès de la chirurgie en France" (Paris 1744), mais il fait suivre cette indication d'un (?). A. O.

parfaitement le détail et la théorie de l'agriculture, qu'il avait étudiée en physicien et pratiquée autrefois en agriculteur. Il était à portée de voir, de plus près qu'un autre, les ressorts du gouvernement; il se livra tout entier au système économique; il composa sur ce sujet un traité intitulé *La Physiocratie* ou *Constitution naturelle du gouvernement*, et ce livre fut publié en 1768 par les soins de M. Dupont, inspecteur général du commerce; il donna sur ce sujet un très grand nombre de mémoires intéressants qui se trouvent répandus dans les journaux d'agriculture et dans les *Éphémérides du citoyen;* il favorisait, de tout son pouvoir, ceux qui s'appliquaient à ce travail, et leur communiquait, sans réserve, les lumières qu'il y avait acquises. Ce goût s'est conservé chez lui jusqu'au dernier moment, et dans le mois qui précéda sa mort, il composa encore sur cet objet trois mémoires qui firent dire à un homme en place ([1]) *que M. Quesnay avait une tête de trente ans sur un corps de quatre-vingts.*

Nous ne le suivrons pas plus loin dans cette nouvelle carrière, elle est trop éloignée des occupations de l'Académie qui passerait témérairement ses bornes en traitant ici des matières qui ne sont point de son objet, qui n'ont point été soumises à son examen, et desquelles elle n'ignore pas que le gouvernement s'occupe essentiellement; mais ce qu'il nous est permis de relever, c'est l'amour de M. Quesnay pour ses concitoyens, cet amour si pur et si détaché de tout intérêt: c'est la multitude de travaux sur cette matière qui l'avait mis en quelque sorte à la tête et rendu comme l'oracle de tous ceux qui couraient la même carrière. Il est beau d'être en quelque sorte législateur de ceux même qui travaillent à imposer des lois aux autres hommes.

Les calculs inséparables des combinaisons nécessaires à cet ouvrage lui firent souvent regretter d'avoir négligé l'étude des mathématiques, et comme il ne connaissait les difficultés que pour les vaincre, il crut pouvoir surmonter celles-ci en se livrant à cette étude; mais il oubliait son âge; la vigueur de ses organes ne répondait plus à l'activité de son âme, et sa tête n'était plus en état de soutenir, comme autrefois, un travail long et pénible sur des

---

(1) Turgot? Il est probable que les trois mémoires étaient destinés aux „Nouvelles éphémérides économiques" alors en préparation, mais dont le commencement n'a pas paru du vivant de Quesnay. Ces mémoires n'ont pas été publiés dans les *Éphémérides* et nous manquons de tout renseignement sur ce qu'ils sont devenus · sur ce qu'ils contenaient. A. O.

matières abstraites; il s'égara et crut avoir résolu le fameux problème de la quadrature du cercle; ses amis firent ce qu'ils purent pour l'empêcher de publier cette prétendue découverte: il fut toujours inflexible et la fit imprimer (¹); nous ne pouvons nous dispenser d'avouer que ce fut une faute, et pourquoi ne l'avouerions-nous pas? nos éloges ne sont pas des panégyriques, et une faute de cette espèce, qui ne peut être attribuée qu'à l'affaiblissement de génie qu'amènent nécessairement le grand âge et les longs travaux, trouve son excuse dans sa propre cause, et n'intéresse que bien peu sa gloire.

L'âge, cependant, de M. Quesnay s'avançait toujours, et son corps s'affaiblissait visiblement; les douleurs de la goutte qui le tourmentait depuis sa jeunesse, devinrent plus aiguës et presque

(1) En Allemagne, il est en général admis que ces recherches n'ont pas été publiées. Ainsi G. Kellner, dans son livre „Zur Gechichte des Physiocratismus" (Göttingue 1847), dit, p. 25: „Vainement ses amis se sont efforcés d'empêcher la publication de cette découverte problématique. Ce qu'ils n'avaient pas pu faire, la mort l'a fait." De même Laspeyres (art.: Quesnay, Turgot und die Physiokraten, dans le „Staatswörterbuch" de Bluntschli) dit: „Dans les dernières années de sa vie, il croyait avoir trouvé la quadrature du cercle, et la mort l'a seule empêché de publier cette prétendue découverte." Ceci n'est toutefois pas exact. Une année avant sa mort ont paru, sous le voile de l'anonyme, il est vrai, les *Recherches philosophiques sur l'évidence des vérités géométriques* (in-8° 1773); dans cette publication il annonçait au monde sa découverte, ce qui a fait un grand chagrin à ses amis. „C'est bien là le scandale des scandales, dit Turgot, en parlant de cet ouvrage; c'est le soleil qui s'encroûte." (Voir G. Schelle, Dupont de Némours et l'école physiocratique, Paris 1888, page 124.) Nous avons parcouru le livre, et nous n'y avons découvert en aucune façon la faiblesse d'esprit de laquelle il aurait été, dit-on, le résultat. Tout bien considéré, Quesnay reste fidèle, dans cet ouvrage, à sa manière de voir manifestée aussi en matière économique. Dans le Tableau économique, il croyait avoir trouvé la pierre philosophale pour la vie sociale de l'humanité. Etait-il étonnant qu'il cherchât la quadrature du cercle dans la géométrie? La bibliothèque nationale de Paris possède encore un opuscule intitulé „Polygonométrie" et dans lequel on reconnaît facilement l'auteur des „Recherches philosophiques". C'est un in-4° sans doute imprimé comme manuscrit et destiné à être soumis, avant sa publication, au jugement de quelques amis et spécialistes. L'exemplaire dont il s'agit porte quelques notes marginales relatives au sujet traité, ainsi qu'une mention que l'opuscule a été écrit par Quesnay. Il est probable que celui-ci faisait souvent tirer de semblables épreuves à l'imprimerie du château royal, et que le coût de ce travail était ensuite porté au compte du roi. C'est de là qu'a pu naître la fable que ces mémoires ont été imprimés sur l'ordre exprès du roi. — Comparer la note 1, page 125. A. O.

continuelles, il les souffrit avec une patience héroïque, et lorsque
ses amis lui témoignaient combien ils en étaient touchés, il répondait naïvement, « il faut bien avoir quelques maux à mon âge,
« les autres ont la pierre, sont paralytiques, aveugles, sourds, ca-
« cochymes; eh bien, moi j'ai la goutte! je ne suis pas plus à plaindre
« qu'eux; » il changeait alors de propos, et la conversation devenait
très vive, et souvent même très gaie et très amusante. Cet homme
cependant si dur pour lui-même, était d'une sensibilité rare pour
les souffrances des autres; il ne pouvait même voir souffrir un
animal sans éprouver la plus vive émotion.

Malgré la multiplicité des connaissances de M. Quesnay et la
vivacité de son esprit, il avait senti que la liberté de penser devait
avoir des bornes; il avait fait une étude suivie des matières de
la religion (¹), et tous ses écrits portent l'empreinte du respect qu'il
avait pour elle; on lui a toujours rendu justice sur cet article;
ses mœurs et sa conduite étaient pour ainsi dire l'image et l'expression vivante de ses sentiments à cet égard. Il en a recueilli
le fruit par la tranquillité qui accompagna ses derniers moments;
il est mort le 16 décembre 1774, ayant vu approcher la mort
avec la même sérénité qu'il aurait contemplé la fin d'un beau
jour, calme précieux qui n'accompagne que la mort des gens de
bien, et qui fuit alors loin de ceux qui se sont égarés hors des
sentiers de la vertu.

M. Quesnay n'était ni d'une taille ni d'une figure avantageuses;
il avait cependant une physionomie spirituelle, et sa conversation
ne démentait pas ce coup-d'œil; elle était également instructive
et amusante; il possédait l'art précieux de se mettre à la portée
de tous ceux avec lesquels il avait à traiter, et de ne laisser paraître de sa capacité que ce qui était nécessaire pour les instruire
sans choquer leur amour-propre en leur faisant sentir une supériorité inutile.

Il possédait au suprême degré l'art de connaître les hommes;
il les forçait pour ainsi dire sans qu'ils s'en aperçussent, à se
montrer à ses yeux tels qu'ils étaient; aussi accordait-il sa confiance sans réserve à ceux qui la méritaient, et le long usage de
la cour l'avait mis à portée de parler sans rien dire aux autres;
il ne les ménageait cependant à ce point que lorsqu'ils ne s'étaient
pas trop démasqués; ceux qui lui montraient à découvert une âme

(1) On ne sait rien d'un mémoire spécial sur cette matière. Il s'agit probablement d'un essai qui toutefois n'a pas été publié. A. O.

vile et corrompue pouvaient être sûrs, de quelque qualité qu'ils fussent, d'être traités comme ils le méritaient.

La quantité de connaissances en tout genre qu'il avait amassée était immense et paraît incroyable, si on remarque le peu de temps qu'une vie toujours très active lui avait laissé, mais il savait en mettre à profit jusqu'aux moindres instants; une heureuse mémoire et une tête excellente lui donnaient le moyen de rejoindre si parfaitement ces morceaux détachés, qu'ils formaient chez lui un tout continu; il eût presque trouvé les éléments d'une science dans un dictionnaire. Cette érudition au reste n'était chez lui qu'en dépôt pour le besoin; elle ne lui servait qu'à être toujours au pair de la conversation; toutes les sciences et tous les arts lui étaient familiers; il était bien éloigné de se servir de tout ce savoir pour s'épargner des recherches; les opinions des plus grands hommes ne devenaient pour lui des autorités qu'après qu'il les avait soumises à l'examen et à l'expérience; et en ce sens, on peut dire que les idées mêmes qu'il avait empruntées des autres étaient à lui, et que ses ouvrages étaient absolument neufs. Toutes ces qualités étaient couronnées chez lui par une simplicité naïve, qui rendait son commerce extrêmement agréable, même dans la société domestique où on le trouvait toujours égal et où la sérénité de son âme se peignait jusque dans ses moindres actions.

Quoiqu'il fût depuis longtemps à la cour et qu'il y jouît d'un crédit considérable, il n'a jamais eu même la pensée de l'employer pour lui ni pour les siens, et s'il en a quelquefois fait usage, ce n'a jamais été qu'en faveur de ceux qu'il croyait pouvoir mettre en état de servir le public; la nation française était sa famille, et il se croyait débiteur de quiconque la pouvait servir; en un mot, on peut dire que si l'enthousiasme du patriotisme, une très longue carrière et les talents les plus précieux, employés sans relâche et dans toute leur étendue au bien de la société, donnent quelque droit à la reconnaissance des hommes, personne n'y en a jamais eu plus que M. Quesnay. Il n'a laissé de son mariage qu'un fils et une fille; cette dernière avait été mariée à M. Hévin, premier chirurgien de Madame, auquel en mourant elle a laissé quatre enfants. La place d'associé libre qu'occupait M. Quesnay dans cette Académie a été remplie par M. Menard de Chousy, conseiller d'état, contrôleur général de la maison du roi, chevalier des ordres royaux, militaires et hospitaliers de Notre-Dame du Mont-Carmel et de Saint-Lazare de Jérusalem, déjà surnuméraire dans cette classe.

ÉLOGE HISTORIQUE

DE

M. QUESNAY,

contenant l'analyse de ses ouvrages, par M. le comte D'A*** (¹)

> Civis erat qui libera posset
> Verba animi proferre, et vitam impendere vero
> Juvenal, IV. Sat.

Soulager l'humanité souffrante; perfectionner les arts utiles; éclairer les peuples sur leurs vrais intérêts; fixer d'une manière invariable les principes de l'administration; montrer les effets funestes d'un mauvais régime public, en indiquer les causes et les remèdes; instruire les hommes de tous les âges, de tous les rangs, de toutes les nations, de tous les siècles à venir: c'est mériter de l'univers entier des suffrages qu'il n'accorde qu'à quelques-uns de ceux mêmes que nous regardons comme de grands hommes. Qui fut plus digne de cette gloire que le célèbre Quesnay que la mort nous a enlevé? Ami de ses semblables il consacra ses travaux à prolonger leurs jours: tout ce qui les intéressait lui était cher. Son zèle pour le bien public, soutenu d'un génie puissant et vigoureux, lui fit combattre des préjugés contraires au progrès de la vérité et créer un système qui suppose dans son auteur des vues neuves et profondes, des sentiments nobles, généreux et grands. Appuyé sur les principes sacrés de la nature, et sur les règles immuables de l'ordre, il durera autant que la nature et l'ordre subsisteront. Les imputations vagues et confuses de

---

(1) M. le *comte d'Albon*, co-rédacteur des *Nouvelles éphémérides économiques*. L'éloge a paru dans le numéro V de 1775, de cette publication et simultanément en brochure spéciale in-12. A. O.

ceux qui n'ont pas daigné l'étudier, les traits de la raillerie, ressource ordinaire des esprits médiocres et vains, s'émousseront contre un édifice qui a la raison pour base, l'humanité pour objet, la justice pour soutien; et les hommes éclairés, les vrais citoyens, les philosophes sensibles conserveront toujours une reconnaissance respectueuse pour celui qui soumit à un calcul sévère leurs rapports mutuels, leurs intérêts, leurs droits et leurs devoirs. Elevons un monument digne, s'il est possible, de ce bienfaiteur du monde; et pour lui accorder le tribut d'éloge qu'il mérite, faisons-le connaître tel qu'il a été dans les âges divers de sa vie; suivons-le depuis son berceau; il n'est pas indifférent d'apprendre comment un grand homme s'est formé, jusqu'à ce jour malheureux où nous l'avons perdu; il importe aussi de savoir comment il a fini. Peignons ses talents, son caractère, ses mœurs, sa conduite, ses écrits, avec la simplicité qui lui était si naturelle, et qui fait le plus bel ornement de la vérité. Les lumières de son génie nous éclaireront, et les qualités de son âme nous exciteront à la vertu.

François Quesnay, écuyer, conseiller, premier médecin ordinaire et consultant du Roi, naquit à *Méré*, près Montfort-Lamaury, le 4 juin 1694, d'une famille très honnête; son père était avocat, et d'une probité universellement reconnue. L'amour qu'il avait pour l'agriculture, le premier de tous les arts, parce qu'il est le plus nécessaire, le fit retirer à la campagne dans un bien dont il avait la propriété. Il fondait sur le jeune Quesnay ses plus douces espérances: il se plaisait à lui former le cœur, et à lui inculquer les principes d'une saine morale; il lui disait ce que Quesnay aimait à répéter, en se rappellant le souvenir de son père; « Mon « fils, le temple de la vertu est soutenu sur quatre colonnes, l'hon- « neur, la récompense, la honte et la punition; vois contre laquelle « tu veux appuyer la tienne; car il faut choisir de bien faire par « émulation, par intérêt, par pudeur ou par crainte. »

L'éducation scientifique de Quesnay ne fut pas aussi hâtive que son éducation morale; il fut un des exemples de l'avantage réclamé depuis par Jean-Jacques Rousseau, de laisser fortifier le corps avant de fatiguer l'intelligence. Il suivait sous les yeux d'une mère très active les travaux champêtres dont elle faisait ses délices. Ce fut là qu'il commença à étudier les opérations de la nature bienfaisante; qu'il connut les richesses et la variété de ses productions. Dès lors il sentit naître en lui un goût vif, un penchant décidé pour l'agriculture, qu'il conserva toujours.

C'est vraisemblablement cette étude, cet amour dominant de la campagne, qui ont depuis tourné sa philosophie vers les objets d'utilité publique; ce sont eux qui l'ont conduit aux premiers principes de sa politique, et à cette démonstration qu'il a rendue si frappante, que la culture est la source *unique* des richesses, et que ses progrès sont le seul fondement de la prospérité des empires et du succès de tous les autres travaux humains. Si Quesnay eût été élevé dans une ville, peut-être n'aurions-nous pas eu Quesnay.

A onze ans il n'avait point encore appris à lire; il savait par conséquent très peu de mots, mais il savait déjà des choses: cette perte de temps n'avait été qu'apparente. Semblable à ces coursiers dont on a ménagé la jeunesse, ses premiers pas furent fermes, sa marche rapide et soutenue. A peine la carrière des sciences lui fut-elle ouverte, qu'on la lui vit franchir et laisser loin derrière lui tous ses concurrents.

Le premier livre que le hasard lui mit entre les mains fut la *Nouvelle Maison rustique;* il le lut avec avidité; les rapports des théories qu'il y trouvait avec la pratique qu'il voyait tous les jours intéressaient sa curiosité. L'homme n'apprend aisément que ce qu'il comprend; et lorsque ses premières études sont appuyées par l'expérience des choses dont elles traitent, elles forment le jugement avec la mémoire; c'est un avantage qui ne se perd jamais et qui décide de la vie entière.

Quesnay eut bientôt l'occasion de l'éprouver. Avide de connaissances, impatient de fouiller dans les trésors de l'antiquité, il apprit presque sans maître le latin et le grec. La vigoureuse santé qu'il devait à son éducation rurale fécondait son ardeur pour le travail. On l'a vu souvent dans un jour d'été partir de Méré au lever du soleil, venir à Paris pour acheter un livre, retourner en le lisant, et le soir avoir fait vingt lieues à pied, et dévoré l'auteur qu'il voulait connaître. C'est ainsi que les ouvrages de Platon, d'Aristote et de Cicéron lui devinrent familiers en peu de temps. A seize ans et demi il avait fini le cours d'étude qu'on appelle ordinairement *humanités.*

Ce fut alors que sa mère, femme d'une raison forte et d'un caractère nerveux, lui donna Montaigne à lire, en lui disant: « Tiens, « voilà pour t'arracher l'arrière-faix de dessus la tête ». Cette anecdote intéressante que j'ai cru devoir rapporter, suffit pour donner une idée de la mère de Quesnay (¹). On ne sera plus étonné que le fils d'une telle mère ait été un homme original, peu assujetti aux préjugés, propre à se frayer lui-même les routes qu'il voulait parcourir. (²)

Quesnay avait déjà le jugement trop solide pour ne pas comprendre qu'embrasser également toutes les sciences, c'est renoncer à la gloire de les approfondir. Il resta pendant quelque temps incertain sur le choix particulier qu'il devait en faire; enfin le désir empressé de se rendre utile à la société le fixa sur la médecine.

Convaincu que la chirurgie, la botanique et la physique expérimentale sont liées à cette science par les rapports les plus immédiats, il les étudia avec la même ardeur, sous les plus grands maîtres de la capitale. Il alla s'établir ensuite dans un village, appelé *Orgeru*, afin de pouvoir s'appliquer plus facilement à la connaissance des plantes (³); de là il passa à Mantes, pour y exercer la chirurgie.

(1) Il est très vrai, comme l'a remarqué M. de Buffon, qu'en général les races se féminisent, ou tiennent principalement du caractère et des dispositions des femmes qui les ont perpétuées. Il n'est presque point de grand homme qui n'ait eu pour mère une femme d'un mérite supérieur; et c'est une des raisons qui montrent combien il est important aux familles d'assortir les mariages, non pas tant encore pour la naissance et la fortune, que pour les qualités physiques et morales des individus...... (Note de l'original).

(2) Ce renseignement ne concorde pas avec ceux que les autres biographes donnent sur la mère du garçon zélé. Bien que l'expression „mauvaise éducation" employée par de Fouchy puisse être trop vive en raison des conditions de l'époque, on ne peut cependant guère admettre qu'une mère qui, comme elle, a laissé grandir son fils en s'en occupant si peu qu'il ne savait pas encore lire à onze ans et qu'il a dû s'approprier cet art lui-même avec l'aide du jardinier de la maison, ait donné Montaigne à lire à un garçon de seize ans en lui disant les paroles rapportées. D'ailleurs, nous savons aussi que c'était précisément la mère qui s'était opposée de tout son pouvoir à ce que son fils se vouât à une profession plus relevée que celle de simple petit agriculteur. On fait évidemment ici une confusion avec le père dont l'esprit — suivant le peu de renseignements que nous possédons sur lui et qui ont été donnés par Quesnay même — était autant cultivé dans un sens philosophique que celui de la mère était étroit et dirigé vers les choses immédiatement profitables. Le fait que de grands hommes ont eu pour pères des hommes d'esprit ne paraît pas se présenter moins fréquemment que celui de voir de tels hommes avoir eu comme mères des femmes de mérite. A. O.

(3) La vraie cause du court séjour à *Orgeru*, qui n'a été mentionné par aucun autre biographe, doit être cherchée dans le premier refus des chirurgiens de Mantes de recevoir Quesnay dans leur corporation. A. O.

Ce fut là qu'il commença à déployer son zèle, et qu'il en montra tout le désintéressement. Quesnay était doué de cette généreuse sensibilité qu'il faut avoir pour en sentir tous les charmes. La misère du peuple au milieu duquel il vivait, offrait sans cesse à ses yeux un spectacle attendrissant auquel il ne refusa jamais des larmes. Cette fraternité, lien solide et principal du système d'économie dont il fut depuis l'inventeur et le père, cet amour pour le bien de ses semblables indistinctement le portaient naturellement aux entreprises les plus pénibles et les plus difficiles. Les secours de son art étaient prodigués à tous ceux qui les imploraient, dans tous les lieux, dans tous les temps, malgré l'intempérie de toutes les saisons. Toujours heureux du bonheur des autres, ses veilles, ses travaux, ses recherches continuelles n'eurent jamais d'autre but. Loin de courir après la gloire, ce brillant fantôme qui éblouit constamment les hommes ordinaires, Quesnay se proposait de mener une vie retirée et obscure. S'il fut jaloux de se perfectionner dans son art, ce ne fut dans d'autres vues que dans celles de l'exercer avec plus de sûreté pour ceux qui avaient recours à lui.

Cependant les succès multipliés sous sa main étendirent sa réputation et lui méritèrent la place de chirurgien de l'Hôtel-Dieu de Mantes. Appelé de tous côtés pour les maladies les plus graves, à peine suffisait-il à la confiance que le public lui témoignait.

Quesnay n'était encore connu que sur ce petit théâtre; et satisfait du bien qu'il y faisait tous les jours, il n'ambitionnait pas davantage, quand un évènement inattendu lui fournit l'occasion de mettre au grand jour des talents plus éclatants encore, et fixa sur lui les regards de l'Europe savante... En 1727, M. Silva qui passait pour le plus habile médecin que l'on connut alors, publia un traité de la saignée. Cet ouvrage, orné d'un beau style, enrichi de calculs en apparence profonds et d'observations ingénieuses sur une matière peu familière au public, eut le succès le plus brillant. Quesnay le lut et trouva que les principes en étaient totalement contraires à ceux qu'il s'était formés par les études, et qu'avait confirmés son expérience. Il jugea que les conséquences en pouvaient être dangereuses pour l'art de guérir, et résolut de le combattre. Cependant, au moment de lutter contre un homme de la plus haute réputation et qui jouissait des premières places, il ne put se défendre de quelques inquiétudes: il repassa avec la plus grande sévérité tous les principes de ses connaissances sur la matière dont il s'agissait, et relut tous les ouvrages qui pouvaient y avoir rapport. Il observa de nouveau, avec l'attention la plus soutenue, tous les phénomènes que présente la saignée; et toujours plus convaincu que M. Silva s'était livré à des erreurs séduisantes, il se détermina enfin de publier sa critique, sûr qu'un simple chirurgien de Mantes, avec la raison, ne devait pas redouter le premier médecin de France, membre de toutes les académies, mais ayant tort.

Cette critique parut en 1730 sous le titre d'*Observations sur les effets de la saignée, fondées sur les lois de l'hydrostatique, avec des remarques critiques sur le traité de l'usage des différentes sortes de saignées de M. Silva.*

L'espoir de Quesnay ne fut point déçu. A peine son livre parut-il, que sa grande supériorité sur celui de M. Silva fut décidée par tous les juges compétents.

Sa renommée alors le porta dans les sociétés les plus distinguées, et il s'y fit aimer par les agréments de son caractère et de son esprit; la vivacité et la gaieté de celui-ci lui fournissait dans les sociétés des saillies plaisantes, sans néanmoins offenser personne. Ses manières étaient douces et honnêtes, sa bonté prévenante, son érudition variée et dépouillée de pédantisme; aussi, à peine fut-il connu qu'il fut recherché de tout le monde. Feu le maréchal de Noailles en fit son ami, et ce fut chez lui que Quesnay eut occasion de faire connaissance avec M. de la Peyronie; les conversations que ces deux hommes célèbres eurent sur les objets relatifs à leur art, donnèrent à ce dernier la plus haute idée du mérite de Quesnay. Dans ce même temps, M. de la Peyronie venait d'obtenir la fondation de l'Académie royale de chirurgie; il crut que personne n'était plus capable que Quesnay d'en remplir la place de secrétaire perpétuel, et il le chargea de rédiger le premier volume des mémoires de cette compagnie naissante.

La préface de cet ouvrage, faite par Quesnay, est un chef-d'œuvre de génie et de goût, qui seul aurait pu lui mériter une réputation à jamais durable; en effet, quelle intelligence dans le plan, quelle justesse dans l'ordonnance, quelle vérité dans les principes, quelle liaison dans les conséquences, quelle profondeur dans les pensées, quelle élégance dans l'expression, quelle harmonie, quelle clarté, quelle précision dans le style; en un mot, quelle perfection dans l'ensemble! Et qu'on ne s'imagine pas que la lecture en doive être réservée à ceux-là seuls qui s'adonnent à la chirurgie ou à la médecine, les hommes livrés à l'étude de toutes les autres sciences et de tous les arts, les naturalistes, les philosophes, les littérateurs même ne peuvent qu'en tirer un très grand fruit.

L'auteur, après avoir montré que les sciences restent longtemps enveloppées d'obscurité, que les traits de lumière que quelques grands hommes jettent sur elles par intervalle, ne suffisent pas pour leur gloire; que leurs progrès sont lents; que leur perfection paraît fuir loin d'elles à mesure qu'elles s'en avancent de plus près, donne les règles principales qu'il faut mettre en pratique si l'on veut se rendre habile dans l'art de guérir.

L'observation et l'expérience sont, selon Quesnay, les deux sources d'où découlent les vérités qui peuvent enrichir cet art. Par l'observation on suit la nature dans sa marche obscure, on l'examine attentivement; par l'expérience on l'interroge, on lui arrache ses secrets. L'observation et l'expérience doivent se tenir étroitement liées et se prêter leurs secours réciproques. La première, abandonnée à ses seules forces, peut jeter dans l'erreur; elle est incertaine. L'intérêt, le préjugé, la manière particulière d'apercevoir sont souvent des écueils contre lesquels la vérité vient faire naufrage. La seconde, sans le secours de l'observation, peut de même égarer; il faut la ramener au témoignage de la raison. C'est sur l'accord mutuel de l'une et de l'autre que la science de la nature imprime son sceau. Sans théorie, il n'y a ni science ni art; Quesnay définit avec justesse celle de la chirurgie, *la pratique réduite en préceptes*. Il rejette hors d'elle les applications arbitraires, les opinions dictées par la seule imagination, les simples vraisemblances, les pures possibilités. Les connaissances appuyées sur les causes de nos maux, sur l'observation de leur signe, sur les lois de l'économie animale, sur l'opération des remèdes, sur la physique et sur la nature, composent la théorie de l'art de guérir. Tout ce que notre auteur en dit est vrai, judicieux, sage, méthodique, bien suivi, bien enchaîné, et peut s'appliquer à une infinité d'autres sciences.

Mais quoique la théorie de la chirurgie soit lumineuse et profonde, cependant les préceptes dont elle est formée sont circonscrits dans des limites étroites. Là où s'éteint le flambeau de la certitude, on n'a d'autres guides pour se conduire que la *conjecture et l'analogie*. Dans les travaux de l'esprit, elles contribuent souvent à la découverte de la vérité; mais ce n'est qu'à des hommes savants, à des génies, qu'il appartient d'en faire usage, encore cet usage doit-il être très modéré. Il est facile, dit l'auteur, *de tomber dans l'erreur, et fort difficile d'en sortir.* Idée remplie de sens et de raison, qui devrait être empreinte dans tous les esprits pour la gloire des sciences. On ne verrait plus alors tant d'hommes à paradoxes, tant de fabricateurs de systèmes, faussement décorés du beau nom de philosophe.

Je ne poursuivrai pas l'analyse de cette préface; j'en ai assez dit pour donner une idée des rares talents et des lumières étendues qu'elle décèle. L'éloge que Quesnay y fait des *Lanfranc*, des *Bengarins*, des *Guilleman*, des *Pigray*, des *Thévenins*.... etc., pourrait s'appliquer à lui-même. « Avec un esprit préparé par « l'étude des langues savantes, cultivé par les belles-lettres, en- « richi des connaissances philosophiques, il a porté la lumière dans « tous les détours de son art. »

On trouve aussi dans le premier volume de la collection académique de chirurgie, cinq (¹) mémoires de Quesnay, où il a pratiqué les règles qu'il avait déjà tracées dans sa préface. Il est beau de donner le précepte et l'exemple à la fois. Je ne parlerai point de ses autres ouvrages concernant la chirurgie et la médecine; c'est aux maîtres dans ces deux sciences à décider de leur bonté, et depuis longtemps ils en ont porté un jugement qui fixe toute incertitude. (²)

Quesnay avait cédé aux vives instances de M. de la Peyronie, il avait quitté sa patrie et s'était fixé à Paris, centre des talents, du goût et des arts. Feu M. de Villeroy se l'était attaché en qualité de son chirurgien-médecin. L'estime qu'il conçut de Quesnay le porta à solliciter pour lui la place de commissaire des guerres à Lyon, dont il était gouverneur.

A tous les talents dont la nature avait favorisé Quesnay, il joignait encore celui de ne point exciter la jalousie parmi les hommes qui couraient la même carrière. Talent rare qui vient du cœur et qui ne s'allie guère avec ceux de l'esprit. M. de la Peyronie le fit investir de la charge de chirurgien du roi en la prévôté de l'Hôtel, ce qui lui donna l'agrégation au collège de chirurgie;

(1) Ce doit être *quatre* mémoires. A. O.
(2) Ces ouvrages sont: Le *Traité de la saignée*; à Paris chez d'Houry, 1 vol. in-12. Le *Traité des fièvres*, 2 vol. in-12, chez le même; et le *Traité de la gangrène*, 2 vol. in-12, etc. (Note de l'original.)

et peu de temps après il lui fit accorder le brevet de professeur royal du même collège. (¹)

L'objet de Quesnay était rempli: il avait cultivé toutes les sciences qui touchent à la médecine, l'histoire naturelle, la botanique, la chimie, la physique expérimentale, la chirurgie, il en avait saisi tous les rapports; il ne lui restait donc plus pour l'exercer publiquement que de prendre le grade de docteur: c'est ce qu'il fit en Lorraine à l'université de Pont-à-Mousson. Cette époque fut celle de son élévation et de sa fortune. Il acquit bientôt (²), avec l'agrément du roi, la survivance de la place de son premier médecin ordinaire; il en devint le titulaire, et y joignit ensuite celle de médecin du grand commun.

Le théâtre brillant sur lequel il était monté lui fournissait sans cesse des situations nouvelles pour augmenter l'éclat de sa réputation. Ce prince, si peu connu durant sa vie, mais assez connu après sa mort pour qu'on lui ait accordé le même surnom qu'à Louis XII, *le père du peuple*; ce prince qui, sur le trône, aurait été un roi philosophe, un modèle parfait des souverains par la sagesse de ses vues, la profondeur de ses connaissances, la simplicité de ses manières, la pureté de ses mœurs, la bonté de son cœur, son amour pour la nation; pour tout dire en un mot, feu M. le Dauphin avait été frappé par ce fléau terrible qui naguère a couvert la France de deuil. Ses jours étaient en danger et la crainte générale. Mais Quesnay veillait autour de lui comme à la garde d'un trésor précieux. C'en était assez pour sauver de la mort ce prince chéri(³). Les soins du médecin demandaient une récompense: cette récompense que Quesnay avait trouvée, dans ses

---

(1) Comparer la note 1, page 26. A. O.

(2) Comparer la note 2, page 31. A. O.

(3) C'était en août 1752 que le dauphin fut atteint de la petite vérole (voir Em. de Broglie, *Le fils de Louis XV, Louis dauphin de France 1729-1765*, Paris, 1877, p. 178). Cet évènement a produit une grande émotion dans toute la France. Le fait que le médecin de la Pompadour a été appelé à traiter le dauphin ne s'explique guère que par la circonstance que la reine, qui haïssait mortellement, ainsi que son fils, tous ceux qui avaient des relations avec la maîtresse du roi, se souvenait encore agréablement du temps où, peu après la naissance du dauphin, elle avait été soignée à Mantes par Quesnay, qui alors pratiquait encore dans cette ville (voir page 23). Ainsi que cela ressort notamment des communications de Romance de Mesmon (page 110), le dauphin est toujours resté dans des rapports amicaux avec le médecin qui lui avait sauvé la vie. A. O.

succès, assez abondamment pour que toute autre dût peu lui être sensible, fut une pension qu'on augmenta lorsqu'il obtint la place de médecin consultant du roi.

Les faveurs dont était comblé Quesnay n'étaient point mendiées; quoiqu'il fût à la cour, je veux dire, au sein des sollicitations importunes, il n'en connut jamais l'usage; il avait l'âme trop sincère et trop belle pour se plier à la flatterie. L'usage qu'il fit de son crédit le rendit respectable à ceux mêmes qui sont le plus accoutumés à ne rien respecter. Distingué, favorisé, chéri même par une personne puissante ([1]), s'il posséda sa confiance la plus intime, ce fut sans l'acheter par des bassesses; et s'il voulut en profiter, ce fut seulement pour procurer l'instruction et le bonheur de sa patrie.

Les titres les plus illustres sont ceux que fournit le mérite personnel. Celui de Quesnay était assez connu de Louis XV; ses écrits et les succès qu'il avait eus dans son art le désignaient trop pour ne pas obtenir de ce prince des titres de noblesse, dont le diplôme prouve clairement la satisfaction qu'il avait des services de Quesnay. Il voulut mettre le comble à cette grâce en choisissant lui-même l'écusson de ses armes qu'il composa de trois fleurs de pensée sur un champ d'argent, à la fasce d'azur, avec cette devise remarquable *propter cogitationem mentis* ([2]). Un pareil monument élevé par un souverain en l'honneur des talents, fait autant sa gloire que celle du sujet qui en fut l'objet.

Quesnay *pensait* donc et pensait d'une manière forte, neuve, élevée. Son génie était d'accord avec son âme. Comme il sentait vivement, il pensait avec énergie. Pour achever de s'en convaincre, il suffit d'examiner attentivement les autres ouvrages sortis de sa plume; ils sont tous marqués au coin de l'invention et de la profondeur. L'*Essai physique de l'économie animale* prouve combien son auteur était observateur, physicien et moraliste, tout à la fois. La filiation d'idées qui y règne, la clarté dans la manière de les exprimer, les connaissances anatomiques, la science du cœur humain, le mécanisme et le jeu des passions que Quesnay a développés

(1) Il est singulier que tandis que, le marquis de Mirabeau et Grand-Jean de Fouchy ne parlent pas de la marquise de Pompadour, le comte d'Albon ne fasse de même mention qu'en passant des rapports du créateur de la physiocratie avec la maîtresse toute-puissante du roi. Seul Romance de Mesmon prononce son nom (voir la note 2, page 109). A. O.

(2) Comparer à ce sujet la note 1, page 32. A. O.

avec le plus grand art, les maximes et les règles de vertu qu'il y a semées donnent une idée exacte du cœur et du génie de Quesnay.

Boerhaave avait fait une physiologie dans laquelle il avait répandu la lumière sur la structure des organes du corps et leurs fonctions particulières; mais il avait omis d'expliquer les premières causes physiques qui leur donnent de l'action, ou du moins n'en avait-il parlé que fort légèrement. Quesnay comprit toute l'importance de cette partie de la physiologie; elle était neuve: il crut devoir la traiter pour l'utilité publique.

Le plan de son ouvrage est d'établir les principes nécessaires à la connaissance des causes générales qui concourent avec les organes du corps aux opérations de la nature et peuvent occasionner d'autres effets avantageux ou nuisibles, indépendamment de l'action de ces mêmes organes. Pour remplir ce plan selon ses vues, Quesnay traite des principes des corps en général, qu'il divise en deux sortes; principes des corps simples, qu'on appelle principes constitutifs, il entend par là la matière et la forme; principes ou éléments des mixtes, c'est-à-dire des corps composés de corps simples. Les détails dans lesquels il entre sur ces objets qu'il traite séparément, sont aussi variés qu'intéressants et utiles. Je ne parlerai pas des principes constitutifs et élémentaires qui n'ont rapport qu'à la physique ou à la science physico-médicale. Je m'attacherai seulement aux facultés sensitives et intellectuelles que ces derniers principes renferment.

Ce que Quesnay avance sur les sensations, les perceptions, le discernement et la mémoire, l'imagination et la science, doivent le faire placer à côté de ce grand homme (¹), dont il a combattu l'opinion sur l'étendue et le système de la vision en Dieu; tant il a su rendre sa métaphysique juste et lumineuse. Il passe ensuite aux inclinations; elles ont pour objet le bonheur de l'âme, et prennent leur source dans des dispositions particulières qui viennent de l'organisation des sens, différentes des passions qui consistent dans des sentiments vifs habituels, excités et nourris par la présence des objets. Ici l'auteur indique le nombre de ces passions, les range par classe avec beaucoup d'ordre et de précision, et fait voir que l'habitude de s'y livrer en affermit l'empire; qu'elles détruisent la dignité de l'homme, éteignent le flambeau de sa raison, et le font

(1) Malebranche. (Note de l'original.)

agir comme une machine déréglée et nuisible. Tableau réfléchi de morale, qui annonce l'homme sage et l'homme religieux.

Les chapitres sur l'instinct, les sens internes, la conception, le bon sens, distingué de la raison et du jugement, la prévention qui diffère du préjugé, les idées, la pensée, la faculté imaginative, la certitude des connaissances que nous procurent nos idées, la volonté, la raison, l'attention, la mémoire intellectuelle, la réflexion, l'examen ou la contemplation, le raisonnement, le jugement, sont d'une sagacité qui ne laisse rien à désirer au lecteur. Quesnay approfondit la liberté de l'homme; il la fait consister dans le pouvoir de délibérer pour se déterminer avec raison à agir ou à ne pas agir. Il parle avec la même vérité des principes de l'exercice de cette liberté, des fonctions de l'âme dans cet exercice, du bon usage qu'il en faut faire, des avantages et des désavantages de l'habitude, des devoirs à remplir envers la société, qu'il a déployés avec plus d'étendue dans d'autres ouvrages dont je parlerai plus bas. Ce qu'il dit touchant l'immortalité de l'âme est une nouvelle preuve de ses connaissances de sa religion.

Il expose ensuite les sources de nos erreurs dans la recherche de la vérité; elles viennent, selon lui, de trois causes: de la *prévention,* du *préjugé,* de la *supposition.*

La *prévention* que nous suivons par communication et qui est une suite ordinaire des recherches infructueuses de ceux qui nous la communiquent, naît des idées mêmes qu'on nous communique, ou des erreurs du raisonnement, capables de nous séduire, puisqu'ils les ont séduits eux-mêmes. A ces raisonnements captieux se joignent les termes qui représentent les idées communiquées, termes quelquefois peu exacts, vagues, remplis d'obscurité. La philosophie a admis beaucoup d'expressions qui ne peignent que des idées indéterminées et confuses. On a donné dans la suite, par extension, à ces mêmes expressions, un sens plus déterminé: de là cette infinité d'idées fausses que l'esprit embrasse. Quesnay n'entre pas dans l'examen de ces termes parce qu'il est plus sûr et plus facile, dans la recherche de la vérité, de considérer attentivement les idées et de faire évanouir l'erreur en s'exprimant d'une manière claire, que de vouloir abolir la fausse signification de certaines expressions, qui tyrannise les esprits par le despotisme de l'usage.

Les erreurs du *préjugé* sont aisées à détruire lorsqu'on marche vers la vérité dans l'intention de l'atteindre, et avec les dispositions nécessaires. Le désir de la trouver est le plus grand pas qu'on puisse faire vers elle. De nouvelles lumières, des observations plus réfléchies, un examen plus suivi et plus combiné achèvent le triomphe et nous font saisir des vérités qui nous avaient échappé.

La *supposition* est la source la plus commune de nos erreurs; elle est l'ouvrage de la curiosité et de l'envie insatiable que nous avons d'élargir la sphère de nos connaissances. Il est, dans tous les objets, des propriétés qui se dérobent à nos faibles regards. Les rapports qu'ils ont les uns avec les autres nous sont également voilés. Nous croyons même apercevoir avec eux les contradictions qui ne nous paraissent telles que par le défaut de liaison qui se trouve dans nos idées. Les ténèbres de notre ignorance nous tourmentent. Nous nous agitons dans le cercle étroit de nos pensées, où l'esprit est comme emprisonné, nous brisons la barrière qui le resserre ; et pour satisfaire notre curiosité, nous nous abandonnons à la vraisemblance, à des idées vagues et incomplètes nous en substituons de déterminées et de complètes. L'illusion est agréable; elle nous séduit. Plus nous considérons ces idées factices, plus les ombres qui nous cachent les naturelles s'épaississent, plus il nous semble voir de propriété dans les objets, plus nous en adoptons, plus nos erreurs augmentent; de là ces systèmes brillants et ingénieux que l'imagination produit dans d'agréables transports, de là ces sentiments hypothétiques qui enlèvent aux sciences leur certitude et leur évidence.

Pour se garantir des effets dangereux de la supposition, il faut se méfier de soi-même, étudier les bornes de ses connaissances, ne se laisser séduire ni par ses fictions, ni par celles des autres, n'adopter que les opinions établies sur la raison et sur la nature; règles sûres et invariables que Quesnay suivit constamment dans le cours de ses études et que tous les hommes devraient embrasser pour les progrès de la vérité.

Après cela, notre auteur parle du goût. Il s'appuie sur l'expérience pour prouver qu'il en est un général et un autre particulier. Ces observations vraies et judicieuses, touchant les saveurs, les odeurs, les sons, les objets de la vue et du tact, portent également sur la musique, la peinture, l'architecture, la gravure, la poésie, l'éloquence et les sentiments de l'âme.

Le génie est le père et le conservateur de tous ces arts; c'était à Quesnay qu'il appartenait d'en tracer le tableau. Le génie seul doit peindre le génie. Avec quelle richesse d'imagination notre auteur en représente-t-il les effets! Son pinceau est tour à tour noble et délicat. Sublime et naïf, vigoureux et riant; nouveau Prothée, il sait prendre toutes sortes de formes et nous enchanter en donnant des préceptes par la magie de son style, par le prestige de son coloris. A l'énergie de Rubens il réunit la fraîcheur de l'Albane. Qu'il est charmant ce portrait d'un berger et d'une bergère, que le peintre embellit de tous les ornements dont la nature peut le décorer! « Il leur prête les sentiments les plus vifs, les plus tendres « que l'amour inspire, et les place dans un bocage embelli d'un « gazon émaillé de fleurs, bordé de paysages, varié de mille objets « agréables, arrosé de ruisseaux dont les eaux argentées roulent sur « des cailloux brillants, enchassés dans un sable doré; les oiseaux « viennent mêler leur ramage mélodieux au tendre langage de ces « jeunes amants. » Quelles images! quelle poésie! et combien sont éloignés de connaître Quesnay, ceux qui imaginent qu'il n'a jamais sacrifié aux grâces ([1]).

On est étonné de ce qu'il se soit trouvé peu de génies qui aient été doués d'un goût sûr. On cessera de l'être si l'on réfléchit sur la différence que Quesnay met entre les causes qui forment l'un et l'autre. Le goût est produit par un sentiment exquis, et le génie par une intelligence prompte, par une imagination ardente, par des sentiments vifs et élevés. Le goût demande beaucoup de connaissance, surtout celle des règles; le génie peut exister sans elles. Témoin Racan et le menuisier de Nevers ([2]), appelé le *Virgile à rabot*. Tous les deux hommes de génie, le premier était dans l'ignorance, et le second n'avait pas la moindre teinture des sciences et des beaux-arts ([3]). L'abbé Desfontaines, devenu si redoutable dans l'empire littéraire par ses critiques dont la plupart étaient des satires, avait acquis beaucoup de connaissances; il avait du goût, malgré la partialité, la fausseté de ses jugements: cependant il était né sans génie. La nature et l'art forment le goût; le génie est dû tout entier à la nature; mais ce que la nature fournit au goût est infiniment moins rare et moins précieux que ce qu'elle donne au génie. Avouons néanmoins qu'il est très difficile de juger sainement des ouvrages de l'esprit.

Quesnay termine son *Essai physique sur l'économie animale* par un traité des *facultés*. Le dérangement des facultés de l'âme, qui influe sur le corps, engendre plusieurs maladies, et le dérangement des facultés du corps, qui influe sur l'âme, en altère les fonctions. Cette matière ne peut donc qu'être utile à discuter, elle est même nécessaire et fait partie de la physiologie; Quesnay l'a traitée en maître. Son chapitre de l'action du corps sur l'âme, et de l'âme sur le corps, est rempli de vérités, de sagacité et de justesse d'esprit. Le reste porte la même empreinte.

Après avoir terminé son travail sur l'*Economie animale*, Quesnay se trouva naturellement conduit à s'occuper de l'*Economie politique*. En réfléchissant aux influences des affections de l'âme sur le corps, on ne tarde guère à se convaincre que les hommes ne sauraient avoir une véritable santé s'ils ne sont heureux, et ne peuvent être heureux s'ils ne vivent sous un bon gouvernement.

Quesnay est peut-être le seul médecin qui ait pensé à cette espèce d'hygiène ([1]); quand il voulut connaître les principes de la science du gouvernement, le premier qui le frappa fut que les hommes sont des êtres sensibles, puissamment excités par les besoins à chercher des jouissances et à fuir les privations et la douleur. Pour savoir comment multiplier ces jouissances si nécessaires à l'espèce humaine, il fallut remonter à la source des biens qui les procurent. Ce fut alors que Quesnay se rappela les premières occupations de son enfance et que l'agriculture fixa son attention avec un intérêt plus vif encore.

Les politiques qui avaient écrit avant lui comptaient plusieurs sources de richesses, la culture, le commerce, l'industrie. Quesnay reconnut et fit voir que l'agriculture, la pêche et l'exploitation des mines et des carrières, étaient les seules sources des richesses, et que les travaux du commerce et de l'industrie ne consistaient qu'en services, en transports, en fabrications, qui ne donnent que des formes nouvelles à des matières premières, et par la consommation des subsistances préexistantes; que le salaire de ces travaux n'était que le remboursement nécessaire de leurs frais, l'intérêt des avances qu'ils exigent, l'indemnité des risques qu'ils entraînent, et que le tout n'offrait que des échanges de richesses contre d'autres richesses de valeur égale, au lieu que dans l'agriculture il y a une production réelle de richesses, de matières premières, de subsistances qui n'existaient point auparavant, dont la valeur surpasse celle des

([1]) L'art de guérir par un bon régime. (Note de l'original.)

dépenses qu'il a fallu faire pour opérer cette reproduction, principalement due à la propriété féconde dont le ciel a doué la nature, et dont il a permis à l'homme de diriger à son profit la puissante activité. Ce fut sa première découverte en économie politique.

Elle enfanta plusieurs développements qui pourraient eux-mêmes passer pour d'autres découvertes. Quesnay remarqua que la culture non seulement renferme des travaux, mais qu'elle exige des avances car tout travail entraîne des consommations coûteuses.

Ces avances de la culture sont de plusieurs sortes.

Il en est qui sont inséparables du fonds de terre sur lequel on les a faites, et qui, jointes à la qualité productive, constituent; même la valeur de ce fonds. Telles sont les dépenses en dessèchements de marais, en extirpations des bois nuisibles, en plantations de ceux qui sont nécessaires, en bâtiments, en direction des eaux, en creusement de puits, etc. Ces dépenses rendent propres à la culture la terre d'abord sauvage: elles établissent le domaine de l'homme sur ce qui n'était auparavant que le repaire passager de quelques animaux fugitifs. Quand on a fait des dépenses, il n'y a plus d'autres moyens d'indemnité que la jouissance et la culture de la terre qu'elles ont préparée. On ne saurait les transporter ailleurs, elles ne forment plus pour ainsi dire qu'une même chose avec le fonds qui les a reçues et qui leur doit son existence utile. Quesnay, après avoir détaillé la nature de cette espèce d'avances, les nomma *avances foncières*.

Il y en a d'autres dont l'existence doit précéder la culture des fonds; de cette nature sont les bestiaux, les troupeaux de différente espèce, les instruments et outils des travaux champêtres. Un cultivateur qui se propose de faire valoir l'héritage formé par le propriétaire foncier doit amener sur ce fonds un atelier complet d'exploitation rurale. Il faut, pour former cet atelier, une masse de richesse proportionnelle à l'étendue du sol et à la nature de l'exploitation. Outre les animaux de service, les instruments aratoires et les meubles de la ferme, il faut les premières semences et toutes les subsistances provisoires jusqu'à la récolte. C'est ce bloc de dépenses préliminaires et indispensables que Quesnay désigna sous le nom d'*avances primitives de la culture*.

Il en est enfin d'une troisième espèce, ce sont celles des travaux perpétuels de la culture, des labours, des semailles, des récoltes, du salaire des hommes que l'on emploie, de la nourriture des animaux nécessaires, etc., etc. Ces avances doivent être renouvelées tous les ans, car il faut que le cercle des mêmes travaux recommence chaque année. Quesnay leur a donné le nom d'*avances annuelles*, et il a compris les trois espèces d'avances sous le nom général d'*avances productives*.

Les *avances foncières* n'ont pas besoin d'être fréquemment renouvelées; un léger entretien leur suffit. Mais c'est l'emploi des avances *primitives* et *annuelles*, rédigé par l'intelligence du cultivateur, qui fait naitre la récolte *annuelle* ou la reproduction totale du territoire. Pour perpétuer celle-ci, il faut nécessairement prendre sur chaque récolte le remboursement des avances annuelles qu'il faudra recommencer pour préparer la récolte de l'année suivante et l'entretien des avances primitives, de même qu'une sorte d'intérêt pour les capitaux qu'on a employés à ces avances: de sorte que la profession du cultivateur ne soit pas moins profitable à celui qui l'exerce que toute autre profession n'aurait pu l'être.

Le cultivateur soumis aux avances primitives et annuelles ne pourrait perdre sur la valeur de ces avances, valeur nécessaire, inviolable, sans que l'agriculture languît et que la terre, devenant progressivement abandonnée, devînt comme frappée de stérilité.

L'intérêt de la somme que le cultivateur a avancée, l'entretien habituel du fonds qu'il fait valoir, la compensation des pertes et des risques lui sont dus au même titre. Sans cela, que deviendrait la justice, que deviendraient les fonds nécessaires à l'exploitation des terres, que deviendraient la culture, les récoltes et les hommes qu'elles doivent faire subsister?

Ces différentes sommes qu'il faut prélever annuellement sur les récoltes pour que la culture se perpétue sans dépérissement, ont été appelées par notre politique rural les *reprises de la culture;* il a donné le nom de *produit net* à ce qui reste de la valeur des récoltes lorsque les *reprises de la culture* ont été remplies; ce qui est le prix de la faculté productive de la terre, comme les reprises elles-mêmes sont le salaire du travail qui a excité cette faculté. Cette expression qui désigne le profit qui reste à toute la classe propriétaire, lorsque tous les frais de son exploitation ont été défalqués, présente une idée simple, juste, claire, conforme à l'analogie de la langue; et l'on aura quelque jour peine à concevoir qu'il ait pu exister des gens assez frivoles pour tenter de la tourner en ridicule.

Sous le nom de classe propriétaire, Quesnay comprenait non seulement les particuliers possesseurs des terres et chargés de l'entretien des avances foncières, mais encore la souveraineté chargée des dépenses publiques de l'instruction, de la protection civile, militaire et politique, et de l'administration publique, c'est-à-dire de former et d'entretenir les grandes propriétés communes, les chemins, les ponts, les canaux et autres qui font valoir les héritages particuliers.

Ces grandes et utiles dépenses, qu'on peut appeler avances souveraines, sont le titre en vertu duquel la souveraineté peut et doit prendre sa part dans le produit net des fonds cultivés.

Ces idées et ces expressions sont à Quesnay, et la postérité, qui n'est animée d'aucune passion, qui ne connaît ni l'enthousiasme, ni l'envie, la postérité, juste et reconnaissante, sentira bien qu'un homme qui a détaillé toutes les parties d'une science, qui en a vu et fixé la chaîne, qui en a fait la nomenclature, est le véritable inventeur de cette science, quand même il aurait eu quelques idées communes avec quelques illustres contemporains. Mais celles dont nous venons de parler jusques à présent ne sont réclamées par aucun d'eux.

Nous remarquerons, avec la justice que nous devons à la mémoire de Quesnay, si peu jaloux de sa propre gloire qu'il était bien loin de vouloir s'approprier celle d'autrui, nous remarquerons les points dans lesquels il s'est rencontré avec quelques autres grands hommes, dont le nom, comme le sien, sera recommandable aux races futures.

Au reste, on doit convenir que cette distinction si simple entre les *reprises de la culture et son produit net*, est la clef de la science de l'économie politique.

Le *produit net* est la récompense des avances foncières; c'est dans la récolte la part du propriétaire du sol et de la souveraineté. Il s'ensuit que, plus à récoltes égales il peut y avoir de *produit net* à attendre et plus il est avantageux de posséder des terres, de les étendre ou de les améliorer par des avances foncières: de là résulte que l'augmentation du *produit net* amène des augmentations naturelles de culture et par conséquent de subsistance et de population; et cela nécessairement par le mouvement irrésistible de l'intérêt qui porte à rechercher, à créer, à améliorer des propriétés foncières en raison du plus grand profit qu'elles présentent à leurs possesseurs.

Mais quel est le moyen sûr d'avoir, à récoltes égales, le plus grand *produit net* possible? C'est de restreindre autant qu'il est possible les frais des travaux, des transports, des fabrications de toute espèce. On ne peut y parvenir sans dégradation et sans injustice que par la liberté la plus grande de la concurrence et l'immunité la plus absolue pour tous les travaux.

Les prohibitions restreignent le travail, les taxes le renchérissent et le surchargent, les privilèges exclusifs le font dégénérer en monopole onéreux et destructeur, il ne faut donc sur ce travail ni prohibitions, ni taxes, ni privilèges exclusifs.

C'est ici que Quesnay s'est rencontré avec le sage M. de Gournay, intendant du commerce, son contemporain, qu'il estima, qu'il aima, et sur la personne et sur les disciples duquel il se plaisait à fonder une partie de l'espoir de sa patrie. M. de Gournay était arrivé à ce résultat pratique par une route différente : personne, disait-il, ne fait si bien ce qui est utile au commerce que ceux qui le font, il ne faut donc point leur imposer des règlements. Personne n'est si intéressé à savoir si une entreprise de commerce, si un établissement de fabrique, si l'exercice d'une profession lui sera profitable ou non, que celui qui veut le tenter ; il ne faut donc ni corporations, ni jurandes, ni privilèges exclusifs. Personne ne peut être sûr de tirer le plus grand profit de son travail s'il n'est pas libre de le faire comme il l'entend et s'il est soumis à une inquisition et à des formalités gênantes. Tout impôt sur le travail ou sur le voiturage entraîne des inquisitions et des gênes qui dérangent le commerce, découragent et ruinent les commerçants ; il faut donc affranchir leurs travaux de ces impôts qui en interceptent le succès : *Laissez-les faire* et *laissez-les passer*.

C'est à point que M. de Gournay avait été conduit par la contemplation de l'intérêt qu'ont les hommes à la liberté, et M. Quesnay par le calcul de l'intérêt qu'ils ont à une abondante reproduction de subsistances et de richesses (¹).

Parfaitement d'accord sur ces deux objets importants de l'administration publique, la liberté du commerce et l'impôt territorial unique, ces deux grands hommes qui n'avaient commencé à se connaître que peu avant la mort de l'un des deux et qui étaient

---

(1) L'éditeur de cet ouvrage a fait, dans son écrit *Die Maxime laissez-faire et laissez-passer*, Berne 1886, des recherches approfondies sur les rapports de Gournay avec Quesnay. En substance, le résultat en a été négatif. Si nous ne disons rien ici à ce sujet, c'est pour ne pas anticiper sur un plus long exposé relatif à cette question, qui doit être publié prochainement sous le titre : *Der angebliche Physiokrat J. C. Vincent de Gournay, seine Schriften, seine Stellung in der politischen Oekonomie.* Nous renvoyons ici à cet ouvrage. A. O.

animés d'un amour égal pour le bien, se voyaient, s'aimaient, se communiquaient leurs idées; et sans doute on eût pu beaucoup atteindre de la réunion de leur éclat et de leurs lumières. Tous deux ont l'avantage d'avoir formé des élèves d'un mérite distingué, qui ont beaucoup contribué à répandre des lumières utiles. Ils ne prévoyaient pas qu'on chercherait un jour à les opposer l'un à l'autre; leur cœur fraternel s'en serait indigné. « Quand on parle « pour la justice et la raison, disait souvent Quesnay, on a bien « plus d'amis qu'on ne croit. Il y a d'un bout du monde à l'autre « une confédération tacite entre tous ceux que la nature a doués « d'un bon esprit et d'un bon cœur. Pour peu qu'un homme qui « expose le vrai en rencontre un autre qui le comprenne, leurs « forces se décuplent. C'est avec la vérité *qu'un* et *un* font *onze* et « s'il s'y en joint encore *un*, cela vaut *cent onze.* »

Puisse cet esprit d'union et de confiance réciproque s'établir en effet, entre tous les défenseurs de l'humanité si longtemps opprimée! Leur nombre est-il si grand qu'il faille les diviser encore? . . . O MES AMIS! banissez ces qualifications isolantes qui refroidissent et aigrissent les cœurs. Ne donnez ni n'acceptez ces noms de sectes, qui séparent ou aliènent les esprits. Quiconque aime la patrie et l'humanité ne doit-il pas regarder comme des frères ceux qu'un même sentiment embrase, à quelque foyer qu'ils l'aient allumé? Quiconque aime l'instruction doit-il craindre d'appeler son père, son frère, son maître, l'homme qui lui enseigne des vérités?

Personne n'en a reconnu et montré un plus grand nombre que Quesnay, ni sur des sujets plus importants. C'est lui qui a découvert et prouvé que l'impôt sur les consommations, sur le travail, sur le commerce, non seulement retombe sur les propriétaires des biens-fonds, mais y retombe avec une surcharge effrayante, une surcharge non seulement proportionnée aux frais multipliés vexatoires et litigieux qu'il entraîne, mais redoutable surtout par la dégradation de la culture qu'il nécessite. Une partie au moins de cet impôt porte ou est rejetée sur les avances *primitives* et *annuelles* de l'exploitation des terres. Il les détourne de leur emploi fructueux; il enlève une portion des capitaux qui devraient y être consacrés. Cette puissante cause des récoltes diminuées, les récoltes mêmes s'affaiblissent, les subsistances manquent, la population dont elles déterminent la mesure, périt dans le dénuement et l'infortune. Voilà ce qu'a dit et calculé Quesnay: voilà ce dont il eut le courage de faire imprimer la démonstration, sous les yeux même et dans le palais du feu roi (¹ auprès duquel il avait une protection puissante (²). Combien est-il rare de faire un tel usage et de n'en faire aucun autre de la faveur ?

Par rapport au commerce des productions et spécialement à celui des grains, c'est Quesnay qui a observé que la liberté qui égalise les prix, en appelant au secours des cantons en proie à la disette les productions de ceux qui sont dans l'abondance et en permettant de conserver pour les années stériles le superflu des secondes, c'est lui, dis-je, qui a observé que cette liberté bienfaisante assure un grand profit aux vendeurs des productions, aux cultivateurs, aux propriétaires des terres, sans causer aucune perte aux consommateurs et même en diminuant le prix commun de leur subsistance. Cette vérité, qui paraît d'abord paradoxale, est fondée sur ce que les consommateurs ont besoin d'une égale quantité de productions tous les ans, qu'on paye à des prix inégaux, selon l'abondance ou la rareté locales ; tandis que les producteurs ont peu à vendre dans les années de cherté et beaucoup dans celles où le prix est avili par l'excès d'une reproduction qui surpasse le débit possible ou profitable. Telle est la base d'un calcul ingénieux, profond, qui présente un des plus forts arguments en faveur de la liberté du commerce et qui est encore une des découvertes de Quesnay.

Mais continuons l'examen de sa marche dans la science de l'économie politique et de la nomenclature qu'il a donnée, en avançant à tous les objets.

Après les cultivateurs qui exécutent les travaux productifs et les propriétaires qui en reçoivent le *produit net*, on ne peut s'empêcher de reconnaître un autre ordre de travaux qui facilitent les jouissances sans multiplier les matières qui en fournissent le fonds et les richesses qui les soldent. Tels sont ceux qui sont nécessaires pour que les productions tant naturelles que travaillées parviennent à leur dernier terme qui est la consommation. Il faut les transporter, les façonner, les trafiquer ; c'est ce qui constitue le négoce et les manufactures ; c'est ce qui donne l'existence aux négociants, aux artisans, aux artistes qui forment une classe remarquable parmi les hommes réunis en société.

Les hommes dans un état sont donc divisés en trois classes.

---

(1) *Tableau économique*, imprimé dans le château de Versailles, en..... (Note de l'original).

(2) Ici aussi, la marquise de Pompadour est laissée dans l'ombre. Comparer page 48, note 1. A. O.

La première est la *productive*, c'est celle des cultivateurs, classe bienfaisante dont la richesse fait la force et la gloire des empires, puisque c'est d'elle que découle le bonheur ou le malheur des deux autres. L'avilir, la tourmenter, l'accabler sous le faix des impôts qui ne peuvent entraîner les reprises sans détruire les richesses renaissantes, c'est écraser la nation appuyée sur elle. Souverains, ministres et administrateurs, protégez, récompensez, multipliez les cultivateurs, si vous voulez que l'Etat dont vous avez les rênes entre les mains, brille d'un éclat durable.

La seconde classe est celle des *propriétaires*, c'est-à-dire des possesseurs particuliers qui forment les avances foncières, les entretiennent, reçoivent et dépensent leur portion du produit et des agents de la souveraineté, qui remplissent toutes les fonctions de l'autorité publique et qui sont payés par une autre portion du même produit net.

La troisième est celle qui renferme les négociants, les artistes et leurs salariés. Cette classe s'occupe de travaux utiles, intéressants, ingénieux, mais payés par les richesses que le sol ou les eaux ont fait naître: elle échange, elle arrange, elle ne produit point. L'appeler non productive serait une expression composée peu conforme à la simplicité de la langue. Quesnay l'a nommée la classe des dépenses stériles . . . . Ici, quelle rumeur s'élève, que de cris se font entendre. Eh quoi, la classe de ceux qui par leurs talents, leur industrie, leur profession animent le commerce, entretiennent le mouvement de ses ressorts, attirent l'or des nations étrangères et répandent partout l'abondance, doit-elle être appelée classe stérile parce qu'au lieu de consacrer ses travaux à la charrue pour sillonner les champs, elle l'emploie à des manufactures ou à des métiers? . . Non, répondrai-je à ces citoyens honnêtes, trop prompts à se formaliser. La classe des salariés de l'industrie n'a jamais été regardée comme inutile à l'Etat; mais elle est stérile, parce qu'elle diffère de la classe productive, parce qu'elle ne crée rien, parce qu'elle ne fait que donner une nouvelle forme à ce qui a déjà été produit, parce que ses travaux sont payés et ne paient point; au lieu que les travaux de la culture se paient eux-mêmes et paient en outre tous les autres travaux humains. Cette stérilité, qui n'est point une injure mais une qualité qui dérive de la nature des choses, est le gage le plus certain de l'immunité que les gouvernements éclairés doivent assurer aux agents du commerce et des arts. S'ils produisaient des richesses, comment pourrait-on les exempter d'une contribution pour l'autorité protectrice des propriétés, s'ils n'en produisent point, leur franchise est de droit naturel. Etrange méprise! Des hommes demandent qu'on soumette le commerce et les arts à des taxes et ils passent pour leurs défenseurs. D'autres soutiennent que personne n'a le droit de demander des contributions, ni aux commerçants, ni aux artistes, et ils passeront pour leurs ennemis (¹).

Ne croyons pas que ces préjugés puissent être durables. On comprendra bientôt que l'impôt ne doit être pris que là où la nature a mis elle-même de quoi y satisfaire, qu'à la source des revenus et que c'est l'intérêt commun des trois classes qui forme la société.

C'est entre ces trois classes que se distribuent les subsistances et les matières premières. La classe productive, qui recueille d'abord la totalité des productions, garde pour elle ses reprises et paie au propriétaire le *produit net*. Par ce premier partage des récoltes, les propriétaires acquièrent le moyen de dépenser et ils dépensent partie à la classe productive, en achats de subsistances, et partie à la classe stérile, en achats de marchandises ouvrées. La classe productive dépense elle-même les reprises qu'elle s'était réservées: elle en consomme la plus forte partie en nature pour sa subsistance et fait passer le reste à la classe stérile pour payer les marchandises, les vêtements et les instruments dont les cultivateurs ont besoin. La classe stérile reçoit donc les salaires des deux autres; mais comme il faut qu'elle soit nourrie et qu'elle continue le travail qui l'a fait vivre, elle dépense la totalité de sa recette à la classe productive, partie en subsistances et partie en achats de matières premières qui sont l'objet de ses travaux et de son industrie et le remplacement des avances.

C'est ainsi que la totalité de la récolte se partage entre trois classes. La première partie est pour celui qui l'a produite par ses travaux; la seconde est vendue à la classe propriétaire pour la partie de son produit net qu'elle consomme en subsistances, et la troisième, à la classe stérile qui en consomme une portion et

(1) J'espère que les erreurs que j'ai pu faire sur la nature de l'impôt, dans mes *Observations sur le nouveau plan d'imposition* imprimé l'année dernière, n'ont tiré à aucune conséquence. Je les confesse et les abjure de tout mon cœur. A mon âge, il est permis, dit-on, de se tromper. Si cela est, ma faute est légère. Mais en général, quand on revient sur ses pas, le mal n'est rien: l'obstination et l'endurcissement seuls font le crime. (Note de l'original.)

emploie l'autre à renouveler le fonds de ses ouvrages et de ses ateliers. Car les magasins et les manufactures ne sauraient s'élever ou crouleraient sous eux-mêmes, par le défaut de marchandises que les différentes ventes enlèveraient, si la classe stérile ne rachetait à mesure de nouvelles matières premières pour perpétuer ses travaux.

C'est par l'argent monnayé que s'opère la plus grande partie de la distribution et de la consommation des productions formant les récoltes annuelles. Il circule entre les trois classes; le cultivateur donne le premier mouvement à cette circulation; il paie au propriétaire le *produit net* et achète à la classe stérile des marchandises ouvrées. La seconde circulation est celle qui est produite par le propriétaire qui achète avec son produit net des subsistances, des ouvrages et des travaux. La classe stérile opère la troisième en achetant à son tour des subsistances et des matières premières. De ces trois distributions, il en est deux qui sont incomplètes et ne passent pas successivement dans les trois classes. La première est la partie que le cultivateur donne à la classe stérile pour la payer des ouvrages qu'elle lui a faits; la seconde est celle que le propriétaire donne au cultivateur pour le prix de ses subsistances. Mais il est aussi une partie circulante dans les trois classes, c'est celle qui est employée à l'achat des matières façonnées: elle passe des mains du propriétaire dans celles de la classe stérile, pour remonter ensuite à sa source: je veux dire à la classe productive qui fournit la subsistance et les matières premières nécessaires aux travaux de l'art.

Pour faire mieux comprendre cette distribution des productions et des richesses, ses effets et ses conséquences, Quesnay a imaginé de la peindre en établissant sur trois colonnes, les trois classes et marquant par des lignes ponctuées qui se croisent, les différents articles de dépenses ou d'achats et de vente qu'elles font les unes avec les autres.

C'est ce qu'on a nommé le *Tableau économique*, formule précieuse qui abrège beaucoup le travail des calculateurs politiques déjà instruits et éclairés, mais qui n'a rien de plaisant et qui ne permet de trouver ridicule que la manie de ceux qui ont mieux aimé en faire un objet de raillerie que de se donner la peine de l'étudier. Cette manie de persifler des objets d'une si haute importance au lieu d'y réfléchir paraît annoncer trop de petitesse dans les écrivains politiques qui se la sont permise. Il me semble que ce n'est point ainsi que les géomètres traitent entr'eux les théories profondes par lesquelles ils abrègent dans leurs savantes recherches, les efforts de l'esprit humain.

On peut consulter dans la physiocratie, ce *Tableau économique*, réduit par son auteur même à la plus grande simplicité. On y verra qu'il peut avoir des données très diverses et présenter aussi des résultats très différents. Une société peut être dans un état de stabilité, de prospérité croissante, ou de décadence: les tableaux qui la peignent dans les différents états ne sont pas les mêmes; car alors ils ne la peindraient plus. Il faut recueillir les données d'après lesquelles on veut faire le tableau d'un état. Si elles sont fausses, le tableau donnera un résultat trompeur. Et ainsi sont toutes les règles d'arithmétique, quand on les emploie sur des données inexactes.

Mais toujours est-il qu'avec un certain nombre de faits assurés et le secours du *Tableau économique* on peut calculer très promptement l'état d'une nation.

Par exemple, la récolte totale, la somme du produit net et l'ordre habituel des dépenses étant donnés, on saura parfaitement quelle est la population dans chacune des trois classes et leur aisance respective.

Si, au contraire, c'est la population qui est donnée avec l'ordre des dépenses et la somme du *produit net*, on saura quelle est la récolte totale, à quoi se montent les reprises du cultivateur et quel est le partage de la population entre les diverses classes.

Si ce sont les reprises du cultivateur, l'ordre des dépenses et la population qui sont donnés, on saura quel est le *produit net* et encore comment la population se partage entre les différents genres de travaux stériles ou productifs.

L'ordre des dépenses, la population et le genre de culture donnés, on saura quelle est la reproduction totale, quelles sont les reprises du cultivateur et quel est le *produit net*.

Il faudrait avoir un bien merveilleux talent pour persuader à ceux qui voudront y réfléchir un instant que tout cela n'est que minutieux et méprisable et que l'humanité n'a pas les plus grandes obligations au sublime génie qui a fait ces découvertes. Pour nous, nous bénirons cet homme respectable et bienfaisant qui nous a montré, par un calcul simple, tous les hommes à leurs places, se tenant par la main, convaincus du besoin qu'ils ont les uns des autres, liés par leurs intérêts qui se touchent et se confondent.

Les fondements des richesses publiques s'élèvent sur ceux de la *science économique;* religion, mœurs, lois, politique, finances, agriculture, commerce, arts, instruction, devoirs réciproques, tout ce qui concourt au bonheur des souverains et des sujets entre dans le cercle qui la compose.

Le monarque est le chef de la nation; dépositaire de la force publique, il doit maintenir la justice et veiller aux droits de ses sujets; son autorité doit donc être « unique et supérieure à tous « les individus de la société. »

Les meilleures lois forment les meilleurs gouvernements. Pour les établir, ces lois, il faut les connaître. « La nation doit donc être « instruite des lois générales de l'ordre naturel, qui constituent le « gouvernement évidemment le plus parfait.»

Tout vient primitivement de la terre. « Que le souverain et la « nation ne perdent donc jamais de vue que la terre est l'unique « source des richesses et que c'est l'agriculture qui les multiplie. »

La crainte de se voir dépouillé de son bien étouffe l'émulation, jette dans l'abattement, empêche qu'on ne fasse les avances et les travaux nécessaires pour le faire valoir: « Que la propriété des « biens-fonds et des richesses mobilières soit donc assurée à ceux « qui en sont les possesseurs légitimes. »

Les avances de l'agriculture sont sacrées par leur nécessité pour la reproduction annuelle. Les denrées doivent être regardées comme la base fondamentale du commerce; les charger d'impôts, c'est vouloir détruire cette base et avec elle l'édifice qu'elle soutient: « L'impôt, s'il n'est pas destructif, doit donc être établi sur le « produit net des biens-fonds; la justice demande qu'il soit pro-« portionné à la masse du revenu de la nation; que son augmen-« tation suive donc celle du revenu. »

Les hommes et les terres ne sont utiles à l'état que lorsque les avances faites à l'agriculture viennent à leur secours; c'est d'elles que dépend le *produit net* du propriétaire: « Que les avances « du cultivateur soient donc suffisantes pour faire renaître an-« nuellement, par les dépenses de la culture des terres, le plus « grand produit possible.»

Toute fortune stérile, c'est-à-dire qui n'est employée ni à l'agriculture, ni au commerce, ronge la nation: « Que la totalité des « sommes du revenu rentre donc dans la circulation annuelle et « la parcoure dans toute son étendue. »

Les ouvrages de main-d'œuvre et d'industrie, pour l'usage de la nation, lui coûtent sans augmenter son revenu: « Que le gou- « vernement économique ne s'occupe donc qu'à favoriser les dé- « penses productives et le commerce des denrées du cru, et qu'il « laisse aller d'elles-mêmes les dépenses stériles. »

L'agriculture est l'âme du commerce. Si nous voulons le faire prospérer, attachons-nous principalement à rendre l'agriculture floris- sante; augmentons le nombre des cultivateurs opulents dans leur état; c'est entre leurs mains que reposent les revenus de la nation: « Qu'une nation qui a un grand territoire à cultiver et la facilité « d'exercer un grand commerce des denrées du cru n'étende donc « pas trop l'emploi de l'argent et des hommes aux manufactures « et au commerce de luxe, au préjudice des travaux et des dé- « penses de l'agriculture; car préférablement à tout, le royaume « doit être bien peuplé de riches cultivateurs. »

L'or qui passe chez les nations étrangères pour ne plus retourner entre nos mains, tombe comme dans un gouffre et est entièrement perdu pour nous. « Qu'une portion de la somme des revenus ne « passe donc pas chez l'étranger sans retour en argent ou en mar- « chandises. Qu'on évite également la désertion des habitants, qui « emporteraient leurs richesses hors du royaume. »

Il faut fixer, ÉTERNISER, si je puis ainsi dire, les richesses et les hommes dans les campagnes; « que les enfants des riches « fermiers s'y établissent donc pour y perpétuer les laboureurs. »

Tout monopole est nuisible même dans la culture des terres; « que chacun soit donc libre de cultiver dans son champ telles pro- « ductions que son intérêt, ses facultés, la nature du terrain lui « suggéreront pour en tirer le plus grand produit possible. »

Les bestiaux rendent par leurs travaux et les engrais qu'ils fournissent à la terre les récoltes plus abondantes; « qu'on en fa- « vorise donc la multiplication. »

Les grandes entreprises d'agriculture coûtent en proportion beau- coup moins de dépenses que les petites. « Que les terres employées « à la culture des grains soient donc réunies autant qu'il est pos- « sible en grandes fermes exploitées par de riches laboureurs. »

La vente des productions naturelles faite aux étrangers aug- mente les revenus des biens-fonds, accroît les richesses nationales, attire les hommes dans le royaume et favorise la population. « Que « l'on ne gêne donc point le commerce extérieur des denrées du « cru, car tel est le débit, telle est la reproduction. »

L'augmentation des revenus de la terre se trouve en raison de la diminution qui se fait dans les frais du commerce. «Que l'on « facilite donc les débouchés et les transports des productions et « des marchandises de main-d'œuvre par la réparation des chemins « et par la navigation des canaux, des rivières et de la mer. »

Le bas prix des productions naturelles est défavorable au commerce de la nation dans un échange de denrées à denrées. L'étranger alors gagne toujours. «Qu'on ne fasse donc point baisser « le prix des denrées et des marchandises dans le royaume. Telle « est la valeur vénale, tel est le revenu; abondance et non-valeur « n'est pas richesse; disette et cherté est misère; abondance et « cherté est opulence. »

Il est démontré par l'expérience que le prix des denrées est le thermomètre des salaires du journalier. Il monte ou baisse suivant le changement qui s'opère dans ce prix. « Qu'on ne croie donc pas « que le bon marché des denrées est profitable au menu peuple.»

Les richesses sont l'aiguillon le plus puissant pour le travail. « Qu'on ne diminue donc pas l'aisance des dernières classes des « citoyens. »

Les épargnes stériles rendent la circulation moins vive. « Que « les propriétaires et ceux qui exercent les professions lucratives « ne s'y livrent donc pas. »

Le commerce avec l'étranger doit être pour la nation une augmentation de richesses. « Qu'elle ne souffre donc pas de perdre « dans ce commerce réciproque, qu'elle ne se laisse pas tromper « par un avantage apparent. »

Les prohibitions, les privilèges exclusifs, les injonctions mettent des entraves au commerce, diminuent son activité, resserrent son étendue et découragent le négociant, ils nuisent aux propriétaires et préjudicient même au menu peuple. « Qu'on maintienne donc « l'entière liberté du commerce; car la police du commerce in-« térieure et extérieure la plus sûre, la plus exacte, la plus pro-« fitable à l'état et à la nation consiste dans la pleine liberté de « la concurrence. »

La population n'est utile à l'état que parce qu'elle en multiplie les richesses: elle ne peut les multiplier sans en avoir. Les richesses naissent des richesses. «Qu'on soit donc moins attentif à l'augmen-« tation de la population qu'à l'accroissement des revenus. »

Les dépenses du gouvernement sont plus ou moins grandes suivant les richesses publiques. C'est de la prospérité nationale qu'on doit juger s'il y a des excès dans les dépenses du gouvernement. « Qu'il soit donc moins occupé du soin d'épargner, que des « opérations nécessaires pour la prospérité du royaume. »

Les fortunes pécuniaires s'élèvent toujours au détriment du bien public. « Que l'administration des finances, soit dans la perception « des impôts, soit dans les dépenses du gouvernement, n'en oc- « casionne donc point. »

Le malheur de l'état ne réveille point les fortunes pécuniaires. Elles existent clandestinement et ce n'est que pour elles qu'elles existent : elles n'ont ni PATRIE ni ROI. « Qu'on n'espère donc de « ressources pour les besoins extraordinaires de l'état que de la « prospérité de la nation et non du crédit des financiers. »

Les rentes financières sont destructives des richesses publiques. Outre la dette qu'elles supposent, il en résulte un trafic qui grossit encore plus les fortunes pécuniaires stériles, ce qui fait souffrir la culture des terres. « Que l'état évite donc les emprunts qui forment « ces rentes financières. »

C'est d'après ces maximes inspirées à Quesnay par la raison, la nature, la justice, l'intérêt commun et réciproque des nations, que ce grand homme a composé tous ses ouvrages économiques. Les articles *grains, fermiers,* dont il a enrichi le *Dictionnaire encyclopédique,* l'*Extrait des économies royales de Sully,* le *dialogue sur le commerce* et sur les *travaux des artisans,* les *problèmes* sur les révolutions qui arriveraient dans les prix par l'effet de la suppression des gênes sur le commerce; celui sur les avantages de l'établissement de l'*impôt direct* et son excellent traité du *droit naturel,* qui est encore un des ouvrages dans lequel il a le plus montré son génie observateur, qui découvre, avec autant de simplicité que de justesse, les vérités les plus inconnues. Jusques à Quesnay, tous les écrivains, Grotius, Puffendorff, Burlamaqui, Cumberland, Vatel et tant d'autres, avaient confondu le droit naturel et la jurisprudence qui en a plus ou moins réglé ou restreint l'usage; ils ne parlaient que de cette dernière, en annonçant des discussions sur le premier. Il a dissipé cette confusion; on avait dit, écrit, soutenu (c'était un sentiment universellement adopté parmi les philosophes) que les hommes, en se réunissant en société, sacrifiaient une partie de leur liberté pour rendre plus paisible l'usage de l'autre; Quesnay a prouvé que les hommes en société n'avaient jamais sacrifié la moindre partie de leur liberté et n'avaient ni pu, ni dû le faire; que l'étendue de leurs droits était précisément la même que dans le plus simple état primitif, et que l'usage de ces droits et l'exercice réel de leur liberté étaient infiniment plus considérables. C'est encore une vérité neuve dont nous lui devons la connaissance.

Je ne m'arrêterai point à plusieurs autres écrits dont il a enrichi les *Éphémérides du citoyen* et le *Journal d'agriculture*. Il me suffit d'avoir exposé les bases de son système, qui demandait l'association du génie le plus étendu, le plus vigoureux, le plus ferme, le plus sublime, et du cœur le plus droit et le plus pur. Si l'on parcourt la chaîne des siècles même les plus reculés, on ne verra aucun homme qui ait plus solidement travaillé que Quesnay pour la félicité publique. Il a éprouvé, ainsi que ses élèves, d'étranges contradictions, soutenues avec un acharnement qui montre bien peu de lumières. Ce n'est pas d'aujourd'hui qu'on se plaît à lancer les foudres de l'anathème contre ceux qui prêchent une nouvelle doctrine. Mais ce ne sera pas la première fois non plus que les vérités les plus combattues auront triomphé des préventions et des préjugés les plus accrédités.

Le berceau des sciences élevées a toujours été agité par l'orage. Leurs créateurs n'ont trouvé pour prix de la lumière qu'ils ont répandue sur la terre, que des chaînes et des bourreaux. Confucius est menacé de la mort et Socrate la subit pour avoir enseigné tous les deux une morale que la postérité a admirée. Ramus s'élève contre les chimères d'Aristote et il est égorgé. Galilée publie une vérité démontrée et on le charge de fers. Cet art merveilleux qui perpétue d'âges en âges les erreurs et les vérités, enfantées par l'esprit humain (¹), n'attira-t-il pas des persécutions à son inventeur dans la capitale de la France? Grâces à la philosophie, notre siècle n'est pas un siècle de barbarie: mais en est-il pour cela moins opposé aux progrès des vérités politiques? S'il ne s'arme pas de poignards pour les combattre, il emploie des traits aussi perfides, aussi acérés, aussi tranchants: ce sont ceux de la calomnie et du sarcasme. L'homme vertueux n'en est point découragé, il n'y répond que par son silence: ses ennemis ont beau s'en applaudir, il les méprise, il les plaint et continue à faire le bien en répandant l'instruction par ses écrits. Combien d'exemples semblables Quesnay ne nous a-t-il pas fournis?

C'était sans doute à un homme qui avait les idées aussi nettes et aussi distinctes que lui, sur toutes sortes de matières, à employer

_____

(1) L'imprimerie. (Note de l'original.)

sa plume à tracer la théorie de l'*évidence*: aussi donna-t-il cet article dans le *Dictionnaire encyclopédique* et ce n'en est pas un des moins estimables.

Quelle académie ne se serait pas honorée de compter, parmi ses membres, un homme capable d'enfanter de tels écrits. Les plus brillantes et les plus utiles de l'Europe s'empressèrent de l'admettre dans leur sein. L'Académie des sciences lui ouvrit ses portes, la Société de Londres en fit de même; les Académies des sciences, belles-lettres et arts de Lyon, se l'associèrent également. Quesnay, dans ses travaux, eut souvent en vue leur gloire, et le recueil de ces compagnies renferme de ses mémoires très intéressants et supérieurement faits.

Tous les arts et toutes les sciences furent subordonnés à ce vaste génie. Ses productions ont un caractère d'érudition et d'originalité dont peut-être aucun écrivain avant lui n'avait donné l'exemple.

En médecine, il a fixé les principes et substitué une théorie simple et lumineuse aux conjectures et aux vraisemblances que les personnes de l'art prenaient faussement pour guide. Son nom doit être placé à côté de ceux d'Hippocrate, de Galien, de Boerhaave.

En métaphysique, il a sondé la profondeur de la pensée, prescrit des règles à cette science, rétabli l'évidence dans tous ses droits et prouvé que ce n'est point être savant que de marcher dans la carrière au milieu d'une nuit profonde et livré aux agitations du doute et de l'incertitude; il a égalé les Locke, les Clarke, les Malebranche.

En philosophie, il a sapé les fondements des hypothèses et élevé sur leurs ruines la certitude des connaissances qui forment l'édifice de la vraie science; il a été l'émule de Descartes.

En politique, il a montré les abus destructifs et les erreurs bizarres des gouvernements; il a réuni les hommes par le lien puissant de l'intérêt; il a peint l'ordre naturel des richesses annuellement renaissantes et les moyens qu'il faut employer pour en augmenter la masse; il a tracé aux nations la voie qu'elles doivent prendre pour arriver à leur splendeur et à leur prospérité. Dans ce genre, il a surpassé tous les écrivains; et s'il en est qui soient dignes de marcher à sa suite, ce sont principalement ceux qu'il a formés, qu'il a échauffés du feu de son génie et de la chaleur de son âme. Comment nous refuser ici à la douceur de rendre hommage au plus célèbre d'entr'eux, à l'illustre ami des hommes, dont on ne peut prononcer le nom sans en être attendri et qui fut la victime honorable de son zèle pour les vérités utiles découvertes par Quesnay, et à la promulgation desquelles il s'est consacré le premier? La vigueur de ses pensées, l'élévation de ses sentiments, la rapidité de son éloquence, la multiplicité de ses travaux, tous tournés du côté des objets les plus utiles, fixeront en sa faveur le jugement de tous les hommes de bien dans tous les siècles.

Il est encore une gloire plus appréciable que celle dé l'esprit et qu'on ne saurait refuser à Quesnay sans une extrême injustice. C'est celle qui prend sa source dans les qualités du cœur; il eut les manières si simples, les mœurs si douces, le caractère si égal, la conversation si agréable jusqu'à la fin de sa longue carrière, qu'il fit toujours le bonheur de ceux qui l'environnèrent. S'il différa en opinions de quelques savants et s'il s'engagea avec eux dans des disputes, il n'y mêla jamais la moindre aigreur; il savait trop bien que les ouvrag... polémiques ne doivent pas être des libelles, que la raison ne s'exprime pas par des injures et qu'on se répand ordinairement en des personnalités lorsqu'on manque du côté des preuves.

Quesnay avait le talent peu commun de connaître les hommes au premier coup-d'œil; il pénétrait dans leur intérieur, lisait au fond de leur âme, saisissait leur goût, leurs talents, en analysait l'ensemble, si je puis ainsi m'exprimer. C'est de ce talent que venait cette prodigieuse variété de tons qu'il prenait pour se mettre à l'unisson de celui des autres.

L'esprit de la société est de faire briller ceux qui la composent. Quesnay l'avait, cet esprit. Dans les cercles où il était, qui s'en retira sans être satisfait de lui-même et avoir de son propre mérite une opinion avantageuse? Pour trouver les moyens de faire parler avec succès tout le monde, il feignait d'être dans l'ignorance de bien des choses et demandait l'instruction d'une manière toujours proportionnée aux lumières de ceux auxquels il s'adressait; il faisait penser et donnait en quelque sorte de l'esprit sans qu'on s'en aperçût, pour ne pas humilier l'amour-propre. Avec la plus brillante réputation, il avait une modestie qui donne un nouvel éclat au mérite; la basse passion de la jalousie n'infecta jamais son âme. Tout à tous, il éclairait de ses connaissances les hommes qui le consultaient; il les aidait de ses avis et les encourageait par l'espérance de la gloire ou par l'appât des récompenses.

Malgré la médiocrité de sa fortune, il fut le soutien de ceux qu'il voyait accablés du fardeau de l'indigence. Son désintéressement était unique et voilà pourquoi il n'a laissé à ses descendants d'autre héritage que ses vertus. S'il employait son crédit, c'était avec le discernement et l'équité que demande la probité délicate et scrupuleuse. N'oublions pas un des plus beaux traits de sa vie, puisqu'il nous représente si bien l'intégrité et la sensibilité de son cœur. Quelqu'un avait un procès; persuadé du succès s'il venait à bout de mettre Quesnay dans son parti, tant les lumières, l'impartialité, la justice de celui-ci étaient connues, il le presse de solliciter les juges en sa faveur. Quesnay remplit ses vœux et lui fait gagner sa cause. Bientôt après, on l'instruit du sort déplorable du vaincu; il en est vivement touché: sa sensibilité fait naître des doutes propres à alarmer sa conscience. Pour s'en délivrer, il fait passer à ce malheureux des billets portant la somme qu'il avait perdue. Qu'ils sont rares les hommes qui joignent à une équité sévère, une tendre compassion!

Le travail fut un besoin pour Quesnay, qu'il remplit sans cesse par inclination et par goût. Quelque temps avant sa mort, il fit trois mémoires d'économie politique, dont une personne en place l'avait chargé. Elle en fut si étonnée à la lecture qu'elle ne put s'empêcher de dire « que l'auteur avait su conserver à la fois « toute la vigueur de la jeunesse et la solidité de l'âge mûr dans « un corps octogénaire. »

Il était difficile que tant de vertus réunies ne prissent leur source dans la religion. Quesnay en avait beaucoup; il ne fut pas de ces auteurs impies qui s'indignent des ténèbres dont est couvert un des côtés de la religion; qui voudraient calculer géométriquement et soumettre aux faibles lumières de leur intelligence, les objets les plus sublimes; qui croient ne pouvoir s'acquérir de la célébrité que par leur audace monstrueuse à s'élever contre le ciel. Géants orgueilleux et superbes, ils ne craignent pas en l'escaladant de s'approcher de la foudre! Ils la bravent, même lorsqu'elle gronde et qu'ils s'en sentent frappés. Quesnay, bien différent d'eux, prit la religion pour la pierre fondamentale de son système; il la respecta dans tous ses écrits et lui rendit l'hommage qui lui est dû. Son cœur en était pénétré et son cœur dirigea toujours son génie.

D'accord avec les principes de la foi, Quesnay ne les démentit jamais: ses mœurs furent pures; et c'est peut-être à la régularité de sa vie qu'il fut redevable de la longueur de son cours. Mais enfin elle doit avoir un terme; et le moment terrible où, sur les bords du tombeau la vérité paraît vers nous pour nous découvrir toutes les illusions qui nous ont séduits, devint pour Quesnay le triomphe de son héroïsme.

Quelques heures avant sa mort, il n'y a plus d'espérance pour lui. L'alarme se répand; sa famille le pleure déjà comme le meilleur des pères et le domestique qui le sert comme le meilleur des maîtres. Quesnay voit couler les larmes de ce dernier et veut en savoir la cause; il l'apprend sans trouble, avec cette intrépidité et cette mâle assurance que donne une conscience à l'abri du reproche et des remords. Il lui répond: « Console-toi, je n'étais pas « né pour ne pas mourir. Regarde ce portrait qui est devant moi; « lis au bas l'année de ma naissance, juge si je n'ai pas assez « vécu . . . . . » Oui, grand homme, vous aviez assez vécu pour vous, pour votre gloire, mais pas assez pour le genre humain.

Le bon usage de la vie le préserva des horreurs de la mort; ses derniers moments furent sans crainte; il se mit entre les mains de la religion et mourut paisiblement le 16 décembre 1774.

Le collège de chirurgie a témoigné, d'une manière flatteuse, le cas qu'il faisait du mérite de Quesnay; il a conservé son nom à la tête du tableau de ceux qui le composent et placé son portrait dans la chambre du conseil, parmi les portraits de ses membres célèbres: honneur qu'il n'a accordé, durant leur vie, qu'à Quesnay et à un homme doué du même génie que lui dans l'art de guérir. (1)

Que de titres capables d'assurer l'immortalité se réunissent en faveur de Quesnay! Grand par ses écrits, grand par sa conduite, grand par les services qu'il a rendus à ses semblables, sa gloire sera éternelle et inaltérable. Il n'est plus cet homme bienfaisant, à qui l'antiquité aurait élevé des autels, ce législateur, ce philosophe, ce moraliste, ce génie universel, la lumière de son siècle, l'oracle de la vérité, l'interprète de la vertu. QUESNAY n'est plus . . . . Que la critique brise ses traits; que la malignité se taise et qu'on apprenne du moins à respecter la cendre des grands hommes que l'injustice épargne si peu de leur vivant.

___

(1) M. Petit. (Note de l'original.)

ÉLOGE

DE

FRANÇOIS QUESNAY ([1])

(par M. G. P. de Romance, marquis de Mesmon.)

> Qui princeps, vitæ rationem invenit eam ... quique per artem
> Fluctibus e tantis vitam tantisque tenebris
> In tam tranquillo, et tam clara luce locavit.
>
> Lucret. de Rer. Nat. Lib. V.

> Ce fut lui le premier qui trouva ce principe de moralité, et dont
> la sagacité tira la vie humaine des ténèbres de l'ignorance et des
> fluctuations de l'opinion, pour lui donner une assiette fixe et in-
> variable, sous l'empire de l'évidence.
>
> Lucrèce, Poëme de la Nature, chant V.

Ce fut une loi de la sage Egypte de demander compte à chaque homme du dépôt de la vie qu'il avait reçue des Dieux; les avantages de la naissance et de la fortune n'entraient point dans cet examen; ce peuple philosophe ne faisait point un mérite aux hommes de ce qui ne dépend pas d'eux; on ne demandait point à un Egyptien, aux bords du lac Achéruse, s'il avait été grand et puissant, mais s'il avait été bon et utile; et les vains honneurs du sépulcre étaient le triste prix de sa vertu. ([2]) [*Herodot.* lib. 2; *Diodor.* lib. 1.]

Les anciennes nations isolées, sans rapports entr'elles, privées de cet art précieux qui semble multiplier les pensées des hommes par

---

(1) Cet éloge est généralement très peu connu. Il a paru, anonyme, à Londres en l'année 1775, en édition in-8° (et se trouve à Paris chez Didot le jeune, libraire, quai des Augustins). Le catalogue du British Museum nomme comme auteur M. *G. H. de Romance, marquis de Mesmon*; il en est de même de Barbier, *Dictionnaire des ouvrages anonymes et pseudonymes*, Paris 1822. A. O.

(2) La vertu, dans son sens le plus étendu, est la pratique constante de la justice, et la justice est la conformité habituelle de nos actions à l'utilité commune. (Note de l'original.)

sa promptitude à les répandre, les anciennes nations ne décernaient que de petits prix à des grandes vertus; des palmes plus nobles, mais un jugement plus redoutable encore attendent aujourd'hui l'homme animé du désir de la gloire. Son juge est la société générale des nations éclairées et l'impartiale postérité. C'est ce tribunal sévère qui, pesant les actions et les pensées des hommes, les voue à l'oubli ou à la célébrité selon qu'ils furent ou inutiles ou vertueux; c'est devant ce tribunal imposant que nous allons faire l'examen d'une vie qui fut pleine. Historiens, si nous paraissons rentrer dans le genre des panégyristes, nous ne nous en défendrons pas, c'est le propre de l'homme de bien que son histoire soit son éloge.

Un des plus beaux spectacles et des moins observés peut-être, c'est la marche de la nature dans la formation des hommes de génie: prodigue dans sa magnificence, elle sème avec profusion les germes des talents comme les graines des plantes, et les uns et les autres ne lèvent que dans un petit nombre de circonstances. La foule d'une grande ville, ses dissipations, ses devoirs, peut-être même le luxe des connaissances et la multitude des matériaux de l'étude étouffent ces germes délicats, comme l'ombre des forêts fane et sèche les jeunes tiges qui naissent en abondance des glands que le chêne a secoués de sa tête superbe. Nos jardins ne produisent que des fleurs inutiles et adultérées; c'est dans les montagnes et sur les rochers que naissent les vulnéraires odorantes. L'homme que la nature élève dans le silence et la solitude, croît comme elle sous l'influence bénigne de l'œil du monde.

Dans la société, prévenu par une multitude d'effets qui se succèdent et se multiplient sans laisser le temps d'en rechercher les causes, l'esprit s'accoutume à une sorte de paresse; il jouit de tout et ne connaît rien; il suppose et n'observe pas; la marche de la nature lui est dérobée, les plus simples procédés des arts lui sont étrangers; sa sensibilité s'émousse, il ne contracte dans le choc des passions et des intérêts qu'une vaine politesse, vrai mensonge des mœurs, masque séduisant de la bienveillance universelle. Chaque jour altère le type que la nature imprime à l'individu, il en résulte pour toute l'espèce un caractère uniforme; nous naissons originaux et nous mourons copies. (1)

---

(1) Natura de nobis conqueri debet et dicere: quid hoc est? Sine timoribus vos genui, sine superstitione, sine perfidia ceterisque pestibus; quales intrastis exite. *Seneca, Ep.* 22. (Note de l'original.)

Mais à la campagne l'homme livré à lui-même est tout entier à la nature; ses idées moins pressées sont moins confuses, elles ont le temps de se développer; obligé de s'interroger lui-même, il s'accoutume à se rendre compte; spectateur du grand cercle des révolutions naturelles, des fins de la nature et de ses moyens, il prend sans s'en apercevoir l'habitude de l'ordre et des proportions qui dans chaque art semblent être le secret de la nature et son moyen unique pour arriver à l'harmonie universelle. Loin des grands intérêts, il est exempt des grandes passions; son cœur inagité s'ouvre aux sentiments naturels, à cet amour des hommes qu'on ne peut conserver peut-être que loin d'eux dans son intégrité. S'il porte en lui-même l'étincelle du génie, la douce contemplation ravira son cœur, et son esprit, tourmenté par une insatiable curiosité, lui fera sans cesse éprouver le besoin de sentir et de connaître.

L'ignorance est l'état naturel de l'homme; l'inquiétude ou la tranquillité dans cet état passif fait la seule différence de l'homme vulgaire à l'homme de génie: celui-ci est le chef-d'œuvre de la nature, elle ne le prodigue pas. Etendue de conception, sagacité, finesse de perception, en un mot le don de l'esprit, c'est le premier présent qu'elle fait à celui qu'elle favorise; don fragile que les circonstances peuvent développer ou détruire. L'esprit est un instrument applicable à tout, le hasard, cette suite de causes et d'effets que nous n'avons pas disposée nous-mêmes, en le plaçant dans certaines circonstances, va décider de son genre et fixer son talent. Le goût presque toujours déterminé par les premières habitudes, auxquelles se joint malgré nous un sentiment tendre de souvenir, le goût en le renfermant *dans une espèce* la lui rend plus familière et lui prépare des succès supérieurs: de là cette opinion presque générale des dispositions naturelles et de cette sorte de vocation particulière que la nature ne donna jamais. L'homme d'esprit même est dans les mains de la nature comme le bloc dans celle du statuaire.

Si les circonstances le favorisent, *si la science, enrichie des dépouilles du temps, ouvre devant lui son livre immense*, il brillera par des talents immortels, au barreau, sur le théâtre ou dans le cabinet solitaire de l'homme instruit et sensible, dont il charmera l'oisiveté laborieuse; mais si la nature marâtre ou plutôt aveugle, en lui donnant les germes du talent, lui refuse les circonstances propres à les faire éclore, ignoré du monde entier et de lui-même, il tracera des sillons pénibles *avec des mains dignes de porter le sceptre ou de toucher la lyre d'Apollon* : *ainsi mille pierres précieuses sont renfermées dans les sombres cavités des montagnes, mille fleurs naissantes répandent dans les déserts une odeur embaumée.* (Voir l'*Élégie sur un Cimet.*, de Gray, trad. de l'angl.)

Il n'en est pas ainsi de l'homme de génie ; à quelque classe qu'il appartienne, dans quelque rang que le hasard l'ait fait naître, sur le trône comme Charlemagne ou parmi les derniers artisans comme Mahomet, son sort est de changer la face du monde, de l'instruire ou de le gouverner.

L'homme ordinaire s'agite péniblement dans les détails de la vie ; héritier méconnaissant et inactif des actions et des opinions de ceux qui l'ont précédé, il jouit du bienfait de leurs découvertes sans songer à les accroître, et des circonstances favorables où il se trouve sans oser concevoir la possibilité de les développer ; la nature est pour lui sans mouvement et l'esprit humain sans action : semblable à cet insecte éphémère qui, destiné à une existence de quelques heures, ignore également et la marche du soleil qui l'éclaire et la nutrition de l'arbre sur lequel il se repose. Mais l'homme de génie ne peut se renfermer dans ces détails qui absorbent les autres hommes : un horizon immense s'offre à ses yeux ; l'origine, les progrès, l'état actuel des opinions et des circonstances occupent ses regards, et, dans le lointain, son œil d'aigle découvre ce qu'il peut encore ajouter à la somme des connaissances les plus sublimes ou des entreprises hardies.

Le génie est l'esprit qui généralise et qui met en ordre ; l'inquiétude dans l'ignorance, la méthode dans les connaissances forment son caractère propre. Forcé par sa nature même d'embrasser une vaste carrière, il saisit les rapports les plus éloignés, il les compare et, se rendant maître de toutes les vérités de détail, il les ramène à un tronc commun, à une vérité mère, ce principe unique et nécessaire de chaque science : pour le génie universel qui régit le monde, la nature elle-même n'est sans doute qu'une grande vérité.

Entraîné par une force irrésistible, l'homme de génie n'est pas libre de se refuser aux vues de la nature. (1) Les obstacles se multiplieraient en vain ; dénué de tous secours, il forgerait lui-même

(1) Natura quam nos sequimur inviti quoque! *Térence.* ("ote de l'original.)

l'instrument de ses connaissances. Le hasard des circonstances ne conserve sur lui d'empire que celui de déterminer le genre de ses méditations; ainsi la pomme qui tomba sous les yeux de Newton [1], donna naissance au système de la *gravitation universelle*, et peut-être devons-nous le système de l'*économie politique* au hasard qui plaça dans les champs l'enfance de Quesnay (parlons le langage de la postérité, nous le sommes déjà pour lui).

La nature fit les premiers frais de son éducation, et s'il conserva toujours une raison ferme et un jugement sain et vigoureux, il le dut sans doute à l'avantage d'avoir formé son entendement avec lenteur, n'y admettant rien qu'il n'eût présenté d'abord à la *touche* de l'examen; cette marche de l'esprit est bien contraire à l'éducation commune qui, entassant dans la mémoire des élèves plutôt que dans leur jugement les opinions des hommes avec la sanction de l'autorité, les accoutume à recevoir indifféremment et sans discussion la vérité ou le mensonge.

La nature l'avait placé au point où Descartes s'efforçait de se mettre quand il voulait tout oublier pour tout rapprendre.

Il s'élevait ainsi lui-même sous les yeux de parents simples qui, prodiguant sa jeunesse aux détails les plus communs de l'économie rustique, étaient bien loin d'imaginer que ce jeune homme qui, à onze ans, ne savait pas lire, serait un jour distingué parmi les membres les plus célèbres de l'Académie des sciences; qu'il donnerait à la morale ce degré d'évidence qu'on ne croyait propre qu'aux sciences physiques et qui l'établit aujourd'hui sur les ruines des erreurs et des sophismes de tous les temps. [2] C'était Scipion qui naissait pour la perte de Carthage.

Quesnay, livré à sa propre impulsion, observait sans cesse, mettait ses idées en ordre, liait ses observations et s'efforçait de les ranger en système : le génie ne connaît de peine que l'ignorance, et de fatigue que le repos. *La Maison rustique* lui était tombée entre les mains, l'avidité de savoir lui fit apprendre à lire presque sans maître. Instruit par son expérience et ses méditations sur tous les procédés de la culture, sur ce qui favorise ou arrête ses effets, sur

---

(1) Newton étant assis dans un verger où il méditait profondément, une pomme se détacha et tomba à ses pieds; ce phénomène, très ordinaire et très inobservé, germa dans la tête du philosophe, et ses réflexions produisirent son système sur la pesanteur. (Note de l'original.)

(2) Hic erit Scipio qui in exitium Carthaginis crescit. *Velleius Paterculus* (Note de l'original.)

les conditions qui peuvent anoblir et assurer l'état du cultivateur, sur la cause physique de la subsistance des nations qui est celle de leur formation et de leur maintien, peut-être s'éleva-t-il dès lors de résultats en résultats jusqu'à la connaissance des premières lois de l'ordre naturel; ainsi Pascal avait découvert lui seul les premiers éléments de la géométrie.

Éclairé sur les vérités morales et dont les germes furent alors déposés dans son esprit, peut-être ne manqua-t-il à Quesnay pour les produire que la maturité d'un esprit philosophe et cet usage de la vie qui apprend à ne pas s'effrayer de trouver son opinion en contradiction avec les coutumes et les opinions communes; en effet, s'il se trouve un petit nombre de penseurs distribué sur la suite des âges, le reste des hommes *se laisse entraîner par troupe, non pas où il faut aller*, dit un philosophe, *mais où l'on va*. (1)

Cependant, une immense curiosité fatiguait son âme; déjà, aidé d'un chirurgien du village d'Ecquevilly et du petit nombre de livres qu'il pouvait se procurer, il avait appris presque tout seul le latin et le grec, et fouillé ce cahos obscur d'opinions antiques et modernes que nous nommons la philosophie; étude stérile pour qui ne serait pas déjà philosophe. Celui qui fut assez raisonnable pour demander à Dieu la sagesse, l'avait sans doute obtenue d'avance.

Sa propre réflexion l'avait élevé à ce petit nombre de vérités abstraites qui sont à la portée des hommes; il ne restait plus à Quesnay qu'à confronter la nature avec la société et à prendre sa place dans le monde. Ses parents auraient voulu concentrer ses désirs et ses vues dans le cercle étroit de leur fortune et de leurs habitudes : c'est le malheur des hommes qui pour l'ordinaire entrent prématurément dans la société, d'en accepter les charges sans savoir ni ce qu'ils prennent ni ce dont ils sont capables. L'autorité, l'orgueil ou le caprice dictent à l'expérience un choix dont les moindres inconvénients sont les dégoûts de l'incapacité; fruits amers et dangereux du double préjugé qui, classant les hommes et les emplois sans égard aux talents et à l'utilité respective, laisse à la fortune la liberté de faire les plus bizarres et les plus faux assortiments. Quesnay fut soustrait à ce danger, son âme était faite avant son état, et le préjugé lui permettait de suivre une profession qu'il devait un jour rendre si noble. Un goût vif l'y portait;

(1) Pergentes pecorum ritu, non quo eundum est, sed quo itur. Seneca. *De Vita beata*. (Note de l'original.)

il avait entrevu les rapports de la chirurgie avec toutes les branches
de la physique; dans l'étude des sciences, c'est la mesure de son
esprit que chacun trouve, et jamais celle de la nature. Il triompha
donc de l'opposition de sa famille, mais bientôt le chirurgien
d'Ecquevilly ne se trouva plus en état de suivre son élève; celui-ci
avait composé quelques cahiers sur ses lectures, son maître qui
était venu solliciter d'être admis au collège de Saint-Côme, osa les
présenter comme de lui et fut reçu avec applaudissement. A ce
signal d'encouragement, Quesnay se rendit enfin justice, il vint à
Paris achever ses études profondes, auxquelles il s'était dévoué,
et recevoir la maîtrise. (¹)

Plusieurs années s'étaient écoulées pour lui dans la pratique de
son art et dans le travail rare, pénible et peu apprécié de digérer
ses idées et ses observations pour en former des théories; laborieuse mais enchanteresse occupation du sage, qui l'arrache à tout
et ne lui laisse de regret sur rien; et peut-être la volupté paisible de cet état méditatif le cachait-elle pour longtemps à Mantes
où il avait fixé son établissement, quand un concours de circonstances rares et heureuses vint le dérober à son obscurité pour le
mettre à sa place.

Un grand homme, si les vertus paisibles et les talents utiles
portés à un haut point de perfection peuvent partager ce titre
avec les qualités bruyantes et pernicieuses qui l'ont usurpé; un
grand homme, La Peyronie, était alors à la tête de la chirurgie;
plein de l'amour de son art qu'il avait étudié en homme supérieur,
et dont ses découvertes avaient reculé les bornes (²), il méditait un

---

(1) Il lui était tellement impossible de ne pas apprendre tout ce qui se
trouvait à sa portée, qu'étant logé, à son arrivée à Paris, chez le père du
célèbre Cochin, graveur, il apprit le dessin et la gravure; cette occupation le
délassait souvent de ses études, il a gravé tous les os du corps humain, un
grand nombre de sujets, et M. Hévin, son gendre, a entre les mains plusieurs
de ces morceaux estimés des connaisseurs (a). (Note de l'original.)

(2) On doit à La Peyronie d'avoir découvert que le corps calleux est le
siège du *sensorium commune*, d'autres découvertes sur les hernies, les fistules,
etc. etc. Voir son *Eloge à l'Académie des sciences*, année 1747. (Note de
l'original.)

(a) Ce n'était peut-être pas seulement par désir d'apprendre qu'il se livrait à cette occupation, mais dans le but de gagner sa vie. Nulle part on ne trouve d'indications sur la pro-
venance des fonds qui lui ont servi à vivre pendant son temps d'études de six années. Il est
hors de doute que, d'après tout ce que nous savons de la position de fortune de ses parents,
contre le gré desquels il a d'ailleurs embrassé sa profession, il n'a pu compter sur des secours
suffisants de leur part. Il peut donc lui avoir paru convenable de chercher son existence
dans un métier lucratif, qui lui laissât le temps nécessaire pour poursuivre ses études en chirurgie et en médecine. A. O.

projet utile au public, avantageux à l'art et glorieux à son auteur; c'était l'établissement de l'Académie de chirurgie. Il lui fallait des coopérateurs, et il en cherchait partout. Garengeot, chirurgien estimé et plein, comme lui, de l'enthousiasme de sa profession, le servait dans cette recherche avec toute la bonne foi d'un homme qui n'aurait pas couru la même carrière: il découvrit Quesnay, et ce fut à ce concours de hasards que celui-ci dut une célébrité que sa modestie et son aversion pour toute intrigue lui auraient sans doute refusée ou qu'au moins elles lui auraient fait longtemps attendre. Quand il faut tant de conditions pour former le talent supérieur, tant de conditions pour le mettre en évidence, tant d'autres pour le préserver de l'intrigue et de l'envie, doit-on tant s'étonner de le voir si rarement en exercice? Ainsi lorsque la nature forme le diamant, ce n'est pas assez pour elle de lui avoir choisi une *matrice* de sable ou d'argile, il faut qu'elle filtre lentement ses sucs cristallins, et qu'elle écarte avec précaution les veines métalliques dont il recevrait une teinture altérante.

Sollicité par Garengeot d'écrire sur l'art, pour justifier le témoignage de cet homme juste et généreux, il s'y soumit volontiers; il se présentait une occasion naturelle. Le médecin Silva venait de donner un traité de la saignée, dont les principes devaient être combattus. Quesnay l'attaqua par une critique qui était elle-même un traité complet. Sa théorie, opposée absolument à celle de Silva(1),

---

(1) Sylva ne faisant pas attention à la contractibilité de la membrane artérielle, considérait le sang comme les fluides ordinaires qui coulent dans des canaux absolument passifs: il croyait être maître de le détourner d'une partie en ouvrant la veine dans une partie opposée; ce qu'il attribuait à la dérivation qu'il croyait beaucoup plus considérable que la révulsion : c'était une erreur, puisque la dérivation et la révulsion doivent être égales entre elles, étant l'une et l'autre en raison de l'évacuation.

Les effets de la saignée se bornent à l'évacuation, la spoliation et la dimotion.

Au moment de l'évacuation, il se fait un resserrement dans la membrane artérielle toujours proportionné à la diminution du liquide, en sorte qu'après la saignée les vaisseaux restent aussi pleins que devant; effets de la contractibilité de la membrane et de la pression de l'air.

On n'avait expliqué jusque-là les effets de la saignée que par ce vide qu'on croyait qu'elle laissait dans les vaisseaux; mais comment une saignée, qui ne tire pas un cent cinquantième de liquide, peut-elle causer des effets sensibles et durables? pourquoi neuf ou dix saignées décolorent-elles toutes, les chairs comme on le voit dans la dissection d'un tel sujet, quoiqu'il n'y ait qu'une très petite déperdition de la masse des humeurs? pourquoi la

fit naître des disputes dont l'effet fut de répandre sa réputation et de servir à sa fortune. La Peyronie, convaincu, aperçut en lui l'homme nécessaire à l'établissement de son Académie.

---

saignée affaiblit-elle plus que les autres évacuations, et ne peut-elle être suppléée par celles-ci? Tout cela s'explique par ce qu'il appelle la spoliation, terme nouveau qui exprimait une idée plus neuve encore; c'est-à-dire par la diminution de la partie rouge du sang, qui, proportion gardée, est enlevée dans une plus grande quantité que les autres humeurs. Cette assertion se prouve par des calculs dont il résulte qu'en tirant le vingt-septième de la masse du sang, on ne tire pas la centième de la masse totale des humeurs. Cette proportion suit progressivement, si les saignées se multiplient, parce que les sucs blancs se reproduisent incessamment et que la nature ne forme qu'avec lenteur ce sang que la main de l'homme verse si légèrement.

La spoliation facilite l'action des membranes artérielles, dissipe leur contraction qui est la cause la plus ordinaire de l'interception du cours du sang dans les capillaires, et rend à ce fluide tout son mouvement de circulation: c'est ce qu'il appelle la dimotion, effet attribué jusqu'alors à ce vide qu'on supposait. L'affaiblissement momentané de la saignée est encore une cause de dimotion; dans cet instant, le sang est porté des capillaires artériels dans les veines et le cœur, dont l'action vient d'être interceptée et qui n'envoie plus guère de sang dans les artères; l'action de ces vaisseaux est fort languissante, ils ne refournissent pas leurs capillaires, le sang reste comme arrêté dans les gros vaisseaux artériels et veineux, et les capillaires des uns et des autres demeurent fort dégarnis, d'où naît la pâleur de la peau.

De cette théorie se déduit naturellement ce petit nombre de principes pour la pratique: que la saignée, favorable aux tempéraments chez qui cette partie rouge abonde, peut être utile jusqu'à un certain point aux tempéraments bilieux, en ce qu'elle modère l'activité des artères qui sont aisées à irriter; mais qu'elle doit être employée très sobrement dans les tempéraments mélancoliques, où le sang est peu abondant, le jeu artériel fort ralenti, les humeurs peu élaborées; qu'enfin, il est extrêmement rare qu'elle convienne aux tempéraments pituiteux, où les humeurs sont crues et glutineuses, les forces languissantes et la bile lente à se former.

Les femmes et les enfants qui, à raison de leur débilité, tiennent beaucoup du tempérament pituiteux, ont les mêmes raisons d'éviter la saignée(a). Il en est de même des vieillards; chez eux l'action organique est ralentie, si on la relâche, les sucs excrémenteux, retenus, deviendront plus âcres. Voyez le *Traité de la saignée* par Quesnay. An 1730. (Note de l'original).

(a) On aurait tort d'inférer de l'évacuation périodique que les femmes sont plus sanguines que les hommes. Elles perdent par là une grande partie de leur sang et il se régénère plus lentement que chez nous. Une suite de la même prévention faisait regarder la cessation des règles comme cause des ulcères à la matrice; il y a lieu de croire qu'ils viennent de l'acrimonie de l'humeur, et que s'ils ne se manifestent qu'à la cessation des règles, c'est que jusque-là une partie de l'humeur viciée étant rejetée tous les mois, elle n'avait pas le temps de faire du ravage. La saignée ne supplée point à cet avantage, elle est insuffisante de même contre les *pertes* parce que celles-ci viennent d'acrimonie particulière: on ne peut l'employer non plus à rappeler les règles dans le cas de dissolution du sang; on ne doit user alors que des martiaux, des analeptiques, des stomachiques et du lait. (Note de l'original.)

Cet homme, éternellement fameux dans l'histoire des arts par la révolution qu'il a faite dans la chirurgie, ne s'occupait que de ce projet,
dont on ne peut sentir le sublime qu'en se transportant aux temps
où il enfanta cette idée. Il s'agissait de rassembler les chirurgiens
en un corps qui fût le dépôt des connaissances et le foyer des
lumières. Il avait compris que dans la réunion de ses membres
épars, l'émulation, mère des succès, animerait tous les académiciens; que l'expérience isolée de chaque praticien, qui dans le plus
long excercice ne peut produire qu'un petit nombre de faits souvent
inexacts et mal observés, se comparant, se critiquant mutuellement,
il en résulterait une théorie plus sûre, guide infaillible de la pratique.
Cette idée qui réunit tous les suffrages aujourd'hui qu'elle est
consacrée par le succès de cinq volumes de mémoires, où toutes
les branches de la physique concourent à ennoblir et à éclairer un
art qui n'était alors qu'un métier — cette idée dut en son temps
paraître bizarre et peut-être extravagante; comment tirer la chirurgie
de l'avilissement où elle se trouvait? Confondus dans une classe
infime d'artisans, comment se flatter d'élever à l'état d'académiciens des gens dont quelques-uns ne savaient pas lire? Voilà ce
que La Peyronie avait osé concevoir et ce qu'il a exécuté. En
moins de vingt années il a élevé son art au plus haut point de
perfection où il puisse monter; des talents supérieurs s'y sont formés
et par un bonheur peu commun, il semble avoir laissé à son successeur, avec sa place, ses vues paternelles pour l'avancement et
la perfection de la chirurgie (¹); exemple rare dans nos temps
modernes, de deux hommes qui ont consacré leur vie et leur
fortune au bien public et au progrès des connaissances. Si l'on
doit mesurer son admiration pour les entreprises humaines plutôt
sur la grandeur que la célébrité de leur plan, si l'on fait attention
à la résistance qu'il dut recevoir des préjugés du public, si prompts
à se former et si lents à se détruire, de l'ignorance des sujets
qu'il voulait employer, de la mauvaise volonté de quelques-uns,
en un mot, de la réunion des obstacles moraux, souvent plus invincibles que les résistances physiques, sans doute La Peyronie

---

(1) La Peyronie par son testament fit trois parts de son bien, dont il
donna deux à la compagnie des chirurgiens de Paris, et l'autre à celle des
chirurgiens de Montpellier, pour construire un amphithéâtre et fonder des
prix, des démonstrateurs royaux et un cours public d'accouchements.

M. de la Martinière vient de faire bâtir et orner les superbes écoles de
l'académie de chirurgie. (Note de l'original.)

mérite de sa nation une reconnaissance éternelle. L'ancienne Grèce aurait consacré ce bienfait par une statue, un bas-relief où des chiffres entrelacés des serpents d'Esculape auraient transmis son nom à la vénération des siècles; chez nos nations modernes, la vertu n'a de prix que son exercice même, et le premier hommage rendu à ce bienfaiteur des hommes hors des compagnies auxquelles il appartenait, ce sont ces fleurs inodores que nous répandons sur sa tombe.

Pour l'aider dans une entreprise si hardie, il lui fallait un homme dont les vues fussent profondes, le courage infatigable, le zèle du bien public ardent et à l'épreuve de tout dégoût, et qui, familiarisé avec l'idiome propre à chacune des sciences qu'on allait cultiver, fût l'interprète de toutes et le rédacteur commun de tous les mémoires: en un mot, un secrétaire de l'Académie; et cet homme fut Quesnay. Il n'y avait alors que trois maîtres qui donnassent le mouvement et la vie à cette masse inerte, Quesnay, La Peyronie, et Maréchal, seigneur de Bièvre, qui l'avait précédé dans la charge de premier chirurgien du roi.

Le premier volume des Mémoires paru, les gens de lettres admirèrent la préface, le public apprit à mesurer son opinion, et les chirurgiens eux-mêmes, étonnés et ravis, osèrent concevoir cette estime de soi-même, première condition pour obtenir celle d'autrui.

Il contenait plusieurs Mémoires du secrétaire qui sont une des plus précieuses parties de cette riche collection. Le premier avait pour objet *le vice des humeurs*. C'était le germe d'un traité qui embrasse presque toute la thérapeutique; aussi ce sujet immense présenté sommairement alors, produisit-il dans la suite ces traités doctrinaux sur la gangrène, la fièvre, la suppuration, etc. ([1])

_____

(1) Ce premier Mémoire traite:

1° De l'impureté des humeurs ou de leur analogie avec les substances hétérogènes qui les rendent vicieuses.

2° De la dépravation dont les humeurs sont susceptibles par elles-mêmes.

3° De l'imperfection des humeurs, ou des vices qu'elles peuvent contracter par le défaut des vaisseaux destinés à les former.

C'est à l'aide des impuretés qui se mêlent aux humeurs que la masse de celles-ci peut faire impression sur les solides et y causer du désordre. Elles viennent du dehors, ou sont produites au-dedans; si l'on connaissait leurs causes, on pourrait déterminer leur nature; mais la médecine n'a de prise que sur les effets; on calme la fièvre sans la maîtriser; sa durée s'étend contre tous les efforts jusqu'au temps où la nature elle-même dompte sa cause, si le malade a la force de soutenir ce combat. La dépravation des

Si Quesnay fut moins original dans les autres, dont les faits
avaient été présentés à l'Académie, il montra du moins ce que
peut l'esprit d'ordre et d'analyse dans la rédaction; comment la
sagacité sait lier les observations nouvelles aux principes déjà reçus,
et les ressources du génie pour en tirer des dogmes nouveaux applicables à un grand nombre de cas qui en semblaient à peine
susceptibles. Tant de travaux minaient sourdement une santé
déjà délicate; la goutte, dont il avait de fréquents accès, lui fit
craindre que sa main ne se refusât enfin à l'exercice de la chirurgie; il se détermina donc à prendre l'état de médecin; ce n'était
pas changer de profession; il avait allié dans ses études toutes

humeurs naît de la stagnation, quand le mouvement artériel est suspendu:
alors livrées au mouvement spontané, elles tombent en fermentation ou en
putréfaction. Dans le premier cas elles deviennent vineuses, aigres ou rances;
dans le second, elles sont fétides, leur sel essentiel devient un alcali volatil,
leurs principes se désunissent et elles tombent en dissolution. Ces deux mouvements diffèrent en ce que les substances qui contiennent un sel acide sont
seules sujettes à la fermentation; c'est la pourriture qui attaque communément celles qui contiennent un sel alcalin.

Les imperfections des humeurs mal formées par le jeu des vaisseaux se
réduisent à la crudité, à la perversion et aux vices de consistance.

La crudité vient de la faiblesse des organes insuffisants pour travailler les
sucs chyleux, démêler les différentes substances dont se forment les humeurs,
exciter la chaleur nécessaire à leur coction, et chasser les sucs excrémenteux:
ce genre d'imperfection ne les rend pas tout à fait nuisibles dans l'économie
animale: ces humeurs peuvent encore être conduites à leur perfection; il n'en
est pas de même de celles que l'action excessive des vaisseaux a altérées:
les graisses, les sucs albumineux et les excréments salins sont plus exposés
que les autres à ce genre de perversion. La consistance des humeurs pèche
par excès ou par défaut, mais plutôt par celui-ci.

Dans quatre Mémoires suivants il entreprend d'éclairer *la pratique*, dans
une des branches de la chirurgie les plus difficiles et les plus importantes, les
plaies à la tête; il y détermine les motifs qui font recourir au trépan ou qui
le font éviter; les cas où il faut ouvrir le crâne dans une grande étendue,
les exfoliations du crâne et les moyens de les hâter ou de les éviter; enfin
en traitant des plaies du cerveau, il démontre cette assertion également
neuve et hardie que ce viscère lui-même est susceptible d'opérations qui,
dans un grand nombre de cas, peuvent sauver la vie au malade. Il détermine en même temps les remèdes qui conviennent le mieux pour la cure
des plaies qui intéressent cette partie. Une découverte dont nous devons
faire honneur aussi à M. Quesnay, c'est celle qu'il oppose à l'opinion accré-
ditée de tous les temps sur les fractures qui s'étendent d'une partie du
crâne à l'autre à travers les sutures: il démontre que si l'on peut soupçonner
quelque déplacement dans les parties osseuses, il faut trépaner sur les sutures
mêmes. Voyez *Mém. acad. de chirurgie*. (Note de l'original).

les branches de l'art de guérir, et pendant les campagnes du roi il avait satisfait aux formalités et reçu le bonnet de docteur à Pont-à-Mousson; une nouvelle raison le déterminait encore, il venait d'être nommé à la charge de médecin consultant du roi, vacante par la mort de M. Terray.

Livré désormais à la médecine, une théorie ordinaire n'aurait pas satisfait cette âme avide qui ne pouvait toucher aucun sujet d'observation sans chercher à quelle science il appartenait, pour dresser la carte particulière de cette science et trouver ses rapports dans le tableau général des connaissances humaines. Son enfance précoce avait vu dans les détails pratiques de l'agriculture tout le système de l'économie rustique. Dans l'étude de la physiologie il embrassa tous les rameaux de l'économie animale; comparant ensuite les vues que la nature semble avoir sur l'homme, les besoins physiques auxquels elle l'a soumis, les qualités morales qu'elle lui a données; en un mot, l'action de la nature sur l'homme et la réaction de l'homme sur la nature en les comparant avec les lois qu'elle suit elle-même dans la nutrition et la reproduction des végétaux alimentaires. Il en déduisit le système de l'économie politique; la médecine devint le pont de communication dont ce génie créateur couvrit l'abîme qui séparait l'humble agriculture des hautes spéculations de la politique.

Un principe fécond est le résultat de ses observations pathologiques. La nature est l'hygiène universelle (1); c'est elle qui blesse, et c'est elle qui guérit, comme cette lance de Pelias dont la rouille cicatrisait les plaies qu'elle avait faites (Homère, *Iliade*). Sa marche est uniforme et ses lois sont générales : c'est à la sagacité du médecin de prévoir les cas particuliers et de ménager des exceptions. La fièvre est le moyen qu'emploie la nature pour guérir les maladies (2); à l'aide de cette fermentation, elle produit une humeur

(1) L'hygiène est la partie de la médecine qui tend à conserver la santé, par opposition à la thérapeutique qui est l'art de guérir. (Note de l'original).

(2) M. Quesnay ayant observé que dans la plupart des maladies, surtout dans les complications, le médecin, réduit à deviner le mal sur les apparences, est souvent exposé à confondre la maladie avec ses symptômes; il envisage d'abord l'idée générale de l'homme malade, et de cette généralité il déduit les applications particulières à la fièvre. La maladie est ou un vice absolu des liquides, ou une lésion grave des parties solides, ou enfin une lésion dans l'action de ces parties.

Trois genres de maux sont le produit de l'état de maladie.

Dans le premier se trouvent les phénomènes essentiels à la maladie : parmi

dont l'effet est d'invisquer et de chasser l'hétérogène qui cause le mal; les *redoublements* sont l'appareil chimique que la nature emploie à cette *coction* dont le dernier degré procure la *crise*.

ceux-ci on appelle symptômes ceux qui se manifestent aux sens, et qui, par là, sont indicatifs; c'est ce qui les distingue des autres qui sont aussi essentiels à la maladie, mais qui n'ont pas la même propriété de se manifester; il a aussi rangé dans la même classe les affections symptomatiques, qui, quoique produites par la maladie, n'en sont pas cependant des conséquences nécessaires.

Le second genre de mal donne les épiphénomènes : ce sont des affections morbifiques qui accompagnent une maladie sans lui appartenir en propre. Les épiphénomènes d'une maladie sont les symptômes de quelques autres qui s'y trouvent réunies. Il est bien essentiel dans les complications de distinguer chacune de ces espèces pour saisir les indications qu'elles fournissent et fixer la conduite du médecin dans le traitement.

On comprend sous le troisième genre l'affection morbifique, les effets du mécanisme même des maladies : telles sont dans les inflammations et les fièvres la dissolution glaireuse, la coction et les crises qui s'opèrent effectivement par le mécanisme même de la maladie, c'est-à-dire par l'action accélérée des artères. Quelquefois, ces produits sont salutaires, comme la coction et les crises parfaites dans les fièvres ; d'autres fois, ils sont vicieux et nuisibles, comme la dissolution excessive et fort crue dans les péripneumonies. Telle est l'application de ces principes à la fièvre.

La fièvre est une accélération spasmodique du mouvement organique des artères excité par une cause irritante, et qui augmente excessivement la chaleur du corps. Le froid du frisson ne forme pas objection, car il faut observer qu'alors la lésion de l'action des artères ne consiste pas seulement dans l'accélération de leur mouvement, mais encore dans une contraction spasmodique de la membrane de ces vaisseaux; ce qui bride tellement leurs vibrations que, quoique plus fréquentes, elles ne suffisent pas pour augmenter la chaleur, ni même pour l'entretenir dans son état naturel.

Faute d'avoir fait attention à ces deux mouvements artériels, l'un d'accélération de pression, l'autre de contraction spasmodique, Boerhaave a cru que dans le frisson le cours du sang était ralenti dans les vaisseaux capillaires, et que la chaleur de la fièvre était causée par la précipitation du sang que le cœur engorgé rechassait violemment dans ses canaux.

Les phénomènes de la fièvre sont : 1° L'augmentation de vitesse, de volume et de force des vibrations du pouls.

2° L'accélération de la circulation.

3° L'excès de chaleur.

4° La grande raréfaction des humeurs, l'agitation excessive de leurs molécules et l'action intrinsèque de la chaleur dans leurs parties intégrantes.

Ces phénomènes sont essentiels à la fièvre et ne peuvent se séparer de son mécanisme quand il n'est point troublé par d'autres affections morbifiques; ce sont donc véritablement des symptômes. Il est important d'observer qu'il y a une autre sorte de chaleur qui naît de l'acrimonie de certaines substances

Dans les autres maladies et dans les blessures, la nature suit la même marche; elle procède par l'*inflammation* et la *suppuration*, qui sont l'humeur *visqueuse* et *les fièvres locales*, (¹) La gangrène

---

mêlées aux humeurs. Boerhaave avait absolument ignoré la nature de cette seconde chaleur, comme on peut s'en convaincre par la lecture de ses aphorismes. Cette vue générale que les symptômes sont des phénomènes sensibles et inséparables de la maladie, donne un instinct sûr pour discerner promptement et infailliblement les espèces des maladies.

Les médecins qui n'avaient pas ce principe ont cru que les symptômes des fièvres variaient avec les fièvres mêmes, et ils ont rangé celles-ci par familles; mais leur classification était idéale, la fièvre simple n'a que le petit nombre de symptômes dont nous avons parlé.

Les affections symptomatiques sont la soif, la sécheresse, les délires, les douleurs. Ces affections sont causées comme la fièvre elle-même par l'acrimonie de quelque matière dépravée retenue dans les premières voies; et leurs effets varient suivant les qualités, la quantité de ces matières âcres, suivant qu'elles se dispersent dans la masse des humeurs ou qu'elles se fixent dans certaines parties; mais toutes ces variétés se réunissent toujours à quelque spasme irritant et convulsif que nous nommons la fièvre.

Les épiphénomènes, c'est-à-dire les affections morbifiques qui peuvent se trouver avec la fièvre, mais sans en dépendre, et dont l'effet au contraire est de s'opposer à son mécanisme, sont les contractions, la faiblesse, les irrégularités du pouls, les angoisses, la débilité, les agitations du corps, des douleurs vagues et le délire.

Voyez les développ. et les preuves dans le *Traité des fièvres*, 1753. (Note de l'original.)

(1) Il arrive souvent dans nos humeurs des changements qui les dénaturent ou leur enlève au moins leurs qualités principales: lorsqu'ainsi défigurées elles sortent par une solution de continuité, elles prennent le nom de suppuration, et c'est le caractère qui les distingue de celles qui sortent par une semblable issue sous leur forme naturelle. Si ne pouvant trouver passage elles s'amoncellent dans une partie intérieure, cet amas s'appelle un abcès; si elles sont dispersées dans les vaisseaux d'une partie et chassées par des issues naturelles, on donne à cette dispersion et expulsion le nom de résolution. Il y a deux espèces de suppurations purulentes, celle de solutions de continuité qui se forme sans inflammation et qui paraît n'être fournie que par un écoulement d'humeur, et celle des abcès qui est toujours précédée d'inflammation. Le pus n'est produit ni par le mouvement spontané, ni par l'impureté des humeurs, mais par l'action organique des vaisseaux.

On avait cru avant M. Quesnay que l'inflammation ne produisait du pus que quand elle était suivie d'abcès ou d'écoulement purulent remarquable. C'était une erreur, car on voit des ecchymoses se terminer par résolution; or, le sang est plus épais que le pus.

L'humeur purulente a différentes façons d'agir après sa formation, et c'est où l'art devient nécessaire. Les lois générales sont de la nature, et les applications particulières tiennent à l'intelligence de l'homme.

est la nature vaincue par le mal quand différentes causes ont empêché les effets salutaires de l'inflammation. Quelle attention ne faut-il donc pas dans la médecine pour favoriser ou arrêter les opérations aveugles d'une nature insensible (1), qui suit rigoureusement ses lois générales (2) !

Dans le cas de résolution, l'humeur purulente se disperse dans le tissu cellulaire et regagne les voies de la circulation. Dans la suppuration, elle s'ouvre des voies sensibles pour s'échapper, ou elle se creuse dans le tissu cellulaire même une capacité qui la loge sous la forme d'abcès; dans ces deux cas, elle enveloppe et entraine avec elle l'âcre fronçant qui allumait l'inflammation, mais si l'inflammation disparait avant d'avoir produit suffisamment d'humeur purulente pour invisquer l'hétérogène, celui-ci reste cru et en état de causer des ravages; c'est ce qu'on appelle la délitescence. Il y a encore deux accidents graves à éviter, l'endurcissement et la gangrène; l'un arrive quand l'humeur qui filtre dans les parties glanduleuses s'y fixe et s'y durcit: l'autre, quand sa malignité étant plus forte que l'inflammation, elle éteint celle-ci tout à fait, en éteignant la vie de la partie enflammée.

C'est à l'art d'observer la marche de l'humeur et à juger les cas où il faut s'opposer à la suppuration et ceux où il faut la procurer et l'aider.

La résolution est la terminaison la plus favorable, elle convient surtout dans les érésipèles.

La résolution est aussi à désirer dans les inflammations internes; mais elle est à craindre dans les inflammations malignes extérieures, car alors l'hétérogène rentrant dans la masse des humeurs peut se déposer intérieurement, et c'est un accident sans remède.

Pour amener la résolution il faut combattre l'inflammation et dissiper l'œdème purulente qu'elle produit, ce qui se fait par des remèdes généraux et des topiques ou répercussifs ou relâchants.

Si la nature l'emporte et malgré le médecin mène la tumeur à suppuration, alors qu'il la suive et qu'il l'aide; mais on ne peut conduire à ce but une inflammation faible et languissante qu'en l'augmentant et la .animant par des topiques actifs et irritants. Une inflammation violente au contraire n'a besoin que d'un procédé qui facilite l'extravasation dans le tissu cellulaire en attendrissant la substance de ce tissu. Souvent on a ces deux indications à remplir, et il faut user des remèdes qui réunissent ces deux propriétés. Ce qui prouve évidemment l'imposture et le danger de l'empirisme qui attribue absolument et indépendamment aux remèdes une faculté curative qu'ils ne peuvent avoir par eux-mêmes, et à laquelle les circonstances les rendent propres au contraire. Quand l'abcès a fait son effet il faut favoriser le dégorgement, empêcher le dessèchement des chairs, etc. Voyez les détails au *Traité de la sup.* 1749. (Note de l'original.)

(1) Nescia.... humanis precibus mansuescere corda! *Virgil.* (Note de l'original.

(2) La gangrène est la mort d'une partie, c'est-à-dire l'extinction de tout mouvement organique dans cette partie. On l'avait confondue avec la pourriture parce que celle-ci l'accompagne quelquefois et que ses progrès

Le moment est enfin arrivé de rassembler les pièces désunies
du système général de ses connaissances; le cours de ses observations est complet, l'étude de l'histoire lui a développé les erreurs
et les fautes des nations, et il y a vu les causes successives des révolutions qui ont changé la face du globe. Le spectacle de la société actuelle ne lui laisse plus rien à désirer; il va énoncer les

étonnants avaient l'apparence d'une contagion putride; d'ailleurs, la couleur
noire ou plombée de la partie gangrenée, la mollesse œdémateuse et les
phlictaines prêtaient à cette erreur. Paré a distingué ces deux états. La dissolution putride et l'odeur cadavéreuse sont les vrais signes de la pourriture. La gangrène peut se confondre avec un état où l'action organique est
tellement empêchée qu'elle ne s'aperçoit pas: cette partie reste sans mouvement, sans chaleur, sans sentiment, et les chairs sont macérées au point
qu'elles se déchirent.

La gangrène humide diffère de la sèche par l'engorgement, c'est-à-dire
par l'abondance des sucs arrêtés dans la partie qui tombe en mortification;
c'est le caractère de la gangrène humide, et c'est ce qui la rend si susceptible
de pourriture.

Il y a neuf causes de gangrène:

La contusion	La morsure des animaux venimeux
La stupéfaction	L'inflammation
L'infiltration	La congélation
L'étranglement	La brûlure et la pourriture.

Parmi ces causes, on doit faire une attention particulière à *la contusion et
la stupéfaction*.

Dans la contusion, le froissement des chairs affaiblit et détruit le ressort et
l'action organique des vaisseaux, alors ces parties doivent être regardées
comme mortes; leur substance écrasée est devenue spongieuse et se laisse
pénétrer et remplir excessivement de sucs, ce qui cause une sorte d'engorgement qui survient à la mortification et qui toujours la caractérise; alors elle
devient une gangrène humide, et c'est le seul cas où l'engorgement succède
à la gangrène.

La contusion est souvent accompagnée d'une *commotion* qui s'étend quelquefois fort loin dans les nerfs et les secoue si rudement qu'elle en dérange la
substance médullaire, ralentit ou interdit le mouvement des esprits; la stupeur qui en résulte est si considérable que non seulement elle livre les
chairs mortifiées sans défense aux sucs qui les engorgent, mais souvent elle
détruit ou suspend l'action des vaisseaux dans toute la partie blessée; souvent
la commotion s'étend beaucoup plus loin, et dans les coups violents, tels que
les blessures du canon, on a vu la stupeur s'étendre jusqu'au cerveau et
troubler le système entier.

On a cru pendant longtemps, et c'était l'opinion de Boerhaave, que la
gangrène ne survenait qu'à la suite des inflammations qui avaient atteint le
dernier degré. M. Quesnay établit le contraire de cette proposition qui a été
bien meurtrière. Il est vrai que l'inflammation doit être regardée comme une
cause assez fréquente de la gangrène; mais ce n'est pas l'excès de l'inflammation

véritables lois de la nature, enfouies sous l'amas des systèmes et
les contradictions humaines; pour trouver la vérité, presque toujours
il suffit d'écarter les erreurs qui la cachent. Dans le monde moral,
on marche sur les débris des opinions humaines, comme dans le
monde physique sur les ruines des villes et des empires; les systèmes des philosophes, les triomphes des conquérants, fragiles ouvrages de l'orgueil et de la curiosité de l'homme, sont entraînés
dans la même nuit; et le temps qui foule aux pieds indifféremment tous ces décombres, efface les vaines opinions de l'homme
et confirme les principes de la nature(¹); mais ce n'est qu'à l'œil
exercé du sage qu'il est donné d'apercevoir cet effet insensible.

Avant d'établir les principes de Quesnay, pour mieux faire concevoir la révolution qu'il a faite dans la morale, parcourons rapidement la chaîne des opinions qui l'ont précédé. Après cet examen
peut-être dira-t-on comme un philosophe déprévenu le disait dans
un temps où il ne pouvait être soupçonné ni d'enthousiasme ni
d'esprit de système:

« On n'a connu la morale jusqu'à présent que comme les artisans
« connaissent la langue, à peu près assez pour l'usage; mais on a

---

simple, c'est l'engorgement, la malignité qui l'accompagne, l'étranglement qu'elle
suscite quand elle avoisine une partie nerveuse; ce sont toutes ces causes réunies qui attirent la gangrène. Il faut donc distinguer plusieurs espèces d'inflammations causes de gangrène: parmi celles-là on doit remarquer l'inflammation maligne qui fait périr la partie dès qu'elle s'en saisit. Souvent la
couleur de l'inflammation reste longtemps après, de sorte qu'à l'inspection il
ne paraît pas que l'inflammation et la vie soient éteintes. Cette observation
est importante.

On appelle gangrène sèche celle qui n'est point accompagnée d'engorgement
et qui est suivie d'un dessèchement qui préserve la partie morte de tomber
en dissolution putride.

On en fait deux classes; les symptomatiques et les critiques.

La cause de cette gangrène attaque d'abord les artères; la preuve en est
que dans les amputations des parties mortes il n'y a point d'hémorrhagie;
les nerfs destinés pour le mouvement et la vie de cette partie sont les derniers
où la vie s'éteigne, ce qui se prouve par les douleurs qu'éprouvent les malades même lorsque la partie est froide, tandis que l'action organique est
absolument cessée dans les artères; voilà pourquoi ces douleurs ne causent
pas d'inflammation.

La différence entre une gangrène sèche et la paralysie, c'est que l'une attaque les nerfs et l'autre l'action organique des artères, etc. Voyez le *Traité
de la gangrène*, 1749. (Note de l'original.)

(1) Opinionis commenta delet dies, naturæ judicia confirmat. *Cicero.* (Note
de l'original).

« été bien éloigné d'en connaître les principes et les finesses, et de
« sentir à quel sublime on peut l'élever. »

Les anciennes nations avaient l'usage d'envelopper toutes leurs
connaissances physiques et morales des voiles du symbole et de
l'allégorie, et de dérober ainsi aux hommes par la plus oppressive
des tyrannies, la vérité, ce patrimoine commun et inaliénable de
l'espèce humaine.

Le peu qui nous reste de la morale des Egyptiens se réduit à
quelques axiômes pratiques: adorer les Dieux, ne faire de mal à personne, s'exercer au mépris de la mort et à la frugalité; cette précaution toujours indiquée par les préceptes des anciens sages, dé-
pose contre la barbarie de ces temps où il fallait toujours prévoir
les plus grands maux pour n'en pas être surpris.

Zoroastre établit de même des principes qui ont plus l'air d'une
règle monastique que du code moral d'une grande nation; c'est la
chasteté, l'honnêteté, la douceur recommandée; fuir le mal et faire
le bien; mais il n'explique pas ce que c'est que le bien, le mal
et l'honnête.

Les Grecs eurent de même toute leur sagesse en aphorismes;
chez eux il n'y eut jamais rien de lié ni de démontré; la chaleur
de leur imagination ne se prêtait pas aux combinaisons d'un système. C'est Descartes qui a donné ce tour philosophique à l'esprit
humain et l'Académie des sciences qui l'a établi et maintenu.
Au temps de Pithée, dit Plutarque, la science la plus à la mode
chez les Grecs était toute en sentences et en moralités. Archelaüs,
qui fut le maître de Socrate, enseigna publiquement que les lois
humaines étaient la source du bien et du mal moral: c'était nier
l'existence du droit naturel et ruiner les fondements de toute
morale.

Socrate disait: les lois du ciel, ce qui est selon la loi est juste
sur la terre et légitimé dans le ciel.

Il est clair que Pythagore n'a porté dans la Grèce que la doctrine mystique, les superstitions, les jeûnes, la charlatanerie des
prêtres de l'Egypte: les stoïciens étaient des moines, les platoniciens étaient des théologiens; toute la morale des anciens était
monastique, vague, propre peut-être à quelques individus, mais elle
n'avait rien de dogmatique pour une grande société, elle ne portait
point sur des bases évidentes, elle n'établissait pas les causes des
associations d'hommes, et ne donnait pas les moyens de les maintenir et de les gouverner.

Imitez Dieu, disait Platon, c'est le souverain bien : la vertu est préférable à tout ; elle ne s'apprend pas, Dieu la donne.

La fin de l'homme, suivant les stoïciens, était de conformer sa vie aux lois de la nature ; mais ils n'expliquaient pas davantage ce que c'était que les lois de la nature.

Aristote, éternellement fameux par sa rhétorique et sa poétique, fit de la morale une métaphysique aride : il y traite froidement de la vertu, et toutes ses déclamations sont moins fortes sur l'esprit de ses lecteurs que le plus faible instinct moral dans le cœur de tout homme bien né. La vertu, selon lui, est un certain milieu entre les deux extrémités opposées : *l'excès et le défaut* ; il s'écrie, comme le soleil à Phaéton : *Medio tutissimus ibis (Métamorphoses,* lib. 2) : mais qui établira ce juste milieu ? Il y a deux sortes de justice, ajoute-t-il, l'une universelle qui maintient la société par le respect qu'elle inspire pour la loi ; et l'autre particulière qui rend à chacun ce qui lui appartient ; Aristote établit ici une erreur et un principe vague ; une erreur en ce que la justice universelle, selon lui, fait respecter les lois, comme si les lois étaient antérieures à la justice par essence, dont elles ne doivent être que le prononcé ; et quant à rendre à chacun ce qui lui appartient, il a touché la vérité sans la voir : il eût fondé la doctrine économique s'il eût dit qu'il faut respecter la propriété parce qu'elle est la cause de la réunion des hommes en société, le fondement de tous les droits et la source de tous les devoirs, et s'il eût établi les développements et les démonstrations de ce principe.

Démocrite était aussi peu avancé dans la connaissance de la morale : on en peut juger par cette sentence tirée de ses secrets « C'est la loi qui fait le juste et l'injuste, le bien et le mal, le honteux « et l'honnête. »

Héraclite, en tout l'opposé du philosophe d'Abdère, disait : « Il « y a une loi universelle commune et divine, dont toutes les autres « sont émanées » ; mais il ne développait pas ce profond aperçu, source essentielle et unique de la morale et de la politique.

La science économique est le développement de cette vérité, l'ensemble de ses résultats ; c'est à cette science qu'on doit la généralité de ses applications et la fermeté de ses conséquences ; mais vraisemblablement Héraclite n'en voyait pas la fécondité.

Il y eut des sectes entières de philosophes dont la doctrine était opposée à toute morale, telle que les Pirhonniens et les Académiciens.

Des gens qui n'affirmaient rien, qui faisaient profession de douter de tout, ne pouvaient établir aucun principe de morale, aucune règle positive des mœurs; leur vie était pure cependant par l'attrait invincible de la philosophie et contradictoirement à leurs principes. Ne le blâmez point, disait Cléanthe, parlant d'Arcesilas: « il détruit la morale » par ses discours, « mais il l'établit par ses actions ». Cet *instinct moral* de l'homme instruit et sensible qui vit dans le silence de l'étude, ne peut convenir à la multitude des hommes; il faut éclairer l'esprit par les principes moraux, et que la vertu pratiquée même machinalement puisse être rigoureusement démontrée.

Carnéade, le plus subtil des académiciens, ne faisait pas difficulté d'établir qu'il n'y a point de justice, et Cicéron trouva ses sophismes à cet égard si artificieux qu'il n'osa entreprendre de les combattre.

Cicéron, académicien lui-même, avance dans son livre *des Lois* qu'il y a un *droit naturel*, une *justice par essence*, indépendante de toutes conventions humaines (Cicer. *de Légib.* l. a.); mais bien loin de démontrer ce principe sacré de toute justice, il le propose comme une hypothèse nécessaire, mais douteuse, et dont il serait bien embarrassé d'établir l'incontestabilité.

Comment se peut-il (Voir *les Découv. des anc. attrib. aux mod.* 2 vol. in-8°) que dans un ouvrage sérieux et profond on ait eu pour objet de soutenir par une érudition immense ce paradoxe insoutenable que les anciens ont découvert tout ce dont les modernes se font honneur et que la nature tourne toujours sur le même cercle; il semble que c'était des fauteurs de pareilles opinions dont parlait Isocrate quand il disait: « Accoutumons les hommes et l'envie à « entendre louer ceux qui l'ont mérité, et pardonnons aux grands « hommes d'avoir été nos contemporains. » (Isocr. dans le *Panégyr.* d'*Evagoras.*)

On imagine bien que les Arabes, dans le peu de temps qu'ils fleurirent sur la terre, écrasés sous le despotisme, ne cultivèrent pas la science des droits et des devoirs de l'homme. Les branches de la physique occupèrent la curiosité de leurs savants sans alarmer des maîtres jaloux et soupçonneux qui disparurent bientôt avec leur nation. Presque toutes leurs études se bornèrent aux livres d'Aristote: Avicenne et Averroës élevèrent au ciel ce philosophe et furent cause peut-être de l'influence qu'il eut sur la renaissance des lettres: mais ce n'est pas dans ses écrits qu'ils auraient puisé la science de la morale.

La scolastique, née aussi vers le huitième siècle des commentateurs d'Aristote, sophistiqua la religion sans perfectionner la morale: elle porta dans la théologie les pointeleuses subtilités de la dialectique des Arabes, qui dominaient alors par le génie comme par les armes dans un temps où l'occident, épuisé par ses anciens triomphes, était retombé dans l'ignorance et la barbarie.

La politique, cette morale générale des sociétés, était dans le même chaos que la morale particulière: les nations de l'orient isolées dans leurs vastes enceintes, ne voyaient rien au dehors et ne réglaient rien au dedans; toutes les guerres de l'Asie furent des envahissements, des abus de la force, où la justice ne fut pas même appelée en prétexte. Des despotes insensés et malheureux, des esclaves foulés et avilis, des nations passant sur la terre et laissant à peine la trace de leurs noms, tel est le spectacle qu'offre l'histoire ancienne.

Les républiques de la Grèce s'agitèrent dans une orageuse liberté, et reçurent leur bonheur en renommée; mais à les examiner sans prévention, qui peut lire de sang-froid l'histoire de leurs cruautés dans leurs guerres perpétuelles, l'esclavage où les vainqueurs réduisaient les vaincus, les excès barbares de leurs séditions intestines, leurs disputes sanglantes et continuelles au sujet de la tyrannie, le massacre légal des Ilotes, les flagellations souvent jusqu'à la mort des jeunes Spartiates, etc.?

Rome conquérante et barbare, réduite à prendre ses esclaves pour précepteurs, n'apprit pas d'eux ce qu'ils ignoraient; sa chute en fut la peine, et le *monde vaincu fut vengé*. Les nations du nord ramenèrent les hommes à l'état sauvage, et pendant plusieurs siècles une longue nuit couvrit la terre; il n'y eut ni morale, ni politique. La *chevalerie,* fondée sur l'orgueil féodal, sur une piété superstitieuse et sur une galanterie romanesque, ne fit pas pour les mœurs ce qu'on a cru pendant longtemps (1).

(1) Il suffit de lire les Mémoires sur la chevalerie et l'histoire des Troubadours, que nous devons à M. de Sainte-Palaye, pour juger que leu. galanterie n'était pas aussi platonicienne qu'on se l'était persuadé: à l'égard des mœurs de ce temps, je vais rapporter un trait tiré d'un ancien manuscrit trouvé par le même M. de Sainte-Palaye, et consacré dans les Mémoires de l'Académie des inscriptions et belles-lettres: il est intitulé le *Vœu du Héron.* Gautier de Manny, pour se rendre digne des autres chevaliers, promet à la

A la renaissance des lettres, il s'en fallait bien que l'esprit humain fût en état de produire un système de philosophie; il se réveillait comme d'un long assoupissement, et avant que de rien imaginer de nouveau, il fallut employer près de deux siècles à lire les anciens, à les expliquer, à les commenter; le quinzième et le seizième siècles ne virent naître que des lexiques, des grammaires, des commentaires. L'étude des anciens avait donné un respect superstitieux pour leurs ouvrages; Aristote et Platon firent schisme, on était

Sainte-Vierge de mettre le feu à une ville entourée de marais et bien fortifiée, et d'égorger la garnison: en effet, il prit et brûla la ville de Mortagne.

Dans le même poème, la reine d'Angleterre déclare qu'elle est grosse et qu'elle n'accouchera point que le projet de guerre qu'on médite n'ait eu son exécution: „Si l'enfant voulait naître auparavant, dit-elle, je plongerais „ce couteau dans mon flanc, perdant ainsi d'un seul coup mon enfant et „mon âme.“

Telle était la férocité de ces temps atroces et l'ignorance de toute morale.

Voici quelques autres passages de leurs *Trouvères* ou *Troubadours*, qui établissent suffisamment leur doctrine des mœurs.

„Les premiers statuts de l'honneur, dit Bertrand de Born, c'est de faire „la guerre, de joûter l'avent et le carême, et d'enrichir le guerrier.“

„Je veux, dit le même dans un autre endroit, que les hauts barons soient „continuellement en fureur les uns contre les autres.“

Un autre, Guill. de Saint-Gregory, dit dans un écrit: „Je ne me sens pas „de joie lorsqu'à l'approche des escadrons je vois les peuples s'enfuir et „emporter tous leurs biens, et une foule de gendarmes courir après. Je me „plais à voir châteaux assiégés, barrières rompues . . . . . Quand on s'est „mêlé, que tout homme noble ne songe qu'à hacher têtes et bras. . . . . je „n'ai pas tant de plaisir à manger, boire et dormir qu'à entendre combat„tants crier, chevaux hennir, et voir les piétons tombant dans les fossés, les „cavaliers abattus dans les prairies, et les morts qui ont les flancs percés de „lance avec leurs banderolles,“ etc. etc. Voilà les mœurs barbares de cette loyale chevalerie: si l'on veut rapprocher des mœurs bien ressemblantes quoique bien éloignées, ce sont celles des premiers Grecs encore barbares, telles qu'elles sont peintes dans Tyrtée.

„Je ne mets point au nombre des grands hommes celui qui peut vaincre „ses ennemis à la course, au pugilat; quand il aurait la grandeur et la force „des cyclopes, que son agilité devancerait le fougueux aquilon, qu'il serait „plus beau que Titon, plus riche que Midas et Cynirrhe, plus éloquent que „ne fut Adraste; quand il réunirait en lui tous les talents, s'il n'a point de „valeur, s'il ne sent point naître dans son cœur le désir d'attaquer l'ennemi, „s'il n'en peut voir couler le sang, il n'est rien; la valeur est le plus beau „présent que les mortels aient reçu des dieux; rien ne fait plus d'honneur „à un jeune guerrier,“ etc. Trad. du 1er chant de *Tyrtée* par l'abbé Joannet.

Les sauvages de tous les temps se ressemblent, il n'y a de différence entre les hommes que les connaissances et le perfectionnement de la raison. (Note de l'original).

bien loin d'imaginer que, cent ans après, Descartes proposerait de tout oublier et de tout rapprendre.

Descartes a créé la nouvelle philosophie, et nous lui devons l'avancement de l'esprit humain, la perfection de toutes les connaissances, et cet esprit philosophique qui porte l'ordre et la clarté jusque dans les matières de pur agrément. Mais il ne toucha point à la morale; son esprit qui a tout animé depuis lui, laissa dans le chaos cette science du bonheur de l'homme (1), c'était le fruit d'un autre siècle. Hobbes, Machiavel, Bodin, Cumberland, Pufendorf, Grotius, Montesquieu lui même multiplièrent les opinions et les erreurs.

Enfin il est accompli, le vœu de l'orateur philosophe (2) qui rendit hommage aux mânes de Descartes; il paraît, ce génie attendu depuis tant de siècles, qui ose citer au tribunal de la raison ces coutumes, ces usages que les nations appellent leurs lois, porter le flambeau de l'évidence dans le dédale des opinions incertaines et consacrées, distinguer le droit et l'ordre de la force et de l'arbitraire, et les lois éternelles de la nature des règlements instantanés de l'homme. Tout est lié dans son système; les propositions s'enchaînent mutuellement; et il résulte de leur ensemble cette démonstration rigoureuse qu'on peut appeler l'évidence.

Tous les hommes veulent être heureux, la nature leur en a donné le désir et le droit; mais elle ne leur a pas révélé les moyens d'être heureux; elle a laissé cette découverte à leur raison, comme après leur avoir donné l'organe de la vue, elle leur a laissé le soin de perfectionner ce sens et de l'employer à leurs différents usages. Tous les désordres de la société ne sont occasionnés que par les erreurs de ceux qui cherchent le bonheur par de fausses routes. Quels sont donc les fondements de la société? L'homme a-t-il des droits? A-t-il des devoirs? Par quel chemin peut-il parvenir à la plus grande somme de bonheur possible?

---

(1) Si nunc se nobis ille aureus arbore ramus ostendat nemore intanto! *Virg.* (Note de l'original.)

(2) Dans la note *a.* de l'*Eloge de Descartes* par M. Thomas, il s'exprime ainsi:

„Il doit être permis de faire des vœux pour qu'on applique cet esprit (de „ Descartes) à la législation et au gouvernement des Etats: l'art de procurer „ aux sociétés la plus grande somme de bonheur possible est une des bran„ ches de philosophie les plus intéressantes, et peut-être dans toute l'Europe „ est-elle moins avancée que n'était la physique à la naissance de Descartes." (Note de l'original.)

L'homme considéré dans son état d'isolement antérieur à toute société, *a droit aux choses propres à sa jouissance;* c'est le droit de la nature qui, en le formant, lui dit de se conserver s'il ne veut souffrir et mourir. Ce droit est donné à tous, il s'étend à tout; il semblerait par là devenir un droit idéal, car ce qui appartient à tout le monde n'appartient à personne; mais il reçoit une condition qui le réalise, c'est que les productions les plus spontanées de la nature ne venant cependant pas d'elles-mêmes se poser sur les lèvres de l'homme, la possession en suppose la recherche. Voici donc comme doit être posé ce premier axiôme de la loi naturelle: *l'homme a droit aux choses propres à sa jouissance acquises par son travail et sa recherche.*

Ceci exclut toute rivalité et prévient toute guerre; car il est plus court de se livrer soi-même à la recherche que de risquer un combat douteux, et cela est juste puisqu'à cette condition vous deviendrez vous-même propriétaire légitime. A quelque classe donc qu'appartienne l'homme naturel, qu'il soit chasseur, ichthyophage ou frugivore, voilà le premier article de son code.

Le travail est donc le devoir qui nous assure le premier droit naturel, celui de vivre et de nous conserver; mais l'inégalité respective entre les facultés physiques et intellectuelles des individus rendra leurs conditions fort inégales: il est donc de leur intérêt d'entrer en société et de faire entre eux des conventions de garantie qui assurent leur jouissance contre l'invasion et qui en augmentent l'étendue. Cette inégalité de faculté n'est point une injustice de la nature; en nous faisant le présent de l'existence elle a modifié ce bienfait comme elle a voulu; dans chaque règne, dans chaque espèce, elle a inégalement distribué les qualités; tous les diamants ne sont pas de la même eau, tous les chênes de la même grosseur, tous les hommes de la même force et de la même intelligence; elle a eu pour cela ses raisons que nous ne pouvons connaître. L'ordre de la nature est des Dieux, disait Hippocrate, ils font tout, et tout ce qu'ils font est nécessaire et bien. L'égalité de droit est la seule possible entre les hommes; la véritable cause de nos maux c'est la transgression des lois naturelles. Libres du choix dans toutes nos actions, c'est à notre intelligence à en faire de bons; mais pour y parvenir il faut que cette intelligence soit éclairée de la connaissance des lois physiques qui gouvernent l'univers. Etablissons donc ce principe que tout homme a le droit d'employer à son bien-être toutes les facultés qu'il a reçues de la nature, à condition de ne point nuire aux autres : car sans cette condition, ni lui, ni personne ne serait assuré de conserver la jouissance de son droit naturel.

Il n'y a que trois manières de considérer l'état des hommes avant la société ; ou l'homme est isolé, ou il vit en famille dans la compagnie de la famille, ou en peuplade comme les sauvages ; dans le premier cas seul, il n'a point de rapports, il n'y a pour lui ni juste ni injuste ; dans le second commence l'ordre des droits et des devoirs. Chargé comme le plus fort par une convention implicite d'être le chef de la famille pour l'intérêt commun, il doit veiller à sa conservation propre et à celle de la petite société, voilà son devoir : son droit c'est d'exiger l'obéissance de chaque individu, et sa coopération en raison de ses moyens. Dans l'état de peuplade sauvage, la communication des hommes étant inévitable, et cependant des lois positives ne les réunissant point encore en société sous l'autorité d'une puissance souveraine, ils sont exposés continuellement aux dangers du brigandage et aux attentats de la force ; ils commencent par quelques conventions sur leur sûreté personnelle, car rien ne les intéresse plus que de se délivrer de crainte réciproquement ; ceux de chaque canton se voient plus fréquemment, ils s'accoutument les uns aux autres, ils se lient par des mariages et ébauchent ainsi des nations où tous sont ligués pour la défense commune et où chacun cependant reste indépendant des autres et libre avec la seule condition de la sûreté personnelle et de la propriété de ses biens. ¡A mesure que leurs propriétés s'étendront et que les cas se multiplieront, il leur faudra des lois positives écrites et une autorité pour les faire observer. Ainsi se forment les sociétés sous la *loi fondamentale de la propriété de la personne et des biens,* qui est la *raison* de toutes *les lois positives* et la *cause* de toutes les *réunions d'hommes.* Ainsi la forme des sociétés est plus ou moins parfaite suivant que la propriété est plus ou moins étendue : ainsi les hommes qui se mettent sous la dépendance ou plutôt sous la protection des lois positives et d'une autorité tutélaire étendent beaucoup leur faculté d'être propriétaires, et en conséquence étendent beaucoup l'usage de leur droit naturel de la restreindre.

Jusqu'à présent, l'autorité qui gouverne les hommes, quelque forme qu'elle ait prise de monarchie, d'aristocratie, etc., les a régis non pas par le droit naturel des hommes réunis en société, mais par des lois positives, d'institution humaine; lois qui encore ont varié sans cesse et passé par toutes les vicissitudes possibles.

En sorte que ceux qui ont considéré superficiellement ces changements continuels, se sont persuadés qu'il était dans la fatalité des gouvernements d'avoir, comme les individus mêmes, leurs différentes périodes qui aboutissent à la destruction; mais s'ils eussent fait attention que cet ordre prétendu dans les révolutions des empires n'a rien de régulier, qu'elles sont plus ou moins rapides, plus ou moins accidentelles, ils en auraient conclu que le fatalisme des gouvernements n'est pas une dépendance de l'ordre naturel et immuable. Là où les lois et la puissance tutélaire n'assurent point invariablement la propriété et la liberté (¹), il n'y a que domination et anarchie sous les apparences d'un gouvernement; c'est par l'étude des mouvements célestes qu'on est parvenu à assurer et diriger la navigation; c'est de même par l'étude des lois physiques de la nature qu'on doit connaître les lois morales qui forment et maintiennent les sociétés. Ce concours des lois physiques et morales constitue la loi naturelle; toutes les puissances humaines doivent être soumises à ces lois souveraines; elles sont immuables, irréfragables, elles sont les meilleures lois possibles, les plus convenables au bonheur de notre espèce; elles sont par conséquent la base du gouvernement le plus parfait et la règle fondamentale de toutes les lois positives. Celles-ci ne sont que des règlements de détail, des applications et des conséquences nécessaires de ces premières lois.

La première loi positive est l'institution d'une instruction publique et privée dirigée de manière à faire connaître dans tous leurs rapports les lois de l'ordre naturel. Cette instruction de la nation est nécessaire parce que la connaissance de l'intérêt commun est le seul lien social. Il faut que les hommes connaissent la mesure de leurs droits pour ne pas exiger davantage, et l'étendue de leurs devoirs pour ne pas se refuser à les remplir. Sans cette instruction, tout n'est que ténèbres, confusion, égarements et désordre; mais avec elle le juste et l'injuste deviennent évidents, le droit naturel, l'ordre physique et moral sont connus, l'autorité est éclairée sur les lois positives qu'il convient d'instituer, et la nation instruite y porte une obéissance d'autant plus sûre qu'elle en sent mieux la nécessité. La législation considérée sous ce point de vue

---

(1) Ce mot a besoin d'interprétation pour qu'on n'en abuse pas : la liberté n'est que l'usage plein et entier de sa propriété, sans blesser la propriété d'autrui; au delà c'est licence. (Note de l'original.)

n'est que la déclaration, que le développement des lois naturelles qui établissent l'ordre évidemment le plus avantageux aux hommes réunis en sociétés. La nature (¹) a institué le droit, l'ordre et les lois; l'homme n'y pourrait substituer que des règlements arbitraires et la violence (²).

Ces principes du droit naturel une fois posés, il ne s'agit plus que d'en déduire les résultats pour l'organisation intérieure d'une société. Cet ouvrage immense reste à faire, un autre devait le précéder; il fallait faire voir comment la reproduction des richesses, leur distribution, leur emploi, ont été marqués d'avance par la nature et assujettis à un ordre qu'on ne peut déranger sans que les sociétés en éprouvent une dégradation progressive; comment les intérêts du souverain et ceux de la nation sont si étroitement liés que leurs richesses, leurs forces, leurs puissances croissent et décroissent ensemble.

La loi physique est la base des lois morales; c'est de cette première loi qu'elles dérivent toutes: la subsistance de l'homme, les moyens de la produire, ceux de la multiplier, et par elle d'augmenter la population, les forces et les richesses d'une nation. Voilà tout ce code physique.

La terre est la source commune de tous les biens, elle produit tout, et reprend tout pour tout reproduire; c'est à elle qu'appartient l'inscription de la statue d'Isis: *Je suis tout ce qui a été, tout ce qui est et tout ce qui sera; et nul n'a encore levé le voile qui me couvre* (Plutarch, ch. *de Isid. et Osirid*.). Toutes les choses précieuses auxquelles on a ajouté une valeur arbitraire et conditionnelle, l'argent monnayé, le papier de change, n'ont réellement qu'une valeur représentative; ils signifient des richesses, ils en sont le signe, mais ils ne sont pas eux-mêmes des richesses, comme le total d'un compte qui exprime différentes sommes sans être lui-même ces sommes. Ceux qui possèdent ces objets n'en font d'autre usage que de les échanger contre les biens véritables qu'ils représentent; c'est cet ordre de distribution que l'esprit méthodique de Quesnay imagina de peindre dans le *Tableau économique*, chef-

(1) Ex natura jus, ordo et leges; ex homine arbitrium, regimen et coercitio. F. Q. (Note de l'original.)

(2) On n'a pu placer ici que la substance de ce système profond, il se trouve avec tous ses développements dans l'ouvrage qui a pour titre la *Physiocratie*, 2 volumes in-8°, 1768, et dans un ouvrage plus étendu et plus complet, intitulé *l'Ordre naturel et essentiel des sociétés politiques*, in-4°. (Note de l'orig.)

d'œuvre de précision et de clarté qui réunit sous un seul point de vue une foule de vérités abstraites qui ne se rangeraient qu'avec peine dans la tête la mieux exercée.

Pour donner aux hommes la subsistance qu'ils en attendent, la terre veut y être excitée par des *préparations* et par des *avances*. La société veut aussi des agents pour l'exercice des arts et pour toutes les autres fonctions sociales, ce qui établit naturellement trois classes dans la nation, la classe *propriétaire*, la classe *culti-vatrice*, et la classe *stérile*.

Ceux qui ont fait les frais des défrichements, les nivellements, les clôtures, les constructions de bâtiments, etc., en un mot les dépenses nécessaires pour disposer un terrain à la culture, dépenses connues sous le nom d'*avances foncières*, forment par eux ou par leurs représentants, la classe *propriétaire*; ils ont une *terre* mais point encore une *moisson*.

Les riches (¹) fermiers qui possèdent un atelier de culture, des chevaux, des instruments aratoires, des harnais, en un mot tout ce qu'on appelle les *avances mobilières* forment la classe *cultivatrice*. Ce sont eux qui par leurs dépenses sur le fonds des propriétaires lui font produire de riches moissons; ils sont les véritables financiers de la nation, ce sont eux qui tiennent entre leurs mains tous ses revenus et qui en font une distribution prévue, calculée par l'ordre naturel, et qu'on ne peut intervertir sans porter atteinte au corps politique.

La troisième classe qu'on a nommée *état*, parce qu'en effet elle ne produit rien, est composée de tous ceux, quels qu'ils soient, qui n'ont point de place dans les deux autres classes, officiers, magistrats, gens de lettres, artistes, artisans, rentiers; tous gens ne se procurant des revenus qu'à titre d'appointements, de salaire ou de rentes, qui dans le principe proviennent de la classe productive.

Cette distinction existe par la nature même des choses, indépendamment de celle des personnes. Un propriétaire qui fait valoir sa terre réunit deux caractères différents et est astreint à la même distribution envers lui-même.

---

(1) Agricola incurvo terram dimovit aratro:
Hinc anni labor, hinc patriam parvosque nepotes
Sustinet . . . .
Aureus hanc vitam in terris saturnus agebat.

Virg. Georg.

Le cultivateur dépense sur la terre le fonds de ses *avances*, qu'on appelle *annuelles*, et qui consiste en nourriture d'animaux, gages de valets, frais de semences, journées d'ouvriers, etc. Il use et fatigue ses avances mobilières, il faut donc que sur le revenu de la moisson, sur la *production totale*, il prélève premièrement ses avances annuelles pour les reverser l'année prochaine sur la terre, secondement les intérêts de ses avances mobilières; le reste, il le rend au propriétaire; c'est ce qu'on a nommé le *produit net*, mot fort simple et qui a paru fort étonnant à ceux qui n'ont pas voulu prendre la peine de le comprendre. Puisque les produits de la terre sont en raison des avances, il est clair que d'attaquer les avances du cultivateur, c'est attaquer le revenu de l'année suivante au détriment de toute la nation. C'est donc sur le produit net que doivent se prendre l'impôt, la dîme et les frais de toutes espèces qui affligent le promoteur des moissons sous le nom de corvées, de milice, etc. (¹)

Pour comprendre cette distribution, il faut supposer que chaque classe avait le fonds de ses avances qui l'a fait vivre pendant l'année: voici l'ordre du renouvellement, il faut l'exprimer par la figure même du tableau.

On suppose un grand royaume dont la culture portée à sa perfection et entretenue par une pleine liberté de commerce et par une entière sûreté des richesses d'exploitation, donne un revenu de cinq milliards. Ce revenu suppose un fonds de dix milliards d'avances mobilières, deux milliards d'avances annuelles, et un milliard pour l'intérêt des avances mobilières (²); car cet intérêt se compte au denier dix pour compenser les risques et satisfaire à l'entretien des cultivateurs (³): il reste donc deux milliards de *produit net* payés aux propriétaires.

---

(1) Toutes les vérités qui ne sont qu'énoncées ici sont prouvées et détaillées avec le plus grand soin dans l'ouvrage de M. le marquis de Mirabeau, qui a pour titre *Philosophe rurale:* il est curieux surtout de suivre dans le septième chapitre les profonds calculs par lesquels il établit la dégradation progressive et enfin la ruine d'une nation dont les avances ont été spoliées. (Note de l'original.)

(2) On a reconnu par les recherches et les expériences les mieux suivies dans les provinces de Picardie, Normandie, Beauce, Brie et Isle-de-France, qu'il y a une proportion constante entre les avances primitives et les avances annuelles en raison d'un à cinq. (Note de l'original.)

(3) Cet intérêt ne paraîtra pas trop fort si on fait attention aux frais et aux risques du cultivateur, à l'entretien des outils aratoires, au renouvellement des chevaux, à celui des troupeaux, aux accidents, comme la grêle, la

La *classe des propriétaires* reçoit ces deux milliards et en dépense un en *achat d'ouvrages* à la classe stérile, et un en *achat de subsistance* à la classe productive.

La *classe stérile* dépense ce milliard en *achat de matière première* et en *subsistance* à la classe productive.

La *classe productive* a donc vendu pour trois milliards de production, elle en doit deux aux propriétaires pour solde de leur revenu qui est le produit net de l'année courante; elle en dépense un à la classe stérile en achat d'ouvrages; cette classe le retient pour le remplacement de ses avances dépensées d'abord en achat de matière première pour la fabrication de ses ouvrages; ainsi ses avances ne lui produisent rien, elle les dépense, elles lui reviennent par la circulation et elles restent toujours en réserve d'année en année. Les matières premières et le travail pour les ouvrages montent les ventes de la classe stérile à deux milliards, dont un est dépensé pour la subsistance des agents de cette classe, et il n'y a là que consommation et point de reproduction; cette classe ne subsiste que du payement de ses travaux, l'autre milliard est réservé pour le remplacement de ses avances qui de nouveau sont employées l'année suivante en achat de matière première à la classe productive. Ainsi les trois milliards que reçoit la classe productive pour les ventes aux deux autres classes sont employés par elle au payement d'un milliard d'ouvrages à la classe stérile.

Tel est le tableau de cette circulation, voilà sa marche exacte quand rien n'y fait obstruction, quand la liberté du commerce maintient le bon prix des denrées, quand le cultivateur n'a d'autres charges à payer que le produit net ou le revenu du propriétaire; ce revenu forme les intérêts des *avances foncières* ou du prix de l'acquisition qui les représente. C'est sur lui que doit être prélevé l'impôt, et non pas sur la production totale, parce que deux terres de même rapport exigeant quelquefois des avances inégales, si elles étaient également imposées les avances se trouveraient grevées par l'impôt dans celle qui demanderait plus de dépense. En suivant notre hypothèse et supposant pour l'impôt, par exemple, les deux septièmes du produit net de deux milliards, ce serait 572,000,000, et avec celui sur les dixièmes 650,000,000, il resterait aux pro-

nielle, les inondations, la mortalité, etc. Si par le défaut des fonds quelques-uns de ces accidents entament les avances du cultivateur, le déchet se trouvera dans la culture et dans le revenu de l'année suivante. Voir l'article *Fermiers* dans l'*Encyclopédie*. (Note de l'original.)

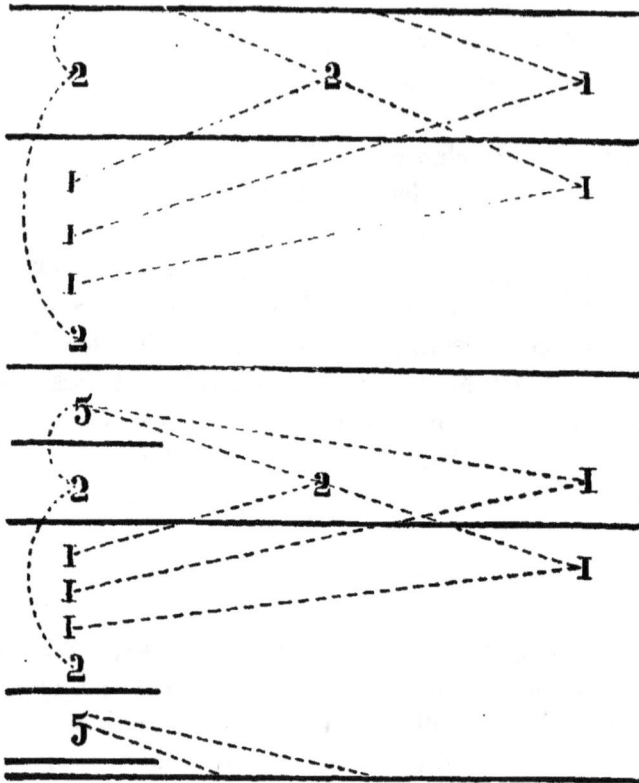

priétaires 1,144,000,000, et 286,000,000 aux décimateurs ; il n'y a pas de manière de former au souverain un revenu plus considérable et moins onéreux à la nation.

On appelle cette sorte de formation du revenu public *l'impôt direct*, par opposition à celle qui au lieu de prendre la part du fisc à sa source, la suit à travers toutes les filières de la société, ce qu'on nomme *l'impôt indirect.* La plus légère attention suffit pour montrer combien celui-ci est *préjudiciable.* L'habitude de ne voir que de l'argent pour signe de tous les échanges nous fait illusion au point de croire qu'il y a accroissement de richesse où, dans le fait, il n'y a que circulation d'espèces. L'argent ne se produit pas ; quand il est dépensé, on n'en reçoit de nouveau qu'à titre de salaire ou échange de l'industrie ; en suivant de main en main on arrivera jusqu'à celui qui l'a obtenu en échange des produits de la terre : si ces salaires sont chargés d'impôts, ils enchériront pour celui qui les paye ; il en est de même de tous les travaux de l'industrie et de toutes les sources de revenus autres que les productions de la terre, comme les rentes, les loyers de maisons, etc.

Un autre inconvénient de l'impôt indirect est de se nuire à lui-même; c'est Saturne qui dévore ses enfants. Dans cette forme de perception, le souverain paye comme les autres le renchérissement des denrées et de la main-d'œuvre.

Le meilleur état possible d'une nation, c'est la plus grande abondance de ses productions et leur plus grande valeur vénale occasionnée par la plus grande liberté du commerce (¹). Dans les calculs du tableau, nous n'avons considéré la nation que commerçant sur elle-même; le commerce étranger ne change rien aux principes à cet égard: de quelque façon que ce soit, le commerce est un échange de valeur pour valeur; l'éloignement des premiers vendeurs les oblige d'employer des commerçants; ceux-ci achètent le moins cher et vendent le plus cher qu'ils peuvent. Il est donc clair que leur intervention est la charge du commerce, qu'elle tend à diminuer les prix dans la main des cultivateurs pour l'augmenter dans la leur. Il ne faut donc pas confondre l'intérêt de la nation avec celui de ces commerçants, et sentir que ce n'est que par la concurrence universelle qu'il est possible de remédier aux déchets qu'ils mettent dans le prix de leurs achats et au surhaussement qu'ils causent dans leurs ventes. La liberté du commerce tant intérieur qu'extérieur est une conséquence nécessaire du droit de propriété; elle établit la plus grande concurrence entre les acheteurs et les vendeurs; conséquemment elle établit sans violence pour une nation le prix le plus avantageux aux uns et aux autres, ce qui favorise également la culture et l'industrie et porte au plus haut point le revenu des particuliers, celui du souverain, la population et tout ce qui constitue la force, la puissance et la prospérité d'un grand empire.

C'est une vieille erreur politique que de s'inquiéter de ce que deviendra l'argent dans le commerce; de vouloir vendre beaucoup et acheter peu afin de déterminer en sa faveur ce qu'on appelle la *balance du commerce,* c'est-à-dire l'avantage de conserver plus d'argent. La véritable balance du commerce, c'est la plus grande abondance des productions territoriales: avec elle l'argent rentrera suffisamment. Que deviendrait une nation qui, au lieu de répandre l'argent sur la terre pour la féconder, formerait un grand trésor et se réserverait ainsi le stérile avantage de la balance numéraire? Elle aurait le sort de ce roi qui fut obligé de demander aux Dieux

---

(1) Sur la liberté du commerce et surtout de celui des grains, voir les articles *Grains* et *Fermiers* dans *l'Encyclopédie.* (Note de l'original).

de le délivrer du don funeste qu'il avait reçu de changer en or tout ce qu'il touchait.

On a été de même dans la plus grande erreur relativement à l'industrie et aux arts; on les a regardés comme productifs parce qu'ils achètent bon marché les matières premières et qu'ils les vendent cher quand elles sont ouvrées; d'où l'on concluait qu'ils ajoutent une seconde valeur à la première, et sur ce principe erroné on a vu le gouvernement d'un fameux ministre tendre à l'encouragement et à la prospérité des manufactures aux dépens des productions territoriales qui sont les véritables richesses. Cependant, observons la marche de l'industrie; avec quinze sols de fil elle produit pour quinze cents francs de dentelle; avec cent écus de laines, elle fait une haute lisse de douze mille francs; qu'y a-t-il dans ces deux derniers prix en dernière analyse? Quinze sols d'une part, et cent écus de l'autre; plus la nourriture, le logement et l'entretien des ouvriers pendant le temps de la fabrication. Ils auraient fait cette même consommation s'ils avaient été employés à un ouvrage productif; le seul avantage qui résulte de leur stérile occupation, c'est qu'ils économisent les frais du transport en donnant une grande valeur à un petit volume; c'est qu'ils consomment auprès de la production à laquelle leur consommation donne encore de la valeur: il faut donc encourager, protéger l'industrie, le commerce, les arts et les manufactures, mais à cause de l'agriculture et jamais en leur immolant la nourrice de l'Etat. Ne leur point donner d'entraves, ne les point soumettre à l'impôt, immunité, liberté, c'est tout ce qu'ils ont à prétendre, et beaucoup plus qu'ils n'osent espérer.

Les bornes que nous nous sommes prescrites nous interdisent plus de développement; tel est le précis bien abrégé du système politique de cet homme extraordinaire qui pouvait, comme Bacon, léguer son nom à la postérité en protestant contre les jugements superficiels et prématurés des contemporains. Quel est l'homme de génie qui fut apprécié par son siècle? Depuis la science la plus profonde jusqu'à l'art le plus frivole, quel est l'inventeur qui fut honoré de son vivant[1]? L'inquisition alluma ses bûchers contre Galilée, Colomb fut traité d'insensé par deux ou trois cours de l'Europe, Harvey fut contredit et méconnu toute sa vie, Rameau trouva des oppositions insurmontables de la part des partisans de Lulli;

[1] Aeternum latrans exsangues terreat umbras! *Virg.* (Note de l'original.)

son système, dit un philosophe, était le newtonianisme de la musique.

Lulli avait trouvé les mêmes oppositions; on était accoutumé avant lui à une sorte de psalmodie en notes longues, et on se plaignait que par ses airs de ballet *il allait avilir la dignité de la danse!* (Voir les *Réflex. sur la poés. et la peint.* de l'abbé Dubos et l'*Essai sur l'orig. des connaiss. hum.* de Condillac.) Nous avons vu les mêmes obstacles opposés à la musique italienne. Dans tous les temps ([1]) les cris de l'ignorance et de l'envie ont effrayé l'homme supérieur; le premier qui fit une découverte fut sans doute le premier qui eut un envieux.

L'obscurité, avouons-le, fut souvent un défaut de Quesnay; Descartes et Newton ([2]) avaient essuyé le même reproche. Il est commun à presque tous les hommes de génie. S'élançant par bonds comme les coursiers du soleil, ([3]) ils négligent de marquer toutes les idées intermédiaires, points d'appui nécessaires à notre faiblesse; aussi l'homme de génie planant sur la tête de ses semblables n'était intelligible qu'au petit nombre de ses pareils. Descartes écrivant sa *méthode* n'avait que trois hommes en Europe qui l'entendissent.

L'impartiale postérité rendra justice au génie de Quesnay; comme les amis d'Anaxagore, elle élèvera sur son tombeau deux autels, l'un *au bon sens* et l'autre *à la vérité* (Ælian. *Hist. var.* l. 8); mais s'il était possible que son nom se perdît dans la nuit des temps, ses

(1) Ploravère suis non respondere favorem speratum meritis.... *Horat.* (Note de l'original.)

(2) Ce livre (Neutonii, *Philos. natur. princ. mathém.*) où la plus profonde géométrie sert de base à une physique toute nouvelle, n'eut pas d'abord tout l'éclat qu'il méritait et qu'il devait avoir un jour. Comme il est écrit très savamment, que les paroles y sont épargnées et qu'assez souvent les conséquences y naissent rapidement des principes, on est obligé de suppléer de soi-même tout l'entre-deux; il fallait que le public eût le loisir de l'entendre; les grands géomètres n'y parvinrent qu'en l'étudiant avec soin, les médiocres ne s'y embarquèrent qu'excités par le témoignage des grands; mais enfin quand le livre fut suffisamment connu, tous les suffrages qu'il avait gagnés si lentement éclatèrent de toutes parts et ne formèrent qu'un cri d'admiration. Tout le monde fut frappé de l'esprit original qui brille dans l'ouvrage, de cet esprit créateur qui, dans toute l'étendue du siècle le plus heureux, *ne tombe en partage* qu'à trois ou quatre hommes pris dans toute l'étendue de pays savants. (Fontenelle, *Eloge de Newton.* Voir les *Mém. de l'Académie des sciences.)* (Note de l'original.)

(3) Sponte suâ properant, labor est inhibere volentes. Ovid. *Metamor.* (Note de l'original.)

principes vivront à jamais parmi les hommes (une fois trouvé, le fil de la vérité ne peut se rompre); ils deviendront la règle des sociétés et l'on comptera pour une des impostures de l'histoire que ce système si simple, si démontré, ait pu recevoir des contradictions.

En effet, on peut dire des ennemis des *économistes* ce que l'abbé Terrasson disait des partisans outrés des anciens: *les plus ardents sont ceux qui ne les ont pas lus.* L'irritabilité de l'amour-propre, la paresse d'examiner, des motifs peut-être moins désintéressés encore, grossissent la foule de leurs détracteurs; mais la vérité ne connaît point d'obstacles, elle filtre lentement au travers des siècles, comme ces vapeurs aériennes qui, tamisées par les montagnes, se montrent ensuite dans les vallons humbles sources qui serpentent et murmurent parmi les fleurs; ce sera bientôt le Danube ou le Rhin, dont les eaux majestueuses répandront dans les campagnes les richesses et l'abondance; la force de la vérité augmente de même avec les âges et finit par entraîner tous les suffrages. Méconnue d'abord et avilie par l'ignorance et par l'envie, elle commence à être reçue par la jeunesse désintéressée, dont l'âme sensible et neuve cherche avidement des connaissances nouvelles et n'a point de vieux préjugés à détruire; bientôt elle est adoptée par ceux mêmes qui ne seraient pas en état de la démontrer, elle passe enfin en préjugé jusqu'au peuple; c'est ainsi que la circulation du sang, le mouvement de la terre, l'existence des antipodes sont aujourd'hui les opinions courantes de la multitude. Que devient cependant l'homme de génie qui le premier trouva cette vérité féconde? Il ne repose point sa tête à l'ombre de ce grand arbre dont il enterra le pépin; il fut envié, persécuté, mais il a trouvé dans son cœur un prix immense; malheur à l'âme glacée qui n'éprouva pas une fois le plaisir inestimable de découvrir la vérité, ou même de la recevoir. (¹)

S'il y eut jamais un homme dont on pût dire que la chaîne de ses pensées forme l'histoire de sa vie, ce fut Quesnay. Chez la

(1) Entre tous les biens que l'homme puisse posséder, disait Jordano Bruno, connaître est un des plus doux; c'est le même qui, condamné par l'inquisition pour avoir avancé l'hypothèse très vraisemblable de la pluralité des mondes, disait à ses juges: *Majore forsan cum timore sententiam in me dicitis quam ego accipiam.* Voilà l'esprit séditieux des philosophes. Jordano Bruno a été brûlé et son opinion prévaut aujourd'hui parmi les astronomes. Et dubitant homines serere, atque impendere vitam! Voir l'*Hist. des dog. et opin. philos.* (Note de l'original.)

plupart des hommes, la faiblesse du caractère ou le défaut d'étendue dans l'esprit placent en opposition les sentiments du cœur, les jugements de l'esprit et les délicatesses de l'amour-propre; leur caractère est une mosaïque, mais cette âme privilégiée avait été formée par la nature comme d'un seul jet. La *méthode* fut le caractère propre de son esprit, l'*amour de l'ordre* fut la passion dominante de son cœur. Voilà l'origine de ses découvertes; voilà la source de ses vertus. Dur à lui-même, mais sensible à l'excès pour l'humanité souffrante, une action généreuse lui arrachait des larmes (¹): jamais homme ne fut plus contredit, ses nombreuses découvertes lui suscitèrent une foule d'adversaires; et jamais homme ne porta moins d'aigreur dans la controverse: il discutait toujours pour l'intérêt de la vérité, mais jamais il ne disputait pour l'intérêt de son amour-propre; le calme de son âme s'annonçait par la sérénité de son visage et la gaieté de son esprit que les douleurs les plus vives n'altérèrent jamais: il souffrait tranquillement les infirmités de sa vieillesse *et n'y voyait*, disait-il, *que l'opération lente de la nature qui démolissait des ruines.* L'observation de la nature lui était devenue une habitude; ne se pressant jamais de parler, écoutant tranquillement, il rapprochait par une opération intérieure très vive tout ce qu'il venait d'entendre, et ces fragments s'éclairant mutuellement, il suppléait les lacunes avec une sagacité merveilleuse et connaissait à fond l'homme qui croyait l'avoir entretenu légèrement d'un sujet indifférent.

Lui parliez-vous d'une science, d'un art, dont souvent il n'avait qu'une légère teinture, l'ordre qu'il mettait dans vos idées vous les éclaircissait à vous-même; il en résultait souvent de nouveaux aperçus, et il n'y avait personne qui ne crût, en le quittant, avoir

_____

(1) On ne sent à ce point le prix d'une belle action que quand on est soi-même en état de la produire: Thémistocle était le seul qui pleurât devant la statue de Miltiade. (Note de l'original.)

Dans le temps où les bontés de Madame de Pompadour donnaient à M. Quesnay un crédit qu'il n'employa jamais pour lui, un homme vint le prier de lui faire obtenir d'elle une recommandation pour une affaire qui l'intéressait fort; M. Quesnay l'obtint; l'affaire décidée en faveur de son protégé, M. Quesnay apprit que la partie adverse était fort gênée pour payer mille écus qui étaient le fond de la contestation; sa délicatesse s'alarma de la simple possibilité d'être la cause fort occasionnelle de son malaise, il lui fit remettre 'les mille écus. Un ancien philosophe est fort admiré pour avoir dit : *dans un cas douteux, abstiens-toi;* l'action que je rapporte me semble passer de beaucoup cet axiome stoïque. (Note de l'original.)

été enrichi par lui de connaissances que souvent lui-même n'avait pas: effet précieux et singulier de l'esprit de méthode. Il poussait jusques dans la logique ce principe de laisser opérer la nature et ne se hâtant pas d'établir dogmatiquement son opinion, il vous amenait par une suite de questions bien ménagées à poser vous-même comme conséquence ce qu'il vous aurait donné pour principe; c'était la marche des *Dialogues* de Platon. Opposé comme Socrate à la foule des sophistes, il avait son *ironie*, et semblait, comme le fils de Sophronisque, avoir fait son étude particulière de l'art d'*accoucher les esprits*. Il est étonnant combien la nature avait mis de rapport entre ces deux hommes dont l'histoire est celle de la morale. On trouvait à Montesquieu la figure de Cicéron, tel que les marbres nous le représentent; Quesnay avait exactement la figure de Socrate tel que nous l'ont conservé les pierres antiques; comme si la nature, fidèle à un plan d'analogie, attachait constamment certaines qualités de l'âme à certains traits de la physionomie; la candeur de son âme avait une sorte de simplicité qui n'était pas comme dans La Fontaine la bêtise du génie; ses naïvetés étaient des vérités profondes cachées sous l'apparence d'un tout ordinaire et commun. (¹)

(1) M. le dauphin, père du roi, qui l'honorait d'une bonté et d'une considération particulières, lui dit un jour comme il entrait dans son cabinet: „M. Quesnay, c'est chasser sur vos terres, nous parlons *économie*, nous nous „promenons dans vos champs. *Monsieur*, répondit l'ingénieux philosophe, *vous* „*vous promenez dans votre jardin, c'est là que croissent les fleurs-de-lys.*"
Le même prince disant un jour devant lui „que la charge d'un roi était bien difficile à remplir — „*Monsieur, je ne trouve pas cela*, dit M. Quesnay. „— Eh que feriez-vous donc si vous étiez roi? — *Monsieur, je ne ferais rien.* „— Et qui gouvernerait? — *Les lois.*"
Dans un temps d'agitations causées par le choc de la puissance civile et de la puissance ecclésiastique, il se trouvait chez Madame de Pompadour un homme en place qui, voyant combien ces disputes fatiguaient la cour, proposait des moyens violents, et disait: *C'est la hallebarde qui mène un royaume.* M. Quesnay surpris de cette assertion, osa lui dire: *Monsieur, et qui est-ce qui mène la hallebarde?* On attendait; il développa sa pensée: *C'est l'opinion, c'est donc sur l'opinion qu'il faut travailler.* Cet avis modéré fit impression et peut-être épargna-t-il bien des maux.
Qu'on ne taxe donc point d'ambition le philosophe qui vit à la cour des rois, il y est *le résident de la nation* et le contre-poids des flatteurs. C'est ainsi que Platon vécut à la cour de Denis de Syracuse, et Aristote auprès de Philippe et d'Alexandre.
Après une consultation fort importante sur une tête précieuse, un médecin fameux dont l'avis avait prévalu quoiqu'avec beaucoup d'opposition, le vint

Tel fut le caractère de ce grand homme: sa vie ne fut qu'une action continuelle. Dans ses dernières années, il avait entrepris de pousser jusques dans les abstractions de la géométrie et indépendamment de tout calcul, l'évidence qu'il avait établie dans la métaphysique et la morale. Voyez l'article *évidence* dans l'Encyclopédie et les recherches philosophiques sur l'évidence des vérités géométriques. Il donna l'explication de plusieurs problèmes qui élevèrent des disputes que le monde savant jugera. Une observation qu'on ne doit pas négliger, c'est que le philosophe Hobbes avait eu les mêmes idées que lui; ainsi l'autorité de ces deux hommes de génie peut au moins balancer quelque temps cette décision importante. (¹) Ce fut le dernier effort de cet esprit infatigable; accablé d'infirmités et ne conservant presque plus que sa tête, il

---

voir, la goutte le retenait chez lui; le médecin qui voulait s'autoriser de son opinion la lui demanda; mais lui, saisissant l'esprit de cette déférence, et n'approuvant pas l'avis qui avait passé, en quoi il fut justifié par l'évènement, se contenta de répondre: „Monsieur, j'ai mis aussi à la loterie quelquefois, mais jamais quand elle était tirée."

Après la petite vérole de M. le dauphin, le feu roi qui aimait M. Quesnay et qui l'estimait beaucoup lui donna des lettres de noblesse que le philosophe n'avait pas demandées. Il y a des hommes dont le nom est un titre et qui honorent les honneurs mêmes.

A peine sait-on aujourd'hui que Descartes était gentilhomme, et la gloire de Sully est fort indépendante de la pairie et du bàton de maréchal de France. M. Quesnay pria le roi ingénuement de lui choisir aussi ses armoiries, et ce prince qui avait de la grâce dans l'esprit et qui avait coutume de le nommer *le penseur,* lui donna trois fleurs de pensée en champ d'argent, à la fasce d'azur, avec cette légende au cimier: *Propter cogitationem mentis.*

Ce fut presque la seule grâce qu'il reçut de la cour, car on ne peut pas regarder comme tels les emplois qu'il eut, où il fut utile à tout le monde, excepté à lui-même; aussi, quoique vieux et après une longue faveur, il est mort sans fortune, n'ayant qu'un léger argent comptant qui circulait toujours entre ses amis qui pouvaient en avoir besoin.

L'Académie de chirurgie lui a accordé, seul avec M. Petit, l'honneur de voir son portrait placé de son vivant dans la salle du conseil. (Note de l'original.)

(1) Hobbes croyait la géométrie défigurée par les paralogismes; la plupart des problèmes, tels que *la quadrature* du cercle, la *trisection* de l'angle, la *duplication* du cube, n'étaient insolubles selon lui que parce que les notions qu'on avait du rapport de la quantité, du nombre, du point, de la ligne, de la surface et du solide, n'étaient pas les véritables, et il s'occupa à perfectionner les mathématiques dont il avait commencé l'étude trop tard, et qu'il ne connaissait pas assez pour en être le réformateur. Voir l'*Hist. des Dog. et des Opin. Philos.,* F. 2. (Note de l'original.)

sortit de la vie, suivant le mot d'un ancien poète (¹), comme d'un festin, sans dégoût, mais sans regret.

Théophraste presque centenaire, écrivant ses livres moraux (²), se plaignait que la nature eût donné si peu de jours à l'homme pour méditer et pour écrire, tandis qu'elle accorde à quelques espèces inférieures un inutile prolongement de la vieillesse. Il est mort les derniers jours de décembre 1774 dans sa quatre-vingtième année. La vie de Quesnay, longue suivant le cours ordinaire des choses, plus longue si vous la mesurez par la multitude de ses pensées et le nombre de ses découvertes, fut trop courte encore pour son âme patriotique. Il n'a point vu registrer cette loi juste et salutaire qui, assurant la liberté du commerce des grains, garantit aux cultivateurs la propriété de leurs richesses et promet à la nation une abondance que l'intempérie même des saisons ne pourra plus déranger lorsqu'une fois la confiance des cultivateurs et des négociants sera entièrement établie. A peine a-t-il pu voir à la tête de la fortune publique un homme simple et sublime, qui joint à la vaste intelligence de l'homme d'Etat la tendre sensibilité du philosophe, ennemi de tout esprit de parti, supérieur à toutes les sectes, choisissant dans chacune des semences éparses de la raison universelle, et dont la modération aurait créé *l'éclectisme* (³); dépositaire de la confiance du prince, dépositaire de celle de la nation (titres rares à réunir!) et dont ses ennemis mêmes, puisque c'est le sort de la vertu d'en avoir (⁴), dont les ennemis, les gens sans

---

(1) Cur non ut plenus vitæ conviva recedis? *Lucret.* (Note de l'original).

(2) Theophrastus moriens accusasse naturam dicitur, quod cervis et cornicibus vitam diuturnam, quorum id nihil interesset, hominibus, quorum maxime interfuisset, tam exiguam vitam dedisset : quorum si ætas potuisset esse longinquior, futurum fuisse ut omnibus perfectis artibus omni doctrina hominum vita erudiretur. Cicero. *Tuscul.* III, 28. (Note de l'original).

(3) Les éclectiques étaient une sorte de Platoniciens qui choisissaient dans chaque secte ce qu'ils croyaient vrai sans appartenir à aucun chef de secte; leur nom vient *ab Eligendo.* Voir l'*Hist. de la philos.* de Brucker. (Note de l'original).

(4) „Les titres et les terres de Sully ont passé à ses descendants; ses vertus „sont un héritage qui appartient à tout le monde, il est à celui qui osera „s'en saisir: qui parmi nous aura ce courage? *S'il en est un,* qu'il ne s'at„tende point aux douceurs d'une vie tranquille et à cette faveur populaire „qui est l'idole des âmes faibles. Il faut qu'il sache qu'un grand ministre est „la victime de l'Etat, et que l'art de faire bien n'est que trop souvent „l'art de déplaire aux hommes; mais s'il est digne de sauver la patrie, il

connaissances ou sans probité, respectent les mœurs, louent les intentions et croient seulement déprimer les vues en les traitant de *système* (¹). Ils ignorent donc qu'un système est un corps d'opinions disposées avec ordre et qui concourent dans leur ensemble à former une démonstration: c'étaient des hommes à système, ce Descartes qui recréa l'entendement humain, ce Newton qui nous donna l'analyse de la lumière et les lois de la constitution du monde: le grand Sully fut de même un homme à système en butte aux calomnies de la cour, aux fureurs des traitants, à l'ingratitude d'une nation qu'il rendait heureuse; aujourd'hui du moins, la cour et la nation se montrent justes et *l'intérêt* seul se refuse à la vérité; mais elle m'entraîne malgré moi; une plume fière et libre, qui ne fait qu'écrire d'avance les jugements de la postérité, craint jusqu'au soupçon de la flatterie.

Quand un éloge public fut décerné à Descartes par la première compagnie littéraire de l'Europe, un siècle s'était écoulé depuis sa mort et son génie avait fait son effet. L'envie contemporaine était éteinte, les préjugés ennemis étaient dissipés, l'esprit de Descartes animait toute éloquence et philosophie. Il s'en faut bien que nous écrivions dans des circonstances si favorables. (Voir la *Philosophie appl. à tous les objets de l'esprit et de la raison,* etc.; l'*Eloge de Descartes* par M. Thomas.) C'est dans cent ans qu'il faudra prononcer l'éloge de Quesnay; alors ses principes confirmés par de longs exemples, sa mémoire consacrée par une antique vénération, ses envieux et ses panégyristes confondus dans la même poussière, qu'il lève un orateur digne de son sujet! qu'il présente à une plus heureuse postérité le spectacle des désordres et des injustices

„aura d'autres récompenses qui peut-être méritent d'être comptées: il aura, „comme Sully, *le suffrage des vrais citoyens,* l'admiration des grandes âmes, „le témoignage honorable de son propre cœur, les justes éloges de la posté„rité et le regard de l'Etre éternel." Voir l'*Eloge de Sully* par M. Thomas. (Note de l'original).

(1) „Un système n'est autre chose que la disposition des différentes parties „d'un art ou d'une science dans un ordre où elles se soutiennent toutes mutuelle„ment et où les dernières s'expliquent par les premières; celles qui rendent „raison des autres s'appellent principes, et le système est d'autant plus par„fait que les principes sont en plus petit nombre; il est même à souhaiter „qu'on les réduise à un seul." Voir le *Traité des systèmes,* par M. l'abbé Condillac.

Un homme à système est donc un homme à principes, et le *système économique* est donc très parfait, car il porte tout entier sur un principe unique: *la loi de propriété.* (Note de l'original.)

passés, les hydres de la fiscalité, l'incertitude dans la justice, l'arbitraire dans la politique, la lumière paraissant enfin dans les écrits d'un homme privé et dissipant les horreurs du chaos, les souverains éclairés des nations réunies au trône, un grand prince s'honorant d'être le disciple d'un grand homme, rédigeant lui-même la science économique pour l'instruction de ses enfants et l'appliquant au bonheur de son peuple(¹); l'antique Etrurie(²), fameuse autrefois par ses superstitions et les essais grossiers de quelques artistes barbares, embellie un moment par les Médicis, célèbre et fortunée aujourd'hui par la politique éclairée de son jeune souverain; l'héritier des Gustaves, conquérant et législateur, effaçant par la réputation naissante de ses vertus et de ses talents une renommée voisine qui ne fut que grande et la nation des Goths et des Vandales, mémorable effroi du peuple romain, désormais l'exemple des nations justes et heureuses: une révolution générale dans tous les esprits animant l'Europe du nord au midi et tournant tous les yeux et tous les cœurs vers les principes démontrés de la morale et de la politique; telle est l'influence du génie sur les opinions humaines et le poids d'un seul homme dans la balance des nations. Heureux l'orateur qui se trouvera maître d'un tel sujet et qui n'ayant point à ménager l'amour-propre délicat des contemporains, pourra payer sans contrainte et sans réserve un tribut de louanges si mérités! puisse-t-il arracher des pleurs à la génération fortunée qui doit l'entendre; puisse-t-il, échauffant tous les cœurs de l'enthousiasme de la vertu, allumer l'étincelle du talent dans quelque homme de génie que la nature doit encore au bonheur du monde! Mais en faisant oublier ce faible essai qui ne fut recommandable que par le sentiment qui l'a dicté, peut-être il m'enviera d'avoir été le contemporain et le disciple de ce grand homme, d'avoir serré dans mes mains la main sublime qui écrivit le code de l'humanité, d'avoir laissé tomber une larme sur sa cendre à peine éteinte!

Apud priores . . . quisque . . . ad prodendam virtutis memoriam, sine gratiâ aut ambitione, bonæ tantum conscientiæ pretio ducebatur.   TACIT. *Agric.*

----

(1) Voir l'*Abrégé des principes de l'économie politique*, par S. A. S. Mgr. le Margrave régnant de Bade, à la tête du 1er volume des *Ephémérides du citoyen*, année 1770. (Note de l'original.)

(2) Les Etats du grand-duc de Toscane. (Note de l'original.)

MÉMOIRES

DE

MADAME DU HAUSSET,

FEMME DE CHAMBRE DE MADAME DE POMPADOUR [1].

(Extraits.)

Page 56. J'étais devenue en peu de temps l'amie du docteur Quesnay [2] qui venait souvent passer deux ou trois heures avec moi. Il

---

(1) Ces Mémoires ont paru dans la collection des *Mémoires relatifs à la Révolution française*, Paris 1824, comme réimpression d'une ancienne édition due à Lord Crawford. A. O.

(2) Quesnay était un homme rare par son génie et encore plus rare par la variété de ses connaissances. Il était né au village d'Ecquevilly, en 1694, fils d'un laboureur. Il s'appliqua à la chirurgie et ensuite exerça cette profession à Mantes. Le hasard l'ayant fait connaître du duc de Villeroi, il le suivit à Paris, en qualité de son chirurgien. La comtesse d'Estrades, alors favorite de madame de Pompadour, et *amie* du comte d'Argenson, s'étant trouvée un jour subitement incommodée et dans un état alarmant, le duc de Villeroi, qui était avec elle, offrit le secours de son chirurgien qu'il avait laissé dans sa voiture. Quesnay reconnut promptement que la comtesse était sujette à l'épilepsie et qu'elle en éprouvait en ce moment une attaque; il sentit en même temps l'importance de cacher une maladie aussi effrayante; et, rassurant le duc de Villeroi, il ordonna quelques calmants en disant que c'était une attaque de nerfs. Il insista sur la nécessité du repos, fit sortir tout le monde et resta seul avec la malade pour soustraire à la vue des assistants les symptômes de l'épilepsie. Ayant repris connaissance, elle jugea, par la conduite de Quesnay, de son savoir et de sa discrétion. Elle y fut sensible et parla de son habileté à madame de Pompadour.

Profitant des moyens de s'instruire qu'on trouve dans la capitale, il se livra à l'étude de la médecine, fut reçu médecin et fit quelques ouvrages qui eurent du succès. Madame de Pompadour le prit pour son médecin; elle lui donna un logement auprès d'elle, au château de Versailles, et lui procura la charge de médecin ordinaire du roi. Quesnay profita de son loisir pour s'appliquer

recevait chez lui des personnes de tous les partis, mais en petit nombre, et qui toutes avaient une grande confiance en lui. On y parlait très hardiment de tout ; et ce qui fait leur éloge et le sien, jamais on n'a rien répété.

Page 59. Quelquefois, mais rarement, j'ai voyagé dans sa ([1]) voiture avec le docteur Quesnay à qui elle ne disait pas quatre paroles, quoique ce fût un homme d'un grand esprit.

Page 63. Il y avait deux personnes, le lieutenant de police et l'intendant des postes, qui avaient grande part à la confiance de Madame ([2]) ; mais ce dernier était devenu moins nécessaire parce que le roi

à la métaphysique, et y porta la sagacité qu'il a montrée dans tous les genres de science qu'il a approfondis. C'est lui qui composa, pour l'*Encyclopédie*, l'article *évidence*. Né à la campagne, il avait réfléchi de bonne heure sur l'agriculture, sur les travaux qu'elle exige, sur les salaires et les produits. Longtemps après, ces premières idées fixèrent de nouveau son attention, et l'économie politique devint son étude principale. Il composa, sur cette matière, un grand ouvrage auquel est joint un tableau qui exige une très grande attention pour être compris. Il était généralement reconnu comme chef des économistes ; il fut regardé comme l'inventeur du *produit net ;* les économistes l'appelaient *le maître,* et disaient, comme jadis de Pythagore, *le maître l'a dit.* La Rivière, intendant de la Martinique, homme fort instruit, était le premier après lui. Le marquis de Mirabeau, père de celui qui a tant figuré dans la Révolution, l'abbé Baudeau, l'abbé Roubaud, Turgot, etc., se sont aussi rendus célèbres parmi les économistes. Quesnay, dont l'esprit avait besoin d'aliments, après avoir approfondi diverses sciences, s'appliqua à la géométrie et y fit quelques progrès, quoiqu'il eût plus de soixante-dix ans. Il mourut en décembre 1774, à l'âge de quatre-vingts ans, et le marquis de Mirabeau fit son oraison funèbre, qui est un chef-d'œuvre d'absurdité et de ridicule ; elle fut prononcée dans une assemblée d'économistes en grand deuil. Quesnay avait beaucoup de gaieté et de bonhomie ; il se plaisait, dans la conversation, à faire des espèces d'apologues qui avaient en général pour principes quelque objet de la campagne. Il dissertait avec beaucoup de chaleur, sans envie de briller. Logé dans un petit appartement qui tenait de très près à celui de madame de Pompadour, il y recevait quelques gens de lettres et quelques personnes de la cour. On y parlait très librement, mais plus des choses que des personnes. Le roi l'appelait *son penseur ;* il lui accorda des lettres de noblesse et, voulant lui-même composer ses armes, il fit mettre sur l'écusson la fleur appelée *pensée.* (Note du premier éditeur, Lord Crawford.)

(1) La voiture de la marquise de Pompadour. A. O.
(2) Par „Madame“, on entend toujours la marquise de Pompadour. A. O.

avait fait communiquer à M. de Choiseul le secret· de la poste, c'est-à-dire l'extrait des lettres qu'on ouvrait; ce que n'avait pas eu M. d'Argenson, malgré toute sa faveur. J'ai entendu dire que M. de Choiseul en abusait et racontait à ses amis les histoires plaisantes, les intrigues amoureuses que contenaient souvent les lettres qu'on décachetait. La méthode, à ce que j'ai entendu dire, était fort simple. Six ou sept commis de l'hôtel des postes triaient les lettres qu'il leur était prescrit de décacheter et prenaient l'empreinte du cachet avec une boule de mercure; ensuite, on mettait la lettre, du côté du cachet, sur un gobelet d'eau chaude qui faisait fondre la cire sans rien gâter; on l'ouvrait, on en faisait l'extrait, et ensuite on la recachetait au moyen de l'empreinte. Voilà comme j'ai entendu raconter la chose. L'intendant des postes apportait les extraits au roi, le dimanche. On le voyait entrer et passer comme les ministres, pour ce redoutable travail. Le docteur Quesnay, plusieurs fois devant moi, s'est mis en fureur sur cet *infâme* ministère, comme il l'appelait, et à tel point que l'écume lui venait à la bouche. « Je ne dînerais pas plus volontiers avec l'in-« tendant des postes qu'avec le bourreau », disait le docteur. Il faut convenir que, dans l'appartement de la maîtresse du roi, il est étonnant d'entendre de pareils propos; et cela a duré vingt ans, sans qu'on en ait parlé. « C'était la probité qui parlait avec « vivacité, disait M. de Marigny ([1]), et non l'humeur ou la malveillance « qui s'exhalait. »

Page 70. Je parlai avec mépris de quelqu'un qui aimait beaucoup l'argent, et le docteur s'étant mis à rire, dit: « J'ai fait un drôle de rêve, cette nuit; j'étais dans le pays des anciens Germains; ma maison était vaste, et j'avais des tas de blé, des bestiaux, des chevaux en grand nombre et de grands tonneaux pleins de cervoise; mais je souffrais d'un rhumatisme et ne savais comment faire pour aller à cinquante lieues de là, à une fontaine dont l'eau me guérirait. Il fallait passer chez un peuple étranger. Un enchanteur parut et me dit: Je suis touché de ton embarras: tiens, voilà un petit paquet de poudre de *perlimpinpin*; tous ceux à qui tu en donneras te logeront, te nourriront et te feront toutes sortes de politesses. Je pris la poudre et je le remerciai bien. — Ah! comme j'aimerais la poudre de *perlimpinpin*, lui dis-je! j'en voudrais avoir plein mon

(1) Frère de la marquise de Pompadour. Voir page 122. A. O.

armoire. — Eh bien! dit le docteur, cette poudre, c'est l'argent que vous méprisez. Dites-moi, de tous ceux qui viennent ici, quel est celui qui fait le plus d'effet? — Je n'en sais rien, lui dis-je. — Eh bien! c'est M. de Montmartel (¹) qui vient quatre ou cinq fois l'an. — Pourquoi est-il si considéré? — Parce qu'il a des coffres pleins de poudre de *perlimpinpin.* » Il tira quelques louis de sa poche: « Tout ce qui existe est renfermé dans ces petites pièces qui peuvent vous conduire commodément au bout du monde. Tous les hommes obéissent à ceux qui ont cette poudre et s'empressent de les servir. C'est mépriser le bonheur, la liberté, les jouissances de tout genre, que mépriser l'argent. » Un cordon bleu passa sous les fenêtres, et je dis: Ce seigneur est bien plus content de son cordon que de mille et mille de vos pièces. — Quand je demande au roi une pension, reprit Quesnay, c'est comme si je lui disais: Donnez-moi un moyen d'avoir un meilleur dîner, d'avoir un habit bien chaud, une voiture pour me garantir de la pluie et me transporter sans fatigue. Mais celui qui lui demande ce beau ruban, s'il osait dire ce qu'il pense, dirait: J'ai de la vanité et je voudrais bien, quand je passe, voir le peuple me regarder d'un œil bêtement admirateur, se ranger devant moi; je voudrais bien, quand j'entre dans une chambre, produire un effet et fixer l'attention de gens qui se moqueront peut-être de moi, à mon départ; je voudrais bien être appelé *Monseigneur* par la multitude. Tout cela n'est-il pas du vent? Ce ruban ne lui servira de rien, dans presque tous les pays; il ne lui donne aucune puissance: mais mes pièces me donnent partout les moyens de secourir les malheureux. Vive la toute-puissante poudre de *perlimpinpin!* — A ces derniers mots, on entendit rire aux éclats dans la pièce d'à-côté qui n'était séparée que par une portière. La porte étant ouverte, le roi entra avec *Madame* et M. de Gontaut. Il dit: «Vive la poudre de *perlimpinpin!* Docteur, pourriez-vous m'en procurer? » Le roi était rentré et il lui avait pris fantaisie d'écouter ce que l'on disait. Madame fit de grandes amitiés au docteur, et le roi, riant et parlant de la poudre avec éloge, sortit. Je m'en allai et le docteur aussi. Je me mis à écrire aussitôt cette conversation. On me dit depuis que M. Quesnay était fort instruit de certaines choses qui ont rapport aux finances, et qu'il était un grand *économiste;* mais je ne sais pas trop ce que

(1) Banquier de la cour et membre de la famille Paris, célèbre par sa richesse. A. O.

c'est. Ce qu'il y a de certain, c'est qu'il avait beaucoup d'esprit ;
il était fort gai et fort plaisant, et très habile médecin.

Page 82. Un événement qui me fit trembler, ainsi que Madame, me
procura la familiarité du roi. Au beau milieu de la nuit, Madame
entra dans ma chambre, tout près de la sienne, en chemise, et se
désespérant. « Venez, dit-elle, le roi se meurt. » On peut juger de
mon effroi. Je mis un jupon et je trouvai le roi, dans son lit,
haletant. Comment faire? c'était une indigestion. Nous lui jetâmes
de l'eau; il revint. Je lui fis avaler des gouttes d'Hoffman, et il
me dit: « Ne faisons pas de bruit, allez seulement chez Quesnay
« lui dire que c'est votre maîtresse qui se trouve mal, et dites à
« ses gens de ne pas parler. » Quesnay était logé tout à côté; il
vint aussitôt et fut fort étonné de voir le roi ainsi. Il lui tâta le
pouls et dit: « La crise est finie; mais si le roi avait soixante ans,
cela aurait pu être sérieux. » Il alla chercher chez lui quelque
drogue; il revint bientôt après et se mit à inonder le roi d'eau
de senteur. J'ai oublié le remède que lui fit prendre le docteur
Quesnay; mais l'effet en fut merveilleux: il me semble que c'étaient
des *gouttes du général La Motte*. Je réveillai une fille de garde-
robe, pour faire du thé, comme pour moi; le roi en prit trois tasses,
mit sa robe de chambre, ses bas, et gagna son appartement appuyé
sur le docteur. Quel spectacle que de nous voir tous les trois à
moitié nus! Madame passa le plus tôt possible une robe, ainsi que
moi, et le roi se changea, dans ses rideaux fermés très décemment.
Il causa sur sa courte maladie et témoigna beaucoup de sensibilité
pour les soins qu'on lui avait rendus. Plus d'une heure après, j'é-
prouvais encore la plus grande terreur en songeant que le roi
pouvait mourir au milieu de nous. Heureusement, il revint tout de
suite à lui, et personne ne s'aperçut, dans le domestique, de ce qui
était arrivé. Je dis seulement à la fille de garde-robe de tout remettre en état, et elle crut que Madame avait été malade. Le roi,
le lendemain, remit secrètement à Quesnay un petit billet pour
Madame, où il disait: *Ma chère amie doit avoir eu grand'peur;*
mais qu'elle se tranquillise; je me porte bien, et le docteur vous le
certifiera. Le roi, depuis ce moment, s'habitua à moi; et touché de
l'attachement que je lui avais témoigné, il me faisait souvent des
mines gracieuses, à sa manière, et de petits présents; et toujours
au jour de l'an il me donnait pour vingt louis environ de porce-
laines. Il me voyait dans l'appartement, disait-il à Madame, comme

on y voit un tableau ou une statue muette, et ne se gênait pas
pour moi. Combien de fois nous avons dit, Madame et moi : « Mais
« s'il fût mort, quel embarras! quel scandale! » Nous nous étions,
au reste, mises en règle, à tout événement, en avertissant Quesnay;
« car, dit Madame, il n'est pas seulement mon médecin; il est encore
premier médecin ordinaire du roi. C'est la seconde place de sa faculté. » Il eut mille écus de pension pour ses soins et son silence,
et la promesse d'une place pour son fils(1). Le roi me donna un
acquit-patent sur le trésor royal, de quatre mille francs, et Madame eut une très belle pendule et son portrait dans une tabatière.

Page 89. Ma camarade(2) est venue toute enchantée, il y a quelques jours, dans ma chambre, à la ville. Elle avait été chez M. de
Chenevières, premier commis de la guerre, qui est en grande correspondance avec Voltaire qu'elle regarde comme un Dieu; par
parenthèse, elle fut indignée ces jours-ci en entendant un marchand
d'estampes qui criait : *Voilà Voltaire, ce fameux Prussien; le voyez-
vous avec son gros bonnet de peau d'ours, pour n'avoir pas froid?
à six sols le fameux Prussien.* Quelle profanation, disait-elle! —
Je reviens à mon histoire. M. de Chenevières lui avait montré des
lettres de Voltaire, et M. Marmontel avait lu une épitre *à sa bibliothèque.* M. Quesnay entra pour un petit moment; elle lui répéta tout
cela; et comme il n'avait pas l'air d'y prendre beaucoup de part,
elle lui a demandé s'il n'admirait pas les grands poètes. Comme
de grands joueurs de bilboquet, a-t-il répondu, avec ce ton qui
rend plaisant tout ce qu'il dit. J'ai cependant fait des vers, dit-il,
et je vais vous en dire; c'est sur un M. Rodot, intendant de la

(1) Cette promesse ne paraît avoir été réalisée que par Turgot, qui, pendant son court passage au ministère, est venu en aide au fils de Quesnay en
lui donnant une place. Quoi qu'il en soit, Quesnay n'a pas fait de grands
efforts dans ce but, si l'on doit admettre comme exact ce que l'on raconte
à différents endroits, par exemple, dans le *Dictionnaire politique*, article
„Quesnay", par Joseph Garnier, où on lit : „Sa famille se tourmentait pour
obtenir à son propre fils une place de fermier général. „Je ne veux pas, ré-
„pondit-il, laisser pénétrer chez moi la tentation de prendre intérêt aux gens
„d'impôts, qui arrêtent les progrès de l'agriculture et du commerce. Le bon-
„heur de mes enfants doit être lié à la prospérité publique." Quesnay mit
ce fils à la tête de l'exploitation d'un grand domaine rural." (Voir aussi la
note 1, page 142.) A. O.

(2) La deuxième femme de chambre de la marquise de Pompadour, une
dame de famille distinguée, mais qui a obstinément tenu secret son vrai
nom. A. O.

marine, qui se plaisait à dire du mal de la médecine et des médecins; je fis ces vers pour venger Esculape et Hippocrate :

> Antoine se médicina
> En décriant la médecine,
> Et de ses propres mains mina
> Les fondements de sa machine :
> Très rarement il opina
> Sans humeur bizarre ou chagrine,
> Et l'esprit qui le domina
> Etait affiché sur sa mine.

Qu'en dites-vous? dit le docteur. Ma camarade les trouva très
jolis et le docteur me les donna, de sa main, en me priant de ne
pas en laisser prendre des copies (1).

Page 92. J'avais remarqué que Madame, depuis plusieurs jours,
se faisait servir du chocolat à triple vanille et ambré, à son déjeuner ;
qu'elle mangeait des truffes et des potages au céleri; la trouvant
fort échauffée, je lui fis un jour des représentations sur son régime,
qu'elle eut l'air de ne pas écouter. Alors, je crus en devoir parler
à son amie la duchesse de Brancas (2). « Je m'en suis aperçue,
me dit-elle, et je vais lui en parler devant vous. » Effectivement,
après sa toilette, madame de Brancas lui fit part de ses craintes
pour sa santé. « Je viens de m'en entretenir avec elle (en me
montrant), dit la duchesse, et elle est de mon avis. » Madame témoigna un peu d'humeur et puis se mit à fondre en larmes

---

(1) Le comte d'Albon confirme expressément que, à l'occasion, Quesnay
savait sacrifier aux grâces (page 52). Dans l'ouvrage *Vie privée de Louis XV*
(Londres 1788), se trouve t. IV, page 92, un quatrain dans lequel on croit
reconnaître facilement l'auteur des *Extraits des économies royales de M. de
Sully*. Lorsque, en décembre 1763, M. Laverdy fut appelé aux fonctions de
contrôleur général, — nomination qu'accueillirent avec joie les partisans de
la liberté économique, — la maîtresse du roi lui envoya un vase orné de
l'image de Sully et dans lequel se trouvait un billet portant les vers suivants:

> De l'habile et sage Sully
> Il ne nous reste que l'image:
> Aujourd'hui ce grand personnage
> Va revivre dans Laverdy.

Après la publication du célèbre édit du 7 novembre 1764 sur la liberté
du commerce des grains, le zèle du ministre pour les réformes s'endormit
de nouveau et les physiocrates n'eurent plus aucune raison de maintenir
la comparaison avec Sully. A. O.

(2) La duchesse de Brancas était dame d'honneur de madame la dauphine
et avait vécu dans l'intimité de madame de Pompadour. (Note de l'original.)

J'allai aussitôt faire fermer la porte et revins écouter. « Ma chère amie, dit Madame à madame de Brancas, je suis troublée de la crainte de perdre le cœur du roi en cessant de lui être agréable. Les hommes mettent, comme vous pouvez le savoir, beaucoup de prix à certaines choses, et j'ai le malheur d'être d'un tempérament très froid. J'ai imaginé de prendre un régime un peu échauffant, pour réparer ce défaut, et depuis deux jours cet élixir, dit-elle, me fait assez de bien ou du moins j'ai cru m'en apercevoir. » La duchesse de Brancas prit la drogue qui était sur la toilette et après l'avoir sentie: Fi! dit-elle, et elle la jeta dans la cheminée. Madame la gronda et dit: « Je n'aime pas être traitée comme un enfant; » elle pleura encore, et dit: « Vous ne savez pas ce qui m'est arrivé, il y a huit jours. Le roi, sous prétexte qu'il faisait chaud, s'est mis sur mon canapé et y a passé la moitié de la nuit. Il se dégoûtera de moi et en prendra une autre. » — « Vous ne l'éviterez pas, répondit la duchesse, en suivant votre régime, et ce régime vous tuera; rendez au roi votre société précieuse de plus en plus, par votre douceur; ne le repoussez pas dans d'autres moments et laissez faire le temps; les chaînes de l'habitude vous l'attacheront pour toujours. » Ces dames s'embrassèrent. — Madame recommanda le secret à madame de Brancas, et le régime fut abandonné.

Peu de temps après, elle me dit: « Le maître est plus content de moi; et c'est depuis que j'ai parlé à Quesnay, sans lui tout dire. Il m'a dit que, pour avoir ce que je désire, il fallait avoir soin de se bien porter et tâcher de bien digérer, et faire de l'exercice pour y parvenir. Je crois que le docteur a raison, et je me sens tout autre. J'adore cet homme-là (le roi); je voudrais lui être agréable. Mais hélas! quelquefois il me trouve une macreuse([1]); je sacrifierais ma vie pour lui plaire. »

Page 102. Je dois encore à la justice de dire que M. de Marigni, héritier de toute la fortune de Madame, depuis cette mort, était désolé toutes les fois qu'elle était sérieusement malade. Madame commença, bientôt après, à faire des projets pour l'établissement de son frère. Il fut question de demoiselles de la plus haute naissance, et peut-être l'eût-on fait duc; mais il avait une manière de penser qui l'éloignait du mariage et de l'ambition. Dix fois il aurait

---

(1) Oiseau aquatique que l'on dit avoir le sang froid. (Note de l'original.)

pu être ministre et n'y pensa jamais. « C'est un homme, me
disait un jour Quesnay, bien peu connu: personne ne parle de son
esprit et de ses connaissances, ni de ce qu'il fait pour l'avancement des arts; aucun depuis Colbert n'a fait autant dans sa place;
il est d'ailleurs fort honnête homme, mais on ne veut le voir que
comme le frère de la favorite; et parce qu'il est gros, on le croit
lourd et épais d'esprit. » Ce qu'il disait était très vrai. M. de Marigni avait voyagé avec d'habiles artistes en Italie et avait acquis
du goût et beaucoup plus d'instruction que n'en avait eu aucun
de ses prédécesseurs. Quant à son air épais, il ne l'avait que depuis quelque temps qu'il était trop engraissé, et sa figure auparavant était charmante. Il avait été aussi beau que sa sœur était
belle; il ne faisait sa cour à personne, n'avait aucune vanité et il
se bornait à des sociétés où il était à son aise. Il devint un peu
plus répandu à la cour lorsque le roi l'eut fait monter dans ses
carosses, croyant qu'il était alors de son devoir de se montrer parmi
les courtisans.

Page 119. J'écris au hasard, sans ordre ni date, comme je me
souviens, et je vais vous parler de M. l'abbé de Bernis que j'aimais
beaucoup parce qu'il était bon et qu'il me traitait avec amitié.
Un jour Madame finissait de s'habiller, et M. le comte de Noailles
demanda à lui parler en particulier. Je sortis. — M. le comte
avait en entrant l'air très effaré, et j'entendis la conversation, n'y
ayant que la portière entre nous. « Il vient de se passer, Madame,
lui dit-il, quelque chose dont je ne puis me dispenser de rendre
compte au roi, mais dont j'ai cru devoir vous prévenir, parce que
cela regarde un de vos amis que j'aime et considère infiniment.
M. l'abbé de Bernis a eu envie de chasser ce matin: il est sorti
avec trois ou quatre de ses gens portant des fusils et il a été
chasser dans le petit parc, endroit où M. le dauphin n'irait pas
sans demander au roi la permission. Les gardes surpris d'entendre
tirer sont accourus et ont été bien étonnés de voir M. de Bernis.
Ils lui ont très respectueusement demandé sa permission et, étonnés
de voir qu'il n'en avait pas, ils l'ont prié de cesser en disant que
s'ils faisaient leur devoir ils devraient l'arrêter; mais qu'ils allaient
m'en rendre compte aussitôt comme étant capitaine des chasses
de Versailles. Ils ont ajouté que le roi devait avoir entendu les
coups de fusil, et qu'ils le priaient de se retirer. M. l'abbé s'est
excusé sur son ignorance et a assuré que je le lui avais permis.

Monsieur le comte, ont-ils dit, n'a pu le permettre que pour des endroits bien plus éloignés, et dans le grand parc. » M. le comte de Noailles s'est beaucoup fait valoir sur son empressement à prévenir Madame, qui lui a dit de lui laisser le soin d'en rendre compte au maître, et qu'elle le priait de n'en pas parler. — M. de Marigni, qui n'aimait pas M. l'abbé, me vint voir le soir, et j'eus l'air d'apprendre de lui cette histoire: « Il faut, disait-il, qu'il ait perdu la tête pour chasser sous les fenêtres du roi, » et il s'étendit beaucoup sur les airs qu'il se donnait. — Madame arrangea cela de son mieux, mais le roi fut très choqué; et vingt fois depuis la disgrâce de M. l'abbé de Bernis, se trouvant dans ce canton, il a dit: « Ce sont ici les plaisirs de M. l'abbé. » Le roi ne l'a jamais goûté, et Madame m'a dit après sa disgrâce, une nuit que je la gardais malade, qu'elle avait vu, au bout de huit jours de son ministère, qu'il n'était pas propre à sa place. « Si cet évêque cafard, ajouta-t-elle en parlant de l'évêque de Mirepoix, n'eût pas empêché le roi de lui donner une pension de deux mille écus qu'il m'avait promise, jamais il n'aurait été ambassadeur, je lui aurais fait par les suites donner une vingtaine de mille livres de rente, peut-être la place de maître de la chapelle, et il aurait été plus heureux et je n'aurais pas eu à le regretter. » Je pris la liberté de lui dire que je ne le croyais pas et qu'il avait de bons restes qu'on ne lui ôterait pas; que son exil finirait et qu'il se trouverait cardinal avec deux cent mille livres de rente. Elle me dit: « Cela est vrai; mais je songe au chagrin qu'il a eu et à l'ambition qui le ronge; enfin, je songe à moi qui aurais joui de sa société et vieilli avec un ancien et aimable ami, s'il n'eût pas été ministre. » Le roi le renvoya avec colère et fut tenté de ne pas lui donner le chapeau. — M. Quesnay me dit quelques mois après qu'il avait voulu se faire premier ministre; qu'il avait fait un mémoire pour représenter que, dans les temps difficiles, il fallait qu'il y eût, pour le bien des affaires, un point central (c'est son mot) où tout aboutisse. Madame ne voulait pas se charger du mémoire; il insista, malgré qu'elle lui eût dit *vous vous perdez.* Le roi jeta les yeux dessus, répéta, *point central:* c'est-à-dire qu'il veut être premier ministre. Madame l'excusa et lui dit que cela pouvait regarder le maréchal de Belle-Isle. « Ne va-t-il pas être cardinal? dit le roi, et voilà une belle finesse; il sait bien que par sa dignité il forcera les ministres à s'assembler chez lui, et M. l'abbé sera le *point central.* Quand il y a un cardinal au conseil, il finit par être le chef. Louis XIV n'a jamais voulu, par cette raison, y faire entrer le cardinal de Janson qu'il estimait beaucoup. M. le cardinal de Fleury m'a dit la même chose. Il avait en quelque envie d'avoir pour successeur le cardinal de Tencin; mais sa sœur était si intrigante que le cardinal de Fleury me conseilla de n'en rien faire, et je me conduisis de manière à lui ôter tout espoir et à désabuser les autres. M. d'Argenson m'a pénétré et a fini par lui ôter toute considération. » — Voilà ce que le roi avait dit, à ce que me confia mon ami Quesnay, qui était, par parenthèse, un grand génie à ce que tout le monde dit, et un homme fort gai. Il aimait à causer avec moi de la campagne; j'y avais été élevée, et il me faisait parler des herbages de Normandie et du Poitou, de la richesse des fermiers et de la manière de cultiver. C'était le meilleur homme du monde et qui était éloigné de la plus petite intrigue. Il était bien plus occupé à la cour de la meilleure manière de cultiver la terre que de tout ce qui s'y passait. L'homme qu'il estimait le plus était M. de La Rivière, conseiller au parlement, qui a été intendant de la Martinique; il le regardait comme l'homme du plus grand génie et croyait que c'était le seul homme propre à administrer les finances(¹).

_____

(1) Nous avons à faire ici avec la communication certainement la plus importante de Madame du Hausset pour l'histoire de l'économie politique, car il s'agit évidemment, dans ces Mémoires, de la *première* rédaction, enveloppée d'une obscurité mystérieuse, du *Tableau économique*. Qu'il nous soit permis d'intercaler ici des recherches que nous avons déjà publiées ailleurs (*Die Maxime: Laissez-faire et laissez-passer, ihr Ursprung, ihr Werden*, Berne 1886, pages 100 et suivantes), et qui peuvent être reproduites avec quelques additions. — Dans la forme la plus ancienne où il a paru, le *Tableau économique* est perdu pour la postérité. La première édition destinée au public n'a pas été faite par l'auteur lui-même, mais par le marquis de Mirabeau comme annexe à son *Ami des hommes*, 1760, et il l'a présenté au public après l'avoir remanié. Le *Tableau* a paru sous une forme plus étendue dans la *Philosophie rurale* du même auteur, 1763, et ce n'est que dans le numéro de juin 1766 du *Journal d'agriculture, du commerce et des finances*, rédigé alors par Dupont de Nemours, que nous trouvons une *Analyse* faite par la main du maître. Cette *Analyse* est reproduite dans la collection de Dupont: *Physiocratie*, etc. (t. I, 1768). Les indications diffèrent même sur l'époque exacte de sa genèse. Dans l'aperçu historique que contient la livraison de février 1768 des *Ephémérides* sur la succession des écrits qui ont concouru à former la nouvelle science, on trouve, au nombre des œuvres ayant paru pendant l'année 1758 :

„Le *Tableau économique* avec son explication et les maximes générales du gouvernement économique, sous le titre d'*Extrait des économies royales de*

Page 126. Un jour j'étais chez le docteur Quesnay pendant que Madame était à la comédie. Le marquis de Mirabeau y vint, et la conversation fut quelque temps ennuyante pour moi, n'y étant question que du *produit net;* enfin, on parla d'autres choses. —

M. de Sully, par M. de Quesnay, très belle édition in-4°, faite au château de Versailles, mais dont on ne trouve plus." *(sic.)*

Et déjà une année auparavant, c'est-à-dire dans le volume de 1767, une indication plus précise de l'époque se trouve dans l'Avertissement de l'auteur, écrit par Baudeau, la première édition du *Tableau* y étant désignée comme une „magnifique édition qui fut faite dans les mois de novembre et décembre 1758; il n'est plus possible de s'en procurer des exemplaires". Mais deux ans plus tard, c'est-à-dire dans la *Notice abrégée des différents écrits modernes qui ont concouru en France à former la science de l'économie politique,* que Dupont a publiée dans le numéro d'avril 1769, nous rencontrons l'exposé plus détaillé que voici:

„Nous ne savons si c'est dans cette année (1758) ou dans la suivante que nous devons placer la première édition du *Tableau économique* avec son explication, et des maximes générales du gouvernement économique qui y furent jointes sous le titre d'*Extrait des économies royales de M. de Sully*: très belle édition in-4° qui fut faite au château de Versailles et dont on ne trouve plus d'exemplaires que chez les particuliers auxquels ils furent donnés. L'auteur, qui est, comme on sait, M. Quesnay, nous a dit plusieurs fois que cette édition était du mois de décembre 1758 et qu'il en avait des époques sûres; l'Ami des hommes, son premier disciple, qui était alors entièrement lié avec lui, nous assure qu'elle n'est que de l'année 1759 et même qu'elle n'est pas du commencement de cette année, et qu'il en a aussi des époques sûres."

Dupont ajoute qu'il ne rapporte cette différence de récit sur un fait si moderne et de la part de deux hommes qui doivent en être si bien instruits, que pour faire voir en passant combien il est difficile d'écrire l'histoire et combien on doit compter en général sur les dates qu'elle présente et sur les petites circonstances qu'elle rapporte. On peut bien admettre et il a toujours été admis que l'indication de Quesnay est la juste.

Or, que se passait-il à la cour de Versailles dans ce mois de décembre qui a donné la vie au *Tableau économique?* Jamais, pendant tout le temps qui a précédé la Révolution française, il n'y avait régné un désordre aussi grand qu'à ce moment. La guerre de sept ans était commencée depuis trois ans déjà, la bataille de Rossbach avait eu lieu et les Anglais bombardaient avec succès les ports français où ils avaient détruit la plus grande partie de la flotte française; en outre, les points fortifiés des colonies de l'Amérique du Nord tombaient les uns après les autres dans leurs mains. Des six contrôleurs généraux des finances qui se sont succédé pendant la guerre, le troisième était déjà en fonctions. Une commission financière avait été occupée depuis le commencement de l'année à examiner si des économies ne pourraient pas être réalisées dans le ménage public; mais elle avait immédiatement découvert dans le département de la marine un désordre si prodigieux, un tel gouffre d'abus, que le roi, craignant que l'épouvante qui était résultée de ces dé-

Mirabeau dit: J'ai trouvé mauvais visage au roi; il vieillit. — Tant pis, mille fois tant pis, dit Quesnay, ce serait la plus grande perte pour la France s'il venait à mourir; et il leva les yeux au ciel en soupirant profondément. — Je ne doute pas que vous

couvertes ne s'accrût pendant la continuation de l'enquête et n'exerçât une influence nuisible sur la direction de la guerre, ordonna de suspendre l'enquête jusqu'à ce que la guerre eût pris fin. De plus, on s'était engagé à payer à l'Autriche des subsides énormes, ce qui augmentait prodigieusement la gêne. L'abbé de Bernis, alors ministre des affaires étrangères, avait fait présenter au roi le 4 octobre, par l'entremise de la Pompadour, un mémoire qui donnait un tableau effrayant de la situation dans laquelle on se trouvait. „Sire, écrivait-il, je trahirais mon devoir, si je ne vous faisais pas savoir que l'Etat est en danger si les dépenses ne sont pas considérablement réduites...", etc. En même temps, il demandait au roi non pas de lui accorder sa démission, mais de le remplacer en partie par le duc de Choiseul, alors ambassadeur à la cour de Vienne. Louis XV accueillit cette demande et au commencement de ce mois de décembre le nouveau ministre arrivait à Paris. Immédiatement avant (le 30 novembre), l'abbé de Bernis avait reçu le chapeau de cardinal. Cette dignité a-t-elle monté la tête du nouveau cardinal, la position au conseil du roi, de l'ancien ministre, n'était-elle pas parfaitement définie et devait-il par conséquent résulter de là des conflits, c'est ce qu'on ignore; toujours est-il que dans la première séance le cardinal a montré une indépendance si ferme en recommandant la politique de paix détestée du roi, que celui-ci est entré dans une violente colère. Le 13 décembre, il envoya au cardinal l'ordre, conçu dans les termes les moins bienveillants, de se rendre immédiatement dans l'ure de ses abbayes et d'y rester jusqu'à ce qu'il le rappelle.

L'exposé qui précède était nécessaire pour comprendre la situation dans laquelle on se trouvait à Versailles en décembre 1758. L'Etat souffrait extrêmement d'une guerre terrible et du changement de ministère qui avait lieu alors. Le trésor était vide et l'administration de l'Etat avait, peu de temps auparavant, fait faire un aperçu de ses rouages, qui avait positivement semé la terreur. Aussi, un homme moins occupé à approfondir les problèmes d'économie politique que ne l'était alors Quesnay, aurait-il cherché un moyen de sauver l'Etat de l'abîme où il courait, et nous comprenons parfaitement que le médecin ordinaire du roi qui connaissait toute l'étendue de la misère et tous les faits intimes de la cour, se fût senti poussé à présenter sous la forme concise d'un tableau ses idées réformatrices qu'il avait déjà développées dans une forme littéraire, et à les soumettre à l'adoption du roi.

Relativement aux circonstances détaillées de cette production, la littérature sur l'économie politique nous fournit des indications suivant lesquelles le roi lui-même doit avoir concouru, non seulement intellectuellement, mais même techniquement à la publication du *Tableau*. Dans son *Eloge* (page 34) Grand-Jean de Fouchy compte les *Extraits des économies royales de M. de Sully* (annexes au *Tableau économique*) au nombre des ouvrages „qui furent imprimés à Versailles par ordre exprès du feu roi *qui en tira lui-même*

n'aimiez le roi, et avec juste raison, dit Mirabeau, et je l'aime aussi; mais je ne vous ai jamais vu si passionné. — Ah! dit Quesnay, je songe à ce qui s'en suivrait. — Eh bien! le dauphin est vertueux. — Oui, et plein de bonnes intentions, et il a de l'esprit:

quelques épreuves". Et Dupont de Nemours a ensuite (Notice sur les économistes, dans les œuvres de Turgot publiées par lui en 1808) dit en propres termes: „Il (Quesnay) fit cette maxime: *Pauvres paysans, pauvre royaume; pauvre royaume, pauvre roi*. Et il eut le bonheur de parvenir à *la faire imprimer* à Versailles de la main de Louis XV." D'autres, par exemple Léonce de Lavergne (*Les économistes français du dix-huitième siècle*, Paris 1870, page 66), ont ensuite ajouté que ces épreuves, tirées par le roi lui-même, avaient été destinées à „l'usage personnel du roi". Le fait a dès lors été en général admis dans la littérature sur l'économie politique. Mais récemment Loménie, *Les Mirabeau*, t. II, p. 194, a présenté sur ce point, certainement avec raison, une objection, disant que tous ceux qui connaissent le *Tableau économique* „ont quelque droit de douter que le plus indolent et le plus insouciant des rois ait pris la peine d'y appliquer sérieusement son attention". Et ce doute ce confirme, si le précédent récit de Mme du Hausset peut se rapporter au *Tableau économique*.

Il importe tout d'abord de savoir quand ce mémoire au moyen duquel Quesnay avait voulu se faire premier ministre a été mis sous les yeux du roi. Madame du Hausset ne donne aucune indication précise à ce sujet. Toutefois, le fait que le récit commence par une notice dans laquelle il s'agit à la fois de la disgrâce et du chapeau du ministre de Bernis (ce à quoi il est évident que l'allusion „ne va-t-il pas être cardinal" se rapporte), ne laisse subsister aucun doute que l'événement que la femme de chambre apprendra „quelques mois après" de la bouche de Quesnay lui-même, s'est produit en décembre 1758, mois pendant lequel ont eu lieu et l'avancement du ministre au cardinalat (pour parler exactement, déjà le 30 novembre), et la chute du cardinal, et ensuite la création du *Tableau économique* (comme le dit Quesnay). S'il en est ainsi et qu'il s'agisse du mémoire dont parle Madame du Hausset, accompagné de la première rédaction du *Tableau économique*, il en résulte la circonstance remarquable qu'il ne tendait rien moins qu'à faire arriver son auteur et avec lui son système économique à la tête du gouvernement. C'était là un essai que la Pompadour elle-même considérait comme dangereux et qui, malgré le concours protecteur de celle-ci, échouait devant le refus du roi qui n'avait aucune sympathie pour les rêves économiques de son médecin, ainsi que d'autres communications nous l'apprennent encore (voir page 130). C'est Choiseul, on le sait, qui fut choisi à sa place et c'est peut-être pour cette raison que Quesnay a toujours eu de l'aversion pour ce ministre, aversion que Choiseul lui rendait dans toute son étendue. Afin de faciliter au roi et peut-être aux ministres la lecture des mémoires, on faisait déjà alors, comme c'est l'usage maintenant, tirer par l'imprimerie du château de Versailles un nombre restreint d'épreuves. Cela avait lieu régulièrement „par ordre du roi". Souvent de telles épreuves parvenaient encore humides dans les mains du roi, c'est-à-dire comme s'il les avait lui-même sorties de la presse. Le petit

mais les cagots auront un empire absolu sur un prince qui les
regarde comme des oracles. Les jésuites gouverneront l'Etat comme
sur la fin de Louis XIV; et vous verrez le fanatique évêque de
Verdun premier ministre, et La Vauguyon tout-puissant sous quelque autre titre. Les parlements alors n'auront qu'à se bien tenir:
ils ne seront pas mieux traités que mes amis les philosophes. —
Mais ils vont trop loin aussi, dit Mirabeau, pourquoi attaquer ou-

---

nombre d'exemplaires que Quesnay a fait faire de son Mémoire et qui, ainsi
que cela ressort de toutes les indications à ce sujet, étaient destinés non
pas au grand public, mais au roi et à des personnes de son entourage immédiat, peuvent ensuite avoir été perdus, ou supprimés par Quesnay lui-même
afin de faire disparaître une fois pour toutes les traces de cette malheureuse
candidature au poste de premier ministre; du moins, nous ne savons quelque chose de cette tentative que par les communications de Mme du Hausset.
L'école elle-même n'a rien dit à ce sujet. Mais l'auteur devait naturellement
chercher à garder la quintessence théorique du *Tableau*. Celui-ci a ensuite été
livré à la publicité, en partie par le marquis de Mirabeau, sous diverses
formes remaniées, en partie sous forme d'*Analyse* par Quesnay lui-même,
mais jamais, il importe de le remarquer, dans sa rédaction originale. Si donc,
dans ces formes remaniées du Mémoire, on ne trouve pas l'expression „point
central" se rapportant au poste de premier ministre, ceci ne change rien à
la chose. Dans la suite, Quesnay devait abandonner les propositions pratiques
d'organisation comme n'appartenant plus à l'affaire et qui auraient pu être
considérées comme une trahison. De tout ceci ressort l'erreur de ces indications fantaisistes sur l'origine du *Tableau économique*, citées dans l'histoire
de l'économie politique.

D'ailleurs, nous avons de ce même Dupont de Nemours, sur lequel surtout sont
basées ces données singulières, une assertion qui concorde en général avec les renseignements de Madame du Hausset et comme elle est antérieure de 44 ans à
son indication communiquée ci-dessus, elle peut prétendre à une plus grande
confiance que les autres. En effet, peu d'années après la création du *Tableau*,
Dupont, qui venait seulement d'entrer sous le drapeau de Quesnay, a rédigé
un traité: *De l'exportation et de l'importation des grains*. A l'instigation,
sans doute, de son maître, l'auteur de cet écrit l'a dédié à la marquise de
Pompadour, et on lit à la dédicace: „*C'est à vous que le public en doit
la première connaissance par l'impression que vous avez fait faire chez
vous et sous vos yeux du Tableau économique et de son explication*". Il
n'est donc ici nullement question du roi. Plus tard seulement, lorsque les
physiocrates trouvaient désagréable de rappeler les rapports de leur maître
avec la courtisane, ils mirent le nom du roi partout où devait se trouver celui
de la marquise de Pompadour. Quesnay ne peut être rendu responsable de
ce fait; il s'est toujours déclaré ouvertement et loyalement serviteur reconnaissant de sa bienfaitrice, et c'est évidemment être fidèle à son esprit que
d'exposer la situation réelle sous son vrai jour.

vertement la religion? — J'en conviens, dit le docteur; mais comment n'être pas indigné du fanatisme des autres, ne pas se ressouvenir de tout le sang qui a coulé pendant deux cents ans? — Il ne faut donc pas les irriter de nouveau et ne pas amener en France le temps de Marie en Angleterre. — Mais ce qui est fait est fait, et je les exhorte souvent à se modérer; je voudrais qu'ils suivissent l'exemple de notre ami Duclos. — Vous avez raison, répondit Mirabeau; il me disait il y a quelques jours: Ces philosophes en feront tant qu'ils me forceront à aller à vêpres et à la grand'messe. Mais enfin le dauphin est vertueux, instruit et a de l'esprit. — Ce sont les premiers temps de son règne que je crains, dit Quesnay, où les imprudences de nos amis lui seront présentées avec la plus grande force, où les jansénistes et les molinistes feront cause commune et seront appuyés fortement de la dauphine. J'avais cru que M. Du Muy était modéré, qu'il tempérait la fougue des autres; mais je lui ai entendu dire que Voltaire méritait les derniers supplices. Soyez persuadé, Monsieur, que les temps de Jean Hus, de Jérôme de Prague, reviendront, mais j'espère que je serai mort. J'approuve bien Voltaire de sa chasse aux Pompignans; le marquis bourgeois, sans le ridicule dont il l'a inondé, aurait été précepteur des enfants de France, et joint à son frère George, ils auraient tant fait qu'on aurait élevé des bûchers. — Ce qui devrait vous rassurer sur le dauphin, dit Mirabeau, c'est que malgré la dévotion de Pompignan, il le tourne en ridicule. Il y a quelque temps que l'ayant rencontré, et trouvant qu'il avait l'air bouffi d'orgueil, il dit à quelqu'un qui me l'a redit: *Et l'ami Pompignan pense être quelque chose.* Je mis par écrit cette conversation en rentrant chez moi.

Page 129. Un jour je trouvai Quesnay au désespoir. « Mirabeau, me dit-il, est à Vincennes pour son ouvrage sur l'impôt(1). Ce sont les fermiers-généraux qui l'ont dénoncé et qui l'ont fait arrêter; sa femme doit aller aujourd'hui se jeter aux pieds de madame de Pompadour. » Quelques moments après, j'entrai chez Madame pour sa toilette, et le docteur y vint. Madame lui dit: « Vous devez être affligé de la disgrâce de votre ami Mirabeau, et j'en suis fâchée aussi, car j'aime son frère. » Quesnay répondit: « Madame, je suis

(1) *Théorie de l'impôt*, 1760. La page-titre de l'édition que nous avons sous les yeux ne porte pas le nom de l'auteur. D'après Dupont de Nemours, il ne doit pas exister moins de dix-huit éditions de cet ouvrage. A. O.

« bien loin de lui croire de mauvaises intentions, il aime le roi et
« le peuple. — Oui, dit-elle, son *Ami des hommes* lui a fait beau-
« coup d'honneur. » En ce moment entra le lieutenant de police
et Madame lui dit: « Avez-vous vu le livre de M. de Mirabeau? —
Oui, Madame, mais ce n'est pas moi qui l'ai dénoncé. — Qu'en
pensez-vous? lui dit Madame. — Je crois qu'il aurait pu dire une
grande partie de ce qu'il a dit en termes plus ménagés; il y a
entre autres deux phrases au commencement: *Votre Majesté a
vingt millions d'hommes plus ou moins, elle ne peut en obtenir des
services qu'à prix d'argent, et il n'y a point d'argent pour payer
leurs services.* — Quoi! il y a cela, docteur, dit Madame? — « Cela
est vrai, ce sont les premières lignes, et je conviens qu'elles sont
imprudentes; mais en lisant l'ouvrage, on voit qu'il se plaint de
ce que le patriotisme s'éteint dans les cœurs, et qu'il voudrait le
ranimer. » Le roi entra, nous sortîmes, et j'écrivis sur la table de
Quesnay ce que je venais d'entendre. Je revins ensuite pour continuer la toilette, et Madame me dit: « Le roi est fort en colère
contre Mirabeau, mais j'ai tâché de l'adoucir et le lieutenant de
police a fait de même. Cela va redoubler les craintes de Quesnay (¹).

---

(1) L'emprisonnement de Mirabeau, qui n'a d'ailleurs duré que 5 jours
(du 19 au 24 décembre) et qui a été suivi d'un exil de deux mois que Mirabeau
a passé dans sa maison de campagne de Bignon, située non loin de Paris,
a fait sur Quesnay et ses élèves une impression d'autant plus profonde que
l'on avait compté sur un résultat tout opposé. L'ouvrage avait sans doute
le même but que le mémoire de Quesnay de décembre 1758. Dans une
lettre du marquis à son frère le bailli, du 13 novembre 1760, reproduite dans Lucas de Montigny, *Mémoires biographiques et Correspondances
de Mirabeau,* t. I, chap. 2, on lit, à propos de l'ouvrage qui était justement prêt à être édité: „Quant à moi je désire, si même je devais devenir
ministre demain, que mon livre me précède". Le livre devait donc avoir,
en quelque sorte, la signification d'un programme de ministre. Malheureusement, cette fois aussi les espérances devaient être déçues, et l'on voit dans
la suite de la relation ci-dessus combien a été grand le désappointement,
surtout chez Quesnay qui paraît même en avoir perdu la tête. Autrement,
il n'aurait sans doute pas proposé à la marquise de Mirabeau qui, alors
déjà, était avec son mari dans des rapports tendus, d'aller se jeter aux pieds
de la Pompadour. Loménie, *Les Mirabeau,* t. II, p. 225, dit à ce sujet
„Nous doutons que le marquis eût permis la démarche supposée ici par
Quesnay; il n'en est nullement question dans sa correspondance, et nous
inclinons à croire qu'elle n'eut pas lieu". On voit par ce fait combien le roi
était loin d'accorder sa confiance et même de vouer un intérêt superficiel au
message sur le *produit net.* A. O.

Savez-vous ce qu'il m'a dit un jour? Le roi lui parlant chez moi, et le docteur ayant l'air tout troublé, après que le roi fut sorti je lui dis: Vous avez l'air embarrassé devant le roi et cependant il est si bon! Madame, m'a-t-il répondu, je suis sorti à quarante ans de mon village et j'ai bien peu d'expérience du monde, auquel je m'habitue difficilement. Lorsque je suis dans une chambre avec le roi, je me dis: Voilà un homme qui peut me faire couper la tête; et cette idée me trouble. — Mais la justice et la bonté du roi ne devraient-elles pas vous rassurer? — Cela est bon pour le raisonnement, dit-il, mais le sentiment est plus prompt, et il m'inspire de la crainte avant que je me sois dit tout ce qui est propre à l'écarter. » J'écrivis cela pour ne pas l'oublier, et me fis redire les mots.

Page 138. Le peuple apprit l'assassinat du roi avec des transports de fureur et avec le plus grand désespoir; on l'entendait de l'appartement de Madame crier sous les fenêtres. Il y avait des attroupements, et Madame craignait le sort de madame de Châteauroux. Ses amis venaient à chaque instant lui donner des nouvelles. Son appartement était au reste comme une église, où tout le monde croyait avoir le droit d'entrer. On venait voir la mine qu'elle faisait, sous prétexte d'intérêt; et Madame ne faisait que pleurer et s'évanouir. Le docteur Quesnay ne la quittait pas, ni moi non plus. M. de Saint-Florentin vint la voir plusieurs fois, et le contrôleur-général, ainsi que M. Rouillé; mais M. de Machault n'y vint point. Madame la duchesse de Brancas était aussi très souvent chez nous. M. l'abbé de Bernis n'en sortait que pour aller chez le roi et avait les larmes aux yeux en regardant Madame. Le docteur Quesnay voyait le roi cinq ou six fois par jour. « Il n'y a rien à craindre, disait-il à Madame; si c'était tout autre, il pourrait aller au bal. » Mon fils, le lendemain alla, comme la veille, voir ce qui se passait au château et il vint nous dire que le garde des sceaux était chez le roi. Je l'envoyai attendre ce qu'il ferait à la sortie. Il revint tout courant au bout d'une demi-heure me dire que le garde des sceaux était retourné chez lui, suivi d'une foule de peuple. Madame, à qui je le dis, s'écria, fondant en larmes: *Et c'est là un ami!* M. l'abbé de Bernis lui dit: « Il ne faut pas se presser de le juger dans un moment comme celui-ci. Je retournai dans le salon une heure après, lorsque M. le garde des sceaux entra. Je le vis passer avec sa mine froide et sévère.

Il me dit: « Comment se porte madame Pompadour? » Je lui répondis: « Hélas! comme vous pouvez l'imaginer; » et il entra dans le cabinet de Madame. Tout le monde sortit, il y resta une demi-heure; M. l'abbé revint, et Madame sonna; j'entrai chez elle où il me suivit. Elle était en larmes: « Il faut que je m'en aille, dit-elle, mon cher abbé. » Je lui fis prendre de l'eau de fleur d'orange dans un gobelet d'argent, parce que ses dents claquaient. Ensuite elle me dit d'appeler son écuyer; il entra et elle lui donna assez tranquillement ses ordres pour faire tout préparer à son hôtel à Paris et dire à tous ses gens d'être prêts à partir et à ses cochers de ne pas s'écarter. Elle s'enferma ensuite pour conférer avec l'abbé de Bernis qui sortit pour le conseil. Sa porte fut ensuite fermée, excepté pour les dames de son intime société, M. de Soubise, M. de Gontaut, les ministres et quelques autres; plusieurs dames venaient s'entretenir chez moi et se désespéraient; elles comparaient la conduite de M. de Machault avec celle de M. de Richelieu à Metz; Madame leur en avait fait des détails qui faisaient l'éloge du duc et qui étaient autant de satires de la conduite du garde des sceaux. « Il croit ou feint de croire, disait-elle, que les prêtres exigeront mon renvoi avec scandale; mais Quesnay et tous les médecins disent qu'il n'y a pas le plus petit danger. » Madame m'ayant fait appeler, je vis entrer chez elle madame la maréchale de Mirepoix qui, dès la porte, s'écria: « Qu'est-ce donc, Madame, que toutes ces malles? Vos gens disent que vous partez. — Hélas! ma chère amie, le maître le veut, à ce que m'a dit M. de Machault. — Et son avis à lui, quel est-il, dit la maréchale? — Que je parte sans différer. » — Pendant ce temps je déshabillais seule Madame qui avait voulu être plus à son aise sur sa chaise longue. — « Il veut être le maître, dit la maréchale, votre garde des sceaux, et il vous trahit; qui quitte la partie, la perd. » Je sortis; M. de Soubise entra, M. l'abbé ensuite, et M. de Marigni. Celui-ci, qui avait beaucoup de bontés pour moi, vint dans ma chambre une heure après; j'étais seule. « Elle reste, dit-il, mais *motus* (¹); on fera semblant qu'elle s'en va, pour ne pas animer ses ennemis. C'est la petite maréchale qui l'a décidée, mais son garde (elle appelait ainsi M. de Machault) le paiera. » Quesnay entra, et avec son air de singe, ayant entendu

_____

(1) C'est un mot latin employé vulgairement pour signifier de garder le silence, comme l'on dit aussi *tacet*. (Note du premier éditeur.)

ce qu'on disait, récita une fable d'un renard qui étant à manger avec d'autres animaux persuada à l'un que ses ennemis le cherchaient, pour hériter de sa part en son absence. Je ne revis Madame que bien tard, au moment de son coucher. Elle était plus calme; les choses allèrent de mieux en mieux chaque jour, et le Machault, infidèle ami, fut renvoyé. Le roi revint à son ordinaire chez Madame (1).

Page 161. M. de Marigni entra un jour chez moi de mauvaise humeur; je lui en demandai le sujet. « Je viens, dit-il, de faire des représentations à ma sœur pour qu'elle ne place pas à la marine M. le Normand de Mezi. C'est amasser, lui ai-je dit, des charbons de plus sur sa tête; une favorite ne doit point multiplier contre elle les points d'attaque. » Le docteur entra, il le lui répéta. « Vous valez, dit le docteur à M. de Marigni, votre pesant d'or pour le sens et la capacité dans votre place et pour votre modération; mais on ne vous rendra point justice. Votre avis est excellent; il n'y aura pas un vaisseau de pris que Madame n'en soit responsable au public, et vous êtes bien sage de ne pas songer au ministère pour vous-même. »

Page 162. Un jour que j'étais à Paris, j'allai dîner chez le docteur qui s'y trouvait aussi; il avait assez de monde, contre son ordinaire, et entre autres un jeune maître des requêtes d'une belle figure, qui portait un nom de terre que je ne me rappelle pas, mais qui était fils du prévôt des marchands, Turgot. On parla beaucoup administration, ce qui d'abord ne m'amusa pas; ensuite il fut question de l'amour des Français pour leur roi. M. Turgot prit la parole et dit: « Cet amour n'est point aveugle, c'est un sentiment profond et un souvenir confus de grands bienfaits. La nation, et je dirai plus, l'Europe et l'humanité doivent à un roi de France

(1) L'aperçu que nous donnons ici des scènes qui se jouaient à la cour de Versailles à l'époque de l'attentat de Damiens (5 janvier 1757), acquiert un haut intérêt si nous y cherchons les causes du revirement mystérieux qui a ramené le roi à la Pompadour et qui a raffermi à nouveau pour de longues années le pouvoir funeste de la maîtresse. Quesnay qui, suivant ce qui vient d'être dit ici, ne quittait pas la marquise et en même temps „voyait le roi cinq ou six fois par jour", n'aura pas manqué de contribuer de toutes ses forces au rétablissement de l'ancien état de choses. Il n'y avait, en effet, à la cour aucune personnalité plus apte que le médecin ordinaire à se charger du rôle d'intermédiaire. A. O.

(j'ai oublié le nom) (¹) la liberté; il a établi les communes et donné à une multitude immense d'hommes une existence civile. Je sais qu'on peut dire avec raison qu'il a servi son intérêt en les affranchissant; qu'ils lui ont payé des redevances et qu'enfin il a voulu par là affaiblir la puissance des grands et de la noblesse; mais qu'en résulte-t-il? que cette opération est à la fois utile, politique et humaine. » Des rois en général, on passa à Louis XV, et le même M. Turgot dit que son règne serait à jamais célèbre pour l'avancement des sciences, le progrès des lumières et de la philosophie. Il ajouta qu'il manquait à Louis XV ce que Louis XIV avait de trop, une grande opinion de lui-même; qu'il était instruit, que personne ne connaissait mieux que lui la topographie de la France; qu'au conseil, son avis était toujours le plus juste; qu'il était fâcheux qu'il n'eût pas plus de confiance en lui-même ou ne plaçât pas sa confiance dans un premier ministre approuvé de la nation. Tout le monde fut de son avis. Je priai M. Quesnay d'écrire ce qu'avait dit le jeune Turgot, et je le montrai à Madame. Elle fit à ce sujet l'éloge de ce maître des requêtes; et en ayant parlé au roi, il dit: « C'est une bonne race. »

Page 168. Le roi était souvent importuné par les parlements, et il tint à leur sujet un bien étrange propos que répéta devant moi M. de Gontaut au docteur Quesnay. « Hier, le roi, dit-il, se promenait dans le salon avec un air soucieux. Madame de Pompadour lui demanda s'il avait de l'inquiétude sur sa santé parce qu'il est depuis quelque temps un peu indisposé. Il a répondu: Non, mais je suis bien ennuyé de toutes ces remontrances. — Que peut-il en arriver, a dit Madame, qui doive inquiéter sérieusement Votre Majesté? N'est-elle pas le maître des parlements comme de tout son royaume? — Cela est vrai, a dit le roi; mais sans ces conseillers et ces présidents je n'aurais pas été frappé par ce *monsieur* (il appelait toujours ainsi son assassin). — Ah! Sire, s'est écriée madame de Pompadour. — Lisez le procès, a-t-il dit, ce sont les propos de ces messieurs qu'il nomme, qui ont bouleversé sa tête. — Mais, a dit Madame, j'ai souvent songé que si on pouvait envoyer à Rome M. l'archevêque (²). — Trouvez quelqu'un qui fasse cette affaire-là, a-t-il dit, et je lui donnerai ce

---

(1) Philippe le Long. (Note de l'original.)
(2) M. de Beaumont. (Note de l'original.)

qu'il voudra. » Quesnay dit que le roi avait raison dans tout ce qu'il avait dit.

Page 181. M. du Verney (¹) était l'homme de confiance de Madame pour ce qui concernait la guerre, à laquelle on dit qu'il s'entendait parfaitement bien quoique n'étant pas militaire. Le vieux maréchal de Noailles l'appelait, avec mépris, le général des farines, et le maréchal de Saxe dit un jour à Madame que du Verney en savait plus que ce vieux maréchal. Du Verney vint un jour chez Madame où se trouva le roi, le ministre de la guerre et deux maréchaux, et il donna un plan de campagne qui fut généralement applaudi. Ce fut lui qui fit nommer M. de Richelieu pour commander l'armée à la place du maréchal d'Estrées. Il vint chez Quesnay deux jours après, et j'étais chez lui. Le docteur se mit à parler guerre, et je me souviens qu'il dit: « Les militaires font un grand mystère de leur art, mais pourquoi les jeunes princes ont-ils tous de grands succès? c'est qu'ils ont l'activité et l'audace. Pourquoi les souverains qui commandent leurs troupes font-ils de grandes choses? c'est qu'ils sont maîtres de hasarder. » Ce discours me fit impression.

Page 185. M. de Marigni ne pouvait pas souffrir M. de Choiseul, mais il n'en parlait qu'avec ses amis intimes. Un jour il se trouva chez Quesnay où j'arrivais; ils parlaient de M. de Choiseul. « Ce n'est qu'un petit-maître, dit le docteur, et s'il était plus joli, fait pour être un favori d'Henri III. » Le marquis de Mirabeau entra, et M. de la Rivière. « Ce royaume, dit Mirabeau, est bien mal; il n'y a ni sentiments énergiques, ni argent pour les suppléer. — Il ne peut être régénéré, dit la Rivière, que par une conquête comme à la Chine, ou par quelque grand bouleversement intérieur; mais malheur à ceux qui s'y trouveront: le peuple français n'y va pas de main morte. » Ces paroles me firent trembler et je m'empressai de sortir. M. de Marigni en fit de même, sans avoir l'air d'être affecté de ce qu'on disait. « Vous avez entendu, me dit-il; mais n'ayez pas peur, rien n'est répété de ce qui se dit chez le docteur: ce sont d'honnêtes gens, quoique un peu chimériques; ils ne savent pas s'arrêter, cependant ils sont, je crois,

(1) Frère de M. de Montmartel, homme de beaucoup de talent. (Note de l'original.)

dans la bonne voie. Le malheur est qu'ils passent le but. » J'écrivis cela en rentrant.

Page 195. M. Duclos allait chez le docteur et pérorait avec sa chaleur ordinaire. Je l'entendis qui disait à deux ou trois personnes : « On est injuste envers les grands, les ministres et les princes ; rien de plus ordinaire, par exemple, que de parler mal de leur esprit ; j'ai bien surpris, il y a quelques jours, un de ces petits messieurs de la brigade des infaillibles, en lui disant que je lui prouverai qu'il y a eu plus de gens d'esprit dans la maison de Bourbon, depuis cent ans, que dans toute autre. — Vous avez prouvé cela ? dit quelqu'un en ricanant. Oui, dit Duclos, et je vais vous le répéter. Le grand Condé n'était pas un sot à votre avis, et la duchesse de Longueville est citée comme une des femmes les plus spirituelles. M. le régent est un homme qui avait peu d'égaux en tout genre d'esprit et de connaissances ; le prince de Conti, qui fut élu roi de Pologne, était célèbre par son esprit, et ses vers valent ceux de La Fare et de Saint-Aulaire ; M. le duc de Bourgogne était instruit et très éclairé. Madame la duchesse, fille de Louis XIV, avait infiniment d'esprit, faisait des épigrammes et des couplets. M. le duc du Maine n'est connu généralement que par sa faiblesse, mais personne n'avait plus d'agrément dans l'esprit. Sa femme était une folle, mais qui aimait les lettres, se connaissait en poésie, et dont l'imagination était brillante et inépuisable. En voilà assez, je crois, dit-il ; et comme je ne suis point flatteur et que je crains tout ce qui en a l'apparence, je ne parle point des vivants. » On fut étonné de cette énumération et chacun convint de la vérité de ce qu'il avait dit. Il ajouta : « Ne dit-on pas tous les jours d'Argenson la bête (¹), parce qu'il a un air de bonhomie et un ton bourgeois ? Mais je ne crois pas qu'il y ait eu beaucoup de ministres aussi instruits et aussi éclairés. » Je pris une plume sur la table du docteur et je demandai à M. Duclos de me dicter

---

(1) C'est ici le seul endroit où le nom du marquis d'Argenson (René-Louis de Voyer, marquis d'Argenson, ne doit pas être confondu avec son frère cadet, le comte d'Argenson, qui fut longtemps ministre de la guerre) nous est présenté, bien que ce soit sous un rapport éloigné avec Quesnay. Ces deux hommes à idées si semblables, dont l'un, il est vrai, est mort au moment où l'autre entrait seulement dans le courant économique, paraissent n'avoir pas eu de relations personnelles. — Voir, sur les théories économiques du marquis d'Argenson mon Etude intitulée : *Die Maxime : laissez-faire et laissez-passer, ihr Ursprung, ihr Werden*, Berne, 1886. A. O.

tous les noms qu'il avait cités et le petit éloge qu'il en avait fait.
« Si vous montrez cela à madame la marquise, dites-lui bien comment cela est venu et que je ne l'ai pas dit pour que cela lui
revienne et aille peut-être ailleurs. Je suis historiographe et je
rendrai justice, mais aussi je la *ferai* souvent. — J'en serai garant, dit le docteur, et notre maître sera peint tel qu'il est.
Louis XIV a aimé les vers, protégé les poètes; cela était peut-
être bon dans son temps parce qu'il faut commencer par quelque
chose; mais ce siècle-ci sera bien plus grand; et il faut convenir
que Louis XV envoyant au Mexique et au Pérou des astronomes
pour mesurer la terre, présente quelque chose de plus imposant
que d'ordonner des opéras. Il a ouvert les barrières à la philosophie, malgré les criailleries des dévots, et l'*Encyclopédie* honorera
son règne. » Duclos, pendant ce temps, hochait de la tête. Je m'en
allai et je tâchai d'écrire tout chaud ce que j'avais entendu. Je
fis copier, par un valet de chambre qui avait une belle main, ce
qui concernait les princes et je le remis à Madame. Mais elle me
dit: « Quoi! vous voyez Duclos? est-ce que vous voulez faire le
bel esprit, ma chère bonne? cela ne vous va pas. — Aussi en
suis-je bien éloignée; » et je lui dis comment je l'avais trouvé
par hasard chez le docteur, où il allait passer une heure quand il
venait à Versailles. Elle me dit: « Le roi sait que c'est un honnête
homme. »

ŒUVRES POSTHUMES

DE

MARMONTEL

HISTORIOGRAPHE DE FRANCE
SECRÉTAIRE PERPÉTUEL DE L'ACADÉMIE FRANÇAISE

Imprimées sur le manuscrit autographe de *l'auteur* (1).

Extraits.

Page 28. Il me reste à parler de deux liaisons particulières que j'avais encore à Versailles: l'une, de simple convenance, avec Quesnay, médecin de Mme de Pompadour; l'autre, avec Mme de Marchais et son ami intime le comte d'Angiviller, jeune homme d'un grand caractère. Commençons par Quesnay, car c'est le moins intéressant. Quesnay, logé bien à l'étroit dans l'entresol de Mme de Pompadour, ne s'occupait du matin au soir que de l'économie politique et rurale. Il croyait en avoir réduit le système en calculs et en axiômes d'une évidence irrésistible, et comme il formait une école, il voulait bien se donner la peine de m'expliquer sa nouvelle doctrine pour se faire de moi un disciple et un prosélyte. Moi qui songeais à me faire de lui un médiateur auprès de Mme de Pompadour, j'appliquais tout mon entendement à concevoir ces vérités qu'il me donnait pour évidentes, et je n'y voyais que du vague et de l'obscurité. Lui faire croire que j'entendais ce qu'en effet je n'entendais pas était au-dessus de mes forces. Mais je l'écoutais avec une patiente docilité; et je lui laissais l'espérance de m'éclaircir enfin et de m'inculquer sa doctrine. C'en eût été assez pour me gagner sa bienveillance. Je faisais plus, j'applaudissais à un travail que

_____

(1) Mémoires, tome second, — Paris, an XIII — 1804.

je trouvais en effet estimable; car il tendait à rendre l'agriculture recommandable dans un pays où elle était trop dédaignée et à tourner vers cette étude une foule de bons esprits. J'eus même une occasion de le flatter par cet endroit sensible, et ce fut lui qui me l'offrit.

Un Irlandais, appelé *Patullo*, ayant fait un livre (¹) où il développait les avantages de l'agriculture anglaise sur la nôtre, avait obtenu par Quesnay, de Mᵐᵉ de Pompadour, que ce livre lui fût dédié, mais il avait mal fait son épître dédicatoire. Mᵐᵉ de Pompadour, après l'avoir lue, lui dit de s'adresser à moi et de me prier de sa part de la retoucher avec soin. Je trouvai plus facile de lui en faire une autre; et en y parlant des cultivateurs, j'attachai à leur condition un intérêt assez sensible pour que Mᵐᵉ de Pompadour à la lecture de cette épître eût les larmes aux yeux. Quesnay s'en aperçut et je ne puis vous dire combien il fut content de moi. Sa manière de me servir auprès de la marquise était de dire çà et là des mots qui semblaient lui échapper et qui cependant laissaient des traces.

A l'égard de son caractère, je n'en rappellerai qu'un trait qui va le faire assez connaître. Il avait été placé là par le vieux duc de Villeroi et par une comtesse d'Estrade, amie et complaisante de Mᵐᵉ d'Estioles, qui, ne croyant pas réchauffer un serpent dans son sein, l'avait tirée de la misère et amenée à la cour. Quesnay était donc attaché à Madame d'Estrade par la reconnaissance lorsque cette intrigante abandonna sa bienfaitrice pour se livrer au comte d'Argenson et conspirer avec lui contre elle.

Il est difficile de concevoir qu'une aussi vilaine femme, dans tous les sens, eût, malgré la laideur de son âme et de sa figure, séduit un homme du caractère, de l'esprit et de l'âge de M. d'Argenson. Mais elle avait à ses yeux le mérite de lui sacrifier une personne à qui elle devait tout et d'être pour l'amour de lui la plus ingrate des créatures. Cependant Quesnay, sans s'émouvoir de ces passions ennemies, était, d'un côté, l'incorruptible serviteur de Mᵐᵉ de Pompadour, et, de l'autre, le fidèle obligé de Mᵐᵉ d'Estrade, laquelle

---

(1) *Essai sur l'amélioration des terres*, par *Patullo*, Paris, 1758, in-12. — Ce petit livre de 128 pages se meut, du commencement à la fin, dans le cercle d'idées des deux articles *fermiers* et *grains* de Quesnay, qui avaient paru peu de temps auparavant dans la grande *Encyclopédie*. Cet ouvrage a valu à son auteur de nombreux éloges; il a été plusieurs fois réimprimé à l'étranger et a même été traduit dans des langues étrangères. A. O.

répondait de lui à M. d'Argenson ; et quoique sans mystère il allât les voir quelquefois, Mme de Pompadour n'en avait aucune inquiétude. De leur côté, ils avaient en lui autant de confiance que s'il n'avait tenu par aucun lien à Mme de Pompadour.

Or, voici ce qu'après l'exil de M. d'Argenson me raconta Dubois, qui avait été son secrétaire. C'est lui-même qui va parler ; son récit m'est présent, et vous pouvez croire l'entendre. Pour supplanter Mme de Pompadour, me dit-il, M. d'Argenson et Mme d'Estrade avaient fait inspirer au roi le désir d'avoir les faveurs de la jeune et belle Mme de Choiseul, femme du Menin. L'intrigue avait fait des progrès ; elle en était au dénouement. Le rendez-vous était donné ; la jeune dame y était allée ; elle y était dans le moment même où M. d'Argenson, Mme d'Estrade, Quesnay et moi, nous étions ensemble dans le cabinet du ministre. Nous deux, témoins muets ; mais M. d'Argenson et Mme d'Estrade, très occupés, très inquiets de ce qui se serait passé. Après une assez longue attente arrive Mme de Choiseul, échevelée et dans le désordre qui était la marque de son triomphe. Mme d'Estrade court au-devant d'elle, les bras ouverts, et lui demande si c'en est fait. « Oui, c'en est fait, répondit-elle, je suis aimée, il est heureux ; elle va être renvoyée ; il m'en a donné sa parole. » A ces mots, ce fut un grand éclat de joie dans le cabinet. Quesnay lui seul ne fut point ému. « Docteur, lui dit M. d'Argenson, rien ne change pour vous, et nous espérons bien que vous nous resterez. — Moi, monsieur le comte, répondit froidement Quesnay en se levant, j'ai été attaché à Mme de Pompadour dans sa prospérité, je le serais dans sa disgrâce ; » et il s'en alla sur-le-champ. Nous restâmes pétrifiés ; mais on ne prit de lui aucune méfiance. « Je le connais, dit Mme d'Estrade ; il n'est pas homme à nous trahir. » Et en effet, ce ne fut point par lui que le secret fut découvert et que la marquise de Pompadour fut délivrée de sa rivale. Voilà le récit de Dubois.

Tandis que les orages se formaient et se dissipaient au-dessous de l'entresol de Quesnay, il griffonnait ses axiômes et ses calculs d'économie rustique aussi tranquille, aussi indifférent à ces mouvements de la cour que s'il en eût été à cent lieues de distance. Là-bas on délibérait de la paix, de la guerre, du choix des généraux, du renvoi des ministres, et nous, dans l'entresol, nous raisonnions d'agriculture, nous calculions le produit net ou quelquefois nous dînions gaiement avec Diderot, d'Alembert, Duclos, Helvétius, Turgot, Buffon ; et Mme de Pompadour, ne pouvant pas engager cette troupe de philosophes à descendre dans son salon, venait elle-même les voir à table et causer avec eux.

Page 49. En 1757, après l'attentat commis sur la personne du roi et ce grand mouvement du ministère où M. d'Argenson et M. de Machault furent renvoyés le même jour, M. Rouillé ayant obtenu la surintendance des postes, dont le secrétariat était un bénéfice simple de deux mille écus d'appointement possédé par le vieux Moncrif, il me vint dans la tête d'en demander la survivance, persuadé que M. Rouillé, dans sa nouvelle place, ne refuserait pas à Mᵐᵉ de Pompadour la première chose qu'elle lui aurait demandée. Je la fis donc prier par le docteur Quesnay de m'accorder une audience. Je fus remis au lendemain au soir, et toute la nuit je rêvai à ce que j'avais à lui dire.... Le soir je me rendis chez Quesnay à l'heure marquée et je fis dire que j'étais là. Quesnay, occupé à tracer le *zig-zag* du *produit net*, ne me demanda pas même ce que j'allais faire chez Mᵐᵉ de Pompadour. Elle me fait appeler; je descends, etc (1).

---

(1) Pour terminer cette partie biographique, nous ajouterons encore, au sujet de la postérité de Quesnay, une communication que donne E. Daire, dans sa *Notice sur la vie et les travaux de Quesnay (Collection des principaux économistes,* t. II, Iᵉ partie, p. 18): „Quesnay eut un fils et une fille qui ont laissé eux-mêmes plusieurs descendants. Quesnay de Saint-Germain, l'un d'eux, homme de beaucoup de mérite, après avoir passé quelques instants dans l'administration, sous le ministère de Turgot, devint conseiller à la cour des aides de Paris et député du département de Maine-et-Loire à l'assemblée législative. Il est mort sans postérité; mais à cette époque il existait un petit-fils et un arrière-petit-fils du docteur Quesnay, qui ont perpétué peut-être l'honorable nom de leur auteur. Quesnay avait marié sa fille à M. Hévin, premier médecin de Madame. Quatre enfants naquirent de cette union, de sorte que du côté des femmes la postérité du docteur peut encore être fort nombreuse aujourd'hui.“ A. O.

II.

ŒUVRES ÉCONOMIQUES

NOTICE ABRÉGÉE

DES DIFFÉRENTS ÉCRITS MODERNES QUI ONT CONCOURU EN FRANCE A FORMER LA SCIENCE DE L'ÉCONOMIE POLITIQUE

par DUPONT DE NEMOURS (¹)

(Première partie)

L'époque de l'ébranlement général qui a déterminé les esprits à s'appliquer à l'étude de l'économie politique remonte jusqu'à M. DE MONTESQUIEU. Ce furent les éclairs de son génie, les charmes de son style, la séduisante variété des tournures fines, vives, saillantes, qui caractérisent la multitude d'observations qu'il a rassemblées sur les lois, qui montrèrent à notre nation encore si frivole que l'étude de l'intérêt des

---

(1) Nous donnons ici comme introduction destinée à servir d'orientation, la première partie de la *Notice abrégée,* littéraire et historique, que Dupont a publiée dans huit numéros de l'année 1769 des *Ephémérides du citoyen,* qu'il rédigeait alors. Nous conservons intentionnellement, dans cette reproduction, les particularités du mode d'impression de l'original.

La *Notice* complète formerait la matière d'un volume: nous nous bornons à reproduire ici la partie contenue dans le numéro de janvier 1769, partie qui embrasse non seulement l'histoire des temps qui ont précédé le système physiocratique, mais encore la création et la période de jeunesse de ce système, et qui se termine par le fait douloureux de la disgrâce du roi survenue à l'occasion de la publication, en 1760, de la *Théorie de l'impôt* du marquis de Mirabeau. La politique de Quesnay et de ses disciples avait jusqu'alors visé à mettre, en quelque sorte par un appui littéraire, leur doctrine en faveur auprès du roi et à se placer eux-mêmes à la tête du gouvernement; mais lorsqu'ils reprirent leur activité littéraire après une interruption de deux ans et demi, ils dirigèrent surtout leurs efforts à gagner le grand public à leur cause. Et c'est à ce moment que commence la période de l'agitation populaire au moyen d'une foule de publications de plus ou moins grande étendue, d'articles de journaux, etc. Dans la suite de la *Notice abrégée,* Dupont donne des indications assez détaillées sur chacune des publications littéraires de l'école jusque vers la fin de l'année 1769. Pour atteindre le but que nous poursuivons dans le présent ouvrage, il suffit de prendre dans ces indications ultérieures celles qui se rapportent aux œuvres de Quesnay et qui servent à en demontrer l'authenticité. A. O.

hommes réunis en société pouvait être préférable aux recherches d'une métaphysique abstraite, et même plus constamment agréable que la lecture des petits romans.

Les succès de l'*Esprit des lois*, si bien dus au mérite personnel de son auteur, persuadèrent néanmoins à beaucoup de gens qui n'avaient pas le même mérite, que la gloire n'était pas fort chère dans la carrière qu'il avait parcourue. Quelques autres entrevirent à combien d'égards elle était encore à parcourir; et l'Europe fut inondée d'un déluge d'écrits sur la législation, sur l'agriculture, sur le commerce, sur les manufactures, sur la population, etc.

Rien ne prouve mieux à quel point nous étions éloignés d'avoir une science qui décidât de ces objets importants que l'étrange diversité des opinions qui se débattaient alors entre ceux qui agitaient ces matières. M. *Melon* plaidait pour le luxe; M. *Dutot* plaidait contre; d'autres se tenaient entre deux. Les uns réclamaient la *dîme royale*; cette erreur du grand, du sage, du trois fois bon VAUBAN, qui ne savait pas ce que c'était que le *produit net* et qui n'avait pas pensé que les frais de culture ne devaient jamais être soumis à l'impôt. Les autres demandaient des *droits sur les consommations* et ne se doutaient point que ces droits coûtaient nécessairement aux nations le double au moins de ce qu'ils rapportaient aux souverains. Le public embarrassé dans la foule des arguments pour et contre, et de même force, trouvait toujours la raison du côté de celui qui parlait le dernier ([1]).

(1) Il est surprenant que Dupont oublie ici de nommer précisément l'auteur de l'ouvrage *Détail de la France*, Pierre le Pesant de Boisguillebert (Dupont écrivait Bois-Guilbert) que les physiocrates eux-mêmes ont reconnu comme leur vrai précurseur. Plus tard, Dupont a lui-même remarqué cette lacune et cherché à la combler par la communication détaillée que nous reproduisons ci-après, et qui se trouve à la fin de la *Notice abrégée* (numéro de septembre 1769). Il dit, page 8 et suivantes:

„Nous rappellerons ici un livre qu'il est bien étonnant que nous ayons oublié, puisqu'il est un des premiers que nous ayons lus et que nous en possédons deux exemplaires. Ce livre est le DÉTAIL DE LA FRANCE, par M. PIERRE LE PESANT, *Seigneur de* BOIS-GUILBERT, *avocat général de la cour des aides de Normandie.* Cet ouvrage, dont le titre, il est vrai, n'est pas bien clair, et dont la lecture est un peu fatigante parce que le style en est incorrect et diffus, est cependant singulièrement précieux par la sagacité avec laquelle l'auteur avait reconnu ce que tout le monde ignorait de son temps, la nécessité de respecter les avances des travaux utiles et les avantages de la liberté du commerce. S'il eût vu que la terre et les eaux étaient les seules sources d'où le travail de l'homme peut retirer des richesses, et que les travaux de conservation, de fabrication, d'échange, etc., qu'on a confondus assez improprement sous le nom générique de travaux d'*industrie*, ne faisaient que s'exercer sur les richesses déjà produites sans y rien ajouter; s'il eût su connaître l'existence du *produit net* et le distinguer d'avec les frais de reproduction, et s'il eût combiné ces vérités avec les autres qu'il avait senties, on lui devrait l'honneur de l'invention des principes de la science

Quelques-uns voyaient cependant en gros que la liberté était le droit de l'homme, qu'elle était la base du commerce et qu'elle devait être

économique. Nous avons de son ouvrage estimable deux éditions, une de 1699 et l'autre de 1707. On dit qu'il en existe deux autres, une de 1698 et une de 1704. Quelques exagérations qui se trouvent dans la rapidité qu'il attribue aux effets du plan qu'il propose, le défaut de méthode et ceux du style, lui ont fait tort depuis dans l'opinion de nos beaux esprits qui jugent un peu trop les choses sur la forme. Le courage civique qu'il déploie et la connaissance qu'il montre de l'état de la nation firent encore bien plus de tort à l'AUTEUR. Dans ce siècle du pouvoir arbitraire et fiscal, la vérité respectueusement prononcée par le patriotisme était un ridicule et un crime. Des ministres à qui M. de BOIS-GUILBERT avait présenté ses mémoires en leur disant: *Monsieur, je vous demande trois quarts d'heure; je vous ennuierai au premier, je fixerai votre attention au second, je vous convaincrai au troisième, et il en résultera un grand bien pour l'Etat*, lui répondirent légèrement qu'*ils s'en tenaient au premier* et ne voulurent pas jeter les yeux sur un ouvrage où ils eussent cependant trouvé des principes importants et des conseils utiles. Il osa donner au public ces mémoires, que l'administration d'alors avait dédaignés. Ce fut le signal d'une persécution qui ne finit qu'avec sa vie. On le força de se défaire de sa charge d'*avocat général*; on l'exila à l'autre bout du royaume. Cet exil dérangea sa fortune qui était médiocre. Il mourut malheureux pour avoir été trop bon citoyen Le gouvernement, aujourd'hui plus éclairé et *mieux faisant*, a reconnu combien il s'en fallait que la doctrine de M. de BOIS-GUILBERT méritât punition. Il en a adopté les principes relativement à la liberté du commerce des blés, et même à celle du travail en général. Il voudrait pouvoir simplifier la machine trop compliquée des impôts. Loin de persécuter, il protège les hommes vertueux qui consacrent leurs veilles à l'étude du bien public. Si les cendres des morts étaient susceptibles de quelque sentiment, ce serait une consolation pour celles de M. de BOIS-GUILBERT. Cette tardive récompense est du moins la seule à laquelle doivent aspirer les hommes qui s'occupent avec lumière du bonheur de leurs semblables, parce que c'est la seule qui ne puisse leur manquer.

„Plusieurs personnes ont attribué, à M. de BOIS-GUILBERT, la *Dime royale* de M. *le maréchal* DE VAUBAN. Ces personnes se sont trompées, comme cela arrive tous les jours à tant de gens et même aux plus habiles. Il nous semble visible que la *dime royale*, quoique fort inférieure pour les principes au *Détail de la France*, est un livre *beaucoup mieux fait*, et de la main d'un homme plus exercé à écrire et plus méthodique que M. de BOIS-GUILBERT ne fut jamais. Mais voici quelque chose de plus positif; nous avons vu et lu un manuscrit original, lequel est entre les mains de l'illustre AMI DES HOMMES, qui daigne honorer notre ouvrage périodique et nous de tant de bontés. Et ce manuscrit qui est de M. de BOIS-GUILBERT est une critique très solide de la *Dime royale* et fait voir que ce projet d'un homme de bien et d'un grand homme n'est cependant pas exécutable, et qu'il entraînerait trop d'inconvénients pour ne devoir pas être abandonné. En voici assez pour réparer notre omission." A. O.

bonne à tout. Mais la noblesse et la bonté de leur cœur le leur disaient encore plus que les lumières de leur esprit. C'était une vérité devinée plutôt que connue, et sentie plus fortement qu'elle n'était clairement calculée. D'ailleurs, ceux qui haranguaient contre cette liberté et qui voulaient l'enchaîner sous une foule de règlements plus ou moins spécieux, avaient pour eux la pluralité des suffrages. La multiplicité des exceptions qui composaient le chaos de leur politique les faisait paraître plus circonspects et plus attentifs aux détails du bien public. Et comme ils partaient d'un usage malheureusement établi chez toutes les nations, ils étaient dans le cas de déployer une érudition plus imposante et de captiver les esprits par l'autorité; ressource ordinaire des gens qui n'emploieraient pas avec succès les armes de la raison. Il faut l'avouer, le plus grand nombre avait pour les partisans de la liberté cette défiance involontaire que tous les ignorants timides ont pour les hommes éclairés et hardis, et peut-être même cette espèce de dédain stupide avec lequel les sots regardent les hommes de génie qui leur paraissent et doivent naturellement leur paraître des fous.

ANNÉES 1754 ET 1755.

Des mains de ces fous pleins de sagesse sortirent d'abord plusieurs écrits où l'on voit briller des vues très utiles et très judicieuses, gâtées encore par un nombre à peu près égal d'erreurs fort préjudiciables. Tels furent le *Mémoire sur le commerce des blés*, par M. DU PIN; les *Remarques sur les avantages et les désavantages de la France et de la Grande-Bretagne, relativement au commerce*, par M. DANGEUIL, et l'*Essai sur la nature du commerce*, par M. CANTILLON. Mais parmi les livres publiés dans ces premiers temps où les hommes supérieurs attendaient et prévoyaient la lumière à peu près comme les Guèbres attendent, les yeux tournés vers l'orient, le moment du lever du soleil, le plus remarquable et celui qui montre le plus de connaissance des avantages de la liberté est l'*Essai sur la police générale des grains*, par M. HERBERT, dont il y a deux éditions, l'une de 1754 et l'autre de 1755.

Cependant, dès ce temps même, FRANÇOIS QUESNAY, dont les travaux et les importantes découvertes ont élevé le nom si fort au-dessus des épithètes et des éloges qu'on y pourrait joindre, fut conduit par ses réflexions sur l'état de la culture et par ses recherches sur les caractères et le pouvoir de l'*évidence*, à examiner avec la profonde r naturelle de son génie si l'on pouvait parvenir à une assez grande suite de connaissances *évidentes*, pour qu'elles décidassent souverainement quelles sont les règles de l'administration publique la plus avantageuse au genre humain.

ANNÉE 1756.

En 1756, il fit paraître dans l'*Encyclopédie* le mot *Fermiers* (économie politique). La plupart des mots de ce dictionnaire sont, comme on sait, des dissertations importantes. Celle de M. QUESNAY développe la nécessité dont il est que les cultivateurs soient riches pour que leur culture ait des succès et qu'elle soit aussi profitable qu'elle peut l'être. Il expose la différence extrême qui se trouve entre les produits de l'exploitation des terres, conduite, dirigée et défrayée par des *fermiers opulents*, et ceux que l'on retire du travail des pauvres métayers qui n'ont pas les avances nécessaires pour faire bien valoir les domaines qu'on leur confie. C'est cette différence qui constitue celle de la *grande* et de la *petite culture*. L'auteur fait voir combien il serait à désirer que la première succédât partout à la seconde. Il prouve que cela ne pourrait arriver que par l'accroissement de la richesse des cultivateurs. Il montre que les cultivateurs ne pourraient s'enrichir que par la liberté et la sûreté de leurs personnes, de leurs travaux et de leurs biens. Il en conclut que les corvées, les milices, les règlements qui prescrivaient une certaine culture plutôt qu'une autre, les gênes et les prohibitions dans le commerce des productions sont des fléaux publics qui, en détournant les personnes riches de se livrer à l'agriculture, en diminuant la fortune de ceux qui l'exercent, en engageant les fils de *fermiers* à s'établir dans les villes, étendent la *petite culture* et restreignent la *grande* qui serait infiniment plus profitable. Il démontre que l'humanité entière perd à ce désordre funeste; que le sort de l'agriculture décide de celui de la société, parce que l'agriculture est le seul travail *productif*, et qu'on ne peut être dédommagé de son dépérissement par les arts ou par le commerce de fabrique et de revente qui ne renferment que des travaux stériles que le *produit* seul de l'agriculture peut salarier et soutenir.

Tel fut le premier ouvrage publié de M. QUESNAY sur les matières économiques et l'on voit qu'il renferme deux grandes vérités bien inconnues jusqu'à lui par nos auteurs politiques. L'une, c'est que *l'agriculture est la source UNIQUE des richesses*. L'autre, que *pour faire prospérer l'agriculture, il ne suffit pas d'avoir des bras et de la bonne volonté, il faut encore avoir de grandes richesses d'exploitation à y employer.*

Dans cette même année 1756, il parut quelques autres écrits fort estimables et dont les principes s'accordaient beaucoup avec ceux de la dissertation dont nous venons de parler.

Tels sont dans le même volume de l'*Encyclopédie*, les mots *Ferme* et *Fermier* (économie rustique) par M. LE ROY, *lieutenant des chasses du parc de Versailles*, écrivain clair, précis, méthodique sans apprêt, noble sans affectation, et qui par ses recherches sur les mêmes objets, comme par ses liaisons intimes avec M. QUESNAY, était pour ainsi dire en communauté de doctrine avec lui relativement à la nécessité des *avances* et des *riches avances* pour faire prospérer l'agriculture.

Telles sont aussi les *Observations sur divers moyens de soutenir et d'encourager l'agriculture, particulièrement dans la Guyenne*, deux petites parties, imprimées à Paris chez *Moreau, rue Gallande*, et que nous devons à *M. le chevalier* DE VIVENS, citoyen très respectable à tous égards, qui dans cet ouvrage a développé avec beaucoup de force et de sagacité l'injustice des privilèges exclusifs de la ville et de la sénéchaussée de Bordeaux; le dommage que ces privilèges causent à la Haute-Guyenne et la nullité du profit qu'en retire la ville même, en faveur de laquelle on les croit établis. Il indique aussi combien l'Etat a perdu par la prohibition de la culture du tabac qui portait la plus grande opulence dans plusieurs provinces. Il y joint quelques réflexions très sages sur le commerce des blés; et par la justesse générale de ses observations, il a bien mérité qu'on lui pardonnât quelques légères erreurs qui sont celles des opinions alors universelles, beaucoup plus que celles de sa tête, faite en elle-même pour dissiper les préjugés des autres et non pas pour y être assujettie.

ANNÉE 1757.

Le premier, à tous les égards, des ouvrages qui parurent en 1757, est le mot *Grains* (économie politique), dans l'*Encyclopédie*, par M. QUESNAY. On aperçoit dans la dissertation qui porte ce titre le progrès des découvertes et des lumières de l'auteur. Le mot *Fermiers* présentait quelques vérités *mères* d'une grande science. Dans le mot *Grains*, on voit cette science formée et presque complète. Toutes les mêmes vérités que l'auteur avait exposées l'année précédente se trouvent rappelées ici avec beaucoup de force et de vigueur, et développées avec une clarté qui fait voir qu'elles lui sont devenues encore plus *propres*. Elles y sont liées avec des vérités nouvelles, non moins importantes, et qui jettent le plus grand jour les unes sur les autres. Une de ces vérités qui n'a pu être reconnue que par un coup de *génie*, est la différence qui existe entre le prix commun des denrées pour les vendeurs de la première main, et celui de ces mêmes denrées pour les acheteurs consommateurs: différence fondée sur ce que, dans les mauvaises années, les cultivateurs et les propriétaires qui sont les vendeurs de la première main n'ont qu'une petite quantité de denrées à vendre cher, et que dans les années abondantes ils en ont beaucoup à vendre à bas prix; tandis que les acheteurs consommateurs en achètent tous les ans une quantité égale, tantôt plus cher et tantôt à meilleur marché. De sorte que le prix commun pour la dépense de l'acheteur est composé *de quantités ÉGALES à des prix différents*, et que celui du vendeur est formé de la combinaison de *quantités INÉGALES, avec les mêmes différences dans les prix:* ce qui ne peut évidemment produire les mêmes résultats.

Cette différence au désavantage des premiers vendeurs est d'autant plus grande qu'il y a plus de variété dans les prix. Et il y a d'autant plus de variété dans les prix qu'il y a moins de liberté dans le commerce. C'est un argument sans réplique en faveur de la liberté du commerce en général et de celle du commerce des *grains* en particulier puisqu'il prouve que cette liberté qui assure la conservation du grain des années abondantes pour les années mauvaises, et le transport alternatif du superflu des pays qui en ont beaucoup à ceux qui en manquent, égalise les prix entre les différents cantons et entre les différentes années, et que cette égalisation augmente considérablement le revenu des terres et la somme des salaires qui en résulte, sans accroître la dépense des consommateurs.

Une autre découverte plus facile à faire, qui était sous les yeux de tout le monde et qui n'avait attiré les regards de personne ; une vérité qui se trouve exposée dans le mot *grains* et qui avait toujours été ignorée, et même, comme nous venons de le voir, par l'illustre VAUBAN, et même par le vertueux ABBÉ DE SAINT-PIERRE, est celle que présente la distinction du *produit total* et du *produit net* de la culture. Cette distinction lumineuse développe les avantages du bon prix des productions, qui donne un grand excédent par delà le remboursement des frais de culture. Lorsqu'on la joint à la connaissance de la propriété exclusive qu'a l'agriculture de *produire* des richesses, on y reconnaît toute la *théorie de l'impôt*, puisque ces deux observations réunies font voir que le commerce, les fabriques, les arts, les métiers, les travaux enfin de toute espèce, doivent être immunes, et que les reprises mêmes de l'agriculture ne doivent pas non plus être soumises à l'impôt qui ne peut sans ruine porter que sur le *produit net* et proportionnellement à ce produit.

La différence que la nature a mise entre *gagner* et *produire*, et qui avait été si bien saisie par l'auteur, l'éclairait encore sur l'illusion que les politiques modernes avaient faite aux nations au sujet de la balance en argent du commerce extérieur.

L'essence du *gain véritable* entre les hommes, qui ne consiste pas à avoir quelque chose pour rien, ce qui est contre les lois de la nature

Qui vend jusqu'aux bienfaits que l'on croit qu'elle donne,

mais qui consiste toujours dans des échanges de valeur pour valeur égale, réciproquement profitables à ceux qui se déterminent volontairement à ces échanges, lui faisait concevoir le désavantage que les nations ont à se nuire les unes aux autres et à enlever à ceux qui auraient naturellement fait le commerce avec elles les moyens de l'entretenir et d'en solder les retours.

On voit que l'ensemble de ces vérités entrées dans la tête de l'auteur par l'observation exacte et scrupuleuse des faits, et confirmées par le calcul, formait déjà un corps de science auquel on a bien peu ajouté depuis (¹).

---

(1) L'évidence de cette science était si palpable pour son inventeur qu'il commença dès lors à la résumer en maximes. Il en présente une suite vers la fin de sa dissertation ; et nous ne pouvons résister au désir d'en transcrire ici quelques-unes des principales, pour la commodité des lecteurs qui n'ont pas l'*Encyclopédie* et auxquels il pourrait être difficile de se la procurer.

„Les travaux d'industrie ne multiplient pas les richesses.

„Les hommes se multiplient à proportion des revenus des biens-fonds.

„Les travaux d'industrie qui occupent les hommes au préjudice de la culture des biens-fonds nuisent à la population et à l'accroissement des richesses.

„Les richesses des cultivateurs font naître les richesses de la culture.

Nous ne nous étendrons pas autant sur les autres ouvrages que nous devons embrasser dans cette notice abrégée: ce n'est pas que l'Extrait raisonné de tous les écrits économiques ne fût un livre utile et intéressant; mais par la raison même qu'il serait un *livre*, nous ne pouvons pas le placer en entier dans cet avertissement. Il nous a seulement paru que nous devions un peu plus de détails sur les dissertations qui ont ouvert et franchi la carrière, et qui, noyées dans un recueil de vingt-deux volumes *in-folio* fort chers, n'ont pas pu trouver autant de lecteurs qu'elles en méritaient.

Ce qu'elles présenteront sans doute de plus singulier est que, tandis que tous les autres moralistes sont partis du *droit naturel* de l'homme pour conduire aux règles de ses actions, l'auteur est parti de l'intérêt calculé des hommes pour arriver aux résultats que dicte sévèrement leur droit naturel. Les écrivains moraux et politiques ont souvent fait très bien sentir la *justice* de quelques-unes des lois naturelles qu'ils développaient; mais ils ont toujours été embarrassés pour trouver la *sanction* physique de ces mêmes lois. M. QUESNAY a commencé par constater leur sanction physique et impérieuse, et elle l'a conduit à en reconnaître la *justice*. Il n'est pas étonnant que sa morale également pure et lumineuse ait fait des progrès plus rapides, puisqu'elle présentait plus de motifs.

Il avait aussi composé pour *l'Encyclopédie* les mots: *intérêt de l'argent, impôt et hommes* (économie politique). Mais lorsque ce dic-

„L'agriculture produit deux sortes de richesses: savoir le produit annuel „des revenus des propriétaires et la restitution des frais de la culture.

„Les richesses employées aux frais de la culture doivent être réservées aux „cultivateurs et être exemptes de toutes impositions.

„Lorsque le commerce des denrées du cru est facile et libre, les travaux „de main-d'œuvre sont toujours assurés infailliblement par le revenu des „biens-fonds.

„Une nation qui a peu de commerce de denrée de son cru et qui est „réduite, pour subsister, à un commerce d'industrie, est dans un état précaire „et incertain.

„Une nation qui a un grand territoire et qui fait baisser le prix des denrées „de son cru pour favoriser la fabrication des ouvrages de main-d'œuvre, se „détruit de toutes parts.

„La non-valeur avec l'abondance n'est point richesse. La cherté avec disette „est misère. L'abondance avec cherté (permanente) est opulence.

„Les avantages du commerce extérieur ne consistent pas dans l'accroisse-„ment des richesses pécuniaires.

„On ne peut connaître par l'état de la balance du commerce entre di-„verses nations, l'avantage du commerce et l'état des richesses de chaque „nation.

„Une nation ne pourrait rien entreprendre contre le commerce de ses voi-„sins sans déranger son état et sans se nuire à elle-même, surtout dans le „commerce réciproque qu'elle aurait directement ou indirectement établi „avec eux." (Note de l'original.)

tionnaire a cessé de se faire publiquement et sous la protection du gouvernement, M. QUESNAY n'a pas cru devoir continuer d'y concourir. Il a gardé ses manuscrits, qui sont présentement entre nos mains et dont nous n'avons sûrement pas envie de frustrer nos compatriotes qui connaissent bien mieux aujourd'hui le prix et l'utilité des écrits de ce genre qu'ils ne le faisaient en 1757

Un des livres qui a le plus contribué, et par lui-même et par ses suites, à amener une si heureuse révolution, parut dans cette même année c'est *l'Ami des hommes, ou Traité de la population,* par *M. le marquis de MIRABEAU.* Cet ouvrage qui parut en trois parties, vers le milieu de l'année 1757, chez *Hérissant, rue neuve Notre-Dame,* n'est cependant point dans les principes de la science de l'économie politique. Il les contredit même entièrement puisque le fonds de son plan est de regarder la population comme la source des richesses, et non les richesses comme la cause de la population.

Mais cette erreur dans le fond des principes n'empêchait pas que l'auteur ne retrouvât la vérité dans la plupart de ses résultats relativement à l'importance de l'agriculture, à la nécessité de la liberté du commerce, aux dangers du luxe, etc. Il se livra totalement dans cet ouvrage à l'impulsion de son propre génie et à la chaleur de son cœur fraternel, et cette chaleur intéressante rendit pour une infinité de gens ce *Traité de la population* un des plus utiles précurseurs de la science de l'économie politique. Le sentiment dont il est pétri saisit l'âme de tous ses lecteurs, il fixa leurs vues, encore égarées, du côté de l'agriculture. Le titre du livre(¹) devint le nom connu de l'auteur. Cet ouvrage traduit en tant de langues et multiplié par tant d'éditions, fut lui chercher des partisans et des amis jusqu'aux barrières de l'Europe. Et quelques efforts qu'il ait faits depuis pour s'acquitter envers l'humanité, quelques écrits qu'il ait publiés et dont quelques-uns même ont été suivis d'événements propres à faire époque, c'est toujours sous ce nom qu'on le cherche; et malgré son propre désaveu, c'est sur cet ouvrage qu'on le connaît.

Ce qui est tout autrement important pour ceux qui s'intéressent à l'histoire de la science de l'économie politique, c'est que son inventeur jugea dès lors que *l'Ami des hommes* deviendrait un digne organe de cette science par excellence, et des lois de l'ordre naturel, c'est qu'il chercha à le connaître; c'est que dès la première vue il ne le marchanda pas sur ses erreurs; c'est que l'âme docile de *l'Ami des hommes* reconnut la vérité, et que cet homme illustre, l'objet alors de l'engouement de tous les autres, devint écolier, abjura hautement et opiniâtrement son erreur, consacra tout le reste de son temps et de son travail et vois sa célébrité à la publication de la science découverte par QUESNAY. C'est ce qu'il fit dans les *suites* même de son ouvrage.

(¹) L'Ami des hommes. (Note de l'original).

Année 1758.

La première de ces *suites* parut en 1758 sous le titre de *Quatrième partie de l'Ami des hommes*. Il y en a, comme des trois premières parties, deux éditions originales, l'une en un volume in-4° et l'autre en deux volumes in-12 chez Hérissant, imprimeur-libraire à Paris, rue neuve Notre-Dame, et huit ou dix éditions contrefaites en province, sans compter les traductions et les éditions étrangères.

A la tête de cette quatrième partie de l'Ami des hommes, on trouve, au lieu de préface, un *Dialogue*, très vif et très gai, *entre le surintendant d'O et l'Ami des hommes*. Le but de ce dialogue est de montrer que tous les hommes sont en communauté naturelle et nécessaire d'intérêts, et que l'autorité la plus arbitraire et la plus avide serait obligée de se conformer à des règles fixes, constantes et raisonnables si elle voulait faire pour elle-même un usage profitable de son pouvoir.

Ce *dialogue* est suivi par une *Introduction* au *Mémoire sur les états provinciaux*. Cette *Introduction* est un des plus beaux morceaux qui soient sortis de la plume de l'*Ami des hommes*. Il y remonte aux lois naturelles qui sont les seules *lois fondamentales* de toutes les sociétés et les distingue des lois positives ou *de règlement* qui doivent n'être que des émanations des premières, relatives aux circonstances. Il fait voir que le lien des sociétés est *l'intérêt*, et que leur base est la *propriété* et le respect pour les *droits de tous*. C'est bien dommage que dans quelques endroits de cette dissertation, si noble et si belle, l'auteur ait été obligé de : quelques principes particuliers, plus conformes à la constitution résente de l'état qu'il habite qu'à la constitution naturelle et la plus avantageuse possible pour les sociétés.

Le *Mémoire sur l'utilité des états provinciaux* n'est dans la quatrième partie de *l'Ami des hommes* qu'une seconde édition dont nous ne donnerons point la notice parce que le titre suffit pour offrir une idée de l'objet de l'ouvrage, et que les détails et la discussion des raisons de l'auteur nous mèneraient trop loin.

Un *financier*, soi-disant *citoyen*, attaqua dans le temps ce mémoire, et au lieu de la *subministration municipale*, à laquelle l'Ami des hommes croyait utile de confier la levée de l'impôt, il prétendit qu'on devait préférer de *travailler les provinces en finance*. Ses prétentions, ses expressions, les choses et les mots de son ouvrage furent également pulvérisés par les *Réponses aux objections contre le mémoire sur les états provinciaux*, qui suivent immédiatement ce mémoire et dans lesquelles l'Ami des hommes fit voir qu'il savait faire bonne, franche et rude guerre à ceux qui entreprenaient de *travailler* ses amis.

Le volume est terminé par des *questions intéressantes sur la population, l'agriculture et le commerce, proposées aux académies et autres sociétés savantes des provinces*. Ces questions, que l'Ami des hommes crut devoir joindre à son ouvrage, avaient été rédigées par MM. Quesnay et de Marivelt.

Un autre très bon ouvrage qui parut en 1758 est intitulé *Consirations sur le commerce, et particulièrement sur les compagnies, sociétés et maîtrises*. C'est un mémoire qui avait été couronné en

1757 par *l'Académie royale des sciences et belles-lettres d'Amiens* et composé par M. DE L'ISLE, sous les yeux et avec les conseils de l'illustre M. DE GOURNAY, alors *intendant du commerce*. On y reconnaît, comme dans tout ce qui émanait de ce digne magistrat, d'excellents principes sur la liberté du commerce. On y trouve les observations les plus justes et les mieux fondées sur le tort que font à la société les règlements des manufactures et les statuts des arts et métiers, et les exemples les plus singuliers du dommage que causent les inspecteurs qui s'attachent à faire exécuter ces règlements, toujours inutiles quand ils ne sont pas dangereux et le plus souvent inexécutables.

Nous ne savons si c'est dans cette année ou dans la suivante que nous devons placer la première édition du TABLEAU ÉCONOMIQUE, avec son EXPLICATION, et des MAXIMES *générales du gouvernement économique* qui y furent jointes sous le titre *d'Extrait des économies royales de M. DE SULLY*: très belle édition in-4° qui fut faite au château de Versailles et dont on ne trouve plus d'exemplaires que chez les particuliers auxquels ils furent donnés. L'auteur qui est, comme on sait, M. QUESNAY, nous a dit plusieurs fois que cette édition était du mois de décembre 1758 et qu'il en avait des époques sûres; l'*Ami des hommes*, son premier disciple qui était alors intimement lié avec lui, nous assure qu'elle n'est que de l'année 1759 et même qu'elle n'est pas du commencement de cette année, et qu'il y en a aussi des époques sûres.

Nous ne rapportons cette différence de récit sur un fait si moderne et de la part de deux hommes qui doivent en être si bien instruits, que pour faire voir en passant combien il est difficile d'écrire l'histoire et combien on doit compter en général sur les dates qu'elle présente et sur les petites circonstances qu'elle rapporte. Heureusement que celle que nous traçons ici est celle des lumières et de leurs progrès, où les dates et les époques sont bien moins importantes que les vérités philosophiques.

LE TABLEAU ÉCONOMIQUE est une formule arithmétique par laquelle on peut calculer avec beaucoup de rapidité, de justesse et de sûreté les effets de divers dérangements que la distribution, la circulation et la reproduction des richesses peuvent éprouver, soit en bien, soit en mal. Or, comme on ne peut faire presque aucune opération publique de gouvernement qui n'influe sur les richesses, le *Tableau économique* donne les moyens très prompt et très clair d'estimer fort équitablement la valeur de toutes ces opérations par l'étendue précise du profit ou du dommage qu'elles doivent causer à l'humanité, à la société et aux diverses classes d'hommes dont elle est composée. C'est pourquoi l'on a regardé l'invention de cette formule comme le complément de la science de l'économie politique.

Il y a deux choses à remarquer dans le *Tableau économique*: la formule même qui peint la circulation des richesses et qui, selon la diversité des données, offre les divers résultats avantageux, indifférents ou nuisibles; et la somme des vérités qu'il a fallu rassembler et dont il a fallu reconnaître l'enchaînement et peser les rapports pour l'inventer, et qu'il faut saisir pour la bien comprendre. La formule est fort simple : comme toutes celles de l'arithmétique, elle peut être fort utile à ceux même qui ne la conçoivent pas parfaitement. Il y a beaucoup de gens qui font des *divisions* à merveille et seraient très embarrassés à rendre raison du procédé qui leur procure des résultats incontestables. La formule du *Tableau économique* est plus aisée à concevoir superficiellement que celle de la *division*, parce qu'elle parle aux yeux et qu'elle peint ce qu'elle veut faire entendre. Mais l'art de saisir dans les différents cas les données auxquelles on peut appliquer cette formule est beaucoup plus difficile et beaucoup plus compliqué. Il demande une connaissance préalable et complète de presque toutes les branches de la science de l'économie politique. Très peu de gens ont cette connaissance; et de là vient que la plupart ont regardé le *Tableau économique* comme obscur et de peu d'usage. C'est un excellent outil, qui avance beaucoup le travail, mais dont le prix ne peut être connu que par les maîtres qui le savent bien manier.

Dans cette première édition, l'auteur présente le *Tableau économique* d'une nation dans l'état de prospérité. Il explique les expressions dont il se sert dans ce tableau. Il donne un exemple de la manière de calculer la somme totale des richesses d'une nation quand on connaît le *produit net* de son territoire et l'état de sa culture. *L'Extrait* prétendu *des économies royales de M. de Sully* expose en vingt-quatre maximes les conditions nécessaires pour entretenir l'état de prospérité d'une nation. Ces maximes sont accompagnées des notes les plus intéressantes, écrites avec la plus grande noblesse, et où brillent toute la chaleur du patriotisme et toutes les lumières d'une philosophie libre et sublime. On voit que l'importance du sujet et l'utilité dont pouvaient être ses maximes élevaient l'âme de l'auteur. De pareils écrits sont bien rares, et il est peut-être plus rare encore qu'ils soient composés et imprimés dans les palais des rois.

ANNÉE 1759.

L'année 1759 nous présente d'abord un *Discours* très éloquent, adressé *à la Société économique de Berne*, par L'AMI DES HOMMES, sur l'agriculture, sur les raisons puissantes qui doivent engager les nations à la respecter, à la favoriser, à s'y livrer *de préférence*; sur les erreurs dont l'administration de tous les états doit se préserver sous peine de nuire à l'agriculture et par conséquent à la reproduction des richesses qui doivent nourrir et rendre heureux les hommes soumis à sa domination, et par conséquent sous peine de détruire sa propre puissance.

Après ce discours, et sous le titre commun de *Cinquième partie de l'Ami des hommes*, on trouve un extrait du livre anglais le plus estimé sur les détails de l'agriculture pratique.

La *Sixième partie de l'Ami des hommes* ne tarda pas beaucoup à suivre la *cinquième*. Elle est de la même année et comprend une *réponse* à un livre intitulé *Essai sur la voierie*, dont l'auteur, grand partisan des corvées, s'était livré à de mauvais raisonnements et à de ridicules déclamations contre ce que l'*Ami des hommes* avait dit dans son premier ouvrage de cette redoutable manière de construire les chemins. Celui-ci défendit la liberté des cultivateurs par les raisons les plus fortes et avec la brûlante vivacité de son caractère. C'est dans trois ou quatre endroits de cet ouvrage qu'il lui est arrivé, ce qui n'appartient peut-être qu'à lui seul, de faire rire et pleurer ses lecteurs dans la même page.

Sous le titre de *Suite de la sixième partie de l'Ami des hommes*, et dans le même temps que la *Réponse à l'Essai sur la voierie*, fut imprimée la seconde *explication du Tableau économique*, qui est la première de celles que L'AMI DES HOMMES a données au public. Dans cette explication divisée en quatorze sections, l'auteur a fondu une grande partie des notes et du texte de l'édition de Versailles dont nous avons parlé plus haut.

Cette même année nous offre encore deux autres ouvrages qui méritent place dans notre notice : le premier est l'*Essai sur l'amélioration de terres*, par M. PATTULLO, un volume in-12, à Paris, chez *Durand*, rue du Foin. C'est une espèce de cours d'agriculture selon la méthode anglaise qui est terminée par des réflexions assez étendues et très judicieuses sur la *liberté du débit des grains*, qui est la condition préalable de toute amélioration de culture, et celle sans laquelle il serait imprudent d'en tenter aucune, et très impossible de le faire avec succès. L'auteur rappelle dans ces réflexions le calcul que l'on trouve au mot *Grains* de l'*Encyclopédie*, sur la différence du prix commun du vendeur et du prix commun de l'acheteur, et sur l'avantage de la stabilité des prix qu'on ne peut attendre que de la liberté du commerce.

Ce calcul décisif est encore représenté dans l'autre ouvrage dont nous avons à parler pour cette année, qui est intitulé *Observations sur la liberté du commerce des grains*, par M. DE CHAMOUSSET, brochure in-12 chez *Michel Lambert*, rue de la Comédie, et chez *Humblot*, rue du Foin. L'auteur expose dans cette brochure, avec la simplicité, la clarté et la modestie qui lui sont naturelles, la plupart des raisons que l'on trouve dans l'*Encyclopédie* au mot *Grains*, en faveur de la liberté du commerce de cette production principale de notre territoire.

ANNÉE 1760.

L'année 1760 ne vit pas paraître un si grand nombre d'écrits ; mais le seul qu'elle nous ait donné peut en compenser plusieurs autres ; c'est la THÉORIE DE L'IMPOT, par L'AMI DES HOMMES. Nous n'entrerons dans aucun détail au sujet de cet ouvrage sublime, multiplié, de notre connaissance, par dix-huit éditions, et dont l'objet est de prouver que toutes les impositions, quelles qu'elles soient, retombent sur le revenu des propriétaires des biens-fonds ; qu'il y en a que leur forme rend très onéreuse à ces propriétaires ; qu'il y aurait moyen de les suppléer à l'avantage du fisc et de la nation, et qu'il serait très pressant de le faire.

Apparemment qu'il était alors imprudent de divulguer ces vérités si essentielles à savoir pour le bien de la patrie et qui aujourd'hui ne sont ignorées de personne. Elles attirèrent à l'auteur une disgrâce sur laquelle nous n'avons rien à dire et dont le souvenir nous fait tomber la plume des mains (¹).

(1) Dans la deuxième partie, surtout, de la *Notice abrégée* (numéro de février 1769 *₃s Ephémérides*), on voit combien cette disgrâce a profondément touché Quesnay et ses disciples ; on y lit, en effet, sous la rubrique *Année 1761*, ce qui suit :

„Cette année s'est écoulée dans le silence. Ce n'est pas cependant que le zèle des philosophes citoyens qui s'appliquaient à l'étude de la science de l'économie politique fût diminué ; mais après le malheur arrivé à l'AUTEUR DE LA THÉORIE DE L'IMPÔT, leur respect pour le gouvernement leur fit croire ce silence conforme à ses vues, dont il ne leur appartenait pas de pénétrer et de juger les motifs. Ils ne l'ont rompu qu'après que la publicité permise de plusieurs écrits composés sur les mêmes matières, par des auteurs qui n'avaient rien de commun avec eux que les bonnes intentions, leur a prouvé que les circonstances étaient changées et le moment de se taire passé."

Et l'expression de la douleur de l'auteur est vraiment excessive dans le rapport relatif à *l'année 1763*, où il dit :

„Ce ne fut que vers le milieu de cette année, que l'explosion d'un projet de finance où le zèle avait eu plus de part que la réflexion, et la tolérance que le gouvernement témoigna pour d'autres écrits du même genre, prouvèrent après plus de deux ans et demi de silence que l'administration verrait avec bonté les efforts des citoyens qui s'appliqueraient à la science de l'économie politique. Depuis ce temps, cette science a été cultivée sans interruption et avec une activité toujours croissante, ainsi que le nombre des hommes studieux qui y ont consacré leurs travaux.

„Quand on réfléchit cependant à ce silence de deux ans et demi sur les matières les plus importantes au bonheur du genre humain, il est impossible de se dissimuler que le progrès des lumières a été nécessairement retardé de deux ans et demi. Il en résulte que comme on ne pourra remédier à rien que lorsqu'on aura acquis un degré de lumière suffisant, les nations seront inévitablement pendant deux ans et demi de plus les victimes des désordres politiques qu'entraîne l'ignorance de leurs véritables intérêts ; pendant deux ans et demi de plus, soumises au fardeau destructeur des impositions indirectes, arbitraires et anticipées ; pendant deux ans et demi de plus, opprimées et ruinées par les règlements sur l'industrie, par les gênes sur les échanges et sur le travail, par les restrictions et les prohibitions réciproques ; pendant deux ans et demi de plus, exposées aux atrocités des guerres de commerce qui ne finissent jamais que par l'impuissance absolue des deux parties.

„Et quand l'on songe que ces *deux ans et demi de plus* peuvent faire égorger deux millions d'hommes les armes à la main ; en faire périr vingt millions d'autres de faim, de froid, de fatigue, de misère ; rendre triste et malheureuse l'existence de cent millions d'autres, et empêcher la naissance de deux cent millions d'enfants ; on frémit : et l'on plaint le sort des personnes bien intentionnées qui par des considérations d'état, par égard pour les circonstances dont elles sont environnées, par amour pour la circonspection, la prudence et le ménagement, se laissent entraîner à prendre sur elles de prononcer des décrets si terribles. A. O.

FERMIERS

(ECON. POLIT.)

Article de M. Quesnay le fils

Extrait de l'*Encyclopédie* ([1])

Fermiers, *Econ. polit.,* sont ceux qui afferment et font valoir les biens des campagnes et qui procurent les richesses et les ressources les plus essentielles pour le soutien de l'Etat; ainsi l'emploi du *fermier* est un objet très important dans le royaume et mérite une grande attention de la part du gouvernement.

Si on ne considère l'agriculture en France que sous un aspect général, on ne peut s'en former que des idées vagues et imparfaites. On voit vulgairement que la culture ne manque que dans les endroits où les terres restent en friche; on imagine que les travaux du pauvre cultivateur sont aussi avantageux que ceux du riche *fermier.* Les moissons qui couvrent les terres nous en imposent; nos regards qui les parcourent rapidement nous assurent à la vérité que ces terres sont cultivées, mais ce coup-d'œil ne nous instruit pas du produit des récoltes ni de l'état de la culture, et encore moins des profits qu'on peut retirer des bestiaux et des autres parties nécessaires de l'agriculture; on ne peut connaître ces objets

---

(1) L'article a paru dans le tome VI (1756) de l'*Encyclopédie;* il a été précédé, dans ce même tome VI (également en 1756) par l'article purement philosophique du même auteur sur l'*Evidence.* Dans le volume V (1755) se trouve l'article connu *Economie* (morale et politique) de J. J. Rousseau. On ne sait pas trop comment il s'est fait que Quesnay, qui jusqu'alors n'avait encore donné aucune preuve publique de ses talents en cette matière, ait tout-à-coup pris la place de Rousseau pour les questions d'économie politique. Il est en outre à remarquer que Quesnay a signé „Quesnay le fils", et non de son propre nom, ses deux premiers écrits économiques, les articles *Fermiers* et *Grains.* A.O.

que par un examen fort étendu et fort approfondi. Les différentes manières de traiter les terres que l'on cultive et les causes qui y contribuent décident des produits de l'agriculture, ce sont les différentes sortes de culture qu'il faut bien connaître pour juger de l'état actuel de l'agriculture dans le royaume.

Les terres sont communément cultivées par des *fermiers* avec des chevaux, ou par des métayers avec des bœufs. Il s'en faut peu qu'on ne croie que l'usage des chevaux et l'usage des bœufs ne soient également avantageux. Consultez les cultivateurs mêmes, vous les trouverez décidés en faveur du genre de culture qui domine dans leur province. Il faudrait qu'ils fussent également instruits des avantages et des désavantages de l'un et de l'autre, pour les évaluer et les comparer; mais cet examen leur est inutile, car les causes qui obligent de cultiver avec des bœufs ne permettent pas de cultiver avec des chevaux.

Il n'y a que des *fermiers* riches qui puissent se servir de chevaux pour labourer les terres. Il faut qu'un *fermier* qui s'établit avec une charrue de quatre chevaux fasse des dépenses considérables avant que d'obtenir une première récolte: il cultive pendant un an les terres qu'il doit ensemencer en blé; et après qu'il a ensemencé, il ne recueille qu'au mois d'août de l'année suivante; ainsi il attend près de deux ans les fruits de ses travaux et de ses dépenses. Il a fait les frais des chevaux et des autres bestiaux qui lui sont nécessaires; il fournit les grains pour ensemencer les terres, il nourrit les chevaux, il paye les gages et la nourriture des domestiques: toutes ces dépenses qu'il est obligé d'avancer pour les deux premières années de culture d'un domaine d'une charrue de quatre chevaux, sont estimées à 10 ou 12 mille liv.; et pour deux ou trois charrues, 20 ou 30 mille liv.

Dans les provinces où il n'y a pas de *fermier* en état de se procurer de tels établissements, les propriétaires des terres n'ont d'autres ressources pour retirer quelques produits de leurs biens, que de les faire cultiver avec des bœufs par des paysans qui leur rendent la moitié de la récolte. Cette sorte de culture exige très peu de frais de la part du métayer; le propriétaire lui fournit les bœufs et la semence, les bœufs vont après leur travail prendre leur nourriture dans les pâturages; tous les frais du métayer se réduisent aux instruments du labourage et aux dépenses pour sa nourriture jusqu'au temps de la première récolte, souvent même le propriétaire est obligé de lui faire les avances de ces frais.

Dans quelques pays les propriétaires, assujettis à toutes ces dépenses, ne partagent pas les récoltes ; les métayers leur payent un revenu en argent pour le fermage des terres et les intérêts du prix des bestiaux. Mais ordinairement ce revenu est fort modique : cependant, beaucoup de propriétaires qui ne résident pas dans leurs terres et qui ne peuvent pas être présents au partage des récoltes, préfèrent cet arrangement.

Les propriétaires qui se chargeraient eux-mêmes de la culture de leurs terres dans les provinces où l'on ne cultive qu'avec des bœufs, seraient obligés de suivre le même usage, parce qu'ils ne trouveraient dans ces provinces ni métayers ni charretiers en état de gouverner et de conduire des chevaux. Il faudrait qu'ils en fissent venir de pays éloignés, ce qui est sujet à beaucoup d'inconvénients ; car si un charretier se retire, ou s'il tombe malade, le travail cesse. Ces événements sont fort préjudiciables, surtout dans les saisons pressantes ; d'ailleurs, le maître est trop dépendant de ces domestiques qu'il ne peut pas remplacer facilement lorsqu'ils veulent le quitter, ou lorsqu'ils servent mal.

Dans tous les temps et dans tous les pays on a cultivé les terres avec des bœufs ; cet usage a été plus ou moins suivi, selon que la nécessité l'a exigé : car les causes qui ont fixé les hommes à ce genre de culture sont de tout temps et de tout pays ; mais elles augmentent ou diminuent, selon la puissance et le gouvernement des nations.

Le travail des bœufs est beaucoup plus lent que celui des chevaux : d'ailleurs les bœufs passent beaucoup de temps dans les pâturages pour prendre leur nourriture ; c'est pourquoi on emploie ordinairement douze bœufs et quelquefois jusqu'à dix-huit dans un domaine qui peut être cultivé par quatre chevaux. Il y en a qui laissent les bœufs moins de temps au pâturage et qui les nourrissent en partie avec du fourrage sec : par cet arrangement ils tirent plus de travail de leurs bœufs ; mais cet usage est peu suivi.

On croit vulgairement que les bœufs ont plus de force que les chevaux, qu'ils sont nécessaires pour la culture des terres fortes que les chevaux, dit-on, ne pourraient pas labourer ; mais ce préjugé ne s'accorde pas avec l'expérience. Dans les charrois, si bœufs voiturent deux ou trois milliers pesant, au lieu que six chevaux voiturent six à sept milliers.

Les bœufs retiennent plus fortement aux montagnes que les chevaux ; mais ils tirent avec moins de force. Il semble que les charrois se tirent mieux dans les mauvais chemins par les bœufs que par les chevaux; mais leur charge étant moins pesante, elle s'engage beaucoup moins dans les terres molles; ce qui a fait croire que les bœufs tirent plus fortement que les chevaux, qui, à la vérité, n'appuient pas fermement quand le terrain n'est pas solide.

On peut labourer les terres fort légères avec deux bœufs, on les laboure aussi avec deux petits chevaux. Dans les terres qui ont plus de corps, on met quatre bœufs à chaque charrue, ou bien trois chevaux.

Il faut six bœufs par charrue dans les terres un peu pesantes: quatre bons chevaux suffisent pour ces terres.

On met huit bœufs pour labourer les terres fortes: on les laboure aussi avec quatre forts chevaux.

Quand on met beaucoup de bœufs à une charrue, on y ajoute un ou deux petits chevaux; mais ils ne servent guère qu'à guider les bœufs. Ces chevaux assujettis à la lenteur des bœufs, tirent très peu; ainsi ce n'est qu'un surcroît de dépense.

Une charrue menée par des bœufs laboure dans les grands jours environ trois quartiers de terre; une charrue tirée par des chevaux, en laboure environ un arpent et demi: ainsi lorsqu'il faut quatre bœufs à une charrue, il en faudrait douze pour trois charrues, lesquelles laboureraient environ deux arpents de terre par jour; au lieu que trois charrues menées chacune par trois chevaux en laboureraient environ quatre arpents et demi.

Si on met six bœufs à chaque charrue, douze bœufs qui tireraient deux charrues laboureraient environ un arpent et demi; mais huit bons chevaux qui mèneraient deux charrues laboureraient environ trois arpents.

S'il faut huit bœufs par charrue, vingt-quatre bœufs ou trois charrues labourent deux arpents; au lieu que quatre forts chevaux étant suffisants pour une charrue, vingt-quatre chevaux ou six charrues labourent neuf arpents: ainsi en réduisant ces différents cas à un état moyen, on voit que les chevaux labourent trois fois autant de terre que les bœufs. Il faut donc au moins douze bœufs où il ne faudrait que quatre chevaux.

L'usage des bœufs ne paraît préférable à celui des chevaux que dans des pays montagneux ou dans des terrains ingrats où il n'y a que de petites portions de terres labourables dispersées, parce que les chevaux perdraient trop de temps à se transporter à toutes ces petites portions de terres et qu'on ne profiterait pas assez de leur travail; au lieu que l'emploi d'une charrue tirée par des bœufs est borné à une petite quantité de terres et par conséquent à un terrain beaucoup moins étendu que celui que les chevaux parcourraient pour labourer une plus grande quantité de terres dispersées.

Les bœufs peuvent convenir pour les terres à seigle, ou fort légères, peu propres à produire de l'avoine; cependant, comme il ne faut que deux petits chevaux pour ces terres, il leur faut peu d'avoine et il y a toujours quelques parties de terres qui peuvent en produire suffisamment.

Comme on ne laboure les terres avec les bœufs qu'au défaut de *fermiers* en état de cultiver avec des chevaux, les propriétaires qui fournissent des bœufs aux paysans pour labourer les terres n'osent pas ordinairement leur confier des troupeaux de moutons, qui serviraient à faire des fumiers et à parquer les terres: on craint que ces troupeaux ne soient mal gouvernés et qu'ils ne périssent.

Les bœufs qui passent la nuit et une partie du jour dans les pâturages ne donnent point de fumier; ils n'en produisent que lorsqu'on les nourrit pendant l'hiver dans les étables.

Il s'ensuit de là que les terres qu'on laboure avec des bœufs produisent beaucoup moins que celles qui sont cultivées avec des chevaux par de riches *fermiers*. En effet, dans le premier cas les bonnes terres ne produisent qu'environ quatre septiers de blé, mesure de Paris; et dans le second elles en produisent sept ou huit. Cette même différence dans le produit se trouve dans les fourrages qui serviraient à nourrir des bestiaux et qui procureraient des fumiers.

Il y a même un autre inconvénient qui n'est pas moins préjudiciable: les métayers qui partagent la récolte avec le propriétaire occupent, autant qu'ils peuvent, les bœufs qui leur sont confiés à tirer des charrois pour leur profit, ce qui les intéresse plus que le labourage des terres; ainsi ils en négligent tellement la culture que si le propriétaire n'y apporte pas d'attention, la plus grande partie des terres reste en friche.

Quand les terres restent en friche et qu'elles s'enbuissonnent, c'est un grand inconvénient dans les pays où l'on cultive avec des bœufs, c'est-à-dire où l'on cultive mal, car les terres y sont à très bas prix; en sorte qu'un arpent de terre qu'on esserterait et défricherait coûterait deux fois plus de frais que le prix que l'on achèterait un arpent de terre qui serait en culture : ainsi on aime mieux acquérir que de faire ces frais ; ainsi les terres tombées en friche restent pour toujours en vaine pâture, ce qui dégrade essentiellement les fonds des propriétaires.

On croit vulgairement qu'il y a beaucoup plus de profit, par rapport à la dépense, à labourer avec des bœufs qu'avec des chevaux : c'est ce qu'il faut examiner en détail.

Nous avons remarqué qu'il ne faut que quatre chevaux pour cultiver un domaine où l'on emploie douze bœufs.

Les chevaux et les bœufs sont de différents prix. Le prix des chevaux de labour est depuis 60 liv. jusqu'à 400 liv., celui des bœufs est depuis 100 livres la paire, jusqu'à 500 livres et au-dessus ; mais en supposant de bons attelages, il faut estimer chaque cheval 300 livres et la paire de gros bœufs 400 livres, pour comparer les frais d'achat des uns et des autres.

Un cheval employé au labour, que l'on garde tant qu'il peut travailler, peut servir pendant douze années. Mais on varie beaucoup par rapport au temps qu'on retient les bœufs au labour ; les uns les renouvellent au bout de quatre années, les autres au bout de six années, d'autres après huit années : ainsi en réduisant ces différents usages à un temps mitoyen, on le fixera à six années. Après que les bœufs ont travaillé au labour, on les engraisse pour la boucherie ; mais ordinairement ce n'est pas ceux qui les emploient au labour, qui les engraissent ; ils les vendent maigres à d'autres, qui ont des pâturages convenables pour cet engrais. Ainsi l'engrais est un objet à part qu'il faut distinguer du service des bœufs. Quand on vend les bœufs maigres après six années de travail, ils ont environ dix ans et on perd à peu près le quart du prix qu'ils ont coûté ; quand on les garde plus longtemps, on y perd davantage.

Après ce détail, il sera facile de connaître les frais d'achat des bœufs et des chevaux et d'apercevoir s'il y a à cet égard plus d'avantage sur l'achat des uns que sur celui des autres.

Quatre bons chevaux de labour estimés chacun de 300 livres, valent . . . . 1200 ⎫
⎬ 1920 liv.
Ces quatre chevaux peuvent servir pendant douze ans : les intérêts des 1200 livres qu'ils ont coûté, montent en douze ans à . . . . 720 ⎭

Supposons qu'on n'en tire rien après douze ans, la perte serait de 1920 livres.

Douze gros bœufs estimés chacun 200 livres
valent 2400

Ces bœufs travaillent pendant six ans. Les
intérêts des 2400 livres qu'ils ont coûté, montent en six ans à 720

3120 liv.

Ils se vendent maigres, après six ans de
travail, chacun 150 liv., ainsi on retire de ces
douze bœufs 1800 liv.; ils ont coûté 2400 liv.
d'achat. Il faut ajouter 720 livres d'intérêts,
ce qui monte à 3120 liv. dont on retire 1800
livres, ainsi la perte est de 1320 livres.

Cette perte doublée, en douze ans, est de , 2640 liv.

La dépense des bœufs surpasse donc à cet égard celle des chevaux d'environ 700 livres. Supposons même moitié moins de perte
sur la vente des bœufs, quand on les renouvelle; cette dépense
surpasserait encore celle des chevaux: mais la différence en douze
ans est pour chaque année un petit objet.

Si on suppose le prix d'achat des chevaux et celui des bœufs
de moitié moins, c'est-à-dire chaque cheval à 150 livres et le bœuf
à 100 livres, on trouvera toujours que la perte sur les bœufs
surpassera dans la même proportion celle que l'on fait sur les
chevaux.

Il y en a qui n'emploient les bœufs que quelques années, c'est-
à-dire jusqu'à l'âge le plus avantageux pour la vente.

Il y a des *fermiers* qui suivent le même usage pour les chevaux
de labour et qui les vendent plus qu'ils ne les achètent. Mais dans
ces cas on fait travailler les bœufs et les chevaux avec ménagement, et il y a moins d'avantage pour la culture.

On dit que *les chevaux sont plus sujets aux accidents et aux
maladies que les bœufs;* c'est accorder beaucoup que de convenir
qu'il y a trois fois plus de risque à cet égard pour les chevaux
que pour les bœufs: ainsi, par proportion, il y a le même danger
pour douze bœufs que pour quatre chevaux.

Le désastre général que causent les maladies épidémiques des
bœufs est plus dangereux que les maladies particulières des chevaux: on perd tous les bœufs, le travail cesse et si on ne peut
pas réparer promptement cette perte, les terres restent incultes.
Les bœufs, par rapport à la quantité qu'il en faut, coûtent pour
l'achat une fois plus que les chevaux: ainsi la perte est plus diffi-

cile à réparer. Les chevaux ne sont pas sujets, comme les bœufs, à ces maladies générales; leurs maladies particulières n'exposent pas le cultivateur à de si grands dangers.

On fait des dépenses pour le ferrage et le harnais des chevaux, qu'on ne fait pas pour les bœufs: mais il ne faut qu'un charretier pour labourer avec quatre chevaux et il en faut plusieurs pour labourer avec douze bœufs. Ces frais de part et d'autre peuvent être estimés à peu près les mêmes.

Mais il y a un autre objet à considérer, c'est la nourriture: le préjugé est en faveur des bœufs. Pour le dissiper, il faut entrer dans le détail de quelque point d'agriculture qu'il est nécessaire d'apprécier.

Les terres qu'on cultive avec des chevaux sont assolées par tiers: un tiers est ensemencé en blé, un tiers en avoine et autres grains qu'on sème après l'hiver, l'autre tiers est en jachère. Celles qu'on cultive avec les bœufs sont assolées par moitié: une moitié est ensemencée en blé et l'autre est en jachère. On sème peu d'avoine et d'autres grains de mars, parce qu'on n'en a pas besoin pour la nourriture des bœufs; le même arpent de terre produit en six ans trois récoltes de blé et reste alternativement trois années en repos: au lieu que par la culture des chevaux le même arpent de terre ne produit en six ans que deux récoltes en blé; mais il fournit aussi deux récoltes de grains de mars et il n'est que deux années en repos pendant six ans.

La récolte en blé est plus profitable parce que les chevaux consomment pour leur nourriture une partie des grains de mars: or, on a en six années une récolte en blé de plus par la culture des bœufs que par la culture des chevaux; d'où il semble que la culture qui se fait avec les bœufs est à cet égard plus avantageuse que celle qui se fait avec les chevaux. Il faut cependant remarquer qu'ordinairement la sole de terre qui fournit la moisson n'est pas toute ensemencée en blé; la lenteur du travail des bœufs détermine à en mettre quelquefois plus d'un quart en menus grains, qui exigent moins de labour: dès là tout l'avantage disparaît.

Mais de plus on a reconnu qu'une même terre qui n'est ensemencée en blé qu'une fois en trois ans, en produit plus, à culture égale, que si elle en portait tous les deux ans; et on estime à un cinquième ce qu'elle produit de plus: ainsi, en supposant que trois récoltes en six ans produisent vingt-quatre mesures, deux récoltes en trois ans doivent en produire vingt. Les deux récoltes ne produisent donc qu'un sixième de moins que ce que les trois produisent.

Ce sixième et plus se retrouve facilement par la culture faite avec des chevaux; car de la sole cultivée avec des bœufs, il n'y a ordinairement que les trois quarts ensemencés en blé et un quart en menus grains: ces trois récoltes en blé ne forment donc réellement que deux récoltes et un quart. Ainsi au lieu de trois récoltes que nous avons supposées produire vingt-quatre mesures, il n'y en a que deux et un quart qui ne fournissent, selon la même proportion, que dix-huit mesures; les deux récoltes que produit la culture faite avec les chevaux, donnent 20 mesures: cette culture produit donc en blé un dixième de plus que celle qui se fait avec les bœufs. Nous supposons toujours que les terres soient également bonnes et également bien cultivées de part et d'autre, quoiqu'on ne tire ordinairement, par la culture faite avec les bœufs, qu'environ la moitié du produit que les bons fermiers retirent de la culture qu'ils font avec les chevaux. Mais pour comparer plus facilement la dépense de la nourriture des chevaux avec celle des bœufs, nous supposons que des terres également bonnes soient également bien cultivées dans l'un et l'autre cas: or, dans cette supposition même le produit du blé, par la culture qui se fait avec les bœufs, égalerait tout au plus celui que l'on retire par la culture qui se fait avec les chevaux.

Nous avons remarqué que les *fermiers* qui cultivent avec des chevaux recueillent tous les ans le produit d'une sole entière en avoine et que les métayers qui cultivent avec les bœufs n'en recueillent qu'un quart. Les chevaux de labour consomment les trois quarts de la récolte d'avoine et l'autre quart est au profit du *fermier*. On donne aussi quelque peu d'avoine aux bœufs dans les temps où le travail presse; ainsi les bœufs consomment à peu près la moitié de l'avoine que les métayers recueillent. Ils en recueillent trois quarts moins que les *fermiers* qui cultivent avec des chevaux: il n'en reste donc au métayer qu'un huitième, qui n'est pas consommé par les bœufs; au lieu qu'il peut en rester au *fermier* un quart, qui n'est pas consommé par les chevaux. Ainsi malgré la grande consommation d'avoine pour la nourriture des chevaux, il y a à cet égard plus de profit pour le *fermier* qui cultive avec des chevaux que pour le métayer qui cultive avec des bœufs. D'ailleurs à culture égale, quand même la sole du métayer serait toute en blé, comme l'exécutent une partie des métayers, la récolte de ceux-ci n'est pas plus avantageuse que celle du *fermier*, la consommation de l'avoine pour la nourriture des chevaux étant fournie. Et dans le cas même où les chevaux consommeraient toute la récolte d'avoine, la comparaison en ce point ne serait pas encore au désavantage du *fermier*. Cependant cette consommation est l'objet qui en impose sur la nourriture des chevaux de labour. Il faut encore faire attention qu'il y a une récolte de plus en fourrage; car par la culture faite avec les chevaux, il n'y a que deux années de jachère en six ans.

Il y en a qui cultivent avec des bœufs et qui assolent les terres par tiers: ainsi, à culture égale, les récoltes sont les mêmes que celles que procure l'usage des chevaux, le laboureur a presque toute la récolte de l'avoine; il nourrit les bœufs avec le fourrage d'avoine; ces bœufs restent moins dans les pâtures, on en tire plus de travail; ils forment plus de fumier; le fourrage du blé reste en entier pour les troupeaux, on peut en avoir davantage; ces troupeaux procurent un bon revenu et fournissent beaucoup d'engrais aux terres. Ces avantages peuvent approcher de ceux de la culture qui se fait avec les chevaux. Mais cet usage ne peut avoir lieu avec les métayers, il faut que le propriétaire qui fait la dépense des troupeaux se charge lui-même du gouvernement de cette sorte de culture; de là vient qu'elle n'est presque pas usitée. Elle n'est pas même préférée par les propriétaires qui font valoir leurs terres dans les pays où l'on ne cultive qu'avec des bœufs, parce qu'on suit aveuglément l'usage général. Il n'y a que les hommes intelligents et instruits qui peuvent se préserver des erreurs communes, préjudiciables à leurs intérêts: mais encore faut-il pour réussir qu'ils soient en état d'avancer les fonds nécessaires pour l'achat des troupeaux et des autres bestiaux et pour subvenir aux autres dépenses, car l'établissement d'une bonne culture est toujours fort cher.

Outre la consommation de l'avoine, il faut encore, pour la nourriture des chevaux, du foin et du fourrage. Le fourrage est fourni par la culture du blé; car la paille du froment est le fourrage qui convient aux chevaux; les pois, les vesces, les féverolles, les lentilles, etc., en fournissent qui suppléent au foin: ainsi, par le moyen de ces fourrages les chevaux ne consomment point de foin ou n'en consomment que fort peu; mais la consommation des pailles et fourrages est avantageuse pour procurer des fumiers: ainsi l'on ne

doit pas la regarder comme une dépense préjudiciable au cultivateur.

Les chevaux par leur travail se procurent donc eux-mêmes leur
nourriture, sans diminuer le profit que la culture doit fournir au
laboureur.

Il n'en est pas de même de la culture ordinaire qui se fait avec
les bœufs, car les récoltes ne fournissent pas la nourriture de ces
animaux, il leur faut des pâturages pendant l'été et du foin pendant l'hiver. S'il y a des laboureurs qui donnent du foin aux chevaux, ce n'est qu'en petite quantité parce qu'on peut y suppléer
par d'autres fourrages que les grains de mars fournissent : d'ailleurs
la quantité de foin que douze bœufs consomment pendant l'hiver
et lorsque le pâturage manque, surpasse la petite quantité que
quatre chevaux en consomment pendant l'année ; ainsi il y a encore
à cet égard de l'épargne sur la nourriture des chevaux : mais il y
a de plus pour les bœufs que pour les chevaux, la dépense des
pâturages.

Cette dépense paraît de peu de conséquence, cependant elle mérite attention ; car des pâturages propres à nourrir les bœufs occupés
à labourer les terres, pourraient de même servir à élever ou à
nourrir d'autres bestiaux dont on pourrait tirer annuellement un
profit réel. Cette perte est plus considérable encore lorsque les
pâturages peuvent être mis en culture : on ne sait que trop combien,
sous le prétexte de conserver des pâturages pour les bœufs de
labour, il reste des terres en friche qui pourraient être cultivées.
Malheureusement, il est même de l'intérêt des métayers de cultiver
le moins de terre qu'ils peuvent, afin d'avoir plus de temps pour
faire des charrois à leur profit. D'ailleurs il faut enclore de haies
faites de branchages, les terres ensemencées pour les garantir des
bœufs qui sont en liberté dans les pâturages ; les cultivateurs emploient beaucoup de temps à faire ces clôtures dans une saison où
ils devraient être occupés à labourer les terres. Toutes ces causes
contribuent à rendre la dépense du pâturage des bœufs de labour
fort onéreuse ; dépense qu'on évite entièrement dans les pays où l'on
cultive avec des chevaux : ainsi ceux qui croient que la nourriture
des bœufs de labour coûte moins que celle des chevaux, se trompent beaucoup.

Un propriétaire d'une terre de huit domaines a environ cent
bœufs de labour qui lui coûtent pour leur nourriture au moins
4000 livres chaque année, la dépense de chaque bœuf étant estimée

à 40 livres pour la consommation des pacages et du foin; dépense qu'il éviterait entièrement par l'usage des chevaux.

Mais si l'on considère dans le vrai la différence des produits de la culture qui se fait avec les bœufs et de celle qui se fait avec les chevaux, on apercevra qu'il y a moitié à perdre sur le produit des terres qu'on cultive avec des bœufs. Il faut encore ajouter la perte du revenu des terres qui pourraient être cultivées et qu'on laisse en friche pour le pâturage des bœufs. De plus, il faut observer que dans les temps secs où les pâturages sont arides, les bœufs trouvent peu de nourriture et ne peuvent presque pas travailler: ainsi le défaut de fourrage et de fumier, le peu de travail, les charrois des métayers, bornent tellement la culture que les terres, même les terres fort étendues, ne produisent que très peu de revenu et ruinent souvent les métayers et les propriétaires.

On prétend que les sept huitièmes des terres du royaume sont cultivées avec des bœufs: cette estimation peut au moins être admise, en comprenant sous le même point de vue les terres mal cultivées avec des chevaux, par de pauvres *fermiers* qui ne peuvent pas subvenir aux dépenses nécessaires pour une bonne culture. Ainsi une partie de toutes ces terres sont en friche et l'autre partie presqu'en friche; ce qui découvre une dégradation énorme de l'agriculture en France, par le défaut de *fermiers*.

Ce désastre peut être attribué à trois causes: 1° à la désertion des enfants des laboureurs qui sont forcés de se réfugier dans les grandes villes, où ils portent les richesses que leurs pères emploient à la culture des terres; 2° aux impositions arbitraires qui ne laissent aucune sûreté dans l'emploi des fonds nécessaires pour les dépenses de l'agriculture; 3° à la gêne à laquelle on s'est trouvé assujetti dans le commerce des grains.

On a cru que la politique regardait l'indigence des habitants de la campagne, comme un aiguillon nécessaire pour les exciter au travail: mais il n'y a point d'homme qui ne sache que les richesses sont le grand ressort de l'agriculture et qu'il en faut beaucoup pour bien cultiver. *Voyez l'article précédent* FERMIER (*écon. rust.*). (¹)

---

(1) L'article *Fermier, économ. rust.* dont il est ici question, a pour auteur M. Le Roy lieutenant des chasses à Versailles, ami de Quesnay. D'après la „Notice abrégée" de Dupont, un échange d'idées assez intime a eu lieu entre ces deux hommes. Toutefois, on exagère évidemment la portée de ces relations en attribuant à Quesnay une participation à la rédaction des articles de Le Roy (au nombre desquels se trouvent aussi les articles *Engrais, Ferme,*

Ceux qui en ont ne veulent pas être ruinés: ceux qui n'en ont pas travailleraient inutilement et les hommes ne sont point excités au travail quand ils n'ont rien à espérer pour leur fortune; leur activité est toujours proportionnée à leur succès. On ne peut donc pas attribuer à la politique des vues si contraires au bien de l'Etat, si préjudiciables au souverain et si désavantageuses aux propriétaires des biens du royaume.

Le territoire du royaume contient environ cent millions d'arpents. On suppose qu'il y en a la moitié en montagnes, bois, prés, vignes, chemins, terres ingrates, emplacements d'habitations, jardins, herbages, ou prés artificiels, étangs et rivières; et que le reste peut être employé à la culture des grains.

On estime donc qu'il y a cinquante millions d'arpents de terres labourables dans le royaume; si on y comprend la Lorraine, on peut croire que cette estimation n'est pas forcée. Mais, de ces cinquante millions d'arpents, il est à présumer qu'il y en a plus d'un quart qui sont négligés ou en friche.

Il n'y en a donc qu'environ trente-six millions qui sont cultivés, dont six ou sept millions sont traités par la grande culture et environ trente millions cultivés avec des bœufs.

Les sept millions cultivés avec des chevaux sont assolés par tiers: il y en a un tiers chaque année qui produit du blé et qui, année commune, peut donner par arpent environ six septiers, semence prélevée. La sole donnera quatorze millions de septiers.

Les trente millions traités par la petite culture sont assolés par moitié. La moitié qui produit la récolte n'est pas toute ensemencée

---

Forest, Garenne, Gibier et plusieurs autres. Ainsi, G. Schelle, par exemple, dans son ouvrage: *Dupont de Nemours et l'Ecole physiocratique*, dit, page 19: „Un des amis du docteur, Le Roy, lieutenant des chasses à Versailles, s'était associé à lui dans l'*Encyclopédie* même". „Les articles de Quesnay et de Le Roy avaient paru en 1754". Un examen attentif des travaux de Le Roy nous y a difficilement fait découvrir des traces de l'esprit de Quesnay. Souvent les idées sont concordantes. Dans l'article *Fermier, économ. rust.*, on ne trouve qu'une seule phrase à laquelle le renvoi susmentionné peut se rapporter; elle est conçue en ces termes: „La culture la plus ordinaire exige des avances assez grandes, la bonne culture en demande de plus grandes encore, et ce n'est qu'en multipliant les dépenses de toute espèce qu'on parvient à des succès intéressants". Ceci est d'accord avec ce que dit Dupont dans la „Notice abrégée" (page 149), savoir que: „Quesnay était pour ainsi dire en communauté de doctrine avec Le Roy relativement à la nécessité des *avances* et des *riches avances* pour faire prospérer l'agriculture," mais il ne dit pas que ces deux hommes eussent travaillé en commun. A. O.

en blé, il y en a ordinairement le quart en menus grains; ainsi il n'y aurait chaque année qu'environ onze millions d'arpents ensemencés en blé. Chaque arpent, année commune, peut produire par cette culture environ trois septiers de blé, dont il faut retrancher la semence; ainsi la sole donnera 28 millions de septiers.

Le produit total des deux parties est 42 millions.

On estime, selon M. Dupré de Saint-Maur, qu'il y a environ seize millions d'habitants dans le royaume. Si chaque habitant consommait trois septiers de blé, la consommation totale serait de quarante-huit millions de septiers: mais de seize millions d'habitants, il en meurt la moitié avant l'âge de quinze ans. Ainsi de seize millions il n'y en a que huit millions qui passent l'âge de 15 ans et leur consommation annuelle en blé ne passe pas vingt-quatre millions de septiers. Supposez-en la moitié encore pour les enfants au-dessous de l'âge de 15 ans, la consommation totale sera trente-six millions de septiers. M. Dupré de Saint-Maur estime nos récoltes en blé, année commune, à trente-sept millions de septiers; d'où il paraît qu'il n'y aurait pas d'excédent dans nos récoltes en blé. Mais il y a d'autres grains et des fruits dont les paysans font usage pour leur nourriture: d'ailleurs je crois qu'en estimant le produit de nos récoltes par les deux sortes de cultures dont nous venons de parler, elles peuvent produire, année commune, quarante-deux millions de septiers

Si les 50 millions d'arpents de terres labourables (¹) qu'il y a pour le moins dans le royaume étaient tous traités par la grande culture, chaque arpent de terre, tant bonne que médiocre, donnerait, année commune, au moins cinq septiers, semence prélevée: le produit du tiers, chaque année, serait 85 millions de septiers de blé; mais il y aurait au moins un huitième de ces terres employé à la culture des légumes, du lin, du chanvre, etc., qui exigent de bonnes terres et une bonne culture; il n'y aurait donc par an qu'environ 14 millions d'arpents qui porteraient du blé et dont le produit serait 70 millions de septiers.

Ainsi l'augmentation de récolte serait, chaque année, de 26 millions de septiers.

Ces vingt-six millions de septiers seraient surabondants dans le royaume, puisque les récoltes actuelles sont plus que suffisantes

(1) Selon la carte de M. Cassini, il y a en tout environ 125 millions d'arpents; la moitié pourrait être cultivée en blé. (Note des éditeurs de l'*Encyclopédie*.)

pour nourrir les habitants: car on présume avec raison qu'elles excèdent, année commune, d'environ neuf millions de septiers.

Ainsi quand on supposerait à l'avenir un surcroît d'habitants fort considérable, il y aurait encore plus de 26 millions de septiers à vendre à l'étranger.

Mais il n'est pas vraisemblable qu'on pût en vendre à bon prix une si grande quantité. Les Anglais n'en exportent pas plus d'un million chaque année; la Barbarie n'en exporte pas un million de septiers. Leurs colonies, surtout la Pensylvanie qui est extrêmement fertile, en·exportent à peu près autant. Il en sort aussi de la Pologne environ huit cent mille tonneaux, ou sept millions de septiers, ce qui fournit les nations qui en achètent. Elles ne le payent pas même fort chèrement, à en juger par le prix que les Anglais le vendent; mais on peut toujours conclure de là que nous ne pourrions pas leur vendre vingt-six millions de septiers de blé, du moins à un prix qui pût dédommager le laboureur de ses frais.

Il faut donc envisager par d'autres côtés les produits de l'agriculture, portée au degré le plus avantageux.

Les profits sur les bestiaux en forment la partie la plus considérable. La culture du blé exige beaucoup de dépenses. La vente de ce grain est fort inégale; si le laboureur est forcé de le vendre à bas prix ou de le garder, il ne peut se soutenir que par les profits qu'il fait sur les bestiaux. Mais la culture des grains n'en est pas moins le fondement et l'essence de son état: ce n'est que par elle qu'il peut nourrir beaucoup de bestiaux; car il ne suffit pas pour les bestiaux d'avoir des pâturages pendant l'été, il leur faut des fourrages pendant l'hiver et il faut aussi des grains à la plupart pour leur nourriture. Ce sont les riches moissons qui les procurent: c'est donc sous ces deux points de vue qu'on doit envisager la régie de l'agriculture.

Dans un royaume comme la France dont le territoire est si étendu et qui produirait beaucoup plus de blé que l'on n'en pourrait vendre, on ne doit s'attacher qu'à la culture des bonnes terres pour la production du blé; les terres fort médiocres qu'on cultive pour le blé ne dédommagent pas suffisamment des frais de cette culture. Nous ne parlons pas ici des améliorations de ces terres; il s'en faut beaucoup qu'on puisse en faire les frais en France où l'on ne peut pas même, à beaucoup près, subvenir aux dépenses de la simple agriculture. Mais ces mêmes terres peuvent être plus profitables si on les fait valoir par la culture de menus grains, de racines, d'herbages, ou de prés artificiels pour la nourriture des bestiaux; plus on peut par le moyen de cette culture nourrir les bestiaux dans leurs étables, plus ils fournissent de fumier pour l'engrais des terres, plus les récoltes sont abondantes en grains et en fourrages et plus on peut multiplier les bestiaux. Les bois, les vignes, qui sont des objets importants, peuvent aussi occuper beaucoup de terres sans préjudicier à la culture des grains. On a prétendu qu'il fallait restreindre la culture des vignes pour étendre davantage la culture du blé: mais ce serait encore priver le royaume d'un produit considérable sans nécessité, et sans remédier aux empêchements qui s'opposent à la culture des terres. Le vigneron trouve apparemment plus d'avantage à cultiver des vignes; ou bien il lui faut moins de richesses pour soutenir cette culture que pour préparer des terres à produire du blé. Chacun consulte ses facultés; si on restreint par des lois des usages établis par des raisons invincibles, ces lois ne sont que de nouveaux obstacles qu'on oppose à l'agriculture: cette législation est d'autant plus déplacée à l'égard des vignes, que ce ne sont pas les terres qui manquent pour la culture du blé; ce sont les moyens de les mettre en valeur.

En Angleterre, on réserve beaucoup de terres pour procurer de la nourriture aux bestiaux. Il y a une quantité prodigieuse de bestiaux dans cette île; et le profit en est si considérable que le seul produit des laines est évalué à plus de cent soixante millions.

Il n'y a aucune branche de commerce qui puisse être comparée à cette seule partie du produit des bestiaux; la traite des nègres, qui est l'objet capital du commerce extérieur de cette nation, ne monte qu'environ à soixante millions: ainsi la partie du cultivateur excède infiniment celle du négociant. La vente des grains forme le quart du commerce intérieur de l'Angleterre, et le produit des bestiaux est bien supérieur à celui des grains. Cette abondance est due aux richesses du cultivateur. En Angleterre, l'état de fermier est un état fort riche et fort estimé, un état singulièrement protégé par le gouvernement. Le cultivateur y fait valoir ses richesses à découvert, sans craindre que son gain attire sa ruine par des impositions arbitraires et indéterminées.

Plus les laboureurs sont riches, plus ils augmentent par leurs facultés le produit des terres et la puissance de la nation. Un fermier pauvre ne peut cultiver qu'au désavantage de l'Etat, parce qu'il ne peut obtenir par son travail les productions que la terre n'accorde qu'à une culture opulente.

Cependant, il faut convenir que dans un royaume fort étendu les bonnes terres doivent être préférées pour la culture du blé, parce que cette culture est fort dispendieuse; plus les terres sont ingrates, plus elles exigent de dépenses et moins elles peuvent par leur propre valeur dédommager le laboureur.

En supposant donc qu'on bornât en France la culture du blé aux bonnes terres, cette culture pourrait se réduire à trente millions d'arpents, dont dix seraient chaque année ensemencés en blé, dix en avoine et dix en jachère.

Dix millions d'arpents de bonnes terres bien cultivées, ensemencées en blé, produiraient, année commune, au moins six septiers par arpent, semence prélevée; ainsi les dix millions d'arpents donneraient soixante millions de septiers.

Cette quantité surpasserait de dix-huit millions de septiers le produit de nos récoltes actuelles de blé. Ce surcroît vendu à l'étranger dix-sept livres le septier seulement, à cause de l'abondance, les dix-huit millions de septiers produiraient plus de trois cent millions; et il resterait encore 20 ou 30 millions d'arpents de nos terres, non compris les vignes, qui seraient employés à d'autres cultures.

Le surcroît de la récolte en avoine et menus grains qui suivent le blé, serait dans la même proportion; il servirait avec le produit de la culture des terres médiocres, à l'augmentation du profit sur les bestiaux.

On pourrait même présumer que le blé qu'on porterait à l'étranger se vendrait environ vingt livres le septier prix commun, le commerce du blé étant libre; car depuis Charles IX jusqu'à la fin du règne de Louis XIV, les prix communs, formés par dixaines d'années, ont varié depuis 20 jusqu'à 30 livres de notre monnaie d'aujourd'hui, c'est-à-dire environ depuis le tiers jusqu'à la moitié de la valeur du marc d'argent monnayé; la livre de blé, qui produit une livre de gros pain, valait environ un sou, c'est-à-dire deux sous de notre monnaie actuelle.

En Angleterre, le blé se vend environ vingt-deux livres, prix commun; mais, à cause de la liberté du commerce, il n'y a point eu de variations excessives dans le prix des différentes années; la nation n'essuie ni disettes ni non-valeurs. Cette régularité dans les prix des grains est un grand avantage pour le soutien de l'agriculture, parce que le laboureur n'étant point obligé de garder ses grains, il peut toujours par le produit annuel des récoltes, faire les dépenses nécessaires pour la culture.

Il est étonnant qu'en France dans ces derniers temps le blé soit tombé si fort au-dessous de son prix ordinaire et qu'on y éprouve si souvent des disettes: car depuis plus de 30 ans le prix commun du blé n'a monté qu'à 17 liv.; dans ce cas le bas prix du blé est de onze à treize livres. Alors les disettes arrivent facilement à la suite de prix si bas, dans un royaume où il y a tant de cultivateurs pauvres; car ils ne peuvent pas attendre les temps favorables pour vendre leur grain; ils sont même obligés, faute de débit, de faire consommer une partie de leur blé par les bestiaux pour en tirer quelques profits. Ces mauvais succès les découragent; la culture et la quantité du blé diminuent en même temps et la disette survient.

C'est un usage fort commun parmi les laboureurs, quand le blé est à bas prix, de ne pas faire battre les gerbes entièrement, afin qu'il reste beaucoup de grains dans le fourrage qu'ils donnent aux moutons; par cette pratique ils les entretiennent gras pendant l'hiver et au printemps, et ils tirent plus de profit de la vente de ces moutons que de la vente du blé. Ainsi il est facile de comprendre, par cet usage, pourquoi les disettes surviennent lorsqu'il arrive de mauvaises années.

On estime, année commune, que les récoltes produisent du blé environ pour deux mois plus que la consommation d'une année: mais l'estimation d'une année commune est établie sur les bonnes et les mauvaises récoltes et on suppose la conservation des grains que produisent de trop les bonnes récoltes. Cette supposition étant fausse, il s'ensuit que le blé doit revenir fort cher quand il arrive une mauvaise récolte, parce que le bas prix du blé dans les années précédentes a déterminé le cultivateur à l'employer pour l'engrais des bestiaux et lui a fait négliger la culture: aussi a-t-on remarqué que les années abondantes, où le blé a été à bas prix et qui sont suivies d'une mauvaise année, ne préservent pas de la disette. Mais la cherté du blé ne dédommage pas alors le pauvre laboureur, parce qu'il en a peu à vendre dans les mauvaises années. Le prix commun qu'on forme des prix de plusieurs années n'est pas une règle pour lui; il ne participe point à cette compensation qui n'existe que dans le calcul à son égard.

Pour mieux comprendre le dépérissement indispensable de l'agriculture, par l'inégalité excessive des prix du blé, il ne faut pas perdre de vue les dépenses qu'exige la culture du blé.

Une charrue de quatre forts chevaux cultive quarante arpents de blé et quarante arpents de menus grains qui se sèment au mois de mars.

Un fort cheval bien occupé au travail consommera, étant nourri convenablement, quinze septiers d'avoine par an ; le septier à dix livres, les quinze septiers valent 150 liv., ainsi la dépense en avoine pour quatre chevaux est . . . . 600 liv.

On ne compte point les fourrages, la récolte les fournit et ils doivent être consommés à la ferme pour fournir les fumiers.

Les frais de charron, de bourrelier, de cordages, de toile, du maréchal, pour les socs, le ferrage, les essieux de charrette, les bandes des roues, etc. . . . . . . 250 »

Un charretier pour nourriture et gages, ci . . . 300 »

Un valet manouvrier, ci . . . . 200 »

On ne compte pas les autres domestiques occupés aux bestiaux et à la basse-cour, parce que leurs occupations ne concernent pas précisément le labourage et que leur dépense doit se trouver sur les objets de leur travail.

On donne aux chevaux du foin de pré ou du foin de prairies artificielles; mais les récoltes que produit la culture des grains fournissent du fourrage à d'autres bestiaux; ce qui dédommage de la dépense de ces foins.

Le loyer des terres, pour la récolte des blés, est de deux années; l'arpent de terre étant affermé huit livres, le fermage de deux années pour quarante arpents est . . . . 640 »

La taille, gabelle et autres impositions montant à la moitié du loyer, est . . . . 320 »

Les frais de moisson, 4 livres, et d'engrangement, 1 liv. 10 s. font 5 liv. 10 s. par arpent de blé; c'est pour quarante arpents . . . . 220 »

Pour le battage, quinze sols par septier de blé; l'arpent produisant six septiers, c'est pour 40 arpents 180 »

Pour les intérêts du fonds, des dépenses d'achat de chevaux, charrues, charrettes et autres avances fon-

Report 2710 liv.

Report   2710 liv.

cières qui périssent, lesquelles, distraction faite de
bestiaux, peuvent être estimées 3000 livres, les intérêts
sont au moins . . . . 300 »

   Faux frais et petits accidents . . . . 200 »

   Total pour la culture de 40 arpents . . . . . (¹)3220 liv.

C'est par arpent de blé environ quatre-vingts livres de dépense,
et chaque arpent de blé peut être estimé porter six septiers et
demi, mesure de Paris: c'est une récolte passable, eu égard à la
diversité des terres bonnes et mauvaises d'une ferme, aux accidents,
aux années plus ou moins avantageuses. De six septiers et demi
que rapporte un arpent de terre, il faut en déduire la semence;
ainsi il ne reste que cinq septiers et dix boisseaux pour le fermier.
La sole de quarante arpents produit des blés de différente valeur;
car elle produit du seigle, du méteil et du froment pur. Si le prix
du froment pur était à 16 livres le septier, il faudrait réduire le
prix commun de ces différents blés à 14 livres, le produit d'un
arpent serait donc 81 liv. 13 s.; ainsi, quand la tête du blé est à
16 liv. le septier, le cultivateur retire à peine ses frais et il est
exposé aux tristes événements de la grêle, des années stériles, de
la mortalité des chevaux, etc.

   Pour estimer les frais et le produit des menus grains qu'on sème
au mois de mars, nous les réduirons tous sur le pied de l'avoine;
ainsi en supposant une sole de quarante arpents d'avoine et en
observant qu'une grande partie des dépenses faites pour le blé
sert pour la culture de cette sole, il n'y a à compter de plus que

   le loyer d'une année de quarante arpents, qui est   320 liv.

   la part de la taille, gabelle et autres impositions
qui retombent sur cette sole . . . . 160 »

   les frais de récolte . . . . 80 »

   battage . . . . 80 »

   faux frais . . . . 50 »

TOTAL   690 liv.

Ces frais partagés à quarante arpents sont pour chaque arpent
18 liv. 5 s. Un arpent produit environ deux septiers, semence prélevée; le septier, mesure d'avoine, à 10 liv. c'est 20 livres par arpent.

---

(1) L'addition donne 3210. La faute se trouve dans le texte original. A. O.

Les frais du blé pour 40 arpents sont . . . .(¹)3220 liv.

Les frais des menus grains sont . . . . 690 »

TOTAL 3910 liv.

Le produit du blé est . . . . 3266 liv.

Le produit des menus grains est . . . . . . 800 »

TOTAL 4066 liv.

Ainsi le produit total du blé et de l'avoine n'excède alors que de 150 livres les frais dans lesquels on n'a point compris sa nourriture ni son entretien pour sa famille et pour lui. Il ne pourrait satisfaire à ces besoins essentiels que par le produit de quelques bestiaux et il resterait toujours pauvre et en danger d'être ruiné par les pertes: il faut donc que les grains soient à plus haut prix pour qu'il puisse se soutenir et établir ses enfants.

Le métayer qui cultive avec des bœufs ne recueille communément que sur le pied du grain cinq; c'est trois septiers et un tiers par arpent: il faut en retrancher un cinquième pour la semence. Il partage cette récolte par moitié avec le propriétaire, qui lui fournit les bœufs, les friches, les prairies pour la nourriture des bœufs, le décharge du loyer des terres, lui fournit d'ailleurs quelques autres bestiaux dont il partage le profit. Ce métayer avec sa famille cultive lui-même et évite les frais des domestiques, une partie des frais de la moisson et les frais de battage: il fait peu de dépense pour le bourrelier et le maréchal, etc. Si ce métayer cultive trente arpents de blé chaque année, il recueille communément pour sa part environ trente ou trente-cinq septiers dont il consomme la plus grande partie pour sa nourriture et celle de sa famille: le reste est employé à payer sa taille, les frais d'ouvriers qu'il ne peut pas éviter et la dépense qu'il est obligé de faire pour ses besoins et ceux de sa famille. Il reste toujours très pauvre; et même, quand les terres sont médiocres, il ne peut se soutenir que par les charrois qu'il fait à son profit. La taille qu'on lui impose est peu de chose en comparaison de celle du *fermier,* parce qu'il recueille peu et qu'il n'a point d'effets à lui qui assurent l'imposition: ses récoltes étant très faibles, il a peu de fourrages pour la nourriture des bestiaux pendant l'hiver: en sorte que ses

(1) Voir note 1, page 178. A. O.

profits sont fort bornés sur cette partie qui dépend essentiellement d'une bonne culture.

La condition du propriétaire n'est pas plus avantageuse; il retire environ 15 boisseaux par arpent; au lieu d'un loyer de deux années que lui payerait un *fermier*, il perd les intérêts du fonds des avances qu'il fournit au métayer pour les bœufs. Ces bœufs consomment les foins de ses prairies, et une grande partie des terres de ses domaines reste en friche pour leur pâturage; ainsi son bien est mal cultivé et presqu'en non-valeur. Mais quelle diminution de produit et quelle perte pour l'Etat!

Le *fermier* est toujours plus avantageux à l'Etat, dans les temps même où il ne gagne pas sur ses récoltes à cause du bas prix des grains; le produit de ses dépenses procure du moins dans le royaume un accroissement annuel de richesses réelles. A la vérité, cet accroissement de richesses ne peut pas continuer lorsque les particuliers qui en font les frais n'en retirent point de profit et souffrent même des pertes qui diminuent leurs facultés. Si on tend à favoriser par le bon marché du blé les habitants des villes, les ouvriers des manufactures et les artisans, on désole les *campagnes, qui sont la source des vraies richesses de l'Etat: d'ailleurs ce dessein réussit mal.* Le pain n'est pas la seule nourriture des hommes; et c'est encore l'agriculture, lorsqu'elle est protégée, qui procure les autres aliments avec abondance.

Les citoyens, en achetant la livre de pain quelques liards plus cher, dépenseraient beaucoup moins pour satisfaire à leurs besoins. *La police n'a de pouvoir que pour la diminution du prix du blé, en empêchant l'exportation;* mais le prix des autres denrées n'est pas de même à sa disposition et elle nuit beaucoup à l'aisance des habitants des villes, en leur procurant quelque légère épargne sur le blé et en détruisant l'agriculture. Le beurre, le fromage, les œufs, les légumes, etc., sont à des prix exorbitants, ce qui enchérit à proportion les vêtements et les autres ouvrages des artisans dont le bas peuple a besoin. La cherté de ces denrées augmente le salaire des ouvriers. La dépense inévitable et journalière de ces mêmes ouvriers deviendrait moins onéreuse si les campagnes étaient peuplées d'habitants occupés à élever des volailles, à nourrir des vaches, à cultiver des fèves, des haricots, des pois, etc.

Le riche *fermier* occupe et soutient le paysan; le paysan procure au pauvre citoyen la plupart des denrées nécessaires aux besoins de la vie. Partout où le *fermier* manque et où les bœufs labourent la terre, les paysans languissent dans la misère, le métayer qui est pauvre ne peut les occuper: ils abandonnent la campagne, ou bien ils y sont réduits à se nourrir d'avoine, d'orge, de blé noir, de pommes de terre et d'autres productions de vil prix qu'ils cultivent eux-mêmes et dont la récolte se fait peu attendre. La culture du blé exige trop de temps et de travail: ils ne peuvent attendre deux années pour obtenir une récolte. Cette culture est réservée au *fermier* qui en peut faire les frais, ou au métayer qui est aidé par le propriétaire et qui d'ailleurs est une faible ressource pour l'agriculture; mais c'est la seule pour les propriétaires dépourvus de *fermiers*. Les *fermiers* eux-mêmes ne peuvent profiter que par la supériorité de leur culture et par la bonne qualité des terres qu'ils cultivent; car ils ne peuvent gagner qu'autant que leurs récoltes surpassent leurs dépenses. Si, la semence et les frais prélevés, un *fermier* a un septier de plus par arpent, c'est ce qui fait son avantage: car quarante arpents ensemencés en blé, lui forment alors un bénéfice de quarante septiers, qui valent environ 600 livres; et s'il cultive si bien qu'il puisse avoir pour lui deux septiers par arpent, son profit est doublé. Il faut pour cela que chaque arpent de terre produise sept à huit septiers; mais il ne peut obtenir ce produit que d'une bonne terre. Quand les terres qu'il cultive sont les unes bonnes et les autres mauvaises, le profit ne peut être que fort médiocre.

Le paysan qui entreprendrait de cultiver du blé avec ses bras ne pourrait pas se dédommager de son travail; car il en cultiverait si peu que quand même il aurait quelques septiers de profit au delà de sa nourriture et de ses frais, cet avantage ne pourrait suffire à ses besoins: ce n'est que sur de grandes récoltes qu'on peut retirer quelque profit. C'est pourquoi un *fermier* qui emploie plusieurs charrues et qui cultive de bonnes terres, profite beaucoup plus que celui qui est borné à une seule charrue et qui cultiverait des terres également bonnes; et même dans ce dernier cas les frais sont, à bien des égards, plus considérables à proportion. Mais si celui qui est borné à une seule charrue manque de richesses pour étendre son emploi, il fait bien de se restreindre parce qu'il ne pourrait pas subvenir aux frais qu'exigerait une plus grande entreprise.

L'agriculture n'a pas, comme le commerce, une ressource dans le crédit. Un marchand peut emprunter pour acheter de la marchandise; ou il peut l'acheter à crédit, parce qu'en peu de temps le profit et le fonds de l'achat lui rentrent; il peut faire le remboursement des sommes qu'il emprunte: mais le laboureur ne peut retirer que le profit des avances qu'il a faites pour l'agriculture; le fonds reste pour soutenir la même entreprise de culture; ainsi il ne peut l'emprunter pour le rendre à des termes préfixes, et ses effets étant en mobilier, ceux qui pourraient lui prêter n'y trouveraient pas assez de sûreté pour placer leur argent à demeure. Il faut donc que les *fermiers* soient riches par eux-mêmes, et le gouvernement doit avoir beaucoup d'égards à ces circonstances pour relever un état si essentiel dans le royaume.

Mais on ne doit pas espérer d'y réussir tant qu'on imaginera que l'agriculture n'exige que des hommes et du travail et qu'on n'aura pas d'égard à la sûreté et au revenu des fonds que le laboureur doit avancer. Ceux qui sont en état de faire ces dépenses examinent et n'exposent pas leurs biens à une perte certaine. On entretient le blé à un prix très bas, dans un siècle où toutes les autres denrées et la main-d'œuvre sont devenues fort chers. Les dépenses du laboureur se trouvent donc augmentées de plus d'un tiers dans le temps que ses profits sont diminués d'un tiers; ainsi il souffre une double perte qui diminue ses facultés et le met hors d'état de soutenir les frais d'une bonne culture: aussi l'état de *fermier* ne subsiste-t-il presque plus; l'agriculture est abandonnée aux métayers, au grand préjudice de l'Etat.

Ce ne sont pas simplement les bonnes ou mauvaises récoltes qui règlent le prix du blé; c'est principalement la liberté ou la contrainte dans le commerce de cette denrée qui décide de sa valeur. Si on veut en restreindre ou en gêner le commerce dans les temps des bonnes récoltes, on dérange les produits de l'agriculture, on affaiblit l'Etat, on diminue le revenu des propriétaires des terres, on fomente la paresse et l'arrogance du domestique et du manouvrier qui doivent aider à l'agriculture, on ruine les laboureurs, on dépeuple les campagnes. Ce ne serait pas connaître les avantages de la France que d'empêcher l'exportation du blé par la crainte d'en manquer, dans un royaume qui peut en produire beaucoup plus que l'on n'en pourrait vendre à l'étranger. La conduite de l'Angleterre à cet égard prouve au contraire qu'il n'y a point de moyen plus sûr pour soutenir l'agriculture, entretenir l'abondance et obvier aux famines, que la vente d'une partie des récoltes à l'étranger. Cette nation n'a point essuyé de cherté extraordinaire ni de non-valeur du blé depuis qu'elle en a favorisé et excité l'exportation.

Cependant je crois qu'outre la retenue des blés dans le royaume, il y a quelqu'autre cause qui a contribué à en diminuer le prix, car il a diminué aussi en Angleterre assez considérablement depuis un temps, ce qu'on attribue à l'accroissement de l'agriculture dans ce royaume. Mais on peut présumer aussi que le bon état de l'agriculture dans les colonies, surtout dans la Pensylvanie, où elle a tant fait de progrès depuis environ cinquante ans et qui fournit tant de blé et de farine aux Antilles et en Europe, en est la principale cause et cette cause pourra s'accroître encore dans la suite: c'est pourquoi je borne le prix commun du blé en France à 18 livres en supposant l'exportation et le rétablissement de la grande culture; mais on serait bien dédommagé par l'accroissement du produit des terres et par un débit assuré et invariable, qui soutiendraient constamment l'agriculture.

La liberté de la vente de nos grains à l'étranger est donc un moyen essentiel et même indispensable pour ranimer l'agriculture dans le royaume; cependant, ce seul moyen ne suffit pas. On apercevrait à la vérité que la culture des terres procurerait de plus grands profits; mais il faut encore que le cultivateur ne soit pas inquiété par des impositions arbitraires et indéterminées: car si cet état n'est pas protégé, on n'exposera pas des richesses dans un emploi si dangereux. La sécurité dont on jouit dans les grandes villes sera toujours préférable à l'apparence d'un profit qui peut occasionner la perte des fonds nécessaires pour former un établissement si peu solide.

Les enfants des *fermiers* redoutent trop la milice; cependant la défense de l'Etat est un des premiers devoirs de la nation; personne à la rigueur n'en est exempt qu'autant que le gouvernement qui règle l'emploi des hommes, en dispense pour le bien de l'Etat. Dans ces vues, il ne réduit pas à la simple condition de soldat ceux qui, par leurs richesses ou par leurs professions, peuvent être plus utiles à la société. Par cette raison l'état du *fermier* pourrait être distingué de celui du métayer, si ces deux états étaient bien connus.

Ceux qui sont assez riches pour embrasser l'état de *fermier* ont par leurs facultés la facilité de choisir d'autres professions; ainsi le gouvernement ne peut les déterminer que par une protection décidée, à se livrer à l'agriculture. (¹)

_____

(1) La petite quantité d'enfants de *fermiers* que la milice enlève est un fort petit objet; mais ceux qu'elle détermine à abandonner la profession de leurs pères méritent une plus grande attention par rapport à l'agriculture

Jetons les yeux sur un objet qui n'est pas moins important que la culture des grains, je veux dire sur le profit des bestiaux dans l'état actuel de l'agriculture en France.

Les 30 millions d'arpents traités par la petite culture peuvent former 375 mille domaines de chacun 80 arpents en culture. En supposant 12 bœufs par domaine, il y a 4 millions 500,000 bœufs employés à la culture de ces domaines: la petite culture occupe donc pour le labour des terres 4 ou 5 millions de bœufs. On met un bœuf au travail à trois ou quatre ans; il y en a qui ne les y laissent que trois, quatre, cinq ou six ans: mais la plupart les y retiennent pendant sept, huit ou neuf ans. Dans ce cas, on ne les vend à ceux qui les mettent à l'engrais pour la boucherie, que quand ils ont douze ou treize ans; alors ils sont moins bons et on les vend moins cher qu'ils ne valaient avant que de les mettre au labour. Ces bœufs occupent pendant longtemps des pâturages dont on ne retire aucun profit; au lieu que si on ne faisait usage de ces pâturages que pour élever simplement des bœufs jusqu'au temps où ils seraient en état d'être mis à l'engrais pour la boucherie, ces bœufs seraient renouvelés tous les cinq ou six ans.

qui fait la vraie force de l'État. Il y a actuellement, selon M. Dupré de Saint-Maur, environ les sept-huitièmes du royaume cultivés avec des bœufs: ainsi il n'y a qu'un huitième des terres cultivées par des *fermiers*, dont le nombre ne va pas à trente mille, ce qui ne peut pas fournir mille miliciens fils de *fermiers*. Cette petite quantité est zéro dans nos armées: mais quatre mille qui sont effrayés et qui abandonnent les campagnes chaque fois qu'on tire la milice, sont un grand objet pour la culture des terres. Nous ne parlerons ici que des laboureurs qui cultivent avec des chevaux, car (selon l'auteur de cet article) les autres n'en méritent pas le nom. Or, il y a environ six ou sept millions d'arpents de terre cultivée par des chevaux, ce qui peut être l'emploi de trente mille charrues, à 120 arpents par chacune. Une grande partie des *fermiers* ont deux charrues: beaucoup en ont trois. Ainsi le nombre des *fermiers* qui cultivent par des chevaux ne va guère qu'à trente mille: surtout si on ne les confond pas avec les propriétaires nobles et privilégiés qui exercent la même culture. La moitié de ces *fermiers* n'ont pas des enfants en âge de tirer à la milice: car ce ne peut être qu'après dix-huit ou vingt ans de leur mariage qu'ils peuvent avoir un enfant à cet âge et il y a autant de femelles que de mâles. Ainsi il ne peut pas y avoir dix mille fils de *fermiers* en état de tirer à la milice: une partie s'enfuit dans les villes: ceux qui restent exposés au sort, tirent avec les autres paysans; il n'y en a donc pas mille, peut-être pas cinq cents, qui échoient à la milice. Quand le nombre des *fermiers* augmenterait autant qu'il est possible, l'État devrait encore les protéger pour le soutien de l'agriculture et en faveur des contributions considérables qu'il en retirerait. (Note des édit. de l'*Encyclop.*)

Par la grande culture les chevaux laissent les pâturages libres; ils se procurent eux-mêmes leur nourriture sans préjudicier au profit du laboureur, qui tire encore un plus grand produit de leur travail que de celui des bœufs; ainsi par cette culture on mettrait à profit les pâturages qui servent en pure perte à nourrir 4 ou 5 millions de bœufs que la petite culture retient au labour et qui occupent, pris tous ensemble, au moins pendant six ans, les pâturages qui pourraient servir à élever pour la boucherie 4 ou 5 autres millions de bœufs.

Les bœufs, avant que d'être mis à l'engrais pour la boucherie, se vendent différents prix, selon leur grosseur: le prix moyen peut être réduit à 100 livres; ainsi 4 millions 500 mille bœufs qu'il y aurait de surcroît en six ans, produiraient 450 millions de plus tous les six ans. Ajoutez un tiers de plus que produirait l'engrais; le total serait de 600 millions qui, divisés par six années, fourniraient un profit annuel de 100 millions. Nous ne considérons ce produit que relativement à la perte des pâturages ou des friches abandonnés aux bœufs qu'on retient au labour; mais ces pâturages pourraient pour la plupart être remis en culture, du moins en une culture qui fournirait plus de nourriture aux bestiaux: alors le produit en serait beaucoup plus grand.

Les troupeaux de moutons présentent encore un avantage qui serait plus considérable par l'accroissement du produit des laines et de la vente annuelle de ces bestiaux. Dans les 375 mille domaines cultivés par des bœufs, il n'y a pas le tiers des troupeaux qui pourraient y être nourris si ces terres étaient mieux cultivées et produisaient une plus grande quantité de fourrages. Chacun de ces domaines avec ses friches nourrirait un troupeau de 250 moutons: ainsi une augmentation des deux tiers serait environ de 250 mille troupeaux, ou de 60 millions de moutons qui, partagés en brebis, agneaux et moutons proprement dits, il y aurait 30 millions de brebis qui produiraient 30 millions d'agneaux, dont moitié seraient mâles: on garderait ces mâles, qui forment des moutons que l'on vend pour la boucherie quand ils ont deux ou trois ans. On vend les agneaux femelles, à la réserve d'une partie que l'on garde pour renouveler les brebis. Il y aurait 15 millions d'agneaux femelles: on en vendrait 10 millions qui, à 3 livres pièce, produiraient 30 millions.

Il y aurait 15 millions de moutons qui se succéderaient tous les ans: ainsi ce serait tous les ans 15 millions de moutons à vendre pour la boucherie qui étant supposés pour le prix commun à huit livre la pièce, produiraient 120 millions. On vendrait par an cinq millions de vieilles brebis qui, à trois livres pièce, produiraient 15 millions de livres. Il y aurait chaque année 60 millions de toisons (non compris celles des agneaux) qui, réduites les unes avec les autres à un prix commun de 40 sous la toison, produiraient 120 millions; l'accroissement du produit annuel des troupeaux monterait donc à plus de 285 millions; ainsi le surcroît total en blé, en bœufs et en moutons, serait un objet de 685 millions.

Peut-être objectera-t-on que l'on n'obtiendrait pas ces produits sans de grandes dépenses. Il est vrai que si on examinait simplement le profit du laboureur, il faudrait en soustraire les frais; mais en envisageant ces objets relativement à l'Etat, on aperçoit que l'argent employé pour ces frais reste dans le royaume et tout le produit se trouve de plus.

Les observations qu'on vient de faire sur l'accroissement du produit des bœufs et des troupeaux doivent s'étendre sur les chevaux, sur les vaches, sur les veaux, sur les porcs, sur les volailles, sur les vers à soie, etc., car par le rétablissement de la grande culture on aurait de riches moissons qui procureraient beaucoup de grains, de légumes et de fourrages. Mais en faisant valoir les terres médiocres par la culture des menus grains, des racines, des herbages, des prés artificiels, des mûriers, etc., on multiplierait beaucoup plus encore la nourriture des bestiaux, des volailles et des vers à soie, dont il résulterait un surcroît de revenu qui serait aussi considérable que celui qu'on tirerait des bestiaux que nous avons évalués; ainsi il y aurait par le rétablissement total de la grande culture une augmentation continuelle de richesses de plus d'un milliard.

Ces richesses se répandraient sur tous les habitants: elles leur procureraient de meilleurs aliments, elles satisferaient à leurs besoins, elles les rendraient heureux, elles augmenteraient la population, elles accroîtraient les revenus des propriétaires et ceux de l'Etat. Les frais de la culture n'en seraient guère plus considérables, il faudrait seulement de plus grands fonds pour en former l'établissement; mais ces fonds manquent dans les campagnes parce qu'on les a attirés dans les grandes villes. Le gouvernement qui fait mouvoir les ressorts de la société, qui dispose de l'ordre général, peut trouver les expédients convenables et intéressants pour les faire retourner d'eux-mêmes à l'agriculture où ils seraient beaucoup plus profitables aux particuliers et beaucoup plus avantageux à l'Etat. Le lin, le chanvre, les laines, la soie, etc., seraient les matières premières de nos manufactures; le blé, les vins, l'eau-de-vie, les cuirs, les viandes salées, le beurre, le fromage, les graisses, le suif, les toiles, les cordages, les draps, les étoffes, formeraient le principal objet de notre commerce avec l'étranger. Ces marchandises seraient indépendantes du luxe, les besoins des hommes leur assurent une valeur réelle; elle naîtraient de notre propre fond et seraient en pur profit pour l'Etat; ce seraient des richesses toujours renaissantes et toujours supérieures à celles des autres nations.

Ces avantages, si essentiels au bonheur et à la prospérité des sujets, en procureraient un autre qui ne contribue pas moins à la force et aux richesses de l'Etat; ils favoriseraient la propagation et la conservation des hommes, surtout l'augmentation des habitants de la campagne. Les *fermiers* riches occupent les paysans que l'attrait de l'argent détermine au travail: ils deviennent laborieux, leur gain leur procure une aisance qui les fixe dans les provinces et qui les met en état d'alimenter leurs enfants, de les retenir auprès d'eux et de les établir dans leur province. Les habitants des campagnes se multiplient donc à proportion que les richesses y soutiennent l'agriculture et que l'agriculture augmente les richesses.

Dans les provinces où la culture se fait avec des bœufs, l'agriculteur est pauvre, il ne peut occuper le paysan: celui-ci n'étant point excité au travail par l'appât du gain, devient paresseux et languit dans la misère; la seule ressource est de cultiver un peu de terre pour se procurer de quoi vivre. Mais quelle est la nourriture qu'il obtient par cette culture? Trop pauvre pour préparer la terre à produire du blé et pour en attendre la récolte, il se borne, nous l'avons déjà dit, à une culture moins pénible, moins longue, qui peut en quelques mois procurer la moisson: l'orge, l'avoine, le blé noir, les pommes de terre, le blé de Turquie ou d'autres productions de vil prix, sont les fruits de ces travaux; voilà la nourriture qu'il se procure et avec laquelle il élève ses enfants. Ces aliments qui à peine contiennent la vie en ruinant le corps, font périr une partie des hommes dès l'enfance; ceux qui résistent à une telle nourriture, qui conservent de la santé et des forces et qui ont de l'intelligence, se délivrent de cet état malheureux en se réfugiant dans les villes; les plus débiles et les plus ineptes restent dans les campagnes où ils sont aussi inutiles à l'Etat qu'à charge à eux-mêmes.

Les habitants des villes croient ingénûment que ce sont les bras des paysans qui cultivent la terre et que l'agriculture ne dépérit que parce que les hommes manquent dans les campagnes. Il faut, dit-on, en chasser les maîtres d'école qui, par les instructions qu'ils donnent aux paysans, facilitent leur désertion: on imagine ainsi des petits moyens, aussi ridicules que désavantageux; on regarde les paysans comme les esclaves de l'Etat: la vie rustique paraît la plus dure, la plus pénible et la plus méprisable, parce qu'on destine les habitants des campagnes aux travaux qui sont réservés aux animaux. Quand le paysan laboure lui-même la terre, c'est une preuve de sa misère et de son inutilité. Quatre chevaux cultivent plus de cent arpents de terre; quatre hommes n'en cultiveraient pas huit. A la réserve du vigneron, du jardinier, qui se livrent à cette espèce de travail, les paysans sont employés par les riches *fermiers* à d'autres ouvrages plus avantageux pour eux et plus utiles à l'agriculture. Dans les provinces riches où la culture est bien entretenue, les paysans ont beaucoup de ressources; ils ensemencent quelques arpents de terre en blé et autres grains; ce sont les *fermiers* pour lesquels ils travaillent qui en font les labours et c'est la femme et les enfants qui en recueillent les produits; ces petites moissons qui leur donnent une partie de leur nourriture leur produisent des fourrages et des fumiers. Ils cultivent du lin, du chanvre, des herbes potagères, des légumes de toute espèce: ils ont des bestiaux et des volailles qui leur fournissent de bons aliments et sur lesquels ils retirent des profits; ils se procurent par le travail de la moisson du laboureur, d'autres gains pour le reste de l'année; ils sont toujours employés aux travaux de la campagne; ils vivent sans contrainte et sans inquiétude; ils méprisent la servitude des domestiques, valets, esclaves des autres hommes; ils n'envient pas le sort du bas peuple qui habite les villes, qui loge au sommet des maisons, qui est borné à un gain à peine suffisant au besoin présent, qui étant obligé de vivre sans aucune prévoyance et sans aucune provision pour les besoins à venir, est continuellement exposé à languir dans l'indigence.

Les paysans ne tombent dans la misère et n'abandonnent la province que quand ils sont trop inquiétés par les vexations auxquelles ils sont exposés, ou quand il n'y a pas de *fermiers* qui leur procurent du travail et que la campagne est cultivée par de pauvres métayers bornés à une petite culture, qu'ils exécutent eux-mêmes fort imparfaitement. La portion que ces métayers retirent de leur petite récolte, qui est partagée avec le propriétaire, ne peut suffire que pour leurs propres besoins ; ils ne peuvent réparer ni améliorer les biens. Ces pauvres cultivateurs, si peu utiles à l'Etat, ne représentent point le vrai laboureur, le riche *fermier* qui cultive en grand, qui gouverne, qui commande, qui multiplie les dépenses pour augmenter les profits ; qui, ne négligeant aucun moyen, aucun avantage particulier, fait le bien général ; qui emploie utilement les habitants de la campagne ; qui peut choisir et attendre les temps favorables pour le débit de ses grains, pour l'achat et pour la vente de ses bestiaux. Ce sont les richesses des *fermiers* qui fertilisent les terres, qui multiplient les bestiaux, qui attirent, qui fixent les habitants des campagnes et qui font la force et la prospérité de la nation.

Les manufactures et le commerce entretenus par les désordres du luxe, accumulent les hommes et les richesses dans les grandes villes, s'opposent à l'amélioration des biens, dévastent les campagnes, inspirent du mépris pour l'agriculture, augmentent excessivement les dépenses des particuliers, nuisent au soutien des familles, s'opposent à la propagation des hommes et affaiblissent l'Etat.

La décadence des empires a souvent suivi de près un commerce florissant. Quand une nation dépense par le luxe ce qu'elle gagne par le commerce, il n'en résulte qu'un mouvement d'argent sans augmentation réelle de richesses. C'est la vente du superflu qui enrichit les sujets et le souverain. Les productions de nos terres doivent être la matière première des manufactures et l'objet du commerce : tout autre commerce qui n'est pas établi sur ces fondements est peu assuré ; plus il est brillant dans un royaume, plus il excite l'émulation des nations voisines et plus il se partage. Un royaume riche en terres fertiles ne peut être imité dans l'agriculture par un autre qui n'a pas le même avantage. Mais pour en profiter, il faut éloigner les causes qui font abandonner les campagnes, qui rassemblent et retiennent les richesses dans les grandes villes. Tous les seigneurs, tous les gens riches, tous ceux qui ont des rentes ou des pensions suffisantes pour vivre commodément fixent leur séjour à Paris ou dans quelqu'autre grande ville où ils dépensent presque tous les revenus des fonds du royaume. Ces dépenses attirent une multitude de marchands, d'artisans, de domestiques et de manouvriers : cette mauvaise distribution des hommes et des richesses est inévitable, mais elle s'étend beaucoup trop loin ; peut-être y aura-t-on d'abord beaucoup contribué en protégeant plus les citoyens que les habitants des campagnes. Les hommes sont attirés par l'intérêt et par la tranquillité. Qu'on procure ces avantages à la campagne, elle ne sera pas moins peuplée à proportion que les villes. Tous les habitants des villes ne sont pas riches, ni dans l'aisance. La campagne a ses richesses et ses agréments: on ne l'abandonne que pour éviter les vexations auxquelles on y est exposé; mais le gouvernement peut remédier à ces inconvénients. Le commerce paraît florissant dans les villes parce qu'elles sont remplies de riches marchands. Mais qu'en résulte-t-il, sinon que presque tout l'argent du royaume est employé à un commerce qui n'augmente point les richesses de la nation? Locke le compare au jeu où, après le gain et la perte des joueurs, la somme d'argent reste la même qu'elle était auparavant. Le commerce intérieur est nécessaire pour procurer les besoins, pour entretenir le luxe et pour faciliter la consommation; mais il contribue à la force et à la prospérité de l'Etat. Si une partie des richesses immenses qu'il retient et dont l'emploi produit si peu au royaume, était distribuée à l'agriculture, elle procurerait des revenus bien plus réels et plus considérables. L'agriculture est le patrimoine du souverain: toutes ses productions sont visibles; on peut les assujettir convenablement aux impositions; les richesses pécuniaires échappent à la répartition des subsides, le gouvernement n'y peut prendre que par des moyens onéreux à l'Etat.

Cependant la répartition des impositions sur les laboureurs présente aussi de grandes difficultés. Les taxes arbitraires sont trop effrayantes et trop injustes pour ne pas s'opposer toujours puissamment au rétablissement de l'agriculture. La répartition proportionnelle n'est guère possible; il ne paraît pas qu'on puisse la régler par l'évaluation et par la taxe des terres: car les deux sortes d'agriculture dont nous avons parlé emportent beaucoup de différence dans les produits des terres d'une même valeur; ainsi tant que ces deux sortes de culture subsisteront et varieront, les terres ne pourront pas servir de mesure proportionnelle pour l'imposition de la taille. Si l'on taxait les terres selon l'état actuel, le tableau deviendrait défectueux à mesure que la grande culture s'accroîtrait; d'ailleurs il y a des provinces où le profit sur les bestiaux est bien plus considérable que le produit des récoltes, et d'autres où le produit des récoltes surpasse le profit que l'on retire des bestiaux; de plus cette diversité de circonstances est fort susceptible de changements. Il n'est donc guère possible d'imaginer aucun plan général pour établir une répartition proportionnelle des impositions.

Mais il s'agit moins pour la sûreté des fonds du cultivateur d'une répartition exacte que d'établir un frein à l'estimation arbitraire de la fortune du laboureur. Il suffirait d'assujettir les impositions à des règles invariables et judicieuses qui assureraient le payement de l'imposition et qui garantiraient celui qui la supporte des mauvaises intentions ou des fausses conjectures de ceux qui l'imposent. Il ne faudrait se régler que sur les effets visibles; les estimations de la fortune secrète des particuliers sont trompeuses et c'est toujours le prétexte qui autorise les abus qu'on veut éviter.

Les effets visibles sont pour tous les laboureurs des moyens communs pour procurer les mêmes profits; s'il y a des hommes plus laborieux, plus intelligents, plus économes, qui en tirent un plus grand avantage, ils méritent de jouir en paix des fruits de leurs épargnes et de leurs talents. Il suffirait donc d'obliger le laboureur de donner tous les ans aux collecteurs une déclaration fidèle de la quantité et de la nature des biens dont il est propriétaire ou *fermier* et un dénombrement de ses récoltes, de ses bestiaux, etc., sous les peines d'être imposé arbitrairement s'il est convaincu de fraude. Tous les habitants d'un village connaissent exactement les richesses visibles de chacun d'eux; les déclarations frauduleuses seraient facilement aperçues. On assujettirait de même rigoureusement les collecteurs à régler la répartition des impositions relativement et proportionnellement à ces déclarations. Quant aux simples manouvriers et artisans, leur état servirait de règle pour les uns et pour les autres, ayant égard à leurs enfants en bas âge et à ceux qui sont en état de travailler. Quoiqu'il y eût de la disproportion entre ces habitants, la modicité de la taxe imposée à ces sortes d'ouvriers dans les villages rendrait les inconvénients peu considérables.

Les impositions à répartir sur les commerçants établis dans les villages sont les plus difficiles à régler; mais leur déclaration sur l'étendue et les objets de leur commerce pourrait être admise ou contestée par les collecteurs; et dans le dernier cas elle serait approuvée ou réformée dans une assemblée des habitants de la paroisse. La décision formée par la notoriété réprimerait la fraude du taillable et les abus de l'imposition arbitraire des collecteurs. Les commerçants sont en petit nombre dans les villages; ainsi ces précautions pourraient suffire à leur égard.

Nous n'envisageons ici que les campagnes et surtout relativement à la sûreté du laboureur. Quant aux villes des provinces qui payent la taille, ce serait à elles-mêmes à former les arrangements qui leur conviendraient pour éviter l'imposition arbitraire.

Si ces règles n'obvient pas à tous les inconvénients, ceux qui resteraient et ceux même qu'elles pourraient occasionner ne seraient point comparables à celui d'être exposé tous les ans à la discrétion des collecteurs; chacun se dévouerait sans peine à une imposition réglée par la loi. Cet avantage si essentiel et si désiré dissiperait les inquiétudes excessives que cause dans les campagnes la répartition arbitraire de la taille.

On objectera peut-être que les déclarations exactes que l'on exigerait et qui régleraient la taxe de chaque laboureur, pourraient le déterminer à restreindre sa culture et ses bestiaux pour moins payer de taille; ce qui serait encore un obstacle à l'accroissement de l'agriculture. Mais soyez assuré que le laboureur ne s'y tromperait pas; car ses récoltes, ses bestiaux et ses autres effets ne pourraient plus servir de prétexte pour le surcharger d'impositions; il se déciderait alors pour le profit.

On pourrait dire aussi que cette répartition proportionnelle serait fort composée et par conséquent difficile à exécuter par des collecteurs qui ne sont pas versés dans le calcul: ce serait l'ouvrage de l'écrivain que les collecteurs chargent de la confection du rôle. La communauté formerait d'abord un tarif fondamental, conformément à l'estimation du produit des objets dans le pays: elle pourrait être aidée dans cette première opération par le curé, ou par le seigneur, ou par son régisseur, ou par d'autres personnes capables et bienfaisantes. Ce tarif étant décidé et admis par les habitants, il deviendrait bientôt familier à tous les particuliers, parce que chacun aurait intérêt de connaître la cote qu'il doit payer: ainsi en peu de temps cette imposition proportionnelle leur deviendrait très facile.

Si les habitants des campagnes étaient délivrés de l'imposition arbitraire de la taille, ils vivraient dans la même sécurité que les habitants des grandes villes: beaucoup de propriétaires iraient faire valoir eux-mêmes leurs biens; on n'abandonnerait plus les campagnes; les richesses et la population s'y rétabliraient: ainsi en éloignant d'ailleurs toutes les autres causes préjudiciables aux progrès de l'agriculture, les forces du royaume se répareraient peu à peu par l'augmentation des hommes et par l'accroissement des revenus de l'État.

GRAINS

(ECON. POLIT.)

Article de M. Quesnay le fils

Extrait de l'*Encyclopédie* (¹)

Les principaux objets du commerce en France sont les *grains*, les vins et eaux-de-vie, le sel, les chanvres et les lins, les laines et les autres produits que fournissent les bestiaux; les manufactures des toiles et des étoffes communes peuvent augmenter beaucoup la valeur des chanvres, des lins et des laines, et procurer la subsistance à beaucoup d'hommes qui seraient occupés à des travaux si avantageux. Mais on aperçoit aujourd'hui que la production et le commerce de la plupart de ces denrées sont presque anéantis en France. Depuis longtemps les manufactures de luxe ont séduit la nation; nous n'avons ni la soie ni les laines convenables pour fabriquer les belles étoffes et les draps fins; nous nous sommes livrés à une industrie qui nous était étrangère; et on y a employé une multitude d'hommes dans le temps que le royaume se dépeuplait et que les campagnes devenaient désertes. On a fait baisser le prix de nos blés afin que la fabrication et la main-d'œuvre fussent moins chères que chez l'étranger: les hommes et les richesses se sont accumulés dans les villes; l'agriculture, la plus féconde et la plus noble partie de notre commerce, la source des revenus du royaume, n'a pas été envisagée comme le fonds primitif de

---

(1) Cet article a paru dans le tome VII (1757) de l'*Encyclopédie;* comme l'article *Fermiers* (Econ. polit.), il est signé „Quesnay le fils". Il est remarquable par le fait qu'il renferme déjà toutes les idées dominantes du système physiocratique, exposées avec plus ou moins de détails. — Comparer le passage y relatif de la *Notice abrégée* par Dupont de Nemours, page 150. A. O.

nos richesses; elle n'a paru intéresser que le fermier et le paysan; on a borné leurs travaux à la subsistance de la nation qui par l'achat des denrées paye les dépenses de la culture; et on a cru que c'était un commerce ou un trafic établi sur l'industrie, qui devait apporter l'or et l'argent dans le royaume. On a défendu de planter des vignes; on a recommandé la culture des mûriers; on a arrêté le débit des productions de l'agriculture et diminué le revenu des terres pour favoriser des manufactures préjudiciables à notre propre commerce.

La France peut produire abondamment toutes les matières de premier besoin; elle ne peut acheter de l'étranger que des marchandises de luxe; le trafic mutuel entre les nations est nécessaire pour entretenir le commerce. Mais nous nous sommes principalement attachés à la fabrication et au commerce des denrées que nous pouvions tirer de l'étranger; et par un commerce de concurrence trop recherché, nous avons voulu nuire à nos voisins et les priver du profit qu'ils retireraient de nous par la vente de leurs marchandises.

Par cette politique, nous avons éteint entre eux et nous un commerce réciproque qui était pleinement à notre avantage; ils ont interdit chez eux l'entrée de nos denrées, et nous achetons d'eux par contrebande et fort cher les matières que nous employons dans nos manufactures. Pour gagner quelques millions à fabriquer et à vendre de belles étoffes, nous avons perdu des milliards sur le produit de nos terres; et la nation, parée de tissus d'or et d'argent, a cru jouir d'un commerce florissant.

Ces manufactures nous ont plongés dans un luxe désordonné qui s'est un peu étendu parmi les autres nations et qui a excité leur émulation; nous les avons peut-être surpassées par notre industrie; mais cet avantage a été principalement soutenu par notre propre consommation.

La consommation qui se fait par les sujets est la source des revenus du souverain, et la vente du superflu à l'étranger augmente les richesses des sujets. La prospérité de l'Etat dépend du concours de ces deux avantages; mais la consommation entretenue par le luxe est trop bornée; elle ne peut se soutenir que par l'opulence; les hommes peu favorisés de la fortune ne peuvent s'y livrer qu'à leur préjudice et au désavantage de l'Etat.

Le ministère plus éclairé sait que la consommation qui peut procurer de grands revenus au souverain et qui fait le bonheur de ses sujets, est cette consommation générale qui satisfait aux besoins de la vie. Il n'y a que l'indigence qui puisse nous réduire à boire de l'eau, à manger de mauvais pain et à nous couvrir de haillons; tous les hommes tendent par leurs travaux à se procurer de bons aliments et de bons vêtements; on ne peut trop favoriser leurs efforts; car ce sont les revenus du royaume, les gains et les dépenses du peuple qui font la richesse du souverain.

Le détail dans lequel nous allons entrer sur les revenus que peuvent procurer d'abondantes récoltes de *grains* et sur la liberté dans le commerce de cette denrée, prouvera suffisamment combien la production des matières de premier besoin, leur débit et leur consommation intéressent tous les différents états du royaume, et fera juger de ce que l'on doit aujourd'hui attendre des vues du gouvernement sur le rétablissement de l'agriculture.

Nous avons déjà examiné l'état de l'agriculture en France, les deux sortes de culture qui y sont en usage, la grande culture ou celle qui se fait avec les chevaux, et la petite culture ou celle qui se fait avec les bœufs, la différence des produits que donnent ces deux sortes de culture, les causes de la dégradation de notre agriculture, et les moyens de la rétablir. *Voyez* FERMIERS. *(Économie politique.)*

Nous avons vu que l'on cultive environ 36 millions d'arpents de terre et que nos récoltes nous donnent, année commune, à peu près 45 millions de septiers de blé, savoir 11 millions produits par la grande culture, et 34 millions par la petite culture(1). Nous allons examiner le revenu que 45 millions de septiers de blé peuvent procurer au roi, conformément aux deux sortes de culture qui les produisent; nous examinerons aussi ce qu'on en retire pour la dîme, pour le loyer des terres et pour le gain du cultivateur; nous comparerons ensuite ces revenus avec ceux que produirait le rétablissement parfait de notre agriculture, l'exportation étant permise; car sans cette condition, nos récoltes qui ne sont destinées qu'à la consommation du royaume ne peuvent pas augmenter, parce que si elles étaient plus abondantes elles feraient tomber le blé en non-valeur; les cultivateurs ne pourraient pas en

---

(1) Si les cultivateurs étaient assez riches pour traiter les 36 millions d'arpents par la grande culture, conformément aux six millions qui sont traités actuellement par cette culture, la récolte annuelle serait environ de 66 millions de septiers au lieu de 44 millions, comme on va le prouver par l'examen de l'état actuel de la grande culture. (Note de l'original.)

soutenir la culture, les terres ne produiraient rien au roi ni aux propriétaires. Il faudrait donc éviter l'abondance du blé dans un royaume où l'on n'en devrait recueillir que pour la subsistance de la nation. Mais dans ce cas, les disettes sont inévitables parce que quand la récolte donne du blé pour trois ou quatre mois de plus que la consommation de l'année, il est à si bas prix que ce superflu ruine le laboureur, et néanmoins il ne suffit pas pour la consommation de l'année suivante s'il survient une mauvaise récolte ; ainsi il n'y a que la facilité du débit à bon prix qui puisse maintenir l'abondance et le profit.

Etat de la grande culture des grains. La grande culture est actuellement bornée environ à six millions d'arpents de terre qui comprennent principalement les provinces de Normandie, de la Beauce, de l'Ile-de-France, de la Picardie, de la Flandre française, du Hainaut et peu d'autres. Un arpent de bonne terre bien traité par la grande culture peut produire 8 septiers et davantage, mesure de Paris, qui est 240 livres pesant ; mais toutes les terres traitées par cette culture ne sont pas également fertiles ; car cette culture est plutôt pratiquée par un reste d'usage conservé dans certaines provinces, qu'à raison de la qualité des terres. D'ailleurs une grande partie de ces terres est tenue par de pauvres fermiers hors d'état de les bien cultiver ; c'est pourquoi nous n'avons évalué du fort au faible le produit de chaque arpent de terre qu'à cinq septiers, semence prélevée. Nous fixons l'arpent à 100 perches et la perche à 22 pieds. [1]

Les six millions d'arpents de terre traités par cette culture entretiennent tous les ans une sole de deux millions d'arpents ensemencés en blé ; une sole de deux millions d'arpents ensemencés en avoine et autres *grains* de mars, et une sole de deux millions d'arpents qui sont en jachères et que l'on prépare à apporter du blé l'année suivante.

Pour déterminer avec plus d'exactitude le prix commun du blé dans l'état actuel de la grande culture en France, lorsque l'exportation est défendue, il faut faire attention aux variations des produits des récoltes et des prix du blé, selon que les années sont plus ou moins favorables à nos moissons.

---

(1) C'est un cinquième de plus par arpent que la mesure de l'arpent donnée par M. de Vauban ; ainsi les récoltes doivent produire, selon cette mesure, un cinquième de plus de grain que cet auteur ne l'a estimé par arpent. (Note de l'original.)

ANNÉES	SEPTIERS par arpent	PRIX du septier	TOTAL parar…nt	FRAIS par arpent	RESTE par arpent
Abondante	7	10 liv.	70 liv.	60 liv.	10 liv.
Bonne . .	6	12	72	(³)	12
Moyenne .	5	15	75		15
Faible . .	4	20	80		20
Mauvaise .	3 (¹)	30	90		30
Total pour les cinq années (²)	25	87	387		87

Les 87 liv. total des cinq années, frais déduits, divisées en cinq années, donnent par arpent 17 liv. 8 s. de produit net.

Ajoutez à ces . . . . 17 liv. 8 s.

Les frais montant à . . . . 60 »

Cela donnera par chaque arpent total . . . . 77 liv. 8 s.

Les cinq années donnent 25 septiers, ce qui fait cinq septiers année commune. Ainsi, pour savoir le prix commun de chaque septier, il faut diviser le total ci-dessus par 5, ce qui établira le prix commun de chaque septier de blé à 15 liv. 9 s.

Chaque arpent produit encore la dîme qui d'abord a été prélevée sur la totalité de la récolte, et qui n'est point entrée dans ce calcul. Elle est ordinairement le treizième en dedans de toute la récolte ou le douzième en dehors. Ainsi, pour avoir le produit en entier de chaque arpent, il faut ajouter à 77 liv. 8 s. le produit de la dîme, qui se prend sur le total de la récolte, semence comprise. La semence évaluée en argent est 10 liv. 6 s. qui avec 77 liv. 8 s. font 87 liv. 14 s. dont $\frac{1}{12}$ pris en dehors pour la

---

(1) Le prix commun réglé, comme on fait ordinairement, sur les prix différents des années, sans égard aux frais, et au plus ou moins de récolte chaque année, n'est un prix commun que pour les acheteurs qui achètent pour leur subsistance la même quantité de blé chaque année. Ce prix est ici le cinquième de 87 liv. qui est 17 liv. 8 s. C'est à peu près le prix commun de la vente de nos blés à Paris depuis longtemps; mais le prix commun pour les fermiers, qui sont les vendeurs, n'est qu'environ 15 liv. 9 sols, à cause de l'inégalité des récoltes. (Note de l'original.)

(2) On ne parle point ici des années stériles, parce qu'elles sont fort rares, et que d'ailleurs on ne peut déterminer le prix qu'elles donnent aux blés. (Note de l'original.)

(3) Voyez le détail de ces frais *aux articles* FERMIERS et FERMES. (Note de l'original.)

dîme, est 7 livres. Ainsi avec la dîme le produit total, semence déduite, est 84 liv. 16 s. Ces 84 liv. 16 s. se partagent ainsi:

Pour la dîme . . . . 7 liv.
Pour les frais . . . . 60 » } 84 liv. 8 s.
Pour le produit net . . . . . 17 » 8 s.

La culture de chaque arpent qui produit la récolte en blé, est de deux années. Ainsi le fermier paie deux années de fermage sur les 17 liv. 8 s. du produit net de cette récolte; il doit aussi payer la taille sur cette même somme et y trouver un gain pour subsister.

Elle doit donc être distribuée à peu près ainsi:

Pour le propriétaire ⅗ ou 10 7 7 . . . .
Pour la taille ⅕ ou 3 9 6 . . . . } 17 liv. 8 s.
Pour le fermier ⅕ ou 3 9 6 (¹) . .

60 liv. de frais et 13 liv. 18 s. 6 d. pour le propriétaire et pour la taille font 73 liv. 18 s. 6 d. pour un arpent de blé, qui portant année commune cinq septiers, chaque septier coûte au fermier   14 15 8

Les années abondantes, l'arpent portant sept septiers, à 10 l. le septier, le fermier perd par septier 0 11 2½

Ou par arpent 3 18 6

Les bonnes années, l'arpent portant six septiers à 12 l. le fermier perd par septier 0 6 5

Ou par arpent 1 18 6

S'il paye plus de taille qu'il n'est marqué ici, et s'il paye par arpent pour chaque année de fermage plus de 5 liv. 5 s., ses pertes sont plus considérables à moins que ce ne soit des terres très bonnes (²) qui le dédommagent par le produit. Ainsi le fermier

---

(1) Nous ne nous réglons pas ici sur l'imposition réelle de la taille; nous supposons une imposition qui laisse quelque profit au fermier et un revenu au propriétaire, qui soutient un peu les richesses de la nation et l'entretien des terres. (Note de l'original.)

(2) Les gros fermiers qui exploitent de grandes fermes et de bonnes terres qu'ils cultivent bien, gagnent davantage, quoique de bonnes terres soient affermées à un plus haut prix; car une terre qui produit beaucoup procure un plus grand bénéfice sur les frais et sur la semence. Mais il s'agit ici d'une estimation générale du fort au faible, par rapport à la différente valeur des terres et aux différents états d'aisance des fermiers. On verra ci-après dans les détails les différents rapports des revenus des terres avec les frais de culture; il est nécessaire d'y faire attention pour juger des produits de l'agriculture relativement aux revenus des propriétaires, aux profits des fer-

a intérêt qu'il n'y ait pas beaucoup de blé, car il ne gagne un peu que dans les mauvaises années: je dis *un peu*, parce qu'il a peu à vendre et que la consommation qui se fait chez lui à haut prix augmente beaucoup sa dépense. Les prix des différentes années réduits aux prix communs de 15 liv. 9 s. le fermier gagne, année commune, 14 s. par septier ou 3 liv. 10 s. par arpent.

La sole de deux millions d'arpents en blé donne en total, à cinq septiers de blé par arpent et la dîme y étant ajoutée, 10,944,416 septiers dont la valeur en argent est 169,907,795 liv.

De cette somme totale de 169,907,795 liv. il y a:

Pour la taille	7,000,000	
Pour les propriétaires	21,000,000	35,000,000
Pour les fermiers	7,000,000	
Pour la dîme	14,907,795	
Pour les frais	120,000,000	134,907,795
Produit total		169,907,795

Il y a aussi par la grande culture deux millions d'arpents ensemencés chaque année en avoine ou autres *grains* de mars. Nous les supposerons tous ensemencés en avoine, pour éviter les détails inutiles qui nous ramèneraient à peu près au même produit, tous ces *grains* étant à peu près de la même valeur, étant vrai aussi que l'avoine forme effectivement la plus grande partie de ce genre de récolte. On estime qu'un arpent donne, dîme prélevée, deux septiers d'avoine double mesure du septier de blé. Le septier est évalué 9 liv. Il faut retrancher un sixième des deux septiers pour la semence: reste pour le produit de l'arpent 15 liv. ou un septier et ²/₃. Ajoutez la dîme, le produit total est 16 livres 10 s. dont il y a:

Pour le fermage d'une année	5	5	
Pour la taille	2		10
Pour le fermier	2	15	
Pour les frais (1)	5		
Pour la dîme	1	10	6 10
Produit total		16	10

miers, à la taille et à la dîme; car on apercevra, à raison des divers produits, des rapports fort différents. (Note de l'original.)

(1) On ne met ici que les frais de moisson parce que les frais de culture sont compris avec ceux du blé. *Voyez l'article* FERMIERS (*écon. polit.*). (Note de l'original.)

Les deux millions d'arpents en avoine donnent, y compris la dime et soustraction faite de la semence, 3,675,000 septiers qui valent en argent 33,330,333 liv. 7 s. dont il y a :

Pour les propriétaires	10,500,000	
Pour la taille	4,000,000	20,000,000
Pour les fermiers	5,500,000	
Pour la dime	3,000,000	13,000,000
Pour les frais	10,000,000	
Produit total		33,000,000

TOTAL des produits de la récolte du blé et de celle de l'avoine traités par la grande culture.

Pour les propriétaires	blé .	21,000,000	31,500,000	liv.
	avoine	10,500,000		
Pour la taille . .	blé .	7,000,000	11,000,000	55,000,000
	avoine	4,000,000		
Pour les fermiers	blé .	7,000,000	12,50 ',000	
	avoine	5,500,000		
Pour la dime . .	blé .	14,900,000	18,000,000	148,000,000
	avoine	3,100,000		
Pour les frais . .	blé .	120,000,000	130,000,000	
	avoine	10,000,000		
Produit total				203,000,000

Etat de la petite culture des grains. Nous avons observé à l'article FERMIERS, déjà cité, que dans les provinces où l'on manque de laboureurs assez riches pour cultiver les terres avec des chevaux, les propriétaires ou les fermiers qui font valoir les terres sont obligés de les faire cultiver par des paysans auxquels ils fournissent des bœufs pour les labourer. Nous avons vu que les frais qu'exige cette culture ne sont pas moins considérables que ceux de la culture qui se fait avec les chevaux, mais qu'au défaut de l'argent qui manque dans ces provinces, c'est la terre elle-même qui subvient aux frais. On laisse des terres en friche pour la pâture des bœufs de labour, on les nourrit pendant l'hiver avec les foins que produisent les prairies; et au lieu de payer des gages à ceux qui labourent, on leur cède la moitié du produit que fournit la récolte.

Ainsi, excepté l'achat des bœufs, c'est la terre elle-même qui avance tous les frais de la culture, mais d'une manière fort onéreuse au propriétaire et encore plus à l'Etat ; car les terres qui restent incultes pour le pâturage des bœufs privent le propriétaire et l'Etat du produit que l'on en tirerait par la culture. Les bœufs dispersés dans ces pâturages ne fournissent point de fumier ; les propriétaires confient peu de troupeaux à ces métayers ou paysans chargés de la culture de la terre, ce qui diminue extrêmement le produit des laines en France. Mais ce défaut de troupeaux prive les terres de fumier ; et faute d'engrais, elles ne produisent que de petites récoltes qui ne sont évaluées dans les bonnes années qu'au grain cinq, c'est-à-dire au quintuple de la semence ou environ trois septiers par arpent, ce qu'on regarde comme un bon produit. Aussi les terres abandonnées à cette culture ingrate sont-elles peu recherchées ; un arpent de terre qui se vend 30 ou 40 livres dans ces pays-là, vaudrait 2 ou 300 livres dans des provinces bien cultivées. Ces terres produisent à peine l'intérêt du prix de leur acquisition, surtout aux propriétaires absents ; si on déduit des revenus d'une terre assujettie à cette petite culture ce que produiraient les biens occupés pour la nourriture des bœufs ; si on en retranche les intérêts au denier dix des avances pour l'achat des bœufs de labour, qui diminuent de valeur après un nombre d'années de service, on voit qu'effectivement le propre revenu des terres cultivées est au plus du fort au faible de 20 ou 30 sous par arpent. Ainsi, malgré la confusion des produits et les dépenses de cette sorte de culture, le bas prix de l'acquisition de ces terres s'est établi sur des estimations exactes vérifiées par l'intérêt des acquéreurs et des vendeurs.

Voici l'état d'une terre qui produit, année commune, pour la part du propriétaire environ 3000 liv. en blé, semence prélevée, presque tout en froment ; les terres sont bonnes et portent environ le *grain* cinq. Il y en a 400 arpents en culture, dont 200 arpents forment la sole de la récolte de chaque année ; et cette récolte est partagée par moitié entre les métayers et le propriétaire. Ces terres sont cultivées par dix charrues tirées chacune par quatre gros bœufs ; les quarante bœufs valent environ 8000 liv. dont l'intérêt mis au denier dix, à cause des risques et de la perte sur la vente de ces bœufs, quand ils sont vieux et maigres, est 800 liv. Les prés produisent 130 charrois de foin qui sont consommés par les bœufs : de plus il y a cent arpents de friches pour leur pâturage ; ainsi il faut rapporter le produit des 3000 liv. en blé pour la part du propriétaire :

A l'intérêt du prix des bœufs	800	
A l'intérêt de 1000 liv. de blé choisi pour le premier fonds de la semence avancée par le propriétaire	50	1050 liv.
A 200 liv. de frais particuliers faits par le propriétaire, sans compter les réparations et les appointements d'un régisseur . . .	200	
A 130 charrois de foin, le charroi à 10 liv.	1300	
A 100 arpents de pâtureaux à 15 sous l'arpent	75	1950 liv.
Reste pour le produit des 400 arpents de terres cultivées	575	
Total		3000 liv.

Ainsi ces quatre cents arpents de bonnes terres ne donnent pas par arpent 1 l. 10 s. de revenu(¹): mais dans le cas dont il sera parlé ci-après, chaque arpent serait affermé 10 liv., les 400 arpents rapporteraient au propriétaire 4000 liv. au lieu de 575. Aussi ne devra-t-on pas être étonné de la perte énorme qu'on apercevra dans les revenus des terres du royaume.

Les terres médiocres sont d'un si petit revenu que selon M. Dupré de Saint-Maur (*Essai sur les mœurs.*) celles de Sologne et du Berry, au centre du royaume, ne sont guère louées que sur le pied de 15 sols l'arpent, les prés, les terres et les friches ensemble; encore faut-il faire une avance considérable de bestiaux qu'on donne aux fermiers, sans retirer que le capital à la fin du bail. « Une grande partie de la Champagne, de la Bretagne, du Maine, du Poitou, des environs de Bayonne, etc., dit le même auteur, ne produisent guère davantage. » (²) Le Languedoc est plus cultivé

---

(1) Il faut même supposer de bonnes années, et que le prix du foin ne passe pas 10 liv. ou que la longueur des hivers n'en fasse pas consommer par les bœufs une plus grande quantité; car un peu moins de produit ou un peu plus de dépense anéantit ce petit revenu. (Note de l'original.)

(2) On peut juger de là combien est mal fondée l'opinion de ceux qui croient que la campagne est dépeuplée parce que les grands propriétaires se sont emparés de toutes les terres, en sorte que les paysans ne peuvent pas en avoir pour cultiver à leur profit: on voit que le fermage des terres est à si bas prix qu'il leur serait très facile d'en affermer autant qu'ils en voudraient; mais il y a d'autres raisons qui s'y opposent et que nous examinerons dans la suite: car il faut dissiper des préjugés vulgaires qui voilent des vérités qu'il est intéressant d'approfondir. (Note de l'original.)

et plus fertile; mais ces avantages sont peu profitables parce que le blé qui est souvent retenu dans la province est sans débit: et il y a si peu de commerce que dans plusieurs endroits de cette province, comme dans beaucoup d'autres pays, les ventes et les achats ne s'y font que par troc ou l'échange des denrées mêmes.

Les petites moissons que l'on recueille et qui la plupart étant en seigle (¹) fournissent peu de fourrages, contribuent peu à la nourriture des bestiaux, et on n'en peut nourrir que par le moyen des pâturages ou des terres qu'on laisse en friche: c'est pourquoi on ne les épargne pas. D'ailleurs les métayers, toujours fort pauvres, emploient le plus qu'ils peuvent les bœufs que le propriétaire leur fournit, à faire des charrois à leur profit pour gagner quelque argent, et les propriétaires sont obligés de tolérer cet abus pour se conserver leurs métayers: ceux-ci, qui trouvent plus de profit à faire des charrois qu'à cultiver, négligent beaucoup la culture des terres. Lorsque ces métayers laissent des terres en friche pendant longtemps et qu'elles se couvrent d'épines et de buissons, elles restent toujours dans cet état parce qu'elles coûteraient beaucoup plus que leur valeur à esserter et défricher.

Dans ces provinces, les paysans et manouvriers n'y sont point occupés comme dans les pays de grande culture, par des riches fermiers qui les emploient aux travaux de l'agriculture et au gouvernement des bestiaux; les métayers trop pauvres leur procurent peu de travail. Ces paysans se nourrissent de mauvais pain fait de menus *grains* qu'ils cultivent eux-mêmes, qui coûtent peu de culture, et qui ne sont d'aucun profit pour l'Etat.

Le blé a peu de débit faute de consommation dans ces pays, car lorsque les grandes villes sont suffisamment fournies par les provinces voisines, le blé ne se vend pas dans celles qui en sont éloignées; on est forcé de le donner à fort bas prix ou de le garder pour attendre des temps plus favorables pour le débit: cette non-valeur ordinaire des blés en fait encore négliger davantage la

(1) Ceux qui sont assujettis à la petite culture sont peu attachés au fourrage que produit le froment, parce qu'ils en font peu d'usage; et ils préfèrent volontiers la culture du seigle, parce qu'il vient plus sûrement dans les terres maigres. D'ailleurs il y a toujours quelque partie de la sole des terres ensemencées qui porte des grains de mars, que nous confondrons ici avec le blé pour éviter de petits détails peu utiles. On peut compenser la valeur de ces différents grains par un prix commun un peu plus bas que celui du froment. (Note de l'original.)

culture; la part de la récolte qui est pour le métayer devient à peine suffisante pour la nourriture de sa famille; et quand la récolte est mauvaise, il est lui-même dans la disette: il faut alors que le propriétaire y supplée. C'est pourquoi les récoltes qu'on obtient par cette culture ne sont presque d'aucune ressource dans les années de disette, parce que dans les mauvaises années elles suffisent à peine pour la subsistance du propriétaire et du colon. Ainsi la cherté du blé dans les mauvaises années ne dédommage point de la non-valeur de cette denrée dans les bonnes années; il n'y a que quelques propriétaires aisés qui peuvent attendre les temps favorables pour la vente du blé de leur récolte, qui puissent en profiter.

Il faut donc, à l'égard de cette culture, n'envisager la valeur du blé que conformément au prix ordinaire des bonnes années; mais le peu de débit qu'il y a alors dans les provinces éloignées de la capitale, tient le blé à fort bas prix: ainsi nous ne devons l'évaluer qu'à 12 liv. le septier, froment et seigle, dans les provinces où les terres sont traitées par la petite culture. C'est en effet dans ces provinces que le prix du blé ne peut soutenir les frais pécuniaires de la grande culture; qu'on ne cultive les terres qu'aux dépens des terres mêmes, et qu'on en tire le produit que l'on peut en les faisant valoir avec le moins de dépenses qu'il est possible.

Ce n'est pas parce qu'on laboure avec des bœufs que l'on tire un si petit produit des terres; on pourrait par ce genre de culture, en faisant les dépenses nécessaires, tirer des terres à peu près autant de produit que par la culture qui se fait avec les chevaux; mais ces dépenses ne pourraient être faites que par les propriétaires; ce qu'ils ne feront pas tant que le commerce du blé ne sera pas libre et que les non-valeurs de cette denrée ne leur laisseront apercevoir qu'une perte certaine.

On estime qu'il y a environ trente millions d'arpents de terres traitées par la petite culture, chaque arpent du fort au faible produisant, année commune, le *grain* quatre, ou trente-deux boisseaux non compris la dîme; de ces trente-deux boisseaux il faut en retrancher huit pour la semence. Il reste deux septiers qui se partagent par moitié entre le propriétaire et le métayer. Celui-ci est chargé de la taille et de quelques frais inévitables.

Trente millions d'arpents de terres traitées par la petite culture sont divisés en deux soles qui produisent du blé alternativement.

Il y a quinze millions d'arpents qui portent du blé tous les ans, excepté quelques arpents que chaque métayer réserve pour ensemencer en *grains* de mars; car il n'y a point par cette culture de sole particulière pour ces *grains*. Nous ne distinguerons point dans les quinze millions d'arpents la petite récolte des graines de mars, de celle du blé, l'objet n'est pas assez considérable pour entrer dans ce détail. D'ailleurs, la récolte de chaque arpent de blé est si faible que ces deux sortes de récoltes diffèrent peu l'une de l'autre pour le produit.

Chaque arpent de blé donnant du fort au faible quatre pour un, ou deux septiers, semence prélevée, et non compris la dîme, le septier à 12 liv., année commune, froment et seigle, le produit en argent pour les deux septiers est 24

Ajoutez ¹/₁₂ en dehors qui a été enlevé pour la dîme prise sur toute la récolte, semence comprise . . 2 | 13

Total . . . . 26 | 13

Les 24 liv. ou les deux septiers se distribuent ainsi:

Au propriétaire pour les intérêts de ses avances, pour quelques autres frais, pour le dédommagement des fonds occupés pour la nourriture des bœufs de labour . . . . 9 } 12

Pour lui tenir lieu de deux années de fermage, à 1 l. 10 s. par chaque année 3

Au métayer pour ses frais, son entretien et sa subsistance . . . . 10 } 12

Pour le payement de sa taille. 1

Pour ses risques et profits 1

Le produit total de 26 liv. 13 s. par chaque arpent se partage donc ainsi:

Pour le fermage de deux années . . . . 3 }
Pour la taille. . . . . 1 } 5
Pour le métayer . . . . 1 }
Pour la dîme . . . . 2 | 13 }
Pour les frais . . . . 19 } 21 | 13

Produit total . . . . 26 | 13

La récolte en blé des 15 millions d'arpents traités par la petite culture donne, la dîme comprise et la semence prélevée, 33,150,000 septiers qui valent en argent 397,802,040 liv. dont il y a:

Pour la taille	15,000,000	
Pour les propriétaires	45,000,000	75,000,000
Pour les métayers	15,000,000	
Pour la dîme	37,802,040	
Pour les frais	285,000,000	322,802,040
Produit total		397,802,040

TOTAL des produits de la grande et de la petite culture réunis.

Pour les propriétaires	gr. cult.	31,500,000	76,500,000	
	p. cult.	45,000,000		
Pour la taille . .	gr. cult.	11,000,000	26,000,000	130,500,000 (1)
	p. cult.	15,000,000		
Pour les fermiers	gr. cult.	12,500,000	27,500,000	
	p. cult.	15,000,000		
Pour la dîme . .	gr. cult.	18,000,000	50,000,000	
	p. cult.	32,000,000		
Pour les frais . .	gr. cult.	130,000,000	415,000,000	465,000,000
	p. cult.	285,000,000		
Produit total des récoltes actuelles en *grains* . . .				595,000,000

Etat d'une bonne culture des grains. La gêne dans le commerce des grains, le défaut d'exportation, la dépopulation, le manque de richesses dans les campagnes, l'imposition indéterminée des subsides, la levée des milices, l'excès des corvées ont réduit nos récoltes à ce petit produit. Autrefois, avec un tiers plus d'habitants qui augmentaient la consommation, notre culture fournissait à l'étranger une grande quantité de *grains*; les Anglais se plaignaient en 1621 de ce que les Français apportaient chez eux des quantités de blé si considérables et à si bas prix que la nation n'en pouvait soutenir la concurrence dans ses marchés[2]; il se vendait alors en France 18 liv. de notre monnaie actuelle: c'était un bas prix dans ce siècle. Il fallait donc que nos récoltes pro-

---

(1) Erreur du texte original; l'addition donne 130,000,000. A. O.

(2) *Traité des avantages et des désavantages de la Grande-Bretagne.* (Note de l'original.)

duisissent dans ces temps-là au moins 70 millions de septiers de blé; elles en produisent aujourd'hui environ 45 millions: un tiers d'hommes de plus en consommait 20 millions au delà de notre consommation actuelle, et le royaume en fournissait encore abondamment à l'étranger ; cette abondance était une heureuse suite du gouvernement économique de M. de Sully. Ce grand ministre ne désirait, pour procurer des revenus au roi et à la nation, et pour soutenir les forces de l'Etat, que des laboureurs, des vignerons et des bergers.

Le rétablissement de notre culture suppose aussi l'accroissement de la population; les progrès de l'un et de l'autre doivent aller ensemble; le prix des *grains* doit surpasser les frais de culture: ainsi il faut que la consommation intérieure et la vente à l'étranger entretiennent un profit certain sur le prix des *grains*. La vente à l'étranger facilite le débit, ranime la culture et augmente le revenu des terres; l'accroissement des revenus procure de plus grandes dépenses qui favorisent la population parce que l'augmentation des dépenses procure des gains à un plus grand nombre d'hommes. L'accroissement de la population étend la consommation; la consommation soutient le prix des denrées qui se multiplient par la culture à proportion des besoins des hommes, c'est-à-dire à proportion que la population augmente. Le principe de tous ces progrès est donc l'exportation des denrées du cru parce que la vente à l'étranger augmente les revenus, que l'accroissement des revenus augmente la population, que l'accroissement de la population augmente la consommation, qu'une plus grande consommation augmente de plus en plus la culture, les revenus des terres et la population; car l'augmentation des revenus augmente la population, et la population augmente les revenus.

Mais tous ces accroissements ne peuvent commencer que par l'augmentation des revenus; voilà le point essentiel et le plus ignoré ou du moins le plus négligé en France; on n'y a pas même reconnu dans l'emploi des hommes la différence du produit des travaux qui ne rendent que le prix de la main-d'œuvre, d'avec celui des travaux qui payent la main-d'œuvre et qui procurent des revenus. Dans cette inattention on a préféré l'industrie à l'agriculture, et le commerce des ouvrages de fabrication au commerce des denrées du cru; on a même soutenu des manufactures et un commerce de luxe au préjudice de la culture des terres.

Cependant il est évident que le gouvernement n'a point d'autres moyens pour faire fleurir le commerce et pour soutenir et étendre l'industrie, que de veiller à l'accroissement des revenus, car ce sont les revenus qui appellent les marchands et les artisans et qui payent leurs travaux. Il faut donc cultiver le pied de l'arbre, et ne pas borner nos soins à gouverner les branches; laissons-les s'arranger et s'étendre en liberté, mais ne négligeons pas la terre qui fournit les sucs nécessaires à leur végétation et à leur accroissement. M. Colbert tout occupé des manufactures a cru cependant qu'il fallait diminuer la taille et faire des avances aux cultivateurs pour relever l'agriculture qui dépérissait: ce qu'il n'a pu concilier avec les besoins de l'Etat; mais il ne parle pas des moyens essentiels, qui consistent à assujettir la taille à une imposition réglée et à établir invariablement la liberté du commerce des *grains;* l'agriculture fut négligée, les guerres qui étaient continuelles, la milice qui dévastait les campagnes, diminuèrent les revenus du royaume; les traitants, par des secours perfides, devinrent les suppôts de l'Etat; la prévoyance du ministre s'était bornée à cette malheureuse ressource dont les effets ont été si funestes à la France. (¹)

La culture du blé est fort chère; nous avons beaucoup plus de terres qu'il ne nous en faut pour cette culture, il faudrait la borner aux bonnes terres dont le produit surpasserait de beaucoup les frais d'une bonne culture. Trente millions d'arpents de bonnes terres formeraient chaque année une sole de 10 millions d'arpents qui porteraient du blé; de bonnes terres bien cultivées produiraient au moins, année commune, six septiers par arpent, semence prélevée: ainsi la sole de dix millions d'arpents donnerait, la dîme comprise, au moins 65 millions de septiers de blé. (²) La

---

(1) *Le Financier citoyen, chap. III et IV.* (Note de l'original.)

(2) Nous supposons que chaque arpent produit six septiers, semence prélevée: nous savons cependant qu'un bon arpent de terre bien cultivé doit produire davantage. Nous avons jugé à propos, pour une plus grande sûreté dans l'estimation, de nous fixer à ce produit; mais afin qu'on puisse juger de ce que peut rapporter un arpent de terre, dans le cas dont il s'agit ici, nous en citerons un exemple tiré de *l'article* FERME, donné par M. Le Roy, lieutenant des chasses du parc de Versailles. „J'ai actuellement, dit l'auteur, sous les yeux une ferme qui est de plus de trois cents arpents, dont les terres sont bonnes sans être du premier ordre. Elles étaient il y a quatre ans entre les mains d'un fermier qui les labourait assez bien, mais qui les

consommation intérieure venant à augmenter et la liberté du commerce du blé étant pleinement rétablie, le prix de chaque septier de blé, année commune, peut être évalué à 18 liv. un peu plus ou moins, cela importe peu; mais à 18 liv. le produit serait de 108 livres non compris la dîme.

Pour déterminer plus sûrement le prix commun du blé, l'exportation étant permise, il faut faire attention aux variations des produits des récoltes et des prix du blé selon ces produits. On peut juger de l'état de ces variations dans le cas de l'exportation, en se réglant sur celles qui arrivent en Angleterre où elles ne s'étendent depuis nombre d'années qu'environ depuis 18 jusqu'à 22 liv. Il est facile de comprendre pourquoi ces variations y sont si peu considérables: l'agriculture a fait de très grands progrès dans ce royaume; les récoltes, quelque faibles qu'elles y soient, sont toujours plus que suffisantes pour la subsistance des habitants. Si notre agriculture était en bon état, nous recueillerions dans une mauvaise année à peu près autant de blé que nous en fournit aujourd'hui une bonne récolte: ainsi on ne pourrait, sans des accidents extraordinaires, éprouver la disette dans un royaume où les moindres récoltes jointes à ce qui resterait nécessairement des bonnes années, seraient toujours au-dessus des besoins des habitants. On peut en juger par l'exposition que nous allons donner des variations des récoltes que produit une bonne culture selon la diversité des années. On y remarquera qu'une mauvaise récolte de 10 millions d'arpents donne 40 millions de septiers de blé sans la récolte d'une même quantité d'arpents ensemencés en *grains* de mars.

---

fumait très mal parce qu'il vendait ses pailles et nourrissait peu le bétail. Ces terres ne rapportaient que trois à quatre septiers de blé par arpent dans les meilleures années; il s'est ruiné, et on l'a contraint de remettre sa ferme à un autre cultivateur plus industrieux. Tout a changé de face; la dépense n'a point été épargnée; les terres encore mieux labourées qu'elles n'étaient, ont été couvertes de troupeaux et de fumier: en deux ans elles ont été améliorées au point de rapporter dix septiers de blé par arpent et d'en faire espérer encore plus par la suite. Ce succès sera répété toutes les fois qu'il sera tenté. Multiplions nos troupeaux, nous doublerons presque nos récoltes. Puisse cette persuasion frapper également les fermiers et les propriétaires! Si elle devenait générale, si elle était encouragée, nous verrions bientôt l'agriculture faire des progrès rapides, nous lui devrions l'abondance avec tous ses effets." (Note de l'original.)

Années	Septiers	Prix du septier pararpent	Total pararpent	Frais pararpent	Reste
Abondante .	8	16 liv. (1)	128 liv.		62 liv.
Bonne . .	7	17	119	66 liv.	53
Moyenne . .	6	18	108		42
Faible . .	5	19	95		29
Mauvaise . .	4	20	80		14(2)
Total . .	30	90			200

Les 200 liv. du total, frais déduits, divisées par cinq années, donnent pour année commune, ci 40

Ajoutez les frais 66

Total 106

Les 106 liv. divisées par six septiers, donnent pour prix commun du septier . . . . 17 13 4(3)

Au produit de six septiers, dont la valeur est . . 106

Ajoutez pour la dîme $\frac{1}{12}$ en dehors pris sur tout le produit et sur la semence à prélever 10

Le produit total de l'arpent est 116

Dont il y aurait de produit net 40 liv. distribuées ainsi:

Pour le fermage de deux années $\frac{1}{2}$ ou . . . . 20 liv.

Pour la taille $\frac{1}{4}$ ou 10 (4) 40

Pour le fermier $\frac{1}{4}$ ou 10

(1) Nous mettons le prix plus bas qu'en Angleterre, quoique le blé de France soit meilleur; mais si nous en vendions à l'étranger, la concurrence pourrait faire baisser le prix de part et d'autre. (Note de l'original.)

(2) Dans la grande culture actuelle en France, on a remarqué ci-devant que le fermier perd dans les bonnes années; ici il gagne, mais il perd dans les mauvaises; ainsi il a intérêt qu'il y ait beaucoup de blé: au lieu que dans l'autre cas l'abondance ruine le fermier, et celui-ci ne peut se dédommager un peu que dans les mauvaises années. (Note de l'original.)

(3) Le prix commun des acheteurs serait le cinquième de 90 liv. qui est 18 liv., c'est environ le prix commun ordinaire de la vente de nos blés dans ces derniers temps: ainsi l'exportation n'augmenterait pas le prix du blé pour les acheteurs; elle l'augmenterait pour les fermiers de 2 liv. 4 s. par septier; ce serait sur 65 millions de septiers, 160 millions de bénéfice pour l'agriculture, sans que le blé augmentât de prix pour l'acheteur. Voilà l'avantage de l'exportation. Ainsi on ne doit pas s'étonner des progrès de l'agriculture en Angleterre. (Note de l'original.)

(4) Pour les terres chargées du droit de champart ou de la dîme agrière les fermiers ne payent pas tant de taille; mais ce qui manquerait se répandrait sur ceux qui afferment cette espèce de dîme (Note de l'original.)

	Report	40
La dîme	10	
Les frais	66	} 76
Produit total de l'arpent		116

66 liv. de frais et 30 liv. pour la taille et le fermage font 96 liv. par arpent: le produit étant six septiers, le septier coûterait, année commune, au fermier 16 liv. Dans une année abondante, à huit septiers par arpent, le septier lui coûte 12 livres; étant vendu 16 liv. il gagne 4 liv. Dans une mauvaise année, à quatre septiers par arpent, le septier lui coûte 24 liv., étant vendu 20 liv. il perd 4 liv. Les années bonnes et mauvaises, réduites à une année commune, il gagne par septier 1 liv. 13 s. ou environ 10 liv. par arpent.

La récolte en blé de dix millions d'arpents donne, année commune, la dîme comprise levée sur toute la récolte, le fonds de la semence compris, 65,555,500 septiers, semence prélevée, qui valent en argent 1,159,500,000 livres dont il y a:

Pour les propriétaires	200,000,000	
Pour la taille . . .	100,000,000	400,000,000
Pour les fermiers .	100,000,000	
Pour la dîme . . .	99,500,000	759,500,000
Pour les frais . . .	660,000,000	
Produit total		1,159,500,000

Il y aurait de même une sole de dix millions d'arpents qui produirait des *grains* de mars, et dont chaque arpent de bonne terre et bien cultivée produirait, année commune, au moins deux septiers, semence prélevée et la dîme non comprise; le septier évalué un peu au-dessous des $2/3$ du prix du blé, vaudrait environ 10 liv.

L'arpent produirait	20			
Et la dîme qui est le $1/2$ en dehors ou . .	1	17	21	17

Les 21 liv. 17 s. se distribuent ainsi:

Pour une année de fermage au propriétaire	10			
Pour la taille	2	10	15	
Pour le fermier	2	10		
Pour la dîme	1	17	6	17
Pour les frais	5			
Produit total			21	17

Les dix millions d'arpents en avoine donneraient, la dîme comprise, 21,944,441 septiers qui valent en argent 218,500,000 liv. dont il y a:

Pour les propriétaires	100,000,000	
Pour la taille . . .	25,000,000	150,000,000
Pour les fermiers .	25,000,000	
Pour la dîme . . .	18,500,000	
Pour les frais . . .	50,000,000	(1) 68,666,660
Produit total		218,500,000

Les produits de la récolte des dix millions d'arpents en blé et de la récolte des dix millions d'arpents en *grains* de mars réunis, produiraient:

La récolte avec la dîme frais déduits	en blé . 499,500,000		668,000,000
	en avoine 168,500,000		
Les frais	en blé . 660,000,000		710,000,000
	en avoine 50,000,000		
Produit total			1,378,000,000

Dont il y a:

Pour les propriétaires	blé . 200,000,000	300,000,000		
	avoine 100,000,000			
Pour la taille . .	blé . 100,000,000	125,000,000	550,000,000	
	av. (2) 250,000,000			
Pour les fermiers	blé . 100,000,000	125,000,000		
	avoine 25,000,000			
Pour la dîme . .	blé . 99,500,000	118,000,000		
	avoine 18,500,000			828,000,000
Pour les frais .	blé . 660,000,000	710,000,000		
	avoine 50,000,000			
Produit total				1,378,000,000

Il y a, outre les trente millions dont on vient d'apprécier le produit, trente autres millions d'arpents de terres cultivables de moindre valeur que les terres précédentes, qui peuvent être employées à différentes productions; les meilleures à la culture des chanvres, des lins, des légumes, des seigles, des orges, des prairies artificielles, des menus *grains;* les autres selon leurs diffé-

---

(1) Erreur du texte original; l'addition donne 68,500,000. A. O.
(2) Erreur évidente du texte original; il faut 25,000,000. A. O.

rentes qualités peuvent être plantés en bois, en vignes, en mûriers, en arbres à cidre, en noyers, châtaigniers, ou ensemencés en blé noir, en faux seigle, en pommes de terre, en navets, en grosses raves et en d'autres productions pour la nourriture des bestiaux. Il serait difficile d'apprécier les différents produits de ces trente millions d'arpents; mais comme ils n'exigent pas pour la plupart de grands frais pour la culture, on peut, sans s'exposer à une grande erreur, les évaluer du fort au faible pour la distribution des revenus environ à un tiers du produit des trente autres millions d'arpents, dont il y aurait:

Pour les propriétaires	100,000,000	
Pour la taille . . .	40,000,000	180,000,000
Pour les fermiers .	40,000,000	
Pour la dîme . . .	37,000,000	257,000,000
Pour les frais . .	220,000,000	
Produit total		437,000,000

RÉCAPITULATION des différents produits de la bonne culture réunis. Les soixante millions d'arpents de terres cultivables en France donneraient:

Pour les propriétaires .	bonne terre 300,000,000 terre méd. 100,000,000	400,000,000		730,000,000
Pour la taille	bonne terre 125,000,000 terre méd. 40,000,000	165,000,000		
Pour les fermiers. . .	bonne terre 125,000,000 terre méd. 40,000,000	165,000,000		
Pour la dîme	bonne terre 118,000,000 terre méd. 37,000,000	155,000,000 (1)		1,085,000,000
Pour les frais	bonne terre 710,000,000 terre méd. 220,000,000	930,000,000		

Produit, frais déduits, reste 885,000,000
Produit total 1,815,000,000

(1) Les frais ne se font pas tous en argent; la nourriture des chevaux et celle des domestiques sont fournies en nature par les récoltes, ainsi il n'y a guère que la moitié de ces frais qui participe à la circulation de l'argent. Il n'en est pas de même des frais de la culture des vignes et des dépenses pour les récoltes des vins; car ces avances se font presque toutes en argent: ainsi on voit toujours que plus de la moitié de la masse d'argent monnayé qu'il y a dans le royaume, doit circuler dans les campagnes pour les frais de l'agriculture. (Note de l'original.)

COMPARAISON des produits de la culture actuelle du royaume avec ceux de la bonne culture.

	Culture actuelle.	Bonne culture.	Différence.
Pour les propriétaires	76,500,000	400,000,000	([1])324,500,000 plus de ⁴/₅
Pour la taille . .	26,000,000	165,000,000([2])	138,000,000 plus de ⁵/₆
Pour les fermiers	27,500,000	165,000,000	137,500,000 plus de ⁵/₆
Pour la dime . .	50,000,000	155,000,000	105,000,000 plus de ²/₃
Pour les frais . .	415,000,000	930,000,000([3])	515,000,000 plus de ⁸/₉
Produit, frais déduits	178,000,000	885,000,000([4])	707,000,000 près de ⁴/₅
Produit total . .	595,000,000	1,815,000,000	1,220,000,000([5]) plus de ²/₃

Observations sur les avantages de la culture des grains. Les frais de la culture restent dans le royaume, et le produit total est tout entier pour l'État. Les bestiaux égalent au moins la moitié de la richesse annuelle des récoltes; ainsi le produit de ces deux parties de l'agriculture serait environ de trois milliards: celui des vignes est de plus de cinq cents millions et pourrait être beaucoup augmenté si la population s'accroissait dans le royaume et si le commerce des vins et eaux-de-vie était moins gêné. ([6]) Les produits

(1) Erreur du texte original; il faut 323,500,000. A. O.

(2) On suppose dans ces deux états de culture, la taille égale environ à un tiers du revenu des propriétaires. La capitation et les taxes particulières jointes à la taille montent aujourd'hui l'imposition totale à peu près à l'égal de la moitié des revenus ou à 40 millions. Suivant cette proportion, l'imposition totale monterait dans la bonne culture à 200 millions, au lieu de 40 millions. Nous comprenons dans les deux cas, sous le même point de vue, les pays d'états et les pays d'élections qui en effet payent ensemble aujourd'hui en taille, dons gratuits et capitation, environ 40 millions sur des terres du royaume employées à la culture des *grains* (Note de l'original.)

(3) Dans l'état actuel, les frais ne produisent que 30 pour cent; et dans une bonne culture, où le débit des *grains* serait favorisé comme en Angleterre par l'exportation, les frais produiraient environ cent pour cent. (Note de l'original.)

(4) Notez que dans cette comparaison on ne suppose aucune augmentation dans le prix commun des *grains*; car il n'est pas vraisemblable que l'exportation en fit augmenter le prix: mais elle exclurait les non-valeurs et les chertés. Elle produit constamment cet avantage en Angleterre, quoiqu'on n'y exporte qu'environ un million de septiers (ce qui n'est pas un vingtième de la récolte), ne trouvant pas chez l'étranger à en vendre davantage. (Note de l'original.)

(5) Suivant la rectification faite par la note 2, il faut ici 1,219,500,000. A. O.

(6) L'auteur du livre intitulé *Le Financier citoyen*, dont les intentions peuvent être louables, est trop attaché aux droits des aides: il paraît n'avoir pas envisagé dans le vrai point de vue les inconvénients de ces droits; il ne les regarde que du côté des consommateurs, qui sont libres, dit-il, de faire

de l'agriculture seraient au moins de quatre milliards, sans y comprendre les produits des chanvres, des bois, de la pêche, etc. Nous
ne parlons pas non plus des revenus des maisons, des rentes, du
sel, des mines, ni des produits des arts et métiers, de la navigation, etc., qui augmenteraient à proportion que les revenus et la
population s'accroîtraient; mais le principe de tous ces avantages
est dans l'agriculture, qui fournit les matières de premier besoin,
qui donne des revenus au roi et aux propriétaires, des dîmes au

---

plus ou moins de dépense en vin. Mais ce plus ou moins de dépense est un
objet important par rapport aux revenus des vignes et aux habitants occupés à les cultiver. Cette culture emploie beaucoup d'hommes et peut en
employer encore davantage, ce qui mérite une grande attention par rapport
à la population; d'ailleurs les terres employées en vignes sont d'un grand
produit. Le grand objet du gouvernement est de veiller à l'augmentation des
revenus, pour le bien de l'Etat et pour le fonds des impositions, car les
terres qui [produisent beaucoup peuvent soutenir une forte imposition. Les
vignes produisent tous les ans, ainsi chaque arpent peut fournir pour la taille
le double de chaque arpent de terre cultivé en blé; ce qui produirait au roi
à peu près autant que les droits des aides, qui ruinent un commerce essentiel
au royaume et désolent les vignerons par les rigueurs de la régie et les
vexations des commis. Dans le système d'une bonne culture, la taille bien
régie doit être la principale source des revenus du roi. C'est une partie qu'on
n'a point approfondie et qui n'est connue que par les abus destructifs
contre lesquels on s'est toujours récrié et auxquels on n'a point encore re-
médié. V. Impots. Il paraît que l'auteur tient aussi un peu au préjugé vulgaire par rapport à l'industrie. L'industrie procure la subsistance à une
multitude d'hommes par le payement de la main-d'œuvre; mais elle ne produit point de revenus, et elle ne peut se soutenir que par les revenus des
citoyens qui achètent les ouvrages des artisans. Il défend l'imposition sur
l'industrie dans la crainte de l'anéantir; mais l'industrie subsistera toujours
dans un royaume à raison des revenus, par rapport aux ouvrages nécessaires,
et par rapport aux ouvrages de luxe; l'imposition peut seulement en augmenter un peu le prix. Mais cette partie intéresse fort peu le commerce
extérieur, qui ne peut nous enrichir que par la vente de nos productions.
L'auteur est entièrement décidé en faveur des fermes générales bien ordonnées;
il y trouve les revenus du roi assurés, des intérêts pour les seigneurs sous
des noms empruntés, des fortunes honnêtes pour les fermiers et sous-fermiers,
des appointements pour les commis; mais il veut que les financiers aient de
la probité. Un autre avantage qu'il aperçoit dans les fermes, c'est qu'elles
peuvent s'augmenter sans nuire à l'agriculture, à l'industrie, ni au commerce.
Il est vrai du moins que dans des royaumes incultes, c'est peut-être le seul
moyen pour tirer des revenus pour le souverain et des intérêts pour les
seigneurs'; mais dans un Etat riche par ses biens et par le commerce de ses
productions, ce moyen onéreux n'est pas nécessaire et les seigneurs soutiennent leurs dépenses par les produits de leurs terres.   (Note de l'original.)

clergé, des profits aux cultivateurs. Ce sont ces premières richesses, toujours renouvelées, qui soutiennent tous les autres états du royaume, qui donnent de l'activité à toutes les autres professions, qui font fleurir le commerce, qui favorisent la population, qui animent l'industrie, qui entretiennent la prospérité de la nation. Mais il s'en faut beaucoup que la France jouisse de tous ces milliards de revenus que nous avons entrevu qu'elle pourrait tirer d'elle-même. On n'estime guère qu'à deux milliards la consommation ou la dépense annuelle de la nation. Or la dépense est à peu près égale aux revenus, confondus avec les frais de la main-d'œuvre, qui procurent la subsistance aux ouvriers de tous genres et qui sont presque tous payés par les productions de la terre; car, à la réserve de la pêche et du sel, les profits de la navigation ne peuvent être eux-mêmes fort considérables que par le commerce des denrées de notre cru. On regarde continuellement l'agriculture et le commerce comme les deux ressources de nos richesses; le commerce, ainsi que la main-d'œuvre, n'est qu'une branche de l'agriculture: mais la main-d'œuvre est beaucoup plus étendue et beaucoup plus considérable que le commerce. Ces deux états ne subsistent que par l'agriculture. C'est l'agriculture qui fournit la matière de la main-d'œuvre et du commerce, et qui paye l'une et l'autre; mais ces deux branches restituent leurs gains à l'agriculture qui renouvelle les richesses qui se dépensent et se consomment chaque année. En effet, sans les produits de nos terres, sans les revenus et les dépenses des propriétaires et des cultivateurs, d'où naîtrait le profit du commerce et le salaire de la main-d'œuvre? La distinction du commerce d'avec l'agriculture est une abstraction qui ne présente qu'une idée imparfaite et qui séduit des auteurs qui écrivent sur cette matière, même ceux qui en ont la direction, et qui rapportent au commerce productif le commerce intérieur qui ne produit rien, qui sert la nation, et qui est payé par la nation.

On ne peut trop admirer la supériorité des vues de M. de Sully; ce grand ministre avait saisi les vrais principes du gouvernement économique du royaume, en établissant les richesses du roi, la puissance de l'État, le bonheur du peuple, sur les revenus des terres, c'est-à-dire sur l'agriculture et sur le commerce extérieur de ses productions; il disait que sans l'exportation des blés, les sujets seraient bientôt sans argent et le souverain sans revenus. Les prétendus avantages des manufactures de toute espèce ne l'avaient pas séduit : il ne protégeait que celles des étoffes de laine parce qu'il avait reconnu que l'abondance des récoltes dépendait du débit des laines, qui favorise la multiplication des troupeaux nécessaires pour fertiliser les terres.

Les bonnes récoltes produisent beaucoup de fourrages pour la nourriture des bestiaux ; les trente millions d'arpents de terres médiocres seraient en partie destinés aussi à cet usage. L'auteur des *Prairies artificielles* décide très judicieusement qu'il faut à peu près la même quantité d'arpents de prairies artificielles qu'il y a de terres ensemencées en blé chaque année. Ainsi pour trente millions d'arpents, il faudrait dix millions d'arpents de prairies artificielles pour nourrir des bestiaux qui procureraient assez de fumier pour fournir un bon engrais aux terres qui chaque année doivent être ensemencées en blé. Cette pratique est bien entendue, car si on se procure par l'engrais de la terre un septier de blé de plus par chaque arpent, on double à peu près le profit. Un arpent de blé qui porte cinq septiers à 15 liv. le septier, donne, tous frais déduits, 20 liv. de revenu ; mais un septier de plus doublerait presque lui seul le revenu d'un arpent ; car si un arpent donne six septiers, le revenu est 35 liv. et s'il en portait sept, le revenu serait 50 liv. ou ³/₅ de revenu de plus que dans le premier cas ; le revenu n'est pas simplement à raison du produit, mais à raison du produit et des frais. Or, l'augmentation des frais est en bestiaux qui ont aussi leur produit ; ainsi les profits d'une culture imparfaite ne sont pas comparables à ceux d'une bonne culture.

Ainsi on voit que la fortune du fermier en état de faire les frais d'une bonne culture, dépend du produit d'un septier ou deux de plus par arpent de terre ; et quoiqu'il en partage la valeur pour la taille et pour le fermage, son gain en est beaucoup plus considérable, et la meilleure portion est toujours pour lui ; car il recueille des fourrages à proportion, avec lesquels il nourrit des bestiaux qui augmentent son profit.

Il ne peut obtenir cet avantage que par le moyen des bestiaux ; mais il gagnerait beaucoup aussi sur le produit de ces mêmes bestiaux. Il est vrai qu'un fermier borné à l'emploi d'une charrue ne peut prétendre à un gain considérable ; il n'y a que ceux qui sont assez riches pour se former de plus grands établissements, qui puissent retirer un bon profit et mettre par les dépenses qu'ils peuvent faire, les terres dans la meilleure valeur.

Celui qui n'occupe qu'une charrue tire sur ce petit emploi tous les frais nécessaires pour la subsistance et l'entretien de sa famille; il faut même qu'il fasse plus de dépense à proportion pour les différents objets de son entreprise; n'ayant qu'une charrue, il ne peut avoir, par exemple, qu'un petit troupeau de moutons, qui ne lui coûte pas moins pour le berger que ce que coûterait un plus grand troupeau qui produirait un plus grand profit. Un petit emploi et un grand emploi exigent donc, à bien des égards, des dépenses qui ne sont pas de part et d'autre dans la même proportion avec le gain. Ainsi les riches laboureurs qui occupent plusieurs charrues cultivent beaucoup plus avantageusement pour eux et pour l'Etat que ceux qui sont bornés à une seule charrue; car il y a épargne d'hommes, moins de dépense, et un plus grand produit; or les frais et les travaux des hommes ne sont profitables à l'Etat qu'autant que leurs produits renouvellent et augmentent les richesses de la nation. Les terres ne doivent pas nourrir seulement ceux qui les cultivent, elles doivent fournir à l'Etat la plus grande partie des subsides, produire des dîmes au clergé, des revenus aux propriétaires, des profits aux fermiers, des gains à ceux qu'ils emploient à la culture. Les revenus du roi, du clergé, des propriétaires, les gains du fermier et de ceux qu'il emploie, tournent en dépenses qui se distribuent à tous les autres états et à toutes les autres professions. Un auteur[1] a reconnu ces vérités fondamentales lorsqu'il dit: « que l'assemblage de plusieurs riches propriétaires de terres qui résident dans un même lieu, suffit pour former ce qu'on appelle *une ville*, où les marchands, les fabricants, les artisans, les ouvriers, les domestiques se rassemblent à proportion des revenus que les propriétaires y dépensent: auquel cas la grandeur d'une ville est naturellement proportionnée au nombre des propriétaires des terres, ou plutôt au produit des terres qui leur appartiennent. Une ville capitale se forme de la même manière qu'une ville de province, avec cette différence que les gros propriétaires de tout l'Etat résident dans la capitale. »

Les terres cultivées en détail par de petits fermiers exigent plus d'hommes et de dépenses, et les profits sont beaucoup plus bornés. Or, les hommes et les dépenses ne doivent pas être prodigués à des travaux qui seraient plus profitables à l'Etat, s'ils étaient exécutés avec moins d'hommes et moins de frais. Ce mau-

---

(1) Cantillon, *Essai sur le commerce*, chap. *5, 6*. (Note de l'original.)

vais emploi des hommes pour la culture des terres serait préjudiciable, même dans un royaume fort peuplé; car plus il est
peuplé, plus il est nécessaire de tirer un grand produit de la
terre: mais il serait encore plus désavantageux dans un royaume
qui ne serait pas assez peuplé, car alors il faudrait être plus
attentif à distribuer les hommes aux travaux les plus nécessaires
et les plus profitables à la nation. Les avantages de l'agriculture
dépendent donc beaucoup de la réunion des terres en grosses
fermes, mises dans la meilleure valeur par de riches fermiers.

La culture qui ne s'exécute que par le travail des hommes est
celle de la vigne, elle pourrait occuper un plus grand nombre
d'hommes en France si on favorisait la vente des vins et si la
population augmentait. Cette culture et le commerce des vins et
des eaux-de-vie sont trop gênés; c'est cependant un objet qui ne
mérite pas moins d'attention que la culture des *grains*.

Nous n'envisageons pas ici le riche fermier comme un ouvrier
qui laboure lui-même la terre; c'est un entrepreneur qui gouverne et qui fait valoir son entreprise par son intelligence et par
ses richesses. L'agriculture conduite par de riches cultivateurs est
une profession très honnête et très lucrative, réservée à des
hommes libres en état de faire les avances des frais considérables
qu'exige la culture de la terre, et qui occupe les paysans et leur
procure toujours un gain convenable et assuré. Voilà, selon l'idée
de M. de Sully, les vrais fermiers ou les vrais financiers qu'on
doit établir et soutenir dans un royaume qui possède un grand
territoire; car c'est de leurs richesses que doit naître la subsistance de la nation, l'aisance publique, les revenus du souverain,
ceux des propriétaires, du clergé, une grande dépense distribuée
à toutes les professions, une nombreuse population, la force et la
prospérité de l'Etat.

Ce sont les grands revenus qui procurent les grandes dépenses;
ce sont les grandes dépenses qui augmentent la population, parce
qu'elles étendent le commerce et les travaux et qu'elles procurent
des gains à un grand nombre d'hommes. Ceux qui n'envisagent
les avantages d'une grande population que pour entretenir de
grandes armées, jugent mal de la force d'un Etat. Les militaires
n'estiment les hommes qu'autant qu'ils sont propres à faire des
soldats; mais l'homme d'Etat regrette les hommes destinés à la
guerre, comme un propriétaire regrette la terre employée à former
le fossé qui est nécessaire pour conserver le champ. Les grandes

armées l'épuisent; une grande population et de grandes richesses le rendent redoutable. Les avantages les plus essentiels qui résultent d'une grande population sont les productions et la consommation qui augmentent ou font mouvoir les richesses pécuniaires du royaume. Plus une nation qui a un bon territoire et un commerce facile est peuplée, plus elle est riche; et plus elle est riche, plus elle est puissante. Il n'y a peut-être pas moins aujourd'hui de richesses pécuniaires dans le royaume que dans le siècle passé; mais pour juger de l'état de ces richesses, il ne faut pas les considérer simplement par rapport à leur quantité, mais aussi par rapport à leur circulation relative à la quantité, au débit et au bon prix des productions du royaume. Cent septiers de blé à vingt livres le septier sont primitivement une richesse pécuniaire quatre fois aussi grande que 50 septiers à 10 liv. le septier; ainsi la quantité des richesses existe aussi réellement dans la valeur des productions que dans les espèces d'or et d'argent, surtout quand le commerce avec l'étranger assure le prix et le débit de ces productions.

Les revenus sont le produit des terres et des hommes. Sans le travail des hommes, les terres n'ont aucune valeur. Les biens primitifs d'un grand Etat sont les hommes, les terres et les bestiaux. Sans les produits de l'agriculture, une nation ne peut avoir d'autre ressource que la fabrication et le commerce de trafic; mais l'une et l'autre ne peuvent se soutenir que par les richesses de l'étranger; d'ailleurs de telles ressources sont fort bornées et peu assurées, et elles ne peuvent suffire qu'à de petits Etats.

Observations sur la taille levée sur la culture des grains. On ne doit imposer les fermiers à la taille qu'avec beaucoup de retenue sur le profit des bestiaux, parce que ce sont les bestiaux qui font produire les terres; mais sans étendre la taille sur cette partie, elle pourrait par l'accroissement des revenus monter à une imposition égale à la moitié du prix du fermage; ainsi en se conformant aux revenus des propriétaires des terres qui seraient de quatre cents millions, la taille, ainsi augmentée et bornée là pour toute imposition sur les fermages, produirait environ 200 millions, et cela non compris celle qui est imposée sur les rentiers et propriétaires taillables, sur les maisons, sur les vignes, sur les bois taillables, sur le fermage particulier des prés, sur les voituriers, sur les marchands, sur les paysans, sur les artisans, manouvriers, etc.

Sur les 200 millions de taille que produirait la culture des *grains*, il faut en retrancher environ $\frac{1}{20}$ pour l'exemption des nobles et privilégiés qui font valoir par eux-mêmes la quantité de terres permise par les ordonnances, ainsi il resterait 190 millions; mais il faut ajouter la taille des fermiers des dîmes qui, étant réunie à ces 190 millions, formerait au moins pour le total de la taille 200 millions. [1]

La proportion de la taille avec le loyer des terres est la règle la plus sûre pour l'imposition sur les fermiers et pour les garantir des inconvénients de l'imposition arbitraire; le propriétaire et le fermier connaissent chacun leur objet, et leurs intérêts réciproques fixeraient au juste les droits du roi. [2]

---

(1) Nous ne supposons ici qu'environ 10 millions de taille sur les fermiers des dîmes, mais le produit des dîmes n'étant point chargé des frais de culture, il est susceptible d'une plus forte taxe; ainsi la dîme qui est affermée, c'est-à-dire qui n'est pas réunie aux cures, pouvant monter à plus de 100 millions par le rétablissement, leur culture pourrait avec justice être imposée à plus de 20 millions de taille. En effet, elle ne serait pas, dans ce cas même, proportionnée à celle des cultivateurs; et ceux qui affermeraient leurs dîmes, profiteraient encore beaucoup sur le rétablissement de notre culture. (Note de l'original.)

(2) Peut-être que la taille égale à la moitié du fermage paraîtra forcée, et cela peut être vrai en effet; mais au moins cette taille étant fixée, les fermiers s'y conformeraient en affermant les terres. Voilà l'avantage d'une taille qui serait fixée: elle ne serait point ruineuse, parce qu'elle serait prévue par les fermiers; au lieu que la taille arbitraire peut les ruiner, étant sujets à des augmentations successives pendant la durée des baux, et ils ne peuvent éviter leur perte par aucun arrangement sur le prix du fermage. Mais toutes les fois que le fermier connaîtra par le prix du bail la taille qu'il doit payer, il ne laissera point tomber sur lui cette imposition, ainsi elle ne pourra pas nuire à la culture; elle sera prise sur le produit de la ferme, et la partie du revenu du propriétaire en sera meilleure et plus assurée; parce que la taille n'apportera point d'obstacle à la culture de son bien; au contraire, la taille imposée sans règle sur le fermier, rend l'état de celui-ci incertain; son gain est limité par ses arrangements avec le propriétaire, il ne peut se prêter aux variations de cette imposition; si elle devient trop forte, il ne peut plus faire les frais de la culture, et le bien est dégradé. Il faut toujours que l'imposition porte sur le fonds et jamais sur la culture; et qu'elle ne porte sur le fonds que relativement à sa valeur et à l'état de la culture, et c'est le fermage qui en décide.

On peut soupçonner que la taille proportionnelle aux baux pourrait occasionner quelqu'intelligence frauduleuse entre les propriétaires et les fermiers, dans l'exposé du prix du fermage dans les baux; mais la sûreté du propriétaire exigerait quelque clause ou quelqu'acte particulier inusité et suspect

Il serait bien à désirer qu'on pût trouver une règle aussi sûre pour l'imposition des métayers. Mais si la culture se rétablissait, le nombre des fermiers augmenterait de plus en plus, celui des métayers diminuerait à proportion; or une des conditions essentielles pour le rétablissement de la culture et l'augmentation des fermiers, est de réformer les abus de la taille arbitraire et d'assurer aux cultivateurs les fonds qu'ils avancent pour la culture des terres. On doit surtout s'attacher à garantir les fermiers comme étant les plus utiles à l'Etat, des dangers de cette imposition. Aussi éprouve-t-on que les désordres de la taille sont moins destructifs dans les villes taillables que dans les campagnes, parce que les campagnes produisent les revenus et que ce qui détruit les revenus détruit le royaume. L'état des habitants des villes est établi sur les revenus, et les villes ne sont peuplées qu'à proportion des revenus des provinces. Il est donc essentiel d'assujettir dans les campagnes l'imposition de la taille à une règle sûre et invariable, afin de multiplier les riches fermiers et de diminuer de plus en plus le nombre des colons indigents qui ne cultivent la terre qu'au désavantage de l'Etat.

Cependant on doit apercevoir que dans l'état actuel de la grande et de la petite culture, il est difficile de se conformer d'abord à ces règles; c'est pourquoi nous avons, pour la sûreté de l'imposition, proposé d'autres moyens à l'*article* FERMIER; mais dans la suite le produit du blé ou le loyer des terres fourniraient la règle la plus simple et la plus convenable pour l'imposition proportion-

qu'il faudrait défendre: telle serait, par exemple, une reconnaissance d'argent prêté par le propriétaire au fermier. Or comme il est très rare que les propriétaires prêtent d'abord de l'argent à leurs fermiers, cet acte serait trop suspect, surtout si la date était dès les premiers temps du bail, ou si l'acte n'était qu'un billet sous seing privé. En ne permettant point de telles conventions, on exclurait la fraude. Mais on pourrait admettre les actes qui surviendraient trois ou quatre ans après le commencement du bail, s'ils étaient passés par devant notaire et s'ils ne changeaient rien aux clauses du bail; car ces actes postérieurs ne pourraient pas servir à des arrangements frauduleux à l'égard du prix du fermage, et ils peuvent devenir nécessaires entre le propriétaire et le fermier à cause des accidents qui quelquefois arrivent aux bestiaux ou aux moissons pendant la durée d'un bail, et qui engageraient un propriétaire à secourir son fermier. L'argent avancé sous la forme de pot de vin par le fermier, en diminution du prix du bail est une fraude qu'on peut reconnaître par le trop bas prix du fermage par comparaison avec le prix des autres terres du pays. S'il y avait une différence trop marquée, il faudrait anéantir le bail et exclure le fermier. (Note de l'original.)

nelle de la taille sur les cultivateurs. Dans l'état présent de l'agriculture, un arpent de terre traité par la grande culture produisant
74 liv. ne peut donner qu'environ $\frac{1}{20}$ du produit total du prix du
blé pour la taille. Un arpent traité par la petite culture produisant 24 liv. donne pour la taille $\frac{1}{24}$. Un arpent qui serait traité
par la bonne culture, les autres conditions posées, produisant
106 liv. donnerait pour la taille environ $\frac{1}{11}$; ainsi par la seule
différence des cultures, un arpent de terre de même valeur produirait ici pour la taille 10 liv., là il produit 3 liv. 10 s., ailleurs
il ne produit qu'une livre. On ne peut donc établir pour la taille
aucune taxe fixe sur les terres dont le produit est si susceptible
de variations par ces différentes cultures; on ne peut pas non plus
imposer la taille proportionnellement au produit total de la récolte,
sans avoir égard aux frais et à la différence de la quantité de
semence, relativement au profit, selon les différentes cultures; ainsi
ceux qui ont proposé une dîme pour la taille (¹) et ceux qui ont
proposé une taille réelle sur les terres n'ont pas examiné les
irrégularités qui naissent des différents genres de culture et les
variations qui en résultent. Il est vrai que dans les pays
d'états on établit communément la taxe sur les terres parce que
ces pays étant bornés à des provinces particulières où la culture
peut être à peu près uniforme, on peut régler l'imposition à peu
près sur la valeur des terres et à la différente quantité de semence, relativement au produit des terres de différente valeur;

---

(1) On a vu par les produits des différentes cultures que la taille, convertie
en dîme sur la culture faite avec les bœufs, monterait à plus des deux tiers
du revenu des propriétaires. D'ailleurs, la taille ne peut pas être fixée à demeure sur le revenu actuel de cette culture parce que les terres ne produisant
pas les revenus qu'elles donneraient lorsqu'elles seraient mieux cultivées, il arriverait qu'elles se trouveraient taxées sept ou huit fois moins que celles qui
seraient actuellement en pleine valeur.
Dans l'état actuel de la grande culture, les terres produisent davantage;
mais elles donnent la moitié moins de revenu qu'on en retirerait dans le
cas de la liberté du commerce des *grains*. Dans l'état présent, la dîme est
égale à la moitié du fermage. La taille convertie en dîme serait encore fort
onéreuse; mais dans le cas d'exportation, les terres donneraient plus de revenu; la dîme ne se trouverait qu'environ égale à un tiers du fermage. La
taille convertie en dîme ne serait plus dans une proportion convenable avec
les revenus, car elle pourrait alors être portée à l'égal de la moitié des
revenus et être beaucoup moins onéreuse que dans l'état présent; ainsi, les
proportions de la taille et de la dîme avec le fermage sont fort différentes,
selon les différents produits des terres. Dans la petite culture, la taille serait

mais on ne peut pas suivre cette règle généralement pour toutes les autres provinces du royaume. On ne peut donc dans l'état actuel établir une taille proportionnelle qu'en se réglant sur la somme imposée préalablement sur chaque paroisse, selon l'état de l'agriculture de la province; et cette taille imposée serait répartie, comme il est dit à l'*article* FERMIERS, proportionnellement aux effets visibles de l'agriculture, déclarés tous les ans exactement par chaque particulier. On pourrait même, quand les revenus se réduisent au produit des *grains*, éviter ces déclarations; et lorsque la bonne culture y serait entièrement établie, on pourrait simplifier la forme par une imposition proportionnelle aux loyers des terres. Le laboureur en améliorant sa culture et en augmentant ses dépenses, s'attendrait, il est vrai, à payer plus de taille, mais il serait assuré qu'il gagnerait plus aussi et qu'il ne serait plus exposé à une imposition ruineuse si la taille n'augmentait que proportionnellement à l'accroissement de son gain.

Ainsi on pourrait dès à présent imposer la taille proportionnelle aux baux dans les pays où les terres sont cultivées par des fermiers. Il ne serait peut-être pas impossible de trouver aussi une règle à peu près semblable pour les pays où les propriétaires font cultiver par des métayers; on sait à peu près le produit de chaque métairie; les frais étant déduits, on connaîtrait le revenu du propriétaire; on y proportionnerait la taille, ayant égard à ne pas enlever le revenu même du propriétaire mais à établir l'imposition sur la portion du métayer proportionnellement au revenu net du maître. S'il se trouvait dans cette imposition proportionnelle quelques irrégularités préjudiciables aux métayers, elles pourraient se réparer par les arrangements entre ces métayers et les propriétaires: ainsi ces inconvénients inséparables des règles générales se réduiraient à peu de chose, étant supportés par le propriétaire et

---

forte si elle égalait la moitié de la dîme; elle serait faible dans une bonne culture, si elle n'était égale qu'à la totalité de la dîme. Les proportions de la taille avec le produit sont moins discordantes dans les différents états de culture; mais toujours le sont-elles trop pour pouvoir se prêter à une règle générale: c'est tout ensemble le prix des *grains*, l'état de la culture et la qualité des terres, qui doivent former la base de l'imposition de la taille à raison du produit net du revenu du propriétaire; c'est ce qu'il faut observer aussi dans l'imposition du dixième sur les terres cultivées avec des bœufs aux frais des propriétaires; car, si on prenait le dixième du produit, ce serait dans des cas la moitié du revenu et dans d'autres le revenu tout entier qu'on enlèverait. (Note de l'original.)

le métayer. Il me paraît donc possible d'établir dès aujourd'hui pour la grande et pour la petite culture, des règles fixes et générales pour l'imposition proportionnelle de la taille.

Nous avons vu par le calcul des produits de la grande culture actuelle que la taille imposée à une somme convenable se trouve être à peu près égale à un tiers du revenu des propriétaires. Dans cette culture, les terres étant presque toutes affermées, il est facile de déterminer l'imposition proportionnellement aux revenus fixés par les baux.

Mais il n'en est pas de même des terres traitées par la petite culture, qui sont rarement affermées; car on ne peut connaître les revenus des propriétaires que par les produits. Nous avons vu, par les calculs de ces produits, que dans la petite culture la taille se trouvait aussi à peu près à l'égal du tiers des revenus des propriétaires; mais ces revenus, qui d'ailleurs sont tous indécis, peuvent être envisagés sous un autre aspect que celui sous lequel nous les avons considérés dans ces calculs: ainsi, il faut les examiner sous cet autre aspect afin d'éviter la confusion qui pourrait naître des différentes manières de considérer les revenus des propriétaires qui font cultiver par des métayers, qui avancent des frais pécuniaires et emploient une grande portion des biens-fonds de chaque métairie pour la nourriture des bœufs de labour. Nous avons exposé ci-devant, pour donner un exemple particulier de cette culture, l'état d'une terre qui peut rendre au propriétaire, année commune, pour 3000 livres de blé, semence prélevée. On voit le détail des différents frais compris dans les 3000 livres, savoir: 1050 livres pour les avances pécuniaires, qui réduisent les 3000 livres à 1950 livres.

Il y a 1375 livres de revenus de prairies et friches pour la nourriture des bœufs; ainsi, les terres qui portent les moissons ne contribuent à cette somme de 1950 livres que pour 575 livres parce que le revenu des prairies et friches fait partie de ce même revenu de 1950 livres. Si la taille était à l'égal du tiers de ces 1950 livres, elle monterait à 650 livres qui, payées par cinq métayers par portion égale, feraient pour chacun 131 livres.

Ces métayers ont ensemble la moitié du grain, c'est-à-dire pour 3000 livres, ainsi la part pour chacun est 600 livres. Si chaque fermier, à raison du tiers de 1950 livres, payait 131 liv. de taille, il ne lui resterait, pour ses frais particuliers, pour sa subsistance et l'entretien de sa famille, que 479 livres 16 sous.

D'ailleurs nous avons averti, dans le détail de l'exemple que nous rappelons ici, que le fonds de la terre est d'un bon produit, relativement à la culture faite avec les bœufs, et qu'il est d'environ un quart plus fort que les produits ordinaires de cette culture. Ainsi, dans le dernier cas où les frais sont les mêmes, le revenu du propriétaire ne serait que de 1450 livres et la part de chaque métayer 453 livres. Si la taille était à l'égal du tiers du revenu du propriétaire, elle monterait à 497 livres; ce qui serait, pour la taxe de chaque métayer, 102 livres: il ne lui resterait de son produit que 348 livres, qui ne pourraient pas suffire à ses dépenses, il faudrait que la moitié, pour le moins, de la taille des cinq métayers retombât sur le propriétaire, qui est chargé des grandes dépenses de la culture et a un revenu incertain.

Ainsi, selon cette manière d'envisager les revenus casuels des propriétaires qui partagent avec des métayers, si on imposait la taille à l'égal du tiers de ces revenus, les propriétaires payeraient pour la taille au moins un tiers de plus sur leurs terres que les propriétaires dont les terres sont affermées et dont le revenu est déterminé par le fermage sans incertitude et sans soin; car, par rapport à ceux-ci, la taille qui serait égale au tiers de leur revenu, est en dehors de ce même revenu qui est réglé et assuré par le bail; au lieu que si la taille suivait la même proportion dans l'autre cas, la moitié au moins retomberait sur le revenu indécis des propriétaires. Or, la culture avec des métayers est fort ingrate et fort difficile à régir pour les propriétaires, surtout pour ceux qui ne résident pas dans leurs terres et qui payent des régisseurs; elle se trouverait trop surchargée par la taille, si elle était imposée dans la même proportion que dans la grande culture.

Mais la proportion serait juste à l'égard de l'une et de l'autre si la taille était à l'égal du tiers ou de la moitié des revenus des propriétaires, dans la grande et dans la petite culture où les terres sont affermées et où les propriétaires ont un revenu décidé par le fermage: elle serait juste aussi, si elle était environ égale au quart du revenu casuel du propriétaire qui fait valoir par le moyen des métayers; ce quart serait à peu près le sixième de la part du métayer.

Ainsi, en connaissant à peu près le produit ordinaire d'une métairie, la taille proportionnelle et fixe serait convenablement et facilement réglée, pendant le bail du métayer, au sixième ou au cinquième de la moitié de ce produit qui revient au métayer.

Il y a des cas où les terres sont si bonnes que le métayer n'a pour sa part que le tiers du produit de la métairie : dans ces cas mêmes, le tiers lui est aussi avantageux que la moitié du produit d'une métairie dont les terres seraient moins bonnes. Ainsi la taille, établie sur le même pied dans ce cas-là, ne serait pas d'un moindre produit que dans les autres, mais elle serait faible proportionnellement au revenu du propriétaire qui aurait pour sa part les deux tiers de la récolte ; elle pourrait alors être mise à l'égal du tiers du revenu : ainsi, en taxant les métayers dans les cas où la récolte se partage par moitié, au sixième ou au cinquième de leur part du produit des *grains* de la métairie, on aurait une règle générale et bien simple pour établir une taille proportionnelle qui augmenterait au profit du roi à mesure que l'agriculture ferait du progrès par la liberté du commerce des *grains* et par la sûreté d'une imposition déterminée.

Cette imposition, réglée sur les baux dans la grande culture, se trouverait être à peu près le double de celle de la petite culture, parce que les produits de l'une sont bien plus considérables que les produits de l'autre.

Je ne sais pas si, relativement à l'état actuel de la taille, les taxes que je suppose rempliraient l'objet ; mais il serait facile de s'y conformer en suivant les proportions convenables. *Voir* IMPÔT.

Si ces règles étaient constamment et exactement observées, si le commerce des *grains* était libre, si la milice épargnait les enfants des fermiers, si les corvées étaient abolies, (¹) grand nombre de

---

(1) Les fermiers un peu aisés font prendre à leurs enfants des professions dans les villes pour les garantir de la milice ; et, ce qu'il y a de plus désavantageux à l'agriculture, c'est que non seulement la campagne perd les hommes destinés à être fermiers, mais aussi les richesses que leurs pères employaient à la culture de la terre. Pour arrêter ces effets destructifs, M. de la Galaisière, intendant de Lorraine, a exempté de la milice, par une ordonnance, les charretiers et fils des fermiers, à raison des charrues que leur emploi exige. Les corvées dont on charge les paysans sont très désavantageuses à l'Etat et au roi parce qu'en réduisant les paysans à la misère, on les met dans l'impuissance de soutenir leurs petits établissements ; d'où résulte un grand dommage sur les produits, sur la consommation et sur les revenus. Ainsi, loin que ce soit une épargne pour l'Etat de ménager de cette manière les frais des travaux publics, il les paie très cher, tandis qu'ils lui coûteraient fort peu s'il les faisait faire à ses frais, c'est-à-dire par de petites taxes générales dans chaque province pour le payement des ouvriers. Toutes les provinces reconnaissent tellement les avantages des travaux qui facilitent le commerce, qu'elles se prêtent volontiers à ces sortes de contributions pourvu qu'elles soient employées sûrement et fidèlement à leurs destinations. (Note de l'orig.)

propriétaires taillables réfugié⌐ dans les villes sans occupation, retourneraient dans les campagnes faire valoir paisiblement leurs biens et participer aux profits de l'agriculture. C'est par ces habitants aisés qui quitteraient les villes avec sûreté que la campagne se repeuplerait de cultivateurs en état de rétablir la culture des terres. Ils payeraient la taille comme les fermiers, sur les profits de la culture, proportionnellement aux revenus qu'ils retireraient de leurs terres, comme si elles étaient affermées; et comme propriétaires taillables, ils payeraient de plus pour la taille de leur bien même, le dixième du revenu qu'ils retireraient du fermage de leurs terres, s'ils ne les cultivaient pas eux-mêmes. L'intérêt fait chercher les établissements honnêtes et lucratifs. Il n'y en a point où le gain soit plus certain et plus irréprochable que dans l'agriculture, si elle était protégée: ainsi elle serait bientôt rétablie par des hommes en état d'y porter les richesses qu'elle exige. Il serait même très convenable pour favoriser la noblesse et l'agriculture de permettre aux gentilshommes qui font valoir leurs biens, d'augmenter leur emploi en affermant des terres et en payant l'imposition à raison du prix du fermage; ils trouveraient un plus grand profit et contribueraient beaucoup aux progrès de l'agriculture. Cette occupation est plus analogue à leur condition que l'état de marchands débitants dans les villes qu'on voudrait qui leur fût accordé. Ce surcroît de marchands dans les villes serait même fort préjudiciable à l'agriculture, qui est beaucoup plus intéressante pour l'Etat que le trafic en détail qui occupera toujours un assez grand nombre d'hommes.

L'état du riche laboureur serait considéré et protégé; la grande agriculture serait en vigueur dans tout le royaume; la culture qui se fait avec les bœufs disparaîtrait presqu'entièrement parce que le profit procurerait partout aux propriétaires des riches fermiers en état de faire les frais d'une bonne culture; si la petite culture se conservait encore dans quelques pays où elle paraîtrait préférable à la grande culture, elle pourrait elle-même prendre une meilleure forme par l'attrait d'un gain qui dédommagerait amplement les propriétaires des avances qu'ils feraient: le métayer alors pourrait payer sur sa part de la récolte la même taille que le fermier; car si un métayer avait pour sa part 18 ou 20 boisseaux de blé par arpent de plus qu'il n'en recueille par la petite culture ordinaire, il trouverait en payant quatre ou cinq fois plus de taille, beaucoup plus de profit qu'il n'en retire aujourd'hui. L'état

de la récolte du métayer pourrait donc fournir aussi une règle sûre pour l'imposition d'une taille proportionnelle.

Voilà donc au moins des règles simples, faciles et sûres pour garantir les laboureurs de la taxe arbitraire, pour ne pas abolir les revenus de l'État par une imposition destructive, pour ranimer la culture des terres et rétablir les forces du royaume.

L'imposition proportionnelle des autres habitants de la campagne peut être fondée aussi sur des profits ou sur des gains connus; mais l'objet étant beaucoup moins important, il suffit d'y apporter plus de ménagement que d'exactitude; car l'erreur serait de peu de conséquence pour les revenus du roi, et un effet beaucoup plus avantageux qui en résulterait serait de favoriser la population.

La taille dans les villes ne peut se rapporter aux mêmes règles: c'est à ces villes elles-mêmes à en proposer qui leur conviennent. Je ne parlerai pas de la petite maxime de politique que l'on attribue au gouvernement qui, dit-on, regarde l'imposition arbitraire comme un moyen assuré pour tenir les sujets dans la soumission; cette conduite absurde ne peut pas être imputée à de grands ministres qui en connaissent tous les inconvénients et tout le ridicule. Les sujets taillables sont des hommes d'une très médiocre fortune, qui ont plus besoin d'être encouragés que d'être humiliés; ils sont assujettis souverainement à la puissance royale et aux lois; s'ils ont quelque bien, ils n'en sont que plus dépendants, que plus susceptibles de crainte et de punition. L'arrogance rustique qu'on leur reproche est une forme de leur état, qui est fort indifférente au gouvernement, elle se borne à résister à ceux qui sont à peu près de leur espèce, qui sont encore plus arrogants, et qui veulent dominer. Cette petite imperfection ne dérange point l'ordre; au contraire elle repousse le mépris que le petit bourgeois affecte pour l'état le plus recommandable et le plus essentiel. Quel avantage donc prétendrait-on retirer de l'imposition arbitraire de la taille, pour réprimer des hommes que le ministère a intérêt de protéger? serait-ce pour les exposer à l'injustice de quelques particuliers qui ne pourraient que leur nuire au préjudice du bien de l'État?

Observations sur l'exportation des grains. L'exportation des *grains,* qui est une autre condition essentielle au rétablissement de l'agriculture, ne contribuerait pas à augmenter le prix des *grains.* On peut en juger par le prix modique qu'en retirent nos voisins qui en vendent aux étrangers; mais elle empêcherait les non-valeurs du blé. Ce seul effet, comme nous l'avons déja remarqué éviterait à l'agriculture plus de 150 millions de perte. Ce n'est pas l'objet de la vente en lui-même qui nous enrichirait; car il serait fort borné, faute d'acheteurs. *Voyez* art. FERMIERS. En effet, notre exportation pourrait à peine s'étendre à deux millions de septiers.

Je ne répondrai pas à ceux qui craignent que l'exportation n'occasionne des disettes; (1) puisque son effet est au contraire d'assurer l'abondance et que l'on a démontré que les moissons des mauvaises années surpasseraient celles que nous recueillons actuellement dans les années ordinaires; ainsi je ne parlerai pas non plus des projets chimériques de ceux qui proposent des établissements de greniers publics pour prévenir les famines, ni des inconvénients, ni des abus inséparables de pareilles précautions. Qu'on réfléchisse seulement un peu sur ce que dit à cet égard un auteur anglais. (2)

« Laissons aux autres nations l'inquiétude sur les moyens d'éviter la famine; voyons-les éprouver la faim au milieu des projets qu'elles forment pour s'en garantir; nous avons trouvé par un moyen bien simple le secret de jouir tranquillement et avec abondance du premier bien nécessaire à la vie; plus heureux que nos pères, nous n'éprouvons point ces excessives et subites différences dans le prix des blés, toujours causées plutôt par crainte que par la réalité de la disette . . . En place de vastes et nombreux greniers de ressource et de prévoyance, nous avons de vastes plaines ensemencées.

« Tant que l'Angleterre n'a songé à cultiver que pour sa propre subsistance, elle s'est trouvée souvent au-dessous de ses besoins, obligée d'acheter des blés étrangers; mais depuis qu'elle s'en est fait un objet de commerce, sa culture a tellement augmenté, qu'une bonne récolte peut la nourrir cinq ans; et elle est en état maintenant de porter les blés aux nations qui en manquent.

« Si l'on parcourt quelques-unes des provinces de la France, on trouve que non seulement plusieurs de ses terres restent en friche, qui pourraient produire des blés ou nourrir des bestiaux, mais que les terres cultivées ne rendent pas à beaucoup près à proportion de leur bonté, parce que le laboureur manque de moyen pour les mettre en valeur.

(1) Voyez le *Traité de la police des grains,* par M. Herbert. (Note de l'original.)

(2) *Avantages et désavantages de la Grande-Bretagne.* (Note de l'original.)

« Ce n'est pas sans une joie sensible que j'ai remarqué dans le gouvernement de France un vice dont les conséquences sont si étendues, et j'en ai félicité ma patrie ; mais je n'ai pu m'empêcher de sentir en même temps combien formidable serait devenue cette puissance si elle eût profité des avantages que ses possessions et ses hommes lui offraient. » *O sua si bona norint !* (¹)

---

(1) Si malgré des raisons si décisives, on avait encore de l'inquiétude sur les disettes dans le cas d'exportation, il est facile de se rassurer ; car on peut, en permettant l'exportation, permettre aussi l'importation des blés étrangers sans exiger de droits ; par là, le prix du blé ne pourra pas être plus haut chez nous que chez les autres nations qui en exportent. Or, on sait par une longue expérience qu'elles sont dans l'abondance et qu'elles éprouvent rarement de cherté ; ainsi, la concurrence de leurs blés dans notre pays empêcherait nos marchands de fermer leurs greniers dans l'espérance d'une cherté, et l'inquiétude du peuple ne ferait point augmenter le prix du blé par la crainte de la famine, ce qui est presque toujours l'unique cause des chertés excessives. Mais, quand on le voudra, de telles causes disparaîtront à la vue des bateaux de blés étrangers qui arriveraient à Paris. Les chertés n'arrivent toujours que par le défaut de liberté dans le commerce du blé. Les grandes disettes réelles sont très rares en France et elles le sont encore plus dans les pays où la liberté du commerce du blé soutient l'agriculture. En 1709, la gelée fit partout manquer la récolte ; le septier de blé valait en France 100 livres de notre monnaie actuelle et on ne le vendait en Angleterre que 43 livres, ou environ le double du prix ordinaire dans ces temps-là ; ainsi, ce n'était pas pour la nation une grande cherté. Dans la disette de 1693 et 1694, le blé coûtait moitié moins en Angleterre qu'en France, quoique l'exportation ne fût établie en Angleterre que depuis trois ou quatre' ans : avant cette exportation, les Anglais essuyaient souvent de grandes chertés, dont nous profitions par la liberté du commerce de nos grains sous les règnes d'Henri IV, de Louis XIII et dans les premiers temps du règne de Louis XIV. L'abondance et le bon prix entretenaient les richesses de la nation, car le prix commun du blé en France était souvent 25 livres et plus de notre monnaie, ce qui formait annuellement une richesse dans le royaume de plus de trois milliards qui, réduits à la monnaie de ces temps-là, étaient environ 1200 millions. Cette richesse est diminuée aujourd'hui de cinq sixièmes. L'exportation ne doit pas cependant être illimitée ; il faut qu'elle soit, comme en Angleterre, interdite lorsque le blé passe un prix marqué par la loi. L'Angleterre vient d'essuyer une cherté parce que le marchand est contrevenu à cette règle par des abus et des monopoles que le gouvernement a tolérés et qui ont toujours de funestes effets dans un Etat qui a recours à des ressources si odieuses ; ainsi, la nation a éprouvé une cherté dont l'exportation même l'avait préservée depuis plus de soixante ans. En France, les famines sont fréquentes parce que l'exportation du blé y était souvent défendue et que l'abondance est autant désavantageuse aux fermiers que les disettes sont funestes aux peuples. Le prétexte de remédier aux famines dans un royaume en interceptant le commerce des *grains* entre les provinces, donne encore

Il n'y a donc que les nations où la culture est bornée à leur propre subsistance, qui doivent redouter les famines. Il semble au contraire que dans le cas d'un commerce libre des *grains*, on pourrait craindre un effet tout opposé. L'abondance des productions que procurerait en France l'agriculture portée à un haut degré, ne pourrait-elle pas les faire tomber en non-valeur ? On peut s'épargner cette inquiétude ; la position de ce royaume, ses ports, ses rivières qui le traversent de toutes parts, réunissent tous les avantages pour le commerce ; tout favorise le transport et le débit de ses denrées. Les succès de l'agriculture y rétabliraient la population et l'aisance ; la consommation de toute espèce de productions premières ou fabriquées, qui augmenterait avec le nombre de ses habitants ne laisserait que le petit superflu qu'on pourrait vendre à l'étranger. Il est vrai qu'on pourrait redouter la fertilité des colonies de l'Amérique et l'accroissement de l'agriculture dans ce nouveau monde, mais la qualité des *grains* en France est si supérieure à celle des *grains* qui naissent dans ces pays-là, et même dans les autres, que nous ne devons pas craindre l'égalité de concurrence ; ils donnent moins de farine, et elle est moins bonne ; celle des colonies qui passe les mers, se déprave facilement, et ne peut se conserver que fort peu de temps ; celle qu'on exporte de France est préférée parce qu'elle est plus profitable, qu'elle fait de meilleur pain et qu'on peut la garder longtemps. Ainsi nos blés et nos farines seront toujours mieux vendus à l'étranger. Mais une autre raison qui doit tranquilliser, c'est que l'agriculture ne peut pas augmenter dans les colonies sans que la population et la consommation des *grains* n'y augmente à proportion ; ainsi leur superflu n'y augmentera pas en raison de l'accroissement de l'agriculture.

Le défaut de débit et la non-valeur de nos denrées qui ruinent nos provinces ne sont que l'effet de la misère du peuple et des empêchements qu'on oppose au commerce de nos productions. On voit tranquillement dans plusieurs provinces les denrées sans débit et sans valeur ; on attribue ces désavantages à l'absence des riches, qui ont abandonné les provinces pour se retirer à la cour et dans les grandes villes ; on souhaiterait seulement que les évêques, les gouverneurs des provinces et tous ceux qui par leur état devraient y résider, y consommassent effectivement leurs revenus ; mais ces idées sont trop bornées ; ne voit-on pas que ce ne serait pas aug-

lieu à des abus qui augmentent la misère, qui détruisent l'agriculture et qui anéantissent les revenus du royaume. (Note de l'original.)

menter la consommation dans le royaume, que ce ne serait que la transporter des endroits où elle se fait avec profusion, dans d'autres où elle se ferait avec économie ? Ainsi cet expédient, loin d'augmenter la consommation dans le royaume, la diminuerait encore. Il faut procurer partout le débit par l'exportation et la consommation intérieure qui avec la vente à l'étranger soutient le prix des denrées. Mais on ne peut attendre ces avantages que du commerce général des *grains,* de la population et de l'aisance des habitants qui procureraient toujours un débit et une consommation nécessaire pour soutenir le prix des denrées.

Pour mieux comprendre les avantages du commerce des *grains* avec l'étranger, il est nécessaire de faire quelques observations fondamentales sur le commerce en général et principalement sur le commerce des marchandises de main-d'œuvre, et sur le commerce des denrées du cru; car pour le commerce de trafic qui ne consiste qu'à acheter pour revendre, ce n'est que l'emploi de quelques petits Etats qui n'ont pas d'autres ressources que celle d'être marchands. Et cette sorte de commerce avec les étrangers ne mérite aucune attention dans un grand royaume; ainsi nous nous bornerons à comparer les avantages des deux autres genres de commerce pour connaître celui qui nous intéresse le plus.

MAXIMES DE GOUVERNEMENT ÉCONOMIQUE.

I. *Les travaux d'industrie ne multiplient pas les richesses.* Les travaux de l'agriculture dédommagent des frais, payent la main-d'œuvre de la culture, procurent des gains aux laboureurs, et, de plus, ils produisent les revenus des biens-fonds. Ceux qui achètent les ouvrages d'industrie payent les frais, la main-d'œuvre et le gain des marchands; mais ces ouvrages ne produisent aucun revenu au delà.

Ainsi, toutes les dépenses d'ouvrages d'industrie ne se tirent que du revenu des biens-fonds; car les travaux qui ne produisent point de revenus ne peuvent exister que par les richesses de ceux qui les payent.

Comparez le gain des ouvriers qui fabriquent les ouvrages d'industrie à celui des ouvriers que le laboureur emploie à la culture de la terre, vous trouverez que le gain, de part et d'autre, se borne à la subsistance de ces ouvriers; que ce gain n'est pas une augmentation de richesses; et que la valeur des ouvrages d'industrie est proportionnée à la valeur même de la subsistance que les ouvriers et les marchands consomment. Ainsi, l'artisan détruit autant en subsistance qu'il produit par son travail.

Il n'y a donc pas multiplication de richesses dans la production des ouvrages d'industrie, puisque la valeur de ces ouvrages n'augmente que du prix de la subsistance que les ouvriers consomment. Les grosses fortunes de marchands ne doivent point être vues autrement; elles sont les effets de grandes entreprises de commerce qui réunissent ensemble des gains semblables à ceux des petits marchands; de même que les entreprises de grands travaux forment de grandes fortunes par les petits profits que l'on retire du travail d'un grand nombre d'ouvriers. Tous ces entrepreneurs ne font des fortunes que parce que d'autres font des dépenses. Ainsi il n'y a pas d'accroissement de richesses.

C'est la source de la subsistance des hommes qui est le principe des richesses. C'est l'industrie qui les prépare pour l'usage des hommes. Les propriétaires, pour en jouir, payent les travaux d'industrie; et par là leurs revenus deviennent communs à tous les hommes.

Les hommes se multiplient donc à proportion des revenus des biens-fonds. Les uns font naître ces richesses par la culture, les autres les préparent pour la jouissance; ceux qui en jouissent payent les uns et les autres.

Il faut donc des biens-fonds, des hommes et des richesses, pour avoir des richesses et des hommes. Ainsi, un Etat qui ne serait peuplé que de marchands et d'artisans ne pourrait subsister que par les revenus des biens-fonds des étrangers.

II. *Les travaux d'industrie contribuent à la population et à l'accroissement des richesses.* Si une nation gagne avec l'étranger par sa main-d'œuvre un million sur les marchandises fabriquées chez elle, et si elle vend aussi à l'étranger pour un million de denrées de son cru, l'un et l'autre de ces produits sont également pour elle un surcroît de richesses et lui sont également avantageux, pourvu qu'elle ait plus d'hommes que le revenu du sol du royaume n'en peut entretenir; car alors une partie de ces hommes ne peut subsister que par des marchandises de main-d'œuvre qu'elle vend à l'étranger.

Dans ce cas, une nation tire du sol et des hommes tout le produit qu'elle en peut tirer; mais elle gagne beaucoup plus sur la vente d'un million de marchandises de son cru que sur la vente d'un million de marchandises de main-d'œuvre, parce qu'elle ne gagne sur celle-ci que le prix du travail de l'artisan et qu'elle gagne sur les autres le prix du travail de la culture et le prix des matières produites par le sol. Ainsi, dans l'égalité des sommes tirées de la vente de ces différentes marchandises, le commerce du cru est toujours, par proportion, beaucoup plus avantageux.

III. *Les travaux d'industrie qui occupent les hommes au préjudice de la culture des bien-fonds, nuisent à la population et à l'accroissement des richesses.* Si une nation qui vend à l'étranger pour un million de marchandises de main-d'œuvre et pour un million de marchandises de son cru, n'a pas assez d'hommes occupés à faire valoir les biens-fonds, elle perd beaucoup sur l'emploi des hommes attachés à la fabrication des marchandises de main-d'œuvre qu'elle vend à l'étranger; parce que les hommes ne peuvent alors se livrer à ce travail qu'au préjudice du revenu du sol, et que le produit du travail des hommes qui cultivent la terre peut être le double et le triple de celui de la fabrication des marchandises de main-d'œuvre.

IV. *Les richesses des cultivateurs font naître les richesses de la culture.* Le produit du travail de la culture peut être nul ou presque nul pour l'Etat quand le cultivateur ne peut pas faire les frais d'une bonne culture. Un homme pauvre qui ne tire de la terre, par son travail, que des denrées de peu de valeur, comme des pommes de terre, du blé noir, des châtaignes, etc., qui s'en nourrit, qui n'achète rien et ne vend rien, ne travaille que pour lui seul; il vit dans la misère; lui et la terre qu'il cultive, ne rapportent rien à l'Etat.

Tel est l'effet de l'indigence dans les provinces où il n'y a pas de laboureurs en état d'employer les paysans, et où ces paysans trop pauvres ne peuvent se procurer, par eux-mêmes, que de mauvais aliments et de mauvais vêtements.

Ainsi, l'emploi des hommes à la culture peut être infructueux dans un royaume où ils n'ont pas les richesses nécessaires pour préparer la terre à porter de riches moissons. Mais les revenus des biens-fonds sont toujours assurés dans un royaume bien peuplé de riches laboureurs.

V. *Les travaux de l'industrie contribuent à l'augmentation des revenus des biens-fonds, et les revenus des biens-fonds soutiennent les travaux d'industrie.* Une nation qui par la fertilité de son sol et par la difficulté des transports aurait annuellement une surabondance de denrées qu'elle ne pourrait vendre à ses voisins, et qui pourrait leur vendre des marchandises de main-d'œuvre faciles à transporter, aurait intérêt d'attirer chez elle beaucoup de fabricants et d'artisans qui consommeraient les denrées du pays, qui vendraient leurs ouvrages à l'étranger et qui augmenteraient les richesses de la nation par leur gain et par leur consommation.

Mais alors cet arrangement n'est pas facile parce que les fabricants et artisans ne se rassemblent dans un pays qu'à proportion des revenus actuels de la nation; c'est-à-dire à proportion qu'il y a des propriétaires ou des marchands qui peuvent acheter leurs ouvrages à peu près aussi cher qu'il les vendraient ailleurs, et qui leur en procureraient le débit à mesure qu'ils les fabriqueraient; ce qui n'est guère possible chez une nation qui n'a pas elle-même le débit de ses denrées et où la non-valeur de ces mêmes denrées ne produit pas actuellement assez de revenus pour établir des manufactures et des travaux de main-d'œuvre.

Un tel projet ne peut s'exécuter que fort lentement. Plusieurs nations qui l'ont tenté ont même éprouvé l'impossibilité d'y réussir.

C'est le seul cas cependant où le gouvernement pourrait s'occuper utilement des progrès de l'industrie dans un royaume fertile.

Car, lorsque le commerce du cru est facile et libre, les travaux de main-d'œuvre sont toujours assurés infailliblement par les revenus des biens-fonds.

VI. *Une nation qui a un grand commerce de denrées de son cru, peut toujours entretenir, du moins pour elle, un grand commerce de marchandises de main-d'œuvre.* Car elle peut toujours payer, à proportion des revenus de ses biens-fonds, les ouvriers qui fabriquent les ouvrages de main-d'œuvre dont elle a besoin.

Ainsi, le commerce d'ouvrages d'industrie appartient aussi sûrement à cette nation que le commerce des denrées de son cru.

VII. *Une nation qui a peu de commerce de denrées de son cru, et qui est réduite pour subsister à un commerce d'industrie, est dans un état précaire et incertain.* Car son commerce peut lui être enlevé par d'autres nations rivales qui se livreraient avec plus de succès à ce même commerce.

D'ailleurs, cette nation est toujours tributaire et dépendante de celles qui lui vendent les matières de premier besoin. Elle est réduite à une économie rigoureuse, parce qu'elle n'a point de revenu à dépenser et qu'elle ne peut étendre et soutenir son trafic, son industrie et sa navigation que par l'épargne; au lieu que celles qui ont des biens-fonds augmentent leurs revenus par leur consommation.

VIII. *Un grand commerce intérieur de marchandises de main-d'œuvre ne peut subsister que par les revenus des biens-fonds.* Il faut examiner, dans un royaume, la proportion du commerce extérieur et du commerce intérieur d'ouvrages d'industrie; car, si le commerce intérieur de marchandises de main-d'œuvre était par exemple de trois millions et le commerce extérieur d'un million, les trois quarts de tout ce commerce de marchandises de main-d'œuvre seraient payés par les revenus des biens-fonds de la nation, puisque l'étranger n'en payerait qu'un quart.

Dans ce cas, les revenus des biens-fonds seraient la principale richesse du royaume. Alors le principal objet du gouvernement serait de veiller à l'entretien et à l'accroissement des revenus des biens-fonds.

Les moyens consistent dans la liberté du commerce et dans la conservation des richesses des cultivateurs. Sans ces conditions, les revenus, la population, les produits de l'industrie s'anéantissent.

L'agriculture produit deux sortes de richesses, savoir: le produit annuel des revenus des propriétaires et la restitution des frais de la culture.

Les revenus doivent être dépensés pour être distribués annuellement à tous les citoyens et pour subvenir aux subsides de l'Etat.

Les richesses employées aux frais de la culture doivent être reservées aux cultivateurs et être exemptes de toutes impositions; car, si on les enlève, on détruit l'agriculture, on supprime les gains des habitants de la campagne et on arrête la source des revenus de l'Etat.

IX. *Une nation qui a un grand territoire et qui fait baisser le prix des denrées de son cru pour favoriser la fabrication des ouvrages de main-d'œuvre, se détruit de toutes parts.* Car, si le cultivateur n'est pas dédommagé des grands frais que la culture exige et s'il ne gagne pas, l'agriculture périt; la nation perd les revenus de ses biens-fonds; les travaux des ouvrages de main-d'œuvre diminuent, parce que ces travaux ne peuvent plus être payés par les propriétaires des biens-fonds; le pays se dépeuple par la misère et par la désertion des fabricants, artisans, manouvriers et paysans, qui ne peuvent subsister qu'à proportion des gains que leur procurent les revenus de la nation.

Alors les forces du royaume se détruisent, les richesses s'anéantissent, les impositions surchargent les peuples, et les revenus du souverain diminuent.

Ainsi, une conduite aussi mal entendue suffirait seule pour ruiner un Etat.

X. *Les avantages du commerce extérieur ne consistent pas dans l'accroissement des richesses pécuniaires.* Le surcroît de richesses que procure le commerce extérieur d'une nation, peut n'être pas un surcroît de richesses pécuniaires, parce que le commerce extérieur peut se faire avec l'étranger par échange d'autres marchandises qui se consomment par cette nation. Mais ce n'est pas moins pour cette même nation une richesse dont elle jouit et qu'elle pourrait, par économie, convertir en richesses pécuniaires pour d'autres usages.

D'ailleurs les denrées, envisagées comme marchandises, sont tout ensemble richesses pécuniaires et richesses réelles. Un laboureur qui vend son blé à un marchand, est payé en argent; il paye, avec cet argent, le propriétaire, la taille, ses domestiques, ses ouvriers, et achète les marchandises dont il a besoin. Le marchand qui vend le blé à l'étranger et qui achète de lui une autre marchandise, ou qui commerce avec lui par échange, revend à son retour la marchandise qu'il a rapportée, et avec l'argent qu'il reçoit il rachète du blé.

Le blé, envisagé comme marchandise. est donc une richesse pécuniaire pour les vendeurs et une richesse réelle pour les acheteurs.

Ainsi, les denrées qui peuvent se vendre doivent toujours être regardées indifféremment dans un État comme richesses pécuniaires et comme richesses réelles, dont les sujets peuvent user comme il leur convient.

Les richesses d'une nation ne se règlent pas par la masse des richesses pécuniaires. Celles-ci peuvent augmenter ou diminuer sans qu'on s'en aperçoive, car elles sont toujours effectives dans un Etat par leur quantité ou par la célérité de leur circulation, à raison de l'abondance et de la valeur des denrées. L'Espagne, qui jouit des trésors du Pérou, est toujours épuisée par ses besoins. L'Angleterre soutient son opulence par ses richesses réelles; le papier, qui y représente l'argent, a une valeur assurée par le commerce et par les revenus des biens de la nation.

Ce n'est donc pas le plus ou le moins de richesses pécuniaires qui décide des richesses d'un Etat ; et les défenses de sortir de l'argent d'un royaume, au préjudice d'un commerce profitable, ne peuvent être fondées que sur quelque préjugé désavantageux.

Il faut, pour le soutien d'un Etat, de véritables richesses, c'est-à-dire des richesses toujours renaissantes, toujours recherchées et toujours payées, pour en avoir la jouissance, pour se procurer des commodités et pour satisfaire aux besoins de la vie.

XI. *On ne peut connaître par l'état de la balance du commerce entre diverses nations, l'avantage du commerce et l'état des richesses de chaque nation.* Car des nations peuvent être plus riches en hommes et en biens-fonds que les autres ; et celles-ci peuvent avoir moins de commerce intérieur, faire moins de consommation et avoir plus de commerce extérieur que celles-là.

D'ailleurs, quelques-unes de ces nations peuvent avoir plus de commerce de trafic que les autres. Le commerce qui leur rend le prix de l'achat des marchandises qu'elles revendent, forme un plus gros objet dans la balance sans que le fonds de ce commerce leur soit aussi avantageux que celui d'un moindre commerce des autres nations qui vendent à l'étranger leurs propres productions.

Le commerce des marchandises de main-d'œuvre en impose aussi parce qu'on confond dans le produit le prix des matières premières, qui doit être distingué de celui du travail de fabrication.

XII. *C'est par le commerce intérieur et par le commerce extérieur et surtout par l'état du commerce intérieur qu'on peut juger de la richesse d'une nation.* Car si elle fait une grande consommation de ses denrées à haut prix, ses richesses seront proportionnées à l'abondance et au prix des denrées qu'elle consomme ; parce que ces mêmes denrées sont réellement des richesses, en raison de leur abondance et de leur cherté ; et elles peuvent, par la vente qu'on en pourrait faire, être susceptibles de tout autre emploi dans les besoins extraordinaires. Il suffit d'en avoir le fonds en richesses réelles.

XIII. *Une nation ne doit point envier le commerce de ses voisins quand elle tire de son sol, de ses hommes et de sa navigation, le meilleur produit possible.* Car elle ne pourrait rien entreprendre, par mauvaise intention, contre le commerce de ses voisins sans déranger son état et sans se nuire à elle-même, surtout dans le commerce réciproque qu'elle a établi avec eux.

Ainsi, les nations commerçantes rivales et même ennemies doivent être plus attentives à maintenir ou à étendre, s'il est possible, leur propre commerce, qu'à chercher à nuire directement à celui des autres. Elles doivent même le favoriser parce que le commerce réciproque des nations se soutient mutuellement par les richesses des vendeurs et des acheteurs.

XIV. *Dans le commerce réciproque, les nations qui vendent les marchandises les plus nécessaires ou les plus utiles ont l'avantage sur celles qui vendent les marchandises de luxe.* Une nation qui est assurée par ses biens-fonds d'un commerce de denrées de son cru et par conséquent aussi d'un commerce intérieur de marchandises de main-d'œuvre, est indépendante des autres nations. Elle ne commerce avec celles-ci que pour entretenir, faciliter et étendre son commerce extérieur; et elle doit, autant qu'il est possible, pour conserver son indépendance et son avantage dans le commerce réciproque, ne tirer d'elles que des marchandises de luxe et leur vendre des marchandises nécessaires aux besoins de la vie.

Elles croiront que, par la valeur réelle de ces différentes marchandises, ce commerce réciproque leur est plus favorable. Mais l'avantage est toujours pour la nation qui vend les marchandises les plus utiles et les plus nécessaires.

Car alors son commerce est établi sur le besoin des autres; elle ne leur vend que son superflu et ses achats ne portent que sur son opulence. Ceux-là ont plus d'intérêt de lui vendre qu'elle n'a besoin d'acheter, et elle peut plus facilement se retrancher sur le luxe que les autres ne peuvent épargner sur le nécessaire.

Il faut même remarquer que les Etats qui se livrent aux manufactures de luxe, éprouvent des vicissitudes fâcheuses. Car lorsque les temps sont malheureux, le commerce de luxe languit et les ouvriers se trouvent sans pain et sans emploi.

La France pourrait, le commerce étant libre, produire abondamment les denrées de premier besoin qui pourraient suffire à une grande consommation et à un grand commerce extérieur, et qui pourraient soutenir dans le royaume un grand commerce d'ouvrages de main-d'œuvre.

Mais l'état de sa population ne lui permet pas d'employer beaucoup d'hommes aux ouvrages de luxe; et elle a même intérêt, pour faciliter le commerce extérieur des marchandises de son cru, d'entretenir, par l'achat des marchandises de luxe, un commerce réciproque avec l'étranger.

D'ailleurs, elle ne doit pas prétendre pleinement à un commerce général. Elle doit en sacrifier quelques branches, les moins importantes, à l'avantage des autres parties qui lui sont les plus profitables et qui augmenteraient et assureraient les revenus des biens-fonds du royaume.

Cependant tout commerce doit être libre parce qu'il est de l'intérêt des marchands de s'attacher aux branches de commerce extérieur les plus sûres et les plus profitables.

Il suffit au gouvernement de veiller à l'accroissement des revenus des biens du royaume, de ne point gêner l'industrie, de laisser aux citoyens la facilité et le choix des dépenses;

De ranimer l'agriculture par l'activité du commerce, dans les provinces où les denrées sont tombées en non-valeur;

De supprimer les prohibitions et les empêchements préjudiciables au commerce intérieur et au commerce réciproque extérieur;

D'abolir ou de modérer les droits excessifs de rivière, de péage, qui détruisent les revenus des provinces éloignées où les denrées ne peuvent être commerçables que par de longs transports; ceux à qui ces droits appartiennent seront suffisamment dédommagés par leur part de l'accroissement général des revenus des biens du royaume.

Il n'est pas moins nécessaire d'éteindre les privilèges surpris par des provinces, par des villes, par des communautés pour leurs avantages particuliers.

Il est important aussi de faciliter partout les communications et les transports des marchandises par les réparations des chemins et la navigation des rivières (¹).

---

(1) Les chemins ruraux ou de communication avec les grandes routes, les villes et les marchés, manquent ou sont mauvais presque partout dans les provinces, ce qui est un grand obstacle à l'activité du commerce. Cependant, il semble qu'on pourrait y remédier en peu d'années: les propriétaires sont trop intéressés à la vente des denrées que produisent leurs biens pour qu'ils ne voulussent pas contribuer aux dépenses de la réparation de ces chemins. On pourrait donc les imposer pour une petite taxe réglée au sou la livre de la taille de leurs fermiers et dont les fermiers et les paysans sans biens seraient exempts. Les chemins à réparer seraient décidés par MM. les intendants dans chaque district, après avoir consulté les habitants qui ensuite les feraient exécuter par des entrepreneurs. On réparerait d'abord les endroits les plus impraticables et on perfectionnerait successivement les chemins; les fermiers et les paysans seraient ensuite chargés de les entretenir. On pourrait faire avec les provinces de pareils arrangements pour les rivières qui peuvent

Il est encore essentiel de ne pas assujettir le commerce des denrées des provinces à des défenses et à des permissions passagères et arbitraires qui ruinent les campagnes, sous le prétexte captieux d'assurer l'abondance dans les villes. Les villes subsistent par les dépenses des propriétaires qui les habitent; ainsi en détruisant les revenus des biens-fonds ce n'est ni favoriser les villes, ni procurer le bien de l'Etat.

Le gouvernement des revenus de la nation ne doit pas être abandonné à la discrétion ou à l'autorité de l'administration subalterne et particulière.

On ne doit point borner l'exportation des grains à des provinces particulières parce qu'elles s'épuisent avant que les autres provinces puissent les regarnir; et les habitants peuvent être exposés, pendant quelques mois, à une disette que l'on attribue avec raison à l'exportation.

Mais, quand la liberté d'exporter est générale, la levée des grains n'est pas sensible parce que les marchands tirent de toutes les parties du royaume et surtout des provinces où les grains sont à bas prix.

Alors il n'y a plus de provinces où les denrées soient en non-valeur. L'agriculture se ranime partout à proportion du débit.

Les progrès du commerce et de l'agriculture marchent ensemble; et l'exportation n'enlève jamais qu'un superflu, qui n'existerait pas sans elle et qui entretient toujours l'abondance et augmente les revenus du royaume.

Cet accroissement de revenus augmente la population et la consommation parce que les dépenses augmentent et procurent des gains qui attirent les hommes.

Par ces progrès, un royaume peut parvenir en peu de temps à un haut degré de force et de prospérité. Ainsi, par des moyens bien simples un souverain peut faire, dans ses propres Etats, des conquêtes bien plus avantageuses que celles qu'il entreprendrait sur ses voisins. Les progrès sont rapides; sous Henri IV, le royaume épuisé, chargé de dettes, devint bientôt un pays d'abondance et de richesses. *Voir* IMPÔT.

être rendues navigables. Il y a des provinces qui ont si bien reconnu l'utilité de ces travaux qu'elles ont demandé elles-mêmes à être autorisées à en faire les dépenses; mais les besoins de l'Etat ont quelquefois enlevé les fonds que l'on y avait destinés: ces mauvais succès ont étouffé des dispositions si avantageuses au bien de l'Etat. (Note de l'original.)

Observations sur la nécessité des richesses pour la culture des grains. Il ne faut jamais oublier que cet état de prospérité auquel nous pouvons prétendre serait bien moins le fruit des travaux du laboureur que le produit des richesses qu'il pourrait employer à la culture des terres. Ce sont les fumiers qui procurent de riches moissons ; ce sont les bestiaux qui produisent les fumiers ; c'est l'argent qui donne les bestiaux et qui fournit les hommes pour les gouverner. On a vu, par les détails précédents, que les frais de trente millions d'arpents de terre traités par la petite culture, ne sont que de 285 millions ; et que ceux que l'on ferait, pour 30 millions d'arpents bien traités par la grande culture, seraient de 710 millions ; mais, dans le premier cas, le produit n'est que de 390 millions ; et, dans le second, il serait de 1,378,000,000. De plus grands frais produiraient encore de plus grands profits ; la dépense et les hommes qu'exige de plus la bonne culture, pour l'achat et le gouvernement des bestiaux, procurent de leur côté un produit qui n'est guère moins considérable que celui des récoltes.

La mauvaise culture exige cependant beaucoup de travail ; mais, le cultivateur ne pouvant faire les dépenses nécessaires, ses travaux sont infructueux ; il succombe et les bourgeois imbéciles attribuent ses mauvais succès à la paresse. Ils croient, sans doute, qu'il suffit de labourer, de tourmenter la terre pour la forcer à porter de bonnes récoltes ; on s'applaudit lorsqu'on dit à un homme pauvre qui n'est pas occupé: *Va labourer la terre.* Ce sont les chevaux, les bœufs et non les hommes qui doivent labourer la terre. Ce sont les troupeaux qui doivent la fertiliser ; sans ces secours, elle récompense peu les travaux des cultivateurs. Ne sait-on pas, d'ailleurs, qu'elle ne fait point les avances; qu'elle fait, au contraire, attendre longtemps la moisson? Quel pourrait donc être le sort de cet homme indigent à qui l'on dit: *Va labourer la terre?* Peut-il cultiver pour son propre compte? Trouvera-t-il de l'ouvrage chez les fermiers s'ils sont pauvres? Ceux-ci, dans l'impuissance de faire les frais d'une bonne culture, hors d'état de payer le salaire des domestiques et des ouvriers, ne peuvent occuper les paysans. La terre, sans engrais et presqu'inculte, ne peut que laisser languir les uns et les autres dans la misère.

Il faut encore observer que tous les habitants du royaume doivent profiter des avantages de la bonne culture pour qu'elle puisse se soutenir et produire de grands revenus au souverain. C'est en augmentant les revenus des propriétaires et les profits des fermiers qu'elle procure des gains à tous les autres états et qu'elle entretient une consommation et des dépenses qui la soutiennent elle-même. Mais, si les impositions du souverain sont établies sur le cultivateur même, si elles enlèvent ses profits, la culture dépérit, les revenus des propriétaires diminuent; d'où résulte une épargne inévitable qui influe sur les stipendiés, les marchands, les ouvriers, les domestiques: le système général des dépenses, des travaux, des gains et de la consommation, est dérangé; l'Etat s'affaiblit; l'imposition devient de plus en plus destructive. Un royaume ne peut donc être florissant et formidable que par les productions qui se renouvellent ou qui renaissent continuellement, de la richesse même d'un peuple nombreux et actif dont l'industrie est soutenue et animée par le gouvernement.

On s'est imaginé que le trouble que peut causer le gouvernement dans la fortune des particuliers est indifférent à l'Etat parce que, dit-on, si les uns deviennent riches aux dépens des autres, la richesse existe également dans le royaume. Cette idée est fausse et absurde; car les richesses d'un Etat ne se soutiennent pas par elles-mêmes, elles ne se conservent et s'augmentent qu'autant qu'elles se renouvellent par leur emploi dirigé avec intelligence. Si le cultivateur est ruiné par le financier, les revenus du royaume sont anéantis, le commerce et l'industrie languissent; l'ouvrier manque de travail; le souverain, les propriétaires, le clergé, sont privés de revenus; les dépenses et les gains sont abolis; les richesses, renfermées dans les coffres du financier, sont infructueuses ou, si elles sont placées à intérêt, elles surchargent l'Etat. Il faut donc que le gouvernement soit très attentif à conserver, à toutes les professions productrices, les richesses qui leur sont nécessaires pour la production et l'accroissement des richesses du royaume.

Observations sur la population soutenue par la culture des grains. Enfin, on doit reconnaître que les productions de la terre ne sont point des richesses par elles-mêmes; qu'elles ne sont des richesses qu'autant qu'elles sont nécessaires aux hommes et qu'autant qu'elles sont commerçables: elles ne sont donc des richesses qu'à proportion de leur consommation et de la quantité des hommes qui en ont besoin. Chaque homme qui vit en société n'étend pas son travail à tous ses besoins; mais, par la vente de ce que produit son travail, il se procure ce qui lui manque. Ainsi, tout devient commerçable, tout devient richesse par un trafic mutuel entre les hommes. Si le nombre des hommes diminue d'un tiers dans un Etat, les richesses doivent y diminuer des deux tiers parce que la dépense et le produit de chaque homme forment une double richesse dans la société. Il y avait environ vingt-quatre millions d'hommes dans le royaume il y a cent ans: après des guerres presque continuelles pendant quarante ans et après la révocation de l'édit de Nantes, il s'en est trouvé encore, par le dénombrement de 1700, dix-neuf millions cinq cent mille; mais la guerre ruineuse de la succession à la couronne d'Espagne, la diminution des revenus du royaume causée par la gêne du commerce et par les impositions arbitraires, la misère des campagnes, la désertion hors du royaume, l'affluence de domestiques que la pauvreté et la milice obligent de se retirer dans les grandes villes où la débauche leur tient lieu de mariage; les désordres du luxe, dont on se dédommage malheureusement par une économie sur la propagation; toutes ces causes n'autorisent que trop l'opinion de ceux qui réduisent aujourd'hui le nombre d'hommes du royaume à seize millions; et il y en a un grand nombre à la campagne réduits à se procurer leur nourriture par la culture du blé noir ou d'autres grains de vil prix; ainsi, ils sont aussi peu utiles à l'Etat par leur travail que par leur consommation. Le paysan n'est utile dans la campagne qu'autant qu'il produit et qu'il gagne par son travail et qu'autant que sa consommation en bons aliments et en bons vêtements contribue à soutenir le prix des denrées et le revenu des biens, à augmenter et à faire gagner les fabricants et les artisans qui, tous, peuvent payer au roi des subsides à proportion des produits et des gains.

Ainsi, on doit apercevoir que si la misère augmentait ou que si le royaume perdait encore quelques millions d'hommes, les richesses actuelles y diminueraient excessivement et d'autres nations tireraient un double avantage de ce désastre. Mais si la population se réduisait à moitié de ce qu'elle doit être, c'est-à-dire de ce qu'elle était il y a cent ans, le royaume serait dévasté; il n'y aurait que quelques villes ou quelques provinces commerçantes qui seraient habitées, le reste du royaume serait inculte; les biens ne produiraient plus de revenus; les terres seraient partout surabondantes et abandonnées à qui voudrait en jouir, sans payer ni connaître de propriétaires.

Les terres, je le répète, ne sont des richesses que parce que leurs productions sont nécessaires pour satisfaire aux besoins des hommes et que ce sont ces besoins eux-mêmes qui établissent les richesses ; ainsi, plus il y a d'hommes dans un royaume dont le territoire est fort étendu et fertile, plus il y a de richesses. C'est la culture, animée par le besoin des hommes, qui en est la source la plus féconde et le principal soutien de la population ; elle fournit les matières nécessaires à nos besoins et procure des revenus au souverain et aux propriétaires. La population s'accroît beaucoup plus par les revenus et par les dépenses que par la propagation de la nation même.

Observation sur le prix des grains. Les revenus multiplient les dépenses et les dépenses attirent les hommes qui cherchent le gain ; les étrangers quittent leur patrie pour venir participer à l'aisance d'une nation opulente et leur affluence augmente encore ses richesses en soutenant, par la consommation, le bon prix des productions de l'agriculture et en provoquant, par le bon prix, l'abondance de ces productions : car, non seulement le bon prix favorise les progrès de l'agriculture, mais c'est dans le bon prix même que consistent les richesses qu'elle procure. La valeur d'un septier de blé, considéré comme richesse, ne consiste que dans son prix : ainsi, plus le blé, le vin, les laines, les bestiaux sont chers et abondants, plus il y a de richesse dans l'Etat. *La non-valeur avec l'abondance n'est point richesse ; la cherté avec pénurie est misère ; l'abondance avec cherté est opulence.* J'entends une cherté et une abondance permanentes ; car une cherté passagère ne procurerait pas une distribution générale de richesses à toute la nation, elle n'augmenterait pas les revenus des propriétaires ni les revenus du roi ; elle ne serait avantageuse qu'à quelques particuliers qui auraient alors des denrées à vendre à haut prix.

Les denrées ne peuvent donc être des richesses pour toute nation que par l'abondance et par le bon prix entretenus constamment par une bonne culture, par une grande consommation et par un commerce extérieur : on doit même reconnaître que, relativement à toute une nation, l'abondance et un bon prix qui a cours chez l'étranger est grande richesse pour cette nation, surtout si cette richesse consiste dans les productions de l'agriculture ; car c'est une richesse en propriété bornée dans chaque royaume au territoire qui peut la produire : ainsi, elle est toujours, par son abondance et par sa cherté, à l'avantage de la nation qui en a le plus et qui en vend aux autres. Car plus un royaume peut se procurer de richesses en argent, plus il est puissant et plus les facultés des particuliers sont étendues, parce que l'argent est la seule richesse qui puisse se prêter à tous les usages et décider de la force des nations relativement les unes aux autres.

Les nations sont pauvres partout où les productions du pays les plus nécessaires à la vie, sont à bas prix; ces productions sont les biens les plus précieux et les plus commerçables; elles ne peuvent tomber en non-valeur que par le défaut de population et de commerce extérieur. Dans ces cas, la source des richesses pécuniaires se perd dans des pays privés des avantages du commerce, où les hommes, réduits rigoureusement aux biens nécessaires pour exister, ne peuvent se procurer ceux qu'il leur faut pour satisfaire aux autres besoins de la vie et à la sûreté de leur patrie: telles sont nos provinces où les denrées sont à vil prix, ces pays d'abondance et de pauvreté où un travail forcé et une épargne outrée ne sont pas même des ressources pour se procurer de l'argent. Quand les denrées sont chères et quand les revenus et les gains augmentent à proportion, on peut, par des arrangements économiques, diversifier les dépenses, payer des dettes, faire des acquisitions, établir des enfants, etc. C'est dans la possibilité de ces arrangements que consiste l'aisance qui résulte du bon prix des denrées. C'est pourquoi les villes et les provinces d'un royaume où les denrées sont chères, sont plus habitées que celles où toutes les denrées sont à trop bas prix, parce que ce bas prix éteint les revenus, retranche les dépenses, détruit le commerce, supprime les gains de toutes les autres professions, les travaux et les salaires des artisans et manouvriers; de plus, il anéantit les revenus du roi, parce que la plus grande partie du commerce pour la consommation se fait par échange de denrées et ne contribue point à la circulation de l'argent; ce qui ne procure point de droits au roi sur la consommation des subsistances de ces provinces et très peu sur les revenus des biens.

Quand le commerce est libre, la cherté des denrées a nécessairement ses bornes, fixées par les prix mêmes des denrées des autres nations qui étendent leur commerce partout. Il n'en est pas de même de la non-valeur ou de la cherté des denrées causées par le défaut de liberté du commerce; elles se succèdent tour à tour et irrégulièrement; elles sont l'une et l'autre fort désavantageuses et dépendent presque toujours d'un vice du gouvernement.

Le bon prix ordinaire du blé, qui procure de si grands revenus à l'Etat, n'est point préjudiciable au bas peuple. Un homme consomme trois septiers de blé: si, à cause du bon prix, il achetait chaque septier quatre livres plus cher, ce prix augmente·ait au plus sa dépense d'un sou par jour; son salaire augmenterait aussi à proportion et cette augmentation serait peu de chose pour ceux qui la payeraient, en comparaison des richesses qui résulteraient du bon prix du blé. Ainsi, les avantages du bon prix du blé ne sont point détruits par l'augmentation du salaire des ouvriers; car alors il s'en faut beaucoup que cette augmentation approche de celle du profit des fermiers, de celle des revenus des propriétaires, de celle du produit des dîmes et de celle des revenus du roi. Il est aisé d'apercevoir aussi que ces avantages n'auraient pas augmenté d'un vingtième, peut-être pas même d'un quarantième de plus le prix de la main-d'œuvre des manufactures qui ont déterminé imprudemment à défendre l'exportation de nos blés et qui ont causé à l'Etat une perte immense. C'est d'ailleurs un grand inconvénient que d'accoutumer le peuple à acheter le blé à trop bas prix; il en devient moins laborieux, il se nourrit de pain à peu de frais et devient paresseux et arrogant; les laboureurs trouvent difficilement des ouvriers et des domestiques; aussi sont-ils fort mal servis dans les années abondantes. Il est important que le petit peuple gagne davantage et qu'il soit pressé par le besoin de gagner. Dans le siècle passé, où le blé se vendait beaucoup plus cher, le peuple y était accoutumé: il gagnait à proportion; il devait être plus laborieux et plus à son aise.

Ainsi, nous n'entendons pas ici, par le mot de *cherté*, un prix qui puisse jamais être excessif, mais seulement un prix commun entre nous et l'étranger; car, dans la supposition de la liberté du commerce extérieur, le prix sera toujours réglé par la concurrence du commerce des denrées des nations voisines.

Ceux qui n'envisagent pas, dans toute son étendue, la distribution des richesses d'un Etat, peuvent objecter que la cherté n'est avantageuse que pour les vendeurs et qu'elle appauvrit ceux qui achètent; qu'ainsi elle diminue les richesses des uns autant qu'elle augmente celles des autres. La cherté, selon ces idées, ne peut donc pas être, dans aucun cas, une augmentation de richesses dans l'Etat.

Mais la cherté et l'abondance des productions de l'agriculture n'augmentent-elles pas les profits des cultivateurs, les revenus du roi, des propriétaires et des bénéficiaires qui jouissent des dîmes? Ces richesses elles-mêmes n'augmentent-elles pas aussi les dépenses et les gains? Le manouvrier, l'artisan, le manufacturier, etc., ne font-ils pas payer leur temps et leurs ouvrages à proportion de ce que leur coûte leur subsistance? Plus il y a de revenus dans un Etat, plus le commerce, les manufactures, les arts, les métiers et les autres professions deviennent nécessaires et lucratifs.

Mais cette prospérité ne peut subsister que par le bon prix de nos denrées: car, lorsque le gouvernement arrête le débit des productions de la terre et lorsqu'il en fait baisser les prix, il s'oppose à l'abondance et diminue les richesses de la nation à proportion qu'il fait tomber les prix des denrées qui se convertissent en argent.

Cet état de bon prix et d'abondance a subsisté dans le royaume, tant que nos *grains* ont été un objet de commerce, que la culture des terres a été protégée et que la population a été nombreuse. Mais la gêne dans le commerce des blés, la forme de l'imposition des subsides, le mauvais emploi des hommes et des richesses aux manufactures de luxe, les guerres continuelles et d'autres causes de dépopulation et d'indigence, ont détruit ces avantages; et l'Etat perd annuellement plus des trois quarts du produit qu'il retirait il y a un siècle de la culture des grains, sans y comprendre les autres pertes qui résultent nécessairement de cette énorme dégradation de l'agriculture et de la population.

QUESTIONS INTÉRESSANTES

POPULATION, L'AGRICULTURE ET LE COMMERCE

Proposées aux Académies et autres Sociétés savantes des provinces (¹).

CLIMAT DES PROVINCES.

ARTICLE I.

S'il est chaud ou froid, humide ou sec; si des montagnes ou d'autres causes y dérangent l'ordre des saisons, y assujettissent à

---

(1) Ce travail a été ajouté par le marquis de Mirabeau à sa „Réponse aux objections contre le Mémoire sur les Etats provinciaux", publiée en l'année 1758 comme „Quatrième partie de l'Ami des hommes". Mirabeau fait remarquer qu'il n'est pas l'auteur de ces questions, mais il ne donne pas le nom de celui-ci. La première indication relative à cet auteur se trouve dans le „Catalogue des écrits composés suivant les principes de la science économique", que Dupont a publié dans le numéro de février 1768 des Ephémérides, à la demande de l'abbé Baudeau qui alors rédigeait encore cet ouvrage. Ce catalogue mentionne au nombre des écrits ayant paru en 1758, les „Questions intéressantes sur la population, l'agriculture et le commerce, proposées aux Académies et autres Sociétés savantes des provinces, par M. Quesnay, et publiées par M. le marquis de Mirabeau". — Nous rencontrons ensuite à ce sujet un renseignement complémentaire du même auteur (Dupont) dans sa „Notice abrégée" (voir page 154) où il dit en parlant de la „Quatrième partie de l'Ami des hommes": „Le volume est terminé par des Questions intéressantes sur la population, l'agriculture et le commerce, proposées aux Académies et autres Sociétés savantes des provinces. Ces questions, que l'Ami des hommes crut devoir joindre à son ouvrage, ont été rédigées par MM. Quesnay et de Marivelt." Cette dernière indication concorde avec celle que donne le marquis de Mirabeau dans son Avertissement qui précède les „Questions" et où il parle de „deux auteurs

des cultures particulières et à n'y élever que quelques espèces de bestiaux?

---

combinés". On n'a pas pu, dans la suite, déterminer la partie rédigée par chacun d'eux. Mais un coup-d'œil d'ensemble fait voir que les *Questions* ne renferment rien que Quesnay n'aurait pu écrire seul. Souvent on y trouve une concordance textuelle avec les articles *Fermiers* et *Grains*. Nous ne nous souvenons pas d'avoir plus tard rencontré de nouveau dans la littérature physiocratique le nom de Marivelt. Ces *Questions* ont un intérêt particulier parce que nous voyons par là Quesnay entrer dans la voie des enquêtes modernes reposant sur l'expérience. Toutefois les réponses y étaient en quelque sorte données d'avance aux personnes interrogées, et c'est peut-être pourquoi les *Questions*, à notre connaissance du moins, n'ont pas trouvé de réponse sous une forme littéraire. Elles étaient jusqu'ici pour ainsi dire oubliées. E. Daire ne les a pas connues. Le marquis de Mirabeau les a fait précéder d'une introduction dont voici les termes:

„*Avertissement*. Ces Questions ne sont pas de l'auteur du Mémoire sur les Etats provinciaux; on le reconnaîtra aisément.

„Il ne faut pas inférer de ce Tableau de questions que l'idée des deux auteurs combinés qui n'ont d'autre intérêt à ceci que celui de citoyen, soit de mettre dans les mains de l'administration municipale le soc de chaque charrue, le manche de chaque bêche. Ils savent au contraire que tout ce qui peut donner atteinte à la liberté, attaque directement la production courante et à plus forte raison l'amélioration. Ils n'ignorent pas que l'intervention scientifique aux choses usuelles est souvent dangereuse en ce que le tic des savants est la découverte; qu'une prétendue découverte entraîne tout aussi tôt chez eux l'anathème sur tout usage contraire ou qui ne dérive pas de ce nouveau principe; d'où résulte opposition entre les spéculateurs et les agents et conséquemment danger de l'autorité dans les mains des uns et des autres.

„Les véritables découvertes naissent d'un rien et ce rien se rencontre au hasard parmi les halliers d'une pénible expérience. Dieu le voulut ainsi en vertu de l'attentive providence avec laquelle il pourvoit sans cesse à confondre l'orgueil de l'esprit humain; mais il n'en est pas moins vrai que l'expérience éclairée est l'âme des découvertes utiles et que Dieu bénit le savoir modeste, parce que le savoir est un travail ainsi que le labeur et que s'il a promis à la sueur sa subsistance, double sueur doit obtenir double subsistance: ce qui est notre objet.

„Le plus sûr moyen de rendre utiles les académies économiques est celui qu'ont pris les académies d'Ecosse et qu'on pratique à la Chine; on y donne un prix à celui qui fait rendre le plus de blé à son champ, qui tire le plus de croît de son troupeau; à cela près c'est l'affaire des agriculteurs. Mais ces questions qui ne supposent aucune autorité dans ceux qui les proposeront, tendent au même but en ce qu'elles accoutumeront les automates de l'agriculture à penser qu'ils exercent un art et un grand art; les vils troupeaux de l'oisiveté, à sentir qu'ils foulent aux pieds les moyens d'être utiles à eux-mêmes et aux autres; tous les suppôts de l'industrie enfin à se dire: Gascons, le gouvernement vous voit.

„Depuis cent ans on a corrigé notre nation d'un goût enraciné pour les

II.

Si l'hiver y dure longtemps; quels sont les mois les plus froids; ceux où les travaux de la culture finissent, ceux où ils recommencent? Quels sont les travaux pendant l'hiver?

changements et pour les troubles, en détournant notre vivacité vers les spectacles, les beaux-arts, la musique, les madrigaux, vers le voyage(¹) de Cérès enfin. Tout cela tombe, parce que les ustensiles de décoration n'ont rien de réel, rien d'utile, si elles s'écartent de leur point d'appui, qui est le noble, le grand, le délassement, et que le goût pour la nouveauté qui est inhérent à notre substance s'écarte nécessairement de ce point d'appui dans les choses bornées. En effet le jeu, le luxe, les misères ont pris leur place parmi nous.

„Il n'y a que la nature d'infinie. Ne serait-il pas temps que nous appliquassions la vivacité de notre intelligence et les efforts de notre infatigable activité sur ce grand et digne canevas? Ne regardons pas comme un apologue le récit des vertus de Cincinnatus. C'est à la tête d'une grande ferme bien administrée que nous trouverons l'élévation d'âme et la modeste sévérité de Servilie dans la mère de famille; les talents et la gravité du gouvernement dans le père; la valeur et la force de l'équité offensée, vengeresse ou défensive; l'hospitalité du patriotisme, la douceur et l'égalité des mœurs qu'engendre une vie pure, attentive, économique et désintéressée. Que chacun apprenne qu'il a quelque chose de très important à gouverner, des profits indépendants à faire, nous verrons l'avarice et l'ambition se replier sur elles-mêmes et leurs incursions au dehors cesser presque entièrement: plus d'oisifs, plus de mécontents, plus de disgraciés. Quand ce changement ne produirait que cet avantage dans un Etat, ne serait-ce pas beaucoup pour son repos?

„Un très bon citoyen et très habile homme avait proposé à l'auteur d'un ouvrage qui a fait du bruit l'année passée de faire une sorte d'instruction abrégée et simple d'agriculture pour des gens de la campagne. Il lui répondit qu'il en faudrait une différente pour chaque canton, chaque village, chaque hameau. Les Questions obvient à cet inconvénient en ce qu'elles demandent des instructions, au lieu d'en donner; elles établissent une communication d'idées et non un empire sur les idées. La perfection des travaux naîtra de cette communication aidée de la liberté.

„L'écueil des gouvernements est de perdre de vue cette liberté si nécessaire à tout ce qui travaille sous leur protection. Les plus sages administrations laissent des traces du dangereux oubli de ce grand principe. Sous le règne d'Henri IV, notre grand restaurateur, sous l'administration de Sully, son digne ministre, on voit une ordonnance portant défense de semer du blé noir ou sarrasin. Cette ordonnance n'eut pas d'effet; elle n'en pouvait avoir, puisqu'elle croisait la nécessité; ôtez la nécessité, l'homme saura bien choisir ce qui lui est le meilleur.

„On est donc bien éloigné de vouloir attribuer à l'administration municipale le droit de gêner ni même de diriger l'agriculture, la production et aucune de ses branches: on sait que l'administration, quoiqu'elle exige des connaissances très étendues et fort au-dessus de la portée d'un particulier, ne saurait

(1) La Fontaine, *Fab.* 4. Lib. 8.

III.

Si les chaleurs sont vives et desséchantes, et dans quels mois elles le sont le plus? Si elles arrivent trop tôt après l'ensemencement des grains de mars. Si cet ensemencement peut être plus ou moins avancé, ou retardé avec plus ou moins de succès, conformément à la température la plus ordinaire du pays? Quelle est l'espèce de culture de grains qui par cette raison y réussit ordinairement plus ou moins bien; si les ombrages des arbres ou des clôtures de haies sont favorables?

IV.

Si les neiges séjournent longtemps sur la terre et quand elles commencent; s'il y a beaucoup de givres ou frimats; quels en sont les inconvénients pour le succès de la culture et pour les pâturages des bestiaux?

V.

Si les grêles y sont fréquentes?

VI.

S' les orages et tonnerres y sont fréquents et considérables; s'ils causent une grande variété dans la température de l'air?

VII.

Si les pluies d'orage y occasionnent des ravines ou des torrents; si ces torrents causent beaucoup de dommages dans le pays?

___

être trop simple et trop débarrassée de détails; mais le temps que lui doit laisser la simplification de ses ressorts, il faut qu'elle l'emploie à spéculer sur l'utilité publique, à se procurer des instructions, à les rendre communes parmi les peuples dont elle rend compte au maître, à faire enfin, comme le bon serviteur de l'Évangile, fructifier ses dix talents.

„C'est ce que ne peut faire un seul administrateur isolé et surchargé de tous les détails du courant qui le suffoque; un administrateur auquel l'impatience et la légèreté publique imputent toute la rigidité de ses fonctions, qui par cela même n'a pas la confiance et ne sera jamais secouru et qui, quand son équité personnelle commence à percer le voile épais des préventions, est enlevé aux peuples pour faire place à un autre. Il ne peut d'ailleurs réunir seul tant de points divers et de l'importance desquels on va juger par la lecture.

« N. B. Les citoyens zélés par le bien de l'Etat qui voudront répondre en particulier à quelques-unes des questions suivantes, pourront rendre leurs réponses publiques en les faisant imprimer dans le Journal économique. » A. O.

VIII.

Si les brouillards y sont communs, le temps de ces brouillards, leur nature?

IX.

S'ils nuisent. à certaines productions, s'ils sont favorables à d'autres; si les clôtures de haies sont à cet égard avantageuses ou désavantageuses?

X.

Quelle est leur influence sur les habitants, et s'ils sont nuisibles ou salutaires?

XI.

La même question pour les bestiaux, à quelles espèces de bestiaux ils sont avantageux ou nuisibles?

XII.

S'ils ne donnent point aux herbes quelque qualité nuisible aux bestiaux, et surtout aux bêtes à laine; quelles sont les maladies qu'ils leur causent?

XIII.

Si l'on mène les bestiaux, même les bêtes à laine, aux champs pendant les brouillards, et lorsque l'herbe est encore mouillée; quelle est la conduite qu'on doit observer à cet égard pour le gouvernement des bestiaux?

XIV.

Si le pays est sujet aux grands vents et aux ouragans, d'où ils viennent le plus communément; s'il y en a plus ordinairement dans une saison que dans toute autre; s'il y a des vents dominants ou ordinaires, quels sont leurs effets sur les productions du pays; enfin s'ils paraissent avoir quelque chose de réglé dans leur durée, la direction de leur cours, le temps de leur arrivée, les attentions qu'on doit y apporter par rapport à la culture; si les clôtures de haies et les plantations d'arbres procurent des abris avantageux?

XV.

Quelles sont les espèces d'arbres qui viennent le mieux dans ce pays, tant pour les plantations d'arbres fruitiers que pour les forêts, et sur toutes les espèces dominantes dans l'un et l'autre cas; les effets des vents ou des brouillards sur les fleurs des arbres et sur les fruits?

TERRITOIRE.

ARTICLE I.

L'étendue et circonscription la plus exacte des lieux auxquels peuvent convenir les observations particulières que l'on doit faire dans les différents cantons de chaque province.

II.

Si toutes les terres comprises dans cette circonscription sont de nature semblable ou différente. Remarquer leurs différentes qualités, déterminer l'espèce de culture qui leur convient et les productions particulières que l'on doit en attendre pour obtenir le meilleur revenu que l'on puisse en tirer?

III.

Les bonnes et mauvaises qualités des terres; les espèces d'herbes qui y croissent naturellement? Ce qu'on peut en conclure pour la qualité des terres. Remarquer la nature du lit qui est dessous l'*humus* ou la terre végétative; l'épaisseur de cette terre; les indices qu'on peut en tirer pour les produits de l'agriculture; les terres qui ont le lit d'argile fort près de la superficie, qui n'ont pas de pente, qui gardent l'eau, qui sont froides, humides, lavées et maigres; celles où le lit d'argile est plus profond et dont la terre végétative est lourde, tenace et forte; celles qui ont le lit de pierres plus ou moins près de la superficie, qui sont en pente, ne gardant point l'eau, qui restent sèches et arides; celles qui ont un lit de marne, ou de cailloutage, ou de terre franche, ou de terre bolaire, ou de terre cimolée, ou de craie, ou de tuf, ou de sable, etc., qui tiennent plus ou moins de la nature de leur lit et que la pluie peut pénétrer plus ou moins profondément. Celles que la pluie délaye facilement et rend gluantes et limoneuses, et qui deviennent arides, légères, maigres et friables par la sécheresse; celles qui sont battues par la pluie et qui deviennent croûteuses par la sécheresse; celles à qui les années sèches ou pluvieuses sont plus ou moins favorables; les différentes couleurs de ces espèces de terres; la manière dont les bons laboureurs les cultivent; les noms distinctifs qu'ils leur donnent, les qualités qu'elles indiquent; les améliorations dont elles sont susceptibles?

IV.

Le prix du loyer par arpent de celles qui sont affermées, soit en argent, soit en denrées; et marquer le rapport du loyer au prix de l'acquisition. Si le loyer des fermes a augmenté ou diminué depuis cent ans, ayant égard aux variations du numéraire des monnaies.

V.

Le prix de chaque arpent du fort au faible dans les acquisitions, et la variation de ces prix, leur augmentation ou leur diminution depuis cent ans, conformément aux variations du numéraire des monnaies?

VI.

Le produit du fort au faible de la récolte qu'elles donnent par arpent, selon les genres de productions qu'elles rapportent étant toutes examinées en détail?

VII.

La quantité de terres cultivées, le bon ou le mauvais état de leur culture; les espèces de productions auxquelles on se borne dans le pays; si ce sont les plus avantageuses pour le profit et les plus convenables au territoire?

VIII.

La quantité de celles qui sont incultes mais qui pourraient être cultivées, et à quoi elles seraient le plus propres; les dépenses qu'elles exigeraient pour les mettre en valeur; si elles coûteraient plus à défricher ou à essarter que le prix de l'achat des terres en culture; et quel serait le produit qu'on pourrait en espérer et la valeur selon l'état du débit et du prix des productions dans la province ou selon les facilités que l'on peut y procurer pour le commerce?

IX.

Les raisons pour lesquelles ces terres ne sont pas cultivées; si c'est par le défaut de dépenses de la part des propriétaires à qui elles appartiennent; si c'est que les fermiers manquent dans le pays; et s'ils manquent parce qu'il n'y a pas de profit à cultiver faute de débit des denrées; si ces terres sont au moins de quelque ressource pour les bestiaux; les moyens d'écarter les obstacles qui s'opposent à leur culture et ceux par lesquels on peut exciter les propriétaires ou les fermiers à les cultiver?

X.

La quantité des terres absolument incultes et stériles; la quantité de celles qui ne produisent que des herbes très maigres et qui ne profitent point aux bestiaux; la quantité de celles qui sont en bruyères et landes, et si la province a beaucoup des unes ou des autres de ces terres; si les terres sont mauvaises parce qu'elles sont trop humides ou froides, ne pourrait-on pas les rendre plus saines par des plantations d'arbres ou par des clôtures de haies qui, par l'abondance de sève qu'elles tireraient, pourraient épuiser l'humidité superflue de ces terres; si les terres abandonnées comme trop mauvaises ne seraient pas propres à y planter des bois ou y faire d'autres plantations dont on pourrait tirer du profit?

XI.

S'il n'y aurait pas des moyens d'amélioration pour ces terres; s'ils sont dispendieux; si c'est par abandon, par négligence ou par défaut d'habitants ou de richesses qu'il y a beaucoup de ces terres en non-valeur; si les propriétaires se refusent aux dépenses nécessaires pour les améliorer; si c'est parce qu'ils sont absents, ou parce que les impositions mal réparties enlèvent tout le revenu qu'elles produiraient, ou si c'est parce que le haut intérêt de l'argent prêté à rente soustrait les richesses nécessaires à l'entretien et à l'amélioration des biens?

XII.

Les prairies, leur qualité; si elles sont entretenues ou négligées; faire différence de celles qui sont arrosées par des fontaines et petits ruisseaux d'avec celles qui se trouvent situées sur des rivières orageuses et qui débordent; les avantages des prairies artificielles, leurs espèces, leurs cultures, les terres qui leur conviennent selon leurs espèces, leur produit et la valeur?

XIII.

S'il n'y a point de ces prairies qui soient trop marécageuses, et s'il serait possible de les dessécher et améliorer soit en curant le lit des rivières, soit en faisant des fosses et saignées qui pussent égouter les eaux, soit en y plantant des arbres, ou en les entourant de haies dont la sève enlèverait une partie de l'humidité du terrain?

XIV.

Si la quantité des prés secs excède celle des prés humides; le produit ordinaire que chaque espèce d'arpent peut rendre de foin année commune, et nature des foins; si tout ou partie des prés porte des regains; si on fauche ces regains ou s'ils servent à engraisser les bestiaux ou à la simple nourriture ordinaire pour les élever ou les entretenir?

XV.

Le prix des différentes espèces de foins; leur consommation dans le pays, ou bien leur exportation pour les grandes villes, soit par terre, soit par eau; facilité, difficulté, frais de cette exportation?

XVI.

S'il s'est perdu des prés dans le pays, et si l'on en pourrait faire de nouveaux; s'il y en a beaucoup qui dépérissent et qui auraient besoin d'être renouvelés; si la dîme des novales n'empêche pas les propriétaires de faire les changements ou les réparations nécessaires parce que les curés voudraient s'attribuer la dîme sur ces prés sous prétexte de quelque labour, et ensemencements nécessaires pour les réparer.

XVII.

Dans les circonscriptions de territoire fixées par des limites remarquables, déterminer, à l'aide des mesures de la nouvelle carte de France, combien il y a d'arpents de terre; les quantités qui sont en bois, en vignes, en prés, en culture, en friches, cultivables et non cultivables; en parcs, en habitations, en rivières, en étangs, en chemins, etc., y rapporter en détail les observations que l'on aura faites sur toutes ces parties?

CULTURE DES TERRES (1).

ARTICLE I.

Cultive-t-on les terres avec des bœufs ou avec des chevaux; la différence du produit et des frais de ces deux sortes de cultures; pourquoi on ne préfère pas celle qui serait la plus profitable;

---

(1) Voyez dans l'*Encyclopédie* les articles: CULTURE, FERME (*écon. rurale*), FERMIERS (*écon. polit.*), GRAINS (*écon. polit.*), les articles auxquels on renvoie: *Essai sur l'amélioration des terres; Essai sur la police des grains; Discours sur les vignes; Les avantages et les désavantages de la Grande-Bretagne; Observations sur la culture de la Guyenne; L'Ami des hommes; Recherches sur les finances*, imprimées en 1758; *Remarques sur plusieurs branches de commerce et de navigation*. (Note de l'original.)

quelle est celle qui exige d'abord de plus grandes avances et qui est ensuite moins onéreuse par les frais relativement au produit? Le défaut des fermiers en état de faire les grandes avances que l'une exige ne serait-il pas la cause qui oblige de se fixer à l'autre? Laquelle de ces deux cultures occupe plus d'hommes? Pourquoi les terres se vendent à plus bas prix dans les pays où l'on cultive avec des bœufs que dans ceux où l'on cultive avec des chevaux ?

II.

De quelle espèce de harnais et instruments se sert-on; est-ce de la charrue, de l'areau ou de toute autre espèce qui varie suivant les différents pays? Ces variétés sont-elles fondées sur quelques avantages réels et particuliers au pays ou aux différentes sortes de cultures; ou si elles se sont établies simplement par quelques préventions dégénérées en usage?

III.

Combien de bœufs ou de chevaux pour l'ordinaire sur chaque espèce de charrue? Combien une charrue tirée par des bœufs ou par des chevaux laboure-t-elle de terre par jour?

IV.

Combien de labours pour le blé, à quelle profondeur à peu près pour les labours de chaque espèce de terre, et quel temps il faut choisir?

V.

Si les terres sont bien fumées; si on a suffisamment de fumiers, les moyens de les multiplier ou d'y suppléer; en quelle saison les voiture-t-on dans les champs? les espèces de fumiers qui conviennent à chaque espèce de terre; s'il est d'usage de parquer les bestiaux pour engraisser les terres; s'il y a de la marne dans le canton ou à portée, de quelle espèce; si on s'en sert; ses propriétés? S'il y aurait des terres propres à être glaisées faute de lien et de corps; si d'autres ont besoin de gros sables pour les rendre plus légères et moins tenaces?

VI.

Si on cueille plus ou moins de seigle ou de froment; ou si on ne cultive que des productions de vil prix comme blé noir, pommes de terre, etc., qui ne procurent pas de richesses dans le pays, qui entretiennent la paresse et la misère de l'habitant de la campagne, qui rendent sa consommation et ses travaux peu profitables à l'Etat; si c'est la mauvaise qualité des terres ou le défaut des bestiaux qui fait manquer de fumier, ou si c'est faute de facultés pour faire les avances d'une bonne culture, qui réduit le pays à se borner à ces récoltes ingrates?

VII.

La mesure de blé froment et des autres grains réduite à la livre de seize onces; si la mesure est la même dans toute la province; même question sur les mesures de poids, d'aunages, de futailles, et les mesures de liqueurs en détail?

VIII.

Le prix commun des grains et des légumes depuis cent années consécutives du fort au · faible, conformément aux variations du numéraire des monnaies; s'il y a eu de fortes et fréquentes variations dans les prix; les causes de ces variations?

IX.

Si les grains et les légumes se consomment tous dans la province ou s'ils s'exportent dans les provinces voisines, même hors du royaume; si cette exportation se fait par eau, par charrois ou par sommes; les facilités ou les difficultés de ce commerce, frais, les droits, les péages de rivières et leurs effets sur le débit et le prix des denrées, sur le revenu des biens-fonds, sur la culture, et sur l'état des habitants du pays?

X.

Si la culture se fait par des métayers ou par des fermiers; s'il y a plus d'avantages pour les propriétaires absents de faire cultiver leurs terres par des métayers ou de les affermer à des fermiers en état de les bien cultiver; s'ils n'ont recours aux métayers que parce qu'ils manquent de bons fermiers; si les fermiers payent en argent ou en grains?

XI.

S'ils sont presque tous aisés ou pauvres; s'ils manquent de bestiaux pour faire des fumiers, et des moyens pour soutenir les frais d'une bonne culture et pour procurer du travail aux paysans, ou s'ils ne peuvent pas eux-mêmes se procurer convenablement leurs besoins et s'ils sont réduits à vivre de mauvaises productions de la terre qui s'obtiennent avec peu de dépense et de travail ; si le dépérissement de la culture augmente de plus en plus dans la province depuis plusieurs années, à en juger par les terres incultes depuis plus ou moins longtemps, par les terres mal cultivées et par l'appauvrissement des fermiers, des métayers, des vignerons et des autres paysans, par la diminution des troupeaux, par la diminution de la culture avec les chevaux, par l'augmentation de celle qui se fait avec les bœufs, par les productions du pays ?

XII.

Si, outre les métayers et fermiers, il y a des paysans qui tiennent des terres pour les exploiter eux-mêmes ; si c'est avec la charrue ou à bras ; s'ils ont des bestiaux à eux, et quelle sorte de grains ils cultivent ; si les fermiers et les paysans sont assujettis à des corvées qui dérangent la culture en leur ôtant les moyens d'en faire les avances et d'en soutenir les travaux ; s'il est plus avantageux que les paysans cultivent la terre avec leurs bras pour se procurer de quoi vivre, ou qu'ils soient occupés par des fermiers en état de satisfaire aux frais de grandes entreprises de cultures ; combien un homme peut labourer de terre par jour avec ses bras ?

XIII.

Si les terres sont partagées en petites ou en grandes fermes, les avantages ou les désavantages qui en résultent par rapport aux frais de la culture, au profit des laboureurs, au fermage, aux gains des paysans occupés par les laboureurs, et aux dépenses pour l'entretien des bâtiments, des fermes ?

XIV.

La meilleure manière de régler la répartition de la taille pour conserver aux fermiers les richesses nécessaires pour la culture (¹).

---

(1) On estime à 900 millions les dépenses annuelles qu'il faudrait faire pour une bonne culture des terres du royaume, sans y comprendre les frais d'achat et du gouvernement des bestiaux, les frais de la culture des vignes, etc., qui montent plus haut que ceux de la culture des grains. Les dépenses de la culture actuelle sont insuffisantes ; elles ne sont évaluées qu'à 400 millions et ne produisent que 40 pour cent ; au lieu que celles qu'il faudrait pour une bonne culture, produiraient cent pour cent et plus : Voyez *Essai sur l'amé-*

Les effets destructifs de l'imposition des droits préjudiciables au commerce, au débit, au prix, à la consommation, à la production des denrées, aux revenus des biens-fonds et à la source des revenus du roi?

XV.

L'état de la culture actuelle, les progrès dont elle est susceptible dans chaque pays, les obstacles à lever, les facilités et les moyens à procurer pour la faire prospérer. Si les pays d'états provinciaux sont mieux cultivés que les autres; si les états provinciaux entrent assez dans le détail des connaissances nécessaires pour favoriser la culture et le débit des productions du cru? La société de savants établie par les états de Bretagne pour les progrès de l'agriculture, embrasse-t-elle dans ses études et dans ses recherches toutes les connaissances et toutes les vues de la régie de l'économie générale de la province, et tous les rapports qu'elle peut avoir avec celles des autres provinces?

XVI.

Les espèces de culture qui pourraient être les plus favorables et les plus profitables au pays, soit en grains, vignes, herbages, légumes, lin, chanvre, bois, arbres fruitiers, etc.

XVII.

Les avantages qu'on doit attendre des sociétés savantes qui s'appliquent à faire des recherches et des essais (¹) pour améliorer

---

lioration des terres; la considération la plus importante dans l'imposition de la taille est que cette imposition porte sur les revenus du propriétaire et non sur le fermier; elle sera moins onéreuse à l'un et à l'autre: Voyez l'*Encyclopédie,* article GRAINS, *Observations sur la taille.* (Note de l'original.)

(1) Voyez l'accroissement dont l'agriculture est susceptible en France et la nécessité de la liberté générale du commerce extérieur et intérieur des grains, dans l'*Encyclopédie,* article GRAINS et dans l'*Essai sur l'amélioration des terres,* où l'on prouve que les revenus de la culture peuvent augmenter des ⁴/₅ pour le roi, pour les propriétaires, pour la dîme, et pour les fermiers par les avantages qui résultent de la liberté du commerce, de la répartition réglée et proportionnelle des impôts, des ménagements sur la rigueur des corvées et sur la levée des milices dans les campagnes: Plus de 1200 laboureurs anéantis en peu d'années dans une seule province du royaume, selon l'assertion la plus authentique, firent reconnaître aussitôt la nécessité d'y remédier. Cette protection de la part du gouvernement est essentielle pour tout le royaume parce qu'elle intéresse radicalement la prospérité et la force de l'Etat. M. de Colbert, qui avait cru que la culture des terres pouvait se

la culture, pour instruire les cultivateurs, pour procurer le débit des productions du cru et pour faciliter, par leurs observations et par leurs connaissances, la régie de l'économie du royaume.

POPULATION.

ARTICLE I.

L'augmentation ou diminution de la population dans les villes et dans les campagnes de la province, surtout dans les endroits éloignés des grandes villes; prendre dans ces éloignements vingt paroisses de la province, plus ou moins; tirer des registres de baptêmes, de mariages, les résultats sur l'état successsif de la population depuis cent ans.

II.

La diminution ou augmentation des hameaux, ou habitations dans les paroisses (¹)?

III.

En quoi les hommes contribuent-ils à la prospérité de l'Etat? Les productions que procure le travail d'un homme ne font-elles pas partie des richesses de l'Etat à raison de leur quantité et de leur valeur vénale? Sans la consommation qui se fait pour satisfaire aux besoins, aux commodités, aux plaisirs et à l'ostentation des hommes, les productions seraient-elles des richesses? Un homme n'est-il pas profitable à l'Etat à raison de ce qu'il produit et à raison de ce qu'il dépense de son gain ou de son revenu; n'est-ce

---

soutenir sans le commerce extérieur des grains, en aperçut lui-même le dépérissement; mais trop prévenu en faveur du commerce de marchandises de main-d'œuvre, il était persuadé que la nation serait dédommagée par ce commerce postiche de petite mercerie qui nous a si longtemps séduits, qui ne peut être une ressource que pour de petits Etats maritimes bornés à un petit territoire, et qui nous a fait perdre de vue le commerce de propriété ou des denrées du cru que M. de Sully regardait avec raison, ainsi qu'il l'a prouvé par les succès de son ministère, comme le commerce essentiel d'un grand royaume situé avantageusement pour la navigation. En effet, la France, par l'étendue et par la fertilité de son territoire, par sa situation favorable pour le commerce extérieur de ses denrées, peut s'élever à un tel degré de puissance qu'elle ne laisserait à la sagesse du souverain d'autre ambition que la gloire d'être l'arbitre de ses voisins et le pacificateur de l'Europe. (Note de l'original.)

(1) On ne compte plus dans le royaume, y compris les pays conquis, qu'environ quatre millions de feux; on estime quatre personnes par feu, adultes et enfants. (Note de l'original.)

pas par la consommation et la reproduction que les hommes perpétuent et augmentent les richesses? Si le paysan qui a bon aliment, bon vêtement, l'arrangement de son petit ménage, quelques b aux, n'est pas plus profitable à l'Etat par sa consommation et p r son activité A SOUTENIR UNE AISANCE QU'IL CRAINT DE PERDRE, que ne serait un paysan découragé et réduit à vivre misérablement; si c'est par la consommation que les productions se perpétuent, qu'elles ont une valeur vénale et qu'elles sont des richesses, comment ceux qui les consomment ne diminuent-ils pas eux-mêmes leurs richesses ou leur aisance ; un paysan qui se nourrit de pain de froment, qui a plus de valeur vénale que les autres grains, ne contribue-t-il pas par sa consommation à l'augmentation de la production de cette denrée et n'est-il pas dans l'aisance; parce qu'il peut, si quelque besoin particulier l'exige, diminuer sa dépense car il peut vivre de pain de seigle, et si cette épargne ne suffit pas, il peut se rabattre au pain d'orge et même, s'il le faut, au pain de blé sarrasin ou de blé noir; ainsi ce paysan, en consommant du froment, ne contribue-t-il pas à l'avantage d'une culture qui procure un meilleur revenu dans l'Etat et n'a-t-il pas, en cas de besoin, plusieurs degrés d'aisance qu'il n'aurait pas s'il était réduit par la misère à ne consommer constamment que du blé noir; si ce n'était pas avec raison que Monsieur de Sully regardait la culture é blé noir comme désavantageuse dans le royaume? N'est-ce pas du 3 la consommation soutenue et perpétuée par l'aisance du peuple que consiste la prospérité et la force constante d'un royaume; n'est-ce pas en ce sens que FRANÇOIS Iᵉʳ disait que ses *sujets lui gardaient ses richesses?* Un souverain aurait-il des richesses de ressource dans un royaume où les sujets n'auraient que le nécessaire pour satisfaire à leurs besoins? Les revenus des propriétaires qui sont le premier entrepôt des richesses que produisent les biens-fonds, et qui se distribuent par les dépenses mêmes de ces propriétaires à toute la nation, ne forment-ils pas le fonds des richesses annuelles qui attirent et fixent les hommes dans un royaume à proportion qu'elles leur procurent des gains et de l'aisance? L'aisance des propriétaires ne serait-elle donc avantageuse à l'Etat qu'autant qu'elle favoriserait la population et qu'elle entretiendrait l'aisance de la nation ; et l'aisance de la nation ne serait-elle donc avantageuse aussi qu'autant qu'elle perpétuerait les richesses du royaume par la consommation et par la reproduction annuelle de ces richesses, et qu'autant qu'elle en soutiendrait par la consommation même la valeur vénale, dans laquelle consistent les revenus des propriétaires et l'opulence de la nation; ainsi la consommation en bons aliments, bons vêtements, etc., entretenue par l'aisance du bas peuple, qui est le plus nombreux, ne serait-elle pas la principale cause de la prospérité d'un Etat? Comment quelques-uns ont-ils pu se persuader qu'il est avantageux que les paysans soient pauvres; qui a pu introduire ce préjugé barbare et destructif; ne serait-ce pas parce que le paysan accoutumé à la misère et à la paresse se refuse au travail dans les années abondantes, n'en voit-on pas le principe?

IV.

Le loyer d'une journée de charrue à bœufs ou à chevaux; le prix de la journée du manouvrier dans chaque province?

V.

Le soin ou négligence pour les enfants; si les pères et mères peuvent pourvoir à leurs besoins et à leur conservation dans la province?

VI.

S'il serait avantageux de distribuer les terres aux paysans pour les cultiver par le travail des bras, ou s'il est plus profitable qu'elles soient affermées à de riches fermiers qui les font labourer par des animaux et qui ont les bestiaux nécessaires pour se procurer les fumiers qui fertilisent les terres; si la culture des grains exécutée par le travail des bras pourrait suffire à la subsistance des différentes classes d'hommes nécessaires dans un royaume florissant; à quel prix reviendrait le septier de blé, si les terres étaient cultivées par le travail des bras; si les paysans seraient en état de faire les avances de cette culture, dont les travaux sont fort multipliés et dont la moisson se fait attendre longtemps? Ne doit-on pas préférer les manières de cultiver qui épargnent les travaux des hommes, qui coûtent moins de frais, et qui procurent plus de production et plus de profit ou plus de richesses dans l'Etat; n'en est-il pas de même de tous les ouvrages qui peuvent s'exécuter avec moins de travail d'hommes et moins de frais? Les ouvrages qui ne valent que les frais de la main-d'œuvre ne sont-ils pas les moins profitables? Si les ouvrages qui emploient plus d'hommes, contribuent plus à la population que ceux qui emploient moins d'hommes et qui produisent plus de gain ou plus de richesses; si le profit ou l'augmentation de revenus que procurent ces derniers ne fournissent pas des gains à d'autres hommes employés par ceux qui jouissent de ces profits ou de ces revenus? Si on ne doit pas conclure de là qu'il faut augmenter les productions et diminuer les frais, autant qu'il est possible, par les secours des animaux, des machines et de tous autres moyens qui peuvent suppléer aux dépenses de main-d'œuvre? S'il y a à cet égard des usages désavantageux et des inconvénients à les réformer, n'est-il pas encore plus préjudiciable de les perpétuer (¹)?

VII.

Le prix du salaire des domestiques, valets de charrue, bouviers, pâtres, charrons, maréchaux, bourreliers, etc., dans la province?

VIII.

L'activité ou la paresse des métayers, ou manouvriers, leurs causes; s'ils sont déconcertés par l'indigence et par la modicité du salaire trop disproportionné aux travaux pénibles de la campagne et trop insuffisant pour leur procurer la subsistance convenable pour supporter et soutenir ces travaux avec courage?

IX.

Si on manque d'hommes dans la province pour la culture de la terre et les travaux de la campagne, et surtout dans les saisons des grands travaux, moissons, etc.

X.

Si c'est la paye trop faible qui en est la cause, ou la pauvreté des fermiers et métayers qui, par le défaut de débit de leurs denrées, ne sont pas en état de procurer en tout temps du travail et un gain convenable aux habitants de la province, ou si ce sont les charges ou les impositions arbitraires qui leur enlèvent toute espérance de pouvoir se tirer de la misère et de se procurer les aliments, les vêtements et les petites commodités qui peuvent soutenir le courage et l'activité?

XI.

Si la paye trop faible vient de la non-valeur des denrées et du peu de profit et revenu de ceux qui emploient les domestiques

---

(1) On doit examiner l'état actuel des provinces pour faire sur chacune l'application convenable de ces questions générales. (Note de l'original.)

et manouvriers; si le salaire des ouvriers et des domestiques de la province est augmenté ou diminué depuis cent ans, ayant égard aux changements de la valeur numéraire de l'argent?

XII.

Si les paysans quittent le pays ou s'absentent pour chercher de l'ouvrage dans d'autres provinces; si beaucoup vont à Paris ou dans les autres villes chercher de l'ouvrage ou se faire laquais par la crainte de la milice; ou si c'est faute de ressource dans le pays, de travail, de salaire suffisant, ou l'impossibilité par leur misère de s'occuper pour eux à la culture et se procurer de quoi vivre et s'entretenir? Combien la désertion des enfants des laboureurs inquiétés dans les campagnes contribue au dépérissement de l'agriculture en enlevant les richesses que leurs pères employaient aux dépenses de la culture des terres? Les effets de l'inquiétude de la milice annoncée dans le temps des travaux pressants de la campagne. De la milice permanente; combien cette sorte de milice a été préjudiciable à l'Etat en comparaison des avantages qu'on s'est proposé dans un tel établissement; la France bien cultivée et bien peuplée manquerait-elle de richesses et d'hommes de bonne volonté pour sa défense et pour la navigation?

XIII.

Si la mendicité disperse les paysans, ou si leur indigence les rend inutiles à l'Etat, étant bornés à un travail ingrat, n'ayant rien à vendre, ne pouvant rien acheter pour leur besoin, ni contribuer convenablement aux impositions, étant réduits à une mauvaise nourriture et à de mauvais vêtements, et privés de tout autre secours?

XIV.

Ce que la mendicité ou la désertion en ont enlevé par paroisse depuis cinquante ans ou plus; si leur désertion causée par l'indigence n'est pas plus avantageuse que leur résidence en trouvant ailleurs du travail, ou en se fixant dans les villes à l'état de domestique, qui les rend plus utiles par leur service et par leur consommation en aliments, vêtements et autres dépenses qui contribuent au débit des denrées du cru et des marchandises de main-d'œuvre, et qui en soutiennent le prix et la production?

XV.

Le nombre de personnes par feux ou par familles, en comptant les enfants depuis l'âge de deux ans accomplis? S'il y a des paroisscs fort sujettes aux maladies épidémiques; si on peut attribuer ces maladies aux mauvais aliments ou aux qualités du territoire, ou à des étangs, à des marais et à des eaux croupissantes, ou aux desséchements d'étangs, de rivières, de marais qui ont beaucoup de vase bourbeuse et fétide; ou si elles ne dépendent point de certains vents qui sont ordinaires ou qui durent longtemps, qui viennent de la mer ou de lieux marécageux; ou si elles viennent au printemps lorsqu'on commence à remuer la terre surtout après des hivers pluvieux et qu'il n'est pas survenu des vents suffisants pour dissiper les exhalaisons de la terre? Quels sont dans la province les rapports de la durée de la vie relativement aux différents âges, à commencer dès la naissance; si ces rapports sont les mêmes dans les villes ou dans les campagnes?

XVI.

S'il est vrai que les écoles soient nuisibles dans les campagnes; s'il ne faut pas que les enfants des fermiers et de ceux qui exercent le commerce rural sachent lire et écrire pour s'établir dans la profession de leurs pères, pour pouvoir mettre de l'ordre et de la sûreté dans leurs affaires et dans leur commerce, et pour lire les livres qui peuvent étendre leurs connaissances sur l'agriculture; s'il n'est pas utile pour l'état de collecteur, de syndic, etc., dans les paroisses, qu'il y ait des paysans qui sachent lire et écrire? Si ce sont les écoles, ou la misère, ou d'autres causes aussi fâcheuses qui déterminent les paysans à abandonner les campagnes pour se tirer dans les grandes villes? Si par cette désertion Paris et les autres villes sont plus peuplées aujourd'hui qu'elles ne l'étaient autrefois; ou si la dépopulation ne dépend pas d'un décroissement de richesses et de population qui fait d'abord plus de progrès dans les campagnes que dans les grandes villes où résident ceux qui jouissent de profits, d'appointements, de pensions, de rentes, etc., qui sont payés par l'Etat et qui se tirent des campagnes; ensorte que les degrés du décroissement général de richesses et de population dans les campagnes et dans les villes seraient proportionnés à ces circonstances (¹), sans qu'il fût vrai

_____

(1) Il est prouvé par les registres des baptêmes, des mariages, des enterrements, et par la consommation du blé dans Paris, que cette ville n'a pas augmenté en habitants depuis longtemps; ainsi la dépopulation des campagnes n'est pas dédommagée par la population de cette capitale. Mais il suffit de connaître le dépérissement des revenus de la nation pour s'assurer

que les grandes villes enlevassent aujourd'hui plus d'habitants des campag es qu'autrefois?

GRAINS.

ARTICLE I.

Si on s'attache dans la province à la culture la plus profitable; si c'est à celle du blé, froment et seigle, ou des orges, sarrasin, millet, blé de Turquie, etc., leur produit, leur valeur vénale; leur usage dans le pays, leurs avantages ou désavantages par rapport au revenu des terres et à l'emploi des hommes. Est-il de l'intérêt de l'Etat d'étendre la culture du blé lorsque le prix commun de cette denrée ne restitue pas les frais, la taille et le loyer des terres?

II.

Si la culture du blé est augmentée ou diminuée dans la province?

---

de la diminution de la population, car les royaumes ne sont peuplés qu'à peu près en raison de leurs richesses; 200 millions de revenus dans un Etat y entretiennent environ un million d'hommes. Ainsi le dépérissement des revenus entraîne nécessairement celui de la population, au lieu que l'augmentation des revenus dans un Etat y attire des hommes de toutes parts. Ce n'est pas la population qui répare les richesses, ce sont les richesses qui réparent la population: les hommes perpétuent les richesses; mais il faut préalablement des richesses pour accroître la population et les richesses. Voir l'*Essai sur l'amélioration des terres*. Mais par augmentation de richesses il ne faut pas entendre simplement une augmentation d'argent monnayé, car cette richesse, à moins qu'elle ne soit occupée et renouvelée annuellement par l'agriculture et le commerce, est une richesse stérile. On ne doit juger de la richesse d'un Etat que par ses revenus annuels; le pécule des nations, dont les richesses se tirent du territoire, n'est à peu près qu'en raison de la moitié de leurs revenus annuels. On présume que la découverte de l'Amérique a beaucoup augmenté la masse de l'argent monnayé en France, et que cette augmentation a fait monter le prix des denrées; cela est difficile à prouver par les faits, car dans le temps de la conquête du Pérou en 1557, le prix commun du blé était aussi haut et même plus haut qu'à présent. Il est vrai qu'après les guerres des Anglais en France, depuis Charles VII jusqu'à François Ier, les prix des denrées avaient fort baissé, mais dans les temps précédents, à remonter jusqu'à Charlemagne, ils étaient à peu près comme aujourd'hui; on peut en juger par le salaire des ouvriers qui est toujours réglé non par le prix annuel, mais par le prix commun des grains dans les provinces. (Note de l'original.)

III.

Si le moins peut être imputé aux acquisitions faites par les riches propriétaires qui ont augmenté l'étendue de leurs fermes? Si les terres en sont mieux ou plus mal cultivées, selon que les laboureurs sont ou ne sont pas assez riches pour soutenir de grandes entreprises de culture?

IV.

Si on s'attache dans la province à la culture des légumes, comme fèves, pois, haricots, lentilles, etc., si cette culture y est fort profitable?

V.

S'il y a débit et exportation de ces légumes? Si après les années d'abondance en blé on ne s'aperçoit pas que la culture de ce grain est négligée et que les cultivateurs s'adonnent à d'autres, ou qu'ils se bornent au pâturage de leurs bestiaux; si les non-valeurs des denrées sont fréquentes et font dégénérer en perte les frais de la culture, la font abandonner, anéantissent les revenus des biens-fonds, suppriment les travaux et le salaire des paysans, empêchent le payement des impositions, attirent des famines et diminuent la population?

VI.

Si l'exportation particulière des grains d'une province hors du royaume n'est pas contraire à la sûreté de la subsistance des habitants? Si l'on peut attribuer les mêmes inconvénients à la liberté générale d'exportation pour toutes les provinces du royaume; si l'agriculture réduite à la subsistance de la nation pourrait soutenir un accroissement de culture sans faire dégénérer les prix des grains en perte et sans anéantir les revenus des biens-fonds? Quels sont les avantages de la liberté de l'exportation des grains (1)? Quelles sont les nations qui manquent de grains, combien elles en achètent, années communes, quelles sont les nations qui leur en vendent? Si leur commerce d'exportation de grains est assez étendu pour les exposer à des chertés; et s'il est suffisant pour leur éviter les non-valeurs et les grandes variations des prix des grains, qui détruisent l'agriculture?

_____

(1) Voyez l'*Essai sur l'amélioration des terres;* l'article GRAINS, dans l'*Encyclopédie*, sur les effets de la liberté de l'exportation des grains. (Note de l'original.)

VII.

Si sous le prétexte spécieux d'entretenir l'abondance dans les villes, le débit des grains est géné dans les campagnes, on ne préjudicie pas à l'agriculture, aux revenus des propriétaires et à la prospérité des villes qui ne peut se soutenir que par les richesses des propriétaires qui habitent ces villes et qui les vivifient par leurs dépenses ?

VIII.

Si en empêchant la communication du commerce des grains entre les provinces sous prétexte d'assurer la subsistance aux habitants de chaque province, on ne détruit pas l'agriculture dans les unes, et les hommes dans les autres par la famine ?

IX.

S'il est avantageux que les denrées de premier besoin soient par proportion plus chères que les marchandises de moindre besoin ? N'est-ce pas le prix commun des denrées de premier besoin qui règle le salaire des ouvriers ; les laboureurs qui vendraient leurs grains à trop bas prix à proportion de ce que leur coûtent les frais de la culture, pourraient-ils soutenir ces dépenses ; ne seraient-ils pas contraints de diminuer le salaire des ouvriers qu'ils emploient, ou d'en occuper un moindre nombre ; les gains des ouvriers ne seraient-ils pas alors trop bornés pour leur procurer les secours convenables à leur état ; cet inconvénient n'est-il pas une des causes qui leur font abandonner les provinces où le blé est à bas prix, et les gains à proportion ? Si la consommation des marchandises qui ne sont pas de premier besoin, et dont on peut se passer, n'augmente ou ne diminue pas à proportion que ces marchandises sont plus ou moins chères, ou plus ou moins chargées de droits ; si leur consommation diminue, leur production et les revenus qu'elles rapportent ne diminuent-ils pas aussi ; ne s'ensuivrait-il pas qu'il serait plus avantageux que les denrées de premier besoin fussent constamment à plus haut prix par proportion que les autres marchandises, puisque le bon prix de part et d'autre favoriserait l'agriculture, accroîtrait les revenus de la nation, augmenterait le salaire des ouvriers, procurerait les douceurs de la vie, l'aisance et les commodités qui attirent et fixent les hommes dans les pays où ils peuvent jouir de ces avantages ; serait-ce donc la valeur vénale des denrées de premier besoin, considérée rela-

tivement au prix des autres marchandises, qui déciderait en partie
de la prospérité et de la force des Etats?

X.

Quels seraient les dangers et les abus que l'on aurait à redouter
pour les revenus des biens-fonds et pour la subsistance du peuple,
des établissements de magasins de grains formés par des compagnies protégées ou privilégiées; quels prétextes les compagnies
pourraient alléguer pour gêner le commerce des grains et décider
des prix dans les achats et dans les ventes?

XI.

Si les greniers de blé multipliés par les marchands de grains
dans les années abondantes ne sont pas des magasins qui assurent
la subsistance du peuple dans les mauvaises années; si l'achat des
grains par les marchands dans les années abondantes pour garder
dans des greniers, ne facilite pas aux fermiers le débit de leurs
grains; si on doit craindre le monopole de ces marchands dans
les mauvaises années, si la concurrence de ces mêmes marchands
et si ces greniers de blé fort multipliés ne s'y opposent pas? Si
la liberté entière et constante du commerce des grains n'établit
pas entre les nations un prix général qui est commun à toutes ces
nations; de sorte qu'elles ne peuvent pas être plus exposées aux
chertés les unes que les autres, et que l'abondance et les disettes
qui varient successivement chez les nations se compensent réciproquement et entretiennent, par la liberté du commerce, un prix toujours à peu près égal partout; y a-t-il eu des famines sous les
règnes de Henri IV et de Louis XIII où le commerce des grains
était libre?

XII.

Comment peut-on concilier la conservation des grains surabondants et l'empêchement du magasinage; des vues si bornées et si
contradictoires ne conduisent-elles pas aux non-valeurs, aux dégâts,
aux famines, à la dégradation de l'agriculture, au dépérissement
des revenus du royaume et à la dépopulation? Y a-t-il rien de plus
préjudiciable à un Etat qui tire ses richesses de son territoire que
la déperdition et les non-valeurs des denrées du cru?

BESTIAUX.

ARTICLE I.

Si le pays est riche en moutons; de quelles espèces ils sont, grands ou petits? Si les manufactures d'étoffes de soie et de coton, fort multipliées dans le royaume, n'ont pas fait diminuer l'usage de la laine, d'où s'ensuivrait une diminution de troupeaux et des engrais qu'ils procurent pour fertiliser les terres?

II.

Si la campagne fournit des abris contre les vents de l'hiver et les chaleurs de l'été qui peuvent nuire aux troupeaux; si le pays n'est pas trop humide et trop abondant en mauvaises herbes qui leur sont nuisibles; quelles sont les maladies auxquelles ils sont plus sujets dans le pays; quelle est l'espèce de moutons qui y convient le mieux, et quelle est la manière de les gouverner pour en éviter le dépérissement?

III.

De quelle qualité sont les laines et quel en est le prix?

IV.

Le produit de la laine de chaque mouton; si les laines sont employées dans le pays ou exportées; où, et en quelle quantité? Si le prix des laines a augmenté ou diminué depuis 100 ans, ayant égard à la valeur numéraire de l'argent? Si les dépenses en étoffes de laine ne sont pas plus profitables à l'Etat que les dépenses en étoffes de soie et de coton?

V.

Le produit de la vente des animaux; s'ils sont consommés à la boucherie dans le pays, ou s'ils sont exportés; pour quel pays, en quelle quantité à peu près, et à quel prix?

VI.

Si on élève dans la province des bœufs, des chevaux, des porcs, des chèvres, et si le produit de chacun de ces objets est considérable? Si la petite culture qui se fait avec les bœufs auxquels il faut beaucoup de pâturage, ne préjudicie pas à la multiplication des autres animaux, et même des bœufs pour la boucherie; si elle n'empêche pas aussi d'élever une plus grande quantité de chevaux

de toutes espèces, dont les moins beaux ou ceux qu'on élève avec
moins de succès se vendraient du moins pour le labourage qui
en occuperait beaucoup si la grande culture se rétablissait dans
le royaume (¹)?

VII.

Si les bœufs qu'on élève dans la province sont communément
d'une grande ou petite taille; s'ils sont forts ou faibles; s'ils sont
délicats, s'ils résistent à la fatigue?

VIII.

Le prix ordinaire de la paire de bœufs du pays du fort au faible
à l'âge de quatre ans?

IX.

Si les vaches ont beaucoup de lait; si on fait beaucoup de beurre
et de fromage?

X.

Si le beurre et le fromage se consomment dans le pays; leur
prix ordinaire; s'il s'en exporte, en quelle quantité? Comment s'en
fait l'exportation, pour quel pays, et que peut-elle produire à la
province? jusqu'à quel degré ces denrées sont un objet de commerce profitable et avantageux dans le pays, relativement aux dépenses, à l'emploi des pâturages, et à l'occupation des habitants?

XI.

Si on engraisse des bœufs et vaches dans le pays; si c'est avec
les herbages, racines, foins ou grains, en quelle quantité; quels
en sont les frais et le profit?

XII.

Les bœufs gras sont-ils, en tout ou partie, consommés aux bou-
cheries du pays, où sont-ils transportés, en quelle quantité?

XIII.

Le prix d'un bœuf gras et d'un jeune bœuf de travail à taille
et formes égales, est-il différent ou le même; quel est le prix de
ces bœufs lorsqu'ils sont usés par le travail, en distinguant ce prix

(1) Voyez dans l'*Encyclopédie,* l'article FERMIERS, sur la culture qui se fait
avec les bœufs. (Note de l'original.)

de celui auquel on les vend lorsqu'on les a engraissés pour la boucherie; ces bœufs sont-ils meilleurs pour la boucherie que les jeunes bœufs gras qu'on n'aurait pas fait travailler?

XIV.

Est-ce un inconvénient de souffrir que les bouchers achètent indistinctement pour la boucherie les jeunes bœufs de travail et les vieux qui sont hors de service?

XV.

Les chevaux qu'on élève dans le pays sont-ils d'une grande ou petite taille; s'en élève-t-il beaucoup; sont-ils plus propres aux attelages qu'à monter; sont-ils de fatigue et à quel âge commence-t-on à les faire travailler?

XVI.

Y a-t-il des haras en règle dans la province, ou si les habitants ont seulement quelques juments poulinières? Si ces juments sont de taille; d'où ils les tirent?

XVII.

Le roi entretient-il des étalons dans la province en quantité suffisante; ou si les particuliers en ont, et d'où ils les tirent; s'il n'est pas plus sûr d'avoir des étalons du royaume que de les tirer des pays étrangers? Les négligences et les abus?

XVIII.

S'il s'élève quantité de porcs; si on les engraisse dans le pays; si c'est au gland ou avec la châtaigne, graine de hêtre, racines, herbages, ou grains; quel est le succès de ces différentes nourritures relativement à la qualité de la chair de ces animaux et relativement aux frais; si ces porcs se consomment dans le pays, ou s'ils sont exportés vifs, ou en salaison?

XIX.

Si on nourrit beaucoup de volailles, de quelle espèce? S'il y en a un grand débit, si elles se transportent, où et comment; leur prix ordinaire?

XX.

S'il se fait un commerce considérable en cuirs et peaux de toutes espèces?

XXI.

S'il y a beaucoup d'étangs; si le poisson se vend à bon prix dans les grandes villes de la province, ou s'il est exporté, où et comment?

XXII.

S'il y a beaucoup de gibier; de quelle espèce, s'il se vend cher et se transporte; s'il cause beaucoup de dommage aux cultivateurs?

XXIII.

Si on élève les abeilles; s'il s'en élève en assez grande quantité pour faire un objet, et le produit ordinaire du panier par an?

XXIV.

Si le miel et la cire en sont de bonne qualité?

XXV.

Si on élève des vers à soie; si le climat y est propre; quels en sont les frais, les profits, les risques, et quelle est la qualité de la soie?

XXVI.

S'il y a des mûriers; si le terrain y est propre; s'ils occupent de bonnes terres au préjudice d'une culture plus avantageuse; si on les préfère à cette culture pour en éviter les frais faute de facultés pour y subvenir, ou faute du débit des grains dans la province?

XXVII.

S'il y a du gland, des châtaignes, qui se consomment par les porcs; si les châtaignes y sont d'un bon revenu; ou si elles servent de nourriture aux paysans, et les rendent paresseux?

XXVIII.

Le préjudice que cause la cherté du sel dans le gouvernement des bestiaux et dans le commerce des salaisons; combien les gages et la régie litigieuse des commis contribuent en pure perte à cette cherté et sont à charge à l'Etat et au peuple? Les avantages d'un plus grand usage du sel pour le produit des bestiaux et pour la conservation des hommes? La manière la moins onéreuse de percevoir les revenus du roi sur cette denrée?

LINS, CHANVRES ET HUILES.

ARTICLE I.

Si on s'adonne dans la province à la culture des lins et chanvres ?

II.

De quelle qualité ils sont ?

III.

S'il y a beaucoup de terres qui y soient propres ? Les frais de culture et les produits ?

IV.

Si on les broye et pile à bras ou avec des moulins ; enfin la façon de les préparer jusqu'à ce qu'ils soient en état d'être filés ?

V.

Si le filage occupe beaucoup de monde ?

VI.

Si on fait beaucoup de toiles ; et de quelles espèces ; leur prix ; si on fait des dentelles, et de quelles espèces ?

VII.

Si ces toiles ou dentelles se consomment dans la province, ou si elles s'exportent, et dans quel pays ? si ce commerce est considérable ?

VIII.

S'il y a des blanchisseries, et si cette partie est ou pourrait devenir un objet ?

IX.

De l'usage des toiles peintes ; si le préjudice qu'il pourrait causer aux manufactures de soie et de coton est une raison solide pour s'y opposer ; si on doit mettre la nation à contribution pour soutenir un luxe forcé, toujours pernicieux dans un Etat ? Si on démontre qu'il est nécessaire de défendre l'usage des toiles peintes dans le royaume pour soutenir les manufactures de luxe, n'est-ce pas nous prouver que ce luxe porte sur la nation et non sur l'étranger ? Si on dit que nous achetons les toiles peintes des Hollandais, qui enlèvent notre argent, oublie-t-on que plus nous achetons de l'étranger, plus l'étranger achète de nos vins et d'autres denrées de notre cru, et que plus ce commerce réciproque s'étend, plus il nous est profitable.

X.

Si on fait des huiles d'olives, de noix, faîne ou graine de hêtre, navettes, de lin, de graine de chanvre, etc.?

XI.

Si elles s'exportent ou se consomment dans le pays; si ces productions sont fort profitables?

VIGNES.

Article I.

Y a-t-il beaucoup de vignes dans la province, et combien estime-t-on qu'il y en a d'arpents à peu près; s'il y a des terres propres pour augmenter la plantation des vignes; si cette augmentation serait profitable; si on retirerait de ces terres le meilleur revenu qu'elles puissent produire? Si on s'oppose à cette culture, sous quel prétexte? Si c'est pour étendre la culture du blé et pour en faire baisser le prix? Manque-t-on de terres en France pour ensemencer du blé? Où il n'a pas de débit? D'ailleurs les progrès de la culture du blé et la diminution du prix du blé peuvent-ils se concilier avec les frais de cette culture, le fermage et la taille que payent les cultivateurs?

II.

Les frais de culture par arpent, les frais de récolte et futailles du fort au faible?

III.

La diversité des vins; leurs différentes qualités, avec le prix courant de chaque différente espèce du fort au faible; reconnaître l'avantage de la culture des vignes par le produit total de la récolte, les frais compris, parce que les frais que ce produit restitue sont profitables à l'Etat, puisqu'ils consistent dans l'achat des échalas et des tonneaux, dans les dépenses de la vendange, dans le salaire des cultivateurs, et que les frais sont des gains pour ceux qui en profitent; que l'on juge de là si les terres employées à la culture des vignes pourraient être occupées plus avantageusement pour l'Etat à une autre culture; quant au profit particulier de celui qui a la récolte, c'est lui qui doit le connaître, et on doit présumer qu'il lui est plus avantageux que celui d'une autre culture, puisqu'il le préfère; ainsi ce n'est que relativement au bien de l'Etat qu'on doit envisager les avantages de cette culture, tant par rapport au produit total que par rapport à la population qu'elle procure (¹)?

IV.

Combien un arpent produit de muids de vin pour chaque année du fort au faible?

V.

La facilité ou difficulté du débit; si la consommation s'en fait dans la province? s'il s'exporte, pour quel pays, ou par quelle voiture? S'il peut soutenir la navigation des mers; si le commerce avec l'étranger en est considérable?

VI.

Si l'on fait des eaux-de-vie du vin du pays, ce qu'il rend en eaux-de-vie; si elles sont consommées dans le pays; si elles sont exportées; si ce commerce est considérable dans la province?

VII.

Si on fait des liqueurs de quelque espèce que ce soit?

VIII.

Les droits que payent les brûleurs, ceux de la vente pour chaque barrique de telle contenue?

IX.

Les frais de façon pour chaque barrique de telle contenue, les déchets et coulages par chaque mois sur chaque barrique; le prix des barriques avec leur mesure relativement à celle de Paris?

X.

Les mesures des terres plantées en vignes réduites à l'arpent royal; la mesure des futailles pour le vin dans la province, réduite au muid de Paris?

---

(1) On estime le produit d'un arpent de vigne du fort au faible à 200 liv. Un vigneron peut en cultiver trois et produire à l'Etat 600 l. Il est prouvé par le produit de la ferme des aides que depuis 1683 celui des vignes est diminué de ³/₅. (Note de l'original.)

XI.

Si les vignes sont bien ou mal cultivées; si les vignerons sont
en état de les bien cultiver, s'ils peuvent attendre les temps favorables pour vendre leur vin?

XII.

Les droits sur les vins, et les privilèges particuliers, s'il y en a?

XIII.

Si le bas prix du vin ne contribue pas à la paresse et à la débauche des paysans dans la campagne, et des artisans dans les
villes; si au contraire l'usage du vin ne les soutient pas dans le
travail; s'il ne tempère pas les peines et la dureté de leur état;
s'il ne ranime pas leur courage et leur activité; si dans quelques
pays de vignoble les paysans sont paresseux, si dans d'autres ils
sont laborieux, quelles sont les causes de ces différentes dispositions
dans les différents pays; cela ne dépend-il pas du prix des grains
dans ces différentes provinces où il causerait l'aisance et l'activité,
ou la misère et la paresse des habitants? Si les pays de vignoble
sont favorables à la culture des grains en procurant des moisson-
neurs aux fermiers; s'ils fournissent pendant l'hiver des ouvriers
pour l'exploitation des bois ou pour d'autres travaux? Si la consommation du blé par les vignerons n'étendrait pas la culture du
blé à proportion des progrès de la culture des vignes?

XIV.

Comment le gouvernement peut-il procurer le rétablissement de
la culture des vignes, étendre le commerce extérieur des vins dont
on pourrait tirer un grand produit par la vente que l'on en ferait
dans les pays étrangers qui ne produisent pas de vins? Comment
on pourrait retrancher les droits sur la vente des vins et établir
l'imposition sur le revenu des vignes, sans préjudicier au commerce
des vins, ni aux progrès de la culture des vignes, ni à la population que cette culture pourrait procurer par le grand nombre de
cultivateurs qu'elle occuperait? Ces droits ne pourraient-ils pas se
convertir en espèce de dîme prise en nature; cette dîme se trou-
verait-elle partout dans la même proportion relativement aux frais
de culture, aux différentes natures de vignes; à leur produit et au
prix des vins qu'elles produisent? Si cette imposition serait moins
onéreuse que les droits des aides sur la vente des vins, ayant

égard à la facilité du commerce qui en résulterait, à la suppression des frais de perception, des gages, et de l'inspection gênante et litigieuse des commis?

XV.

Si les droits établis sur le commerce extérieur des vins ne préjudicient pas à ce commerce, aux progrès de la culture des vignes et aux produits de cette culture, et au fonds des revenus du roi; si le produit de ces droits ne se retrouverait pas d'ailleurs dans l'augmentation des revenus du roi qui résulterait de l'influence des richesses de ce commerce sur l'agriculture et sur la population?

XVI.

Les avantages que les étrangers qui n'ont pas un climat favorable à la culture des vignes retireraient du commerce de nos vins et de nos eaux-de-vie pour leur usage? Les mauvaises qualités de leurs boissons et de leur eau-de-vie; combien elles sont préjudiciables à la santé et aux progrès de la population? Les obstacles qu'ils opposent à l'importation des vins chez eux, par les droits qu'ils imposent: les progrès d'un commerce réciproque de nos vins et de leurs marchandises qui s'étendrait entre eux et nous, et qui serait profitable de part et d'autre; combien il est avantageux de contribuer mutuellement aux facilités et aux progrès de ce commerce?

XVII.

S'il y a dans la province des cidres, bières ou autres boissons, quel est l'avantage de ces productions?

ARBRES FRUITIERS.

Bois, futaies et revenants.

ARTICLE I.

S'il y a beaucoup d'arbres fruitiers dans la province; de quelles espèces; si les fruits qu'ils produisent forment un objet considérable de commerce, et s'il est fort avantageux?

II.

S'ils sont consommés dans le pays, ou s'ils sont exportés; pour quel pays, en quelle quantité et comment?

III.

Si on les transporte cuits ou crus ou desséchés?

IV.

Si on en fait des cidres et des huiles, et en quelle quantité?

V.

S'il y a beaucoup de futaies; si le bois d'ouvrage qu'on en tirerait pourrait aisément être transporté dans les ports du royaume ou dans les grandes villes?

VI.

Par quelles rivières flottables ou navigables?

VII.

Si le terrain est propre pour les futaies; si elles y viennent belles et propres à la marine?

VIII.

S'il y a beaucoup de bois taillis ou revenants?

IX.

S'ils se consomment aux forges et autres usines, ou pour le chauffage des villes et villages circonvoisins, et s'il y a beaucoup de forges et autres usines; s'il n'y a pas de gêne nuisible sur l'exploitation et le commerce des bois?

X.

Si on les transporte dans les grandes villes par flottage ou train; les frais de transport, les péages, les droits de rivière?

XI.

Si en curant quelques ruisseaux, on ne pourrait pas faire flotter ces bois et les faire arriver dans quelque rivière navigable qui pût les conduire dans de grandes villes?

XII.

Le prix de la corde de bois à brûler et à charbon sur la feuille, et ses mesures réduites au pied de roi?

XIII.

Si les bois sont bien entretenus et gardés; s'il y en a beaucoup au roi ou en mains-mortes?

XIV.

Si le pays est fort chargé de haies et de buissons?

XV.

L'utilité qu'on en tire, ou les inconvénients qui en résultent?

XVI.

S'il y a dans la province beaucoup de terres occupées par des bois peu profitables; si elles sont de bonne qualité; si elles pourraient être mises en culture, dans le cas où le commerce des grains ne serait plus gêné et où le débit dédommagerait avantageusement de la dépense?

XVII.

S'il ne serait pas plus avantageux que les forêts fussent près des grandes villes et des rivières que dans les provinces éloignées; le blé qui est plus facile à transporter relativement à sa masse et à son prix, exige-t-il les mêmes circonstances pour le débit?

RIVIÈRES.

ARTICLE I.

Les rivières et les canaux qui passent dans la circonscription du pays que l'on examine; donner la longueur de leur cours à peu près, en y comprenant les sinuosités et leur largeur commune, les frais de leur entretien?

II.

La nature du terrain de leur lit; si elles charrient des sables?

III.

Celles qui sont navigables et celles qui pourraient le devenir?

IV.

Celles qui sont flottables et celles qui pourraient le devenir?

V.

Les avantages des rivières navigables ou flottables et de celles qui le deviendraient?

VI.

Le commerce qu'elles facilitent ou faciliteraient, les villes où elles conduisent ou conduiraient, et le débit qu'elles procurent ou procureraient?

VII.

Les canaux de communication que l'on pourrait exécuter?

VIII.

Les dégats et inondations que les rivières causent?

IX.

Les moyens d'y remédier?

X.

Le nombre des moulins à blé, écorce, papier, draps, et autres usines qui sont sur les rivières navigables ou qui pourraient le devenir?

XI.

Le retard et empêchement qui en résultent pour la navigation.

XII.

Les remèdes qu'on y pourrait apporter?

XIII.

Si la suppression en serait avantageuse ou désavantageuse pour le pays?

XIV.

Si on ne pourrait pas suppléer aux moulins à eau par des moulins à vent, et sur des ruisseaux et à la chute des étangs; s'il y a des emplacements propres aux uns ou aux autres?

XV.

Ce que coûterait l'indemnité due aux propriétaires pour leurs moulins et usines supprimés, déduction faite des frais de réparations et entretien?

XVI.

L'état des droits que l'on fait payer sur les rivières; les désavantages qui en résultent pour le commerce, pour le débit des denrées dans les provinces éloignées, et pour le revenu des biens-fonds?

XVII.

L'état des chemins de communication avec les rivières, avec les grandes routes, avec les villes et bourgs où se tiennent les marchés; les temps de l'année où ces chemins sont praticables; les endroits qui ont le plus besoin de réparation; si les dépenses en seraient considérables ; si on trouverait sur les lieux les pierres, les grès, le cailloutage, le sable pour les réparations ?

USAGES.

ARTICLE I.

Pourquoi on s'adonne dans le pays à telle culture, à tel nourrissage, à tels travaux plutôt qu'à d'autres ?

II.

Si d'autres cultures, d'autres nourrissages, d'autres travaux ne seraient pas plus avantageux ?

III.

S'il y a des empêchements ; si on peut y remédier ?

IV.

S'ils dépendent de l'indigence, du défaut de débit, de la difficulté des transports, du défaut de rivières, de grands chemins, de l'excès des droits de péage et des droits de rivière qui augmentent trop les frais de transport et font dégénérer en perte le prix des denrées ?

V.

S'il y a quelque empêchement politique ?

VI.

S'il y aurait moyen d'établir dans la province des usages plus avantageux de tirer de meilleurs produits ; quels seraient ces moyens, ces produits ?

VII.

Si la régie du pays ou la police gêne le commerce des vins, du blé, des laines, des chanvres, etc.

VIII.

Quel est le caractère des habitants ; d'où il vient, ce qui le détermine ?

IX.

Les mesures du pays ; leurs variétés pour toutes les différentes denrées : les poids, les aunages, les mesures de terres, les mesures des grains, etc., en donner le détail par livres, onces, pieds et pouces ?

X.

S'il y a des communes dans le pays pour le pâturage des bestiaux, seraient-elles plus avantageuses si elles étaient employées à la culture dans le cas où le débit des grains rendrait cette culture profitable? Si à cause de ces communes les paysans ont plus de bestiaux qu'ils ne peuvent en nourrir pendant l'hiver, n'ayant pas, faute de culture, les fourrages de réserve pour cette saison; si par cette raison ils ne tirent de profit en laitage, beurre et fromage que dans le temps du pâturage; si leurs bestiaux ne dépérissent pas pendant l'hiver?

COMMERCE DES DENRÉES DU CRU.

ARTICLE I.

Les avantages et les désavantages des règlements, des prohibitions, des permissions de commerce relativement à certaines marchandises, à certaines provinces, à certaines villes, à certains ports, leur influence sur les autres marchandises, sur les autres provinces, sur les autres villes, sur les autres ports, sur les progrès de l'agriculture et du commerce?

II.

En quoi la conduite et les vues intéressées des commerçants peuvent être nuisibles au commerce des denrées du cru et à l'agriculture? Les privilèges exclusifs des compagnies marchandes, les privilèges particuliers de certaines villes, de certaines provinces, de certaines sociétés d'entrepreneurs protégés, la gêne du commerce, le monopole, les assujettissements dans les dépenses des citoyens, les préjudices que ces privilèges causent à l'agriculture et au commerce?

III.

Si la liberté de l'entrée de nos ports aux étrangers, quoiqu'elle pût être défavorable à nos commerçants, ne serait pas fort avantageuse au commerce des denrées du cru et aux progrès de l'agriculture, et fort profitable à la nation dans le commerce d'exportation et d'importation ; si à quelques égards elle serait désavantageuse à la marine, et si à d'autres égards elle lui serait plus favorable, tant par l'accroissement de la population que des productions de l'agriculture qui augmenteraient le commerce, qui procureraient plus d'hommes pour la navigation et plus de revenu au roi pour les dépenses de la marine?

IV.

Si le cabotage qui s'exerce dans nos ports par les étrangers n'est pas favorable au commerce des denrées du cru par le bon marché du fret de transport, car les frais, ainsi que les droits, qui augmentent le prix des denrées, n'en diminuent-ils pas la consommation et la production? S'il serait plus avantageux pour la marine que le cabotage fût réservé à nos vaisseaux quoiqu'il se fît à plus grands frais; si cet avantage pour la marine dédommagerait l'Etat du préjudice qui en résulterait pour le commerce des denrées du cru et pour la population?

V.

Les avantages du commerce extérieur des denrées du cru, ou des dons de la terre, sur le commerce extérieur des marchandises de main-d'œuvre.

VI.

Les avantages des manufactures qui fabriquent des matières du cru sur celles qui fabriquent des matières étrangères.

VII.

Le produit du commerce des dernières, déduction faite de la valeur des matières premières achetées de l'étranger, ne se borne-t-il pas à la restitution des frais de main-d'œuvre et au gain particulier des marchands?

VIII.

Si l'emploi des hommes à l'agriculture (le commerce des denrées du cru étant libre) est plus profitable à l'Etat que l'emploi des hommes aux manufactures?

IX.

Si l'emploi des hommes aux manufactures qui fabriquent des matières du cru est plus profitable à l'Etat que l'emploi des hommes aux manufactures qui fabriquent des matières étrangères?

X.

S'il est possible d'augmenter la population et de rétablir les revenus des biens-fonds du royaume, qui sont en non-valeur ou mal cultivés; sans la liberté du commerce intérieur et extérieur des denrées du cru et sans la conservation des richesses nécessaires pour la culture(¹)? ·

XI.

Les avantages de la pêche pour la marine, et pour l'accroissement des richesses et de la population?

XII.

Les moyens de procurer les progrès de la pêche: quels sont les obstacles aux progrès de la pêche?

XIII.

Les avantages et les désavantages de l'enclassement des matelots occupés à la pêche?

XIV.

Si le commerce étranger a pour objet l'acquisition de l'argent monnayé, ou la vente réciproque des denrées entre les nations?

XV.

Si on doit éviter d'acheter de l'étranger dans la crainte qu'il n'enlève notre argent; et si nous ne devons avoir avec l'étranger qu'un commerce actif pour enlever son argent; ou s'il est plus avantageux pour le progrès de notre commerce et pour faciliter le débit des denrées de notre cru, d'entretenir avec les étrangers un commerce réciproque; si les nations qui ont à vendre beaucoup de denrées de leur cru ne doivent pas tirer des autres des marchandises de luxe pour se procurer un commerce réciproque et faciliter la vente de leurs productions?

XVI.

Si la quantité d'argent dans chaque nation n'est pas proportionnée à l'état et à la facilité de son commerce, à la quantité et à la valeur vénale des denrées qu'elle vend et qu'elle achète? Si l'argent peut lui être profitable autrement qu'en le faisant valoir par le commerce ou en l'employant à l'amélioration des terres et à l'accroissement des revenus des biens-fonds, ou en le plaçant à

---

(1) On estime les richesses nécessaires pour les frais de la culture des grains à 900 millions qui doivent être conservés aux cultivateurs sans y comprendre leur profit: Ces 900 millions produiraient 1800 millions; la culture actuelle des grains ne produit que 600 millions faute de richesses pour cette culture, et le roi perd plus de 150 millions de revenu sur cette partie. (Note de l'original).

rente, et dans ce dernier cas l'argent n'est-il pas aussitôt employé par l'emprunteur? (1) S'il ne résulte pas de là que l'argent est

(1) Dans un État, tout se réduit à l'homme et à sa conservation. Sa conservation consiste dans sa défense et dans sa subsistance; sa subsistance consiste dans les biens qui lui sont nécessaires pour exister et ceux dont il peut jouir utilement pour sa conservation et pour son bonheur. Les biens sont ou gratuits ou commerçables. Les biens gratuits sont ceux qui sont surabondants et dont les hommes peuvent jouir partout et gratuitement, tel est l'air que nous respirons, la lumière du soleil qui nous éclaire, etc. Les biens commerçables sont ceux que les hommes acquièrent par le travail et par échange: c'est ce genre de biens que nous appelons richesses, parce qu'ils ont une valeur vénale, relative et réciproque les uns aux autres, et en particulier à une espèce de richesse que l'on appelle monnaie, qui est destinée à représenter et à payer la valeur vénale de toutes les autres richesses.

Ce n'est que dans cette destination, et non dans la jouissance, que consiste l'usage de la monnaie. Ainsi l'argent, en tant que monnaie, n'est point du genre des richesses que les hommes recherchent pour satisfaire à leurs besoins; celles-ci ne sont qu'un flux de productions continuellement détruites par la consommation, et continuellement renouvelées par les travaux des hommes: ainsi les hommes sont aussi nécessaires pour perpétuer les richesses que les richesses sont nécessaires pour la conservation des hommes; mais une même quantité d'hommes n'est pas toujours nécessaire pour produire une même quantité de richesses parce que la production des différentes richesses exige plus ou moins de travail d'hommes. Par exemple, deux millions d'hommes peuvent faire naître par la culture des terres la valeur d'un milliard en productions; au lieu que trois millions d'hommes ne produiront que la valeur de 700 millions en marchandises de main-d'œuvre. Ainsi dans un royaume où l'on cultive la terre, les hommes pourraient être par proportion plus riches et en moindre nombre que dans un autre royaume où les hommes seraient occupés à fabriquer des marchandises de main-d'œuvre: à la vérité, dans l'un et dans l'autre cas la valeur vénale de ces richesses suppose un commerce d'exportation; car dans un royaume où les productions du cru surpasseraient la consommation, l'abondance les ferait tomber en non-valeur si le superflu n'était pas vendu à l'étranger; et dans un autre royaume où les hommes seraient occupés à fabriquer des marchandises de main-d'œuvre, non seulement les hommes ne pourraient pas se nourrir de ces marchandises, mais ces marchandises elles-mêmes n'auraient pas de valeur vénale si elles n'étaient achetées par d'autres nations. Voilà ce qui établit la nécessité du commerce entre les nations et ce qui leur procure un profit réciproque en marchandises qu'elles acquièrent de part et d'autre pour satisfaire à leurs besoins. Mais par la différence des marchandises qu'elles s'entrevendent, les unes peuvent gagner plus que les autres sur l'emploi des hommes et sur la production de leurs richesses.

L'argent est une matière qui peut servir aux hommes à différents usages, et dans ce sens il est par lui-même une richesse commerçable; mais comme monnaie, ce n'est qu'un moyen pour faciliter l'échange dans le commerce des richesses. Sa quantité dans les États y est conforme à cet usage; et les

distribué dans les nations à raison des richesses commerçables qu'elles vendent et qu'elles achètent, et à raison de la valeur vénale de ces richesses, à raison de son emploi utile, et que par conséquent chaque nation (excepté quelque réserve de précaution) ne retient de l'argent chez elle qu'à proportion de la circulation nécessaire pour en jouir ou pour en tirer du profit?

XVII.

Les avantages du commerce des marchandises du cru sur le commerce de trafic où une nation qui n'a pas de denrées de son cru en achète de différentes nations pour les revendre à d'autres nations; la différence des profits de l'un et de l'autre, l'influence de ces commerces sur les mœurs, sur le gouvernement et sur la constitution des nations qui les exercent?

---

nations qui ont un commerce libre et facile ne manquent de monnaie qu'autant qu'elles manquent de marchandises.

Si la monnaie formait elle-même la richesse des nations, il serait facile à un souverain d'enrichir son royaume: il pourrait avec celle qu'il tire annuellement de ses sujets, acheter de la matière d'argent et la faire monnayer: celle avec laquelle il aurait payé cette matière resterait dans le royaume et celle qu'il ferait fabriquer s'y distribuerait par ses dépenses: ainsi successivement il parviendrait à multiplier abondamment la monnaie dans ses Etats; car il y trouverait toujours de la matière d'argent à acheter, comme ses sujets y en trouvent toujours pour faire fabriquer de la vaisselle et d'autres ustensiles, parce que l'argent en matière est un objet de commerce comme toute autre marchandise; il se vend et s'achète de même dans le commerce réciproque par lequel chaque nation se procure les marchandises dont elle a besoin. Mais comme ce sont les productions toujours recherchées, toujours consommées et toujours renaissantes qui sont la vraie source des richesses et de la population, on n'a jamais pensé que la simple multiplication de la monnaie fût un expédient pour enrichir un Etat. Ainsi on ne doit juger des richesses et de la force des nations que par leurs revenus et non par leur pécule qui n'est qu'un ustensile de commerce, qui peut être diminué par les achats en argent et qui peut être réparé par la valeur vénale des denrées que l'on a à vendre.

On dira sans doute que les mines d'or et d'argent, qui sont la source particulière de la monnaie, peuvent suppléer aux denrées; mais ces mines doivent être envisagées comme tous les autres genres de productions qui exigent des dépenses pour la subsistance des ouvriers qui les procurent par leur travail: car la consommation continuelle des denrées nécessaires pour satisfaire à leurs besoins, oblige de convertir perpétuellement la matière que l'on tire des mines en d'autres productions et le profit au delà des frais forme un revenu à l'Etat de même que l'agriculture en produit un aux nations qui s'appliquent à la culture des terres. (Note de l'original.)

XVIII.

Si dans la régie du commerce extérieur on ne doit pas être attentif à ce que les commerçants tirent leurs gains de l'étranger et non de la nation; si on ne doit pas éviter qu'ils ne surprennent des règlements qui tendent à faire baisser le prix des marchandises du pays pour gagner sur l'achat et tirer leur profit sur leurs concitoyens; si dans ce cas leur commerce, en devenant plus étendu, n'en serait pas plus préjudiciable; si ses progrès établis sur cet abus n'en imposent pas? Si la défense de l'exportation des grains qui d'abord a été faite pour procurer à bas prix la subsistance des ouvriers des manufactures, n'est pas un de ces abus où l'on a sacrifié les revenus des biens-fonds de la nation aux intérêts de ceux qui exercent le commerce des marchandises de main-d'œuvre? Si cet abus n'est pas dégénéré en préjugé fondé sur la crainte de la cherté des grains; si les chertés passagères et excessives des grains sont aussi fréquentes en Hollande et chez les autres nations, où le commerce des grains est libre, qu'en France où l'exportation des grains est défendue?

XIX.

Les revenus de l'Etat, les revenus des particuliers, les loyers des maisons, les rentes de l'intérêt de l'argent, les appointements des charges, les émoluments des emplois, les honoraires des professions savantes, les profits des marchands bornés au commerce intérieur, le gain des artisans qui fabriquent des marchandises de main-d'œuvre pour l'usage de la nation, le salaire des ouvriers, ont-ils d'autres sources que le commerce des marchandises du cru des habitants de la campagne?

XX.

Quel est en France le produit du commerce de trafic étranger, et celui du commerce extérieur des marchandises de main-d'œuvre fabriquées en France, déduction faite des matières premières du cru, ou achetées de l'étranger, d'avec ce qui se réduit au produit de la simple industrie, et de l'emploi des hommes bien ou mal placé? Si ce petit produit exige de grandes attentions de la part du gouvernement, ou si les entreprises des négociants doivent être abandonnées à la liberté du commerce?

XXI.

Si la balance du commerce entre les nations peut servir de règle pour juger des avantages du commerce de chaque nation, lorsqu'on n'examine pas les profits du commerce réciproque des différentes denrées; du commerce de trafic; du commerce des marchandises du cru; du commerce des marchandises de main-d'œuvre, déduction faite des matières premières, et lorsqu'on n'en juge que par le produit en argent?

XXII.

Si dans un royaume qui a un grand territoire à cultiver et beaucoup de productions à vendre, le commerce de trafic et les manufactures de matières étrangères ne s'opposent pas à la population des campagnes, à la culture des terres, au commerce extérieur des denrées du cru, en vendant ce que nous devrions acheter pour favoriser, par un commerce réciproque, le débit des denrées du pays? Ne serait-il pas absurde de vouloir vendre de tout aux étrangers et ne rien acheter d'eux? Les avantages du commerce des productions de l'agriculture et de l'industrie des nations ne consistent-ils pas à varier de part et d'autre les richesses usuelles, par les ventes et les achats réciproques, et à gagner sur les marchandises que l'on achète, par la vente de celles qui peuvent procurer un plus grand profit? Quelle est la nation qui gagne le plus dans le commerce réciproque? N'est-ce pas celle qui achète des autres nations plus de marchandises de main-d'œuvre que de marchandises de leur cru, et qui leur vend plus de marchandises de son cru que de marchandises de main-d'œuvre, et où l'achat des marchandises de main-d'œuvre procure la vente des marchandises du cru?

XXIII.

Le commerce de trafic, qui consiste à acheter des marchandises de pays étranger pour les revendre dans d'autres pays n'est-il pas fort borné; ne peut-il pas être enlevé à une ville maritime par une autre ville maritime; peut-il former le commerce d'un grand Etat; ne se soutient-il pas par l'épargne chez ceux qui l'exercent et qui ont peu de territoire; le commerce des denrées du cru n'est-il pas au contraire soutenu dans un grand royaume par la consommation et les dépenses de la nation?

XXIV.

Si le commerce de la métropole avec ses colonies, qui procure de grands gains aux commerçants par la gêne de ce commerce, n'est pas plus séduisant que réel et avantageux à la nation? Les marchandises que l'on vend aux colons trois fois plus qu'elles n'ont coûté, et celles que les colons vendent sur le même pied, procurent-elles par ces prix excessifs de véritables richesses? Le commerçant achète-t-il plus cher les marchandises qu'il exporte, et ne vend-il pas à un prix exorbitant celles qu'il rapporte; ne consommerait-on pas de part et d'autre beaucoup plus de ces marchandises si elles se vendaient meilleur marché; ces prix excessifs ne diminuent-ils pas la consommation et la production des denrées qui sont l'objet de ce commerce; la nation est-elle dédommagée de ces désavantages par les gains du commerçant, même par ceux qu'il fait avec l'étranger par le commerce des marchandises qu'il rapporte de nos colonies; la cherté n'en diminue-t-elle pas aussi la consommation chez l'étranger et par conséquent la production dans les colonies, et la production aussi d'une plus grande quantité de denrées qu'on exporteraient de la métropole et qui se consommeraient dans les colonies si on les y vendait moins cher; (¹) cette

(1) On estime le profit du commerce de nos colonies à 15 millions; c'est un objet intéressant pour les commerçants, mais une petite ressource pour un grand royaume qui perd des milliards par la dégradation de son agriculture; encore ce profit est-il pris en grande partie sur les marchandises que l'on survend aux colons et sur celles de retour que l'on nous fait suracheter, d'où il résulte que ces prix excessifs diminuent de part et d'autre la consommation, le débit et la production; et tous ces désavantages réduisent à peu de chose le profit de ce commerce boursoufflé.

Néanmoins, ce même commerce est plus favorable que celui de nos manufactures qui fabriquent des matières étrangères, qui est encore plus borné, ce qui se réduit à la restitution des frais de la main-d'œuvre, au lieu que le commerce des colonies consiste du moins en partie dans la vente des denrées de notre cru. Un commerce de marchandises de main-d'œuvre fût-il de 500 millions, les dépenses, y compris le gain des entrepreneurs de manufactures, seraient également de 500 millions, le profit au delà serait zéro. Supposez au contraire un commerce de marchandises du cru de 500 millions, les dépenses, y compris les gains de l'entrepreneur-laboureur et du commerçant, seront de 300 millions; mais le profit au delà de ces dépenses sera de 200 millions que l'on tire des dons de la terre qui forment le revenu des propriétaires dont les dépenses procurent des gains à diverses classes d'hommes qui exercent différentes professions dans le royaume.

On ne voit point, dans le commerce de marchandises de main-d'œuvre, de revenus pour faire subsister ces différentes classes d'hommes nécessaires dans un Etat. Le fabricant ne travaille que pour sa propre subsistance; les gains de l'entrepreneur et du commerçant vont un peu plus loin; mais à cet

augmentation de production n'accroîtrait-elle pas de part et d'autre les richesses de la culture? La réalité du profit de ce commerce pour la métropole ne se réduit-elle pas à la quantité et à la valeur vénale des denrées que le commerçant y achète pour transporter dans ces colonies?

égard il en est de même des gains du laboureur et du négociant dans le commerce de marchandises du cru, d'où résulte de plus des revenus qui se distribuent à l'état militaire, à tous les genres de professions, qui sont la source du revenu du souverain et qui sont d'autant plus multipliés que le territoire est étendu et bien cultivé. Ainsi ne nous laissons point abuser par le nom vague et général de *commerce*, ni éblouir par l'éclat de nos belles étoffes qui nous fait croire que nous jouissons d'un *commerce florissant*.

Dans le commerce de marchandises de main-d'œuvre, surtout de marchandises de luxe, on achète à peu près autant de ces sortes de marchandises de l'étranger qu'on lui en vend; ainsi ce commerce stérile par lui-même est payé par les revenus des biens-fonds, il ne peut donc subsister et s'étendre dans le royaume que par le produit de ces biens; et plus ce commerce augmente, plus aussi le luxe de décoration s'étend à toutes les classes de citoyens et devient un luxe de besoin qui, alors, est un luxe désordonné et destructif; car le luxe n'est utile qu'autant qu'il est libre, varié et conforme aux états et aux richesses des particuliers et qu'il contribue à la consommation, à la production et à la valeur vénale des denrées du cru; mais un luxe particulier, dominant et déplacé, qui ne peut se soutenir que par des épargnes sur d'autres dépenses et même sur la propagation des hommes, est très désavantageux dans un Etat.

Le commerce d'exportation des denrées du cru est le seul commerce fondamental et il est d'autant plus précieux qu'il appartient en propriété au royaume, au lieu que le commerce d'exportation de marchandises de main-d'œuvre et de luxe ne tient point au sol, qu'il peut être partagé et envahi par les autres nations qui veulent s'y livrer : ainsi ce n'est qu'un commerce précaire et ingrat, qui ne peut convenir que par surcroît à un Etat qui a un grand territoire à cultiver et qui est situé avantageusement pour jouir d'un grand commerce d'exportation des denrées de son cru. Ce n'est donc que sous ce point de vue que nous devons envisager la principale branche de notre commerce, je veux dire le commerce de nos colonies qui ne mérite attention qu'autant qu'il peut contribuer à augmenter de part et d'autre la culture et le débit des denrées du cru. Le profit du commerce du vendeur ne se tire pas de l'acheteur. Dans un bon commerce, le vendeur et l'acheteur doivent profiter et c'est dans la marchandise même qu'ils doivent trouver réciproquement leur profit; et le négociant intermédiaire ne doit pas l'envahir ou le détruire. Le négociant porte chaque année pour 60 millions de marchandises de France dans nos colonies où il les vend si cher et où il achète à si haut prix celles qu'il rapporte en retour, que ces dernières reviennent ici à 140 millions. Ne nous serait-il pas beaucoup plus avantageux qu'il portât à nos colonies pour 100 millions de nos marchandises et que, par des prix plus modérés dans le commerce réciproque avec nos colons, les

VILLES.

ARTICLE I.

S'il y a de grandes villes dans la province; eu quelle quantité? Leur population, leur commerce; si elles font valoir les denrées du pays par commerce, manufactures, ou consommations internes?

II.

Les corps et compagnies qui composent les différentes classes d'habitants de ces villes?

III.

S'il y a dans ces villes beaucoup de noblesse ou autres propriétaires de terres qui soutiennent par les réparations nécessaires la culture de leurs biens, et fassent circuler l'argent dans la campagne?

IV.

S'il y a dans ces villes beaucoup de bourgeois intelligents et aisés qui fournissent à titre de cheptel des bestiaux dans la campagne, soit aux paysans qui sont propriétaires, soit aux métayers des particuliers mal-aisés?

V.

Si cette espèce de commerce est un bien ou un mal; ce qu'il y a d'avantageux ou de désavantageux pour le paysan et pour le le propriétaire?

VI.

S'il y a de riches négociants; s'il y a beaucoup de marchands débitants; s'il y a beaucoup d'artisans, s'ils sont industrieux, laborieux ou paresseux?

VII.

Les facultés en gros des différentes conditions et états des habitants des villes; les impositions et droits sur les marchandises qui y entrent et sur celles qui en sortent?

---

marchandises de retour, montant aujourd'hui à 140 millions, fussent aussi en plus grande quantité; puisque par un plus grand débit de nos marchandises il nous procurerait un plus grand profit et qu'il pourrait nous vendre moins cher les marchandises qu'il rapporterait à plus bas prix et en plus grande quantité: son gain particulier serait à la vérité moins exorbitant, mais l'interlope vous assurera qu'il serait encore assez considérable, que le commerce et la population des colonies augmenteraient et que le profit de la métropole doublerait. (Note de l'original.)

VIII.

Si ces impôts sont proportionnés à ceux de la campagne, eu égard aux facultés des habitants de part et d'autre?

IX.

Si les impositions des villes ne pourraient pas être établies sous une forme moins onéreuse et moins inquiétante pour les habitants (1)?

X.

Quels sont les privilèges des villes; s'ils sont avantageux ou nuisibles au bien général de l'Etat? Le défaut de liberté du commerce des denrées dans la province, autorisé sous le prétexte d'entretenir l'abondance dans les villes, s'opposant au progrès de la culture, n'est-il pas préjudiciable à la prospérité des villes mêmes par la diminution des revenus des propriétaires, d'où résulte nécessairement la diminution des dépenses qui procurent les gains aux habitants des villes. La taxe des prix des denrées dans les villes n'a-t-elle pas les mêmes inconvénients?

XI.

Si la population des villes de la province augmente ou diminue?

XII.

Si elles sont en pays d'Etat ou en pays d'élection; si elles sont taillables, ou si les impôts se lèvent sur les entrées des denrées?

XIII.

Si la police s'exerce par les maires et échevins ou par des juges particuliers; si les juges de police, maires et échevins sont en titre, ou s'ils sont électifs?

XIV.

S'il y a des papeteries, Factures de parchemin, Tanneries, Ganteries,

La valeur de chacun de ces objets, déduction faite du prix des matières étrangères qu'on y fabrique; leur commerce intérieur et extérieur et les lieux où il s'étend ou pourrait s'étendre

(1) Voir *Recherches sur les finances*, t. II, p. 448 et 497. (Note de l'orig.)

Apprêts de peaux en chamois,
Verreries, et de quelle espèce,
Factures de savon,
Tapisseries,
Manufactures de chapeaux,
Toiles et cuirs peints,
Merceries et quincailleries, etc.?

par de nouveaux chemins, rivières, curées en canaux creusés. Si la fabrication et le commerce intérieur de ces marchandises de main-d'œuvre sont une source de richesses par un commerce extérieur, ou s'ils ne se soutiennent que par les dépenses de la nation.

XV.

Si les grandes fortunes qui se forment dans les grandes villes ne sont pas préjudiciables à l'agriculture lorsqu'elles ne se font pas par l'amélioration des terres et par l'accroissement des revenus de l'agriculture, ou par les gains du commerce avec l'étranger; ces grandes fortunes ne prouvent-elles pas que les richesses s'accumulent dans les villes, qu'elles ne retournent pas dans les campagnes, que la consommation ou la dépense de ceux qui font ces fortunes ne répond pas à leurs richesses? Et parmi ces fortunes, n'y en a-t-il pas une grande partie qui se font par l'épuisement des richesses nécessaires à l'agriculture?

XVI.

Si les fortunes que feraient les cultivateurs, en multipliant par la culture les richesses de la nation, ne seraient pas plus profitables que celles des marchands bornés au commerce intérieur, qui ne produisent rien, et dont les gains sont payés par la nation? Ne juge-t-on pas de l'opulence du commerce à l'aspect éblouissant des boutiques des marchands de la capitale; et les richesses stériles de ces marchands n'ont-elles pas paru mériter par leur éclat séduisant toute sûreté et toute protection de la part du gouvernement, lorsque le laboureur craint que ses bestiaux et ses moissons exposés dans les plaines ne lui attirent des impositions ruineuses? Par quelle forme d'imposition peut-on rassurer les cultivateurs contre cette inquiétude qui est si préjudiciable au progrès de l'agriculture qu'on la regarderait malheureusement comme une profession interdite, sous peine de la confiscation, de prohibition du commerce de ses productions, et du mépris des citadins[1]?

_____

(1) Voir l'*Encyclopédie* à l'article GRAINS: *Observation sur la forme de l'imposition de la taille.* (Note de l'original.)

XVII.

Si on doit craindre l'accroissement des villes, causé par une opulence préjudiciable aux campagnes; s'il en serait de même de l'accroissement des villes, et même de la capitale, si cet accroissement avait pour cause l'accroissement des revenus des biens-fonds des propriétaires qui habiteraient ces villes?

XVIII.

Si le rétablissement des revenus des biens-fonds exige que les propriétaires et ceux qui peuvent faire de grandes dépenses, résident dans les campagnes? La consommation qu'ils font dans les villes n'est-elle pas aussi profitable aux campagnes que si elle se faisait dans les campagnes mêmes; pourvu que les propriétaires qui habitent les villes soient attentifs à l'entretien et à l'amélioration de leurs biens et que le débit des denrées soit assuré dans toutes les provinces par la liberté du commerce? Les dépenses des riches dans les villes ne soutiennent-elles pas l'industrie, les talents, et tous les différents genres de professions lucratives qui entretiennent la population et la consommation des productions des biens-fonds? Les villes bien peuplées ne soutiennent-elles pas les campagnes par la consommation, comme les campagnes bien gouvernées soutiennent les villes par la culture? Si la population et les richesses d'un royaume ne dépendent pas de ce concours mutuel.

XIX.

Si on a à craindre que les villes dépeuplent les campagnes bien gouvernées; la distribution de la population ne se fait-elle pas naturellement dans les villes et dans les campagnes bien gouvernées, à raison des richesses, des profits, des gains, et de la liberté qui attirent et qui retiennent les hommes de part et d'autre?

XX.

Si les mauvais succès et le dépérissement de l'agriculture ne contribuent pas à l'établissement d'un trop grand nombre de marchands dans les villes pour le débit en détail de marchandises de tous genres, parce qu'on ne trouve pas de sûreté dans l'état de fermier pour le profit ni pour l'emploi des avances que cet état exige? Ne résulte-t-il pas de là que les propriétaires ne trouvent pas à affermer leurs terres à des laboureurs qui puissent faire les frais d'une bonne culture; et que le commerce de débit, sur-

chargé de marchands, devient onéreux par les gains que cette surabondance de marchands tire de la nation par la fraude et par
l'augmentation du prix des marchandises? Le rétablissement de
l'agriculture, soutenu par la sûreté de l'emploi des avances nécessaires pour la culture et par la sûreté du profit que procurerait
la liberté du commerce des grains, n'attirerait et ne fixerait-il pas
dans les campagnes des laboureurs en état de faire les dépenses
de la culture, et ne remédierait-il pas à ces inconvénients qui seraient causés par la désertion des habitants aisés de la campagne
qui n'oseraient se livrer à l'agriculture si elle était obsédée par la
milice permanente, par les impositions arbitraires, par la gêne du
commerce des denrées, par des corvées à des travaux publics dont
l'exécution exige des siècles, et qui doivent être payés par une
imposition générale; car ces causes perpétuées dévasteraient les
campagnes par la destruction des cultivateurs.

RICHESSES.

ARTICLE I.

Si c'est dans la valeur vénale ou dans la valeur usuelle que
consiste l'opulence des Etats? Deux royaumes produisent la même
quantité de denrées; ces denrées peuvent fournir de part et d'autre
la subsistance à une même quantité d'hommes; dans l'un de ces
royaumes, les denrées peuvent .être exportées facilement chez les
étrangers, elles ont par cette raison une valeur vénale double de
celle des denrées de l'autre royaume où le commerce extérieur
est difficile ou empêché; dans celui-ci la valeur vénale du total
des denrées ne serait, par exemple, que de deux milliards, et
dans l'autre de quatre milliards; si les revenus du souverain sont
dans l'un et dans l'autre le vingtième du total de la valeur vénale
des denrées, il sera dans le premier de cent millions, et dans le
dernier de deux cents millions. Cependant chaque souverain ne
peut-il pas lever la même quantité de troupes pour la guerre, et
leur fournir la subsistance dans ses Etats conformément aux prix
des denrées du pays; ne peut-il pas aussi faire construire l'artillerie, les instruments et autres machines de guerre dans son
royaume où ces dépenses seraient encore dans la même proportion;
les souverains de ces deux royaumes seraient-ils donc, quoiqu'avec
des revenus si différents, également riches et également puissants?

Mais s'ils portent la guerre hors de leurs Etats, s'ils font des
alliances avec d'autres puissances et leur payent des subsides, s'ils

payent des troupes auxiliaires, s'ils font des achats chez les étrangers où les prix ne se trouveront plus dans la même proportion avec les revenus de ces souverains, celui qui a plus de revenu ne sera-t-il pas plus riche et plus puissant que l'autre?

Les mêmes rapports de richesses n'ont-ils pas lieu aussi à l'égard des propriétaires des biens-fonds; la valeur vénale des denrées leur procure une fois plus de revenu dans un royaume que dans l'autre; ceux qui ont dans l'un de ces royaumes la moitié moins de revenu payeront moitié moins cher ce qu'ils achèteront chez eux; la dépense sera donc à cet égard dans la même proportion de part et d'autre; mais le prix de ce que les uns et les autres, achèteront de l'étranger ou de ce qu'ils achèteront les uns des autres ne sera pas dans cette même proportion; ainsi ceux qui tirent un plus grand revenu de la valeur vénale de leurs denrées ne seront-ils pas effectivement plus riches que les autres?

N'en n'est-il pas de même à l'égard des provinces d'un même royaume où dans les unes les denrées sont chères et dans les autres en non-valeur, et n'est-ce pas par cette raison que celles-là sont toujours bien peuplées et bien cultivées, et que celles-ci sont toujours peu peuplées et mal cultivées; ne s'ensuit-il pas que c'est la cherté des denrées soutenue par le commerce extérieur qui fait prospérer les Etats?

II.

Si de deux royaumes l'un était plus peuplé et si l'autre avait à proportion plus de revenu, toutes choses étant d'ailleurs égales, lequel serait le plus puissant? N'y aurait-il pas plus d'aisance dans l'un de ces royaumes et plus de besoin dans l'autre; si l'un ne soutiendrait pas mieux les dépenses de la guerre que l'autre; si celui-là ne pourrait pas augmenter ses armées par ses richesses; si l'autre pourrait suppléer aux dépenses par sa grande population, surtout depuis que l'artillerie a fort augmenté les dépenses de la guerre et qu'elle est devenue formidable: d'ailleurs l'augmentation de troupes ne serait-elle pas une augmentation de dépense? Si dans l'un de ces royaumes les sujets étaient plus dans l'aisance, et si dans l'autre ils avaient plus de besoins, à cause de leur plus grand nombre, ces sujets pourraient-ils de part et d'autre fournir à leur souverain, à raison de leurs facultés, des subsides dans la même proportion; ne s'ensuivrait-il pas de là qu'un royaume qui aurait moins de revenus et qui serait plus peuplé, serait moins puissant et moins dans l'aisance qu'un autre royaume qui serait moins peuplé et qui aurait plus de revenus?

III.

Comment un royaume pourrait-il être plus peuplé et moins riche, ou plus riche et moins peuplé? Les hommes ne sont-ils pas attirés dans un royaume à proportion des richesses; cependant si les productions et le commerce exigeaient moins de travail d'hommes dans un royaume que dans un autre, le premier ne pourrait-il pas se trouver plus riche et moins peuplé que le dernier; car si un royaume produit beaucoup de denrées qui soient chères, faciles à cultiver et à exporter, et si, pour s'en procurer la vente, il tire avec profit, pour sa consommation, beaucoup de marchandises de main-d'œuvre de l'étranger, n'occupera-t-il pas moins d'hommes et ne sera-t-il pas plus riche; n'y aura-t-il pas dans ce royaume plus d'aisance et moins de besoins que s'il lui fallait un plus grand nombre d'hommes pour se procurer les mêmes richesses; ne s'ensuit-il pas de là que le gouvernement doit être plus attentif à l'accroissement des richesses qu'à l'accroissement de la population, et que ce sont les richesses que procure le travail des hommes qui doivent régler comme il convient l'état de la population?

IV.

Si l'or ou l'argent qu'un royaume qui a un grand et fertile territoire, tire des mines, faisait négliger la culture, et si les mines produisaient moins que ce que procureraient l'agriculture et le commerce des denrées du cru, ne s'ensuivrait-il pas que ce royaume serait moins riche et moins peuplé que si ses mines étaient fermées et son territoire bien cultivé; si les richesses pécuniaires que fourniraient les mines se distribueraient et circuleraient autant dans ce royaume que celles que procurerait l'agriculture, et si une plus grande distribution et circulation des unes ou des autres ne contribuerait pas à enrichir un plus grand nombre d'hommes et à étendre davantage l'aisance et la population? D'ailleurs l'agriculture ne procurerait-elle pas autant de richesses pécuniaires que les mines, et de plus des richesses réelles que l'on n'achèterait pas de l'étranger et qui fourniraient la subsistance à une grande population? N'est-ce pas parce que les richesses que l'on tire des mines n'ont pas ces avantages, et parce qu'elles n'entretiennent qu'un commerce passif avec l'étranger, qu'elles enrichissent peu d'hommes, qu'elles font tomber l'agriculture, qu'elles induisent les hommes à la paresse et qu'elles diminuent la population?

V.

On demande si les colonies ne dépeuplent pas le royaume qui les fournit; ne faudrait-il pas plutôt demander si elles n'en diminuent pas les richesses par les dépenses et par les guerres qu'elles occasionnent?

VI.

Le luxe utile, le luxe nuisible? N'est-il pas nécessaire, pour que la population et les richesses se perpétuent, que les hommes dépensent continuellement leurs gains et leurs revenus; les hommes eux-mêmes n'ont-ils pas toujours voulu jouir de leurs richesses? Depuis que les grands et les riches se sont retirés dans la capitale, leurs dépenses n'en sont-elles pas devenues plus remarquables, et ne jugerait-on pas de là que le luxe serait augmenté? le luxe n'a-t-il pas toujours été proportionné aux richesses de la nation; sans cela les richesses auraient-elles pu se perpétuer? Lorsque les grands seigneurs résidaient dans leurs terres et étaient dispersés dans les provinces, leurs dépenses n'y étaient-elles pas proportionnées à leurs richesses; quelles étaient ces dépenses; quelles qu'elles fussent, le luxe n'était-il pas plus grand alors, s'ils étaient plus riches dans ces temps-là qu'aujourd'hui?

Nos manufactures de luxe ont-elles effectivement augmenté le luxe, ou si elles en ont seulement changé l'espèce; n'ont-elles pas au fond diminué le luxe par la diminution des richesses causée par la gêne qu'on a établie dans le commerce des denrées du cru pour favoriser, aux dépens des revenus de la nation, la main-d'œuvre de ces manufactures? L'espèce de luxe de décoration qu'elles ont rendu trop général et comme forcé n'est-il pas devenu un luxe préjudiciable en dérangeant l'ordre des dépenses convenables et utiles dans les différentes classes de citoyens? Ce luxe dominant de décoration, qui assujettit les hommes à des dépenses de vêtements et d'ameublements disproportionnées à leurs facultés, n'empêche-t-il pas le propriétaire de réparer et d'améliorer ses biens, le marchand de faire valoir son argent par le commerce, l'artisan de se fournir suffisamment des matières premières nécessaires pour les ouvrages qu'il fabrique, le père de famille de former des arrangements convenables pour l'établissement de ses enfants, le débiteur d'économiser pour payer ses créanciers? Ainsi les dépenses de décoration qui entraînent d'autres dépenses d'ostentation, et qui sont devenues des dépenses de besoin plutôt que des dépenses de luxe, ne forment-elles pas une espèce de luxe désordonné et destructif; ce luxe dominant ne porte-t-il pas les citoyens à épargner sur la propagation ou à éviter le mariage, pour soutenir des dépenses forcées; n'induit-il pas les femmes à chercher des ressources dans le dérèglement; n'inspire-t-il pas aux hommes vains toutes les intrigues et tous les expédients irréguliers pour subvenir aux dépenses du faste; ne répand-il pas du mépris sur les états médiocres; n'écarte-t-il pas du travail, ne provoque-t-il pas aux plaisirs, ne corrompt-il pas les mœurs, n'énerve-t-il pas le courage, ne plonge-t-il pas dans la mollesse, ne débilite-t-il pas les forces du corps?

VII.

Les terres, les hommes, les productions, les richesses pécuniaires, ne peuvent-elles pas tomber en non-valeur par les méprises de l'administration d'un royaume?

Les terres, lorsqu'elles ne sont pas cultivées; lorsque leur produit ne restitue pas les frais de la culture; lorsqu'on n'en tire pas le meilleur revenu qu'elles puissent produire; lorsque les grands propriétaires négligent leurs terres et cherchent d'autres ressources moins avantageuses à l'Etat; lorsque les impositions mal établies portent sur le cultivateur et enlèvent les richesses nécessaires pour les dépenses de l'agriculture; lorsque l'on force les enfants des laboureurs à déserter les campagnes, à s'établir dans les villes où ils portent les richesses que leurs pères employaient aux dépenses de la culture; lorsqu'il n'y a pas de sûreté à exposer des richesses dans les entreprises de la culture; lorsque l'on gêne le commerce et les travaux des fermiers; lorsqu'un luxe désordonné s'oppose aux dépenses de l'amélioration et de l'entretien des biens.

Les hommes, lorsque ce qu'ils produisent et ce qu'ils consomment n'est pas profitable à l'Etat; lorsque les fermiers et métayers ne peuvent pas faire les frais d'une bonne culture et procurer du travail aux paysans, et que ceux-ci sont réduits pour se nourrir à cultiver des productions de vil prix; lorsque ces paysans et la terre qu'ils cultivent ne produisent rien à l'Etat; lorsque les hommes ne sont pas employés aussi avantageusement qu'ils le pourraient être; lorsqu'une surabondance de marchands de détail, causée par l'abandon de la culture, multiplie les dépenses du commerce intérieur et le rend onéreux à la nation; lorsque l'indigence des paysans les rend inutiles et dépeuple les campagnes; lorsqu'on accumule les hommes aux manufactures de luxe au préjudice de l'agriculture; lorsque les provinces, faute de richesses, sont réduites à cultiver la terre avec les bœufs, culture qui produit peu et qui emploie beaucoup d'hommes; lorsque les hommes sont occupés à des travaux qui peuvent s'exécuter à moins de frais par des animaux, par des machines, etc., lorsque la population diminue par un luxe désordonné, par le dépérissement des revenus des biens-fonds, par la désertion en pays étranger, par la misère des campagnes qui s'oppose à la propagation et à la conservation des enfants des paysans.

Les productions, lorsque leur prix ne restitue pas les frais et dégénère en perte, ou lorsqu'elles n'ont pas la valeur vénale qu'elles devraient avoir; lorsque leur débit est borné à la nation, que leur prix est assujetti aux variations des récoltes et aux vicissitudes du commerce intérieur et qu'il n'a point de fondement permanent et assuré par le commerce extérieur et réciproque; lorsque leur prix est surchargé de droits qui en diminuent la valeur vénale, la consommation et le commerce avec l'étranger; lorsque les prohibitions, des privilèges exclusifs de compagnies protégées gênent le commerce, occasionnent des monopoles et autorisent le gain des négociants sur leurs concitoyens, et favorisent un commerce onéreux à la nation; lorsque la nation est assujettie et bornée à une espèce de luxe de marchandise de main-d'œuvre qui l'épuise et qui nuit à la production et au commerce des denrées du cru. Lorsque ce luxe éloigne du travail, lorsqu'il s'introduit dans l'état militaire et qu'il fait dégénérer la vertu et l'honneur en vanité et cupidité.

Les richesses pécuniaires, lorsque les achats, les ventes, les emprunts ne sont pas profitables à la nation; lorsqu'on ne fait pas valoir ces richesses assez avantageusement par l'agriculture, par le commerce et par les dépenses de tout; lorsque la forme et la perception des impositions exigent de trop grands frais; lorsque l'argent n'est pas conservé aux hommes qui l'emploient pour le renouvellement perpétuel des richesses de l'Etat; lorsqu'on établit la puissance de l'Etat sur le pécule de la nation et non sur les revenus du royaume; lorsque les dépenses déplacées ou la détention de l'argent éteignent la reproduction de ces revenus?

Tout le gouvernement économique ne se rapporte-t-il pas à ces quatre sources de richesses, de population, de force et de félicité? Les moyens de les diriger sans contrainte, par le profit, par les instructions, par les facilités, par la protection, et par la bonne administration?

ANALYSE

DU

TABLEAU ÉCONOMIQUE (¹)

> Εἰ μὴν φερομένης τῆς γεωργίας,
> ἔρρωνται καὶ αἱ ἄλλαι τέχναι
> ἅπασαι· ὅπου δ'ἂν ἀναγκασθῇ
> ἡ γῆ χερσεύειν, ἀποσβέννυνται
> καὶ αἱ ἄλλαι τέχναι σχεδόν τι
> καὶ κατὰ γῆν καὶ κατὰ θάλατται.
> ΣΩΚΡΑΤΗΣ ἐν Ξενοφῶ̃ τι.

> Lorsque l'agriculture prospère, tous
> les autres arts fleurissent avec elle ;
> mais, quand on abandonne la culture,
> par quelque cause que ce soit, tous les
> autres travaux, tant sur terre que sur
> mer, s'anéantissent en même temps.
> SOCRATE *dans* Xénophon.

Analyse de la formule arithmétique du Tableau économique de la distribution des dépenses annuelles d'une nation agricole (²).

La nation est réduite à trois classes de citoyens: la *classe productive*, la *classe des propriétaires* et la *classe stérile*.

---

(1) Voir, au sujet de la création de cette „formule étonnante“ (Dupont) que les physiocrates considéraient comme „le complément de la science de l'économie politique“, la note 1, page 125 du présent ouvrage. Suivant la tradition admise par l'école de Quesnay et reproduite entre autres dans la „Notice abrégée“ de Dupont (page 155), le Mémoire, dans la forme où il a été présenté au roi en décembre 1758, se divisait en deux parties principales consistant, l'une, dans le *Tableau économique avec son explication*, l'autre, dans les *Maximes générales du gouvernement économique* qui y furent

(2) Voir page 308.

La *classe productive* est celle qui fait renaître par la culture du territoire les richesses annuelles de la nation, qui fait les avances des dépenses des travaux de l'agriculture, et qui paye annuellement les revenus des propriétaires des terres. On renferme dans la dé-

-----

jointes sous le titre d'*Extraits des Economies royales de M. de Sully*. Ce mode de division correspond à celui que nous trouvons déjà dans l'article *Grains* de l'*Encyclopédie*. Dans sa forme originale, le *Tableau économique* est, ainsi qu'on le sait, considéré comme perdu; le marquis de Mirabeau, après l'avoir remanié librement (228 pages in-12), l'a présenté deux ans plus tard (1760) au gros public sous le titre: *Tableau économique avec ses explications* (suite de la sixième partie de l'*Ami des hommes*). C'est évidemment sur le désir de Quesnay que Mirabeau n'a pas indiqué le nom de celui-ci dans son travail. Quant à ses rapports avec l'auteur du *Tableau*, il s'exprime comme il suit, aux pages 11 et 12:

„J'ai trouvé non seulement des secours, mais même des guides; un homme de génie qui en a cavé et approfondi tous les principes, et qui a trouvé dans cette étude la cause de toutes les détériorations qui accablent souvent les nations dans le temps où elles se croient les plus éclairées, a cherché par un travail opiniâtre et analogue à son genre d'esprit, à fixer ses idées sur la source des richesses, sur leur marche et sur leur emploi. Le résultat de ces idées une fois rangé dans sa tête, il a senti qu'il était impossible de le décrire intelligiblement par le seul secours des lettres, et qu'il était indispensable de le peindre. Ce sentiment a produit le *Tableau économique* ci-joint. Quoique parfaitement d'accord avec lui dans les principes, je n'ai pu connaître son *Tableau* dans toute son étendue qu'en le travaillant pour mon propre usage et m'en faisant à moi-même l'explication. C'est cette explication maintenant à ma portée et conséquemment à celle de mes moindres lecteurs, que j'offre ici à ceux pour l'usage desquels je l'ai reçue."

Voyant peut-être lui-même que par cette explication il a plus contribué à obscurcir qu'à éclairer le sujet, le même auteur a fait paraître trois ans plus tard, après la disgrâce dans laquelle il était tombé à la suite de la publication de la *Théorie de l'impôt* (1760), un travail plus étendu sous le titre: *Philosophie rurale ou Economie générale et politique de l'agriculture* (Amsterdam 1763). Cet ouvrage, en trois volumes, est l'un des premiers signes de vie du partie physiocratique après cet événement. On lit dans sa préface:

„Un homme a imaginé et expliqué le *Tableau* qui peint aux yeux la source, la marche et les effets de la *circulation*, et en a fait le précis et la base de la science économique, et la boussole du gouvernement des Etats. Un autre a développé le fruit de l'arbre de vie et l'a présenté aux humains. Ce dernier les a invités en ces termes à le seconder dans son travail: *qu'ils fassent une épreuve, qu'ils tentent de faire une explication à leur manière*. C'est en effet ce qu'un troisième ose tenter; il s'est échafaudé du travail de ses devanciers, il s'est approprié leurs ouvrages, il y a joint ses propres études, et du tout ensemble il a fait une nouvelle explication, non par un essor de l'amour-propre qui tirerait ici ses armes de bien loin, mais par

pendance de cette classe tous les travaux et toutes les dépenses qui s'y font jusqu'à la vente des productions à la première main: c'est par cette vente qu'on connaît la valeur de la reproduction annuelle des richesses de la nation.

- - - - - -

respect pour cet immortel et recommandable ouvrage et par devoir pour ses contemporains."

Nous reproduisons à dessein ces passages afin de mettre en lumière la situation de Quesnay vis-à-vis de cette publication. Souvent on le trouve indiqué comme en ayant été le corédacteur. Aussi bien, on peut admettre en toute certitude qu'elle ne renferme rien qui n'ait auparavant reçu l'assentiment de l'auteur du *Tableau*. Mais le travail lui-même paraît appartenir à Mirabeau seul. Ce qui le prouve, ce n'est pas seulement le style fortement coloré des deux ouvrages, mais aussi la circonstance que Quesnay aurait d'ailleurs eu difficilement des raisons de publier lui-même plus tard le *Tableau économique*, et cela sous une forme qui, surtout au point de vue de l'étendue, différât considérablement du travail de Mirabeau. Mais il l'a fait sous le titre d'*Analyse du Tableau économique* dans le numéro de juin 1766 du *Journal de l'agriculture, du commerce et des finances*, rédigé alors par Dupont (voir sur ce Journal la partie y relative du présent ouvrage). Dans son entier, cette *Analyse* ne comprend, dans ledit journal, pas plus de dix pages in-12, sans les *Observations* (20 pages) qui y sont ajoutées mais qui, on peut le supposer, ne figuraient pas dans la première édition du *Tableau*, de décembre 1758; en revanche, les *Maximes* manquent dans l'édidition donnée par le *Journal de l'Agriculture*. Malgré cela, nous nous trouvons évidemment ici en présence de la forme qui se rapproche le plus de la première rédaction du *Tableau économique*. On voit clairement que l'on y a à faire à un extrait d'idées tiré d'un autre traité.

Cette *Analyse* a encore été publiée deux ans plus tard, dans l'ouvrage *Physiocratie ou Constitution naturelle du Gouvernement le plus avantageux au genre humain*, Yverdon, 1768, t. I. Elle a paru, dans cet ouvrage, en partie remaniée, et augmentée à peu près du double par des additions de l'auteur même. C'est dans cette forme que nous l'avons reproduite ci-dessus. L'éditeur Dupont l'a fait précéder de l'introduction suivante:

„*Avis de l'éditeur*. On vient de voir dans le traité précédent que l'observation des lois essentielles de l'ordre naturel évidemment le plus avantageux aux hommes réunis en société, peut seule donner à l'usage du droit naturel de l'homme toute l'extension dont il est susceptible. Il n'est donc point d'étude plus importante à l'homme et plus digne d'occuper l'intelligence qui lui fut donnée par le créateur, que celle de ces lois suprêmes qu'on ne saurait violer impunément et dont l'observation est inséparable d'une récompense évidente et physique, comme les lois mêmes qui nous l'assurent. Mais pour s'instruire à fond de ces lois dont la connaissance est si nécessaire, pour être en état de suivre leur marche et de la peindre, il faut remonter jusqu'aux premières notions qui doivent servir de base à la science économique, il faut chercher et se représenter jusqu'à ce qu'on les ait comprises évidemment, quelles sont les opérations successives de la nature dans la re-

La *classe des propriétaires* comprend le souverain, les possesseurs des terres et les décimateurs. Cette classe subsiste par le revenu ou *produit net* de la culture, qui lui est payé annuellement par la classe productive, après que celle-ci a prélevé, sur la reproduction qu'elle fait renaître annuellement, les richesses nécessaires pour se rembourser de ses avances annuelles et pour entretenir ses richesses d'exploitation.

production annuelle des richesses et dans leur distribution annuelle à toutes les classes d'hommes réunis en société sous la protection d'une autorité souveraine. C'est à l'exposition et à l'explication de la suite naturelle de ces faits, que le traité que l'on va lire est consacré. Si quelqu'un voulait s'épargner le travail d'étudier attentivement les vérités qu'il renferme et croyait pouvoir se borner à saisir quelques principes généraux, il se trouverait au milieu des problèmes de la science économique, comme un voyageur privé des secours de la géométrie, qui en traversant la chaîne immense des Alp. ne peut estimer que de l'œil les différentes hauteurs des cimes élevées les unes au-dessus des autres, et n'en saurait acquérir ainsi qu'une connaissance imparfaite et indéterminée. Mais celui qui se sera bien approprié les règles du calcul économique, celui qui les possédera et pour qui elles seront devenues une science, envisagera les questions les plus compliquées de l'économie politique, avec la certitude de les résoudre exactement, comme un géomètre regarde les distances et les hauteurs, dont son art, qui corrige les erreurs séduisantes de la perspective, mesure et calcule avec précision les plus légères différences."

Dans sa *Notice abrégée*, Dupont fait remarquer ce qui suit à l'*Année 1766 :*
„*Mois de juin.* C'est qu'on y trouve une *Analyse* de la formule arithmétique du *Tableau économique* de la distribution des dépenses d'une nation agricole, avec des *Observations* très courtes et très simples par M. *Quesnay*. Nous ne savons si nous sommes prévenus par l'avantage d'en avoir été deux fois les éditeurs : mais de toutes les explications du *Tableau économique* celle-là donnée par l'auteur lui-même et réimprimée depuis dans la *Physiocratie* avec une figure et quelques additions qui la portèrent à quarante pages, nous paraît, à raison de sa brièveté même, la plus facile à saisir." A. O.

(2) Dans l'édition de l'année 1766 (*Journal de l'Agriculture*, etc.), le motto tiré de Xénophon, manque. L'*Analyse* même, différant en quelques points de la version que nous donnons ici, commence par la phrase suivante :
„On suppose un grand royaume dont le territoire, porté à son plus haut degré d'agriculture, rapporterait tous les ans une reproduction de la valeur de *cinq milliards* établie sur les prix constants qui ont cours entre les nations, dans le cas où il y a constamment une libre concurrence de commerce et une entière sûreté de la propriété des richesses d'exploitation de l'agriculture."

Dans l'édition ci-dessus, cette phrase a, comme on le voit, été reculée au sixième alinéa. Les autres modifications, compléments, etc., sont de même peu importants, de sorte que nous pouvons renoncer à les relever d'une manière

La *classe stérile* est formée de tous les citoyens occupés à d'autres services et à d'autres travaux que ceux de l'agriculture, et dont les dépenses sont payées par la classe productive et par la classe des propriétaires qui eux-mêmes tirent leurs revenus de la classe productive.

Pour suivre et calculer clairement les rapports de ces différentes classes entre elles, il faut se fixer à un cas quelconque; car on ne peut établir un calcul positif sur de simples abstractions.

Supposons donc un grand royaume dont le territoire, porté à son plus haut degré d'agriculture, rapporterait tous les ans une reproduction de la valeur de *cinq milliards,* et où l'état permanent de cette valeur serait établi sur les prix constants qui ont cours entre les nations commerçantes, dans le cas où il y a constamment une libre concurrence de commerce et une entière sûreté de la propriété des richesses d'exploitation de l'agriculture. (¹)

Le *Tableau économique* renferme les trois classes et leurs richesses annuelles, et décrit leur commerce dans la forme qui suit.

----

spéciale. Cependant, nous devons mentionner le fait que la *Formule du Tableau économique* qui se trouve dans le *Résumé* de l'*Analyse* (page 316) n'a pas été reproduite dans le *Journal de l'Agriculture*, bien qu'il ne soit pas douteux qu'elle ait déjà été contenue, peut-être sous une forme quelque peu différente, dans le *Mémoire* de décembre 1758. Dans l'édition de la *Physiocratie*, cette lacune est de nouveau comblée.

Les tables des matières détaillées qui, dans la *Physiocratie*, sont placées en tête de chaque partie des morceaux qui y sont contenus, n'ont pas Quesnay pour auteur, mais Dupont. A cause de leur rédaction concise, les propositions sont souvent citées comme étant de Quesnay. Pour éviter cette confusion, nous ne reproduirons nulle part ces tables qui, d'ailleurs, sont tout à fait superficielles. A. O.

(1) L'étendue du territoire serait d'environ *130 millions* d'arpents de terres de différentes qualités; le fonds de richesses d'exploitation nécessaire pour tenir ce territoire en bonne valeur serait d'environ *douze milliards*, et la population d'environ *trente millions* de personnes qui pourraient subsister avec aisance, conformément à leur état, du produit annuel de *cinq milliards*. Mais il ne faut pas oublier que, partout où la population jouit d'une vie paisible, elle s'accroît ordinairement au delà du produit du territoire; aussi la force d'un Etat et le nombre des citoyens qui le composent sont toujours assurés quand ils sont établis sur un fonds de richesses d'exploitation suffisant pour l'entretien d'une riche culture. La conservation de ce fonds de richesses d'exploitation doit être le principal objet du gouvernement économique; car les revenus du souverain et de la nation en dépendent entièrement, ainsi qu'il va être démontré par l'exposition de l'ordre régulier de la distribution des dépenses payées et entretenues par la reproduction annuelle. (Note de l'original.)

CLASSE PRODUCTIVE.	CLASSE DES PROPRIÉTAIRES.	CLASSE STÉRILE.
AVANCES	REVENU	AVANCES
annuelles de cette *classe*, montant à *deux milliards*(1), qui ont produit *cinq milliards*, dont *deux milliards* sont en *produit net* ou *revenu*.	de *deux milliards* pour cette *classe:* il s'en dépense *un milliard* en achats à la *classe productive* et l'*autre milliard* en achats à la *classe stérile*.	de cette *classe* de la somme *d'un milliard* qui se dépense par la *classe stérile* en achats de matières premières à la *classe productive*.

Ainsi la *classe productive* vend pour *un milliard* de productions aux *propriétaires* du *revenu*, et pour *un milliard* à la *classe stérile*, qui y achète les matières premières de ses ouvrages, ci . . . . 2 milliards.

Le *milliard* que les *propriétaires* du *revenu* ont dépensé en achats à la *classe stérile* est employé par cette classe, pour la subsistance des agents dont elle est composée, en achats de productions prises à la *classe productive*, ci . . . . 1 milliard.

TOTAL des achats faits, par les *propriétaires* du *revenu* et par la *classe stérile*, à la *classe productive*, ci . . . . 3 milliards.

De ces *trois milliards* reçus par la *classe productive* pour *trois milliards* de productions qu'elle a vendues, elle en doit *deux milliards* aux propriétaires pour l'année courante du revenu, et elle en dépense *un milliard* en achats d'ouvrages pris à la *classe stérile*. Cette dernière classe retient cette somme pour le remplacement de ses avances, qui ont été dépensées d'abord à la *classe productive* en achats des matières premières qu'elle a employées dans ses ouvrages. Ainsi ses avances ne produisent rien; elle les dépense, elles lui sont rendues, et restent toujours en réserve d'année en année.

Les matières premières et le travail pour les ouvrages montent les ventes de la *classe stérile* à *deux milliards*, dont *un milliard* est dépensé pour la subsistance des agents qui composent cette classe; et l'on voit qu'il n'y a là que consommation ou anéantissement de productions, et point de reproduction; car cette classe ne subsiste que du payement successif de la rétribution due à son

---

(1) Les avances annuelles consistent dans les dépenses qui se font annuellement pour le travail de la culture; ces avances doivent être distinguées des avances primitives qui forment le fonds de l'établissement de la culture, et qui valent environ cinq fois plus que les avances annuelles. (Note de l'original.)

travail, qui est inséparable d'une dépense employée en subsistances, *c'est-à-dire en dépenses de pure consommation, sans régénération de ce qui s'anéantit par cette dépense stérile, qui est prise en entier sur la reproduction annuelle du territoire.* L'autre *milliard* est réservé pour le remplacement de ses avances qui, l'année suivante. seront employées de nouveau à la *classe productive* en achats de matières premières pour les ouvrages que la *classe stérile* fabrique.

Ainsi les *trois milliards* que la *classe productive* a reçus pour les ventes qu'elle a faites aux *propriétaires du revenu* et à la *classe stérile*, sont employés par la classe productive au payement du revenu de l'année courante de *deux milliards*, et en achats d'*un milliard* d'ouvrages qu'elle paye à la *classe stérile.*

La marche de ce commerce entre les différentes classes, et ses conditions essentielles, ne sont point hypothétiques. Quiconque voudra réfléchir verra qu'elles sont fidèlement copiées d'après la nature; mais les *données* dont on s'est servi, et l'on en a prévenu, ne sont applicables qu'au cas dont il s'agit ici.

Les divers états de prospérité ou de dépérissement d'une nation agricole offrent une multitude d'autres cas et par conséquent d'autres *données,* dont chacune est le fondement d'un calcul particulier qui lui est propre en toute rigueur.

Celles d'où nous sommes partis fixent, d'après la règle la plus constante dans l'ordre naturel, à *cinq milliards* la reproduction totale que la *classe productive* fait renaître annuellement, avec *deux milliards* d'avances annuelles, sur un territoire tel que celui que nous avons décrit. Selon cette hypothèse, les avances annuelles reproduisent deux cent cinquante pour cent. Le revenu des propriétaires peut être alors égal aux avances annuelles. Mais ces données ont des conditions *sine quabus non;* elles supposent que la liberté du commerce soutient le débit des productions à un bon prix, par exemple le prix du blé à 18 livres le septier; elles supposent d'ailleurs que le cultivateur n'ait à payer directement ou indirectement d'autres charges que le revenu, dont une partie, par exemple les *deux septièmes*, doit former le *revenu* du souverain. Selon ces données, sur un revenu total de deux milliards, la part du souverain serait de 572 millions (1); celle des propriétaires serait de

_____

(1) Il est à remarquer qu'on ne comprend point dans cette évaluation l'impôt qui se lève sur les dîmes affermées. En l'ajoutant à ce calcul, on verra que les *deux septièmes*, qui forment la part du souverain, lui donneraient sans dégradation environ 650 millions d'impôt annuel. (Note de l'original.)

quatre septièmes ou un milliard 144 millions; celle des décimateurs *d'un septième* ou 286 millions, l'impôt compris. Il n'y a aucune manière d'établir l'impôt qui puisse fournir un aussi grand revenu public sans causer aucun dépérissement dans la reproduction annuelle des richesses de la nation. (¹)

Les propriétaires, le souverain et toute la nation ont un grand intérêt que l'impôt soit établi en entier sur le revenu des terres immédiatement; car toute autre forme d'imposition serait contre l'ordre naturel, parce qu'elle serait préjudiciable à la reproduction et à l'impôt et que l'impôt retomberait sur l'impôt même. Tout est assujetti ici-bas aux lois de la nature: les hommes sont doués de l'intelligence nécessaire pour les connaître et les observer; mais la multiplicité des objets exige de grandes combinaisons, qui forment le fonds d'une science évidente fort étendue, dont l'étude est indispensable pour éviter les méprises dans la pratique.

Des *cinq milliards* de reproduction totale, les *propriétaires du revenu* et la *classe stérile* en ont acheté pour *trois milliards* pour leur consommation: ainsi il reste encore à la *classe productive* pour *deux milliards* de productions; cette classe a acheté en outre pour *un milliard* d'ouvrages à la *classe stérile,* ce qui lui fait un fonds annuel de *trois milliards*, lequel est consommé par les divers agents occupés aux différents travaux de cette classe, qui sont payés par les avances annuelles de la culture, et aux diverses réparations journalières du fonds de l'établissement, qui sont payées par les intérêts dont on va parler.

Ainsi la dépense annuelle de la classe productive est de *trois milliards*, savoir *deux milliards* de productions qu'elle retient pour sa consommation et *un milliard* d'ouvrages qu'elle a achetés à la classe stérile.

Ces *trois milliards* forment ce qu'on appelle LES REPRISES *de la classe productive*; dont *deux milliards* constituent les avances annuelles, qui se consomment pour le travail direct de la reproduction des *cinq milliards* que cette classe fait renaître annuellement, pour restituer et perpétuer les dépenses qui s'anéantissent par la consommation; *l'autre milliard* est prélevé par cette même classe

---

(1) S'il y avait des biens-fonds exempts de la contribution de l'impôt, ce ne devrait être qu'en considération de quelques avantages pour le bien de l'Etat et alors cela devrait être compté comme faisant partie du revenu public; aussi de telles exemptions ne doivent avoir lieu qu'à bon titre. (Note de l'original.)

sur ses ventes pour les intérêts des avances de son établissement. On va faire sentir la nécessité de ces intérêts.

1° Le fonds des richesses d'exploitation qui constituent les avances primitives est sujet à un dépérissement journalier qui exige des réparations continuelles, indispensablement nécessaires pour que ce fonds important reste dans le même état et ne marche pas progressivement vers un anéantissement total qui détruirait la culture et par conséquent la reproduction et par conséquent les richesses de l'Etat et par conséquent aussi la population.

2° La culture est inséparable de plusieurs grands accidents qui détruisent quelquefois presque entièrement la récolte; telles sont la gelée, la grêle, la nielle, les inondations, la mortalité des bestiaux, etc., etc. Si les cultivateurs n'avaient aucun fonds en réserve, il s'ensuivrait qu'après de tels accidents ils ne pourraient pas payer les propriétaires et le souverain, ou qu'ils ne pourraient pas subvenir aux dépenses de leur culture l'année suivante: ce dernier cas serait celui qui arriverait toujours, attendu que le souverain et les propriétaires ont l'autorité pour se faire payer; et l'on sent les conséquences funestes d'un pareil anéantissement de culture qui retomberait bientôt et sans ressource sur les propriétaires, sur le souverain, sur les décimateurs, sur tout le reste de la nation.

Les intérêts des avances de l'établissement des cultivateurs doivent donc être compris dans leurs *reprises annuelles*. Ils servent à faire face à ces grands accidents et à l'entretien journalier des richesses d'exploitation, qui demandent à être réparée sans cesse.

On a remarqué plus haut (note 1, page 310) que les *avances primitives* étaient d'environ cinq fois plus fortes que les *avances annuelles:* dans l'hypothèse actuelle où les *avances annuelles* sont de *deux milliards,* les *avances primitives* sont donc de *dix milliards,* les intérêts annuels d'*un milliard* ne sont que sur le pied de dix pour cent. Si l'on considère la quantité de dépenses auxquelles ils doivent subvenir; si l'on songe à l'importance de leur destination; si l'on réfléchit que sans eux le payement des fermages et de l'impôt ne serait jamais assuré, que la régénération des dépenses de la société s'éteindrait, que le fonds de richesses d'exploitation et par conséquent la culture disparaîtraient, que cette dévastation. anéantirait la plus grande partie du genre humain et renverrait l'autre vivre dans les forêts, on sentira qu'il s'en faut beaucoup que le taux de dix pour cent, pour les intérêts des *avances* périssables de la culture, soit un taux trop fort.

Nous ne disons pas que tous les cultivateurs retirent annuellement, outre leurs *avances annuelles,* dix pour cent pour les *intérêts* de leurs avances primitives; mais nous disons que telle est une des principales conditions d'un état de prospérité; que, toutes les fois que cela n'est pas ainsi chez une nation, cette nation est dans le dépérissement et dans un dépérissement progressif d'année en année, tel que, lorsque sa marche est connue, on peut annoncer par le calcul le moment de l'entière destruction. Nous disons d'ailleurs qu'un fonds placé aussi avantageusement pour la nation que celui des avances de sa culture, doit par lui-même rapporter net aux fermiers, qui y joignent leurs travaux et l'emploi de leur intelligence, un intérêt annuel au moins aussi fort que celui que l'on paye aux rentiers fainéants.

La somme totale de ces intérêts se dépense annuellement, parce que les cultivateurs ne les laissent point oisifs; car, dans les intervalles où ils ne sont pas obligés de les employer aux réparations, ils ne manquent pas de les mettre à profit pour accroître et améliorer leur culture, sans quoi ils ne pourraient pas subvenir aux grands accidents. Voilà pourquoi on compte les intérêts dans la somme des dépenses annuelles.

RÉSUMÉ.

Le total des *cinq milliards,* partagé d'abord entre la *classe productive* et la *classe des propriétaires,* étant dépensé annuellement dans un ordre régulier qui assure perpétuellement la même reproduction annuelle, il y a *un milliard* qui est dépensé par les *propriétaires* en achats faits à la *classe productive* et *un milliard* en achats faits à la *classe stérile.* La *classe productive,* qui vend pour *trois milliards* de productions aux deux autres classes, en rend *deux milliards* pour le payement du revenu et en dépense *un milliard* en achats qu'elle fait à la classe stérile: ainsi la *classe stérile* reçoit *deux milliards* qu'elle emploie à la *classe productive* en achats pour la subsistance de ses agents et pour les matières premières de ses ouvrages; et la *classe productive* dépense elle-même annuellement pour *deux milliards* de productions, ce qui complète la dépense ou la consommation totale des *cinq milliards* de reproduction annuelle.

Tel est l'ordre régulier de la distribution de la dépense des *cinq milliards* que la *classe productive* fait renaître annuellement par la dépense de *deux milliards* d'avances annuelles comprises dans la dépense totale des *cinq milliards* de reproduction annuelle.

On va présentement offrir aux yeux du lecteur la formule arithmétique de la distribution de cette dépense.

A la droite, en tête, est la somme des avances de la *classe productive* qui ont été dépensées l'année précédente pour faire naître la récolte de l'année actuelle. Au-dessous de cette somme est une ligne qui la sépare de la colonne des sommes que reçoit cette classe.

A la gauche sont les sommes que reçoit la *classe stérile*.

Au milieu, en tête, est la somme du *revenu* qui se partage, à droite et à gauche, aux deux *classes* où elle est dépensée.

Le partage de dépense est marqué par des lignes ponctuées qui partent de la somme du revenu et vont, en descendant obliquement, à l'une et à l'autre classe. Au bout de ces lignes est de part et d'autre la somme que les propriétaires du revenu dépensent en achats à chacune de ces classes.

Le commerce réciproque entre les deux classes est marqué aussi par des lignes ponctuées qui vont en descendant obliquement de l'une à l'autre classe où se font les achats ; et au bout de chaque ligne est la somme que l'une des deux classes reçoit de l'autre ainsi, réciproquement, par le commerce qu'elles exercent entre elles pour leurs dépenses. (¹)

---

(1) Chaque somme que reçoivent la *classe productive* et la *classe stérile* suppose une double valeur, parce qu'il y a vente et achat et par conséquent la valeur de ce qui est vendu et la valeur de la somme qui paye l'achat ; mais il n'y a de consommation réelle que pour la valeur des *cinq milliards* qui forment le total de la recette de la *classe productive*. Les sommes d'argent qui passent à chaque classe s'y distribuent par la circulation d'une somme totale d'argent qui recommence chaque année la même circulation. Cette somme d'argent peut être supposée plus ou moins grande dans sa totalité et la circulation plus ou moins rapide ; car la rapidité de la circulation de l'argent peut suppléer en grande partie à la quantité de la masse d'argent. Dans une année, par exemple, où, sans qu'il y eût de diminution dans la reproduction, il y aurait une grande augmentation du prix des productions, soit par des facilités données au commerce ou autrement, il ne serait pas nécessaire qu'il y eût augmentation de la masse pécuniaire pour le payement des achats de ces productions. Cependant il passerait dans les mains des acheteurs et des vendeurs de plus grosses sommes d'argent, qui feraient croire à la plupart que la masse d'argent monnayé serait fort augmentée dans le royaume. Aussi cette apparence équivalente à la réalité est-elle fort mystérieuse pour le vulgaire. (Note de l'original.)

Enfin, le calcul se termine de chaque côté par la somme totale de la recette de chacune des deux classes. Et l'on voit que dans le cas donné, lorsque la distribution des dépenses suit l'ordre que l'on a décrit et détaillé ci-devant, la recette de la classe productive, en y comprenant ses avances, est égale à la totalité de la reproduction annuelle et que la culture, les richesses, la population restent dans le même état, sans accroît ni dépérissement. Un cas différent donnerait, comme on l'a dit plus haut, un résultat différent.

FORMULE DU TABLEAU ÉCONOMIQUE.

REPRODUCTION TOTALE : *5 milliards.*

AVANCES annuelles de la classe productive.	REVENU pour les propriétaires des terres, le souverain et les décimateurs.	AVANCES de la classe stérile.
2 milliards.	2 milliards.	1 milliard.
1 milliard		1 milliard
1 milliard		
		1 milliard
1 milliard		
		Total 2 milliards dont la moitié est retenue par cette classe pour les avances de l'année suivante.
2 milliards		

Sommes qui servent à payer le revenu et les intérêts des avances primitives.

Dépense des avances annuelles

Total 5 milliards.

Si les propriétaires dépensaient plus à la *classe productive* qu'à la *classe stérile* pour améliorer leurs terres et accroître leurs revenus, ce surcroît de dépenses employé aux travaux de la classe productive devrait être regardé comme une addition aux avances de cette classe.

La dépense du revenu est supposée ici, dans l'état de prospérité, se distribuer également entre la classe productive et la classe stérile, au lieu que la classe productive ne porte qu'un tiers de sa dépense à la classe stérile, parce que les dépenses du cultivateur sont moins disponibles que celles du propriétaire ; mais plus l'agriculture languit, plus alors on doit lui consacrer en partie les dépenses disponibles pour la rétablir.

OBSERVATIONS IMPORTANTES.
Première observation.

On ne doit pas confondre les dépenses faites par les propriétaires à la *classe stérile* et qui servent à la subsistance de cette *classe* avec celles que les propriétaires font directement à la *classe productive* par eux-mêmes, par leurs commensaux et par les animaux qu'ils nourrissent ; car ces dépenses que font les propriétaires à la *classe productive* peuvent être plus profitables à l'agriculture que celles qu'ils font à la *classe stérile.*

Parmi les propriétaires du revenu, il y en a un grand nombre qui sont fort riches et qui consomment les productions du plus haut prix ; ainsi la masse de productions qu'ils consomment est en proportion beaucoup moins considérable que celle qui se consomme dans les autres classes à plus bas prix. Les hommes qui dépensent le revenu et qui achètent si chèrement, doivent donc être aussi à proportion beaucoup moins nombreux comparativement à la somme de leurs achats. Mais leurs dépenses soutiennent le prix des productions de la meilleure qualité, ce qui entretient par gradation le bon prix des autres productions, à l'avantage des revenus du territoire.

Il n'en est pas de même des grandes dépenses que les *propriétaires* peuvent faire à la *classe stérile* et c'est ce qui constitue la différence du faste de subsistance et du luxe de décoration. Les effets du premier ne sont pas à craindre comme ceux de l'autre.

Celui qui achète un litron de petits pois 100 livres les paye à un cultivateur qui les emploie en dépenses de culture à l'avantage de la reproduction annuelle. Celui qui achète un galon d'or 100 livres les paye à un ouvrier qui en emploie une partie à racheter chez l'étranger la matière première ; il n'y a que l'autre partie employée en achats pour sa subsistance, qui retourne à la *classe productive;* et ce retour même n'est pas aussi avantageux que l'aurait été la dépense directe du propriétaire à la *classe productive;* car l'ouvrier n'achète pas pour sa subsistance des productions de haut prix et ne contribue donc pas, ainsi que le fait le propriétaire, à entretenir la valeur et les revenus des bonnes terres qui ont la propriété de produire des denrées précieuses. Quant à ce qui a passé en achats chez l'étranger, s'il revient à la *classe productive*, comme cela arrive en effet, du moins en partie, chez les nations où il y a réciprocité de commerce de productions, (1) c'est toujours avec la charge des frais de commerce qui y causent une diminution et empêchent ce retour d'être complet.

Deuxième observation.

Les dépenses de simple consommation sont des dépenses qui s'anéantissent elles-mêmes sans retour; elles ne peuvent être entretenues que par la *classe productive* qui, quant à elle, peut se suffire à elle-même : ainsi elles doivent, quand elles ne sont pas employées à la reproduction, être regardées comme des dépenses *stériles*, et même comme nuisibles, ou comme dépenses de luxe, si elles sont superflues et préjudiciables à l'agriculture.

La plus grande partie des dépenses des *propriétaires* sont au moins des dépenses *stériles*; on n'en peut excepter que celles qu'ils font pour la conservation et l'amélioration de leurs biens et pour en accroître la culture. Mais, comme ils sont de droit naturel chargés des soins de la régie et des dépenses pour les réparations de leur patrimoine, ils ne peuvent pas être confondus avec la partie de la population qui forme la classe purement stérile.

Troisième observation.

Dans l'état de prospérité d'un royaume dont le territoire serait porté à son plus haut degré possible de culture, de liberté et de facilité de commerce, et où par conséquent le revenu des *propriétaires* ne pourrait plus s'accroître, ceux-ci pourraient en dépenser *la moitié* en achats à la *classe stérile*. Mais, si le territoire n'était pas complètement cultivé et amélioré, si les chemins manquaient, s'il y avait des rivières à rendre navigables et des canaux à former pour le voiturage des productions, ils devraient s'épargner sur leurs

---

(1) Ce qui n'est pas ordinaire dans le commerce des Indes orientales, si ce n'est lorsqu'il se fait par des commerçants étrangers qui nous vendent ce qu'ils y ont acheté et qui emploient chez nous, en achats de productions, l'argent même avec lequel nous avons payé leurs marchandises des Indes. Mais il n'en est pas de même lorsque ce commerce se fait par nos commerçants régnicoles, dont le trafic se borne entre nous et les Indiens orientaux qui ne veulent que de l'argent. (Note de l'original.)

dépenses à la *classe stérile*, pour accroître par les dépenses nécessaires leurs revenus et leurs jouissances autant qu'il serait possible. Jusqu'à ce qu'ils y fussent parvenus, leurs dépenses superflues à la *classe stérile* seraient des dépenses de luxe, préjudiciables à leur opulence et à la prospérité de la nation; car tout ce qui est désavantageux à l'agriculture est préjudiciable à la nation et à l'Etat, et tout ce qui favorise l'agriculture est profitable à l'Etat et à la nation. C'est la nécessité des dépenses que les propriétaires seuls peuvent faire pour l'accroissement de leurs richesses et pour le bien général de la société, qui fait que la sûreté de la propriété foncière est une condition essentielle de l'ordre naturel du gouvernement des empires.

La politique féodale a jadis envisagé cette propriété foncière comme fondement de la force militaire des seigneurs, mais elle n'a songé qu'à la propriété du terrain; de là tant de coutumes et tant de lois bizarres dans l'ordre des successions des biens-fonds, qui subsistent encore malgré les changements arrivés dans la monarchie, tandis qu'on a été si peu attentif à la sûreté de la propriété des richesses mobilières nécessaires pour la culture, qui peut seule faire valoir les biens-fonds. On n'a pas assez vu que le véritable fondement de la force militaire d'un royaume est la prospérité même de la nation.

Rome a su vaincre et subjuguer beaucoup de nations, mais elle n'a pas su *gouverner*. Elle a spolié les richesses de l'agriculture des pays soumis à sa domination; dès lors sa force militaire a disparu, ses conquêtes qui l'avaient enrichie lui ont été enlevées, et elle s'est trouvée livrée elle-même sans défense au pillage et aux violences de l'ennemi.

Quatrième observation.

Dans l'ordre régulier que nous suivons ici, toute la somme des achats qui se font annuellement par les *propriétaires* et par la *classe stérile,* revient annuellement à la *classe productive* pour payer chaque année aux *propriétaires* le revenu de *deux milliards* et pour lui payer à elle-même les intérêts de ses avances primitives et annuelles.

On ne pourrait rien soustraire à cette distribution de dépenses au désavantage de l'agriculture, ni rien soustraire des reprises du cultivateur par quelque exaction ou par quelques entraves dans le commerce, qu'il n'arrivât du dépérissement dans la reproduction annuelle des richesses de la nation et une diminution de population facile à démontrer par le calcul. Ainsi *c'est par l'ordre de la distribution des dépenses, selon qu'elles reviennent ou qu'elles sont soustraites à la* classe productive, *selon qu'elles augmentent ses avances, ou qu'elles les diminuent, selon qu'elles soutiennent ou qu'elles font baisser le prix des productions, qu'on peut calculer les effets de la bonne ou mauvaise conduite d'une nation.*

La *classe stérile* ne peut dépenser pour la subsistance de ses agents qu'environ la moitié des *deux milliards* qu'elle reçoit, parce que l'autre moitié est employée en achats de matières premières pour ses ouvrages. Ainsi cette classe ne forme qu'environ un quart de la nation.

Nous avons observé que, sur les reprises de *trois milliards* de la *classe productive*, il y en a *un milliard* pour les intérêts des avances primitives et annuelles de cette classe, lequel est employé continuellement à la réparation de ces avances: ainsi il ne reste à cette classe qu'environ *deux milliards* pour la dépense de ses propres agents immédiats qui, par conséquent, sont environ le double de ceux de la *classe stérile;* mais chacun, avec l'aide des animaux de travail, peut y faire naître une reproduction qui peut faire subsister huit hommes, c'est-à-dire sa famille qui peut être supposée de quatre personnes et une autre famille de pareil nombre de personnes appartenant à la *classe stérile* ou à la *classe des propriétaires.*

Si on veut entrer dans un examen plus détaillé de la distribution des dépenses d'une nation, on le trouvera dans la *Philosophie rurale*, chap. 7. On y verra qu'outre les *cinq milliards* qui forment ici la portion de la nation, il y a d'autres dépenses: tels sont les frais de commerce et la nourriture des animaux de travail employés à la culture. Ces dépenses ne sont pas comprises dans la distribution des dépenses représentées dans le Tableau et, étant ajoutées à celles-ci, elles font monter la valeur totale de la reproduction annuelle à *six milliards trois cent soixante et dix millions*. Mais il est à remarquer à cet égard que les frais du commerce peuvent augmenter au désavantage ou diminuer au profit de la nation, selon que cette partie est ou n'est pas dirigée contradictoirement à l'ordre naturel.

Cinquième observation.

On a supposé, dans l'état des dépenses que l'on vient d'exposer, que la nation ne commerce que sur elle-même. Or il n'y a point de royaume dont le territoire produise toutes les richesses propres à la jouissance de ses habitants; de sorte qu'il faut un commerce extérieur, par lequel une nation vend à l'étranger une partie de ses productions pour acheter de l'étranger celles dont elle a besoin. Cependant, comme elle ne peut acheter de l'étranger qu'autant qu'elle vend à l'étranger, l'état de ses dépenses doit toujours être conforme à la reproduction qui renaît annuellement de son territoire. Les calculs de ces dépenses peuvent donc être régulièrement établis sur la quotité de cette reproduction même, abstraction faite de tout commerce extérieur dont les détails sont indéterminés, incalculables et inutiles à rechercher; il suffit de faire attention que, dans l'état d'une libre concurrence de commerce extérieur, il n'y a qu'échange de valeur pour valeur égale, sans perte ni gain de part ou d'autre.

Quant aux frais de voiturage, la nation et l'étranger les payent de part et d'autre dans leurs ventes ou dans leurs achats; et ils forment pour les commerçants un fonds séparé de celui de la nation, parce que, dans le commerce extérieur des nations agricoles, tout négociant est étranger relativement aux intérêts de ces nations. Ainsi un royaume agricole et commerçant réunit deux nations distinctes l'une de l'autre: l'une forme la partie constitutive de la société attachée au territoire qui fournit le revenu, et l'autre est une addition extrinsèque qui fait partie de la république générale du commerce extérieur, employée et défrayée par les nations agricoles. Les frais de ce commerce, quoique nécessaires, doivent être regardés comme une dépense onéreuse, prélevée sur le revenu des propriétaires des terres; ainsi ils doivent être dégagés de tout monopole et de toutes surcharges qui retomberaient désastreusement sur les revenus des souverains et des autres propriétaires.

Dans l'état de libre concurrence de commerce extérieur, les prix qui ont cours entre les nations commerçantes doivent être la base du calcul des richesses et des dépenses annuelles des nations qui ont un commerce facile et immune. (¹) Le commerce extérieur est

---

(1) C'est-à-dire exempt de toutes contributions fiscales, seigneuriales, etc., de monopoles, d'appointements d'inspecteurs et d'autres officiers inutiles. Le commerce, comme l'agriculture, ne doit avoir d'autre gouvernement que l'ordre naturel. Dans tout acte de commerce, il y a le vendeur et l'acheteur qui stipulent contradictoirement et librement leurs intérêts; et leurs intérêts ainsi réglés par eux-mêmes, qui en sont seuls juges compétents, se trouvent conformes à l'intérêt public: toute entremise d'officiers, revêtus d'autorité, y

plus ou moins étendu selon la diversité des consommations des habitants et selon que les productions sont plus ou moins variées. Plus les productions d'un royaume sont variées, moins il y a d'exportations et d'importations et plus la nation épargne sur les frais du commerce extérieur qui cependant doit être toujours fort libre, débarrassé de toutes gênes et exempt de toutes impositions, parce que ce n'est que par la communication qu'il entretient entre les nations qu'on peut s'assurer constamment dans le commerce intérieur le meilleur prix possible des productions du territoire et le plus grand revenu possible pour le souverain et pour la nation.

Sixième observation.

On peut voir les mêmes productions passer plusieurs fois par les mains des marchands et des artisans; mais il faut faire attention que ces répétitions de ventes et d'achats, qui multiplient infructueusement la *circulation*, ne sont que transposition de marchandises et augmentation de frais, sans production de richesses. Le compte des productions se réduit donc à leur quantité et aux prix de leurs ventes de la première main.

Plus ces prix sont assujettis à l'ordre naturel et plus ils sont constamment hauts, plus aussi ils sont profitables dans les échanges que l'on fait avec l'étranger, plus ils animent l'agriculture, (¹) plus ils soutiennent la valeur des différentes productions du territoire, plus ils accroissent les revenus du souverain et des propriétaires,

---

est étrangère et d'autant plus dangereuse qu'on y doit craindre l'ignorance et des motifs encore plus redoutables. Le monopole dans le commerce et dans l'agriculture n'a que trop souvent trouvé des protecteurs; la plantation des vignes, la vente des eaux-de-vie de cidre, la liberté du commerce des grains, l'entrée des marchandises de main-d'œuvre étrangères, ont été prohibées; les manufactures du royaume ont obtenu des privilèges exclusifs au préudice les unes des autres; on a contraint les entrepreneurs des manufactures à employer des matières premières étrangères à l'exclusion de celles du pays, etc., etc.; de fausses lueurs ont brillé dans l'obscurité et l'ordre naturel a été interverti par des intérêts particuliers toujours cachés et toujours sollicitants sous le voile du bien général. (Note de l'original.)

(1) L'intérêt du cultivateur est le premier ressort de toutes les opérations économiques et de tous les succès de l'agriculture: plus les productions sont constamment à haut prix, plus le retour annuel des reprises des fermiers est assuré, plus la culture s'accroît et plus les terres rapportent de revenu, tant par le bon prix des productions que par l'augmentation de la reproduction annuelle; plus la reproduction accroît, plus les richesses de la nation se multiplient et plus la puissance de l'Etat augmente. (Note de l'original.)

plus aussi ils augmentent le numéraire de la nation et la masse des salaires payés pour la rétribution due au travail ou à l'emploi de ceux qui ne sont pas possesseurs primitifs des productions.

L'emploi de ces salaires, bien ou mal distribués, contribue beaucoup à la prospérité ou à la dégradation d'un royaume, à la régularité ou au dérèglement des mœurs d'une nation et à l'accroissement ou à la diminution de la population. Les hommes peuvent être obsédés dans les campagnes et attirés par le luxe et la volupté dans la capitale, ou bien ils peuvent être également répandus dans les provinces. Dans ce dernier cas, ils peuvent entretenir la consommation proche de la production; au lieu que, dans l'autre cas, ils ne peuvent éviter les grandes dépenses de charrois qui font tomber les productions à bas prix dans les ventes de la première main et font décroître les revenus du territoire, la masse des salaires et la population.

Le commerce de revendeur peut s'étendre selon l'activité et les facultés des commerçants; mais celui d'une nation agricole est réglé par la reproduction annuelle de son territoire. Les profits en pur bénéfice des commerçants régnicoles ne doivent donc point se confondre avec les richesses de la nation, puisque celles-ci ne peuvent s'étendre annuellement au delà du débit de la reproduction actuelle de son territoire, assujettie aux prix courants des ventes de la première main. Le commerçant tend à acheter au plus bas prix et à revendre au plus haut prix possible, afin d'étendre son bénéfice le plus possible aux dépens de la nation: son intérêt particulier et l'intérêt de la nation sont opposés. Ce n'est pas cependant que le corps entier des commerçants et même que chaque membre de ce corps immense n'ait, en regardant la chose en grand et dans sa véritable étendue, un intérêt très réel à ce que les productions soient constamment vendues à la première main le plus haut prix qu'il est possible; car plus elles sont vendues à haut prix et plus la culture donne de produit net; plus la culture donne de produit net et plus elle est profitable; plus la culture est profitable et plus elle s'étend de toutes parts; plus elle fait renaître de production, plus elle fournit de reprises pour les cultivateurs, de revenu pour le souverain, pour les propriétaires, pour les décimateurs et de salaires pour tous les autres ordres de citoyens; plus les dépenses de toute espèce se multiplient, plus le commerce acquiert d'objets, d'occasions et d'activité, et par conséquent plus la somme totale des gains des commerçants augmente par l'effet même de la concurrence qui, dans chaque circonstance particulière, empêche ces gains d'être excessifs, au préjudice des prix des productions. Mais il y a bien peu de commerçants qui portent si loin leurs regards et encore moins qui soient capables de sacrifier un gain présent à la certitude de ces grands avantages futurs. Aussi ne sont-ce point les commerçants mais les besoins des consommateurs et les moyens d'y satisfaire, qui assurent primitivement les prix des productions à la vente de la première main. Les négociants ne font point naître les prix, ni la possibilité du commerce; mais c'est la possibilité du commerce et de la communication des prix qui fait naître les négociants. (¹)

Septième observation.

Nous n'avons point parlé de la masse d'argent monnayé qui circule dans le commerce de chaque nation et que le vulgaire regarde comme la vraie richesse des Etats, parce qu'*avec de l'argent on peut acheter*, dit-on, *tout ce dont on a besoin*. Mais on ne se demande pas avec quoi on peut se procurer de l'argent; cependant cette richesse ne se donne pas pour rien, elle coûte autant qu'elle vaut à celui qui l'achète. C'est le commerce qui l'apporte aux nations qui n'ont pas de mines d'or ou d'argent; mais ces nations mêmes n'auraient ni or ni argent, si elles n'avaient pas de quoi les payer et elles en auront toujours autant qu'elles voudront en acheter, ou qu'il leur conviendra d'en acheter, si elles ont des productions à donner en échange.

Je dis autant qu'il leur conviendra d'en acheter; car l'argent n'est pas la richesse dont les hommes ont besoin pour leur jouissance. Ce sont les biens nécessaires à la vie et à la reproduction annuelle de ces biens mêmes qu'il faut obtenir. Convertir des productions en argent pour soustraire cet argent aux dépenses profitables à l'agriculture, ce serait diminuer d'autant la reproduction annuelle des richesses. La masse d'argent ne peut accroître dans une nation qu'autant que cette reproduction elle-même s'y accroît; autrement, l'accroissement de la masse d'argent ne pourrait se faire

(1) Il en est de ceux-ci comme de la corde d'un puits et de l'usage qu'on en fait, qui ne sont point la source de l'eau qui est dans le puits; tandis qu'au contraire c'est l'eau qui est dans le puits, jointe à la connaissance et au besoin qu'on en a, qui est la cause de l'usage qu'on fait de la corde. Les hommes éclairés ne confondent pas les causes avec les moyens. (Note de l'original.)

qu'au préjudice de la reproduction annuelle des richesses. Or, le décroissement de cette reproduction entraînerait nécessairement et bientôt celui de la masse d'argent et l'appauvrissement de la nation; au lieu que la masse d'argent peut décroître dans une nation sans qu'il y ait décroissement de richesses chez cette nation, parce qu'on peut en bien des manières suppléer à l'argent quand on est riche et qu'on a un commerce facile et libre; mais rien ne peut suppléer, sans perte, au défaut de reproduction annuelle des richesses propres à la jouissance des hommes. On doit même présumer que le pécule d'une nation pauvre doit être à proportion plus considérable que celui d'une nation riche; car il ne leur en reste à l'une et à l'autre que la somme dont elles ont besoin pour leurs ventes et pour leurs achats. Or, chez les nations pauvres on a beaucoup plus besoin de l'entremise de l'argent dans le commerce; il faut y payer tout comptant, parce que l'on ne peut s'y fier à la promesse de presque personne. Mais chez les nations riches il y a beaucoup d'hommes connus pour riches et dont la promesse par écrit est regardée comme très sûre et bien garantie par leurs richesses; de sorte que toutes les ventes considérables s'y font à crédit, c'est-à-dire par l'entremise de papiers valables, qui suppléent à l'argent et facilitent beaucoup le commerce. Ce n'est donc pas par le plus ou le moins d'argent qu'on doit juger de l'opulence des Etats: aussi estime-t-on qu'un pécule, égal au revenu des propriétaires des terres, est beaucoup plus que suffisant pour une nation agricole où la circulation se fait régulièrement et où le commerce s'exerce avec confiance et une pleine liberté. (¹)

---

(1) On remarque que le pécule d'Angleterre reste fixé à peu près à cette proportion, qui, dans l'état présent de ses richesses, le soutient environ à 26 millions sterlings, ou à 11 millions de marcs d'argent. Cette richesse en argent ne doit pas en imposer dans un pays où le commerce de revente et de voiturage domine et où il faut distinguer le pécule des commerçants de celui de la nation. Ces deux parties n'ont rien de commun, si ce n'est qu'autant que les commerçants veulent bien vendre à intérêt leur argent à la nation qui a fondé ses forces militaires sur les emprunts, ce qui n'est pas une preuve de la puissance réelle d'un Etat. Si cette nation s'est trouvée exposée par ses guerres à des besoins pressants et à des emprunts excessifs, ce n'était pas par le défaut de l'argent, c'était par les dépenses qui excédaient le revenu public. Plus les emprunts suppléent aux revenus, plus les revenus se trouvent surchargés par les dettes; et la nation se ruinerait si la source même des revenus en souffrait un dépérissement progressif, qui diminuât la reproduction annuelle des richesses. C'est sous ce point de vue qu'il faut envisager l'état des nations, car c'est par les revenus du territoire qu'il faut

Quant à la république commerçante universelle répandue dans les différents pays et quant aux petites nations purement commerçantes qui ne sont que des parties de cette république immense et qui

juger de la prospérité et de la puissance réelle d'un empire. Le pécule est toujours renaissant dans une nation où les richesses se renouvellent continuellement et sans dépérissement.

Pendant près d'un siècle, c'est-à-dire depuis 1444 jusqu'à 1525, il y a eu en Europe une grande diminution dans la quantité de l'argent, comme on peut en juger par le prix des marchandises en ce temps-là; mais cette moindre quantité de pécule était indifférente aux nations, parce que la valeur vénale de cette richesse était la même partout et que, par rapport à l'argent, leur état était le même relativement à leurs revenus, qui étaient partout également mesurés par la valeur uniforme de l'argent. Dans ce cas, il vaut mieux, pour la commodité des hommes, que ce soit la valeur qui supplée à la masse, que si la masse suppléait à la valeur.

Il n'est pas douteux que la découverte de l'Amérique a procuré en Europe une plus grande abondance d'or et d'argent; cependant leur valeur avait commencé à baisser très sensiblement par rapport aux marchandises, avant l'arrivée de l'or et de l'argent de l'Amérique en Europe. Mais toutes ces variétés générales ne changent rien à l'état du pécule de chaque nation, qui se proportionne toujours aux revenus des biens-fonds; abstraction faite de celui qui fait partie du fonds du commerce extérieur des négociants et qui circule entre les nations, comme celui d'une nation circule entre les provinces du même royaume.

Le pécule de ces négociants circule aussi entre la métropole et ses colonies, ordinairement sans y accroître les richesses de part ni d'autre; quelquefois même en les diminuant beaucoup, surtout lorsqu'il y a exclusion de la concurrence des commerçants de tout pays. Dans ce cas, le monopole accroît le pécule des commerçants qui l'exercent sur la métropole et sur les colonies et diminue celui des colonies et de leur métropole. Celle-ci néanmoins oublie que les négociants ne lui donnent pas leur argent pour rien et qu'ils lui revendent au contraire, toute sa valeur, cet argent qu'ils ont gagné à ses dépens; elle se laisse persuader que, comme ses négociants sont nationaux, c'est elle-même qui profite du monopole qu'on exerce sur elle et sur ses colonies et qui diminue leurs richesses et le prix des productions de son propre territoire. Ces idées perverses et absurdes ont causé depuis quelques siècles un grand désordre en Europe.

Dans le siècle précédent, sous Louis XIV, le marc d'argent monnayé valait 28 livres. Ainsi 18,600,000 de marcs d'argent valaient alors environ 500 millions. C'était à peu près l'état du pécule de la France dans ce temps où le royaume était beaucoup plus riche que sur la fin du règne de ce monarque.

En 1716, la refonte générale des espèces ne monta pas à 400 millions: le marc d'argent monnayé était à 43 livres 12 sols; ainsi la masse des espèces de cette refonte ne montait pas à neuf millions de marcs; c'était plus de moitié moins que dans les refontes générales de 1683 et 1693. Cette masse

peuvent en être regardées comme les villes capitales ou, si l'on veut, comme les principaux comptoirs, la masse de leur argent monnayé est proportionnée à l'étendue de leur commerce de revente; elles augmentent cette masse, autant qu'elles peuvent, par leurs profits et par leur épargne pour accroître le fonds de leur commerce; l'argent est leur propre patrimoine; les commerçants ne l'emploient dans leurs achats que pour le retirer avec bénéfice dans leurs ventes. Ils ne peuvent donc augmenter leur pécule qu'aux dépens des nations avec lesquelles ils commercent; il est toujours en réserve entre leurs mains; il ne sort de leurs comptoirs et ne circule que pour y revenir avec accroissement; ainsi cet argent ne peut faire partie des richesses des nations agricoles toujours bornées à leur reproduction, sur laquelle elles payent continuellement les gains des commerçants. Ceux-ci, en quelque pays que soit leur habitation, sont liés à différentes nations par leur commerce; c'est leur commerce même qui est leur patrie et le dépôt de leurs richesses; ils achètent et vendent où ils résident et où ils ne résident pas;

---

de pécule n'aura pu augmenter par les fabrications annuelles d'espèces qu'autant que le revenu de la nation aura augmenté. Quelque considérable que soit le total de ces fabrications annuelles depuis cette refonte, il aura moins servi à augmenter la masse d'argent monnayé qu'à réparer ce qui en est enlevé annuellement par la contrebande, par les diverses branches de commerce passif et par d'autres emplois de l'argent chez l'étranger; car, depuis cinquante ans, le total de ces transmissions annuelles, bien calculé, se trouverait fort considérable. L'augmentation du numéraire, qui est fixé depuis longtemps à 54 livres, ne prouve pas que la quantité de pécule de la nation ait beaucoup augmenté; puisqu'augmenter le numéraire, c'est tâcher de suppléer à la réalité par la dénomination.

Ces observations, il est vrai, sont peu conformes aux opinions du vulgaire sur la quantité d'argent monnayé d'une nation. Le peuple croit que c'est dans l'argent que consiste la richesse d'un Etat; mais l'argent, comme toutes les autres productions, n'est richesse qu'à raison de sa valeur vénale et n'est pas plus difficile à acquérir que toute autre marchandise, en le payant par d'autres richesses. Sa quantité dans un Etat y est bornée à son usage, qui y est réglé par les ventes et les achats que fait la nation dans ses dépenses annuelles; et les dépenses annuelles de la nation sont réglées par les revenus. Une nation ne doit donc avoir d'argent monnayé qu'à raison de ses revenus; une plus grande quantité lui serait inutile; elle en échangerait le superflu avec les autres nations, pour d'autres richesses qui lui seraient plus avantageuses ou plus satisfaisantes; car les possesseurs de l'argent, même les plus économes, sont toujours attentifs à en retirer quelque profit. Si on trouve à le prêter dans le pays à un haut intérêt, c'est une preuve qu'il n'y est tout au plus que dans la proportion que nous avons observée, puisqu'on en paye l'usage ou le besoin à si haut prix. (Note de l'original.)

l'étendue de l'exercice de leur profession n'a point de limites déterminées et point de territoire particulier. Nos commerçants sont aussi les commerçants des autres nations; les commerçants des autres nations sont aussi nos commerçants; et les uns et les autres commercent aussi entre eux. Ainsi, la communication de leur commerce pénètre et s'étend partout, en visant toujours finalement vers l'argent que le commerce lui-même apporte et distribue dans les nations, conformément aux prix assujettis à l'ordre naturel qui règle journellement les valeurs vénales des productions. Mais les nations agricoles ont un autre point de vue, plus utile pour elles et plus étendu; elles ne doivent tendre qu'à la plus grande reproduction possible pour accroître et perpétuer les richesses propres à la jouissance des hommes; l'argent n'est pour elles qu'une petite richesse intermédiaire qui disparaîtrait en un moment sans la reproduction.

MAXIMES GÉNÉRALES

DU

GOUVERNEMENT ÉCONOMIQUE
D'UN ROYAUME AGRICOLE
ET NOTES SUR CES MAXIMES (¹).

MAXIME Iʳᵉ.

*Que l'autorité souveraine soit unique et supérieure à tous les in-
dividus de la société et à toutes les entreprises injustes des intérêts particuliers;* car l'objet de la domination· et de l'obéissance

---

(1) Les présentes Maximes sont formulées sur le modèle des 36 Maximes que
Sully a présentées au roi Henri IV sous le titre: ETAT ET MÉMOIRE *dressé
par commandement du roi, et à lui baillé à votre ʳetour du voyage de
Poitou en l'année 1604, des choses lesquelles peuvent prévenir de grands
désordres et abus, et par conséquent aussi apporter diverses sortes d'af-
faiblissements aux royaumes, Etats et principautés souveraines.* Ce fut le
mérite du marquis de Mirabeau d'avoir ramené l'attention du public sur ces
maximes, dans sa première édition de l'*Ami des hommes,* t. II, pages 506 — 510,
c'est-à-dire à une époque déjà (1756) où il n'était pas encore en relations
avec Quesnay. Nous avons donc à faire ici à une circonstance dans laquelle
l'impulsion a été donnée par Mirabeau à Quesnay et non vice-versâ. Déjà
dans l'article GRAINS de l'*Encyclopédie,* qui a paru peu après, nous trouvons
les points de vue principaux réunis, vers la fin de son texte, en quatorze
maximes. L'editeur de la *Physiocratie* donne, au sujet de leur développement
successif, la note suivante:

„Les maximes que je remets aujourd'hui sous les yeux du public, et leurs
notes, ont été imprimées pour la première fois avec le *Tableau économique,*
au château de Versailles dans le mois de décembre 1758. Les mêmes maximes
ont été réimprimées environ deux ans après, et la plupart des notes fondues
dans l'explication du *Tableau économique* donnée à la fin de l'*Ami des
hommes,* par M. le marquis de Mˣˣˣ (*Mirabeau*), qui depuis a encore cité les
maximes en entier, mais sans les notes, dans son immense et profond ouvrage

est la sûreté de tous et l'intérêt licite de tous. Le système des contreforces dans un gouvernement est une opinion funeste qui ne laisse apercevoir que la discorde entre les grands et l'accable-

intitulé la *Philosophie rurale*, qui est un développement très riche et très étendu du *Tableau économique*."

Dans la première édition de l'*Analyse du Tableau économique*, publiée dans le *Journal de l'agriculture*, etc. (1766), les *maximes* ne sont pas reproduites. En revanche, elles paraissent de nouveau dans la *Physiocratie* (1768) et leur nombre en est maintenant élevé à 30. (Les numéros 1, 2, 3, 4, 17 et 25 sont nouveaux.) Le sous-titre original: *Extrait des économies royales de M. de Sully*, est par contre abandonné. En réalité, les maximes de Quesnay n'ont que peu de rapports avec celles de Sully; de même, la connexion immédiate avec le *Tableau économique* est rompue. Les *Maximes générales du Gouvernement économique d'un royaume agricole* avec les *Notes sur ces maximes* paraissent comme un travail indépendant que l'éditeur fait précéder de l'Avis suivant:

„*Avis de l'éditeur*. Le droit naturel des hommes leur indique un ordre social physique, fondé invariablement et pour le plus grand avantage de l'humanité sur des lois naturelles et constitutives d'un gouvernement parfait. Nous venons de voir la marche de l'ordre social physique exposée dans le *Tableau économique*. Les maximes générales suivantes réunissent les principales lois naturelles et immuables conformes à l'ordre évidemment le plus avantageux aux hommes réunis en société. Les notes qui y sont jointes y ajoutent encore des développements. Tous ces ouvrages sont intimément liés et forment un ensemble complet, comme les racines, le tronc, les branches et les feuilles d'un arbre fécond et vigoureux fait, j'ose le dire, pour durer autant que le monde, et pour enrichir par des fruits toujours abondants les hommes qui voudront en profiter. Nous voici arrivés dans ce recueil à la partie la plus intéressante pour le plus grand nombre des lecteurs qui ne demandent que des résultats et à qui leurs occupations ne permettent pas de saisir autre chose. Les maximes quand elles sont vraies, quand elles sont fondées sur l'ordre naturel, sont toujours accordées et consenties, elles passent de bouche en bouche et se retiennent avec facilité. Les savants, les hommes d'Etat, les génies supérieurs en connaissent les principes et les preuves; ils en ont une évidence entière et raisonnée. Les hommes ordinaires et le peuple même en ont, si l'on peut ainsi dire, l'évidence de sentiment. Ce qui leur assure ce consentement général est que les véritables maximes ne peuvent pas être l'ouvrage des hommes, elles sont l'expression des lois naturelles instituées par Dieu même, ou elles ne sont pas *maximes*. Dans celles qu'on va lire il y en a plusieurs qui paraîtront au premier coup-d'œil n'être que des conséquences nécessaires de celles qui les précèdent. Il sera cependant aisé de remarquer que l'on ne pourrait en retrancher aucune sans altérer la perfection de cette espèce de code économique. Et si l'on essaie au contraire d'y ajouter, on sera surpris, par la difficulté qu'on y trouvera, de voir à quel petit nombre de propositions se réduisent les lois fondamentales du bonheur des sociétés et de la puissance des souverains." A. O.

ment des petits. La division des sociétés en différents ordres de citoyens, dont les uns exercent l'autorité souveraine sur les autres, détruit l'intérêt général de la nation et introduit la dissension des intérêts particuliers entre les différentes classes de citoyens: cette division intervertirait l'ordre du gouvernement d'un royaume agricole qui doit réunir tous les intérêts à un objet capital, à la prospérité de l'agriculture, qui est la source de toutes les richesses de l'Etat et de celles de tous les citoyens.

II.

Que la nation soit instruite des lois générales de l'ordre naturel, qui constituent le gouvernement évidemment le plus parfait. L'étude de la jurisprudence humaine ne suffit pas pour former les hommes d'Etat; il est nécessaire que ceux qui se destinent aux emplois de l'administration soient assujettis à l'étude de l'ordre naturel le plus avantageux aux hommes réunis en société. Il est encore nécessaire que les connaissances pratiques et lumineuses que la nation acquiert par l'expérience et la réflexion, se réunissent à la science générale du gouvernement, afin que l'autorité souveraine, toujours éclairée par l'évidence, institue les meilleures lois et les fasse observer exactement pour la sûreté de tous et pour parvenir à la plus grande prospérité possible de la société.

III.

Que le souverain et la nation ne perdent jamais de vue que la terre est l'unique source des richesses, et que c'est l'agriculture qui les multiplie. Car l'augmentation des richesses assure celle de la population; les hommes et les richesses font prospérer l'agriculture, étendent le commerce, animent l'industrie, accroissent et perpétuent les richesses. De cette source abondante dépend le succès de toutes les parties de l'administration du royaume.

IV.

Que la propriété des biens-fonds et des richesses mobilières soit assurée à ceux qui en sont les possesseurs légitimes; car LA SÛRETÉ DE LA PROPRIÉTÉ EST LE FONDEMENT ESSENTIEL DE L'ORDRE ÉCONOMIQUE DE LA SOCIÉTÉ. Sans la certitude de la propriété, le territoire resterait inculte. Il n'y aurait ni propriétaires ni fermiers pour y faire les dépenses nécessaires pour le mettre en valeur et pour le cultiver, si la conservation du fonds et des produits n'était pas assurée à ceux qui font les avances de ces dépenses. C'est la sûreté de la possession permanente qui provoque le travail et l'emploi des richesses à l'amélioration et à la culture des terres et aux entreprises du commerce et de l'industrie. Il n'y a que la puissance souveraine qui assure la propriété des sujets, qui ait un droit primitif au partage des fruits de la terre, source unique des richesses.

V.

Que l'impôt ne soit pas destructif, ou disproportionné à la masse du revenu de la nation; que son augmentation suive l'augmentation du revenu; qu'il soit établi immédiatement sur le produit net des biens-fonds et non sur le salaire des hommes, ni sur les denrées, où il multiplierait les frais de perception, préjudicierait au commerce et détruirait annuellement une partie des richesses de la nation. Qu'il ne se prenne pas non plus sur les richesses des fermiers des biens-fonds; car LES AVANCES DE L'AGRICULTURE D'UN ROYAUME DOIVENT ÊTRE ENVISAGÉES COMME UN IMMEUBLE QU'IL FAUT CONSERVER PRÉCIEUSEMENT POUR LA PRODUCTION DE L'IMPÔT, DU REVENU ET DE LA SUBSISTANCE DE TOUTES LES CLASSES DE CITOYENS: autrement l'impôt dégénère en spoliation et cause un dépérissement qui ruine promptement un Etat.

VI.

Que les avances des cultivateurs soient suffisantes pour faire renaître annuellement par les dépenses de la culture des terres le plus grand produit possible; car si les avances ne sont pas suffisantes, les dépenses de la culture sont plus grandes à proportion et donnent moins de produit net.

VII.

Que la totalité des sommes du revenu rentre dans la circulation annuelle et la parcoure dans toute son étendue; qu'il ne se forme point de fortunes pécuniaires, ou du moins qu'il y ait compensation entre celles qui se forment et celles qui reviennent dans la circulation; car autrement ces fortunes pécuniaires arrêteraient la distribution d'une partie du revenu annuel de la nation et retiendraient le pécule du royaume au préjudice de la rentrée des avances de la culture, de la rétribution du salaire des artisans et de la consommation que doivent faire les différentes classes d'hommes qui exercent des professions lucratives: cette interception du pécule diminuerait la reproduction des revenus et de l'impôt.

VIII.

Que le gouvernement économique ne s'occupe qu'à favoriser les dépenses productives et le commerce des denrées du cru et qu'il laisse aller d'elles-mêmes les dépenses stériles.

IX.

Qu'une nation qui a un grand territoire à cultiver et la facilité d'exercer un grand commerce des denrées du cru, n'étende pas trop l'emploi de l'argent et des hommes aux manufactures et au commerce de luxe, au préjudice des travaux et des dépenses de l'agriculture; car, préférablement à tout, LE ROYAUME DOIT ÊTRE BIEN PEUPLÉ DE RICHES CULTIVATEURS.

X.

Qu'une partie de la somme des revenus ne passe pas chez l'étranger sans retour, en argent ou en marchandises.

XI.

Qu'on évite la désertion des habitants qui emporteraient leurs richesses hors du royaume.

XII.

Que les enfants des riches fermiers s'établissent dans les campagnes pour y perpétuer les laboureurs; car si quelques vexations leur font abandonner les campagnes et les déterminent à se retirer dans les villes, ils y portent les richesses de leurs pères qui étaient employées à la culture. CE SONT MOINS LES HOMMES QUE LES RICHESSES QU'ON DOIT ATTIRER DANS LES CAMPAGNES; car plus on emploie de richesses à la culture, moins elle occupe d'hommes, plus elle prospère et plus elle donne de revenu. Telle est, par exemple, pour les grains, la grande culture des riches fermiers, en comparaison de la petite culture des pauvres métayers qui labourent avec des bœufs ou avec des vaches.

XIII.

Que chacun soit libre de cultiver dans son champ telles productions que son intérêt, ses facultés, la nature du terrain lui sug-

gèrent pour en tirer le plus grand produit possible. On ne doit point favoriser le monopole dans la culture des biens-fonds, car il est préjudiciable au revenu général de la nation. Le préjugé qui porte à favoriser l'abondance des denrées de premier besoin, préférablement aux autres productions, au préjudice de la valeur vénale des unes ou des autres, est inspiré par des vues courtes qui ne s'étendent pas jusqu'aux effets du commerce extérieur réciproque, qui pourvoit à tout et qui décide du prix des denrées que chaque nation peut cultiver avec le plus de profit. Après les richesses d'exploitation de la culture, ce sont les revenus et l'impôt qui sont les richesses de premier besoin dans un Etat, pour défendre les sujets contre la disette et contre l'ennemi et pour soutenir la gloire et la puissance du monarque et la prospérité de la nation.

XIV.

Qu'on favorise la multiplication des bestiaux; car ce sont eux qui fournissent aux terres les engrais qui procurent les riches moissons.

XV.

Que les terres employées à la culture des grains soient réunies, autant qu'il est possible, en grandes fermes exploitées par de riches laboureurs; car il y a moins de dépense pour l'entretien et la réparation des bâtiments et à proportion beaucoup moins de frais et beaucoup plus de produit net dans les grandes entreprises d'agriculture que dans les petites. La multiplicité de petits fermiers est préjudiciable à la population. La population la plus assurée, la plus disponible pour les différentes occupations et pour les différents travaux qui partagent les hommes en différentes classes, est celle qui est entretenue par le produit net. Toute épargne faite à profit dans les travaux qui peuvent s'exécuter par le moyen des animaux, des machines, des rivières; etc., revient à l'avantage de la population et de l'Etat, parce que plus de produit net procure plus de gain aux hommes pour d'autres services ou d'autres travaux.

XVI.

Que l'on n'empêche point le commerce extérieur des denrées du cru: car tel est le débit, telle est la reproduction.

XVII.

Que l'on facilite les débouchés et les transports des productions et des marchandises de main-d'œuvre, par la réparation des chemins et par la navigation des canaux, des rivières et de la mer; car plus on épargne sur les frais du commerce, plus on accroît le revenu du territoire.

XVIII.

Qu'on ne fasse point baisser le prix des denrées et des marchandises dans le royaume; car le commerce réciproque avec l'étranger deviendrait désavantageux à la nation. TELLE EST LA VALEUR VÉNALE, TEL EST LE REVENU: *Abondance et non-valeur n'est pas richesse. Disette et cherté est misère. Abondance et cherté est opulence.*

XIX.

Qu'on ne croie pas que le bon marché des denrées est profitable au menu peuple; car le bas prix des denrées fait baisser le salaire des gens du peuple, diminue leur aisance, leur procure moins de travail et d'occupations lucratives et anéantit le revenu de la nation.

XX.

Qu'on ne diminue pas l'aisance des dernières classes de citoyens; car elles ne pourraient pas assez contribuer à la consommation des denrées qui ne peuvent être consommées que dans le pays, ce qui ferait diminuer la reproduction et le revenu de la nation.

XXI.

Que les propriétaires et ceux qui exercent des professions lucratives ne se livrent pas à des épargnes stériles qui retrancheraient de la circulation et de la distribution une portion de leurs revenus ou de leurs gains.

XXII.

Qu'on ne provoque point le luxe de décoration au préjudice des dépenses d'exploitation et d'amélioration de l'agriculture et des dépenses en consommation de subsistance, qui entretiennent le bon prix et le débit des denrées du cru et la reproduction des revenus de la nation.

XXIII.

Que la nation ne souffre pas de perte dans son commerce réciproque avec l'étranger, quand même ce commerce serait profitable aux commerçants qui gagneraient sur leurs concitoyens dans la vente des marchandises qu'il rapporterait. Car alors l'accroissement de fortune de ces commerçants ferait dans la circulation des revenus un retranchement préjudiciable à la distribution et à la reproduction.

XXIV.

Qu'on ne soit pas trompé par un avantage apparent du commerce réciproque avec l'étranger en jugeant simplement par la balance des sommes en argent, sans examiner le plus ou le moins de profit qui résulte des marchandises mêmes que l'on a vendues et de celles que l'on a achetées. Car souvent la perte est pour la nation qui reçoit un surplus en argent; et cette perte se trouve au préjudice de la distribution et de la reproduction des revenus.

XXV.

Qu'on maintienne l'entière liberté du commerce; car LA POLICE DU COMMERCE INTÉRIEUR ET EXTÉRIEUR LA PLUS SÛRE, LA PLUS EXACTE, LA PLUS PROFITABLE A LA NATION ET A L'ÉTAT, CONSISTE DANS LA PLEINE LIBERTÉ DE LA CONCURRENCE.

XXVI.

Qu'on soit moins attentif à l'augmentation de la population qu'à l'accroissement des revenus; car plus d'aisance que procurent de grands revenus est préférable à plus de besoins pressants de subsistance qu'exige une population qui excède les revenus, et il y a plus de ressources pour les besoins de l'Etat quand le peuple est dans l'aisance et aussi plus de moyens pour faire prospérer l'agriculture.

XXVII.

Que le gouvernement soit moins occupé du soin d'épargner que des opérations nécessaires pour la prospérité du royaume; car de très grandes dépenses peuvent cesser d'être excessives par l'augmentation des richesses. Mais il ne faut pas confondre les abus avec les simples dépenses; car les abus pourraient engloutir toutes les richesses de la nation et du souverain.

XXVIII.

Que l'administration des finances, soit dans la perception des impôts, soit dans les dépenses du gouvernement, n'occasionne pas de fortunes pécuniaires qui dérobent une partie des revenus à la circulation, à la distribution et à la reproduction.

XXIX.

Qu'on n'espère de ressources pour les besoins extraordinaires d'un Etat que de la prospérité de la nation et non du crédit des financiers; car LES FORTUNES PÉCUNIAIRES SONT DES RICHESSES CLANDESTINES QUI NE CONNAISSENT NI ROI NI PATRIE.

XXX.

Que l'Etat évite des emprunts qui forment des rentes financières, qui le chargent de dettes dévorantes et qui occasionnent un commerce ou trafic de finances, par l'entremise des papiers commerçables, où l'escompte augmente de plus en plus les fortunes pécuniaires stériles. Ces fortunes séparent la finance de l'agriculture et privent les campagnes des richesses nécessaires pour l'amélioration des biens-fonds et pour l'exploitation de la culture des terres.

NOTES SUR LES MAXIMES

NOTE SUR LA MAXIME III
(La terre est l'unique source des richesses et c'est l'agriculture qui les multiplie.)

Le commerce réciproque avec l'étranger rapporte des marchandises qui sont payées par les revenus de la nation en argent ou en échange; ainsi, dans les détails des revenus d'un royaume, il n'en faut pas faire un objet à part qui formerait un double emploi. Il faut penser de même des loyers de maisons et des rentes d'intérêts d'argent; car ce sont, pour ceux qui les payent, des dépenses qui se tirent d'une autre source, excepté les rentes placées sur les terres, qui sont assignées sur un fond productif; mais ces rentes sont comprises dans le produit du revenu des terres. Ainsi ce sont les terres et les avances des entrepreneurs de la culture qui sont la source unique des revenus des nations agricoles.

NOTE SUR LA MAXIME V
(Que l'impôt ne soit pas destructif, etc.)

L'impôt bien ordonné, c'est-à-dire l'impôt qui ne dégénère pas en spoliation par une mauvaise forme d'imposition, doit être regardé comme une partie du revenu détachée du produit net des biens-fonds d'une nation agricole; car autrement il n'aurait aucune règle de proportion avec les richesses de la nation, ni avec le revenu, ni avec l'état des sujets contribuables; il pourrait insensiblement tout ruiner avant que le ministère s'en aperçût.

Le produit net des biens-fonds se distribue à trois propriétaires à l'Etat, aux possesseurs des terres et aux décimateurs. Il n'y a que la portion du possesseur du bien qui soit aliénable, et elle ne se vend qu'à raison du revenu qu'elle produit. La propriété du possesseur ne s'étend donc pas au delà. Ce n'est donc pas lui qui paye les autres propriétaires qui ont part au bien, puisque leurs parts ne lui appartiennent pas, qu'il ne les a pas acquises, et qu'elles ne sont pas aliénables. Le possesseur du bien ne doit donc pas regarder l'impôt ordinaire comme une charge établie sur sa portion; car ce n'est pas lui qui paye ce revenu, c'est la partie du bien qu'il n'a pas acquise et qui ne lui appartient pas qui le paye à qui il est dû. Et ce n'est que dans les cas de nécessité, dans les cas où la sûreté de la propriété serait exposée, que tous les propriétaires doivent pour leur propre intérêt contribuer sur leurs portions à la subvention passagère que les besoins pressants de l'Etat peuvent exiger.

Mais il ne faut pas oublier que dans tous les cas l'imposition du tribut ne doit porter que sur le revenu, c'est-à-dire sur le produit net annuel des biens-fonds, et non sur les avances des laboureurs, ni sur les hommes de travail, ni sur la vente des marchandises: car autrement il serait destructif. Sur les avances des laboureurs ce ne serait pas un impôt, mais une spoliation qui éteindrait la reproduction, détériorerait les terres, ruinerait les fermiers, les propriétaires et l'Etat. Sur le salaire des hommes de travail et sur la vente des marchandises, il serait arbitraire, les frais de perception surpasseraient l'impôt et retomberaient sans règle sur les revenus de la nation et sur ceux du souverain. Il faut distinguer ici l'imposition d'avec l'impôt; l'imposition serait le triple de l'impôt et s'étendrait sur l'impôt même; car dans toutes les dépenses de l'Etat, les taxes imposées sur les marchandises seraient payées par l'impôt. Ainsi cet impôt serait trompeur et ruineux.

L'imposition sur les hommes de travail qui vivent de leur salaire n'est, rigoureusement parlant, qu'une imposition sur le travail, qui est payée par ceux qui emploient les ouvriers: de même qu'une imposition sur les chevaux qui labourent la terre ne serait réellement qu'une imposition sur les dépenses mêmes de la culture. Ainsi l'imposition sur les hommes, et non sur le revenu, porterait sur les frais mêmes de l'industrie et de l'agriculture, retomberait doublement en perte sur le revenu des biens-fonds, et conduirait rapidement à la destruction de l'impôt. On doit penser de même des taxes qu'on imposerait sur les marchandises; car elles tomberaient aussi en pure perte sur le revenu, sur l'impôt et sur les dépenses de la culture, et exigeraient des frais immenses qu'il serait impossible d'éviter dans un grand Etat.

Cependant ce genre d'imposition est forcément la ressource des petits Etats maritimes qui subsistent par un commerce de trafic, nécessairement assujetti à l'impôt dans ces Etats qui n'ont point de territoire. Et il est encore presque toujours regardé comme une ressource momentanée dans les grands Etats lorsque l'agriculture y est tombée dans un tel dépérissement que le revenu du territoire ne pourrait plus subvenir au payement de l'impôt. Mais alors cette ressource insidieuse est une surcharge qui réduit le peuple à une épargne forcée sur la consommation, qui arrête le travail, qui éteint la reproduction, et qui achève de ruiner les sujets et le souverain.

On a souvent parlé de l'établissement de l'impôt payé en nature par la récolte en forme de dîme: ce genre d'imposition serait à la vérité proportionnel au produit total de la récolte, les frais compris; mais il n'aurait aucun rapport avec le produit net: plus la terre serait médiocre et plus la récolte serait faible, plus il serait onéreux, injuste et désastreux.

L'impôt doit donc être pris immédiatement sur le produit net des biens-fonds; car de quelque manière qu'il soit imposé dans un royaume qui tire ses richesses de son territoire, il est toujours payé par les biens-fonds. Ainsi la forme d'imposition la plus simple, la plus réglée, la plus profitable à l'Etat et la moins onéreuse aux contribuables, est celle qui est établie proportionnellement au produit net et immédiatement à la source des richesses continuellement renaissantes.

L'établissement simple de l'imposition à la source des revenus, c'est-à-dire sur le produit net des terres qui forme le revenu de la nation, devient fort difficile dans un royaume où, faute d'avances, l'agriculture est tombée en ruine, ou du moins dans une telle dégradation qu'elle ne peut se prêter à aucun cadastre fixe et proportionné aux qualités des terres qui sont mal cultivées, et dont le produit, devenu très faible, n'est qu'en raison de l'état misérable de la culture; car l'amélioration de la culture, qui pourrait résulter d'une meilleure administration, rendrait aussitôt le cadastre très irrégulier.

Une imposition établie également sur les terres, sur leurs produits, sur les hommes, sur leur travail, sur les marchandises et sur les animaux de service, présenterait une gradation de six impositions égales, posées les unes sur les autres, portant toutes sur une même base, et néanmoins payées chacune à part, mais qui toutes ensemble fourniraient beaucoup moins de revenu au souverain qu'un simple impôt réel, établi uniquement et sans frais sur le produit net, et égal dans sa proportion à celle des six impositions qu'on pourrait regarder comme réelle. Cet impôt, indiqué par l'ordre naturel et qui augmenterait beaucoup le revenu du souverain, coûterait cependant cinq fois moins à la nation et à l'Etat que les six impositions ainsi répétées, lesquelles anéantiraient tous les produits du territoire et sembleraient exclure tout moyen de rentrer dans l'ordre. Car les impositions illusoires pour le souverain et ruineuses pour la nation paraissent aux esprits vulgaires de plus en plus inévitables à mesure que le dépérissement de l'agriculture augmente.

Cependant il faut au moins commencer par supprimer au plus tôt les impositions arbitraires établies sur les fermiers des terres; sans quoi ce genre d'imposition ruineuse achèverait d'anéantir entièrement les revenus du royaume. L'imposition sur les biens-fonds la plus difficile à régler est celle qui s'établit sur la petite culture, où il n'y a pas de fermage qui puisse servir de mesure, où c'est le propriétaire même qui fournit les avances, et où le produit net est très faible et fort incertain. Cette culture, qui s'exécute par des métayers dans les pays où l'impôt a détruit les fermiers et qui est la dernière ressource de l'agriculture ruinée, exige beaucoup de ménagement; car un impôt un peu onéreux enlève ses avances et l'anéantit entièrement. Il faut donc bien distinguer les terres réduites à cette petite culture, et qui à proportion du produit sont labourées à grands frais et souvent sans aucun profit, d'avec celles où la grande culture s'exécute par de riches fermiers, lesquels assurent aux propriétaires un revenu déterminé qui peut servir de règle exacte pour une imposition proportionnelle. Imposition qui doit être payée par le propriétaire, et non par le fermier, si ce n'est en déduction du fermage, comme cela arrive naturellement lorsque le fermier est instruit, avant de passer son bail, de la quotité de l'impôt. Si les besoins de l'Etat y nécessitent des augmentations, elles doivent être uniquement à la charge des propriétaires; car le gouvernement serait en contradiction avec lui-même s'il exigeait que les fermiers remplissent les engagements de leurs baux tandis que par l'impôt imprévu dont il les chargerait, il les mettrait dans l'impossibilité de satisfaire à ces engagements. Dans tous les cas, le payement de l'impôt doit être garanti par la valeur même des biens-fonds et non par celle des richesses d'exploitation de la culture, qui ne peuvent sans déprédation être assujetties à aucun service public autre que celui de faire renaître les richesses de la nation et du souverain, et qui ne doivent jamais être détournées de cet emploi naturel et nécessaire. Les propriétaires, fixés à cette règle par le gouvernement, seraient attentifs, pour la sûreté de leur revenu et de l'impôt, à n'affermer leurs terres qu'à de riches fermiers; cette précaution assurerait le succès de l'agriculture. Les fermiers n'ayant plus d'inquiétude sur l'imposition pendant le cours de leurs baux se multiplieraient; la petite culture disparaîtrait successivement; les revenus des propriétaires et l'impôt s'accroîtraient à proportion par l'augmentation des produits des biens-fonds cultivés par de riches laboureurs.

Il y a une nation qui a su affermir sa puissance et assurer sa prospérité en exemptant la charrue de toute imposition. Les propriétaires, chargés eux-mêmes de l'impôt, souffrent dans les temps de guerre des subventions passagères; mais les travaux de la culture des terres n'en sont point ralentis, et le débit et la valeur vénale des biens-fonds sont toujours assurés par la liberté du commerce des denrées du cru. Aussi chez cette nation l'agriculture et la multiplication des bestiaux ne souffrent aucune dégradation pendant les guerres les plus longues et les plus dispendieuses: les propriétaires retrouvent à la paix leurs terres bien cultivées et bien entretenues, et leurs grands revenus bien maintenus et bien assurés. Il est aisé par là d'apercevoir la différence qu'il y a entre un impôt exorbitant et un impôt spoliatif; car par la forme de l'imposition, un impôt peut être spoliatif sans être exorbitant, ou peut être exorbitant sans être spoliatif.

Note sur la Maxime VI

(Que les avances de la culture soient suffisantes.)

Il faut remarquer que les terres les plus fertiles seraient nulles sans les richesses nécessaires pour subvenir aux dépenses de la culture, et que la dégradation de l'agriculture dans un royaume ne doit pas être imputée à la paresse des hommes, mais à leur indigence. Si les avances de la culture ne donnaient que peu de produit net, par erreur de gouvernement, il y aurait de grands frais, peu de revenu, et une population qui ne serait presque qu'en menu peuple, occupé dans les campagnes, sans profit pour l'Etat, à une mauvaise culture qui le ferait subsister misérablement.

Autrefois dans *tel* royaume les avances annuelles ne faisaient renaître de produit net, du fort au faible, l'impôt sur le laboureur compris, qu'environ *vingt-cinq* pour *cent*, qui se distribuaient à la dîme, à l'impôt et au propriétaire: distraction faite des reprises annuelles du laboureur. Si les avances primitives avaient été suffisantes, la culture aurait pu y rendre aisément *cent* de produit net et même davantage pour *cent* d'avances annuelles. Ainsi la nation souffrait un *déficit* des quatre cinquièmes au moins sur le produit net de ses avances annuelles, sans compter la perte sur l'emploi et le revenu des terres qui suppléaient elles-mêmes aux frais d'une pauvre culture, et qu'on laissait en friche alternativement pendant plusieurs années pour les réparer et les remettre en état de produire un peu de récolte. Alors la plus grande partie des habitants était dans la misère, et sans profit pour l'Etat. *Car tel est le produit net des avances au delà des dépenses, tel est aussi le produit net du travail des hommes qui le font naître: et tel est le produit net des biens-fonds, tel est le produit net pour le revenu, pour l'impôt et pour la subsistance des différentes classes d'hommes d'une nation.* Ainsi plus les avances sont insuffisantes, moins les hommes et les terres sont profitables à l'Etat. Les colons qui subsistent misérablement d'une culture ingrate, ne servent qu'à entretenir infructueusement la population d'une pauvre nation.

L'impôt dans ce royaume était presque tout établi arbitrairement sur les fermiers, sur les ouvriers et sur les marchandises. Ainsi il portait directement et indirectement sur les avances des dépenses de la culture, ce qui chargeait les biens-fonds d'environ trois cents millions pour l'impôt ordinaire, et autant pour la régie, les frais de perception, etc. Et les produits du sol ne rendaient plus à la nation, dans les derniers temps, à en juger par le dépouillement de la taxe d'un dixième sur les fonds productifs et par l'examen du produit des terres, qu'environ quatre cents millions de revenu net, y compris la dîme et les autres revenus ecclésiastiques; triste produit d'un grand et excellent territoire, et d'une grande et laborieuse population! L'exportation des grains était défendue; la production était bornée à la consommation de la nation;

la moitié des terres restaient en friches, on défendait d'y planter des vignes; le commerce intérieur des grains était livré à une police arbitraire, le débit était continuellement interrompu entre les provinces, et la valeur vénale des denrées toujours incertaine.

Les avances des dépenses productives étaient enlevées successivement par l'impôt arbitraire et par les charges indirectes, à l'anéantissement de la reproduction et de l'impôt même; les enfants des laboureurs abandonnaient les campagnes; le surfaix de l'impôt sur les denrées en haussait le prix naturel et ajoutait un surcroît de prix onéreux aux marchandises et aux frais de salaire dans les dépenses de la nation; ce qui retombait encore en déchet sur les reprises des fermiers, sur le produit net des biens-fonds, sur l'impôt, sur la culture, etc. La spoliation, causée par la partie de l'impôt arbitraire établie sur les fermiers, causait d'ailleurs un dépérissement progressif qui, joint au défaut de liberté de commerce, faisait tomber les terres en petite culture et en friche. C'était à ce degré de décadence où les dépenses de la culture ne produisaient plus, l'impôt territorial compris, que 25 pour cent, ce qui n'était même dû qu'au bénéfice de la grande culture qui existait encore pour un quart dans le royaume. (1) On ne suivra pas ici la marche rapide des progrès de cette décadence, il suffit de calculer les effets de tant de causes destructives, procédant les unes des autres, pour en prévoir les conséquences funestes.

Tous ces désordres et tous ces abus ont été reconnus et la gloire de les réparer était réservée à un ministère plus éclairé. Mais les besoins de l'Etat et les circonstances ne se prêtent pas toujours aux vues que l'on se propose pour les réformes que peut exiger une bonne administration dans l'économie politique, quoique ces réformes soient très essentielles et très pressantes pour l'avantage commun du souverain et de la nation.

NOTE SUR LA MAXIME VII
(Les fortunes qui rentrent dans la circulation.)

On ne doit pas entendre simplement par les fortunes qui rentrent dans la circulation, les fortunes qui se détruisent, mais aussi les fortunes stériles ou oisives qui deviennent actives et qui sont employées, par exemple, à former les avances des grandes entreprises d'agriculture, de commerce et de manufactures profitables, ou à améliorer des biens-fonds dont les revenus rentrent annuellement dans la circulation. C'est même par ces fortunes actives bien établies qu'un Etat a de la consistance, qu'il a de grandes richesses assurées pour faire renaître annuellement de grandes richesses, pour entretenir une population dans l'aisance, et pour assurer la prospérité de l'Etat et la puissance du souverain. Mais on ne doit pas penser de même des fortunes pécuniaires qui se tirent des intérêts de l'argent et qui ne sont pas établies sur des fonds productifs, ni de celles qui sont employées à des acquisitions

(1) Voyez dans l'*Encyclopédie*, article GRAINS, l'exemple d'une nation qui perd annuellement les quatre cinquièmes du produit de sa culture.

de charges inutiles, de privilèges, etc.; leur circulation stérile ne les empêche point d'être des fortunes rongeantes et onéreuses à la nation.

NOTE SUR LA MAXIME VIII
(Laisser aller d'elles-mêmes les dépenses stériles.)

Les travaux des marchandises de main-d'œuvre et d'industrie pour l'usage de la nation ne sont qu'un objet dispendieux et non une source de revenu. Ils ne peuvent procurer de profit dans la vente à l'étranger qu'aux seuls pays où la main-d'œuvre est à bon marché par le bas prix des denrées qui servent à la subsistance des ouvriers; condition fort désavantageuse au produit des biens-fonds: aussi ne doit-elle pas exister dans les Etats qui ont la liberté et la facilité d'un commerce extérieur qui soutient le débit et le prix des denrées du cru, et qui heureusement détruit le petit profit qu'on pourrait retirer d'un commerce extérieur de marchandises de main-d'œuvre dont le gain serait établi sur la perte qui résulterait du bas prix des productions des biens-fonds. On ne confond pas ici le produit net ou le revenu pour la nation, avec le gain des commerçants et entrepreneurs de manufactures; ce gain doit être mis au rang des frais par rapport à la nation: il ne suffirait pas, par exemple, d'avoir de riches laboureurs si le territoire qu'ils cultiveraient ne produisait que pour eux.

Il y a des royaumes pauvres où la plupart des manufactures de luxe trop multipliées sont soutenues par des privilèges exclusifs, et mettent la nation à contribution par des prohibitions qui lui interdisent l'usage d'autres marchandises de main-d'œuvre. Ces prohibitions, toujours préjudiciables à la nation, sont encore plus funestes quand l'esprit de monopole et d'erreur qui les a fait naître les étend jusque sur la culture et le commerce des productions des biens-fonds, où la concurrence la plus active est indispensablement nécessaire pour multiplier les richesses des nations.

Nous ne parlerons pas ici du commerce de trafic qui est le lot des petits Etats maritimes. Un grand Etat ne doit pas quitter la charrue pour devenir voiturier. On n'oubliera jamais qu'un ministre du dernier siècle, ébloui du commerce des Hollandais et de l'éclat des manufactures de luxe, a jeté sa patrie dans un tel délire que l'on ne parlait plus que commerce et argent, sans penser au véritable emploi de l'argent ni au véritable commerce du pays.

Ce ministre, si estimable par ses bonnes intentions mais trop attaché à ses idées, voulut faire naître les richesses du travail des doigts, au préjudice de la source même des richesses, et dérangea toute la constitution économique d'une nation agricole. Le commerce extérieur des grains fut arrêté pour faire vivre le fabricant à bas prix; le débit du blé dans l'intérieur du royaume fut livré à une police arbitraire qui interrompait le commerce entre les provinces. Les protecteurs de l'industrie, les magistrats des villes, pour se procurer des blés à bas prix, ruinaient par un mauvais calcul leurs villes et leurs provinces en dégradant insensiblement la culture de leurs terres: tout tendait à la destruction des revenus des biens-fonds, des manufactures, du commerce et de l'industrie qui, dans une nation agricole, ne peuvent se soutenir que par les produits du sol; car ce sont ces produits qui fournissent au commerce l'exportation du superflu et qui payent les revenus aux propriétaires et le salaire des hommes employés aux travaux lucratifs. Diverses causes d'émigration des hommes et des richesses hâtèrent les progrès de cette destruction.

Les hommes et l'argent furent détournés de l'agriculture et employés aux manufactures de soie, de coton, de laines étrangères, au préjudice des manufactures de laines du pays et de la multiplication des troupeaux. On provoqua le luxe de décoration qui fit des progrès très rapides. L'administration des provinces, pressée par les besoins de l'Etat, ne laissait plus de sûreté dans les campagnes pour l'emploi visible des richesses nécessaires à la reproduction annuelle des richesses; ce qui fit tomber une grande partie des terres en petite culture, en friches et en non-valeur. Les revenus des propriétaires des biens-fonds furent sacrifiés en pure perte à un commerce mercantile qui ne pouvait contribuer à l'impôt. L'agriculture dégradée et accablée touchait à l'impossibilité d'y subvenir; on l'étendit de plus en plus sur les hommes, sur les aliments, sur le commerce des denrées du cru: il se multiplia en dépenses dans la perception et en déprédations destructives de la reproduction; et il devint l'objet d'un système de finance qui enrichit la capitale des dépouilles des provinces. Le trafic de l'argent à intérêt forma un genre principal des revenus fondés en argent et tirés de l'argent, ce qui n'était, par rapport à la nation, qu'un produit imaginaire qui échappait à l'impôt et minait l'Etat. Ces revenus établis sur l'argent, et l'aspect de l'opulence, soutenus par la magnificence d'un luxe ruineux, en imposaient au vulgaire et diminuaient de plus en plus la reproduction des richesses réelles et le pécule de la nation. Eh! malheureusement les causes de ce désordre général ont été trop longtemps ignorées: *indè mali labes.* Mais aujourd'hui le gouvernement est attaché à des principes plus lumineux; il connaît les ressources du royaume et les moyens d'y ramener l'abondance.

NOTE SUR LA MAXIME IX

(Ne pas étendre l'emploi de l'argent et des hommes aux manufactures et au commerce de luxe, au préjudice des travaux et des dépenses de l'agriculture.)

On ne doit s'attacher qu'aux manufactures de marchandises de main-d'œuvre dont on a les matières premières et qu'on peut fabriquer avec moins de dépense que dans les autres pays; et il faut acheter de l'étranger les marchandises de main-d'œuvre qu'il peut vendre à meilleur marché qu'elles ne coûteraient à la nation si elle les faisait fabriquer chez elle. Par ces achats, on provoque le commerce réciproque: car si on voulait ne rien acheter et vendre de tout, on éteindrait le commerce extérieur et les avantages de l'exportation des denrées du cru, qui est infiniment plus profitable que celle des marchandises de main-d'œuvre. Une nation agricole doit favoriser le commerce extérieur actif des denrées du cru par le commerce extérieur passif des marchandises de main-d'œuvre qu'elle peut acheter à profit de l'étranger. Voilà tout le mystère du commerce: à ce prix ne craignons pas d'être *tributaires des autres nations.*

Note sur la même Maxime.

(Préférablement à tout, le royaume doit être bien peuplé de riches cultivateurs.)

Le bourg de *Goodmans-chester* en Angleterre, est célèbre dans l'histoire pour avoir accompagné son roi avec le cortège le plus honorable, ayant conduit cent quatre-vingts charrues à son passage. Ce faste doit paraître bien ridicule à nos citadins accoutumés aux décorations frivoles. On voit encore des hommes, stupidement vains, ignorer que ce sont les riches laboureurs et les riches commerçants attachés au commerce rural, qui animent l'agriculture, qui font exécuter, qui commandent, qui gouvernent, qui sont indépendants, qui assurent les revenus de la nation, qui, après les propriétaires distingués par la naissance, par les dignités, par les sciences, forment l'ordre de citoyens le plus honnête, le plus louable et le plus important dans l'Etat. Ce sont pourtant ces habitants honorables de la campagne, ces maîtres, ces patriarches, ces riches entrepreneurs d'agriculture, que le bourgeois ne connaît que sous le nom dédaigneux de *paysans* et auxquels il veut même retrancher les maîtres d'école qui leur apprennent à lire, à écrire, à mettre de la sûreté et de l'ordre dans leurs affaires, à étendre leurs connaissances sur les différentes parties de leur état.

Ces instructions, dit-on, leur inspirent de la vanité et les rendent processifs: la défense juridique doit-elle être permise à ces hommes terrestres qui osent opposer de la résistance et de la hauteur à ceux qui, par la dignité de leur séjour dans la cité, doivent jouir d'une distinction particulière et d'une supériorité qui doit en imposer aux villageois. Tels sont les titres ridicules de la vanité du citadin, qui n'est qu'un mercenaire payé par les richesses de la campagne. *Omnium autem rerum ex quibus aliquid acquiritur, nihil est* AGRICULTURA *melius, nihil uberius, nihil dulcius, nihil homine libero dignius.* Cicero de Officiis.... *Mea quidem sententia, haud scio an nulla beatior esse possit, neque solum officio, quod hominum generi universo cultura agrorum est salutaris; sed et delectatione, et saturitate, copiaque omnium rerum quæ ad victum hominum, ad cultum etiam Deorum pertinent.* Idem, de Senectute.

DE TOUS LES MOYENS DE GAGNER DU BIEN, IL N'Y EN A POINT DE MEILLEUR, DE PLUS ABONDANT, DE PLUS AGRÉABLE, DE PLUS CONVENABLE A L'HOMME, DE PLUS DIGNE DE L'HOMME LIBRE, QUE L'AGRICULTURE.... POUR MOI, JE NE SAIS S'IL Y A AUCUNE SORTE DE VIE PLUS HEUREUSE QUE CELLE-LA, NON SEULEMENT PAR L'UTILITÉ DE CET EMPLOI, QUI FAIT SUBSISTER TOUT LE GENRE HUMAIN, MAIS ENCORE PAR LE PLAISIR ET PAR L'ABONDANCE QU'IL

PROCURE; CAR LA CULTURE DE LA TERRE PRODUIT DE TOUT CE QU'ON PEUT DÉSIRER POUR LA VIE DES HOMMES ET POUR LE CULTE DES DIEUX.

NOTE SUR LA MAXIME XII

(Attirer les richesses dans les campagnes pour étendre la grande et éviter la petite culture.)

Dans la grande culture, un homme seul conduit une charrue tirée par des chevaux, qui fait autant de travail que trois charrues tirées par des bœufs et conduites par six hommes. Dans ce dernier cas, faute d'avances primitives pour l'établissement d'une grande culture, la dépense annuelle est excessive par proportion au produit net, qui est presque nul, et on y emploie infructueusement dix ou douze fois plus de terre. Les propriétaires manquant de fermiers en état de subvenir à la dépense d'une bonne culture, les avances se font aux dépens de la terre, presque entièrement en pure perte; le produit des prés est consommé, pendant l'hiver, par les bœufs de labour, et on leur laisse une partie de la terre pour leur pâturage pendant l'été; le produit net de la récolte approche si fort de la non-valeur, que la moindre imposition fait renoncer à ces restes de culture, ce qui arrive même en bien des endroits tout simplement par la pauvreté des habitants. On dit qu'il y a une nation pauvre qui est réduite à cette petite culture dans les trois quarts de son territoire, et qu'il y a d'ailleurs chez cette nation plus d'un tiers des terres cultivables qui sont en non-valeur. Mais le gouvernement est occupé à arrêter les progrès de cette dégradation et à pourvoir aux moyens de la réparer.

NOTE SUR LA MAXIME XIII

(Ne point favoriser le monopole dans la culture et laisser à chacun la liberté de donner à son champ celle qui lui convient.)

Des vues particulières avaient fait croire pendant un temps qu'il fallait restreindre en France la culture des vignes pour augmenter la culture du blé, dans le temps même où le commerce extérieur du blé était prohibé, où la communication même du commerce des grains entre les provinces du royaume était empêchée, où la plus grande partie des terres était en friches, parce que la culture du blé y était limitée à la consommation de l'intérieur de chaque province du royaume, et où la destruction des vignes augmentait de plus en plus les friches. Des provinces éloignées de la capitale étaient d'ailleurs obligées de faire des représentations pour s'opposer à l'accroissement de la culture des grains qui, faute de débit, tombaient dans leur pays en non-valeur, ce qui causait la ruine des propriétaires et des fermiers, et anéantissait l'impôt dont les terres étaient chargées. Tout conspirait donc à la dégradation des deux principales cultures du royaume et à détruire de plus en plus la valeur des biens-fonds; une partie des propriétaires des terres au préjudice des autres tendait au privilège exclusif de la culture; funestes effets des prohibitions et des empêchements du commerce des productions des biens-fonds dans un royaume où les provinces se communiquent par les rivières et les mers, où la capitale et toutes les autres villes peuvent être facilement approvisionnées des productions de toutes les parties du territoire, et où la facilité de l'exportation assure le débouché de l'excédent.

La culture des vignes est la plus riche culture du royaume de France; car le produit net d'un arpent de vignes, évalué du fort au faible, est environ le triple de celui du meilleur arpent de terre cultivé en grains. Encore doit-on remarquer que les frais compris dans le produit total de l'une et de l'autre culture sont plus avantageux dans la culture des vignes que dans la culture des grains; parce que dans la culture des vignes, les frais fournissent, avec profit, beaucoup plus de salaires pour les hommes, et parce que la dépense pour les échalas et les tonneaux est à l'avantage du débit des bois, et que les hommes occupés à la culture des vignes n'y sont pas employés dans le temps de la moisson où ils sont alors d'une grande ressource aux laboureurs pour la récolte des grains. D'ailleurs cette classe d'hommes payés de leurs travaux par la terre, en devenant fort nombreuse, augmente le débit des blés et des vins et en soutient la valeur vénale à mesure que la culture s'étend et que l'accroissement de la culture augmente les richesses : car l'augmentation des richesses augmente la population dans toutes les classes d'hommes d'une nation, et cette augmentation de population soutient de toutes parts la valeur vénale des produits de la culture.

On doit faire attention que la facilité du commerce extérieur des denrées du cru délivrées d'impositions onéreuses, est un grand avantage pour une nation qui a un grand territoire, où elle peut varier la culture pour en obtenir différentes productions de bonne valeur; surtout celles qui ne peuvent pas naître chez les nations voisines. La vente du vin et des eaux-de-vie à l'étranger étant pour nous un commerce privilégié que nous devons à notre territoire et à notre climat, il doit spécialement être protégé par le gouvernement; ainsi il ne doit pas être assujetti à des impositions multipliées en pure perte pour l'impôt et trop préjudiciables au débit des productions qui sont l'objet d'un grand commerce extérieur, capable de soutenir l'opulence du royaume: l'impôt doit être pur et simple, assigné sur le sol qui produit ces richesses; et dans la compensation de l'imposition générale, on doit avoir égard à celles dont il faut assurer, par un prix favorable, le débit chez l'étranger; car alors l'État est bien dédommagé de la modération de l'impôt sur ces parties par l'influence avantageuse de ce commerce sur toutes les autres sources de richesses du royaume.

Note sur la même Maxime

(Après les avances de la culture, ce sont les revenus et l'impôt qui sont les richesses de premier besoin et qui assurent la prospérité de la nation.)

En quoi consiste la prospérité d'une nation agricole : EN DE GRANDES AVANCES POUR PERPÉTUER ET ACCROÎTRE LES REVENUS ET

L'IMPÔT; EN UN COMMERCE INTÉRIEUR ET EXTÉRIEUR LIBRE ET FACILE; EN JOUISSANCE DES RICHESSES ANNUELLES DES BIENS-FONDS; EN PAYEMENTS PÉCUNIAIRES ET OPULENTS DU REVENU ET DE L'IMPÔT. L'abondance des productions s'obtient par les grandes avances; la consommation et le commerce soutiennent le débit et la valeur vénale des productions; la valeur vénale est la mesure des richesses de la nation; les richesses règlent le tribut qui peut être imposé et fournissent la finance qui les paye et qui doit circuler dans le commerce, mais qui ne doit point s'accumuler dans un pays au préjudice de l'usage et de la consommation des productions annuelles qui doivent y perpétuer, par la reproduction et le commerce réciproque, les véritables richesses.

L'argent monnayé est une richesse qui est payée par d'autres richesses, *qui est pour les nations un gage intermédiaire entre les ventes et les achats*, qui ne contribue plus à perpétuer les richesses d'un État lorsqu'il est retenu hors de la circulation et qu'il ne rend plus richesse pour richesse: alors plus il s'accumulerait, plus il coûterait de richesses qui ne se renouvelleraient pas, et plus il appauvrirait la nation. L'argent n'est donc une richesse active et réellement profitable dans un État qu'autant qu'il rend continuellement richesse pour richesse; parce que la monnaie n'est par elle-même qu'une richesse stérile qui n'a d'autre utilité dans une nation que son emploi pour les ventes et les achats, et pour les payements des revenus et de l'impôt qui le remettent dans la circulation; en sorte que le même argent satisfait tour à tour et continuellement à ces payements et à son emploi dans le commerce.

Aussi la masse du pécule d'une nation agricole ne se trouve-t-elle qu'à peu près égale au produit net ou revenu annuel des biens-fonds; car dans cette proportion il est plus que suffisant pour l'usage de la nation; une plus grande quantité de monnaie ne serait point une richesse utile pour l'État. Quoique l'impôt soit payé en argent, ce n'est pas l'argent qui le fournit, ce sont les richesses du sol qui renaissent annuellement: c'est dans ces richesses renaissantes et non, comme le pense le vulgaire, dans le pécule de la nation que consiste la prospérité et la force d'un État. On ne supplée point au renouvellement successif de ces richesses par le pécule; mais le pécule est facilement suppléé dans le commerce par des engagements par écrit, assurés par les richesses que l'on possède dans le pays et qui se transportent chez l'étranger. L'avidité de l'argent est une passion vive dans les particuliers parce qu'ils sont avides de la richesse qui représente les autres richesses; mais cette sorte d'avidité, qui le soustrait de son emploi, ne doit pas être la passion de l'État: la grande quantité d'argent n'est à désirer dans un État qu'autant qu'elle est proportionnée au revenu et qu'elle marque par là une opulence perpétuellement renaissante, dont la jouissance est effective et bien assurée. Telle était sous CHARLES V, dit *le Sage*, l'abondance de l'argent qui suivait l'abondance des autres richesses du royaume. On peut en juger par celles qui sont détaillées dans l'inventaire immense de ce prince, indépendamment d'une réserve de

17 millions (près de 300 millions, valeur actuelle de notre monnaie) qui se trouva dans ses coffres; ces grandes richesses sont d'autant plus remarquables que les Etats des rois de France ne comprenaient pas alors un tiers du royaume.

L'argent n'est donc pas la véritable richesse d'une nation, la richesse qui se consomme et qui renaît continuellement; car l'argent n'engendre pas de l'argent. Un écu bien employé peut à la vérité faire naître une richesse de deux écus, mais c'est la production et non pas l'argent qui s'est multipliée, ainsi l'argent ne doit pas séjourner dans des mains stériles. Il n'est donc pas aussi indifférent qu'on le croit pour l'Etat, que l'argent passe dans la poche de Pierre ou de Paul, car il est essentiel qu'il ne soit pas enlevé à celui qui l'emploie au profit de l'Etat. A parler rigoureusement, l'argent qui a cet emploi dans la nation n'a point de propriétaire; il appartient aux besoins de l'Etat, lesquels le font circuler pour la reproduction des richesses qui font subsister la nation et qui fournissent le tribut au souverain.

Il ne faut pas confondre cet argent avec la finance dévorante qui se trafique en prêt à intérêt et qui élude la contribution que tout revenu annuel doit à l'Etat. L'argent de besoin a, dis-je, chez tous les particuliers une destination à laquelle il appartient décisivement: celui qui est destiné au payement actuel de l'impôt appartient à l'impôt; celui qui est destiné au besoin de quelque achat appartient à ce besoin; celui qui vivifie l'agriculture, le commerce et l'industrie appartient à cet emploi; celui qui est destiné à payer une dette échue ou prête à échoir, appartient à cette dette, etc., et non à celui qui le possède: c'est l'argent de la nation, personne ne doit le retenir, parce qu'il n'appartient à personne; cependant c'est cet argent dispersé qui forme la principale masse du pécule d'un royaume vraiment opulent, où il est toujours employé à profit pour l'Etat. On n'hésite pas même à le vendre au même prix qu'il a coûté, c'est-à-dire à le laisser passer chez l'étranger pour des achats de marchandises dont on a besoin; et l'étranger n'ignore pas non plus les avantages de ce commerce où le besoin des échanges décide de l'emploi de l'argent en marchandises et des marchandises en argent; car l'argent et les marchandises ne sont richesses qu'à raison de leur valeur vénale.

L'argent détourné et retenu hors de la circulation, est un petit objet qui est bientôt épuisé par les emprunts un peu multipliés; cependant c'est cet argent oisif qui fait illusion au bas peuple; c'est lui que le vulgaire regarde comme les richesses de la nation et comme une grande ressource dans les besoins d'un Etat; même d'un grand Etat qui réellement ne peut être opulent que par le produit net des richesses qui naissent annuellement de son territoire et qui, pour ainsi dire, fait renaître l'argent en le renouvelant et en accélérant continuellement sa circulation.

D'ailleurs quand un royaume est riche et florissant par le commerce de ses productions, il a, par ses correspondances, des richesses dans les autres pays, et le papier lui tient lieu partout d'argent. L'abondance et le débit de ses productions lui assurent donc partout l'usage du péeule des autres nations, et jamais l'argent ne manque non plus dans un royaume bien cultivé, pour payer au souverain et aux propriétaires les revenus fournis par le produit net des denrées commerçables qui renaissent annuellement de la terre: mais quoique l'argent ne manque point pour payer ces revenus, il ne faut pas prendre le change et croire que l'impôt puisse être établi sur la circulation de l'argent [1].

L'argent est une richesse qui se dérobe à la vue. Le tribut ne peut être imposé qu'à la source des richesses disponibles, toujours renaissantes, ostensibles et commerçables. C'est là que naissent les revenus du souverain et qu'il peut trouver de plus des ressources assurées dans des besoins pressants de l'Etat. Les vues du gouvernement ne doivent donc pas s'arrêter à l'argent, elles doivent s'étendre plus loin et se fixer à l'abondance et à la valeur vénale des productions de la terre, pour accroître les revenus. C'est dans cette partie de richesses visibles et annuelles que consiste la puissance de l'Etat et la prospérité de la nation: c'est elle qui fixe et qui attache les sujets au sol. L'argent, l'industrie, le commerce mercantile et de trafic ne forment qu'un domaine postiche et indépendant qui, sans les productions du sol, ne constituerait qu'un Etat républicain: Constantinople même, qui n'en a pas le gouvernement, mais qui est réduit aux richesses mobilières du commerce de trafic, en a, au milieu du despotisme, le génie et l'indépendance dans les correspondances et dans l'état libre de ses richesses de commerce.

NOTE SUR LA MAXIME X.
(Favoriser la multiplication des bestiaux.)

Cet avantage s'obtient par le débit, par l'emploi et l'usage des laines dans le royaume, par la grande consommation de la viande, du laitage, du beurre, du fromage, etc., surtout par celle que doit faire le menu peuple qui est le plus nombreux: car ce n'est qu'à raison de cette consommation que les bestiaux ont du débit et qu'on les multiplie, et c'est l'engrais que les bestiaux fournissent à la terre qui procure d'abondantes récoltes par la multiplication même des bestiaux. Cette abondance de récolte et de bestiaux éloigne toute inquiétude de famine dans un royaume si fécond en subsistance. La nourriture que les bestiaux y fournissent aux hommes y diminue la consommation du blé, et la nation peut en vendre une plus grande quantité à l'étranger et accroître continuellement ses richesses par le commerce d'une production si précieuse. L'aisance du menu peuple contribue donc par là essentiellement à la prospérité de l'Etat.

Le profit sur les bestiaux se confond avec le profit sur la culture à l'égard du revenu du propriétaire parce que le prix du loyer d'une ferme s'établit à raison du produit qu'elle peut donner par la culture et par la nourriture des bestiaux, dans les pays où les avances des fermiers ne sont pas exposées à être enlevées par un impôt arbitraire.

---

(1) Voyez ce que nous avons dit plus haut sur l'impôt, au bas de la page 99 et les suivantes. (Note de l'original.)

Mais lorsque l'impôt est établi sur le fermier, le revenu de la terre tombe dans le dépérissement parce que les fermiers n'osent faire les avances des achats de bestiaux, dans la crainte que ces bestiaux, qui sont des objets visibles, ne leur attirent une imposition ruineuse. Alors, faute d'une quantité suffisante de bestiaux pour fournir les engrais à la terre, la culture dépérit, les frais des travaux en terres maigres absorbent le produit net et détruisent le revenu.

Le profit des bestiaux contribue tellement au produit des biens-fonds que l'un s'obtient par l'autre et que ces deux parties ne doivent pas être séparées dans l'évaluation des produits de la culture calculée d'après le revenu des propriétaires; car c'est plus par le moyen des bestiaux qu'on obtient le produit net qui fournit le revenu et l'impôt, que par le travail des hommes qui seul rendrait à peine les frais de leur subsistance. Mais il faut de grandes avances pour les achats des bestiaux, c'est pourquoi le gouvernement doit plus attirer les richesses à la campagne que les hommes: on n'y manquera pas d'hommes s'il y a des richesses; mais sans richesses tout y dépérit, les terres tombent en non-valeur, et le royaume est sans ressource et sans forces.

Il faut donc qu'il y ait une entière sûreté pour l'emploi visible des richesses à la culture de la terre, et une pleine liberté de commerce des productions. Ce ne sont pas les richesses qui font naître les richesses qui doivent être chargées de l'impôt. D'ailleurs les fermiers et leurs familles doivent être exempts de toutes charges personnelles auxquelles des habitants riches et nécessaires dans leur emploi ne doivent pas être assujettis, de crainte qu'ils n'emportent dans les villes les richesses qu'ils emploient à l'agriculture, pour y jouir des prérogatives qu'un gouvernement peu éclairé y accorderait par prédilection au mercenaire citadin. Les bourgeois aisés, surtout les marchands détailleurs qui ne gagnent que sur le public et dont le trop grand nombre dans les villes est onéreux à la nation, ces bourgeois, dis-je, trouveraient pour leurs enfants dans l'agriculture protégée et honorée, des établissements plus solides et moins serviles que dans les villes; leurs richesses ramenées à la campagne fertiliseraient les terres, multiplieraient les richesses et assureraient la prospérité et la puissance de l'Etat.

Il y a une remarque à faire sur les nobles qui cultivent leurs biens à la campagne; il y en a beaucoup qui n'ont pas en propriété un terrain suffisant pour l'emploi de leurs charrues ou de leurs facultés, et alors il y a de la perte sur leurs dépenses et sur leurs emplois. Serait-ce déparer la noblesse que de leur permettre d'affermer des terres pour étendre leur culture et leurs occupations au profit de l'Etat, surtout dans un pays où la charge de l'impôt (devenue déshonnête) ne serait plus établie ni sur les personnes, ni sur les cultivateurs? Est-il indécent à un duc et pair de louer un hôtel dans une ville? Le payement d'un fermage n'assujettit à aucune dépendance envers qui que ce soit, pas plus que le payement d'un habit, d'une rente, d'un loyer, etc.; mais de plus on doit remarquer dans l'agriculture que le possesseur de la terre et le possesseur des avances de la culture sont tous deux également propriétaires, et qu'à cet égard la dignité est égale de part et d'autre. Les nobles, en étendant leurs entreprises de culture, contribueraient par cet emploi à la prospérité de l'Etat, et ils y trouveraient des ressources pour soutenir leurs dépenses et celles de leurs enfants dans l'état militaire. De tout temps la noblesse et l'agriculture ont été réunies. Chez les nations libres, le fermage des terres, délivré des impositions arbitraires et personnelles, est fort indifférent en lui-même; les redevances attachées aux biens et auxquelles les nobles mêmes sont assujettis, ont-elles jamais dégradé la noblesse ni l'agriculture.

Note sur la Maxime XVI
(Tel est le débit, telle est la reproduction.)

Si on arrête le commerce extérieur des grains et des autres productions du cru, on borne l'agriculture à l'état de la population, au lieu d'étendre la population par l'agriculture. La vente des productions du cru à l'étranger augmente le revenu des biens-fonds; cette augmentation du revenu augmente la dépense des propriétaires; cette augmentation de dépenses attire les hommes dans le royaume; cette augmentation de population augmente la consommation des productions du cru; cette augmention de consommation et la vente à l'étranger accélèrent de part et d'autre les progrès de l'agriculture, de la population et des revenus.

Par la liberté et la facilité du commerce extérieur d'exportation et d'importation, les grains ont constamment un prix plus égal, car le prix le plus égal est celui qui a cours entre les nations commerçantes. Ce commerce aplanit en tout temps l'inégalité annuelle des récoltes des nations en apportant tour à tour chez celles qui sont dans la pénurie le superflu de celles qui sont dans l'abondance, ce qui remet partout et toujours les productions et les prix à peu près au même niveau. C'est pourquoi les nations commerçantes qui n'ont pas de terres à ensemencer ont leur pain aussi assuré que celles qui cultivent de grands territoires. Le moindre avantage sur le prix dans un pays, y attire la marchandise, et l'égalité se rétablit continuellement.

Or il est démontré qu'indépendamment du débit à l'étranger, et d'un plus haut prix, la seule égalité constante du prix augmente de plus d'un dixième le revenu des terres; qu'elle accroît et assure les avances de la culture; qu'elle évite les chertés excessives qui diminuent la population, et qu'elle empêche les non-valeurs qui font languir l'agriculture. Au lieu que l'interdiction du commerce extérieur est cause que l'on manque souvent du nécessaire; que la culture qui est trop mesurée aux besoins de la nation fait varier les prix autant que les bonnes et mauvaises années font varier les récoltes; que cette culture limitée laisse une grande partie des terres en non-valeur et sans revenu; que l'incertitude du débit inquiète les fermiers, arrête les dépenses de la culture, fait baisser le prix du fermage; que ce dépérissement s'accroît de plus en plus, à mesure que la nation souffre d'une précaution insidieuse, qui enfin la ruine entièrement.

Si pour ne pas manquer de grains, on s'imaginait d'en défendre la vente à l'étranger et d'empêcher aussi les commerçants d'en remplir leurs greniers dans les années abondantes qui doivent suppléer aux mauvaises années, d'empêcher, dis-je, de multiplier ces magasins libres, où la concurrence des commerçants préserve du monopole, procure aux laboureurs du débit dans l'abondance, et soutient l'abondance dans la stérilité, il faudrait conclure, des principes d'une administration si craintive et si étrangère à une nation agricole qui ne peut s'enrichir que par le débit de ses productions, qu'on devrait aussi restreindre autant qu'on le pourrait la consommation du blé dans le pays, en y réduisant la nourriture du menu peuple aux pommes de terre et au blé noir, aux glands, etc., et qu'il faudrait, par une prévoyance si déplacée et si ruineuse, empêcher le transport des blés des provinces où ils abondent, dans celles qui sont dans la disette et dans celles qui sont dégarnies. Quels abus! quels monopoles cette police arbitraire et destructive n'occasionnerait-elle pas! Que deviendrait la culture des terres; que deviendraient les revenus, l'impôt, le salaire des hommes et les forces de la nation?

Note sur la Maxime XVIII

(Le bas prix des denrées du cru rendrait le commerce désavantageux à la nation.)

Si, par exemple, on achète de l'étranger telle quantité de marchandises pour la valeur d'un septier de blé du prix de 20 liv., il en faudrait deux septiers pour payer la même quantité de cette marchandise si le gouvernement faisait baisser le prix du blé à 10 livres.

Note sur la même Maxime.

(Telle est la valeur vénale, tel est le revenu.)

On doit distinguer dans un Etat les biens qui ont une valeur usuelle et qui n'ont pas de valeur vénale, d'avec les richesses qui ont une valeur usuelle et une valeur vénale; par exemple, les sauvages de la Louisiane jouissaient de beaucoup de biens, tels sont l'eau, le bois, le gibier, les fruits de la terre, etc., qui n'étaient pas des richesses parce qu'ils n'avaient pas de valeur vénale. Mais depuis que quelques branches de commerce se sont établies entre eux et les Français, les Anglais, les Espagnols, etc., une partie de ces biens a acquis une valeur vénale et est devenue richesse. Ainsi l'administration d'un royaume doit tendre à procurer tout ensemble à la nation la plus grande abondance possible de productions et la plus grande valeur vénale possible, parce qu'avec de grandes richesses elle se procure par le commerce toutes les autres choses dont elle peut avoir besoin dans la proportion convenable à l'état de ses richesses.

Note sur la Maxime XIX

(Le bon marché des denrées n'est pas avantageux au petit peuple.)

La cherté du blé, par exemple, pourvu qu'elle soit constante dans un royaume agricole, est plus avantageuse au menu peuple que le bas prix. Le salaire de la journée du manouvrier s'établit assez naturellement sur le prix du blé, et est ordinairement le vingtième du prix d'un septier. Sur ce pied, si le prix du blé était constamment à vingt livres, le manouvrier gagnerait dans le cours de l'année environ 260 liv.; il en dépenserait en blé pour lui et sa famille 200 liv., et il lui resterait 60 liv. pour les autres besoins; si au contraire le septier de blé ne valait que 10 liv., il ne gagnerait que 130 liv., il en dépenserait 100 liv. en blé, et il ne lui resterait pour les autres besoins que 30 liv. Aussi voit-on que les provinces où le blé est cher sont beaucoup plus peuplées que celles où il est à bas prix.

Le même avantage se trouve pour toutes les autres classes d'hommes, pour le gain des cultivateurs, pour le revenu des propriétaires, pour l'impôt, pour la prospérité de l'État; car alors le produit des terres dédommage largement du surcroît des frais de salaire et de nourriture. Il est aisé de s'en convaincre par le calcul des dépenses et des accroissements des produits.

Note sur la Maxime XX

(Qu'on ne diminue pas l'aisance du menu peuple.)

Pour autoriser les vexations sur les habitants de la campagne, les exacteurs ont avancé pour maxime qu'il faut que les *paysans soient pauvres, pour les empêcher d'être paresseux.* Les bourgeois dédaigneux ont adopté volontiers cette maxime barbare, parce qu'ils sont moins attentifs à d'autres maximes plus décisives, qui sont que l'homme *qui ne peut rien conserver ne travaille précisément que pour gagner de quoi se nourrir; et qu'en général tout homme qui peut conserver est laborieux, parce que tout homme est avide de richesses.* La véritable cause de la paresse du paysan opprimé est le trop bas prix du salaire et le peu d'emploi dans les pays où la gêne du commerce des productions fait tomber les denrées en non-valeur, et où d'autres causes ont ruiné l'agriculture. Les vexations, le bas prix des denrées, et un gain insuffisant pour les exciter au travail, les rendent paresseux, braconniers, vagabonds et pillards. La pauvreté forcée n'est donc pas le moyen de rendre les paysans laborieux: il n'y a que la propriété et la jouissance assurées de leur gain qui puissent leur donner du courage et de l'activité.

Les ministres, dirigés par des sentiments d'humanité, par une éducation supérieure et par des vues plus étendues, rejettent avec indignation les maximes odieuses et destructives qui ne tendent qu'à la dévastation des campagnes; car ils n'ignorent pas que ce sont les richesses des habitants de la campagne qui font naître les richesses de la nation. Pauvres paysans, pauvre royaume.

Note sur la Maxime XXII

(Les grandes dépenses en consommation de subsistance entretiennent le bon prix des denrées et la reproduction des revenus.)

Ce que l'on remarque ici, à l'égard des grandes dépenses de consommation des denrées du cru, se rapporte aux nations agricoles. Mais on doit penser autrement des petites nations commerçantes qui n'ont pas de territoire; car leur intérêt les oblige d'épargner en tout genre de dépenses pour conserver et accroître le fonds des richesses nécessaires à leur commerce, et pour commercer à moins de frais que les autres nations afin de pouvoir s'assurer les avantages de la concurrence dans les achats et dans les ventes chez l'étranger. Ces petites nations commerçantes doivent être regardées comme les agents du commerce des grands États, parce qu'il est plus avantageux à ceux-ci de commercer par leur entremise que de se charger eux-mêmes de différentes parties de commerce qu'ils exerceraient avec plus de dépenses, et dont ils retireraient moins de profit qu'en se procurant chez eux une grande concurrence de commerçants étrangers; car ce n'est que par la plus grande concurrence possible, permise à tous les négociants de l'univers, qu'une nation peut s'assurer le meilleur prix et le débit le plus avantageux possible des productions de son territoire et se préserver du monopole des commerçants du pays.

Note sur la Maxime XXVI

(Être moins attentif à l'accroissement de la population qu'à celui des revenus.)

Le désir qu'ont toutes les nations d'être puissantes à la guerre, et l'ignorance des moyens de faire la guerre, parmi lesquels le vulgaire n'envisage que les hommes, ont fait penser que la force des États consiste dans une grande population. On n'a point assez vu que pour soutenir la guerre il ne fallait pas à beaucoup près une si grande quantité d'hommes qu'on le croit au premier coup d'œil; que les armées très nombreuses doivent être et sont ordinairement plus funestes à la nation qui s'épuise pour les employer qu'à l'ennemi qu'elles combattent; et que la partie militaire d'une nation ne peut ni subsister, ni agir que par la partie contribuable.

Quelques esprits superficiels supposent que les grandes richesses d'un État s'obtiennent par l'abondance des hommes; mais leur opinion vient de ce qu'ils oublient que les hommes ne peuvent obtenir et perpétuer les richesses que par les richesses, et qu'autant qu'il y a une proportion convenable entre les hommes et les richesses.

Une nation croit toujours qu'elle n'a pas assez d'hommes; et on ne s'aperçoit pas qu'il n'y a pas assez de salaire pour soutenir une plus grande population, et que les hommes sans fortune ne sont profitables dans un pays qu'autant qu'ils y trouvent des gains assurés pour y subsister par leur travail. Au défaut de gains ou de salaire, une partie du peuple des campagnes peut à la vérité faire naître, pour se nourrir, quelques productions de vil prix qui n'exigent pas de grandes dépenses ni de longs travaux, et dont la récolte ne se fait pas attendre longtemps: mais ces hommes, ces productions et la terre où elles naissent, sont nuls pour l'État. Il faut, pour tirer de la terre un revenu, que les travaux de la campagne rendent un produit net au delà des salaires payés aux ouvriers, car c'est ce produit net qui fait subsister les autres classes d'hommes nécessaires dans un Etat. C'est ce qu'on ne doit pas attendre des hommes pauvres qui labourent la terre avec leurs bras ou avec d'autres moyens insuffisants; car ils ne peuvent que se procurer à eux seuls leur subsistance en renonçant à la culture du blé qui exige trop de temps, trop de travaux, trop de dépenses pour être exécutée par des hommes dénués de facultés et réduits à tirer leur nourriture de la terre par le seul travail de leurs bras.

Ce n'est donc pas à de pauvres paysans que vous devez confier la culture de vos terres. Ce sont les animaux qui doivent labourer et fertiliser vos champs: c'est la consommation, le débit, la facilité et la liberté du commerce intérieur et extérieur qui assurent la valeur vénale qui forme vos revenus. Ce sont donc des hommes riches que vous devez charger des entreprises de la culture des terres et du commerce rural, pour vous enrichir, pour enrichir l'Etat, pour faire renaître des richesses intarissables par lesquelles vous puissiez jouir largement des produits de la terre et des arts, entretenir une riche défense contre vos ennemis et subvenir avec opulence aux dépenses des travaux publics pour les commodités de la nation, pour la facilité du commerce de vos denrées, pour les fortifications de vos frontières, pour l'entretien d'une marine redoutable, pour la décoration du royaume, et pour procurer aux hommes de travail des salaires et des gains qui les attirent et qui les retiennent dans le royaume. Ainsi le gouvernement politique de l'agriculture et du commerce de ses productions est la base du ministère des finances et de toutes les autres parties de l'administration d'une nation agricole.

Les grandes armées ne suffisent pas pour former une riche défense; il faut que le soldat soit bien payé pour qu'il puisse être bien discipliné, bien exercé, vigoureux, content et courageux. La guerre sur terre et sur mer emploie d'autres moyens que la force des hommes et exige d'autres dépenses bien plus considérables que celle de la subsistance des soldats. Aussi ce sont bien moins les hommes que les richesses qui soutiennent la guerre: car, tant qu'on a des richesses pour bien payer les hommes, on n'en manque pas pour réparer les armées. Plus une nation a de richesses pour faire renaître annuellement les richesses, moins cette reproduction annuelle occupe d'hommes, plus elle rend de produit net, plus le gouvernement a d'hommes à sa disposition pour le service et les travaux publics; et plus il y a de salaire pour les faire subsister, plus ces hommes sont utiles à l'Etat par leurs emplois et par leurs dépenses qui font rentrer leur paye dans la circulation.

Les batailles gagnées où l'on ne tue que des hommes, sans causer d'autres dommages, affaiblissent peu l'ennemi si le salaire des hommes qu'il a perdus lui reste, et s'il est suffisant pour attirer d'autres hommes. Une armée de cent mille hommes bien payés est une armée d'un million d'hommes; car toute armée où la solde attire les hommes ne peut être détruite: c'est alors aux soldats à se défendre courageusement; ce sont eux qui ont le plus à perdre; car ils ne manqueront pas de successeurs bien déterminés à affronter les dangers de la guerre. C'est donc la richesse qui soutient l'honneur des armes. Le héros qui gagne des batailles, qui prend des villes, qui acquiert de la gloire, et qui est le plus tôt épuisé, n'est pas le conquérant. L'historien qui se borne au merveilleux dans le récit des exploits militaires, instruit peu la postérité sur les succès des événements décisifs des guerres s'il lui laisse ignorer l'état des forces fondamentales et de la politique des nations dont il écrit l'histoire; car c'est dans l'aisance permanente de la partie contribuable des nations, et dans les vertus patriotiques, que consiste la puissance permanente des Etats.

Il faut penser de même à l'égard des travaux publics qui facilitent l'accroissement des richesses; tels sont la construction des canaux, la réparation des chemins, des rivières, etc., qui ne peuvent s'exécuter que par l'aisance des contribuables en état de subvenir à ces dépenses sans préjudicier à la reproduction annuelle des richesses de la nation: autrement de tels travaux si étendus, quoique fort désirables, seraient, par les impositions déréglées ou par les corvées continuelles, des entreprises ruineuses dont les suites ne seraient pas réparées par l'utilité de ces travaux forcés et accablants; car le dépérissement d'un Etat se répare difficilement. Les causes destructives qui augmentent de plus en plus rendent inutiles toute la vigilance et tous les efforts du ministère lorsqu'on ne s'attache qu'à réprimer les effets et qu'on ne remonte pas jusqu'au principe: ce qui est bien prouvé, pour le temps, par l'auteur du livre intitulé: *Le détail de la France sous Louis XIV*, imprimé en 1699. Cet auteur rapporte les commencements de la décadence du royaume à l'année 1660, et il en examine les progrès jusqu'au temps où il a publié son livre: il expose que les revenus des biens-fonds qui étaient de 700 millions (1400 millions de notre monnaie d'aujourd'hui), avaient diminué de moitié depuis 1660 jusqu'en 1699: il observe que ce n'est pas à la quantité d'impôts, mais à la mauvaise forme d'imposition et à ses désordres, qu'il faut imputer cette énorme dégradation. On doit juger de là des progrès de cette diminution par la continuation du même genre d'administration. L'imposition devint si désordonnée qu'elle monta sous Louis XIV à plus de 750 millions qui ne rendaient au trésor royal que 250 millions([1]), ce qui enlevait annuellement aux contribuables la jouissance de 500 millions, sans compter la dégradation annuelle que causait la taille arbitraire établie sur les fermiers. Les impositions multipliées et ruineuses sur toute espèce de dépenses s'étendaient par repompement sur la dépense de l'impôt même, au détriment du souverain pour lequel une grande partie de ses revenus devenait illusoire. Aussi remarque-t-on que par une meilleure administration on aurait pu en très peu de temps augmenter beaucoup l'impôt, et enrichir les sujets en abolissant ces impositions si destructives et en ranimant le commerce extérieur des grains, des vins, des laines, des

---

(1) Voyez les *Mémoires pour servir à l'histoire générale des finances*, par M. D. de B. (Note de l'original.)

toiles, etc. Mais qui aurait osé entreprendre une telle réforme dans des temps où l'on n'avait nulle idée du gouvernement économique d'une nation agricole? On aurait cru alors renverser les colonnes de l'édifice. (¹)

(1) Barbier (*Dictionnaire des ouvrages anonymes et pseudonymes*, Paris, 1822), et avec lui d'autres auteurs encore, désignent l'ouvrage: *Essai sur l'administration des terres*, par M. Bellial des Vertus (ne pas confondre avec le livre *Essay sur l'amélioration des terres* par Putullo), comme sortant de la plume de Quesnay. Si cela était exact, et comme l'ouvrage a paru en 1759 (Paris, J. F. Hérissant), il aurait dû, dans l'ordre chronologique que nous observons ici, trouver place immédiatement après les *Maximes générales*. Mais cette supposition n'est en aucune manière fondée. Non seulement Dupont ne dit rien, ni dans sa *Notice abrégée*, ni dans ses autres ouvrages, de la paternité ainsi attribuée à Quesnay, mais l'écrit lui-même est en général complètement inconnu des physiocrates. Cela est sans doute dû au fait que, d'après son contenu, cet écrit n'a pas été considéré comme étant rédigé dans l'esprit de Quesnay. En effet, on comprendrait difficilement comment l'auteur des articles *Fermiers* et *Grains*, qui dans ces articles s'est prononcé avec une si grande vigueur en faveur des avantages de la grande culture et pour la réunion des petits domaines, ait pu représenter, peu de temps après, le point de vue opposé, ainsi que cela a lieu dans les passages suivants du livre dont il s'agit, page 143:

„On a déjà posé pour principe que ce serait un très grand avantage pour l'Etat si la plus grosse ferme n'exploitait qu'une charrue; on connaîtra la vérité de ce principe lorsqu'on voudra bien faire attention que le bien de l'Etat consiste dans le nombre de ses habitants, et ses revenus dans leur consommation. Or il est facile de comprendre que si toutes les grosses fermes étaient réduites à une charrue, il y aurait un bien plus grand nombre de familles, par conséquent plus de consommation et plus de sujets pour la guerre; il y aurait aussi, par une suite nécessaire, plus de bestiaux, plus de laines, plus de chanvres et plus de produits de basse-cour. Que l'on divise une ferme de 600 arpents qui composent 4 fortes charrues en 60 familles dont chacune exploitera 10 arpents. On aura 60 basse-cours pour la volaille, les porcs, les chanvres et autres fruits de la campagne; chacune de ces familles aura 2, 3, même 4 vaches, et on pourra compter dans un village composé de 60 feux avec 600 arpents de labourage 200 à 300 vaches, tandis que le tout réuni en un corps de ferme pourrait à peine en nourrir trente."

A ce qui précède vient encore s'ajouter la circonstance que, dans l'*Avertissement*, l'auteur se présente comme un débutant et demande à plusieurs reprises de l'indulgence pour son style:

„L'essai que l'on donne au public sur la manutention des terres, dit-il, n'avait point été destiné pour l'impression; l'auteur ne s'était proposé dans cet ouvrage, que de donner à un ami les principales notions pour la régie et l'administration d'une terre; on l'a engagé à les rendre publiques. Il demande grâce pour le style, l'utilité de la matière la lui fait espérer, et le public est intéressé à seconder l'esprit patriotique de ceux qui, sans avoir le talent d'écrire, ont cependant le courage de faire part à la société de leurs observations."

On ne peut absolument pas admettre que, dans ce temps, Quesnay ait dû se présenter de cette manière au public, et par les preuves que nous en donnons et dont le nombre peut d'ailleurs encore être augmenté, la question de savoir si l'auteur du *Tableau économique* s'est caché sous le pseudonyme de Bellial des Vertus, doit être une fois pour toutes résolue négativement. A. O.

JOURNAL

DE L'AGRICULTURE, DU COMMERCE ET DES FINANCES

1765 et 1766 (¹)

EXTRAITS

I

SEPTEMBRE 1765.

LE DROIT NATUREL(²)

CHAPITRE PREMIER

Ce que c'est que le droit naturel des hommes.

LE DROIT NATUREL de l'homme peut être défini vaguement *le droit que l'homme a aux choses propres à sa jouissance.*

---

(1) Vers la fin de la guerre de sept ans, alors que la paix qui allait se conclure promettait une longue période de développement tranquille, le gouvernement français a cru devoir prendre quelques mesures encourageantes dans le but de relever la situation générale du peuple, qui était profondément affaissée.

Le célèbre édit du contrôleur général de Laverdy sur la liberté du commerce des grains (1764) doit être considéré sans contredit comme le fait le plus important qui se soit produit dans ce sens. Déjà auparavant, toutefois, on avait cherché à établir un rapport entre les sphères commerciales et le gouvernement par la création d'un organe littéraire, la *Gazette du commerce,* qui paraissait deux fois par semaine (mardi et samedi) depuis le 1er avril 1763 et qui était rédigée sous la surveillance de l'administration royale des finances. Le *Prospectus* dit en ce qui concerne l'attitude et le caractère du journal: „Cette gazette, autorisée par un privilège exclusif de trente ans lequel supprime tous les ouvrages périodiques qui pourraient y avoir quelque

(2) Voir page 362.

Avant que de considérer le droit naturel des hommes, il faut

rapport, contiendra tous les articles relatifs au commerce en gros, en détail, et à la banque, tant à Paris que dans les principales villes du royaume et de l'étranger". Bien qu'elle fût destinée en première ligne aux intérêts pratiques immédiats du commerce, la gazette ne pouvait cependant pas s'empêcher d'accueillir aussi dans ses colonnes les points de vue généraux de la politique commerciale et les discussions théoriques s'y rapportant. Bientôt ces discussions auxquelles des disciples nouvellement gagnés à la doctrine de Quesnay (Letrosne et Dupont) prirent aussi une part active, semblèrent avoir réclamé une place exagérée à côté des communications d'ordre pratique. On résolut en conséquence de séparer ces discussions théoriques de la partie pratique et de les renvoyer à un supplément paraissant une fois par mois. Ce supplément a été publié à partir du mois de juillet 1765, sous le titre spécial: *Journal de l'agriculture, du commerce et des finances*, en même impression. Paris, Knapen, in-12.

Le *Préliminaire* de la nouvelle création s'exprime comme suit sur le but de celle-ci: „Le journal que nous entreprenons est uniquement destiné aux progrès des connaissances économiques..... Le journal, comme la gazette, embrasse tout ce qui est relatif à l'agriculture, au commerce et aux finances. Mais ce que la gazette ne fait qu'indiquer, le journal doit le présenter avec l'étendue nécessaire pour éclairer le cultivateur, diriger le négociant et instruire le citoyen," etc. Et en ce qui concerne la position du nouvel organe vis-à-vis du gouvernement, l'*Approbation* du censeur Albaret donne l'indication que voici: „J'ai lu, par ordre de monseigneur le vice-chancelier, le Journal de l'agriculture, du commerce et des finances; cette collection périodique n'est pas moins recommandable par son objet *que par la protection sage et éclairée du ministère"*. La rédaction du supplément paraît être restée à l'origine entre les mains des éditeurs de la gazette (MM. Cromot et Mesnard), mais ceux-ci, ainsi que le démontrent les deux premières livraisons mensuelles (juillet et août), n'étaient pas à la hauteur de cette tâche. A l'instigation, probablement, du gouvernement, la disjonction des deux publications a été ordonnée, et Dupont, qui avait depuis peu fait son entrée dans l'école de Quesnay, a été nommé rédacteur en chef de la partie théorique. Loménie, dans son ouvrage *Les Mirabeau*, t. II, page 246, donne sur les faits relatifs à cette question d'intéressants détails que nous insérons ici: „Dupont, était en 1763 un jeune homme de vingt-trois ans qui s'occupait de littérature et qui correspondait avec Voltaire, lorsqu'il fut mis en rapport avec le marquis de Mirabeau. Dupont, dit le marquis dans une lettre inédite à son ami Longo, du 25 novembre 1777, fut mon premier élève, et il l'est dès l'anné 1763. Je dis *mon*, parce que ce fut à moi qu'il s'adressa d'abord; car d'ailleurs je l'envoyai au docteur Quesnay qui s'en chargea, le dérouilla de toute la crasse du bel esprit, le contraria, le désespéra avec une bonté et un zèle sans égal, et en fit un plongeur d'un nageur qu'il était. Vers la fin de 1765, l'abbé Morellet le fit charger du *Journal de l'agriculture, du commerce et des finances* qu'on lui offrait, disant: „C'est un jeune homme, mais je le soutiendrai". Ce jeune homme était dès lors plus fort que l'autre ne le sera jamais. C'est de Dupont, par parenthèse, que le docteur me disait ce mot

considérer l'homme lui-même dans ses différents états de capacité

digne de mémoire: *Il faut soigner ce jeune homme, car il parlera quand nous serons morts.* L'excellent homme n'imaginait pas alors le grand nombre de parleurs que nous lui avons faits depuis. Aussitôt nanti d'un champ de bataille, Dupont commença l'escrime."

Par la nomination de Dupont à la tête de l'organe pour ainsi dire officiel du gouvernement français en matière d'économie politique, un champ d'activité extrêmement important s'ouvrait pour l'école de Quesnay.

Dupont commença son activité rédactionnelle dans le numéro de septembre 1765 par une *Préface* étendue, dans laquelle on reconnaît déjà, au premier coup d'œil, le physiocrate convaincu.

„C'est, dit-il entre autres choses, cette entreprise utile qu'un ministre occupé du bien public veut exécuter aujourd'hui; c'est cette *intéressante philosophie* dont il veut exciter, animer, répandre, favoriser l'étude; et rien n'est sûrement plus propre à y parvenir qu'un ouvrage périodique, divisé en deux parties dont l'une renferme tous les faits historiques qui y ont journellement rapport, et l'autre toutes les discussions et observations qui naissent de ces faits et qui sont nécessaires pour en approfondir les principes. La liberté de ces discussions importantes à tant d'égards est, dans cet ouvrage, le principal objet de la protection du gouvernement, parce que l'instruction des hommes et le bien de la société sont le but de ces opérations. L'administration sait que l'erreur se glisse dans tous les travaux humains. Elle sait aussi que l'*erreur n'est qu'un faux jugement, suite nécessaire d'un examen incomplet.* Elle est donc convaincue que les hommes ne se tromperaient jamais s'ils examinaient les choses suffisamment et sous toutes leurs faces; car alors ils les verraient telles qu'elles sont. Mais cet examen n'est pas toujours aussi aisé qu'il le paraît au premier coup d'œil: c'est pourquoi la sagesse du gouvernement croit devoir laisser un champ libre à la contradiction... On trouvera donc souvent dans ce journal des mémoires dont les principes seront fort opposés à ceux des rédacteurs; et quand les rédacteurs eux-mêmes hasarderont leur avis, cet avis, qui se ressentira nécessairement de l'incertitude de leurs lumières, pourra bien n'être point du tout celui de l'administration. Il est tout simple que les rédacteurs jouissent aussi à leurs propres risques de la liberté qui fait la base de leur ouvrage. Nous ne saurions trop le répéter, le *Journal de l'agriculture, du commerce et des finances* doit être regardé comme une espèce d'arène où les vrais citoyens peuvent et doivent concourir, mesurer leurs forces, et s'acquitter envers la patrie par le bon emploi de leurs études. Le bien public sera le but commun de leurs efforts et ne pourra manquer d'en être le fruit. Nous espérons que cet ouvrage intéressant pour la génération présente, dont il discutera les plus grands intérêts, le sera plus encore pour les races futures qui y trouveront un recueil de principes prouvés par les faits et parvenus jusqu'à l'évidence par le secours de la contradiction. Car la science importante qui fait l'objet de ce journal n'est pas une science d'opinion où l'on conteste entre des vraisemblances et des probabilités. Tout y est susceptible de démonstration. Il s'agit uniquement de la production des richesses et des moyens propres à augmenter le plus qu'il est possible leur reproduction annuelle, de laquelle dépendent l'existence et le bonheur de la société. Il n'y a

corporelle et intellectuelle, et dans ses différents états relatifs aux autres hommes. Si l'on n'entre pas dans cet examen avant que

là de rien que de physique, et l'étude des lois physiques, qui toutes se réduis en calcul, en décide les moindres résultats.“

Dupont ne devait pas jouir longtemps de sa place. Son zèle pour la cause de son nouveau maître, Quesnay, lui valut des dissensions non seulement avec les propriétaires du journal, mais aussi avec le gouvernement qui n'était pas du tout d'accord de prêter sa feuille en quelque sorte officielle pour servir d'organe au message sur le produit net. Ces difficultés que nous citerons partout, attendu qu'elles sont importantes pour l'histoire de l'école de Quesnay, ont, conjointement avec d'autres circonstances, eut pour résultat que Dupont fut congédié de son poste vers la fin de l'année suivante déjà. Les articles les plus importants de Quesnay publiés dans le *Journal de l'agriculture*, ont ensuite été reproduits par Dupont dans les deux premiers volumes de l'ouvrage „Physiocratie“, paru en 1768 et que nous avons déjà souvent mentionné; mais avant leur reproduction, ces articles avaient été fortement remaniés par l'auteur lui-même. Nous donnons les articles séparés dans l'ordre où ils ont à l'origine paru dans le *Journal de l'agriculture*, mais nous choisissons naturellement, pour ceux qui ont été réimprimés dans la „Physiocratie“, la dernière rédaction et nous ferons remarquer les divergences les plus essentielles existant entre les deux éditions. A. O.

(2) Note de la page 359. — Ce travail de Quesnay sur *le Droit naturel* a été publié par Dupont déjà dans le premier numéro édité par lui (septembre 1765); il l'a placé immédiatement à la suite de sa *Préface* en le faisant précéder de l'*Article préliminaire* ci-après, sorti de sa plume:

„*Article préliminaire*. Nous l'avons dit dans notre préface: c'est la connaissance de l'ordre et des lois physiques et naturelles qui doit servir de base à la science économique. Nous ne saurions trop le répéter à nos lecteurs; car cette grande vérité fondamentale envisagée avec ses conséquences, fait disparaître tous les préjugés vulgaires et tous les raisonnements captieux que de fausses combinaisons et des intérêts mal entendus ont introduits dans une science où l'erreur est si dangereuse. Et pour peu qu'on se livre à la réflexion, on sent évidemment que les lois souveraines de la nature renferment les principes essentiels de l'ordre économique. C'est dans cet esprit que notre ouvrage périodique a été divisé de manière qu'il y en a toujours une partie consacrée à rassembler une ample collection de faits; c'est dans cet esprit que nos raisonnements seront toujours dirigés, et que nous commencions le travail de notre journal, quand une main, bien supérieure à la nôtre, nous a communiqué les *Observations* suivantes *sur le droit naturel des hommes réunis en société*. De manière dont il y est envisagé, il rentre entièrement dans l'ordre des lois physiques de la science économique; et par conséquent ces *Observations* peuvent être regardées comme un précis qui indique sommairement, sous le point de vue de l'intérêt général des hommes et des lois naturelles qu'ils doivent observer pour acquérir les biens dont ils ont besoin, qui indique, dis-je, les différents objets qui doivent entrer dans la composition de notre journal. Ainsi quoique ce mémoire ne contienne pas de détails sur l'agricul-

d'entreprendre de développer le droit naturel de chaque homme, il est impossible d'apercevoir même ce que c'est que ce droit.(¹)

C'est faute d'avoir remonté jusqu'à ces premières observations que les philosophes se sont formé des idées si différentes et même si contradictoires du droit naturel de l'homme. Les uns, avec quelque raison, n'ont pas voulu le reconnaître; les autres, avec plus de raison, l'ont reconnu; et la vérité se trouve de part et d'autre. Mais une vérité en exclut une autre dans un même être lorsqu'il change d'état, comme une forme est la privation actuelle d'une autre forme dans un même corps.

---

ture, sur le commerce, ni sur les finances en particulier: comme il renferme les principes dans lesquels ces grands objets doivent être envisagés; comme nous sommes parfaitement d'accord de ces principes; comme ils influeront sans cesse sur notre ouvrage, il nous a paru indispensable de les placer à la tête de notre premier journal. C'est donc ici la base solide sur laquelle doit porter l'édifice: nous espérons ne jamais perdre de vue les vérités fondamentales qui y sont établies, et nous ferons tous nos efforts pour remplir, s'il est possible, l'engagement qu'elles nous donnent vis-à-vis du public."

Dans sa *Notice abrégée* (numéro d'avril 1769 des *Ephémérides du citoyen*), Dupont signale ce traité en ces termes:

„*Mois de septembre 1765.* Il parut dans ce mois deux volumes et un supplément du *Journal d'agriculture* dont la rédaction venait d'être confiée à l'*Auteur actuel des Ephémérides.* Le premier de ces volumes renferme la première édition du petit *Traité du droit naturel* par l'auteur du *Tableau économique.* Ce traité montre que l'usage du droit naturel des hommes, au lieu d'être restreint et diminué, comme l'ont cru les philosophes et les jurisconsultes, a été considérablement augmenté par l'institution de la société, et qu'il aurait la plus grande extension possible si les lois positives de la société étaient les meilleures possibles. Il y a, de ce traité, une seconde édition en une petite brochure in-12, et une troisième à la tête du recueil intitulé *Physiocratie*, à Paris, chez Merlin, libraire, rue de la Harpe."

Nous donnons ci-dessus l'article dans l'édition qui a paru dans la *Physiocratie*, et qui n'a été que peu augmentée. Le titre primitif *Observations sur le droit naturel des hommes réunis en société* y a été remplacé par le simple titre *Le Droit naturel.* Dans la *Physiocratie*, Dupont a aussi placé cet article avant tous les autres mémoires, même avant l'*Analyse du Tableau économique*, et dans l'*Avis de l'éditeur* concernant l'*Analyse*, avis que nous avons reproduit en note 1 page 307, le passage où il est question d'un „traité précédent" se rapporte au *Droit naturel.* — A. O.

(1) Il en a été des discussions sur le droit naturel comme des disputes philosophiques sur la liberté, sur le juste et l'injuste: on a voulu concevoir comme des êtres absolus ces attributs relatifs, dont on ne peut avoir d'idée complète et exacte qu'en les réunissant aux corrélatifs dont ils dépendent nécessairement, et sans lesquels ce ne sont que des abstractions idéales et nulles. (Note de l'original.)

Celui qui a dit que le droit naturel de l'homme est nul, a dit vrai. ([1])

Celui qui a dit que le droit naturel de l'homme est le droit que la nature enseigne à tous les animaux, a dit vrai. ([2])

Celui qui a dit que le droit naturel de l'homme est le droit que sa force et son intelligence lui assurent, a dit vrai. ([3])

Celui qui a dit que le droit naturel se borne à l'intérêt particulier de chaque homme, a dit vrai. ([4])

Celui qui a dit que le droit naturel est une loi générale et souveraine qui règle les droits de tous les hommes, a dit vrai. ([5])

Celui qui a dit que le droit naturel des hommes est le droit illimité de tous à tout, a dit vrai. ([6])

Celui qui a dit que le droit naturel des hommes est un droit limité par une convention tacite ou explicite, a dit vrai. ([7])

Celui qui a dit que le droit naturel ne suppose ni juste ni injuste, a dit vrai. ([8])

Celui qui a dit que le droit naturel es' nn droit juste, décisif et fondamental, a dit vrai. ([9])

Mais aucun n'a dit vrai relativement à tous les cas.

Ainsi les philosophes se sont arrêtés au parallogisme, ou argument incomplet, dans leurs recherches sur cette matière importante, qui est le principe naturel de tous les devoirs de l'homme réglés par la raison.

---

(1) Voyez-en l'exemple à la fin de ce chapitre. (Note de l'original.)

(2) C'est la définition de Justinien; elle a, comme les autres, son aspect où elle est vraie. (Note de l'original.)

(3) Voyez-en l'exemple, chap. III, et chap. IV, *en note.* (Note de l'original.)

(4) Voyez-en l'exemple chap. II *en note.* (Note de l'original.)

(5) Voyez-en l'exemple, chap. IV. Avec un peu plus d'étendue cette proposition serait la nôtre. (Note de l'original.)

(6) C'est le système du sophiste *Trasimaque* dans Platon, renouvelé depuis par *Hobbes*, et depuis Hobbes par l'auteur du livre intitulé *Principes du droit naturel et de la politique.* Voyez-le présenté et réfuté chap. II. (Note de l'original.)

(7) Voyez-en l'exemple, chap. IV. (Note de l'original.)

(8) C'est le cas d'un homme seul dans une île déserte, dont le droit naturel aux productions de son île n'admet ni juste, ni injuste, attendu que la justice ou l'injustice sont des attributs relatifs qui ne peuvent exister lorsqu'il n'y a personne sur qui les exercer. Voyez le commencement du quatrième chapitre. (Note de l'original.)

(9) Voyez la fin de ce chapitre et le commencement du quatrième. (Note de l'original.)

Un enfant, dépourvu de force et d'intelligence, a incontestablement un droit naturel à la subsistance, fondé sur le devoir indiqué par la nature au père et à la mère. Ce droit lui est d'autant plus assuré que le devoir du père et de la mère est accompagné d'un attrait naturel qui agit beaucoup plus puissamment sur le père et sur la mère que la notion de l'ordre naturel qui établit le devoir. Néanmoins on ne peut ignorer que ce devoir indiqué et assuré par le sentiment est dans l'ordre de la justice; car le père et la mère ne font que rendre à leurs enfants ce qu'ils ont reçu eux-mêmes de leurs père et mère: or un précepte qui se rapporte à un droit juste oblige tout être raisonnable.

Si on me demande ce que c'est que la justice, je répondrai que *c'est une règle naturelle et souveraine, reconnue par les lumières de la raison, qui détermine évidemment ce qui appartient à soi-même ou à un autre.* (1)

Si le père et la mère de l'enfant meurent, et que l'enfant se trouve, sans autre ressource, abandonné inévitablement à son impuissance, il est privé de l'usage de son droit naturel, et ce droit devient nul. Car un attribut relatif est nul quand son corrélatif manque. L'usage des yeux est nul dans un lieu inaccessible à la lumière.

CHAPITRE II

De l'étendue du droit naturel des hommes.

Le droit naturel des hommes diffère du droit *légitime* ou du droit décerné par les lois humaines, en ce qu'il est reconnu avec évidence par les lumières de la raison et que par cette évidence seule, il est obligatoire indépendamment d'aucune contrainte; au lieu que le droit *légitime* limité par une loi positive est obligatoire en raison de la peine attachée à la transgression par la sanction de cette loi, quand même nous ne le connaîtrions que par la simple indication énoncée dans la loi.

Par ces différentes conditions on voit toute l'étendue du droit naturel et ce qui le distingue du droit *légitime.*

---

(1) Dans l'édition primitive, cet alinéa était conçu en ces termes:

„Si on me demande ce que c'est qu'un droit juste, et si je réponds d'après la raison, je dirai que *c'est ce que l'on connaît appartenir à quelqu'un, ou à soi-même, à titre de règle naturelle et souveraine, reconnue évidemment par les lumières de la raison.*" A. O.

Souvent le droit *légitime* restreint le droit naturel, parce que les lois des hommes ne sont pas aussi parfaites que les lois de l'Auteur de la nature, et parce que les lois humaines sont quelquefois surprises par des motifs dont la raison éclairée ne reconnaît pas toujours la justice; ce qui oblige ensuite la sagesse des législateurs d'abroger des lois qu'ils ont faites eux-mêmes. La multitude des lois contradictoires et absurdes établies successivement chez les nations, prouve manifestement que les lois positives sont sujettes à s'écarter souvent des règles immuables de la justice et de l'ordre naturel le plus avantageux à la société.

Quelques philosophes absorbés dans l'idée abstraite du droit naturel des hommes, qui laisse *à tous un droit à tout,* ont borné le droit naturel de l'homme à l'état de pure indépendance des hommes les uns envers les autres, et à l'état de guerre entr'eux pour s'emparer les uns et les autres de leur droit illimité. Ainsi, prétendent ces philosophes, lorsqu'un homme est privé par convention ou par une autorité légitime, de quelques parties du droit naturel qu'il a à toutes les choses propres à sa jouissance, son droit général est détruit; et cet homme se trouve sous la dépendance d'autrui par ses engagements, ou par une autorité coactive. Il n'est plus dans le simple état de nature ou d'entière indépendance; il n'est plus lui seul juge de son droit; il est soumis au jugement d'autrui; il n'est donc plus, disent-ils, dans l'état de pure nature, ni par conséquent dans la sphère du droit naturel.

Mais si l'on fait attention à la futilité de cette idée abstraite *du droit naturel de tous à tout,* il faudra, pour se conformer à l'ordre naturel même, réduire ce droit naturel de l'homme *aux choses dont il peut obtenir la jouissance*; et ce prétendu droit général sera dans le fait un droit fort limité.

Dans ce point de vue, on apercevra que les raisonnements que l'on vient d'exposer ne sont que des sophismes frivoles, ou un badinage de l'esprit fort déplacé dans l'examen d'une matière si importante; et on sera bien convaincu que le droit naturel de chaque homme se réduit dans la réalité à la portion qu'il peut se procurer par son travail. (¹) Car *son droit à tout* est semblable au droit de chaque hirondelle à tous les moucherons qui voltigent

---

(1) Dans la rédaction primitive, cette phrase est conçue en ces termes: „On sera convaincu que le droit naturel de chaque homme se réduit dans la réalité à une *portion des choses propres à la jouissance des hommes.*" A. O.

dans l'air, mais qui dans la réalité se borne à ceux qu'elle peut saisir par son travail ou ses recherches ordonnées par le besoin.

Dans l'état de pure nature, les choses propres à la jouissance des hommes se réduisent à celles que la nature produit spontanément et sur lesquelles chaque homme ne peut faire usage de son droit naturel indéterminé qu'en s'en procurant quelque portion par son travail, c'est-à-dire par ses recherches. D'où il s'ensuit 1° que son droit à tout n'est qu'idéal; 2° que la portion de choses dont il jouit dans l'état de pure nature s'obtient par le travail; 3° que son droit aux choses propres à sa jouissance doit être considéré dans l'ordre de la nature et dans l'ordre de la justice; car dans l'ordre de la nature il est indéterminé tant qu'il n'est pas assuré par la possession actuelle; et dans l'ordre de la justice il est déterminé par une possession effective de droit naturel, acquise par le travail, sans usurpation sur le droit de possession d'autrui; 4° que dans l'état de pure nature, les hommes pressés de satisfaire à leurs besoins, chacun par ses recherches, ne perdront pas leur temps à se livrer inutilement entr'eux une guerre qui n'apporterait que de l'obstacle à leurs occupations nécessaires pour pourvoir à leur subsistance (1); 5° que le droit naturel, compris dans l'ordre de la nature et dans l'ordre de la justice, s'étend à tous les états dans lesquels les hommes peuvent se trouver respectivement les uns aux autres.

CHAPITRE III

De l'inégalité du droit naturel des hommes.

Nous avons vu que dans l'état même de pure nature ou d'entière indépendance, les hommes ne jouissent de leur droit naturel aux choses dont ils ont besoin que par le travail, c'est-à-dire par les recherches nécessaires pour les obtenir; ainsi le droit de tous à tout se réduit à la portion que chacun d'eux peut se procurer, soit qu'ils vivent de la chasse, ou de la pêche, ou des végétaux qui naissent naturellement. Mais pour faire ces recherches, et pour

_____

(1) C'est ici le cas du proverbe qui peut s'adresser à tous dans l'état de pure nature, *si tu en as besoin vas-en chercher, personne ne s'y oppose*; cette règle s'étend jusqu'aux bêtes; celles d'une même espèce qui sont dans le même cas, ne cherchent point à se faire la guerre pour s'empêcher réciproquement de se procurer leur nourriture par leurs recherches. (Note de l'original.)

y réussir, il leur faut les facultés du corps et de l'esprit, et les moyens ou les instruments nécessaires pour agir et pour parvenir à satisfaire à leurs besoins. La jouissance de leur droit naturel doit être fort bornée dans cet état de pure nature et d'indépendance, où nous ne supposons encore entr'eux aucun concours pour s'entr'aider mutuellement, et où les forts peuvent user injustement de violence contre les faibles. Lorsqu'ils entreront en société et qu'ils feront entr'eux des conventions pour leur avantage réciproque, ils augmenteront donc la jouissance de leur droit naturel, et ils s'assureront même la pleine étendue de cette jouissance, si la constitution de la société est conforme à l'ordre évidemment le plus avantageux aux hommes relativement aux lois fondamentales de leur droit naturel.

Mais en considérant les facultés corporelles et intellectuelles, et les autres moyens de chaque homme en particulier, nous y trouverons encore une grande inégalité relativement à la jouissance du droit naturel des hommes. Cette inégalité n'admet ni juste ni injuste dans son principe; elle résulte de la combinaison des lois de la nature; et les hommes ne pouvant pénétrer les desseins de l'Etre suprême dans la construction de l'univers, ne peuvent s'élever jusqu'à la destination des règles immuables qu'il a instituées pour la formation et la conservation de son ouvrage. Cependant, si on examine ces règles avec attention, on apercevra au moins que les causes *physiques* du mal *physique* sont elles-mêmes les causes des biens *physiques*; que la pluie, qui incommode le voyageur, fertilise les terres : et si on calcule sans prévention, on verra que ces causes produisent infiniment plus de bien que de mal (¹), et qu'elles ne sont instituées que pour le bien; que le mal qu'elles causent incidemment résulte nécessairement de l'essence même des propriétés par lesquelles elles opèrent le bien. C'est pourquoi elles ne sont, dans l'ordre naturel relatif aux hommes, des lois obligatoires que pour le bien; elles nous imposent le devoir d'éviter, autant que nous le pouvons, le mal que nous avons à prévoir par notre prudence.

Il faut donc bien se garder d'attribuer aux lois physiques les maux qui sont la juste et inévitable punition de la violation de l'ordre même des lois physiques, instituées pour opérer le bien. Si un gouvernement s'écartait des lois naturelles qui assurent les succès de l'agriculture, oserait-on s'en prendre à l'agriculture elle-

---

(1) Ce qui, à partir d'ici, termine l'alinéa, a été ultérieurement ajouté. A. O.

même de ce que l'on manquerait de pain, et de ce que l'on verrait en même temps diminuer le nombre des hommes et augmenter celui des malheureux?

Les transgressions des lois naturelles sont les causes les plus étendues et les plus ordinaires des maux physiques qui affligent les hommes: les riches mêmes, qui ont plus de moyens pour les éviter, s'attirent par leur ambition, par leurs passions, et même par leurs plaisirs, beaucoup de maux dont ils ne peuvent inculper que leurs dérèglements. Ceci nous mènerait insensiblement à une autre cause du mal physique et du mal moral, laquelle est d'un autre genre que les lois physiques; c'est le mauvais usage de la liberté des hommes. La liberté, cet attribut constitutif de l'homme et que l'homme voudrait étendre au delà de ses bornes, paraît à l'homme n'avoir jamais tort: s'il se nuit à lui-même, s'il détruit sa santé, s'il dissipe ses biens et ruine sa famille par le mauvais usage de sa liberté, il se plaint de l'auteur de sa liberté, lorsqu'il voudrait être encore plus libre (1); il ne s'aperçoit pas qu'il est lui-même en contradiction avec lui-même. Qu'il reconnaisse donc

(1) Que signifient ces mots *plus libre?* signifient-ils plus arbitraire, c'est-à-dire plus indépendant des motifs qui agissent sur la volonté? Non, car cette indépendance, si elle était entière, réduirait la volonté à l'état d'indifférence; et dans cet état la liberté serait nulle: ce n'est donc pas dans ce sens que l'on peut dire *plus libre.* Ces mots peuvent encore moins se rapporter à l'état de la volonté subjuguée par des motifs invincibles. Ces deux extrêmes sont les termes qui limitent l'étendue de l'usage naturel de la liberté.

La LIBERTÉ *est une faculté relative à des motifs excitants et surmontables, qui se contrebalancent et s'entr'affaiblissent les uns les autres, et qui présentent des intérêts et des attraits opposés, que la raison plus ou moins éclairée et plus ou moins préoccupée examine et apprécie.* Cet état de délibération consiste dans plusieurs actes de l'exercice de la liberté, plus ou moins soutenus par l'attention de l'esprit. Mais pour avoir une idée encore plus exacte de la liberté, il ne faut pas confondre son état de délibération avec l'acte décisif de la volonté, qui est un acte simple, définitif, plus ou moins précipité, qui fait cesser tout exercice de la liberté, et qui n'est point un acte de la liberté, mais seulement une détermination absolue de la volonté plus ou moins préparée pour le choix par l'exercice de la liberté.

D'après ces observations familières à tout homme un peu attentif à l'usage de ses pensées, on peut demander à ceux qui nient la liberté, *s'ils sont bien assurés de n'avoir jamais délibéré?* S'ils avouent qu'ils ont délibéré, on leur demandera *pourquoi ils ont délibéré?* Et s'ils avouent que c'était *pour choisir,* ils reconnaîtront l'exercice d'une faculté intellectuelle entre les motifs et la décision. Alors on sera d'accord de part et d'autre sur la réalité de cette faculté; et il deviendra inutile de disputer sur le nom.

ses extravagances; qu'il apprenne à bien employer cette liberté qui lui est si chère; qu'il bannisse l'ignorance et les dérèglements, source des maux qu'il se cause par l'usage de sa liberté. Il est de sa nature d'être libre et intelligent, quoiqu'il ne soit quelquefois ni l'un ni l'autre. Par l'usage aveugle et imprudent de sa liberté, il peut faire de mauvais choix; par son intelligence, il peut parvenir aux meilleurs choix, et se conduire avec sagesse, autant que le lui permet l'ordre des lois physiques qui constituent l'univers. (¹)

Le bien physique et le mal physique, le bien moral et le mal moral ont donc évidemment leur origine dans les lois naturelles. Tout a son essence immuable, et les propriétés inséparables de

Mais, sous ce nom, ne réunissons pas des conditions contradictoires, telles que la condition de pouvoir également acquiescer à tous les motifs actuels, et la condition de pouvoir également n'acquiescer à aucun; conditions qui excluent toute raison de préférence, de choix et de décision. Car alors tout exercice, tout usage, en un mot, toutes les propriétés essentielles de la faculté même qu'on appellerait liberté, n'existeraient pas; ce nom ne signifierait qu'une abstraction inconcevable, comme celle du bâton sans deux bouts. Dépouiller la volonté de l'homme de toutes causes déterminantes, pour le rendre libre, c'est annuler la volonté; car tout acte de la volonté est de vouloir une chose qui, elle-même, détermine la volonté à vouloir. Anéantir les motifs, c'est anéantir la liberté même ou la faculté intellectuelle qui examine et apprécie les objets relatifs aux affections de la volonté. . . . . Ne nous arrêtons pas davantage à cette absurdité, et concluons en observant qu'il n'y a que l'homme sage qui s'occupe à perfectionner sa liberté; les autres croient toujours être assez libres quand ils satisfont leurs désirs: aussi ne sont-ils attentifs qu'à se procurer les moyens de multiplier les choix qui peuvent étendre, non pas leur liberté, mais l'usage imprudent de leur liberté. Celui qui n'a qu'un mets pour son repas n'a que le choix de le laisser ou de le manger, et d'en manger plus ou moins; mais celui qui a vingt mets a le pouvoir d'étendre l'exercice de sa liberté sur tous ces mets, de choisir ceux qu'il trouvera les meilleurs, et de manger plus ou moins de ceux qu'il aura choisis. C'est en ce sens que l'homme brut n'est occupé qu'à étendre toujours l'usage de sa liberté et à satisfaire ses passions avec aussi peu de discernement que de modération; ce qui a forcé les hommes qui vivent en société à établir eux-mêmes des lois pénales pour réprimer l'usage effréné de leur liberté. Alors ils étendent leur liberté par des motifs intéressants qui se contrebalancent et excitent l'attention, qui est pour ainsi dire *l'organe actif* de la liberté ou de la délibération. Ainsi la liberté ou délibération peut s'étendre par les motifs mêmes qui limitent l'usage précipité et imprudent de la liberté. (Note de l'original.)

(1) Il y a bien des espèces et bien des degrés de folie; mais tout homme qui est fou par l'effet d'une mauvaise constitution de son cerveau, est entraîné par une *loi physique* qui *ne lui permet pas de faire le meilleur choix ou de se conduire avec sagesse*. (Note de l'original.)

son essence. D'autres lois auraient d'autres propriétés essentielles, vraisemblablement moins conformes à la perfection à laquelle l'Auteur de la nature a porté son ouvrage: celles qu'il a instituées sont justes et parfaites dans le plan général lorsqu'elles sont conformes à l'ordre et aux fins qu'il s'est proposées; car il est lui-même l'auteur des lois et des règles, et par conséquent supérieur aux lois et aux règles. Mais leur destination est d'opérer le bien, et tout est soumis à celles qu'il a instituées; l'homme doué d'intelligence a la prérogative de pouvoir les contempler et les connaître pour en retirer le plus grand avantage possible, sans être réfractaire à ces lois et à ces règles souveraines.

D'où suit que chacun a le droit naturel de faire usage avec reconnaissance de toutes les facultés qui lui ont été départies par la nature dans les circonstances où elle l'a placé, sous la condition de ne nuire ni à soi-même ni aux autres: condition sans laquelle personne ne serait assuré de conserver l'usage de ses facultés ou la jouissance de son droit naturel, et qui nous conduit au chapitre suivant. (¹)

CHAPITRE IV

Du droit naturel des hommes considérés relativement les uns aux autres

Les hommes peuvent être considérés dans l'état de solitude et dans l'état de multitude.

Si l'on envisage les hommes comme dispersés de manière qu'ils ne puissent avoir entr'eux aucune communication, on aperçoit qu'ils sont complètement dans l'état de pure nature et d'entière indépendance, sans aucun rapport de juste et d'injuste relativement les uns aux autres. Mais cet état ne peut subsister que le temps de la durée de la vie de chaque individu; ou bien il faudrait supposer que ces hommes vivraient au moins, chacun avec une femme, dans leur retraite; ce qui changerait entièrement l'hypothèse de leur état de solitude: car cette association d'une femme et des enfants qui surviendraient, admettrait un ordre de dépendance, de justice, de devoirs, de sûreté, de secours réciproques.

Tout homme est chargé de sa conservation sous peine de souffrance, et il souffre seul quand il manque à ce devoir envers lui-même, ce qui l'oblige à le remplir préalablement à tout autre.

_____

(1) Ce dernier alinéa a été ultérieurement ajouté. A. O.

Mais tous ceux avec lesquels il est associé sont chargés envers eux-mêmes du même devoir sous les mêmes peines. Il est de l'ordre naturel que le plus fort soit le chef de la famille; mais il n'est pas de l'ordre de la justice qu'il usurpe sur le droit naturel de ceux qui vivent en communauté d'intérêts avec lui. Il y a alors un ordre de compensation dans la jouissance du droit naturel de chacun qui doit être à l'avantage de tous les individus de la famille, et qui doit être réglé par le chef selon l'ordre même de la justice distributive, conformément aux devoirs prescrits par la nature, et à la coopération où chacun contribue selon sa capacité aux avantages de la société. Les uns et les autres y contribuent diversement, mais l'emploi des uns est à la décharge de l'emploi des autres; par cette distribution d'emploi, chacun peut remplir le sien plus complètement; et par ce supplément réciproque, chacun contribue à peu près également à l'avantage de la société; donc chacun doit y jouir de toute l'étendue de son droit naturel, conformément au bénéfice qui résulte du concours des travaux de la société; et ceux qui ne sont pas en état d'y contribuer doivent y participer à raison de l'aisance que cette société particulière peut se procurer. Ces règles, qui se manifestent d'elles-mêmes, dirigent la conduite du chef de famille pour réunir dans la société l'ordre naturel et l'ordre de la justice. Il y est encore excité par des sentiments de satisfaction, de tendresse, de piété, etc., qui sont autant d'indices des intentions de l'Auteur de la nature sur l'observation des règles qu'il prescrit aux hommes pour les obliger par devoir à s'entre-secourir mutuellement.

Si on considère les hommes dans l'état de multitude où la communication entr'eux est inévitable et où cependant il n'y aurait pas encore de lois positives qui les réunissent en société sous l'autorité d'une puissance souveraine, et qui les assujettissent à une forme de gouvernement, il faut les envisager comme des peuplades de sauvages dans des déserts, qui y vivraient des productions naturelles du territoire ou qui s'exposeraient par nécessité aux dangers du brigandage s'ils pouvaient faire des excursions chez des nations où il y aurait des richesses à piller; car dans cet état ils ne pourraient se procurer des richesses par l'agriculture ni par les pâturages des troupeaux, parce qu'il n'y aurait pas de puissance tutélaire pour leur en assurer la propriété. Mais il faudrait au moins qu'il y eût entr'eux des conventions tacites ou explicites pour leur sûreté personnelle; car les hommes ont, dans cet état d'indépendance, une crainte les uns des autres qui les inquiète réciproquement, et sur laquelle ils peuvent facilement se rassurer de part et d'autre, parce que rien ne les intéresse plus que de se délivrer réciproquement de cette crainte. Ceux de chaque canton se voient plus fréquemment; ils s'accoutument à se voir, la confiance s'établit entr'eux, ils s'entr'aident, ils s'allient par des mariages et forment en quelque sorte des nations particulières où tous sont ligués pour leur défense commune, et où d'ailleurs chacun reste dans l'état de pleine liberté et d'indépendance les uns envers les autres, avec la condition de leur sûreté personnelle entr'eux et de la propriété de l'habitation et du peu d'effets ou ustensiles qu'ils ont chacun en leur possession et à leur garde particulière.

Si leurs richesses de propriété étaient plus considérables et plus dispersées, ou plus exposées au pillage, la constitution de ces nations ne suffirait pas pour leur en assurer la propriété; il leur faudrait alors des lois positives écrites ou de convention, et une autorité souveraine pour les faire observer: car leurs richesses, faciles à enlever, et abandonnées à la fidélité publique, susciteraient aux compatriotes peu vertueux des désirs qui les porteraient à violer le droit d'autrui.

La forme des sociétés dépend donc du plus ou du moins de biens que chacun possède ou peut posséder, et dont il veut s'assurer la conservation et la propriété.

Ainsi les hommes qui se mettent sous la dépendance, ou plutôt sous la protection des lois positives et d'une autorité tutélaire, étendent beaucoup leur faculté d'être propriétaires; et par conséquent étendent beaucoup l'usage de leur droit naturel, au lieu de le restreindre.

CHAPITRE V

Du droit naturel des hommes réunis en société sous une autorité souveraine

Il y a des sociétés qui sont gouvernées les unes par une autorité monarchique, les autres par une autorité aristocratique, d'autres par une autorité démocratique, etc. Mais ce ne sont pas ces différentes formes d'autorités qui décident de l'essence du droit naturel des hommes réunis en société, car les lois varient beaucoup sous chacune de ces formes. Les lois des gouvernements, qui décident du droit des sujets, se réduisent presque toujours à des lois positives ou d'institution humaine: or ces lois ne sont pas le fondement essentiel et immuable du droit naturel, et elles varient tellement qu'il ne serait pas possible d'examiner l'état du droit naturel des hommes sous ces lois. Il est même inutile de tenter d'entrer dans cet examen (¹): car là où les lois et la puissance tutélaire n'assurent point la propriété et la liberté, il n'y a ni gouvernement ni société profitables, il n'y a que domination et anarchie sous les apparences d'un gouvernement; les lois positives et la domination y protègent et assurent les usurpations des forts, et anéantissent la propriété et la liberté des faibles. L'état de pure nature est alors plus avantageux que cet état violent de société, qui passe par toutes les vicissitudes de dérèglements, de formes, d'autorités et de souverains. Ce qui paraît même si inévitable que les hommes qui se livrent à la contemplation de tous ces changements se persuadent intimément qu'il est dans l'ordre de la fatalité des gouvernements d'avoir leurs commencements, leurs progrès, leur plus haut degré de puissance, leur déclin et leur fin. Mais ils ont dû remarquer aussi que cet ordre est bien irrégulier, que les passages y sont plus ou moins rapides, plus ou moins uniformes, plus ou moins inégaux, plus ou moins compliqués d'événements imprévus, favorables ou désastreux, plus ou moins dirigés ou fortuits, plus ou moins attribués à la prudence et aux méprises, aux lumières et à l'ignorance, à la sagesse et aux passions effrénées de ceux qui gouvernent: ainsi ils auraient dû en conclure au moins que le fatalisme des mauvais gouvernements n'est pas une dépendance de l'ordre naturel et immuable, *l'arche-type* des gouvernements.

Pour connaître l'ordre des temps et des lieux, pour régler la navigation et assurer le commerce, il a fallu observer et calculer avec précision les lois du mouvement des corps célestes: il faut de même, pour connaître l'étendue du droit naturel des hommes réunis en société, se fixer aux lois naturelles constitutives du meilleur gouvernement possible. Ce gouvernement auquel les hommes doivent être assujettis, consiste dans l'ordre naturel et dans l'ordre positif, les plus avantageux aux hommes réunis en société.

Les hommes réunis en société doivent donc être assujettis à des lois naturelles et à des lois positives.

Les lois naturelles sont ou physiques ou morales.

(1) Ce qui, à partir d'ici, termine l'alinéa, a été ultérieurement ajouté. A. O.

On entend ici par loi physique, *le cours réglé de tout événement physique de l'ordre naturel évidemment le plus avantageux au genre humain.*

On entend ici par loi morale, *la règle de toute action humaine de l'ordre moral conforme à l'ordre physique évidemment le plus avantageux au genre humain.*

Ces lois forment ensemble ce qu'on appelle *la loi naturelle.* Tous les hommes et toutes les puissances humaines doivent être soumis à ces lois souveraines, instituées par l'Etre suprême : elles sont immuables et irréfragables et les meilleures lois possibles (¹) ; par conséquent la base du gouvernement le plus parfait est la règle fondamentale de toutes les lois positives ; car les lois positives ne sont que des lois de manutention relatives à l'ordre naturel évidemment le plus avantageux au genre humain.

Les lois positives sont des *règles authentiques établies par une autorité souveraine, pour fixer l'ordre de l'administration, du gouvernement, pour assurer la défense de la société, pour faire observer régulièrement les lois naturelles, pour réformer ou maintenir les coutumes et les usages introduits dans la nation, pour régler les droits particuliers des sujets relativement à leurs différents états, pour déterminer l'ordre positif dans les cas douteux réduits à des probabilités d'opinion ou de convenances, pour asseoir les décisions de la justice distributive* (²). Mais la première loi positive, la loi fondamentale de toutes les autres lois positives, est *l'institution de l'instruction publique et privée des lois de l'ordre naturel,* qui est la règle souveraine de toute législation humaine et de toute conduite civile, politique, économique et sociale. Sans cette institution fondamentale, les gouvernements et la conduite des hommes ne peuvent être que ténèbres, égarements, confusion et désordres : car sans la connaissance des lois naturelles qui doivent servir de base à la législation humaine et de règles souveraines à la conduite des hommes, il n'y a nulle évidence de juste et d'injuste, de droit naturel, d'ordre physique et moral ; nulle évidence de la distinction essentielle de l'intérêt général et de l'intérêt particulier,

---

(1) L'ordre naturel le plus avantageux aux hommes n'est peut-être pas le plus avantageux aux autres animaux ; mais dans le droit illimité l'homme a celui de faire sa part la meilleure possible. Cette supériorité appartient à son intelligence ; elle est de droit naturel, puisque l'homme la tient de l'Auteur de la nature, qui l'a décidé ainsi par les lois qu'il a instituées dans l'ordre de la formation de l'univers. (Note de l'original.)

(2) La suite de l'alinéa est une addition ultérieure. A. O.

de la réalité des causes de la prospérité et du dépérissement des nations; nulle évidence de l'essence du bien et du mal moral, des droits sacrés de ceux qui commandent et des devoirs de ceux à qui l'ordre social prescrit l'obéissance.

La législation positive consiste donc dans la déclaration des lois naturelles, constitutives de l'ordre évidemment le plus avantageux possible aux hommes réunis en société: on pourrait dire tout simplement le plus avantageux possible au souverain; car ce qui est réellement le plus avantageux au souverain, est le plus avantageux aux sujets. Il n'y a que la connaissance de ces lois suprêmes qui puisse assurer constamment la tranquillité et la prospérité d'un empire; et plus une nation s'appliquera à cette science, plus l'ordre naturel dominera chez elle, et plus l'ordre positif y sera régulier: on ne proposerait pas, chez une telle nation, une loi déraisonnable, car le gouvernement et les citoyens en apercevraient aussitôt l'absurdité.

Le fondement de la société est la subsistance des hommes et les richesses nécessaires à la force qui doit les défendre: ainsi il n'y aurait que l'ignorance qui pût, par exemple, favoriser l'introduction de lois positives contraires à l'ordre de la reproduction et de la distribution régulière et annuelle des richesses du territoire d'un royaume. Si le flambeau de la raison y éclaire le gouvernement, toutes les lois positives nuisibles à la société et au souverain, disparaîtront.

Il s'agit ici de la raison exercée, étendue et perfectionnée par l'étude des lois naturelles. Car la simple raison n'élève pas l'homme au-dessus de la bête; elle n'est dans son principe qu'une faculté ou une aptitude par laquelle l'homme peut acquérir les connaissances qui lui sont nécessaires, et par laquelle il peut, avec ses connaissances, se procurer les biens physiques et les biens moraux essentiels à la nature de son être. La raison est à l'âme ce que les yeux sont au corps: sans les yeux l'homme ne peut jouir de la lumière, et sans la lumière il ne peut rien voir.

La raison seule ne suffit donc pas à l'homme pour se conduire; il faut qu'il acquière par sa raison les connaissances qui lui sont nécessaires, et que par sa raison il se serve de ces connaissances pour se conduire dignement et pour se procurer les biens dont il a besoin (¹). L'ignorance est l'attribut primitif de l'homme brut et

---

(1) Ce qui suit jusqu'au commencement du dernier alinéa de ce chapitre, a été ultérieurement ajouté. A. O.

isolé : dans la société elle est la plus funeste infirmité des hommes ; elle y est même un crime, parce que les hommes étant doués d'intelligence doivent s'élever à un ordre supérieur à l'état des brutes ; elle y est un crime énorme par son délit, car l'ignorance est la cause la plus générale des malheurs du genre humain et de son indignité envers l'Auteur de la nature, envers la lumière éternelle, la suprême raison et la cause première de tout bien.

Mais la raison éclairée, conduite, et parvenue au point de connaître avec évidence la marche des lois naturelles, devient la règle nécessaire du meilleur gouvernement possible, où l'observation de ces lois souveraines multiplierait abondamment les richesses nécessaires à la subsistance des hommes et au maintien de l'autorité tutélaire, dont la protection garantit, aux hommes réunis en société, la propriété de leurs richesses et la sûreté de leurs personnes.

Il est donc évident que *le droit naturel* de chaque homme *s'étend à raison de ce que l'on s'attache à l'observation des meilleures lois possibles qui constituent l'ordre le plus avantageux aux hommes réunis en société.*

Ces lois ne restreignent point la liberté de l'homme, qui fait partie de son droit naturel ; car les avantages de ces lois suprêmes sont manifestement l'objet du meilleur choix de la liberté. L'homme ne peut se refuser raisonnablement à l'obéissance qu'il doit à ces lois ; autrement sa liberté ne serait qu'une liberté nuisible à lui-même et aux autres ; ce ne serait que la liberté d'un insensé, qui, dans un bon gouvernement, doit être contenue et redressée par l'autorité des lois positives de la société.

II.

NOVEMBRE 1765.

LETTRE

à

MM. les auteurs de la Gazette et du Journal de l'Agriculture,
du Commerce et des Finances

par M. H. (¹)

MESSIEURS,

J'ai lu, à la page 156 de votre journal du quinze septembre, une note qui expose avec beaucoup de netteté le système renfermé dans le *Tableau économique.* (²) Ce système, auquel j'ai profondément réfléchi, m'a suggéré les idées que vous trouverez dans le mémoire ci-joint. Comme je remarque, Messieurs, l'impartialité sévère et *loyale* avec laquelle vous publiez toutes les opinions dont la discussion importe à la patrie, soit que vous partagiez ces opinions, soit que vous ne les partagiez pas(³),

---

(1) Quesnay signait *M. H., M. N., M. de l'Isle,* et *M. Nisaque,* anagramme de Quesnay; Mirabeau se cachait sous la lettre *F.,* Mercier de la Rivière sous la lettre *G.,* etc. La *Notice abrégée* de Dupont (numéro d'avril 1769 des Ephémérides) dit de ce mémoire: „Après ce mémoire (de M. G.), on en trouve un autre fort original, composé dans des principes très faux mais très subtils, et que nous ne nous déterminons à citer que parce qu'il doit être regardé comme un chef-d'œuvre dans son genre. Ce mémoire d'objections contre le *Tableau économique* était une plaisanterie de l'*auteur* même du *Tableau économique* qui, ne trouvant pas ses adversaires assez forts, s'amusait à leur prêter la main sous le nom de *M. H.,* et ceux qui se sont acharnés le plus vivement contre les vérités qu'il a découvertes, sont encore à lui faire une seule objection aussi spécieuse, aussi embarrassante et aussi séduisante que celles qu'il s'était faites à lui-même pour animer leurs efforts." A. O.

(2) Cette note est reproduite, dans son texte complet, au commencement de l'Extrait III ci-après, page 385; nous pouvons donc nous abstenir de l'insérer ici. A. O.

(3) Nous sommes extrêmement flattés de voir que le public rend justice à l'impartialité dont nous sommes et dont nous serons animés. Nous n'avons,

je me tiens pour certain de vous faire plaisir en vous communiquant la mienne. Votre journal, comme vous l'avez très bien dit dans votre préface, est une arène où tout le monde a droit de venir combattre pour le bien public ; je vois avec plaisir que les meilleurs écrivains et les plus instruits de part et d'autre se présentent sur la scène, et que leurs disputes fixent les regards de tous les bons citoyens. Heureux si je puis contribuer comme les autres à la découverte de la vérité, c'est le seul but où je vise dans mes écrits, et comme je n'en ai point d'autre, vous me dispenserez, s'il vous plaît, Messieurs, de placer mon nom à la fin de cette lettre, mes raisonnements seuls peuvent être intéressants ici pour le public et pour vous. Je suis, etc.

MÉMOIRE

SUR LES

AVANTAGES DE L'INDUSTRIE ET DU COMMERCE,

ET SUR

LA FÉCONDITÉ DE LA CLASSE PRÉTENDUE STÉRILE

PAR QUELQUES AUTEURS ÉCONOMIQUES,

envoyé avec la lettre précédente (¹)

Les différentes manières d'envisager les objets n'apportent souvent que de la confusion dans les idées, cependant il est avanta-

---

non plus que les écrivains dont nous publions les ouvrages, d'autre but que la recherche de la vérité. Les mémoires des auteurs que nous croyons les plus éloignés, la renferment peut-être, ou s'ils ne la renferment pas, offrent du moins l'occasion de la démontrer. Il est impossible que nous n'ayons point sur ces ouvrages notre opinion particulière, et si nous n'étions pas capables d'avoir une opinion, certainement nous ne serions nullement dignes du soin d'extraire et rédiger quelquefois celles des auteurs qui en ont une, et savent pourquoi. Mais plus un mémoire nous paraîtra opposé à notre façon de penser, et plus nous nous hâterons de publier ce mémoire, et de rendre justice aux talents et au zèle de son auteur. Nous sommes moins exacts et plus sévères avec ceux qui pensent comme nous, car pour ceux-ci nous nous croyons à portée de les juger en rigueur, attendu que nous connaissons et comprenons les principes qui les font penser comme nous ; et s'il nous arrive quelquefois de leur applaudir, ce sur quoi nous serons très retenus, nous aurons grand soin de détailler les raisonnements qui nous y forcent. Quant aux autres dont nous ne comprenons pas si bien les raisons, nous nous empresserons toujours de les mettre sous les yeux du public, qui est leur juge et le nôtre, et comme nous leur devons de la reconnaissance, puisqu'ils exposent des arguments et développent des systèmes qui ne nous seraient point venus dans l'esprit et qui, dans ces matières importantes, méritent tous d'être examinés par le public, nous aurons soin de leur payer le tribut d'éloges et d'actions de grâces qu'ils nous paraissent mériter. (Note de Dupont.)

(1) Dans son édition des principaux ouvrages de Quesnay E. Daire a donné (p. 103), une énumération des articles de Quesnay publiés dans le *Journal*

geux de considérer les choses sur tous les aspects qu'elles peuvent présenter pour les examiner plus complètement et plus exactement. Mais lorsque cet examen ne se fait que par parties et par plusieurs observateurs, et que chacun ne raisonne que d'après ce qu'il a observé, l'esprit chemine de conséquences en conséquences et se jette dans des écarts qui lui font perdre de vue une multitude de vérités qui appartiennent à l'objet même de ses recherches; plus il s'abandonne à ses raisonnements, plus il rétrécit ses connaissances, plus il rejette les vérités connues par ceux qui ont examiné le même sujet sous d'autres faces. Si chacun raisonne de même d'après son point de vue particulier, il en résulte autant de systèmes discordants fort nuisibles à l'avancement de la science qui exerce la sagacité des auteurs de ces différents systèmes. La science économique, la plus intéressante et la plus négligée de toutes les sciences, semble exciter vivement aujourd'hui l'attention des Français; mais chacun d'eux, fixé à ses propres recherches, embrasse d'abord un plan général, et on voit déjà naître divers systèmes fondés sur des connaissances particulières; les conséquences qu'elles peuvent suggérer à leurs auteurs par un enchaînement de raisonnements incomplets qui rassemblent autant d'erreurs que les bornes des connaissances sur lesquelles on raisonne, excluent des vérités.

Nous n'en rapporterons ici pour exemple que le point de vue éblouissant sous lequel on a envisagé la société comme composée de trois classes, d'une classe productive, d'une classe de propriétaires et d'une classe stérile. Ce coup d'œil qui présente quelques réalités a été analysé avec une rigueur systématique et arithmétique qui en impose à ceux qui ne sont pas assez instruits pour étendre leurs regards sur l'ensemble des vérités économiques. Cependant on peut avouer que cette division des habitants d'un royaume agricole est assez commode pour examiner la distribution des dépenses entre les différents corps des citoyens et pour con-

---

de l'agriculture, etc.; toutefois, il en ressort que ces écrits n'étaient connus de lui que par ouï-dire. La récapitulation dont il s'agit a évidemment été rédigée d'après les rapports de Dupont dans la *Notice abrégée*. Une très petite partie seulement des titres concordent entre eux. Ainsi, il dit, au sujet du Mémoire ci-dessus: „Année 1767 (ce doit être 1765), *Objections contre le Tableau économique*, critique supposée où, sous le nom de M. *H...*, l'auteur combat son système pour tendre à ses adversaires un piège dans lequel ils se laisseront prendre". A. O.

naître la source des productions, qui naissent toutes de travaux de la classe productive. Mais la mesure des productions annuelles d'un royaume agricole n'est pas la mesure des richesses de ce royaume; les productions ne sont des richesses qu'à raison de leur valeur vénale; des récoltes surabondantes font diminuer le prix des productions, et les faibles récoltes le font augmenter; ainsi une grande quantité de productions ne représente pas une grande quantité de richesses; or la classe productive ne procure que les productions; qui est-ce qui leur procure la valeur vénale qui forme les richesses de la nation? N'est-il pas certain qu'elle ne s'établit que par la concurrence des acheteurs? C'est donc cette concurrence des acheteurs, c'est-à-dire toute la nation, qui est elle-même la classe productive des richesses. La division des habitants d'un royaume agricole en trois classes, telle qu'elle est représentée dans le *Tableau économique*, est donc une division erronée en ce qu'on y représente la classe des agriculteurs comme la classe productive des richesses, et qu'on y exclut une multitude de rapports essentiels entre les citoyens dont le concours réciproque établit la prospérité de la nation. On voit clairement que ces raisonnements que nous venons de répéter ne sont établis que sur une erreur grossière qui attribue à la classe des agriculteurs le produit total des richesses qui résultent des ventes de la première main des productions du territoire. On n'a pas aperçu qu'il faudrait abandonner la culture de toutes les productions qui ne seraient d'aucun prix sans les travaux de la classe qu'on appelle stérile, et qui est réellement la classe productive de la valeur vénale qui donne à ces productions la qualité de richesses. C'est donc à cette classe même qu'il faut attribuer le produit de la vente de la première main de ces productions, et non à la classe des agriculteurs, qui ne peuvent leur donner aucune valeur par leurs travaux; car c'est la classe stérile qui rend ces productions propres à la jouissance des hommes et qui leur assure le prix de la vente de la première main, ainsi c'est elle qui paye les travaux de la classe productive, qui paye sur le produit des ventes de la première main les travaux de la classe stérile; c'est donc ici la classe stérile qui est la classe productive, la classe qui salarie celle de l'agriculture.

On doit étendre ces vérités non seulement à la valeur vénale des matières premières des ouvrages de la classe qu'on appelle stérile, mais encore à la valeur vénale des productions qui sont consommées pour la subsistance des agents de cette classe, et qui sont payées à la classe de l'agriculture par le produit des ventes des ouvrages de la classe stérile. Le produit des ventes des ouvrages de la classe stérile peut encore s'étendre plus loin pour le payement des travaux de la classe de l'agriculture; les manufactures florissantes et fort multipliées dans un royaume, et qui vendent leurs ouvrages aux nations étrangères payent, par le produit de leurs ventes faites à l'étranger, toutes les productions que ces manufactures achètent dans le pays à la classe de l'agriculture, ce qui augmente les travaux des terres; dans ce cas, c'est toujours la classe stérile qui produit des richesses pour la classe productive du pays, c'est la classe stérile à qui la classe productive ne paye rien, qui paye toujours la classe productive; on ne peut donc pas dire alors que c'est la classe productive du royaume qui paye la classe stérile sur les produits des ventes de la première main de ses productions; on ne peut donc pas dire non plus que la classe stérile ne produit rien, puisque des ouvrages sont des productions qui étendent l'agriculture, qui accroissent les revenus et la population du royaume.

C'est aussi au commerce des transports que la classe des cultivateurs doit pour la plus grande partie le prix de la vente de la première main des productions qu'elle fait naître. Les grains tombaient en non-valeur par la défense inconsidérée de les exporter hors du royaume; alors il n'y avait point de commerce d'exportation payé sur le produit de la vente des grains; la classe productive a sollicité le rétablissement de ce commerce pour faire monter le prix de ses grains; cette classe n'espérait-elle pas que les frais de ce commerce seraient payés sur l'augmentation du prix des grains procurée par ce commerce même? Le commerce alors ne produit-il pas le payement de ses frais et en outre un bénéfice pour l'agriculture que l'agriculture ne pouvait pas produire elle-même? Ce n'est donc pas la classe productive qui produit cette richesse qui paye le commerce et qui lui forme à elle-même un bénéfice, puisque c'est au commerce qu'elle doit cette production; le commerce n'est donc pas un service stérile. Les travaux de l'agriculture ne sont donc pas les seuls travaux productifs. C'est, il est vrai, sur le produit de la vente des productions que l'agriculture fait naître, que les travaux de la classe stérile sont payés; mais ce produit s'obtient par le concours de la classe stérile et de la classe productive. Celle-ci fait naître les productions, et celle-là augmente leur prix, et elle produit elle-même par cette augmentation de prix la rétribution qui lui est due et de plus un produit net pour la nation.

Tous les travaux productifs, c'est-à-dire tous les travaux qui font renaître annuellement les richesses d'une nation ne sont donc pas, comme on veut le soutenir, renfermés dans la classe de l'agriculture, la dénomination de classe productive n'appartient donc pas plus à l'agriculture relativement aux richesses renaissantes, qu'à la classe qu'on a appelée stérile; celle-ci ne fait pas naître, il est vrai, les productions du territoire, mais elle fait naître des richesses.

L'auteur du *Tableau économique* n'a pas démêlé ces deux sources; il a vu qu'il n'y avait point de richesse sans production, donc l'agriculture produit les richesses; il n'a point aperçu de causes intermédiaires entre deux effets qui dépendent nécessairement l'un de l'autre, mais qui ne sont pas produits l'un par l'autre. Il a confondu les conditions par lesquelles l'une ne peut exister sans l'autre, avec les causes même de [leur existence; la construction ingénieuse de son tableau en a été plus simple et plus facile à démontrer par le calcul; mais ce n'est qu'une démonstration captieuse, qui choque le bon sens à un point qui inspire plus de doute que de confiance; cependant il prête à l'erreur un asile qui échapperait à des regards superficiels, mais lorsqu'on y apporte un peu d'attention, le développement des idées qui y sont confondues suffit pour bannir l'équivoque qui forme l'échafaudage de ce nouveau système économique par lequel l'ordre de la société serait bouleversé. (¹)

_____

(1) Nous croyons que ce mémoire est peut-être le plus fort, le plus suivi, le plus serré, celui dont la marche est la plus conséquente et dans le meilleur ordre de logique de tous ceux qui ont été faits jusqu'à présent pour soutenir le système que l'auteur y adopte, etc. (Note de Dupont.)

III.

JANVIER 1766. (¹)

RÉPONSE

AU

MÉMOIRE DE M. H.

*sur les avantages de l'industrie et du commerce, et sur la fécondité
de la classe prétendue stérile, etc.,*

inséré dans le Journal d'agriculture, commerce et finances,
du mois de novembre 1765.

PAR

L'AMI DE L'AUTEUR DE CE MÉMOIRE, OU LETTRE AUX AUTEURS, etc.

MESSIEURS,

La note que vous avez placée à la page 156 de votre journal
du 15 septembre est devenue la matière d'une discussion sérieuse

---

(1) A la fin du numéro de décembre 1765, la rédaction du journal dit:
„Nous avons reçu une réponse au mémoire de M. *H.* sur les avantages de
l'industrie et du commerce et sur la fécondité de la classe prétendue stérile
par quelques auteurs économiques, lequel a été inséré dans le journal de
novembre; cette réponse est du meilleur ami de M. *H.*"

Ensuite, Dupont a fait précéder cette *Réponse,* que nous donnons ici de
l'introduction suivante:

„Nous avons promis, à la fin de notre dernier journal, le mémoire suivant
en réponse à celui de M. H. que nous avons inséré dans notre journal de
novembre. Nous nous acquittons de notre parole avec d'autant plus de plaisir
que par la connaissance que nous avons de M. H., nous sommes certains
qu'il ne sera point du tout fâché de voir réfuter son mémoire, et pas plus
que ne l'a été l'auteur du *Tableau économique* en voyant paraître ce mémoire fait contre moi."

et bien digne d'être suivie. M. H. a combattu avec vigueur cette
note, ou plutôt les principes du *Tableau économique* qui y sont
exposés. Vous avez opposé à ses raisonnements spécieux et serrés,
des réflexions qui me paraissent les balancer au moins, et je désire
ardemment que vous-même ou quelqu'autre entreprenne l'*Essai sur
les prix* dont vous avez esquissé le plan dans vos réflexions, et
que je crois indispensable pour terminer les contestations sur cette
matière. Mais en attendant que cet ouvrage qui ne saurait être
trop mûrement réfléchi, soit en état de devenir public, je crois utile
de faire à M. H. une réponse préliminaire: et comme par l'extrême
intimité qui nous unit, je suis certain qu'en vous adressant son
mémoire il n'a eu l'intention que de contribuer à constater la
vérité, je suis certain aussi que j'entre dans ses vues en lui répli-
quant. Je vais donc commencer par rappeler ici votre note qui
pose l'état de la question.

« La *classe productive*, dites-vous d'après le *Tableau écono-
« mique*, comprend tous les hommes employés aux travaux néces-
« saires pour obtenir les productions de la terre propres à la
« jouissance des hommes. Ces travaux se terminent à la vente
« de la première main des productions. Par cette vente, ces
« productions passent, comme matières premières, dans les mains
« des agents de la *classe stérile*, pour la fabrication des ou-
« vrages de cette classe, ou, comme marchandises, dans les mains
« des commerçants, pour être transportées et revendues aux lieux

---

Dans sa *Notice abrégée*, qui a paru au moins trois ans plus tard (1769),
Dupont s'exprime comme suit au sujet de cette *Réponse:*

„Le volume de ce mois (janvier) commence par une *Réponse au Mémoire
d'objections contre le Tableau économique*, que l'auteur même du *Tableau
économique* avait publié sous le nom de *M. H.*, au mois de novembre 1765,
ainsi que nous l'avons remarqué à l'article de ce mois dans la notice qui
précède notre dernier volume. Cette réponse discute profondément les raisonnements spécieux que les adversaires du *Tableau économique* n'avaient pas
même eu l'esprit de faire, mais par lesquels ils auraient pu cependant obscurcir
la vérité vis-à-vis des hommes peu attentifs et peu instruits. L'auteur du
Tableau économique, qui se nomma alors M. H. ou l'*ami de M. H.*, prouve
que la distinction des *travaux productifs* et des *travaux stériles*, qui choquait
principalement ses adversaires, est fondée sur la nature, et que tout ce qu'on
peut lui opposer se réduit au sophisme des écoliers, qui affectent de confondre
la *corde* et la *source du puits*, à cause que la *corde* sert à puiser l'eau que
la *source* produit.“

' E. Daire la mentionne sous le titre divergent de *Réponse aux objections
contre le Tableau économique.* A. O.

« de leur consommation. L'accroissement de prix qu'elles acquiè-
« rent après la vente de la première main, par le commerce des
« revendeurs ou par les travaux des autres agents de la *classe*
« *stérile,* n'est point une augmentation de richesse: cette augmen-
« tation de prix ne consiste que dans la rétribution due aux tra-
« vaux des agents de la classe stérile, à qui elle est payée par le
« produit du prix de la vente de la première main. Ce sont les
« dépenses du revenu des propriétaires des biens-fonds et celles
« de la *classe productive* à la *classe stérile* qui payent cette *rétri-*
« *bution* aux agents de cette classe; et moins elle est onéreuse,
« plus il y a de profit pour les revenus de l'Etat et de la nation.
« Car cette rétribution fait baisser le prix de la vente de la pre-
« mière main, ou le prend sur le produit même de cette vente.
« La recette totale des ventes de la première main faite par la
« classe productive dans l'année, est la mesure des richesses re-
« nouvelées dans cette même année. Les travaux de l'industrie et
« du commerce ne peuvent les étendre au delà de cette mesure.
« Les nations agricoles qui commercent entre elles sont toujours
« assujetties à la même loi. Aucune d'elles ne donne ses richesses
« à une autre que pour des richesses de même valeur. Ainsi les
« travaux de leurs commerçants n'augmentent point leurs richesses,
« et elles payent de part et d'autre le renchérissement survenu
« par les frais inséparables des travaux et des dépenses du com-
« merce et de l'industrie. L'augmentation des frais ne saurait
« augmenter les richesses de ceux qui restituent ces frais; l'aug-
« mentation des prix causée par les frais du commerce, n'est donc
« point une augmentation de richesses pour les nations qui payent
« ces frais de part et d'autre à raison de leurs ventes et de leurs
« achats réciproques. Dans ce commerce d'échange entre les
« nations, chacune d'elles ne peut acheter qu'autant qu'elle vend;
« ainsi leurs ventes et leurs achats réciproques les réduisent à la
« même mesure de richesses qu'elles avaient chacune en particulier
« avant leur commerce d'échange; il semblerait même qu'elles le
« sont moins, parce qu'elles ont payé des frais de part et d'autre;
« mais elles s'entre-restituent aussi ces frais de part et d'autre,
« ce qui les ramène toutes également à la mesure des richesses
« qu'elles avaient auparavant, en supposant qu'elles ont également
« attention à leurs intérêts dans leur commerce réciproque, sinon
« il faudrait croire qu'elles ne seraient dupes que tour à tour les
« unes des autres, ce qui revient au même. En tout cas, l'avan-

« tage ne sera pas du côté de celles dont le commerce dominera
« le plus en marchandises de main-d'œuvre, quoiqu'on leur paye
« plus de frais ; car ce n'est qu'une simple restitution de ce qu'elles
« ont payé d'avance chez elles en dépenses, qui ne sont pas un
« accroissement de richesses comme celles qui font naître des pro-
« ductions qui assurent un produit net, lequel, outre les consom-
« mateurs qui vivent sur les dépenses dont il est le fruit, entre-
« tiennent d'autres consommateurs par surcroît. Voilà quel est
« l'ordre des dépenses représenté dans le *Tableau économique*, et
« voilà aussi l'objet actuel de la grande discussion qui s'est élevée
« entre les savants qui écrivent sur la *science économique.* »

L'auteur du mémoire inséré dans votre journal de novembre dernier
ne veut pas reconnaître ce partage de *classe productive* et de *classe stérile*
dans le sens opposé que présentent ces dénominations. Il y a, selon
lui, par le prix que les achats donnent aux productions, un cercle
de communication productive entre les deux classes qui les rend
également et réciproquement fécondes relativement l'une à l'autre.
La classe qu'on appelle productive dans le *Tableau économique* fait
naître les productions, mais elle ne leur communique pas le prix
qui leur donne la qualité de richesses ; c'est, dit-il, la classe qu'on
appelle stérile dans le même Tableau, qui par les achats qu'elle fait
à la classe productive, leur procure la valeur vénale sur laquelle
tous les calculs du tableau sont établis ; c'est donc aux achats de
la classe stérile à la classe productive, qu'il faut attribuer les
richesses d'une nation, cette classe n'est donc pas stérile ; c'est donc
mal à propos qu'on étend les limites de la classe productive jusqu'aux ventes des productions, en première main, puisque le produit
de ces ventes est fourni par la classe prétendue stérile. Ce n'est
donc pas à la classe productive que l'on doit attribuer ce produit.
La classe prétendue stérile est donc aussi productive que l'autre
classe, puisque c'est d'elle que vient le produit de la valeur vénale
des ventes des productions en première main. Les limites de la
classe productive ne s'étendent donc que jusqu'au terme où finissent les travaux qui procurent les productions de la terre, et non
jusqu'aux ventes de ces productions à la première main. Car à ce
terme, la classe productive a produit tout ce qu'elle a pu produire,
et c'est ensuite la classe prétendue stérile qui produit dans les
ventes des productions à la première main, la valeur vénale que
la classe productive retire de ses productions ; ainsi la classe prétendue
stérile n'est donc pas moins productive que la classe productive même.

Ce raisonnement spécieux, conduit par gradation avec beaucoup d'art, paraît très concluant et change entièrement l'explication des calculs du *Tableau économique*. Mais si on demande à l'auteur qu'est-ce que la classe stérile lui paraît avoir produit : que répondra-t-il ? Est-ce l'argent avec lequel elle a payé les productions qu'elle a achetées à la classe productive ? Mais on sait qu'elle a reçu cet argent par des ventes qu'elle a faites aussi elle-même, qu'ainsi elle ne l'a pas produit. On sait encore qu'elle en tire le plus qu'elle peut pour ses ventes et qu'elle en donne le moins qu'elle peut pour ses achats ; qu'ainsi elle contribue autant qu'elle peut à la diminution du prix des productions qu'elle achète, et qu'elle tend, au contraire, autant qu'elle peut à l'augmentation du prix de ce qu'elle vend : en ce sens, ce ne serait pas comme acheteur, mais comme vendeur qu'elle serait productive, c'est-à-dire productive de la valeur vénale qui constitue les richesses : or dans le même sens, la classe productive serait aussi productive elle-même de la valeur vénale des productions qu'elle vend. Mais toutes ces idées sont chimériques ; les prix ne sont point soumis aux intérêts de l'acheteur ni du vendeur ; ces intérêts eux-mêmes sont en opposition réciproque dans les ventes et dans les achats : ainsi le vendeur et les acheteurs, considérés séparément, ne sont point les arbitres des prix des productions. Ce serait donc avancer un paradoxe inconcevable que de nous dire que la classe stérile, envisagée en particulier, est productive de la valeur vénale des productions que la classe productive fait naître. Car personne n'ignore qu'à l'égard des productions, les causes générales de leur prix courant font leur rareté ou leur abondance, ou la concurrence plus ou moins grande de vendeurs ou d'acheteurs ; et que par ces causes, le prix actuel des productions précède leurs ventes, même celles de la première main.

Or c'est sur ce prix absolu, auquel la classe stérile elle-même est assujettie préalablement à ses achats, que sont établis dans le *Tableau économique* les calculs de la valeur vénale des productions que la classe productive fait naître ; et c'est en effet sur ce prix même, réduit en année commune, que les fermiers des terres se règlent pour le prix du fermage qu'ils s'engagent de payer aux propriétaires pendant la durée de leurs baux. Cette base de calcul ne doit donc pas être regardée comme l'*échafaudage d'un nouveau système qui bouleverserait l'ordre économique* ; car ce prétendu *échafaudage* est aussi ancien que l'agriculture. L'auteur réduit à se retrancher, continuera de soutenir que la *classe stérile* contribue au moins à la valeur vénale des productions qu'elle achète à la *classe productive;* mais il doit apercevoir qu'elle n'y contribue pas plus que la *classe productive* ne contribue à la valeur vénale de ce qu'elle achète à la *classe stérile;* et que ses achats se contrebalancent de part et d'autre, de manière que leur effet se réduit de part et d'autre à des échanges de valeur pour valeur égale. De valeur, dis-je, qui existait d'un côté et de l'autre avant l'échange: ainsi, dans le fait, l'échange ne produit rien. La *classe stérile* n'est donc pas, par ses achats, *productive* de la valeur des productions qu'elle achète à la classe productive. Il en est de même de la classe productive relativement à ce qu'elle achète de la classe stérile; car, de part et d'autre elles sont également acheteurs et vendeurs, et assujetties réciproquement aux mêmes conditions et aux mêmes lois d'échange. L'auteur pourra croire qu'il s'est mépris, et que c'est comme vendeur que *la classe prétendue stérile est productive,* parce que la valeur de ce qu'elle vend existait même dès avant la vente, puisque dans ces ventes il y a échange de valeur pour valeur égale. Mais relativement à la question dont il s'agit ici, il faut distinguer la valeur des productions renaissantes de la valeur des dépenses purement en frais, car une dépense n'est pas une production; et le remboursement de cette dépense, quand il n'est pas fait par la renaissance des richesses que produit la nature, n'est lui-même qu'une dépense nouvelle qui n'est pas plus une production que la dépense de frais n'en était une. Or dans les ventes de la classe stérile, cette classe ne vend que des valeurs de pures dépenses en frais. Mais puisqu'il est clair que des dépenses, uniquement en frais, ne sont pas des productions, il est tout aussi clair que la classe stérile, ne vendant que des valeurs de pures dépenses en frais, n'est pas productive du prix de ces ventes.

On nous demandera sans doute si un artisan qui vend son ouvrage, un cordonnier, par exemple, qui vend une paire de souliers, vend et la matière première avec laquelle il a formé la paire de souliers, et son travail dont la valeur est déterminée par celle de la dépense en productions ou marchandises nécessaires pour la subsistance et l'entretien de sa famille et de lui-même pendant le temps du travail employé à faire la paire de souliers; on voit qu'il n'y a là que consommation et point de production. *N'y a-t-il pas,* dira-t-on, *la production d'une paire de souliers?* Non, car si vous distinguez la matière première de cette paire de souliers, d'avec la façon de cet ouvrage, vous n'y trouvez qu'une formation exécutée par le travail du cordonnier, dont la valeur est en pure dépense de frais faits pour sa subsistance; et si vous lui demandiez ce que c'est que la façon dont il veut retirer le prix, il vous dira que c'est le travail qu'il a employé à faire la paire de souliers. Car un ouvrier dit indifféremment qu'il fait payer sa façon, son temps, son travail, ses frais; tous ces termes sont synonymes pour lui. Il resterait encore à nous dire *que ce travail produit au moins la subsistance de l'ouvrier et de sa famille.* Mais il n'y a pas d'apparence qu'on veuille abuser des mots au point de vouloir faire entendre qu'une simple consommation est une production. Car une production telle que nous l'entendons ici, est une richesse renaissante, au lieu qu'une simple consommation est l'anéantissement d'une richesse; il est difficile de réunir dans une même idée deux choses si opposées; en tout cas ce serait une idée bien compliquée qui aurait besoin d'un développement pour en dissiper la confusion. L'ouvrier parle plus exactement; il dit qu'il *gagne* sa subsistance, et ne dit pas qu'il la *produit. Mais n'y aurait-il pas de production relativement aux matières premières qui entrent dans les ouvrages de la classe stérile?* C'est ce qu'il faut examiner rigoureusement.

On aperçoit d'abord que l'ouvrier ne produit pas la matière première de son ouvrage, qu'il l'achète et la revend avec l'ouvrage, et qu'en ce point, on ne pourrait le regarder que comme marchand revendeur; alors le gain qu'il ferait dans cette revente serait pris sur celui qui achète l'ouvrage, ou sur celui qui a vendu la matière première, lequel aurait souffert une diminution sur le prix de sa vente; ainsi il n'y aurait pas là de production, il n'y aurait que des frais payés par l'acheteur ou par le premier vendeur. *Mais la matière première ne tire-t-elle pas sa valeur vénale de l'emploi que l'ouvrier en fait? De quelle utilité, par exemple, serait le lin et quelle valeur vénale aurait-il s'il n'était pas employé par le tisserand à faire de la toile?*

J'avoue que dans ce cas idéal il n'aurait peut-être aucune valeur, et que le cultivateur en abandonnerait la culture; mais sa terre ne resterait pas en friche: car une terre qui rapporte du lin peut également rapporter d'autres productions de bonne valeur et même des productions qui n'auraient pas besoin du travail d'aucun ouvrier de la classe stérile; tels seraient le blé, le vin, etc. C'est l'emploi même de la terre que le cultivateur vend à ceux qui achètent des productions: et pourvu que la terre soit bien employée, il lui est indifférent de cultiver une production ou une autre. Dans le cas même où une production augmenterait de prix par son emploi à la classe stérile, les cultivateurs la multiplieraient tant que bientôt son prix n'excéderait plus celui des autres productions, toutes dépenses et profits compensés. Ainsi l'emploi des productions du pays en matières premières à la classe stérile ne peut guère accroître que pour un moment le prix de ces productions. *Mais la variété des productions ne contribue-t-elle pas à rendre l'emploi de la terre plus assuré et plus profitable? D'ailleurs, une bonne production de plus n'est-elle pas une richesse de plus?* On ne voit là autre chose, sinon que l'emploi de la terre serait plus partagé à la culture de plusieurs bonnes productions, sans augmenter la masse totale du produit. La qualité des terres est si variée qu'il n'y a que la variété des productions qui puisse assurer le bon emploi des terres : cela est vrai, mais il y a indépendamment *des matières premières des ouvrages de luxe*, une grande variété de productions pour l'emploi des différentes qualités des terres ; les matières premières des ouvrages de luxe que la culture fournit, sont un si petit objet que les terres qui en seraient privées n'en seraient pas moins bien occupées par d'autres productions. Je dis *les matières premières des ouvrages de luxe,* car en tout pays où la culture produit beaucoup de richesses, les matières des ouvrages de besoin n'y manqueront jamais.

Le besoin seul est le père de l'industrie, il sollicite l'artisan à s'y livrer pour gagner sa subsistance, il sollicite aussi tous ceux qui peuvent acheter à se procurer ses ouvrages. La politique peut se dispenser de se joindre au besoin pour exciter les hommes à y satisfaire, parce que la classe stérile s'étendra toujours à proportion des richesses du pays. Je dis *à proportion des richesses du pays,* car, comme elle ne produit rien et qu'elle ne travaille que pour la consommation, elle ne peut subsister que par les richesses de la nation, c'est-à-dire par les richesses que la classe productive fait naître. Quoique le besoin presse assez les hommes qui ne peuvent vivre que de leur travail, de se livrer à l'industrie et au commerce de revendeur sans y être excités par le gouvernement ; quoiqu'en général les travaux de la classe stérile soient moins pénibles que ceux de la classe productive ; quoique la classe stérile attire les hommes dans les villes, dont le séjour est préférable à celui des campagnes, et que l'ancien proverbe *beati qui habitant urbes* ne laisse pas ignorer que la classe stérile est toujours la partie la plus complète et la plus séduisante d'une nation : ces raisons mêmes déterminent encore plus à penser qu'elle étend beaucoup son industrie et ses travaux, qu'elle emploie beaucoup de matières pour la fabrication de ses ouvrages, et que cet emploi de matières premières doit augmenter le débit et le prix des productions que la classe productive lui fournit. Ainsi dans ce point de vue, cette classe ne devrait pas être envisagée comme purement stérile. Nous remarquerons aussi que dans ce point de vue même il faut faire attention à ce qu'elle ne peut pas multiplier ses ouvrages au delà de ce qu'elle peut vendre. Or elle n'en peut vendre qu'à raison des richesses de la nation annuellement renaissantes par les travaux de la classe productive ; et si elle faisait augmenter le prix des matières qu'elle tire de cette classe, elle renchérirait elle-même d'autant plus les ouvrages qu'elle vend, ce qui ne produirait dans ce cercle qu'une augmentation illusoire de richesses. D'ailleurs ces matières, achetées à la classe productive, forment une partie si peu considérable dans l'ordre général de la culture d'un grand territoire, qu'il ne pourrait résulter d'un faible changement dans leur prix aucun effet remarquable relativement à la masse totale de la reproduction des richesses annuelles de la nation.

On doit, à la vérité, excepter de cette observation générale l'emploi des laines dont le bas prix a un retour sur la classe productive, fort avantageux à l'agriculture ; mais cela dépendrait moins de la classe stérile que du retranchement des étoffes de luxe, dont cette classe est occupée au préjudice de la consommation des laines. On ne peut pas même, dans cette hypothèse du renchérissement des matières premières des ouvrages de la classe stérile, supposer que les ventes de ses ouvrages à l'étranger réaliseraient cette prétendue augmentation de richesses : car le renchérissement de ces mêmes ouvrages que la classe stérile occasionnerait elle-même, en arrêterait la vente chez l'étranger. Il ne pourrait donc être à considérer que dans un pays où il n'y aurait pas de débouchés faciles pour le commerce extérieur des productions du territoire, et où leur débit serait procuré par la multiplication des travaux de l'industrie ; encore ne faudrait-il pas confondre alors le moyen avec la cause. Mais malheur aux nations réduites à une telle ressource, et heureuses celles où elle ne peut pas exister à cause de la facilité de leur commerce extérieur qui soutient leurs productions à un prix trop haut pour que leur classe stérile puisse entrer en concurrence pour le débit de ses ouvrages chez l'étranger, et où cette classe serait, par cette raison, bornée ou presque bornée au commerce intérieur de ses ouvrages.

Il y a un argument que l'on répète sans cesse et que l'on croit décisif en faveur de la fécondité opulente de l'industrie; mais lorsqu'il est approfondi, il signifie autre chose que ce que l'on veut lui faire signifier et prouve le contraire de ce que l'on veut prouver. On dit que *plus il y a de consommateurs dans un royaume, plus ils renchérissent les productions du territoire et leur procurent la qualité de richesses. Or, plus il y a d'hommes occupés à l'industrie dans un royaume, plus il y a de consommateurs.* Donc, etc. Dans l'école on nierait sèchement la majeure, mais contentons-nous de faire remarquer qu'au lieu de dire *plus il y a de consommateurs*, il faut dire *plus il y a de consommation*, car les consommateurs ne manquent nulle part: partout le plus grand nombre des consommateurs ne peuvent consommer autant qu'ils le voudraient; ceux qui ne mangent que du pain de blé noir et qui ne boivent que de l'eau voudraient pouvoir manger du pain de froment et boire du vin; ceux qui ne peuvent manger de la viande, voudraient pouvoir en manger; ceux qui n'ont que de mauvais vêtements voudraient en avoir de bons; ceux qui n'ont pas de bois pour se chauffer voudraient pouvoir en acheter, etc. Ce ne sont donc pas les consommateurs qui manquent, c'est la consommation. Or il est sensible que plus on retrancherait des dépenses et des travaux superflus qui se font à la classe stérile pour la fabrication des ouvrages de luxe et pour les achats de matières premières étrangères, pour employer ces dépenses et ces travaux à faire naître de nouvelles productions, plus il y aurait de productions consommables et surtout de productions comestibles. Il y aurait donc dans ce cas une plus grande consommation, puisqu'il y aurait plus de productions à consommer. Les consommateurs, par conséquent, qui n'aspirent qu'après une plus grande faculté de consommer, se multiplieraient, et consommeraient; les richesses, les revenus, la population et la puissance du royaume s'accroîtraient par l'accroissement de la culture et de la consommation. Mais plus la consommation et les richesses augmenteraient et plus on aurait besoin dans ce même cas des services des agents de la classe stérile, dont l'emploi se multipliera toujours en raison des moyens qu'on aura de les soudoyer; moyens qui augmenteraient sensiblement chez les agents de la classe productive et chez les propriétaires du produit net de la culture, qui sont les possesseurs des terres, l'Etat, et les décimateurs, en raison de la plus grande abondance des productions échangeables, d'où suit la plus grande consommation.

La classe stérile elle-même s'accroîtrait donc par la suite des conséquences de la diminution des dépenses superflues faites à cette classe; et il est aussi naturel que la multiplication des richesses et des objets de consommation multiplie les consommateurs, qu'il serait absurde de croire que l'emploi des hommes et des richesses à des travaux qui ne font point naître de productions et qui seraient multipliés au préjudice des dépenses et des travaux qui font naître les productions, multiplierait les richesses et les consommateurs. C'est ce point-ci qui doit décider de la question puisqu'il prouve que la *classe stérile* est onéreuse à la *classe productive*, loin de l'enrichir et d'enrichir la nation. Rien ne manifeste mieux la *stérilité* et plus que *stérilité* de cette classe, que de remarquer que plus on l'étend par l'augmentation des frais de fabrique, de transport, de voiturage, etc., etc., et plus elle est onéreuse à la classe productive. On ne peut pas dire que plus on la retrancherait par la diminution de tous ces frais, et plus on retrancherait de *consommateurs*; car plus les travaux de la classe productive augmenteraient par le retranchement de la classe stérile, et plus ils occuperaient de *consommateurs*. Ce n'est donc pas par l'industrie que l'on fait prospérer la classe productive et que l'on enrichit un royaume; c'est par la classe productive et par les richesses qu'elle les fait naître, que les hommes se multiplient, que le royaume devient opulent et que la classe stérile augmente.

Quant à ce que l'auteur dit à l'avantage du commerce pour prouver qu'il est productif, il pourrait en dire autant à l'avantage des chemins nécessaires pour les charrois des productions; et il nous prouverait sans doute que ce sont les chemins qui produisent les récoltes. Avec des entrelacements d'idées bien artistement ajustés, on peu tout prouver à ceux qui n'approfondissent rien. Les grains, dit-il, *étaient tombés en non-valeur par la défense inconsidérée de les exporter hors du royaume*, etc. Que l'on suppose une défense inconsidérée de laisser passer les charrois par les chemins, on fera facilement la parodie des raisonnements de l'auteur. Ainsi nous nous pouvons dispenser de les discuter.

Le commerce est un échange de choses qui existent et qui ont entre elles chacune leur valeur respective. Il y a de plus le besoin d'échanger, condition sans laquelle il n'y aurait point d'échange ou de commerce; toutes ces choses précèdent l'action d'échanger; l'échange ou le commerce ne fait pas naître les productions, l'action de l'échange ne produit donc rien; elle est seulement nécessaire pour satisfaire au besoin qui est lui-même la cause de l'échange. Il faut donc distinguer ici ce qui est simplement nécessaire de ce qui est productif: si ce qui est productif est nécessaire, il ne s'ensuit pas, ainsi que l'auteur l'insinue, que tout ce qui est nécessaire soit productif. La confusion est l'asile des sophismes, et le discernement est le scrutateur qui les dévoile. (¹)

---

(1) Il y a deux sortes d'arguments dont les étudiants en logique s'amusent beaucoup : l'argument de la corde du puits, et l'argument du jambon. La source du puits me fournit l'eau que je bois. Or c'est la corde du puits qui me fournit l'eau que je bois. Donc la corde du puits est la source qui me fournit l'eau que je bois. Boire beaucoup désaltère. Or le jambon fait boire beaucoup. Donc le jambon désaltère. Le premier confond le moyen avec la cause; le second confond différents effets et différentes causes. C'est ainsi que M. H. (il veut bien me permettre d'en faire la remarque) a raisonné pour prouver la fécondité de la classe stérile et réfuter le *Tableau économique*, ou du moins lui prodiguer des invectives. *(Note de l'auteur.)*

IV.

JANVIER 1766.

LETTRE

AUX

AUTEURS DU JOURNAL, (¹) *etc.*

MESSIEURS,

J'ai lu dans votre gazette du 24 décembre la question suivante: „Dix „fabricants de la ville de Nîmes achètent, année commune, en Italie „ou en Espagne, cinquante milliers de soie qui, à un prix commun, „leur coûtent 1,000,000 liv. Ils fabriquent de cette matière vingt-cinq „mille douzaines de bas qu'ils vendent partie aux Portugais, partie „aux Allemands à 100 liv. la douzaine, ce qui forme une somme de „2,500,000 liv., et un profit de 1,500,000 liv. répandu sur deux ou „trois mille ouvriers de tout genre, employés à la fabrication des bas, „et sur les dix fabricants qui les occupent. On demande si ces 1,500.000 „liv. ne font pas pour la France un produit réel dont l'industrie des „dix fabricants de Nîmes est la cause directe, et si conséquemment ces „dix manufacturiers ne peuvent pas prétendre à l'honneur d'être admis „dans la classe productive des citoyens, et de faire partie de la nation?

---

(1) „On trouve ensuite une lettre du même auteur, dans laquelle, au sujet d'une question proposée par un *habitant de Nîmes,* il développe l'illusion du profit que paraît donner la méthode d'acheter les matières premières de l'étranger, dans la vue de les mettre en œuvre et de les lui revendre toutes manufacturées. L'auteur qui ne veut pas encore traiter la question à fond, se contente d'observer que le plus grand débit des ouvrages des manufactures se fait naturellement dans le pays même où elles sont situées, qu'il n'est pas dans le cours habituel des choses qu'on puisse revendre à l'étranger des ouvrages de la manufacture dont il a fourni la matière première, pour une somme égale à la valeur de cette matière; que c'est donc supposer contre le fait que d'avancer que ces manufactures soient entretenues aux dépens de l'étranger." (*Notice abrégée* de Dupont.)

„On demande encore si le travail que l'industrie des dix fabricants „procure, n'augmente pas les ressources du peuple pour vivre; si cette „augmentation de ressources ne tend pas à l'accroissement du nombre des „consommateurs; si le plus grand nombre de consommateurs ne produit „pas l'augmentation de la valeur des denrées; si la plus grande valeur „des denrées n'opère pas leur multiplication; si, d'après cette suite de „conséquences, les dix fabricants de Nîmes ne peuvent pas être con- „sidérés comme les producteurs des consommations de leurs trois mille „ouvriers, et même des consommations des divers artisans que ces ouvriers „occupent pour les besoins de la vie, et pour la construction et l'entre- „tien des machines et instruments nécessaires à leur art; et si à ce „second égard, les dix fabricants de Nîmes n'ont pas encore le droit „de prétendre à l'honneur d'être admis dans la classe productive des „citoyens et de faire partie de la nation?“ Des raisons particulières me font désirer que ma réponse à cette question soit placée dans votre journal; comme elle sera courte, j'espère que vous pourrez la faire entrer dans celui de janvier prochain, sans reculer les matériaux précieux que vous avez pour ce journal. Je suis, etc.

RÉPONSE A LA QUESTION

proposée dans la Gazette du commerce du 24 décembre 1765

SUR

LES PROFITS DE LA FABRICATION DES BAS DE SOIE EN FRANCE

On suppose dans cette question que la France vend à l'étranger pour deux millions cinq cent mille livres de bas de soie, dont la matière première n'a coûté qu'un million (je crois qu'elle coûte beaucoup plus, mais cela est indifférent pour le fond de la question). On voit que l'étranger paye à la France un bénéfice de 1,500,000 livres, qui se trouve au delà du prix de la matière première que l'étranger lui a vendue: donc, conclut-on, ce bénéfice enlève annuelle-ment à l'étranger une somme d'argent de 1,500,000 livres. On est attentif à représenter ce bénéfice en argent, parce qu'il semble que le principal objet du commerce d'une nation est de tirer de l'argent de l'étranger; un commerce d'échange de marchandises pour marchandises semble ne procurer aucun profit. Il s'agit donc ici d'un bénéfice en argent payé par l'étranger: examinons le fait. Quand la France vend pour deux millions cinq cent mille livres de bas de soie à l'étranger, son commerce intérieur en bas de soie achetés par ses habitants est au moins le double de celui qu'elle fait avec l'étranger; le total de ce commerce sera donc au moins de sept millions cinq cent mille livres, et l'achat des matières premières chez l'étranger sera au moins de trois millions. Ainsi dans le cas proposé, qui retire deux millions cinq cent mille livres de l'étranger lui paye trois millions: de quel côté sera le bénéfice en argent si ces ventes se font en argent? A ce premier fonds d'avances de trois millions pour l'achat de la matière première, ajoutons quatre millions cinq cent mille livres d'avances pour la dépense des fabricants, entrepreneurs, commerçants, etc., le total des avances sera sept millions cinq cent mille livres: où est le produit net? Il n'y a même aucun produit réel par lequel la main-d'œuvre puisse elle-même se restituer la moindre portion de ses frais.

On nous dira sans doute que les avances des dépenses ont fourni aux fabricants, aux entrepreneurs et aux commerçants employés dans cette exploitation les gains dépensés pour leur subsistance. Qui est-ce qui leur paye ces gains? Ce n'est pas l'étranger, puisqu'on lui paye 500,000 livres au delà de ce qu'on a reçu de lui pour ses achats; c'est donc la nation qui paye le tout, et pour parler le langage vulgaire, avec le désavantage de 500,000 livres qui passent à demeure chez l'étranger. Dira-t-on du moins cette fabrication procure la subsistance à un grand nombre d'habitants qui ne pourraient pas subsister sans ce travail: C'est trop dire que d'avancer qu'ils ne pourraient pas subsister sans ce travail; car la nation payant ce travail, elle pourra également occuper la même quantité d'hommes à tout autre genre de travail, et même à des travaux plus profitables, tels que seraient ceux de la culture qui, multipliant les denrées consommables, donneraient encore un moyen (qui est l'unique) d'accroître la population, dont la mesure est toujours celle de la subsistance. Ainsi les fabriques de Nîmes pourraient ne pas exister sans qu'il y eût moins d'hommes, ni moins de richesses, ni moins de consommation, ni moins de reproductions dans la nation. Par quel côté donc pourrait-on croire que ces fabriques fussent productives et que leurs entrepreneurs et fabricants fissent partie de la classe productive [1]?

_____

(1) On dira peut-être que nous ne répondons pas précisément à la question en confondant les achats de bas de soie payés par la nation avec les ventes faites à l'étranger. Mais nous dirons de notre côté qu'on n'a pas dû les séparer dans la question proposée; car toute manufacture est à l'usage de la, nation et de l'étranger. Cependant, si l'on veut se fixer à une abstraction idéale et inutile, on peut insister: la réponse ne sera pas refusée. (Note de l'auteur.)

V.

OBSERVATIONS

SUR

L'INTÉRÊT DE L'ARGENT

par M. NISAQUE. ([1])

Le fur ou l'intérêt exigé pour le prêt de l'argent, est fondé de droit sur le rapport de conformité qu'il a avec le revenu des biens-

(1) Ce mémoire est remarquable en ce sens qu'il fait, au sujet de la politique du taux de l'intérêt, des propositions paraissant s'écarter des principes défendus ailleurs par Quesnay. Les disciples de Quesnay et, parmi eux, Turgot en première ligne, n'ont pas adopté les opinions exposées. De même, l'école a cherché autant que possible à faire passer l'article sous silence; à dessein, Dupont ne l'a pas inséré dans la *Physiocratie.* Schelle, dans son œuvre *Dupont de Nemours,* page 44, dit à ce sujet: „Dupont avait écarté, et pour cause, un article (de Quesnay) sur l'*intérêt de l'argent* favorable à la réglementation".

Nous ajoutons ici les indications y relatives de la *Notice abrégée:*

„On lit encore dans le volume de janvier deux morceaux intéressants (de Quesnay); le premier intitulé: *Observations sur l'intérêt de l'argent,* par *M. Nisaque,* prouve que le revenu qu'on acquiert par le prêt de l'argent est dans l'ordre de la justice la plus exacte; qu'il faut à cet égard, comme à tout autre, respecter la liberté des conventions dans le commerce; que pour les cas où il n'y a point de convention connue, comme lorsqu'il s'agit d'adjuger en justice des intérêts pour le retard du paiement d'une dette, ou de fixer le revenu dont un tuteur doit compter à des mineurs, etc., etc., il faut partir d'un principe simple, c'est que l'intérêt de l'argent devant être, moyennant un circuit plus ou moins long, payé par le revenu des terres, il s'ensuit que cet intérêt ne doit pas être plus haut que la proportion du revenu que donnent les terres en raison du capital de leur acquisition, sans quoi l'intérêt deviendrait onéreux et destructeur; que la loi ne pouvant pas fixer cette proportion, mais devant s'y conformer, il fallait tous les ans déterminer *par un acte de notoriété* com-

fonds et avec le gain que procure le commerce de revendeur. Avec de l'argent, on acquiert la propriété et le revenu d'un bien-fonds : la propriété d'un bien tient lieu du capital de l'argent payé pour l'acquisition de ce bien qui, en outre, rapporte annuellement un revenu. Ainsi par cet exemple de l'argent on acquiert un revenu annuel avec la conservation du capital. Donc avec de l'argent on peut, dans l'ordre de la justice la plus exacte, acquérir un revenu annuel avec la conservation du capital de l'argent qui procure le revenu. Nous disons dans l'ordre de la justice la plus exacte, puisque c'est le bien acquis avec de l'argent qui produit ce revenu sans rien retrancher de ce qui appartient à autrui. Quand quelqu'un prête de l'argent, il aliène donc une richesse qui de droit peut lui rapporter un revenu avec la conservation du capital qu'il aliène.

On pourrait objecter que prêter de l'argent n'est pas acheter un bien qui produise un revenu, sans rien retrancher de ce qui appartient à autrui, sous le prétexte que cet argent employé à un bien-fonds lui rapporterait ce revenu sans rien retrancher de ce qui appartient à autrui; et qu'il est trop connu que l'argent que l'on emprunte ne rapporte pas à l'emprunteur le revenu que le prêteur exige. Mais cette objection n'aurait aucune autorité contre le prêteur; elle lui est même totalement étrangère: car en aliénant son argent, il se prive de l'usage d'une richesse qui peut lui rapporter un revenu avec la conservation du capital sans faire tort à autrui. C'est à l'emprunteur, qui devient possesseur de cette richesse, à en faire un emploi par lequel elle puisse lui rapporter, sans faire tort à autrui, le revenu qu'il s'est engagé de payer au

biné sur les contrats de vente dont les notaires ont la minute, quel a été dans l'année le cours de l'intérêt qu'on pourrait nommer *terrien*, et qui servirait de règle pour les décisions des juges dans les occasions litigieuses." Voir la suite de la note, à la pièce suivante, page 407.

Dupont a mis en tête de ces *Observations* la note ci-jointe: „Le mémoire suivant roule sur l'intérêt de l'argent, matière importante qui demande à être profondément discutée, et sur laquelle il est également utile pour l'*agriculture*, pour le *commerce* et pour les *finances*, que l'on se mette par la suite des contestations en état de s'arrêter à des vérités fixes et à des principes constants. Nous aurions pu placer presque indifféremment ce mémoire sous un des trois titres de notre ouvrage périodique. Cependant nous nous sommes déterminés à l'insérer dans l'article *Agriculture*, parce que c'est principalement sous cette face que l'auteur y envisage la question qu'il traite. Il nous paraît l'avoir saisie dans un point fondamental: c'est au lecteur à en décider. Mais quant à nous, nous souhaitons que cet ouvrage s'attire une réplique, beaucoup plus que nous ne l'espérons". A. O.

prêteur. Mais cette raison décisive prouve aussi que ce revenu a manifestement ses bornes dans l'ordre de la nature et dans l'ordre de la justice, qui limitent le droit qu'a le prêteur au revenu qu'il peut exiger de l'emprunteur. Il serait donc injuste d'exiger un revenu qui excéderait ces bornes, et les lois du souverain doivent avoir pour objet de réprimer une injustice si manifeste.

Le taux de l'intérêt de l'argent est donc, comme le revenu des terres, assujetti à une loi naturelle qui limite l'une et l'autre. Le revenu des terres que l'on peut acquérir avec de l'argent n'est qu'une portion du produit net qui peut être vendue à l'acquéreur avec la propriété du fonds. Or c'est cette portion de produit net connue du vendeur et de l'acheteur qui décide du prix de l'acquisition. La quantité de revenu que l'on peut acquérir par l'achat d'une terre n'est donc ni arbitraire ni inconnue; c'est une mesure manifeste et limitée par la nature, qui fait la loi au vendeur et à l'acheteur; et nous allons prouver que dans l'ordre de la justice, c'est cette même loi qui doit régler le taux de l'intérêt ou du revenu de l'argent placé en constitution de rentes perpétuelles dans un royaume agricole.

Il y a, dit-on, des risques à placer l'argent à constitution de rentes perpétuelles, qui doivent inspirer des considérations en faveur de cet emploi de l'argent. S'il y a des risques, il y a aussi pour le rentier l'avantage de n'être point chargé du soin de l'entretien de son revenu, et de se procurer un état oisif. Il y a des incertitudes partout: si le genre du revenu dont il s'agit était à l'abri des incertitudes, la masse des faux revenus surpasserait de beaucoup celle des revenus réels d'un royaume. Ces faux revenus euxmêmes n'auraient donc pas de base; ils dévasteraient le territoire. Il est donc très essentiel qu'il y ait un contrepoids qui en modère les progrès, autrement les terres tomberaient à vil prix et dans le dépérissement: l'argent ne serait employé qu'en acquisition de rentes; mais bientôt l'argent manquerait aussi, parce qu'un royaume qui n'a pas de mines ne peut acquérir de l'argent que par les productions du territoire; les propriétaires, les revenus des biens, les rentiers, les rentes, les capitaux tomberaient dans le même précipice.

Rien ne peut réellement produire de revenu que la terre et les eaux. On peut dire simplement la terre: car sans terre les eaux ne produiraient rien. Ainsi le prétexte du prêt de l'argent à intérêt ne peut donc être fondé dans l'ordre naturel et dans l'ordre de la justice que sur le rapport de conformité de cet intérêt avec le revenu que l'on peut acquérir avec de l'argent par l'achat des terres : car il est impossible de concevoir d'autre revenu réel qu'on puisse acquérir avec de l'argent sans le prendre injustement sur ce qui appartient à autrui. Je n'ignore pas que les fausses idées de richesses que l'on croit que le commerce produit, fourniront une multitude d'objections captieuses qui viendront échouer contre ce principe inébranlable ; nous ne les préviendrons pas, pour éviter ici une discussion prématurée et superflue ; nous parlerons seulement dans la suite des emprunts passagers usités dans le commerce, qui sont d'un autre ordre que les emprunts contractés à constitution de rentes perpétuelles.

On sait assez que l'argent considéré en lui-même est une richesse stérile, qui ne produit rien, et que dans les achats il n'est reçu que pour un prix égal à celui de la chose que l'on achète. Ainsi l'argent ne peut procurer de revenu que par l'achat d'un bien qui en produit, ou en l'aliénant à un emprunteur qui peut en faire le même emploi, parce que effectivement l'argent peut servir à cet emploi, et que celui qui le prête à constitution de rente peut présumer avec raison que l'emprunteur le dédommagera, puisqu'il le peut, par l'emploi de cet argent même, de la rente qu'il se charge de payer annuellement et à perpétuité, s'il n'éteint pas cette rente par le remboursement volontaire du capital.

Mais le prêteur ne peut présumer avec raison, pour décider lui-même arbitrairement du taux de l'intérêt de son argent, que l'emprunteur pourra loyalement se dédommager par un plus grand revenu que celui que les terres produisent, puisqu'il n'y a que les terres qui produisent réellement un revenu, et qu'il n'y a que ce revenu qui puisse servir de prétexte au prêt de l'argent, en constitution de rentes perpétuelles. Car il ne saurait y avoir de loi positive, constante, qui puisse fixer équitablement le taux de l'intérêt de l'argent, qui n'admet d'autre loi que la loi naturelle ; c'est-à-dire l'état réel des revenus produits par la nature, et qui peuvent être acquis avec de l'argent : la loi du prince peut seulement assigner des limites que le prêteur, qui pourrait abuser du besoin de l'emprunteur, ne peut passer, en laissant d'ailleurs les contractants libres de traiter à un moindre intérêt ; mais elle n'en est pas moins préjudiciable au débiteur dans les cas litigieux où le juge a à décider lui-même sur le taux de l'intérêt de l'argent, qui alors n'est jamais plus bas pour le créancier que celui qui est marqué par la loi, quoiqu'en différents temps ce taux soit exorbitant. Cependant il est nécessaire que. le juge ait en tout temps un renseignement certain pour asseoir ses décisions; mais il serait bien plus équitable de suivre une règle authentique qui serait renouvelée au moins tous les dix ans, et qui ne serait que déclaratoire du rapport actuel et le plus commun du prix des terres avec leur revenu. Telle serait à chaque renouvellement, par exemple l'estimation unanime des notaires du district de chacune des villes principales de chaque province, qu'ils seraient engagés de remettre aux greffes des juridictions de leur ville pour y être confirmée; et d'où il serait envoyé des extraits aux greffes des cours souveraines de la province. Ce renseignement aurait, dans le cas litigieux sur le taux de l'intérêt de l'argent, le même effet pour asseoir les décisions de la justice que celui des mercuriales qui chaque marché consignent au greffe de la juridiction du lieu le prix des grains, pour décider sur les redevances en grains dans les cas litigieux, le taux du revenu qui doit être payé par les débiteurs aux créanciers.

Le rapport naturel de conformité du taux de l'intérêt de l'argent avec le prix et le revenu des terres, exige la même règle pour décider équitablement entre le créancier et le débiteur dans les cas litigieux. Les prêteurs d'argent à intérêt, qui se couvrent du manteau de commerce pour le taux arbitraire de l'intérêt de l'argent, ne manqueront pas d'objecter que ce serait détruire le commerce si on assujettissait le taux de l'intérêt de l'argent à ce principe rigoureux du rapport de conformité du taux de l'intérêt de l'argent avec le revenu des terres; car chez eux l'expression vague de commerce brouille tout: on y confond des emprunts qui ne sont point de la sphère du commerce, et on légitime même des prêts à intérêt, très illicites, qui se font dans le commerce et qui sont également préjudiciables au commerce et à la société. On conclut enfin que le prix de l'argent prêté à intérêt doit être aussi libre et aussi variable que le prix des denrées aux marchés, à condition néanmoins que le taux de l'intérêt qui aura été stipulé ne changera point. Ainsi on veut que l'effet d'une cause continuellement variable, reste invariable, tandis que le revenu des biens-fonds est exposé à des changements considérables, relativement au prix de l'acquisition. Ces contrariétés, suggérées par la cupidité des prêteurs d'argent à intérêt, et contraires à l'ordre de la justice, ont pour prétexte les

prétendus avantages du commerce, dont on n'a que des notions
erronées et confuses. On invoque sans cesse la protection du gouvernement pour le commerce, et c'est toujours pour le commerce
de revendeur que l'on parle et jamais pour le commerce de la
vente des productions en première main, qui forme les revenus du
royaume. Cependant la nation ne peut acheter qu'à raison de ses
ventes ou de ses revenus; et le commerce des revendeurs est toujours dans une nation en raison des achats qu'elle peut faire. Ce
commerce n'a pas besoin d'être provoqué. Les marchands surabondent toujours dans les royaumes opulents; mais ce ne sont pas
les marchands qui enrichissent un royaume, ce sont les richesses
d'un royaume qui y multiplient les marchands et qui y font
fleurir ce qu'on appelle le commerce, c'est-à-dire le commerce des
revendeurs, commerce qui n'a besoin d'autre protection que l'attrait
des richesses de la nation; mais le commerce des marchands, le
commerce de la nation, l'industrie, le luxe, les revenus du royaume,
les frais du commerce, tout ce qui a quelque communication avec
le commerce, a été confondu ou enveloppé sous la dénomination
générique et équivoque de *commerce;* et dans cette confusion on a
toujours regardé sans distinction toute espèce d'emprunt d'argent
à intérêt comme la cheville ouvrière du commerce, et cette opinion
triviale a toujours favorisé la cupidité des prêteurs d'argent à
intérêt.

Pour se tirer de ce chaos en attendant que la lumière dissipe
les ténèbres, il suffit de remarquer: 1° que les emprunts à
constitution de rentes perpétuelles n'ont presque jamais lieu dans
le commerce, parce que les fonds des commerçants revenant promptement dans leurs mains, par le débit de leurs marchandises, les
remettent promptement en état d'acquitter les emprunts passagers
qu'ils ont besoin de faire pour des payements ou pour des achats
dans des temps où le courant de leur commerce ne peut y pourvoir;
2° qu'il y a proprement entre les marchands une sorte de commerce d'argent à intérêt qui se trafique sur la place comme dans
un marché, et qui n'a lieu qu'entre eux; 3° que les emprunts les
plus ordinaires des commerçants sont les emprunts des marchandises mêmes dont le payement est remis au terme prévu par le
débit de ces marchandises; en sorte que les marchands ne sont,
pour ainsi dire, que commissionnaires les uns des autres; et les
marchandises elles-mêmes forment en plus grande partie les fonds
d'emprunt de leur commerce; 4° qu'ils ont une juridiction consu-

laire pour les affaires contentieuses qui sont, privativement à toute autre, du ressort du commerce; en sorte que la jurisprudence propre du commerce n'influe point sur les affaires contentieuses des autres classes des citoyens, et que la jurisprudence contentieuse de ceux-ci n'influe point non plus sur les affaires de pur commerce exercé entre marchands. Ainsi les prêteurs d'argent à intérêt, qui ne sont pas marchands par état et qui prêtent à constitution de rentes perpétuelles, n'ont aucun droit d'invoquer le commerce pour jeter de la confusion dans l'ordre naturel du taux de l'intérêt de l'argent prêté à constitution de rentes perpétuelles et pour soutenir, sous le prétexte des avantages du commerce, que le taux de l'intérêt de l'argent prêté à constitution de rentes perpétuelles, doit hausser ou baisser à raison de la concurrence du nombre plus ou moins grand de prêteurs ou d'emprunteurs, d'où résulterait la ruine de la nation; car dans les temps malheureux le nombre des emprunteurs surpasserait de beaucoup celui des prêteurs: l'intérêt de l'argent monterait à un taux extrême; les rentes enfin absorberaient les revenus des biens-fonds; la culture des terres dépérirait de plus en plus; les besoins d'emprunter deviendraient encore plus pressants; à mesure que les revenus diminueraient, le taux de l'intérêt de l'argent augmenterait sans bornes; les hypothèques expulseraient les propriétaires de leur patrimoine, les terres dégradées et tombées en friches seraient l'unique ressource des rentiers qui, eux-mêmes, seraient ruinés par la défection de ceux qu'ils auraient ruinés.

D'ailleurs, lorsque l'intérêt monte plus haut que son taux naturel, la surcharge s'étend sur tous les citoyens; les commerçants, qui ne calculent que par l'argent et par les intérêts qu'il rapporte, augmentent les frais de leur commerce à raison du prix du taux excessif de l'intérêt courant de l'argent, qui fait baisser le prix des ventes des productions en première main et qui augmente celui des reventes faites par les marchands; ce qui établit une contribution sourde et générale qui devient d'autant plus funeste qu'on est peu attentif à en arrêter le progrès. Cette surcharge du taux de l'intérêt de l'argent au delà du rapport de la conformité où il doit être au plus haut, comme le prix des terres est avec le revenu qu'elles produisent, cette surcharge, dis-je, est nécessairement imposée sur ce qui appartient aux citoyens et à l'Etat: parce qu'elle excède dans la réalité le revenu que l'on peut acquérir avec de l'argent par l'achat des terres qui, seules, peuvent produire des revenus; ainsi il n'y a plus de proportion entre cet emploi de l'argent et celui du prêt à intérêt démesuré; car cet intérêt qui excède l'ordre naturel des revenus relativement au prix de leur acquisition, est une déprédation qui retombe injustement sur toute la nation et sur l'Etat; mais elle est bien plus redoutable encore lorsque l'Etat est lui-même le principal débiteur des rentiers, qui ont abusé des besoins pressants de l'emprunt dans des temps malheureux ou qui du moins ont ignoré que l'appât d'un intérêt trop fort rend cet intérêt dangereux pour eux-mêmes, par la raison qu'il est funeste à l'Etat et à la nation. Car l'Etat n'est alors que la nation elle-même surchargée d'un fardeau qui excède les forces et qui menace aussi d'accabler ceux qui le rendent plus pesant qu'il ne doit être naturellement. Les différents moyens que l'on pourrait tenter pour parvenir indirectement à l'alléger, pourraient n'avoir pas dans un état d'épuisement le succès que l'on en espérerait. Il y a alors tant de circonstances qui s'y opposent dans un royaume agricole et tant de besoins qui en dérangent les effets, qu'il est beaucoup plus sûr de revenir à la règle prescrite par la loi naturelle et par la voix de l'équité pour rétablir l'ordre; car un faux revenu qui excède l'ordre du revenu réel est une excroissance parasite dans une nation et un dérèglement désastreux dans l'économie générale d'un royaume agricole.

VI.

JANVIER 1766.

QUESTION SUR LES DEUILS

par M. *N.*

Les deuils sont-ils nuisibles au commerce des manufactures?

RÉPONSE [1]

Il y a différents genres de manufactures relatives à la question dont il s'agit, et la dépense peut se porter plus vers un de ces genres de manufactures que vers un autre. Dans les temps de deuil, il se débite plus d'étoffes de laine, et dans les autres temps il se débite plus d'étoffes de soie et de tissus d'or et d'argent; y a-t-il dans l'un et l'autre cas une diminution ou une augmen-

---

(1) „Le morceau suivant est une *Question sur les deuils*, par M. *N.:* Le but de cette question est de faire voir que la consommation des étoffes de laine étant en elle-même plus utile que celle des étoffes de soie, les deuils qui augmentent le débit des premières et restreignent celui des dernières, ne sont pas aussi nuisibles qu'on le croit communément. Il y a cependant à observer que toute variation dans les consommations habituelles entraîne dans le premier moment des inconvénients indépendants de l'utilité plus ou moins grande qui peut être liée à la nature de ces consommations; d'où suit que si les deuils peuvent faire un mal, ce n'est point par leur *durée*, mais par leur *fréquence*, ce qui est précisément le rebours de ce qu'on a pensé jusqu'à présent. Au reste, ces petites choses seraient peu importantes chez les nations riches. Nous avons prévenu nos lecteurs que M. *N.* et M. *Nisaque* n'étaient que des dénominations diverses de l'illustre M. *Quesnay*. On voit qu'il avait enrichi de quatre mémoires le premier volume du journal de l'année 1766." (*Notice abrégée* de Dupont.) A. O.

tation de commerce de manufactures dans l'intérieur du royaume? Lequel des deux genres de manufactures dont on vient de parler est préférable à l'Etat pour la consommation et pour le commerce intérieur?

Si toutes choses étaient égales de part ou d'autre pour la nation, la question n'intéresserait que les manufacturiers et les marchands de l'un ou l'autre genre de manufactures, lesquels s'entre-disputeraient les gains de leurs professions. S'il y avait plus de profits d'un côté que de l'autre pour la nation, cette raison pourrait alors engager le gouvernement à décider lui-même la question à l'avantage de la nation. Ceci se réduit donc à examiner lesquelles sont préférables ou des manufactures utiles ou des manufactures de luxe pour l'usage de la nation. Comme cet examen est à la portée de tout le monde, il nous suffit de l'avoir exposé dans son véritable point de vue, sans avoir égard au débit des étoffes de nos manufactures aux étrangers, qui n'a aucun rapport à la question.

FÉVRIER 1766. ([1])

RÉPÉTITION DE LA QUESTION

PROPOSÉE

dans la Gazette du commerce du 24 du mois de décembre 1765

AU SUJET DU BÉNÉFICE QUE LA FABRIQUE DES BAS DE SOIE ÉTABLIE A NIMES PRODUIT A LA FRANCE ([2])

RÉPONSE

par M. *N.*

C'est précisément dans ce même point de vue que l'on a déjà répondu à la question dont il s'agit. On s'est prêté à cette idée

---

(1) Le premier orage qui s'était amassé sur la tête de Dupont à cause de son activité rédactionnelle purement physiocratique, a éclaté dans le courant du mois de février.

La *Notice abrégée* de Dupont (mai 1769 des *Ephémérides*) dit, au sujet de l'article de Quesnay publié dans le numéro de février 1766:

„On trouve dans le volume de ce mois une *Répétition* par M. *H.* de la *Question* proposée par les *Fabricants de Nîmes* dans le volume précédent, avec une seconde *Réponse* par M. *N.* Cette question, dans laquelle il s'agissait de savoir si le travail des fabricants était ou non *productif* de richesse, se suivait ainsi avec beaucoup de chaleur par *l'auteur* du *Tableau économique,* qui continuait d'exposer les raisons des deux partis.

Cependant ceux qui avaient engagé la querelle, plus embarrassés de la vigueur avec laquelle il les poursuivait que rassurés par les raisonnements qu'il n'alléguait en leur faveur que pour les réfuter ensuite avec plus de force, cherchaient à faire finir cette discussion avant qu'elle fût décidée par

' (2) Voir page 411.

illusoire de balance en argent, qui est devenue l'objet capital de ceux qui parlent aveuglément des avantages du commerce et des

l'évidence. C'était en effet à l'abri des préjugés qui persuadaient que le commerce et les travaux de main-d'œuvre *produisaient* des richesses et rendaient *l'étranger tributaire de la nation,* qu'on avait toujours obtenu du gouvernement des *privilèges exclusifs* pour repousser la concurrence étrangère et bientôt la nationale, et des gratifications qui faisaient acheter à la nation les fabriques mêmes, qui ensuite la forçaient par leurs privilèges, d'acheter encore au-dessus de leur valeur naturelle les ouvrages qu'elles fabriquaient. Les gens qui avaient obtenu ou qui voulaient obtenir des *faveurs* si redoutables au public, sentirent qu'on en attaquait la source en détruisant l'opinion qui les rendait communes. Ces gens étaient nombreux et accrédités, et avaient pour eux cette opinion même qui régnait depuis un siècle. Ils parvinrent à persuader à un homme en place, qui était le protecteur spécial du *Journal de l'agriculture, du commerce et des finances,* qu'il devait *imposer silence sur une contestation qui ne menait à rien,* disaient-ils, *qui roulait sur une dispute de mots,* et qui choquait les idées reçues. Le journaliste, en imprimant les mémoires dont nous venons de parler, fut obligé d'y ajouter une espèce de manifeste pour sa justification personnelle, dans lequel il expose le plus clairement qu'il lui est possible, l'état, l'objet et l'importance de la question, et fait voir que la solution de cette question devait décider de la nécessité des règlements de tous les genres, ou de celle de la liberté du commerce; de la protection à accorder à l'agriculture, de préférence et dans tous les cas, ou des gênes auxquelles on pourrait l'assujettir; et enfin du système entier des impositions."

Dans G. Schelle, *Dupont de Nemours et l'école physiocratique,* on trouve (p. 40) un exposé détaillé de la contestation; voici cet exposé:

„Les partisans de la réglementation, excités par Farbonnais, qui ne pardonnait pas à Quesnay de ne pas s'être incliné devant sa réputation, cherchèrent bientôt à étouffer l'œuvre commune des économistes. Ils commencèrent par faire concurrence au *Journal* par la *Gazette,* en insérant dans celle-ci des articles de polémique bien qu'elle ne dût contenir que des faits. Puis ils s'attaquèrent au docteur et firent cesser la publication d'articles de lui *sur le commerce actif et passif,* sous prétexte qu'ils étaient contraires aux idées reçues. (Probablement sur l'ordre de Choiseul qui ne manquait aucune occasion d'être désagréable à Quesnay. Dupont fut blâmé en outre pour avoir fait dans le journal l'éloge de l'auteur du *Tableau économique.* Le Trosne et Quesnay reprochèrent au jeune publiciste cette imprudence.) Ils prétendirent ensuite que Dupont, en encombrant de notes les mémoires qu'ils publiait, manquait à ses devoirs d'éditeur, „qu'un journaliste ne pouvait pas avoir la liberté d'exprimer ses doutes et ses opinions quand on ne l'en priait pas," et ils firent interdire les notes marginales par ordre supérieur (mars 1766). Enfin ils trouvèrent que les articles libéraux étaient trop nombreux."

En général, cet exposé est exact. Toutefois, Schelle se trompe en attribuant à Quesnay la „Lettre aux auteurs sur le commerce actif et passif". D'autres articles, désignés comme étant du même auteur, sont signés de l'initiale B. Dupont a présenté l'auteur lors du début de celui-ci (octobre 1765) en disant:

manufactures, même des manufactures de luxe; mais ce n'était pas la fabrication des bas de soie en France que l'on devait prendre pour exemple, car dans ce cas il faut examiner le total des ventes faites à l'étranger et le total des achats faits par la nation chez l'étranger, pour voir, sans examiner les résultats des effets des ventes et des achats, pour voir, dis-je, seulement de quel côté il passe plus d'argent; en faisant attention néanmoins que cet excédent en argent n'est pas un gain fait sur la nation qui le paye, que l'argent n'est pas plus précieux qu'une autre richesse de même valeur, et qu'il n'est pas plus difficile à acquérir que les autres marchandises; car autrement il ne se présenterait pas en échange dans le commerce. Or c'est d'après l'usage de l'échange réciproque et libre de l'argent dans le commerce qu'on a répondu

---

„Nous regrettons de ne pouvoir nommer le nouvel athlète qui se présente aujourd'hui dans la carrière et qui joint à beaucoup d'esprit l'expérience que l'on peut acquérir dans un long exercice des places les plus brillantes du commerce". Nulle part nous n'avons trouvé une indication de nom. Il est bien possible que cette lettre, qui était écrite tout à fait dans l'esprit de Quesnay et qui attaquait par sa racine le système mercantile, ait été attribuée à l'auteur même du *Tableau économique*. Remarquons encore que l'on peut supposer que la personnalité qui imposait le silence sur la contestation relative à la productivité et à la stérilité du commerce et de l'industrie, roulant plutôt sur une dispute de mots, personnalité que Dupont désignait comme „un homme en place qui était le protecteur spécial du Journal de l'agriculture, du commerce et des finances", était probablement l'intendant des finances. M. Trudaine, ami de Gournay et de Turgot, dans le ressort duquel rentrait le commerce. E. Daire mentionne l'article ci-dessus sous le titre de „Discussion sur la productivité et la non-productivité de l'industrie à laquelle les partisans du système mercantile mirent fin par l'influence qu'ils exerçaient sur les propriétaires du journal." A. O.

(2) Il est facile d'apercevoir que la réponse que l'on a faite à cette question dans le journal d'agriculture du 15 janvier, où l'on a joint les ventes de bas de soie que cette fabrique fait à la nation, avec celles qu'elle fait à l'étranger, il est facile, dis-je, d'apercevoir que cette réponse s'étend au delà de la question, où il ne s'agit que des ventes et des achats de bas de soie que cette fabrique fait à l'étranger. Elle achète pour un million de soie de l'étranger, et elle lui vend pour deux millions cinq cent mille livres de bas de soie, elle retire donc de l'étranger un excédent en argent de 1,500,000 livres. Peut-on nier que cette fabrique ne soit productive au profit de la France? Or, si elle est productive, la fabrication des marchandises de main-d'œuvre n'est donc pas stérile, étant considérée strictement dans le point de vue du bénéfice de la balance en argent. Voilà le point de vue sous lequel les célèbres *Sully* et *Colbert* ont envisagé cet objet important, sur lequel ils ont eu des idées si opposés et sur lequel ils se sont conduits si différemment dans leur administration. (Note de Dupont.)

à la question; ainsi les différentes manières de l'examiner ne feront pas disparaître la vérité qui se trouve dans la réponse: la vérité pourra seulement être restreinte aux différents cas auxquels la question elle-même peut être restreinte; mais alors la question et la réponse ne seront plus applicables à la fabrique des bas de soie de Nîmes; le fait sera converti en hypothèse.

Faudrait-il donc supposer une manufacture en France qui ne serait qu'à l'usage de l'étranger? mais cette restriction ne suffirait pas encore pour limiter exactement la question; car il pourrait y avoir de même, par compensation, chez l'étranger quelque manufacture qui ne serait qu'à l'usage de la France. Alors les prérogatives qu'on voudrait attribuer à l'une ou à l'autre de ces manufactures, seraient détruites par les achats réciproques, à moins qu'on ne fît beaucoup d'autres suppositions arbitraires pour imaginer des inégalités relatives à cette balance en argent tant désirée. Mais toutes ces suppositions pourront-elles se rapporter à la France?

Il faut donc, pour satisfaire à l'idée de ceux qui rappellent la question, perdre de vue la fabrique de bas de soie de Nîmes, et la France même, pour se représenter le cas idéal auquel on veut la restreindre. Ce cas ne peut pas se trouver chez une nation où les communications, la population et les débouchés assurent un grand commerce intérieur et extérieur facile et libre qui soutienne la valeur vénale des productions du territoire au prix qui a cours entre les nations commerçantes. Car les manufactures qui auraient pour objet principal la vente des marchandises de main-d'œuvre pour favoriser le débit des productions et pour se procurer la préférence dans la concurrence de leur commerce chez l'étranger, ces manufactures, dis-je, avec de telles conditions seraient fort déplacées dans un pays où la cherté de la subsistance des ouvriers exclurait de la concurrence les marchandises de main-d'œuvre dans le commerce étranger et où la facilité du débit des productions qui s'opposerait au succès de ces manufactures chez l'étranger, rendraient ces manufactures elles-mêmes inutiles pour le débit des productions; car ici les conditions que l'on aurait en vue se contrarieraient. Il faut encore faire attention que dans un royaume bien peuplé et bien gouverné, plus le commerce extérieur est libre et facile, moins il y a de commerce extérieur, relativement aux mêmes productions et aux mêmes marchandises de main-d'œuvre que les différentes nations pourraient commercer entre elles réciproquement; car les habitants de ce royaume étant assez nombreux pour consommer les mêmes productions et les mêmes marchandises de main-d'œuvre qui peuvent se commercer réciproquement avec l'étranger, ils n'en achèteront chez l'étranger que dans le cas de disette, et ils n'en vendraient à l'étranger que dans les cas de surabondance. Cependant leur dépense se ferait toujours sur le pied du prix commun qui aurait cours entre les nations commerçantes, quoique, hors les cas dont on vient de parler, il n'y aurait pour ce royaume ni exportations ni importations des mêmes productions et des mêmes marchandises de main-d'œuvre qu'il pourrait vendre à l'étranger et que l'étranger pourrait lui vendre réciproquement, puisque leur commerce extérieur étant libre et facile, les prix de ces productions et marchandises de main-d'œuvre se contrebalancer .ent et se maintiendraient nécessairement au même niveau, cependant avec l'avantage, dans le cas où il n'y a ni exportations ni importations, qu'on épargne alors les frais de commerce extérieur des revendeurs.

Il faut donc supposer un pays où les productions du territoire surabondent relativement à la population, où faute de chemins faciles, de rivières, de canaux et du voisinage de la mer, il n'y aurait pas de débouchés pour le débit de ces productions par un commerce d'exportation, et où pour se procurer du moins en partie ce débit on aurait la faible ressource des manufactures dont les ouvrages, qui seraient d'un moindre volume que les productions et dont la fabrication serait peu chère à cause du bas prix de la consommation des manufacturiers, pourraient être transportés et vendus chez l'étranger; ce qui payerait aux ouvriers la dépense qu'ils feraient dans leur pays où leur consommation procurerait quelque débit aux productions du territoire; je dis quelque débit, parce que la difficulté du transport de leurs ouvrages exigerait des frais considérables qui diminueraient beaucoup le prix de leurs ventes en première main; d'ailleurs, le besoin de se procurer la préférence dans la concurrence du commerce chez l'étranger, en ferait encore baisser le prix. Ce ne pourrait donc être que dans ce cas si peu avantageux où l'on pourrait soutenir que les artisans peuvent être regardés comme *producteurs*, à cause du débit des productions du territoire que procure la vente de leurs ouvrages chez l'étranger; mais en regardant dans ce point de vue les manufactures comme *productives*, ne serait-ce pas confondre le moyen avec la cause? Ne serait-il pas vrai que des chemins faciles, des rivières, des canaux, seraient des moyens beaucoup plus avantageux que ces artisans pour procurer le débit des productions du pays?

Dirait-on à cause de cela, et dans le même sens, que ces chemins, ces rivières, ces canaux, seraient *producteurs,* et que par cette raison ils donneraient au pays l'avantage de la balance en argent sur l'étranger? Dans le cas que nous venons de supposer, l'étranger achèterait les ouvrages des artisans qui demeureraient dans le pays dont les productions n'auraient pas un débouché facile, parce que ces ouvrages seraient à meilleur marché que ceux qui se font dans son pays; ainsi ce commerce lui serait profitable, parce que, ayant un bon débit des productions de son territoire, il n'aurait pas besoin de la ressource du commerce extérieur de ses manufactures. Quant à ceux dont on vient de parler, qui ont besoin de cette ressource, ils vendraient sans doute toujours plus qu'ils n'achèteraient, et leur numéraire, selon le calcul de ceux qui spéculent sur la balance en argent du commerce, augmenterait, à ce que l'on croirait, d'année en année; car il paraît qu'ils achèteraient peu de productions, puisqu'en général elles surabonderaient chez eux et qu'ils n'achèteraient pas non plus des marchandises de main-d'œuvre, puisque leur commerce est d'en vendre aux autres; ainsi ne pourrait-on pas croire ingénument que ces nations qui n'auraient point de facilités pour le commerce extérieur de leurs productions, et qui seraient par conséquent réduites à la ressource précaire des manufactures, auraient par là même l'avantage de la balance en argent sur l'étranger, et que leur petit commerce mercantile épuiserait enfin le numéraire des autres nations?

Il est cependant à considérer qu'aucune nation n'a chez elle toutes les différentes sortes de matières premières qui s'emploient dans les manufactures; et cela est surtout à observer pour une nation qui multiplierait les manufactures exprès pour établir un commerce de marchandises de main-d'œuvre avec l'étranger. Il faudrait que cette nation achetât de l'étranger une grande partie des matières premières dont elle aurait besoin, particulièrement dans les manufactures de luxe qui formeraient le principal objet de son commerce. Ces manufactures étendraient infailliblement le luxe chez cette nation même, par l'effet de l'exemple, ce qui augmenterait encore ses achats en matière première chez l'étranger. D'ailleurs toute nation est chargée d'un impôt dont toute la dépense ne se fait pas chez elle, ainsi il serait plus difficile qu'une partie de l'argent qu'elle retirerait de l'étranger par son commerce de marchandises de main-d'œuvre ne retournât pas chez l'étranger, ce qui doit commencer à mettre les lecteurs en garde contre la possibilité de ce prétendu avantage de la balance en argent. Les artisans payent aussi aux cultivateurs du pays, avec l'argent de l'étranger, les productions qu'ils consomment, mais ceux-ci n'en deviennent pas plus riches d'année en année, car il faut qu'ils donnent en productions la valeur de l'argent qu'ils reçoivent de ces artisans, et qu'ils employent cet argent aux dépenses nécessaires pour faire renaître les mêmes productions, sans quoi leur culture s'anéantirait et l'argent qu'ils garderaient n'empêcherait pas leur ruine ni celle des artisans qui leur ont donné cet argent. Les marchands voituriers rendent aux artisans, par l'achat des ouvrages de main-d'œuvre de ceux-ci, l'argent qui a passé dans les mains des cultivateurs; et cet argent est rendu aux marchands voituriers par la vente qu'ils font des marchandises de main-d'œuvre à l'étranger. L'étranger qui a besoin de ces marchandises pour son usage, et qui profite sur leur prix, trouve une épargne sur la dépense qui revient à l'avantage des travaux de son agriculture; ainsi la balance (terme étranger à l'agriculture) est alors à l'avantage de l'étranger qui fournit l'argent à ceux qui lui vendent les marchandises de main-d'œuvre, et on ne voit chez ceux-ci qu'une circulation de cet argent, qui entretient les dépenses de leur agriculture et de leurs manufactures, sans surcroît annuel de richesses. Leurs premières avances faites pour l'établissement de leurs manufactures, et les premières dépenses avancées aussi alors pour la subsistance des ouvriers, leur reviennent annuellement, et les entretiennent successivement, sauf accident (malgré leurs dépenses annuelles de consommation) dans le même état, relativement au fonds des richesses d'exploitation des travaux de leur culture et de leurs manufactures. Il faut bien remarquer que c'est sur ce premier fonds d'avance que roulent les retours d'argent, qui se restituent successivement sans s'accroître; mais c'est l'agriculture qui reproduit continuellement le courant des dépenses annuelles qui font subsister la nation; sans cette reproduction, les manufactures, le commerce et tous les autres moyens conditionnels et auxiliaires seraient nuls; parce que de leur nature ils sont absolument stériles, attendu qu'ils ne sont, non plus que les chemins, les rivières et les canaux (et moins efficacement qu'eux encore), que des moyens que l'on ne doit ni ne peut confondre avec les causes de la production, si l'on ne veut s'exposer à renouveler l'argument *de la corde du puits confondue avec la source.*

On peut envisager sous un aspect plus simple les effets des

fabrications des marchandises de main-d'œuvre dans le cas dont il s'agit, en regardant le surcroît d'ouvriers employés à ces travaux, comme des pensionnaires dans une nation, où ils seraient payés par l'étranger pour y fabriquer à son profit, c'est-à-dire à meilleur marché, des marchandises de main-d'œuvre. Or ce surcroît d'ouvriers dans un pays y fait un surcroît de consommation qui peut y faire augmenter un peu le prix des productions du territoire au profit des propriétaires des terres; de manière cependant qu'il reste encore pour l'étranger un profit suffisant sur le travail de ces ouvriers. Le renchérissement des productions du territoire, qui arrive d'abord par le surcroît de consommation faite par ce surcroît d'ouvriers, continue sur le même pied tant que l'étranger continue de payer leur travail par l'achat de leurs ouvrages; ce qui procure dans le pays le débit des productions et une augmentation de revenu pour les propriétaires des terres. Le renchérissement des productions du territoire ne peut s'étendre qu'à raison du surcroît de consommation faite par le surcroît d'ouvriers payés par l'étranger; car le surcroît d'achats faits par ces ouvriers en matières premières, employées dans leurs ouvrages, doivent se faire chez l'étranger si ces matières premières ne se trouvent pas dans le pays. Cependant il est à supposer que le pays peut en fournir une grande partie qui participe comme les autres productions au petit renchérissement que les manufactures, qui y suppléent un peu au commerce qui y manque, peuvent y procurer.

On s'apercevra peut-être que toute cette hypothèse est assez mal fondée, mais aussi ne la présente-t-on que comme une abstraction idéale où l'on suppose un pays peu peuplé, et surabondant en productions, c'est-à-dire un pays où les productions consommables excèdent la consommation qu'en peuvent faire les habitants qui les font naître par leurs travaux; ne pourrait-on pas à force de suppositions, difficiles à concilier à la vérité, imaginer un tel pays? Ne pourrait-on pas dire que ces productions qui y surabondent n'y sont pas assez variées pour y satisfaire aux besoins des habitants? Mais elles ne satisferaient pas non plus aux besoins de ces fabricants qu'on voudrait y rassembler; ce cas exigerait nécessairement, comme en tout autre cas, un commerce de productions pour d'autres productions, ce qui change entièrement l'hypothèse du simple commerce extérieur de marchandises de main-d'œuvre. Nous supposons cependant que par des combinaisons de circonstances singulières on puisse parvenir à établir la possibilité de ce cas difficile à concevoir à l'égard d'une nation, et qui pourrait plutôt avoir lieu entre différentes provinces d'un même royaume, où l'inégalité de la consommation et du commerce peut causer une irrégularité dans le débit des productions; ce qui présenterait un autre point de vue à l'égard de la totalité du royaume et à l'égard de ces différentes provinces; car dans ce dernier cas, les fabricants seraient toujours payés par la nation même.

Mais sans entrer dans ces distinctions, nous nous prêtons volontiers à toutes les suppositions qu'on peut admettre sous tous les différents points de vue où l'on peut envisager le cas dont il s'agit, relativement aux manufactures et à leur commerce de marchandises de main-d'œuvre. En suivant donc l'examen du cas hypothétique dans lequel on veut nous restreindre, l'argent de l'étranger que les manufactures retireraient annuellement, proportionnerait chaque année dans le pays la masse de la circulation au petit renchérissement des productions procuré par le commerce des marchandises de main-d'œuvre. Ainsi ce surcroît annuel d'argent serait absorbé par le renchérissement même, c'est-à-dire par la petite augmentation du numéraire circulant dans le commerce du pays, défalcation faite de ce qui repasse chez l'étranger; la masse du numéraire circulant s'y trouverait donc seulement en raison de la masse des valeurs des productions, conformément à la petite augmentation de leur prix. Les ouvriers supporteraient eux-mêmes ce renchérissement sur toute leur dépense, et s'en dédommageraient annuellement, et autant que le leur permettrait la concurrence, par leurs ventes à l'étranger; ainsi lorsque leur commerce cesserait, tous ces effets disparaîtraient et ne laisseraient aucunes suites, parce que ce n'est qu'un état *actuel* entretenu par un moyen *actuel*, dont l'effet ne s'étend point au delà de la durée de sa cause. Tel serait aussi le profit que procurerait un nombre de rentiers étrangers qui viendraient résider dans un pareil pays, où ils dépenseraient l'argent de leurs rentes qui leur sont payées par d'autres pays, avec la différence que cette dépense transplantée ne serait pas, comme celle des ouvriers dont on vient de parler, profitable aux nations qui la payent. Elle serait même préjudiciable à celles-ci, si elles n'avaient pas chez elles un plein débit de leurs productions. On conçoit de même que la dépense de ces rentiers étrangers serait d'un faible avantage dans le pays où elle se ferait s'il était bien peuplé et s'il avait un commerce intérieur et extérieur libre et facile pour vendre et pour acheter les productions selon le besoin du débit ou de la consommation. Mais toujours est-il visible que ces rentiers, qu'importe où se fasse leur dépense, ne sont pas producteurs, et que la somme de leur dépense doit entrer pour très peu de chose dans l'idée que l'on se forme de l'avantage de la balance en argent, puisque ce qu'ils consomment vaut bien leur argent, quand tous les moyens qui peuvent faciliter l'échange portent les choses commerçables à leur meilleur prix possible; ainsi dans ce cas l'argent coûte partout ce qu'il vaut.

Il n'y a donc alors pas plus d'avantage sur la balance en argent que sur la balance en d'autres richesses qui s'échangent à valeur égale avec l'argent; car l'argent n'est bon que pour l'échanger avec d'autres richesses; encore dans ce point de vue doit-on s'apercevoir que ces autres richesses elles-mêmes sont préférables à l'argent; aussi les avantages du commerce et des moyens qui le facilitent n'ont-ils pas réellement pour objet ce prétendu profit de la balance en argent, tant désiré sans savoir pourquoi. Tous les avantages du commerce et de la circulation de l'argent doivent tendre aux progrès de l'agriculture et au meilleur prix possible de ses productions; mais il ne faut pas croire que le mot *prix* signifie *argent*, quoique l'argent soit la mesure ordinaire du prix, car l'argent monnayé est une richesse qui ne sert que de gage intermédiaire entre les ventes et les achats des richesses propres à la jouissance des hommes. Ainsi l'objet du prix de chacune de ces richesses n'est pas l'argent; c'est l'achat d'une autre richesse par l'entremise de l'argent; on ne peut donc concevoir aucun profit sur un excédent de balance en argent; mais dans le commerce, on peut au contraire y concevoir de la perte, parce qu'un excédent en argent peut y être un retardement de l'emploi de l'argent, ce qui est toujours une interruption de gain pour les commerçants; ainsi les agents des manufactures et les commerçants qui se disent producteurs de l'avantage de la balance en argent, ne parlent pas conformément à leur intérêt, ni à celui de la nation où ils résident.

Le commerçant doit non seulement par son argent, mais encore par son crédit, multiplier ses achats pour multiplier ses ventes; par cette conduite il augmente ses gains et anime le commerce des productions de la terre et des marchandises de main-d'œuvre, et par la même raison l'argent de la nation ne doit pas être détourné de la circulation générale pour former des fortunes pécuniaires. Le produit d'un excédent de balance de commerce en argent présente donc une idée contradictoire avec le profit du commerce et des nations qui tendraient plus à se procurer la prépondérance de la balance en productions et autres marchandises de bonne valeur et de bon débit, car c'est le marchand qui en achète le plus pour multiplier ses ventes, qui gagne le plus.

Ainsi le gain est du côté de la prépondérance de la balance en marchandises. Telle est donc la balance la plus profitable au commerce de revendeur. Quant au commerce de première main, il ne reconnaît d'autre balance que la quantité et la valeur de la reproduction annuelle qui fait subsister les hommes. Plus vous diminuerez les dépenses qui se font sans nécessité à classe stérile pour les employer aux travaux de la classe productive, et plus la prospérité sera assurée, plus vous procurerez l'abondance; plus l'abondance augmentera, plus aussi la population s'étendra; plus les hommes se multiplieront par l'abondance, plus la valeur vénale des productions se soutiendra par la consommation dans une nation, et moins aussi cette nation aura besoin de commerce extérieur et dispendieux pour le débit de ses productions; or moins il y aura de commerce extérieur (¹) et de manufactures de luxe dans un Etat, moins le luxe y règnera, s'il n'y a pas de désordres qui l'excitent; la reproduction annuelle accroîtra de plus en plus; les hommes se multiplieront et pourront satisfaire à leurs besoins par leurs travaux productifs; plus les hommes se multiplieront et plus leur prospérité sera assurée, plus ils seront laborieux et moins leurs mœurs seront déréglées; les revenus du souverain, imposés sur le territoire qui en est lui seul la source, accroîtront alors de plus en plus, et la nation deviendra riche et puissante en proportion.

Le rétablissement de la prospérité des nations affaiblies par le luxe ou par d'autres désordres, exige donc pour conditions essentielles la sûreté de la propriété, la liberté et la facilité du com-

(1) Il est essentiel que le commerce extérieur jouisse, ainsi que le commerce intérieur, de la plus grande liberté, afin d'assurer aux productions du territoire la participation du prix courant et peu variable du marché général; mais il n'est pas essentiel d'avoir un grand commerce extérieur: au contraire, car quand les productions peuvent se débiter, sans son secours, à son plus haut prix permanent possible, la nation y gagne au moins l'épargne des frais de transport nécessaires pour voiturer les productions qu'elle aurait exportées depuis le lieu de leur naissance jusqu'à ses portes, et cette épargne tourne, par l'effet du niveau naturel, au profit de la valeur vénale de toutes ses productions du même genre (et même de celles qui dans le cas d'un commerce extérieur auraient néanmoins été consommées dans l'extérieur), et accroît par conséquent tous ses revenus. (Note de l'original.)

merce, et le bon emploi des richesses par la diminution des dépenses de la classe stérile, pour être employées aux travaux de la classe productive. Il est donc manifeste que les dépenses de la classe nommée stérile ne sont pas des dépenses productives, et que souvent elles sont au contraire fort préjudiciables.

Ces vérités si sensibles semblent néanmoins difficiles à concilier avec le succès de tant de nations maritimes parvenues par le commerce de revendeurs à des états d'opulence et de splendeur qui les ont rendues célèbres. Mais avec un peu d'attention on observera que cette sorte d'opulence n'est si remarquable que parce qu'elle se trouve concentrée dans quelques villes(1), et on reconnaîtra en effet que ces nations dont on parle tant, n'étaient et ne seront toujours que des communautés ou des comptoirs de marchands qui forment eux-mêmes des sociétés détachées des nations agricoles dont ils sont

_____

(1) Une des causes qui ont le plus égaré les politiques en leur faisant ambitionner le commerce de revendeur, est précisément cette opulence qu'il a acquise à quelques petites républiques mercantiles; de très beaux génies ont été jusqu'à croire qu'il pouvait produire le même effet pour tout un empire; et sans faire réflexion que ces petites républiques ne faisaient pas leur commerce en raison de leur territoire, mais en raison du territoire d'autrui, ils ont pensé qu'un Etat qui avait un grand territoire pouvait faire un beaucoup plus grand commerce de revendeurs que ces petits Etats qui faisaient néanmoins celui de tout le monde commerçant. Il paraît que c'était en général l'opinion de M. *Colbert* (comme on peut le voir dans les *Recherches et considérations sur les finances de France*, tome 1er). Ce grand homme n'avait peut-être pas assez observé qu'il ne saurait y avoir de navires marchands et de commerce de revendeurs, qu'en proportion de la quantité de choses à transporter et à revendre; que ce commerce si borné par lui-même ne pouvait occuper que quelques villes; que jamais deux Etats n'avaient pu le faire à la fois; que la *Hanse teutonique* avait anéanti le commerce brillant de *Venise, de Gênes et de Florence*; que *Bruges* avait presque englouti la *Hanse teutonique*, et qu'il avait fallu qu'*Anvers*, établi sur les ruines de *Bruges*, fût ruiné lui-même pour donner naissance au grand commerce d'*Amsterdam*: s'il vivait aujourd'hui, il verrait *Londres* et *Hambourg* détruire la *Hollande* et vraisemblablement il s'apercevrait qu'une ressource aussi précaire ne doit pas être regardée comme le fondement de la prospérité d'un grand empire agricole, qui ne pourrait au plus y trouver de l'occupation que pour deux ou trois de ses ports, où ce commerce naîtra de lui-même dès qu'il sera avantageux et facile aux habitants, mais où il ne faut pas chercher à l'exciter par des privilèges exclusifs ou par des prohibitions qui détruiraient la valeur vénale des productions du territoire, et qui anéantiraient le revenu des propriétaires et de l'Etat, sans quoi l'on risquerait de payer au centuple de sa valeur un avantage très mince et tout à fait impossible à conserver. (Note de l'original.)

les facteurs et les voituriers, et d'où ils tirent les richesses qu'ils se procurent par leur service; mais ces richesses mobilières qui forment le fond du commerce de ces petites nations marchandes qui n'ont pas d'autres possessions, seraient pour ainsi dire imperceptibles si elles étaient dispersées dans un grand empire, et elles disparaîtraient bientôt si les sources étrangères qui les entretiennent continuellement, venaient à tarir. Ainsi ces petites républiques formées d'hommes d'une même profession pour le service des nations agricoles, ne renferment point en elles le principe de leur existence; les gains ou les salaires qui les font subsister peuvent toujours leur être enlevés par d'autres sociétés marchandes qui se forment au préjudice les unes des autres, et qui toutes n'ont d'autres possessions foncières qu'une concurrence commune de salaires toujours disputés, et où la rivalité, qui les force de mettre leur rétribution au rabais, doit dans l'ordre naturel se prêter continuellement aux intérêts des nations qui payent leurs services. Ces marchands ne sont donc ni producteurs de leurs richesses, ni propriétaires du fonds qui les fournit. Il n'y a donc de véritables empires, de véritables nations, de véritables dominations que celles qui sont propriétaires et cultivatrices des terres qui produisent les richesses propres à la jouissance des hommes.

Mais ne dira-t-on pas qu'il ne s'agit ici que d'une dispute de mots? que le commerce de revendeurs et l'industrie *produisent* ou non de richesses, pourvu qu'elles en *procurent* aux nations qui les emploient et qui les salarient, on ne doit pas les regarder comme *stériles?*

Pour dissiper ici toute équivoque, il faut distinguer les richesses qui tournent au profit des commerçants et des artisans aux dépens des nations qui payent leurs travaux, d'avec celles de ces nations mêmes qui ont besoin de ces moyens dispendieux pour les échanges qu'elles se procurent par leurs ventes et par leurs achats. Dans le premier cas, les intérêts du commerce de revendeurs et de l'industrie se trouvent en opposition avec ceux de la nation. Alors il n'y a qu'une concurrence libre dans l'exercice de ce commerce et de l'industrie, qui peut préserver la nation des dommages que l'un et l'autre lui causeraient. Dans l'autre cas, cette concurrence libre étant supposée, toutes les richesses de la nation qui renaissent continuellement, consistent dans la reproduction annuelle obtenue par la culture du territoire et évaluée par le prix de la vente de la première main. Or ce prix est

formé par différentes causes indépendantes du commerce de revendeur et de l'industrie; ainsi ni l'un ni l'autre ne peuvent augmenter la masse annuelle des richesses de la nation, évaluée par
ce prix de la vente de la première main, le commerce et l'industrie
n'y exercent que l'échange des productions selon leur valeur pour
valeur égale, cet échange ne procure donc aucun accroît de richesses.

C'est au moins, dira-t-on, l'exercice du commerce et de l'industrie qui, dans l'état de libre concurrence, procure cette compensation de valeurs dans les échanges; oui, mais sans cet usage,
l'un et l'autre seraient à cet égard non seulement stériles, mais
inutiles, et même souvent nuisibles; leur emploi considéré dans le
cas le plus avantageux peut être comparé à celui de la corde du
puits qui sert à tirer l'eau mais qui n'en augmente pas la source.

L'industrie, comme on l'a remarqué, pourrait peut-être faciliter
un peu le commerce, dans un cas où le voiturage serait difficile
et trop dispendieux; mais dans ce cas même ce n'est qu'un moyen
qui supplée imparfaitement à un avtre moyen qui serait plus
naturel et plus avantageux, qui cependant n'est que dispendieux
sans être productif, et qui n'existerait pas même s'il n'était pas
payé par les richesses commerçables qu'il ne produit pas; car le
commerce ne fait autre chose que d'aller chercher le prix où il
est, de même que la corde du puits va chercher l'eau dans le
puisard là où elle est, et où la corde ne la produit point; ainsi
le commerce n'est qu'un moyen d'obtenir les prix qui existent
indépendamment de lui. Le commerçant qui porte du blé en Espagne parce qu'il y est plus cher qu'en France, va chercher le
prix qui par là passe aussitôt en France: mais en cela le commerce ne produit pas plus le prix, qu'une fenêtre qui donne passage à la lumière dans une chambre, ne produit la lumière.(1) Or
pourquoi l'industrie serait-elle regardée comme *productive* à cause
de la faculté qu'on lui accorde dans un seul cas de suppléer imparfaitement à un moyen qui n'est pas productif et qui, comme

(1) Il nous paraît que voilà le véritable point de vue du commerce, quand
on veut l'envisager sans l'idée d'accroissement de richesses au profit des nations commerçantes, qui participent entre elles aux prix qui existent chez
les unes et chez les autres. Celles qui vendent vont chercher le haut prix,
celles qui achètent vont chercher le bas prix, ce qui met le niveau de part
et d'autre. Tout cela n'est qu'arrangement sans productions, et peut même
se supposer par la seule liberté du commerce, sans commerce extérieur
effectif. (Note de Dupont.)

l'industrie elle-même, n'existe que par des richesses qu'il ne produit pas? La question se réduit donc à savoir si l'industrie, dans un cas où elle pourrait suppléer un peu au commerce, serait productive, parce qu'alors elle suppléerait un peu à un moyen qui n'est pas productif et qui, comme l'industrie elle-même, n'existe que par des richesses qu'il ne produit pas?(1)

(1) La question entamée légèrement entre M. C. et Mrs D. et E. dans le journal d'octobre, discutée plus profondément depuis entre M. H. et son ami, a été prise sous un autre aspect, et relativement à la vente à l'étranger et à la balance en argent du commerce extérieur, par MM. les fabricants de Nîmes qui ont proposé une question à laquelle M. N. a fait la réponse que l'on a vue dans le journal de janvier à celle que l'on vient de lire. Nous n'osons pas assurer qu'elles soient sans réplique, peut-être tout n'a-t-il pas encore été vu ni dit de part et d'autre. (Note de Dupont.)

VIII.

AVRIL 1766. (¹)

LETTRE

DE

M. *DE L'ISLE*

aux auteurs de la Gazette et du Journal d'Agriculture,
Commerce et Finances.

MESSIEURS,

J'ai remarqué que vous publiez impartialement tous les mémoires qui vous sont adressés sur les questions intéressantes. Je crois devoir vous en communiquer un, où l'auteur ose attaquer l'opinion de M. de Montesquieu. Je pense que vous voudrez bien en faire usage dans un de vos prochains journaux.

J'ai l'honneur d'être, etc.

Paris, ce 10 février 1766.

----

(1) „Le volume de ce mois offre d'abord au lecteur des *Remarques sur l'opinion de M. de Montesquieu, relativement aux lois prohibitives dans le commerce des colonies.* L'auteur de ces remarques, qui se cache sous le nom de M. *de l'Isle*, est celui du *Tableau économique.* Il expose avec beaucoup de simplicité et d'éloquence les diverses opinions qu'on a eues sur le but de l'établissement des colonies: il fait voir ensuite quel a dû être véritablement ce but, et démontre enfin que M. de Montesquieu l'a méconnu et qu'il s'est même trompé sur les moyens de remplir celui qu'il suppose à la place." (Notice abrégée de Dupont.)

REMARQUES

L'OPINION DE L'AUTEUR DE L'*ESPRIT DES LOIS* CONCERNANT LES COLONIES

Liv. XXI, chap. 17.

On a établi, dit M. de Montesquieu, *que la métropole seule pourrait négocier dans la colonie, et cela avec de grandes raisons, parce que le but de l'établissement a été l'extension du commerce, et non la fondation d'une ville ou d'un nouvel empire.*

Il est peut-être assez inutile de savoir quel a été ou quel n'a point été *le but* qui a présidé à des *établissements* faits dans des temps où il paraît qu'on n'avait pas des idées bien nettes de ce qui était le plus propre à accroître la puissance et la richesse de l'État.

Les différentes personnes qui ont dirigé l'*établissement* des colonies ont pu se former des idées très différentes de l'espèce d'utilité que la métropole en retirerait.

Les uns y auront envisagé l'avantage d'étendre la domination du souverain; d'autres y auront vu celui d'accroître la puissance du corps politique par le concours des forces d'une province nouvelle; d'autres y auront considéré la nécessité de ports qui, dans les mers éloignées, offrent un asile à la marine militaire de la nation; d'autres y auront cherché un moyen d'opérer la consommation et les débouchés des produits de la métropole; et d'autres n'y auront été frappés que de l'extension du commerce des marchands voituriers de cette métropole.

Quelques-uns auront plus ou moins uni, et quelques autres plus ou moins séparé ces divers aspects.

Mais tous avaient certainement en vue le plus grand bien de la patrie. Ce vœu, indéterminé peut-être, de l'avantage public, est donc *le véritable but, le but unique de l'établissement* des colonies. Et la question demeure en entier sur les principes qui peuvent conduire les colonies à remplir le plus qu'il est possible *ce but* sacré de leur institution.

On pourrait objecter à M. de Montesquieu qu'en supposant que *l'extension du commerce fût l'unique but de l'établissement des colonies,* ce serait un très mauvais moyen pour arriver à ce but que de donner le privilège exclusif du commerce de ces colonies à un corps quelconque de commerçants, de quelque pays qu'ils soient, fût-ce même au corps des commerçants nationaux.

Il arriverait nécessairement de ce privilège exclusif, entre quelques mains qu'il fût placé, que les colonies seraient moins bien et plus chèrement fournies des choses dont elles auraient besoin, et qu'elles débiteraient moins avantageusement les productions de leur territoire. Les voituriers, assurés du privilège exclusif, négligeraient les moyens propres à économiser les frais de leur navigation, dans la certitude où ils seraient de s'en dédommager en faisant la loi sur le prix du fret, tant aux colonies qu'à la métropole. Et celles-ci dans leurs marchés réciproques seraient toujours à la merci des agents intermédiaires qui, à l'abri de toute concurrence étrangère, ne connaîtraient de bornes dans le prix des salaires qu'ils se feraient payer par la métropole et les colonies, que celles qu'y mettrait leur intérêt personnel bien ou mal entendu, dont les erreurs auraient le champ vaste, et fort peu limité par la très faible concurrence intérieure qui se trouverait entre eux.

Les colonies qui seraient, comme on vient de le dire, fournies moins bien et plus chèrement, et qui vendraient leurs productions à plus bas prix, ne pourraient cultiver que leurs meilleures terres, que celles dont la récolte exigerait peu de travaux et serait assez abondante pour les payer malgré son bas prix qui donnerait plus de revenu net ; les terres plus difficiles, qui seraient cultivables, mais qui exigeraient de plus grands travaux ou donneraient des produits un peu moindres, resteraient en friche. Ce serait autant de productions, autant de richesses, autant de revenus, et, par conséquent, autant de population perdus pour l'Etat et pour l'humanité.

Si on lui eût présenté ces réflexions, l'illustre auteur de l'*Esprit des lois* aurait compris sans doute qu'il ne peut y avoir de véritable *extension de commerce* que par l'extension des productions et des richesses. Les nations ne peuvent participer au commerce de l'univers qu'en raison des productions que leur territoire fournit. (¹)

_____

(¹) On parle ici du véritable *commerce* considéré dans toute son étendue, et qui consiste dans le *débit des productions qui se fait par le moyen de l'échange,* et non de la petite branche intermédiaire et précaire qu'on appelle commerce de revendeurs et de voituriers. Cette branche naît d'elle-même à la suite et à côté du commerce des peuples propriétaires des productions. Pourvu que ceux-ci aient de quoi vendre et qu'ils laissent à tout le monde la liberté d'acheter, ils n'ont pas à craindre de manquer de voituriers, et même de voituriers qui s'établiront à leur porte et sur leur territoire, pour être plus

Elles ne sauraient aspirer à en vendre plus qu'il n'en peut produire, ni à les vendre constamment plus cher que le prix du marché général. Mais elles ont tout intérêt que ce prix hausse le plus qu'il est possible, parce que l'augmentation de ce prix accroît le produit net de leur territoire et les met à portée d'étendre leur culture sur les moins bonnes terres, et de l'améliorer sur les autres.

Or le prix du marché général ne peut accroître pour aucune nation qu'en raison de l'accroissement de la quantité des productions différentes que les autres nations y portent. La chose est sensible: si je vais vendre mes denrées dans un marché où il y ait peu de vendeurs qui aient peu de chose à vendre, mes denrées ne seront échangeables que contre une petite quantité d'autres productions, chacun des acheteurs qui aura peu de quoi payer offrira peu en retour, et je vendrai à bas prix. Si le nombre des acheteurs augmente dans ce marché, ou plutôt si la quantité de choses que ces acheteurs ont à vendre augmente, mes denrées deviennent échangeables contre une plus grand quantité d'autres productions; les acheteurs, aussi pressés de vendre leur marchandise que moi la mienne, offrent en raison de leur richesse, et je vends cher. C'est ainsi que tous les biens commerçables répandus sur le globe se consomment au profit de l'humanité entière. C'est ainsi que nulle richesse ne peut appartenir exclusivement à aucun peuple. C'est ainsi que le ciel a voulu qu'aucune nation, comme aucun particulier, ne pût jouir de la totalité des biens que lui offre la nature, qu'en les échangeant contre les productions ou contre les travaux de ses semblables. C'est ainsi que par une loi sublime que le calcul démontre à chaque instant, par une loi physique également irrévocable, bienfaisante et sacrée, l'Etre suprême, dans la vue d'unir fraternellement toutes les créatures raisonnables sorties de ses mains, a fait de l'abondance de ses richesses, du bonheur de la population, le prix de la liberté du commerce, et de la misère des hommes présents, qui mène à l'anéantissement des races futures, la peine des prohibitions.

Il n'est donc que trop clair que ces prohibitions, que ce privilège exclusif, qui empêcheraient les colonies de parvenir à leur *maximum* de culture, de richesse et de population possibles, et qui les tiendraient dans un état de médiocrité, pour ne pas dire d'indigence relativement à ce qu'elles pourraient devenir, bien loin de procurer

près de la source de leur salaire et plus connus des vendeurs qui les emploient. (Note de l'original.)

l'extension du commerce de la métropole, s'opposeraient à cette extension qui ne peut résulter que de l'augmentation des productions et des richesses de tous ceux avec qui la métropole commerce.

Nous osons croire que M. de Montesquieu aurait été frappé de ces raisons; son génie en eût embrassé toute l'étendue; son humanité en aurait été touchée ainsi que son patriotisme; son éloquence ingénieuse les aurait développées mieux sûrement que nous ne pouvons le faire; une expression vive et saillante les aurait consacrées même dans les têtes frivoles de notre nation, dans ces têtes pour lesquelles ce grand homme crut quelquefois nécessaire d'habiller la vérité en épigrammes. Quand on lui aurait représenté l'inconvénient d'enrichir nos colonies et leur métropole par un moyen qui pourrait accroître aussi quelque peu la richesse des autres nations de l'Europe, il aurait demandé, *commerçons-nous avec ces nations-là ?* Et lorsqu'on aurait répondu que *oui*, il aurait répliqué, *il n'y a donc point de mal à les enrichir aussi, car si ceux avec qui nous commerçons n'étaient pas riches, nous ferions un pauvre commerce.*

Mais M. de Montesquieu ne vit plus, et comme son autorité pourrait entraîner ceux qui sont accoutumés à *jurer sur la parole du maître*, nous avons moins pour but aujourd'hui d'appuyer sur les saintes et fondamentales vérités que nous venons d'indiquer, que d'examiner les expressions et les idées de l'auteur illustre que nous attaquons, et de faire voir que ce vaste génie n'avait pas encore assez réfléchi sur la nature des colonies, des métropoles et de leur commerce. Dans la définition qu'il donne de la *métropole*, qu'il appelle, *selon le langage des anciens, l'État qui a fondé la colonie*, on ne trouve pas la netteté qui serait nécessaire pour une matière aussi importante; on ne voit point qu'il ait remarqué la différence de l'application du nom de *métropole* à une république de marchands, ou à un empire agricole dans lequel il faut distinguer le souverain, l'État, la nation, et les négociants qui exercent le commerce extérieur; d'où résultent des intérêts différents qui doivent être réglés par le gouvernement conformément à la constitution de la société. Avant de mettre en maxime *que c'était avec de grandes raisons que l'on avait établi que la métropole seule pourrait négocier dans la colonie, parce que le but de l'établissement avait été l'extension du commerce*, il aurait été digne du célèbre auteur de l'*Esprit des lois* d'examiner quelle part la métropole peut avoir à ce commerce, abstraction faite de celui des négociants à qui le commerce des colonies serait dévolu exclusivement ; il aurait été digne de lui de distinguer les différents genres de colonies, et leurs différents rapports avec la métropole et avec la constitution naturelle de la société.

Il y a des colonies qui ne sont que des comptoirs de négociants établis dans des possessions de puissances étrangères. Telles sont celles que les Hollandais ont formées dans les Indes orientales, et qui avaient été d'abord établies presque toutes par les négociants portugais qui en ont été expulsés par les Hollandais. Ce genre de colonies n'appartient point aux métropoles, mais aux négociants des métropoles : excepté les métropoles dont le corps politique est purement commerçant, où ce sont les négociants eux-mêmes qui forment la métropole, et où l'on peut dire que le genre de colonies dont nous parlons appartient à la métropole.

Il y a des colonies qui appartiennent à des compagnies de négociants qui habitent des royaumes agricoles et qui y sont autorisées par l'Etat : alors on ne peut pas dire que ces colonies qui n'ont pour objet que le commerce de ces compagnies appartiennent à la métropole ; car les intérêts de ces compagnies marchandes et ceux de la métropole sont fort différents et même fort opposés. Et on ne convient pas encore dans ce cas de quelle utilité ce genre de colonies peut être à la métropole, si ce n'est en Angleterre où non seulement les colonies, mais les provinces même de la métropole, sont soumises aux lois du commerce de voiturage ; où les lois du commerce maritime ne se prêtent point aux lois de la politique ; où les intérêts de la glèbe et de l'Etat sont subordonnés aux intérêts des négociants ; où le commerce des productions de l'agriculture, la propriété du territoire et l'Etat même ne sont regardés que comme des accessoires de la métropole, et la métropole comme formée de négociants. Mais cette constitution carthaginoise ne peut servir de modèle aux empires monarchiques, dont la politique et les intérêts sont fort opposés à ceux du commerce de voiturage. Dans ceux-ci, les négociants ne peuvent être regardés que comme un accessoire de la métropole ; car des négociants étrangers ne peuvent satisfaire au même service aussi bien que ceux du pays, et ces derniers ne sont préférables aux autres que quand ils sont assujettis pour le payement de leurs salaires au prix courant qui s'y établit par la liberté de la concurrence.

Il y a des colonies dont les possessions ne sont que des pays incultes, et qui n'ont pour objet que le commerce des productions naturelles de ces pays déserts. Ces colonies appartiennent, comme les autres précédentes, ou à des métropoles purement marchandes, ou à des royaumes agricoles qui en abandonnent le commerce à des négociants à des conditions relatives aux intérêts de l'Etat et du souverain, surtout s'il y a des mines dont la propriété appartienne au souverain et dont l'exploitation ne puisse être entreprise que par des compagnies de marchands en état de faire les dépenses à leur charge et profit, en payant au souverain les droits stipulés dans le titre de concession. Mais tous ces arrangements sont entièrement séparés des intérêts de la nation qui fait partie de la métropole. Ainsi on ne peut pas encore dire dans ce cas que le commerce de ces compagnies soit le commerce de la métropole.

Enfin il y a des colonies qui ne subsistent que par la culture du territoire de ces colonies mêmes, et par le commerce des productions que la culture des habitants y fait naître. Ce qui exige des travaux et des dépenses d'exploitation qui les fixent à l'ordre général de la constitution naturelle des autres provinces cultivatrices du royaume, lesquelles payent à l'Etat une contribution proportionnée au produit net de leurs terres, pour la défense de leurs propriétés et pour les autres défenses du gouvernement. La constitution de ces colonies cultivatrices de la domination du souverain n'a jamais pu avoir pour objet principal dans son établissement le commerce de la métropole; car cet objet renfermerait une complication d'intérêts opposés, relativement au souverain, à l'Etat, à la nation, au commerce, etc.; ce qui ne laisserait apercevoir dans cet objet même que confusion, désordre et absurdité.

Les colonies peuvent encore être envisagées sous deux états relativement à la propriété de la possession du territoire. Le premier est lorsque les habitants qu'on y a transportés n'y sont point propriétaires, mais seulement vice-gérants de ceux qui en ont foncièrement ou par concession la propriété, et à qui le fonds et les productions appartiennent. Telle est la propriété des colonies des Hollandais aux Indes, d'où ils retirent en nature les épices qu'ils apportent en Europe. Ce n'est que dans ce cas seul que l'on peut dire que l'établissement de la colonie a eu pour objet le commerce de la métropole : parce que la métropole hollandaise est purement commerçante, et que le commerce y réunit tous les intérêts du corps politique, de la nation, de la métropole et de ses colonies, et c'est ce cas seul aussi qui a jeté tant de confusion dans les esprits sur la destination des colonies relativement au commerce des métropoles. On peut encore rapporter à ce même état de propriété les concessions des colonies faites par des Etats monarchiques à des compagnies marchandes qui y établissent des habitants pour faire valoir ces colonies et leur commerce au profit de ces compagnies : ce qui réunit les intérêts de ces habitants qui ne sont point propriétaires et de ces compagnies mêmes dans un ordre naturel, convenable aux uns et aux autres, mais qui ne fait point que l'on puisse dire que ces colonies sont destinées au commerce de la métropole. Car les intérêts de la métropole et ceux de ces compagnies marchandes sont si différents qu'on est même incertain si le commerce de celles-ci est avantageux ou nuisible aux métropoles, quoiqu'on soit bien assuré qu'il est fort profitable aux commerçants.

Mais on entrevoit que les profits des négociants ne sont pas les profits de la métropole ni ceux de la colonie. Les négociants espagnols et les négociants portugais ont étendu leur commerce dans toutes les parties du monde, ils ont enlevé les richesses immenses et exterminé les habitants naturels de l'Amérique méridionale, et n'ont pas enrichi leurs métropoles qui précédemment étaient si bien cultivées, si opulentes et si peuplées, dans des temps où les maîtres des terres n'allaient pas chercher fortune sur les mers, et où ils se fixaient à la source des richesses, et abandonnaient le commerce maritime à des petites nations qui n'avaient que des ports et très peu de territoire. Mais dans ces temps d'opulence des métropoles, les politiques n'enviaient pas encore aux villes commerçantes les richesses pécuniaires qu'elles se procuraient par leurs salaires et par leur parcimonie; ils comprenaient, ou du moins ils se conduisaient comme s'ils avaient compris que ces richesses qui faisaient l'opulence d'une ville ou d'une petite nation marchande n'auraient pas satisfait aux besoins de la vingtième partie du peuple d'un grand empire; et que dans un grand empire qui ambitionnerait le commerce des mers, ces richesses mêmes acquises par les salaires du voiturage, n'appartiendraient qu'aux habitants des ports qui pourraient exercer ce commerce.

On aurait dit que l'on savait dans ces siècles grossiers, mais heureux, que les autres membres de la nation ni l'Etat ne pourraient participer aux profits des négociants : 1° parce que les commerçants ne donnent rien pour rien, et qu'ils *vendent aux nations* ce que l'on pense vulgairement qu'ils leur *rendent* par la circulation; 2° parce que dans un grand empire le profit des commerçants de la nation ne fait presque tout aux dépens de la nation même ; surtout lorsque le gouvernement leur accorde des privilèges exclusifs dont l'effet retombe sur la nation dans ses ventes et dans ses achats. Car les frais du commerce ne peuvent être pris que sur la valeur des productions du territoire de ceux qui payent le service des négociants.

L'autre état, dans lequel on peut envisager une colonie relativement à la propriété, est celui où les habitants mêmes sont, comme aux colonies françaises des Antilles, cultivateurs et propriétaires des terres et des productions qu'elles rapportent, en payant à l'État, comme les propriétaires de toutes les autres provinces cultivatrices de la domination du souverain, la contribution nécessaire pour les dépenses du gouvernement et de la défense de la nation. Cette condition remplie, les colonies ne sont pas plus dépendantes de la métropole que les provinces de la métropole ne sont dépendantes les unes des autres. Or le commerce de ces provinces s'exerce librement entre elles et au dehors ([1]).

Tel est l'ordre naturel du droit de propriété des habitants d'un royaume agricole, où le gouvernement tend à la plus grande prospérité possible et au plus grand avantage possible du souverain et des sujets. Les termes de *colonie* et de *métropole* ne peuvent donc être employés dans une monarchie que pour désigner différentes parties du territoire soumis à la domination du souverain ; mais ils ne peuvent pas servir à établir une distinction applicable au gouvernement relativement au commerce. Cette distinction ne peut être d'usage que dans le gouvernement d'une république marchande, où ce sont les marchands mêmes qui constituent la métropole, l'État, la nation, et où ces marchands sont eux-mêmes les propriétaires du territoire de leurs colonies et des pro-

---

([1]) Il est à remarquer cependant que les provinces de la métropole étant limitrophes les unes des autres, leur commerce leur assure réciproquement le débit de presque toutes leurs productions, ce que les colonies des îles ne peuvent obtenir que par un commerce extérieur d'où dépend leur existence et la contribution qu'elles doivent payer à l'État. Ainsi toutes prohibitions nuisibles à leur commerce extérieur sont d'autant plus préjudiciables à leur agriculture et à l'État, qu'elles anéantissent les richesses d'exploitation de ces colonies cultivatrices ; ainsi les prohibitions qui bornent le commerce des colonies sont encore plus ruineuses que celles qui bornent le commerce extérieur de la métropole. Les colonies cultivatrices font une extension de domination et de richesses que l'État doit conserver, qui par leurs contributions (quand elles sont en bonne valeur) satisfont aux dépenses nécessaires pour leur défense, et dont la possession peut être d'ailleurs fort importante. (Note de l'original.)

ductions qui y naissent. Dans un empire monarchique, les marchands ou commerçants ne sont propriétaires ni de la métropole ni des colonies, ils n'ont d'autre emploi que le voiturage du commerce intermédiaire entre la nation et les autres nations, ils n'ont d'autre propriété qu'un mobilier ambulant, ni d'autre objet que leur intérêt particulier exclusivement à celui de la métropole et des colonies, c'est-à-dire exclusivement à celui de la nation et du souverain. Or le gouvernement monarchique considéré dans sa constitution fondamentale, et séparément de ces accessoires dispendieux qu'il doit contenir dans leurs justes bornes, le gouvernement monarchique est le gouvernement même de la propriété de la métropole et des colonies indistinctement. La métropole et les colonies sont également des parties du territoire soumis à la domination du souverain, et sur lesquelles les revenus du souverain doivent être établis; leur prospérité, qui doit être l'objet du gouvernement, intéresse également la nation et l'Etat, et cette prospérité de toutes les parties d'un territoire, dont le souverain et la nation sont propriétaires, doit être générale conformément à tous les avantages naturels dont chaque partie du territoire peut profiter. Autrement il y aurait dans le gouvernement une irrégularité préjudiciable au souverain qui est propriétaire général, et aux citoyens propriétaires particuliers des parties du territoire qui souffriraient une diminution de richesses par les erreurs du gouvernement.

Les différentes parties du territoire peuvent par leur situation présenter au gouvernement des points de vue différents relativement au bien général et à la sûreté de la nation. Les frontières d'un royaume doivent être fournies de places fortes qui s'opposent aux entreprises des puissances voisines; les colonies des îles doivent présenter des asiles à la marine militaire pour favoriser ses opérations en temps de guerre et pour garantir en tout temps la marine marchande de la nation des insultes auxquelles elle pourrait être exposée. La mer est un grand chemin sur lequel la nation doit poser, dans les endroits où elle a des possessions, des corps de garde pour la sûreté de ses voyageurs. Mais ces destinations particulières et les dépenses qu'elles peuvent exiger relativement au bien public, ne s'opposent point à l'objet général qui est la prospérité que le souverain doit se procurer lui-même et à ses sujets dans toute l'étendue du territoire soumis à sa domination, sans distinction de *métropole* et de *colonies*.

Ceux qui savent comment nos colonies se sont formées n'attribuéront point à notre gouvernement ces prétendues idées de commerce prohibitif que les négociants ont introduit dans la nation en nous amenant adroitement à une législation hollandaise par laquelle nos colonies ont été séparées de la nation et livrées aux voituriers de la métropole ; par laquelle la métropole croit ingénument que c'est elle-même qui s'est emparée des colonies et de leur commerce ; par laquelle les intérêts de l'Etat, ceux de la nation, ceux de la métropole, ceux des voituriers ne sont pas démêlés ; et par laquelle ceux des colonies ont été sacrifiés aux privilèges exclusifs des voituriers travestis en métropole, ce qui donne à ceux-ci le droit d'être les seuls acheteurs des productions de nos îles, de s'en assurer exclusivement la propriété avec la pleine liberté de les revendre à toutes les nations, sans aucun autre avantage pour la métropole que d'être confondue avec l'étranger dans ce commerce par ses armateurs privilégiés ; cependant elle croit que leurs gains l'enrichissent, quoiqu'elle soit bien assurée que ses commerçants ne donnent jamais rien pour rien, et qu'elle n'est pas mieux traitée par eux que par les marchands étrangers ; mais elle se flatte au moins que les privilèges exclusifs accordés à ses armateurs lui procurent des débouchés pour le débit de ses productions.

D'autres citoyens plus clairvoyants diraient peut-être ouvrons nos ports aux marchands de toutes les nations, nous nous procurerons beaucoup plus d'acheteurs et un débit beaucoup plus avantageux ; il n'y a que notre propre commerce qui puisse nous enrichir, celui des commerçants ne tend qu'à nous appauvrir. *Quel paradoxe*, leur objecterait-on, *comment pouvons-nous commercer sans armateurs ?* Vous ne pouvez pas commercer sans armateurs, mais n'oubliez jamais que leur intérêt est opposé au vôtre, et qu'il n'y a que la concurrence qui puisse maintenir l'équilibre entre votre commerce et celui des armateurs. *Eh ! que deviendrait notre marine marchande qui nous forme des matelots ?* Devenez riches par votre propre commerce, votre marine marchande s'étendra à raison de vos richesses et formera des matelots dont l'apprentissage vous coûtera bien moins cher. Toute nation riche qui a des ports a toujours une grande marine marchande ; les commerçants, les marchands, les armateurs, les voituriers ne manquent jamais de s'accumuler autour des riches. *Quoi ! nous permettrions aux autres nations de commercer chez nous, lorsqu'elles ne nous permettraient pas de commercer chez elles ? L'avantage de cette liberté de commerce ne serait pas égal de part et d'autre.* Il ne serait pas égal, il est vrai, pour ces nations qui borneraient leur propre commerce au trafic de leurs commerçants ; si elles ne démêlent pas leur intérêt de celui de leurs négociants, que vous importe ? Mais ces nations observent de près ; elles seraient bientôt attentives à cette concurrence d'acheteurs, de vendeurs et de voituriers qui abonderaient chez nous et qui hâteraient rapidement les progrès de notre prospérité et de notre puissance, elles ne nous laisseraient pas longtemps profiter seuls d'une concurrence qui les avertirait sérieusement de rentrer comme nous dans l'ordre naturel du commerce, lequel ne suggère aucun motif de guerre, ni aucune réserve dans les traités de paix.

Toutes guerres et toutes réserves relatives au pur commerce ne peuvent avoir pour objet qu'un monopole involontaire peut-être de la part des négociants régnicoles, mais toujours funeste aux nations qui ne distinguent pas leur intérêt de celui de leurs commerçants, et qui se ruinent à soutenir des guerres pour assurer aux agents nationaux de leur commerce un privilège exclusif qui leur est préjudiciable à elles-mêmes. Voilà vraisemblablement ce que diraient les hommes sages et penseurs ; mais cela pourrait bien ne faire impression que sur les hommes désintéressés ; et ce ne serait pas sans courir le danger d'essuyer de très vives querelles que l'on se hasarderait à tenir un pareil langage dans un pays où les voituriers entretiendraient des ambassadeurs et où ils auraient pendant longtemps profité vraisemblablement même à bonne intention et de bonne foi de la confusion et de l'obscurité des idées qui auraient eu cours dans la métropole elle-même, à l'unique intérêt de leur commerce de voiturage. C'est ce dont nous venons de voir un exemple frappant.

Le système du privilège exclusif que des hommes certainement honnêtes, mais entraînés malgré eux par d'anciens préjugés, voudraient conserver à leur profit entre la métropole et les colonies d'un Etat monarchique, ne peut fournir aucun développement. Un citoyen d'un rare mérite, qui vient de soutenir comme les autres *que les colonies devaient être tenues sous la loi d'une sévère prohibition en faveur de la métropole,* a osé avancer que néanmoins elles devaient avant tout *être tenues dans le plus grand état de richesses possible :* et quoiqu'il ait employé toutes les ressources d'un génie supérieur pour concilier ces deux principes qui s'entre-détruisent et qu'il ne soit entré qu'avec beaucoup de ménagement dans l'analyse des propositions qu'il voulait réunir, il n'a pu éviter de laisser entrevoir une distinction d'intérêts, effrayante pour les voituriers du royaume qui sont accoutumés à confondre le voiturage de la nation avec le commerce même de la nation, laquelle a cependant intérêt d'épargner autant qu'il est possible sur les frais du voiturage en faveur du commerce, et qui ne peut y parvenir qu'en accordant une libre concurrence aux voituriers de toutes les nations. Les nôtres se sont élevés avec vivacité contre ce développement d'idées ; et en marquant beaucoup de zèle pour les intérêts de la nation et du souverain, ils ont eu recours aux raisonnements les plus captieux (par lesquels ils ont été séduits eux-mêmes) pour replonger dans la confusion le voiturage, le commerce, les intérêts de la nation et leur intérêt particulier exclusif, et pour ramener le gouvernement et le public aux opinions vulgaires sous lesquelles était enveloppé leur système de commerce.

AVRIL 1766.

SUITE DE LA RÉPÉTITION

DE LA

QUESTION DES FABRICANTS DES BAS DE SOIE DE NIMES

sur les effets productifs de la classe prétendue stérile

par M. H. (¹)

L'auteur qui s'est chargé dans le journal de février dernier, de répondre à l'instance qui réduit la question dont il s'agit à une précision que l'on souhaitait, ne paraît pas y avoir répondu di-

---

(1) „Après ce mémoire, qui est un des plus intéressants qui soient sortis de la plume de son illustre auteur, on trouve une suite des *discussions sur les véritables propriétés de l'agriculture, du commerce et de l'industrie.* Les propriétaires du journal, qui avaient le plus grand intérêt à maintenir la liberté de ces discussions qui soutenaient leur ouvrage périodique, se laissaient de plus en plus entraîner à s'opposer à cette liberté et à engager même l'autorité qui les protégeait, à l'interdire. Ils avaient vraisemblablement, sans s'en apercevoir, pris parti contre l'agriculture: leur journaliste avait très sciemment pris parti pour elle, et ne demandait que des objections. Il fallut premièrement continuer de prouver la nécessité de laisser éclaircir la question par les débats publics; c'est ce que firent en partie le journaliste, par un préambule, et en partie l'écrivain que nous nommons aujourd'hui M. H. et qui s'appelait alors M. C., par une lettre qui forme le second article de ce volume. Il fallut secondement, pour ménager l'opinion des propriétaires, commencer de préférence par défendre la cause qu'ils avaient embrassée; et c'est ce que fit encore très ingénieusement dans ce volume l'*Auteur du Tableau économique,* sous le nom de M. H. qu'il avait adopté, comme nous l'avons déjà vu, pour suppléer à la faiblesse de ses adversaires en écrivant contre lui-même." *(Notice abrégée* de Dupont.)   A. O.

rectement ni décisivement dans tous les points. Il n'a pu éluder une objection qui se présentait trop visiblement pour la passer sous silence. Il l'expose assez clairement; mais au lieu d'une solution satisfaisante, il donne une explication qui ne sert qu'à montrer mieux l'objection dans toute sa force sans y répondre. Voici l'objection telle qu'elle est exposée par l'auteur même et on verra si sa réponse suit exactement le fil d'une logique rigoureuse.

« Mais ne dira-t-on pas qu'il ne s'agit ici, *dit-il*, que d'une dispute «de mots ; car, que le commerce des revendeurs et l'industrie *produisent* «ou non des richesses, pourvu qu'elles en *procurent* aux nations qui les «emploient et qui les salarient, on ne doit pas les regarder comme «*stériles* ? Pour dissiper ici l'équivoque, *répond-il*, il faut distinguer «les richesses qui tournent au profit des commerçants et des artisans «aux dépens des nations qui payent leurs travaux, d'avec celles de «ces nations mêmes qui ont besoin de ces moyens dispendieux «pour les échanges qu'elles se procurent par leurs ventes et par «leurs achats. Dans le premier cas, les intérêts du commerce des «revendeurs et de l'industrie se trouvent en opposition avec ceux «de la nation. Alors il n'y a qu'une concurrence libre dans l'exercice «de ce commerce et de l'industrie qui puisse préserver la nation «des dommages que l'un et l'autre lui causeraient. Dans l'autre cas, «cette concurrence libre étant supposée, toutes les richesses de la «nation, qui renaissent continuellement, consistent dans la reproduction «annuelle obtenue par la culture du territoire et évaluée par le «prix de la vente de la première main. Or ce prix est formé par «différentes causes indépendantes du commerce de revendeurs et «de l'industrie; ainsi ni l'un ni l'autre ne peuvent augmenter la «masse annuelle des richesses de la nation, évaluée par ce prix de «la vente de la première main; le commerce et l'industrie n'y «exercent que l'échange des productions selon leur valeur pour «valeur égale; cet échange ne procure donc aucun accroît de «richesses. C'est au moins, dira-t-on, *continue-t-il*, l'exercice du «commerce et de l'industrie, qui dans l'état d'une libre concurrence «procure cette utile compensation de valeur dans les échanges. «Oui, *répond-il encore*, mais sans cet usage, l'un et l'autre seraient «à cet égard non seulement stériles, mais inutiles et souvent nui- «sibles. »

L'auteur nous donne ainsi le change en présentant le commerce et l'industrie dans un cas opposé à celui dont il s'agit, où l'on examine l'effet de la libre concurrence dans l'exercice du commerce et de l'industrie, au moyen de laquelle la rivalité des marchands et des artisans *les force*, comme il le dit un peu auparavant, de mettre leur rétribution au rabais, à l'avantage des nations qui payent leurs services. Le commerce *produit donc* ou *procure donc* du profit: il est inutile d'épiloguer ici sur la significa-tion exacte du mot *produire* et sur celle du mot *procurer*; il suffit de convenir que l'on obtient du profit par le commerce, pour convenir aussi que le commerce n'est pas *stérile*. Voilà où se réduit en rigueur le vrai point de vue sur lequel on insiste; parce que ce qui procure du profit n'est pas renfermé dans la signification du mot *stérile*, ni dans les vues que ce mot peut inspirer au gouvernement, attentif à assurer à la nation tous les avantages que le commerce peut lui procurer. On convient que cette matière est si compliquée qu'on ne peut la démêler sans entrer dans les détails fort abstraits et absolument nécessaires pour éviter des erreurs très nuisibles qui peuvent être suggérées par des raisonne-ments insidieux, et par l'abus des termes vagues et équivoques qui enveloppent des intérêts fort opposés, que le ministère ne doit pas confondre dans ses décisions. Mais plus on examine ces détails, plus on aperçoit que la connaissance de leur ensemble et de leurs rapports forme une étude métaphysique, peut-être plus métaphysique que celle des écoles de philosophie; aussi est-elle moins connue, quoique plus importante dans l'ordre naturel des sociétés.

X.

Juin 1766.

ANALYSE

DU

TABLEAU ÉCONOMIQUE

Voir pages 305 à 328([1])

AVIS AU LECTEUR

par DUPONT

Pour être en état d'entendre et de résoudre les différents problèmes de la *science économique*, il faut avoir une idée nette de la distribution des dépenses annuelles qui conduisent à la reproduction des denrées et des richesses.

---

(1) L'*Analyse*, que nous avons déjà reproduite plus haut, ne peut, en raison de la chronologie et des circonstances qui se sont produites lors de sa première publication par l'auteur même, être ici passée complètement sous silence. Le fait que les *Maximes générales* qui en formaient un complément, n'ont pas paru dans le *Journal de l'agriculture*, nous a engagé à placer les deux parties principales de ce „trésor de la science" dans l'ordre chronologique des travaux de Quesnay à l'année 1758, époque de sa rédaction la plus ancienne; cette rédaction primitive n'existant plus, la forme dans laquelle nous l'avons donnée correspond à celle de l'ouvrage *Physiocratie*, qui parut 10 ans plus tard et dans lequel les *Maximes générales* ont été réajoutées à l'Analyse.

L'*Avis au lecteur*, que Dupont a mis en tête de l'*Analyse* dans le *Journal de l'agriculture*, fournit la preuve que le blâme qu'il a dû, suivant Schelle (voir la note 1, page 409), recevoir en février à cause de son attitude physiocratique, en général et surtout à cause de ses éloges exagérés à l'adresse de l'auteur du *Tableau économique*, l'a plutôt excité à poursuivre dans la même voie qu'à se modérer. Il faut peut-être admettre d'ailleurs qu'il s'est agi d'avertissements répétés dont celui relatif à ses trop grands éloges de Quesnay lui a été adressé quelques mois plus tard et se rapportait à cet *Avis au lecteur*, dont nous donnons ci-dessus les termes. A. O.

Avant de raisonner, il faut voir les faits, il faut embrasser leur ensemble, il faut connaître leur *ordre général*. Tout nous prouve qu'il existe *essentiellement* un tel *ordre*, une *loi* universelle et *physique* qui a été établie par le Créateur du monde, et selon laquelle les êtres, les productions, les richesses tendent à se perpétuer et même à se multiplier le plus qu'il est possible. La portion de cette loi générale qui est directement relative à la société des hommes a été trop longtemps ignorée.

Quelques grands génies en avaient découvert des points particuliers en fort petit nombre; mais ils n'avaient pu tirer de ces principes trop bornés que des conséquences particulières, dont la plus grande partie des rapports réciproques restaient inconnus.

Un autre homme est enfin venu, doué d'une tête sublime et profonde, d'un esprit observateur, méditatif et pénétrant, d'une âme simple, élevée, droite et forte, et joignant à ces qualités un goût exclusivement décidé pour les études utiles, le plus grand zèle pour le bien public, et l'amour le plus tendre pour la patrie et pour l'humanité. Cet homme a senti que c'est dans la nature même qu'il faut étudier quelle doit être la marche de la nature. Il a apporté dans cette étude l'attention la plus scrupuleuse, la réflexion la plus soutenue, et cette patience opiniâtre que le désir de connaître des vérités importantes peut seul inspirer à ceux qui sont faits pour aimer ces vérités, pour les comprendre et pour les dire. Il a vu les productions naître de la terre par le concours des travaux et des avances des cultivateurs, pour fournir à la subsistance et aux besoins de tous les autres hommes. Il a vu que la culture donnait généralement un *produit net*, puisque par un effet de la bienfaisance divine les cultivateurs faisaient en général naître plus de productions qu'ils n'en peuvent consommer, et pour une plus grande valeur que celle des dépenses de leur culture.

Il a vu que ce *produit net* était nécessaire et indispensable à la société, que s'il n'y avait point de *produit net*, il ne pourrait y avoir aucune sûreté de possession, ni même d'existence pour quelque individu que ce soit, puisqu'il n'y aurait point alors d'autorité tutélaire pour protéger le droit de propriété de chacun et réprimer la cupidité des méchants. De sorte que, parmi la grande quantité de cultures différentes, quoiqu'il puisse y en avoir quelqu'une qui ne rende que ses frais, il n'en est pas moins vrai que, sous l'aspect étendu où ces grandes matières doivent être envisagées, *sans produit net, il ne pourrait point y avoir de culture.*

Cette vérité a été d'autant plus claire pour lui qu'il a vu qu'il était impossible de prendre, sur le produit d'une culture qui ne rembourserait que ses frais, de quoi subvenir aux dépenses qu'exige le maintien d'une autorité tutélaire, puisqu'on ne pourrait le faire qu'en diminuant les dépenses productives, et par conséquent la reproduction qui, plus faible et chargée néanmoins des mêmes dépenses pour l'autorité tutélaire, diminuerait progressivement jusqu'à son extinction totale, d'où suivrait celle de la population. Il a donc vu les productions, ou leur valeur, se partager d'abord entre les cultivateurs, dont elles doivent avant tout payer les dépenses et les travaux, et les propriétaires de ce *produit net* dont l'existence est la première base de celle d'une société tant soit peu nombreuse et policée. Il a vu que les culti vateurs et les propriétaires, pour se procurer par le moyen des productions qu'ils possèdent toutes les jouissances qui leur sont nécessaires, utiles ou agréables, étaient obligés de se livrer réciproquement à une multitude d'échanges, et de payer les services d'une autre classe d'hommes qui servent d'agents intermédiaires à ces échanges ou qui donnent aux productions une forme qui en rend la consommation plus facile, plus commode, etc. Il a vu que cette classe d'hommes qui subsistent par la dépense des autres, rapportait *nécessairement* à celle des vendeurs de productions les salaires qu'elle avait reçus, pour en acheter les différentes productions nécessaires à sa subsistance et celles qui servent de matières premières à ses ouvrages.

Il a vu que, par l'effet du commerce perpétuellement entretenu entre les trois classes, toutes les productions qui n'ont pas été consommées directement par leurs premiers possesseurs, leur sont payées par l'échange d'autres productions. Il a vu que la plus ou moins grande facilité de ces échanges directs ou indirects de productions contre productions, déterminait le prix de chacune, la valeur de la reproduction totale, le taux des salaires, les dépenses de la culture, la quotité du produit net, la puissance des Etats, les jouissances et le bonheur des particuliers. Enfin, après avoir suivi dans toutes ses branches la marche de ce commerce réciproque qui, par le débit, l'échange et l'emploi des différentes productions en assure la renaissance, il a inventé une formule arithmétique qui représente exactement cette marche, et qui selon la différence des *données* en exprime les divers résultats. La postérité seule connaîtra tout le prix du service que ce vertueux patriote a rendu par là au genre humain.

Il nous suffit d'en dire que jusqu'à lui la *science économique* n'avait encore été qu'une science conjecturale dans laquelle on ne pouvait raisonner au plus que par induction; et que depuis l'ingénieuse invention de la formule du *Tableau économique*, cette même science est devenue une science exacte, dont tous les points sont susceptibles de démonstrations aussi sévères et aussi incontestables que celles de la géométrie et de l'algèbre. Cette formule, qui a porté la conviction et la lumière dans l'esprit de tous ceux qui ont voulu prendre la peine de l'étudier et de se la rendre propre, a néanmoins paru obscure à beaucoup de personnes, soit que ces personnes manquassent des éléments nécessaires pour la bien entendre, soit que l'appareil du calcul ait effrayé ceux qui craignent la fatigue d'une attention trop sérieuse. Plusieurs de nos abonnés nous ont demandé une explication nette, précise, et si l'on peut ainsi dire, *en langue vulgaire*, de ce *Tableau économique* dont les principes ont causé et causeront vraisemblablement encore tant de contestations dans notre journal. Nous aurions peut-être pu donner nous-mêmes cette explication; les principes du *Tableau économique* sont si clairs et si simples pour ceux qui veulent réfléchir, qu'il n'est pas difficile de les faire entendre aux hommes qui ont la tête bien organisée, et que nul intérêt particulier n'a prévenu. Mais nous avons senti qu'un travail de cette importance n'est jamais assez bien fait lorsqu'il peut l'être beaucoup mieux; c'est pourquoi nous nous serions bien gardés de prendre sur nous de répondre à cet égard au désir de nos abonnés, tandis que nous avons la facilité de recourir à l'auteur même du *Tableau économique*. Nous avons donc cru devoir lui communiquer les demandes qui nous ont été faites; et il nous a envoyé, en réponse, le mémoire suivant.

Le public ne peut que gagner, et nous aussi, à entendre ce grand homme s'expliquer lui-même. Et nous nous bornerons à le remercier de ce qu'il a bien voulu enrichir notre ouvrage de cette analyse du sien. Puisse-t-il, pour le bien de l'humanité, comme pour notre instruction personnelle, nous rendre encore dans trente ans un service du même genre!

XI.

Juin 1766.

LETTRE

DE

M. N. AUX AUTEURS, etc.,

au sujet de l'objection qui lui a été faite par M. H. relativement à

LA PRODUCTIBILITÉ DU COMMERCE ET DE L'INDUSTRIE.

MESSIEURS,

Monsieur H. trouve que je n'ai pas répondu d'une manière satisfaisante à une objection que je m'étais faite dans votre journal de février dernier, et il vient de la rappeler en lui donnant un nouveau degré de force dans le volume d'avril.

Je sens avec ce digne ami combien la question dont nous sommes occupés est à la fois importante et compliquée. L'ardeur uniforme avec laquelle les commerçants, les armateurs et les manufacturiers de toutes les nations ont sans cesse cherché à obtenir des souverains le privilège exclusif du commerce et de l'industrie de leur pays, et le bannissement de la concurrence des négociants, des armateurs et des manufacturiers étrangers; les raisons spécieuses avec lesquelles ils ont dans des temps d'ignorance et à la faveur de quelques expressions vagues (qui tiennent plus à la rhétorique qu'à la connaissance précise des idées) confondu l'utilité du commerce avec la *productibilité* de l'agriculture, et surtout l'intérêt du commerce d'une nation avec celui des agents nationaux de ce commerce; la forme peut-être de nos études, si propre à retarder les progrès de la lumière en ce qu'elle nous accoutume à appeler *savoir* la connaissance de ce que les autres ont pensé et celle des lois positives que les hommes ont faites, plutôt que l'art de penser soi-même et de suivre la marche de l'ordre naturel institué par l'Auteur de l'univers, de sorte que lorsqu'il s'agit de se déterminer sur des choses dont on ignore une partie des principes et des conséquences, on argumente de la conduite et des raisonnements de ceux qui n'avaient souvent encore aucune idée de ces conséquences ni de ces principes; toutes ces raisons jointes à l'inapplication qui a été pendant trop long-temps générale et dont on commence à peine à se corriger, toutes ces raisons rendent abstraites aujourd'hui et difficiles à comprendre des vérités qui seront palpables pour nos enfants, mais qui le deviendraient beau-coup plus tard si elles n'étaient pas combattues et si la contradiction n'obligeait à les considérer sous toutes leurs faces.

Aussi regardé-je, Messieurs, le travail de M. H. et le zèle avec lequel il oppose les plus spécieuses objections à ce qui me paraît la vérité, comme un des moyens les plus efficaces de répandre et de démontrer cette vérité que nous chérissons et que nous cherchons tous deux par des routes différentes.

Pour concourir donc au but que se propose ce bon citoyen et pour dissiper, si je puis, tous ses doutes, je vais joindre à l'objection sur laquelle il insiste toutes celles qui peuvent en découler et la faire mieux valoir. Je rendrai ses objections les plus fortes qu'il me sera possible, et ensuite je les examinerai l'une après l'autre. J'épargnerai vraisemblablement par là du travail à M. H. et du temps à la mani-festation de la vérité.

Comme l'enchaînement d'objections et de réponses auxquelles je crois devoir me livrer, deviendrait naturellement et nécessairement une espèce de dialogue, trouvez bon, Messieurs, que je lui en donne tout à fait la forme; supposez que ce soit M. H. qui me fait les objections, auxquelles je réponds en mon propre et privé nom. (¹)

---

(1) La *Notice abrégée* de Dupont dit ce qui suit au sujet du numéro de juin 1766 du *Journal de l'agriculture*:

„C'est dans ce volume que se trouve le premier dialogue entre M.H. et M. N. sur la nature du commerce qui n'est que *distributeur* et non pas *producteur* des richesses. L'auteur du *Tableau économique*, lassé de combattre alternative-ment pour et contre ces principes par des mémoires qui, ne pouvant traiter qu'une partie à la fois, prolongeaient beaucoup la discussion, s'était déter-miné à rassembler toutes les objections qui pouvaient lui être faites, avec ses réponses, sous la forme de *dialogue*. C'est particulièrement dans ce genre que la supériorité de son génie s'est fait remarquer. Il donne à ses objections une tournure si spécieuse et si pressante que ses élèves les plus instruits en étaient embarrassés avant d'avoir lu ses répliques."

*Nous donnons ce dialogue tel qu'il a paru dans la *Physiocratie* en l'année 1768, c'est-à-dire sous une forme étendue à peu près du double. Dans la publication primitive, le travail portait le simple titre *Dialogue entre M. H. et M. N.* En raison d'une suite qui a paru dans le numéro de novembre de la même année et dans laquelle le débat était étendu du commerce à l'industrie, la deuxième édition a reçu le titre plus détaillé *Du Commerce, premier dialogue*, etc. L'*Avis de l'éditeur*, que Dupont a ajouté dans la *Phy-siocratie* et qui se rapporte d'ailleurs aux deux dialogues, est conçu en ces termes:

„*Avis de l'éditeur*. Il s'est élevé beaucoup de contestations sur la division

DU COMMERCE.

PREMIER DIALOGUE ENTRE M. H. ET M. N.

M. H. — Vous continuez donc à soutenir, mon ami, que le commerce, les arts et les métiers sont des professions *stériles*. Cependant vous ne pouvez disconvenir que, s'il y a une libre concurrence dans l'exercice du commerce, des arts et des métiers, la rivalité

de la société en trois classes de citoyens, savoir, la *classe productive*, celle des *propriétaires* et la *classe stérile*. Cette division, exposée dans le Tableau économique, a surpris et fâché plusieurs personnes renfermées dans la troisième classe. La plupart des agents du commerce, des arts et des fabriques se sont trouvé offensés d'y avoir été compris. Cependant des hommes d'un état plus distingué, les magistrats, les militaires, etc., n'ont pas cru au-dessous de leur dignité d'être rapportés à cette classe; aucun d'eux ne s'est plaint de n'avoir pas été compté dans la classe productive. On a senti qu'il n'était pas possible de peindre la distribution annuelle des richesses sans commencer par remonter jusqu'à la production qui ne saurait être confondue avec la dépense et la circulation. Il a paru nécessaire, simple et naturel de distinguer les hommes payants qui tiennent leurs richesses immédiatement des productions de la nature, d'avec les hommes payés qui ne peuvent en acquérir que comme une récompense des services utiles ou agréables qu'ils rendent aux premiers. Mais les protecteurs du luxe, et les artisans même qu'il emploie, ainsi que la plupart des négociants et des entrepreneurs de manufactures, se sont élevés avec chaleur contre cette distinction. Ils ont regardé la dénomination de *classe stérile* comme injurieuse pour eux. Ils n'ont point vu que ce terme n'exprimait qu'une propriété physique qui ne fait rien à la dignité; que dans les sciences physiques il faut que toutes les expressions soient d'une justesse rigoureuse; qu'on ne pouvait pas en employer une autre pour désigner la classe des citoyens purement salariés, dont les dépenses et les travaux ne font point naître de productions. Ce qui les distingue de la classe des propriétaires, qui vivent du revenu que leurs terres fournissent, et qui contribuent à la production de ce revenu par des dépenses foncières en bâtiments, déssèchements, défrichements, plantations, etc. Et ce qui les distingue encore plus de la classe des cultivateurs qui font renaître leur propre rétribution, le revenu des propriétaires et les salaires des agents du commerce et des fabriques. Ces derniers n'ont pas pris garde que si, comme ils ont paru le désirer, on avait nommé industrieuse au lieu de stérile la classe dont ils font partie, on aurait employé un terme impropre; puisque l'industrie n'est pas un attribut distinctif de leurs professions. Ils ignoraient peut-être que les agents de la classe productive ont pour le moins autant de connaissances, de génie et d'industrie, qu'ils trouvent à employer dignement et complètement dans la direction et dans l'exécution bien entendues de la multitude de tra-

des marchands et des artisans les force de mettre leur rétribution au rabais à l'avantage ou au profit des nations qui payent

---

vaux raisonnés et dispendieux qu'exigent les différentes parties de l'agriculture,
et qui demandent à être variées selon la diversité des terres, des circonstances
et des saisons. Ce qu'il y a de plus surprenant est que des négociants, et
des hommes qui se disaient leurs protecteurs, n'aient pas voulu entendre,
quoiqu'on le leur ait répété et démontré plusieurs fois,(1) que la distinction
dont ils s'offensaient est entièrement à l'avantage du commerce, des manufactures et des arts de toute espèce; puisque dès qu'elle sera universellement
admise, son effet direct doit être d'affranchir le commerce, les fabriques et
leurs agents de toute contribution, de tout impôt, de toute gêne et de toutes
vexations.

Parmi les prétendus défenseurs du commerce qui se sont opposés avec
tant de véhémence à une doctrine aussi évidemment favorable au succès du
commerce, il en est sûrement un très grand nombre qui l'ont combattue de
bonne foi, et qui se sont laissés entraîner, avant d'avoir réfléchi, par le
premier mouvement que leur a inspiré une distinction à laquelle ils n'étaient
point accoutumés et qu'ils ne comprenaient pas, mais dont il avait néanmoins
été indispensable de se servir pour s'énoncer avec précision dans une science
nouvelle. Peut-être en est-il d'autres plus pénétrants et moins sincères, qui,
s'embarrassant assez peu de l'avantage du commerce en général, et très occupés de leur intérêt personnel et momentané, ont trouvé la dénomination
de classe stérile moins prévenante en leur faveur qu'ils ne l'auraient désiré,
et peu propre à engager le gouvernement à leur accorder les privilèges exclusifs qu'ils avaient toujours obtenus avec facilité, dans le temps où l'on
croyait que le commerce et les manufactures, réservés exclusivement aux
commerçants et aux manufacturiers régnicoles, étaient par cette exclusion
même une source de richesses pour la nation. Ceux-ci se voyant appuyés par
le préjugé dominant qui formait un titre pour soutenir que leurs professions
sont productives, favorisés encore par l'équivoque de plusieurs expressions
vagues reçues dans les discours vulgaires et familiers, étayés de plus par le
secours de ceux d'entre leurs confrères qui mettaient à cette affaire un poi..
d'honneur difficile à comprendre, n'ont pas été des moins ardents dans ces
combats très extraordinaires, dont on peut voir la suite dans les Journaux de
l'agriculture, du commerce et des finances de l'année 1765 et 1766, et où l'on
remarquera sans doute avec étonnement que tous ceux qui prétendaient être
les protecteurs du commerce et des manufactures sollicitaient des monopoles,
des exclusions, des règlements, des gênes, des lois prohibitives, et que les
philosophes économistes qui demandaient pour le commerce, pour les commerçants et pour tous leurs agents, facilité, sûreté, considération, mais surtout LIBERTÉ et FRANCHISE, étaient publiquement traités d'ennemis, de
contempteurs et de détracteurs du commerce et des arts.

Au milieu de ces disputes orageuses, élevées sur les privilèges exclusifs, il
a donc fallu discuter à fond la justesse de la division qui sert de base à la

(1) Voyez les Journaux de l'agriculture, du commerce et des finances des mois de février
et d'avril 1766; le premier, page 75 et suivantes, et l'autre page 39. Voyez aussi presque tous
les autres volumes de la même année et de la précédente. (Note de l'original.)

leurs services. Vous ne pouvez donc pas nier que *le commerce*, envisagé dans l'état de la libre concurrence, *procure* ou *produit du profit*. Il est inutile d'épiloguer ici sur la signification exacte du

formule arithmétique du *Tableau économique*, et qui formait le sujet, ou le prétexte, de la mauvaise humeur de quelques-uns des agents de la classe stérile. L'objet de cette discussion est si essentiel à la certitude des principes de la science économique, qu'il était indispensable de faire évanouir tous les doutes, de dissiper toutes les équivoques, de répandre la lumière sur tous les préjugés établis. C'est de la contradiction qu'on devra toujours espérer cet avantage; la contradiction seule a le privilège de porter d'une main le flambeau de l'évidence et de déchirer de l'autre le voile qui cache les vérités nouvelles aux yeux du vulgaire. Personne n'a jamais mieux connu le prix de cette contradiction secourable, que l'auteur du *Tableau économique*. On l'a vu se mêler tantôt parmi ses adversaires, sous le nom de M. H. (¹) et tantôt parmi ses partisans sous celui de M. N., de M. *Nisaque* ou de M. *de l'Isle*. (²) Et on lui doit la justice de convenir que dans ces deux personnages si opposés, il s'est également trouvé à la tête des uns et des autres. Pour terminer enfin cette contestation importante, il fallait poursuivre l'erreur jusque dans ses derniers retranchements. Mais l'erreur ne saurait avoir une marche réglée et uniforme, ses attaques, qu'elle varie continuellement, ne peuvent être assujetties à aucun ordre, à aucun plan régulier et général. C'est pourquoi M. H. et M. N., après s'être combattus de loin, ont été en quelque façon obligés de s'attaquer corps à corps; ou pour m'exprin.   s clairement, c'est pourquoi l'auteur, qui les faisait parler l'un et l'autre, a cru devoir préférer la forme de dialogue, afin de rassembler, par le moyen des inconséquences et des écarts ordinaires dans les conversations, tous les raisonnements spécieux, fondés sur des apparences séduisantes et sur des équivoques de langage qui obscurcissent les idées, et qui ne se sont établies que dans les temps mêmes où les connaissances étaient bornées à des notions imparfaites, vagues et incertaines.

Ces dialogues, actuellement très importants, seront quelque jour la partie la moins lue de ce recueil. On aura peine à croire alors, qu'il ait fallu réfuter sérieusement des opinions aussi absurdes que celles des adversaires de la science économique. Les oppositions que cette science éprouve passeront pour une partie fabuleuse de son histoire. Je puis attester cependant qu'elles ne sont aujourd'hui que trop réelles. Peut-être est-il utile qu'il en reste dans ce recueil un léger monument. Il apprendra aux hommes bons et sages, faits pour aimer la vérité, pour la chercher, pour la reconnaître et pour la dire, qu'il ne faut jamais se flatter qu'elle ait d'abord un rapide succès. Il apprendra aux hommes intéressés et vains, qui oseraient lui résister et qui s'efforceraient de l'étouffer avant que l'évidence lui ait assuré la conquête du genre humain, qu'on ne saurait l'emporter sur la force invincible qui lui a été donnée par Dieu même, et que si l'on pouvait gagner quelque chose à la combattre, ce ne serait que la perpétuité de la honte d'en avoir été l'ennemi." A. O.

(1) Dans les Journaux de novembre 1765 et d'avril 1766. (Note de l'original.)
(2) Dans les Journaux de janvier, de février, d'avril, de juin et de novembre 1766. (Note de l'orig.)

mot PRODUIRE et sur celle du mot PROCURER; il suffit de convenir que l'on obtient du profit par le commerce, par les arts et par les métiers, pour convenir aussi que le commerce, les arts et les métiers ne sont pas *stériles*. Voilà où se réduit en rigueur le vrai point de vue sur lequel j'insiste actuellement pour réduire la question à son état le plus simple; car on ne peut pas dire que ce qui *procure du profit* soit renfermé dans la signification du mot *stérile*, ni puisse être rapporté à cette signification par le gouvernement attentif à assurer à la nation tous les avantages que le commerce, les arts et les métiers peuvent lui procurer.

M. N. — Mon ami, je vois avec plaisir que vous avez enfin saisi le point où il faut réduire notre question. Mais, dans le cas même dont vous parlez, le *profit* qui vous frappe ne peut être appliqué au commerce soit qu'on le considère comme le service des commerçants, soit qu'on le regarde dans son véritable point de vue, comme échange. Ce profit sur lequel vous insistez ne se rapporte qu'à l'épargne que le vendeur de la première main et l'acheteur-consommateur font sur les frais du commerce des marchands revendeurs, par le moyen de la pleine concurrence entre les marchands, qui les oblige à mettre leur rétribution ou leur gain au rabais. Ainsi ce que vous appelez ici *profit* n'est, rigoureusement parlant, qu'une privation de perte pour le vendeur de la première main et pour l'acheteur-consommateur. Or, une privation de perte sur les frais du commerce n'est pas un *produit* réel ou un accroît de richesses obtenu par le commerce considéré en lui-même simplement comme échange, indépendamment des frais de transport, ou envisagé conjointement avec les frais de transport. Vous voyez au contraire que le commerce, chargé des frais de transport, est toujours un service plus ou moins dispendieux et que moins on a besoin de ce service, moins il est onéreux. Or ce qui est bon à éviter, autant qu'on le peut, pour un plus grand profit, ne peut pas être une source de richesses. Comment donc pouvez-vous conclure de là que le commerce, qui n'est qu'un échange de valeur pour valeur égale, et ses frais qui ne sont qu'une dépense onéreuse, ne soient pas *stériles?*

M. H. — Cependant je sais, mon ami, que vous convenez au moins que la libre concurrence des marchands revendeurs qui transportent les productions d'un pays dans un autre, fait augmenter le prix dans le pays où il est trop bas et le fait diminuer dans le pays où il est trop haut; d'où résulte dans l'un de ces pays un *profit* pour le vendeur de la première main et dans l'autre un *profit* pour l'acheteur-consommateur. Le commerce procure donc dans ces pays un double *profit*. Comment nous feriez-vous donc entendre qu'il y soit *stérile?*

M. N. — Arrêtez, mon cher ami, vous confondez ici l'effet d'une libre communication de commerce entre différents pays avec l'effet du commerce même, qui est l'échange d'une production qui a une valeur vénale, contre une autre production de valeur égale, échange où il n'y a par conséquent, étant considéré *en lui-même,* rien à perdre ni à gagner pour l'un ni pour l'autre des contractants, quoiqu'il puisse y avoir beaucoup à perdre pour l'un ou pour l'autre par des causes indépendantes du commerce, qui d'un côté font baisser le prix et qui de l'autre côté le font augmenter. Le vendeur de la première main perd lorsque le prix est trop bas, l'acheteur-consommateur perd lorsque le prix est trop haut: or, ce qui annule les causes de cette inégalité de prix entre ces deux pays évite au vendeur de la première main la perte qu'il souffrirait dans le pays où le prix serait trop bas et évite aussi à l'acheteur-consommateur la perte qu'il supporterait dans le pays où le prix serait trop haut. Mais le rétablissement de la compensation de ces prix ne procure de part et d'autre qu'une privation de perte et non un produit réel; car ce rétablissement de la compensation des prix ne suppose aucune addition de production, mais seulement la soustraction des causes de l'inégalité des prix. A cet égard, mon ami, le commerce par lui-même et strictement parlant, est donc *stérile.* (¹) On ne peut douter, il est vrai, que, dans le cas que vous

---

(1) Dans l'édition primitive, la fin de cet alinéa était conçue en ces termes: „Toutes les nations, il est vrai, croient gagner les unes sur les autres dans le commerce qu'elles exercent entre elles; mais cela ne peut se concevoir qu'en supposant autant de pertes que de gains, qui ensemble se réduisent à zéro. Apparemment que dans cette agréable prévention on s'attribue les gains que l'on paye aux commerçants nationaux, et que ceux-ci se prêtent bien à l'illusion pour obtenir des privilèges exclusifs, qui sont des moyens sûrs pour accroître les profits des agents des échanges et pour susciter entre les Etats des querelles aussi ruineuses et aussi déraisonnables que contraires à l'ordre le plus avantageux au commerce réciproque des nations qui, toutes, ne peuvent acheter qu'autant qu'elles peuvent vendre. Mais dans le désordre d'idées où l'intérêt particulier exclusif des agents du commerce a jeté presque tous les peuples,

rapportez ici pour exemple, le transport des productions ne soit nécessaire pour éviter des pertes, comme la mer elle-même est nécessaire pour transporter les productions par la navigation; mais conclure de là que l'un et l'autre soient productifs, ce serait confondre les conditions de la communication dont il s'agit ici, avec la cause productive des denrées commerçables ou avec les causes des prix qui existent toujours avant le commerce et sur lesquels le commerçant règle ses opérations.

M. H. — N'est-ce pas gagner que de ne pas perdre? N'est-ce pas perdre que de ne pas gagner? Convenons que ces expressions sont synonymes et la dispute cessera; car on pourra dire que le commerce, en évitant des pertes à la nation, enrichit la nation et que par conséquent il n'est pas stérile.

M. N. — Mon ami, les grammairiens soutiennent que l'énonciation exacte des idées n'admet presque point de synonymes; et, pour vous en convaincre, ils vous diraient que, si l'on admettait vos synonymes, il faudrait convenir aussi que *ne pas perdre et ne pas gagner,* signifie *perdre et gagner.* Que, si un joueur se retire du jeu sans perte ni gain, on pourrait dire indifféremment: *il n'a perdu ni gagné, ou bien il a gagné et perdu.* La dernière expression a-t-elle la même signification que la première? ne laisserait-elle pas ignorer s'il a *plus perdu que gagné,* ou s'il a *plus gagné que perdu?* ne faudrait-il pas l'expliquer pour l'entendre? pour l'expliquer, ne faudrait-il pas s'assujettir exactement à la véritable signification du mot *perdre* et à la véritable signification du mot *gagner* et reconnaître nécessairement que ces deux mots ne sont pas synonymes? (¹)

---

on ne pense pas que les ventes et les achats des uns sont les achats et les ventes des autres, que l'intérêt des nations se compense avec égalité dans le commerce qu'elles exercent entre elles, et que leurs guerres de commerce ne peuvent avoir pour objet que l'intérêt particulier de leurs commerçants, toujours préjudiciable au commerce réciproque des nations." A. O.

(1) Dans l'édition ultérieure, on a laissé de côté un alinéa qui se trouve à cette place dans l'original, et qui est conçu en ces termes:

„Dans l'ordre naturel de l'échange, il n'y a ni perte ni gain; or s'il n'y a pas de gain, le dommage que cause la violation de cet ordre quand on exlut la concurrence, ne peut pas être conçu comme une privation de gain; ce dommage est donc précisément une perte qui existe par un obstacle qui intervertit l'ordre naturel du commerce. On ne peut donc pas conclure de là que le commerce produirait un gain positif s'il ne produisait pas cette perte." A. O.

Selon votre langage, il faudrait dire aussi que l'on gagne toutes les fois que l'on n'est pas dévalisé par les voleurs. Alors les gains de cette espèce pourraient être fort multipliés; mais en serait-on plus riche? De tels sophismes ne consistent donc que dans l'abus des mots.

M. H. — J'ai, mon ami, une objection nouvelle et peut-être plus forte à vous faire: si c'est par la concurrence du commerce que la classe productive obtient le prix de la vente de ses productions, il est donc vrai, comme on l'a soutenu, que cette classe ne s'étend pas jusqu'à la vente des productions en première main inclusivement et qu'au contraire cette vente doit être comprise dans la classe qu'on appelle mal à propos *stérile* et qui ne l'est pas, puisqu'elle donne, par ses achats, la qualité de richesses aux productions dans la vente de la première main.

M. N. — Faites attention à ce que vous dites, mon ami. Dans votre opinion même, ce n'est pas la vente des productions en première main, ce sont les achats qui se font dans cette vente que l'on peut rapporter à la classe stérile; car, dans le sens de votre objection, c'est le commerçant qui achète à la classe productive: la vente ne se fait donc pas par la classe stérile? Mais le prix précède toujours les achats et les ventes. Si la concurrence de vendeurs et d'acheteurs n'y apporte pas de changement, il existe tel qu'il est par d'autres causes indépendantes du commerce. Si la concurrence y apporte du changement, ce ne peut être que relativement aux besoins des consommateurs.

Ce changement, qui arrive alors par la concurrence du commerce, n'est qu'une égalisation des prix, lorsqu'ils sont inégaux en différents pays entre lesquels cette concurrence établit une communication. Ainsi un prix trop bas n'augmente qu'aux dépens d'un autre prix trop haut, ce qui n'ajoute rien à la totalité de ces prix; de même que la réduction de différentes mesures de productions à une mesure commune n'ajoute rien à la quantité des productions. Il n'y a donc rien dans cet arrangement qui soit fourni réellement par la classe *stérile* à la classe *productive;* car le fonds qui se prête à l'arrangement existe préalablement par d'autres causes qui ne doivent pas être confondues avec de simples conditions qui concourent à cet arrangement sans rien ajouter à la totalité du fonds préexistant.

Le commerce de revendeur s'exerce indifféremment suivant tous les états des prix, et l'objet de ses agents n'est que le salaire payé par la classe *productive*. La concurrence générale, qui évite des pertes à cette classe, est contrariée par l'intérêt des commerçants et artisans qui veulent toujours acheter à bas prix; ainsi, loin que la classe *stérile* tende à procurer du profit à la classe *productive* qui la paye et la défraye de toutes ses dépenses, au contraire elle tend continuellement à lui faire subir sur les prix des productions les pertes que la concurrence peut lui éviter.

C'est à raison de ces prix que le besoin attache aux productions, que la classe *productive* fait renaître annuellement les richesses par ses travaux employés à la culture de la terre; qu'elle se paye à elle-même ses dépenses par les richesses mêmes qu'elle fait renaître; qu'elle paye les revenus des propriétaires, du souverain et des décimateurs; et qu'elle paye toutes les dépenses de la classe *stérile* qui s'anéantirait aussitôt qu'elle ne serait plus défrayée par les richesses continuellement renouvelées par la classe *productive*. Celle-ci peut toujours subsister par elle-même du fruit de ses travaux. L'autre, réduite à elle-même, ne pourrait se procurer aucune subsistance par ses travaux *stériles* en eux-mêmes. Elle serait forcée de les abandonner incontinent pour se livrer au plus tôt à ceux de la culture de la terre, ou aux recherches pour trouver, parmi les productions que la terre peut produire d'elle-même, celles qui sont nécessaires aux besoins physiques des hommes. Tout exercice d'industrie se bornerait alors à quelques ouvrages nécessaires à leurs travaux productifs et à quelques besoins particuliers et indispensables. (1)

_____

(1) Tel fut le germe fécond de la république romaine, composée d'abord de brigands et de malfaiteurs, classe plus que *stérile* mais qui fut bientôt obligée de changer d'état et de s'attacher uniquement aux travaux de l'agriculture; et qui, par le *produit* de ces travaux toujours spécialement honorés et protégés chez elle pendant plus de cinq cents ans, vit sans cesse accroître sa population et sa gloire, devint un Etat heureux et riche et le plus puissant du monde connu. Voilà ce que fit Rome tant qu'elle ne s'attacha qu'à l'agriculture, tant que cette étonnante république ne forma en quelque façon qu'une classe *productive*. Mais quand les grands propriétaires s'accumulèrent dans Rome et y portèrent la dépense de leurs revenus; quand les provinces furent abandonnées à la tyrannie des traitants et leur culture aux bras des esclaves; quand il fallut appeler les blés de l'Egypte pour nourrir la capitale, qui fut réduite ainsi à la nécessité d'une marine commerçante; quand les arts de luxe et les travaux d'une ingénieuse industrie eurent rendu le peuple des villes important et les *capite censi* des hommes précieux; quand cette mul-

Mais remarquez, mon ami, une chose singulière : la question de la stérilité du commerce de revente, ainsi que des arts et des métiers, est réduite entre nous à l'état de pleine liberté de la concurrence. C'est sous cet aspect que le commerce, les arts et les métiers paraissent avec tous leurs avantages et qu'il semblerait qu'on pourrait soutenir que ces professions ne doivent pas être regardées comme stériles. Mais vous n'ignorez pas que c'est, dans le cas même de la concurrence, que les agents du commerce, des arts et des métiers, soutiennent le contraire, en vous assurant que les commerçants, les fabricants et les artisans étrangers, qui profiteraient chez vous de la concurrence, exerceraient avec vous un commerce qui vous serait fort désavantageux. Cependant ces étrangers traiteraient alors avec nous au même prix que nos régnicoles : ils nous seraient donc aussi profitables les uns que les autres. Néanmoins, les commerçants eux-mêmes ne se bornent pas à convenir que, dans le cas de la libre concurrence des commerçants de tous pays, le commerce est *stérile*, mais ils vont plus loin et soutiennent encore que cette concurrence universelle rendrait le commerce *nuisible* à la nation qui admettrait une pareille liberté.

Nous voilà donc bien d'accord avec les commerçants quant à la *stérilité* du commerce, dont ils conviennent. Il ne s'agit plus que d'examiner si la concurrence rend en effet le commerce *nuisible* comme ils voudraient nous le faire accroire.

M. H. — J'avoue, mon ami, que je suis forcé d'abandonner mon opinion sur les avantages que j'attribuais au commerce dans le cas de la libre concurrence. Je croyais, comme vous, que ce cas était le plus profitable ; il me paraissait même si avantageux que je ne pensais pas qu'on pût alors regarder le commerce comme *stérile*. Au contraire, à présent, non seulement il me semble qu'il est *stérile* dans ce cas, mais je suis porté à croire que les commerçants ont raison de soutenir qu'il devient même *nuisible*, par cette concurrence universelle. Car, à cet égard, il y a une chose qu'il est difficile de vous dissimuler. Les marchands étrangers emportent et vont dépenser dans leur pays la rétribution que nous payons pour les services qu'ils nous rendent ; de sorte que nous enrichissons les autres nations par cette rétribution, au lieu que si elle était ré-

titude de causes eurent par l'oubli de l'ordre naturel amené la destruction des mœurs, l'État, affaibli de toutes parts, n'attendit, ne put et ne dut attendre que la dévastation et des fers. (Note de l'original.)

servée à nos commerçants nationaux, elle se dépenserait *chez nous*; l'argent qu'ils en retireraient serait employé à acheter *chez nous* les productions et les marchandises de main-d'œuvre que leurs agents et eux-mêmes consommeraient dans le pays.

M. N. — Au premier aspect, cela semblerait être de quelque considération si ce prétendu avantage pouvait entrer en compensation avec le dommage qui résulte de l'exclusion de la libre concurrence dans le commerce. Mais les achats pour les dépenses que l'on ferait dans le pays avec l'argent de la rétribution dont il s'agit, ne seraient que des échanges de valeur en argent pour des valeurs égales en marchandises; ce qui n'admettrait en ce point ni perte ni bénéfice de part ou d'autre, relativement aux valeurs échangées, ni par conséquent relativement à la consommation dont vous parlez.

D'ailleurs, vous ne vous apercevez pas que, dans votre hypothèse de l'exclusion de concurrence, ceux qui excluent de leur commerce les étrangers seront par représailles exclus du commerce des nations étrangères. Ainsi tous les prétendus avantages que vous attribuez à l'exclusion seront anéantis par l'exclusion même. Vos commerçants, il est vrai, solliciteront volontiers cet arrangement, d'autant qu'ils sauront bien se dédommager *chez vous* de leur exclusion chez l'étranger et de l'augmentation des frais qu'exige un commerce maritime, qui revient à vide après avoir exporté vos marchandises. Car l'exportation étant partout réservée aux commerçants régnicoles, l'importation devra partout se récupérer de tous les frais du voyage et l'étranger n'en admettra, par cette raison, que le moins qu'il lui sera possible, ou bien il aura soin d'en faire retomber les frais sur les nations qui exportent. Ainsi votre exclusion tend, non seulement à surcharger de frais votre commerce, mais encore à le restreindre beaucoup. Serait-ce donc cette surcharge de frais de commerce qui vous paraîtrait profitable à la nation, parce que ces frais seraient des gains réservés à nos commerçants exclusivement aux commerçants étrangers; mais n'apercevez-vous pas aussi qu'ils ne leur seraient réservés qu'au préjudice de la nation même qui les payerait?

M. H. — Mais oubliez-vous, comptez-vous pour rien, l'avantage du débit procuré par la dépense de nos commerçants?

M. N. — Ce débit vous occupe beaucoup. A-t-on plus besoin d'acheteurs que de vendeurs? Est-il plus avantageux de vendre que d'acheter? L'argent serait-il préférable aux biens de la vie? Ne sont-ce pas ces biens mêmes qui sont le véritable objet de tout commerce et les vraies richesses usuelles par lesquelles on acquiert l'argent, qui ne circule que pour faciliter les échanges réciproques de ces mêmes richesses? Tout acte de commerce ne réunit-il pas l'acheteur et le vendeur?

Mon ami, les ventes et les achats se font librement; il est donc certain que les besoins de vendre et les besoins d'acheter sont égaux de part et d'autre.

Les gains des commerçants d'une nation ne sont point des profits pour la nation. Ils servent à augmenter leur commerce ou à augmenter leur dépense. Dans l'un et l'autre cas, ce n'est pas le débit qu'ils augmentent, c'est la concurrence; car, chez toutes les nations, la quantité des productions commerçables est limitée. Or, plus il y aura de commerçants pour exporter et importer les productions commerçables des nations, plus il y aura de concurrence de voituriers, plus aussi ces voituriers seront forcés par leur concurrence même de mettre leurs gains au rabais, non seulement dans le pays de leur résidence, mais encore dans tous les autres pays où s'étend leur concurrence, soit pour y acheter, soit pour y vendre. Je dis pour acheter ou pour vendre, car tout achat fait par un commerçant dans un pays suppose une vente dans un autre pays; ainsi son commerce ne réside pas plus dans l'un de ces pays que dans l'autre et la concurrence de ce commerce est également profitable à l'un et à l'autre pays. Il n'y a donc en cela pas plus de prérogative pour le pays où les commerçants résident, que pour les autres pays où ils ne résident pas.

Dans l'autre cas où les gains des commerçants procurent de la dépense dans le pays de leur résidence, cette dépense n'y procure pas un plus grand débit; car la quantité de ce qu'il y a à vendre dans ce pays est limitée: si elle ne suffit pas à la dépense, ce sont les importations des productions des autres pays qui y suppléent; et dans une pleine liberté de commerce, c'est toujours le prix du marché général qui règle partout le prix des achats des consommateurs et par conséquent le prix des ventes des productions des pays où ils résident. Ainsi toutes les autres nations qui commercent entre elles participent également à ce même prix et à ce même débit. La dépense des consommateurs, en quelque pays qu'elle se

fasse, est donc à l'avantage commun de tous les pays qui ont entre
eux une libre communication de commerce. Ce développement doit
calmer votre inquiétude sur l'enrichissement des nations voisines
par le commerce que leurs négociants font chez vous, puisque l'a-
vantage de ce commerce est réciproque.

M. H. — Voilà qui est bon; mais les ventes et les achats ne se
réalisent pas toujours en raison des besoins: ceux qui ont besoin
de vendre manquent souvent d'acheteurs. Si les gains de nos
commerçants nationaux sont diminués par la concurrence, leurs
dépenses diminueront aussi dans le pays en raison de la diminution de leurs profits: alors nos besoins de débiter ce que nous
avons à vendre surpasseront les dépenses que nos commerçants
pourront faire.

M. N. — Cette objection ne peut avoir lieu dans un pays où la
libre concurrence du commerce multiplie les acheteurs.

M. H. — Cette réponse ne peut s'appliquer qu'aux denrées et
marchandises qui peuvent être exportées; encore les frais du transport seront-ils retranchés du prix de la vente de la première main.

M. N. — Vous ne faites pas attention, dans cette seconde objection, mon ami, à la perte que nous souffririons sur les frais de
nos exportations, si nous étions privés de la concurrence dans notre
commerce. La diminution des frais de voiturage obtenue par la
libre concurrence des voituriers de tous pays, dont la rivalité les
force de mettre leur rétribution au rabais, diminuerait à notre
profit les frais du commerce, ce qui multiplierait nos ventes et
étendrait chez nous les facultés de dépenser. Nos dépenses augmenteraient notre commerce intérieur, notre agriculture et notre
population et par conséquent aussi le débit réciproque des denrées
et marchandises du pays pour notre propre jouissance. Tous avantages dont nous serions privés par le commerce exclusif de nos négociants; car les frais exorbitants de ce commerce, qui enrichiraient
nos commerçants, appauvriraient la nation.

Ces frais feraient baisser les prix des productions à la vente de
la première main et diminueraient les revenus du souverain et des
propriétaires, dont la dépense se convertit en salaires qui font subsister ceux qui n'ont pas de patrimoine. Et vous prétendez que la

nation serait alors bien dédommagée par un petit accroît sur la dépense de nos commerçants, qui, comparée à celle de la nation, est environ comme 1 à 300! Est-ce ainsi que vous prouvez que notre commerce, réservé à nos commerçants, serait *productif* pour la nation et que par cette raison la libre concurrence le rendrait non seulement *stérile*, mais *nuisible*. Je crois que vous entendez mieux les intérêts des commerçants que ceux de la nation.

Ce n'est jamais le débit qui manque, c'est le prix. On peut toujours débiter à vil prix, car les consommateurs excèdent toujours de beaucoup la consommation effective et le débit possible. Les consommateurs se multiplient partout où la subsistance se multiplie; mais il n'y a que la libre concurrence des commerçants étrangers qui puisse assurer le meilleur prix possible et il n'y a que le haut prix qui puisse procurer et maintenir l'opulence et la population d'un royaume, par les succès de l'agriculture. Voilà l'*alpha* et l'*oméga* de la science économique.

Nous serions donc bien dédommagés par les effets de la concurrence, de la rétribution modérée que nous payerions aux commerçants étrangers et aux nôtres pour les frais de l'exportation.

Les commerçants étrangers qui participeraient à cette rétribution n'enrichiraient pas pour cela leurs nations, surtout s'il y avait chez elles exclusion de concurrence. Car ces commerçants ne traiteraient pas favorablement leurs nations sur les prix dans leurs ventes et dans leurs achats.

Si vous supposez au contraire qu'il y ait chez ces nations une libre concurrence de commerce, ce serait de cette libre concurrence qu'elles profiteraient et elles n'en auraient obligation qu'au bon gouvernement de leur commerce. Cette libre concurrence qui multiplierait chez elles les acheteurs, leur procurerait, indépendamment de la dépense de leurs propres commerçants, un débit assuré qui soutiendrait au meilleur prix leurs denrées et marchandises. Alors les achats que feraient ces commerçants par leurs dépenses, ne seraient, comme dans tout commerce régulier, que des échanges assurés de valeurs pour valeurs égales, sans perte ou bénéfice de part ou d'autre.

Les idées que l'on s'est formées sur l'enrichissement des nations par leur commerce, au préjudice les unes des autres, ne sont donc que des illusions suggérées par l'erreur. Si les nations souffrent quelque préjudice dans leur commerce, relativement les unes aux autres. ce ne peut être que par leurs méprises dans l'exercice de leur commerce avec leurs commerçants. Car le commerce propre des nations maintenu dans l'ordre naturel est également favorable aux unes et aux autres. Les intentions de s'entrenuire ne peuvent être avantageuses qu'à quelques commerçants qui les inspirent à leurs nations et que désavantageuses à ces nations mal intentionnées.

M. H. — Cependant, c'est le commerce maritime qui enrichit l'Angleterre, la Hollande, Hambourg, Danzig, etc. Ces exemples et ceux de tant d'autres nations célèbres par leur commerce en différents temps et en différents pays sont bien plus imposants que votre nouvelle théorie, qui n'est fondée que sur des distinctions spécieuses des nations d'avec leurs commerçants. Peut-on concevoir un commerce sans nation et une nation sans commerce et n'est-il pas absurde de raisonner contre les faits?

M. N. — Nous ne raisonnons point contre les faits; les faits sont des réalités: mais une dénomination générique, telle que celle du mot *commerce*, qui confond une multitude de réalités différentes, n'est pas elle-même une réalité. Nous parlons ici du commerce maritime, qui n'est qu'une très petite partie du commerce des nations, que les nations n'exercent point elles-mêmes et qui n'est exercé que par des agents intermédiaires, dont les gains sont payés par les nations et qui tiennent également à toutes les nations par la communication de leur commerce intermédiaire. Ce commerce n'a point de patrie, puisqu'il est extérieur et étranger à chaque nation et qu'il n'est point exercé par les nations mêmes, qui n'ont de communication entre elles que par son entremise.

Il est vrai que les ports de mer rassemblent des armateurs qui y établissent leurs comptoirs et que ces ports appartiennent aux nations. Il est sans doute assez étonnant que vous confondiez l'avantage d'avoir des ports, avec l'intérêt particulier exclusif des armateurs. Mais votre erreur est plus grande encore quand vous confondez les richesses de ces mêmes commerçants avec celles de la nation.

Il est vrai qu'il y a des comptoirs dont les ports sont sous la domination des commerçants mêmes et où ces commerçants forment une sorte de république où ils ne reconnaissent chez eux d'autre nation qu'eux-mêmes. Mais vous me paraissez encore confondre ces comptoirs avec les nations ou les empires qui subsistent par les richesses mêmes de leur propre territoire; car vous regardez du

même œil Hambourg et l'Angleterre. Peut-être l'Angleterre elle-
même se met-elle aussi sur la même ligne. Cela doit être, direz-
vous, si l'opulence de cette nation dépend plus du commerce maritime que de son territoire. Au moins est-ce le gouvernement de
la république commerçante qui domine dans ce royaume, où la
marine militaire est devenue redoutable à la faveur du commerce
maritime qui a beaucoup fourni aux emprunts de l'Etat.·

Mais faites-vous attention que ce commerce, qui est le créancier
de la nation, n'est pas lui-même la nation? La nation peut regarder
le commerce maritime comme une source de richesses, car ceux
qui prêtent paraissent toujours fort riches à ceux qui empruntent;
les richesses alors semblent être communes aux uns et aux autres
jusqu'au moment où le créancier poursuit le débiteur.

Sous ce point de vue, il vous est facile de distinguer le patrimoine territorial de la nation anglaise d'avec celui de sa république
commerçante. Celle-ci a pu prêter à la nation, mais prêter n'est
pas donner, ce n'est pas même contribuer aux besoins de l'Etat,
et emprunter n'est pas une preuve de richesse et de puissance
dans un Etat. Si c'est ainsi que le commerce maritime vous paraît
enrichir la nation anglaise, vous oubliez la véritable source des
richesses qui la rend solvable et sur laquelle elle a établi son crédit et ses emprunts et sans laquelle la marine commerçante n'aurait pas fait triompher la marine militaire. Si vous dites que c'est
au moins une ressource pour une nation que de pouvoir emprunter,
vous devez aussi apercevoir que cette ressource ruineuse n'est que
le crédit même de la nation qui provoque l'usure du prêteur. On
croit alors que c'est la nation qui doit à la nation et que c'est la
nation qui payera la nation; mais ce verbiage ne peut pas vous
cacher qu'il y a ici deux nations, dont l'une doit payer l'autre.
Quand la première emprunte, elle se met peu en peine si les prêteurs sont du pays ou non; cela lui est bien égal aussi quand il
faut les payer. Ainsi la nation anglaise doit bien s'apercevoir que
le commerce maritime, qui est son créancier, n'est pas son débiteur
à lui-même. *Mais*, direz-vous, *ne paye-t-il pas par les contributions
sa part de la dette publique?* Non, car les contributions qu'il
paye sont des augmentations de frais de commerce qui retombent
sur la nation. Car il faut que les nations payent tous les frais de
l'échange de leurs productions par les produits mêmes de la terre,
qui est la source unique de toutes richesses et de toutes dépenses.
Les richesses du commerce ne sont qu'un fonds de dépenses qui

disparaîtrait en un moment sans la reproduction annuelle des richesses de la terre. Si dans leur distribution on perd de vue leur
source, la politique s'embrouille et devient funeste aux nations.

O mon ami! pour assurer l'ordre de cette distribution ce ne
sont pas des corps particuliers de commerçants, c'est le commerce
lui-même, qu'il faut favoriser par la liberté, par la sûreté, par la
franchise, par toutes les facilités a .'il est possible de lui donner:
les prohibitions, les privilèges exclusifs, les prétendues faveurs de
cette espèce, accordées à des négociants, soi-disant *nationaux*,
quoique membres de la république commerçante universelle, peuvent assurer des profits *excessifs* à ces commerçants; mais il n'y
a que le commerce libre qui puisse faire fleurir l'agriculture et il
n'y a que l'agriculture qui puisse assurer la prospérité des empires.
Les grandes navigations commerçantes qui enrichissent les commerçants n'enrichissent pas les grandes nations. Les commerçants
participent aux richesses des nations, mais les nations ne participent pas aux richesses des commerçants. Le négociant est étranger
dans sa patrie; il exerce son commerce avec ses concitoyens comme
avec des étrangers. Le patrimoine de la nation est la terre. Le
patrimoine du commerce de revendeur consiste dans les gains qui
lui sont payés par les nations. Ainsi les grandes navigations marchandes (*qu'il ne faut pas confondre avec la marine militaire*) ne
font point partie du patrimoine des nations agricoles; celles-ci n'ont
rien à y prétendre, elles doivent en être indépendantes et ne rien
attendre que de leur territoire.

Si ces vérités ont besoin d'être rendues plus sensibles pour dissiper les préjugés, on n'a qu'à comparer l'état de l'Espagne depuis
qu'elle a étendu sa navigation commerçante dans toutes les parties
du globe et depuis qu'elle a découvert et dévasté un nouveau monde
d'une étendue et d'une richesse immenses et qu'elle s'est dévastée
elle-même; la comparer, dis-je, avec l'état de prospérité où elle
était auparavant, lorsque son territoire était richement et soigneusement cultivé et que toute sa navigation marchande était réduite à
un simple cabotage fort borné.

« Les Maures possédaient les plus riches provinces de ce beau
« royaume; elles étaient alors (dans le dixième siècle et dans les
« siècles suivants) extrêmement peuplées; on comptait dans la seule
« ville de Cordoue, qui était la capitale, deux cents mille maisons.
« six cents mosquées et neuf cents bains publics. L'historien arabe,
« duquel j'ai tiré ces détails sur Cordoue, dit que de son temps

« il y avait dans l'Espagne quatre-vingts grandes villes et trois
« cents villes du second et troisième ordre et les villages et les
« hameaux étaient innombrables ; selon cet historien, on en comptait
« douze mille sur les bords du Guadalquivir.

« Les revenus des Califes Ommiades d'Espagne montaient, du
« temps d'Abdoulraham, à 12 *millions* 500 *mille dinards* (ou pis-
« toles) en espèces, ce qui fait plus de 130 *millions* de notre mon-
« naie ; (1) outre cela il y avait une grande quantité d'impositions
« que l'on payait en fruits de la terre et qu'il serait difficile d'é-
« valuer ; mais ce qu'il y a de certain, c'est qu'elles devaient être
« relatives au produit des terres et par conséquent très considé-
« rables chez un peuple cultivateur, laborieux et nombreux, qui
« avait porté l'agriculture à un point de perfection bien supérieur
« à toutes les autres nations. » (*Histoire d'Afrique et d'Espagne,
sous la domination des Arabes.*)

Les Arabes, il est vrai, possédaient plus de la moitié de l'Espagne ; cependant la partie qui était sous la domination des princes
chrétiens, qui avaient à se défendre contre des ennemis si puissants et qui étaient perpétuellement en guerre avec eux, devait
former une puissance à peu près égale à celle de ces voisins si
redoutables. On peut juger par là de l'immensité de richesses que
produisait alors le territoire de l'Espagne et quelle devait être
l'énorme population d'un pays si plantureux. Les guerres barbares
de ce temps-là, dont les effets étaient principalement le dégât, le
pillage et les incendies, détruisaient continuellement une grande
partie des richesses de ce royaume, dont la culture réparait les
dévastations et l'entretenait à ce haut degré de prospérité et de
population. Ceux qui ont évalué alors la population de l'Espagne
à cinquante millions d'habitants, ne l'ont pas exagérée relativement
à l'état des richesses du pays, dont on voit que la reproduction
totale annuelle devait être de 9 à 10 *milliards* en valeur de notre
monnaie actuelle.

On connaît assez l'état présent de ce royaume pour le comparer
à celui de ces temps-là et pour reconnaître que ce n'est pas la

(1) La valeur de l'argent, relativement à celle des denrées, était alors au
moins le double de ce qu'elle est aujourd'hui, l'argent étant beaucoup moins
rare depuis la découverte des mines de l'Amérique, ce qui a fait cesser le
travail des mines d'or et d'argent en Espagne, dont le produit se serait trouvé
inférieur aux dépenses. Ainsi ce revenu de 130 *millions* en espèces égalerait
au moins 260 *millions* d'aujourd'hui. (Note de l'original.)

navigation marchande qui enrichit les nations, quoiqu'elle puisse enrichir des commerçants qui tirent leurs richesses des nations et qui les retiennent pour eux uniquement. Les cultivateurs au contraire partagent le produit de leurs travaux avec le souverain et les propriétaires des terres; MAIS IL N'Y A QUE LES TRAVAUX PRODUCTIFS QUI PUISSENT SE DÉFRAYER EUX-MÊMES ET FOURNIR DE PLUS LE SURCROÎT DE RICHESSES QUI FORME LE REVENU DES NATIONS; C'EST PAR CES AVANTAGES QU'ILS DIFFÈRENT ESSENTIELLEMENT DES TRAVAUX STÉRILES DONT ON PAYE LES FRAIS ET QUI NE RAPPORTENT RIEN AU DELA DES FRAIS.

C'est sur ces principes bien entendus que l'ambassadeur de Henri IV négociait avec les Hollandais. « Cet empire de la mer, « leur disait-il, que vous partagez sans contredit avec l'Angleterre, « on va vous le disputer; et vous savez que vos richesses et celles « de l'Angleterre ne subsistent que par le commerce de mer. A » l'égard de la France, riche de son propre fonds et de ce qu'elle « produit dans son sein, elle s'en met peu en peine. »

Les nations occupées du commerce maritime peuvent compter un grand nombre de riches commerçants, mais l'Etat y est toujours pauvre. Le revenu public ne participe pas à ces richesses. La splendeur de la république Carthaginoise se trouva réduite à une ville opulente, à un comptoir de commerçants qui, uniquement attachés à leurs trésors, s'occupaient peu des besoins de l'Etat dans le temps même où ils allaient être subjugués par les Romains.

Pour éviter la confusion dans une matière aussi importante et qui jusqu'à présent a été aussi peu étudiée que celle que nous traitons, il faut, mon ami, distinguer avec soin la communication par la libre concurrence du commerce et le commerce lui-même, qui sont deux choses fort différentes. Des privilèges exclusifs ou d'autres causes nuisibles peuvent empêcher la libre concurrence au préjudice des nations, sans empêcher le commerce. Chacune chez elle supporte les pertes inséparables de ces empêchements qui ne peuvent être imputés au commerce, et le commerce ne peut se soustraire par lui-même à ce malheur si ce n'est à la faveur de ce que le *monopole* appelle *contrebande*.

L'effet de la communication du commerce par la libre concurrence, est d'entretenir le niveau entre les prix chez les différentes nations qui commercent entre elles; cette compensation universelle des prix forme leur état naturel dans lequel les nations ne perdent ni par l'échange, ni par l'inégalité des prix. Je dis que c'est l'état

naturel des prix, parce que la libre concurrence du commerce est
une dépendance naturelle du commerce partout où cette concurrence est facile par le voiturage et par la navigation; en sorte que
les bons chemins, les rivières, les canaux, la mer, accroissent les
prix trop bas et pourraient à plus juste titre que le commerce
être réputés *productifs*, si par un langage peu exact on voulait
affecter de confondre les moyens ou les conditions auxiliaires avec
la cause efficiente de la reproduction annuelle des richesses.

Dans la libre concurrence du commerce, une nation ne doit pas
plus favoriser contre ses intérêts les marchands revendeurs du pays
que les marchands revendeurs étrangers; elle ne doit aspirer qu'au
meilleur prix possible dans ses ventes et dans ses achats pour
obtenir la plus grande quantité possible des choses qu'elle veut se
procurer par l'échange. C'est le plus grand avantage qu'elle puisse
se proposer dans son commerce; car, plus elle peut multiplier les
choses propres à la jouissance des hommes, plus ces choses peuvent
faire subsister d'hommes. Si au contraire elle tend, au préjudice
de la concurrence de son commerce, à grossir les fortunes de ses
commerçants revendeurs, elle diminue ses richesses et sa population:
car ces fortunes alors se font non seulement aux dépens, mais aussi
en déprédation des revenus du souverain, des possesseurs des terres
et des décimateurs, dont la dépense se fait au profit de tous les
autres habitants.

Ce sont ces revenus, ce sont ces richesses disponibles qui multiplient les hommes et les travaux disponibles et profitables; plus
on en reverse aux travaux de la culture des terres et plus on en
emploie à faire des chemins et des canaux et à rendre les rivières
navigables, plus les richesses annuelles augmentent par l'accroît
des productions et par l'épargne des frais du commerce dans tout
l'intérieur du royaume.

M. H. — J'ai écouté avec attention, mon cher ami, le long discours que vous venez de faire, votre digression sur l'histoire d'Espagne et surtout le raisonnement par lequel vous avez fini. Mais,
d'après vos principes mêmes, ne pourrait-on pas aux dépens de
ces richesses disponibles, dont vous faites sentir la nécessité, construire et multiplier les vaisseaux marchands et y occuper un grand
nombre d'hommes disponibles, qui par leurs dépenses concourraient
au débit des productions et assureraient le retour annuel de ces
mêmes richesses?

M. N. — Sans doute on le pourrait et cela augmenterait encore
plus les fortunes des commerçants aux dépens de la nation qui
sacrifierait ainsi ses revenus à la marine commerçante, au profit
des commerçants régnicoles, qui ne sont pas plus ses commerçants
que les commerçants étrangers.

Encore une fois, mon ami, ce n'est pas seulement le débit des
productions qu'il faut se procurer par la navigation commerçante,
c'est le meilleur prix possible dans les ventes et dans les achats;
c'est la certitude de vendre à l'étranger le plus cher possible et
de lui acheter le moins cher possible, sans injustice. Le débit est
toujours assez assuré par le commerce intérieur dans un royaume;
car on n'y manque jamais de consommateurs qui ne consomment
pas autant qu'ils voudraient consommer.

Si vous multipliez à votre préjudice les privilèges exclusifs dans
les professions mercenaires, ceux qui en seront pourvus ne manqueront pas d'augmenter leurs dépenses aux dépens des autres citoyens. Par cette raison les artisans, à la faveur des maîtrises,
s'entre-disputeront les salaires avec la plus grande rigueur, car tous
veulent consommer plus qu'ils ne consomment et contribuer au débit le plus qu'ils peuvent. Il n'est pas nécessaire de les y exciter.
Il y a toujours partout le plus grand débit possible; car il ne
manque jamais que parce que les consommateurs sont trop pauvres
pour pouvoir acheter; et ils sont encore plus pauvres quand le bas
prix des productions anéantit les richesses. La diminution des prix
ne diminue pas les besoins de consommer; ces besoins surpassent
toujours les choses consommables et surtout dans les temps où elles
tombent en non-valeur, par l'indigence des consommateurs. Le bas
prix des choses consommables n'augmente pas leur quantité; au
contraire, il s'oppose à leur reproduction, il ruine les cultivateurs,
il anéantit les revenus de la nation et les salaires des ouvriers.
Les salaires suivent la marche des revenus; les revenus suivent la
marche des prix; le débit suit la marche des salaires. Ces derniers
ne peuvent manquer que quand les causes précédentes manquent;
ce n'est donc pas sur le débit que les revenus, les prix et les salaires sont établis. Le débit se fait au contraire à raison des prix,
des revenus et des salaires; il se fait à tous prix; il ne manque
que quand les prix et la faculté d'acheter disparaissent. Les hommes
sont réduits alors à la vie sauvage, où les recherches de la subsistance que la terre produit naturellement suppléent autant qu'il
se peut aux achats, c'est-à-dire à ce que nous appelons débit.

Dans ce cas, tous les hommes deviennent propriétaires sans propriété limitée, sans richesse et sans culture. Mais il ne peut exister ainsi que quelques peuplades peu nombreuses, répandues dans de vastes déserts et qui ne.sauraient jamais former de corps politique ni de nation.

Une nation ne peut se multiplier que par les productions que fait naître la culture et elle ne peut devenir opulente et assurer les succès de sa culture que par le bon prix dans ses ventes et dans ses achats. Or, elle ne peut obtenir ce bon prix que par une libre concurrence dans son commerce extérieur, c'est-à-dire par une libre concurrence de négociants revendeurs, régnicoles et étrangers, qui abondent dans le pays, qui y mettent leur rétribution au rabais et qui y assurent la communication des prix qui ont cours chez les autres nations. C'est par ce double bénéfice en épargne sur les frais du commerce et en communication de prix avec les autres nations que l'on obtient le meilleur prix possible dans les ventes et dans les achats. Ce n'est donc pas par la dépense de ses revenus à la construction et à la multiplication des vaisseaux marchands et à l'emploi multiplié des hommes qui y seraient occupés, qu'une nation peut rendre son commerce le plus avantageux possible; car il n'y a là que des travaux et un débit entretenus aux dépens de la nation. Or, il ne peut y avoir de bénéfice dans les dépenses du commerce, qu'en épargne et non en multiplication de frais qui retombent sur la nation et tendent à restreindre la concurrence de l'étranger, laquelle peut seule assurer complètement la communication des prix et l'épargne des frais de commerce au profit de toute la nation.

M. H. — On vous a objecté cent fois qu'une grande nation comme la France, qui a des ports avantageux pour établir un grand commerce extérieur, doit être considérée non seulement comme agricole, mais encore comme commerçante.

M. N. — Si vous voulez dire qu'une grande nation agricole qui a beaucoup de productions à vendre et qui a beaucoup d'achats à faire avec le produit de ses ventes est *commerçante* dans l'intérieur de son pays et au dehors, on conviendra avec vous que les colons mêmes sont commerçants et que tous les autres habitants d'un royaume agricole le sont aussi. Et dans le vrai ce sont eux qui exercent foncièrement le commerce. Mais ce n'est pas de

ce commerce-là dont vous voulez parler; c'est du commerce intermédiaire qui dépend du premier et qui forme une profession particulière destinée au service de la nation agricole-commerçante. Ce
service s'exerce au dedans du pays par des nationaux principalement, au dehors par des nationaux et par des étrangers. Ne serait-ce
point surtout relativement aux agents nationaux de ce service intermédiaire du commerce extérieur que vous envisagez une nation
agricole comme étant à la fois agricole et *commerçante?* Sous ce
point de vue, elle nous paraîtrait bien moins commerçante qu'elle
ne l'est réellement et nous la verrions divisée en bien des parties
destinées à beaucoup d'autres usages, qui tous dépendraient aussi
des richesses qui naissent de la culture du territoire. Non seulement vous pourriez dire qu'une nation agricole est *commerçante,*
mais encore qu'elle est plus *rentière, financière, mendiante, etc.*, que
commerçante. Et vous verriez aussi que, comme *commerçante* dans
le sens que vous l'entendez, quoique nécessaire, elle serait encore
d'une moindre considération par ses consommateurs, dont la dépense vous paraît si avantageuse au débit de nos productions, que
comme *financière* ou *rentière, etc.* Elle devrait donc à ces derniers
égards attirer beaucoup plus votre attention, puisque vous croyez
tout simplement qu'il ne s'agit que de payer des consommateurs
pour acheter et consommer nos productions; mais aussi devriez-
vous apercevoir qu'à cette condition vous n'en manquerez jamais
et que c'est cette condition même qui pourrait vous manquer si
vous ne la faisiez valoir le plus qu'il est possible à l'avantage de
la reproduction. O mon ami! vous n'envisagez pas ici le commerce
maritime dans le vrai point de vue, qui serait bien plus avantageux aux nations. C'est par la communication et par l'égalité des
prix qu'il entretient entre les différents pays, qu'il leur est profitable à toutes et non pas par les richesses que les gains des
commerçants enlèvent aux nations qui les emploient, soit qu'ils
habitent ou qu'ils n'habitent pas chez ces nations.

M. H. — Plus je vous entends, plus il me paraît difficile de
concilier nos idées. Car enfin les gains des négociants revendeurs
régnicoles ne sont-ils pas eux-mêmes des richesses pour la nation?

M. N. — Non. Les intérêts de ces commerçants et ceux de la
nation sont très opposés. La nation doit tendre à la plus grande
épargne sur les frais de son commerce et les négociants tendent

à multiplier le plus qu'ils peuvent les dépenses de la nation en frais, pour accroître leurs gains au préjudice de la nation ; et ils ne lui donnent rien qu'elle ne leur paye, comme à des marchands étrangers. Ainsi les richesses des commerçants régnicoles sont totalement séparées de celles de la nation, excepté dans les républiques marchandes, où les commerçants sont eux-mêmes le souverain, l'Etat et la nation. Quant aux autres Etats qui payent le commerce de revendeur, il est clair que les régnicoles et étrangers sont également *étrangers* aux nations avec lesquelles ils exercent ce commerce dispendieux.

M. H. — Mais les fortunes qui se forment par les gains du commerce de revendeurs, ne sont-elles pas rendues à la nation quand les riches commerçants cessent d'exercer le commerce, ou lorsque leurs successions passent à des héritiers qui ont choisi d'autres états ?

M. N. — Il faut examiner votre objection.

Les possesseurs de ces richesses se livreront-ils à l'agriculture ? Non ; ils sont trop opulents pour se charger de la conduite des travaux champêtres et se priver du faste des sociétés et des plaisirs de la ville. Achèteront-ils des terres ? Cela est vraisemblable : mais ils n'augmenteront ni les terres, ni le nombre des propriétaires ; car les terres qui se vendent ne font que changer de propriétaires, sans changer de lieu ni d'étendue. Feront-ils des acquisitions de charges ou de rentes ? Cela peut être encore ; mais alors ils convertissent leurs richesses en faux revenus qui n'enrichissent pas une nation et ceux qui reçoivent leur argent contractent des dettes qui les appauvrissent.

Ah mon ami ! vous aurez beau contester, épiloguer, revenir à plusieurs reprises sur des faits démontrés, vous conviendrez à la fin qu'il n'y a que les richesses employées à fertiliser les terres qui enrichissent les empires. Car les vraies richesses sont les productions qui renaissent annuellement de la terre. Sans cette reproduction annuelle, les autres richesses, ces fortunes que vous vantez, les hommes opulents, ainsi que les pauvres, disparaîtraient bientôt. La source de richesses acquises par des travaux stériles serait tarie en bien peu de temps si ces richesses étaient consommées pour les besoins de la vie sans être renouvelées par les travaux de la culture. Ceux qui attribueraient l'opulence des empires à ce genre de richesses seraient encore comme des enfants qui estiment beaucoup plus dans un jardin les fleurs du parterre que les plantes et les arbres du potager. *Dix milliards* subsistant en emploi stérile pendant vingt ans ne seront constamment que *dix milliards* dans le cours de vingt années; au lieu que *dix milliards* placés en établissements d'agriculture auront rapporté en vingt ans *cent dix milliards*, dont cinq par an auront été employés en subsistance sans détriment du premier capital: ainsi *dix milliards* employés pour les mêmes besoins, sans rien reproduire chaque année, seraient entièrement dépensés sans retour en deux ans.

Voilà ce qu'il faut penser de toutes les richesses pécuniaires d'un empire qui éblouissent le vulgaire, qui sont la perfide ressource des emprunteurs et qui ne peuvent être dans un grand royaume qu'une opulence stérile et fugitive, sans les richesses d'exploitation de la culture qui renouvellent annuellement toutes les dépenses de la nation. (¹)

M. H. — Que les richesses pécuniaires soient une opulence stérile et fugitive tant qu'il vous plaira; pourvu que vous reconnaissiez qu'elles forment une *opulence*, tout sera bientôt fini entre nous. Car vous ne pouvez disconvenir que nos commerçants amassent par leurs gains des richesses pécuniaires. Je sais que vous me direz que *leurs gains sont payés de la nation*. Mais cela n'est vrai que d'une partie de ces gains. Nos commerçants trafiquent avec les autres nations comme avec la nôtre. Ils gagnent donc aussi aux dépens des autres nations. J'avouerai volontiers que la partie de leurs profits qui est payée par nous-mêmes n'est pas un accroissement de richesse; mais vous devez avouer vous-même que la portion qui est payée par l'étranger à nos commerçants régnicoles forme un véritable accroissement de richesse pour la nation et qu'ainsi leur commerce est *productif* au moins à cet égard.

M. N. — Vous oubliez que, si nos commerçants régnicoles gagnent aux dépens des autres nations, les commerçants étrangers gagnent

(1) Jusqu'ici les deux originaux concordent assez bien entre eux, sauf différentes additions ou suppressions dont nous avons donné plus haut quelques exemples. L'indication de toutes ces divergences n'aurait pas de valeur. Dès cet endroit, un grand changement se produit. Dans la deuxième édition, les six dernières pages in-12 du premier original ont été étendues à toute la discussion qui suit. En substance, le dialogue est, depuis ici, une addition ultérieure. A. O.

aussi à nos dépens. Les nations n'ont donc à cet égard aucun avantage les unes sur les autres. Les frais du commerce réciproque sont compensés et les gains des marchands des nations qui commercent entre elles le sont aussi. Les commerçants portent et rapportent et gagnent tour à tour chez chaque nation. Ainsi, dans la libre concurrence du commerce extérieur, il n'y a chez chaque nation aucune prérogative, aucun profit relativement aux gains réciproques des commerçants. S'il n'y avait pas une pleine liberté de concurrence, les frais augmenteraient et deviendraient onéreux pour les nations qui proscriraient cette liberté.

De quelque manière que vous envisagiez les gains des commerçants d'une nation, vous apercevrez que ces gains ne sont que des frais payés par cette nation ou par différentes nations, chargées réciproquement de ce genre de dépenses, à raison du commerce qu'elles exercent entre elles.

Les frais du commerce sont toujours payés aux dépens des vendeurs des productions, qui jouiraient de tout le prix qu'en payent les acheteurs s'il n'y avait point de frais intermédiaires. Nous payons donc les frais de nos ventes quand les autres nations nous achètent et les autres nations payent aussi les frais de leurs ventes quand nous leur achetons. Ajoutez et défalquez de part et d'autre les gains que ces payements réciproques de frais occasionnent aux différents négociants de tous pays que les nations emploient dans leur commerce et vous ne trouverez partout qu'une compensation de frais dans l'exercice intermédiaire de ce commerce.

Ces frais peuvent, il est vrai, accroître les richesses des commerçants qui en profitent, mais non pas celles des nations qui les payent réciproquement. Car, encore une fois, les commerçants ne font point participer les nations à leurs richesses, mais ce sont eux-mêmes qui participent aux richesses des nations.

M. H. — Je sais que les commerçants, lorsqu'ils achètent nos productions, vendent leur argent pour ces productions à valeur pour valeur égale et que vous me direz qu'il n'y a point en cela d'accroissement de richesses pour les nations. Mais les commerçants ne font dans ce cas que ce que font aussi les autres hommes, les propriétaires et même les cultivateurs, qui vendent aussi leur argent contre les productions, ou leurs productions les unes contre les autres à valeur pour valeur égale. Quelle différence trouvez-vous donc entre ces deux opérations semblables, qui vous autorise à ranger le commerce dans le rang des travaux *stériles*, tandis que vous décorez l'agriculture du titre de travail *productif?*

M. N. — La différence est assez sensible, mon ami: les commerçants ne peuvent accroître leur richesse, ni satisfaire au payement de leurs dépenses, qu'autant qu'ils ont été payés eux-mêmes du salaire que mérite leur service de voituriers et de magasineurs. Ils reçoivent leur salaire d'une main, ils le dépensent de l'autre. Ils ne sauraient dépenser un sol de plus que la rétribution qui leur a été payée par les vendeurs des productions dans les ventes et dans les achats réciproques dont ces commerçants ont été les médiateurs. Leur travail n'opè 3 donc qu'une transmission de richesse d'une main à l'autre; il est donc essentiellement et strictement *stérile*. Les cultivateurs, au contraire, et les propriétaires qui partagent les *productions*, que les dépenses foncières des propriétaires, suivies par les dépenses primitives et annuelles et par les travaux des cultivateurs, font renaître annuellement, ne reçoivent rien que des mains mêmes de la nature, que leurs avances et leurs soins ont rendue *productive* de richesses. Ils payent avec ces richesses, qu'ils ont fait renaître, les achats qu'ils se font réciproquement et le service intermédiaire des commerçants dans ces achats réciproques. Les commerçants ne payent donc rien par eux-mêmes, ils sont payés pour payer; leurs dépenses ne sont pas réellement leurs dépenses, mais seulement une partie de la totalité de celles des propriétaires et des cultivateurs, qui les défraient. Et vous me demandez quelle différence je trouve à cet égard entre les cultivateurs et les propriétaires d'une part et les commerçants de l'autre? N'y a-t-il donc point de différence, à votre avis, entre les payeurs universels de toutes les dépenses de la société et ceux qui ne font que participer à ces dépenses sans pouvoir les accroître; entre les *salariants* et les *salariés?*

M. H. — Je vous ai dit que je convenais de ces principes, quant au commerce intérieur et quant à la partie du commerce extérieur dont nous faisons les frais. Mais je ne puis en convenir quant à la partie des frais du commerce extérieur qui est payée par l'étranger à nos commerçants et qui les met à portée d'acheter nos productions pour leur consommation. Car enfin nous avons besoin de consommateurs qui achètent nos productions et il nous est avantageux qu'ils soient ainsi payés par l'étranger, puisqu'alors vous ne pouvez pas dire que nous ayons payé aux commerçants ce qu'ils nous payent dans l'achat de nos productions.

M. N. — Vous êtes sujet à revenir sur vos pas. Rappelez-vous donc que nous venons de remarquer trois choses: l'une, que les gains que les autres nations peuvent payer à nos commerçants sont naturellement compensés par les gains que nous payons aux commerçants des autres nations; l'autre, que dans le cas de libre concurrence dans son commerce, une nation jouit du plus grand débit possible de ses productions au meilleur prix possible, indépendamment des gains des commerçants, qui sont alors, ainsi que leurs dépenses, les moindres qu'il est possible; la troisième, que, hors de la libre concurrence, le commerce, le débit et les prix des productions sont restreints au désavantage extrême de la nation, qui ne peut être dédommagée des pertes que lui cause le défaut de concurrence, par les gains de ses commerçants, fussent-ils entièrement payés par l'étranger; ce qui n'est ni ne peut jamais être et surtout dans ce cas, où les commerçants régnicoles sont le plus souvent privés de toute espèce de gains chez l'étranger qui, par représailles, leur interdit ordinairement alors le commerce de ses exportations: ce qui augmente beaucoup les frais du commerce de part et d'autre au désavantage réciproque des nations.

M. H. — Quoi! si nous pouvons nous procurer l'avantage de la balance du commerce qui augmentera notre pécule, ne pourrons-nous pas payer un plus grand nombre de consommateurs pour acheter et consommer nos productions?

M. N. — Vous n'attendez pas sans doute cet avantage de notre commerce dans les Indes orientales et cependant vous croyez, avec ceux qui y sont intéressés, que ce commerce nous est bien profitable. Cet avantage de la balance en argent, auquel tendent vos vues, n'est certainement pas l'objet de nos commerçants aux Indes orientales. Ils vous soutiendraient même que cette balance en argent est une chimère des spéculateurs politiques, à laquelle on ne doit pas songer dans le commerce extérieur qui est toujours également profitable par les gains qu'il procure soit en marchandises, soit en argent. A la vérité c'est ici l'intérêt particulier qui parle et nous devons nous défier de ses raisonnements toujours fort captieux pour soutenir à son avantage le pour et le contre et toujours, jusqu'à présent, avec un succès dont nous pourrions avoir honte.

Sans doute que, dans l'avantage de la balance en argent, vous n'y comprenez pas les gains mêmes des commerçants? Car, indépendamment de cet avantage, leurs gains sont toujours assurés et toujours séparés du patrimoine de la nation. D'ailleurs, ces gains pourraient être également ceux des commerçants régnicoles et ceux des commerçants étrangers; car cet avantage de la balance en argent ne pourrait s'obtenir que par un grand commerce où les ventes surpasseraient les achats: or, un grand commerce ne peut réussir que par une pleine et libre concurrence d'acheteurs de toutes nations.

Il s'agit donc, pour avoir l'avantage de la balance en argent, de vendre plus que l'on achète. Mais nous n'apercevons là qu'un commerce commencé; car une nation ne vend ce qu'elle a de commerçable que pour acheter des choses propres à sa jouissance. C'est donc par ses achats qu'elle complète son commerce, ce qui anéantit enfin ce prétendu avantage de la balance en argent. Aucune nation, prise en général, ne vend ses productions pour thésauriser; elle ferait tomber, par un tel commerce, son agriculture dans le dépérissement; le prétendu avantage de la balance en argent lui serait donc alors fort désavantageux. Vous savez que le commerce doit ramener chaque année dans les mains du cultivateur toute la valeur des productions qui ont été vendues pour payer le revenu des propriétaires des terres et pour continuer les travaux de la culture. Cemment concevez-vous donc un commerce qui procure l'avantage de la balance en argent?

M. H. — Comment ne concevez-vous pas vous-même qu'avec l'avantage de cette *balance en argent* une nation complète chez elle son commerce en payant des consommateurs qui achètent et consomment ses productions?

M. N. — Vous oubliez donc que, dans votre hypothèse, elle les a vendues à l'étranger, ses productions, pour avoir de l'argent; que la quantité de ses productions commerçables est limitée et quand elles sont vendues ou échangées en argent, elle complète son commerce par des achats et non par des ventes? *Mais*, direz-vous, *ces achats elle les fait chez elle-même, c'est ce que j'appelle payer des consommateurs.* Selon cette marche, il faudrait donc que ces consommateurs allassent racheter les consommations qu'elle a vendues à l'étranger; serait-ce là ce que vous appelleriez l'avantage de la balance en argent? Mais cet argent retournerait chez l'étranger et tous les frais d'un tel commerce retomberaient alors sur vous. Evitez donc autant que vous le pourrez ce prétendu avantage et songez qu'une nation ne peut avoir de commerce plus avantageux que son commerce intérieur, réglé sur les prix qui ont cours entre les nations commerçantes et auxquels elle est assurée de participer pourvu qu'elle jouisse d'une pleine et entière liberté de toute espèce de commerce. Le commerce intérieur évite tous les frais du commerce extérieur. Cette épargne, il est vrai, se fait au préjudice des commerçants, ainsi ils ont un intérêt habituel à vous faire valoir l'insidieux avantage de la balance en argent, parce qu'ils savent que le vulgaire est fort disposé à se laisser préoccuper par l'idée d'acquérir de l'argent; mais ils raisonnent autrement quand il s'agit de leur commerce dans les Indes orientales, qui enlève notre argent sans retour. Ils vous représentent alors que l'objet final du commerce est d'échanger l'argent contre des marchandises et que c'est par nos achats que le commerce nous est profitable. Ainsi, soit dans nos ventes, soit dans nos achats, ils nous font toujours voir du profit dans le commerce maritime, qui est tout à leur avantage. Tout cela est difficile à démêler par ceux qui ne sont pas du métier; le sophisme y est toujours triomphant et toujours nous a-t-il convaincus que le commerce de revendeur est *productif*, qu'il est seul digne de l'attention du gouvernement et du nom de commerce. C'est ainsi que le lien naturel des sociétés diverses est devenu le fatal flambeau de la discorde entre les nations maritimes et que le manège des traités de commerce exclusif est entré dans les négociations comme un objet capital de politique.

M. H. — Il est vrai que toutes les nations ont toujours été fort attentives à l'avantage de la balance en argent dans le commerce extérieur. Ainsi je ne saurais me persuader que cet avantage n'ait pas de réalité.

M. N. — Une nation ne peut se procurer l'avantage de la *balance en argent* qu'en augmentant ses ventes chez l'étranger et en diminuant chez elle la consommation. On conçoit facilement qu'un particulier peut ainsi, par l'épargne, thésauriser aux dépens d'autrui; je dis, aux dépens d'autrui, parce que la suppression de la dépense de ce particulier est une suppression de profit pour d'autres hommes. Or, une nation peut-elle s'enrichir par cette conduite? Examinez dans le *Tableau économique* la marche de la circulation de l'argent et la distribution des richesses annuellement renaissantes et voyez si les trois classes de citoyens peuvent y trouver leur compte? La dépense du cultivateur y est bornée à celle qu'il est obligé de faire pour entretenir sa culture ; s'il est réduit, faute de débit dans le pays, à augmenter ses ventes à l'étranger et s'il diminue sa dépense, il diminuera ses récoltes et ses ventes diminueront aussi. Cette conduite peut-elle l'enrichir? Si le propriétaire arrête la circulation du revenu qui lui est payé en argent par le cultivateur, il diminue ses achats à la classe *productive* et à la classe *stérile;* il supprime la subsistance de cette dernière classe, à proportion de son épargne. Si la classe *stérile* épargne aussi pour augmenter son numéraire et si sa recette diminue à raison de l'épargne du cultivateur et du propriétaire, ses travaux et ses gains diminueront dans la même proportion ; cette classe tombera donc nécessairement dans le dépérissement. Nous avons vu que, par cette même conduite dans la classe *productive*, le dépérissement de la reproduction annuelle des richesses est inévitable aussi. Or, l'anéantissement du revenu des propriétaires est une suite nécessaire du dépérissement de la reproduction annuelle des richesses; d'où suivront aussi la diminution des ventes à l'étranger, celle de la population et celle de la masse d'argent circulante.

En cherchant donc à se procurer ainsi l'avantage de la balance en argent par le commerce avec l'étranger, une nation se ruinerait de toutes parts.

Mais ce qu'il y a de plus mystérieux dans les opinions de ceux qui ont confiance à l'avantage de cette balance en argent, est qu'ils y joignent aussi chez la même nation l'avantage du luxe, ce qui rend au moins la dépense égale à la recette; c'est-à-dire la consommation égale à la production et les achats égaux aux ventes. Il est donc visible que, même dans votre opinion, vous ne devez attendre d'autre accroissement de richesses que celui que l'on peut obtenir par la culture de la terre, en diminuant le luxe, pour augmenter à profit les dépenses de cette culture.

M. H. — Cependant j'entrevois encore, malgré tous vos raisonnements, que plus nous vendrions à l'étranger et que moins nous lui achèterions, plus aussi nous augmenterions notre pécule, sans qu'il fût nécessaire de nous livrer à l'épargne.

M. N. — Et moi, mon ami, j'aperçois aussi une contradiction dans vos idées. Si vous excluez l'épargne, vous admettez au moins une consommation égale à votre reproduction annuelle; il s'ensuivra alors, ou que vous consommerez vous-même vos productions et que vous n'en vendrez pas à l'étranger, ou que, si vous lui en vendez, vous lui en achèterez d'autres dont vous aurez besoin pour compléter votre consommation à raison de votre reproduction annuelle. Ainsi vous ne lui en vendrez pas plus que vous ne lui en achèterez; s'il vous arrive de vous méprendre en lui vendant une partie des productions que vous devez consommer vous-même, vous serez obligé de les lui racheter et de payer les frais de ce commerce: vous pourrez, il est vrai, augmenter alors la balance de l'argent à l'avantage de vos commerçants; mais ce sera à vos dépens.

M. H. — Cela peut être vrai à l'égard du commerce des productions; mais il n'en est pas de même dans le commerce des marchandises de main-d'œuvre.

M. N. — Pourquoi n'en serait-il pas de même? N'apercez-vous pas que ceux qui fabriquent ces marchandises ne les vendent que pour acheter les productions dont ils ont besoin; et qu'ainsi leurs achats sont égaux à leurs ventes, sans aucun avantage de balance en argent pour la nation dans ce commerce qui n'est toujours au fond qu'un commerce de productions.

M. H. — Pour avoir l'avantage de la balance en argent par le commerce extérieur, il suffit que nos ventes y surpassent nos achats; car les dépenses que la nation fait chez elle ne font pas sortir l'argent du royaume. C'est ainsi qu'on peut concilier l'avantage du luxe avec l'avantage de la balance en argent pour une nation.

M. N. — Vous ne pouvez vendre à l'étranger les marchandises que vous consommez chez vous. La masse de vos richesses commerçables est bornée à la reproduction annuelle de votre territoire; ainsi, plus vous en consommerez, moins vous pourrez avoir de son argent, et moins aussi vous pourrez lui acheter de marchandises dont vous avez besoin et que votre territoire ne produit pas. Votre commerce extérieur deviendrait donc fort borné; il y aurait peu de circulation d'argent et peu d'échanges entre vous et l'étranger. Ce serait donc en réduisant ainsi votre commerce extérieur que vous prétendriez à l'avantage de la balance en argent, et à l'avantage du luxe? Cela est-il conséquent?

Cessez, mon cher ami, d'envisager le commerce entre les nations comme un état de guerre et comme un pillage sur l'ennemi; et persuadez-vous enfin qu'il ne vous est pas possible d'accroître vos richesses et vos jouissances aux dépens d'autrui par le commerce; et que votre unique intérêt, relativement à cet usage naturel de votre droit de propriété sur les productions qui vous appartiennent, est de le laisser entièrement libre, afin que la plus grande concurrence possible d'acheteurs et de vendeurs vous assure le plus haut prix possible dans la vente de vos productions, et le plus bas prix possible dans l'achat des productions étrangères; ce qui procurera les plus grands accroissements possibles à votre agriculture, qui alors vous fournira les seuls moyens véritables et solides d'accroître votre commerce, vos richesses et vos jouissances.

M. H. — Il suffit de multiplier beaucoup les marchandises de main-d'œuvre pour que vous puissiez en consommer beaucoup vous-même, et en vendre beaucoup à l'étranger qui, en vous les payant en argent, vous assurera par ce commerce l'avantage de la balance en argent, auquel se trouvera réuni l'avantage du luxe.

M. N. — Plus vous multiplierez les marchandises de main-d'œuvre, plus aussi vous multiplierez les fabricants et les artisans qui achèteront chez vous, ou chez l'étranger, des productions pour subsister et pour les matières de leurs ouvrages. Celles qu'ils achèteront chez vous, vous ne les vendrez pas à l'étranger. Celles qu'ils achèteront de l'étranger enlèveront l'argent qu'ils reçoivent de la vente de leurs ouvrages; ainsi, cet argent ne contribuera pas chez vous à l'avantage de la balance en argent. Celles qu'ils achèteront de vous seront en diminution des ventes que vous feriez à l'étranger, dont vous retirerez d'autant moins d'argent que les ventes que vous lui ferez seront diminuées par les achats que vos fabricants et artisans feront chez vous. Ainsi votre objection suppose, dans les ventes de vos productions, un double emploi dont vous devez facilement apercevoir l'absurdité. D'ailleurs, vous savez bien que pour multiplier les vendeurs de marchandises de main-d'œuvre, il faudrait aussi multiplier les acheteurs, et que vous ne réussirez pas dans cet arrangement si vous multipliez les premiers sans multiplier les autres. Il faudrait donc préalablement enrichir les acheteurs étrangers pour étendre chez vous le commerce extérieur des marchandises de main-d'œuvre et pour vous enrichir à votre tour par le commerce aux dépens de l'étranger. Votre politique marchande peut-elle réunir ces deux conditions contradictoires?

M. H. — Ma politique n'est point contradictoire; car je n'ai nulle envie d'enrichir l'étranger, puisque je veux que nous nous procurions sur lui l'avantage de la balance du commerce.

M. N. — Je m'aperçois, mon ami, que vous êtes si occupé de cette balance que vous ne daignez pas me faire la grâce de m'écouter. Voyons si, pour nous mettre d'accord, je ne pourrais point. en revenant sur nos pas et reprenant les choses de plus haut, parvenir à vous entendre mieux moi-même.

Quel est bien précisément l'avantage que vous voulez obtenir et que vous appelez balance du commerce?

M. H. — Belle demande! Je vous ai déjà dit que je voudrais que nous vendissions à l'étranger plus que nous ne lui achèterions.

M. N. — Cela me paraît difficile; car il est de fait que *tout achat est vente, et que toute vente est achat.* Et je ne vois nul moyen de vous satisfaire, à moins que vous ne consentiez à vendre à l'étranger des productions ou des marchandises qu'il ne payera point; auquel cas vous aurez en effet plus vendu qu'acheté, si tant est que cela puisse s'appeler *vendre.* Mais je doute qu'un tel commerce soit avantageux!

M. H. — Ce n'est pas là ce que je veux dire: j'entends, et vous le savez bien, que l'étranger payera en argent le surplus des ventes que nous lui aurons faites et qui surpasseront la somme de nos achats.

M. N. — Vous vous êtes donc mal expliqué, ainsi que les auteurs dont vous avez emprunté vos idées et vos expressions, et c'était tout ce que je voulais ici vous faire remarquer. Au lieu de me dire que· vous vouliez que nos ventes surpassassent nos achats, ce qui est physiquement impossible, il fallait me dire tout simplement que vous vouliez acheter de l'argent avec vos productions. Et je ne vois point encore où est là dedans le grand profit qui vous frappe; car il me semble que dans ce marché l'étranger ne vous donnera pas une somme d'argent plus forte que la valeur des productions que vous lui vendrez.

Vous ne me direz pas sans doute que *l'argent des étrangers vaut mieux que vos marchandises.* Car, s'il valait mieux, les autres nations, qui ne sont pas plus dupes que vous, ne vous le donneraient pas en échange: puisque cet échange se fait librement des deux parts, c'est une preuve que les deux valeurs sont réciproquement et parfaitement égales. Or, si l'argent des autres nations vaut bien votre marchandise, et que votre marchandise vaille bien leur argent, l'avantage de l'échange me paraît fort égal de part et d'autre.

M. H. — Mais ne voyez-vous pas que l'étranger consommera les marchandises qu'il achète, et qu'alors il ne lui en restera rien, au lieu que tout l'argent de son payement existera encore dans nos mains, et accroîtra notre richesse?

M. N. — Ah! je vous entends. Les productions et les marchandises se consomment, l'argent est durable: donc, à votre compte, l'argent *vaut* réellement toujours *mieux* que les marchandises, même à *valeur égale.* L'assertion est singulière; mais vous ne poussez pas assez loin votre raisonnement. Car, à la faveur de la propriété qu'a l'argent de se conserver, vous pourriez même avancer qu'il y aurait encore de l'avantage à donner, par exemple, *cent mille écus* en marchandises pour *cinquante mille écus* en argent (¹); puisque l'étranger consommerait vos *cent mille écus* de marchandises, et que les *cinquante mille écus* en argent ne s'anéantiraient pas de même. Et, ce que je dis là de *cinquante mille écus,* vous pouvez le dire de *mille écus* et même d'un *écu*; de sorte qu'il vous serait facile de conclure qu'une nation ferait bien de vendre à l'étranger, pour *un écu,* une production ou une marchandise qu'elle eût pu vendre dans l'intérieur de son pays pour *cent mille écus.* C'est dommage que, malgré vos raisonnements et ceux des partisans de votre opinion, ce com-

(1) C'est à peu près le cas où se trouvent toutes les nations qui, par des prohibitions de commerce, font baisser le prix de leurs productions. (Note de l'original.)

merce ne soit pas attrayant; car, pour peu qu'une nation voulût s'y livrer, elle ne manquerait point de vendeurs d'argent qui s'empresseraient de satisfaire son goût pour ce métal; elle jouirait, selon vous, de l'avantage le plus décidé dans la balance de son commerce; elle verrait sans cesse accroître sa richesse pécuniaire. Il y a cependant des gens qui pensent de bonne foi que, de cette manière, elle verrait accroître en même temps sa pauvreté réelle, et j'avouerai que je suis de ces gens-là, et qu'il me paraît évident, d'après cet exemple, que la solde en argent de la balance du commerce n'est point du tout une preuve d'augmentation de richesse pour la nation qui la reçoit. Peut-être conviendrez-vous quelque jour de cette vérité. Du moins vous crois-je à présent trop raisonnable pour entreprendre de soutenir que l'argent vaille mieux que les productions. Or, s'il ne vaut pas mieux, comme cela me semble de la dernière évidence, dites-moi quelle raison celui qui a échangé ses productions ou ses marchandises contre de l'argent, a-t-il de s'applaudir de son marché plus que celui qui a échangé son argent contre des productions ou des marchandises?

L'étranger, me dites-vous, *consommera les marchandises qu'il vous achète, et il ne lui en restera rien.* N'est-ce donc rien que de satisfaire à l'emploi final de toute richesse, que de jouir? Quand vous aurez dépensé l'argent que l'étranger vous aura donné en payement, il ne vous en restera pas davantage, et vous serez encore au pair. Si vous vouliez ne pas dépenser cet argent, ce serait vous qui auriez perdu au marché, car l'étranger aurait joui. et vous vous seriez privé de jouissance. Vous mériteriez alors qu'on vous dise de votre argent, comme *La Fontaine* à l'avare de sa fable:

> Mettez une pierre à la place,
> Elle vous vaudra tout autant.

M. H. — Mais vous, qui connaissez si bien la nécessité d'avoir des capitaux en avances pour l'agriculture, pour la construction des bâtiments, pour l'exploitation et l'amélioration des terres, pour l'établissement de manufactures profitables, etc., ne pensez-vous pas que la formation du capital de ces avances exige que l'on accumule beaucoup d'argent; et que par conséquent la balance du commerce, qui accroît la masse de notre numéraire, rend cette accumulation plus facile et doit accroître ainsi les avances de tous nos travaux utiles; d'où suivra l'accroissement des productions et de la population?

M. N. — Non, mon ami, je ne pense point que la solde en argent de la balance du commerce puisse influer en rien sur ces objets importants. Les avances nécessaires pour tirer le plus grand produit possible du territoire, ne dépendent point de la quantité du pécule. Parcourez les fermes et les ateliers et voyez quels sont les fonds de ces avances si précieuses. Vous trouverez des bâtiments, des bestiaux, des semences, des matières premières, des meubles et des instruments de toute espèce. Tout cela vaut de l'argent sans doute, mais rien de cela n'est de l'argent; et l'accroissement de tout cela, bien loin de pouvoir résulter de l'accumulation de l'argent qui intercepterait la circulation, ferait baisser le prix des productions et diminuerait par conséquent les profits de la culture et la possibilité d'en augmenter les avances; l'accroissement de tout cela résulte uniquement du bon emploi des dépenses. Tant que les productions de la culture se consomment pour l'exécution des travaux nécessaires pour multiplier les récoltes; tant que la totalité des récoltes, ou du moins leur plus grande partie, se consacre pour ainsi dire à n'être que des avances pour préparer des récoltes nouvelles, les avances, les *capitaux*, les travaux utiles, les productions, les richesses, la population, croissent sans cesse avec rapidité. (¹) C'est ce qu'on voit ordinairement dans les sociétés naissantes; c'est ce que vous voyez actuellement dans les colonies

(1) Tant que les richesses suivent cet ordre de prospérité croissante, il est à remarquer que, nulle fortune n'étant oisive et toutes trouvant au contraire un emploi extrêmement profitable dans l'agriculture, très peu de personnes veulent consentir à prêter leurs fonds à autrui et que par conséquent l'intérêt de l'argent doit se soutenir fort haut. Ce n'est qu'à mesure que les propriétaires se rassemblent dans les villes, que la consommation s'éloigne de la production, que le voiturage et les dépenses stériles s'étendent et que les arts de luxe s'établissent, qu'il peut se former des fortunes pécuniaires qui s'accumulent principalement par les commerçants et les artisans, lesquels économisent sur leurs salaires, en en soustrayant une partie à la circulation, au désavantage des prix et de la reproduction. Ces fortunes, multipliées entre les mains de gens qui, accoutumés à la vie sédentaire des villes, veulent sur leurs vieux ans jouir paisiblement et sans embarras, multiplient l'offre de prêter et font baisser par conséquent les conditions du prêt ou l'intérêt de l'argent. C'est par cette raison que cet intérêt sera toujours le plus bas dans les lieux où le commerce de revendeur et le luxe seront le plus étendus. Et c'est encore par cette raison que le baissement de l'intérêt de l'argent n'est point du tout, comme on l'a pensé, la preuve d'une augmentation de richesse. Cette observation, que je développerai ailleurs, est absolument confirmée par l'histoire; et il est étonnant combien d'erreurs politiques sont nées de ce qu'elle n'avait point encore été faite. (Note de l'original.)

anglaises de l'Amérique septentrionale; c'est ce que l'on verrait dans tous les pays où il y a des terres en friche, ou susceptibles d'amélioration, s'ils étaient gouvernés suivant les lois de l'ordre naturel. Il ne faut presque point de fonds *en argent* pour opérer cet effet salutaire et encore moins d'accumulation d'argent, car cette accumulation y serait absolument opposée. Quand cette distribution de dépenses cesse, quand on ne consacre plus à la culture que la portion absolument nécessaire pour l'entretenir *in statu quo*, que ce que nous appelons *les reprises* des cultivateurs, l'accroissement des avances s'arrête partout; elles peuvent passer de main en main, il peut s'en former d'un côté aux dépens d'autres qui se détruisent, mais elles n'augmentent point en totalité. Quand on ne laisse pas même aux cultivateurs leurs reprises indispensables, quand les propriétaires négligent le soin de leurs domaines pour se livrer entièrement ou principalement à des dépenses de luxe, quand ils fixent leur séjour dans les grandes villes, quand la consommation s'éloigne partout du lieu de la production, quand on imagine de gêner le commerce sous prétexte d'en rendre la balance plus avantageuse, comme cela est arrivé à plusieurs nations de l'Europe, les avances, les richesses, les entreprises utiles, les travaux nécessaires, les productions, les revenus, la population, diminuent par une force irrésistible. Voilà la loi physique imposée par la nature et suivant laquelle on peut juger du sort passé, présent et futur des empires, par la conduite qu'ils tiennent et qu'ils ont tenue. Il est impossible qu'à l'aspect de cette loi évidente, universelle, sacrée, simple et sublime, vos petites combinaisons de balance ne vous paraissent pas aussi futiles et aussi peu dignes d'arrêter notre conversation qu'elles le sont en effet.

M. H. — Mais à quoi donc, mon ami, réduisez-vous cet avantage de la solde en argent de la balance du commerce qui a occupé presque toutes les nations européennes et qui a été vanté par tant d'écrivains célèbres?

M. N. — A rien et peut-être à moins. Car je suis fort porté à être là-dessus de l'avis des commerçants qui ne craignent rien tant que de rapporter l'argent de l'étranger quand ils lui ont voituré nos productions, parce qu'ils savent qu'il n'y a rien pour eux à gagner sur l'argent et que ce retour est la preuve qu'ils n'ont pas pu étendre leurs achats comme ils l'auraient voulu. A la fin de la guerre de 1740, les Anglais trouvèrent leur pécule augmenté de *cinq millions* de livres sterling et ils en conclurent que leur nation était appauvrie et que, leur commerce ayant été ralenti, leur argent avait au moins d'emploi chez l'étranger en achats de marchandises. Ils ne pensaient pas alors comme vous sur la balance du commerce.

Il y a des nations qui ont des mines et d'autres qui n'en ont point. Comme l'or et l'argent ne sont pas consommables et que leur propriété usuelle est assez bornée, les nations qui ont des mines trouvent évidemment un très grand avantage *à payer* ce que vous appelez *la balance en argent*, c'est-à-dire à vendre leur argent pour d'autres productions usuelles et consommables; puisque c'est pour ces nations le seul moyen de soutenir la valeur et de s'assurer le débit de l'or et de l'argent, qui sont des productions de leur territoire. Pour les nations qui n'ont point de mines et dont les productions sont consommables et usuelles, c'est un désavantage que d'être obligées de se livrer au commerce extérieur; car c'est une preuve qu'elles manquent dans leur propre pays de consommateurs en état de payer les productions qui y croissent, ce qui les nécessite à les débiter au dehors et ce qui multiplie les frais de commerce aux dépens de ces nations pour lesquelles le commerce extérieur est alors un mal nécessaire et même indispensable pour soutenir la valeur de leurs productions et pour éviter le plus grand mal qui résulterait de leur avilissement. Dans ce commerce extérieur qui, dans tous les cas, doit toujours être infiniment libre et débarrassé, ainsi que le commerce intérieur, de toutes gênes, de toutes contributions et de toutes vexations quelconques, dans ce commerce extérieur, dis-je, c'est encore un désavantage pour une nation de ne pouvoir pas trouver à échanger ses productions contre d'autres productions à son usage et d'être obligée de prendre en retour un gage intermédiaire, tel que l'*argent* qui, considéré comme *monnaie*, (1) ne peut servir à rien que lorsqu'il est échangé contre

(1) L'*argent*, considéré comme matière de *meubles*, est une marchandise comme une autre et moins utile que beaucoup d'autres, qui s'achète comme une autre à valeur pour valeur égale, mais qui n'accroît point du tout la masse du pécule ou du numéraire circulant et qui n'a aucun des effets que l'on a attribués à la balance du commerce, dans laquelle les partisans de cette balance n'ont jamais envisagé que l'accroissement de *l'argent-monnaie*.

Il serait facile de prouver évidemment aux gens riches qu'ils pourraient faire de leur richesse un usage beaucoup plus profitable, pour eux-mêmes et pour la nation, que de l'employer en bijoux et en vaisselle d'argent. Mais

des productions, ce qui exige alors un double commerce et de doubles frais de transport et d'échange aux dépens des nations.

Nous ne pouvons donc nous dispenser de conclure, mon cher ami, que le commerce extérieur est un *pis-aller* pour les nations auxquelles le commerce intérieur ne suffit pas pour débiter avantageusement les productions de leur pays; et que la balance en argent est un *pis-aller* dans le commerce extérieur pour les nations qui ne peuvent pas rapporter en retour des productions à leur usage. Il est bien singulier que des écrivains, dignes d'ailleurs d'avoir plus de lumières, aient attaché tant d'importance à cette balance en argent, qui n'est que le *pis-aller* du *pis-aller* du commerce.

Ce n'est pas cependant que lorsqu'elles ne peuvent mieux faire, les nations ne fassent bien de recevoir en argent la balance de leur commerce; car il est clair qu'un *pis-aller* vaut mieux que rien. Mais on doit toujours s'en rapporter à la liberté générale pour fixer les cas où l'on peut avoir recours à ce *pis-aller* qui n'est préférable qu'à la nullité du commerce et qui, dans les occasions où il peut avoir lieu, est au moins aussi avantageux à la nation qui paye la balance qu'à celle qui la reçoit.

Cessez donc, encore une fois, mon ami, cessez de vous égarer avec les spéculateurs politiques, qui cherchent à vous persuader que dans votre commerce vous pouvez profiter *aux dépens* des autres nations; car un Dieu juste et bon a voulu que cela fût impossible et que le commerce, de quelque manière qu'il s'exécutât, ne fût jamais que le fruit d'un avantage évidemment réciproque. Et reconnaissez une fois pour toutes ce principe fondamental et sans exception: que, dès que vous admettrez la pleine et entière liberté de la concurrence entre les vendeurs et les acheteurs de toute espèce, vous jouirez du commerce le plus avantageux possible et de l'assurance de faire les meilleurs marchés possibles dans vos ventes et dans vos achats. Mais, dès que vous gênerez en quoi que ce soit cette liberté, vous vous exposerez à des pertes immenses et inévitables, dont la balance en argent de votre commerce, laquelle n'est point un avantage, ne vous dédommagera pas.

M. H. — Laissons-là, mon ami, cet article de la balance en argent, qui nous éloigne en effet de notre question.

---

c'est à quoi on doit se borner sur cet article, qui n'a point de rapport à ce qu'on appelle la *balance en argent* du commerce et sur lequel, comme sur bien d'autres, il ne faut que *lumière* et *liberté*. (Note de l'original.)

Il est, sur des points plus importants, des objections qui renaissent encore dans mon esprit. Je ne puis vous dissimuler, par exemple, qu'il me semble toujours que les marchands régnicoles contribuent par leurs dépenses au débit des productions du pays. D'ailleurs, ne contribuent-ils pas aussi, comme tous les citoyens, aux besoins de l'Etat?

M. N. — Je vous ai déjà fait observer, mon ami, que ce n'est pas le débit des productions qui manque dans une nation, où la plus grande partie des citoyens ne consomment jamais autant qu'ils voudraient consommer, c'est le bon prix qui manque lorsqu'il n'est pas assuré par une libre concurrence de commerce : plus il y aurait dans ce cas d'acheteurs chez une nation qui ne payeraient qu'avec les gains qu'elle payerait elle-même, plus elle perdrait dans le débit de ses productions, dont la concurrence générale ne soutiendrait pas le prix.

Le débit ne peut s'étendre au delà de la quantité des productions qu'il y a à vendre. En vain le débit serait-il accordé à une partie des habitants au préjudice des autres, il n'y aurait toujours que le même débit, qui ne saurait excéder la masse des productions que l'on peut vendre. En me réitérant votre objection, vous ne calculez que d'après le débit; mais l'ordre économique a d'autres règles sur les progrès de la prospérité et sur la destination la plus avantageuse des dépenses qui complètent le débit dans le commerce intérieur des productions du territoire. On ne peut pas se proposer d'accroître la concurrence des acheteurs dans le commerce intérieur pour augmenter les prix et le débit. Car, dans les dépenses de la nation, il ne peut y avoir d'acheteurs qu'autant qu'ils sont payés eux-mêmes pour pouvoir acheter ; la concurrence des acheteurs, les ventes, les achats, le débit, tout y est assujetti à la mesure des dépenses que peuvent faire les possesseurs des productions du territoire. Car ce sont ces possesseurs eux-mêmes qui payent les consommateurs du pays et c'est avec l'argent que ceux-ci reçoivent qu'ils achètent les productions de ceux-là et leur rendent ce qu'ils ont payé. Le commerce intérieur d'une nation ne peut s'étendre au delà de la circonférence de ce cercle dans lequel il est renfermé. Ce n'est que par l'entremise de la pleine liberté du commerce extérieur que les productions d'une nation peuvent participer constamment au prix qui a cours entre les autres nations commerçantes: ainsi le débit que l'on dit qui est procuré dans le commerce in-

térieur par la dépense des commerçants qui s'enrichissent au préjudice de la pleine liberté, ne peut être que fort désavantageux et
un désordre dans la distribution des dépenses. (¹)

Il en serait de même des impositions qui ne seraient payées que
sur des gains que la nation payerait à ceux qui seraient imposés,
car tout impôt ne peut être payé, sans déprédation, que par les
revenus du territoire.

Les marchands revendeurs savent conserver leurs gains et les
préserver d'impôts ; leurs richesses, ainsi qu'eux-mêmes, n'ont point
de *patrie;* elles sont inconnues, ambulantes et dispersées dans tous
les pays de la sphère de leur commerce et sont tellement confondues en dettes actives et passives, qu'on ne peut les évaluer pour
les assujettir à des impositions proportionnelles. Si l'on impose les
marchandises commerçables, l'imposition s'étend également sur le
commerce des négociants régnicoles et sur celui des étrangers, mais
les uns et les autres s'en préservent sûrement dans leurs ventes
et dans leurs achats en les faisant retomber, comme de droit, sur
la nation, c'est-à-dire sur les revenus des biens-fonds. Car le service du commerce ne peut être chargé d'un impôt qui en enlèverait la rétribution et en abolirait l'exercice, si cet impôt n'était
pas réuni aux frais du commerce, à la décharge des commerçants
régnicoles et étrangers qui font les avances. Ainsi les richesses
des marchands revendeurs régnicoles, ne sont pas moins séparées
de celles de la nation que ne le sont les richesses mêmes des
marchands revendeurs étrangers. La nation ne doit donc avoir
plus de prédilection pour les uns que pour les autres, dans la concurrence de son commerce, qu'autant qu'elle ne préjudiciera point
à cette concurrence générale, qui est toute à son avantage, par
l'épargne sur les frais du commerce et par la communication des
prix entre les nations commerçantes.

------

(1) Il n'en est pas du débit des productions d'un territoire comme de celui
d'une boutique. Un marchand qui a débité les marchandises de sa boutique,
peut en racheter d'autres, continuer et accroître son débit. Mais le débit
d'un laboureur est borné par la nature; quand il a vendu sa récolte, il ne
saurait étendre ses ventes plus loin. Ce n'est donc que par le bon prix de sa
vente qu'il peut augmenter son bénéfice.

En vain dirait-on qu'*après avoir vendu sa récolte, il achèterait celles de
ses voisins pour les revendre ;* car ses voisins sont dans le même cas que
lui et il n'augmenterait pas les productions du territoire en devenant lui-même
marchand. (Note de l'original.)

M. H. — Les impôts de la république de Hollande ne sont-ils pas établis sur le commerce de cette république? La puissance des Hollandais n'a-t-elle pas été redoutable aux autres nations, par ses armées et par sa marine militaire, soutenues par les impositions payées par les commerçants? Et, malgré ces grandes impositions, ces commerçants n'étaient-ils pas encore fort opulents? Si cette province eût été réunie à la France, n'aurait-elle pas beaucoup augmenté la puissance du royaume? Pourquoi dites-vous donc que notre commerce maritime ne contribue pas à accroître les revenus de l'Etat, par les impositions qu'il paye?

M. N. — Le commerce de la Hollande a pu payer de fortes contributions à la république parce que le commerce des autres nations était chargé aussi d'impositions considérables, qui augmentaient partout la rétribution des commerçants aux dépens des nations mêmes qui levaient des impôts sur leur commerce. Ainsi, les commerçants hollandais ont pu, surtout par l'épargne dans les dépenses de leur navigation, soutenir leur concurrence avec les commerçants des autres nations et subvenir aux contributions qu'ils payaient à la république; lesquelles n'auraient pas pu être, à beaucoup près, si considérables, si les commerçants habitant dans les autres pays n'avaient été forcés d'augmenter leurs rétributions pour se dédommager des impositions qu'on avait mises sur leur commerce. De quelque manière que vous envisagiez cet objet, vous apercevrez toujours que le commerce fait retomber, nécessairement, les impositions dont on le charge sur ceux qui mettent à contribution les services que leur rendent les commerçants. *Si la Hollande,* dites-vous, *était une province de France, elle augmenterait beaucoup la puissance de la nation, par la contribution que l'Etat en retirerait.* Mais ne considérons pas la Hollande comme simplement commerçante; il faut aussi l'envisager comme propriétaire d'un territoire qui produit beaucoup, de colonies dont les productions lui sont très profitables, de mers d'où elle tire, par la pêche, un grand produit. Ainsi, comme propriétaire, elle peut fournir de fortes contributions qui se tirent d'un fonds productif et qu'il ne faut pas confondre avec les impositions qu'on lèverait sur le service des commerçants, car ce service doit leur être payé. Si vous le chargez d'impositions, il faut que ces commerçants augmentent d'autant leur rétribution aux dépens de ceux qui la payent. Le service des commerçants hollandais peut nous être avantageux dans notre commerce, s'ils nous font payer leur rétribution moins cher que les autres commerçants. Or, cet avantage serait détruit par la contribution que vous léveriez sur leur service; vous diminueriez les prix des productions que vous leur vendriez et vous enchéririez celles que vous leur achéteriez; ou bien le commerce cesserait entre vous et ces commerçants: alors ces commerçants eux-mêmes disparaîtraient et leur contribution aussi.

M. H. — Je comprends assez, en effet, que, si nous mettons des impositions sur nos commerçants mêmes, nous nuisons à notre propre commerce; et c'est pourquoi je pense qu'on n'en doit jamais mettre que sur les commerçants étrangers, qui nous les payeront aux dépens de leur rétribution. Ces impositions sur les commerçants étrangers auront deux bons effets: elles augmenteront les revenus de l'Etat sans charger la nation, et elles donneront à nos commerçants régnicoles l'avantage de la concurrence sur les commerçants étrangers.

M. N. — N'apercevez-vous pas, mon ami, que vous établiriez, par cette imposition, en faveur de vos commerçants, une sorte de privilège exclusif qui serait très préjudiciable à votre propre commerce? Faites donc, pour un moment, abstraction de vos commerçants, et pensez que, pour nous procurer dans notre commerce le plus grand avantage possible, il faut y admettre une pleine et entière liberté de concurrence de commerçants de tous les pays, pour vendre toujours à ceux qui peuvent et qui veulent nous acheter le plus cher et pour acheter à ceux qui veulent et qui peuvent nous vendre au meilleur marché et qui le feront ainsi pour entretenir leur commerce avec nous, à l'exclusion les uns des autres. Si, au contraire, vous repoussez par vos impositions les commerçants étrangers, ils n'apporteront chez vous les marchandises dont vous avez besoin, qu'en faisant retomber sur vous-même les impositions dont vous auriez voulu les charger et ils n'y achèteront les vôtres qu'en supprimant, aux dépens du prix de vos ventes, cette même imposition. De là, vous établiriez chez vous des prix courants qui seraient désavantageux pour vous, dans vos ventes et dans vos achats et dont vos propres commerçants sauraient bien profiter à votre préjudice. Les commerçants étrangers vous feraient donc payer à vous-même l'imposition que vous auriez cru mettre sur leur rétribution; et, par les prix qui s'établiraient à votre désavantage dans votre commerce, vous la payeriez encore à vos propres commerçants.

M. H. — Mais, si les autres nations mettent des impositions sur vos commerçants, ne ferez-vous pas bien d'user de représailles et d'en mettre aussi sur les leurs? Laisserez-vous le commerce des autres nations libre et immune, tandis que les autres nations gêneront le vôtre et le soumettront à des contributions? L'avantage de cette liberté de commerce ne serait pas égal de part et d'autre.

M. N. — N'oubliez pas, mon ami, que ces impositions, que nous mettrions *par représailles* sur les commerçants étrangers, seraient toujours à notre préjudice et remboursées par nous-mêmes à ces commerçants, au détriment du prix des marchandises que nous leur vendrions, détriment qui s'étendrait même, inévitablement pour nous, jusqu'aux prix de celles que nous vendrions à nos propres commerçants. Au reste, je dirai comme vous, mais dans un sens bien opposé, que l'*avantage* de la liberté de la franchise, que nous donnerions seuls au commerce, *ne serait pas égal de part et d'autre*. Non, sans doute, il ne serait pas égal pour les nations qui banniraient de chez elles la concurrence des acheteurs et des vendeurs par des gênes et par des impositions. Les commerçants et les voituriers de toutes les nations abonderaient chez nous où ils ne trouveraient pas ces obstacles et fuiraient de chez ces nations imprudentes qui mettraient des entraves à leur liberté. Mais cela même éclairerait bientôt ces nations; elles ne tarderaient pas à devenir attentives aux effets de cette concurrence d'acheteurs, de vendeurs et de voituriers, qui nous assurerait la jouissance du meilleur prix possible dans nos ventes et dans nos achats et qui hâterait rapidement les progrès de notre prospérité et de notre puissance; et elles ne nous laisseraient pas longtemps profiter seuls d'une concurrence qui les avertirait sérieusement de rentrer, comme nous, dans l'ordre naturel du commerce, lequel ne suggère aucun motif de guerre, ni aucune réserve dans les traités de paix. On reconnaîtrait alors que toutes les guerres et toutes les réserves relatives au commerce ne peuvent avoir pour objet qu'un monopole, involontaire peut-être de la part des négociants régnicoles, mais toujours funeste aux nations qui ne distinguent pas leurs intérêts de celui de leurs commerçants et qui se ruinent à soutenir des guerres pour assurer, aux agents nationaux de leur commerce, un privilège exclusif qui leur est préjudiciable à elles-mêmes.

M. H. — Comment faites-vous, mon ami, pour accorder les contradictions que je vois dans vos idées? Vous me disiez, il n'y a qu'un moment, que les marchands savent se préserver sûrement des impositions et les faire retomber sur les nations mêmes qui les imposent; et vous me dites, à présent, que la franchise et l'immunité attireraient chez nous les commerçants de toutes les nations et que les impositions qu'on mettrait sur leur commerce, dans les autres pays, les éloigneraient des lieux où l'on voudrait les y soumettre. Si les commerçants fuient les impositions, comme cela me paraît naturel, c'est donc une preuve que ces impositions leur sont à charge; et, si elles leur sont à charge, c'est donc une preuve qu'ils n'en sont pas complètement dédommagés par les nations avec lesquelles ils commercent et qu'ils payent réellement au moins une partie de ces impositions, aux dépens de leurs salaires et des richesses qui leur sont propres. Or, si les commerçants peuvent payer des impositions sur leurs salaires, le gouvernement peut donc lever précisément sur eux des impositions qui ne seront point à charge aux autres citoyens. Alors ces impositions, qui seraient en perte pour les commerçants, seraient en profit pour le fisc et toujours elles seraient prises sur le produit de leur commerce qui, à cet égard, deviendrait contribuable.

M. N. — Si les commerçants étaient exposés, comme vous le présumez, à payer les impositions que les nations établissent sur le commerce, ce serait une raison de plus pour les attirer, de toutes parts, chez celles où le commerce serait immune; car la rétribution due à leur service doit leur être assurée, autrement ils abandonneraient le métier. Mais, comme ils sont les maîtres de s'affranchir de cette contribution. votre objection porte à faux. Il y a donc d'autres inconvénients qui leur font redouter ces impositions. Ces autres inconvénients ne sont que trop réels; car, outre les délais, les recherches et les autres formalités litigieuses des publicains, les impositions sur le commerce font baisser le prix des productions que l'on a besoin de vendre et renchérissent celles que l'on voudrait acheter de l'étranger, ce qui resserre beaucoup le commerce. Le bas prix, d'un côté, détermine à consommer celles que l'on voudrait vendre, ou à en négliger la culture. Le renchérissement, de l'autre, oblige à se passer de celles que l'on voudrait acheter de l'étranger, parce que l'on ne peut acheter qu'autant que l'on vend: or, vendre à bas prix et acheter cher rompent la mesure entre les ventes et les achats et préjudicient l'un à l'autre. Voilà pourquoi les exportations, les importations, les prix, le commerce, les commerçants, n'ont aucune marche assurée chez les nations qui imposent leurs marchandises et leur commerce en croyant imposer les marchandises et le commerce de leurs voisins.

M. H. — Ces méprises, au moins, n'ont pas lieu à l'égard du commerce des colonies agricoles, quand la métropole le réserve à ses commerçants pour s'assurer à elle-même tout le profit de ce commerce. Car la métropole, en établissant ses colonies, n'a pu avoir pour but que son propre avantage et elle ne doit pas oublier ce but fondamental dans son commerce avec elles.

M. N. — Sans doute, la métropole doit toujours être occupée de son avantage et c'est aussi pour son avantage qu'elle doit s'assurer de tout le profit de son commerce, c'est-à-dire du commerce de toutes les provinces qui la composent. Ainsi elle doit tenir à cet égard la même conduite pour ses colonies et pour ses provinces. Or, elle ne peut profiter plus complètement de son commerce qu'en assurant chez elle la liberté entière de la concurrence des commerçants de tous pays. Vous allez commercer aux Indes, à la Chine, etc. Croyez-vous qu'il fût avantageux aux nations de ces pays de vous interdire le commerce chez elles? Pourquoi penseriez-vous donc qu'il vous serait avantageux de l'interdire chez vous aux étrangers?

M. H. — Confondez-vous les intérêts des colonies avec ceux de la métropole, c'est-à-dire avec ceux des provinces qui la composent?

M. N. — Les colonies de la métropole sont-elles sous une autre domination que les autres provinces de la métropole? L'intérêt général de la nation n'embrasse-t-il pas tous les intérêts particuliers des provinces soumises à la même domination? Pouvez-vous détacher les intérêts particuliers de quelques-unes de ces provinces de l'intérêt général de la nation? Et pourriez-vous nuire à l'intérêt particulier de ces mêmes provinces, sans préjudicier à l'intérêt général de la nation?

M. H. — Les colonies ne sont-elles pas par elles-mêmes détachées de la métropole? N'y a-t-il pas entre elles et la métropole un commerce extérieur, semblable à celui que la métropole entretient avec les étrangers? Or, la métropole ne tend-elle pas à gagner sur les autres nations autant qu'elle le peut par son commerce? Pourquoi ne profiterait-elle pas aussi du même avantage sur ses colonies?

M. N. — Je pourrais vous répondre tout simplement que les colonies ne sont pas des nations étrangères à la métropole; et dès lors votre comparaison disparaîtrait. Mais vous devez de plus remarquer que le commerce qui s'exerce entre les nations, abstraction faite de leurs commerçants revendeurs, n'est pas différent du commerce que les provinces de chacune de ces nations exercent entre elles et de celui que deux habitants du même pays exercent entre eux; car chacun tend à profiter par le commerce, autant qu'il le peut, dans ses ventes et dans ses achats. Cette intention est, il est vrai, réciproque entre les contractants, ce qui réduit les échanges à valeur pour valeur égale. Plus vous méditerez sur le commerce, plus vous apercevrez qu'il est soumis partout à cet ordre général et que toutes les lois que les nations peuvent établir pour l'intervertir seront toujours préjudiciables à leurs instituteurs. (¹)

M. H. — Mais, si l'on admettait ainsi une liberté générale de concurrence, que deviendrait notre marine marchande, qui nous fournit des matelots?

M. N. — Devenez riche par la liberté de votre propre commerce; votre marine marchande s'étendra à raison de vos richesses et formera des matelots dont l'apprentissage vous coûtera bien moins cher. Toute nation riche qui a des ports, a toujours une grande marine marchande. Les commerçants, les marchands, les armateurs, les voituriers, ne manquent jamais de s'accumuler autour des riches. Quand vous admettrez la liberté générale de la concurrence, votre marine marchande sera donc comme les marines marchandes des autres nations maritimes riches et puissantes.

_____

(1) Voyez le Mémoire qui commence le *Journal de l'agriculture, du commerce et des finances* du mois d'avril 1766. (Note de l'original.)

M. H. — Mais, si une nation ne protège pas ses commerçants préférablement aux marchands étrangers, elle n'aura pas chez elle assez de commerçants pour étendre la concurrence de son commerce et la préserver du monopole des commerçants étrangers.

M. N. — Sans doute, il faut qu'une nation protège ses commerçants; mais il est encore plus intéressant pour elle de protéger son commerce. Aussi tous vos raisonnements vous ont-ils conduit enfin à revenir à la nécessité de la libre concurrence, dans laquelle le commerce vous avait paru, comme aux négociants, non seulement *stérile*, mais *nuisible*.

Ne nous reprochez donc plus de regarder le commerce simplement comme *stérile*, vous qui, conjointement avec les négociants, aviez entrepris de nous prouver que, même dans le cas le plus avantageux et le plus conforme à l'ordre naturel, il est *nuisible*. Avouez plutôt, mon cher ami, que l'espèce de protection qu'une nation doit à ses commerçants ne peut pas consister dans des privilèges exclusifs; que ce ne peut être que l'immunité, jointe à la sûreté de leur navigation contre les attaques des pirates et des commerçants étrangers, soutenus par les forces maritimes de leurs nations. En effet, avec ces conditions, toute nation riche et puissante qui a des ports, ne manquera jamais d'armateurs, ni de commerçants; les gains du commerce les attirent et les rassemblent partout où il y a des richesses qui assurent les succès d'une profession aussi estimable et aussi lucrative.

Vous commencez à convenir que la nation doit étendre autant qu'elle le peut la concurrence de son commerce, vous songez à la préserver du monopole des commerçants étrangers, et pour y parvenir vous la livreriez au monopole des commerçants régnicoles? Ce n'est pas sérieusement, mon ami, que vous faites cette proposition. Vous comprenez trop bien à présent qu'il n'y a que la franchise et la liberté absolues du commerce qui puissent multiplier les commerçants régnicoles et étrangers, faire disparaître le monopole, restreindre les frais onéreux, assurer aux nations le plus haut prix possible dans leurs ventes et le plus bas prix possible dans leurs achats, et leur procurer ainsi le commerce le plus étendu et le plus avantageux auquel elles puissent prétendre.

XII.

Août 1766.

(PREMIER)

PROBLÈME ÉCONOMIQUE [1]

Avertissement. Ce problème est purement hypothétique. On ne le propose que comme un exemple de la marche que l'on à suivre pour résoudre des questions économiques fort compliquées, et fort importantes à examiner et à développer, dans la recherche des vérités immuables de l'ordre physique le plus avantageux aux hommes réunis en société. [2]

QUESTION.

On demande si le profit qu'une nation retire de l'augmentation du prix des productions de son territoire surpasse le désavantage

---

(1) Dans le compte-rendu que la *Notice abrégée* de Dupont donne sur le contenu du numéro d'août 1766 du *Journal de l'agriculture,* on lit :

„Il y a dans le volume de ce mois plusieurs mémoires intéressants sur diverses branches d'agriculture pratique et sur les maladies des bestiaux; mais nous ne nous arrêterons qu'au *Problème économique* qui est proposé et résolu par M. QUESNAY. L'auteur présente ce *Problème* comme un exemple de l'application du *Tableau économique* et de la marche qu'on peut faire pour résoudre des questions économiques très compliquées. Il s'agit de savoir si le profit qu'une nation qui a été privée de la liberté du commerce, retire de l'augmentation du prix des productions de son territoire lorsque cette liberté lui est rendue, surpasse le désavantage de l'augmentation de ses dépenses, causée par le renchérissement des productions. Le résultat du *Problème* constate l'affirmative et en évalue le degré; mais le mal est qu'il s'y est glissé plusieurs fautes d'impression qui, jointes à la difficulté de la matière, très

(2) Cet *Avertissement* de l'auteur ne se trouve que dans la plus ancienne édition. A. O.

de l'augmentation des dépenses causées par le renchérissement des productions? car il semble qu'une augmentation de prix qui nous

abstraite et très épineuse, en rendent la lecture plus pénible qu'elle ne devrait l'être. Nous conseillons donc à ceux de nos lecteurs qui voudront en prendre une idée, de lire ce *Problème* dans la *Physiocratie*, où il a été réimprimé avec plus de soin et de correction, plutôt que dans le Journal du commerce."

Nous suivons le conseil de Dupont et, ainsi que nous le faisons pour toutes les autres pièces lorsque nous en avons le choix, nous reproduisons le *Problème économique* dans la rédaction complétée où il a paru dans la *Physiocratie*. L'*Avis de l'éditeur* placé en tête de la deuxième partie de cet ouvrage, s'exprime comme suit en ce qui concerne le *Problème:*

„Plus on approfondit cette étude immense qui embrasse tout ce qui peut multiplier ou détruire les richesses, étendre ou diminuer le bonheur du genre humain, et plus on y rencontre de cas problématiques à résoudre par le calcul. Il ne suffit pas alors de savoir calculer en général et de posséder même la formule du *Tableau économique*; il faut encore être fort attentif à la manière de poser son problème et d'en rassembler les données. Car sans l'attention la plus scrupuleuse aux données qu'on adopte et sans la recherche sévère de toutes les autres données qui sont ou peuvent être inséparablement liées aux premières, on ne parviendra jamais, avec tous les calculs possibles, qu'à de faux résultats qui pourraient être des guides très dangereux dans la pratique. Cela vient de ce que les formules arithmétiques ne sont que des moyens de soulager l'esprit en enregistrant à mesure une *série* de conséquences trop multipliées pour que la seule réflexion puisse en suivre la marche jusqu'à la dernière, sans le secours de l'enregistrement. Ces formules sont d'excellents instruments pour déduire avec exactitude et facilité les résultats de conditions données; mais, semblables à l'alambic, elles ne rendent rien qu'en raison de ce qu'on leur confie; et c'est l'art de découvrir les données, d'en saisir les rapports, de les rassembler dans l'ordre régulier que nous indique la nature, qui constituera toujours la véritable science de l'arithmétique politique, science sublime dont les principes ne dépendent que de leur propre évidence, qui assure celle de leurs conséquences par la fidélité de la déduction.

Afin d'offrir un exemple de la marche qu'on doit suivre dans la solution de questions économiques d'autant plus embarrassantes qu'elles sont entrelacées, si l'on peut ainsi dire, les unes dans les autres, mais qui n'en sont que plus importantes à examiner et à développer pour qui veut connaître avec évidence les vérités immuables de l'ordre physique le plus avantageux aux hommes réunis en société, l'auteur du *Tableau économique* a choisi pour objet le prix des productions, parce que c'est autant par le prix des productions que par leur quantité, qu'on peut juger de la masse des richesses annuelles que fait naître l'agriculture; car l'abondance des productions ne suffit pas pour constituer la prospérité des nations; et de là vient le proverbe: *le prix fait tout.* L'examen des effets de l'augmentation du prix des productions présente une question déjà très compliquée par elle-même et il semble que l'auteur a cherché à la compliquer encore davantage par le concours des circonstances dans lesquelles il l'a supposée, afin de rendre l'exemple d'une

procurerait dans nos ventes un gain que nous perdrions dans nos achats, ne nous laisserait aucun bénéfice.

RÉPONSE.

Cette question peut se rapporter à plusieurs cas différents et difficiles à démêler. La diversité des données y doit produire la différence des résultats; il faut donc commencer par établir ces données et par fixer un cas.

Nous en allons prendre un très compliqué, qui pourra rendre plus sensible l'application du calcul et des règles du *Tableau économique*, et jeter du jour sur plusieurs questions relatives à la question proposée.

EXEMPLE.

Si 1950 *millions* d'avances annuelles de la classe productive d'une nation ne rapportaient que 400 *millions* de revenu, parce qu'il y aurait des charges indirectes qui retomberaient pour 450 *millions* sur la classe productive et parce que l'agriculture serait fort dégradée faute d'avances primitives suffisantes pour l'exploitation d'une bonne culture, la reproduction totale annuelle considérée dans son état actuel, sans égards aux progrès successifs du dépérissement, ne serait alors que de 3 *milliards* 100 *millions*.

Les 450 *millions* de charges indirectes seraient une imposition sur la dépense annuelle du travail de la culture, qui ferait monter cette dépense à 1950 *millions*. Ainsi pour savoir au vrai quelle serait réellement la dépense annuelle du travail de la culture, il faudrait soustraire de la somme de 1950 *millions* celle de 450 *millions* de charges indirectes. Alors les 1950 *millions* se trouveraient réduits à 1500, qui seraient le fonds réel des avances annuelles de la classe productive.

Les intérêts des avances primitives et annuelles de cette classe étant égaux à la moitié des avances annuelles, seraient de 750 *millions* ([1]).

utilité plus étendue. Peut-être encore, après avoir détaillé dans l'analyse du *Tableau économique* l'hypothèse d'un royaume dans l'état de prospérité, l'auteur aura-t-il cru qu'il n'était pas inutile de peindre dans son problème le même royaume dans un état plus approchant de la réalité actuelle et tel que sont aujourd'hui plusieurs empires de l'Europe." A. O.

(1) Les avances annuelles augmentent au préjudice du produit à proportion que les avances primitives diminuent, parce qu'on y supplée autant qu'on le

S'il arrivait alors que par une pleine liberté et immunité de commerce extérieur admises dans la vente des productions du territoire, les prix de ces productions augmentassent d'un sixième en sus, quel serait l'effet de cette augmention de prix?

OPÉRATION.

Il y a, pour évaluer cet effet, beaucoup de choses à considérer.

PREMIER OBJET A CONSIDÉRER.

Le renchérissement dont on parle ne produirait son effet que sur les productions qui entrent dans le commerce, il faut donc soustraire du calcul de l'augmentation des prix la partie de la reproduction totale qui n'entre pas dans le commerce. Telle est en effet une partie des avances annuelles de la culture.

Des 1500 *millions* à quoi se réduisent dans l'hypothèse donnée les avances annuelles de la classe productive, abstraction faite des 450 *millions* de charges indirectes qu'elles ont à supporter, il y en a environ la moitié ou 750 *millions* qui se consomme immédiatement et en nature chez les cultivateurs. On ne peut donc imputer à cette moitié, qui n'est pas commerçable, ni l'augmentation des prix, ni l'augmentation des dépenses causée par le renchérissement. Ainsi elle ne doit pas entrer dans le calcul du changement de prix dont il s'agit ici, puisqu'elle n'entre pas dans le commerce et que la consommation qui en est faite constamment chez les cultivateurs n'augmente ni ne diminue, dans les changements du prix, les frais d'exploitation de la culture.

---

peut par des travaux fort dispendieux aux dépens de la reproduction annuelle qui en fait les frais faute d'avances primitives suffisantes par lesquelles on peut exécuter annuellement avec le moins de frais possible la culture la plus fructueuse. Les intérêts de ces avances primitives diminuent à proportion que ces avances elles-mêmes dépérissent. Ordinairement même ce dépérissement arrive parce que les fermiers n'en retirent pas les intérêts nécessaires pour les entretenir. Ainsi en pareil cas on ne devrait pas faire entrer complètement les intérêts en compte dans le calcul de la reproduction totale annuelle. On ne s'est point arrêté à cette observation parce que cela n'a pas paru nécessaire à la solution du problème qui revient toujours à l'état de la base d'une reproduction quelconque; et parce que cela aurait augmenté la complication du calcul, et varié beaucoup l'ordre du Tableau qui n'est pas encore connu assez familièrement pour que l'esprit des lecteurs puisse se prêter avec connaissance aux grandes variations qu'il présenterait. Mais on a dû au moins avertir de se tenir en garde sur la totalité réelle de la reproduction, qui n'a pas été discutée relativement à l'observation dont il s'agit dans cette note. (Note de l'original.)

Il faut donc diminuer sur la reproduction totale de 3 *milliards* 100 *millions*, les 750 *millions* formant la valeur des consommations directes de la classe productive. Il restera 2 *milliards* 350 *millions* pour la valeur des productions qui entrent dans le commerce, et dont le prix sera par l'hypothèse accru *d'un sixième* en sus ou de 470 *millions*. La reproduction totale qui ne valait auparavant que *trois milliards* 100 *millions* vaudra donc 3 *milliards* 570 *millions* par le premier effet du renchérissement.

Pour connaître quel est, dans cette augmentation de valeur de la reproduction totale, celle du revenu à partager entre le souverain, les propriétaires des terres et les décimateurs, il faut soustraire de la reproduction totale les reprises des cultivateurs.

Comme nous l'avons remarqué plus haut, il y a une partie de ces reprises qui participe au renchérissement des prix et des dépenses, et l'autre qui n'y participe pas.

La portion de ces reprises qui participe au renchérissement contient: 1° La moitié des avances annuelles de la classe productive; les fermiers étant obligés de vendre les productions qui forment cette moitié de leurs avances pour fournir au payement des salaires qu'ils donnent à leurs domestiques et aux autres ouvriers de la culture; 2° Les intérêts des avances de leur établissement que les entrepreneurs de culture dépensent annuellement, comme on l'a vu dans l'analyse du *Tableau économique*.

La portion des reprises à laquelle le renchérissement n'apporte aucun changement renferme: 1° La moitié des avances annuelles de la classe productive, qui est consommée immédiatement et en nature par les cultivateurs, comme nous l'avons remarqué; 2° Les charges indirectes montant à 450 *millions* qui restent pareillement *in statu quo* parce qu'elle ne consistent pas en productions et qu'il s'agit d'une augmentation du prix des productions procurée par le rétablissement de la liberté du commerce.

Les reprises des cultivateurs seront donc composées:

1° De leurs avances annuelles,

SAVOIR { Une moitié consommée en nature, et qui n'a pas renchéri, ci . . . . 750 / Une moitié qui se commerce et qui a renchéri d'un sixième en sus, ce qui la porte à . . . . 900 } 1650 *millions*

2° De leurs intérêts qui participent au renchérissement pour un sixième en de cesus qu'ils étaient, ce qui les fait monter à 900

Report 2550 *millions*

3º Des 450 *millions* de charges indirectes qui ne participent
point à l'augmentation des prix, comme les productions commerçables, et qui restent par conséquent dans le compte des
reprises du cultivateur pour . . . . 450 „

TOTAL général des reprises des cultivateurs . . . . . . 3 *milliards*

Ces reprises ôtées de la reproduction totale de 3 *milliards*
570 *millions*, il reste 570 *millions* pour le revenu à partager
entre les propriétaires des terres, le souverain et les décimateurs,
qui n'avaient avant le renchérissement qu'un revenu de 400 *millions*.

L'accroissement de leur revenu est donc déjà et à ne considérer
que cet objet, de 170 *millions*.

SECOND OBJET A CONSIDÉRER.

Il est prouvé que la liberté du commerce extérieur, en même
temps qu'elle renchérit les productions du pays, leur assure un
prix beaucoup moins variable qu'il ne serait sans cette liberté de
commerce.

On a calculé que l'établissement de cette plus grande égalité
entre le prix de la vente de la première main et celui du dernier
achat, c'est-à-dire de l'achat fait par le consommateur, cause aux
vendeurs de la première main un profit de plus d'*un dixième* sans
porter aucun préjudice à l'acheteur-consommateur. (¹)

Ce *dixième* d'accroissement de profit pour les vendeurs de la
première main, ne portera, par les raisons que nous avons alléguées
ci-dessus, que sur les productions qui entrent dans le commerce
et dont la valeur vénale se montait avant le renchérissement à
2 *milliards* 350 *millions*; mais le *dixième* en sus de ces 2 *milliards* 350 *millions* forme à la vente de la première main un
accroissement de 235 *millions*, qui, joint à celui de 170 *millions*,
produit, comme on l'a vu ci-devant, par *un sixième* d'augmentation
du prix des 2 *milliards* 350 *millions* de productions commerçables,
forment ensemble un accroissement total de 405 *millions* en addition des revenus; car on a défalqué ci-devant tout l'accroissement
qui doit entrer en compte dans les reprises des cultivateurs.

(1) Voyez l'*Encyclopédie* au mot *Grains;* le Traité *de l'amélioration des
terres*, par M. *Patullo;* celui *de l'exportation et de l'importation des grains*,
par M. *Du Pont*, et les *Ephémérides du citoyen*, année 1766, tome VI,
pages 33 et suivantes. (Note de l'original.)

Cette addition de revenu ajoutée aux 400 *millions* de revenu qu'il y avait avant l'augmentation des prix procurée par le rétablissement de la liberté et de l'immunité du commerce; cette addition, dis-je, ferait monter le revenu de 400 à 805 *millions*.

DISTRIBUTION DE L'ACCROISSEMENT DU REVENU.

On va représenter dans un tableau l'ordre de la distribution entre la classe productive et la classe stérile, et les résultats de cette distribution. On négligera 5 *millions* de revenu dans ce tableau, tant pour ne pas embarrasser le lecteur par des fractions que pour rester plutôt au-dessous qu'au-dessus de la vérité.

TABLEAU DE LA DISTRIBUTION.

AVANCES annuelles de la classe productive.	REVENU	AVANCES de la classe stérile.
2,100 millions au lieu de 1950.	800 millions au lieu de 400.	650 millions au lieu de 475.
Sommes qui servent à payer le revenu et les intérêts des avances primitives. 400 millions au lieu de 200.		•400 millions au lieu de 200.
650 millions au lieu de 475.		
650 millions au lieu de 475.		900 millions au lieu de 750.
		Total 1,300 millions au lieu de 950. La moitié est reprise pour les avances; l'accroît est, pour la subsistance de cette classe, de 175 millions.
Dépense des avances annuelles. 2,100 millions au lieu de 1950.		
Total 3,800 millions au lieu de 3100.		

La distribution qu'on vient de peindre([1]) n'est encore que celle des sommes augmentées par l'accroissement des prix, et ne suffit

___

(1) On n'a pas marqué dans ce Tableau l'ordre de la distribution de la dépense des 450 *millions* de charges indirectes; cette partie de distribution

pas pour faire connaître les effets du renchérissement des dépenses des acheteurs-consommateurs, inséparables de l'augmentation des prix des productions. Elle indique seulement les voies qui conduisent à cette connaissance.

DERNIÈRE QUESTION A RÉSOUDRE.

Il reste donc à déterminer quelle serait dans le cas donné l'augmentation du bénéfice que l'on trouverait dans la dépense d'un accroît de 400 *millions* de revenu, procuré par l'augmentation des prix des productions du territoire, laquelle serait due au rétablissement de l'ordre régulier du commerce, de sa liberté et de son immunité.

SOLUTION PRÉCISE
ou calcul des effets réels du renchérissement dans le cas donné.

Avant l'augmentation des prix, la valeur vénale de la totalité de la reproduction annuelle était de 3 *milliards* 100 *millions* de

---

aurait exigé des détails et des développements particuliers sur lesquels on n'a pas jugé à propos de s'étendre pour ne pas fatiguer l'attention des lecteurs peu au fait de ces matières, par la multiplicité des objets. On s'est fixé au résultat qui est que la somme des 450 *millions* revienne à la classe productive à laquelle elle doit rester annexée, au préjudice du revenu; aussi la dépense de cette somme se fait-elle à peu près dans le même ordre que celle du revenu.

Ainsi on peut facilement se former une idée de la circulation de cette dépense entre la classe stérile et la classe productive en la joignant au revenu au lieu de la tenir attachée aux avances annuelles de la classe productive. Dans cette supposition elle ferait monter la somme du revenu à 1250 *millions* dont la distribution de la dépense se ferait comme elle est représentée dans le Tableau; c'est-à-dire moitié à la classe productive et moitié à la classe stérile qui la redépenserait en achats de productions à la classe productive, ce qui compléterait la somme que celle-ci aurait à payer au revenu, à raison de ce qu'elle paie en charges indirectes qui augmentent ses dépenses et ses reprises de 450 *millions*.

Toute la différence qui se trouverait alors entre les deux classes serait une dépense de 225 *millions* de plus à la classe stérile, qui n'apporterait aucun changement dans la totalité de la reproduction annuelle et successive. Il est donc aisé de se former une idée complète de toute la circulation des dépenses dans le cas dont il s'agit, et de conserver aussi l'idée de l'arrangement actuel, où les 450 *millions* de charges indirectes doivent rester dans la réalité annexés aux avances annuelles de la classe productive, qui fait elle-même les avances de ces charges indirectes. (Note de l'original, addition ultérieure.)

livres; ainsi la masse de cette reproduction pouvait être alors supposée de 3 *milliards* 100 *millions de mesures* valant *une livre* chacune.

Ces 3 *milliards* 100 *millions de mesures* se partageaient entre les différentes classes de consommateurs à raison de la part que chacun avait dans les 3 *milliards* 100 *millions de livres*. Il s'agit de savoir à présent combien chaque classe pourra se procurer de *mesures* depuis le *sixième* d'augmentation de prix qui a porté à 1 *livre* 4 *sols* la valeur de toutes celles qui entrent dans le commerce.

Dans l'examen de cette distribution de *mesures* relativement aux *livres* qui doivent les payer, nous réunirons les ventes que fait la classe productive, et celles que fait la classe stérile; parce que les achats que l'on fait à la classe stérile sont des productions converties en ouvrages ou en dépenses par cette classe même: de sorte que tout ce qui est acheté à la classe stérile doit être regardé comme un achat de productions fait à la classe productive, ou si l'on veut comme une revente de ces mêmes productions faite par la classe stérile qui se fait rembourser de ses matières premières et payer les dépenses qu'elle fait en achats de productions pour sa subsistance à la classe productive.

La classe productive achète donc, ou est censée acheter pour ses reprises, chez elle-même et chez la classe stérile, 2,250 *millions de mesures*,

SAVOIR $\left\{ \begin{array}{l} \text{A la classe productive . . . 1,500 } \textit{millions.} \\ \text{A la classe stérile . . . . 750 } \textit{millions.} \end{array} \right\}$ $\begin{array}{l} \text{2,250 } \textit{millions} \\ \textit{de mesures} \end{array}$

qui ne coûtent que 2,550 *millions de livres*: attendu qu'il n'y en a que 1,500 *millions de mesures* qui participent au renchérissement, et valent 1 *livre* 4 *sols* pièce, ou 1,800 *millions* au total, et qu'il y en a 750 *millions de mesures* qui n'entrent point dans le commerce, et que la classe productive consomme sur elle-même: de sorte qu'on ne peut leur supposer aucun accroissement de prix et qu'elles sont censées rester comme auparavant à 1 *livre la mesure*, et valoir seulement 750 *millions de livres*. ([1])

	Millions de mesures	Millions de livres
La classe productive achète donc, comme nous venons de le dire, pour ses reprises, chez elle-même et chez la classe stérile 2,250 *millions de mesures* pour 2,550 *millions de livres*, ci . .	2,250	2,550

([1]) On estime toujours la dépense de la classe productive à la classe stérile à un tiers de ses reprises; au lieu que l'on porte la moitié du revenu en dépense à la classe stérile, parce que les propriétaires se livrent beaucoup plus au faste de décoration que les cultivateurs. (Note de l'original.)

Millions Millions
de   de
mesures livres

Le fisc achète pour les 450 *millions* de charges indirectes qu'il dépense, 375 *millions de mesures*; (¹)

SAVOIR :

A la classe productive . . . . 188 *millions.* }
A la classe stérile. . . . . 187 *millions.* } 375 450

On peut évaluer que le commerce étranger est d'environ *un dixième* du produit total, ou de 300 *millions de mesures* que l'étranger payait avant le renchérissement, moyennant 300 *millions de mesures* de ses productions, et

TOTAL 2,625 3,000

De l'autre part 2,625 3,000
que depuis le renchérissement il ne pourra plus payer qu'avec 360 *millions de ses mesures* (²) parce que, dans l'hypothèse, les productions étrangères ne sont pas renchéries par l'augmentation du prix des productions nationales, lesquelles n'ont renchéri d'*un sixième* que parce qu'elles étaient précédemment privées par les prohibitions, les gênes et les surcharges du commerce du prix naturel que leur assure la liberté et l'immunité dans cette partie.

L'étranger continue donc d'acheter 300 *millions de mesures* de productions du pays,

SAVOIR :

A la classe productive . . . . 150 }
A la classe stérile . . . . 150 } 300
et il les paie au prix courant par 360 *millions de mesures* de productions étrangères.

TOTAL des achats 2,925
TOTAL de la dépense 3,000

(1) Il faut compter dans la dépense du fisc le payement des intérêts des emprunts qu'il a faits et qui reste, comme les charges indirectes, dans le même état, parce que tout cela, n'é- tant point productions, ne participe point au changement du prix des productions. Ainsi, le fisc ne perd rien de ses jouissances de ce côté et il gagne beaucoup de l'autre par le double- ment de son revenu direct, comme on l'a vu plus haut. (Note de l'original.)

(2) Il s'agit ici de la mesure de productions que la nation pouvait obtenir pour 20 *sols* chez l'étranger ou chez elle-même avant le renchérissement de ses productions. Ce n'est pas que la même mesure des mêmes productions ne valût 24 *sols* chez l'étranger dans le temps qu'elle ne valait que 20 *sols* chez la nation, privée de liberté dans son com- merce; de sorte que si l'on eût échangé l'une contre l'autre des productions de la même espèce, l'étranger eût alors fourni des mesures d'un sixième plus petites que celles de la nation. Mais le commerce ne se fait point ainsi. Ce sont des productions d'espèce différente que l'on échange et alors ce n'est pas de l'égalité de mesure, mais de l'égalité de valeur, que l'on s'occupe. On a donc cru devoir se fixer ici à cette égalité de valeur, qui suppose les mesures de productions semblables, d'un sixième plus petites chez l'étranger que chez la nation. (Note de l'original.)

Il ne reste donc à vendre, pour compléter le débit de la re-production totale, que 175 *millions de mesures* du pays, qui valent 1 *livre* 4 *sols*, ou en total 210 *millions de livres*. Mais il reste à employer 800 *millions* de revenu qui est entre les mains du souverain, des propriétaires des terres et des décimateurs.

Ces propriétaires du revenu achètent les 175 *millions de mesures* de productions du pays, aux deux autres classes, savoir:

A la classe productive . . . . 88 ⎫ 175 millions qui coûtent
                                                     ⎪ 210 millions de livres,
                                                     ⎪ sur le pied de 1 liv. 4 s.
A la classe stérile . . . . 87 ⎭ la mesure,

et les propriétaires ont encore 590 *millions* de revenu à employer chez l'étranger, avec lesquels ils achèteront moitié en productions et moitié en ouvrages, 590 *millions de mesures*: attendu que, comme on l'a vu, les *mesures* de productions étrangères n'ont pas participé au renchérissement des productions du pays, et sont restées au même prix où elles étaient auparavant; d'où suit que ce renchérissement évite de la perte, ou procure du gain, dans le commerce extérieur.

Les propriétaires du revenu auront donc en *mesures* de pro-ductions du pays . . . . 175 *millions*

En *mesures* de productions étrangères 590   »

                            TOTAL . . . 765 *millions*

de *mesures* pour 800 *millions* de revenu.

Avant le renchérissement ils n'avaient que 400 *millions* de re-venu, avec lesquels ils ne pouvaient se procurer que 400 *millions* de *mesures*.

Leurs jouissances sont donc accrues depuis le renchérissement de 365 *millions de mesures*, et il ne s'en faut que de 35 *millions*, ou d'un peu moins du *onzième*, que les 400 *millions* d'accroît du revenu ne soient entièrement un bénéfice pour le souverain, les propriétaires et les décimateurs. ([1])

_____

(1) Si on restreignait ces calculs à l'augmentation de ¹/₆ sur le prix des grains seulement, dont la valeur ne forme qu'environ les *deux cinquièmes* de la valeur totale de la reproduction annuelle du territoire, les résultats se réduiraient en proportion: le revenu ne se trouverait augmenté que de 160 *millions* au lieu de 400 dont il augmente dans lé cas où l'augmentation d'*un sixième* des prix s'étend sur la totalité des productions. De ces 160 *millions* de bénéfice sur les prix des grains, il n'y en aurait que 68 qui résulteraient de l'exportation, ce qui la supposerait de 3 ou 4 *millions de septiers* de grains de toutes espèces. Le surplus résulterait du rétablissement de l'égalité cons-

De la somme de 590 *millions* à employer chez l'étranger: l'étranger lui-même en fournit 360 qu'il a donnés pour le paiement des 300 *millions de mesures* de productions du pays qu'il a achetées; le bénéfice sur l'égalité des prix donne les 230 autres. (¹)

Les 230 ou 235 *millions* de bénéfice sur l'égalité constante des prix, sont un véritable accroissement de richessses pour la nation; parce que ce bénéfice ne lui fait supporter aucun renchérissement dans ses dépenses. Elle l'emploie en achats chez l'étranger, sans diminuer son pécule, attendu que c'est pour elle un accroissement annuel de richesse qui paye les achats qu'elle fait chez l'étranger; (²) et lorsque les achats chez l'étranger augmentent d'un côté, le commerce réciproque s'étend presqu'aussitôt de part et d'autre; car les commerçants savent aussi bien que les autres hommes que l'argent ne doit pas séjourner dans leurs mains.

L'accroît de la jouissance de 365 *millions de mesures* pour les propriétaires du revenu, est fourni:

Par les 230 *millions* de bénéfice sur l'égalité des prix qui ne font supporter aucun renchérissement dans la dépense aux acheteurs-consommateurs du pays;

Par le bénéfice de 75 *millions* sur la vente que l'on fait des productions, pour payer les 450 *millions* de charges indirectes;

Par le bénéfice de 60 *millions* sur les retours des 300 *millions de mesures* que l'on vend à l'étranger, et pour lesquels il en donne 360.

On rapporte au revenu tous les profits qui arrivent de différents

---

tante des prix remis au niveau de ceux qui ont cours entre les nations commerçantes, et qui varient peu, surtout à l'égard des grains, dans le cas d'une pleine liberté de commerce et de concurrence. (Note de l'original.)

(1) Il en donne dans le vrai 235, mais on continue de négliger ici les 5 *millions* qu'on a déjà négligés dans le Tableau de la distribution, qu'on n'a calculée que sur 800 *millions* de revenu au lieu de 805 que donnait le compte exact. (Note de l'original.)

(2) Cet accroissement de richesse n'est, il est vrai, qu'une soustraction de la perte qui, dans le cas du défaut de liberté et d'immunité du commerce, est causée par l'inégalité successive des prix à la vente de la première main, dont les prix étant réduits en année commune se trouvent de plus d'*un dixième* plus faibles que la dépense des acheteurs-consommateurs. La liberté et l'immunité du commerce dissipent cette inégalité des prix de la vente de la première main et la remettent presque au niveau des achats des acheteurs-consommateurs. C'est en ce sens que cette soustraction de perte du côté du vendeur de la première main est pour lui un accroissement de richesses. (Note de l'original.)

côtés, par l'augmentation des prix des productions du territoire : parce que de quelque manière que les effets de cette augmentation se partagent par le commerce entre les différentes classes, tout le bénéfice, soustraction faite des profits des commerçants, et des dédommagements du renchérissement satisfait de toutes parts, vient se réunir au revenu ; d'autant que la concurrence entre les fermiers des biens-fonds et entre les agents de la classe stérile les assujettit tous à soustraire de leurs gains le profit qui doit appartenir au revenu.

Peut-être dira-t-on qu'*un accroissement de richesses qui est seulement pour les propriétaires, ne doit pas être regardé comme un accroissement de richesses pour la nation en général*.

Nous répondons : 1° Que l'on ne connaît de richesses dans les Etats, que les richesses disponibles ; (¹) ce sont elles qui fondent

_____

(1) Toutes les autres richesses annuelles s'appellent *frais* ; et quoique ces dernières nourrissent des hommes, on les regarde en quelque manière comme onéreuses, et en général on ne les conserverait pas si elles n'étaient sous la protection de la nature qui retranche les richesses disponibles à ceux qui ont l'imprudence de retrancher les richesses d'exploitation : et malgré cette punition infaillible et rigoureuse, il y a peu de pays assez éclairés pour que la propriété des richesses d'exploitation y soit bien assurée. En Angleterre même où l'on a senti leur importance, où l'on a eu intention qu'elles fussent immunes et où elles ne répondent point de l'impôt territorial, elles sont sans cesse attaquées par une multitude de nouvelles impositions indirectes toujours renaissantes, et par une foule de prohibitions de commerce perpétuellement variées, qui changent à chaque instant au détriment des fermiers les données du calcul que ceux-ci ont fait pour se déterminer sur le prix du loyer des terres. Ces désordres exposent les cultivateurs à diminuer fréquemment leurs avances productives et à sacrifier une partie de leurs richesses d'exploitation pour subvenir aux payements de baux qu'ils avaient contractés avant l'existence de charges indirectes et imprévues qui accroissent infructueusement leur dépense ou diminuent leur recette. Dans tout pays les fermiers des terres ne sauraient s'engager par un bail qu'après avoir calculé les dépenses de la culture, les charges de la terre et la valeur commune des récoltes, au moyen de quoi une simple soustraction les met à portée de savoir quelle somme ils peuvent payer annuellement au propriétaire ; leurs conventions faites d'après ces principes et en connaissance de cause, sont revêtues de formalités authentiques et confiées à la garde de l'autorité tutélaire du gouvernement qui s'en rend le garant, et qui se charge d'obliger les parties contractantes de remplir leurs engagements. Il est inconcevable après cela qu'en faisant des opérations qui détruisent les éléments du calcul d'après lesquels sont passés des contrats aussi importants et qui décident du revenu du territoire, qu'en faisant des opérations qui augmentent la dépense et les charges ou qui diminuent la recette des fermiers, les gouvernements de presque tous les pays aient cru

la chose publique, qui soutiennent l'autorité tutélaire et qui forment sa puissance; ce sont elles qui font subsister les propriétaires du sol qui ne sont pas cultivateurs, et qui varient leurs jouissances à l'infini; ce sont elles seules dont s'occupent en général les propriétaires des terres, ainsi que les souverains et les décimateurs, leurs co-propriétaires.

2° Que malgré que la classe des propriétaires profite en entier de l'accroissement de richesses dû à l'augmentation des prix qui résulte de la liberté et de l'immunité du commerce, il n'en est pas moins vrai que cet accroissement est aussi fort avantageux pour les deux autres classes.

D'abord les fermiers des biens-fonds profitent jusqu'au renouvellement de leurs baux, de l'augmentation constante des prix des productions qui arrive pendant le cours de ces baux. Et ce gain est le plus fructueux, le plus profitable, le plus nécessaire

---

néanmoins devoir contraindre ces mêmes fermiers à l'exécution de ce même contrat dont on anéantissait par rapport à eux les conditions fondamentales et *sine quabus non*. Cette *violation du droit naturel et de la loi sacrée des contrats à laquelle s'est laissée entraîner involontairement l'autorité protectrice des contrats*, cette triste et trop générale inconséquence qui deviendra quelque jour funeste à *l'Angleterre*, ne doit en aucun lieu être attribuée qu'à l'ignorance profonde des effets de ce dérèglement; car il n'y a personne qui ait plus d'intérêt que les souverains à le prévenir, puisqu'ils sont partout les co-propriétaires du produit net du territoire de la nation qu'ils gouvernent et qu'on ne saurait par conséquent faire tort aux fermiers des terres et détruire les richesses d'exploitation sans couper la racine unique de l'impôt ou du revenu des souverains. C'est encore à l'ignorance que l'on doit attribuer la conduite imprudente des propriétaires qui abusent de l'ascendant que leur donnent, sur leurs fermiers, les difficultés et les grandes dépenses des déplacements pour louer leurs terres au-dessus de leur valeur. Mais en ruinant leurs fermiers ils ruinent, effruitent et dépaillent leurs terres. De quelque manière que les maîtres du territoire s'y prennent pour augmenter momentanément leur part, en s'appropriant une portion de richesses d'exploitation qui font naître leurs richesses et qui sont l'aliment de la partie la plus laborieuse de la population, leur rapacité retombe désastreusement sur eux-mêmes par la diminution de la valeur de leurs *propriétés* et par l'extinction quelquefois irrémédiable de leurs revenus et de leurs jouissances. Il n'en est pas ainsi de l'augmentation du revenu des propriétaires qui résulte de l'accroissement des prix, c'est effectivement un accroît de richesses disponibles, mais bien loin d'être à charge à la classe productive, il est tout à son avantage dans le cours des baux actuels, et ensuite elle en tient compte en entier à la classe des propriétaires. Toute augmentation prétendue de richesses disponibles qui ne renfermerait pas ces conditions, disparaîtrait comme un éclair et serait une perte au lieu d'être un profit. (Note de l'original.)

à une nation dont l'agriculture a besoin d'être étendue et améliorée. Car les fermiers, s'ils ne sont pas opprimés, ne quittent point leur état; les profits qu'ils font accroissent leurs richesses d'exploitation, au grand avantage de l'agriculture. Et ces profits qui multiplient les riches fermiers, mettent, lors du renouvellement des baux, une plus grande concurrence entre eux, ce qui assure alors aux propriétaires et au souverain la rentrée entière du produit net, et non seulement de celui qui résulte directement de l'augmentation des prix, mais encore de celui que fait naître en outre la plus grande aisance des fermiers;(¹) car on sait que les richesses sont le grand et le principal outil de la culture, et qu'un fermier riche peut souvent louer les terres avec profit à un tiers ou moitié en sus du prix, qu'un fermier pauvre ne pourrait donner que difficilement et au risque de se ruiner. (²)

---

(1) Par la raison inverse, une diminution de prix est désastreuse. Les fermiers engagés pendant la durée de leurs baux à payer constamment les mêmes sommes pour le fermage, pour l'impôt, pour les autres charges fixes, ne peuvent plus y satisfaire par la recette de leurs ventes; ils sont forcés d'y suppléer par des retranchements successifs sur le fonds des richesses d'exploitation de la culture, d'où résulte nécessairement une diminution progressive de reproduction annuelle, ruineuse pour le souverain et pour la nation. L'augmentation ou la diminution des prix des productions sont donc des causes principales de la prospérité ou du dépérissement des empires. Les effets de ces causes ne se bornent pas à ceux qui se présentent ici, elles en ont beaucoup d'autres qui ne méritent pas moins d'attention. Ainsi l'augmentation et la diminution des prix des productions du territoire, sont des objets d'une grande importance qui exigent un examen très profond et très rigoureux dans les décisions du gouvernement économique : mais toujours trouvera-t-on, selon les différents cas, hors celui de disette, un avantage plus ou moins grand dans les augmentations des prix, et un dommage plus ou moins grand dans les diminutions. (Note de l'original.)

(2) Il ne s'ensuit pas de là que l'on ne trouve point de pauvres fermiers qui offrent des terres plus que les riches; l'ignorance et l'extrême envie de faire quelque chose ne rendent malheureusement cela que trop commun. Mais offrir et payer sont deux; ces pauvres fermiers qui, faute d'avoir bien compté, ont entrepris au-dessus de leurs forces, achèvent de se ruiner, manquent quelquefois à moitié bail, ou s'ils vont à la fin, rendent la terre épuisée, sans pailles, sans fumiers, hors d'état d'être remise en bonne culture sans des dépenses extraordinaires. En toute espèce de contrat, pour qu'il soit solide et heureux, il faut que les deux parties y trouvent mutuellement leur avantage.

Il serait infiniment à souhaiter que les propriétaires des terres fussent assez instruits pour pouvoir, la plume à la main, calculer avec leurs fermiers les dépenses de l'exploitation de leurs terres, statuer avec lumière, avec équité et à l'amiable les reprises que doivent retirer annuellement ces utiles et hon-

Quant à la classe stérile, on a vu sur le tableau que par l'accroissement d'*un sixième* du prix des productions, sa recette était montée de 950 *millions de livres* à 1,300 *millions*. On sait qu'elle emploie la moitié de cette recette en achats de matières premières pour les ouvrages qu'elle fabrique, et l'autre moitié en achats de productions pour sa subsistance.

Avant le renchérissement elle avait donc à dépenser pour sa subsistance 475 *millions de livres* qui lui servaient à acheter 475 *millions de mesures* de productions, lesquelles pouvaient faire vivre 3 *millions* 167 *mille personnes*, en supposant à 150 *mesures* la consommation de chaque tête l'une dans l'autre, et du fort au faible. .

Depuis le renchérissement elle a pour sa subsistance 650 *millions de livres* à dépenser, avec lesquels elle pourra acheter 542 *millions de mesures* de productions du pays. Le renchérissement d'*un sixième* du prix des productions causé par la liberté et l'immunité du commerce, procure donc à la classe stérile un profit de 67 *millions de mesures* au moyen desquelles elle pourra s'accroître environ d'*un septième*, ou de 446 *mille personnes*. (¹)

_____

nêtes entrepreneurs de culture, et juger en conséquence du produit net qu'ils peuvent exiger : c'est un avantage que l'on doit attendre des inventaires de culture très multipliés et publiés par les citoyens qui ont les talents et le zèle nécessaire pour ce genre de travail. Il est encore plus essentiel que les fermiers soient assurés de n'essuyer pendant tout le cours de leurs baux, aucun accroissement dans leurs charges directes ou indirectes. Il est visible que le gouvernement s'occupe fortement de ces arrangements. Quant à nous, jusqu'à ce que notre agriculture jouisse avec sûreté de ces deux conditions indispensablement nécessaires à son existence, nous ne cesserons de répéter qu'on ne saurait trop craindre de *tuer la poule aux œufs d'or*, et que les gens prudemment intéressés, doivent lui donner au contraire une forte ration de grain afin qu'elle ponde davantage. (Note de l'original.)

(1) Encore est-il à remarquer que nous avons supposé ici que la classe stérile achèterait dans le pays toutes ses matières premières et sa subsistance ; cependant cette classe participe beaucoup au commerce étranger et à la consommation des productions étrangères qui ne sont point renchéries. Ainsi il paraît que par l'accroît de sa recette, elle aurait un plus grand nombre de mesures et pourrait faire subsister une plus grande population que nous ne l'évaluons ici. Cependant on doit se rappeler que pour simplifier le Tableau et ne pas surcharger par la multiplicité des objets l'attention des lecteurs encore peu accoutumés à sa formule, on a jugé à propos de n'y pas exprimer le passage de la dépense de la moitié de la recette des charges indirectes à la classe stérile, et de ne les compter que dans leur retour sur les avances de la classe productive ; ce qui semble rapporter à cette classe une partie de population qui subsiste néanmoins à la classe stérile, avant comme après

Cela est bien opposé à l'opinion qu'on a eue dans le siècle dernier où l'on croyait qu'il était bon de gêner le commerce des productions afin de les tenir à bas prix pour l'avantage et l'accroissement de la classe manufacturière. On voit au contraire que cette classe est fort intéressée au renchérissement, et qu'elle y gagne un accroissement de travaux, d'aisance et de population, parce qu'elle participe à l'augmentation des richesses et de la dépense des propriétaires du revenu.

Voici donc le résumé de la solution de ce problème. Les propriétaires gagneraient annuellement 365 *millions de mesures* de productions, et la classe stérile 67 *millions*, et la population générale de la nation pourrait être augmentée environ d'*un dixième*. Ce calcul s'étendrait bien plus loin si l'on parlait des accroissements successifs qui résulteraient du profit que feraient les fermiers des biens-fonds pendant le cours de leurs baux.

Au reste, nous devons prévenir le lecteur que si nous nous servions dans une seconde augmentation de prix, des résultats de la solution actuelle, qui a des données ou des faits particuliers à une première augmentation des prix, l'application de ces résultats nous éloignerait beaucoup de la vérité. Ainsi une seconde augmentation des prix ajoutée à la première, présenterait un autre problème qui aurait ses données particulières qu'il faudrait saisir et assujettir rigoureusement à un nouveau calcul, par lequel on trouverait qu'une seconde augmentation des prix ne procurerait pas à beaucoup près, un aussi grand accroissement de revenu que celui qui survient à la première augmentation; à moins qu'il ne se trouvât dans la seconde augmentation de prix des causes qui pussent de nouveau contribuer à cet accroissement; telles que seraient, par exemple, la construction de canaux, l'invention de machines qui rendraient les transports plus faciles ou qui épargneraient le travail de la main-d'œuvre, etc., etc.(1)

le renchérissement, sur la dépense de la moitié des charges indirectes. Or le calcul de cette partie de population dans l'un et dans l'autre cas diminuerait un peu la proportion de l'accroissement de la classe stérile. Ainsi l'on peut s'en tenir au total que nous présentons ici, en faisant abstraction du profit que fait cette classe sur ses achats à l'étranger, et qui compense au moins l'omission volontaire du détail de cette partie de population qui, calculée en rigueur, ne donnerait à notre calcul qu'une différence de 25 *mille personnes*, ou environ 6 *mille familles*. (Note de l'original.)

(1) Il y a des gens qui croient que les sciences où le calcul est applicable ne sont pas dans la recherche de la vérité de même nature que les autres

OBSERVATIONS.

Le principal objet que l'on s'est proposé dans la solution de ce problème a été de faire voir par le développement même de la question, qu'il est de la plus grande importance à une nation de parvenir par une pleine liberté de commerce, au plus haut prix possible dans les ventes des productions de son territoire.

L'hypothèse n'a pas été bornée à la seule liberté de l'exportation des grains, elle embrasse la totalité des productions commerçables du territoire, parce que le commerce intérieur et extérieur des productions de tous genres peut être gêné de plusieurs manières, directes ou indirectes, qui font baisser les prix. C'est une partie du gouvernement qui exige beaucoup d'attention et de discernement, et fort peu d'action ou de *procédés*.

Les charges indirectes n'ont point été admises au partage de l'augmentation des prix parce qu'elles ne tiennent pas à l'ordre des productions commerçables et parce que l'on a rapporté cette part du bénéfice de l'augmentation des prix en accroissement de revenu pour 75 *millions*, sans quoi le revenu de 400 *millions* qui a monté à 800 *millions* n'aurait monté qu'à 725 *millions*; et ce serait en effet à ce point de 725 *millions*, toutes choses d'ailleurs restantes égales, que se réduirait l'accroissement du revenu, s'il n'y avait pas ces charges indirectes.

Mais alors les 450 *millions* de ce genre que l'on a supposés, seraient rentrés dans le revenu qui, au lieu de 850 *millions*, se serait trouvé d'environ 1,200 *millions*, dont le souverain aurait eu dès lors, indépendamment des accroissements successifs de la culture, environ un tiers ou 400 *millions* pour sa part, sans causer aucun dépérissement dans l'ordre successif de la reproduction an-

---

sciences. Cependant les calculs ne sont ni causes ni effets: ainsi ils ne sont jamais dans les sciences les objets de nos recherches. Or, dans toutes les sciences, la certitude consiste dans l'évidence des objets. Si nous ne parvenons pas à cette évidence qui présente au calcul les faits ou les données susceptibles de compte et de mesure, le calcul ne rectifiera pas nos erreurs. Les sciences qui admettent le calcul ont donc la même base de certitude que les autres. Cette certitude, il est vrai, peut s'étendre par le calcul sur les quantités qui ne peuvent être supputées que par le calcul, et dans ce cas il est toujours en lui-même essentiellement infaillible, c'est-à-dire qu'il présente toujours infailliblement et conséquemment ou des erreurs ou des réalités, selon qu'on l'applique à des réalités ou à des erreurs. D'où suit que dans la recherche de la vérité par le calcul, toute la certitude est dans l'évidence des données. (Note de l'original.)

nuelle; et dans ce cas, le revenu des propriétaires des biens-fonds se trouverait plus que triplé, (¹) la partie de la dîme se trouverait d'ailleurs augmentée d'un sixième sur la totalité de la reproduction, où l'on ne suppose pas encore de nouveaux accroissements relativement à la masse totale des reproductions.

---

(1) Si l'on veut se convaincre que ces estimations ne sont point arbitraires et que les charges indirectes ont en effet diminué au moins dans cette proportion le revenu des terres cultivées, sans parler de celles dont elles ont totalement anéanti la culture, il faut comparer le prix du loyer des terres avant l'établissement de ces charges, avec le prix actuel de ce même loyer. Nous en allons donner un exemple tiré d'une source notoire et décisive.
ETAT du loyer des terres à la fin du quinzième siècle, selon les prisées de la COUTUME DE BOURGOGNE. (¹)

„Rentes en blé, soit de gagnes *(fermages)*, moulins, dîmes, tierces, comme „autres quelconques: l'on doit évaluer à la mesure de Dijon, laquelle est telle „que l'*émine* contient la charge de deux chevaux (480 *livres pesant*) (²) et „sera prisée l'émine de froment *vingt-cinq sols* forts qui valent *quarante sols* „tournois.

„Le journal de terre *(deux tiers de l'arpent royal de 100 perches, la perche* „*de 22 pieds)* (³) que l'on fait à moitié, sera prisé *dix sols* tournois.“

Il est aisé de savoir par là quel était le produit de l'arpent de terre. *Dix sols* du journal pour le propriétaire et autant pour le fermier font 20 *sols* qu'il faut doubler pour avoir la valeur du produit en blé, parce que la récolte du blé paye pour deux ans, savoir l'année même de la récolte, et celle de jachères qui a précédé, pendant laquelle on a labouré le champ. Ce qui donne, dîme et semence prélevées, 40 *sols* pour le produit total du journal, ou 60 *sols* pour celui de l'arpent plus grand d'un tiers que le journal.

Le numéraire du marc d'argent était alors à 12 *livres*. Ainsi l'on payait avec un marc d'argent 12 *septiers* de blé, lesquels, sur le pied de 18 *livres* le *septier*, vaudraient aujourd'hui 216 *livres*, au lieu de 12. Le sol d'alors était donc à celui d'aujourd'hui comme *un* est à *dix-huit*. Les 60 *sols* que produisait l'arpent dans ce temps-là valaient donc 18 fois 60 *sols*, ou 1080 *sols*, ou bien 54 *livres* d'aujourd'hui. Ces 54 *livres* partagées par moitié entre le fermier et le propriétaire, donnent 27 *livres* pour les reprises du premier, et 27 *livres* pour le revenu du second; lesquelles 27 *livres* réparties sur deux années formaient au propriétaire un revenu de 13 *livres* 10 *sols* chaque année par arpent, et 13 *livres* 10 *sols* pour le fermier.

Selon ce compte, la récolte en blé était de *trois septiers* par arpent, dîme et semence prélevées; ce qui prouve que les terres dont il s'agit ici étaient d'un faible produit, qui n'était qu'environ le tiers de celui des bonnes terres qui rapportent 9 à 10 *septiers* par arpent royal. Un arpent de terre dont le produit n'est que de *trois septiers*, dîme et semence prélevées, s'afferme

(1) Voyez les *Recherches sur la valeur des monnaies*, à Paris, chez Nyon, 1762, page 50.
(2) Deux septiers de Paris ou de Troies. Voyez *ibid.* page 53.
(5) Voyez *ibid.*, page 49.   (Notes de l'original.)

Il faut remarquer cependant qu'un tel changement aurait d'abord des effets à peu près semblables à ceux d'un grand changement dans la valeur numéraire des monnaies, dans lequel la valeur des productions, celle des marchandises de main-d'œuvre, et le prix des salaires, seraient quelque temps à reprendre dans le commerce

aujourd'hui environ le quart (1) de ce qu'il s'affermait alors, que l'impôt variait peu, qu'il y avait moins d'arbitre dans l'imposition, et qu'il n'y avait pas de taxes sur les consommations, excepté 12 *deniers* par minot de sel.

„Un journal que l'on fait au tiers sera prisé 6 *sols* tournois."

Dans ce cas 6 *sols* par an pour le propriétaire font 12 *sols* pour deux ans, qui, joints aux 24 *sols* des reprises du fermier, forment 36 *sols* pour la récolte en blé d'un journal, ou 54 *sols* pour celle d'un arpent. Ces 54 *sols* multipliés par 18 donnent 972 *sols* ou 48 *livres* 12 *sols* par arpent, semence et dîme prélevées. C'est 16 *livres* 4 *sols* pour le propriétaire en deux ans ou 8 *livres* 2 *sols* par an, et 16 *livres* 4 *sols* pour le fermier, y compris le dédommagement sur la quantité de la semence qui produit moins.

La récolte en blé était de *deux septiers 8 boisseaux* et $^2/_5$ par arpent, semence et dîme prélevées. Un arpent de terre d'un si faible produit s'afferme au plus aujourd'hui 40 *sols* pour le propriétaire, et 20 *sols* pour l'impôt territorial.

„Un journal que l'on fait au quart, 4 *sols* tournois."

Ici 4 *sols* par an font pour deux années 8 *sols* de revenu, qui, joints aux 24 *sols* des reprises du fermier, font ensemble 32 *sols* pour le journal ou 48 *sols* pour l'arpent. Ces 48 *sols* multipliés par 18 donnent 864 *sols* ou 43 *livres* 4 *sols* pour l'arpent dont il y avait 10 *livres* 16 *sols* pour le propriétaire en deux années ou 5 *livres* 8 *sols* par an, et 16 *livres* 4 *sols* pour le fermier.

La totalité de la récolte de l'arpent en blé était de *deux septiers 4 boisseaux* $^4/_5$, semence et dîme prélevées, ce qui ne s'afferme guère aujourd'hui plus de 20 *sols* pour le propriétaire et 10 *sols* pour l'impôt territorial.

On doit remarquer ici qu'à proportion que le produit des terres est faible, le produit net diminue; que les frais ne diminuent pas, et qu'ainsi un projet d'impôt levé en nature au dixième sur le produit total de la récolte est impraticable. Car dans ce dernier cas où il n'y a aujourd'hui que 30 *sols* de produit net, l'impôt en forme de dîme prélèverait 4 *livres* 6 *sols*; ce qui supprimerait au propriétaire son revenu de 20 *sols* et retrancherait au fermier 3 *livres* 6 *sols* sur les frais d'exploitation. Ce retranchement successif anéantirait en peu d'années les avances du fermier et la culture de la terre. Mais le fermier, pour prévenir sa ruine, ne se chargerait pas de cette culture à de telles conditions. Ainsi ces terres resteraient en friche; ce qui priverait d'un produit qui doit contribuer à la subsistance de la nation et au revenu des propriétaires et du souverain.

(1) En Beauce, l'arpent qui rapporte 4 *septiers* de Paris est affermé aujourd'hui, pour la part du propriétaire, 6 *liv.* au plus; encore est-ce parce que la dîme n'y est qu'au tiers du taux ordinaire; car si elle se levait comme à l'ordinaire à la 13e gerbe, il n'y aurait que 4 *liv.* pour le propriétaire au lieu de 6 *liv.*, et 2 *liv.* pour l'impôt au lieu de 3 *liv.* Voyez le journal d'agriculture, etc., nov. 1766, page 140. (Note de l'original.)

le niveau relatif à ce changement. Le peuple n'est pas en état de porter alors un calcul exact dans le détail de ses ventes et de ses achats, conformément à de tels changements. Les fermiers, dans

---

L'emploi d'une charrue était de 80 arpents. Une si petite exploitation pour une charrue laisse assez apercevoir qu'elle s'exécutait avec deux chevaux seulement, et que les terres étaient fort légères dans le canton assujetti alors aux prisées dont il s'agit ici; car les charrues à quatre chevaux sont pour les terres plus difficiles et l'emploi en est d'un tiers plus étendu.

Les terres rapportent plus ou moins, selon qu'elles sont plus ou moins fertiles. Mais les dépenses complètes d'exploitation sont à peu près les mêmes pour la culture des terres, soit qu'elles rapportent beaucoup, soit qu'elles rapportent peu : et ce n'est qu'après avoir prélevé ces dépenses que le surplus forme le produit net. On estime généralement aujourd'hui dans la grande culture les reprises du fermier sur le pied de 27 *livres* par arpent chaque année, non compris la semence, la dîme et l'impôt territorial. Voyez le *Mémoire sur l'impôt arbitraire renfermé aux rôles des tailles*, Journal de l'agriculture, etc., novembre 1766, page 139.

Le prix moyen des prisées de la coutume de Bourgogne, que nous venons de citer, était de 48 *livres* pour la récolte de l'arpent de blé, semence et dîme prélevées. La récolte de l'arpent en grains de mars est la moitié de la valeur de celle en blé, c'est 24 *livres*, qui, joints à 48 *livres*, font 72 *livres*; ce qui suppose par an l'emploi de trois arpents, un en blé, l'autre en grains de mars, et le troisième en jachères ou labours, qui ensemble payaient 24 *livres* de fermages; et il restait 48 *livres* pour les reprises du fermier. Aujourd'hui le fermage pour trois arpents de terre de cette faible qualité, pris ensemble, n'est, abstraction faite du dépérissement progressif de la culture, que de 6 *livres* au plus pour les propriétaires, et les reprises du fermier montent à 66 *livres* à cause des charges indirectes qui augmentent d'un tiers en sus les frais de la culture et réduisent le revenu à un quart. C'est ainsi que par les entraves du commerce et les charges indirectes, 1,600 *millions* de revenu se trouvent réduits à 400 *millions*, et que la perte sur le revenu est de 1,200 *millions*, dans lesquels les propriétaires perdent les deux tiers ou 800 *millions*, et le souverain perdrait un tiers ou 400 *millions* sans les impositions indirectes; mais il n'est pas dédommagé à plus de 200 *millions* près par ces impositions indirectes et arbitraires, attendu qu'elles retombent par repompement sur la dépense du revenu du souverain, ainsi que sur les dépenses de la nation.

On s'arrête sur ce sujet à l'état de la simple réduction du produit net du territoire actuellement cultivé, comparé, à récolte égale, avec le produit net que l'on retirait des terres lors de l'époque qu'on vient d'examiner. Il y aurait d'autres recherches à faire sur les progrès successifs du dépérissement de la culture, dépendants de la même cause, et dont les déprédations se manifestent par la diminution de la population et par l'état des terres tombées en friche ou devenues presque inutiles à cause de la ruine des cultivateurs. *Voyez sur la diminution de la population le* Traité de la Philosophie rurale, *chap.* 8, page 182, *édit. in-4°*. (Note de l'original, addition ultérieure.)

les baux par lesquels ils s'engagent à payer la somme du revenu, ne pourraient donc pas connaître exactement et en détail la multitude immense des parcelles de charges indirectes qui aurait retombé sur eux, dont ils seraient déchargés, et dont ils devraient tenir compte en accroît du revenu qu'ils auraient à payer au profit du souverain et des propriétaires. Il n'y a que le temps et l'expérience qui puisse les en instruire, d'après le recouvrement des produits et le montant des dépenses. Ce ne serait qu'après qu'ils l'auraient reconnu que la concurrence entre eux les obligerait à porter le fermage à son véritable prix. Alors il arriverait qu'insensiblement le revenu s'établirait dans sa juste mesure, conformément aux produits et aux dépenses d'exploitation de la culture; et la règle s'établirait aussi de même entre l'impôt et la partie du revenu qui appartient aux propriétaires des biens-fonds. Il est donc facile d'apercevoir qu'avant une telle réforme (qui doit se faire naturellement, en conséquence du rétablissement de l'ordre) on ne pourrait pas y suppléer par la confection d'un cadastre, tant que les revenus du territoire seraient dénaturés et dispersés hors de leur assiette naturelle, parce que un cadastre ne pourrait être fondé alors sur aucune base régulière et fixe. Cependant il serait indispensable d'éviter que les revenus du souverain fussent exposés à une diminution, dans une réforme qui exigerait du temps pour parvenir à sa perfection et pour mettre l'agriculture dans la voie qui conduirait sûrement aux accroissements dont elle serait susceptible. Il serait donc alors important d'établir cette réforme sur un plan bien régulier et bien sûr. C'est un travail qui demande du temps, du génie et des lumières peu communes et difficiles à acquérir. (¹)

_____

(1) Dans le plus ancien original se trouve encore la phrase finale ci-après, supprimée dans la *Physiocratie:* „Aussi le ministre qui y réussirait serait-il regardé à jamais comme le bienfaiteur de sa nation et comme le plus digne serviteur de son souverain." A. O.

XIII.

OCTOBRE 1766. (¹)

OBSERVATIONS SUR LE COMMERCE

par M. MONTAUDOUIN *de l'Académie de la Rochelle*

insérées dans le MERCURE du mois de septembre 1765

copiées et accompagnées de notes

par M. H.

Il est des préjugés utiles que l'on doit respecter ; il en est de nuisibles que tous les bons esprits doivent s'efforcer de détruire ; il n'en est point de plus capables d'affecter la puissance réelle et relative d'une nation que l'indifférence pour une profession aussi nécessaire que celle du commerce. En vain la législation s'est efforcée de répandre sur les négociants la considération qui est due à tant de titres à leurs travaux ; en vain nos meilleurs écrivains ont concouru au même but en faisant connaître leur utilité. Par quelle fatalité la raison humaine, qui a fait tant de progrès depuis quelque temps et qui commence à préférer l'utile au frivole, et le travail honorable à la honteuse oisiveté, n'a-t-elle pas encore pu déraciner les profondes préventions qui s'efforcent depuis si longtemps d'avilir le commerce ?

On verra par la suite de ces observations qu'il ne s'agit pas ici du *commerce* en général intérieur et extérieur, pas même du com-

---

(1) En septembre éclatait sur la tête de Dupont un second et plus fort orage, qui devait chasser de son poste de rédacteur l'ardent partisan de la doctrine de Quesnay. Les adversaires de cette doctrine n'ayant pu arriver à se faire entendre suffisamment dans le *Journal de l'agriculture*, ils étaient depuis longtemps déjà revenus à la *Gazette* et, bien que les discussions théoriques sortissent du programme de celle-ci, ils y avaient néanmoins publié des critiques des articles du *Journal*. Un plus grand coup devait encore être

merce extérieur qui s'exerce avec les voitures étrangères, mais seulement de celui de notre navigation commerçante, qui, dans le cas

---

frappé. Probablement à l'instigation du ministre d'Etat Choiseul, hostile à Quesnay, un article violent dirigé contre le *Journal de l'agriculture, du commerce et des finances* parut au commencement du mois de septembre dans l'organe officiel le *Mercure de France*. Ce qui rendait cette attaque doublement sensible, c'était la circonstance qu'elle sortait d'une plume que l'on avait jusqu'alors envisagée comme sympathique.

L'auteur, M. Montaudouin, avait été un ami intime et un disciple du célèbre intendant du commerce, de Gournay (décédé en 1759), avec lequel il avait fondé en 1757, en Bretagne, la *Société d'agriculture, du commerce et des arts.* (Voir *Corps d'observations de la Société d'agriculture, du commerce et des arts établie par les Etats de Bretagne,* Rennes, 1760, page 2.) Quesnay et ses disciples en avaient toujours appelé à de Gournay et à ses amis comme à leurs principaux partisans. L'opposition inattendue de ce côté leur fut particulièrement douloureuse.

La *Gazette* s'emparait incontinent de l'affaire en ouvrant ses colonnes à une correspondance dans laquelle non seulement elle approuvait vivement les opinions émises dans l'article du *Mercure*, mais encore dirigeait de violentes attaques contre la rédaction du *Journal de l'agriculture*. La réponse ne devait pas se faire attendre. Tandis que Quesnay écrivait une réplique au mémoire de Montaudouin, dans laquelle il suit mot à mot les développements de ce dernier, Dupont de son côté répondait, dans le même numéro du mois d'octobre, aux attaques de la *Gazette* appartenant aux mêmes propriétaires que le *Journal*. Comme cette querelle est un évènement important dans l'histoire du système physiocratique, bien qu'elle soit jusqu'ici demeurée complètement dans l'oubli, nous ne voulons pas manquer de faire suivre la réponse que nous donnons ci-dessus, de la riposte de Dupont. Cette dernière revêt la forme de lettre d'un collaborateur aux éditeurs du *Journal de l'agriculture*, mais elle est signée de l'initiale C que Dupont a reconnue plus tard comme son propre chiffre. Elle est conçue en ces termes:

LETTRE AUX AUTEURS, etc.,
par M. C.

MESSIEURS,

J'ai lu avec surprise dans votre gazette du 13 septembre, n° 73, page 642, une lettre dans laquelle l'écrivain, qui se charge d'annoncer le mémoire de M. de Montaudouin inséré dans le Mercure du même mois, accuse les auteurs qui ont cherché depuis quelque temps quelle est la véritable source des richesses, d'être des *novateurs*, d'avoir *le plus mauvais des esprits*, d'avoir *formé le plan de renverser toute la constitution économique de l'Etat*, d'avoir conçu *le projet d'élever l'agriculture aux dépens du commerce et de faire regarder celui-ci comme une chose presque inutile*, etc., etc.

Je vous avoue, Messieurs, qu'il me paraît bien étonnant que des imputations aussi graves et dont le ton imposant et décisif peut malgré les contradictions qu'elles renferment, faire impression sur les personnes qui n'examid'une libre concurrence, ne peut guère avoir de rapport avec le *commerce* général du royaume qu'environ comme 1 à 30. On voit

nent que superficiellement les objets; je vous avoue, qu'il me semble plus qu'étonnant que de telles imputations soient publiées dans votre gazette, sans aucune annotation de votre part qui prévienne sur ce qu'elles ont d'injuste et par conséquent d'offensant pour un grand nombre d'auteurs laborieux et bien intentionnés, de citoyens respectables, de vrais patriotes auxquels votre ouvrage périodique a des obligations.

Que serait-ce, Messieurs, si, comme on me l'a dit, cette lettre était de l'un de vous! J'écarte cette idée, parce que si elle n'est pas fausse, elle doit l'être. Il me suffit de me servir de la voie même de votre gazette, ou de votre journal, pour rappeler l'auteur, quel qu'il soit, de la lettre en question, aux principes qui me paraissent devoir guider la plume de tous ceux qui traitent des objets relatifs au bien public et surtout qui les traitent *en public*. (a)

Si cet auteur m'avait fait l'honneur de me consulter avant de donner sa lettre à l'impression, je lui aurais dit: *Songez, Monsieur, combien la modération est nécessaire dans les discussions; combien les expressions dures et désobligeantes font soupçonner la bonté de la cause de ceux qui sont réduits à les employer; combien les imputations qui ne sont ni prouvées, ni prouvables, font de tort à ceux qui s'y livrent, au lieu d'exposer les raisons de leur opinion. Vous trouvez que ceux que vous voulez attaquer font des* raisonnements captieux, *confondez-les par d'autres raisonnements plus méthodiques et plus solides. Mais ne dites point qu'ils* ont le plus mauvais des esprits, *et qu'ils font des distinctions* ridicules; *car ces allégations peu civiles ne seraient pas prises pour des preuves et elles préviendraient vos lecteurs contre vous. N'avancez pas non plus qu'ils sont des* novateurs; 1° *parce que l'expression n'est pas honnête;* 2° *parce qu'elle est contradictoire avec ce que vous dites, qu'ils ont un* esprit qui a été de tous les siècles et de toutes les nations; 3° *parce que la doctrine qu'ils professent, en soutenant*

(a) Il n'est peut-être pas inutile de rapporter ici la partie de cette lettre qui sert de préambule à l'extrait du mémoire de M. de Montaudouin.

„L'esprit de système est de tous les siècles, de toutes les nations, etc., c'est *le plus mau-*„*vais des esprits.* On veut être original et donner du neuf: projet louable, sans doute, lors-„qu'il est dirigé par des connaissances sûres et lumineuses; alors on a tout lieu d'en attendre „des avantages réels. Mais *former le plan de renverser toute la constitution économique* „*d'un Etat,* sans examiner les différents ressorts qui le font mouvoir et sans réfléchir si cet „Etat est susceptible du changement qu'on propose, c'est imaginer des chimères qui ne mé-„ritent pas d'être réfutées sérieusement. On voit qu'il s'agit ici de ces opinions modernes, de „ces distinctions *ridicules* de classes productives et stériles, *de ce projet d'élever l'agricul-*„*ture aux dépens du commerce, de faire regarder le commerce comme une chose presque* „*inutile et de rendre la nation française une nation purement agricole.*

„Tels sont les systèmes que quelques *novateurs* cherchent à faire adopter et sur lesquels „ils ont publié une infinité d'écrits où ils ne font que répéter ce qu'ils ont déjà dit de cent „façons différentes. C'est en vain qu'on leur fait voir que Tyr, Carthage, l'Egypte, Corinthe, „etc., ne durent leur splendeur et leurs forces qu'à l'étendue de leur commerce maritime. „C'est en vain qu'on leur met sous les yeux l'état brillant de la Hollande et de l'Angleterre „et surtout du dernier pays où le commerce et l'agriculture marchent du même pas; ils ne „répondent que par des *raisonnements captieux* ou par des ironies déplacées.

„M. de Montaudouin (*auquel on donne un éloge mérité*), a cru devoir prendre les intérêts „du commerce contre ces *novateurs,*" etc. (Note de l'original.)

que le mot de *commerce* est employé bien vaguement ici, et l'on est surpris que le langage de l'auteur soit encore si équivoque dans

que c'est l'agriculture qui est la source unique de toutes les richesses et que *ce sont ses produits qui payent tous les autres travaux humains, est la doctrine de Socrate (a) et était bien avant Socrate, celle de Fo-Hi, celle de Yao, celle de Xun et celle de Confucius; de sorte qu'on croirait que vous ne lisez ni Platon, ni Xénophon, ni Confucius; 4° parce que ni ceux que vous combattez, ni ceux qui ont eu le même fond de doctrine, n'ont jamais pu être des* novateurs, *puisqu'ils n'ont fait qu'exprimer un fait physique qui est d'institution divine. (b) Dites encore moins qu'ils ont* formé le plan de renverser la constitution de l'Etat, *car l'accusation serait capitale et bien grave; vous ne pourriez la justifier en quoi que ce soit, vis-à-vis de gens connus pour être de très bons citoyens et qui les premiers ont dit, écrit et prouvé, à plusieurs reprises, que la* constitution de notre Etat *est la meilleure de l'Europe et de beaucoup préférable à la constitution tant vantée de l'Angleterre; de sorte que l'imprudence de votre imputation qui se trouverait évidemment injuste et sur un pareil sujet, vous ferait passer pour un fort méchant homme, tandis que sûrement c'est tout le contraire. Gardez-vous aussi de dire qu'ils ont conçu* le projet d'élever l'agriculture aux dépens du commerce et de faire regarder *celui-ci* comme une chose presque inutile; *car ils se mettraient à rire et le public qui lit leurs ouvrages, qui y voit perpétuellement répété que* le principal moyen de rétablir l'agriculture est de donner la plus grande liberté, la plus grande facilité au commerce et de détruire les *monopoles,* les gênes, les privilèges exclusifs qui sont les ennemis du commerce, *le public s'imaginerait que vous n'avez pas lu les écrits que vous voulez combattre, ce qui diminuerait de beaucoup le poids de votre critique; ou bien il penserait que vous voulez défendre* le monopole, *en le cachant sous le nom de commerce, ce qui vous nuirait dans l'esprit de ceux qui ne sont pas* monopoleurs.

Tels sont, Messieurs, les conseils que j'aurais cru *devoir* donner à cet auteur. Je suis persuadé qu'il en aurait senti la justesse et que peut-être il se serait déterminé à supprimer sa lettre, ou du moins à en retoucher le style; mais ce n'est pas ma faute s'ils lui parviennent un peu trop tard et si je me vois obligé de les faire passer par la voie de l'impression. Je me proposais en commençant à vous écrire, Messieurs, de ne pas me borner à vous parler de la lettre insérée dans votre gazette: je comptais prendre aussi la liberté de discuter le mémoire même de M. de Montaudouin, citoyen respectable à tous les égards et également recommandable par ses vertus, par ses lumières et par ses talents, mais qui peut-être dans la circonstance actuelle s'est un peu trop pressé de prendre la défense du commerce que personne

(a) Voyez entre mille exemples ces belles paroles de Socrate dans le livre de l'administration domestique de Xénophon: Lorsque l'agriculture prospère, tous les autres arts fleurissent avec elle; mais quand on abandonne la culture par quelque cause que ce soit, tous les autres travaux, tant sur terre que sur mer, s'anéantissent en même temps. (Note de l'original.)

(b) Si la terre et les travaux par lesquels on se procure ses productions n'étaient pas la source unique des richesses, il s'ensuivrait que les hommes pourraient vivre avec autre chose qu'avec des productions de la terre ou des eaux; et d'où viendraient ces autres choses qui ne seraient pas des productions et qui feraient subsister des hommes? (Note de l'original.)

un temps où l'on est fort attentif à parler avec précision; et principalement sur la matière des observations qu'il développe dans son discours académique avec toutes les grâces et toute l'éloquence digne de la noblesse et de l'importance du sujet.

n'attaquait. Il aurait été doux pour moi de faire revenir ce négociant distingué de l'espèce de prévention qu'il semble avoir prise contre des auteurs dont il a toute l'estime, et qui sont aussi convaincus que lui de l'utilité et des avantages du commerce dont ils sollicitent perpétuellement l'extension, et de la considération que méritent les commerçants qu'ils regardent comme destinés à devenir un jour les *ministres sacrés de l'union et de la paix universelle* et pour lesquels ils demandent sans cesse *facilité, sûreté, honneur, protection et surtout liberté et franchise*. Mais ce n'est point à moi qu'est réservé l'honneur de suivre les détails du mémoire de M. de Montaudouin; un homme de génie, et dont les lumières sont infiniment supérieures aux miennes, m'adresse dans l'instant ce mémoire, auquel il a joint des notes et qu'il me prie de faire parvenir à votre journal. Trouvez bon, Messieurs, que je lui cède la place qu'il occupera mieux que moi.

J'ai l'honneur d'être, etc."

Dans sa *Notice abrégée*, Dupont a, neu d'années plus tard *(Ephémérides du citoyen*, mai 1769), parlé de ces évènements dans les termes suivants:

„*Mois d'octobre 1766*. Lorsque ce volume fut rédigé, les ennemis de la liberté du commerce et de celle des opinions étaient enfin parvenus à prévenir entièrement les protecteurs et les propriétaires du *Journal de l'agriculture, du commerce et des finances*, contre le zèle patriotique de son auteur. (a) Celui-ci, obligé de perdre le temps à défendre la liberté de sa plume, n'avait presque plus le loisir d'en faire usage: il luttait sans espoir contre les ordres qu'un intérêt mal entendu dictait aux propriétaires. Son volume de ce mois serait très faible si l'auteur du *Tableau économique* ne l'avait enrichi de la réfutation de quelques erreurs échappées à un homme fort respectable dans un discours académique," etc.

Ni E. Daire, ni un autre écrivain quelconque en matière physiocratique ne mentionne quoi que ce soit de ces évènements. De même, aucun des Eloges contemporains ne renferme à ce sujet une indication quelconque. A. O.

(a) Nous faisons réflexion que dans tout le cours de cet avertissement, les étrangers auront peine à comprendre comment les propriétaires d'un journal peuvent être en contestation avec son auteur. Il faut donc leur apprendre qu'en France, où il n'y a pas fort longtemps que les notions du droit naturel sont invoquées et consultées comme des principes de conduite, il est encore très fréquent d'accorder le *privilège exclusif* de composer un tel livre, ou même une telle espèce de livre, à des personnes qui n'en ont souvent pas le temps, ni même capacité. Ces gens qui ne peuvent par eux-mêmes faire usage de leur privilège, soudoient ordinairement *un commis* à leur choix, par lequel ils le font exercer. La composition d'un journal ou de tout autre ouvrage d'esprit, devient alors une pure affaire de commerce. Les propriétaires se réservent le produit et le droit *courir sus* aux concurrents. L'auteur gagé met plus ou moins de travail selon qu'il a plus ou moins de zèle. Il n'en est ni pis ni mieux. Il fait des livres comme il ferait des souliers, à tant la journée et sous l'inspection directe de ses comemttants, qui n'en peuvent ni n'en savent faire; et de là vient qu'au milieu d'une si énorme quantité d'ouvrages composés *pour de l'argent*, il s'en rencontre si peu qui en vaillent. (Note de l'original.)

Déjà l'agriculture si honorée par les sages, et si dédaignée par la multitude, commence à recouvrer ses anciens honneurs : déjà l'on reconnaît que cette laborieuse classe d'hommes qui s'occupe sans cesse de la subsistance des autres et qui la prépare par les travaux les plus pénibles, a des droits sur l'estime, comme sur la reconnaissance publique. Mais il semble que les éloges que l'on ne peut s'empêcher de faire d'un art qui a pour objet le premier des besoins, seraient incomplets si on ne les accompagnait d'une satire amère, souvent indécente, du commerce ; et l'on peut dire en général que les plus grands panégyristes de l'agriculture sont en même les plus grands détracteurs du commerce.

On ne pourra pas reconnaître ceux à qui l'auteur adresse ce reproche, dans un temps où les écrivains politiques réclament avec tant de zèle la *concurrence générale du commerce pour assurer à la nation un commerce le plus grand, le plus actif et le plus avantageux possible.* Ce n'est pas apparemment d'un *commerce* vu si en grand dont il s'agit ici. Il est plus vraisemblable que l'on entend seulement *le commerce réservé par des privilèges exclusifs à notre navigation commerçante ;* en ce sens, ceux qui écrivent en faveur de la pleine liberté *du commerce,* peuvent bien être regardés par quelques commerçants régnicoles comme des *détracteurs du commerce.*

Il ne s'agit plus d'examiner si cette dernière profession peut être exercée par la noblesse, on lui fait des reproches bien plus graves ; c'est, dit-on, *une classe stérile et même nuisible.*

La première épithète n'a rien de choquant ; il y a beaucoup d'états plus relevés que le commerce qui l'adoptent sans répugnance. Les ministres des autels, les magistrats, les militaires exercent des emplois *stériles* et sont de la classe *stérile* quant à leurs fonctions, quoiqu'ils soient ou puissent être de la classe des propriétaires quant à leurs professions. La seconde qualification n'a été appliquée au *commerce* que par les *commerçants* et jamais par les écrivains modernes qui, au contraire, en ont toujours fait sentir l'utilité, les avantages, la nécessité indispensable, et qui démontrent sans cesse combien il est important de lui donner la plus grande liberté, la plus grande facilité, la plus grande immunité et la plus grande extension possible ; il est vrai qu'ils ont soutenu constamment que le *monopole* est *nuisible* ; ils sont fort loin de s'en repentir, et peut-être aussi penseront-ils que la défense de l'honneur du *monopole* ne serait pas un objet bien digne d'un discours académique. Mais toujours fallait-il faire attention que dans une science physique la dénomination de classe *stérile* n'est pas employée pour marquer les rangs que les différents ordres de citoyens doivent tenir dans la constitution politique ; car il y en a beaucoup, à commencer par le souverain, qui ne voudraient pas être renfermés dans la classe *productive*. Les distinctions physiques ne font rien à la dignité, elles doivent intéresser peu l'amour-propre des hommes.

Cependant le commerce est à l'agriculture et aux arts ce que le mouvement est à toute la nature. Arrêtez le mouvement, la vie cesse et la terre, réduite à l'état d'inertie, ne présentera plus que le palais vaste et lamentable de la mort et de la désolation qui l'accompagne.

On peut, selon l'auteur de ce mémoire, où il ne s'agit que du commerce extérieur exercé seulement par des négociants régnicoles, conclure que le territoire de l'empire de la Chine, qui n'a que *trois cent millions* d'habitants, n'est qu'un désert qui ne *présente que le palais vaste et lamentable de la mort et de la désolation*.

L'essence du commerce est la circulation entre les hommes des différentes productions de la terre, de l'eau et de l'industrie. En vain une nation aura un grand nombre de cultivateurs, si elle n'a pas des négociants occupés sans cesse à calculer les besoins de l'univers et à ouvrir des débouchés aux fruits de cette culture.

C'est le gouvernement des nations qui ouvre les débouchés en les facilitant par des ports, des rivières, des chemins, en procurant une pleine liberté, sûreté et immunité de commerce, en attirant par tous ces avantages les commerçants de toutes les nations. La plupart des débouchés, au contraire, seraient fermés si le commerce était réservé exclusivement aux négociants régnicoles. Une telle politique livrerait une nation à l'intérêt de ses commerçants et à la haine des peuples voisins.

Au sein de l'abondance elle se trouvera dans la misère elle manquera de tout, excepté de ce qui est nécessaire pour satisfaire le premier des besoins ; elle sera sans finances, par conséquent sans puissance et sans considération au dehors ; ses cultivateurs seront découragés par la richesse même de leurs moissons, et la récompense de leurs travaux sera d'autant plus bornée qu'ils sont plus fructueux en apparence. Considérez, au contraire, une nation sans sol propre à la culture, mais adonnée à la navigation et au commerce ; elle saura se faire de vastes campagnes de la mer même ; elle fera plus, elle aura sans cesse d'amples provisions de grains, et elle pourvoira aux besoins même des peuples qui les ont cultivés. Tel est l'empire du commerce qu'il peut réparer tout jusqu'à l'oubli de la nature et que sans lui tout languit, et l'abondance est une ruine.

Cette nation sans territoire *propre à la culture*, livrée au commerce, et qui saura se faire de vastes campagnes de la mer même, ne pourra pourtant dans ce cas suppléer à rien en parcourant ces vastes plaines par sa navigation. La Hollande, ce comptoir de commerçants que l'on sous-entend ici, serait privée de ses récoltes d'épiceries si la nature n'en renouvelait pas la production; que deviendrait-elle dans le cas où cet *oubli de la nature* s'étendrait chez les autres nations? Aurait-elle un commerce productif? Il y a une autre réflexion à faire, c'est qu'en supposant l'abondance même des productions des autres pays, ses vastes plaines de la mer ne lui produiraient rien si le gouvernement de chaque nation réservait exclusivement le commerce à ses négociants régnicoles.

C'est donc une grande erreur de croire que l'agriculture seule est la base de la puissance. Il n'y a que l'agriculture secondée par l'industrie et par le commerce, qui puisse revêtir un corps politique de toute la force dont il est capable. La méprise des écrivains qui ont traité cette importante matière, vient de ce qu'ils ont considéré une nation comme isolée et n'ayant aucune relation avec les autres.

Soutenir qu'une nation doit admettre tous les commerçants de l'univers, ce n'est pas la regarder comme *isolée*.

Mais les peuples de l'Europe ne sont pas dans ce cas, ils sont dans une rivalité continuelle, et leurs besoins mutuels les mettent dans une sorte de dépendance réciproque. Il est évident que le peuple qui fera le commerce le plus étendu prendra l'ascendant sur les autres et deviendra avec le temps le peuple dominateur.

Ces avantages sont dus surtout au commerce intérieur des nations agricoles; quant au commerce extérieur, moins on en a besoin, plus il y a de profit pour la nation; car alors elle dépense moins en frais, et il lui reste plus de revenu.

L'avarice des nations, dit le sublime *Montesquieu*, se dispute les meubles de tout l'univers.

Le célèbre auteur que l'on cite ici a en effet bien aperçu que les nations qui ont des effets à vendre ne manqueront jamais de commerçants, tant qu'elles leur accorderont chez elles une pleine liberté de commerce.

Le peuple qui possède le plus d'effets mobiliers est le plus riche. Il résulte de ces vérités incontestables que la puissance des nations se mesure sur le nombre de leurs négociants, de leurs matelots, de leurs navires, etc.

On va voir par l'exemple que l'auteur nous fournit ici, si cette manière de calculer les richesses et la puissance des nations est bien entendue et bien concluante.

En 1600 l'Angleterre avait en argent monnayé 6 millions 500 mille livres sterling,

Quand on compare la masse d'argent monnayé d'une nation suivant les différents temps, il faut au moins compter par marcs et par les valeurs relatives des denrées, et non par livres de compte. Si nous faisions par livres de compte les calculs de comparaison de l'argent en France en différents siècles, la comparaison pourrait induire à de grandes erreurs.

en autres effets mobiliers, dans lesquels on comprend les navires et les maisons, 130 millions; en fonds de terre 80 millions 166 mille 666 livres. Total : 216²/₃ millions sterlings. En 1660, elle avait plus du double. En 1688, elle avait près du triple. En 1749, l'argent monnayé montait à 30 millions ; les autres effets mobiliers à 600 millions; les fonds de terre, à 370 millions.

Ces calculs sont contrariés par d'autres calculs; mais dans un discours académique on ne doit pas être scrupuleux sur les amplifications, et l'on n'y doit pas apparemment placer l'énumération des *dettes*. Il n'entrait pas non plus dans le plan de l'auteur de calculer les revenus du royaume, de démêler ceux de son territoire d'avec ceux de sa navigation commerçante, et de défalquer des uns ce qu'ils enlevaient aux autres. Il n'est pas de l'intérêt des commerçants de débrouiller ce chaos.

Total 1000 millions sterlings.

Cette supposition des richesses totales de l'Angleterre, y compris le montant du capital de la valeur même du territoire, ne donne pas une haute idée de ce royaume. Mais on a omis dans ce calcul les richesses d'exploitation de la culture et le produit annuel du territoire. L'auteur, plus instruit sur les richesses d'exploitation du commerce que sur celles de l'exploitation et des produits de l'agriculture, en aura calculé sans doute la valeur et les frais avec précision; mais toujours résulte-t-il, suivant sa supputation, que la navigation commerçante de l'Angleterre a quintuplé les richesses de ce royaume, et qu'il doit cette grande augmentation de puissance à son commerce maritime. Pour donner plus de poids à son opinion, il aurait bien fait d'entrer dans les mêmes détails sur les richesses de la France, pour comparer l'état des deux royaumes; il nous

aurait appris combien l'augmentation de notre navigation commerçante a augmenté nos richesses depuis Henri IV. L'accroissement
de notre navigation n'est pas douteux, autrement il faudrait brûler
nos livres qui depuis un siècle ont tant célébré la splendeur de
notre commerce maritime et de nos manufactures qui, dit-on, lui
servent d'aliment.

Ainsi, dans moins d'un siècle et demi, la richesse de l'Angleterre
s'est accrue à peu près dans la progression de 1 à 5. Ce fait seul
suffit pour prouver les grands avantages que le commerce procure.
Il se trouve lié à un autre fait qui donne à cette preuve l'évidence
la plus complète. On évaluait en 1660 la marine marchande anglaise
à 500 mille tonneaux; en 1688, à 800 mille; et en 1749, à 1600
mille. Ainsi la navigation anglaise a doublé en soixante et un ans.
On peut juger de là si les négociants sont une classe *stérile et
nuisible*, et si le commerce est peu important. Mais pourquoi combattre sérieusement des erreurs aussi visibles? Pourquoi s'amuser à
démontrer des vérités qui sont des axiomes? Quand on est obligé
(dit un grand homme) de prouver des vérités aussi claires, on court
risque de perdre sa peine, terminons ces observations avec un poète:

Aversus mercaturis delirus, et amens.

On a vu que l'auteur reproche de grandes méprises aux auteurs
politiques modernes; il croit les avoir démontrées par des preuves
évidentes: c'est au lecteur à juger de quel côté sont les *méprises*.
Nous voudrions bien avoir aussi pour juge ce grand homme qui a
dit si sagement *qu'on ne prouve pas l'évidence*.

XIV.

NOVEMBRE 1766. (¹)

SUR LES

TRAVAUX DES ARTISANS

SECOND DIALOGUE (²)

M. H. — Dans notre dernière conversation, nous nous sommes
bornés aux raisons qui vous ont engagé à renfermer le commerce

---

(1) Dans la *Notice abrégée*, Dupont fait précéder ses communications sur
le contenu du numéro de novembre 1766 du *Journal de l'agriculture*, de
l'introduction suivante :

„Si le volume du mois précédent fut faible, celui-ci fut un des meilleurs
de la collection. L'auteur était assuré de son sort, il était congédié; il n'avait
obtenu qu'avec peine la permission d'achever ce volume commencé. Il voulut
au moins donner une dernière marque de sa bonne volonté en y apportant
tous ses soins. Ses respectables amis daignèrent concourir à ses efforts.“

Il existe plusieurs versions sur les motifs particuliers du renvoi de Dupont
par les propriétaires du *Journal*. Ainsi, un témoin certainement bienveillant
pour le congédié, le marquis de Mirabeau, dit, plusieurs années après, dans
une lettre à son ami italien Longo: „En novembre 1766, les propriétaires
du *Journal de l'agriculture*, ennuyés des lenteurs et inexactitudes de Dupont,
lui donnèrent congé“ (Loménie, t. II, p. 251). Dans son ouvrage sur Dupont
de Nemours, Schelle indique encore la cause directe suivante, en se rapportant à une lettre inédite de Dupont au marquis de Pezay, du 12 mars 1776:
„Les propriétaires du Journal voulurent l'obliger, après le procès de La Cha-
lotais, à se prononcer contre le parlement de Bretagne, et sur un refus positif, ils le congédièrent“. Tout cela peut avoir concouru à sa chute, mais
son zèle fanatique pour la doctrine de Quesnay, qui n'était goûtée ni par le
gouvernement, ni par les propriétaires du Journal, en fut la cause principale.
Par le départ de Dupont, le *Journal* perdit son importance. „Il ne fut plus

(2) Voir page 527.

dans la classe que vous appelez *stérile*; mais cette classe à laquelle vous donnez le nom de *stérile*, par opposition à celle que vous appelez *productive*, en bornant, comme vous le faites, l'idée de la production aux richesses qui naissent de la terre, doit donc comprendre tous les autres travaux, tous les autres services qui ne sont pas employés immédiatement à faire renaître ces richesses et à en faire le débit à la vente de la première main. J'avoue qu'il serait difficile, selon votre division, de les renfermer tous sous une même dénomination générale, autre que celle que vous avez choisie; car le commerce, les sciences, les arts, la magistrature, l'état militaire, les domestiques, les rentiers oisifs, les mendiants même, présentent tant d'objets, de services, de travaux et d'usages différents, relativement à la production, prise dans le sens physique le plus rigoureux, que je ne vois pas de dénomination générale qui leur soit exactement commune à tous. C'est par cette raison même que j'ai de la peine à admettre votre division et les dénominations que vous y avez attachées pour la rendre sensible: elle me paraît d'autant moins exacte, que vous avez distingué les propriétaires des terres, des classes que vous nommez classe *productive* et classe *stérile*.

---

qu'une annexe à la *Gazette du commerce*, dirigée par de Grâce. L'abbé Yvon en était le rédacteur. Roubaud prit plus tard la direction de la *Gazette* et la ramena aux idées libérales. Le même abbé reconstitua avec d'Ameilhon, en 1779, le Journal d'agriculture, sous le titre de *Journal de l'agriculture, du commerce, des arts et des finances*. Cette nouvelle feuille vécut jusqu'en 1783". (Schelle.) A. O.

(2) La rédaction ici reproduite est aussi celle de la *Physiocratie*. Elle est développée d'une manière analogue à celle du premier dialogue. Dans le *Journal de l'agriculture*, elle porte le titre:

„*Second dialogue entre M. H. et M. N.* Pour servir de suite à celui qui a été inséré dans le Journal de juin, *sur les véritables propriétés du commerce et de l'industrie.*"

L'*Avis de l'éditeur* qui, dans la *Physiocratie*, précède le premier dialogue (voir page 445) se rapporte aussi au second dialogue, et la *Notice abrégée* parle de ce dernier en ces termes: „Puis le *Second dialogue entre M. H. et M. N.* sur les véritables propriétés du commerce et de l'industrie, et particulièrement sur la nature des travaux des artisans qui sont toujours *salariés* par les richesses que l'agriculture seule *produit*. Le dialogue vif et serré, qui est encore de l'auteur du *Tableau économique*, a été depuis réimprimé dans la *Physiocratie*." Ensuite, Dupont ajoute encore mélancoliquement: „Le journaliste termine son volume et sa carrière par une *Lettre sur les rapports de la subsistance et de la population*". A. O.

M. N. — Vous devez remarquer, mon ami, que tout est entre-mêlé dans la nature, que tout y parcourt des cercles entrelacés les uns dans les autres. Dans la communication nécessaire de ces mouvements divers, on ne peut suivre, distinguer et considérer les objets que par des idées abstraites, qui n'arrangent ni ne dérangent rien dans le physique et qui n'embrassent rien que spéculativement et par parties dans cette complication. Chaque relation n'y peut être distinguée que par les causes et les effets qui la caractérisent: plus on se propose de parvenir à des distinctions précises, plus aussi l'on se réduit seulement à quelques causes et à quelques effets au moyen desquels, sans perdre de vue l'enchaînement total, on s'en représente distinctement les principales parties, par leurs différents emplois dans l'ordre général de la nature. Ici, où l'on se borne à l'ordre physique le plus avantageux aux hommes réunis en société et où l'on considère en gros les emplois des hommes qui concourent au bien public, on les distingue par leurs causes et [par leurs effets les plus remarquables et les plus distincts, pour les rapporter à de premières classes générales. Ce n'est que par de telles abstractions qu'on peut examiner et apprécier les rapports réciproques de ces différentes classes d'hommes et de travaux dans l'ordre de la société et leur donner les dénominations les plus con-formes à leur emploi, pour s'énoncer avec précision dans les d t ails de la science économique.

L'idée de *production*, ou de *régénération*, qui forme ici la base de la distinction des classes générales des citoyens, est resserrée dans des bornes physiques, réduites si rigoureusement à la réalité qu'elles ne sont plus conformes aux expressions vagues usitées dans le langage ordinaire. Mais ce n'est pas à l'ordre naturel à se con-former à un langage qui n'exprime que des idées confuses et équi-voques; c'est aux expressions à se conformer à la connaissance exacte de l'ordre naturel, dans les distinctions rigoureusement assu-jetties à la réalité.

J'aperçois que les distinctions de *classe productive* et de *classe stérile*, ainsi entendues, vous paraissent ne pas permettre que l'on place entre elles aucune autre classe; car il semble qu'il n'y a pas de milieu entre l'affirmatif et le négatif, entre une *classe productive* et une *classe non productive*. Cela est vrai dans les cas qui ex-cluent toutes autres relations; mais il vous est facile d'apercevoir: 1° que les propriétaires, qui ne font point les avances et les tra-vaux de la culture, ce qui ne permet pas de les ranger dans la classe *productive*, ont commencé néanmoins par faire de premières avances pour mettre leurs terres en état d'être cultivées et restent encore chargés de l'entretien de leur patrimoine, ce qui ne permet pas non plus de les confondre avec la classe *stérile*; 2° qu'il y a une communication continuellement entretenue, entre les deux classes extrêmes, par la recette et la dépense d'une classe intermédiaire. L'ordre de la société suppose donc essentiellement cette troisième classe de citoyens, premiers préparateurs et conservateurs de la culture et *propriétaires* dispensateurs du produit net.

C'est sous ce dernier aspect qu'il faut considérer en particulier cette classe *mixte*, par rapport aux deux autres: leur communication entre elles est une suite de la communication qu'elle a elle-même avec ces classes. La distinction de la *classe des propriétaires* est donc tout d'abord inévitable pour suivre clairement et sans interruption la marche des communications entre les différentes parties de l'ordre de la société. Ainsi, loin que cette distinction puisse porter de la confusion dans vos idées, elle doit au contraire y mettre de la liaison et de l'ordre.

M. H. — Cela pourrait être, si je bornais, comme vous, la production aux seules richesses qui naissent de la terre; mais je ne puis vous dissimuler que je vois toujours une véritable production dans les ouvrages des artisans, malgré toutes les dissertations publiées, depuis quelque temps, pour faire disparaître cette production.

M. N. — On n'a point entrepris de faire disparaître la production des ouvrages formés par le travail des artisans; car, sans doute, c'est la production de ces ouvrages mêmes que vous voyez. Mais vous avez dû apercevoir, dans les dissertations dont vous parlez, qu'il ne s'agit pas d'une telle production, c'est-à-dire d'une simple production de formes que les artisans donnent à la matière de leurs ouvrages, mais d'une production *réelle* de richesses: je dis *réelle*, car je ne veux pas nier qu'il n'y ait addition de richesses à la matière première des ouvrages formés par les artisans, puisque leur travail augmente en effet la valeur de la matière première de de leurs ouvrages.

M. H. — Vous me faites ici, mon cher ami, un aveu qui me semble décisif pour mon opinion et je crois que la discussion ne devrait pas s'étendre plus loin entre nous: mais cet aveu m'inspire en même temps une sorte de défiance qui m'empêche de me livrer pleinement à la prévention qui m'a séduit d'abord en faveur de ma cause; car je ne vous vois pas disposé à vous arrêter à ce premier développement par lequel vous vous proposez, sans doute, d'éloigner bien des propos vulgaires qui embrouillent inutilement la question. Je vous avoue cependant que je n'aperçois pas où ce développement peut vous conduire.

M. N. — Vous vous trompez, mon cher ami, si vous croyez que j'ai dessein d'éloigner les propos vulgaires dont vous venez de parler: ce ne serait pas la voie la plus courte pour terminer la question entre vous et moi; et je vous prie de m'excuser, si je vous déclare sincèrement que je crois que ce sont ces mêmes propos qui vous en imposent à vous-même et que vous m'opposeriez sans cesse si je ne commençais par les mettre en opposition avec eux-mêmes, pour vous préparer à vous tenir en garde contre l'illusion dominante dans laquelle ils vous ont jeté. Avouez-le franchement, ne me diriez-vous pas qu'un cordonnier, qui a fait une paire de souliers, a produit une augmentation de richesses, puisque la valeur vénale de cette paire de souliers surpasse de beaucoup celle du cuir que le cordonnier a employé. Or, c'est la valeur vénale qui donne aux productions la qualité de richesses; et vous croyez pouvoir tirer de là un argument inexpugnable en faveur de la production du travail du cordonnier, en faveur, dis-je, de la *réalité* d'une véritable production de richesse?

M. H. — Selon vos principes mêmes, un tel argument ne serait-il pas décisif? Si ce sont là les propos vulgaires contre lesquels vous voulez me mettre en garde, j'aperçois au contraire que je dois me tenir en garde contre quelques subtilités séduisantes qui pourraient m'embarrasser, quoique je ne sois pas disposé à abandonner une vérité qui me paraît de la dernière évidence.

M. N. — Je n'ai donc pas eu tort de croire qu'il faudrait passer inévitablement par les propos vulgaires, dont vous pensiez que je voulais débarrasser notre discussion. En effet, je n'en connais point d'autres qu'on puisse faire valoir en faveur de la production des richesses par les travaux des artisans; c'est la thèse que vous entreprenez de soutenir: ce sont donc aussi ces mêmes propos que vous auriez allégués si mon premier soin n'était pas de vous les exposer et de développer les équivoques renfermées dans le langage dont on se sert ordinairement pour les énoncer. Mais ne craignez pas, mon cher ami, que j'aie frauduleusement dessein de recourir à quelques subtilités pour vous embarrasser. Je me propose de marcher bien à découvert avec vous. Je crois que plus nous avancerons en plein jour, plus vous vous trouverez en pays de connaissance et plus encore vous serez étonné du chemin qui nous y aura conduit; car ce chemin vous est très familier et vous l'avez parcouru plusieurs fois, jusqu'à l'endroit où nous allons arriver; mais vous n'avez pas prêté assez d'attention aux différents objets qui se sont présentés à vos regards.

Il faut distinguer une *addition* de richesses réunies, d'avec une *production* de richesses; c'est-à-dire une augmentation *par réunion* de matières premières et de dépenses en consommation de choses qui existaient avant cette sorte d'augmentation, d'avec une *génération*, ou création de richesses, qui forment un renouvellement et un accroissement *réel* de richesses renaissantes.

Ceux qui ne distinguent pas cette vraie et cette fausse augmentation de richesses, tombent, sans s'en apercevoir, dans des contradictions continuelles, lorsqu'ils raisonnent sur la prétendue production de richesses qui résulte des travaux des artisans.

Ils conviennent que plus on peut, sans préjudice, épargner de frais ou de travaux dispendieux dans la fabrication des ouvrages des artisans, plus cette épargne est profitable par la diminution du prix de ces ouvrages. Cependant ils croient que la production de richesse, qui résulte des travaux des artisans, consiste dans l'augmentation de la valeur vénale de leurs ouvrages: ces idées contradictoires existent dans la même tête et s'y entre-choquent continuellement, sans qu'elle s'aperçoive de cette dissension.

Le travail dispendieux de l'ouvrier en dentelle ajoute une augmentation de valeur vénale au fil, qui est la matière première de la dentelle. Donc, conclut-on, le travail de la dentelle a produit une augmentation de richesse. On pense de même du travail des peintres qui font des tableaux de grand prix; car, plus le travail des artistes et des artisans se paie chèrement, plus il paraît *productif*.

Ce verre à boire ne coûte qu'*un sol*, la matière première qu'on y emploie vaut *un liard:* le travail du verrier quadruple la valeur de cette matière. Voilà donc une production de richesse qui a procuré une augmentation du triple : il serait donc fort avantageux, selon vous, de trouver une manière de faire un pareil verre par un travail qui emploierait deux ouvriers pendant un an ; et encore mieux, s'il en employait quatre pendant deux ans : par conséquent vous nous diriez aussi qu'il serait fort désavantageux que l'on inventât une machine qui fît sans frais, ou à peu de frais, de belles dentelles et d'excellents tableaux. En effet, l'invention de l'imprimerie donna lieu à des raisonnements fort sérieux sur la diminution du travail des écrivains ; cependant, tout bien examiné, l'imprimerie fut pleinement adoptée. Ainsi, mon cher ami, accordez, si vous le pouvez, vos idées avec toutes ces contrariétés ; sinon, l'objet de la prétendue production de richesse, par le travail des artisans, ne paraît plus d'aucune considération.

M. H. — Vous ne pensez pas, mon ami, que vous vous jetez dans le même embarras à l'égard des travaux de la classe *productive*. Ne cherche-t-on pas aussi à épargner, autant qu'on le peut, sur ces travaux ? Conclurait-on de là qu'ils ne sont pas *productifs ?*

M. N. — Les détours et les écarts sont fréquents dans les conversations.

Il semblerait, mon cher ami, que vous chercheriez à éluder la difficulté par une autre difficulté, qui, entre nous, sera bientôt aplanie ; mais avant de nous en occuper, terminons décisivement la question de la prétendue production de richesses par les travaux de l'industrie. Je crois que vous ne persisterez pas davantage à confondre cette production avec celle des formes des ouvrages des artisans, des artistes, des constructeurs, des fabricants, des manufacturiers, etc. Vous reste-t-il donc encore quelques autres raisons à alléguer en faveur de votre opinion ?

M. H. — Je comprends bien qu'on ne doit pas confondre la production de richesses, qui peut résulter du travail des artisans, avec la production de leurs ouvrages, ni avec l'augmentation du prix qu'y ajoutent les frais du travail, lequel, en effet, est toujours inséparable de la dépense nécessaire pour la subsistance des ouvriers ; mais c'est de cette dépense même que résulte la production de richesses qu'opère l'industrie des artisans, car c'est cette dépense qui procure la vente des productions de la terre et qui en soutient les prix. Or, c'est, selon vous-même, la valeur vénale des productions à la vente de la première main, qui leur donne la qualité de richesse et qui est même la mesure des richesses produites annuellement par le territoire. Cette dépense dont je parle augmente la consommation, étend la concurrence des acheteurs, augmente ainsi le prix des productions et conséquemment les richesses annuelles de la nation, la population et la consommation ; c'est donc dans ce cercle même que consiste la production réelle de richesses que l'on doit aux travaux de l'industrie.

M. N. — Par rapport au cercle que vous représentez ici, vous négligez un article bien essentiel, qui est de nous faire connaître son origine et ses dimensions. Croyez-vous qu'il puisse s'étendre plus loin que la reproduction annuelle, qui est elle-même la mesure de la dépense annuelle de la nation ? Ne voyez-vous pas au contraire que cette mesure limite la dépense qui *paye* les travaux des artisans et règle par conséquent la consommation que ces artisans peuvent *payer* à la classe productive ?

Il est évident qu'il n'y a là qu'une circulation sans augmentation de richesse, une circulation réglée sur la mesure des dépenses annuelles de la nation, mesure qui est égale à celle des richesses qui naissent annnellement du territoire. Les travaux des artistes et des artisans ne peuvent donc s'étendre au delà de la portion de dépense que la nation peut y employer à raison de la mesure totale de la dépense qu'elle peut faire annuellement.

Ces travaux ne peuvent donc accroître les richesses que la nation dépense annuellement, puisqu'ils sont eux-mêmes limités par la mesure de ces richesses, qui ne peuvent s'accroître que par les travaux de l'agriculture et non par les dépenses des travaux des artisans. Ainsi l'origine, le principe de toute dépense et de toute richesse, est la fertilité de la terre, dont on ne peut multiplier les produits que par ses produits mêmes C'est elle qui fournit les avances au cultivateur qui la fertilise pour la faire produire davantage. L'artisan n'y peut contribuer que par la formation de quelques instruments nécessaires pour remuer la terre et qu'au défaut d'artisan, le cultivateur formerait lui-même. Qu'importe qui en soit l'ouvrier, il faut que la terre ait produit d'avance ce qu'il a consommé pour sa subsistance : ce n'est donc pas son travail qui a produit cette subsistance. La consommation de la subsistance n'a rien produit non plus, puisque cette consommation n'est qu'un anéantissement de richesses produites d'avance par la terre. En vain l'ouvrier voudrait-il augmenter son travail pour accroître son salaire ou sa consommation, car il ne peut les étendre au delà des productions qui existent actuellement pour sa consommation, pour celle du cultivateur et pour celle de tous les autres hommes qui composent la nation.

Vous devez donc remarquer que ce ne sont pas les demandes des artisans, qui ne sauraient payer qu'avec le salaire qu'ils ont reçu, qui règlent le prix des productions; mais que ce sont les besoins et la quantité même des productions qui décident des valeurs vénales.

M. H. — Vous n'ignorez pas, mon ami, qu'il y a des ouvrages dont les prix surpassent de beaucoup la valeur des frais; tels sont les tableaux des grands peintres et tous les autres ouvrages des artistes qui excellent dans leur profession.

M. N. — Vous pourriez y ajouter aussi les ouvrages des artisans à qui le gouvernement accorde des privilèges exclusifs; car ces artistes excellents, dont vous me parlez, jouissent de la même prérogative, parce qu'ils sont en si petit nombre que leur concurrence ne les force pas à mettre leur travail au rabais au profit de ceux qui achètent leurs ouvrages. Mais ne confondez pas ici le travail de ceux dont les professions exigent des études fort longues et fort dispendieuses; car vous oublieriez de faire entrer en compte ces grandes dépenses dans le prix de leurs ouvrages.

M. H. — Les ouvrages des artisans, qui durent pendant un nombre d'années, tels que sont les bâtiments, les ameublements, les tableaux, etc., ne font-ils pas aussi partie de la masse des richesses d'une nation? Ces ouvrages ne sont-ils donc pas une production réelle de richesses, qui ont une valeur vénale pour ceux qui les possèdent? Ils les ont payés, il est vrai, mais ils peuvent les revendre; or, les ventes et les achats supposent toujours une double richesse, puisqu'il y a échange de richesse d'une valeur pour une autre richesse de valeur égale. La dépense des hommes oisifs produit-elle de telles richesses?

M. N. — Ce que vous appelez ici, mon cher ami, production de richesses, n'est que conservation de richesses. La dépense de ceux qui achètent ces ouvrages n'est pas de consommation subite, c'est une dépense de jouissance durable. Mais ces deux sortes de dépenses ne sont pas plus avantageuses l'une que l'autre, relativement à ceux qui font ces dépenses; et même celles que vous croiriez les moins avantageuses, à cause de la consommation subite, telles que les dépenses des subsistances journalières, sont plus indispensables et par conséquent préférables aux autres. Comment donc prétendriez-vous nous prouver que le travail d'un peintre produit plus que le travail d'un boulanger? Un tableau de grand prix est, je l'avoue, une grande richesse, parce que le peintre a fait payer fort chèrement son travail à celui qui a acheté le tableau. Ainsi sans la cherté du travail, le tableau, quoiqu'admirable, serait une médiocre richesse. Les beaux dessins seraient aussi d'un grand prix si on n'avait pas trouvé le moyen de les multiplier à peu de frais par la gravure et l'impression. Or, pensez-vous que la diminution du prix de ces ouvrages soit une diminution de richesses dans une nation? Cette diminution de prix ne procure-t-elle pas au contraire l'avantage de pouvoir, avec la même dépense, varier à son gré et multiplier ses jouissances, ce qui est le véritable objet de la dépense, lequel s'étend même jusqu'aux dépenses de consommation et de subsistance? Vous conviendrez, je crois, que *d'obtenir la plus grande augmentation possible de jouissances, par la plus grande diminution possible de dépenses, c'est la perfection de la conduite économique.* Mais que devient alors votre prétendue production réelle de richesses par les travaux des artisans?

M. H. — Ah, mon ami! plus vous vous expliquez, plus j'aperçois de contradictions dans votre science économique. N'enseigne-t-elle pas que les richesses s'obtiennent par les dépenses, que les dépenses de chaque homme se font au profit des autres hommes? Et d'un autre côté, elle nous dit que *la plus grande diminution de dépense est la perfection de la conduite économique.* Cette perfection me paraît, conséquemment à vos principes mêmes, l'extinction de la prospérité et de la population des royaumes. Je sais que, si je consulte mon intérêt particulier, je voudrais jouir beaucoup avec peu de dépense et que chacun en particulier pense de même: mais l'intérêt particulier est en contradiction avec l'intérêt général et si inconséquent qu'il se détruirait lui-même si l'ordre naturel n'y avait pas mis des empêchements; c'est-à-dire si ces intérêts particuliers eux-mêmes ne s'opposaient pas réciproquement les uns par les autres à leur propre destruction. Les vues des hommes sont si courtes et leur cupidité si vive, qu'ils s'égareraient continuellement s'ils ne s'entre-redressaient pas par la nécessité où ils se trouvent de tendre tous aveuglement vers le bien général. Ne serait-ce donc pas aussi votre intérêt particulier qui vous inspire cette belle maxime, *d'obtenir la plus grande augmentation possible de jouissance par la plus grande diminution possible de dépense?*

M. N. — Je devrais dire plus encore, mon ami; car non seulement je voudrais *la plus grande diminution possible de dépense,* mais encore *la plus grande diminution possible de travail pénible avec la plus grande jouissance possible.* Il me semble que ce désir est général chez les hommes; ceux qui peuvent obtenir légitimement cet avantage en profitent le plus qu'ils peuvent et même ils en profitent sans préjudicier au bien général. La mesure des dépenses qui payent les artisans, indispensablement obligés de travailler pour obtenir leur subsistance, est toujours plus bornée que les besoins qui les assujettissent impérieusement au travail. Les riches sont pour leurs jouissances les dispensateurs des dépenses avec lesquelles ils salarient les ouvriers; ils leur feraient beaucoup de tort s'ils travaillaient pour gagner cette dépense (1) et ils s'en feraient à eux-mêmes en se livrant à un travail pénible qui serait pour eux une diminution de jouissance; car ce qui est pénible est une privation de jouissance satisfaisante. Ainsi, ils *n'obtiendraient pas la plus grande augmentation possible de jouissance par*

(1) Il faut cependant distinguer encore entre les ouvriers simplement artisans et les ouvriers colons. Si les propriétaires se livraient à des entreprises d'agriculture et y consacraient leurs richesses, ils accroîtraient la masse totale des productions; ce qui augmenterait la somme totale des dépenses, d'abord au profit des propriétaires eux-mêmes, dont la richesse serait augmentée, et ensuite au profit des autres classes de citoyens, sans en excepter les artisans, qui participeraient tous à la dépense de cet accroissement de productions et de richesses; d'où suivrait dès les premiers moments une plus grande aisance pour la population et bientôt une plus grande population. Aussi, dans tout pays où l'agriculture et la quantité des productions du territoire ne sont pas à leur plus haut degré possible, les propriétaires sont religieusement obligés, pour leur intérêt et pour celui de tous leurs concitoyens, d'épargner le plus qu'il leur est possible sur leurs dépenses de simple consommation, pour consacrer le fruit de cette épargne à des dépenses *productives,* à des dépenses qui améliorent leurs domaines, qui multiplient les productions de leurs terres et qui en accroissent la valeur. (Note de l'original.)

la plus grande diminution possible de dépense. Il n'en est pas moins vrai cependant que pour réunir ces deux choses on profite de la concurrence de ceux qui s'entre-disputent le travail; qu'on en profite, dis-je, pour épargner autant qu'il est possible la dépense et étendre la jouissance autant qu'il est possible. Mais aussi cette épargne a ses bornes: tout travail est inséparable de dépense et on ne s'y livre que pour satisfaire aux besoins; la concurrence, il est vrai, met le prix du travail au rabais, mais le gain qu'il faut se procurer par le travail, pour satisfaire à ses besoins, arrête impérieusement la dégradation désordonnée du prix du travail sollicitée par la concurrence: ainsi, la maxime *d'obtenir la plus grande augmentation possible de jouissance par la plus grande diminution possible de dépense,* est réglée par les lois souveraines et irréfragables de l'ordre physique le plus avantageux aux hommes réunis en société. Suivez donc dans les détails la liaison et l'application des principes de la science économique et alors vous n'y apercevrez plus de contradictions.

M. H. — Quand je conviendrais avec vous de ces principes, relativement au commerce intérieur, ne serait-il pas toujours vrai que les marchandises de main-d'œuvre forment une branche de commerce entre les nations?

M. N. — Une branche, soit; on pourrait dire un rameau. Mais commercer n'est pas produire.

M. H. — Vos réponses ne sont point satisfaisantes; des généralités, des maximes spécieuses, des abstractions *métaphysico-géométriques* sont vos subterfuges ordinaires avec ceux qui ne sont pas aussi exercés que vous dans ces sortes de discussions; si vous parliez franchement, vous avoueriez comme tout le monde qu'il y a ici le débit et la production de la marchandise de l'ouvrier et que c'est le travail de l'ouvrier qui a produit la valeur vénale de cette marchandise.

M. N. — Mes réponses, mon ami, ne vous paraissent abstraites que parce que vous n'avez pas encore vu bien clairement que la valeur vénale de ces marchandises n'est que la valeur même de la matière première et de la subsistance que l'ouvrier a consommée pendant son travail, et que le débit de cette valeur vénale, répété par l'ouvrier, n'est au fond qu'un commerce de revendeur. Avez-vous donc dessein de me faire croire que *revendre* est *produire?* Je pourrais vous rétorquer à mon tour que votre intention serait fort captieuse.

M. H. — Mon intention n'est point captieuse, car je pense bien sincèrement que REVENDRE AVEC PROFIT EST PRODUIRE.

M. N. — Vous m'accuserez encore de ne répondre que par des maximes générales, si je vous répète que le *commerce n'est qu'un échange de valeur pour valeur égale* et que relativement à ces valeurs il n'y a ni perte ni gain entre les contractants.

M. H. — Cette définition du commerce, réduite en maxime générale, n'est qu'une abstraction dégagée d'une multitude de circonstances qui, dans le commerce, procurent un porfit réel à l'un ou à l'autre des contractants et souvent à tous deux. Et, sans sortir du point de la question dont il s'agit entre nous, vous envisagez le fabricant comme un marchand revendeur; mais je soutiens qu'il est pour son débit même un acheteur de nos productions, puisque, dans son commerce de revendeur, il vend à l'étranger la valeur des productions du pays qu'il a consommées pendant son travail.

M. N. — Que prétendez-vous conclure de là? Pour moi, je ne vois toujours dans ce commerce qu'échange de valeur pour valeur égale sans production, quand même cet échange serait profitable, par les circonstances, à l'un ou à l'autre des contractants et même à tous deux. En effet, il est toujours à présumer qu'il est profitable à tous deux; car de part et d'autre ils se procurent la jouissance de richesses qu'ils ne peuvent obtenir que par l'échange. Mais toujours n'y a-t-il qu'échange de richesses d'une valeur pour d'autres richesses de valeur égale et par conséquent point d'augmentation réelle de richesses.

M. H. — Puisque vous convenez que sans l'échange on ne se procurerait pas les richesses qu'on ne peut obtenir que par l'échange, faisons l'application de cet aveu au commerce extérieur de marchandises de main-d'œuvre. L'ouvrier obtient, par la vente de ses ouvrages à l'étranger, de l'argent pour acheter vos productions pour sa subsistance; et certainement c'est un grand profit pour lui que de se procurer sa subsistance par ce commerce; et l'argent qu'il obtient de l'étranger pour acheter vos productions que vous avez besoin de vendre, est aussi un grand profit pour vous.

M. N. — Les productions que j'ai besoin de vendre et que l'artisan a besoin d'acheter, existent avant que je les vende et avant que l'artisan les achète; ainsi notre commerce de la vente et de l'achat de cette production ne la fait point naître. Il n'est donc point productif de la chose que j'ai besoin de vendre et que l'artisan a besoin d'acheter.

M. H. — Je ne m'attendais pas à cette réponse. Il n'est pas question entre nous de la production dont vous parlez. Il s'agit d'un autre genre de production, d'une production de richesse. Une denrée commerçable est richesse à raison de sa valeur vénale. Or, l'acheteur contribue autant que le vendeur à la valeur vénale des denrées. L'artisan est donc producteur de richesses, si le gain qu'il obtient par la vente de son ouvrage à l'étranger contribue, à proportion qu'il est considérable, à augmenter le prix de la production que vous lui vendez.

M. N. — Vous rappelez une question qui a été complètement discutée dans notre entretien précédent, où il a été démontré que le prix des productions commerçables ne dépend ni de l'acheteur ni du vendeur. S'il dépendait de l'acheteur, celui-ci ne contribuerait pas à l'augmentation; car il a intérêt d'acheter au plus bas prix possible. S'il dépendait du vendeur, lui seul serait le producteur de la valeur vénale de la production qu'il vend, car lui seul a intérêt de vendre au plus haut prix possible. Cependant l'un est forcé d'acheter plus cher qu'il n'a intérêt d'acheter et l'autre est forcé de vendre à plus bas prix qu'il ne voudrait. Il y a donc d'autres conditions décisives des prix qui les forcent à sacrifier leurs intérêts dans leurs ventes et dans leurs achats: leur commerce n'est donc point producteur de la richesse ou de la valeur vénale des productions qu'ils échangent entre eux, puisque la marchandise et l'argent qui la paie avaient l'un et l'autre leur prix établi avant l'échange.

M. H. — Je reconnais comme vous cette vérité; mais ne conviendrez-vous pas aussi avec moi que, plus nos artisans gagnent dans la vente qu'ils font de leurs ouvrages à l'étranger, plus ils peuvent acheter de nos productions. Or, une plus grande concurrence d'acheteurs, est une de ces conditions qui font augmenter la valeur vénale des productions; le commerce profitable de nos artisans avec l'étranger devient donc alors producteur d'une augmentation de richesse ou de valeur vénale de nos productions.

M. N. — Il n'est pas douteux que, *plus nos artisans gagneraient dans la vente qu'ils feraient de leurs ouvrages à l'étranger, plus ils pourraient acheter de nos productions;* et cela pourrait être de quelque considération, dans un pays où le commerce des productions manquerait de débouchés. Mais, partout où le commerce extérieur des productions est facile, cet avantage y détruit heureusement la faible ressource dont vous parlez; car elle est incapable d'apporter du changement dans le prix général qui a cours entre les nations commerçantes. Alors, votre objection réunirait deux allégations contradictoires. La concurrence des artisans ne pourrait faire augmenter le prix des productions par des achats un peu plus multipliés, car ce petit effet se trouverait toujours contrebalancé par une autre concurrence; c'est-à-dire par les importations du commerce extérieur, attirées par l'augmentation de débit, qui arriverait par l'augmentation des achats de nos artisans: ainsi, l'augmentation des prix serait arrêtée par la concurrence des vendeurs, qui se trouverait toujours en raison de la concurrence des acheteurs. D'un autre côté, si la dépense de l'artisan devenait plus chère, le prix de ses ouvrages augmenterait; l'étranger ne trouverait plus de profit à les acheter, nos artisans ne pourraient plus jouir de la concurrence dans leur commerce extérieur. Vous ne réclamerez pas, sans doute l'expédient absurde de fermer nos ports pour interdire le commerce des productions du territoire, afin de faire vivre à bas prix vos fabricants; vous êtes trop occupé du débit de nos productions pour ne pas apercevoir tous les désavantages d'une méprise si grossière: ainsi votre objection ne présente qu'un tissu de conditions incompatibles.

M. H. — Je connais les avantages généraux de la liberté du commerce des productions: mais vous ne pensez pas, sans doute, que la pleine liberté de la concurrence doive s'étendre jusqu'au commerce extérieur des marchandises de main-d'œuvre; car on ne peut douter qu'il ne soit profitable pour nous que nos artisans vendent leurs ouvrages aux autres nations et qu'il serait désavantageux d'en acheter des artisans étrangers.

M. N. — Je ne comprends pas la finesse de cet arrangement; vous voulez être commerçant de marchandises de main-d'œuvre qui, selon vous, ne sont pas bonnes à acheter. Vous avez donc bien changé d'avis, depuis un moment, sur la valeur vénale des ouvrages des artisans et sur les avantages de cette branche de commerce avec l'étranger, puisque vous croyez qu'il est désavantageux d'acheter les ouvrages des artisans des autres nations. Si ce désavantage est réel, l'étranger achètera-t-il ceux de vos artisans? Votre branche de commerce me paraît bien douteuse, car il faut au moins être deux pour commercer.

M. H. — La supériorité d'intelligence et d'habileté de nos artisans engage les étrangers à acheter leurs ouvrages.

M. N. — Vous avez là un beau privilège exclusif; mais est-il bien étendu et bien durable? Ne penseriez-vous pas plutôt que, par goût pour les différentes modes des ouvrages des nations, il se fait entre elles un commerce réciproque de leurs ouvrages et que par conséquent cette branche de commerce ne peut s'étendre que par une libre concurrence? On vous laissera penser sur l'arrangement de ce petit objet, comme il vous plaira; mais vous ne vous en occuperez guères: *De minimis non curat prætor.*

M. H. — Mais vous, il me paraît que vous vous occupez peu de l'argent, qui ne s'obtient que par le commerce.

M. N. — Vous n'êtes pas à savoir que j'y pense, en effet, très légèrement: je suis plus occupé de l'opulence de la nation; car, lorsqu'on est riche, on ne manque pas d'argent et l'on a de quoi y suppléer. Souvenez-vous qu'un de nos amis, très riche, qui n'avait point d'argent, acheta alors une terre fort considérable: le défaut d'argent n'apporta aucun obstacle à cette acquisition; au moyen de son portefeuille, la terre fut aussitôt acquittée; et, de portefeuille en portefeuille de riches créanciers, il se fit beaucoup de payements, dont un seul compta les deniers.

M. H. — Ne vaut-il pas mieux employer nos concitoyens que des étrangers?

M. N. — Oui, ils sont préférables, tant qu'il n'y a pas à perdre sur la rétribution de leur travail : car autrement on préfère non seulement les étrangers, mais aussi les animaux, et même des machines qui peuvent y suppléer avec profit ; et ce profit, qui accroît les richesses disponibles, revient toujours à l'avantage de la population du pays.

M. H. — Les chevaux et les machines que l'on préfère aux hommes, pour épargner des frais, n'emportent pas notre argent hors du royaume. Les chevaux que l'on emploie consomment et contribuent au débit des denrées qui servent à les nourrir, ils sont eux-mêmes une marchandise dont le commerce nous est profitable ; mais si nous préférions des Savoyards aux habitants du royaume pour couper nos moissons, ils emporteraient dans leur pays l'argent que nous leur payerions, au préjudice des habitants de nos campagnes que nous aurions dû employer et qui auraient dépensé chez nous leur rétribution ; de sorte que notre argent n'aurait pas sorti du royaume. Il en est de même lorsque nous achetons des ouvrages des artisans étrangers, quand même ils nous les vendraient à meilleur marché que nous les achèterions de nos artisans. L'objection que je vous fais ici vous a été faite aussi plusieurs fois à l'égard des commerçants étrangers, dans le cas de la libre concurrence du commerce, et il me semble que vous n'y avez pas répondu exactement.

M. N. — L'argent monnayé est destiné à circuler entre les nations comme entre les habitants de chaque nation ; il sort des royaumes et il y revient par la communication continuelle du commerce ; il n'a d'autre usage que de faciliter l'échange des denrées, en servant de gage intermédiaire entre les ventes et les achats, car les objets définitifs des échanges ne sont point l'argent. Ainsi, dans les cas où l'argent est échangé, valeur pour valeur égale, on se procure sans perte ce que l'on a besoin d'acheter, et ce que l'on a besoin d'acheter est toujours préférable à l'argent. Dans les échanges, l'on vend et l'on achète, et pour faciliter les échanges, l'argent se trouve toujours entre les ventes et les achats. L'argent ne peut manquer dans aucun pays que parce qu'il ne s'y ferait pas d'échanges de marchandises transportables. Ce n'est donc pas à l'argent que l'on doit penser, c'est aux échanges des choses que l'on a à vendre, et de celles que l'on a à acheter ; car c'est dans

ces échanges mêmes où réside l'avantage que les contractants veulent
se procurer. Ils expriment, il est vrai, les valeurs en argent, parce
que l'argent leur sert de mesure pour constater la valeur des choses
commerçables; mais ils savent bien que la plupart des échanges,
et surtout des plus considérables, se font sans entremise réelle de
l'argent; des promesses de payer, bien valides et par écrit, sont
reçues dans les échanges et s'y commercent comme l'argent même,
sans que les contractants souffrent aucun dommage de l'absence de
l'argent: ce n'est donc pas à l'argent que se fixe l'intérêt des
nations dans les échanges, c'est à l'avantage qu'elles se procurent
par les échanges. Faisons donc abstraction de l'argent, dans l'emploi
même de l'argent, pour ne nous occuper que de l'avantage que
l'on peut se procurer par l'emploi de l'argent, et qui fait circuler
continuellement l'argent entre les nations et entre les habitants de
chaque nation.

M. H. — Vos raisonnements sont fort spécieux; mais ils n'empêchent point qu'il ne me soit très difficile de faire abstraction,
dans le cas supposé, de l'argent que les Savoyards nous emportent.

M. N. — Pourquoi leur donnons-nous notre argent?

M. H. — C'est que nous les préférons aux habitants de nos
campagnes pour couper nos moissons.

M. N. — Pourquoi les préférons-nous?

M. H. — C'est parce que nous payons leur travail moins
cher.

M. N. — Le laboureur peut donc se procurer par cette préférence, une diminution de dépense?

M. H. — Oui, mais c'est au préjudice des habitants de nos
campagnes.

M. N. — Cette réponse est bien vague; autant vaudrait-il dire
que toute épargne sur les frais est préjudiciable à ceux qui
auraient profité de la dépense des frais, et oublier ceux qui pro-

fitent de l'épargne sur ces frais. Mais si on envisage l'intérêt des uns et des autres, il faudra décider si l'on doit remédier à un préjudice par un autre préjudice, ou laisser aller en pleine liberté le cours des dépenses, conformément aux intérêts de ceux qui les font. Le droit naturel prononce en faveur de ces derniers, car il leur appartient de disposer licitement de l'usage de leur propriété. D'ailleurs il faut faire attention que l'épargne sur une dépense, n'est pas une privation absolue de dépense, ce n'est qu'une distribution de dépense qui est à l'avantage de ceux qui en profitent et qui est aussi à l'avantage de ceux qui distribuent cette dépense conformément à leur intérêt. Si d'autres gagnent sur la dépense de ce qui a été épargné, et si ceux qui dépensent gagnent aussi à cette épargne, vous trouverez qu'elle n'est aucunement nuisible à la société et que si elle est préjudiciable aux uns, elle est à l'avantage les autres. Alors c'est à ceux qui vivent des salaires qui se distribuent par les dépenses, à se distribuer eux-mêmes, conformément à la distribution des dépenses; ce qui ne manque pas de s'arranger, sans que le gouvernement s'en occupe, car, en effet ce n'est pas là un objet de gouvernement: il n'y a que la liberté même du choix des états, ou des professions, qui puisse établir régulièrement cet arrangement.

M. H. — Je vous avoue, mon ami, que cette réponse si bien ajustée à vos principes généraux, n'est pas satisfaisante; car elle ne prouve pas qu'il y ait la même quantité de dépenses pour ceux de la nation qui vivent des salaires que fournissent les dépenses qui se font dans le royaume, puisque les Savoyards leur ont enlevé une partie de ces salaires. On peut soutenir aussi qu'il n'y a pas la même quantité de dépenses, car ces mêmes salaires que les Savoyards ont gagnés, se dépensent en Savoie. Je veux bien faire abstraction de notre argent qui passe en pays étranger, mais je ne veux pas oublier les salaires qui sont enlevés à nos concitoyens.

M. N. — Votre instance prévient la suite de l'explication qui doit faire disparaître complètement votre objection, mais elle expose du moins avec précision la difficulté qui reste à éclaircir, et nous ramène à la source des dépenses, qui est elle-même la source des salaires. Ce sont les cultivateurs et les propriétaires qui distribuent primitivement toutes les dépenses et tous les salaires;

ainsi, plus ils pourront augmenter le fonds de richesses qui s'emploient en dépenses, plus ils répandront de salaires, et plus ils augmenteront le revenu du souverain. Il ne faut pas perdre de vue ces deux objets; vous n'êtes actuellement occupé qu'à retenir dans le royaume tous les salaires que les dépenses peuvent y distribuer, sans examiner l'emploi des dépenses le plus avantageux à la prospérité et à la puissance de l'Etat. Mais si vous vous rappelez que toute diminution de frais de culture, qui ne préjudicie point à la culture même, ou qui peut et doit l'accroître, est une augmentation de revenu pour les propriétaires et pour le souverain, et que cette augmentation est un accroît de dépenses disponibles qui assure la puissance de la nation et qui multiplie les salaires, cela vous présentera deux éléments de calculs dont le résultat dissipera vos difficultés.

S'il y a du gain à préférer les Savoyards pour couper nos moissons, ce gain sera une diminution de frais de culture et un accroissement de revenu, et par conséquent des dépenses disponibles pour la nation. Si au contraire les frais de culture s'étendaient au préjudice du revenu, l'Etat ni la nation ne seraient point dédommagés de cette perte; car les dépenses en frais ne sont point des dépenses disponibles: les dépenses en frais distribuent, il est vrai, des salaires; mais les dépenses disponibles en distribuent aussi. Or, quand même la diminution des dépenses en frais paraîtrait retrancher plus de salaires que n'en fournirait l'augmentation des dépenses disponibles, vous ne pourriez pas conclure de là que ce retranchement de salaires fût désavantageux à la nation, si l'ordre des dépenses disponibles lui devenait alors plus avantageux. Car, la culture devenant moins coûteuse, le prix de l'épargne des dépenses en frais serait consacré naturellement par les cultivateurs à l'accroissement de leurs travaux, qui augmenteraient les productions et le revenu. Ainsi, dans la réalité, il n'y aurait pas de retranchement de dépenses, et il y aurait plus de revenu, qui assurerait bientôt à la nation des salaires beaucoup plus considérables que ceux dont elle jouissait avant que les Savoyards eussent mis le travail au rabais. Et dès le premier moment de l'épargne sur les frais, la nation, ayant une plus grande somme de richesses disponibles, serait plus puissante, et aurait une existence moins précaire.

Nous voilà revenus insensiblement à l'emploi des animaux de travail et des machines, à la réparation des chemins, aux transport des marchandises par les rivières, les canaux, etc., pour diminuer de grands frais de salaires qu'on payerait à des hommes et qu'on évite par ces différents moyens; d'où résulte une augmentation de revenus, c'est-à-dire de dépenses disponibles qui font l'opulence de la nation et qui se distribuent en salaires dans le royaume.

Les dépenses en frais, quoiqu'elles fournissent des salaires, ne procurent point cette opulence par laquelle on dépense abondamment et comme l'on veut sans s'appauvrir, puisque l'on ne peut disposer à volonté des dépenses en frais, tant qu'elles sont fixées à cet emploi, d'où on ne peut les détourner sans arrêter le travail auquel elles sont destinées, à moins que d'y suppléer par d'autres moyens. Ce qui ramène encore à l'épargne des dépenses en frais, autant qu'on le peut, sans préjudicier à la reproduction annuelle des richesses de la nation, et même pour augmenter cette reproduction, qui seule fournit à tous les différents genres de dépenses, multiplie les jouissances et assure la puissance de l'Etat. Ainsi, vous voyez que votre objection nous ferait toujours parcourir le même cercle, qui toujours la réduirait à l'absurde, car elle s'étendrait à tous les moyens que l'on emploie pour diminuer les frais, par le retranchement des salair   i absorberaient le revenu des terres: Et l'on en conclurait touj irs, d'après vous, que toute la nation devrait être occupée à des travaux qui augmentassent les dépenses en frais, sans augmenter la reproduction annuelle des richesses et sans laisser de revenus pour les dépenses disponibles.

M. H. — Vous conviendrez au moins que toute la dépense des artisans et de toute la classe que vous appelez stérile, revient à la classe des cultivateurs, et que ce sont ces dépenses qui soutiennent le prix des productions de la terre. Or, c'est par le prix même de ces productions que vous calculez les reprises des cultivateurs, et les revenus des propriétaires, en un mot, tout ce que vous appelez richesses annuellement renaissantes de la terre. Mais pourriez-vous les qualifier même de richesses sans leur valeur vénale, c'est-à-dire si elles n'étaient pas échangeables pour d'autres richesses de valeur égale; je veux dire pour d'autres richesses qui, abstraction faite des matières premières, sont elles-mêmes des richesses ou des productions annuellement renaissantes par les travaux des artisans. Dans cet échange, tout ce que l'on peut appeler richesse, de part et d'autre, n'est ainsi nommé que parce qu'il est payé réciproquement par une richesse de valeur égale. On paye les ouvrages des artisans; c'est par cette raison même que ces productions sont des richesses. On paye aussi les productions de l'agriculture; n'est-ce pas encore par cette raison que ces productions sont des richesses? Quelle différence trouvez-vous donc entre les productions de l'industrie et les productions de l'agriculture? Quand vous y en trouveriez, (car en effet, il y en a toujours, même entre un individu et un autre individu de la même espèce) que pourriez-vous en conclure, relativement au point de la question dont il s'agit entre nous, lorsque les conditions spécifiques, qui doivent nous réunir, sont essentiellement les mêmes de part et d'autre?

M. N. — Je vous l'ai déjà dit, tous ces arguments ne sont fondés que sur des équivoques de langage: et s'il fallait me conformer à ce langage inexact, je dirais comme vous que les ouvrages des artisans sont des productions, et que ces productions sont des richesses avec lesquelles l'artisan peut payer les productions de l'agriculture. Mais vous me permettriez de vous faire remarquer que tous les salariés de la classe *stérile* qui ne font point d'ouvrages, les mendiants même et les voleurs que l'on ne soupçonne pas de produire des richesses, payent aussi, au moyen de l'argent qu'ils se sont procuré, les productions de l'agriculture, avec des richesses de valeur égale. Nous sommes convenus d'ailleurs que moins les productions des artisans sont *richesses*, je veux dire que plus on peut épargner sur les dépenses qui les produisent et les renchérissent, moins les richesses de cette nature sont onéreuses à ceux qui échangent les productions de la terre pour ces richesses. Cependant vous me demandez encore, mon ami, quelle différence je trouve entre les productions de l'industrie et les productions de l'agriculture, d'où je puisse conclure que les premières ne sont pas de véritables *générations* ou *créations* de richesses? Cette différence qui vient d'être développée et débattue contradictoirement entre nous, et dans le plus grand détail, vous a-t-elle déjà échappé?

M. H. — Vous dites toujours qu'il faut payer les agents de la classe stérile pour qu'ils puissent payer les productions qu'ils achètent à la classe productive; nous voilà, vous ou moi, engagés

dans un cercle vicieux ; car je dis de même qu'il faut que les
agents de la classe stérile eux-mêmes payent aussi pour qu'ils
puissent être payés. Ainsi de part et d'autre tous sont payés et
tous sont payeurs.

M. N. — Il est vrai que les agents de la classe stérile sont
payeurs des productions qu'ils achètent à la classe productive ; on
pourra même dire encore, si vous le voulez, que ces achats favorisent le débit et le prix des productions ; mais s'ensuit-il de là
que le même argent qui paye les productions qu'ils achètent leur
sert aussi à se payer eux-mêmes leurs salaires? Ne supposeriez-
vous pas alors un double emploi dans un même acte de commerce?
Car l'argent avec lequel les agents de la classe stérile ont payé
les productions qu'ils ont achetées, a été échangé à la classe productive à valeur pour valeur égale ; la classe stérile a autant reçu
de la classe productive que la classe productive a reçu de la
classe stérile ; et de plus vous prétendriez que la classe stérile se
payerait aussi ses salaires avec l'argent qu'elle a employé en achats
de productions ; qu'ainsi elle traiterait avec la classe productive
de manière qu'elle devrait avoir la marchandise qu'elle a achetée
et l'argent avec lequel elle l'a payée. Cela ne voudrait-il pas dire
que la classe productive lui livrerait la marchandise pour rien?
Dans ce cas la classe stérile ne se défrayerait pas elle-même ; ce
serait le contraire de ce que vous voudriez me prouver.

Vous avez voulu dire, sans doute, que quand la classe stérile
a échangé son argent à la classe productive à valeur pour valeur
égale, cet argent appartient à la classe productive, et que celle-ci
à son tour l'emploie à la classe stérile en payements de service
ou d'ouvrages qu'elle en reçoit ; voilà, selon votre idée, le cercle
ou la circulation de cet argent qui change tour à tour de
propriétaires, qui sont les mêmes, et qui se le rendent mutuellement.

Mais il ne s'agit pas ici simplement de l'argent, car l'argent
ne se consomme pas ; nous devons parler aussi des productions qui
se consomment à la classe stérile et qui renaissent annuellement
à la classe productive, et que celle-ci vend à celle-là: Et nous
devons encore remarquer qu'il n'est pas même vrai que la classe
productive reporte à la classe stérile l'argent qu'elle en reçoit ;
car elle le porte aux propriétaires des terres pour payer le revenu
qu'elle leur doit. Ainsi cet argent prend une autre route que celle

que vous aviez imaginée, pour former un cercle continuel, unique et réciproque entre la classe stérile et la classe productive. D'ailleurs ce n'est pas à la circulation de cet argent, comme nous l'avons déjà observé, que nous devons nous fixer; nous oublierions notre objet essentiel qui est la distribution annuelle des productions qui renaissent annuellement par les travaux de la classe productive.

Faites donc, encore une fois, abstraction de l'argent, et ne pensez qu'à cette distribution qui effectivement peut se faire sans l'entremise de l'argent. Car la classe productive pourrait payer en productions mêmes les services et les ouvrages qu'elle reçoit de la classe stérile. Elle pourrait payer de même le revenu des propriétaires, qui payeraient aussi avec des productions les salaires de la classe stérile. Et il ne resterait alors à la classe productive que la portion de sa récolte qu'il lui faut à elle-même pour la dépense des travaux nécessaires pour faire renaître chaque année la même reproduction, qui chaque année aussi se distribuerait de même entre les trois classes. Vous savez que cette distribution se faisait ainsi dans le grand et plantureux empire gouverné par les Incas.

Vous voyez par cette forme de distribution qui, dans le vrai, est la distribution réelle des productions et des consommations annuelles entre les trois classes, que cette distribution se termine immédiatement et complètement par la consommation, et recommence de nouveau par la reproduction; qu'ainsi cette distribution n'a pas de retour à la classe productive, et que votre cercle disparaît.

Jetez les yeux sur le *Tableau économique*, vous verrez que la classe productive donne l'argent avec lequel les autres classes viennent lui acheter des productions, et qu'elles lui rendent cet argent en revenant l'année suivante faire chez elle les mêmes achats. Vous pourriez, sans un grand effort d'imagination, vous représenter ces pièces de métal comme autant de billets qui marquent la part que chacun doit avoir dans la répartition annuelle des productions; car la classe productive rend régulièrement ces mêmes billets pour marquer de même la répartition de l'année suivante. Ainsi ce que vous appelez prix dans le commerce entre diverses nations ne vous paraîtra chez chaque nation que des mesures qui règlent entre les concitoyens la distribution des subsistances qui naissent du territoire par les travaux des cultivateurs, lesquels eux-mêmes n'ont que leur part réglée dans l'ordre de cette distribution de productions qui se consomment annuellement, et que vous distinguez facilement des services et des ouvrages destinés à communiquer, à préparer et à varier les jouissances ou la consommation. Vous ne voyez donc ici d'autre cercle que celui de la dépense suivie de la reproduction, et de la reproduction suivie de la dépense; cercle qui est parcouru par la circulation de l'argent qui mesure la dépense et la reproduction. Ainsi cessez de confondre la mesure avec la chose mesurée, et la circulation de l'une avec la répartition de l'autre.

M. H. — On a dit si bien dans la Théorie de l'impôt: « Tous « les hommes labourent, parce tous tendent, chacun dans son emploi, « à ménager le temps du laboureur. Le tailleur fait l'habit du la-« boureur; celui-ci n'est pas forcé de quitter sa charrue pour tra-« vailler à son vêtement; la femme du tailleur est occupée du « ménage, le tailleur n'est point détourné de son travail, » etc., etc., etc.

M. N. — Cette métaphore, placée dans le livre que vous citez, où vous avez vu la classe stérile distinguée exactement de la classe productive, ne devait pas vous induire à erreur. Elle réunit, il est vrai, le travail productif avec celui qui est nécessaire pour la jouissance, par des conditions qui les assimilent: mais ne voyez-vous pas qu'en ménageant ainsi le temps du laboureur c'est pour augmenter son travail productif, qui alors doit faire naître sa subsistance et celle du tailleur. Donc le tailleur ne subsiste que par l'augmentation du travail productif du cultivateur. Donc si le cultivateur interrompait son travail pour faire lui-même ses vête-ments, il ne ferait plus naître la subsistance d'un autre homme; car le temps qu'il emploierait à ce travail stérile serait dérobé à son travail productif. Ainsi le travail du tailleur, qui évite ce dé-rangement, suppose nécessairement un double travail productif de la part du cultivateur pour faire subsister cet artisan; ce qui prouve clairement que le travail de celui-ci est réellement stérile.

M. H. — Je commence à concevoir qu'en effet les ouvrages des artisans ne sont richesses que par la réunion d'autres richesses qui existaient déjà avant la fabrication de ces ouvrages; et que moins, à qualité égale, ils coûtent de ces richesses, c'est-à-dire moins ils sont richesses, plus ils sont profitables. Mais je reviens à l'objection que je vous ai déjà faite relativement à l'épargne que l'on fait aussi, autant que l'on peut, sur les travaux de l'agriculture qui font naître les richesses de la terre. N'est-ce pas de même afin que ces richesses coûtent moins de richesses, c'est-à-dire afin qu'elles soient moins richesses. Dans ce cas, que devient la différence que vous faites tant valoir à l'avantage de votre opinion?

M. N. — Cette différence, que vous n'apercevez pas, peut vous être démontrée bien clairement.

Tous les hommes qui travaillent consomment pour subsister. Mais la consommation anéantit les subsistances. Il faut donc les faire renaître. Or, c'est le travail du cultivateur qui fait renaître non seulement les subsistances qu'il avait anéanties, mais encore celles qu'anéantissent tous les autres consommateurs. Au contraire le travail de l'artisan ne lui procure qu'un droit de participer à la consommation des subsistances qui renaissent par le travail du cultivateur.

Vous voyez donc qu'il faut distinguer en deux parties la reproduction que le cultivateur a fait naître; savoir, celle qui est pour sa propre subsistance, et celle qui excède cette même subsistance. D'où suit que, si l'on peut, sans préjudicier à la reproduction totale, restreindre la première portion, on accroît d'autant la seconde. Par exemple, supposé que la reproduction soit *vingt*, la dépense du cultivateur *dix* et l'excédent *dix*; si la dépense peut être restreinte à *huit*, l'excédent sera *douze*.

Les productions, indépendamment des frais de culture, ont leur prix réglé par la quantité et par la concurrence des acheteurs, dont les besoins surpassent toujours la masse de la reproduction. Donc l'épargne qu'on fait sur les dépenses du cultivateur, quoiqu'elle augmente la portion qui excède les frais, n'en diminue pas le prix, et par conséquent la reproduction n'en est *pas moins richesse*.

Au contraire, dans les ouvrages de l'artisan il n'y a nul surcroît de richesses au delà de ses dépenses, comme on l'a prouvé; ainsi plus on épargne sur ses dépenses, *moins ses ouvrages sont richesses*.

Ces observations, qui sans doute vous sont familières, devaient, mon ami, vous faire remarquer la différence qu'il y a entre l'effet des dépenses de la culture et celui des dépenses des artisans, et surtout entre la valeur des richesses que le travail de la culture fait naître et la valeur des ouvrages de l'artisan. On peut comparer en quelque sorte l'artisan et le cultivateur relativement à la valeur de leurs dépenses; parce que ces dépenses doivent de part et d'autre entrer en compte dans les supputations de l'ordre économique: mais l'artisan et le cultivateur ne peuvent être comparés relativement aux fruits de leurs travaux. La différence est si sensible qu'elle n'a pas besoin d'autre développement pour dissiper votre objection sur les effets de l'épargne dans les dépenses qu'exigent les ouvrages des artisans, et dans les dépenses du travail de la culture de la terre. La dépense du travail décide du prix des ouvrages des artisans, et la concurrence de ceux-ci limite la dépense de leur travail. Il n'en est pas de même, je le répète, du prix des productions de la terre, il ne résulte pas seulement des dépenses de la culture, mais encore de beaucoup d'autres causes qui peuvent en soutenir la valeur vénale, nonobstant l'épargne sur les frais de la culture. Le produit du travail de l'artisan ne vaut que la dépense; s'il coûtait plus, il y aurait de la perte. Le produit du travail du cultivateur surpasse la dépense; plus il la surpasse, plus il est profitable, et plus il augmente l'opulence de la nation. Ainsi la comparaison qui a servi de fondement à votre objection, disparaît, et votre objection aussi; car plus on peut épargner sur les dépenses de la culture de la terre, sans préjudicier à la reproduction, plus il y a de produit net ou de revenu pour les propriétaires des terres, dont les dépenses s'établissent par des achats qui se font à la classe *productive* et à la classe *stérile*, et de la classe *stérile* à la classe *productive*, pour y faire renaître le même revenu et les mêmes dépenses. Voilà la différence que nous n'aperceviez pas, *et que je fais tant valoir*, dites-vous, *à l'avantage de mon opinion.*

Ces observations, dont l'évidence est palpable, doivent faire cesser toutes contestations relatives au débit et aux prix des productions, aux salaires et aux consommations des salariés de quelque genre qu'ils soient, ouvriers, fabricants, artistes, commerçants, voituriers, gagistes, etc. Plus vous les payerez cher, plus chacun d'eux pourra augmenter sa consommation. Mais alors il y aura moins de salariés et moins de consommateurs en concurrence pour le débit de vos productions, car la masse des salaires est limitée. Ainsi, plus vous payeriez chèrement les salariés à la classe productive, moins vous en pourriez payer à la classe stérile; et par la même raison, plus vous en payeriez chèrement à la classe stérile, moins vous en pourriez payer à la classe productive. Tout est assujetti ici à des règles rigoureuses où les raisonnements doivent céder au calcul; calculez donc, et vous ne direz plus que les grands frais payés aux salariés augmentent la consommation, et par conséquent le débit et la valeur vénale des productions. Vous apercevrez que ce raisonnement qui vous paraissait décisif dans des cas particuliers considérés d'une manière abstraite, se trouve détruit dans l'ordre général. Vous reviendrez à la nécessité d'admettre la plus grande liberté possible de concurrence en toute espèce de commerce pour en restreindre le plus qu'il est possible les frais onéreux. Dès que vous aurez calculé les effets de cette liberté générale et prescrite par le droit naturel en vertu duquel *chacun doit licitement avoir la faculté de faire son sort le meilleur qui lui soit possible, sans usurpation sur le droit d'autrui*, vous verrez évidemment qu'elle est une condition essentielle à la multiplication des richesses publiques et particulières. Vous redouterez, vous repousserez toutes les opinions qui pourraient conduire à porter atteinte à cette liberté sacrée que l'on peut regarder comme le résumé de tous les droits de l'homme. Vous évaluerez alors le système que vous avez d'abord défendu, c'est-à-dire celui des gens qui voudraient assimiler la prétendue production qui résulte des travaux de la classe *stérile*, à la production réelle qui résulte des travaux de la classe *productive*. Vous sentirez que si l'on bornait ce système à une pure et simple abstraction, il se réduirait à un préjugé vain, frivole et démenti par l'évidence; mais que dès qu'on en veut tirer des conséquences pratiques (ce qui est le but principal de ses défenseurs), il devient une erreur dangereuse et perfide, qui, malheureusement, n'a été que trop féconde en prohibitions injustes, en représailles cruelles, en exclusions ruineuses, en monopoles onéreux, en privilèges destructeurs. Vous reconnaîtrez enfin que ce *système* auquel il ne reste évidemment que le choix d'être *futile*, si l'on n'en fait aucun usage réel, ou *désastreux* si on le prend pour principe de conduite, ne peut dans l'un et dans l'autre cas se soutenir qu'à la faveur d'un langage vague, inexact, où l'on exprime avec les mêmes mots les idées les plus différentes. Je vous rends la justice de croire que vous n'êtes pas de ceux qui ont cherché à profiter de l'obscurité de ce langage équivoque pour embrouiller le sujet de la contestation et prolonger dans les ténèbres la dispute à laquelle nous nous sommes livrés. La matière que nous discutons est trop importante, et vous êtes trop dévoué à la vérité pour recourir à cette petite supercherie. La complication des idées, mêmes difficiles à démêler dans une science encore peu connue et obscurcie par des intérêts particuliers et par des préjugés dominants, a seule pu vous induire à défendre sérieusement une opinion séduisante; mais vous comprenez sans doute à présent que la prévention générale, qui l'autorise, cédera bientôt à la vérité.

ÉPHÉMÉRIDES DU CITOYEN

ou

BIBLIOTHÈQUE RAISONNÉE
DES SCIENCES MORALES ET POLITIQUES (¹)

Quid pulchrum, quid turpe, quid utile,
quid non,   *Horace.*

EXTRAITS

I.

JANVIER 1767.

ANALYSE
DU
GOUVERNEMENT DES INCAS DE PÉROU

par M. A. (²)

Il s'était formé dans l'Amérique méridionale, sous le gouvernement des Incas du Pérou, un royaume de 1500 lieues; d'une

---

(1) Le renvoi de Dupont du poste de rédacteur en chef du *Journal de
l'agriculture* paraissait avoir porté un coup dangereux aux disciples de Quesnay, et il semblait que toutes voies pour arriver à l'opinion publique leur
étaient dès lors fermées, lorsque tout-à-coup et comme par un décret de la
Providence, un organe qui jusqu'alors et pendant longtemps avait été du
parti adverse, leur ouvrit spontanément ses colonnes. Vers la fin de l'année
1765, l'abbé Baudeau avait fondé, sur le modèle du *Spectator* d'Addison,
un journal paraissant deux fois par semaine sous le titre: *Ephémérides du*

(2) Voir page 557.

extrémité à l'autre, cet empire était abondant en or et en argent; mais ces métaux n'y servaient pas à d'autres usages qu'à ceux de

citoyen ou *Chronique de l'esprit national*, et dans lequel il combattait les opinions des disciples de Quesnay, notamment sur la liberté des échanges, tandis que sur d'autres points il y adhérait. Cette dernière circonstance les a engagés à s'efforcer d'attirer l'adversaire à eux par tous les moyens, et leurs efforts furent couronnés d'un succès surprenant. Dans le même mois où l'*Analyse* du *Tableau économique* fut livrée à la publicité, la conversion devint complète. Dupont raconte ce qui suit dans la *Notice abrégée*, au sujet de cette conversion:

„Le volume (mois de juin 1766) est remarquable comme époque précise de la révolution qui s'est faite dans les opinions que M. l'abbé *Baudeau* avait eues jusqu'alors, et de la résolution qu'il a prise de se consacrer à l'étude et à la promulgation des vrais principes de la science de l'économie politique, qu'il a professée depuis avec des succès si éclatants et si distingués. Il s'en fallait beaucoup encore que ce digne citoyen eût été frappé par l'évidence de la nouvelle doctrine économique. Il croyait au contraire pouvoir la combattre avec avantage: les maximes vulgairement reçues et surtout ses talents supérieurs semblaient lui préparer une victoire facile. Il avait fait le plan de neuf lettres en réponse à celle que M. *le Trosne* lui avait adressée dans le volume de mars: il publia la première, et invita le journaliste de l'agriculture Dupont à la publier aussi. Celui-ci, en satisfaisant dans ce volume à cette invitation, crut devoir ajouter à la lettre de M. l'abbé Baudeau, une demi-page d'observations. Il eut le bonheur de bien saisir le point de la question: l'âme honnête et le génie perçant de M. l'abbé Baudeau en furent frappés: il renonça à ses huit autres lettres: il vint trouver son confrère. Tous les deux s'expliquèrent, s'entendirent, s'embrassèrent, se promirent d'être toujours compagnons d'armes, frères et émules. Ils se sont tenus parole jusqu'à présent: ils se la tiendront vraisemblablement jusqu'à la mort; et parmi le peu de services que le zèle du journaliste de l'agriculture, du commerce et des finances, a pu rendre à la science des droits et des devoirs de l'homme, il regardera toujours comme le plus grand, cette heureuse observation qui a valu à cette science un organe tel que M. l'abbé Baudeau."

Comme, par suite du renvoi de Dupont, la nouvelle école semblait condamnée au silence, le jeune disciple offrit immédiatement de transformer sa publication en un organe du parti. „Nous étions — ainsi parle le marquis de Mirabeau dans la lettre déjà mentionnée à son ami Lungo — nous étions tous chez le docteur, logé à Paris chez une dame de nos amies, quand Dupont reçut sa lettre (de renvoi). L'abbé Baudeau aussitôt se revira, proposa de faire les *Ephémérides* en recueil mensuel, en obtint le privilège, et commença en janvier 1767 par son Préliminaire qui est un chef-d'œuvre et fort au-dessus de son talent ordinaire." (Loménie, t. II, page 251.) Dans la *Notice abrégée* (numéro de juin 1769 des *Ephémérides*), Dupont donne encore quelques indications sur les circonstances détaillées de cette transformation:

„*Ephémérides du citoyen*. Nous avons vu dans notre volume précédent, que M. l'abbé *Baudeau* avait commencé cet ouvrage périodique sous le titre d'*Ephémérides du citoyen ou Chronique de l'esprit national*. Il en

l'orfèvrerie où nous avons coutume de les employer. Les Péruviens n'avaient ni monnaie, ni écriture, ni sciences approfondies, ni com-

---

faisait distribuer deux fois par semaine une feuille *petit in-8°*, ce qui formait l'un dans l'autre un peu plus de *huit* feuilles *petit in-8°* ou environ **128** pages de forme *in-12* par mois. L'ouvrage n'avait donc pas assez d'étendue pour les matériaux importants que l'on commençait à y adresser de toutes parts, et sa distribution en feuilles détachées nuisait à l'éclaircissement des objets importants qu'il avait à traiter et dont la discussion se trouvait souvent interrompue dans l'endroit le plus intéressant ou qui aurait exigé l'attention la plus suivie. Ces considérations se firent particulièrement sentir à M. l'abbé Baudeau lorsqu'il vit son recueil devenir le seul ouvrage périodique consacré à la philosophie économique que l'on bannissait du *Journal de l'agriculture, du commerce et des finances.* Il prit donc le parti de publier son ouvrage en *un volume chaque mois,* et de donner à ce volume *neuf feuilles in-12* ou 216 *pages d'impression,* y compris ses tables et autres accessoires indispensables. Ce fut l'engagement qu'il prit avec le public, et que nous devons remplir aujourd'hui.

Ce fut alors aussi qu'il supprima le second titre de *Chronique de l'esprit national,* qu'il avait donné jusqu'à ce temps à ses *Ephémérides,* et qu'il y substitua celui de *Bibliothèque raisonnée des sciences morales et politiques,* plus conforme à la vaste carrière qu'il se proposait de parcourir. Ce fut dès lors qu'il divisa cette *Bibliothèque raisonnée* en trois parties; la première, formant un *Recueil de pièces détachées* sur la morale et sur la politique; la seconde, contenant la *Critique raisonnée des ouvrages nouveaux* qui traitent de ces matières; la troisième, renfermant l'*histoire* philosophique des *évènements publics* qui peuvent accroître le bonheur du genre humain, et des traits de bienfaisance dont l'exemple est utile à répandre. Ce plan de M. l'abbé Baudeau fut honoré de l'approbation générale. Le discours dans lequel il l'annonça, après avoir exposé avec la plus grande noblesse l'objet de la philosophie économique et en avoir rapidement parcouru l'histoire, fut regardé, avec raison, comme un chef-d'œuvre d'éloquence."

Dans cet *Avertissement* de Baudeau, que l'école de Quesnay a tant célébré se trouve un passage qui a donné lieu plus tard à tant de sarcasmes, et que nous reproduisons:

„Il faudra sans doute plusieurs volumes pour développer les vérités mères que renferme en quatre lignes le *Tableau économique,* comme il en a fallu pour expliquer les 64 figures de Fohi; mais le *Confucius* d'Europe (sic) a déjà trouvé, dans le premier ordre de la nation française, les disciples zélés dont les ouvrages, dignes fruits des siens, facilitent de plus en plus l'intelligence de ce chef-d'œuvre du génie politique. La France s'applaudira toujours d'avoir vu naître ce phénomène philosophique à la cour du meilleur de ses rois, et la postérité n'oubliera point le plaisir qu'il prit à le voir former sous ses yeux" etc. A. O.

(2) (Voir page 555.) Le premier volume, déjà, du nouvel organe renferme un travail du fondateur de la nouvelle doctrine. La *Notice abrégée* l'annonce en ces termes, comme paru au *mois de janvier, année 1767:*

merce extérieur. On ne trouvait parmi ce peuple très nombreux ni fainéants, ni pauvres, ni voleurs, ni mendiants; la *loi naturelle* avait dicté les lois de l'Etat, elle réglait les *droits* et les *devoirs* du souverain et des sujets : on ne connaissait au Pérou, pour vraies richesses, que les productions de la terre, nécessaires à la subsistance des hommes.

Les terres cultivables étaient partagées à trois sortes de possesseurs chargés de les cultiver, ou de les faire cultiver à leurs dépens.

Un tiers appartenait au sacerdoce, un tiers au souverain, un tiers aux colons et aux nobles ou seigneurs des provinces. Ces possesseurs des terres étaient entrepreneurs de culture et tenaient tous à la classe de l'agriculture.

Un assez petit nombre d'habitants formaient une classe des salariés non-cultivateurs, composée d'artisans, de militaires, d'officiers publics, etc. Cette classe peu considérable subsistait presque toute aux dépens du sacerdoce, du souverain et des nobles : car les *colons* étaient obligés de faire eux-mêmes leurs logements, leurs vêtements, leurs chaussures, leurs meubles et leurs instruments de culture; le climat et la simplicité des mœurs concouraient à rendre ces travaux faciles.

Examinons les rapports de cette distribution.

„Le premier volume des Ephémérides, sous la nouvelle forme de *Bibliothèque raisonnée des sciences morales et politiques*. On y trouve d'abord *l'Avertissement*, dont nous venons de parler, et puis pour *Pièces détachées :*

1. *L'Analyse du gouvernement des Incas du Pérou, par l'Auteur du Tableau économique, sous le nom de M. A.*“

Comme on le voit, Quesnay change, dans le nouveau recueil, son signe d'auteur. Il écrit dans la suite sous le nom de **M. A.** ou M. Alpha. Mirabeau signera B.; Dupont, H.; Baudeau, L. ou LB., etc.

Le rédacteur Baudeau a ajouté ou mémoire ci-dessus la remarque préliminaire que voici:]

„Ceux de nos lecteurs qui sont initiés à la *science économique* vont reconnaître la main du maître : ils nous féliciteront de pouvoir débuter si heureusement et formeront des vœux pour que notre recueil moral et politique soit souvent enrichi de pareils présents.

L'histoire des Incas de Pérou, par *Acosta Garcillaso*, contient des détails très curieux et très importants sur cette ancienne monarchie, détruite en 1577 par les Espagnols: l'analyse de leur gouvernement, qu'on va lire, n'en rapporte que des particularités qui concernent la distribution des biens et des richesses entre les différents ordres de cet Etat.

L'auteur, qui veut garder l'anonyme, sera désigné par la lettre A.“ A. O.

Premier lot.

Le produit *net* du tiers des terres qui appartenaient au sacerdoce, était destiné à la dépense de la construction des temples, à l'entretien des prêtres, à la subsistance de tous ceux qui étaient occupés au service de la religion ; le reste était conservé pour le temps de famine et autres ' soins à prévoir. Mais avant tout autre emploi, il fallait prélever sur le produit brut les frais de culture et les semences.

Cette partie de la production nécessaire à la subsistance des colons étant soustraite, le tiers destiné au sacerdoce se réduisait environ à un cinquième, sur lequel il fallait fournir la semence.

Chez nous le clergé tire en dîme à peu près le septième du produit *net*, son droit étant perçu à raison de la production totale, sans compter les frais ni la semence : il y a de plus les biens-fonds qui lui appartiennent, les honoraires qui lui sont payés, et ce qui lui revient par la mendicité, etc. Ainsi la portion de notre sacerdoce surpasse de beaucoup le quart du produit des terres du royaume, et le clergé est exempt de la dépense que cause la construction des temples et des presbytères.

Second lot.

Le produit du tiers des terres appartenant au souverain était employé aux dépenses de son service et des princes du sang royal ; à celles de la guerre ; à la construction des magasins publics dispersés dans tout le royaume ; aux bâtiments, ouvrages, chemins et autres travaux publics ; à la subsistance des officiers du prince ; le reste était conservé pour les disettes et autres besoins à prévoir ; on prélevait de même avant tout autre emploi la subsistance des colons et les semences.

La dépense des cultivateurs étant soustraite, le tiers du souverain se trouvait réduit environ à un cinquième, sur lequel il fallait retirer la semence. Si chez nous la portion du souverain était réglée aux deux septièmes du produit *net*, la semence prélevée et abstraction faite des biens patrimoniaux de la couronne, elle surpasserait de beaucoup la portion des rois du Pérou, qui étaient chargés de remettre la semence, et qui n'assujettissaient leurs sujets à nulles autres charges ou redevances Dans les conquêtes que faisaient les Péruviens, le souverain, pour ne rien ôter à ses nouveaux sujets, s'arrogeait, pour sa part et pour celle du sacerdoce, les terres qu'il y avait à défricher.

Troisième lot.

Le produit de la troisième portion des terres était pour la subsistance des nobles et des *colons;* les malades, les impotents et caducs, les veuves, les orphelins et les soldats en temps de guerre avaient aussi leur part dans la distribution de ces terres; mais ces portions privilégiées des citoyens réduits à l'impuissance de les faire valoir eux-mêmes étaient cultivées gratis avant toutes les autres terres par les *colons.* Les nobles faisaient cultiver aussi leur part de ces terres par leurs vassaux, mais à leurs dépens, ainsi que le sacerdoce et le souverain. Les autres terres de ce troisième tiers étaient partagées aux colons à raison du nombre de personnes par famille. Les garçons ne se mariaient pas avant vingt-cinq ans et les filles avant vingt ans, afin que les pères et mères pussent profiter des travaux de leurs enfants; et plus ils en avaient, plus ils étaient réputés riches; les colons avaient pour eux la totalité du produit de leurs terres, et leur subsistance était fournie pendant le temps du travail qu'ils donnaient à la culture des autres terres; ainsi leur portion était environ la moitié du produit de la totalité des terres cultivées; mais comme nous l'avons dit, ils ne faisaient pas de dépenses à la classe des artisans, et ils avaient part à la chasse, à la pêche, etc., qui fournissaient encore à leur subsistance; par conséquent, ils avaient abondamment de quoi satisfaire à leurs besoins actuels et aux besoins imprévus.

Chez nous, dans un bon ordre de gouvernement, tel qu'il est réglé dans le *Tableau économique*, (1) la classe des cultivateurs retirerait les trois cinquièmes de la totalité du produit des terres; c'est un sixième de plus que dans l'autre cas: mais il y en a un tiers d'employé à la dépense qu'elle fait à la classe stérile, ce qui réduit la portion destinée à sa subsistance à un sixième moins que moitié; d'ailleurs elle ne partage pas aux produits de la chasse,

(1) Le *Tableau économique*, cité dans cette *Analyse du gouvernement des Incas du Pérou*, est certainement connu d'une partie de nos lecteurs; mais peut-être plusieurs d'entre eux ont-ils encore besoin qu'on les instruise sur ce chef-d'œuvre de la philosophie politique.

Nous indiquerions en vain la magnifique édition qui fut faite dans les mois de novembre et décembre 1758; il n'est plus possible de s'en procurer des exemplaires. Mais on trouve une première explication du *Tableau économique*, par M. le marquis de Mirabeau, dans la sixième partie de l'*Ami des hommes*, imprimée en 1760. La *Philosophie rurale*, publiée en 1763, en est un développement beaucoup plus considérable, qui mérite d'être étudié sérieusement par tout homme de lettres vraiment citoyen. M. Du Pont, ci-devant

de la pêche, etc., ainsi la subsistance ne serait pas aussi ample chez nous pour la classe des cultivateurs qu'elle l'était dans ce royaume.

Les terres n'étaient point des biens patrimoniaux possédés en propriété, ni par droit d'hérédité; leur partage variait continuellement, selon les changements qui arrivaient dans le nombre des personnes de chaque famille, ce nombre des personnes était la mesure qui réglait équitablement le partage des portions; chacun avait la sienne. Les produits de ces terres et les troupeaux étaient les seules richesses particulières des Péruviens, ils leur appartenaient en propriété comme elles appartiennent chez nous aux laboureurs qui cultivent des terres affermées. Par ce partage des terres, personne n'était dans l'indigence; l'état ou la fortune de chaque habitant était toujours assuré avec une sorte d'égalité, entretenue par ce partage même et par l'émulation dans le travail. Les officiers du prince étaient chargés de faire des visites dans l'intérieur des maisons pour y examiner l'état d'aisance des habitants, la propreté des habitations et les soins que les pères et mères avaient de leurs enfants, afin d'éloigner partout la négligence et la paresse.

Dans chaque province la chasse était divisée par cantons; il se faisait successivement chaque année, dans un de ces cantons seulement, une chasse générale par les habitants qui s'assemblaient pour cette expédition. Les prises se distribuaient régulièrement à chacun, et on les préparait de manière qu'elles pouvaient se conserver et fournir de viande pendant l'année. Mais il était défendu à tous les sujets de chasser dans d'autres temps, de crainte que cet exercice ne favorisât la paresse et ne détournât de la culture des terres ou des autres occupations de ménage.

Les conquêtes des rois du Pérou furent beaucoup plus rapides et beaucoup plus étendues que celles des Romains; aussi ne tendaient-ils qu'à civiliser les hommes, qu'à les rendre heureux et bienfaisants. Ils conduisaient de grandes armées formées de braves

---

chargé de la rédaction du journal du commerce, l'enrichit au mois de juin dernier d'une courte, mais excellente analyse du *Tableau économique*, faite de la main même du maître : il doit la publier incessamment dans un recueil de morceaux précieux que nous nous empresserons de faire connaître à nos lecteurs; en attendant, nous pouvons mettre sous leurs yeux, d'après M. le m. de M., les notions préliminaires qui doivent les guider dans l'étude du *Tableau économique*. (Note de Baudeau; elle se termine par les notions, mais nous les laissons de coté comme étant ici superflues.)

soldats : mais c'était plutôt pour en imposer dans leurs conquêtes que pour combattre, parce qu'ils voulaient conserver et s'attacher les habitants des pays qu'ils entreprenaient de soumettre à leur domination. Lorsqu'ils trouvaient de la résistance, ils temporisaient et parvenaient enfin à les gagner par des propositions qui annonçaient les avantages et l'excellence de leur gouvernement. Leurs premiers soins étaient de visiter les provinces conquises, d'exciter leurs nouveaux sujets aux travaux de l'agriculture, de leur procurer les secours nécessaires, de faire défricher les terres incultes, de former des colonies dans les contrées dépourvues d'habitants ; de faire faire des chemins de communication, des canaux et des aqueducs pour conduire les eaux nécessaires à l'arrosement des terres ; de faire construire des magasins, des temples et autres édifices publics ; d'établir des écoles pour leur apprendre à cultiver la terre, pour les civiliser, pour régler leur conduite et les instruire dans la religion ; de leur laisser des magistrats et des officiers pour rendre la justice, exercer la police, maintenir l'ordre, veiller à la sûreté de l'État et à la conservation des biens des sujets, affermir l'autorité des lois et du souverain, qui était occupé à contenir ses officiers rigoureusement dans leurs devoirs et dans l'intégrité des fonctions de leurs emplois.

Ce gouvernement d'un peuple puissant et courageux, dont un évènement funeste causa la ruine, a existé pendant plusieurs siècles dans le pur état de nature ; et il était si conforme à l'ordre de la nature même, qu'il surpasse toutes les spéculations des philosophes et de ces savants législateurs de l'antiquité, célébrés avec tant de vénération dans l'histoire de notre continent. Sa constitution renferme des vues si sages et si profondes qu'on y trouve, par compte et par mesure, l'ordre radical d'un gouvernement le plus prospère et le plus équitable. Aussi les auteurs espagnols, qui nous ont conservé quelques restes des annales péruviennes, nous donnent-ils les idées les plus sublimes de la grandeur des Incas, du bonheur et de la richesse de leurs sujets.

Il subsiste encore dans plusieurs endroits quelques vestiges magnifiques des ouvrages exécutés par les Péruviens en vue de l'utilité publique ; on prétend même qu'une partie de ce peuple immense, échappée à la cruauté de ses oppresseurs, s'est maintenue dans le centre de l'Amérique méridionale, sous le même gouvernement et sous l'autorité des princes issus de la race des Incas.

II.

Mars à Juin 1767.

DESPOTISME DE LA CHINE [1]

par M. A.

AVANT-PROPOS

On comprend le gouvernement de la Chine sous le nom de *despotisme*, parce que le souverain de cet empire réunit en lui seul

---

[1] Ce mémoire étendu, qui a paru dans quatre numéros (mars, avril, mai et juin 1767) des *Ephémérides*, peut, dans un certain sens, être envisagé comme le précurseur de l'ouvrage de Mercier de la Rivière, l'*Ordre naturel et essentiel des sociétés politiques*, lequel a paru en juin de la même année et a surtout développé les principes politiques du système. Quesnay se trouve vis-à-vis de ce dernier ouvrage à peu près dans une même position qu'à l'égard de la première édition du *Tableau économique* par le marquis de Mirabeau. Du moins, on peut en conclure ainsi par un passage d'une lettre inédite du marquis de Mirabeau à son ami Longo, du 27 mai 1788, disant : „J'ai vu l'auteur de l'*Ordre naturel et essentiel des sociétés politiques* travailler six semaines entières en robe de chambre dans l'entresol du docteur (Quesnay), fondre et refondre son ouvrage et ensuite renier son père et sa mère". (Loménie, *Les Mirabeau*, tome II, page 334.) C'est pourquoi Mably, dans ses *Doutes proposés aux philosophes économistes sur l'ordre naturel et essentiel des sociétés politiques* (1768), dirigeait contre le „Despotisme de la Chine", de Quesnay, publié dans les *Ephémérides,* ses attaques de la même manière que contre l'ouvrage de Mercier de la Rivière. Le mémoire a été en général peu remarqué ; il n'appartient d'ailleurs pas aux meilleurs travaux de l'auteur. Mais pour l'histoire du système physiocratique, il est remarquable en ce qu'il prouve que les opinions spécialement politiques de celui-ci ont reçu la forme définitive plus tard que les opinions spécialement économiques. De même, les Maximes qui sont ultérieurement venues s'ajouter aux *Maximes générales* (voir page 330), sont, la plupart, rédigées dans un sens politique.

La *Notice abrégée* de Dupont annonce comme suit l'apparition de la première partie de ce mémoire : „Celui (le volume) qui fut publié au mois de mars, dont nous avons à parler à présent, renferme d'abord le com-

toute l'autorité suprème. *Despote* signifie Maître ou Seigneur: ce titre peut donc s'étendre aux souverains qui exercent un pouvoir absolu réglé par les lois, et aux souverains qui ont usurpé un pouvoir arbitraire qu'ils exercent en bien ou en mal sur des nations dont le gouvernement n'est pas assuré par des lois fondamentales. Il y a donc des despotes légitimes et des despotes arbitraires et illégitimes. Dans le premier cas, le titre de despote ne paraît pas différer de celui de monarque; mais ce dernier titre se donne à tous les rois, c'est-à-dire à ceux dont l'autorité est unique et absolue, et à ceux dont l'autorité est partagée ou modifiée par la constitution des gouvernements dont ils sont les chefs. On peut faire la même observation sur le titre d'empereur: il y a donc des monarques, des empereurs, des rois, qui sont despotes et d'autres qui ne le sont pas. Dans le despotisme *arbitraire*, le nom de despote est presque toujours regardé comme un titre injurieux qu'on donne à un souverain arbitraire et tyrannique.

L'empereur de la Chine est un despote; mais en quel sens lui donne-t-on cette dénomination? Il me paraît qu'assez généralement en Europe on a des idées peu favorables sur le gouvernement de cet empire; je me suis aperçu, au contraire, par les relations de la Chine, que sa constitution est fondée sur des lois sages et irrévocables, que l'empereur fait observer, et qu'il observe lui-même exactement: on en pourra juger par la simple compilation de ces relations mêmes qu'on va donner ici sous ce point de vue.

---

mencement de l'ouvrage intitulé le *Despotisme de la Chine* par l'auteur du *Tableau économique* sous le nom de M. A."

L'abbé Baudeau, alors rédacteur des *Éphémérides*, a fait précéder le travail d'une note conçue en ces termes:

„Nous nous empressons de communiquer à nos lecteurs cet ouvrage intéressant que nous leur avions annoncé. L'auteur l'a divisé en huit chapitres, également curieux, qu'il a rédigés, suivant son usage, avec la plus grande précision.

Le premier traite de l'origine, de l'étendue et de la prospérité de la Chine. Le second contient le détail des lois fondamentales de cet empire. Le troisième est une analyse de sa législation positive. Le quatrième roule sur le système de l'impôt. Le cinquième sur l'autorité de l'empereur. Le sixième sur l'administration, les lois pénales et les mandarins. Le septième sur les défauts reprochés au gouvernement de la Chine.

Mais le huitième et le plus important de tous est un résumé des précédents, qui contient un parallèle entre les constitutions naturelles du meilleur gouvernement des empires, et les principes de la science qu'on enseigne et qu'on pratique à la Chine."

Nous publions ce Mémoire sans interruption et sans indiquer les divisions mensuelles. A. O.

CHAPITRE PREMIER

§ 1ᵉʳ

Introduction.

C'est au fameux Marc Paul, Vénitien, qu'on dut, dans le 13ᵉ siècle, les premières connaissances de la Chine; mais tout ce qu'il rapportait de l'ancienneté de cette monarchie, de la sagesse de ses lois et de son gouvernement, de la fertilité, de l'opulence, du commerce florissant, de la multitude prodigieuse d'habitants qu'il attribuait à cet empire, de la sagesse de ce peuple, de sa politesse, de son goût pour les arts et les sciences, parut incroyable. Tous ces récits passèrent pour autant de fables. Une relation si extraordinaire semblait plutôt le fruit d'une imagination enjouée que le rapport d'un observateur fidèle.

On trouvait de l'absurdité à croire qu'il pût exister à 3000 lieues de nous, un empire si puissant qui l'emportait sur les Etats les mieux policés de l'Europe. Quoi! au delà de tant de nations barbares, à l'extrémité du monde, un peuple aussi ancien, aussi sage, et aussi civilisé que le représentait le voyageur vénitien! C'était une chimère qui ne pouvait trouver de foi que dans les esprits simples et crédules.

Les temps dissipèrent ces préjugés; les premiers missionnaires qui pénétrèrent à la Chine, vers la fin du quinzième siècle, publièrent quelques relations de ce royaume; elles s'accordaient avec celles de Marc Paul; elles vérifièrent ses récits; on rendit justice à sa sincérité. Le témoignage unanime de plusieurs personnes dont l'état et l'intelligence garantissaient la fidélité de leurs rapports, subjugua tous les esprits; l'incertitude fit place à la conviction; celle-ci entraîna à la surprise et l'admiration.

Depuis cette époque, le nombre des relations s'est multiplié à l'infini; cependant on ne peut se flatter de connaître assez parfaitement cet empire et ses productions pour avoir des notions parfaitement exactes de cette belle contrée. On ne peut guère compter que sur les mémoires des missionnaires; mais la sublimité de leur vocation, la sainteté de leurs travaux ne leur permettaient guère d'étudier des objets de pure curiosité; d'ailleurs la nécessité de se livrer à des sciences arbitraires pour les faire servir de rempart à leurs occupations apostoliques, ne leur a laissé que le temps de nous donner exactement le résultat de leurs opérations géométriques et les dimensions précises d'un empire si étendu.

S'ils y ont joint des connaissances sur l'histoire morale et politique, ce qu'ils ont dit, quoiqu'assez satisfaisant, n'est pas cependant traité aussi profondément qu'il aurait pu l'être. On les accuse d'avoir, en plus d'une occasion, sacrifié la vérité à des préjugés de leur état, et de n'avoir pas toujours autant de fidélité dans leurs récits que de zèle dans leurs missions.

A l'égard des productions de cette vaste contrée, ils n'ont pas eu assez de loisir pour se livrer à cette étude, et c'est dans l'histoire de la Chine la partie la plus défectueuse. Toutes les inductions qu'on peut tirer de leurs rapports, c'est que la nature offre en ces climats la même sagesse, la même intelligence et la même variété que dans le nôtre, avec cette différence qu'elle semble avoir rassemblé dans cette seule contrée presque toutes les productions qu'on trouve dispersées dans le reste de l'univers; cette bienfaisance de la nature n'a pas permis aux missionnaires de nous donner sur ces objets une instruction complète.

Le père Duhalde a pris soin de rassembler différents mémoires et d'en faire un corps d'histoire. Le mérite de l'ouvrage est assez connu; c'est d'après cet écrivain que nous avons traité de cet empire, mais sans nous dispenser d'avoir recours aux originaux dont il s'est servi.

Nous avons aussi consulté plusieurs autres voyageurs qui ont écrit sur la Chine et dont le père Duhalde n'a pas fait mention: tels que Marc Paul, Emmanuel Pinto, Navarette, Espagnol et missionnaire dominicain; les voyageurs hollandais, Gemelli Carerri, Laurent Lange, envoyé du czar Pierre à l'empereur de la Chine, le gentil Ysbrant Ides, l'amiral Anson, et plusieurs autres.

§ 2.

Origine de l'empire de la Chine.

La nuit des temps, qui confond tout, n'a pas épargné l'origine des Chinois. L'histoire ancienne de presque tous les peuples n'est qu'un tissu de fables inventées par l'orgueil ou produites par l'ignorance et la barbarie qui ont précédé la formation des sociétés. Plus un peuple est devenu célèbre, plus il y a prétendu accroître son lustre en tâchant d'ensevelir sa source dans les siècles les plus reculés; c'est ce qu'on impute aux antiquités chinoises.

Leur histoire nous apprend que *Fohi* ayant été élu roi environ 3000 ans avant Jésus-Christ (c'est à peu près du temps du Noé), ce souverain civilisa les Chinois et fit différentes lois également sages et justes. Les annales ne se contentent pas de nous représenter ce prince comme un habile législateur; elles nous le donnent encore pour un mathématicien profond, pour un génie créateur auquel on doit de belles inventions: il apprit à entourer les villes de murs; il imposa différents noms aux familles, afin de les distinguer; il inventa des figures symboliques pour publier les lois qu'il avait faites. En effet les hommes étaient instruits ailleurs de ces connaissances, vers ces temps-là; car elles avaient déjà fait beaucoup de progrès en Egypte dès le temps de Jacob.

A *Fohi*, les historiens chinois font succéder *Chin-nong*. Cet empereur apprit à ses sujets à semer les grains; à tirer du sel de l'eau de la mer, et des sucs salutaires de plusieurs plantes; il favorisa aussi beaucoup le commerce et il établit des marchés publics. Quelques historiens placent sept empereurs après *Chin-nong*; mais les autres lui font succéder immédiatement *Hoang-ti*.

C'est à ce prince qu'on rapporte l'origine du cycle sexagénaire, du calendrier, de la sphère, et de tout ce qui concerne les nombres et les mesures. Suivant la même histoire, il fut aussi l'inventeur de la monnaie, de la musique, des cloches, des trompettes, des tambours et de différents autres instruments; des arcs, des flèches et de l'architecture; il trouva encore l'art d'élever des vers à soie, de filer leurs productions, de les teindre en différentes couleurs et d'en faire des habits; de construire des ponts, des barques et des chariots qu'il faisait tirer par des bœufs. Enfin c'est sous le règne de ces trois empereurs que les chinois fixent l'époque de la découverte de toutes les sciences et de tous les arts en usage parmi eux.

Après *Hoang-ti* régnèrent successivement *Chao-hao*: son fils, *Tchuen-hio*, *Tcho*, *Yao* et *Xun*. Sous le règne d'*Yao*, dit l'histoire chinoise, le soleil parut dix jours de suite sur l'horizon, ce qui fit craindre un embrasement général.

Les auteurs anglais de l'histoire universelle sont, de tous les écrivains, ceux qui paraissent avoir le plus combattu toutes les preuves qu'on a voulu donner de l'antiquité chinoise. C'est dans leurs ouvrages qu'on peut puiser les raisons qui pourraient faire rejeter l'opinion du père Duhalde et de ses partisans. Cet historien fixe la première époque de la chronologie chinoise au règne de *Fohi*, 2357 ans avant J.-C. et la fait suivre sans interruption jusqu'à notre temps; ce qui comprend une période de 4000 ans. M. Shuckford a adopté ce système, en conjecturant que l'arche s'est arrêtée sur des montagnes près des frontières de la Chine. Il a donné pour ancêtres aux Chinois les enfants que Noé eut après le déluge; et il fait mourir ce patriarche dans cette contrée, après un séjour de 350 ans. Ce savant prétend que *Fohi* et *Noé* ne sont qu'un même personnage.

Les écrivains anglais, après avoir démontré clairement que par le texte de la Genèse et par les circonstances qui y sont rapportées, on ne peut entendre que l'arche s'arrêta près de la Chine, mais sur le mont Ararat, situé en Arménie, passent aux preuves alléguées par le père Duhalde. Ils sont bien éloignés de regarder comme démonstratif ce que cet historien rapporte des neuf premiers empereurs et de leur règne. La durée de ces règnes, suivant les historiens anglais, comprend une période de 712 années, et fait la base de la chronologie chinoise; mais rien, disent-ils, n'est moins solide que tout ce qu'on raconte depuis *Fohi* jusqu'au règne d'*Yu*, qui succéda à *Xun* au temps d'Abraham. A ce règne d'Yu commence l'ordre des dynasties ou familles qui ont occupé le trône jusqu'à présent. Avant lui, l'histoire chinoise est mêlée de fables.

Sans insister sur la chronologie de Moïse, qui paraît contrarier celle des Chinois, il suffit, disent-ils, d'avoir donné le précis des premiers temps pour faire voir combien toute leur histoire est destituée de fondement. Les preuves les plus plausibles que l'on puisse alléguer en sa faveur se réduisent au témoignage de *Confucius*, à l'opinion des Chinois et à leurs observations astronomiques. Mais comment se rendre à ces raisons? *Confucius* se plaint que de son temps on manquait de bons mémoires historiques. L'opinion de la nation démontre seulement le même faible que tout autre peuple a pour s'arroger l'antiquité la plus reculée; et c'est un effet de l'orgueil, qui, loin d'être un motif de crédulité, devient une raison de plus pour rejeter toute cette antiquité chimérique. Quant aux observations astronomiques, l'exemple que le P. Martini dit avoir lu dans les livres chinois, que le soleil parut dix jours de suite, est-il bien propre à donner une idée avantageuse des connaissances des Chinois dans cette partie? Il en est de même de l'éclipse observée 2155 ans avant le commencement de notre ère. Est-il probable que ces peuples aient pu faire alors des observations tant soit peu passables; eux qui, dans le seizième siècle depuis la naissance du Sauveur, lorsque les jésuites arrivèrent à la Chine, n'avaient encore que des notions fort imparfaites de l'astronomie, puisque des Mahométans étaient chargés de la formation de leur calendrier et de toutes les observations relatives à cette science. « C'est ce que nous croyons pouvoir démontrer, « disent les critiques anglais, par une savante et curieuse lettre « de M. Costard, publiés dans les transactions philosophiques des « mois de mars, août et mai de 1747. » D'ailleurs, quelle apparence y a-t-il que les trois premiers monarques aient inventé toutes les sciences et tous les arts libéraux; qu'ils y aient fait en si peu de temps des progrès si étonnants? Nous en inférons, disent ces savants étrangers, qu'on ne peut fonder l'antiquité fabuleuse des Chinois sur tous les récits de leurs historiens, et qu'il ne faut les croire qu'avec discernement.

Leur période historique ne doit avoir commencé que bien du temps après le règne d'*Yu*. M. Fouquet, évêque titulaire d'Eleuteropolis, a publié même une table chronologique de l'empire de la Chine (*Tabula chro. Historiæ Sinicæ, connexa cum cyclo qui vulgo* Kiat-se *dicitur*. Romæ 1729), dressée par un seigneur tartare qui était vice-roi de canton, l'an 1720; ce chronologiste l'avait tirée des grandes annales de la Chine. Cette table fixe le commencement de la véritable chronologie environ à quatre siècles avant la naissance du Sauveur. M. Fouquet affirme de plus qu'on pourrait, sans risquer de se tromper, rapprocher cette époque un peu plus de notre temps; il convient à la vérité que la nation chinoise a sa source dans les temps voisins du déluge; mais il nie que leur histoire puisse mériter une entière créance, avant la période que nous venons n'indiquer. M. F. Fourmont observe que cette opinion est aujourd'hui presque universellement reçue par les missionnaires; les auteurs même de *Kang-mu ou Grandes Annales Chinoises*, conviennent aussi de bonne foi que la chronologie qui remonte au delà de 400 ans avant notre ère, est souvent suspecte. Un auteur très versé dans l'histoire chinoise (Monsieur Bayer), n'a pas meilleure opinion des mémoires de ces peuples.

Les auteurs anglais ne s'en tiennent pas à combattre ainsi leurs adversaires; ils prétendent encore prouver (Histoire universelle, *Tome* XIII, in-4°. *Amsterdam*, 1752, pages 13 et 112) que la Chine n'était que médiocrement peuplée l'an 1300 avant l'ère chrétienne.

Si la Chine, poursuivent encore nos historiens anglais, eût été un grand et puissant empire, comme elle l'est depuis plusieurs siècles, malgré le caractère réservé des Chinois, on aurait eu quelques connaissances de leurs richesses, de leur pouvoir et de leur génie; les Perses en auraient su quelque chose avant la destruction de leur monarchie; de même les Grecs, jusqu'au temps d'Hérodote, n'auraient pas ignoré l'existence du peuple chinois s'il eût fait une figure considérable dans le monde, mais il n'en est point parlé dans l'histoire avant qu'Alexandre pénétrât dans l'Inde, et même alors il n'en est rien dit qui soit de la moindre importance. Les plus anciens historiens, soit grecs, soit latins, n'ont fait aucune mention des Chinois. Moïse, Manethon, Hérodote et d'autres écrivains de la plus haute antiquité, ne parlent ni des Chinois ni de la Chine. (Cependant certains passages de Diodore de Sicile et de Quintecurce citent des habitants du royaume *Sophitien* comme un peuple fameux par l'excellence de son gouvernement, et ce même pays est appelé *Cathéa* par Strabon; plusieurs savants présument que Quintecurce, Diodore de Sicile et Strabon ont voulu parler de la Chine; mais les auteurs anglais sont d'un sentiment contraire.)

Il paraîtrait, par tout ce qu'on vient de voir, que les Chinois des derniers siècles auraient corrompu leurs annales: que les connaissances qu'ils avaient reçues par tradition de leurs aïeux, touchant la cosmogonie, la création de l'homme, le déluge, etc., auraient été appliquées à l'ancien état monarchique de la Chine; qu'ils auraient aussi rapporté à leur cycle sexagénaire divers événements beaucoup antérieurs à son invention: cependant, concluent nos historiens, nous devons tenir un milieu entre les deux extrémités opposées et reconnaître que les plus anciens mémoires chinois renferment quelques vérités.

Tout cet extrait est tiré presque entièrement des mélanges intéressants et curieux dont l'auteur paraît avoir adopté l'opinion des anglais. Néanmoins toutes les preuves qu'ils allèguent seraient fort faciles à réfuter, quant à ce qui concerne les événements remarquables des règnes d'*Yao*, de *Xun* et d'*Hiu*, à peu près contemporains d'Abraham.

M. de Guignes vient de rappeler le sentiment de M. Huet, qui est que les Chinois tirent leur origine des Egyptiens; cet académicien a voulu l'appuyer de faits assez probables: il s'est aperçu que les anciens caractères chinois avaient beaucoup de ressemblance avec les hiéroglyphes égyptiens, et qu'ils n'étaient que des espèces de monogrammes formés des lettres égyptiennes et phéniciennes; il entreprend de démontrer aussi que les premiers empereurs de la Chine sont les anciens rois de Thèbes et d'Egypte:

une réflexion assez simple lui semble autoriser le système qui donne à la nation chinoise une origine égyptienne. Les arts et les sciences florissaient à la Chine avant le règne d'*Yao*, tandis que les peuples voisins vivaient encore dans la barbarie; il est donc naturel de conclure, dit-il, que les Chinois sortaient d'une nation déjà policée, qui ne se trouvait point alors dans la partie orientale de l'Asie. Si l'on trouve des monuments égyptiens jusque dans les Indes, ainsi que les témoignages de plusieurs voyageurs le confirment, il ne sera pas difficile de se persuader que les vaisseaux phéniciens ont transporté dans ce pays quelques colonies égyptiennes qui de là ont pénétré à la Chine environ douze cents ans avant Jésus-Christ, en apportant leur histoire avec eux. (Introduction à l'Histoire de l'univers, *tome VII, page 620.*)

M. l'abbé Barthelemi, dans un mémoire lu à l'Académie des belles-lettres le 18 avril 1763, a tâché d'appuyer le système de M. de Guignes, en démontrant que l'ancienne langue égyptienne lui paraît avoir beaucoup de rapport avec l'hébreu et le chinois, etc.

Il est étonnant qu'on n'ait pas fait plus tôt une réflexion fort simple, qui pourrait être appuyée d'un développement curieux. Quand même on démontrerait l'identité des Chinois et des Egyptiens, pourquoi ne supposerait-on pas que ces derniers viennent de la Chine, ou plutôt que les uns et les autres ont une origine commune? C'est un sentiment qu'il serait, ce semble, fort aisé de rendre aussi vraisemblable que le système des académiciens français. Quelle assurance ont donc nos dissertateurs que les *arts* et les *sciences* étaient inconnus des anciens *Chaldéens*, aux temps voisins d'Abraham, et par conséquent sous le règne d'Yao? Les Indes, qu'ils regardent eux-mêmes comme l'origine immédiate des premiers législateurs chinois, ne confrontent-elles pas d'un côté à la *Chine*, et de l'autre à la *Chaldée*? Si les sciences, les hiéroglyphes et les arts étaient partis de là, pour s'établir dans la Chine qui est à l'orient et dans l'Egypte qui est à l'occident, que deviendraient les conjectures? Au reste, toutes ces discussions purement historiques sont ici d'une très médiocre conséquence.

Les objets les plus intéressants sont les lois établies par *Yao*, par *Xun* et par quelques autres, les grands ouvrages entrepris sous leurs règnes pour la prospérité de l'agriculture et du commerce des denrées, les monuments qu'ils ont laissés de leur science et de leur sagesse.

Des écrivains superficiels, qui ne cherchent que des faits et des dates, ont écrit que ces *magnifiques institutions*, si relevées dans les ouvrages très authentiques de *Confucius*, « ne méritaient pas l'attention des savants ». L'absurdité de ce jugement est un sûr préservatif contre tous les autres raisonnements de ces compilateurs.

Le défaut d'une chronologie parfaitement réglée, les lacunes que le temps a causées dans les anciens mémoires historiques, et le mélange des fables qu'on y a substituées, ne peuvent raisonnablement faire rejeter des faits certains, attestés d'âge en âge et confirmés par des monuments de la plus extrême importance comme de la plus grande authenticité.

La chronologie des livres de Moïse a donné lieu à trois opinions qui ne paraissent pas décidées. Toutes les histoires des Grecs, des Romains et des autres peuples, même les plus modernes, sont mêlées de fables et souffrent des éclipses, néanmoins le fond des événements passe pour authentique, surtout quand il est reconnu par les plus anciens écrivains éclairés, et attesté par des monuments. C'est le cas des évènements célèbres arrivés sous les empereurs *Qao* et *Xun*.

Nous ne nous arrêterons pas à fouiller dans les fastes de la monarchie chinoise pour en tirer les noms des empereurs et pour rendre raison de leur célébrité. Notre plan ne pourrait comporter cette histoire, qui demanderait trop d'étendue; il est aisé de concevoir que, dans le nombre de deux cent trente empereurs, il s'en est trouvé sûrement plusieurs de recommandables par leurs belles qualités, par leur habileté et leurs vertus, d'autres qui ont été en horreur par leurs méchancetés, par leur ignorance et par leurs vices. Le P. Duhalde a donné une histoire chronologique de tout ce qui s'est passé de plus remarquable sous le règne de ces souverains *(t. I, page 279);* on peut la consulter. Pour nous, notre tâche va se borner à faire connaître la forme du gouvernement chinois et à donner une idée de tout ce qui s'y rapporte.

Les premiers souverains de la Chine, dont les lois et les actions principales sont indubitables, furent tous de fort bons princes. On les voit uniquement occupés à faire fleurir leur empire par de justes lois et des arts utiles. Mais il y eut ensuite plusieurs souverains qui se livrèrent à l'oisiveté, aux dérèglements et à la cruauté, et qui fournirent à leurs successeurs de funestes exemples du danger auquel un empereur de la Chine s'expose lorsqu'il s'attire le mépris ou la haine de ses sujets. Il y en a eu qui ont été assez imprudents pour oser exercer, à l'appui des forces militaires, un despotisme arbitraire et qui ont été abandonnés par des armées qui ont mis les armes bas lorsqu'ils voulaient les employer à combattre contre la nation. Il n'y a point de peuple plus soumis à son souverain que la nation chinoise, parce qu'elle est fort instruite sur les devoirs réciproques du prince et des sujets, et par cette raison elle est aussi la plus susceptible d'aversion contre les infracteurs de la loi naturelle et des préceptes de morale formant le fond de la religion du pays et de l'instruction continuelle et respectable entretenue majestueusement par le gouvernement. Ces enseignements si imposants forment un lien sacré et habituel entre le souverain et ses sujets. L'empereur *Tchuen-Hio* joignit le sacerdoce à la couronne, et régla qu'il n'y aurait que le souverain qui offrirait solennellement des sacrifices: ce qui s'observe encore maintenant à la Chine. L'empereur y est le seul pontife, et lorsqu'il se trouve hors d'état de remplir les fonctions de sacrificateur, il députe quelqu'un pour tenir sa place. Cette réunion du sacerdoce avec l'empire, empêche une foule de troubles et de divisions, qui n'ont été que trop ordinaires dans les pays où les prêtres cherchèrent autrefois à s'attribuer certaines prérogatives incompatibles avec la qualité de sujets.

L'empereur *Kao-sin* fut le premier qui donna l'exemple de la polygamie; il eut jusqu'à quatre femmes; ses successeurs jugèrent à propos de l'imiter. Quoique la plupart des monarques chinois eussent établi des lois et de sages règlements, cependant *Yao*, huitième empereur de la Chine, est regardé comme le premier législateur de la nation et peut-être réellement fut-il le premier empereur. Ce fut en même temps le modèle de tous les souverains dignes du trône; c'est sur lui et sur son successeur appelé *Xun*, que les empereurs jaloux de leur gloire tâchent de se former: en effet, ces deux princes eurent les qualités qui font les grands rois, et jamais la nation chinoise ne fut si heureuse que sous leur empire.

Yao ne se borna pas à faire le bonheur de ses sujets pendant sa vie; lorsqu'il fut question de se donner un successeur, il résolut d'étouffer les mouvements de la tendresse paternelle, et de n'avoir égard qu'aux intérêts de son peuple: « Je connais mon fils, disait- « il; sous de beaux dehors de vertus il cache des vices qui ne sont « que trop réels ». Comme il ne savait pas encore sur qui faire tomber son choix, on lui proposa un laboureur nommé *Xun*, que mille vertus rendaient digne du trône. *Yao* le fit venir, et pour éprouver ses talents, il lui confia le gouvernement d'une province. *Xun* se comporta avec tant de sagesse que le monarque chinois l'associa à l'empire, et lui donna ses deux filles en mariage; *Yao* vécut encore vingt-huit ans dans une parfaite union avec son collègue.

Lorsqu'il se vit sur le point de mourir, il appela *Xun*, lui exposa les obligations d'un roi et l'exhorta à les bien remplir; à peine eut-il achevé son discours qu'il rendit son dernier soupir, laissant après lui neuf enfants qui se virent exclus de la couronne parce qu'ils n'avaient pas été jugés dignes de la porter. Il mourut à l'âge de 218 ans; la dynastie qui commence à la mort de ce souverain est appelée *Hia*, c'est à elle que commence l'énumération des dynasties de l'empire de la Chine.

Après la mort de l'empereur, *Xun* se renferma pendant trois ans dans le sépulcre de *Yao* pour se livrer aux sentiments de douleur que lui causait la mort d'un prince qu'il regardait comme son père; c'est de là qu'est venu l'usage de porter à la Chine pendant trois années le deuil de ses parents.

Le règne de *Xun* ne fut pas moins glorieux que celui de son prédécesseur; une des principales attentions de ce prince fut de faire fleurir l'agriculture; il défendit expressément aux gouverneurs des provinces de détourner les laboureurs de leurs travaux ordinaires pour les employer à tout autre ouvrage que la culture des campagnes. Cet empereur vivait environ du temps d'Abraham.

Pour se mettre en état de bien gouverner, *Xun* eut recours à un moyen qui doit paraître bien extraordinaire. Ce monarque publia une ordonnance par laquelle il permettait à ses sujets de marquer sur une table exposée en public ce qu'ils auraient trouvé de répréhensible dans la conduite de leur souverain.

Il s'associa un collègue avec lequel il vécut toujours de bonne intelligence; après un règne aussi long qu'heureux, il mourut et laissa la couronne à celui qui lui avait aidé à en porter le fardeau.

Yu, c'est le nom de ce nouveau monarque, marcha sur les traces de ses illustres prédécesseurs: on ne pouvait mieux lui faire sa cour qu'en lui donnant des avis sur sa conduite, et il ne trouvait point d'occupation plus digne d'un prince que celle de rendre la justice aux peuples; jamais roi ne fut plus accessible. Afin qu'on pût lui parler plus facilement, il fit attacher aux portes de son

palais, une cloche, un tambour et trois tables, l'une de fer, l'autre
de pierre et la troisième de plomb; il fit ensuite afficher une ordonnance par laquelle il enjoignait à tous ceux qui voulaient lui
parler, de frapper sur ces instruments ou sur ces tables, suivant
la nature des affaires qu'on avait à lui communiquer. On rapporte
qu'un jour il quitta deux fois la table au son de la cloche, et qu'un
autre jour il sortit trois fois du bain pour recevoir les plaintes
qu'on voulait lui faire. Il avait coutume de dire qu'un souverain
doit se conduire avec autant de précaution que s'il marchait sur
la glace; que rien n'est plus difficile que de régner; que les dangers naissent sous les pas des monarques; qu'il a toujours à craindre s'il se livre entièrement à ses plaisirs; qu'il doit fuir l'oisiveté,
faire un bon choix de ses ministres, suivre leurs avis et exécuter
avec promptitude un projet concerté avec sagesse.

Un prince qui connaissait si bien les obligations de la royauté
était bien capable de les remplir: ce fut sous son règne qu'on inventa le vin chinois qui se fait avec le riz. L'empereur n'en eut
pas plutôt goûté qu'il en témoigna du chagrin; cette liqueur, dit-il,
causera les plus grands troubles dans l'empire. Il bannit de ses
Etats l'inventeur de ce breuvage et défendit sous de grièves peines
d'en composer à l'avenir: cette précaution fut inutile. *Yu* eut pour
successeur son fils aîné, qui s'appelait *Ti-Kistin,* qui ne régna pas
moins glorieusement que celui qui venait de lui laisser la couronne.
Tui-Kaus fut son successeur; l'ivrognerie le renversa du trône et
donna lieu à une suite d'usurpateurs et de tyrans malheureux, dont
le mauvais sort fut une leçon bien effrayante pour les souverains
de cet empire.

Sous le règne de *Ling*, vingt-troisième empereur de la quatrième
famille héréditaire, naquit le célèbre *Confucius*, que les Chinois regardent comme le plus grand des docteurs, le plus grand réformateur de la législation, de la morale et de la religion de cet empire, qui était déchu de son ancienne splendeur; on aura encore
occasion dans la suite de s'étendre davantage sur la vie, sur les
vertus et sur les traverses de ce philosophe célèbre, qui soutint
avec un courage inébranlable toutes les oppositions et les oppressions que rencontrent quelquefois les sages dont les travaux tendent ouvertement au rétablissement de l'ordre dans leur patrie. Il
vivait 597 ans avant Jésus-Christ. Il n'avait que trois ans lorsqu'il
perdit son père, qui était premier ministre dans la principauté de
Tou. Confucius ne tarda pas à se faire une grande réputation.

Il avait à sa suite trois mille disciples, dont soixante-et-douze étaient fort distingués par leur savoir, et entre ceux-ci il en comptait dix si consommés en toutes sortes de connaissances, qu'on les appelait par excellence les dix philosophes.

Le grand mérite de ce sage maître l'éleva à la dignité de premier ministre du royaume de *Lou*. Ses règlements utiles changèrent la face de tout le pays. Il réforma les abus qui s'y étaient glissés, et il y rétablit la bonne foi dans le commerce. Les jeunes gens apprirent de lui à respecter les vieillards et à honorer leurs parents jusqu'après leur mort ; il inspira aux personnes du sexe la douceur, la modestie, l'amour de la chasteté, et fit régner parmi les peuples la candeur, la droiture et toutes les vertus civiles.

Confucius écrivit les guerres que s'étaient faites pendant deux cents ans les princes tributaires de l'empereur ; il mourut âgé de soixante-et-treize ans. On conserve à la Chine la plus grande vénération pour ce philosophe. Il est regardé comme le maître et le docteur de l'empire, ses ouvrages ont une si grande autorité que ce serait un crime punissable si l'on s'avisait d'y faire le moindre changement. Dès qu'on cite un passage de sa doctrine, toute dispute cesse, et les lettrés les plus opiniâtres sont obligés de se rendre.

Il y a dans presque toutes les villes des espèces de palais où les mandarins et les gradués s'assemblent en certains temps de l'année pour rendre leurs devoirs à Confucius. Dans le pays qui donna la naissance à ce fameux philosophe, les Chinois ont élevé plusieurs monuments qui sont autant de témoignages publics de leur reconnaissance. *Hi-Tsong*, roi des Tartares, voulant donner des marques publiques de l'estime qu'il faisait des lettres et de ceux qui les cultivaient, alla visiter la salle de Confucius et lui rendit, à la manière chinoise, les mêmes honneurs qu'on rend aux rois. Les courtisans ne pouvant goûter que leur maître honorât de la sorte un homme dont l'état n'avait selon eux, rien de fort illustre, lui en témoignèrent leur surprise. « S'il ne mérite pas ces honneurs « par sa qualité, répondit le monarque tartare, il en est digne « par l'excellente doctrine qu'il a enseignée. » La famille de Confucius se conserve en ligne directe depuis plus de deux mille ans.

§ 3.

Etendue et prospérité de l'empire de la Chine.

Cet empire est borné à l'orient par la mer, dite la Mer orientale, au nord par la grande muraille qui le sépare de la Tartarie ;

à l'ouest par de hautes montagnes, des déserts de sable; au sud par l'océan, les royaumes de Tonquin et de Cochinchine.

Les soins et l'exactitude que les missionnaires ont apportés aux observations astronomiques et aux mesures qu'ils ont faites dans cette belle contrée, ne laissent pas plus d'incertitude sur sa situation que sur son étendue; il résulte de leurs observations que la Chine, sans y comprendre la Tartarie qui en est dépendante, est presque carrée: elle n'a pas moins de 500 de nos lieues du sud au nord et de 450 des mêmes lieues de l'est à l'ouest, de façon que la circonférence est de 1900 lieues.

Mais si l'on veut avoir l'exacte dimension de l'empire entier de la Chine, il faut compter depuis les limites qui ont été réglées entre le czar et le souverain de cet Etat au cinquante-cinquième degré, on trouvera qu'il n'a pas moins de 900 lieues d'étendue, depuis l'extrémité de la Tartarie sujette de cet empereur, jusqu'à la pointe la plus méridionale de l'île de Haynang, au vingtième degré un peu au delà du tropique du Cancer.

Il n'est pas aussi facile de statuer positivement sur l'étymologie du nom de Chine, que les Européens donnent à cet empire. Les Chinois n'en font point d'usage et n'ont pas même un nom fixe pour leur pays; on l'appelait sous la race précédente *Royaume de la grande splendeur*, son nom actuel est *Royaume de la grande pureté*.

Quoiqu'il en soit du temps où les Européens ont donné ce nom de Chine à cet empire et du nom qu'il porte actuellement, on ne peut disconvenir que cet Etat ne soit le plus beau pays de l'univers, le plus peuplé et le plus florissant royaume que l'on connaisse; en sorte qu'un empire comme celui de la Chine vaut autant que toute l'Europe, si elle était réunie sous un seul souverain.

La Chine se partage en quinze provinces; la plus petite, au rapport du père Lecomte, est si fertile et si peuplée, qu'elle pourrait seule former un Etat considérable. «Un prince qui en serait «le maître, dit cet auteur, aurait assurément assez de biens et de «sujets pour contenter une ambition bien réglée.»

Chaque province se divise encore en plusieurs cantons, dont chacun a pour capitale un *Fou*, c'est-à-dire une ville du premier rang. Ce *Fou* renferme un tribunal supérieur, duquel relèvent plusieurs autres juridictions situées dans des villes du second rang, qu'on appelle *T-cheous*, qui président à leur tour sur de moins considérables, appelées *H-yens*, ou villes du troisième rang, sans parler d'une multitude de bourgs et de villages, dont plusieurs sont aussi grands que nos villes.

Pour donner une idée générale du nombre et de la grandeur des villes de la Chine, il nous suffira de rapporter ici les termes du P. Lecomte.

« J'ai vu, dit-il, sept ou huit villes toutes plus grandes que Paris, « sans compter plusieurs autres où je n'ai pas été et auxquelles la « géographie chinoise donne la même grandeur. Il y a plus de « quatre-vingts villes du premier ordre, qui sont comme Lyon, Rouen « ou Bordeaux. Parmi deux cents du second ordre, il y en a plus « de cent comme Orléans et entre environ douze cents du troisième, « on en trouve cinq à six cents aussi considérables que Dijon ou « la Rochelle, sans parler d'un nombre prodigieux de villages qui « surpassent en grandeur et en nombre d'habitants les villes de « Marennes, de S. Jean-de-Lus. Ce ne sont point ici des exagéra- « tions, ni des rapports sur la foi des autres: j'ai parcouru moi- « même la plus grande partie de la Chine et deux mille lieues que « j'ai faites peuvent rendre mon témoignage non suspect. »

La vaste étendue de la Chine fait aisément concevoir que la température de l'air et l'influence des corps célestes ne sont pas partout les mêmes: on peut juger de là que la diversité des climats n'exige pas différentes formes de gouvernements. Les provinces septentrionales sont très froides en hiver, tandis que celles du sud sont toujours tempérées; en été la chaleur est supportable dans les premières et excessive dans les autres.

Autant il y a de différence dans le climat des provinces, autant il s'en trouve dans la surface des terres et dans les qualités du territoire: les provinces de *Yun-nan*, de *Quey-cheu*, de *Se-techuen* et de *For-kien*, sont trop montagneuses pour être cultivées dans toutes leurs parties. Celle de *Tche-kyang*, quoique très fertile du côté de l'orient, a des montagnes affreuses à l'occident, etc. Quant aux provinces de *Ho-nan*, de *Aou-quang*, de *Kiang-si*, de *Pe-tchelli* et *Chan-tong*, elles sont bien cultivées et très fécondes.

Si la Chine jouit d'une heureuse abondance, elle en est redevable autant à la profondeur et à la bonté de ses terres qu'à la grande quantité de rivières, de lacs et de canaux dont elle est arrosée. Il n'y a point de ville, ni même de bourgade, surtout dans les provinces méridionales, qui ne soit sur les bords ou d'une rivière ou d'un lac, de quelque canal ou d'un ruisseau.

Les grands lacs et grand nombre d'autres moins considérables, joints à la quantité de sources et de ruisseaux qui descendent des montagnes, ont beaucoup exercé l'industrie des chinois ; ils en retirent de grands avantages par une multitude de canaux qui servent à fertiliser les terres et à établir des communications aisées d'une province ou d'une ville à une autre.

Pour ne pas interrompre la communication par terre, d'espace en espace on a élevé des ponts de cinq ou six arches dont celle du milieu est extrêmement haute. Toutes les voûtes sont bien cintrées, et les piles sont si menues qu'on dirait de loin que toutes les arches sont suspendues en l'air.

Tous les canaux de la Chine sont très bien entretenus et on a apporté les plus grands soins à rendre toutes les rivières propres à la navigation ; quoiqu'il y en ait plusieurs qui passent à travers des montagnes et des rochers extrêmement raides et escarpés, le *halage* des bateaux et des barques n'en est pas moins facile. A force de travaux on est parvenu à couper, en une infinité d'endroits, le pied des rochers et à pratiquer un chemin uni pour ceux qui tirent les barques.

Cependant, malgré l'industrie et la sobriété du peuple chinois, malgré la fertilité de ses terres et l'abondance qui y règne, il est peu de pays où il y ait autant de pauvreté dans le menu peuple.

Quel que soit cet empire, il est trop étroit pour la multitude qui l'habite. L'Europe réunie ne fournirait pas autant d'hommes et de familles.

Cette multiplication prodigieuse du peuple, si utile et si désirée dans nos Etats d'Europe (où l'on croit que la grande population est la source de l'opulence ; en prenant l'effet pour la cause, car partout la population surpasse l'opulence : ce sont les richesses qui multiplient les richesses et les hommes ; mais la propagation des hommes s'étend toujours au delà des richesses) ; cette multiplication y produit quelquefois de funestes effets. On voit des gens si pauvres que, ne pouvant fournir à leurs enfants les aliments nécessaires, ils les exposent dans les rues. On croira que l'aumône n'est pas assez excitée par le gouvernement pour le secours des indigents ; mais l'aumône ne pourrait pas y suppléer, car dans l'ordre de la distribution des subsistances, les salaires payés aux hommes pour leurs travaux les font subsister ; ce qui se distribue eu aumône est un retranchement dans la distribution des salaires qui font vivre les hommes dénués de biens ; ceux qui ont des revenus n'en peuvent jouir qu'à l'aide des travaux et des services de ceux qui n'en ont pas, la dépense des uns est au profit des autres; la consommation des productions de haut prix est payée à ceux qui les font naître et leur rend les dépenses nécessaires pour les reproduire; c'est ainsi que les dépenses multiplient et perpétuent les richesses. L'aumône est nécessaire pour pourvoir aux besoins pressants de l'indigent, qui est dans l'impuissance d'y pourvoir par lui-même; mais c'est toujours autant de détourné de l'ordre des travaux et de la distribution des richesses, qui font renaître les richesses nécessaires pour la subsistance des hommes; ainsi, quand la population excède les richesses, l'aumône ne peut suppléer à l'indigence inévitable par l'excès de population.

La misère produit à la Chine une quantité énorme d'esclaves ou de gens qui s'engagent sous condition de pouvoir se racheter: un homme vend quelquefois son fils, se vend lui-même avec sa famille, pour un prix très médiocre; le gouvernement, d'ailleurs si attentif, ferme les yeux sur ces inconvénients et ce spectacle affreux se renouvelle tous les jours (*Histoire générale des voyages*).

L'autorité des maîtres sur les esclaves se borne aux devoirs ordinaires du service et ils les traitent comme leurs enfants, aussi leur attachement est-il inviolable pour leurs patrons. Si quelque esclave s'enrichit par son industrie, le maître n'a pas droit d'envahir son bien et il peut se racheter si son maître y consent, ou si dans son engagement il en a retenu le droit (*Mélanges intéressants et curieux*).

Tout le monde se faisant un devoir d'être entretenu proprement, ce n'est que par un travail continuel qu'on peut y pourvoir; aussi n'est-il point de nation plus laborieuse, point de peuple plus sobre et plus industrieux.

Un Chinois passe les jours entiers à bêcher ou remuer la terre à force de bras; souvent même, après avoir resté pendant une journée dans l'eau jusqu'aux genoux, il se trouve fort heureux de trouver le soir chez lui du riz, des herbes et un peu de thé. Mais ce paysan a sa liberté et sa propriété assurée; il n'est point exposé à être dépouillé par des impositions arbitraires, ni par des exactions de publicains, qui déconcertent les habitants des campagnes et leur font abandonner un travail qui leur attire des disgrâces beaucoup plus redoutables que le travail même. Les hommes sont fort laborieux partout où ils sont assurés du bénéfice de leur travail; quelque médiocre que soit ce bénéfice, il leur est d'autant plus précieux que c'est leur seule ressource pour pourvoir autant qu'ils le peuvent à leurs besoins.

Les artisans courent les villes du matin au soir pour chercher pratique : la plupart des ouvriers à la Chine travaillent dans les maisons particulières. Par exemple, veut-on se faire un habit? le tailleur vient chez vous le matin et s'en retourne le soir; il en est ainsi de tous les artisans, ils courent continuellement les rues pour chercher du travail; jusqu'aux forgerons qui portent avec eux leur enclume et leur fourneau, pour des ouvrages ordinaires; les barbiers mêmes, si l'on en croit les missionnaires, se promènent dans les rues, un fauteuil sur les épaules, le bassin et le coquemar à la main. Tout le monde avec de la bonne volonté, sans infortunes et sans maladie, trouve le moyen de subsister; comme il n'y a pas un pouce de terre cultivable inutile dans l'empire, de même il n'y a personne, ni homme ni femme, quel que soit son âge, fût-il sourd ou aveugle, qui ne gagne aisément sa vie. Les moulins pour moudre le grain sont la plupart à bras, une infinité de pauvres gens et d'aveugles sont occupés à ce travail.

Enfin toutes les inventions que peut chercher l'industrie, tous les avantages que la nécessité peut faire valoir, toutes les ressources qu'inspire l'intérêt sont ici employées et mises à profit. Grand nombre de misérables ne doivent leur subsistance qu'au soin qu'ils ont de ramasser les chiffons et les balayures de toutes espèces qu'on jette dans les rues. On fait même trafic d'ordures encore plus sales, pour fertiliser la terre; dans toutes les provinces de la Chine, on voit une infinité de gens qui portent des seaux à cet usage; d'autres vont sur les canaux qui règnent derrière les maisons, remplir leurs barques à toute heure du jour; les Chinois n'en sont pas plus étonnés qu'on l'est en Europe de voir passer des porteurs d'eau; les paysans viennent dans les maisons acheter ces sortes d'ordures et donnent en paiement du bois, de l'huile, des légumes, etc. Dans toutes les villes il y a des lieux publics dont les maîtres tirent de grands avantages.

§ 4.

Ordres des citoyens.

On ne distingue que deux ordres parmi la nation chinoise, la noblesse et le peuple; le premier comprend les princes du sang, les gens qualifiés, les mandarins et les lettrés. Le second les laboureurs, les marchands, les artisans, etc.

Il n'y a point de noblesse héréditaire à la Chine; le mérite et la capacité d'un homme marquent seuls le rang où il doit être placé. Les enfants du premier ministre de l'empire ont leur fortune à faire et ne jouissent d'aucune considération; si leur inclination les porte à l'oisiveté ou s'ils manquent de talents, ils tombent au rang du peuple et sont souvent obligés d'exercer les plus viles professions; cependant un fils succède aux biens de son père, mais pour lui succéder dans ses dignités et jouir de sa réputation, il faut s'élever par les mêmes degrés; c'est ce qui fait attacher toutes les espérances à l'étude, comme à la seule route qui conduit aux honneurs.

Les titres permanents de distinction n'appartiennent qu'aux membres de la famille régnante; outre le rang de prince, que leur donne leur naissance, ils jouissent de cinq degrés d'honneur, qui répondent à peu près à ceux de *duc*, de *comte*, de *marquis*, de *vicomte* et de *baron*, que nous connaissons en Europe.

Ceux qui épousent des filles d'empereurs, participent à des distinctions comme ses propres enfants; on leur assure des revenus destinés à soutenir leurs dignités, mais ils n'ont aucun pouvoir. La Chine a encore des princes étrangers à la maison impériale; tels sont les descendants des dynasties précédentes, qui portent la ceinture rouge pour marquer leur distinction, ou ceux dont les ancêtres ont acquis ce titre par des services rendus à leur patrie.

Le premier empereur de la dynastie tartare qui règne aujourd'hui, créa trois titres d'honneur pour ses frères, qui étaient en grand nombre et qui l'avaient aidé dans sa conquête. Ce sont les princes du premier, du second, du troisième rang, que les empereurs appellent *Regules*. Le même empereur érigea encore plusieurs autres titres d'une moindre distinction pour les enfants des Regules. Les princes du quatrième rang s'appellent *Pet-tse*; ceux du cinquième *Cong-heon*; ce cinquième degré est au-dessus des plus grands mandarins de l'empire; mais les princes de tous les rangs inférieurs ne sont distingués des mandarins que par la ceinture jaune, qui est commune à tous les princes du sang régnants, de quelque rang qu'ils puissent être. La polygamie fait que tous ces princes se multiplient infiniment; et quoique revêtus de la ceinture jaune, il s'en trouve beaucoup qui sont réduits à la dernière pauvreté.

On compte encore parmi les nobles, premièrement ceux qui ont été mandarins dans les provinces, soit qu'ils aient été congédiés, ce qui leur arrive presqu'à tous, soit qu'ils se soient volontairement retirés avec la permission du prince, ou soit qu'ils se soient procurés certains titres d'honneurs qui leur donnent le privilège de visiter les mandarins et qui par là leur attirent le respect du peuple. Secondement, tous les étudiants, depuis l'âge de quinze à seize ans jusqu'à quarante, subissent les examens établis par l'usage.

Mais la famille la plus illustre de la Chine et la seule à qui la noblesse soit transmise par héritage, est celle du philosophe *Confucius*. Elle est sans doute la plus ancienne du monde, puisqu'elle s'est conservée en droite ligne depuis plus de deux mille ans. En considération de cet homme célèbre qui en est la source, tous les empereurs ont depuis constamment honoré un de ses descendants du titre de *Cong*, qui répond à celui de duc.

Une des troisièmes marques de noblesse consiste dans les titres d'honneur que l'empereur accorde aux personnes d'un mérite éclatant. En Europe, la noblesse passe des pères aux enfants et à leur postérité; à la Chine, elle passe au contraire des enfants aux pères et aux ancêtres de leurs pères. Le prince étend la noblesse qu'il donne jusqu'à la quatrième, la cinquième et même la dixième génération passée, suivant les services rendus au public; il la fait remonter, par des lettres expresses, au père, à la mère, au grand-père qu'il honore d'un titre particulier; sur ce principe que les vertus doivent être attribuées à l'exemple et aux soins particuliers de leurs ancêtres.

Le second ordre des citoyens comprend tous ceux qui n'ont pas pris des degrés littéraires; les laboureurs tiennent le premier rang, puis les marchands et généralement tous les artisans, les paysans, manouvriers et tout ce qui compose le menu peuple.

§ 5.
Des forces militaires.

L'état militaire, à la Chine, a ses tribunaux comme le gouvernement civil. Tous les mandarins de la guerre prennent trois degrés, comme les mandarins civils. Ils sont divisés en neuf classes, qui forment un grand nombre de tribunaux.

Les Chinois ont un général, dont les fonctions sont à peu près les mêmes qu'en Europe. Il a sous lui divers officiers dans les provinces, qui représentent nos lieutenants-généraux. A ceux-ci sont subordonnés des mandarins, comme nos colonels; ces derniers commandent à des officiers dont les grades subalternes répondent à ceux de capitaines, de lieutenants et d'enseignes.

On compte cinq tribunaux militaires à *Pékin*. Les mandarins de ces tribunaux sont distingués par différents noms ; tels que *mandarins de l'arrière-garde, mandarins de l'aile gauche, mandarins de l'aile droite, mandarins du centre, mandarins d'avant-garde*. Ces tribunaux ont pour présidents des mandarins du premier ordre et sont subordonnés à un sixième tribunal, dont le président est un des plus grands seigneurs de l'empire et s'appelle *Yong-Chin-Fou*. Son autorité s'étend sur tous les militaires de la cour. Mais afin de modérer ce pouvoir extraordinaire, on lui donne pour assistant un mandarin de lettres et deux inspecteurs qui entrent avec lui dans l'administration des armes. Outre cela, lorsqu'il est question d'exécuter quelque projet militaire, le *Yong-Ching-Fou* prend les ordres de la cour souveraine *Ping-Pou*, qui a toute la milice de l'empire sous sa juridiction.

Tous les différents tribunaux militaires ayant la même méthode que les tribunaux civils, de procéder et de rendre leurs décisions, nous n'en donnerons pas ici d'autres éclaircissements.

On fait monter le nombre des villes fortifiées et des citadelles à plus de deux mille, sans compter les tours, les redoutes et les châteaux de la grande muraille qui ont des noms particuliers. Il n'y a pas de ville ou de bourg qui n'ait des troupes pour sa défense. Le nombre des soldats que l'empereur entretient dans son empire est, suivant le P. Duhal, de sept cent soixante mille. Tous ces soldats, dont la plus grande partie compose la cavalerie, sont bien vêtus et entretenus très proprement. Leurs armes sont des sabres et des mousquets. Leur solde se paye tous les trois mois. Enfin, la condition de ces soldats est si bonne qu'on n'a pas besoin d'employer ni la ruse, ni la force pour les enrôler : c'est un établissement pour un homme que d'exercer la profession des armes et chacun s'empresse de s'y faire admettre, soit par protection, soit par présent. Il est vrai que ce qui ajoute un agrément au métier de soldat, c'est que chacun fait ordinairement son service dans le canton qu'il habite. Quant à la discipline, elle est assez bien observée et les troupes sont souvent exercées par leurs officiers, mais leur tactique n'a pas grande étendue.

Leur marine militaire est peu considérable et assez négligée. Comme les Chinois n'ont pas de voisins redoutables du côté de la mer et qu'ils s'occupent fort peu du commerce extérieur, ils ont peu de besoin de marine militaire pour leur défense et pour la protection d'une marine marchande, protection fort onéreuse. Cependant ils ont eu quelquefois des armées navales assez considérables et conformes aux temps où la construction et la force des vaisseaux étaient à un degré bien inférieur à l'état où elles sont aujourd'hui chez les nations maritimes de l'Europe. La navigation chinoise a fait peu de progrès à cet égard.

Mais il faut convenir que sur les rivières et sur les canaux, ils ont une adresse qui nous manque; avec très peu de matelots, ils conduisent des barques aussi grandes que nos vaisseaux. Il y en a un si grand nombre dans les provinces méridionales, qu'on en tient toujours neuf mille neuf cent quatre-vingt-dix-neuf pour le service de l'empereur et de l'État. Leur adresse à naviguer sur les torrents, dit le P. Lecomte, a quelque chose de surprenant et d'incroyable; ils forcent presque la nature et voyagent hardiment sur des endroits que les autres peuples n'oseraient seulement regarder sans frayeur.

CHAPITRE II.

LOIS FONDAMENTALES DE L'EMPIRE.

§ 1er

Lois naturelles.

Le premier objet du culte des Chinois est l'être suprême; ils l'adorent comme le principe de tout, sous le nom de *Chang-ti*, qui veut dire souverain, empereur; ou *Tien*, qui signifie la même chose. Suivant les interprètes chinois, *Tien* est l'esprit qui préside au au ciel, et ils regardent le ciel comme le plus parfait ouvrage de l'auteur de la nature. Car l'aspect du ciel a toujours attiré la vénération des hommes attentifs à la beauté et à la sublimité de l'ordre naturel; c'est là où les lois immuables du créateur se manifestent le plus sensiblement; mais ces lois ne doivent pas se rapporter simplement à une partie de l'univers, elles sont les lois générales de toutes ses parties. Mais ce mot se prend aussi pour signifier le ciel matériel, et cette acception depend du sujet où on l'applique. Les Chinois disent que le père est le *Tien* d'une famille, le vice-roi, le *Tien* d'une province; l'empereur, le *Tien* de l'empire. Ils rendent un culte inférieur à des esprits subordonnés au premier être et qui suivant eux président aux villes, aux rivières, aux montagnes.

Tous les livres canoniques et surtout celui appelé Chu King, nous représentent le Tien comme le créateur de tout ce qui existe, le père des peuples; c'est un être indépendant qui peut tout, qui connaît jusqu'aux plus profonds secrets de nos cœurs; c'est lui qui régit l'univers, qui prévoit, recule, avance et détermine à son gré tous les évènements d'ici-bas; sa sainteté égale sa toute-puissance, et sa justice sa souveraine bonté; rien dans les hommes ne le touche que la vertu; le pauvre sous le chaume, le roi sur un trône qu'il renverse à son gré, éprouvent également son équité et reçoivent la punition due à leurs crimes. Les calamités publiques sont des avertissements qu'il emploie pour exciter les hommes à l'amour de l'honnêteté; mais sa miséricorde, sa clémence surpassent sa sévérité, la plus sûre voie d'éloigner son indignation, c'est de réformer de mauvaises mœurs. Ils l'appellent le père, le seigneur; et ils assurent que tout culte extérieur ne peut plaire au Tien s'il ne part du cœur et s'il n'est animé par des sentiments intérieurs.

Il est dit encore dans ces mêmes livres que le Chang-ti est infiniment éclairé, qu'il s'est servi de nos parents pour nous transmettre, par le mélange du sang, ce qu'il y a en nous d'animal et de matériel; mais qu'il nous a donné lui-même une âme intelligente et capable de penser, qui nous distingue des bêtes; qu'il aime tellement la vertu que, pour lui offrir des sacrifices, il ne suffit pas que l'empereur, à qui appartient cette fonction, joigne le sacerdoce à la royauté; qu'il faut de plus qu'il soit vertueux et pénitent; qu'avant le sacrifice, il ait expié ses fautes par le jeûne et les larmes; que nous ne pouvons atteindre à la hauteur des pensées et des conseils de cet être sublime; qu'on ne doit pas croire néanmoins qu'il soit trop élevé pour penser aux choses d'ici-bas; qu'il examine par lui-même toutes nos actions et que son tribunal, pour nous juger, est établi au fond de nos consciences.

Les empereurs ont toujours regardé comme une de leurs principales obligations, celle d'observer les rites primitifs et d'en remplir les fonctions. Comme chefs de la nation, ils sont empereurs pour gouverner, maîtres pour instruire et prêtres pour sacrifier.

L'empereur, est-il dit dans leurs livres canoniques, est le seul à qui il soit permis de rendre au Chang-ti un culte solennel; le Chang-ti l'a adopté pour son fils; c'est le principal héritier de sa grandeur sur la terre, il l'arme de son autorité, le charge de ses ordres et le comble de ses bienfaits.

Pour sacrifier au maître de l'univers, il ne faut pas moins que la personne la plus élevée de l'empire. Que le souverain descende de son trône ! qu'il s'humilie en la présence du *Chang-ti!* qu'il attire ainsi les bénédictions du ciel sur son peuple ! c'est le premier de ses devoirs.

Aussi est-il difficile de décrire avec quelle ardeur ces empereurs se livrent à leur zèle pour le culte et les sacrifices ; quelle idée ils se sont formée de la justice et de la bonté du maître des souverains. Dans des temps de calamités, offrir des sacrifices au *Tien*, lui adresser des vœux, ce n'est pas les seuls moyens qu'ils emploient pour exciter sa miséricorde ; ils s'appliquent encore à rechercher avec soin les défauts secrets, les vices cachés qui ont pu attirer ce châtiment.

En 1725 il y eut une inondation terrible, causée par le débordement d'un grand fleuve ; les mandarins supérieurs ne manquèrent pas d'attribuer la cause de ce malheur à la négligence des mandarins subalternes. «Ne jetez pas cette faute sur les mandarins, *répondit le souverain*, c'est moi qui suis coupable ; ces calamités «affligent mon peuple parce que je manque des vertus que je devrais «avoir. Pensons à nous corriger de nos défauts et à remédier à «l'inondation ; à l'égard des mandarins que vous accusez, je leur «pardonne ; je n'accuse que moi-même de mon peu de vertu.»

Le P. Lecomte cite un exemple si frappant du respect religieux d'un de ces empereurs, que nous croyons faire plaisir de le rapporter ; il dit l'avoir tiré de l'histoire des Chinois.

Depuis sept années consécutives, une affreuse extrémité tenait le peuple dans l'accablement ; prières, jeûnes, pénitences, tout avait été employé inutilement ; l'empereur ne savait plus par quel moyen il pourrait terminer la misère publique et arrêter la colère du souverain de l'univers. Son amour pour son peuple lui suggéra de s'offrir lui-même pour victime. Rempli de ce généreux dessein, il assemble tous les grands de l'empire ; il se dépouille en leur présence de ses habits royaux et se revêt d'un habit de paille ; puis les pieds et la tête nus, il s'avance avec toute la cour jusqu'à une montagne éloignée de la ville ; c'est alors qu'après s'être prosterné neuf fois jusqu'à terre, il adressa ce discours à l'être suprême:

«Seigneur, vous n'ignorez pas les misères où nous sommes réduits, ce sont mes péchés qui les ont attirées sur mon peuple et «je viens ici pour vous en faire un humble aveu à la face du «ciel et de la terre ; pour être mieux en état de me corriger, permettez moi, souverain maître du monde, de vous demander ce

« qui vous a particulièrement déplu en ma personne; est-ce la ma-
« gnificence de mon palais, j'aurai soin d'en retrancher. Peut-être
« que l'abondance des mets et la délicatesse de ma table ont attiré
« la disette? dorénavant on n'y verra que frugalité, que tempé-
« rance. Que si tout cela ne suffit pas pour apaiser votre juste
« colère et qu'il vous faille une victime: me voici, SEIGNEUR, et je
« consens de bon cœur à mourir, pourvu que vous épargniez ces
« bons peuples. Que la pluie tombe sur leurs campagnes pour sou-
« lager leurs besoins, et la foudre sur ma tête, pour satisfaire à
« votre justice. »

Cette piété du prince, dit notre missionnaire, toucha le ciel.
L'air se chargea de nuages et une pluie universelle procura, dans
le temps, une abondante récolte dans tout l'empire. Que l'évènement soit naturel ou miraculeux, cela n'exige pas de discussion;
notre but est seulement de prouver quelle est la religion des empereurs de la Chine et leur amour pour leurs sujets; nous ne pouvons douter que ce trait n'ait bien secondé nos intentions.

Le culte et les sacrifices à un être suprême se perpétuèrent
durant plusieurs siècles sans être infectés d'aucune idolâtrie (qui
est toujours proscrite par les lois); et le zèle des empereurs est
toujours le même; ils ont voulu cultiver de leurs propres mains
un champ dont le blé, le riz et les autres productions sont aussi
offertes en sacrifices.

Magalhens, jésuite, observe que les Chinois ont quatre principaux
jeûnes, qui répondent aux quatre saisons de l'année. Ces pénitences
nationales durent trois jours avant les sacrifices solennels. Lorsqu'on veut implorer la faveur du ciel dans les temps de peste, de
famine, dans les tremblements de terre, les inondations extraordinaires et dans toutes les autres calamités publiques, les mandarins
vivent séparément de leurs femmes, passent la nuit et le jour à
leurs tribunaux, s'abstiennent de la viande et du vin, etc.; l'empereur même garde la solitude dans son palais.

Quelques princes feudataires voulurent porter atteinte à cette
religion et déranger ce beau système de subordination, établi par
les premiers rois. Ils suggérèrent aux peuples la crainte des esprits,
en les effrayant par des prestiges et par des moyens surnaturels
en apparence. Les maisons se trouvèrent infectées de malins esprits. La populace, toujours superstitieuse, se trouvant assemblée
pour les sacrifices solennels à Chang-ti, demandait qu'on en offrît
aux esprits; les temples retentissaient de ses clameurs; c'était là

le germe d'une idolâtrie pernicieuse. Il fut étouffé par l'empereur, en exterminant les fauteurs de ce tumulte qui étaient au nombre de neuf, et l'ordre fut rétabli. Ce fut ce même empereur qui, réfléchissant sur l'inconvénient qu'il y avait à rassembler un peuple oisif et turbulent dans le lieu même où se faisaient les sacrifices solennels, sépara l'endroit destiné aux cérémonies des sacrifices, de celui qui servait aux instructions. Il établit en même temps deux grands mandarins pour présider au culte religieux. L'un eut la direction du cérémonial, l'autre veillait à l'instruction du peuple.

Pour ce qui est de la doctrine sur l'immortalité de l'âme, elle est peu développée dans les livres canoniques. Ils placent bien l'âme des hommes vertueux auprès du *Chang-ti;* mais ils ne s'expliquent pas clairement sur les châtiments éternels dans une autre vie. Ils reconnaissent la justice divine sur ce point, sans en pénétrer les jugements. De même, quoi qu'ils assurent que l'être suprême a créé tout de rien, on ne sait s'ils entendent une véritable action sur le néant, ou une production précédée du néant. Ces subtilités théologiques ne peuvent guère se démêler par les lumières de la raison qui les a guidés dans cette doctrine. Cependant, dit le P. Duhalde, il est constant qu'ils croient l'existence de l'âme après la mort et qu'ils n'ont pas avancé, comme certains philosophes grecs, que la matière, dont les êtres corporels sont composés, est éternelle.

Il est à remarquer que pendant plus de deux mille ans la nation chinoise a reconnu, respecté et honoré un être suprême, le souverain maître de l'univers, sous le nom dn *Chang-ti*, sans qu'on y aperçoive aucuns vestiges d'idolâtrie. Ce n'est que quelques siècles après Confucius que la statue de *Fo* fut apportée des Indes et que les idolâtres commencèrent à infecter l'empire. Mais les lettrés, inviolablement attachés à la doctrine de leurs ancêtres, n'ont jamais reçu les atteintes de la contagion. On doit convenir aussi que ce qui a beaucoup contribué à maintenir à la Chine le culte des premiers temps, c'est l'établissement d'un tribunal souverain, presque aussi ancien que l'empire, et dont le pouvoir s'étend à condamner et réprimer les superstitions dont il peut découvrir les sources. Cette cour souveraine s'appelle le tribunal des rites.

Tous les missionnaires qui ont vu les décrets de ce tribunal s'accordent à dire que quoique les membres qui le composent exercent quelquefois, dans le particulier, différentes pratiques superstitieuses, lorsqu'ils sont assemblés en corps pour leurs délibérations communes ils n'avaient qu'une voix pour les condamner.

Par cette sévérité, les Chinois lettrés se sont préservés de cette stupide superstition qui règne dans le reste du peuple et qui a fait admettre au rang des divinités les héros du pays. S'ils ont marqué du respect et de la vénération pour leurs plus grands empereurs, ils ne leur ont jamais rendu de culte. Le souverain être est le seul qui ait eu part à leurs adorations. Des hommes recommandables par leurs vertus, par des services signalés, exigeaient, sans doute, des tributs de reconnaissance; ils les ont payés en leur mémoire, en gravant avec un court éloge les noms de ces mortels respectables sur des tablettes suspendues en leur honneur dans des temples; mais jamais ils n'ont cherché à les représenter par des statues ou des images ressemblantes, qui les auraient pu conduire à l'idolâtrie.

§ 2.
Livres sacrés ou canoniques du premier ordre.

Ces livres sont au nombre de cinq.

Le premier se nomme *I-ching* ou *Livre des Transmutations*. Ce livre antique et regardé comme mystérieux, avait beaucoup exercé la sagacité des Chinois et particulièrement de deux empereurs qui avaient entrepris de l'éclaircir, en le commentant; mais leurs efforts furent sans succès. L'obscurité des commentaires n'avait fait qu'ajouter à celle du texte. Confucius débrouilla les lignes énigmatiques de l'*I-ching* et les ouvrages des commentateurs; il crut y reconnaître des mystères d'une grande importance pour le gouvernement des Etats, et il en tira d'excellentes instructions de *politique* et de *morale*, qui sont, depuis son temps, la base de la science chinoise. Les lettrés ont la plus haute estime pour ce livre; et *Fo-hi*, qu'ils regardent comme son auteur, passe pour le père des sciences et d'un bon gouvernement.

Le second des cinq livres canoniques s'appelle *Chu-kin* on *Changchou*: c'est-à-dire livre *qui parle des anciens temps*. Il contient l'histoire d'*Y-ao*, de *Chun* et d'*Yu*, qui passent pour les législateurs et les premiers héros de la Chine. Cette histoire, dont l'authenticité est bien reconnue par tous les savants de la Chine depuis *Confucius*, renferme aussi d'excellents préceptes et de bons règlements pour l'utilité publique.

Le troisième qu'on nomme *Chi-King*, est une collection d'odes, de cantiques et de différentes poésies saintes.

La quatrième qui porte le nom de *Chun-tsy-u*, n'est pas aussi

ancien que les trois premiers; il est purement historique et paraît
être une continuation du *Chu-King*.

Le cinquième, appelé *Li-King*, est le dernier des livres canoniques
ou classiques, il renferme les ouvrages de plusieurs disciples de
Confucius et divers autres écrivains qui ont traité des rites, des
usages, du devoir des enfants envers leurs pères et mères, de celui
des femmes envers leurs maris, des honneurs funèbres et de tout
ce qui a rapport à la société: ces cinq livres sont compris sous le
nom de l'*U-King*.

§ 3.

Livres canoniques du second ordre.

A ces livres sacrés les Chinois joignent encore les livres canoniques du second ordre, qui ont beaucoup d'autorité parmi eux;
ils sont au nombre de six, dont cinq sont l'ouvrage de Confucius
ou de ses disciples.

Le premier porte le nom de *Tay-hia* ou *grande science*, parce
qu'il est destiné à l'instruction des princes dans toutes les parties
du gouvernement.

Le second se nomme *Chang-yong* ou de l'*ordre immuable*. Confucius y traite du *medium* (ou milieu entre les passions et les
besoins à satisfaire) que l'on doit observer en tout; il fait voir
qu'il en résulte de grands avantages et que c'est proprement en
quoi consiste la vertu.

Le troisième, appelé *Lun-y-u* ou le *Livre des sentences*, est divisé en vingt articles, dont dix renferment des questions des disciples de Confucius à ce philosophe et les dix autres contiennent
les réponses. Toutes roulent sur les vertus, les bonnes œuvres et
l'art de bien gouverner: cette collection est remplie de maximes
et de sentences morales, qui surpassent celles des sept sages de
la Grèce.

Le quatrième du second ordre est du docteur *Mencius*, disciple
de Confucius, et il en porte le nom. Cet ouvrage, en forme de dialogue, traite presqu'uniquement de la bonne administration dans le
gouvernement et des moyens de l'établir.

Le cinquième, intitulé *Kiang-Kiang*, ou du *respect filial*, est un
petit volume de Confucius; il regarde le respect filial comme le
plus important de tous les devoirs et la première des vertus; cependant il y reconnaît que les enfants ne doivent point obéir aux
pères, ni les ministres aux princes, en ce qui blesse la justice ou
la civilité.

Le sixième et dernier livre canonique est le plus moderne : il est du docteur *Chut-hi* qui l'a donné en 1150 ; son titre est *Si-anhya*, c'est-à-dire l'*Ecole des enfants*; c'est un recueil de maximes et d'exemples, où l'auteur se propose de réformer les maximes de la jeunesse et de lui inspirer la pratique de la vertu.

Il faut observer que les Chinois ne distinguent point la morale de la politique; l'art de bien vivre est, suivant eux, l'art de bien gouverner, et ces deux sciences n'en font qu'une.

§ 4.
Sciences des Chinois.

Quoique les Chinois aient beaucoup de goût pour les sciences, et d'excellentes facultés pour réussir dans tous les genres de littératures, ils n'ont fait que peu de progrès dans les sciences de pure spéculation, parce qu'elles ne sont pas animées par des récompenses; ils ont cependant de l'astronomie, de la géographie, de la philosophie naturelle et de la physique les notions que la pratique des affaires peut exiger; leur étude principale se tourne vers les sciences plus utiles : la grammaire, l'histoire et les lois du pays, la morale, la politique semblent être plus immédiatement nécessaires à la conduite de l'homme et au bien de la société. Si dans ce pays où les sciences spéculatives ont fait peu de progrès, celles du droit naturel y sont à leur plus haut degré de perfection, et si, dans d'autres pays, les premières y sont fort cultivées et les dernières fort négligées, il paraîtrait que les unes ne conduisent pas aux autres: mais ce serait une erreur; les vérités s'éclairent réciproquement et on trouve partout, où ces différentes sciences ne sont pas également bien cultivées, des défauts contraires au bon ordre; à la Chine, où les sciences spéculatives sont négligées, les hommes y sont trop livrés à la superstition. Dans les autres pays, où l'on s'applique peu à l'étude des sciences du droit naturel, les gouvernements sont déplorables; c'est ce qui a fait donner à la Chine la préférence à ces dernières: c'est aussi dans cette vue que, pour exciter l'émulation des jeunes gens, les honneurs et l'élévation sont des récompenses destinées à ceux qui s'appliquent à cette étude.

A l'égard de l'histoire, c'est une partie de littérature qui a été cultivée à la Chine, dans tous les temps, avec une ardeur sans pareille; il est peu de nations qui ait apporté tant de soins à écrire ses annales, et qui conserve plus précieusement ses monuments historiques. Chaque ville a ses écrivains chargés de composer son histoire : elle ne comprend pas seulement les événements les plus remarquables, tels que des révolutions, des guerres, des successions au trône, mais encore les observations sur les grands hommes contemporains, l'éloge de ceux qui se sont distingués soit dans les arts, les sciences, soit par leurs vertus; on n'y oublie pas non plus les faits extraordinaires, tels que les monstres et les phénomènes. Tous les ans les mandarins s'assemblent pour examiner les annales. Si l'ignorance ou l'adulation y ont introduit la partialité, ils font rentrer la vérité dans tous ses droits.

C'est à dessein d'obvier à tous ces inconvénients, si communs parmi nos historiens, que les Chinois ont la précaution de choisir certain nombre de docteurs d'une probité reconnue pour écrire l'histoire générale de l'empire. D'autres lettrés ont l'emploi d'observer tous les discours et toutes les actions de l'empereur, de les écrire chacun en particulier, jour par jour, avec défense de se communiquer leur travail. Ces historiographes doivent faire mention du mal comme du bien : on n'ouvre jamais la boîte où sont ces mémoires pendant la vie du monarque, ni même tandis que sa famille est sur le trône; mais lorsque la couronne passe dans une autre maison, on rassemble les mémoires d'une longue suite d'années, on les compare soigneusement pour en vérifier les faits, puis l'on en compose les annales de chaque siècle.

L'art de l'imprimerie, qui est fort moderne en Europe, est connu de temps immémorial à la Chine ; plusieurs missionnaires rapportent qu'il était en usage 600 ans avant Jésus-Christ; mais la méthode chinoise est bien différente de la nôtre: l'alphabet ne consistant qu'en un petit nombre de lettres, dont l'assemblage et la combinaison forment des mots, il suffit d'avoir un grand nombre de ces lettres pour composer les plus gros volumes, puisque, d'un bout à l'autre, ce ne sont que les 24 lettres de l'alphabet multipliées, répétées et placées diversement; au contraire, à la Chine le nombre des caractères étant presque infini, le génie de la langue ne rendant pas d'un usage commun les mêmes caractères, il aurait été fort dispendieux et sans doute peu avantageux d'en fondre 80,000; c'est ce qui a donné lieu à une autre manière pour l'impression ; voici en quoi elle consiste: on fait transcrire, par un excellent écrivain, l'ouvrage qu'on veut faire imprimer; le graveur colle cette copie sur une planche de bois dur, bien poli, avec un burin il suit les traits de l'écriture et abat tout le reste du bois sur lequel il n'y a rien de tracé; ainsi il grave autant de planches qu'il y a de pages à imprimer; cette opération se fait avec tant d'exactitude qu'on aurait de la peine à distinguer la copie de l'original.

Dans les affaires pressées, on emploie une autre façon d'imprimer; on couvre une planche de cire, et avec un poinçon on trace les caractères d'une vitesse surprenante; et un homme seul peut imprimer 2000 feuilles par jour.

§ 5.

Instruction.

Il n'y a point de ville, de bourg, de village où il n'y ait des maîtres pour instruire la jeunesse, lui apprendre à lire et à écrire; toutes les villes considérables ont des collèges ou des salles où l'on prend, comme en Europe, les degrés de licencié, de maître ès-arts; celui de docteur ne se prend qu'à *Pékin:* ce sont ces deux dernières classes qui fournissent les magistrats et tous les officiers civils.

Les jeunes Chinois commencent à apprendre aux écoles dès l'âge de cinq ou six ans; leur alphabet consiste en une centaine de caractères qui expriment les choses les plus communes, telles que le soleil, la lune, l'homme, etc., avec les figures des choses mêmes: cette espèce de bureau typographique sert beaucoup à éveiller leur attention et à leur fixer la mémoire.

On leur donne ensuite à étudier un petit livre nommé *San-tse-king* qui contient en abrégé tout ce que l'on doit apprendre; il est composé de plusieurs sentences fort courtes, de trois caractères, et rangées en rimes. Quoiqu'elles soient au nombre de plusieurs mille, le jeune écolier est obligé de les savoir toutes: d'abord il en apprend cinq ou six par jour, ensuite il augmente par degrés à mesure que sa mémoire se fortifie. Il doit rendre compte deux fois par jour de ce qu'il a appris, s'il manque plusieurs fois à sa leçon, la punition suit aussitôt la faute, on le fait coucher sur un banc et il reçoit sur son caleçon dix ou douze coups d'un bâton plat comme une latte; il n'y a point de congés qui interrompent les études des écoliers, on exige d'eux une application si constante qu'ils n'ont de vacance qu'un mois au commencement et cinq ou six jours au milieu de l'année. On voit que dans ces petites écoles il ne s'agit pas simplement, comme chez nous, de montrer à lire et à écrire, on y joint en même temps l'instruction qui donne un vrai savoir.

Lorsqu'ils en sont venus à étudier les *Tsée chu,* ce sont quatre livres qui renferment la doctrine de *Confucius* et de *Mentius*, on ne leur permet pas d'en lire d'autres qu'ils ne les sachent exactement par cœur. En même temps qu'ils étudient ces livres, on leur apprend à former leurs lettres avec le pinceau: on leur donne d'abord sur de grandes feuilles des lettres fort grosses et écrites en rouge qu'ils sont obligés de couvrir d'encre noire; après ces premiers éléments, viennent des caractères plus petits qui sont noirs; ils calquent ceux-ci sur une feuille de papier blanc à travers un transparent; on prend grand soin de leur donner de bons principes d'écriture, parce que l'art de bien peindre les lettres est fort estimé chez les Chinois. Les écoliers connaissent-ils assez de caractères pour la composition? On leur donne une matière à amplifier; c'est ordinairement une sentence des livres classiques, quelquefois ce sujet n'est qu'un simple caractère dont il faut deviner le sens; le style de cette composition doit être concis et serré. Pour s'assurer du progrès des écoliers, l'usage dans quelques provinces est d'assembler tous ceux d'une même famille dans une salle commune de leurs ancêtres et de les faire composer; là, chaque chef de maison leur donne à son tour un sujet et leur fait préparer un dîner; si quelqu'écolier s'absente sans raison, ses parents sont obligés de payer vingt sols.

Outre les soins particuliers et libres à chaque famille, les jeunes gens sont obligés à des compositions deux fois par an, au printemps et en hiver, devant le maître d'école. Ces deux examens sont encore, quelquefois, suivis de plusieurs autres que font les mandarins, les lettrés ou les gouverneurs des villes qui donnent, à ceux qui ont le mieux réussi, des récompenses arbitraires.

Les personnes aisées ont, pour leurs enfants, des précepteurs qui sont licenciés ou docteurs. Ceux-ci ne donnent pas seulement à leurs élèves les premiers éléments des lettres, mais ils leur enseignent encore les règles de la civilité, l'histoire et les lois. Ces emplois de précepteurs sont également honorables et lucratifs. Ils sont traités des parents des enfants avec beaucoup de distinctions; partout on leur donne la première place. *Sien-sieng, notre maître, notre docteur*, c'est le nom qu'on leur donne. Leurs disciples, surtout, conservent pour eux, toute leur vie, la plus profonde vénération.

L'instruction du peuple est d'ailleurs une des fonctions principales des mandarins. Le premier et le quinze de chaque mois, tous les mandarins d'un endroit s'assemblent en cérémonie, et un d'eux prononce devant le peuple un discours dont le sujet roule toujours sur la bonté paternelle, sur l'obéissance filiale, sur la déférence qui est due aux magistrats, sur tout ce qui peut entretenir la paix et l'union.

L'empereur lui-même fait assembler, de temps en temps, les grands seigneurs de la cour et les premiers mandarins des tribunaux de *Pékin* pour leur faire une instruction dont le sujet est tiré des livres canoniques *(Histoire générale des voyages)*.

L'instruction que les mandarins doivent donner au peuple, deux fois par mois, est ordonnée par une loi de l'empire, ainsi que les seize articles sur lesquels cette instruction doit s'étendre.

1° Recommander soigneusement les devoirs de la piété filiale et la déférence que les cadets doivent à leurs aînés, pour apprendre aux jeunes gens combien ils doivent respecter les lois essentielles de la nature.

2° Recommander de conserver toujours dans les familles un souvenir respectueux de leurs ancêtres, comme un moyen d'y faire régner la paix et la concorde.

3° D'entretenir l'union dans tous les villages pour y éviter les querelles et les procès.

4° De faire estimer beaucoup la profession du labour et de ceux qui cultivent les mûriers, parce qu'alors on ne manquera ni de grains pour se nourrir, ni d'habits pour se vêtir.

5° De s'accoutumer à l'économie, à la frugalité, à la tempérance, à la modestie; ce sont les moyens par lesquels chacun peut maintenir sa conduite et ses affaires dans un bon ordre.

6° D'encourager par toutes sortes de voies les écoles publiques, afin que les jeunes gens y puisent les bons principes de morale.

7° De s'appliquer totalement, chacun à ses propres affaires, comme un moyen infaillible pour entretenir la paix de l'esprit et du cœur.

8° D'étouffer les sectes et les erreurs dans leur naissance, afin de conserver dans toute sa pureté la vraie et la solide doctrine.

9° D'inculquer au peuple les lois pénales établies, pour éviter qu'il ne devienne indocile et revêche à l'égard du devoir.

10° D'instruire parfaitement tout le monde dans les règles de la civilité et de la bienséance, dans la vue d'entretenir les bons usages et la douceur de la société.

11° D'apporter toutes sortes de soins à donner une bonne éducation à ses enfants et à ses jeunes frères, afin de les empêcher de se livrer au vice et de . ivre le torrent des passions.

12° De s'abstenir de la médisance, pour ne pas s'attirer des ennemis et pour éviter le scandale qui peut déranger 'linnocence et la vertu.

13° De ne pas donner d'asile aux coupables, afin de ne pas se trouver enveloppé dans leurs châtiments.

14° De payer exactement les contributions établies, pour se garantir des recherches et des vexations des receveurs.

15° D'agir de concert avec les chefs de quartier dans chaque ville, pour prévenir les vols et la fuite des voleurs.

16° De réprimer les mouvements de colère, comme un moyen de se mettre à couvert d'une infinité de dangers.

L'obligation de satisfaire soigneusement à ces instructions est d'autant plus essentielle aux mandarins, qu'ils sont responsables de certains crimes qui peuvent se commettre dans leur territoire. S'il arrive un vol ou un meurtre dans une ville, le mandarin doit découvrir le voleur ou le meurtrier, sous peine de perdre son emploi.

La gazette du gouvernement intérieur de l'empire est encore, pour le public, une instruction historique journalière, qui lui présente des exemples de tous genres qui inspirent de la vénération pour la vertu, de l'amour pour le souverain, et de l'horreur pour le vice; elle étend les connaissances du peuple sur l'ordre, sur les actes de justice, sur la vigilance du gouvernement. On y lit le nom des mandarins destitués et les raisons de leurs disgrâces; l'un était trop dur, l'autre trop indulgent, un autre trop négligent, un autre manquait de lumière. Cette gazette fait aussi mention des pensions accordées ou retranchées, etc. Elle rapporte, avec la plus grande vérité, les jugements des tribunaux; les calamités arrivées dans les provinces, les secours qu'ont donnés les mandarins du lieu par les ordres de l'empereur. L'extrait des dépenses ordinaires et extraordinaires du prince; les remontrances que les tribunaux supérieurs lui font sur sa conduite et sur ses décisions; les éloges que l'empereur donne à ses ministres ou les réprimandes qu'il leur fait y sont renfermées. En un mot, elle contient un détail fidèle et circonstancié de toutes les affaires de l'empire. Elle s'imprime chaque jour à *Pékin*, et se répand dans toutes les provinces de l'empire; elle forme une brochure de soixante-dix pages et ne comprend rien de ce qui se passe au dehors de l'empire. Ceux qui sont chargés de la composer doivent toujours la présenter à l'empereur avant que de la rendre publique, mais il leur est défendu très sévèrement d'y ajouter, de leur chef, la moindre circonstance équivoque ou les réflexions les plus légères. En 1726, deux écrivains furent condamnés à mort pour y avoir inséré des faits qui se trouvèrent faux. *(Mélanges intéressants et curieux.)*

C'est ainsi qu'à la Chine les livres qui renferment les lois fondamentales de l'Etat sont dans les mains de tout le monde; l'empereur doit s'y conformer. En vain un empereur voulut-il les abolir, ils triomphèrent de la tyrannie.

§ 6.
Etudes des lettrés.

A peine les jeunes Chinois ont-ils achevé leurs premières études, que ceux qui tendent à de plus hautes connaissances commencent un cours de la *science*, qui les met à portée de parvenir aux grades académiques et d'entrer dans la classe respectable des lettrés. Tous ceux qui ne prennent pas ces grades ne jouissent d'aucune distinction; ils sont confondus parmi le reste du peuple, exclus de tous les emplois de l'Etat.

On distingue trois classes de lettrés qui répondent aux trois différents grades que prennent les savants. Pour y parvenir les aspirants sont obligés de soutenir plusieurs examens: ils subissent le premier devant le président de la juridiction où ils sont nés.

L'office du *Hio-tao* l'oblige de visiter tous les trois ans la province; il assemble en chaque ville du premier rang tous les bacheliers qui en dépendent; il fait des informations sur leur conduite, examine leurs compositions, récompense les progrès et l'habileté, punit la négligence et l'inapplication. Un gradué qui ne se trouve pas à cet examen triennal, est privé de son titre et rentre dans la classe du peuple, à moins qu'il n'ait pour s'en dispenser des raisons de maladie ou du deuil de son père ou de sa mère.

Pour monter au second degré, qui est celui de *licencié*, il faut subir un examen qui ne se fait qu'une fois tous les trois ans dans la capitale de chaque royaume.

La cour envoie exprès deux mandarins pour présider à cet examen auquel assistent aussi les grands officiers de la province; tous les bacheliers sont obligés de s'y rendre; quelquefois ils se trouvent au nombre de dix mille, mais dans ce nombre il n'y en a guère qu'une soixantaine d'élevés au degré de licencié; leur robe est brunâtre avec une bordure bleue de quatre doigts, l'oiseau du bonnet est doré.

Le licencié doit se rendre l'année suivante à *Pékin* pour concourir au doctorat; c'est l'empereur qui fait les frais de leur voyage; ceux qui bornent leur ambition à ce titre de licencié peuvent se dispenser de se rendre à *Pékin* et cela n'empêche pas qu'ils ne puissent être pourvus de quelque emploi; quelquefois l'ancienneté seul du titre mène naturellement aux premières places. On a vu des fils d'artisans devenir vice-rois par cette voie; mais dès qu'ils sont parvenus à quelque office public, ils renoncent au degré de docteur.

Tous les licenciés qui n'ont pas d'emploi sont obligés de se rendre à *Pékin* pour l'examen triennal, qu'on appelle l'*examen impérial;* c'est l'empereur même qui donne le sujet de la composition; l'attention qu'il apporte à cet examen, en se faisant rendre un compte exact du travail, le fait regarder comme le seul juge. L'assemblée est quelquefois composée de cinq ou six mille aspirants, desquels on n'en élève que cent cinquante au doctorat.

Les trois premiers portent le nom de *Tien-tse Men-seng;* c'est-à-dire les disciples du ciel. Parmi les autres, l'empereur en choisit un certain nombre auxquels il donne le titre de *Hau-lin;* c'est-à-dire docteur du premier ordre. Ils composent un tribunal particulier, qui est dans le palais, et leurs fonctions sont très honorables. Ils sont chargés d'écrire l'histoire, et l'empereur les consulte dans les affaires importantes; c'est de leur corps qu'on tire les censeurs qu'on envoie dans les provinces pour examiner les aspirants aux degrés de bacheliers et licenciés. Les autres docteurs s'appellent *Tsin-sée.* L'empereur fait présent à chacun des nouveaux docteurs d'une écuelle d'argent, d'un parasol de soie bleue, d'une chaise à porteur magnifique.

Parvenu au glorieux titre de docteur, un Chinois n'a plus à redouter l'indigence; ce titre est pour lui un établissement solide. Outre qu'il reçoit une infinité de présents de ses parents et amis, il est sûr d'être employé dans les offices les plus importants de l'Etat, et sa protection est recherchée de tout le monde. Sa famille, ses amis, ne manquent pas d'ériger en son honneur de beaux arcs de triomphe, sur lesquels ils gravent son nom et l'année où il a été élevé au rang de docteur.

§ 7.

La propriété des biens.

La propriété des biens est très assurée à la Chine; on a vu ci-devant que le droit de propriété s'étend jusqu'aux esclaves ou domestiques engagés, et dans tout l'empire les enfants héritent des biens de leurs pères, et de leurs parents, selon l'ordre naturel du droit de succession. Il y a à la Chine, à l'égard de la pluralité des femmes, un usage assez conforme à celui des patriarches avant la captivité des Hébreux en Egypte. (*Mélanges intéressants et curieux.*)

Quoique, suivant les lois, les Chinois ne puissent avoir qu'une femme légitime, et que dans le choix que l'on en fait, on ait égard à l'égalité du rang et à l'âge, il est néanmoins permis d'avoir plusieurs concubines; mais ce n'est qu'une tolérance, dans la vue de ne pas mourir sans postérité. La loi n'accorde cette liberté qu'à ceux dont la femme est parvenue à l'âge de quarante ans sans avoir d'enfants.

Lorsqu'un mari veut prendre une seconde femme, il paye une somme convenue avec les parents de la famille, et leur promet par écrit d'en bien user avec elle. Ces secondes femmes dépendent absolument de l'épouse légitime et doivent la respecter comme la maîtresse de la maison; leurs enfants sont censés appartenir à la première, qui seule porte le nom de mère; ils ont droit dans ce même cas de pure tolérance, à la succession du père avec les enfants de la femme légitime, s'il en survenait, ce qui marque l'étendue du droit de succession et la sûreté du droit de propriété dans cet empire.

§ 8.

L'agriculture.

Le menu peuple de la Chine ne vivant presque que de grains, d'herbes, de légumes, en aucun endroit du monde les jardins potagers ne sont ni plus communs, ni mieux cultivés. Point de terres incultes près des villes, point d'arbres, de haies, de fossés; on craindrait de rendre inutile le plus petit morceau de terrain.

Dans les provinces méridionales, les terres ne reposent jamais, les collines, les montagnes mêmes sont cultivées depuis la base jusqu'au sommet; rien de plus admirable qu'une longue suite d'éminences entourées et comme couronnées de cent terrasses qui se surmontent les unes les autres en rétrécissant; on voit avec surprise des montagnes qui ailleurs produiraient à peine des ronces ou des buissons, devenir ici une image riante de fertilité. (*Histoire générale des voyages.*)

Les terres rapportent généralement trois moissons tous les ans, la première de riz, la seconde de ce qui se sème avant que le riz soit moissonné, et la troisième de fèves ou de quelqu'autres grains. Les Chinois n'épargnent aucuns soins pour ramasser toutes les sortes d'immondices propres à fertiliser leurs terres, ce qui d'ailleurs sert beaucoup à l'entretien de la propreté des villes.

Tous les grains que nous connaissons en Europe, tels que le froment, le riz, l'avoine, le millet, les pois, les fèves, viennent bien à la Chine.

L'usage est que le propriétaire de la terre prend la moitié de la récolte, et qu'il paye les taxes; l'autre moitié reste au laboureur pour ses frais et son travail. Les terres n'étant pas chargées de la redevance de la dîme ecclésiastique dans ces pays-là, la portion du laboureur se trouve à peu près dans la même proportion que dans ce pays-ci pour les fermiers, dans les provinces où les terres sont bien cultivées.

Les laboureurs sont à la Chine au-dessus des marchands et des artisans.

Il y a quelque royaume en Europe où l'on n'a pas encore senti l'importance de l'agriculture ni des richesses nécessaires pour les entreprises de la culture, qui ne peut être soutenue que par des habitants notables par leur capacité et par leurs richesses; en ce pays l'on regarde les laboureurs comme des simples paysans, manouvriers, et l'on a fixé leur rang au-dessous du bas peuple des villes. (Voyez les lois civiles de Domat, vous connaîtrez quel est ce royaume et quelle idée on y a des lois fondamentales des sociétés.)

Au contraire l'agriculture a toujours été en vénération à la Chine, et ceux qui la professent ont toujours mérité l'attention particulière des empereurs; nous ne nous étendrons pas ici sur le détail des prérogatives que ces princes leur ont accordées dans tous les temps.

Le successeur de l'empereur *Lang-hi* a surtout fait des règlements très favorables pour exciter l'émulation des laboureurs. Outre qu'il a donné lui-même l'exemple du travail en labourant la terre et en y semant cinq sortes de grains, il a encore ordonné aux gouverneurs de toutes les villes de s'informer chaque année de celui qui se sera le plus distingué, chacun dans son gouvernement, par son application à la culture des terres, par une réputation intègre et une économie sage et bien entendue. Ce laboureur estimable est élevé au degré de mandarin du huitième ordre, il jouit de la noblesse et de toutes les prérogatives attachées à la qualité de mandarin.

L'empereur *Xun* a établi une loi qui défend expressément aux gouverneurs de province de détourner par des corvées les laboureurs des travaux de l'agriculture.

L'empereur *Yao* éloigna ses enfants du trône pour y placer un jeune laboureur qui s'était rendu fort recommandable par sa sagacité et sa probité. Celui-ci, après un règne glorieux, laissa la couronne à *Yu*, qui, par l'invention des canaux, avait trouvé le moyen de faire rentrer dans la mer les eaux qui couvraient la surface d'une partie de l'empire et de faire usage de ces canaux pour fertiliser les terres par les arrosements. C'est par son élévation au trône et par de tels travaux que l'agriculture reçut un lustre éclatant. (*Mélanges intéressants et curieux.*)

Il y a une fête du printemps pour les habitants de la campagne ; elle consiste à promener dans les champs une grande vache de terre cuite, dont les cornes sont dorées : cette figure est si monstrueuse que quarante hommes ont peine à la soutenir, elle est suivie immédiatement d'un jeune enfant ayant un pied nu et l'autre chaussé et qui la frappe d'une verge comme pour la faire avancer ; cet enfant est le symbole de la diligence et du travail. Une multitude de laboureurs, avec tout l'attirail de leur profession, entourent la figure et la marche est fermée par une troupe de masques.

Toute cette foule se rend au palais du gouverneur ou du mandarin du lieu ; là on brise la vache et on tire de son ventre quantité de petites vaches d'argile dont elle est remplie (symbole de fécondité) et on les distribue aux assistants. Le mandarin prononce un discours à la louange de l'agriculture et c'est ce qui termine la cérémonie.

§ 9.

Le commerce considéré comme dépendance de l'agriculture.

On a vu que l'empire de la Chine est très abondant en toutes sortes de productions, il est aisé de présumer de là que le commerce de cette nation est très florissant ; mais comme les Chinois trouvent chez eux toutes les commodités de la vie (et que la grande population assure le débit et la consommation de toutes les denrées dans le pays même), leur commerce extérieur est très borné relativement à l'étendue de cet Etat. Leur principal négoce se fait dans l'intérieur de l'empire, dont toutes les parties ne sont pas également pourvues des mêmes choses; chaque province ayant ses besoins et ses richesses particulières, elles resteraient toutes dans l'indigence si elles ne se communiquaient réciproquement ce qu'elles ont d'utile. Une circulation établie dans un pays de dix-huit cents lieues de circonférence, présente sans doute l'idée d'un commerce fort étendu; aussi l'historien dit que le commerce qui se fait dans l'intérieur de la Chine est si grand, que celui de l'Europe ne peut pas lui être comparé. Un commerce purement intérieur paraîtra bien défectueux à ceux qui croient que les nations doivent commercer avec les étrangers pour s'enrichir en argent. Ils n'ont pas remarqué que la plus grande opulence possible consiste dans la plus grande jouissance possible, que cette jouissance a sa source dans le territoire de chaque nation, que cette source est la source même de l'or et de l'argent, soit qu'on les tire des mines, soit qu'on les achète avec d'autres productions; ceux qui ont des mines vendent en or et en argent pour étendre leur jouissance, à laquelle les métaux sont inutiles pour eux-mêmes; ceux qui n'ont pas de cette marchandise, l'achètent simplement pour faciliter les échanges dans leur commerce, sans s'en charger au delà de cet usage, parce que l'or et l'argent se payent avec des richesses plus nécessaires que ces métaux et que plus on en achèterait, plus on diminuerait la jouissance qui est la vraie opulence; d'ailleurs on confond le commerce des nations, qui n'a pour objet que la jouissance, avec le commerce des marchands, qui est un service qu'ils font payer fort cher et d'autant plus cher que leur commerce s'étend au loin; ainsi plus les nations peuvent en épargner les frais, au préjudice même des grandes fortunes des commerçants, plus elles gagnent pour la jouissance et pour les dépenses nécessaires à la reproduction perpétuelle des richesses qui naissent de la terre et assurent les revenus de la nation et du souverain.

Le transport des différentes marchandises est très facile à la Chine, par la quantité de canaux dont chaque province est coupée; la circulation et le débit y sont très prompts; l'intérêt, qui fait la passion dominante du peuple chinois, le tient dans une activité continuelle; tout est en mouvement dans les villes et dans les campagnes, les grandes routes sont aussi fréquentées que les rues de nos villes les plus commerçantes et tout l'empire ne semble être qu'une vaste foire.

Mais un vice dans le commerce, c'est, dit-on, le défaut de bonne foi; les Chinois ne se contentent pas de vendre le plus cher qu'ils peuvent, ils falsifient encore leurs marchandises; une de leurs maximes est que celui qui achète donne le moins qu'il lui est possible et que même ils ne donneraient rien si on y consentait; ils infèrent de là qu'on peut exiger et recevoir les plus grosses sommes, si celui qui achète est assez simple ou assez peu intelligent pour les donner. « Ce n'est pas le marchand qui trompe, disent-ils, « c'est l'acheteur qui se trompe lui-même: on ne fait nulle vio- « lence, le profit que retire le vendeur est le fruit de son industrie.»

Les voyageurs ont fortement établi en Europe l'opinion de ce brigandage des Chinois dans leur commerce; ils citent même des exemples de falsifications si grossières et si répréhensibles qu'il faudrait en conclure que le vol, le pillage, se pratiquent impunément à la Chine, où cependant la police s'exerce avec l'exactitude la plus rigoureuse pour les plus petits délits, ce qui s'étend même jusque dans l'observation du rite du cérémonial civil qui est porté à l'excès. Ceux qui ont fait ces relations ont confondu sûrement le négoce qui se fait dans le port de Canton avec les Européens; ils ont confondu, dis-je, ce négoce nouvellement établi, où l'on a cherché à se tromper de part et d'autre, avec le commerce qui se fait entre les sujets de l'empire. Le gouvernement qui s'intéresse peu au négoce étranger, y tolère les représailles frauduleuses, parce qu'il est difficile d'assujettir au bon ordre des étrangers de trois mille lieues, qui disparaissent aussitôt qu'ils ont débité leurs marchandises. Nous avons beaucoup d'exemples de nations très louables, qui ont été corrompues par l'accès d'un commerce étranger; mais il paraît que dans la représaille les Chinois sont devenus plus habiles que les Européens et qu'ils exercent cette habileté avec d'autant moins d'inquiétude qu'ils ne s'exposent point à venir commercer dans nos ports où les marchands se fréquentent, se connaissent et où la bonne foi s'établit. Il n'est pas concevable qu'un commerce puisse s'exercer entre les habitants d'un pays avec des représailles frauduleuses et réciproques; que gagnerait-on à s'entre-tromper mutuellement? cela n'apporterait qu'une inquiétude pénible et fort embarrassante, qui rendrait un commerce journalier fort difficile et presqu'impraticable; mais cela est encore plus inconcevable dans une nation aussi policée qu'elle l'est à la Chine, où de tout temps la bonne foi et la droiture ont été recommandables dans le commerce; c'est un des principaux objets de la morale de Confucius, morale qui fait loi dans cet empire.

Le commerce intérieur de la Chine étant très florissant, il n'est pas étonnant que ses habitants se mettent si peu en peine de l'étendre au dehors, surtout quand on fait attention au mépris naturel qu'ils ont pour les nations étrangères. Le commerce extérieur est très borné; *Canton*, *Emouy*, *Ningpo*, villes maritimes, sont les seuls ports où l'on charge pour l'étranger; leurs voyages sur mer ne sont pas non plus de longs cours, ils ne passent guère le détroit de la Sonde; leurs embarquements ordinaires sont pour le *Japon*, pour *Siam*, *Manille* et *Batavia*.

Les commerces éloignés sont peut-être plus nuisibles que favorables à la prospérité des nations qui s'y livrent, abstraction faite des commerçants qui peuvent y faire de grosses fortunes en grande partie aux dépens de leur concitoyens; les marchandises que l'on va chercher si loin, ne sont guère que des frivolités fort chères, qui entretiennent un luxe très préjudiciable. On pourrait nommer plusieurs nations fort attachées à ce genre de commerce qu'elles exercent dans toutes les parties du monde et qui, à la réserve des profits de leurs commerçants, ne fournissent pas des exemples de prospérité.

CHAPITRE III.

LÉGISLATION POSITIVE.

LES LOIS de la Chine sont toutes fondées sur les principes de la morale, car comme on l'a déjà dit, la morale et la politique ne forment à la Chine qu'une même science; et dans cet empire, toutes les lois positives ne tendent qu'à maintenir la forme du gouvernement (*Mélanges intéressants et curieux*). Ainsi il n'y a aucune puissance au-dessus de ces lois, elles se trouvent dans les livres classiques que l'on nomme sacrés et qui sont appelés l'*U-King*, c'est-à-dire les cinq volumes. Autant les juifs ont de vénération pour l'ancien Testament, les chrétiens pour le nouveau, les Turcs pour l'Alcoran, autant les Chinois ont de respect pour l'*U-King*. Mais ces livres sacrés comprennent tout ensemble la religion et le gouvernement de l'empire, les lois civiles et les lois politiques; les unes et les autres sont dictées irrévocablement par la loi naturelle, dont l'étude fort approfondie est l'objet capital du souverain et des lettrés chargés du détail de l'administration du gouvernement. Ainsi tout est permanent dans le gouvernement de cet empire, comme la loi immuable, générale et fondamentale, sur laquelle il est rigoureusement et lumineusement établi.

« A la Chine, ajoute M. de Montesquieu, les maximes sont in-
« destructibles, elles sont confondues avec les lois et les mœurs ;
« les législateurs ont même plus fait encore, ils ont confondu la
« religion, les lois, les mœurs et les manières, tout cela fut morale,
« tout cela fut vertu ; ces quatre points furent ce qu'on appelle les
« rites. Voici comment se fit la réunion de la religion, des mœurs
« et des manières. Les législateurs de la Chine eurent pour princi-
« pal objet la tranquillité de l'empire, c'est dans la subordination
« qu'ils aperçurent les moyens les plus propres à la maintenir.
« Dans cette idée, ils crurent devoir inspirer le respect pour les
« pères et ils rassemblèrent toutes leurs forces pour cela ; ils éta-
« blirent une infinité de rites et de cérémonies pour les honorer
« pendant leur vie et après leur mort ; il était impossible d'honorer
« les pères morts sans être porté à les honorer vivants. Les céré-
« monies pour les pères avaient plus de rapports aux lois, aux
« mœurs et aux maximes ; mais ce n'était que les parties d'un
« même code et ce même code était très étendu. Le respect pour
« les pères était nécessairement lié à tout ce qui représentait les
« pères, les vieillards, les maîtres, les magistrats, l'empereur (l'être
« suprême). Cette vénération pour les pères supposait un retour
« d'amour pour ses enfants et, par conséquent, le même retour des
« vieillards aux jeunes gens, des magistrats à leurs subordonnés, de
« l'empereur à ses sujets (et de la bonté du créateur envers ses
« créatures raisonnables). Tout cela formait les rites et ces rites
« l'esprit général de la nation. »

Il n'y a point de tribunal dans l'empire dont les décisions
puissent avoir force de loi sans la confirmation du prince ; ses
propres décrets sont des lois perpétuelles et irrévocables, quand ils
ne portent pas atteinte aux usages, au bien public, et après qu'ils
ont été enregistrés par les vice-rois, les tribunaux des provinces et
publiés dans l'étendue de leur juridiction ; mais aussi les déclarations ou les lois de l'empereur n'ont de force dans l'empire qu'après
un enregistrement dans les tribunaux souverains.

On peut en voir la preuve dans le tome XXV des Lettres édi-
fiantes, page 284. Les missionnaires ne purent tirer aucun avantage
d'une déclaration de l'empereur, qui était favorable à la religion
chrétienne, parce qu'elle n'avait pas été enregistrée et revêtue des
formalités ordinaires.

L'usage des remontrances à l'empereur a été de tous temps autorisé par les lois à la Chine et y est exercé librement et coura-

geusement par les tribunaux et les grands mandarins. On lui représente avec autant de sincérité que de hardiesse, *que modérer sa puissance, l'établit au lieu de la détruire;* que telle de ses ordonnances étant contraire au bien du peuple, il faut la révoquer ou y faire des modifications; qu'un de ses favoris abuse de sa bonté pour opprimer le peuple, qu'il convient de le priver de ses charges et de le punir de ses vexations.

S'il arrivait que l'empereur n'eût aucun égard à ces remontrances et qu'il fît essuyer son ressentiment aux mandarins qui auraient eu le courage d'embrasser la cause publique, il tomberait dans le mépris et les mandarins recevraient les plus grands éloges; leurs noms seraient immortalisés et célébrés éternellement par toutes sortes d'honneurs et de louanges. La cruauté même de quelques empereurs iniques n'a pas rebuté ces généreux magistrats; ils se sont livrés successivement aux dangers de la mort la plus cruelle, qu'avaient déjà subie les premiers qui s'étaient présentés. De si terribles exemples n'ont pas arrêté leur zèle; ils se sont exposés les uns après les autres, jusqu'à ce que le tyran, effrayé lui-même de leur courage, se soit rendu à leurs représentations. Mais les empereurs féroces et réfractaires sont rares à la Chine; ce n'est pas un gouvernement barbare; sa constitution fondamentale est entièrement indépendante de l'empereur; la violence y est détestée et généralement les souverains y tiennent une conduite toute opposée, ils recommandent même de ne leur pas laisser ignorer leurs défauts.

Un des derniers empereurs, dans un avertissement qu'il a donné, écrit du pinceau rouge, exhorte tous les mandarins qui, selon leur dignité, ont droit de présenter des mémoriaux, de réfléchir mûrement sur ce qui peut contribuer au bien du gouvernement, de lui communiquer leurs lumières par écrit et de censurer sans ménagement ce qu'ils trouveront de répréhensible dans sa conduite; ces excitations par les souverains mêmes sont fréquentes.

Les censeurs qu'on nomme *Kolis*, examinent tout rigoureusement et sont redoutables jusqu'à l'empereur et aux princes du sang.

Ces censeurs informent l'empereur, par des mémoires particuliers, des fautes des mandarins; on les répand aussitôt dans tout l'empire et ils sont renvoyés au *Taï-Pou*, qui ordinairement prononce la condamnation du coupable. En un mot, l'autorité de ces inspecteurs est très grande et leur fermeté dans leurs résolutions égale leur pouvoir; l'empereur même n'est pas à l'abri de leur censure lorsque sa conduite déroge aux règles et aux lois de l'Etat. L'histoire chinoise offre des exemples étonnants de leur hardiesse et de leur courage. Si la cour, ou le grand tribunal, entreprend d'éluder la justice de leurs plaintes, ils retournent à la charge et rien ne peut les faire désister de leur entreprise. On en a vu quelques-uns poursuivre, pendant deux ans, un vice-roi soutenu par tous les grands de la cour, sans être découragés par les délais, ni effrayés par les menaces, et forcer enfin la cour à dégrader l'accusé dans la crainte de mécontenter le peuple (*Histoire des conjurations et conspirations, etc.*).

Il n'y a peut-être point de pays où l'on fasse des remontrances au souverain avec plus de liberté qu'à la Chine. Sous un des derniers empereurs, un généralissime des armées, qui avait rendu des services considérables à l'Etat, s'écarta de son devoir et commit même des injustices énormes. Les accusations portées contre lui demandaient sa mort. Cependant, à cause de son mérite et de sa dignité, l'empereur voulut que tous les principaux mandarins envoyassent en cour leur sentiment sur cette affaire: un de ces mandarins répondit que l'accusé était digne de mort; mais en même temps il exposa ses plaintes contre un ministre fort accrédité, qu'il croyait beaucoup plus criminel que le généralissime. L'empereur qui aimait ce ministre fut un peu étonné de la hardiesse du mandarin: mais il ne lui témoigna point son mécontentement. Il lui renvoya son mémorial après avoir écrit ces paroles, de sa propre main: si mon ministre est coupable, vous devez l'accuser, non pas en termes généraux, mais en marquant ses fautes et en produisant les preuves que vous en avez. Alors le mandarin, sans crainte de déplaire, entra dans un grand détail sur tous les chefs d'accusation et fit voir à l'empereur que le ministre avait abusé de sa confiance pour tyranniser le peuple par toutes sortes d'exactions; il le représentait comme un homme qui vendait son crédit et se déclarait toujours en faveur de ceux qui lui donnaient le plus d'argent. « Cet indigne ministre, disait-il, se sera engraissé du sang « du peuple, aura violé les lois, méprisé la raison, offensé le ciel, « et tant de crimes demeureront impunis parce qu'il est allié à la « famille impériale? Votre Majesté peut bien dire, je lui pardonne; « mais les lois lui pardonneront-elles? C'est l'amour de ces lois « sacrées qui m'oblige à parler et à écrire. » Ces remontrances produisirent leur effet. Le ministre fut dépouillé de tous ses emplois, chassé de la cour et envoyé en exil dans une province éloignée. (*Mélanges intéressants et curieux.*) On trouve deux exemples semblables dignes d'attention, dans un mémoire de M. Freret, inséré dans ceux de l'académie des belles-lettres. On en trouve un, aussi remarquable, dans les mémoires du père Lecomte.

Il y a à Pékin six cours souveraines dont voici les départements.

La première s'appelle *Li-pou;* elle propose les mandarins qui doivent gouverner le peuple et veiller à la conduite de tous les magistrats de l'empire; elle est aussi dépositaire des sceaux.

La seconde, nommée *Xou-pou*, est chargée de la levée des tributs et de la direction des finances.

La troisième, à qui l'on donne le nom de *Li-nou*, est pour maintenir les coutumes et les titres de l'empire.

Les soins de la quatrième, qu'on appelle *Ping-pou*, s'étendent sur les troupes et sur les postes établies dans toutes les grandes routes qui sont entretenues des revenus de l'empereur.

La *Hing-pou*, qui est la cinquième, juge des crimes; toutes causes capitales y sont jugées définitivement; c'est la seule qui ait droit de condamner à mort sans appel; mais elle ne peut faire exécuter un criminel qu'après que l'empereur a souscrit l'arrêt.

L'inspection sur les ouvrages publics, tout ce qui concerne les ports et la marine, sont du ressort du tribunal nommé *Kong-pou.*

Tous ces tribunaux sont divisés en différentes chambres auxquelles les affaires sont distribuées, et comme leur étendue n'est pas la même dans toutes les parties, le nombre des juges de chaque tribunal varie aussi à proportion.

De ces six cours souveraines relèvent encore plusieurs autres tribunaux inférieurs.

Toutes ces cours n'ont proprement au-dessus d'elles que l'empereur, ou le grand conseil, qu'on appelle le tribunal des *Co-la-us*, composé de quatre ou six mandarins, qui sont comme les ministres d'Etat; les six tribunaux supérieurs ont les départements qui sont partagés chez nous aux secrétaires d'Etat, au chancelier, au contrôleur général des finances; tous ces tribunaux sont veillés de près par des inspecteurs fort rigides et fort attentifs à leur conduite; ils ne connaissent point des affaires d'Etat, à moins que l'empereur ne les leur envoie ou qu'il ne les commette à cet effet; dans ce cas, si l'un a besoin de l'autre, ils se concertent et concourent ensemble pour disposer de l'argent et des troupes suivant l'usage de l'empire et l'exigence des cas; en tout autre temps, chaque cour ne se mêle que des affaires de son ressort.

Dans un royaume si vaste, il est aisé de sentir que l'administration des finances, le gouvernement des troupes, le soin des ouvrages publics, le choix des magistrats, le maintien des lois, des coutumes et de l'administration de la justice, demandent de la part de ces premiers tribunaux un libre exercice de leurs fonctions; c'est ce qui a donné lieu d'ailleurs à cette multitude de mandarins à la cour et dans les provinces.

CHAPITRE IV.

L'IMPOT.

La somme que les sujets de l'empire doivent payer est réglée par arpent de terre qu'ils possèdent et qui est estimé selon la bonté du territoire; depuis un temps, les propriétaires seuls sont tenus de payer la taille et non pas ceux qui cultivent les terres.

Nul terrain n'en est exempt, pas même celui qui dépend des temples; on n'exerce point de saisie sur ceux qui sont lents à payer; ce serait ruiner des familles dont l'Etat se trouverait ensuite chargé; depuis le printemps jusqu'à la récolte, il n'est pas permis d'inquiéter les paysans; ce temps passé, on reçoit d'eux une quotité de fruits en nature ou en argent, ou bien on envoie dans leurs maisons les pauvres et les vieillards, qui sont nourris dans chaque ville des charités du souverain; ils y restent jusqu'à ce qu'ils aient consommé ce qui est dû à l'empereur. Cet arrangement n'a lieu que pour de petits propriétaires qui cultivent eux-mêmes quelque portion de terrain qu'ils possèdent; car, comme on vient de le voir, les fermiers ne sont pas chargés de l'impôt qui se lève sur les terres qu'ils cultivent, ou si on leur en demandait le payement, ce serait en diminution du prix du fermage, comme cela se pratique en France à l'égard du vingtième qui se lève sur les revenus des propriétaires; ainsi ce payement fait par le fermier, de côté ou d'autre, lui est indifférent et ne l'expose point à être mulcté. Le P. Duhalde dit que le total de l'impôt annuel est de mille millions de notre monnaie (un milliard). Cet impôt est peu considérable à raison de l'étendue du pays qui est sous la domination de l'empereur, ce qui prouve que les biens, quoique tenus en bonne valeur, sont peu chargés.

L'empereur peut augmenter l'impôt quand les besoins de l'Etat l'exigent; cependant, excepté dans les cas d'une nécessité pressante, il use rarement de ce pouvoir; il a même coutume d'exempter chaque année une ou deux provinces de fournir leur part; et ce sont celles qui ont souffert quelques dommages, soit par maladies ou autres événements fâcheux.

C'est la seconde cour souveraine de *Pékin*, appelée le *Hou-pou*, qui a, comme nous avons dit, la direction des finances; tous les revenus de l'Etat passent par ses mains et la garde du trésor impérial lui est confiée; on ne connaît en ce pays-là, ni fermiers, ni receveurs généraux ou particuliers des finances. Dans chaque ville, les principaux magistrats sont chargés de la perception de l'impôt. Ces mandarins rendent compte au trésorier général établi dans chaque province, qui rend compte au *Hou-pou* et ce tribunal à l'empereur.

Suivant les anciens principes du gouvernement chinois, qui regardent le souverain comme le chef d'une grande famille, l'empereur pourvoit à tous les besoins de ses officiers. Une partie des tributs de la province s'y consomment par les pensions de tous les genres de magistrats et de tous les autres stipendiés; par l'entretien des pauvres, des vieillards et des invalides; par le payement des troupes; par les dépenses des travaux publics; par l'entretien des postes et de toutes les grandes routes de l'empire; par les frais des examens et des dépenses des voyages des aspirants aux degrés; par les revenus destinés à soutenir la dignité des princes et princesses de la famille impériale; par le secours que l'empereur accorde aux provinces affligées des calamités; par les récompenses qu'il distribue pour soutenir l'émulation et les bons exemples, ou pour reconnaître les bons services de ceux qui, en quelque genre que ce soit, ont procuré quelque avantage à l'Etat, ou qui se sont distingués par des actions signalées.

Les mandarins qui sont appelés des provinces à la cour, ou que la cour envoie dans les provinces, sont défrayés sur toute la route ainsi que leur suite et on leur fournit les barques et les voitures dont ils ont besoin. La même chose s'observe à l'égard des ambassadeurs des puissances étrangères; ils sont entretenus aux dépens de l'empereur depuis le premier jour qu'ils entrent sur ses terres jusqu'à ce qu'ils en sortent; arrivés à la cour, ils sont logés dans un palais où l'empereur fait toute la dépense de leur table; pour marque d'amitié, il leur envoie tous les deux jours des mets de sa propre table; et quand il veut donner des marques d'affection, il leur envoie des plats extraordinaires.

On a vu que les Chinois sont simples, quoique bien arrangés

intérieurement, dans leurs édifices particuliers ; c'est tout autrement dans les ouvrages dont l'utilité publique est l'objet et principalement dans les grands chemins ; magnificence étonnante dans la construction, attention singulière dans l'entretien, police admirable pour leur sûreté, rien n'est épargné pour procurer aux voyageurs, aux commerçants et aux voituriers, l'aisance et la sécurité.

Les grands chemins ont communément quatre-vingts pieds de large ; on en voit plusieurs où l'on a élevé à droite et à gauche des banquettes soutenues par un double rang d'arbres, d'espace en espace ; ce sont des reposoirs en forme de grottes, qui forment des abris commodes et agréables aux voyageurs ; ces reposoirs sont ordinairement l'ouvrage de quelques vieux mandarins, qui, retirés dans leurs provinces, cherchent à gagner la bienveillance de leurs compatriotes ; ces hospices sont d'autant plus avantageux aux voyageurs que les auberges sont rares, même sur les grandes routes. En été, des personnes charitables font distribuer gratuitement du thé aux pauvres voyageurs, et l'hiver elles leur font donner de l'eau chaude, dans laquelle on a fait infuser du gingembre ; les routes les plus fréquentées ont, de demi-lieue en demi-lieue, de petites tours dont le comble forme une guérite ; ces tours sont faites de gazon et de terre battue ; leur hauteur n'est que d'environ douze pieds.

Il se trouve là un corps de garde pour veiller à la sûreté des voyageurs : ces tours servent aussi pour marquer les distances d'un lieu à un autre et à indiquer les noms des principales villes des environs. Les soldats en faction dans ces guérites sont encore chargés de faire passer de main en main les lettres de la cour jusqu'aux gouverneurs des villes et des provinces.

Chaque mandarin a ordre de veiller à l'entretien des chemins publics de son département et la moindre négligence est punie sévèrement. Un mandarin n'ayant point fait assez de diligence pour réparer une route par laquelle l'empereur devait passer aima mieux se donner la mort que de subir le châtiment honteux qui lui aurait été imposé. Un autre mandarin eut ordre de faire dessécher un marais ; soit inexpérience, soit défaut de vigilance, il échoua dans cette entreprise ; il fut mis à mort.

N'oublions pas une des merveilles de la Chine, dans le compte des dépenses des travaux publics ; c'est le grand canal royal ; il a trois cents lieues de long et coupe la Chine du nord au sud. L'empereur *Chi-tsou*, fondateur de la vingtième dynastie, ayant établi sa cour à *Pékin*, comme au centre de sa domination, il fit construire ce beau canal pour approvisionner sa résidence de tout ce qui était nécessaire à sa cour et aux troupes qu'il avait à sa suite; là il y a toujours quatre à cinq mille barques, dont plusieurs sont du port de quatre-vingts tonneaux, continuellement employées à fournir la subsistance de cette grande ville: le soin de veiller à son entretien est confié à des inspecteurs en grand nombre, qui visitent continuellement ce canal avec des ouvriers qui réparent aussitôt les ruines.

CHAPITRE V.

DE L'AUTORITÉ.

Si on en croit les auteurs anglais de l'histoire universelle, « il « n'y a point de puissance sur la terre plus despotique que l'em- « pereur de la Chine ». S'ils entendent par *despotisme* le pouvoir absolu de faire observer exactement les lois et les maximes fondamentales du gouvernement, il n'est en effet aucun autre pouvoir humain à la Chine capable d'affaiblir celui de l'empereur, qui est même si rigoureux dans l'ordre de la justice, que la constitution du gouvernement réclamerait contre une clémence arbitraire qu'il exercerait par une protection injuste; mais si ces historiens lui attribuent une autorité arbitraire et supérieure aux lois du gouvernement, ils ignoraient que la constitution du gouvernement de la Chine est établie sur le droit naturel d'une manière si irréfragable et si dominante, qu'elle préserve le souverain de faire le mal et lui assure dans son administration légitime le pouvoir suprême de faire le bien; en sorte que cette autorité est une béatitude pour le prince et une domination adorable pour les sujets.

Le respect sincère qu'on a pour l'empereur répond à la supériorité de son autorité et approche beaucoup de l'adoration; on lui donne les titres les plus superbes, tels que *fils du ciel, saint empereur*, etc. Les premiers ministres, les grands de l'empire, les princes du sang, le frère même de l'empereur, ne lui parlent jamais qu'à genoux; cette vénération s'étend jusqu'aux choses qui servent à son usage; on se prosterne devant son trône, devant sa ceinture, devant ses habits, etc. Un Chinois, de quelque qualité qu'il soit, n'ose passer à cheval ou en chaise devant le palais de l'empereur; dès qu'on en approche, on descend et on ne remonte qu'à quelques pas de là, etc.

Les empereurs de la Chine n'abusent pas de tant de soumission pour tyranniser leurs sujets; c'est une maxime généralement établie parmi ce peuple (et fondée essentiellement sur la constitution du gouvernement) que s'ils ont pour leur souverain une obéissance filiale, il doit à son tour les aimer comme un père; aussi ces princes gouvernent-ils avec beaucoup de douceur et se font une étude de faire éclater leur affection paternelle.

L'empereur a deux conseils établis par les lois; l'un extraordinaire et composé des princes du sang; l'autre ordinaire ou entre les ministres d'Etat, qu'on nomme *Colaos:* ce sont ceux-ci qui examinent les grandes affaires, qui en font le rapport à l'empereur et qui reçoivent ses décisions.

Outre le conseil souverain, il y a encore à *Pékin* six cours souveraines, dont nous avons expliqué les fonctions; on a dû remarquer que par un trait de politique des mieux raisonnés, pour conserver l'*unité* de l'autorité à un seul chef, pour empêcher que ces corps ne puissent donner atteinte à l'autorité impériale, ou machiner contre l'Etat, on a partagé tellement les objets sur lesquels s'étend leur pouvoir, qu'ils se trouvent tous dans une dépendance réciproque; de manière que s'il s'agit de quelque projet militaire, la formation des armées et leur marche est du ressort du *Ping-pou,* tandis que leur payement est ordonné par le *Hou-pou,* et les barques, les vaisseaux pour leurs transports, et la marine, dépendent du *Kong-pou.* Outre cette précaution, la cour nomme encore un inspecteur qui examine tout ce qui se passe en chaque tribunal; sans avoir de voix délibérative, il assiste à toutes les assemblées et on lui communique toutes les délibérations; il avertit secrètement la cour, ou même il accuse publiquement les mandarins des fautes qu'ils commettent, non seulement dans l'exercice de leurs charges, mais encore dans leur vie privée; leurs actions, leurs paroles, leurs mœurs, tout est censuré rigoureusement. Ces officiers qu'on nomme *Kolis,* sont redoutables jusqu'aux princes du sang et à l'empereur même.

Chacune des six cours suprêmes est composée de deux présidents avec quatre assistants, et de vingt-quatre conseillers, dont douze sont Tartares et douze Chinois. Une infinité d'autres tribunaux moins considérables sont subordonnés à ces cours souveraines, dans lesquelles reviennent en dernier ressort toutes les affaires importantes.

Pour ce qui est des provinces, elles sont immédiatement régies

par deux sortes de gouverneurs; les uns en gouvernent une seule
et résident dans la capitale, mais ces mêmes provinces obéissent
à des vice-rois qu'on nomme *Tsong-tou*, qui gouvernent en même
temps deux, trois et même quatre provinces. Quelle que soit l'autorité de ces gouverneurs particuliers, leurs droits respectifs sont
si bien réglés qu'il ne survient jamais de conflit entre leurs juridictions.

On aurait de la peine à croire que l'empereur de la Chine ait
le temps d'examiner lui-même les affaires d'un empire si vaste, et
de recevoir les hommages de cette multitude de mandarins qu'il
nomme aux emplois vacants, ou qui cherchent à y parvenir; mais
l'ordre qui s'y observe est si merveilleux, et les lois ont si bien
pourvu à toutes les difficultés, que deux heures suffisent chaque
jour pour tant de soins.

CHAPITRE VI.

§ 1.

Administration.

Il y a dans la capitale de chaque province plusieurs tribunaux
pour le civil et le criminel, qui répondent tous aux cours souveraines de *Pékin* et qui sont subordonnés aux gouverneurs particuliers et aux *Tsong-Tou*, sans compter un nombre infini de juris-
dictions subalternes, qui instruisent de certaines affaires suivant
les commissions qu'elles reçoivent. Toutes les villes ont aussi leurs
gouverneurs et plusieurs mandarins subordonnés qui rendent la
justice; de façon que les villes du troisième ordre dépendent de
celles du second, qui, à leur tour, ressortissent aux villes du premier rang. Tous les juges provinciaux dépendent du *Tsong-Tou*
ou vice-roi, qui représente l'empereur et qui jouit d'une considération extraordinaire; mais l'autorité de cet officier général est restreinte par celle des autres mandarins qui l'environnent et qui
peuvent l'accuser quand ils le jugent à propos pour le bien de
l'Etat.

Tous les mandarins sont encore réprimés par les visiteurs que
la cour envoie en chaque province et que l'on nomme *Kolis*. L'effroi que répandent ces contrôleurs est si général, qu'il fait dire
en proverbe, le *rat a vu le chat*. Ce n'est pas sans raison; car
ces censeurs ont le droit de dépouiller tous les mandarins en faute,
de leur crédit et de leurs emplois.

Ces censeurs informent par des mémoires particuliers, l'empereur des fautes des mandarins; on les répand aussitôt dans tout l'empire et ils sont renvoyés au *Lii-pou*, qui ordinairement prononce la condamnation du coupable. En un mot, l'autorité de ces inspecteurs est très grande et leur fermeté dans leurs résolutions égale leurs pouvoirs; l'empereur même n'est pas à l'abri de leur censure, lorsque sa conduite déroge aux règles et aux lois de l'Etat. L'histoire de la Chine offre des exemples étonnants de leur hardiesse et de leur courage.

Rien n'est plus digne d'admiration que la façon de rendre la justice; le juge étant pourvu gratuitement de son office et ses appointements étant réglés, il n'en coûte rien pour l'obtenir. Dans les affaires ordinaires, un particulier peut s'adresser aux cours supérieures; et s'il le juge à propos, par exemple, un habitant d'une ville, au lieu de se pourvoir par devant le gouverneur de sa résidence, peut recourir directement au gouverneur de sa province, ou même au *Tsong-tou*; et lorsqu'un juge supérieur a pris une fois connaissance d'une affaire, les juges inférieurs n'y prennent plus aucune part, à moins qu'elle ne leur soit renvoyée. Chaque juge, après les informations nécessaires et quelques procédures, dont le soin appartient à des officiers subalternes, prononce la sentence que lui dicte sa justice; celui qui perd sa cause est quelquefois condamné à la bastonnade pour avoir commencé un procès avec de mauvaises intentions, ou pour l'avoir soutenu contre toute apparence d'équité. Pour les affaires d'importance, on peut appeler des jugements des vice-rois aux cours suprêmes de *Pékin;* ces cours ne prononcent qu'après en avoir informé Sa Majesté, qui quelquefois prononce elle-même après avoir fait faire toutes les informations convenables; la sentence est aussitôt dressée au nom de l'empereur et renvoyée au vice-roi de la province, qui demeure chargé de la faire exécuter. Une décision dans cette forme est irrévocable; elle prend le nom de saint commandement, c'est-à-dire arrêt sans défaut, sans partialité.

A l'égard des affaires criminelles, elles n'exigent pas plus de formalités que les affaires civiles. Dès que le magistrat est informé d'une affaire, il peut faire punir le coupable sur-le-champ; s'il est témoin lui-même de quelque désordre dans une rue, dans une maison, ou dans un chemin, ou s'il rencontre un joueur, un débauché ou un fripon, sans autre forme de procès il lui fait donner par les gens de sa suite vingt ou trente coups de bâton; après quoi il continue son chemin ; cependant ce coupable peut encore être cité à un tribunal par ceux à qui il a fait quelque tort ; on instruit alors son procès en forme et il ne finit que par une punition rigoureuse.

L'empereur nomme un commissaire pour examiner toutes les causes criminelles ; souvent il les adresse à différents tribunaux, jusqu'à ce que leur jugement soit conforme au sien. Une affaire criminelle n'est jamais terminée qu'elle n'ait passé par cinq ou six tribunaux subordonnés les uns aux autres, qui font tous de nouvelles procédures et prennent des instructions sur la vie et la conduite des accusés et des témoins ; ces délais, à la vérité, font longtemps languir l'innocence dans les fers ; mais ils la sauvent toujours de l'oppression.

§ 2.
Lois pénales.

Les voleurs pris armés sont condamnés à mort par la loi ; s'ils sont sans armes, ils subissent un châtiment, mais sans perdre la vie, suivant la nature du vol ; il en est de même si leur entreprise n'a pas eu d'exécution.

En général, les lois pénales sont fort douces à la Chine ; et si les examens réitérés des procédures criminelles retardent la justice, le châtiment n'en est pas moins sûr, toujours il est réglé par la loi et proportionné au crime. La bastonnade est le plus léger ; il ne faut que peu de chose pour se l'attirer, et elle n'imprime aucune ignominie ; l'empereur même la fait quelquefois subir aux personnes d'un rang distingué, et ne les voit pas moins après cette correction.

Le *pantse* est l'instrument avec lequel on la donne ; c'est une pièce assez épaisse de bambou fendu, qui a plusieurs pieds de long, un des bouts est large comme la main, et l'autre est uni et menu, et sert de poignée. Un mandarin en marche ou dans ses audiences, est toujours environné d'officiers armés de ces instruments ; quoique ce supplice assez violent puisse causer la mort, les coupables trouvent moyen de gagner les exécuteurs qui ont l'art de ménager leurs coups avec une légèreté qui les rend presqu'insensibles ; souvent des hommes se louent volontiers pour supporter le châtiment à la place du coupable. Le *pantse* est la punition ordinaire des vagabonds, des coureurs de nuit et des mendiants valides ; il est vrai que la plupart de ces mendiants, dont on voit de grandes troupes à la Chine, sont tous privés de quelques facultés corporelles; il est surtout beaucoup d'aveugles et d'estropiés qui exercent mille rigueurs sur leurs corps pour extorquer des aumônes.

Le rang des mandarins n'exempte point du *pantse*, mais il faut que les magistrats aient été dégradés auparavant; si un mandarin a reçu ce châtiment par l'ordre du vice-roi, il a la liberté de justifier sa conduite devant l'empereur ou le *Lii-pou:* c'est un frein qui empêche les vice-rois d'abuser de leur autorité.

Une autre punition moins douloureuse, mais flétrissante, c'est la *cangue* ou le *careau;* il est composé de deux pièces de bois qui se joignent autour du col en forme de collier, et qui se portent jour et nuit, suivant l'ordre du juge; le poids de ce fardeau est proportionné au crime; il s'en trouve quelquefois qui pèsent deux cents livres et qui ont cinq ou six pouces d'épaisseur; un homme qui porte la *cangue* ne peut ni voir ses pieds, ni porter sa main à sa bouche. Pour que personne ne puisse s'en délivrer, le magistrat couvre les jointures avec une bande de papier scellée du sceau public, sur laquelle on écrit la nature du crime et la durée de la punition; lorsque le terme est expiré, on ramène le coupable devant le mandarin, qui le délivre en lui faisant une courte exhortation de mieux se conduire; pour lui en mieux imprimer le souvenir, une vingtaine de coups de *pantse* terminent son discours.

Il est certains crimes pour lesquels un criminel est marqué sur les joues en caractères chinois, qui expriment le motif de sa condamnation; d'autres sont punis par le bannissement hors de l'empire, ou condamnés à tirer les barques royales; mais ces peines sont toujours précédées de la bastonnade.

On ne connaît que trois supplices capitaux; c'est d'étrangler, de trancher la tête et de couper en pièces; le premier passe pour le plus doux et n'est point infamant; leur façon de penser est toute différente au sujet du second; ils pensent qu'il ne peut y avoir rien de plus avilissant que de ne pas conserver en mourant son corps aussi entier qu'on l'a reçu de la nature.

Le troisième est celui des traîtres et des rebelles; le coupable est attaché à un pilier; on lui écorche d'abord la tête, on lui couvre les yeux avec sa peau, pour lui cacher ses tourments, et on lui coupe ensuite successivement toutes les parties du corps; le bourreau est un soldat du commun, dont les fonctions n'ont rien de flétrissant à la Chine, et même à *Pékin;* il porte la ceinture de soie jaune, pour lui attirer le respect du peuple et pour montrer qu'il est revêtu de l'autorité de l'empereur.

Les prisons de la Chine ne paraissent ni horribles, ni aussi mal-propres que celles d'Europe; elles sont fort spacieuses, bien dis-posées et commodes: quoiqu'elles soient ordinairement remplies d'un grand nombre de misérables, l'ordre, la paix et la propreté y règnent en tout temps par les soins du geôlier. Dans les seules prisons de *Can-tong,* on compte habituellement quinze mille pri-sonniers. L'Etat ne les nourrit point; mais il leur est permis de s'occuper à divers travaux qui leur procurent leur subsistance. Si un prisonnier meurt, on en rend compte à l'empereur. Il faut une infinité d'attestations, qui prouvent que le mandarin du lieu n'a pas été suborné pour lui procurer la mort; qu'il est venu le visiter lui-même et qu'il a fait venir le médecin et que tous les remèdes convenables lui ont été administrés.

Les femmes ont une prison particulière, dans laquelle les hommes n'entrent point: elle est grillée, et on leur passe, par une espèce de tour, tout ce dont elles ont besoin. « Mais ce qui est surtout « admirable dans les prisons chinoises, dit Navaret, qui y avait « été renfermé avec d'autres missionnaires, c'est que nous y fûmes « tous traités avec douceur et avec autant de respect que si nous « eussions été d'un rang distingué. »

§ 3.
Mandarins de l'empire.

On a vu que pour parvenir à être mandarin, il fallait avoir pris les divers grades qui conduisent au doctorat. C'est sur tous ces mandarins lettrés, que roule le gouvernement politique. Leur nombre est de treize à quatorze mille dans tout l'empire: ceux des trois premiers ordres sont les plus distingués, et c'est parmi eux que l'empereur choisit les *Co-la-os* ou *ministres d'Etat,* les présidents des cours souveraines, les gouverneurs des provinces et des grandes villes, et tous les autres grands officiers de l'empire.

Les mandarins des autres classes exercent les emplois subalternes de judicature et de finance, commandent dans de petites villes, et sont chargés d'y rendre la justice. Ces six dernières classes sont tellement subordonnées aux mandarins des trois premières que ceux-ci peuvent faire donner la bastonnade aux autres.

Tous sont infiniment jaloux des marques de dignité qui les distin-guent du peuple et des autres lettrés. Cette marque est une pièce d'étoffe carrée qu'ils portent sur la poitrine; elle est richement travaillée, et on voit au milieu la devise propre de leurs emplois.

Aux uns, c'est un dragon à quatre ongles; aux autres, un aigle ou un soleil, etc. Pour les mandarins d'armes, ils portent des lions, des tigres, des panthères, etc.

Quoiqu'il y ait une dépendance absolue entre ces diverses puissances qui gouvernent l'Etat, le plus petit mandarin a tout pouvoir dans sa juridiction, mais relève d'autres mandarins dont le pouvoir est plus étendu; ceux-ci dépendent des officiers généraux de chaque province, qui, à leur tour, relèvent des tribunaux souverains de Pékin.

Tous ces magistrats sont respectés, à proportion autant que l'empereur, dont ils paraissent représenter la majesté: à leurs tribunaux le peuple ne leur parle qu'à genoux. Ils ne paraissent jamais en public qu'avec un appareil imposant et accompagnés de tous les officiers de leur juridiction. Entre les marques de leur autorité, on ne doit pas oublier le sceau de l'empire. Celui de l'empereur est d'un jaspe fin, carré et d'environ quatre à cinq pouces: il est le seul qui puisse en avoir de cette matière. Les sceaux qu'on donne aux princes, par honneur, sont d'or; ceux des mandarins des trois premiers ordres sont d'argent; les autres, d'un rang inférieur, ne sont que de cuivre ou de plomb; la forme en est plus grande ou plus petite, suivant le rang du mandarin qui en est le dépositaire.

Rien n'est plus magnifique que le cortège du gouverneur qui sort de son palais; jamais il n'a moins de deux cents hommes à sa suite; on peut juger de là quelle doit être la pompe qui accompagne l'empereur.

Mais, malgré l'autorité dont jouissent tous les mandarins, il leur est très difficile de se maintenir dans leurs emplois, s'ils ne s'étudient à se montrer les pères du peuple et à paraître lui marquer une sincère affection. Un mandarin, taxé du défaut contraire, ne manquerait pas d'être noté dans les informations que les vice-rois envoient tous les trois ans à la cour, de tous les mandarins de leur ressort. Cette note suffirait pour lui faire perdre sa charge.

Il est surtout de certaines occasions où les mandarins affectent la plus grande sensibilité pour le peuple; c'est lorsqu'on craint pour la récolte et qu'on est menacé de quelque fléau. On les voit alors, vêtu négligemment, parcourir les temples à pied, donner l'exemple de la mortification et observer rigidement le jeûne général qui se prescrit en pareil cas.

Comme un mandarin n'est établi que pour protéger le peuple,

il doit toujours et à toute heure être prêt à l'écouter. Quelqu'un vient-il réclamer sa justice, il frappe à grands coups sur un tambour qui est près de la salle où il donne audience, ou en dehors de l'hôtel; à ce signal, le mandarin, quelque occupé qu'il soit, doit tout quitter pour entendre la requête.

Instruire le peuple est encore une de ses fonctions principales. Le premier et le quinzième de chaque mois, tous les mandarins d'un endroit s'assemblent en cérémonie et un d'eux prononce, devant le peuple, un discours dont le sujet roule toujours sur la bonté paternelle, sur l'obéissance filiale, sur la déférence qui est due aux magistrats et sur tout ce qui peut entretenir la paix et l'union.

L'empereur, lui-même, fait assembler de temps en temps les grands seigneurs de la cour et les premiers mandarins des tribunaux de *Pékin*, pour leur faire une instruction dont le sujet est tiré des livres canoniques.

Les lois interdisant aux mandarins l'usage de la plupart des plaisirs, tels que le jeu, la promenade, les visites, etc., ils n'ont point d'autres divertissements que ceux qu'ils se procurent dans l'intérieur de leurs palais. Il leur est aussi défendu de recevoir aucun présent. Un mandarin, convaincu d'en avoir reçu ou exigé un, perd sa place; si le présent monte à quatre-vingts onces d'argent, il est puni de mort. Il ne peut posséder aucune charge dans sa ville natale, ni même dans sa province. Le lieu de son exercice doit au moins être éloigné de cinquante lieues de la ville où il a pris naissance.

L'attention du gouvernement va si loin à ce sujet, qu'un fils, un frère, un neveu, ne peut être mandarin inférieur où son père, son frère, son oncle serait mandarin supérieur. Si l'empereur envoie pour vice-roi d'une province le père ou l'oncle d'un mandarin subalterne, celui-ci doit en informer la cour, qui le fait passer à un même emploi dans une autre province.

Enfin, rien n'est plus propre à retenir dans le devoir tous ceux qui ont quelque part à l'administration des affaires publiques, que la gazette qui s'imprime chaque jour à *Pékin* et qui se répand dans toutes les provinces; elle forme une brochure de soixante à soixante-dix pages. Nul article ne se rapporte à ce qui se passe hors de l'empire. On lit les noms des mandarins destitués et les raisons de leur disgrâce.

CHAPITRE VII.

DÉFAUTS ATTRIBUÉS AU GOUVERNEMENT DE LA CHINE.

Le despotisme ou le pouvoir absolu du souverain de la Chine est fort exagéré par nos auteurs politiques, ou du moins leur est-il fort suspect. M. de Montesquieu a surtout hasardé beaucoup de conjectures, qu'il a fait valoir avec tant d'adresse qu'on pourrait les regarder comme autant de sophismes spécieux contre ce gouvernement: nous pourrions, en renvoyant nos lecteurs au *Recueil des mélanges intéressants et curieux*, pages 164 et suivantes, tome V, nous dispenser d'entrer dans aucun examen des raisonnements de M. de Montesquieu, que l'auteur de ce recueil a très savamment discutés et réfutés; mais il semblerait peut-être que nous chercherions à les éluder si nous négligions de les exposer ici; on pourra du moins les comparer avec les faits rassemblés dans notre compilation.

« Nos missionnaires, dit M. de Montesquieu, nous parlent du vaste « empire de la Chine comme d'un gouvernement admirable, qui « mêle dans son principe la crainte, l'honneur et la vertu; j'ignore ce « que c'est que cet honneur chez un peuple qui ne fait rien qu'à « coups de bâton. »

La charge n'est pas ménagée dans ce tableau; les coups de bâton sont, à la Chine, une punition réservée aux coupables, comme le fouet, les galères, etc., sont de même dans d'autres royaumes des punitions. Y a-t-il aucun gouvernement sans lois pénales? mais y en a-t-il un dans le monde où l'on emploie autant de moyens pour exciter l'émulation et l'honneur? Le silence de M. de Montesquieu, à cet égard, est une preuve bien manifeste de son exagération et de son intention décidée à nous représenter les Chinois comme des hommes serviles et esclaves sous une autorité tyrannique.

« D'ailleurs il s'en faut beaucoup que nos commerçants nous « donnent une idée de cette vertu dont parlent les missionnaires. »

Il s'agit ici d'un point de conduite libre de particuliers, concernant le commerce avec les étrangers, qui n'a aucun rapport avec la dureté de l'exercice d'une autorité absolue: c'est une querelle fort déplacée relativement à l'objet de l'auteur. Le reproche dont il s'agit doit-il s'étendre jusques sur le commerce intérieur que les Chinois exercent entre eux? Les marchands de l'Europe qui vont à la Chine ne pénètrent pas dans l'intérieur de ce royaume:

ainsi M. de Montesquieu ne peut pas, à cet égard, s'appuyer du témoignage de ces marchands. Si celui des missionnaires avait favorisé les idées de M. de Montesquieu, il aurait pu le citer avec plus de sûreté, parce qu'ils ont résidé assidûment et pendant longtemps dans cet empire, et qu'ils en ont parcouru toutes les provinces. C'est trop hasarder que d'opposer à leurs récits celui des marchands de l'Europe, qui ne nous diront pas si la mauvaise foi des Chinois dans le commerce qu'ils exercent avec eux, n'est pas un droit de représailles; mais toujours l'auteur n'en peut-il rien conclure relativement au prétendu despotisme tyrannique du prince.

Si c'est précisément la vertu des Chinois que M. de Montesquieu veut censurer, celle du marchand qui commerce avec l'étranger est-elle un échantillon de la vertu du laboureur et des autres habitants? Avec un pareil échantillon, jugerait-on bien exactement de la vertu des autres nations, surtout de celle où tout le commerce extérieur est en monopole sous la protection des gouvernements?

« Les lettres du P. *Perennin*, sur le procès que l'empereur fit « faire à des princes du sang néophytes, qui lui avaient déplu, « nous font voir un plan de tyrannie constamment suivi, et des « injures faites à la nature avec règle, c'est-à-dire de sang-« froid. »

Sur le procès que l'empereur fit faire à des princes du sang néophytes; ce dernier mot semble être mis à dessein d'insinuer que ces princes furent poursuivis pour avoir embrassé le christianisme; mais tous les royaumes du monde ont eu leurs martyrs, et en grand nombre, pour cause de religion, par la propre sanction des lois. Cela n'a encore aucun rapport avec le despotisme de la Chine; pas même avec l'idée de l'intolérance du gouvernement de cet empire, où l'on n'a presque jamais exercé de cruautés pour cause de religion: et le fait dont il s'agit n'était pas de ce genre; car le prince était fort tolérant à l'égard du christianisme. Ces princes, dit-on, *lui avaient déplu:* il y avait plus, selon l'histoire, ils avaient tramé contre lui; et quelques jésuites furent compris dans cette malheureuse affaire: c'est un cas particulier de politique, où il est difficile de pénétrer à fond les motifs du procès. Mais un cas particulier de ce genre ne permettait pas à M. de Montesquieu de le rapporter comme un exemple d'*un plan de tyrannie constamment suivi:* ce qui est d'autant plus outré que cet empereur est reconnu pour un des bons princes qui ait jamais régné. Un auteur qui est aussi peu attentif à la vérité, quand il plaide en faveur de son opinion, ferait penser qu'il n'était pas assez en garde contre la prévention.

« Nous avons encore les lettres du P. *Perennin* et de M. de
« Mairan sur le gouvernement de la Chine: après bien des ques-
« tions et des réponses sensées, tout le merveilleux s'est évanoui. »

Ces lettres attaquent-elles la constitution même du gouvernement;
c'est de quoi il s'agit ici ; ou révèlent-elles seulement des abus qui
se glissent dans l'administration? M. de Montesquieu, si avide de
faits reprochables, n'en rapporte aucun. N'aurait-il trouvé dans
ces lettres que des raisonnements vagues, propres à marquer seulement la mauvaise humeur du P. *Perennin,* qui, dans ce temps,
n'était pas bien disposé en faveur du souverain? Mais toujours
faut-il convenir que la simple allégation de ces lettres ne nous
instruit de rien, surtout lorsqu'on connaît le penchant de l'auteur
qui les cite.

« Ne peut-il pas se faire que les premiers missionnaires aient
« été trompés d'abord par une apparence d'ordre; qu'ils aient été
« frappés de cet exercice continuel de la volonté d'un seul, par
« lequel ils sont gouvernés eux-mêmes, et qu'ils aiment tant à trou-
« ver dans les cours des rois d'Asie; parce que n'y allant que
« pour faire de grands changements, il leur est plus aisé de con-
« vaincre les princes qu'ils peuvent tout faire, que de persuader
« aux peuples qu'ils doivent tout souffrir. »

Il faut être bien dépourvu de preuves pour avoir recours à de
pareils soupçons; et après de tels efforts, on doit s'apercevoir que
le gouvernement de la Chine donne peu de prises à ses détracteurs.
Les missionnaires ont pu être trompés, dit-on, d'abord par une
apparence d'ordre: ils auraient fait plus, ils auraient formellement
avancé des faussetés; car ils sont entrés dans un grand détail de
faits. Pourquoi avoir glissé dans cet exposé le mot d'abord; et
pourquoi dire, les *premiers* missionnaires? les autres qui ont continué de donner des relations de ce pays-là, les ont-ils contredits,
ou se sont-ils rétractés ensuite? Il est bien ingénieux de trouver
que les missionnaires pensent que le despotisme des souverains
d'Asie est favorable aux succès de leurs missions. Ces missions
ont-elles donc fait de si grands progrès en Asie par le secours
des despotes? N'est-ce pas partout, chez le peuple, que les missions
commencent à réussir, et qu'elles parviennent quelquefois à dominer
au point d'inquiéter les souverains? Les jésuites ont obtenu d'un
empereur de la Chine, il est vrai, une loi favorable au christia-

nisme; mais cette loi a été nulle, parce qu'elle n'a pu être revêtue de formalités nécessaires pour avoir force de loi. La volonté d'un seul n'est donc pas à la Chine assez décisive pour faciliter, autant que le dit M. de Montesquieu, les succès des missionnaires, et pour les avoir induits à fonder toute leur espérance sur ce despotisme.

« Telle est la nature de la chose, que le mauvais gouvernement « y est d'abord puni. Le désordre naît soudain, parce que le peuple « prodigieux y manque de subsistance. »

Une grande population ne peut s'accumuler que dans les bons gouvernements; car les mauvais gouvernements anéantissent les richesses et les hommes. Un peu d'attention sur ce peuple prodigieux suffit pour dissiper tous les nuages qu'on voudrait répandre sur le gouvernement de la Chine. En nous disant que les besoins d'une si grande multitude d'hommes en imposent dans un mauvais gouvernement, M. de Montesquieu forme un raisonnement qui implique contradiction; un peuple prodigieux et un mauvais gouvernement ne peuvent se trouver ensemble dans aucun royaume du monde.

« Un empereur de la Chine ne sentira pas, comme nos princes, « que s'il gouverne mal il sera moins heureux dans l'autre vie. »

Si M. de Montesquieu a eu le bonheur d'être plus éclairé sur la religion que les empereurs de la Chine, il ne devait pas moins y reconnaître les dogmes de la loi naturelle et la persuasion d'une vie future, dont ces princes sont pénétrés. Il n'ignorait pas non plus qu'il y a une multitude d'exemples de la piété qu'ils ont marquée d'une manière éclatante, dans les cas où les besoins de l'Etat les ont portés à implorer la providence divine.

« Il saura que si son gouvernement n'est pas bon, il perdra son « royaume et la vie. »

Les empereurs de la Chine ont donc de moins, selon M. de Montesquieu, que les autres souverains, la crainte des châtiments d'une autre vie. Ce motif n'entrait pas nécessairement dans le plan général de l'auteur, qui s'est fixé à l'esprit des lois humaines, établies selon lui pour la sûreté des nations contre les dérèglements des gouvernements, et contre les abus du pouvoir des souverains, qui doit être modéré par des contrepoids qui le contiennent dans l'ordre.

La crainte de l'empereur de la Chine de perdre son royaume et sa vie, serait-elle envisagée par M. de Montesquieu comme un motif insuffisant pour tempérer le despotisme de ce souverain? Les contre-forces qu'il voudrait établir seraient-elles plus puissantes et plus compatibles avec la solidité permanente d'un bon gouvernement?

« Comme, malgré les expositions des enfants, le peuple augmente « toujours à la Chine, il faut un travail infatigable pour faire pro- « duire aux terres de quoi les nourrir ; cela demande une grande « attention de la part du gouvernement. Il est en tout temps inté- « ressé à ce que tout le monde puisse travailler, sans crainte d'être « frustré de ses peines. Ce doit donc être moins un gouvernement « civil qu'un gouvernement domestique. Voilà ce qui a produit les « règlements dont on parle tant. »

C'est donc, selon l'auteur, la grande population qui réduit le despotisme de la Chine à un gouvernement domestique, et qui a produit les règlements nécessaires pour assurer la subsistance aux habitants de cet empire; M. de Montesquieu prend ici l'effet pour la cause. Il n'a pas aperçu que ce nombre prodigieux d'habitants ne peut être qu'une suite du bon gouvernement de cet empire; cependant il aurait dû apercevoir, en consultant l'histoire de la Chine, qu'effectivement ces bons règlements, *dont on parle tant*, y sont établis depuis un temps immémorial.

« On a voulu faire régner les lois avec le despotisme; mais ce « qui est joint avec le despotisme n'a pas de force. En vain ce des- » potisme, pressé par ses malheurs, a-t-il voulu s'enchaîner! il s'arme « de ses chaînes et devient plus terrible encore. »

L'auteur a voulu terminer ce discours avec une vigueur qui ne consiste que dans le style; car on ne comprend pas et il n'a pas compris lui-même ce qu'il a voulu dire par ce langage: *En vain ce despotisme, pressé par ses malheurs, a-t-il voulu s'enchaîner! il s'arme de ses propres chaînes et devient plus terrible encore.* Les chaînes dont il s'agit ici sont les lois qui affermissent le gouver- nement dont l'empereur est seul le chef; mais ces lois deviennent pour lui des armes qui le rendent encore plus terrible à la nation qu'il gouverne.

Une grande reine fort impérieuse disait à ses sujets: *vous avez des lois et je vous les ferai bien observer;* cette menace ne pouvait effrayer que les méchants. Ce sont les bonnes lois qui forment un bon gouvernement et sans l'observation de ses lois le gouvernement n'aurait pas de réalité. Le despote sévère, armé des lois, les fera observer rigoureusement et le bon ordre régnera dans ses Etats; mais M. de Montesquieu nous dit que *ce qui est joint au despo- tisme n'a point de force:* quel assemblage d'idées! Les lois, jointes au despotisme, sont fort redoutables; les lois, jointes au despotisme, sont sans force: avec les lois le despotisme est terrible; avec le despotisme les lois sont nulles. M. de Montesquieu rassemble toutes ces contradictions à propos d'un gouvernement qui est le plus ancien, le plus humain, le plus étendu et le plus florissant qui ait jamais existé dans l'univers! Pourquoi ce gouvernement a-t-il jeté un si grand trouble dans l'esprit de l'auteur? c'est qu'il est régi par un despote et qu'il voit toujours dans le despotisme un gouvernement arbitraire et tyrannique.

Les abus furtifs, quoique rigoureusement réprimés à la Chine, forment un chef d'imputation dont on charge le gouvernement de cet empire.

Les mandarins sont réprimés par les visiteurs que l'on nomme *Kolis*, que la cour envoie dans chaque province; ces censeurs ont le droit de dépouiller les mandarins en faute, de leur crédit et de leurs emplois, cependant leurs visites ne se terminent pas sans revenir en cour chargés, dit-on, de quatre ou cinq cent mille écus, que les coupables leur donnent pour se garantir d'une accusation; il arrive à la Chine, comme partout ailleurs, que la sévérité des censeurs et la justice ne s'exercent que sur ceux dont les désordres sont trop connus pour être déguisés, ou sur ceux à qui la pauvreté ôte les moyens de flatter leur avarice et d'acheter des témoignages de vertus.

On peut consulter, dit M. de Montesquieu, nos commerçants sur le brigandage des mandarins.

Près de l'endroit le plus périlleux du lac *Jao-tcheou* on voit un temple placé sur un rocher escarpé, qui donne lieu à de grandes superstitions; quand on en est proche, les matelots chinois battent d'une sorte de tambour de cuivre pour avertir l'idole de leur passage; ils allument des bougies sur le devant de la barque, brûlent des parfums et sacrifient un coq en son honneur; le gouvernement entretient près de là des barques pour secourir ceux qui se trouvent exposés au naufrage, mais quelquefois ceux qui sont établis dans ces barques pour prêter du secours, sont les premiers à faire périr les marchands pour s'enrichir de leurs dépouilles, surtout s'ils espèrent de n'être pas découverts.

Cependant la vigilance des magistrats est très active, principalement dans les occasions d'apparat: un mandarin s'occupe moins de ses intérêts que de ceux du peuple, il fait consister sa gloire à l'assister et à s'en montrer le père. Dans un temps d'orage, on a vu le mandarin de *Jao-tcheou*, après avoir défendu de traverser sur le lac, se transporter lui-même sur le rivage et y demeurer tout le jour pour empêcher, par sa présence, que quelque téméraire emporté par l'avidité du gain ne s'exposât au danger de périr.

(Ces brigandages dont nous venons de rapporter des exemples peuvent être comparés dans ce royaume comme dans tous les autres, au dangereux métier des voleurs qui, malgré la rigueur des lois, s'exposent aux dangers de subir les châtiments décernés contre eux; mais on ne doit point imputer ces forfaits au gouvernement, lorsqu'il use de toutes les précautions qu'il peut employer pour les prévenir, et qu'il punit sévèrement les coupables qui en sont convaincus.)

On dit que les emplois de la justice se vendent dans toutes les parties de la Chine, surtout à la cour, et que l'empereur est le seul qui ait à cœur l'intérêt public, tous les autres n'ayant en vue que leur propre intérêt; cependant les lois sont établies contre les extorsions des gouverneurs et des autres mandarins, qu'ils ont bien de la peine à exercer sans que l'empereur le sache, car ils ne peuvent empêcher les plaintes du peuple dans l'oppression.

Ce prétendu abus qu'on dit qui s'exerce à la cour est contredit par d'autres historiens; « l'empereur de la Chine, dit l'auteur « des révolutions, veut tout voir par ses yeux, et il n'y a point « de prince dans le reste du monde qui s'occupe davantage des « affaires du gouvernement; il ne s'en fie surtout qu'à lui-même, « lorsqu'il s'agit de nommer des magistrats: ce ne sont point les « intrigues de cour qui, comme partout ailleurs, élèvent un homme « aux premiers emplois ».

Un gouverneur est regardé comme le chef d'une grande famille dans laquelle la paix ne peut être troublée que par sa faute; aussi est-il responsable des moindres émeutes, et si la sédition n'est pas apaisée sur-le-champ, il perd au moins son emploi; il doit empêcher que les officiers subalternes qui sont tous, comme lui, faits pour n'être occupés que du bien public, n'oppriment le peuple: pour cela la loi défend qu'on fasse mandarin d'une ville, un homme né non seulement dans la même ville, mais encore dans la même province, et même on ne le laisse pas pour longtemps dans son emploi, de crainte qu'il ne devienne partial: ainsi la plupart des autres mandarins de la même province lui étant inconnus, il arrive rarement qu'il ait aucune raison de les favoriser.

Si un mandarin obtient un emploi dans la province qui touche à celle dont il est sorti, ce doit être dans une ville qui en soit éloignée de 50 lieues au moins; et la délicatesse va si loin qu'on ne place jamais un mandarin subalterne dans un lieu où son frère, son oncle, etc., tient un rang supérieur, tant parce qu'ils pourraient s'entendre à commettre des injustices, que parce qu'il serait trop dur pour un officier supérieur, d'être obligé d'accuser son frère, etc.

De trois ans en trois ans on fait une revue générale de tous les mandarins, dans laquelle on examine leurs bonnes et mauvaises qualités pour le gouvernement. Chaque mandarin supérieur, par exemple, d'une ville du troisième rang, examine la conduite de ses inférieurs: les notes qu'ils font sont envoyées au mandarin supérieur de la ville du second rang qui les change ou confirme. Lorsque le mandarin d'une ville du second rang a reçu les notes de tous les mandarins des villes du troisième rang qui sont de son district, il y joint ses propres notes, ensuite il envoie le catalogue aux mandarins généraux qui résident dans la capitale; ce catalogue passe de leurs mains dans celles du vice-roi qui, après l'avoir examiné en particulier, ensuite avec les quatre mandarins ses assistants, l'envoie à la cour augmenté de ses propres notes: ainsi par cette voie, le premier tribunal connaît exactement tous les tribunaux de l'empire et est en état de punir et de récompenser. Le tribunal suprême, après avoir examiné les notes, renvoie tout de suite au vice-roi les ordres pour récompenser ou châtier les mandarins notés: celui-ci destitue ceux dont les notes contiennent le moindre reproche sur l'article du gouvernement, ou élève à d'autres postes ceux dont on fait l'éloge, et on a grand soin d'instruire le public de ces destitutions et de ces récompenses, et des raisons pourquoi.

De plus, l'empereur envoie de temps en temps dans les provinces des visiteurs qui s'informent du peuple, et qui se glissent dans les tribunaux pendant l'audience du mandarin; si ces visiteurs découvrent, par quelqu'une de ces voies, de l'irrégularité dans la conduite des officiers, il fait voir aussitôt les marques de sa dignité, et comme son autorité est absolue, il poursuit aussitôt et punit avec rigueur le coupable selon la loi; mais si la faute n'est pas grave, il envoie ses informations à la cour, qui décide de ce qu'il doit faire.

Quoique ces visiteurs ou inspecteurs soient choisis entre les principaux officiers, et qu'ils soient reconnus de la plus grande probité, l'empereur, pour n'être pas trompé et craint qu'ils ne se laissent corrompre par l'argent, etc., prend le temps que ces inspecteurs y pensent le moins, pour voyager dans différentes provinces et s'informer par lui-même des plaintes du peuple contre les gouverneurs.

L'empereur Kang-hi, dans une de ces visites, aperçut un vieillard qui pleurait amèrement; il quitta son cortège et fut à lui, et lui demanda la cause de ses larmes; je n'avais qu'un fils, répondit le vieillard, qui faisait toute ma joie et le soutien de ma famille, un mandarin tartare me l'a enlevé; je suis désormais privé de toute assistance humaine; car pauvre et vieux comme je suis, quel moyen d'obliger le gouverneur à me rendre justice? Il y a moins de difficultés que vous ne pensez, répliqua l'empereur; montez derrière moi et me servez de guide jusqu'à la maison du ravisseur. Le vieillard monta sans cérémonie. Le mandarin fut convaincu de violence et condamné sur-le-champ à perdre la tête. L'exécution faite, l'empereur dit au vieillard d'un air sérieux, pour réparation je vous donne l'emploi du coupable qui vient d'être puni; conduisez-vous avec plus de modération que lui, et que son exemple vous apprenne à ne rien faire qui puisse vous mettre, à votre tour, dans le cas de servir d'exemple.

(Quand un gouvernement veille soigneusement sur les *abus furtifs*, et qu'il les punit sévèrement, ces abus ne doivent pas plus lui être reprochés que la punition même qu'il exerce contre les coupables. Les passions des hommes qui forcent l'ordre ne sont pas des vices du gouvernement qui les réprime; les hommes réfractaires qui déshonorent l'humanité peuvent-ils servir de prétexte pour décrier les meilleurs gouvernements?)

Les abus tolérés sont sans doute des défauts dans un gouvernement, parce que tout abus est un mal; mais lorsque le gouvernement qui les supporte, les condamne et ne leur accorde, par les lois, d'autre protection que celle qui est personnelle aux citoyens, il y a certainement des considérations particulières qui ne permettent pas d'employer la violence pour les extirper, surtout lorsque ces abus n'attaquent pas l'ordre civil de la société et qu'ils ne consistent que dans quelques points de morale surérogatoire ou de crédulité chimérique, qui peuvent être tolérés comme une multitude d'autres préjugés attachés à l'ignorance, et qui se bornent aux personnes mêmes qui se livrent à ces idées particulières. Telles sont, à la Chine, les *religions intruses* que la superstition y a admises; mais la police réprime le prétendu zèle qui tendrait à les étendre, par des actes injurieux à ceux qui restent attachés à la pureté de la religion ancienne, comprise dans la constitution du gouvernement. Cette religion simple, qui est la religion primitive de la Chine, dictée par la raison, est adoptée par toutes les autres religions particulières qui révèrent la loi naturelle; c'est à cette condition essentielle qu'elles sont tolérées dans l'empire, parce qu'elles ne donnent aucune atteinte aux lois fondamentales du gouvernement, et parce que la violence que l'on exercerait pour les extirper pourrait causer des troubles fort dangereux dans l'ordre civil.

L'une de ces religions intruses forme la secte de *Laokium;* elle s'est accrue de plus en plus avec le temps et rien n'est moins étonnant. Une religion protégée par les princes et par les grands, dont elle flattait les passions; une religion avidement adoptée par un peuple lâche et superstitieux; une religion séduisante par de faux prestiges qui triomphent de l'ignorance, qui a toujours cru aux sorciers, est une religion de tous les pays; pouvait-elle manquer de se répandre? Encore aujourd'hui est-il peu de personnes du peuple qui n'aient quelque foi aux ministres imposteurs de cette secte; on les appelle pour guérir les malades et chasser les malins esprits.

On voit ces prêtres, après avoir invoqué les démons, faire paraître en l'air la figure de leurs idoles, annoncer l'avenir et répondre à différentes questions, en faisant écrire ce qu'on veut savoir par un pinceau qui paraît seul et sans être dirigé par personne. Ils font passer en revue, dans un grand vase d'eau, toutes les personnes d'une maison; font voir, dans le même vase, tous les changements qui doivent arriver dans l'empire, et les dignités qu'ils promettent à ceux qui embrasseront leur secte. Rien n'est si commun à la Chine que les récits de ces sortes d'histoires. Mais quoique l'historien de cet empire dise pieusement qu'il n'est guère croyable que tout soit illusion, et qu'il n'y ait réellement plusieurs effets qu'on ne doive attribuer à la puissance du démon, nous sommes bien éloignés de nous rendre à cette réflexion: au contraire, les prétendus sortilèges des magiciens chinois nous causent moins de surprise que de voir un écrivain aussi éclairé que le P. Duhalde attribuer bonnement au pouvoir des diables, des choses dans lesquelles ce qu'il y a de surnaturel et de surprenant, à la Chine comme ailleurs, n'existe que dans des têtes fanatiques ou imbéciles. On passera facilement au gouvernement de la Chine sa tolérance pour cette secte, car partout la défense de croire aux sorciers paraît un acte d'autorité bien ridicule.

L'autre secte de religions superstitieuses est celle des bonzes; ils soutiennent qu'après la mort, les âmes passent en d'autres corps; que dans l'autre vie il y a des peines et des récompenses; que le Dieu *Fo* naquit pour sauver le monde et pour ramener dans la bonne voie ceux qui s'en étaient écartés; qu'il y a cinq préceptes indispensables: 1° de ne tuer aucune créature vivante, de quelque espèce qu'elle soit; ce précepte qui ne s'accorde pas avec la bonne chair, est mal observé par les bonzes mêmes; 2° de ne point s'emparer du bien d'autrui; ce précepte est de loi générale; 3° d'éviter l'impureté; ce n'est pas là encore un précepte particulier à cette secte, non plus que celui qui suit; 4° de ne pas mentir; 5° de s'abstenir de l'usage du vin. Il n'y a rien dans ces préceptes qui exige la censure du gouvernement.

Ces bonzes recommandent encore fortement de ne pas négliger de faire des œuvres charitables, qui sont prescrites par leurs instructions. Quoique les bonzes soient intéressés à ces exhortations, elles n'ont rien que de volontaire. Traitez bien les bonzes, répètent-ils sans cesse: fournissez-leur tout ce qui leur est nécessaire à leur subsistance; bâtissez-leur des monastères, des temples: leurs prières, les pénitences qu'ils s'imposent, expieront vos péchés et vous mettront à l'abri des peines dont vous êtes menacés.

Ce n'est ici que la doctrine ostensible de *Fo*, qui ne consiste qu'en ruses et en artifices pour abuser de la crédulité des peuples. Tous ces bonzes n'ont pas d'autre vue que d'amasser de l'argent, et malgré toute la réputation qu'ils peuvent acquérir, ils ne sont qu'un amas de la plus vile populace de l'empire. Les dogmes de la doctrine secrète sont des mystères: il n'est pas donné à un peuple grossier et au commun des bonzes, d'y être initié. Pour mériter cette distinction, il faut être doué d'un génie sublime et capable de la plus haute perfection. Cette doctrine, que ses partisans vantent comme la plus excellente et la plus véritable, n'est au fond qu'un pur matérialisme; mais comme elle ne se divulgue pas, elle reste engloutie dans ses propres ténèbres. Il y a toujours eu dans tous les royaumes du monde, des raisonneurs dont l'esprit ne s'étend pas au delà du paralogisme ou de l'argument incomplet: c'est un défaut de capacité de l'esprit, qui est commun non seulement en métaphysique, mais même dans les choses palpables, et qui s'étend jusque sur les lois humaines. Comment ces lois elles-mêmes entreprendraient-elles de le proscrire? On ne peut lui opposer que de l'évidence développée par des esprits supérieurs.

Malgré tous les efforts des lettrés pour extirper cette secte qu'ils traitent d'hérésie, et malgré les dispositions de la cour à l'abolir dans toute l'étendue de l'empire, on l'a toujours tolérée jusqu'à présent, dans la crainte d'exciter des troubles parmi le peuple, qui est fort attaché à ses idoles (ou pagodes); on se contente de la condamner comme une hérésie, et tous les ans cette cérémonie se pratique à Pékin.

La secte de *Iu-Kiau* ne tient qu'à une doctrine métaphysique sur la nature du premier principe; elle est si confuse et si remplie d'équivoques et de contradictions, qu'il est très difficile d'en concevoir le système; elle est même devenue suspecte d'athéisme. Si l'on en croit l'historien de la Chine, cette secte ne compte que très peu de partisans: les véritables lettrés demeurent attachés aux anciens principes et sont fort éloignés de l'athéisme. « Plu- « sieurs missionnaires de différents ordres, prévenus contre la religion « des Chinois, furent portés à croire, dit cet écrivain, que tous « les savants ne reconnaissent pour principe qu'une vertu céleste « aveugle et matérielle; ils disaient ne pouvoir porter d'autre juge- « ment, à moins que l'empereur ne voulût bien déclarer la vraie « signification des mots *Tien* et *Chang-ti*; et ce qu'on entendait « par ces deux termes, le maître du ciel, et non le ciel matériel. »

L'empereur, les princes du sang, les mandarins de la première classe s'expliquèrent clairement, ainsi que les missionaires le demandaient. En 1710, l'empereur rendit un édit qui fut inséré dans les archives de l'empire et publié dans toutes les gazettes: il faisait entendre qu'ils invoquaient le souverain seigneur du ciel, l'auteur de toutes choses; un Dieu qui voit tout, qui gouverne l'univers avec autant de sagesse que de justice. Ce n'est point au ciel visible et matériel, portait cet édit, qu'on offre des sacrifices; mais uniquement au seigneur, au maître de tout: on doit donner aussi le même sens à l'inscription du mot Chant-ti, qu'on lit sur les tablettes devant lesquelles on sacrifie. Si l'on n'ose donner au souverain seigneur le nom qui lui convient, c'est par un juste sentiment de respect; et l'usage est de l'invoquer sous le nom de *ciel suprême, bonté suprême du ciel, ciel universel;* comme en parlant respectueusement de l'empereur, au lieu d'employer son propre nom, on se sert de ceux de *marches du trône*, de *cour suprême de son palais*. Le P. Duhalde rapporte encore beaucoup de preuves qu'il tire des déclarations de l'empereur et de ses décisions en différentes occasions.

La religion du grand lama, le judaïsme, le mahométisme, le christianisme ont aussi pénétré dans la Chine: mais nos missionnaires y ont joui, auprès de plusieurs empereurs, d'une faveur si marquée qu'elle leur a attiré des ennemis puissants, qui ont fait proscrire le christianisme; il n'y est plus enseigné et professé que secrètement.

On dit qu'il y a à la Chine, outre la contribution sur les terres, quelques impôts irréguliers, comme des droits de douane et de péage en certains endroits, et une sorte d'imposition personnelle en forme de capitation. Si ces allégations ont quelque réalité, cela marquerait qu'en ce point l'Etat ne serait pas suffisamment éclairé sur ses véritables intérêts; car dans un empire dont les richesses naissent du territoire, de telles impositions sont destructives de l'impôt même et des revenus de la nation. Cette vérité, qui se conçoit difficilement par le raisonnement, se démontre rigoureusement par le calcul.

Les effets funestes de ces impositions irrégulières ne doivent pas au moins être fort ruineux dans cet empire, parce qu'en général l'impôt y est fort modéré, qu'il y est presque toujours dans un état fixe, et qu'il s'y lève sans frais: mais toujours est-il vrai que de telles impositions, quelque faibles qu'elles aient été jusqu'à présent, ne doivent pas moins être regardées comme le germe d'une dévastation qui pourrait éclore dans d'autres temps. Ainsi cette erreur, si elle existe, est un défaut bien réel qui se serait introduit dans ce gouvernement, mais qui ne doit pas être imputée au gouvernement même; puisque ce n'est qu'une méprise de l'administration, et non du gouvernement, car elle peut être réformée sans apporter aucun changement dans la constitution de cet empire.

L'excès de la population de la Chine y force les indigents à exercer quelquefois des actes d'inhumanité qui font horreur: néanmoins on ne doit pas non plus imputer cette calamité à la constitution même d'un bon gouvernement; car un mauvais gouvernement qui extermine les hommes à raison de l'anéantissement des richesses qu'il cause dans un royaume, ou à raison des guerres continuelles injustes ou absurdes, suscitées par une ambition déréglée, ou par le monopole du commerce extérieur, présente à ceux qui y font attention un spectacle bien plus horrible.

La population excède toujours les richesses dans les bons et dans les mauvais gouvernements, parce que la propagation n'a de bornes que celles de la subsistance, et qu'elle tend toujours à passer au delà : partout il y a des hommes dans l'indigence.

On dira peut-être que partout il y a aussi des richesses, et que c'est l'inégalité de la distribution de biens qui met les uns dans l'abondance et qui refuse aux autres le nécessaire ; qu'ainsi la population d'un royaume ne surpasserait pas les richesses de la nation si elles étaient plus également distribuées ; cela peut être vrai en partie dans les nations livrées au brigandage des impositions déréglées ou du monopole autorisé dans le commerce et dans l'agriculture par la mauvaise administration du gouvernement ; car ces désordres forment des accumulations subites de richesses qui ne se distribuent pas, et qui causent dans la circulation un vide qui ne peut être occupé que par la misère. Mais partout où les riches ont leur état fondé en propriété de biens-fonds, dont ils retirent annuellement de gros revenus qu'ils dépensent annuellement, l'indigence d'un nombre d'habitants ne peut pas être attribuée à l'inégalité de la distribution des richesses : les riches sont, il est vrai, dans l'abondance ; et d'autant plus réellement dans l'abondance, qu'ils jouissent effectivement de leurs richesses ; mais ils ne peuvent en jouir qu'à l'aide des autres hommes qui profitent de leurs dépenses car les hommes ne peuvent faire de dépenses qu'au profit les uns des autres ; c'est ce qui forme cette circulation constante de richesses sur laquelle tous les habitants d'un royaume bien gouverné fondent leurs espérances. Ce n'est donc en effet que sur la mesure de ces richesses que doit être réglée celle de la population..

Pour en prévenir l'excès dans une nation bien gouvernée, il n'y a que la ressource des colonies qu'elle peut établir sous les auspices d'une bonne administration. Les peuplades qu'elle forme par l'émigration de la surabondance de ses habitants, qui sont attirés par la fertilité d'un nouveau territoire, la décharge d'une multitude d'indigents qui méritent une grande attention et une protection particulière de la part du gouvernement. On peut trouver à cet égard, dans l'administration du gouvernement ou dans les habitants de la Chine, un préjugé bien reprochable.

Il y a au voisinage de cet empire beaucoup d'îles fort considérables, abandonnées ou presque abandonnées, dont les Européens ont pris possession depuis assez peu de temps. Ces terres ne devaient-elles pas être d'une grande ressource pour la Chine contre l'excès de sa population? Mais le nostratisme ou l'amour du pays est si dominant chez les Chinois, qu'ils ne peuvent se résoudre à s'expatrier ; il paraît aussi qu'ils n'y sont pas déterminés par les intentions de l'administration, puisqu'elle tolère l'exposition des enfants et l'esclavage d'un nombre de sujets réduits à se porter à ces extrémités, plutôt que de fonder hors du pays des établissements qui seraient tout à l'avantage de la population et qui en éviteraient la surcharge dans le royaume. C'est manquer à un devoir que l'humanité et la religion prescrivent par des motifs bien intéressants et bien dignes de l'attention des hommes que la providence charge du gouvernement des nations: en remplissant ce devoir, ils rétablissent le droit des hommes sur les terres incultes; ils étendent leur domination et la propagation du genre humain.

Les lois des Incas retardaient le mariage des filles jusqu'à l'âge de vingt ans, et celui des garçons jusqu'à l'âge de vingt-cinq ans, afin d'assurer plus longtemps aux pères et mères le service de leurs enfants et d'augmenter par ce moyen leurs richesses; cette loi ne serait pas moins convenable à la Chine qu'elle l'était au Pérou; car outre le motif qui avait déterminé les Incas à l'instituer, elle aurait encore à la Chine l'avantage de prévenir un excès de population, d'où résultent de funestes effets qui semblent dégrader le gouvernement de cet empire.

CHAPITRE VIII.

COMPARAISON DES LOIS CHINOISES AVEC LES PRINCIPES NATURELS, CONSTITUTIFS DES GOUVERNEMENTS PROSPÈRES.

Jusqu'ici nous avons exposé la constitution politique et morale du vaste empire de la Chine, fondée sur la *science* et sur *la loi naturelle*, dont elle est le développement. Nous avons suivi à la lettre, dans cette compilation, le récit des voyageurs et des historiens, dont la plupart sont des témoins oculaires, dignes, par leurs lumières, et surtout par leur unanimité, d'une entière confiance.

Ces faits, qui passent pour indubitables, servent de base au résumé qu'on va lire en ce dernier chapitre, qui n'est que le détail méthodique de la *doctrine* chinoise qui mérite de servir de modèle à tous les États.

§ 1er

Lois constitutives des sociétés.

Les lois constitutives des sociétés sont les lois de l'ordre naturel le plus avantageux au genre humain. Ces lois sont ou physiques ou morales.

On entend par loi physique constitutive du gouvernement, *la marche réglée de tout évènement physique de l'ordre naturel évidemment le plus avantageux au genre humain.* On entend par une loi morale constitutive du gouvernement, *la marche réglée de toute action morale de l'ordre naturel évidemment le plus avantageux au genre humain.* Ces lois forment ensemble ce qu'on appelle la loi naturelle.

Ces lois sont établies à perpétuité par l'Auteur de la nature, pour la reproduction et la distribution continuelle des biens qui sont nécessaires aux besoins des hommes réunis en société et assujettis à l'ordre que ces lois leur prescrivent.

Ces lois irréfragables forment le corps moral et politique de la société, par le concours régulier des travaux et des intérêts particuliers des hommes, instruits par ces lois mêmes à coopérer avec le plus grand succès possible au bien commun, et à en assurer la distribution la plus avantageuse possible à toutes les différentes classes d'hommes de la société.

Ces lois fondamentales, qui ne sont point d'institution humaine et auxquelles toute puissance humaine doit être assujettie, constituent le droit naturel des hommes, dictent les lois de la justice distributive, établissent la force qui doit assurer la défense de la société contre les entreprises injustes des puissances intérieures et extérieures, dont elle doit se garantir, et fondent un revenu public pour satisfaire à toutes les dépenses nécessaires à la sûreté, au bon ordre et à la prospérité de l'Etat.

§ 2.

Autorité tutélaire.

L'observation de ces lois naturelles et fondamentales du corps politique doit être maintenue par l'entremise d'une autorité tutélaire, établie par la société, pour la gouverner par des lois positives, conformément aux lois naturelles qui forment décisivement et invariablement la constitution de l'Etat.

Les lois positives sont des *règles authentiques, établies par une autorité souveraine pour fixer l'ordre de l'administration du gou-*

vernement; pour assurer l'observation des lois naturelles; pour maintenir ou réformer les coutumes et les usages introduits dans la nation; pour régler les droits particuliers des sujets relativement à leur état; pour déterminer décisivement l'ordre positif dans les cas douteux, réduits à des probabilités d'opinions ou de convenances; pour asseoir les décisions de la justice distributive.

Ainsi le gouvernement est *l'ordre naturel et positif le plus avantageux aux hommes réunis en société et régis par une autorité souveraine.*

Diversité des gouvernements imaginés par les hommes.

Cette autorité ne doit pas être abandonnée à un *despote arbitraire*; car une telle domination forme un corps qui changerait successivement de chef, et qui livrerait la nation à des intérêts aveugles ou déréglés qui tendraient à faire dégénérer l'autorité tutélaire en autorité fiscale qui ruinerait le maître et les sujets: ainsi ce souverain ne serait qu'un *despote déprédateur.*

Elle ne doit pas être aristocratique, ou livrée aux grands propriétaires des terres qui peuvent former par confédération une puissance supérieure aux lois, réduire la nation à l'esclavage, causer par leurs dissensions ambitieuses et tyranniques, les dégâts, les désordres, les injustices, les violences les plus atroces et l'anarchie la plus effrénée.

Elle ne doit pas être monarchique et aristocratique; car elle ne formerait qu'un conflit de puissances qui tendraient alternativement à s'entre-subjuguer, à exercer leur vengeance et leur tyrannie sur les alliés des différents partis, à enlever les richesses de la nation pour accroître leurs forces et à perpétuer des guerres intérieures et barbares qui plongeraient la nation dans un abîme de malheurs, de cruautés et d'indigence.

Elle ne doit pas être démocratique, parce que l'ignorance et les préjugés qui dominent dans le bas peuple, les passions effrénées et les fureurs passagères dont il est susceptible, exposent l'Etat à des tumultes, à des révoltes et à des désastres horribles.

Elle ne doit pas être monarchique, aristocratique et démocratique, parce qu'elle serait dévoyée et troublée par les intérêts particuliers exclusifs des différents ordres de citoyens qui la partageraient avec le monarque. L'autorité doit être *unique,* et impartiale dans ses décisions et dans ses opérations, et se réunir à un chef qui ait seul la puissance exécutrice, et le pouvoir de contenir tous les citoyens dans l'observation des lois, d'assurer les droits de tous contre tous, du faible contre le fort, de prévenir et de réprimer les entreprises injustes, les usurpations et les oppressions des ennemis intérieurs et extérieurs du royaume. L'autorité partagée entre les différents ordres de l'Etat deviendrait une autorité abusive et discordante, qui n'aurait ni chef, ni point de réunion pour en arrêter les écarts et fixer le concours des intérêts particuliers à l'ordre et au bien général. Le monarque dépouillé du pouvoir suffisant pour gouverner régulièrement le corps politique, ne tendrait qu'à rétablir par toutes sortes de voies sa domination, et à parvenir, pour se l'assurer despotiquement, à un degré de puissance supérieur aux forces et aux droits de la nation même. L'inquiétude perpétuelle que causeraient à la société ces intentions tyranniques, tiendrait le corps politique dans un état violent qui l'exposerait continuellement à quelques crises funestes. L'ordre de la noblesse et des grands propriétaires des biens-fonds, peu instruit de ses véritables intérêts et de la sûreté de sa prospérité, s'opposerait à l'établissement du revenu public sur ses terres, et croirait l'éluder en se prêtant à des tormes d'impositions ruineuses, qui livreraient la nation à la voracité et à l'oppression des publicains et causeraient la dévastation du territoire. Les communes, où le tiers état domine en artisans, manufacturiers et commerçants qui dédaignent le cultivateur, séduiraient la nation et ne tendraient qu'au monopole, aux privilèges exclusifs, et à détruire le concours réciproque du commerce des nations pour acheter à vil prix les productions du pays et survendre à leurs concitoyens les marchandises qu'ils leur apportent; et alors ils leur persuaderaient par leurs grandes fortunes, acquises aux dépens de la nation, que leur commerce exclusif, qui suscite des guerres continuelles avec les puissances voisines, est la source des richesses du royaume. Tous les différents ordres de l'Etat concourent donc, dans un gouvernement mixte, à la ruine de la nation par la discordance des intérêts particuliers qui démembrent et corrompent l'autorité tutélaire et la font dégénérer en intrigues politiques et en abus funestes à la société. On doit apercevoir que nous ne parlons pas ici des républiques purement marchandes, qui ne sont que des sociétés mercenaires, payées par les nations qui jouissent des richesses que produit le territoire qu'elles possèdent.

L'autorité ne doit pas non plus être *uniquement* abandonnée aux tribunax souverains de la justice distributive; trop fixés à la connaissance des lois positives, ils pourraient ignorer souvent les lois de la nature, qui forment l'ordre constitutif de la société et qui assurent la prospérité de la nation et les forces de l'Etat.

La négligence de l'étude de ces lois fondamentales favoriserait l'introduction des formes d'impositions les plus destructives et des lois positives les plus contraires à l'ordre économique et politique. Les tribunaux qui seraient bornés à l'intelligence littérale des lois de la justice distributive, ne remonteraient pas aux principes primitifs du droit naturel, du droit public et du droit des gens. Il n'en est pas moins avantageux pour l'Etat que ces compagnies augustes, chargées de la vérification et du dépôt des lois positives, étendent leurs connaissances sur les lois naturelles, qui sont par essence les lois fondamentales de la société et les sources des lois positives; mais il ne faut pas oublier que ces lois *physiques* primitives ne peuvent s'étudier que dans la nature même.

§ 4.
Sûreté des droits de la société.

Dans un gouvernement préservé de ces formes insidieuses d'autorité, le bien public formera toujours la force la plus puissante de l'Etat. Le concours général et uniforme des volontés fixées avec connaissance aux lois les plus excellentes et les plus avantageuses à la société, formera la base inébranlable du gouvernement le plus parfait.

Toutes les *lois positives* qui portent sur l'ordre économique général de la nation, influent sur la marche physique de la reproduction annuelle des richesses du royaume; ces lois exigent de la part du législateur et de ceux qui les vérifient, des connaissances très étendues et des calculs fort multipliés, dont les résultats doivent prononcer avec évidence les avantages du souverain et de la nation; surtout les avantages du souverain; car il faut le déterminer par son intérêt à faire le bien. Heureusement son intérêt bien entendu s'accorde toujours avec celui de la nation. Il faut donc que le conseil du législateur, et les tribunaux qui vérifient les lois, soient assez instruits des effets des lois positives sur la marche de la reproduction annuelle des richesses de la nation, pour se décider sur une loi nouvelle par ses effets sur cette opération de la nature. Il faudrait même que le corps moral de la nation, c'est-à-dire la partie pensante du peuple, connût généralement ces effets. Le premier établissement politique du gouvernement serait donc l'institution des écoles pour l'enseignement de cette science. Excepté la Chine, tous les royaumes ont ignoré la nécessité de cet établissement qui est la base du gouvernement.

§ 5.

Les lois naturelles assurent l'union entre le souverain et la nation.

La connaissance évidente et générale des lois naturelles est donc la condition essentielle de ce concours des volontés, qui peut assurer invariablement la constitution d'un Etat en prenant l'autorité de ces lois divines comme base de toute l'autorité dévolue au chef de la nation, car il est essentiel que l'associé sache son compte. Dans un gouvernement où tous les ordres de citoyens ont assez de lumières pour connaître *évidemment* et pour démontrer sûrement l'ordre légitime le plus avantageux au prince et à la nation, se trouverait-il un despote qui entreprendrait, à l'appui des forces militaires de l'Etat, de faire manifestement le mal pour le mal? de subvertir les lois naturelles et constitutives de la société, reconnues et respectées unanimement par la nation, et qui se livrerait, sans aucune raison plausible, à des déportements tyranniques, qui ne pourraient inspirer que l'horreur et de l'aversion, et susciter une résistance générale invincible et dangereuse?

Le droit de la législation et le droit d'imposer la contribution sur la nation semblent quelquefois être une source intarissable de désordres et de mécontentements entre le souverain et la nation: voilà donc des causes inévitables qui doivent toujours troubler l'ordre constitutif de la société: ce qui en effet n'est que trop vrai dans le désordre de ces gouvernements bizarres institués par les hommes; mais l'homme ne peut pas plus créer et constituer l'ordre naturel, qu'il ne peut se créer lui-même. La loi *primitive* des sociétés est comprise dans l'ordre général de la formation de l'univers où tout est prévu et arrangé par la sagesse suprême. Ne nous écartons pas des voies qui nous sont prescrites par l'Eternel, nous éviterons les erreurs de l'humanité qui rompraient l'union essentielle entre le souverain et la nation. Ne cherchons pas des leçons dans l'histoire des nations ou des égarements des hommes, elle ne représente qu'un abîme de désordres; les historiens ne se sont appliqués qu'à satisfaire la curiosité de leurs lecteurs: leur érudition trop littérale ne suffit pas pour y porter la lumière qui peut éclairer ce chaos.

§ 6.

Les lois constitutives de la société ne sont pas d'institution humaine.

La puissance législative, souvent disputée entre le souverain et la nation, n'appartient *primitivement* ni à l'un ni à l'autre; son origine est dans la volonté suprême du Créateur et dans l'ensemble des lois de l'*ordre physique* le plus avantageux au genre humain; dans cette base de l'*ordre physique* il n'y a rien de solide, tout est confus et arbitraire dans l'ordre des sociétés; de cette confusion sont venues toutes les constitutions irrégulières et extravagantes des gouvernements, imaginés par les hommes trop peu instruits de la *théocratie*, qui a fixé invariablement par poids et par mesures les droits et les devoirs réciproques des hommes réunis en société. Les lois naturelles de l'ordre des sociétés sont les lois physiques mêmes de la reproduction perpétuelle des biens nécessaires à la subsistance, à la conservation et à la commodité des hommes. Or, l'homme n'est pas l'instituteur de ces lois qui fixent l'ordre des opérations de la nature et du travail des hommes, qui doit concourir avec celui de la nature à la reproduction des biens dont ils ont besoin. Tout cet arrangement est de constitution physique, et cette constitution forme l'ordre physique qui assujettit à ses lois les hommes réunis en société et qui, par leur intelligence et par leur association, peuvent obtenir avec abondance par l'observation de ces lois naturelles, les biens qui leur sont nécessaires.

Il n'y a donc point à disputer sur la puissance législative quant aux premières lois constitutives des sociétés, car elle n'appartient qu'au Tout-Puissant, qui a tout réglé et tout prévu dans l'ordre général de l'univers: les hommes ne peuvent y ajouter que du désordre, et ce désordre qu'ils ont à éviter ne peut être exclu que par l'observation exacte des lois naturelles.

L'autorité souveraine peut et doit, il est vrai, instituer des *lois* contre le désordre bien démontré, mais elle ne doit pas empiéter sur l'ordre naturel de la société. Le jardinier doit ôter la mousse qui nuit à l'arbre, mais il doit éviter d'entamer l'écorce par laquelle cet arbre reçoit la sève qui le fait végéter: s'il faut une loi positive pour prescrire ce devoir au jardinier, cette loi dictée par la nature ne doit pas s'étendre au delà du devoir qu'elle prescrit. La constitution de l'arbre est l'ordre naturel même, réglé par des lois essentielles et irréfragables, qui ne doivent point être dérangées par des lois étrangères. Le domaine de ces deux *législations* se distingue évidemment par les lumières de la raison, et les lois de part et d'autre sont établies et promulguées par des institutions et des formes fort différentes. Les unes s'étudient dans des livres qui traitent à fond de l'ordre le plus avantageux aux hommes réunis en société. Les autres ne sont que des résultats de cette étude, réduits en forme de *commandements* prescrits avec sévérité. Les lois naturelles renferment la règle et l'évidence de l'excellence de la règle. Les lois positives ne manifestent que la règle, celles-ci peuvent être réformables et passagères, et se font observer littéralement et sous des peines décernées par une autorité coactive : les autres sont immuables et perpétuelles, et se font observer librement et avec discernement, par des motifs intéressants qui indiquent eux-mêmes les avantages de l'observation ; celles-ci assurent des récompenses, les autres supposent des punitions.

La *législation positive* ou littérale n'institue par les motifs ou les raisons sur lesquels elle établit ses lois : ces raisons existent donc avant les lois positives, elles sont par essence au-dessus des lois humaines ; elles sont donc réellement et évidemment des lois primitives et immuables des gouvernements réguliers. Les *lois positives*, justes, ne sont donc que des déductions exactes, ou de simples commentaires de ces lois primitives qui assurent partout leur exécution autant qu'il est possible. Les lois fondamentales des sociétés sont prises immédiatement dans la règle souveraine et décisive du juste et de l'injuste absolu, du bien et du mal moral, elles s'impriment dans le cœur des hommes, elles sont la lumière qui les éclaire et maîtrise leur conscience : cette lumière n'est affaiblie ou obscurcie que par leurs passions déréglées. Le principal objet des *lois positives* est ce dérèglement même auquel elles opposent une *sanction* redoutable aux hommes pervers ; car, en gros, de quoi s'agit-il pour la prospérité d'une nation ? *De cultiver la terre avec le plus grand succès possible, et de préserver la société des voleurs et des méchants.* La première partie est ordonnée par l'intérêt, la seconde est confiée au *gouvernement civil.* Les hommes de bonne volonté n'ont besoin que d'instructions qui leur développent les vérités lumineuses qui ne s'aperçoivent distinctement et vivement que par l'exercice de la raison. Les lois positives ne peuvent suppléer que fort imparfaitement à cette connaissance intellectuelle, elles sont *nécessaires* pour contenir et réprimer les méchants et les saillies des passions. Mais la législation positive ne doit pas s'étendre sur le domaine des lois physiques qui doivent être observées avec discernement et avec des connaissances fort étendues, fort approfondies et très variées, qui ne peuvent être acquises que par l'étude de la législation générale et lumineuse de la sagesse suprême: oserait-on seulement assujettir décisivement la théorie et la pratique de la médecine à des lois positives? est-il donc concevable qu'il soit possible de soumettre à de telles lois la législation fondamentale, constitutive de l'ordre naturel et général des sociétés? Non. Cette législation supérieure n'exige de la part de ceux qui gouvernent, et de ceux qui sont gouvernés, que l'étude physique des lois fondamentales de la société instituées invariablement et à perpétuité par l'Auteur de la nature. Cette étude forme une doctrine qui se divulgue sans formalités légales, mais qui n'en est pas moins efficace puisqu'elle manifeste des lois irréfragables, où les hommes d'Etat et toute la nation peuvent puiser les connaissances nécessaires pour former un gouvernement parfait: car on trouve encore dans ces lois mêmes, comme nous le verrons ci-après, les principes *primitifs* et les sources immuables de la législation positive et de la justice distributive. La législation divine doit donc éteindre toute dissension sur la législation même, et assujettir l'autorité exécutrice et la nation à cette législation suprême, car elle se manifeste aux hommes par des lumières de la raison cultivée par l'éducation et par l'étude de la nature qui n'admet d'autres lois que le libre exercice de la raison même.

Ce n'est que par ce libre exercice de la raison que les hommes peuvent faire des progrès dans la science économique, qui est une grande science et la science même qui constitue le gouvernement des sociétés. Dans le gouvernement économique de la culture des terres d'une ferme, qui est un échantillon du gouvernement général de la nation, les cultivateurs n'ont d'autres lois que les connaissances acquises par l'éducation et l'expérience. Des lois positives qui régleraient décisivement la régie de la culture des terres, troubleraient le gouvernement économique du cultivateur et s'opposeraient au succès de l'agriculture: car le cultivateur assujetti à l'ordre naturel ne doit observer d'autres lois que les lois physiques et les conditions qu'elles lui prescrivent; et ce sont aussi ces lois et ces conditions qui doivent régler l'administration du gouvernement général de la société.

§ 7.

Le droit de l'impôt a une base assurée.

L'impôt, cette source de dissensions et d'oppositions suscitées par l'ignorance, l'inquiétude et l'avidité, est essentiellement déterminé pas des lois et des règles immuables, dont le prince et les sujets ne peuvent s'écarter qu'à leur désavantage: ces lois et ces règles, comme nous le verrons ci-après, se démontrent évidemment par le calcul, avec une exactitude rigoureuse, qui proscrit toute injustice, tout arbitraire et toute malversation. Bannissez l'ignorance, reconnaissez l'ordre par essence, vous adorerez la divine providence qui vous a mis le flambeau à la main pour marcher avec sûreté dans ce labyrinthe entrecoupé de fausses routes ouvertes à l'iniquité. L'homme est doué de l'intelligence nécessaire pour acquérir la science dont il a besoin pour connaître les voies qui lui sont prescrites par la sagesse suprême, et qui constituent le gouvernement parfait des empires. La science est donc la condition essentielle de l'institution régulière des sociétes et de l'ordre qui assure la prospérité des nations et qui prescrit à toute puissance humaine, l'observation des lois établies par l'Auteur de la nature pour assujettir tous les hommes à la raison, les contenir dans leur devoir, et leur assurer la jouissance des biens qu'il leur a destinés pour satisfaire à leurs besoins.

§ 8.

Le droit naturel.

Les lois physiques qui constituent l'ordre naturel le plus avantageux au genre humain, et qui constatent exactement le droit naturel de tous les hommes, sont des lois perpétuelles, inaltérables et décisivement les meilleures lois possibles. Leur évidence subjugue impérieusement toute intelligence et toute raison humaine, avec une précision qui se démontre géométriquement et arithmétiquement dans les détails, et qui ne laisse aucun subterfuge à l'erreur, à l'imposture et aux prétentions illicites.

§. 9.

La manifestation des lois fondamentales du gouvernement parfait suffit pour assurer le droit naturel.

Leur manifestation seule prononce souverainement contre les méprises de l'administration, et contre les entreprises et les usurpations injustes des différents ordres de l'Etat, et contre l'institution des lois positives contraires à l'ordre essentiel de la société. Ainsi, la connaissance de ces règles primitives et l'évidence générale de leur autorité est la sauvegarde suprême du corps politique; car la nation instruite des volontés et des lois irrévocables du Tout-Puissant, et dirigée par les lumières de la conscience, ne peut se prêter à la violation de ces lois divines auxquelles toute puissance humaine doit être assujettie, et qui sont réellement très puissantes et très redoutables par elles-mêmes, quand elles sont réclamées et qu'elles forment, par leur évidence et par leur supériorité, le bouclier de la nation. Le prince ne doit pas ignorer que son autorité est instituée pour les faire connaître et observer, et qu'il est autant de son *intérêt* que de celui de la nation même, que leur observation éclairée forme le lien indissoluble de la société; car, tant qu'elles sont inconnues, elles restent impuissantes et inutiles; comme les terres que nous habitons, elles nous refusent leur secours quand elles sont incultes; alors les nations ne peuvent former que des gouvernements passagers, barbares et ruineux. Ainsi la nécessité de l'étude des lois naturelles est elle-même une loi constitutive de l'ordre naturel des sociétés; cette loi est même la première des lois fondamentales d'un bon gouvernement, puisque sans cette étude, l'ordre naturel ne serait qu'une terre inculte, habitée par des bêtes féroces.

§ 10.

Nécessité de l'étude et de l'enseignement des lois naturelles et fondamentales des sociétés.

Les hommes ne peuvent prétendre au droit naturel que par les lumières de la raison, qui les distingue des bêtes. L'objet capital de l'administration d'un gouvernement prospère et durable doit donc être, comme dans l'empire de la Chine, l'étude profonde et l'enseignement continuel et général des lois naturelles, qui constituent éminemment l'ordre de la société.

§ 11.

Diverses espèces de sociétés.

Les hommes se sont réunis sous différentes formes de sociétés, selon qu'ils y ont été déterminés par les conditions nécessaires à leur subsistance, comme la chasse, la pêche, le pâturage, l'agriculture, le commerce, le brigandage; de là se sont formées les nations sauvages, les nations ichthyophages, les nations pâtres, les nations agricoles, les nations commerçantes, les nations errantes, barbares, scenites et pirates.

§ 12.

Sociétés agricoles.

A la réserve des sociétés brigandes, ennemies des autres sociétés, l'agriculture les réunit toutes; et sans l'agriculture les autres sociétés ne peuvent former que des nations imparfaites. Il n'y a donc que les nations agricoles qui puissent constituer des empires fixes et durables, susceptibles d'un gouvernement général, invariable, assujetti exactement à l'ordre immuable des lois naturelles: or, c'est alors l'agriculture, elle-même, qui forme la base de ces empires, et qui prescrit et constitue l'ordre de leur gouvernement, parce qu'elle est la source des biens qui satisfont aux besoins des peuples, et que ses succès ou sa décadence dépendent nécessairement de la forme du gouvernement.

§ 13.

Simplicité primitive du gouvernement des sociétés agricoles.

Pour exposer clairement cette vérité fondamentale, examinons l'état de l'agriculture dans l'ordre le plus simple. Supposons une peuplade d'hommes placés dans un désert, qui y subsistent d'abord des productions qui y naissent spontanément, mais qui ne peuvent suffire constamment à leur établissement dans ce territoire inculte, dont la fertilité sera une source de biens que la nature assure au travail et à l'industrie.

§ 14.

La communauté des biens, leur distribution naturelle et paisible; la liberté personnelle; la propriété de la subsistance acquise journellement.

Dans le premier état, il n'y a d'autre distribution de biens que celle que les hommes peuvent obtenir par la recherche des productions qui leur sont nécessaires pour subsister. Tout appartient à tous; mais à des conditions qui établissent naturellement un partage entre tous, et qui leur assurent à tous, nécessairement, la liberté de leur personne pour pourvoir à leurs besoins, et la sûreté de la jouissance des productions qu'ils se procurent par leurs recherches; car les entreprises des uns sur les autres ne formeraient que des obstacles aux recherches indispensables pour pourvoir à leurs besoins, et ne susciteraient que des guerres aussi inutiles que redoutables. Quels motifs en effet pourraient, en pareils cas, exciter des guerres entre les hommes? Une volée d'oiseaux arrive en un endroit où elle trouve un bien ou une subsistance commune à tous; il n'y a point de dispute entre eux pour le partage; la portion de chacun est dévolue à son activité à chercher à satisfaire à son besoin. Ainsi les bêtes réunies sont donc dévouées à cette loi paisible, prescrite par la nature, qui a décidé que le droit de chaque individu se borne, dans l'ordre naturel, à ce qu'il peut obtenir par son travail; ainsi le *droit de tous à tout* est une chimère. La liberté personnelle et la propriété, ou l'assurance de jouir des productions que chacun se procure d'abord par ses recherches pour ses besoins, sont donc dès lors assurées aux hommes par les lois naturelles, qui constituent l'ordre essentiel des sociétés régulières. Les nations hyperborées réduites à vivre dans cet état primitif, en observent exactement et constamment les lois prescrites par la nature, et n'ont besoin d'aucune autorité supérieure pour les contenir dans leurs devoirs réciproques.

§ 15.

Les guerres de nation contre nation.

Les sauvages de l'Amérique, qui restent dans ce même état, sont moins paisibles, et se livrent souvent des guerres de nation contre nation; mais l'ordre est observé avec beaucoup d'union et de tranquillité dans chaque nation. Les guerres que ces nations se font entre elles n'ont d'autre objet que des inquiétudes et des haines réciproques, qui leur font braver les dangers d'une vengeance cruelle.

§ 16.

La défense des nations est assurée par la force; la force exige des richesses; les richesses sont gradées par la force.

Les guerres extérieures n'admettent guère d'autres précautions que celle de la défense assurée par des forces, qui doivent toujours être l'objet capital d'un bon gouvernement; car de grandes forces exigent de grandes dépenses, qui supposent de grandes richesses dont la conservation ne peut être assurée que par de grandes forces; mais on ne peut ni obtenir ni mériter ces richesses que par l'observation des lois naturelles, et ces lois sont établies avant toute institution du gouvernement civil et politique. Cette législation n'appartient donc ni aux nations, ni aux princes qui les gouvernent: ce sont ces lois mêmes qui assurent les succès de l'agriculture, et c'est l'agriculture qui est la source des richesses qui satisfont aux besoins des hommes et qui constituent les forces nécessaires pour leur sûreté.

§ 17.

Etablissement de la société agricole, où se trouvent naturellement les conditions qu'il exige.

Cette peuplade, dans un désert qu'elle a besoin de cultiver pour subsister, s'y trouve assujettie aux lois que la nature lui prescrit pour les succès de ses travaux et la sûreté de son établissement; le terroir inculte qu'elle habite n'a aucune valeur effective et n'en peut acquérir que par le travail; sa possession et ses produits doivent donc être assurés au travail; sans cette condition naturelle, point de culture, point de richesses; il faut donc que ces hommes partagent le territoire, pour que chacun d'eux y cultive, y plante, y bâtisse et y jouisse en toute sûreté des fruits de son travail. Ce partage se forme d'abord avec égalité entre des hommes égaux, qui n'ayant aucun droit de choix, doivent dans ce partage se soumettre à l'impartialité du sort, dont la décision assignera naturellement à chacun sa portion et leur en assurera à tous à perpétuité, au même titre, avec le droit de la liberté nécessaire pour la faire valoir sans trouble et sans oppression, avec l'exercice d'un libre commerce d'échange des productions et du fonds, d'où résultent les autres avantages nécessaires à la société. Tels sont, outre le partage paisible des terres, et la propriété assurée du fonds et des fruits, avec la sûreté personnelle, la liberté du commerce, la rétribution due au travail, l'attention continuelle aux progrès de l'agriculture, la conservation des richesses nécessaires à son exploitation, la multiplication des animaux de travail et de profit, la naissance de l'industrie pour la fabrication des instruments et des vêtements, la construction des bâtiments et la préparation des productions, etc., qui sont les résultats des lois naturelles primitives qui constituent évidemment et essentiellement ces liens de la société. Il s'agit ici de l'établissement naturel et volontaire des sociétés, non de l'état des sociétés envahies par des nations brigandes et livrées à la barbarie des usurpateurs qui ne sont que des souverains illégitimes, tant qu'ils ne rentrent pas dans l'ordre naturel; tous ces règlements sont indépendamment d'aucunes anciennes lois positives, les meilleurs règlements possibles pour les intérêts particuliers d'un chacun, et pour le bien général de la société.

Mais tout cet arrangement dicté par l'ordre naturel et constitutif des sociétés agricoles, suppose encore une condition aussi essentielle et aussi naturelle qui est l'assurance complète du droit de propriété du fonds et des productions que les travaux et les dépenses de la culture y font naître.

§ 18.

Institution de l'autorité tutélaire.

Chaque cultivateur occupé tout le jour au travail de la culture de son champ, a besoin de repos et de sommeil pendant la nuit: ainsi il ne peut pas veiller alors à sa sûreté personnelle, ni à la conservation des productions qu'il fait naître par son travail et par ses dépenses; il ne faut pas non plus qu'il abandonne son travail pendant le jour, pour défendre son fonds et ses richesses contre les usurpations des ennemis du dehors. Il est donc nécessaire que chacun contribue à l'établissement et à l'entretien d'une force et d'une garde assez puissantes, et dirigées par l'autorité d'un chef, pour assurer la défense de la société contre les attaques extérieures, maintenir l'ordre dans l'intérieur, et prévenir et punir les crimes des malfaiteurs.

§ 19.

Législation positive.

La constitution fondamentale de la société et l'ordre naturel du gouvernement sont donc établis préalablement à l'institution des lois positives de la justice distributive; cette législation littérale ne peut avoir d'autre base ni d'autres principes que les lois naturelles mêmes, qui constituent l'ordre essentiel de la société.

Ainsi les lois positives qui déterminent dans le détail le droit naturel des citoyens, sont indiquées et réglées par les lois primitives instituées par l'Auteur de la nature, et elles ne doivent être introduites dans la nation qu'autant qu'elles sont conformes et rigoureusement assujetties à ces lois essentielles; elles ne sont donc point d'institution arbitraire, et le législateur, soit le prince, soit la nation, ne peut les rendre justes par son autorité qu'autant qu'elles sont justes par essence: l'autorité elle-même est sujette à l'erreur, et malgré son consentement, elle conserve toujours le droit de réformation contre les abus ou les méprises de la législation positive: ce qui doit être exercé avec connaissance évidente ne peut troubler l'ordre, il ne peut que le rétablir, autrement il faudrait soutenir contre toute évidence, qu'il n'y a ni juste ni injuste absolu, ni bien ni mal moral par essence. Principe atroce, qui détruirait le droit naturel des sujets et du souverain, et exclurait la nation des avantages de l'ordre formé par le concours des lois instituées par l'Auteur de la nature, et dont la transgression est punie aussitôt, par la privation ou la diminution des biens nécessaires pour la subsistance des hommes. L'équité interdit donc rigoureusement aux hommes le droit d'instituer *arbitrairement* des lois positives dans l'ordre de la société.

La législation positive est donc essentiellement subordonnée aux lois primitives de la société. Ainsi, elle ne peut appartenir qu'à une autorité unique, supérieure aux différents intérêts exclusifs qu'elle doit réprimer.

§ 20.
Le revenu public.

Un des plus redoutables objets dans les gouvernements livrés à l'autorité absolue du prince, est la contribution imposée arbitrairement sur les sujets, et qui a paru n'avoir ni règles, ni mesures prescrites par les lois naturelles; cependant l'Auteur de la nature en a fixé l'ordre décisivement: car il est manifeste que la contribution nécessaire pour les besoins de l'Etat ne peut avoir, chez une nation agricole, d'autre source ou d'autre origine que celle qui peut produire les biens nécessaires pour satisfaire aux besoins des hommes; que cette source est le territoire même fertilisé par la dépense et par le travail; que par conséquent la contribution annuelle nécessaire pour l'Etat ne peut être qu'une portion du produit annuel du territoire, dont la propriété appartient aux possesseurs auxquels ce territoire est partagé, et qu'ainsi la contribution ne peut être de même qu'une portion du produit du territoire qui appartient aux possesseurs; du produit, dis-je, qui excède les dépenses du travail de la culture, et les dépenses des autres avances nécessaires pour l'exploitation de cette culture. Toutes ces dépenses étant restituées par le produit qu'elles font naître, le surplus est produit net, qui forme le revenu public et le revenu des propriétaires. La portion qui doit former le revenu de l'Etat sera fort considérable si elle est égale à la moitié de celle de tous les propriétaires ensemble; mais les propriétaires, eux-mêmes, doivent envisager que la force qui fait leur sûreté et leur tranquillité, consiste dans les revenus de l'Etat, et qu'une grande force en impose aux nations voisines et éloigne les guerres; que d'ailleurs le revenu de l'Etat étant toujours proportionnel à la masse croissante ou décroissante du revenu des biens-fonds du royaume, le souverain sera, pour ainsi dire, associé avec eux pour contribuer autant qu'il est possible, par une bonne administration du royaume, à la prospérité de l'agriculture, et qu'enfin, par cet arrangement le plus avantageux possible, ils seraient préservés de tout autre genre d'impositions qui retomberaient désastreusement sur leur revenu et sur le revenu de l'Etat, qui s'établiraient et s'accroîtraient de plus en plus sous le prétexte des besoins de l'Etat; mais qui ruineraient l'Etat et la nation, et ne formeraient que des fortunes pécuniaires qui favoriseraient les emprunts ruineux de l'Etat.

Les propriétaires ou les possesseurs du territoire ont, chacun en particulier, l'administration des portions qui leur appartiennent, administration nécessaire pour entretenir et accroître la valeur des terres et s'assurer du produit net ou revenu qu'elles peuvent rapporter. S'il n'y avait pas de possesseur des terres à qui la propriété en fût assurée, les terres seraient communes et négligées, car personne ne voudrait y faire des dépenses d'amélioration ou d'entretien dont le profit ne lui serait pas assuré. Or, sans ces dépenses les terres fourniraient à peine les frais de la culture que les cultivateurs oseraient entreprendre dans l'inquiétude continuelle du déplacement; les terres ne rapporteraient alors aucun produit net ou revenu qui pût fournir la contribution nécessaire pour les besoins de l'Etat. Dans cette situation, il ne peut exister ni société, ni gouvernement; car la contribution serait elle-même une dévastation, si elle se prenait sur le fonds des avances de l'exploitation de la culture ou sur les dépenses du travail des hommes.

Je dis sur les dépenses du travail des hommes, car ce travail est inséparable des dépenses nécessaires pour leur subsistance. L'homme est par lui-même dénué de richesses et n'a que des besoins; la contribution ne peut donc se prendre ni sur lui-même, ni sur le salaire dû à son travail, puisque ce salaire lui est nécessaire pour sa subsistance et qu'il ne pourrait suffire à l'une et à l'autre que par l'augmentation de ce même salaire, et aux dépens de ceux qui lui payeraient cette augmentation : ce qui renchérirait le travail, sans en augmenter le produit pour ceux qui payent ce salaire. Ainsi une augmentation de salaire qui excéderait le produit du travail, causerait nécessairement une diminution progressive de travail, de produit et de population : tels sont les principes fondamentaux de la *doctrine* qui règle si heureusement depuis plusieurs siècles le gouvernement des Chinois. Ils en tirent des conséquences qu'on aura bien de la peine à faire adopter en Europe.

Par exemple, une contribution personnelle prise sur les hommes ou sur la rétribution due au travail des hommes est, disent-ils, une contribution nécessairement irrégulière et injuste, n'ayant d'autre mesure qu'une estimation hasardée et arbitraire des facultés des citoyens ; c'est donc une imposition désordonnée et désastreuse. Tous les manouvriers de la culture, tous les artisans, tous les commerçants, en un mot toutes les classes d'hommes salariés ou stipendiés, ne peuvent donc pas contribuer, d'eux-mêmes, à l'imposition du revenu public et aux besoins de l'Etat : car cette contribution détruirait par contre-coup la culture des terres ; retomberait au double sur le revenu, se détruirait elle-même et ruinerait la nation. Voilà donc une loi naturelle que l'on ne peut transgresser sans encourir la punition qui en est inséparable et qui rendrait la contribution nécessaire aux besoins de l'Etat, plus redoutable que ces besoins mêmes.

Il est évident aussi que cette contribution ne peut se prendre non plus sur le fonds des avances de l'exploitation de la culture des terres ; car elle anéantirait bientôt cette culture et tous les biens nécessaires pour la subsistance des hommes. Ce ne serait donc plus une contribution pour les besoins de l'Etat, mais une dévastation générale qui détruirait l'Etat et la nation.

La contribution ne doit pas non plus, disent les Chinois, être imposée sur les denrées ou marchandises destinées pour l'usage des hommes ; car ce serait mettre les hommes mêmes, leurs besoins et leur travail à contribution, et convertir cette contribution, levée pour les besoins de l'Etat, en une dévastation d'autant plus rapide qu'elle livrerait la nation à l'avidité d'une multitude d'hommes ou d'ennemis employés à la perception de cette funeste imposition, où le souverain lui-même ne retrouve pas le dédommagement des pertes qu'elle lui cause sur la portion de revenu qu'il retirerait pour sa part du produit net des terres.

On trouvera dans d'autres ouvrages la discussion contradictoire de ces opinions *chinoises*, et les règles qu'on doit suivre pour assurer à l'Etat la contribution la plus étendue possible, qui soit toute à l'avantage de la nation et qui lui évite les dommages que causent les autres genres de contributions.

L'excédent du produit des terres, au delà des dépenses du travail de la culture et des avances nécessaires pour l'exploitation de cette culture, est un produit net qui forme le revenu public, et le revenu des possesseurs des terres qui en ont acquis ou acheté la propriété, et dont les fonds payés pour l'acquisition leur assignent, sur le produit net, un revenu proportionné au prix de l'achat de ces terres. Mais ce qui leur assure ce revenu avec plus de justice encore, c'est que tout le produit net, comme nous l'avons déjà dit, est une suite naturelle de leur propriété et de leur administration; car sans ces conditions essentielles, non seulement les terres ne rapporteraient pas de produit net, mais seulement un produit incertain et faible qui vaudrait à peine les frais faits avec la plus grande épargne, à cause de l'incertitude de la durée de la jouissance, qui ne permettrait pas de faire des dépenses d'amélioration ou d'entretien dont le profit ne serait pas assuré à celui qui se livrerait à ces dépenses.

Le souverain ne pourrait pas prétendre à la propriété générale des terres de son royaume, car il ne pourrait par lui-même ni par d'autres en exercer l'administration; par lui-même, parce qu'il ne pourrait pas subvenir à ce détail immense, ni par d'autres parce qu'une administration aussi étendue, aussi variée, et aussi susceptible d'abus et de fraudes ne peut être confiée à des intérêts étrangers et à portée de frauder à discrétion sur la comptabilité des dépenses et des produits. Le souverain se trouverait forcé de renoncer au plus tôt à cette propriété qui le ruinerait lui et l'Etat. Il est donc évident que la propriété des terres doit être distribuée à un grand nombre de possesseurs intéressés à en tirer le plus grand revenu possible par l'administration la plus avantageuse, qui assure à l'Etat une portion de ce revenu, proportionnellement à sa quantité, à ses accroissements et aux besoins de l'Etat; ainsi les plus grands succès possibles de l'agriculture assurent au souverain et aux propriétaires le plus grand revenu possible.

§ 21.

Proscription de l'intérêt particulier exclusif.

Le monopole, les entreprises et usurpations des intérêts particuliers sur l'intérêt commun, sont naturellement exclus d'un bon gouvernement. Par l'autorité d'un chef revêtu d'une puissance supérieure, ce brigandage insidieux y serait sûrement découvert et réprimé, car dans un bon gouvernement, le pouvoir des communautés, des conditions, des emplois, le crédit des prétextes spécieux, ne pourraient réussir à favoriser un désordre si préjudiciable. Les commerçants, les entrepreneurs de manufactures, les communautés d'artisans, toujours avides des gains et fort industrieux en expédients, sont ennemis de la concurrence et toujours ingénieux à surprendre des privilèges exclusifs. Une ville entreprend sur une autre ville, une province sur une autre province, la métropole sur ses colonies. Les propriétaires d'un territoire favorable à quelques productions tendent à faire interdire aux autres la culture et le commerce de ces mêmes productions, la nation se trouve partout exposée aux artifices de ces usurpateurs qui lui survendent les denrées et les marchandises nécessaires pour satisfaire à ses besoins. Le revenu d'une nation a ses bornes, les achats qu'elle fait à un prix forcé par un commerce dévorant, diminuent les consommations et la population, font dépérir l'agriculture et les revenus. Cette marche progressive fait donc disparaître la propriété et la puissance d'un royaume, le commerce même se trouve détruit par l'avidité des commerçants, dont l'artifice ose se prévaloir du prétexte insidieux de faire fleurir le commerce et d'enrichir la nation par les progrès de leurs fortunes. Leurs succès séduisent une administration peu éclairée, et le peuple est ébloui par les richesses mêmes de ceux qui le mettent à contribution et qui le ruinent; on dit que ces richesses restent dans le royaume, qu'elles s'y distribuent par la circulation et font prospérer la nation; on pourrait donc penser de même des richesses des usuriers, des financiers, etc., mais on croit ingénuement que celles que le monopole procure aux commerçants proviennent des gains qu'ils font aux dépens des autres nations. Si on regarde en effet les colonies du royaume comme nations étrangères, il est vrai qu'elles ne sont pas ménagées par le monopole, mais le monopole des commerçants d'une nation ne s'étend pas sur les autres nations, ou du moins y forcerait-il les commerçants étrangers à user de représailles, qui susciteraient des

guerres absurdes et ruineuses, et cette contagion du monopole
étendrait et aggraverait le mal. *La police naturelle du commerce
est donc la concurrence libre et immense, qui procure à chaque
nation le plus grand nombre possible d'acheteurs et de vendeurs,
pour lui assurer le prix le plus avantageux dans ses ventes et dans
ses achats.*

§ 22.
Réduction des frais de justice.

Les dépenses excessives si redoutables dans l'administration de
la justice, chez une nation où l'exemple des fortunes illicites cor-
rompt tous les ordres de citoyens, deviennent plus régulières dans
un bon gouvernement, qui assure aux magistrats l'honneur et la
vénération dus à la dignité et à la sainteté de leur ministère. Dans
un bon gouvernement, la supériorité et l'observation des lois naturelles inspirent la piété et soutiennent la probité qui règne dans
le cœur des hommes éclairés; ils sont pénétrés de l'excellence de
ces lois, instituées par la sagesse suprême pour le bonheur du genre
humain, doué de l'intelligence nécessaire pour se conduire avec
raison.

Dans l'ordre naturel de la société, tous les hommes qui la composent doivent être utiles et concourir selon leurs facultés et leur
capacité au bien général. Les riches propriétaires sont établis par
la providence pour exercer sans rétribution les fonctions publiques
les plus honorables, auxquelles la nation doit livrer avec confiance
ses intérêts et sa sûreté; ces fonctions précieuses et sacrées ne
doivent donc pas être abandonnées à des hommes mercenaires sol-
licités par le besoin à se procurer des émoluments. Les revenus
dont jouissent les grands propriétaires ne sont pas destinés à les
retenir indignement dans l'oisiveté; ce genre de vie si méprisable
est incompatible avec la considération que peut leur procurer un
état d'opulence qui doit réunir l'élévation, l'estime et la vénération
publique par le service militaire, ou par la dignité des fonctions
de la magistrature, fonctions divines, souveraines et religieuses,
qui inspirent d'autant plus de respect et de confiance qu'elles ne
reconnaissent d'autres guides et d'autres ascendants que les lumières
et la conscience. La providence a donc établi des hommes élevés
au-dessus des professions mercenaires, qui dans l'ordre naturel
d'un bon gouvernement sont disposés à se livrer par état et avec
désintéressement et dignité à l'exercice de ces fonctions si nobles

et si importantes; alors ils seront attentifs à réprimer rigoureusement les abus que l'avidité de ceux qui sont chargés de discuter
et de défendre les droits des parties, peuvent introduire dans le
détail des procédures; procédures qu'ils étendent et qu'ils com-
pliquent à la faveur d'une multitude de formalités superflues, d'incidents illusoires et de lois obscures et discordantes, accumulées
dans le code d'une jurisprudence qui n'a point été assujettie à la
simplicité et à l'évidence des lois naturelles.

§ 23.
Droit des gens.

Chaque nation, comme chaque membre d'une nation a en particulier la possession du terrain que la société a mis en valeur, ou
qui lui est dévolue par acquisition ou par droit de succession, ou
par les conventions faites entre les nations contractantes, qui ont
droit d'établir entre elles les limites de leurs territoires, soit par les
lois positives qu'elles ont admises, soit par les traités de paix
qu'elles ont conclus: voilà les titres naturels et les titres de concessions qui établissent le droit de propriété des nations; mais
comme les nations forment séparément des puissances particulières
et distinctes, qui se contrebalancent et qui ne peuvent être assujetties à l'ordre général, que par la force contre la force, chaque
nation doit donc avoir une force suffisante et réunie, telle que sa
puissance le comporte, ou une force suffisante formée par confédération avec d'autres nations qui pourvoient réciproquement à
leur sûreté.

La force propre de chaque nation doit être seule et réunie sous
une même autorité; car une division de forces appartenant à différents chefs, ne peut convenir à un même Etat, à une même nation;
elle divise nécessairement la nation en différents Etats ou principautés étrangères les unes aux autres, et souvent ennemies: ce
n'est plus qu'une force confédérative, toujours susceptible de division
entre elle-même, comme chez les nations féodales qui ne forment
point de véritables empires par elles-mêmes, mais seulement par
l'unité d'un chef suzerain d'autres chefs qui, comme lui, jouissent
chacun des droits régaliens; tels sont les droits d'impôt, de la
guerre, de monnaie, de justice et d'autorité immédiate sur leurs
sujets, d'où résultent ces droits qui leur assurent à tous également
l'exercice et la propriété de l'autorité souveraine.

Ces puissances confédérées et ralliées sous un chef de souverains qui lui sont égaux en domination, chacun dans leurs principautés, sont eux-mêmes en confédération avec leurs vassaux feudataires, ce qui semble former plus réellement des conjurations, qu'une véritable société réunie sous un même gouvernement. Cette constitution précaire d'empire confédératif, formée par les usurpations des grands propriétaires ou par le partage de territoires envahis par des nations brigandes, n'est donc pas une diminution naturelle de société, formée par les lois constitutives de l'ordre essentiel d'un gouvernement parfait dont la force et la puissance appartiennent indivisiblement à l'autorité tutélaire d'un même royaume: c'est au contraire une constitution violente et contre nature, qui livre les hommes à un joug barbare et tyrannique, et le gouvernement à des dissensions et à des guerres intérieures, désastreuses et atroces.

La force d'une nation doit consister dans un revenu public qui suffise aux besoins de l'Etat en temps de paix et de guerre, elle ne doit pas être fournie en nature par les sujets et commandée féodalement, car elle favoriserait des attroupements et des guerres entre les grands de la nation, qui rompraient l'unité de la société, désuniraient le royaume et jetteraient la nation dans le désordre et dans l'oppression féodale. D'ailleurs ce genre de force est insuffisant pour la défense de la nation contre les puissances étrangères, elle ne peut soutenir la guerre que pendant un temps fort limité et à des distances fort peu éloignées, car elle ne peut se munir pour longtemps des provisions nécessaires et difficiles à transporter; cela serait encore plus impraticable aujourd'hui où la grosse artillerie domine dans les opérations de la guerre. Ce n'est donc que par un revenu public qu'une nation peut s'assurer une défense constante contre les autres puissances, non seulement en temps de guerre, mais aussi en temps de paix, pour éviter la guerre qui en effet doit être très rare dans un bon gouvernement, puisqu'un bon gouvernement exclut tout prétexte absurde de guerre pour le commerce, et toutes autres prétentions mal entendues ou captieuses dont on se couvre pour violer le droit des gens, en se ruinant et en ruinant les autres. Car pour soutenir ces entreprises injustes, on fait des efforts extraordinaires par des armées si nombreuses et si dispendieuses qu'elles ne doivent avoir d'autres succès qu'un épuisement ignominieux qui flétrit l'héroïsme des nations belligérantes et déconcerte les projets ambitieux de conquête.

§ 24.

La comptabilité des deniers publics.

La comptabilité de la dépense des revenus de l'Etat est une partie du gouvernement très compliquée et très susceptible de désordre: chaque particulier réussit si difficilement à mettre de la sûreté dans les comptes de sa dépense, qu'il me paraîtrait impossible de porter de la lumière dans la confusion des dépenses d'un gouvernement, si on n'avait pas l'exemple des grands hommes d'Etat qui dans leur ministère ont assujetti cette comptabilité à des formes, à des règles sûres pour prévenir la dissipation des finances de l'Etat et réprimer l'avidité ingénieuse et les procédés frauduleux de la plupart des comptables. Mais ces formes et ces règles se sont bornées à un technique mystérieux qui se prête aux circonstances, et qui ne s'est point élevé au rang des sciences qui peuvent éclairer la nation. Sans doute que le vertueux Sully s'en rapportait au savoir et aux intentions pures des tribunaux chargés de cette partie importante de l'administration du gouvernement, pour s'occuper plus particulièrement à s'opposer aux désordres de la cupidité des grands qui, par leurs emplois ou par leur crédit, envahissaient la plus grande partie des revenus de l'Etat et qui, pour y réussir plus sûrement, favorisaient les exactions des publicains et le péculat de ceux qui avaient part au maniement des finances. La vigilance courageuse de ce digne ministre lui attira la haine des autres ministres et des courtisans, alarmés du bon ordre qui s'établissait dans l'administration des revenus de l'Etat, et qui cependant leur devait être d'un bon présage s'ils avaient été moins avides et moins aveugles sur leurs intérêts. Ces grands propriétaires appauvris par les désordres du gouvernement du règne précédent, et réduits à des expédients si humiliants et si méprisables, devaient s'apercevoir qu'une réforme aussi nécessaire allait faire renaître la prospérité de la nation et le rétablissement des revenus de leurs terres, qui les tireraient de leur abaissement et les relèveraient à l'état de splendeur convenable à leurs grandes possessions et à leur rang. Leurs lumières ne s'étendaient pas jusque là; et toujours faut-il conclure que l'ignorance est la principale cause des erreurs les plus funestes du gouvernement, de la ruine des nations et de la décadence des empires, dont la Chine s'est toujours et si sûrement préservée par le ministère des lettres, qui forment le premier ordre de la nation, et qui sont aussi attentifs à conduire le peuple par les lumières de la raison qu'à assujettir évidemment le gouvernement aux lois naturelles et immuables qui constituent l'ordre essentiel des sociétés.

Dans cet empire immense, toutes les erreurs et toutes les malversations des chefs sont continuellement divulguées par des écrits publics autorisés par le gouvernement, pour assurer, dans toutes les provinces d'un si grand royaume, l'observation des lois contre les abus de l'autorité, toujours éclairée par une réclamation libre, qui est une des conditions essentielles d'un gouvernement sûr et inaltérable. On croit trop généralement que les gouvernements des empires ne peuvent avoir que des formes passagères; que tout ici-bas est livré à des vicissitudes continuelles; que les empires ont leur commencement, leurs progrès, leur décadence et leur fin. On s'abandonne tellement à cette opinion, qu'on attribue à l'ordre naturel tous les dérèglements des gouvernements. Ce fatalisme absurde a-t-il pu être adopté par les lumières de la raison? N'est-il pas évident, au contraire, que les lois qui constituent l'ordre naturel sont des lois perpétuelles et immuables, et que les dérèglements des gouvernements ne sont que des prévarications à ces lois paternelles? La durée, l'étendue et la prospérité permanente ne sont-elles pas assurées dans l'empire de la Chine par l'observation des lois naturelles? Cette nation si nombreuse ne regarde-t-elle pas avec raison les autres peuples, gouvernés par les volontés humaines et soumis à l'obéissance sociale par les armes, comme des nations barbares? Ce vaste empire, assujetti à l'ordre naturel, ne présente-t-il pas l'exemple d'un gouvernement stable, permanent et invariable, qui prouve que l'inconstance des gouvernements passagers n'a d'autre base, ni d'autres règles que l'inconstance même des hommes? Mais ne peut-on pas dire que cette heureuse et perpétuelle uniformité du gouvernement de la Chine, ne subsiste que parce que cet empire est moins exposé que les autres Etats aux entreprises des puissances voisines? Non. La Chine n'a-t-elle pas des puissances voisines redoutables? N'a-t-elle pas été conquise? Sa vaste étendue n'eût-elle pas pu souffrir des divisions, et former plusieurs royaumes? Ce n'est donc pas à des circonstances particulières qu'il faut attribuer la perpétuité de son gouvernement, c'est à un ordre stable par essence.

III.

Octobre 1767.

LETTRE

de M. Alpha, maître ès-arts, à l'auteur des *Ephémérides*

sur

LE LANGAGE DE LA SCIENCE ÉCONOMIQUE(¹)

J'ai lu, Monsieur, dans le *Journal d'agriculture* du mois d'août dernier, la *Lettre* d'un adversaire de la nouvelle science économique où l'on tâche de tourner en dérision cette science, ses auteurs et ses adhérents, et de répondre à la réfutation que vous avez faite, dans vos *Ephémérides*, du livre des *Principes et observations économiques.*(²)

---

(1) La *Notice abrégée* de Dupont dit sous la rubrique *mois d'octobre 1767:* „On trouve ensuite une *Lettre de M. Alpha, maître ès-arts, sur le langage de la science économique.* Cette *Lettre* est une discussion fort exacte et fort gaie, à laquelle l'auteur du *Tableau économique* s'est livré vis-à-vis d'un anonyme qui, sous le nom d'A. B. C. D., critiquait quelques expressions employées par les meilleurs écrivains économiques, dans le temps même où il était involontairement forcé de convenir de leur justesse." A. O.

(2) Ainsi que nous l'avons déjà dit précédemment, on trouvait au premier rang des ennemis de Quesnay et de ses disciples, F. Véron de Forbonnais, anciennement négociant, puis fonctionnaire de l'administration royale des finances. Déjà au commencement de la seconde moitié du 18e siècle, soit avant la création du système physiocratique, il avait fourni à l'*Encyclopédie* les articles sur le commerce dans ses diverses branches. Ces articles, qui étaient très appréciés, furent réunis par lui et publiés sous forme de livre en 1754 avec le titre *Eléments du commerce.* Forbonnais était un écrivain distingué. Après avoir traduit en français plusieurs ouvrages étrangers d'économie politique, il publia en l'année 1758 son ouvrage, encore réputé aujourd'hui, *Recherches et considérations sur les finances de France depuis 1595 jusqu'en*

L'auteur de ce mémoire se désigne par A, B, C, D, ce qui m'a fait présumer qu'il s'agissait de quelques contestations grammaticales; ma profession de maître ès-arts me rend attentif à ces

1721 (2 vol. in-4°), dans lequel l'administration financière de Sully, Colbert, etc., jusqu'à Jean Law était traitée avec une ampleur très méritoire pour ce temps-là. Ayant quitté en 1764 le service administratif pratique, il se jeta avec ardeur dans la lutte théorique, comme s'il y avait été incité par la doctrine de Quesnay, et il défendit contre cette doctrine les principes d'un mercantilisme libéral. Les attaques de la *Gazette du commerce* contre le *Journal de l'agriculture, du commerce et des finances* sortirent principalement de sa plume. Après le renvoi de Dupont de son poste de rédacteur, le *Journal* devint aussi un organe de Forbonnais, dans lequel il combattit vivement les *Ephémérides,* que les disciples de Quesnay avaient alors pour organe. Dès lors, la querelle s'étendit aussi à l'autre littérature.

Dans les premiers mois de l'année 1767, Forbonnais fit publier sous le titre *Principes et observations économiques,* avec l'épigraphe: *Est modus in rebus,* un ouvrage spécial contre le *Tableau économique.* A la même époque, il fit paraître une nouvelle édition de ses *Eléments du commerce.* La réponse ne se fit, naturellement, pas attendre. Dans le numéro d'avril des *Ephémérides,* à l'occasion de la discussion d'un ouvrage anonyme: *Principes de tout gouvernement ou examen des causes de la splendeur ou de la faiblesse de tout Etat* (2 vol. 1766), Baudeau avait aussi touché en passant le livre *Principes et observations* de Forbonnais, dont la publication venait précisément d'avoir lieu, et dans le numéro de juillet, renfermant la continuation de la discussion, il parla d'une manière spéciale contre ce livre et repoussa particulièrement le reproche que, dans la nouvelle théorie, il s'agissait d'un „abus des mots" et d'une „confusion des idées". Déjà dans le plus prochain numéro du *Journal äe l'agriculture* (celui du mois d'août) parut une vive répartie, contenant de nouvelles attaques, et signée A. B. C. D. Alors Quesnay lui-même entra en lice par le travail ci-dessus reproduit, qui a paru dans le numéro d'octobre des *Ephémérides.*

Puisque nous parlons de Forbonnais, touchons encore ici quelques autres points qui ont mis son nom en rapport avec le *Tableau économique.*

Dans l'édition des *Principaux économistes,* E. Daire a fait précéder les ouvrages les plus importants du fondateur de la physiocratie, d'une *Notice sur la vie et les travaux de François Quesnay,* dans laquelle il donne un résumé sommaire de la première rédaction du *Tableau économique* de décembre 1758, en se rapportant au tome I, pages 161 et 162, des *Principes et observations économiques* de Forbonnais. Daire admet qu'en écrivant sa réplique, Forbonnais avait sous les yeux cette première édition et que ce n'est que plus tard qu'elle a disparu. Du moins, l'ouvrage de Daire s'exprime ainsi page 12, note 3, au sujet du *Tableau économique:* „On ne trouvait plus dans le commerce d'exemplaires de cette édition (de 1758) dès 1767". (Année de la publication des *Principes et observations économiques.*) Cette opinion, partagée par Jos. Garnier dans son article *Quesnay* du *Diction. de l'Econ. polit.,* repose sur une erreur. Comme nous avons, à plusieurs endroits du présent ouvrage (pages 125, 305 et 328), traité en détail l'histoire primitive du *Tableau économique,*

disputes littéraires et me donne droit d'entrer en lice, en me contenant dans les bornes de mon état, et sans me permettre aucune
licence; car je dois à mes écoliers l'exemple de la modération. Je

---

qu'il nous soit permis de reproduire ici, à titre de complément et afin de
prévenir toute objection, le passage textuel suivant des *Principes et observations*, tome I, pages 161 et 162:

„Le *Tableau économique* est une espèce d'arbre généalogique dans lequel
on a entrepris d'exprimer la marche de la circulation, et de la peindre
aux yeux. Cette table célèbre parut pour la première fois il y a 5 à 6 ans, dans un
petit cahier d'impression de format in-4°, qui ne fut communiqué qu'à un
petit nombre de personnes. A la suite d'une explication succincte qui ne
contenait que l'analyse du système de richesse nationale déjà produit dans
l'article *Grains* de l'*Encyclopédie*, l'auteur donnait un petit développement
de ce même système par 24 maximes générales. Un grand nombre de notes
plus considérables que le texte, répétaient en grande partie, ou développaient
ce qui avait déjà été dit aux articles *Fermiers* et *Grains* de l'*Encyclopédie* sur
l'économie politique, c'est-à-dire sur l'agriculture, le commerce et les finances.
Ce développement était intitulé *Extrait des économies royales de M. Sully*,
soit que l'auteur se crut rempli de son esprit, soit qu'il voulut accréditer son
système sous ce nom révéré. Tel est le canevas de l'ouvrage intitulé *Tableau
économique* avec ses explications, tel qu'il se trouve dans le recueil des
œuvres de l'*Ami des hommes*: de la *Théorie de l'impôt*; de la *Philosophie
rurale*. Ces divers traités forment le corps de la doctrine du *Tableau économique* beaucoup plus connue du grand nombre par les questions auxquelles elle donne lieu, que par la lecture même des ouvrages originaux. . . . .
Nous nous bornerons au commentaire du *Tableau économique* inséré dans
le recueil de l'*Ami des hommes* et à l'article *Grains* de l'*Encyclopédie*: cela
suffit pour connaître les bases de ce système, sa marche et ses résultats,
puisque l'auteur de la *Philosophie rurale* nous dit dans sa préface qu'il n'y
a rien à ajouter à cette première explication du côté de l'étendue des résultats et des lumineux des vues qui embrassent tout le régime économique et
toute la science politique."
On voit par là que Forbonnais a simplement puisé ses connaissances sur
le contenu du *Tableau économique*, dans les communications qui en avaient
été publiées par l'école de Quesnay elle-même. Il n'a pas eu sous les yeux
la forme originale du tableau. Nous n'aurions pas eu besoin de démontrer
ce fait si, dans les *Mélanges d'économie politique* (Paris, Guillaumin 1847),
E. Daire avait reproduit complètement les *Principes et observations économiques* de Forbonnais, au lieu de n'en donner incidemment que la quatrième
partie, ce qui passe ordinairement inaperçu au lecteur et n'est indiqué que
d'une manière très insuffisante. Les parties les plus importantes pour l'histoire
du système physiocratique sont laissées de côté.
Expliquons encore un autre point. De l'extrait des *Principes et observations*,
que nous venons de reproduire, il résulte déjà que Forbonnais contestait à
ses adversaires le droit de revêtir les théories de Quesnay de l'autorité de
Sully. Il l'a encore fait à d'autres endroits, et dans des termes assez vifs:

rapporterai fidèlement tous les endroits du texte de la *Lettre* où l'auteur combat l'usage des mots qu'il dit que l'on a introduits dans le langage de la science économique. Ces extraits pourraient suffire aux lecteurs éclairés pour juger du mérite de cette contestation ; c'est pourquoi je me bornerai à quelques petites observations.

„Nous serons toujours d'accord, dit-il, avec l'auteur sur ses éloges que la reconnaissance de la nation doit à la mémoire immortelle de Sully. Mais elle n'a pas besoin d'exagérations pour se soutenir, et de ce que ce sage ministre a favorisé l'exportation des grains, de ce qu'il a connu la maxime fondamentale de soutenir l'utilité du labourage, il n'en faut rien conclure qui puisse favoriser les opinions excessives.“ Forbonnais reproche par là à Quesnay de s'être laissé induire en erreur par des guides peu sûrs, notamment par Boisguillebert. De ce dernier, il dit en propres termes: „L'auteur du *Détail de la France* a altéré la vérité“. Et en outre: „L'auteur du *Tableau économique*, le patriarche de ses détracteurs, a pris un guide infidèle, et avec moins de passion pour le système qu'il voulait accréditer, il aurait facilement reconnu la violence et l'exagération de son modèle“. (T. II, page 22.)

En effet, Quesnay et ses disciples pouvaient difficilement se dissimuler que l'auteur des *Recherches et considérations sur les finances de France depuis 1595 jusqu'en 1721*, connaissait mieux qu'eux-mêmes les conditions d'administration existantes sous le ministère de Sully. On doit probablement rapporter à ce fait la circonstance que dans l'ouvrage *Physiocratie*, paru peu après, le sous-titre original des *Maximes générales: Extrait des économies royales de M. de Sully*, a été supprimé. Il faut cependant rendre hommage aux deux partis de ce que, si violent qu'ait été le combat d'opinions, l'on aperçoit cependant partout des efforts faits en vue de le terminer d'une façon chevaleresque. La preuve en est donnée par un incident que le marquis de Mirabeau raconte dans une lettre à J. J. Rousseau, et au sujet duquel Loménie, t. II, pages 264 et suivantes, dit ce qui suit:

„Ayant rencontré, dans une maison tierce, le publiciste Forbonnais (qu'il appelle le chef de nos *antagonistes*, et cela dans un moment où la bataille entre les physiocrates et Forbonnais était des plus vives), il avait abordé son adversaire en lui disant: *Voudriez-vous faire une chose qui nous ferait honneur à tous deux? C'est de venir, demain, dîner avec vos ennemis économiques, qui sont de fort honnêtes gens et fort gaillards?* Il me dit qu'il était bien fâché, qu'il avait, ce jour-là, un travail avec un intendant. Point. C'est que le lendemain il arrive au milieu de l'assemblée, aussi ahurie que si elle avait vu tomber M. Colbert. Les uns se crêtent, d'autres murmurent. Mon frère (le bailli) me mande, j'étais chez ma mère. J'entre, et l'embrassant, je prends aussitôt par la main l'abbé Baudeau, qui est la meilleure créature du monde, et leur dis, en riant, que j'ai voulu voir, comme Cicéron, si deux augures pouvaient se regarder sans rire. Forbonnais, qui a bien de l'esprit, répond qu'il n'est point augure, mais que monsieur en porte la robe. Chacun rit, et ma foi les bons avaient la larme à l'œil. Je montre à Forbonnais ma bibliothèque. On va à table; je fais en sorte qu'il soit auprès de Mᵐᵉ de Pailly,

Suivant vous, Monsieur, la doctrine économique sur le *commerce* consiste à soutenir: 1° Que l'intérêt du commerce est précisément le même que celui de l'agriculture; mais que l'un est toujours effet, et l'autre toujours cause. 2° Que l'intérêt particulier des trafiquants est toujours opposé à celui de l'agriculture et du commerce. 3° Qu'il existe un moyen naturel, mais efficace, de concilier, autant qu'il est possible, ces intérêts opposés, et que ce moyen est la grande concurrence possible.

Sur ces trois articles, l'auteur de la *Lettre* fait ses commentaires, auxquels je vais joindre mes réflexions purement grammaticales.

N° PREMIER.

Sur le premier article, *que l'intérêt du commerce est précisément le même que celui de l'agriculture; mais que l'un est toujours effet, et l'autre toujours cause*, voici le commentaire de la *Lettre:*

« Cette doctrine est celle de tous les écrivains sans exception ;
« et pour abréger, je m'en tiendrai aux ouvrages que le *corps*
« *doctrinal* s'attache le plus à mutiler et à *dénigrer.* Je lis, p. 109,
« du premier volume des *Eléments du commerce*, chapitre de l'agri-
« culture: *Le commerce est en général la communication réciproque*
« *que les hommes se font des choses dont ils ont besoin; ainsi il*
« *est évident que l'agriculture est la base du commerce.*

« Page 5 des *Principes et observations économiques* du même
« auteur, je lis: *Le fonds qui produit les besoins essentiels auxquels*
« *les hommes sont soumis, est la richesse primitive ou naturelle,*
« *sans laquelle les autres n'existeraient pas.*

« Page 8: La somme des productions de la terre est le terme
« marqué à la dépense générale.

« Ainsi la doctrine est expressément la même. »

Remarques. Premièrement, il est très bon, ce me semble, d'avertir que la nouvelle science économique ne confond pas le *commerce* avec la profession du négociant, qui achète pour revendre; par

de M. d'Arnstein, votre compatriote, bonne et sage tête, et des gens de marque, toujours plus décents que les autres. Je garde à mon bout le petit peuple murmurant. On parla d'administration et non de principes, en un mot, on le mit à son aise sans lui faire les honneurs, de manière qu'il demeura jusqu'à huit heures, et que le bon abbé (Baudeau), toujours discutant, jamais disputant, me disait de temps en temps: Ce qui me fâche, c'est qu'il y a en ce moment, sous presse, un morceau où je l'écrase, en citant, dans ses propres écrits, la preuve d'un fait qu'il me nie et sur lequel il me fait un défi. Abbé, ai-je répondu, on lui redorera la pilule, etc." A. O.

commerce elle entend l'échange qui se fait entre le vendeur de première main et l'acheteur-consommateur; cet échange se fait médiatement ou immédiatement: dans ce dernier cas le commerce ou échange s'accomplit sans l'entremise d'aucun agent intermédiaire, c'est-à-dire sans le service d'aucun *négociant;* ainsi, on peut, sous ce point de vue, se former une idée complète du pur commerce, qui s'accomplit sans frais le service intermédiaire. Mais si l'échange entre le vendeur de première main et l'acheteur-consommateur se fait par l'entremise d'agents intermédiaires, c'est-à-dire de marchands, de commissionnaires ou voituriers, il est dû à ces agents un salaire qui alors rend le commerce moins profitable à ceux qui paient ce salaire dans leurs ventes ou dans leurs achats; cette dépense qu'ils ont intérêt d'éviter autant qu'il est possible, doit donc être, dans l'ordre économique, distinguée exactement d'avec le commerce qui renferme des intérêts si opposés.

Cette distinction me paraît très bonne en grammaire comme en philosophie politique; vous l'avez, Monsieur, très bien expliquée dans vos *Ephémérides;* mais elle n'est ni dans la lettre de votre critique, qui semble même en faire peu de cas, ni dans les livres qu'il cite; c'est à vous à prouver combien elle influe sur le fond de la doctrine: je présume que vous le feriez aisément; mais ces questions ne sont pas de ma compétence.

Ce que je puis juger, c'est la définition du commerce que cite le commentaire de la *Lettre,* définition qui ne m'a pas satisfait; car on pourrait se rappeler bien des communications réciproques entre les hommes, qui n'ont jamais été réunies à l'idée du commerce, si ce n'est par métaphore; et d'ailleurs on peut aisément remarquer que la définition de la *Lettre* confond le *commerce* avec le *trafic,* et qu'elle porte ainsi de la confusion et de l'équivoque dans les discussions sur l'exercice et sur les effets tant du *commerce* que du *trafic.*

Secondement, vous aviez ajouté très expressément dans les *Ephémérides* à votre premier principe, ces mots qui disent beaucoup, à mon avis: « c'est-à-dire *que tout accroissement, tout déclin, tout* « *maintien du commerce, est nécessairement précédé d'une pareille* « *révolution dans l'agriculture;* » en bonne grammaire, *nécessairement précédé,* est bien fort; j'imaginai, en lisant cette phrase, que vous prétendiez *qu'il n'y avait point autre chose à faire* pour maintenir le commerce d'un Etat que de maintenir son agriculture; qu'on ne pouvait jamais et en aucune manière augmenter le commerce qu'en *commençant* auparavant par augmenter l'agriculture; enfin, qu'on avait beau faire, que de quelque façon qu'on s'y prît le commerce souffrirait dès que l'agriculture souffrirait, sans qu'on pût jamais y remédier. Voilà, suivant mes connaissances grammaticales, ce que vous deviez entendre quand vous disiez l'agriculture est toujours *cause*, et le commerce toujours *effet;* en sorte que toute *révolution* dans le commerce, en bien ou en mal, est *nécessairement précédée* d'une pareille dans l'agriculture.

Je ne me trompais pas dans cette opinion, car vous vous êtes beaucoup étendu sur ce développement de votre idée principale *(page 140 du sixième tome des Ephém., et suivantes.)* L'auteur de la *Lettre* n'a pas touché cet article dans son commentaire; c'est pourtant l'essentiel. Je ne juge point votre thèse; mais fausse ou vraie, je ne la trouve ni dans la *Lettre,* ni dans les livres qu'elle cite; ils sont même tous fondés sur la supposition contraire, et nous allons voir tout à l'heure l'auteur de la *Lettre* alléguer un exemple pour prouver que l'augmentation d'industrie et de commerce peuvent être *cause* d'une augmentation de culture et la *précéder,* auquel cas cet accroissement de culture serait *effet* et ne *précéderait* pas; ce qui est grammaticalement le contraire de votre sentiment.

Il ne fallait donc pas dire que cette doctrine est la même. On a écrit quelque part, l'*agriculture est la base du commerce.* Ce mot *base* est bien vague; mais ce qu'on ajoute dans le commentaire l'est bien plus encore: « Le fonds qui produit les besoins « essentiels auxquels les hommes sont soumis, est la richesse primitive « ou naturelle sans laquelle les autres n'existeraient pas ». Outre qu'il ne me paraît pas clair qu'un fonds soit *richesse,* parce qu'il *produit des besoins,* cette expression étant fort équivoque, si je mets à la place, parce qu'il *produit les objets propres à satisfaire aux besoins,* je trouve que l'air, la pluie, le vent, la chaleur du soleil, etc., ne sont pas moins nécessaires que la terre à la production des choses utiles aux hommes, pour satisfaire *aux besoins essentiels auxquels ils sont soumis.* Ainsi, suivant l'auteur, toutes ces causes peuvent donc être réunies sous la dénomination *de richesses primitives, puisque sans elles les autres n'existeraient pas.* Voilà bien des richesses qui n'entraient pas en compte dans les calculs des nations. Je conclus, suivant les droits de ma profession, que ce langage n'est pas assez précis pour enseigner une doctrine; qu'il donne trop de facilité aux disputes et aux équivoques, que vous avez grande raison de l'éviter, quand même vous ne seriez pas absolument divisé d'opinion sur un premier point essentiel avec l'auteur de la *Lettre* et ceux des livres qu'il cite.

Nº II.

Sur le second de vos articles fondamentaux, *que l'intérêt particulier des trafiquants est précisément opposé à celui de l'agriculture et du commerce*, voici les commentaires de la *Lettre*:

« L'auteur des *Eléments du commerce* a distingué, *page 7,* le « commerce de l'Etat, de l'occupation du citoyen qui fait le com- « merce, *page 50,* le gain de l'Etat, du gain du marchand, *p. 88* « *et 89,* savoir faire le commerce, ou savoir le conduire, sont deux « choses très différentes; pour s'instruire on ne saurait trop con- « verser avec les négociants ; pour délibérer, leurs conseils particuliers « doivent être admis avec précaution. *Page 27* des *Principes et* « *observations économiques, je vois que les dépenses et bénéfices des* « *agents de l'échange sont des frais dont la médiocrité est toujours* « *un bien.*

« Si l'éditeur n'avait pas outré sa doctrine, je trouverais le même « fond essentiel dans l'un et l'autre système. Il ne s'agit que de « décider si c'est essentiellement l'intérêt de la profession en général « qui est opposé à celui du commerce de l'Etat, ou si c'est seule- « ment en diverses rencontres et occasionnellement l'intérêt du parti- « culier qui exerce la profession. »

Remarques. Il me semble que les textes qu'on vous oppose là ne sont pas bien choisis; car si, par le mot *commerce,* on y entend ce que vous appelez *trafic* ou *négoce,* vous direz qu'il n'y a point de *trafic,* ni de *négoce de l'Etat,* parce qu'un *Etat* ne *trafique* point. Vous direz que le *gain* que font les trafiquants dans un *commerce* quelconque, où l'on a besoin de leurs services, n'est point le *gain* de l'*Etat.* Vous direz qu'il n'y a ni *perte* ni *gain,* proprement dit, pour un *Etat,* dans un vrai commerce entièrement et parfaitement libre, parce qu'il n'y a qu'un échange de denrées et marchandises, pour denrées et marchandises d'un prix égal, et parce que le service des négociants, des ouvriers, des voituriers, a été payé *son juste prix.* Vous direz enfin qu'au contraire le gain des trafiquants est une *perte réelle* pour l'Etat, s'il se mêle dans le commerce le moindre germe d'exclusions, de prohibitions, de privilèges, de sur- charges, de monopoles, *pour* ou *contre* qui que ce soit de l'univers.

Or, si je ne me trompe, c'est là un des points de votre doctrine, que l'auteur de la *Lettre* vous conteste d'après les livres qu'il cite ; ils prétendent contre vous que des privilèges pour les trafiquants qu'ils appellent *nationaux*, des exclusions et des surcharges contre les trafiquants qu'ils appellent *étrangers* ou *rivaux,* procurent à ces trafiquants nationaux *un gain* qu'ils soutiennent être en même temps un *profit* pour l'*Etat.* Vous êtes donc à cet égard, en vraie contrariété de sentiment.

Selon vous, le *commerce* comprend la *production* et la *consommation,* au lieu que le *trafic* ne comprend que l'achat, le transport et la revente. Or, dites-vous, l'*intérêt* des trafiquants est de *gagner*, c'est-à-dire, selon vos principes, de s'*approprier,* pour paiement de leur service, à eux et aux leurs, le droit de *consommer* le *plus* qu'ils peuvent des *productions*. Mais, selon vous encore, l'*intérêt* de celui qui les a fait naître ces *productions,* est d'en donner le *moins* qu'il peut aux *trafiquants,* pour paiement de leur service, et d'en retenir pour lui le *plus* qu'il lui est possible. *Pour lui,* dites-vous ; c'est-à-dire, tant pour sa consommation que pour *accroître sa culture :* car, à vous en croire, ce qu'il mettra de *plus* à la terre, sera *multiplié* par la nature, et cette *multiplication* augmentera dans la suite le *commerce* même ; au lieu que si les trafiquants avaient obtenu ce *plus* comme *gain,* il n'aurait pas été multiplié par la culture, il n'aurait pas augmenté la *production,* il n'aurait pas servi à augmenter le *vrai commerce;* mais seulement le bien-être ou le pécule des trafiquants: ce qui est bien différent.

Il sera donc toujours vrai dans vos principes que l'*intérêt de l'Etat* consistant uniquement dans un point, savoir: *l'augmentation continuelle et progressive de la production territoriale et de ce que vous appelez le produit net,* et dans la plus grande *augmentation possible,* cet intérêt exigera toujours qu'on restreigne le plus qu'il est possible les *gains* des *trafiquants,* c'est-à-dire qu'on paie le moins possible tous leurs services quelconques, afin qu'il reste le *plus possible* de productions à mettre à la terre pour procurer cette augmentation progressive de *produit net.*

Voilà, Monsieur, ce que vous avez à prouver quant au fond; mais quant à la question grammaticale, je puis assurer que les textes rapportés contre vous ne disent pas la même chose: il s'en faut beaucoup. Je doute même que l'auteur de la *Lettre* et ceux des livres qu'il cite vous accordent cet axiome fondamental, qui me paraît faire la base de votre doctrine, « qu'en fait de commerce, « tout Etat n'a qu'un seul intérêt, celui de payer le moins cher

« qu'il est possible les salaires des ouvriers, trafiquants, voituriers
« quelconques, dont les services sont intermédiaires entre le pro-
« ducteur et le consommateur, et qu'il n'est à cette règle aucune
« exception juste et raisonnable dans aucun cas ».

C'est donc, selon vous, l'intérêt de la profession de *trafiquant*
en général, qui est diamétralement opposé à celui du *producteur*
et du *consommateur*, lesquels appartiennent au *commerce* beaucoup
plus que le *trafiquant;* car il peut y avoir un *commerce* sans lui,
à ce que vous dites, quand l'échange se fait immédiatement, et il
ne peut pas y avoir de *commerce* sans les deux autres.

Mais quelque opposés que soient ces intérêts, vous prétendez
dans votre doctrine, trouver le vrai moyen de les concilier.

N° III.

En effet, votre troisième proposition porte *qu'il existe un moyen
simple et naturel, mais efficace, de concilier autant qu'il est possible
ces intérêts opposés, et que ce moyen est la plus grande concurrence
possible.* Voici les commentaires de la *Lettre.*

« Je lis, à la page 92 des *Eléments du commerce,* un chapitre
« exprès sur la concurrence, *où elle est établie comme le principe
« le plus actif du commerce de l'Etat, auquel on peut rappeler
« tous les autres, puisque sans lui ils n'auraient pas de force.*

« Mais l'auteur des *Eléments* a distingué la concurrence de nation
« à nation, de la concurrence des denrées et des hommes dans
« l'intérieur de la société. Or, cette distinction n'est point admise
« par le *parti doctrinal* qui regarde toutes les sociétés comme
« une seule famille qui ne doit pas avoir des intérêts opposés. On
« leur accorde cette vérité dans le droit moral et naturel; mais
« comme toute loi naturelle n'a de sanction qu'au tribunal de la
« conscience, on insiste à séparer dans le fait, l'intérêt de chaque
« société, comme celui de chaque famille l'est dans le fait, dans
« chacune de ces sociétés. (Ne confondrait-on pas ici l'intérêt avec
« la propriété?). C'est donc uniquement sur cette différence que
« devrait rouler la discussion.

« Mais la marche indiquée ci-dessus aurait été trop simple; il
« aurait fallu reconnaître des principes communs, et l'objet capital
« était de faire croire qu'il n'en existait point et qu'on jetait les
« fondements de la science.

« Cependant, comme il fallait indispensablement partir de ces
« notions communes, et que personne ne pouvait les trouver nou-

« velles, il a fallu faire perdre terre et ravir les bonnes gens en
« extase dans les tourbillons métaphysiques, pour leur faire croire
« qu'ils apprenaient ce qu'ils avaient toujours su: on a donc pro-
« fité de l'acception variée qu'un grand nombre de mots ont dans
« notre langue, pour les récuser dans le langage de la *doctrine;*
« on y a substitué des mots nouveaux. »

Remarques. Les termes de *plus grande concurrence possible,* que
vous employez dans les *Ephémérides,* n'ont jamais pu exprimer une
doctrine semblable à celle des écrivains cités dans la *Lettre,* puisque
ces écrivains n'admettent, comme vraiment utile dans le commerce,
qu'une concurrence *beaucoup moindre* qu'il n'est *possible;* l'auteur
de la *Lettre* l'atteste lui-même, puisqu'il avoue que ses guides
admettent seulement la concurrence intérieure, et qu'ils rejettent
celle des nations étrangères: je vois donc là deux opinions bien
distinguées.

Vous, Monsieur, avec les auteurs que vous appelez vos maîtres,
et avec tous les économistes leurs disciples, vous prétendez que la
liberté et la facilité du commerce de toute espèce doivent toujours
être parfaites, entières, absolues, afin qu'il en résulte *la plus
grande concurrence possible;* vous ne connaissez qu'une seule règle
du commerce, « c'est (pour me servir de vos propres termes) de
« *laisser passer* et de *laisser faire* tous les acheteurs et tous les
« vendeurs quelconques (¹); vous soutenez que par cet *unique* moyen

---

(1) Nous sommes ici en présence du seul endroit où Quesnay a touché
en passant la maxime: *Laisser faire et laisser passer.* Ainsi qu'on le voit,
elle se trouve seulement dans une citation, mais non dans les propres explications de l'auteur où d'ailleurs on ne la rencontre jamais; en outre,
elle n'est employée qu'incidemment et non formulée comme devise fon-
lamentale du système. Ce n'est qu'à partir de février 1768, et en se basant
sur de Gournay, qu'elle fut usitée dans ce sens, en premier lieu par le marquis de Mirabeau dans son étude sur *la dépravation de l'ordre légal, lettre
de M. B. à M. (Ephémérides,* février 1768), où il dit:

„Un autre (de Gournay), plus ardent encore (que M. Herbert), sut dans le
sein du commerce où il avait été élevé, puiser ses vérités simples et naturelles,
mais alors si étrangères, qu'il exprimait par ce seul axiome qu'il eût voulu
voir gravé sur toutes les barrières quelconques

laissez faire et laissez passer.

Reçois, ô excellent Gournay, cet hommage dû à ton génie créateur et pro-
pice, à ton cœur droit et chaud, à ton âme honnête et courageuse" etc.

Dès l'époque précitée, la formule paraît souvent dans les *Ephémérides,*
et elle y est toujours érigée en devise fondamentale du système, comme par
exemple dans une *Lettre à M. le comte * * * en Suède* (numéro de, janvier
1772), où on lit:

« on est assuré d'acheter toujours au meilleur marché possible tout
« ce qu'on achète, et de vendre toujours tout ce qu'on vend au
« meilleur prix possible ». Vous prétendez que tout ce qui gêne la
liberté, tout ce qui diminue le nombre des concurrents par des
prohibitions, des exclusions et des privilèges, est *injuste et funeste;*
voilà votre doctrine sur la concurrence exprimée selon moi avec
toute l'exactitude grammaticale par ces mots *la plus grande concurrence possible.*

L'auteur de la *Lettre* et ceux qu'il cite ne veulent de concurrence
que dans l'intérieur de chaque nation; ils ne veulent pas que les
citoyens soient libres d'acheter des étrangers et de leur vendre;
comment peut-on dire en même temps que vous avez pris de ces
auteurs votre doctrine sur la plus grande concurrence *possible?*

„En réglant tout on arrête tout; en facilitant la libre circulation, on augmente tout. Voilà, Monsieur, des principes infaillibles pour le bonheur d'une
nation; et la première règle de toute administration est de
laisser faire et de laisser passer".

Pour les autres exemples, voir notre étude *Die Maxime laisser faire et
laisser passer, ihr Ursprung, ihr Werden* (Berne 1886), où il est aussi démontré que la qualité d'auteur de la maxime ne peut être dévolue à Gournay
que pour la deuxième partie de celle-ci, soit *laisser passer.* La première partie
est beaucoup plus ancienne; elle remonte à la réponse d'un commerçant,
Legendre, à Colbert „laissez-nous faire" donnée probablement vers l'année
1680. Dans les manuscrits, la devise s'est, à notre connaissance, présentée
pour la première fois, mais sous la forme de *laissez faire,* dans les Mémoires
du marquis Voyer d'Argenson, vers l'année 1736, où il dit (t. V, page 364 de
l'édition de 1858):

„*LAISSEZ FAIRE, telle devrait être la devise de toute puissance publique, depuis que le monde est civilisé.*"

Nous avons trouvé cette même devise imprimée pour la première fois dans
un article anonyme du *Journal économique,* année 1751, dont l'auteur est
également le marquis d'Argenson.

L'addition „laissez passer" ne s'est d'ailleurs faite, paraît-il, que d'une manière complètement incidente vers la fin de l'année 1758, dans une réunion
de l'école physiocratique à laquelle de Gournay assistait. Que de Gournay
n'ait pu l'avoir prise dans le sens du système physiocratique, qui était encore
à cette époque dans sa période de création, c'est là un point sur lequel nous
nous proposons de donner des explications détaillées dans un ouvrage spécial
qui est actuellement en voie d'élaboration. Dans tous les cas, il est faux que
la rédaction première de cette maxime ait été attribuée à Quesnay. Cela est
arrivé, par exemple, dans un article intitulé: *François Quesnay* par Ré-
veillé-Parise, et quelquefois cité, qui a paru dans le *Moniteur* du 26 no
vembre et du 14 décembre 1848, et dans lequel il est dit: „C'est à Quesnay
qu'on dut le fameux axiome: Laissez faire et laissez passer." A. O.

que vous ayez tort sur le fond, à la bonne heure, c'est ce qu'il
faudra prouver, vous avez mis vos adversaires bien à leur aise sur
cet article en les défiant d'articuler et de prouver quel préjudice
pourrait souffrir une nation qui établirait chez elle la plus parfaite
liberté de commerce, la plus grande concurrence possible entendue
à votre manière: ils disent que dans *le fait* il est impossible que
cette pleine liberté n'entraîne pas la ruine d'un empire, en le
jetant progressivement dans un état de faiblesse relative vis-à-vis
des autres nations, parce qu'il aurait moins qu'elles chaque année,
de l'argent qui sort des mines, et qu'il perdrait son ancien pécule.
Vous leur avez répliqué que cette nation, achetant tout ce qu'elle
achèterait des autres au *meilleur* marché *possible*, et vendant au
contraire tout ce qu'elle vendrait au *meilleur* prix, il serait *impossible* qu'elle *perdît rien; impossible* qu'elle s'affaiblît; *impossible*
qu'elle se ruinât: car, comme vous dites, c'est de vendre ce qu'on
vend moins cher qu'on ne pourrait, et d'acheter ce qu'on achète
plus cher qu'on ne devrait, qui *ruine* les particuliers et par conséquent les Etats qu'ils composent.

Quoiqu'il ne soit pas de mon état de juger sur ces matières, il
paraît jusque-là que la première apparence et la règle générale
sont pour vous, d'où je conclus que c'est à vos adversaires à spéci-
fier les raisons particulières qui transformeraient les effets de *la
plus* grande concurrence *possible* en causes de ruine pour les Etats;
je veux bien supposer qu'ils les expliqueront, c'est une suite de la
neutralité qui me convient.

Mais ce qui me concerne, c'est de prononcer qu'on vous accuse
à tort d'avoir déguisé sous des mots *nouveaux* la doctrine *ancienne*
des auteurs qu'on allègue. Les mots ne sont pas *nouveaux*, mais
la doctrine est nouvelle; ils ont dit, « la concurrence est avantageuse
« au commerce, mais c'est la concurrence intérieure seulement, non
« la pleine concurrence de nation à nation, et il y a bien d'autres
« manières de favoriser le commerce. » Vous dites, « c'est la *plus*
« *grande* concurrence *possible* sans nulle restriction quelconque, ni
« sur le temps, ni sur les choses, ni sur les personnes, qui est la
« *seule et unique* règle du commerce; la seule *justice* qu'il doit
« demander aux gouvernements, c'est de ne mettre aucuns obstacles
« à cette *plus grande* concurrence *possible*, tout ce qui la gêne est
« inique et absurde, les seules faveurs qu'il puisse espérer d'une
« bonne administration, ce sont des *facilités* qui augmentent par-
« tout cette concurrence; des chemins, des canaux, des rivières

« navigables, des ports; *sûreté, liberté*, pour les producteurs, les
« acheteurs, les façonneurs, les vendeurs et les consommateurs:
« voilà toute la législation, qui s'exprime en ce peu de mots, *la*
« *plus grande concurrence possible* ». Doctrine *nouvelle*, parfaitement
contraire à celle de la *Lettre* même et des auteurs qu'elle cite,
où je ne vois pas un mot *nouveau*.

N° IV.

Après avoir commenté de la sorte vos trois propositions, l'auteur
de la *Lettre* vous fait deux grandes querelles; la première sur la
question de savoir s'il y a *une* seule ou *plusieurs* espèces de
richesses, sur laquelle il vous accuse d'erreur et de contradiction
avec vous-même. La seconde sur l'utilité du commerce et de la
profession des commerçants. Il prétend que vous avez témoigné de
l'un et de l'autre un mépris très scandaleux, qui l'enflamme d'un
zèle ardent, et qui l'engage à se rendre votre dénonciateur comme
d'un ennemi du commerce et par conséquent du bien public.

Je vais examiner de sens froid, la partie grammaticale de ces
deux questions, sur laquelle je puis déclarer mon avis.

Vous aviez dit, dans les *Ephémérides :* « Nous ne connaissons
« point deux ou trois espèces de *richesses* . . . Nous croyons,
« comme tout le monde qu'il faut distinguer dans les ouvrages de
« l'art, la *matière* et la *forme;* une belle pièce de dentelle et un
« écheveau de fil ne sont point la même chose; mais la *forme* qui
« rend cette dentelle chère est-elle *par elle-même* une richesse se-
« condaire, ou *tout* son *prix* vient-il uniquement des productions
« naturelles que nous appelons *seules richesses?* C'est ce qu'il faut
« bien examiner. »

Et en effet, vous avez tâché de prouver que le *prix* de la dentelle *vient* de deux causes, 1° de ce qu'en la façonnant, il y a eu
beaucoup de productions naturelles consommées par les ouvriers;
2° de ce qu'il y a quelqu'un assez riche en productions naturelles
pour restituer, et au delà, tout ce qui a été consommé par les
façonneurs de la dentelle. Donc, avez-vous dit, le *prix* de la dentelle n'est pas une *seconde* richesse *surajoutée*, comme on le dit,
aux productions naturelles; ce serait faire un *double* emploi très
évident que d'admettre cette *seconde* richesse avec la production;
le premier *prix* de la dentelle ainsi façonnée en 1766 ne vient
que des productions qui ont été consommées pendant les façons;
c'est là le *prix* du *vendeur*, auquel il faut rembourser ces dépenses.

Il y a le *prix* de l'acheteur en 1767 : or, ce prix ne viendra tout de même que des productions naturelles que l'acheteur aura recueillies lui-même ou qui lui auront été cédées, soit à titre gratuit, soit à titre onéreux, par un *producteur;* productions qu'il rendra au marchand de la dentelle et qui seront employées à la façon d'une autre. Donc, quand on a compté toute la production 1766 et toute la production 1767, il n'est pas raisonnable de compter comme second article la dentelle et son *prix*, autrement vous compteriez deux fois les productions que les ouvriers ont consommées en la façonnant.

Sur cet exposé doctrinal, voici les commentaires de la *Lettre*:

« J'avais déjà vu cela dans les *Observations économiques*, et c'est
« un des bons arguments que l'observateur ait employés pour prouver
« l'erreur des calculs du *Tableau économique* et les disparates de
« son auteur sur le luxe, les manufactures, etc.; ainsi je vois un
« accord parfait sur le fond, et la discussion ne peut plus rouler
« que sur le nom de *richesses secondaires*, attribué à l'industrie.
« Or, secondaire est un terme dogmatique qui emporte l'idée d'une
« chose qui ne vient qu'accessoirement, et en second je ne puis
« voir quelle considération les richesses primitives ou naturelles
« perdront dans cette accession: je vois au contraire cette accession
« physique comme essentielle à la production naturelle, *puisque*
« *cette production sera d'autant plus abondante qu'il y aura de*
« *moyens de l'approprier à la consommation.*

« On marchait pieds nus dans mon village, plusieurs familles
« subsistaient de ce que les autres leur donnaient par charité; un
« voyageur passa, vit qu'on brûlait le bois d'aune et enseigna à
« ces pauvres la manière d'employer ce bois en sabots: cette insti-
« tution parut commode, chacun porta des billots de bois d'aune
« aux pauvres mendiants, qui en firent force sabots, et la provision
« pour trois lieues à la ronde: *ceux qui n'avaient pas le moyen*
« *se trouvèrent en état d'acheter d'eux des sabots, parce qu'ils culti-*
« *rèrent mieux ou davantage* pour se procurer cette commodité;
« les aunaies abandonnées aux bestiaux furent défendues, et les
« pauvres qui vivaient d'un peu de mauvais pain, mangèrent du
« lard, et burent du cidre, et furent vêtus suivant les saisons, leur
« famille augmenta, etc. Or, dans tout cela, je vois une *valeur*
« *nouvelle* donnée à des billots de bois d'aune; je vois cette valeur
« nouvelle payée par une meilleure subsistance, cette meilleure
« subsistance par un accroissement de production territoriale, ou
« par une épargne de ce que la charité en répandait en pur don.

« Si mon industrie est payée annuellement par l'échange de
« toutes les denrées naturelles qui *existaient* simplement comme
« *biens* dans les mains des propriétaires de la terre, il est constant
« que j'aurai *agrandi* leur *richesse* en étendant leurs jouissances,
« en multipliant l'usage de leurs revenus, *que cette jouissance les*
« *excitera de plus en plus à produire davantage,* et que si de
« nouvelles jouissances viennent aborder ce nouvel excédent de
« récoltes, *ils s'efforceront à produire encore plus.* . . . Mon industrie,
« richesse secondaire, c'est-à-dire accessoire et dépendante, aura
« donc *véritablement produit* à la société un revenu secondaire, ou
« accessoire et dépendant. . .

Remarques. Quiconque vous aura lu, Monsieur, avec attention,
devinera très aisément ce que vous répliqueriez s'il s'agissait de
discuter le fond de la question. Vous demanderiez, ainsi que vous
l'avez fait plusieurs fois aux partisans de l'opinion embrassée par
l'auteur de la *Lettre,* comment il entend cette phrase, *que la pro-*
duction sera d'autant plus abondante qu'il y aura plus de moyens
de l'approprier à la consommation; veut-on dire qu'il y aura dans
les greniers des laboureurs, des propriétaires et des marchands,
d'autant plus de froment et de farine cette année-ci, que les boulangers et les pâtissiers imagineront cet hiver plus de façons d'employer la pâte pour le goût des consommateurs? cela ne vous
paraîtrait pas clair: car enfin la récolte est faite pour l'année
1767, il n'y a plus moyen d'y ajouter un grain de blé par quelque *industrie* que ce soit. Veut-on dire qu'il y aura plus de blé
récolté en 1768? Cela n'est pas clair encore, car voilà qu'on sème
les blés pour cette moisson future, et la semaille une fois faite,
tout ce que feront les boulangers et les pâtissiers sur le reste du
blé ne fera pas croître un épi *de plus.* Veut-on dire enfin qu'il
y aura *plus* de blé récolté en 1769, vous répondrez encore, c'est
selon qu'il y en aura plus *de semé,* ou plus *de mieux cultivé* en
1768, car c'est là que vous regardez toujours vous autres économistes, mais pour *semer plus* ou *cultiver mieux,* vous soutenez
qu'il faut que le cultivateur soit *plus riche,* c'est-à-dire qu'il faut
qu'on lui laisse *à lui* une plus grande portion de ses denrées
naturelles, qui ne soient ni *façonnées,* ni *consommées par les façon-*
neurs, parce que, dites-vous, ce ne sont pas des denrées façonnées
qu'on *sème,* et parce que l'ouvrier qui, *manufacturant,* boit et mange,
ne travaille pas en même temps à la terre et ne multiplie pas les
productions futures.

Ainsi, selon vous, la récolte étant faite en 1767, si on avait voulu augmenter la *production* pour l'année 1768 il aurait fallu s'arranger de manière que les cultivateurs eussent pu garder *pour eux* et pour leurs travaux *plus* de denrées, afin de pouvoir nourrir *plus* d'animaux de service et *plus* d'ouvriers agricoles, afin de pouvoir *plus* semer, *plus* planter, *plus* engraisser; et il vous paraît évident, à vous autres partisans de la *Philosophie rurale*, que tous les accroissements prétendus de l'industrie et du commerce qui pourront naître pendant l'année qui commence, ne mettront pas un grain de froment de plus dans la récolte de 1768 qui dépend des travaux préparatoires faits en 1767 et des semailles actuelles.

Il vous paraît même impossible que ces prétendus accroissements augmentent la récolte de 1769; là-dessus, voilà comme vous raisonnez, si je ne me trompe: vous dites, tout ce qui peut arriver désormais dans le district de l'industrie et du commerce, n'augmentera rien dans la récolte de 1767. Or, c'est de cette récolte ainsi déterminée que sont formés, pour l'année qui commence, *les moyens* qu'auront tous les propriétaires et les cultivateurs pour *payer* les travaux de l'industrie et les services du négoce; ces *moyens* de *payer* étant ainsi *déterminés* par la récolte ₁767. Si un *industrieux* ou un négociant fait sa part meilleure, il faut que ce soit de deux choses l'une: ou au détriment de la portion de quelqu'autre de la même classe, sans rien prendre sur la portion réservée aux cultivateurs pour eux-mêmes, ou au détriment de la portion des cultivateurs, sans rien prendre sur aucun autre de la classe de l'industrie ou du négoce.

Dans le premier cas, dites-vous, il n'y aura ni plus, ni moins de denrées consommées par la classe stérile, ni plus, ni moins qui resteront à la classe cultivatrice, et par conséquent les dépenses et les travaux productifs de la récolte de 1769 seront les mêmes, donc point d'accroissement de productions; dans le second cas, c'est bien pis, il y aura moins de dépenses et de travaux productifs, par conséquent moindre production.

Je ne décide pas du mérite de ces observations, je dis seulement que c'est là votre doctrine, en quoi je vous trouve parfaitement en contradiction avec l'auteur de la *Lettre* et ses maîtres. L'exemple qu'il allègue vous donnerait encore une belle matière à questionner; vous le prieriez de vous expliquer comment, dans son village, *ceux qui n'avaient pas le moyen*, purent, comme il le dit, *cultiver mieux ou davantage, et par là se trouver en état d'acheter.* Quoi, lui diriez-vous sûrement, est-ce que dans votre village la *culture* de la terre n'exige pas des *avances* et des *moyens?* Est-ce qu'une plus grande ou meilleure culture n'exige pas plus d'*avances*, plus de *moyens?* Est-ce que le désir d'avoir des sabots, ou toute autre chose, tient lieu *de semences, d'instruments, d'animaux de labour, de subsistances et de soldes d'ouvriers aux entrepreneurs de culture?* Non, dirait-il peut-être, ce n'est que des simples manœuvres ou journaliers que je parle; ceux-là peuvent travailler *plus* pour gagner davantage; ils n'ont d'*avances* que leurs bras. A quoi vous répliqueriez, mais ce n'est pas assez que ces journaliers *veuillent* travailler *plus*, pour qu'ils gagnent davantage; il faut que les entrepreneurs de culture, fermiers ou propriétaires aient *plus* de salaire à leur donner; car, s'ils n'en ont que la même somme à distribuer, les *uns* ne peuvent plus gagner *plus* qu'en faisant gagner *moins* aux *autres*.

L'idée de nourrir les pauvres de bon lard, de les abreuver de bon cidre et de les vêtir suivant les saisons, est très louable; mais elle suppose plus de pommiers produisant du cidre, plus de cochons engraissés, plus de moutons, plus d'ouvriers en draps, plus de chanvre et plus de tisserands, à moins que vous n'ôtiez ce lard et ce cidre de la bouche d'un autre et que vous ne dépouilliez quelqu'un pour revêtir d'un habit de la saison vos pauvres devenus sabotiers; auquel cas, est-ce bien là ce qu'on appelle une bonne œuvre? Et sur qui tombera le dépouillement?

Si l'on veut supposer plus de cidre, plus de lard, plus de laine, plus de façons, il faut certainement une augmentation de *culture*, même pendant longtemps; ce qui suppose des *avances considérables*, autres que *le désir d'avoir des sabots*, inspiré à ceux qui n'*avaient pas le moyen;* car le *désir* et le besoin ne sont ni avances foncières, ni avances primitives, ni avances annuelles d'une *meilleure culture*. Voilà ce que vous ne manqueriez pas de dire.

D'où je conclus que vous n'accorderez jamais à l'auteur de la *Lettre* et à ses maîtres, ce qu'il met en principe avec tant de confiance, « que de nouvelles jouissances, procurées par l'industrie, « excitent à produire davantage ». Vous lui accorderiez qu'elles peuvent *exciter* le *désir* de produire; mais qu'il faut les *moyens* pour le réaliser, et que la *jouissance* des ouvrages de l'industrie ne donne point ces *moyens*.

Voilà donc le point de votre controverse, bien déterminé, selon moi. L'auteur de la *Lettre* et les siens disent: « L'industrie est une

« richesse secondaire qui *produit* à la société un *revenu secondaire*;
« en voici la preuve. L'industrie produit une nouvelle manière de
« jouir ou de consommer: cette nouvelle manière excite le désir de
« se procurer une nouvelle jouissance; ce désir fait cultiver mieux
« ou plus. Cette culture plus grande ou meilleure augmente la
« production. »

Vous dites au contraire: « Comme ainsi soit qu'il faut de plus
« *fortes avances* pour cultiver *plus* ou *mieux*, laissez au cultivateur
« de quoi faire plus d'*avances*, vous augmentez d'*abord* la production.
« Quand elle est augmentée, comme ainsi soit qu'il y a des hommes
« qui voudraient bien se procurer plus de subsistances et de com-
« modités qu'il n'en ont, et qui ne manquent pas d'art, ils s'*indus-
« triront* pour gagner leur part de ce *plus* de productions; et ils
« s'étudieront pour cet effet à varier les jouissances de ceux qui
« auront fait venir ce *plus* de productions. Voilà la vraie marche, la
« seule qui soit réelle, l'autre n'étant que fictive et imaginaire. »

Que vous ayez tort ou raison dans le fond, il n'en est pas moins
vrai que vous êtes pleinement contraire à l'auteur de la *Lettre* et
aux écrivains qu'il cite; il ne faut donc pas vous accuser de déguiser
leur doctrine sous de nouveaux mots, ni de vous jeter dans les
abstractions métaphysiques, ni de vous contredire vous-même, ni
d'inventer des façons de parler étranges; tous ces reproches sont
mal fondés, il faut prouver s'il se peut que le *désir de jouir, excité
par l'industrie, suffit pour cultiver mieux ou davantage.* Je vois
que vos principes vrais ou faux sont suivis et liés, que vos expressions sont simples et naturelles, vos idées claires, et vos raisonnements appuyés sur des faits très physiques, sur des calculs très
peu compliqués et familiers à tout le monde.

N° V.

L'autre chef d'accusation est plus sérieux; on vous a déféré, vous
et vos maîtres, comme les ennemis du commerce, et par conséquent
de tout bien public; voici les textes de la délation:

« L'affectation de leurs paradoxes, et leur obstination inflexible
« dans des erreurs de fait qui ne pouvaient se soutenir que par
« des subtilités métaphysiques, les ont fait regarder comme ennemis
« du commerce dans le sens qu'ils l'entendent et qu'ils le définis-
« sent, parce que ces objets ont un tel rapport avec la production
« et la consommation des denrées, qu'en les détruisant ils énervaient
« la fin même qu'ils semblaient se proposer avec le reste des hommes.

« L'indécence et la violence des expressions à l'égard de ceux
« qui exercent cette *noble* et utile profession, l'affectation de com-
« parer l'effet de leurs gains, relativement à la circulation, à celui
« des voleurs de grands chemins, etc. . . . Toutes ces choses ont
« porté le public à regarder les membres du corps doctrinal com-
« me les ennemis du négoce par passion, comme ils l'étaient du
« commerce, par l'ignorance de l'ensemble des choses. . . .

« Selon ces principes, chaque producteur, chaque vendeur et
« chaque consommateur de la société doit dire en parlant des com-
« merçants: *voilà mon ennemi.*

« On peut se contredire, on peut être imprudent sans blesser
« l'ordre social, mais *c'est le troubler essentiellement,* c'est calomnier
« dans toute l'étendue du mot, que de rendre vile et odieuse une
« classe entière de citoyens respectables. . . .

« Je vois donc le négoce injurié, avili, calomnié, sans utilité pour
« l'instruction publique.»

Remarques. L'auteur de la *Lettre,* qui paraît blâmer *la violence des
expressions,* aurait pu, ce me semble, adoucir les termes de son
accusation. Quand même vous et les vôtres seriez coupables, je
crois qu'un peu de modération réussit toujours bien auprès du
public.

Au reste, je ne décide point si dans le fond il ne résulte pas
de vos principes, comme dit l'auteur, des conséquences éloignées
et jusqu'à présent inconnues, par le moyen desquelles on trouverait
dans la pratique et dans le fait, que votre maxime *d'augmenter
d'abord la production annuelle comme cause, pour augmenter ensuite
le commerce comme effet,* n'aboutirait réellement qu'à *détruire la
production.* Je sais bien que je ne vois point ces conséquences, et
qu'elles me paraissent fort difficiles à débrouiller, elles me sont
même devenues un peu suspectes depuis que je les vois annoncées
tant de fois avec tant de faste, mais jamais détruites ni détaillées,
quoique vous alliez toujours défiant vos critiques depuis plus de
six mois de les articuler; mais ce n'est pas encore là une matière
de ma compétence.

Tout ce qui me convient, c'est de peser vos expressions et
d'examiner, suivant les règles de mon art, si on peut vous accuser
d'avoir injurié, avili, calomnié le négoce: si vous vous êtes mis
dans le cas d'être déclarés les ennemis du commerce: or, voici
ce que je lis dans le morceau critiqué par l'auteur de la *Lettre*
(tome VI des *Éphémérides,* page 151):

« Ce n'est pas pour déprécier l'état de négociant que nous faisons
« cette distinction ; les philosophes économistes sont bien éloignés
« de cette idée qu'on leur prête, pour rendre la science suspecte et
« même odieuse à tous les hommes *utiles* qui s'occupent des opé-
« rations du trafic ; » et vous employez près de deux pages à
prouver l'utilité du négoce ; après quoi vous concluez :

« Les services des agents de l'échange universel *méritent* un
« salaire. . . . Les *trafiquants* ou *négociants* quelconques ne peuvent
« faire de *profit* légitime qu'autant qu'il y a pleine liberté, pleine
« concurrence, . . . mais leurs profits peuvent se multiplier et sont
« toujours *légitimes* sous l'empire de la liberté parfaite et absolue. »

Certainement ces expressions ne sont ni des injures ni des calomnies, ce n'est pas ainsi qu'on parle d'une profession qu'on veut
avilir ou rendre *odieuse ;* vous dites « qu'elle est *utile*, souvent
« même absolument *nécessaire*, qu'elle *mérite* un salaire ; que ses
« *profits* peuvent se *multiplier*, et qu'ils scnt *toujours légitimes*,
« quand il n'y a point de monopole, de privilèges, d'exclusions qui
« enrichissent le trafiquant mais qui sont préjudiciables aux autres
« classes ». J'ai cherché dans tout votre ouvrage les expressions
violentes, les termes *indécents*, et je n'y ai rien trouvé de semblable.

Vous dites, il est vrai, « que *sans la concurrence* l'intérêt parti-
« culier du négociant est directement contraire à celui du produc-
« teur et du consommateur » ; et là-dessus, l'auteur de la *Lettre*
vous répond deux choses ; premièrement, dit-il, « selon ces principes
« chaque producteur, chaque consommateur doit dire, en parlant
« des commerçants, *voilà mon ennemi.*»

J'ose assurer qu'en bonne grammaire, *intérêt opposé* ne veut
point dire *inimitié personnelle ;* le manœuvre, le domestique, l'artisan
quelconque, et celui qui veut les employer ne sont point *ennemis ;*
cependant ils ont deux *intérêts opposés* à concilier, l'un de gagner
le plus qu'il peut honnêtement et sagement, *honnêtement*, c'est-à-dire
sans fraude ni monopole, et *sagement*, c'est-à-dire sans risquer de
perdre la pratique, et d'être exclu par des concurrents, s'il met
ses services à trop haut prix ; voilà le premier intérêt. Celui qui
veut les employer désire au contraire dépenser *le moins qu'il
peut*, sans se priver par une trop grande épargne des objets qu'il
a résolu de se procurer ; voilà le second intérêt tout opposé. Qu'est-
ce que l'action de *marchander*, si ce n'est un traité dans lequel
on prend de part et d'autre tous les moyens de faire valoir ces
intérêts ? Et qui est-ce qui les concilie, qui est-ce qui fait les

marchés justes et volontaires, si ce n'est la liberté et la concurrence? Tout marché n'est donc qu'un débat d'*intérêts opposés*, qui finissent par une conciliation; mais on n'est pas *ennemis* pour marchander ensemble, au contraire, c'est presque toujours par *amitié* qu'on choisit les gens avec lesquels on veut faire quelque marché.

Secondement, l'auteur de la *Lettre* vous reproche d'être « mal instruit de la pratique du trafic », pour avoir dit que l'intérêt du marchand est toujours d'acheter le meilleur marché possible, et de vendre le plus qu'il peut; à quoi, dites-vous, il n'y a de remède que la plus parfaite liberté, que la plus grande concurrence; parce que sous l'empire de la liberté, si un négociant veut vendre trop cher et acheter à trop bon marché, « un autre se présente, « qui offre meilleure composition pour avoir la préférence. »

L'auteur de la *Lettre* croit vous apprendre que « c'est un axiome « du commerce, pratique, d'acheter cher pour avoir le *choix* et la « *préférence* des meilleures denrées, et de vendre bon marché pour « vendre *plus* vite ». Mais en bonne grammaire, c'est là précisément ce que vous aviez exprimé en moins de mots, en disant qu'on *offre meilleure composition* pour avoir la *préférence*. L'auteur pouvait donc s'épargner la peine de vous endoctriner; le *choix*, la *préférence*, le *plus prompt* débit dont il parle, supposent une concurrence; et c'est là ce que vous aviez très clairement expliqué; savoir, que le *juste marché* résultait du *désir* naturel de faire les plus grands profits possibles, *réglé* par la loi de la concurrence.

De tout ceci, j'ai conclu, Monsieur, que vous n'étiez nullement en dispute de mots; mais en dispute sérieuse sur le fond des choses, avec l'auteur de la *Lettre*, avec celui des *Observations économiques* et des *Éléments du commerce*. C'est aux philosophes politiques à examiner et à juger vos opinions. Il me semble que vous avez plusieurs fois détaillé vos preuves avec beaucoup de clarté; qu'on vous dit toujours que vos opinions sont fausses et pernicieuses; toujours qu'on a répondu, qu'on répond, qu'on répondra à vos raisons; mais je n'ai point encore vu ces réponses.

J'ai vu des reproches, des accusations, des espèces de plaisanteries, des leçons un peu dures qu'on vous fait, comme celle-ci, par exemple: « Un auteur est très à plaindre si la tournure de « son esprit lui fournit naturellement une pareille dialectique; il « est très coupable envers le public, s'il s'en fait un art; » mais tout cela n'est pas ce qu'on appelle des *raisons*.

Quant au langage qu'on vous accuse de défigurer par vos innovations, cette matière est mon district. Or, il me paraît que vous avez tâché d'analyser des idées confuses, et qu'en conséquence vous avez expliqué les termes dont on se servait jusqu'ici pour les exprimer; que vous avez essayé de déterminer le vrai sens qui convenait le mieux à chacun de ces mots. Je vous en exhorte, Monsieur, à continuer de rendre ainsi le langage de la science économique, le plus clair, le plus précis, le plus philosophique qu'il vous sera possible, et à déterminer la signification exacte et rigoureuse de tous les prétendus synonymes qui embrouillent trop souvent les questions dogmatiques; c'est ainsi qu'on perfectionne les langues et les sciences, et qu'on éclaircit les difficultés.

L'auteur de la *Lettre* que je viens d'examiner donne lui-même à travers toutes ses critiques, et peut-être sans s'en apercevoir, une preuve assez forte de l'utilité de ces distinctions; car il finit par en faire usage, et distingue assez nettement le *négoce* et le *commerce;* ce que n'ont jamais fait les auteurs qu'il cite: il fait entrer en ligne de compte le producteur et le consommateur toutes les fois qu'il parle de *commerce* vers la fin de sa lettre, et n'emploie que le mot *négoce*, quand il s'agit d'acheter pour revendre: il se rapproche tant qu'il peut de votre règle de la *plus grande concurrence possible;* il se déclare contre toutes les exclusions, les prohibitions, les privilèges dans le commerce intérieur; il n'a plus qu'un pas à faire pour admettre la concurrence des négociants quelconques; il a déjà même avoué le principe, car il lui est impossible aujourd'hui de ne pas convenir que l'exclusion des trafiquants, soi-disant étrangers, sous le prétexte de favoriser ceux qu'on appelle nationaux, n'est point une faveur pour le *commerce,* dès qu'on y fait entrer le producteur et le consommateur, dont les intérêts paraissent être d'avoir le plus qu'il est possible d'acheteurs et de vendeurs. Enfin, il déguise de son mieux l'ancienne erreur, que l'industrie et le négoce augmentent la richesse d'une nation. Il s'est donné la torture pour trouver un exemple: il est allé chercher des pauvres qui vivaient d'aumône pour les transformer en sabotiers, et semble convenir tacitement par là que l'utilité réelle des nouvelles manufactures se bornerait à faire faire un travail par les mendiants valides d'un Etat; qu'autrement il ne résulte en somme totale des variations de l'industrie, rien autre chose sinon que les ouvriers employés et payés pour un travail sont employés et payés pour un autre: Changement qui peut enrichir quelques particuliers et en appauvrir d'autres, mais qui ne fait rien à la prospérité de l'Etat et à la production territoriale, seule source de sa richesse.

Continuez donc, Monsieur, car je vois sinon la certitude entière, au moins de fortes raisons d'espérer que vos critiques les plus ardents conviendront bientôt de vos principes; je vois qu'ils y viennent sans s'en apercevoir, à mesure qu'ils tâchent de les combattre. L'auteur de la *Lettre* m'en paraît beaucoup plus rapproché que celui des *Observations économiques* et ce dernier beaucoup plus que l'auteur des *Eléments du commerce*.

J'ai l'honneur d'être, etc.

IV.

Février 1768.

LETTRES

D'UN FERMIER ET D'UN PROPRIÉTAIRE

par M. A. (¹)

I.

LETTRE DU FERMIER A SON PROPRIÉTAIRE.

MONSIEUR,

Vous m'aviez promis de faire marner les terres que vous m'avez affermées et je m'étais engagé à augmenter le fermage de cinq cents livres, lorsque cette amélioration serait achevée; vos terres sont de bonne qualité; mais elles sont trop froides pour en tirer tout le produit qu'elles pourraient rapporter, à moins qu'on n'y

---

(1) La querelle entre le parti de Forbonnais et l'école de Quesnay se prolongeant, l'auteur du *Tableau économique* prit encore une fois la plume et écrivit les *Lettres* ci-dessus au sujet desquelles la *Notice abrégée* de Dupont dit ce qui suit:

„Dans le volume des *Ephémérides* que M. l'abbé Baudeau publia dans ce même mois (février 1768), la première partie renferme:..... 2) Une *Lettre d'un fermier* qui demande à son propriétaire de faire des dépenses d'amélioration que le propriétaire lui avait promises, et la *Réponse* de celui-ci qui prétend que toutes les dépenses étant de même nature et également profitables, il a pris le parti, au lieu de marner ses terres, de faire dorer ses appartements. C'est une plaisanterie de l'auteur du *Tableau économique*, pour servir de réponse aux objections de M. de F.(orbonnais) sur la distinction des diverses classes de dépenses, dont les unes sont stériles tandis que les autres sont productives.“ A. O.

remédie par le moyen de la marne. C'était votre intention, et l'accroissement de revenu, que je vous ai offert, avait paru vous y déterminer décisivement ; cependant les promesses que vous m'avez faites à cet égard ne s'accomplissent point. J'ai formé mon établissement sur le pied d'une augmentation de culture, que je pourrais exécuter à la suite de l'amélioration dont il s'agit ; le retardement que vous y apportez m'est très préjudiciable. Permettez-moi, Monsieur, de vous rappeler le souvenir de nos engagements réciproques ; ils ne vous sont pas moins avantageux qu'à moi-même, ainsi j'espère que vous ne différerez plus à vous y conformer. Je suis, avec respect, Monsieur, votre très humble et très obéissant serviteur

Thibault.

II.

[LETTRE DU PROPRIÉTAIRE A SON FERMIER.

J'ai bien changé de résolution, monsieur Thibault, depuis que j'ai lu, dans le *Journal d'agriculture*, les lettres de monsieur A. B. C. D. et l'extrait de l'*Essai analytique sur la richesse et sur l'impôt*. L'histoire des sabots surtout m'a fait une grande impression. Un village était rempli de mendiants, les autres habitants, trop pauvres, ne pouvaient leur faire l'aumône ; ces mendiants apprirent à faire des sabots, et ils employèrent à cet usage le bois d'aune. Ces sabots devinrent dans le pays un *nouvel objet de besoin* si attrayant que les cultivateurs des terres redoublèrent de force et de travail pour pouvoir acheter des sabots. L'agriculture fit de grands progrès ; les productions furent abondantes ; le pays devint riche : on y jouit d'un nouvel objet de *besoin* qui y était inconnu. Par cet exemple vous voyez que nous devons tenir une conduite toute contraire à celle que nous nous étions proposée ; il faut *provoquer* l'industrie des artisans, multiplier les façons et les frais, afin qu'ils puissent acheter les productions que l'agriculture fait naître, mais qui sont inutiles par elles-mêmes, à moins que l'*industrie* des ouvriers ne les tire du magasin où les producteurs étaient forcés de les tenir en réserve ; car ce ne sont point les productions naturelles qui sont les richesses, comme la métaphysique de messieurs les éphéméristes voulait nous le persuader : *ce sont les moyens qui multiplient et renouvellent les objets de nos jouissances, qui constituent seuls la* RICHESSE. Or, l'industrie des artisans multiplie et renouvelle les objets de nos jouissances ; c'est donc principalement cette industrie qui constitue *la richesse*. Les économistes, par un *grand embroglio*, ont confondu *l'ordre des moyens; les moyens et l'effet; les richesses ou les biens; la richesse en général et les rapports des valeurs.* Ils méritent bien tous les sarcasmes dont le journaliste les accable, ce qui rend la lecture de son journal aussi agréable qu'instructive et décente.

Nous devons donc suivre les conseils de monsieur A. B. C. D., ainsi au lieu de marner mes terres, je vais faire lambrisser, sculpter et dorer les appartements de mon château, renouveler mes meubles et ma garde-robe. Il faut que vous commenciez vous-même par vous procurer de nouveaux objets de jouissances en vêtements, ameublements et bijoux : faites porter à votre femme force dentelles et rubans; faisons-nous beaucoup de *besoins* de ces sortes d'*ouvrages;* quand nous y seront bien *accoutumés,* nous et les nôtres, il faudra bien, pour nous mettre en état de les payer, que nos terres rapportent davantage.

« Plusieurs fois, dit Monsieur A. B. C. D., messieurs les éphéméristes
« ont nié que cela pût être, et on peut compter à chaque fois sur
« une longue énumération de leur part, des avances nécessaires à
« la production; ainsi que de tous les sens détournés dans lesquels
« la proposition serait fausse. Tout cela se réduit à dire qu'il faut
« que le corrélatif de l'industrie soit créé avant qu'elle puisse trouver
« un échange. Cela est incontestable et ne contredit point ma pro-
« position; je l'avais expliqué dans ma lettre du mois d'août, page 78,
« en exposant que dès qu'une industrie nouvelle a trouvé un échange,
« c'est une preuve certaine que son corrélatif existait, mais sans
« utilité pour son possesseur : que cette industrie nouvelle, payée
« par des denrées qui n'existaient que comme *biens* dans la main
« des propriétaires, leur donnait, suivant les principes mêmes des
« éphéméristes, la qualité de *richesses;* principe d'ailleurs qui est
« fondé sur une définition vicieuse de la richesse, et j'en concluais
« qu'à mesure que de nouvelles jouissances se présentèrent en
« échange de l'excédent ordinaire des récoltes sur la consommation
« ordinaire, les propriétaires furent excités à s'en procurer un plus
« grand excédent, par un travail meilleur ou plus étendu.

« Cette théorie porte sur un fait simple et évident, auquel ceux
« dont l'objet unique sera de disputer et non d'éclairer se garde-
« ront bien de faire attention.

« Dans les circonstances ordinaires, la récolte des denrées *excède*
« *beaucoup la consommation* habituelle; ainsi par la réserve de cet

« excédent, destiné originairement à réparer les accidents des récoltes,
« il existe d'ordinaire, sur toute possession cultivée, mais suscep-
« tible d'une augmentation ou amélioration, un fonds propre à servir
« d'avance à une partie au moins de cette entreprise.

« Mais tant qu'il n'existe point de motif d'entreprendre, les choses
« doivent rester dans le même état. Si même pendant plusieurs
« années cet excédent de la consommation habituelle a été fort
« considérable, il existe un motif naturel de diminuer l'ancienne
« entreprise.

« Mais s'il se présente de nouveaux objets de jouissances à échan-
« ger avec une partie de l'excédent de la consommation habituelle,
« ceux qui ont beaucoup de cet excédent sont en état de se les
« procurer dès le moment, et d'employer une autre partie de ces
« réserves à s'en procurer une plus grande, afin qu'aucun accident
« ne puisse à l'avenir interrompre les jouissances auxquelles ils sont
« habitués.

« Ceux qui ont peu d'excédent ne peuvent se procurer d'abord
« ces nouveaux objets de jouissances ; mais l'exemple des autres
« et le désir naturel d'augmenter leur bien-être les porte à faire
« fructifier la réserve ; lorsque le motif n'existait pas, elle leur
« servait de ressource contre les accidents, dès lors ils ne pouvaient
« pas en faire don sans imprudence ; mais dès qu'ils aperçoivent
« une utilité réelle à accroître leur réserve, ils y travaillent avec
« application, avec le fonds de la réserve habituelle.

« Ce fait, aussi ancien que le monde, est la seule manière d'ex-
« pliquer l'agrandissement successif des cultures ; il sert de base au
« principe de la liberté du commerce des denrées ; il sert à dé-
« montrer que cette liberté est un principe d'abondance ; enfin il
« explique naturellement comment l'ouverture des communications
« encourage la production, et comment il est vrai *que la production*
« *sera d'autant plus abondante qu'il y aura plus de moyens de*
« *l'approprier à la consommation.*

« C'est aussi par ce fait que s'explique le paradoxe soutenu par
« quelques personnes, QUE L'IMPOT PEUT SERVIR A AUGMENTER LA
« PRODUCTION ; j'appelle cette opinion paradoxe, lorsqu'on en fait
« une maxime ou un principe général ; *car le fait peut exister*
« *dans des circonstances particulières.* Il est vrai qu'un homme in-
« dustrieux et attaché à ses jouissances peut être excité à faire
« des efforts, lorsqu'il éprouve une augmentation de dépenses qui
« n'épuisent pas ses ressources. Cette proportion est très délicate

« à saisir et demande autant de modération que d'étendue de con-
« naissances des hommes et des choses dans ceux qui la cherchent.
« Le moyen le plus assuré sera toujours, pour augmenter les finances
« d'un pays, d'augmenter la consommation des productions par la
« liberté de leur vente, la facilité des transports et les manu-
« factures.

« L'observation que je viens de faire sur la production et sur
« les moyens, toujours existants sur la terre, de fournir à de nou-
« velles améliorations, lorsqu'il se présente · des motifs d'en faire
« usage, n'est point nouvelle assurément ; c'est une de ces notions
« vulgaires qui ont toujours servi de base à tous les spéculateurs
« politiques ou économiques ; ainsi je ne puis soupçonner qu'elle ait
« échappé à des écrivains aussi occupés de ces matières que le sont
« les éphéméristes, à des hommes qui ont fondé la science. »

Vous avez donc, M. Thibaut, tous les ans un excédent de récolte
qui surpasse votre consommation habituelle et qui reste en réserve
pour subvenir aux accidents auxquels les cultivateurs sont exposés ;
cette précaution a été originairement inspirée par la prudence, mais
aujourd'hui que l'on connaît le cercle de la propagation de
richesses, on nous apprend que ces productions qui restent *en réserve*
ne sont pas elles-mêmes des *richesses*, mais que ce sont les moyens
qui font naître les productions, qui sont eux-mêmes *les richesses;*
or, dit-on, ces moyens sont les objets *de besoin*, et surtout ceux de
goût et de fantaisie ; les cultivateurs des terres doivent donc être
excités pour devenir *riches* à employer l'excédent qui leur reste
au delà de leur consommation habituelle, à des objets de *jouissances*
procurés par *l'industrie* des artisans ; vous devez donc tenir cette
conduite qui bientôt vous mettra en état de marner vous-même mes
terres, de me payer un surcroît de fermage de 500 liv., de porter
des manchettes à dentelles, et de fournir à votre femme des joyaux
et de beaux vêtements ; de mon côté je contribuerai à votre prospérité en étendant de plus en plus mes dépenses en ouvrages d'ornements, de faste et d'autres objets de jouissance recherchée. Ne
craignez pas que le subdélégué en soit jaloux, car une dose d'impôt de plus, bien ménagée, est encore un aiguillon qui vous excitera
au travail et qui hâtera les progrès de votre culture ; c'est M. A.
B. C. D. qui a découvert cette véritable route pour vous conduire
promptement et agréablement à la fortune PAR L'AUGMENTATION
DES IMPOTS, et l'auteur de l'*Essai analytique sur la richesse* prouve
la vérité de cet avis.

Ajoutons à ces réflexions si sensées celles du journaliste qui nous
en a donné l'extrait.

« Nos rhéteurs économistes croient démontrer avec la dernière
« évidence les fondements de leur système en disant avec leur
« emphase ordinaire que les hommes ne vivraient pas sans les
« productions du sol et que, cet objet manquant, il ne peut exister
« aucune richesse; mais que signifie et que prouve ce raisonnement
« tant de fois répété? on sait que les hommes ne se nourrissent que
« des productions du sol et qu'ils ne se multiplient qu'en raison
« des moyens de subsistance qui leur sont offerts par le sol rendu
« fertile à force de travaux et de sueurs: on conviendra même
« sans peine que, les objets de subsistance manquant, les hommes
« seraient presque indifférents à la jouissance des objets de leurs
« autres besoins; mais en bonne logique il n'est pas permis d'en
« conclure que le besoin de se nourrir soit le seul besoin et, par
« conséquent, que les productions alimentaires soient les seuls objets
« de richesse: l'esprit de système peut raisonner ainsi d'après ses
« préjugés; mais la raison et l'expérience imposent à celui qui les
« consulte l'obligation de s'assujettir à des conclusions plus sévères,
« et le conduisent à des résultats tout opposés. Un homme destitué
« de tout se trouvera-t-il riche si on lui assure du pain pour toute
« sa vie? Tous ses besoins seront-ils apaisés et tous ses désirs
« remplis, quand on aura enlevé la faim qui le dévore? Regardera-
« t-il d'un œil indifférent tous les objets d'utilité, de commodité et
« d'agrément? Enfin, a-t-on jamais vu les hommes, dans les temps
« de la plus extrême disette, se défaire gratuitement des objets
« même de leurs derniers besoins? Les a-t-on vus échanger sans
« regret pour du pain ces riches bagatelles, enfants du luxe, de la
« vanité, du caprice ou de la mode? N'a-t-on pas vu, au contraire,
« ces futiles objets conserver toujours leur valeur, puisqu'ils payent
« encore les objets de subsistance et s'échangent avec eux, suivant
« le rapport composé qui balance les valeurs respectives des divers
« objets des besoins?

« Si les seuls objets de subsistance étaient *richesse,* combien de
« productions du sol n'auraient pas plus de valeur qu'on n'en at-
« tribue aux productions de l'industrie! dans quelle classe, par
« exemple, faudrait-il ranger les lins, les chanvres, les bois, les
« fourrages, et tout ce que l'intérieur de la terre fournit à nos
« besoins? Il y a plus; dans cette hypothèse, ce serait le comble

« de l'extravagance que de proposer seulement l'exportation des
« blés à l'étranger.

« La richesse d'une nation purement agricole ne consiste que
« dans la possession du territoire et dans le travail de la culture;
« celle d'une nation commerçante est toute entière dans la main
« de son 'industrie; la première possède les objets des premiers
« besoins, et l'autre n'a pour s'enrichir que les ressources que lui
« présentent les besoins inférieurs; cependant il arrive presque tou-
« jours que la nation commerçante est beaucoup plus riche que la
« nation agricole. De nos jours et sous nos yeux, la Pologne com-
« parée à la Hollande fournit une preuve authentique de la vérité
« de cette observation, et contredit formellement l'opinion qui fait
« résider la richesse dans le produit net du sol exclusivement;
« mais que sert l'évidence dans la nuit du préjugé? à quelque
« prix que ce soit, ne faut-il pas que le système qu'on a bâti ou
« commencé ou adopté subsiste? les faits qui l'anéantissent ne sont
« que des exceptions peu importantes pour ceux qui ne les envi-
« sagent qu'au travers du bandeau de la prévention. »

Après des raisonnements si convaincants, nous ne devons pas
hésiter, vous et moi, à profiter des *richesses* qui naissent de l'industrie des artisans, des artistes et des commerçants, pour faire
prospérer la culture de nos terres, par des *dépenses* qui nous pro-
cureront des *jouissances* fort satisfaisantes. Cette *industrie,* qui nous
les procure, nous *enrichit* elle-même une seconde fois par les achats
qu'elle fait de nos productions, après que nous avons acheté ses
ouvrages qui sont eux-mêmes un premier surcroît de richesses.
Sans eux vous ne pourriez pas vendre vos productions; car il faut
des *richesses* pour vous les payer: ainsi vous ne pouvez jamais
perdre quand vous échangez un objet de jouissance pour un autre
objet de jouissance de valeur égale; vous gagnez, au contraire,
toute la valeur de celui que vous recevez pour un autre qui vous
était *inutile.* Sans ce commerce, qui nous sera si profitable, la dépense de l'amélioration de nos terres ne serait, pour nous, qu'un
retranchement de jouissance, puisque nous n'obtiendrions, par cette
dépense, qu'une augmentation de productions *superflues;* ainsi, notre
ruine serait une suite inévitable d'une conduite si déraisonnable:
le dépérissement de la culture, dont on parle tant, ne peut pas
avoir une autre cause. Nous sommes bien heureux que des esprits
supérieurs soient venus nous éclairer dans le moment où nous allions

nous jeter dans le précipice, en nous occupant *mal à propos* à multiplier les *productions*, avant que l'*industrie* eût commencé à multiplier les *façons*. Je suis tout à vous,

SIDRAC, écuyer, seigneur de Bellecour. (1)

(1) Ce travail est la dernière manifestation publique de Quesnay en matière économique. En effet, le *Second problème économique* que l'on trouve encore ci-après et que, pour ne pas intervertir l'ordre des articles parus dans les *Ephémérides*, nous plaçons à la fin de cette partie, a été présenté au public déjà quelques mois auparavant. Il forme une partie de la *Physiocratie* qui, bien que portant l'année 1768, a été publiée en novembre 1767 déjà. Dès cette époque, Quesnay s'est renfermé dans ses études géométriques qui ont eu pour résultat le livre *Recherches philosophiques sur l'évidence des vérités géométriques* (1773), dout nous avons déjà parlé dans la partie biographique du présent ouvrage (page 36). Cette soudaine retraite de l'arène, à un moment où la lutte était plus chaude qui jamais, ne doit-elle être simplement attribuée qu'à l'amour de Quesnay pour la géométrie, ou d'autres circonstances encore viennent-elles s'ajouter à ce motif, c'est là une question au sujet de laquelle on ne peut faire que des conjectures. En aucun cas on ne saurait admettre que Quesnay se soit peut-être senti accablé par les attaques de ses antagonistes et ait renoncé à une entreprise qu'il aurait considérée comme dangereuse. Différentes circonstances indiquent plutôt que dans les dernières années de la vie du maître, l'harmonie entre lui et ses disciples n'a pas été aussi sereine que précédemment. En tous cas, il est singulier que le silence subit de Quesnay coïncide avec le transfert de la rédaction des *Ephémérides* des mains de l'abbé Baudeau dans celles de l'ancien rédacteur du *Journal de l'agriculture*, Dupont. Les *Ephémérides* n'étaient point une entreprise lucrative; aussi Baudeau accepta-t-il, en mai 1768, une place qui lui était offerte à l'étranger. „Il fut nommé mitré de Widzinski par l'influence de l'évêque de Vilna. Baudeau conserva le privilège du Journal jusqu'au 1er janvier 1769. Jusque là, Dupont devait rédiger les *Ephémérides* pour le compte de l'abbé à raison de cinquante écus par mois" (Schelle). Dès le commencement de 1769, le privilège devint la propriété exclusive de Dupont qui rédigea ce Journal jusqu'à l'époque où il fut supprimé, en avril 1772.

Tandis que lorsque Dupont dirigeait le *Journal de l'agriculture*, Quesnay avait été son collaborateur le plus actif, nous voyons l'activité littéraire de celui-ci cesser tout-à-coup au moment où Dupont revenait à la tête de l'organe du parti. Bien mieux, il paraît que certains articles de lui, qui avaient déjà été remis à la rédaction des *Ephémérides* pour être publiés, out été retirés. On peut du moins tirer cette conclusion d'un passage, déjà reproduit plus haut, du numéro de janvier 1769 de la *Notice abrégée* de Dupont, disant: „Il (Quesnay) avait aussi composé pour l'Encyclopédie les mots: *intérêt de l'argent, impôt* et *hommes* (économie politique). Mais lorsque ce dictionnaire a cessé de se faire publiquement et sous la protection du gouvernement, M. Quesnay n'a pas cru devoir continuer d'y concourir. Il a gardé ses manuscrits, *qui sont présentement entre nos mains* et dont nous n'avons sûrement pas envie de frustrer nos compatriotes, qui connaissent bien mieux aujourd'hui le prix et l'utilité des écrits de ce genre qu'ils ne le faisaient en 1757."

Or, ces travaux n'ont jamais été publiés. On ne saurait admettre qu'ils aient peut-être déjà été reproduits dans d'autres articles de Quesnay, car, dans ce cas, l'indication de Dupont n'eût plus eu aucun sens.

Une désunion serait-elle survenue? Il le paraît, si nous fixons nos regards sur un incident qui n'a été que peu observé, mais qui mérite d'être éclairci d'une manière détaillée Quesnay n'avait jamais perdu l'espoir de gagner à sa cause les personnalités importantes des régions politiques. Il était profondément pénétré de la pensée que le bonheur du genre humain devait être répandu d'en haut. Louis XV ayant pris une attitude passive à ce sujet, Quesnay fonda son espoir sur le dauphin, et, après la mort de celui-ci, survenue en 1765, sur son fils qui fut plus tard le roi Louis XVI. Une de ses idées favorites était de placer sous la protection spéciale de ces personnages illustres d'abord le *Journal de l'agriculture*, puis les *Ephémérides*. Or, le marquis de Mirabeau, qui n'avait probablement pu oublier la disgrâce dont il avait été frappé en 1760, s'opposa de toutes ses forces à l'exécution de ce plan et Baudeau paraît de même n'en avoir pas été partisan. Lorsque ce dernier fut remplacé par Dupont, Quesnay croyait le moment favorable pour arriver à la réalisation de ses désirs, d'autant plus que le dauphin d'alors montrait des dispositions à accepter le patronage dont il s'agit. Tout paraissait être comme chose faite, lorsque, à la dernière heure, l'affaire échoua derechef par suite de la résistance énergique du marquis de Mirabeau. Dans son ouvrage sur son père adoptif, (le comte Honoré Gabriel de Mirabeau), Lucas de Montigny, livre III, chapitre I, donne sur la question des indications détaillées tirées de lettres inédites du marquis et dont les parties importantes se trouvent résumées dans le passage suivant de Schelle, page 94:

„Quesnay avait cherché à mettre le *Journal de l'agriculture* sous la protection du dauphin, mort en 1765; lorsque les *Ephémérides* passèrent aux économistes, il voulut renouveler sa tentative auprès du futur Louis XVI; Baudeau, à qui appartenait alors le journal, refusa; mais quand Dupont en fut le rédacteur, une épître fut rédigée, agréée par le prince; à partir de 1769, les *Ephémérides du citoyen* devaient être officiellement placées sous le patronage de l'héritier présomptif de la couronne. Le plan préparé n'échoua que par le refus du marquis de Mirabeau, qui s'irrita des démarches de ses amis et déclara net à Quesnay que les princes devaient mériter l'appui des économistes par des faits ou du moins par des sentiments hautement professés et qu'il désavouerait les Ephémérides si elles prenaient une enseigne de cour."

Toutefois l'affaire paraît avoir été déjà trop avancée pour la laisser tomber subitement. Du moins, le gouverneur du dauphin, le duc de La Vauguyon, puis plus tard son fils le duc de Saint-Mégrin, envoyèrent un collaborateur des *Ephémérides* auprès du marquis pour le faire changer d'avis. Mais ainsi qu'il s'en est vanté dans une lettre à son frère, le bailli, le marquis demeura inébranlable, ce qui lui a valu un blâme assez sévère de sonfrère qui qualifiait de déraisonnable cette attitude opiniâtre.

Quesnay était ainsi compromis auprès du dauphin et il avait d'ailleurs fait l'expérience pénible que dans le cercle des siens, alors qu'il s'agissait de prendre parti pour lui ou pour Mirabeau, c'était ce dernier qui l'avait emporté. Cette circonstance devait lui être d'autant plus douloureuse qu'il avait déjà cherché à gagner le public à sa cause, par une lettre qu'avait publiée la rédaction des *Ephémérides* peu après le départ de Baudeau et comme auteur de laquelle nous croyons parfaitement voir Quesnay lui-même. Cette lettre a paru dans le numéro d'août 1768; elle est conçue en ces termes:

„*Lettre à l'auteur des Ephémérides*, de Versailles, le 16 juin 1768.

„Sans doute vous croyez toujours, Monsieur, qu'il faut aller à la Chine si l'on veut voir des mains augustes manier la charrue? Eh bien! détrompez-vous: hier, *Monseigneur le* DAUPHIN nous donna ce spectacle aussi attendrissant qu'intéressant. Ce prince dirigea sa promenade vers un champ qu'on labourait; il examina quelque temps la manœuvre et demanda ensuite à conduire lui-même la charrue; ce qu'il exécuta avec autant de force que d'adresse, au point que le laboureur fut étonné comme les spectateurs, de la profondeur du sillon et de la justesse de sa direction. L'intérêt que vous prenez, M., à l'agriculture, vous fera goûter autant de plaisir en lisant cette nouvelle, que j'ai de satisfaction à vous la mander. Je vais mettre le comble à l'un et à l'autre en vous apprenant un autre trait qui fait l'éloge du cœur de ce jeune et auguste prince, comme le premier fait celui de ses goûts.

„L'année passée, *Monseigneur le* DAUPHIN suivait en carrosse, avec les princes ses frères, notre *bien-aimé* monarque à la chasse. Les voitures, vous le savez, ne peuvent pas être toujours à portée des chasseurs. Celle qui conduisait *Monseigneur le* DAUPHIN en était éloignée, lorsqu'on entendit sonner la mort du cerf. Un cri naturel s'élève parmi les jeunes princes: *voilà l'halali, courons, courons*. On court. Le chemin pouvait être abrégé en traversant un champ couvert de blé presque mûr. Le cocher entre dans ce champ; *Monseigneur le* DAUPHIN s'en aperçoit; il se précipite à la portière et crie d'arrêter, de *changer de route. Ce blé*, dit-il, *ne nous appartient pas, il ne nous est pas permis de le fouler.* On obéit; et *Monseigneur le* COMTE D'ARTOIS s'écria: *Ah! que la France est heureuse d'avoir un prince si rempli de justice.* Ne nous écrierons-nous pas aussi, Monsieur, oui, nous sommes infiniment heureux d'avoir un prince juste et sage, et notre bonheur redouble en lui connaissant des frères qui sauront l'imiter, puisqu'ils savent lui applaudir.

„Je ne sais si je me fais illusion, Monsieur, mais il me semble que ces deux hommages rendus à l'agriculture par *Monseigneur le* DAUPHIN, lui assurent les plus beaux jours. Ce qu'il y a de certain au moins, c'est que les miens sont embellis par les vertus de nos maîtres.

„Je suis", etc.

Dupont avait fait précéder cette *lettre* de l'introduction suivante:

„*Actes de respect pour l'agriculture et pour la propriété; beaux traits de deux grands princes.*

„Nous avons regretté du plus profond de notre cœur que la lettre suivante ne nous soit parvenue qu'après la distribution complète de notre volume précédent. S'il en eût été temps encore, nous aurions tout suspendu pour nous hâter d'en faire part à nos lecteurs.

„Nous remercions infiniment l'auteur de cette lettre d'avoir bien voulu choisir notre recueil pour publier des faits aussi propres à faire la plus vive impression sur *tous* les bons Français et même sur toutes les âmes sensibles, que ceux dont elle contient le récit. La douce émotion d'amour et de respect que nous avons éprouvée en la lisant, se communiquera sans doute à nos lecteurs. Nous nous garderons bien d'y ajouter ni préambule, ni réflexions : des tableaux si touchants, par eux-mêmes, n'ont pas besoin de bordure, et nous craindrions trop d'en mettre une au-dessous du sujet."

De tout ce qui précède, nous voyons qu'à l'origine Dupont abondait dans le sens de Quesnay. Plus tard, il peut s'être joint à la résistance de Mirabeau et avoir, par ce fait, perdu les bonnes grâces de Quesnay. Mais nous comprenons que Quesnay ait été très aigri par cette défection et ait voulu y trouver l'occasion de se retirer de l'agitation pratique qui commençait à s'engager dans la voie du dédain envers l'appui de l'autorité publique.

A partir de ce moment, les *Ephémérides* perdirent leur principal attrait. Par la chute de Choiseul qui, bien qu'adversaire de Quesnay, avait cependant gardé une attitude libérale en face des luttes économiques, la situation des *Ephémérides* devint plus difficile et en avril 1772 elles furent supprimées à l'instigation de l'abbé Terray, à cette époque contrôleur général. La cause des physiocrates sembla dès lors être perdue en France. Dupont se rendit à l'étranger; il alla d'abord à la cour du margrave de Baden, à Carlsruhe, puis tôt après en Pologne où il entra au service du prince Czartoryski. A peine arrivé à Varsovie il fut rappelé à Paris car les choses avaient tout-à-coup pris une autre tournure et la doctrine de Quesnay était rentrée en faveur grâce à la nomination de Turgot au ministère d'Etat, faite par le prince auquel les *Ephémérides* auraient dû, dans le temps, être dédiées. Dans la partie biographique du présent ouvrage, nous avons déjà vu que ce revirement fut accompagné d'une humiliation profonde pour Quesnay même. Celui-ci semble pourtant avoir, dès cette époque, repris ses travaux économiques, si l'on en croit ce que disent tant Grand-Jean de Fouchy (voir page 35) que le comte d'Albon (page 1) que „dans le mois qui précéda sa mort, il composa encore sur cet objet (économie politique) trois mémoires qui firent dire à un homme en place que M. Quesnay avait une tête de trente ans sur un corps de quatre-vingts". Malheureusement et comme nous l'avons déjà précédemment fait remarquer, ces travaux n'ont pas été admis dans les *Nouvelles éphémérides* fondées par Turgot sous la rédaction de l'abbé Baudeau et publiées dès le commencement de l'année 1774. Lors de la chute de Turgot en juillet 1774, le journal cessa de nouveau d'exister et par ce fait l'importance pratique du système physiocratique comme tel disparut pour toujours, bien que plus tard quelques-unes des branches de ce système aient célébré une résurrection plus ou moins vigoureuse.   A. O.

. SECOND
PROBLÈME ÉCONOMIQUE

Προςῆκον δὴ τὸ μάθημα ἃν εἴη
νομοθετῆσαι καὶ πείθειν τοὺς μέλ-
λοντας ἐν τῇ πόλει τῶν μεγίστων
μεθέξειν, ἐπὶ λογιστικὴν ἰέναι
καὶ ἀνθάπτεσθαι αὐτῆς μὴ ἰδιω-
τικῶς. . .

ΣΩΚΡΑΤΗΣ ἐν Πλάτωνι.

Il est donc convenable que nous
fassions une loi à ceux qui sont destinés à remplir les premières places
dans notre république, de s'appliquer
à la science du calcul, de l'étudier,
et non pas superficiellement.

SOCRATE dans Platon.

Extrait de la *Physiocratie* (¹)

DÉTERMINER LES EFFETS D'UN IMPOT INDIRECT

EXPOSITIONS PRÉLIMINAIRES

Il y a des impôts indirects, simples et peu dispendieux dans
leur perception. Tels sont ceux qui s'établiraient sur les hommes

---

(1) Des travaux originaux de Quesnay, contenus dans la *Physiocratie*, ce
mémoire est le seul qui n'avait pas encore été publié précédemment. Comme
nous l'avons déjà fait observer, la *Physiocratie* porte l'indication de l'année
1768, mais cet ouvrage a déjà paru au mois de novembre 1767, du moins
ses tomes I et II qui forment ensemble un volume (in-12) et renferment un

en forme de taille personnelle, de capitation, de corvées, de taxes sur les loyers de maisons, sur les rentes pécuniaires, etc. D'autres

choix des écrits économiques de Quesnay. Le titre détaillé de l'ouvrage est le suivant:

Physiocratie ou constitution naturelle du gouvernement le plus avantageux au genre humain. Recueil publié par Du Pont, des sociétés royales d'agriculture de Soissons et d'Orléans, et correspondant de la société d'émulation de Londres.

Le livre paraît avoir été imprimé à plusieurs endroits simultanément. Nous avons eu en mains un exemplaire muni de la désignation de lieux *Leyde* et *Paris*, ainsi qu'un exemplaire avec le nom de la ville suisse *Yverdon*. Cette dernière édition peut aussi être une réimpression.

Les tomes III à VI, qui ont paru plus tard, contiennent des travaux d'autres membres de l'école physiocratique. Ces tomes ont encore le sous-titre suivant:

Discussions et développements sur quelques-unes des notions de l'économie politique, pour servir de suite au recueil intitulé *Physiocratie.*

Le tome III commence par l'étude de Dupont *De l'origine et des progrès d'une science nouvelle.*

Seule la page-titre du premier volume porte l'épigraphe que voici dûe à Quesnay:

Ex natura, jus, et leges

Ex homine, arbitrium, regimen, et coerc⁣⁣⁣⁣⁣⁣⁣. F. Q.

On admet généralement que l'origine du mot *Physiocratie* qui a servi plus tard à désigner le système de Quesnay, remonte à Dupont. Ainsi Schelle, *Dupont de Nemours et l'école physiocratique,* dit plusieurs fois „cette science nouvelle que Dupont donna le nom de *Physiocratie*" (pages 3 et 51). Mais nous croyons avoir des raisons de supposer que ce mot, imité du grec ancien, a pour auteur celui de l'épigraphe en latin se trouvant sur la même page-titre, c'est-à-dire Quesnay lui-même. Nous arrivons à cette conclusion parce que l'expression *Physiocratie* a déjà été employée dans un sens analogue par un autre auteur, soit par Baudeau, plus d'une demi-année avant l'apparition de cet ouvrage. Dans la série d'articles *Principes de tout gouvernement,* dont nous avons déjà parlé plus haut, on lit en effet (numéro d'avril des *Ephémérides*, page 121) au sujet de l'adversaire Forbonnais:

„Nous lui devons avant toute cette justice qu'il a plutôt ignoré que combattu les principes de la *physiocratie,* c'est-à-dire de *l'ordre naturel et social fondé sur la nécessité physique et sur la force irrésistible de l'évidence.*"

Ici l'expression est déjà usitée pour désigner par un mot spécial les éléments des idées principales du système. Elle avait donc son histoire dans le cercle des disciples de Quesnay déjà, et nous pouvons d'autant plus considérer celui-ci comme l'auteur de ce terme, qu'il se distinguait précisément de ses confrères par le penchant de faire précéder ses articles d'épigraphes tirées de l'antiquité classique ou de les imiter de celle-ci.

Du *Discours* étendu que Dupont a mis comme introduction à la *Physiocratie,* nous ne reproduisons ici que les passages correspondant au but et au plan de cet ouvrage. Le Discours commence par les mots:

sont fort composés et en entraînent une perception fort dispendieuse. Tels sont ceux qui seraient établis sur les denrées et marchandises.

„Je rassemble, sous un titre général et commun, des traités particuliers qui ont servi à mon instruction et qui pourront servir à celle des autres. Leur auteur m'en a donné la plupart successivement pour en enrichir un ouvrage périodique dont j'étais alors chargé et qui a pour objet l'accroissement d'une science essentielle au bonheur de l'humanité (le *Journal de l'agriculture, du commerce et des finances*). Il ne suffit point à mon zèle de les avoir consignés séparément dans des volumes détachés. Je crois devoir les rapprocher pour rendre leurs rapports plus sensibles et pour former un corps de doctrine déterminé et complet, qui expose avec évidence le *droit naturel* de la société et les lois naturelles les plus avantageuses possibles aux *hommes* réunis en société.“

Dupont donne ensuite une explication, longue de 73 pages, du *droit naturel*, de l'*ordre naturel* et des *lois naturelles;* cette explication ne renferme rien d'autre que ce que Quesnay a dit dans ses ouvrages sous une forme beaucoup plus concise. Dans sa conclusion, il revient encore une fois sur le but de son livre et ajoute quelques mots sur la personne de Quesnay:

„Au milieu des succès dus à l'utilité palpable de cette doctrine et aux talents des dignes écrivains qui l'ont promulguée, j'ai cru qu'un recueil composé des principaux ouvrages de celui que ces grands maîtres regardent comme leur maître commun, serait pour le public un livre intéressant. Les génies supérieurs se ressemblent tous dans leur manière d'étudier. J'ai conclu de là que les écrits qui ont été lus et médités avec fruit par les Mirabeau, par les la Rivière, etc., et qui ont servi à former de tels hommes pouvaient prétendre à concourir avec les leurs à en former d'autres. Ils m'ont tous excité à élever cette espèce de monument à la reconnaissance dont ils sont pénétrés, ainsi que moi, pour l'inventeur du *Tableau économique*; pour cet homme simple et modeste qui n'a jamais voulu permettre qu'on le nommât; qui, uniquement occupé du bien public, a presque fui la gloire que méritaient ses découvertes; qui, semblable à ce père robuste dont parle la Bruyère, a, en perçant la foule, pris ses enfants dans ses bras et les a fait passer devant lui. Je me trouve heureux d'avoir rédigé et dirigé ce recueil, comme je le serais d'avoir fait moi-même un bel ouvrage, parce que je sens combien le caractère original de ces traités profonds et concis décore le titre de leur éditeur et lui impose la loi de s'en rendre digne par des travaux utiles.“

Dans sa *Notice abrégée*, Dupont s'exprime comme suit au sujet du *Second problème économique*.

„Le second (problème économique), sur *la différence des impositions indirectes et de l'impôt direct*. Celui-ci prouve, par une suite de calculs très clairs pour les gens exercés, et qui pourtant n'occupent que *quarante-deux pages*, que l'impôt indirect coûte environ *huit fois plus* à la nation qu'il ne rapporte au souverain ; que les propriétaires des terres payent plus *d'un quart* de plus que si l'impôt eût été établi directement sur le produit net de leurs terres, et à raison des *deux septièmes* de ce produit net; que le souverain reçoit environ *moitié* moins qu'il n'aurait reçu dans ce cas-là; qu'il perd près des *trois quarts* sur la levée des impositions indirectes. Et tout cela sans compter les dommages aux entrées, aux sorties, aux péages, aux douanes; ou sur les navigations et charois du commerce intérieur et extérieur; ou sur la circulation de l'argent dans les achats et dans les ventes de toute espèce; telles sont aussi les créations de charges et d'offices, avec attribution perpétuelle ou à terme de droits et taxes au profit de ceux qui en seraient revêtus, les privilèges de commerce exclusifs, etc.

L'examen des effets de chacun de ces impôts indirects formerait l'objet d'un calcul particulier, rigoureusement assujetti aux données que présenterait la plus ou moins grande complication de cet impôt, la plus ou moins grande gêne qu'il mettrait sur le commerce et sur les autres travaux humains, la plus ou moins grande quotité des frais de sa perception. Mais la réunion de ces divers impôts indirects, plus ou moins onéreux, formant une masse totale que l'on peut en général appeler *l'impôt indirect*, la réunion des frais de perception et des autres surcharges que tous ces divers impôts entraînent à leur suite, présente une autre masse que l'on peut

que causent: 1° La détérioration des biens-fonds qui suit de la diminution des facultés de l'intérêt qu'ont les propriétaires pour entretenir et améliorer ces biens. 2° L'abandon plus ou moins grand des entreprises fructueuses auxquelles on craint d'employer des richesses visibles. 3° La dégradation de la culture dont les avances sont progressivement spoliées. 4° La formation des fortunes pécuniaires des financiers, qui intervertit la circulation de l'argent. 5° La résidence de ces riches financiers dans la capitale, d'où suit l'éloignement de la consommation des lieux de la production et l'augmentation des frais de commerce au détriment des revenus. 6° La multiplication des mendiants, qui résulte de l'anéantissement des salaires et qui forme une surcharge pour les cultivateurs, laquelle retombe à la fin sur les propriétaires des terres. L'auteur s'est abstenu de calculer les funestes effets de ces six causes évidemment désastreuses, faute d'avoir des données assez exactes pour établir un calcul solide, tel que celui qu'il présente plus haut."

Dans la *Physiocratie* même, Dupont fait précéder le *second problème* d'un *Avis* conçu en ces termes:

„*Avis de l'éditeur.* La question qui fait l'objet du problème suivant, dans lequel il s'agit de trouver la différence des effets de l'impôt indirect d'avec ceux de l'impôt direct, est une question vraiment intéressante pour le bonheur des nations, et qui occupe actuellement un grand nombre de savants en Angleterre où elle a été élevée au sujet de la réduction de la taxe sur les terres et de l'augmentation des droits d'excise, et en France, où la société royale d'agriculture de Limoges en a fait l'objet d'un de ses prix. Les savants verront sans doute avec plaisir une solution rigoureuse et mathématique de cette question importante. Cette solution d'ailleurs servira d'exemple pour montrer quel peut et quel doit être l'usage de la formule arithmétique du *Tableau économique* dans les questions du même genre." A. O.

appeler aussi en général les *frais de l'impôt indirect*, et dont la quotité, considérée relativement à la somme que le souverain retire de la totalité des impôts indirects, établit le taux moyen des frais de perception des impôts de ce genre.

C'est l'impôt indirect, pris ainsi en masse et réduit à un taux moyen de frais et surcharges de perception, que nous examinerons ici. Nous l'envisagerons à l'origine de son établissement chez une nation dont l'agriculture aurait été préservée jusqu'alors de toutes causes détériorantes, et où les avances annuelles de la culture produiraient, du fort au faible, *trois* pour *un*; de sorte qu'une dépense de *cent*, en avances annuelles, ferait renaître *cent cinquante* de revenu et *cent cinquante* pour les reprises des cultivateurs.

Ainsi, *deux milliards* d'avances annuelles, faites par la classe productive, feraient à raison de 300 pour 100, naître une reproduction totale de 6 *milliards*, laquelle fournirait trois *milliards* aux cultivateurs pour leurs *reprises* composées de leurs avances annuelles et des intérêts de leurs avances primitives, et donnerait en outre un revenu de 3 *milliards* pour les propriétaires fonciers et le souverain.

Nous avons d'anciens monuments d'une production au moins semblable en France, et dont le rapport des avances annuelles au produit total était dans la même proportion que celui que nous supposons ici.

Ce sont les avances annuelles du cultivateur et leur rapport avec le revenu qu'elles font naître, qui forment les données du calcul de la formule arithmétique du *Tableau économique*.

Toute opération du gouvernement qui tend à l'accroissement de ces avances, ou qui au contraire les diminue, accroît ou diminue les richesses de la nation.

Ces effets, bons ou mauvais, se démontrent facilement et exactement dans toute leur étendue par le calcul assujetti à la formule du *Tableau économique*.

Les avances annuelles se reproduisent elles-mêmes chaque année avec les intérêts qui doivent compléter annuellement les *reprises des cultivateurs*; ces intérêts sont ordinairement égaux à la moitié des avances annuelles. Ainsi, lorsqu'il y a, par exemple, 2 *milliards* d'avances annuelles, les reprises des cultivateurs sont de 3 *milliards*.

Ces *reprises* étant prélevées sur la reproduction totale de chaque année, le surplus s'appelle *produit net*.

Ce *produit net* forme le revenu qui se partage au souverain, aux décimateurs et aux propriétaires.

Si donc la reproduction totale est de 5 *milliards*, produits par 2 *milliards* d'avances annuelles, il restera, les 3 *milliards* des reprises des cultivateurs étant prélevés, 2 *milliards* pour le revenu. Ce revenu est alors à raison de 100 pour 100 des avances..

Si la reproduction totale n'est que de 4 *milliards*, les reprises des cultivateurs étant de 3 *milliards*, le revenu ne sera que d'*un milliard*. Ce revenu sera alors à raison de 50 pour 100 des avances.

Si elle était de 6 *milliards*, le revenu se trouverait égal aux 3 *milliards* des reprises du cultivateur, et à raison de 150 pour 100 des avances, etc.

Ces différents rapports entre les avances et le revenu peuvent présenter en différents temps, par leur variétés, des données différentes, d'après lesquelles il faut calculer les dépenses des trois classes pour s'assurer des changements qui arrivent dans la production annuelle des richesses d'un royaume, et dans les rapports essentiels entre les reprises des cultivateurs et le revenu, *qui ensemble forment la somme totale de la reproduction annuelle.*

Ainsi, pour trouver exactement ces rapports dans tous les cas, il suffit d'apercevoir les causes qui peuvent apporter du changement dans l'ordre de la distribution des dépenses représenté dans le *Tableau*, et de suivre par le calcul la marche de cette distribution, conformément au changement dont on veut connaître les effets; le résultat du calcul présentera la somme totale de la reproduction augmentée ou diminuée par l'effet du changement survenu.

Il faut soustraire de cette somme les reprises des cultivateurs, le reste formera le revenu, excepté dans les changements où la dépense de la nation doit excéder la reproduction annuelle du territoire du royaume.

Alors, cet excédent de dépenses qui surpasse la reproduction se trouve englobé par le calcul dans la recette de la classe productive.

Mais il est facile de l'apercevoir par la disproportion de cette recette avec les avances annuelles de la classe productive, dont on connaît le rapport actuel avec le produit total qu'elles font renaître annuellement.

On connaît alors l'excédent de dépenses que le produit du pays
ne peut fournir, et qui par conséquent ne s'obtient que par des
achats faits chez l'étranger.

Ceux qui sont versés dans le calcul de la formule arithmétique
du *Tableau économique*, reconnaissent et déterminent exactement
ces variétés et les avantages ou les désavantages de leurs effets
dans l'ordre économique, par l'augmentation ou la diminution survenue dans les avances, ou dans le revenu, ou dans la classe stérile;
car cette classe perd toujours à raison du dépérissement qui arrive
au revenu, et celui-ci perd toujours à raison du dépérissement qui
arrive aux avances des cultivateurs. Toutes ces parties sont tellement liées entre elles, qu'elles doivent toutes être comprises dans
la formule arithmétique par laquelle on peut les assujettir au
calcul.

Par exemple dans le cas que nous avons à calculer ici, où les
avances annuelles de la culture sont 2 *milliards*, la reproduction
de 6 *milliards*, les reprises des cultivateurs de 3 *milliards*, et le
revenu par conséquent de 3 *milliards*, la distribution annuelle des
dépenses et du commerce entre les trois classes serait telle que nous
allons la représenter dans le tableau suivant.

AVANCES annuelles de la classe productive	REVENU	AVANCES de la classe stérile.
2,000 millions.	3,000 millions.	1,250 millions.
1,500 millions.		1,500 millions.
1,250 millions.		
1,250 millions.		1,000 millions.

Sommes qui servent à payer le revenu et les intérêts des avances primitives.

Total 2,500 millions dont la moitié est reprise pour remplacer les avances de cette classe.

Pour la dépense des avances annuelles.　2,000 millions.

Total 6,000 millions.

Si dans un tel état de production, le souverain avait pour sa
part les *deux septièmes* du revenu, cette part constituerait un revenu public d'environ 800 *millions*, et ce grand revenu direct,
qui suffirait seul pour soutenir au plus haut degré la splendeur
et la puissance de l'autorité souveraine et les dépenses nécessaires
pour la sûreté et la prospérité de la nation, ne causerait aucun
dépérissement dans la reproduction annuelle, comme on peut le
voir dans le tableau suivant, qui représente séparément la dépense de l'impôt et celle du revenu des propriétaires fonciers.

SECOND TABLEAU.

AVANCES annuelles de la classe productive.	IMPOT direct.	REVENU des propriétaires.	AVANCES de la classe stérile.
2,000 millions.	800 millions.	2,200 millions.	1,250 millions.
400 millions.			1,100 millions.
1,100 millions.			400 millions.
1,250 millions.			1,000 millions.
1,100 millions.			
150 millions.			

Sommes qui servent à payer le revenu et les intérêts des avances primitives.

Total . 2,500 millions, dont la moitié est réservée pour remplacer les avances de cette classe.

Pour la dépense des avances annuelles. 2,000 millions.

Total . 6,000 millions.

On voit que la levée de l'impôt, pris ainsi directement sur le
produit net, ne change rien à l'ordre de la dépense et de là distribution; que les cultivateurs reçoivent également les sommes nécessaires pour payer le revenu et pour assurer leurs reprises, et
que par conséquent la reproduction doit être la même.

Mais ce revenu public de 800 *millions*, qui embrasse directement les *deux septièmes* du produit net du territoire, aurait paru excessif aux propriétaires fonciers. Leur cupidité ignorante ne leur a jamais laissé apercevoir que l'impôt ne doit être pris que sur le revenu des terres. Ils ont toujours pensé que l'impôt devait être établi sur les hommes ou sur les consommations que font les hommes, parce que les hommes participent tous à la protection de la puissance souveraine. Ils n'ont nullement songé que l'homme, dont la constitution physique ne présente que des besoins, ne peut rien payer par lui-même; et que toute imposition mise sur les hommes, ou sur leur consommation, serait nécessairement prise sur les richesses qui font subsister les hommes et que la terre seule produit. Ils se sont persuadés qu'en donnant directement un *dixième* du revenu de leurs terres, ils payeraient bien complètement leur part de la contribution publique. Les nobles et le clergé ont réclamé des franchises et des immunités sans bornes, qu'ils ont prétendu être attachées à leurs biens et à leur état. Les souverains ont pensé qu'il convenait aussi d'accorder des exemptions totales à leurs officiers et à tous ceux qui sont revêtus de charges ou d'emplois dans toutes les différentes parties de l'administration du gouvernement. Par ces arrangements les revenus du fisc se sont trouvés réduits à un état si modique, et les propriétaires présentaient tant d'opposition à son augmentation directe, que les souverains ont eu recours à des impositions indirectes de divers genres, qui se sont étendues de plus en plus à mesure que les revenus des nations diminuaient par les détériorations qui sont les suites inévitables de ces impositions mêmes. Les propriétaires fonciers, qui n'en prévoyaient pas les suites, et qui, dans le temps qu'elles détruisaient leurs revenus, ne comprenaient, n'apercevaient pas même la cause de la diminution de leur richesse, applaudirent à ces impositions indirectes, par lesquelles ils crurent éluder l'impôt qui aurait dû être établi directement et immédiatement sur le revenu de leurs biens, où il n'aurait causé aucun dépérissement dans la reproduction annuelle, et n'aurait eu besoin d'aucune augmentation successive; au lieu que, par les progrès et les effets désastreux des impositions indirectes, il faut successivement augmenter tout ensemble, et les impositions indirectes et l'impôt direct, pour satisfaire aux besoins de l'Etat. Aussi est-il arrivé que les propriétaires fonciers non seulement n'ont pas évité le payement des *deux septièmes* du revenu qui appartiennent au souverain, mais qu'ils se sont attiré en outre les impositions indirectes dont les détériorations, progressives et inévitables, anéantissent leurs revenus, ceux du souverain et les richesses de la nation.

C'est cet effet qu'il s'agit de démontrer, comme nous le ferons par la solution de ce problème, dont nous allons poser les données d'après l'hypothèse que nous venons de développer.

Données.

Nous supposons donc qu'au lieu de l'impôt unique et direct qui pourrait être établi à raison des *deux septièmes*, lesquels sur un revenu de 3 *milliards* formeraient la somme de 800 *millions*, les propriétaires des terres préférassent un impôt qui ne prendrait directement et immédiatement sur le revenu de leurs terres qu'*un dixième* ou 300 *millions*; et que, pour subvenir aux dépenses publiques, on établisse une contribution de 500 *millions* sur les personnes et sur les consommations, dont la moitié serait envahie par les frais de perception, par les profits des traitants et de leurs associés, par la surcharge qu'imposent sur la nation les contrebandiers, qui naissent inévitablement à la suite des impôts sur le commerce, et qu'aucune armée fiscale n'a jamais pu contenir, par les frais litigieux qu'entraîne une perception compliquée dont les règles sont sujettes à beaucoup d'interprétations, par les accommodements clandestins des particuliers qui redoutent de plaider contre les employés du fisc, par les amendes arbitraires, par les gains annuels des titulaires de charges, d'offices et de droits aliénés, et par les profits des propriétaires de privilèges exclusifs, etc., etc.

Si nous nous servions des calculs de *M. le duc de Sully*, nous pourrions porter beaucoup plus haut cette évaluation; mais nous prenons, comme nous l'avons annoncé, un taux moyen entre les impôts indirects les plus dispendieux et ceux qui le sont le moins, et d'ailleurs nous aimons mieux rester au-dessous que de nous trouver au-dessus de la vérité.

Observations.

Première observation. Toutes les dépenses sont payées par les richesses renaissantes que la terre seule produit, comme nous l'avons prouvé dans les dialogues précédents.

Les premiers propriétaires des richesses renaissantes sont donc les premiers distributeurs des dépenses; ce sont eux qui font réellement toutes les dépenses, partie par eux-mêmes et partie en se faisant aider par les autres hommes dont ils tirent des services et que pour prix de ces services ils substituent à eux-mêmes dans la dépense et la consommation d'une portion de leurs richesses.

Toutes les dépenses des salariés sont donc payées par ceux qui payent leurs salaires.

Les taxes établies sur les salariés, ou sur leurs dépenses, sont donc évidemment payées en entier par ceux qui payent leurs salaires.

On objecterait en vain que la classe des salariés pourrait payer elle-même des taxes en augmentant son travail pour augmenter sa rétribution. Car 1° pour multiplier ses travaux, il faudrait à la classe des salariés de plus grands fonds d'avances qu'elle n'a pas. 2° quand la classe des salariés augmenterait ses travaux, elle n'augmenterait pas par là sa rétribution, puisque la valeur totale des salaires qu'elle peut obtenir est limitée par les facultés, par les richesses de ceux qui peuvent la salarier. Or il est évident que l'établissement d'une imposition sur les personnes, sur le travail, sur les marchandises, sur les consommations, n'augmente pas la richesse des nations, et qu'elle diminue les occasions de commerce loin de les multiplier. Comment donc pourrait-on supposer une augmentation de travaux de la part de la classe des salariés, par l'effet d'une imposition sur cette classe? Un fabricant fera-t-il des étoffes que l'on ne pourrait lui acheter? Un commerçant en enverra-t-il mille pièces dans un lieu où l'on n'en peut payer et par conséquent consommer que cinq cents? Un horloger ira-t-il, pourra-t-il vendre des montres aux paysans de la Vestphalie et du Limousin?

On objecterait encore en vain que les salariés pourraient, en restreignant leur consommation et se privant de jouissances, payer les taxes qu'on exigerait d'eux, sans qu'elles retombassent sur les premiers distributeurs des dépenses. On verra plus bas que, sans contribuer aux payements de l'impôt indirect, les salariés souffrent par l'effet de cet impôt qui anéantit les subsistances; une extinction, un retranchement fâcheux de salaire, qui les réduisent à la misère et qui diminuent nécessairement leur population. Le prix des salaires, et par conséquent les jouissances que les salariés peuvent se procurer, sont fixés et réduits au plus bas par la concurrence extrême qui est entre eux. Si l'on veut chez une nation contraindre par une taxe ces salariés à restreindre doublement leurs jouissances, ils émigrent pour passer chez les autres nations où leur subsistance est plus assurée et leur industrie plus protégée. Alors le petit nombre de ceux qui restent dans le pays, se trouvant moins gêné par la concurrence, fait la loi aux premiers distributeurs des dépenses et les contraint à payer le salaire ordinaire et la taxe et les frais de la terre encore par dessus. De sorte que ces premiers propriétaires des productions renaissantes, attachés au sol par leurs possessions, supportent nécessairement tout le fardeau de cette imposition destructive.

Si les salariés, dont on voudrait restreindre les jouissances par des taxes, ne peuvent émigrer pour se remettre au niveau, ils deviennent mendiants ou voleurs, espèces d'imp sitions indirectes arbitraires et ambulantes très onéreuses pour les premiers distributeurs des dépenses.

Ainsi, de quelque façon qu'on s'arrange, la classe productive, les propriétaires des terres, et l'impôt même, comme premiers distributeurs des dépenses, payent inévitablement la totalité de l'imposition indirecte que l'on établit sur les hommes qu'ils salarient, ou sur les denrées et marchandises qu'ils consomment; et ils y contribuent chacun à raison de la distribution de ses dépenses.

Deuxième observation. On pourrait croire que la dépense de la classe productive, qui se fait à la campagne, contribue à l'imposition indirecte dans une proportion moins forte que celles qui se font dans les villes, par les propriétaires qui y résident, et par l'impôt même qui s'y dépense. Mais on n'aurait cette idée que faute de réfléchir que, si les agents de la classe productive ont en proportion moins à souffrir, dans leurs dépenses, de l'impôt sur les consommations, ils ont beaucoup plus à souffrir des tailles personnelles et arbitraires et sont exposés à des vexations bien plus dures et bien plus multipliées que ceux qui font leurs dépenses dans les villes. S'il en fallait preuve, on la trouverait dans la désertion des enfants de laboureurs, auxquels leurs pères font quitter la campagne pour les envoyer dans les villes acheter des charges, ou exercer des professions mercenaires.

Troisième observation. Si l'on envisageait le cultivateur, non seulement comme un des premiers distributeurs des dépenses, mais encore comme un premier vendeur, en observant combien les charges indirectes pèsent sur les prix à la vente de la première main, on apercevrait que presque tout le fardeau des impositions indirectes est supporté par la classe productive. Car les facultés des acheteurs sont limitées: si l'impôt indirect n'augmente pas le prix des productions pour l'acheteur-consommateur, il faut évidemment qu'il soit payé aux dépens du prix à la vente de la première main; si l'impôt indirect augmente les prix pour les acheteurs-consommateurs, ceux-ci sont forcés de diminuer leur consommation, dès lors le défaut de débit des productions force leur prix à diminuer; car il faut que le cultivateur vende à quelque prix que ce soit, ou qu'il cesse de cultiver pour vendre.(¹) Dans le fait, les deux cas se mélangent et se compensent. Mais leur mélange, comme leur alternative, ne peut toujours être que ruineux et funeste au prix des productions.

Ces vérités sont encore trop inconnues pour être adoptées avec confiance par des lecteurs peu accoutumés à ces combinaisons; c'est pourquoi nous nous bornerons ici à faire entrer dans le calcul la contribution de la classe productive à l'impôt indirect, en raison de la dépense de cette classe. Il nous suffit d'avoir averti que cette supposition n'est pas entièrement exacte, et que de toutes celles qu'on peut faire, c'est la plus avantageuse à l'impôt indirect.

Quatrième observation. Quoique la reproduction totale soit de 6 *milliards*, il n'entre que pour 5 *milliards* de productions dans le commerce, attendu que la classe productive en retient pour 1 *milliard* qu'elle consomme chez elle en nature, comme nous l'avons déjà remarqué plus haut dans le problème sur le renchérissement des prix. Mais la somme des dépenses contribuables aux impositions indirectes est cependant, dans le cas donné, de *cinq milliards cinq cents millions*, savoir:

---

(1) On pourrait, il est vrai, penser au premier coup d'œil que les dépenses de l'impôt indirect soutiennent le débit des productions du territoire. Mais ce serait faute d'avoir réfléchi que le débit des productions est limité, comme nous l'avons démontré dans les dialogues précédents, que l'impôt indirect ne *rend* point par sa dépense ce qu'il a enlevé sur le prix des productions, qu'il ne fait que le *revendre*: que le débit ne s'en ferait pas moins, et qu'il se ferait d'une manière plus avantageuse s'il n'y avait point d'impôt indirect, parce que ce genre d'impôt et sa dépense ne sont pas favorables au commerce des provinces, au débit des productions communes à l'usage des consommateurs d'un ordre inférieur, et encore parce qu'une grande partie de la recette de cet impôt s'accumule et forme des fortunes particulières qui le soustraient à la circulation, laquelle doit tout rapporter aux cultivateurs pour payer le revenu des propriétaires. (Note de l'original.)

1° 2 *milliards* que dépense la classe productive sur ses reprises de 3 *milliards* dont elle ne retient qu'*un milliard* pour la consommation directe qu'elle fait sans l'entremise d'aucun commerce, ci . . . . . 2,000 *millions*

2° *Trois cents millions* d'impôt direct, ci . . . . 300 »

3° *Deux milliards sept cents millions* de revenu qui restent aux propriétaires après qu'on a prélevé l'impôt direct sur le produit net, ci . . . . 2,700 »

4° *Cinq cents millions* que lève et que dépense l'imposition indirecte, ci . . . . 500 »

TOTAL . . . . . 5,500 *millions*

On voit que l'imposition indirecte, qui se lève sur les dépenses et qui elle-même dépense ce qu'elle a levé, forme un double emploi dans la masse des dépenses, qui n'accroît point cette masse, mais qui change la proportion des dépenses soumises à l'impôt indirect, lequel contribue lui-même à se payer lui-même.

DÉDUCTIONS.

Les 500 *millions* d'impositions indirectes étant réparties sur les 5,500 *millions* de dépenses qui y sont assujetties, chacun des premiers distributeurs de ces dépenses y contribue, comme nous l'avons remarqué, à raison des dépenses dont il fait la distribution.

La classe productive qui dépense deux *milliards* y contribue pour . . . . 182 *millions*

L'impôt direct de 300 *millions* y contribue pour 27 »

La portion de l'impôt indirect, qui revient au souverain et qui se monte à 250 *millions*, y contribue pour . . . . 23 »

Les 250 *millions* de frais de l'imposition indirecte y contribuent pour . . . . 23 »

Les propriétaires des terres y contribuent pour 245 »

TOTAL . . . 500 *millions*

Jusque-là cet arrangement est fort prévenant pour les propriétaires des terres. Il leur paraît que la masse de 800 *millions* de l'impôt direct et indirect ne leur coûte que 545 *millions*, au lieu de 800 qu'ils payeraient si cette masse était prise en entier immédiatement sur le revenu de leurs biens. Comme mauvais calculateurs, ils n'entrevoient pas que par cet arrangement spécieux ils fournissent la branche de laquelle est formé le manche de la cognée qui abattra la forêt.

Les 282 *millions* prélevés annuellement sur les avances de la classe productive par l'imposition indirecte de 500 *millions*, et détournés de leur emploi productif, auraient produit *trois pour un*, c'est-à-dire 546 *millions*. Voilà donc un anéantissement de 546 *millions* de reproduction annuelle. Cette reproduction sera donc réduite à *cinq milliards quatre cent cinquante-quatre millions*, au lieu de 6 *milliards*.

Nous supposons que cette diminution de la reproduction totale sera rejetée en entier sur le revenu, sans quoi toutes les avances tant primitives qu'annuelles des cultivateurs se trouveraient détruites en peu d'années. Ainsi le revenu à partager entre les propriétaires et l'impôt direct ne sera plus que de *deux milliards quatre cent cinquante-quatre millions*, au lieu de 3 *milliards*. Les 2 *milliards* d'avances annuelles de la classe productive ne produiront plus que 123 de revenu %/o d'avances au lieu de 150 %/o.(¹)

L'impôt direct, qui était le dixième de 3 *milliards* de revenu, se trouvera réduit au dixième de *deux milliards quatre cent cinquante-quatre millions*. Ainsi il ne sera plus que de 244 *millions* au lieu de 300 *millions*.

Les 800 *millions* d'impôt direct et indirect, chargés de 250 *millions* de frais, d'un repompement de 73 *millions* et d'un dépérissement de 56 *millions*, se trouvent réduits pour le fisc à 421 *millions*. Ainsi, abstraction faite de l'impôt direct de 300 *millions*, l'imposition indirecte de 500 *millions* ne rapporte réellement au souverain que 121 *millions*, qui détruisent environ le onzième de la reproduction totale de son territoire et par conséquent de la population de son empire; au lieu que l'impôt direct, pris à raison des *deux septièmes* des 3 *milliards* de revenu, lui rapporterait 379 *millions* de plus sans dépérissement.

Le revenu de 5 *milliards*, qui est réduit à *deux milliards quatre*

_____

(1) Nous nous fixons ici à la marche uniforme du rapport actuel des avances avec le revenu, sans entrer dans le détail des petits moyens d'épargne auxquels les cultivateurs peuvent avoir recours pour retarder les progrès du dépérissement. Car épargne n'est pas reproduction; et d'ailleurs la plupart de ces moyens, faibles palliatifs du moment, deviennent dans la suite fort désavantageux. (Note de l'original.)

cent cinquante-quatre millions, paye d'ailleurs en pure perte à ces mêmes impositions indirectes 245 *millions*; ce qui réduit dans le fait à *deux milliards deux cent neuf millions*, qui payent 244 *millions* d'impôt direct. Ainsi, il ne reste aux propriétaires des terres qu'*un milliard neuf cent soixante-cinq millions*, au lieu de *deux milliards deux cents millions* qu'ils auraient si les 800 *millions* d'impôt étaient pris directement et immédiatement sur le revenu de 3 *milliards*; et le souverain aurait eu alors réellement 800 *millions* au lieu qu'il n'a que 421 *millions*. Le souverain perd donc 379 *millions* et les propriétaires 235 *millions:* ce qui forme en total 614 *millions* de perte pour ces co-propriétaires du produit net du territoire.

Pour connaître exactement les autres effets du changement arrivé dans la distribution des richesses par le dépérissement qu'occasionnent les 500 *millions* d'impositions indirectes, nous allons représenter dans un tableau l'état du dépérissement du revenu qui, au lieu d'être à raison de 150 % des avances de la classe productive, comme il était avant la contribution de 500 *millions* d'imposition indirecte, ne se trouve plus par l'effet immédiat de cette imposition qu'à raison de 123 % des mêmes avances; ce qui le réduit de *trois milliards* à *deux milliards quatre cent cinquante-quatre millions*. Et nous ferons abstraction dans ce tableau des 500 *millions* d'impositions indirectes, afin d'éviter le double emploi que ces impositions mettent dans les dépenses.

TROISIÈME TABLEAU.

AVANCES annuelles de la classe productive.	REVENU.	AVANCES de la classe stérile.
2,000 millions.	2,454 millions au l. de 3 milliards.	1,114 millions au lieu de 1,250.

	1,227 millions au lieu de 1,500.	1,227 millions au lieu de 1,500.
Sommes qui servent à payer le revenu et les intérêts des avances primitives.	1,114 millions au lieu de 1,250.	1,000 millions.
	1,113 millions au lieu de 1,250.	
	Total .	2,227 millions au lieu de 2,500.

Il y a 136 millions de perte sur les avances de cette classe, qui emploie la moitié de sa recette pour remplacer ses avances.

Dépens des avances annuelles. 2,000 millions.

5,454 millions au lieu de 6,000.

On voit que la classe productive fait, il est est vrai, retomber sur le revenu sa première perte de 546 *millions*; mais le revenu ne lui rapporte plus que 1,227 *millions* au lieu de 1,500 *millions*; c'est 273 *millions* de *déficit*, dont *un tiers* est en retranchement de frais, et par conséquent en diminution de salaires pour les ouvriers de cette classe. Ainsi ils perdent . . . 91 *millions*

La classe stérile ne rapporte à la classe productive que 2,227 *millions* au lieu de 2,500 *millions*; c'est 273 *millions* de moins, dont *un tiers* est en diminution de salaires pour les ouvriers de la classe productive. Ainsi ils perdent . . . . 91 »

La classe stérile ne reçoit que 2,227 *millions*, au lieu de 2,500 *millions*; c'est 273 *millions*, dont la moitié est en diminution de salaire pour les agents de cette classe. Ainsi ils perdent . . . . 136 »

TOTAL . . . 318 *millions*

Le Total de la perte sur les salaires est donc de 318 *millions*
Et la perte sur le revenu est de . . . . 546 »

TOTAL . . . 864 *millions*

SOLUTION.

On a remarqué dans les déductions précédentes que les 500 *millions* d'impositions indirectes coûtent aux propriétaires des terres 235 *millions* de plus qu'ils ne leur coûteraient s'ils étaient en impôt direct, ci . . . . 235 *millions*
Que le souverain y perd . . . . 379 »
Nous trouvons par le calcul du dernier tableau un retranchement de salaires de . . . . 318 »

Total général de la déprédation . . . 932 *millions*

Le souverain ne retire, comme on l'a vu ci-devant, que 121 *millions* des impositions indirectes qui causent une perte de 932 *millions*. Cet impôt coûte donc environ *huit fois* plus à la nation que les 121 *millions* que le souverain en retire. Et celui-ci au lieu de recevoir les 500 *millions* qui devraient former la plus grande partie de son revenu, n'en reçoit qu'un quart. Ainsi sur *quatre* il perd *trois*, et pour *un* qu'il reçoit il en coûte *huit* à la nation.

Les propriétaires des terres, qui d'abord semblaient ne payer pour leur part de la masse des 800 *millions* d'impôts directs et indirects que 545 *millions*, et qui croyaient profiter en ne payant pas directement et immédiatement la totalité de l'impôt de 800 *millions* sur le produit net de leurs terres, payent ou perdent réellement, par la forme d'imposition dont il s'agit, *un milliard* 35 *millions*, tandis que la masse d'impôt de 800 *millions* ne rapporte au souverain que 421 *millions*.

En vain le souverain voudrait-il suppléer à un tel déchet par des augmentations d'impositions indirectes. Elles ne serviraient qu'à accroître le dépérissement de son revenu et de celui de la nation. Ainsi plus on augmenterait l'impôt indirect, plus il faudrait augmenter l'impôt direct pour suppléer au dépérissement de l'impôt même.

Si, par exemple, le souverain voulait soutenir la recette de son impôt direct à 300 *millions*, cet impôt qui n'était que le *dixième* du revenu de 3 *milliards* deviendrait le *huitième* de ce même revenu, qui se trouverait réduit à *deux milliards quatre cent cin-*

quante-quatre millions. C'est ainsi que l'impôt direct empiéterait de plus en plus sur le revenu, sans augmentation de recette pour le souverain, à mesure que l'impôt indirect diminuerait la masse du revenu. C'est ainsi que l'impôt direct et l'impôt indirect existeraient ensemble sans règle, et que par leurs accroissements progressifs et désordonnés, ils deviendraient l'un et l'autre désastreux pour le souverain et pour la nation.

AUTRES DOMMAGES *plus redoutables causés par l'impôt indirect et qui restent à observer.*

On doit faire attention que nous avons fait abstraction de quatre genres de dommages que nous allons indiquer et qui doivent entrer, lorsqu'on peut les évaluer chacun en détail, dans la supputation des pertes que causent les impôts indirects.

Premier genre de dommage.

Les détériorations qu'ils causent dans une progression fort rapide.

Telles sont 1° les détériorations successives des biens-fonds, lesquelles sont une suite du dépérissement que l'impôt indirect nécessite dans le revenu des propriétaires des terres: dépérissement qui retranche à ces propriétaires les facultés d'entretenir et d'améliorer leurs biens.

Telles sont 2° les détériorations successives des entreprises et des travaux fructueux auxquels on n'ose employer des richesses ostensibles, dont l'estimation, toujours hasardée, sert de base à l'assiette de l'impôt indirect arbitraire.

Telles sont 3° les détériorations successives et dans une progression géométrique, causées par la spoliation des avances de la culture: ce qui est une suite funeste des additions d'impositions indirectes, arbitraires et anticipées qui se lèvent ou qui retombent sur les fermiers pendant le cours de leurs baux.

Second genre de dommage.

Les fortunes pécuniaires qui se multiplient par les profits des financiers qui afferment les impositions indirectes; ce qui arrête ou intervertit la circulation de l'argent et en empêche le retour annuel à l'agriculture.

Troisième genre de dommage.

La résidence des riches financiers dans la capitale, ce qui éloigne la consommation des lieux de la production. D'où résulte de grandes dépenses de charrois qui retombent en perte sur le prix des productions à la vente de la première main, et par conséquent sur les revenus des propriétaires des terres; lesquels eux-mêmes, surtout s'ils sont de familles distinguées, se retirent pareillement à la capitale dans la vue de participer par leur crédit *aux grâces* de la cour, pour se dédommager en partie, par les libéralités du souverain, du dépérissement de leurs revenus.

Quatrième genre de dommage.

La multiplication des mendiants, laquelle est une suite des impositions indirectes qui anéantissent les salaires ou la subsistance, en éteignant une partie de la reproduction des richesses annuelles de la nation. Cette multiplication des mendiants est une surcharge considérable sur les cultivateurs, parce qu'ils n'osent refuser l'aumône, étant trop exposés aux dangers que peut leur attirer le mécontentement des mendiants vindicatifs. Et cette surcharge retombe sur le revenu des propriétaires, qui seuls peuvent subvenir au dédommagement des cultivateurs, et qui sont forcés à ce dédommagement par la nature même de leur propriété et des conventions qu'ils ne peuvent passer que librement avec ceux qui exploitent leurs terres.

Nous n'avons pas compris dans les calculs du problème que l'on vient de résoudre, ces quatre genres de dommages; les données en sont trop variées et trop multipliées pour qu'on puisse s'en former une idée précise. On ne pourra les assujettir au calcul que par une suite de travaux particuliers et fort étendus. Il nous suffit d'avoir indiqué la voie que l'on peut tenir pour les amener toutes au même ordre de supputation lorsqu'elles seront connues plus exactement.

RÉSULTAT.

On peut demander à présent aux propriétaires fonciers s'il n'est pas de la dernière importance pour eux de satisfaire complètement à l'impôt direct qui fixe et assure l'état de leur propriété, et de ne pas engager, par un intérêt mal entendu, les souverains à recourir, pour les besoins de l'Etat, à des ressources aussi ruineuses pour le revenu des propriétaires, pour les souverains eux-mêmes, pour le corps entier de la nation, que le sont les impôts indirects.(¹)

(1) Comme nous avons placé en tête de la partie de cet ouvrage intitulée *Œuvres économiques* de Quesnay, le commencement de la *Notice abrégée* de Dupont, nous ajoutons encore à la fin de cette même partie, la conclusion de ladite *Notice abrégée.* Dupont y touche, mais d'une manière très superficielle, les ouvrages étrangers que, de son propre aveu d'ailleurs, il n'a pas lus ; puis il combat en détail la qualification de *secte* donnée à son parti par les adversaires de celui-ci. On voit par là combien les disciples de Quesnay ont été sensibles au reproche qu'ils constituaient une secte, reproche qui, soit dit en passant, fut la cause que Turgot chercha constamment à garder une attitude réservée au sein du parti, afin de ne pas être compté dans le nombre des *sectaires.* Ce fut le marquis de Mirabeau qui, par son fanatisme tyrannisant souvent les membres de son propre parti, donna principalement lieu à cette qualification. Du reste, Mirabeau fut celui des physiocrates qui s'en formalisa le moins, puisqu'il a lui-même appliqué une fois l'épithète de *secte* à son parti, „sorte de secte, dont je suis, disait-il, un des chefs." (Voir la note page 6 du présent ouvrage.)

Voici la conclusion de la *Notice abrégée (Ephémérides,* mois de septembre 1769):

„De tous les auteurs étrangers que nous connaissons, aucun, il est vrai, n'a jusqu'à présent saisi l'ensemble complet des vrais principes de la morale et de la politique; aucun n'en a fait une *science exacte.* Nous croyions que cet honneur était réservé aux Français, à nos maîtres, dont nous venons de parcourir et de rappeler les écrits. Mais il y a dans les livres étrangers une infinité de vérités éparses et de principes sages qui auraient été infiniment profitables au genre humain, si des préjugés, malheureusement dominants n'avaient empêché les peuples prévenus d'y faire toute l'attention qu'ils auraient dû exciter. On en trouve beaucoup de ce genre dans CULPEPER, dans LOCKE, dans DEKER, dans CHILD et surtout dans *Josias* TUKER, apôtre de la paix et de la liberté universelle, chez une nation jalouse et livrée au monopole de ses marchands. On en trouve dans les écrits du grand pensionnaire *de* WIT, dans WOLF, dans BURLAMAQUI, dans le *docteur* HIRZEL, dans SCHMIDT *d'Avenstein,* dans ZANON, dans *Don* DIEGO DE SAAVEDRA, dans HUBNER. Et qui ne sait que les Anglais ont aujourd'hui leur *Benjamin* FRANKLIN, qui a adopté les principes et la doctrine de nos économistes français, doctrine qu'il est si digne de promulguer et de défendre; et les Italiens *le marquis* DE BECCARIA, partisan nécessaire de toute étude qui tend à établir parmi les hommes esprit de fraternité et de justice?

„Nous enrichirons régulièrement notre *recueil* par l'*analyse raisonnée* de tous les ouvrages que publieront à l'avenir ceux de ces grands hommes qui vivent encore; mais il nous tarde de rendre hommage à ceux que nous leur devons déjà. Après le bonheur de faire des choses utiles à la société, le plus doux que l'on puisse connaître est celui de payer à ceux qui les ont faites, le tribut d'éloges qui leur est dû. Ce plaisir entraîne et maîtrise impérieusement les cœurs sensibles. Nous n'avons jamais pu, ni su, ni voulu nous le refuser. Et c'est avec une surprise toujours nouvelle que nous avons remarqué que le mouvement d'équité et de reconnaissance qui nous a souvent déterminé à nous y livrer, nous avait attiré des adversaires. Nous avons entendu des gens auxquels il était apparemment plus facile de trouver, contre la doctrine que nous nous attachons à répandre, une expression injurieuse qu'une bonne raison, nous accuser et les philosophes qui ont découvert et développé cette doctrine, *de faire secte*. Nous savons qu'on répand avec amertume cette imputation dans le public et qu'elle sert de prétexte à des esprits frivoles pour se dispenser d'étudier les vérités que cette *prétendue secte* avance, et à des hommes *intéressés* ou *vains* pour éviter de répondre aux faits qu'elle articule et aux principes qu'elle établit.

„Animés du même patriotisme, courant la même carrière, ayant considéré les mêmes objets frappés avec la même évidence du droit que les hommes ont à conserver la liberté de leur personne et la propriété des biens acquis par leur travail, ou par celui de leurs ancêtres; reconnaissant également ment les lois de la reproduction et de la distribution des richesses; il s'est en effet trouvé *de plus*, que la communauté d'études et d'idées avait uni par les liens d'une estime réfléchie et d'une tendre amitié, *plusieurs d'entre nous*. On leur a fait un crime d'en être convenus. On nous a surtout blâmés *nous-mêmes* et d'autres qui, *comme nous*, ont acquis dans ce commerce des lumières qu'ils n'eussent peut-être jamais eues sans lui, de n'avoir pas *dissimulé* les obligations que nous avions à nos devanciers. Cet hommage offert à des philosophes éclairés et à de bons citoyens, par des âmes honnêtes, qui ont trop pesé ce que vaut *la justice* pour ne la pas rendre en toute occasion à qui elle est due, a révolté l'amour-propre de beaucoup de personnes qui, dans le même cas n'eussent pas apparemment tenu la même conduite et qui en ont ameuté d'autres pour crier *aux sectaires*.

„Mais pourquoi voudrait-on que l'attachement qu'on a pour quelques hommes respectables fût une raison de ne pas profiter des instructions qu'ils ont réellement données? Il serait fort plaisant que nous n'y eussions fait nulle attention quand l'AUTEUR *excellent* du livre intitulé *le rétablissement de l'impôt dans son ordre naturel*, qui n'a aucune liaison avec eux; quand le savant FRANKLIN, qui n'a fait que les entrevoir; quand plusieurs ACADÉMIES, quand des représentants de la nation, quand les ÉTATS et le PARLEMENT *de Languedoc*, quand les PARLEMENTS de *Provence* et de *Dauphiné*, ont adopté leur doctrine et en sont eux-mêmes devenus les promulgateurs. Le *parlement de Toulouse* a daigné les vanter aux pieds du trône (a); celui de *Grenoble* a pris leur défense contre des imputations hasardées (b); et nous nous cacherions d'avoir appris d'eux ce qu'on sait et ce qu'on voit bien qu'ils nous ont enseigné! Ces particuliers illustres que nous venons de citer, et ces corps si dignes de la vénération publique, sont-ils donc aussi *des sectaires?* Non, sans doute; ce sont des hommes sages, des sujets fidèles, qui chérissent le bien public et l'humanité, qui voient *la vérité*, qui connaissent *la justice* et qui sont faits à tous égards pour faire entendre l'une et respecter l'autre.

„Qu'avons-nous fait de plus que ces citoyens remarquables? Nous avons, comme eux, exposé des vérités qui nous ont paru importantes; et c'étaient précisément celles dont ils ont la même opinion. Nous avons, comme eux, appuyé ces vérités par des calculs et par des raisonnements. Mais en quoi avons-nous montré l'esprit *sectaire?* Quelle est la maxime utile et louable que nous ayons blâmée? Quel est l'ami de la paix, de l'ordre, de la justice

(a) Voyez la fin de sa lettre au roi, du 22 décembre 1768, qui se trouve imprimée dans notre troisième volume de cette année. (Note de l'original.)

(b) Voyez la note 22 de la première édition *in-8°* de l'avis du parlement de Grenoble sur la liberté du commerce des grains. (Note de l'original.)

et de la liberté, qui n'ait pas été le nôtre? Quand nous est-il arrivé de jurer sur la foi d'autrui? Quand avons-nous demandé d'être crus sur notre parole? Quand avons-nous refusé de dire nos raisons et d'écouter celles qu'on y pouvait opposer? N'avons-nous pas au contraire eu le soin le plus marqué de ne poser jamais *un principe* sans le faire accompagner de *preuves* qui le démontrent? N'avons-nous pas cherché de toutes parts des objections? N'avons-nous pas invité tout le monde à nous en proposer? Ne nous en sommes-nous pas proposés nous-mêmes et de plus fortes que personne? Si cette manière philosophique de chercher la vérité s'appelle *faire secte*, qu'on nous dise donc comment on doit se conduire pour *ne la point faire*?

Encore un mot à ces sévères ennemis des *sectes*. S'il pouvait en effet s'en élever *une*, qui regardât tous les hommes comme des frères; qui s'occupât paisiblement et sans cesse à développer leurs *intérêts*, leurs *devoirs* et leurs *droits*; qui montrât qu'il y a des lois naturelles, saintes et suprêmes; dont la notion est *évidente* pour tout être réfléchissant; dont la sanction est visible, pressante, impérieuse, inévitable; qui sont antérieures aux conventions et aux sociétés; qui ont servi et qui servent de base universelle aux sociétés et aux conventions; si cette *secte* faisait voir que le sort de toutes les nations est lié par une chaîne indissoluble et en vertu de ces lois primitives que nulle puissance créée ne peut anéantir; qu'aucun peuple ne saurait nuire à un autre sans qu'il lui en arrive à lui-même perte et dommage, ni lui faire du bien sans en retirer nécessairement du profit; que les souverains ne peuvent être grands, puissants, honorés, tranquilles et heureux que lorsque leurs sujets sont libres et heureux eux-mêmes; que la *justice* est le seul chemin assuré de la gloire, de la richesse et de la prospérité; que l'*instruction* générale peut seule manifester l'évidence de la justice et porter constamment la lumière qui doit guider les humains; que là où elle fait respecter les lois que la raison indique, que là où se trouvent la *liberté* que la nature donne et que la société doit étendre et conserver et la *propriété* qui, pour être protégée, a élevé l'autorité souveraine et qui peut seule en faire les frais, là aussi naît l'aisance, là s'étend la culture, là croît la population, là se rencontre la félicité pour tous les ordres de l'Etat et surtout pour ceux qui sont à la tête; que là où s'introduisent, à la faveur de l'ignorance, les gênes, les prohibitions, l'esclavage plus ou moins déguisé, là sont aussi la misère, les friches, les déserts, l'infortune, les révolutions, l'état incertain et précaire pour tous les individus dispersés ou mal unis et surtout pour ceux qui semblent devoir répondre du malheur de tous, parce que l'on s'imagine qu'ils pourraient le réparer ou le prévenir. S'il s'élevait une telle *secte* qui prouvât méthodiquement toutes ces choses, par compte et par mesure, et qui les fît toucher au doigt, nous avouons qu'elle mériterait *bien* d'être haïe, décriée, persécutée, par les méchants, par les usurpateurs du droit d'autrui, par les violateurs de la loi naturelle, par les despotes arbitraires, par les tyrans. Ne mériterait-elle point aussi l'estime et l'accession des gens sages, des magistrats vertueux, des ministres éclairés, des grands hommes d'Etat, des bons rois? De tout temps il y eut guerre entre *les loups* et *les moutons*, au désavantage de ces derniers; si quelqu'un pouvait enfin leur montrer à se défendre avec fermeté, avec règle, avec prudence, avec vigueur, avec succès, il n'y a point de doute qu'il en formerait *une secte*, très *redoutable* et très *préjudiciable* aux *loups*; mais elle serait *bien profitable* aux *bergers*!" A. O.

III.

ŒUVRES PHILOSOPHIQUES

MÉMOIRES

DE

L'ACADÉMIE ROYALE DE CHIRURGIE

TOME I. 1743.

EXTRAIT

PRÉFACE(¹)

Les sciences sont longtemps dans l'enfance; leurs progrès sont l'ouvrage d'une longue suite de siècles; les travaux même les plus

(1) D'après l'ordre chronologique, les écrits purement philosophiques de Quesnay viennent avant ses œuvres d'économie politique. Si, dans le présent ouvrage, nous plaçons ces écrits en dernier rang, c'est par la raison que leur valeur n'est que secondaire pour le but de cet ouvrage. Mais ils ne doivent pas être omis, parce qu'ils ont de l'importance tant pour la marche du développement personnel de l'auteur que comme point de départ pour son système. Considérés en eux-mêmes, ils n'ont pas été beaucoup remarqués. Nous ne connaissons aucun ouvrage philosophique où les développements métaphysiques de l'*Economie animale* ou de l'article *Evidence* de l'*Encyclopédie* aient fait l'objet d'une attention quelconque. Même parmi les propres disciples de Quesnay, les écrits dont il s'agit paraissent avoir été le moins étudiés. Le sujet en était sans doute trop élevé pour eux, et sur ce terrain la seule tête philosophique qui se trouvât parmi eux, Turgot, suivait d'ailleurs d'autres modèles. Pour notre part, nous ne pouvons, en somme, reconnaître avoir acquis la persuasion que Quesnay ait été complètement et par conséquent justement compris d'aucun de ses disciples. Diverses observations nous font même arriver à la conclusion que Quesnay, surtout vers la fin de sa vie, a eu aussi le même sentiment.

Ces jalons intellectuels, qui nous donnent des indications sur les *suppositions* du système économique, doivent d'autant moins faire défaut dans un ouvrage

longs et les plus éclairés, y laissent un vide difficile à remplir. La perfection semble s'éloigner à proportion qu'on fait des efforts pour en approcher.

dont le but est précisément de servir à l'intelligence complète des choses. La première base des opinions de Quesnay se trouve sans doute sur un autre terrain, c'est-à-dire sur celui de sa spécialité en matière de chirurgie et de médecine. Les pièces biographiques nous montrent l'esprit de Quesnay travaillant d'une manière infatigable, triomphant de conditions étroites, tournant, sous l'empire d'une sincère philanthropie, son activité d'abord vers la vie purement physique, puis vers la vie morale, et enfin, combinant ces deux points, vers la vie sociale en général, d'après l'enchaînement logique de ces sujets. On a assez souvent relevé la connexion qui existe entre tous les travaux intellectuels de Quesnay. Ainsi, le marquis de Mirabeau, dans son *Eloge funèbre* du maître, reproduit au commencement du présent ouvrage, dit ce qui suit: „Il découvrit dans la médecine l'économie animale, dans la métaphysique l'économie morale, dans l'agriculture l'économie politique, et, formant un ensemble de tout ce que l'homme imagine, conçoit, désire, laboure, façonne, navigue, il ramène le tout au simple sous la double étreinte de nos droits et de nos devoirs établis, dictés, protégés par Dieu même dès l'instant de sa volonté créatrice et visiblement renfermés dans la grande loi de l'ordre naturel." Et, dans son *Eloge* (page 53), le comte d'Albon s'exprime dans le même sens: „Après avoir terminé son travail sur l'*économie animale*, Quesnay se trouva naturellement conduit à s'occuper de l'*Economie politique*. En réfléchissant aux influences des affections de l'âme sur le corps, on ne tarde guère à se convaincre que les hommes ne sauraient avoir une véritable santé s'ils ne sont heureux, et ne peuvent être heureux s'ils ne vivent sous un bon gouvernement." Et d'Albon ajoute que Quesnay doit sans doute être considéré comme le seul médecin qui jusqu'alors „ait pensé à cette espèce d'hygiène: l'art de guérir par un bon régime". (Voir aussi l'*Eloge* de Romance de Mesmon, page 85.)

Celui qui croirait maintenant que pour saisir complètement l'opinion de Quesnay en matière économique, il est nécessaire aussi de connaître exactement toutes les œuvres de médecine de l'auteur, irait cependant trop loin. Nous avons précisément examiné ces œuvres à ce point de vue, et nous sommes arrivé à la conviction que, abstraction faite de l'*Economie animale*, et de la *Préface* ci-dessus reproduite, tous les travaux de médecine de Quesnay sont des ouvrages purement spéciaux, dans lesquels, il est vrai, l'idée-mère de la vertu curative spontanée de la nature (qui d'ailleurs, on le sait, remonte déjà à Hyppocrate) se trahit partout, mais dans lesquels les fils se rattachant aux idées ultérieures de l'auteur dans le domaine économique ne devraient être découverts qu'artificiellement si on voulait prouver leur existence. Quoiqu'il en soit, on peut dire que ce que l'*Eloge* de Romance de Mesmon renferme à ce sujet, épuise tout ce qui peut bien se rapporter à la question (voir aussi la note 1, page 739). Mais il en est autrement en ce qui concerne l'*Economie animale* ainsi que la *Préface* du premier volume des *Mémoires de l'Académie royale de chirurgie*, dont le secrétaire était alors (en

La chirurgie est une des sciences qu'on a cultivées avec le plus de soin; la nécessité, le savoir, l'industrie, les travaux réunis de plusieurs siècles, y ont porté des lumières qui en ont hâté les progrès; il n'y a cependant que des esprits superficiels qui puissent s'imaginer que les bornes de nos connaissances soient les bornes de l'art; la vérité et la multiplicité de nos maux, leurs causes qui sont si cachées, les ressources qui nous manquent ne nous offrent qu'un champ trop vaste et trop inconnu, où nous sommes obligés sans cesse de nous frayer de nouvelles routes.

Mais quelle est la voie que doivent suivre les chirurgiens pour perfectionner leur art?

Doivent-ils en attendre les progrès de cette expérience qui s'acquiert par la seule pratique, qui inspire si souvent tant de vanité, et qui séduit le vulgaire? Si les connaissances que donne une telle

1743) Quesnay, préface que nous avons placée en tête des œuvres philosophiques.

On trouve dans la partie biographique du présent ouvrage les circonstances détaillés dans lesquelles Quesnay a été mis en rapport avec l'*Académie royale de chirurgie*. L'édition du premier volume des *Mémoires* a été faite par les soins de Quesnay qui, indépendamment de la *Préface*, y a encore publié quatre études scientifiques: ces études ont toutes eu, à cette époque, un grand retentissement. On n'en aurait pas attendu de semblables de la classe des chirurgiens, alors peu considérée. Le second volume des *Mémoires* a paru en 1753 seulement, et a été publié par M. Morand qui était à ce moment-là secrétaire de l'académie, tandis que Quesnay était cité comme *secrétaire vétéran*. Selon toute apparence, celui-ci avait déposé sa charge lorsqu'il était allé se fixer à la cour de Versailles (1749). Un troisième volume a paru en 1757, et un quatrième (et dernier) en 1768. Seul le premier volume renfermait des travaux de Quesnay même, et les volumes suivants ont discuté attentivement et loué les ouvrages indépendants qu'il avait publiés dans l'intervalle.

Non seulement la *Préface* des *Mémoires* est désignée comme un chef-d'œuvre par les auteurs des *Eloges,* tels que Grand-Jean de Fouchy, d'Albon et Romance de Mesmon, mais les ouvrages contemporains de médecine sont aussi remplis de louanges à son sujet. Même l'*Histoire des progrès récents de la chirurgie* par M. Richerand, qui a paru en l'année 1825 et qui donne, dans les *Notes et morceaux détachés* par lesquels elle se termine, un éloge assez détaillé de Quesnay, comme médecin, dit que la *Préface* est „de nos jours encore regardée comme un chef-d'œuvre".

Bien qu'elle ne se rapporte directement qu'à la chirurgie et à la médecine, les opinions qui y sont exposées ont cependant, comme cela est justement reconnu de toutes parts, de la valeur pour d'autres sujets encore, et donnent en tout cas un reflet du point de vue dont Quesnay partait pour s'approcher de chaque science spéciale. A. O.

expérience avaient pu conduire la chirurgie à sa perfection, cet art ne serait-il pas parfait depuis plusieurs siècles?

Il y a d'autres connaissances aussi essentielles et plus difficiles à saisir, qui doivent concourir, pour perfectionner la chirurgie, avec celles qu'on puise dans la pratique. Ces connaissances qui ne se présentent pas aux simples praticiens, sont le fruit des expériences physiques.

Il y a donc deux sources d'où découlent les vérités qui peuvent enrichir notre art, savoir l'observation et la physique expérimentale.

La nécessité de ces deux secours est facile à démontrer. La nature ne se montre que obscurément à nos yeux; nous devons donc examiner scrupuleusement sa marche, la suivre dans tous ses détours, et observer ses effets.

Mais dans l'observation, l'esprit n'est que simple spectateur, il ne voit que le dehors; il faut à l'aide des expériences physiques, chercher à pénétrer jusqu'aux principes sensibles de la nature, c'est-à-dire qu'il faut la prévenir, l'interroger, la forcer à se découvrir.

L'observation et les expériences physiques, qui sont la base de la chirurgie, ont donc des objets différents; l'observation embrasse les qualités sensibles des corps, le cours des maladies, leurs phéno mènes, les effets qui sont la suite des procédés de l'art; les ex-- périences physiques nous dévoilent la structure et les ressorts des parties, la composition des mixtes, les propriétés des fluides qui coulent dans les vaisseaux, la nature des aliments, l'action des médicaments. Mais ces secours si nécessaires, je veux dire les observations et les expériences physiques, ne conduisent pas séparément aux vérités cachées qui peuvent enrichir notre art; les observations influent sur les expériences et les expériences influent sur les observations; elles se prêtent un appui mutuel. S'il faut observer exactement les objets auxquels on applique les expériences physiques, il faut ensuite ramener ces mêmes expériences aux observations et les consulter ensemble; l'observation et l'expérience sont donc comme des lumières qui doivent se réunir pour dissiper l'obscurité.

L'observation peut être imparfaite ou trompeuse, elle a été également la source de l'erreur et de la vérité; des opinions entièrement opposées ont eu souvent pour elles le témoignage d'un nombre égal d'observations. Avant qu'on eût cultivé la physique expérimentale, la médecine et la chirurgie n'étaient presque fondées que sur des faits qu'on avait remarqués dans la pratique; aussi ne pouvaient-elles réunir les esprits; les praticiens étaient d'autant plus obstinés dans leurs dissensions, qu'ils croyaient que la nature s'expliquait en leur faveur. Les observations ne sont donc pas plus décisives que ces oracles ambigus ou ces lois équivoques que l'intérêt et le préjugé ont interprétés à leur gré.

Les anciens étaient persuadés que le choix de certaines saignées n'était pas indifférent. Suivant leurs idées, l'ouverture de quelques veines et de quelques artères, dans des parties peu éloignées les unes des autres et, ce qui est plus surprenant, dans les mêmes parties, avaient le privilège des remèdes spécifiques pour des maladies fort différentes. Cependant c'est sur des observations qu'étaient fondés de tels préjugés. Deux mille ans n'avaient pu désabuser de ces dogmes ridicules les observateurs les plus exacts; les malades ont donc livré leur sang et leur vie aux caprices des médecins et des chirurgiens, sur la foi des observations les plus équivoques

Ce sont de semblables observations qui ont infecté la théorie de fausses opinions; l'humeur noire, qui découle ordinairement des tumeurs chancreuses, avait persuadé aux anciens qu'elles sont causées par un suc atrabilaire; mais des expériences physiques, anatomiques et chimiques nous ont appris que ces tumeurs ne sont formées que par le séjour d'une humeur lymphatique; et elles nous ont découvert en même temps que cette humeur est susceptible en certains cas des dépravations les plus pernicieuses.

L'observation avait introduit dans la chirurgie des erreurs plus grossières. Les blessures attirent des engorgements qui étaient des *fluxions*, selon tous les observateurs; la faiblesse du tissu des parties en était, disaient-ils, la source; dans cette idée, ils opposaient aux fluides qui s'arrêtaient autour d'une plaie les remèdes astringents et ceux qui pouvaient fortifier les fibres affaiblies; mais de tels remèdes donnaient de nouvelles forces aux causes qu'on prétendait combattre, des étranglements faciles à dissiper, devenaient par l'action de ces remèdes des étranglements mortels. Ainsi les malades trouvaient dans les observations les plus reçues un surcroît de maux, qui n'était pas capable de corriger les esprits prévenus, et ces observations séduisantes l'emportaient toujours sur le mauvais succès même qui les condamnait.

Les livres sont remplis de semblables absurdités que l'observation avait consacrées comme des vérités avouées par la nature et par le consentement des praticiens; ce n'est qu'après plusieurs siècles que les recherches anatomiques et les découvertes physiques ont dissipé ces erreurs; sans ces recherches et sans ces découvertes, de nouvelles observations auraient peut-être jeté les praticiens dans de nouveaux égarements; du moins les esprits les plus éclairés n'auraient pu se dégager de la plupart des préjugés qui avaient assujetti si longtemps les anciens maîtres de l'art; ce n'est donc que par les recherches physiques qu'on peut corriger l'observation. Mais si les observations doivent être corrigées par les expériences physiques, ces expériences ont besoin à leur tour du secours des observations; nous pouvons appliquer les conséquences que nous en tirons à des objets qui les démentent; il faut donc ramener les expériences au témoignage de la nature pour éviter les erreurs qu'elles peuvent occasionner.

Lorsque Harvée eut persuadé aux médecins que la circulation était le principe de la vie, ils passèrent de la crédulité au mépris de toutes les opinions des anciens. On ne voulut plus reconnaître de remèdes appropriés à certaines parties; le courant du sang porte ces remèdes par tout le corps, ils agissent donc également, disait-on, sur toutes les parties; mais des observations exactes soumirent enfin les esprits même les plus obstinés à revenir aux anciennes idées sur les effets de ces remèdes. Les expériences physiques qui nous avaient découvert le cours du sang, avaient donc produit des opinions erronées que l'observation seule pouvait détruire. Non seulement l'observation rectifie les expériences physiques, elle en suggère encore de nouvelles, qu'on ne tenterait point sans elle.

L'observation avait appris, par exemple, aux chirurgiens que la ligature arrête le sang dans les veines, qu'il fallait ensuite la relâcher pour faciliter la sortie du sang par l'ouverture de la saignée. La cause de ce phénomène a été cachée longtemps. Enfin la curiosité s'est réveillée; les tentatives qu'elle a inspirées ont dévoilé le mystère de la circulation; cette découverte a porté la lumière dans l'observation même qui en est l'origine; c'est ainsi que l'observation conduit à l'expérience et que l'expérience éclaire l'observation.

Ceux qui cherchent la perfection de l'art doivent donc partir de l'observation et y revenir pour confirmer les conséquences qu'ils tirent des expériences physiques. Cette marche de l'esprit ne serait pas difficile s'il ne fallait que concilier quelques observations et quelques expériences. Mais dès les premiers pas qu'on fait, les difficultés se présentent de toutes parts; les vérités même les plus simples demandent une longue suite d'observations et d'expériences physiques; lorsqu'elles se sont multipliées entre nos mains, il faut découvrir leurs rapports et les conséquences qui en résultent.

Malheureusement, après ces premiers travaux, on ne parvient encore qu'à des connaissances imparfaites. Lorsque la vérité s'est montrée plus clairement, nous n'en voyons presque jamais les bornes, ni les suites; il faut attendre que de nouveaux faits étendent plus loin nos connaissances, c'est-à-dire qu'après avoir fait quelques progrès, on rentre dans un nouveau cercle d'expériences, de faits et d'observations.

Nous trouvons dans le progrès de nos connaissances sur certaines maladies, des preuves qui nous montrent l'étendue des travaux que les nouvelles découvertes coûtent à l'esprit. Les coups reçus à la tête ont souvent causé la mort; le premier pas que demandait l'observation d'un tel accident, c'était d'en chercher les causes par l'inspection anatomique. Les ouvertures des cadavres ont appris aux chirurgiens que l'épanchement du sang faisait périr les blessés. De cette découverte on a conclu qu'il fallait ouvrir le crâne pour donner une issue à l'humeur épanchée; mais d'autres recherches nous ont fait voir que ce n'est pas aux seuls épanchements que la mort doit être attribuée; on a découvert d'autres causes qui ne sont pas moins funestes et contre lesquelles on ne trouverait aucune ressource dans le trépan.

D'ailleurs, des coups, même plus violents que ceux qui causent quelquefois des épanchements, des coups qui ont produit des accidents redoutables, n'ont pas eu cependant des suites qui aient intéressé la vie. Lorsque dans de tels cas on a ouvert le crâne par le trépan, on a tenté une opération aussi inutile que douloureuse; mais on l'a négligée dans d'autres qui ne paraissaient pas si effrayants et où elle n'était pas moins nécessaire.

Telles sont les nouvelles difficultés qui naissent des connaissances à mesure qu'elles se multiplient; la violence du coup et des accidents n'a donc plus été dans tous ces cas un signe certain de l'épanchement, ni une indication qui marquât la nécessité du trépan; il a fallu dans la multiplicité embarrassante des accidents chercher des signes moins équivoques; or ce n'est qu'en rassemblant et en comparant toutes les observations et les expériences, qu'on a approché des indications plus précises et plus certaines.

Peut-être que d'autres connaissances inspireront encore de nouveaux doutes qu'il faudra éclaircir par de nouvelles recherches. Il est donc certain que les lumières qui éclairent l'art de guérir ne sont que le fruit d'une infinité d'observations de pratique, d'expériences physiques et de tentatives qu'elles suggèrent.

Mais ce n'est pas des observations et des expériences d'un seul homme qu'on peut attendre de telles lumières. Il faut nécessairement recueillir les observations qui sont dispersées dans les ouvrages de nos prédécesseurs et de nos contemporains. Sans ce travail, le plus grand génie ne sera qu'un praticien peu éclairé et présomptueux; car s'il entre dans l'exercice de l'art sans les connaissances qui sont renfermées dans ces écrits, l'édifice qui a été élevé par les travaux de tant de siècles, sera l'édifice qu'il entreprendra témérairement d'élever.

Or l'esprit le plus vaste et le plus laborieux osera-t-il se flatter de pouvoir rassembler lui seul tous les matériaux qui doivent former cet ouvrage?

En ramassera-t-il même la millième partie dans la pratique la plus étendue? Les réflexions, les combinaisons qui ont épuisé tant de grands génies, se présenteront-elles à un homme dont la vie est si courte et qui est occupé d'une infinité d'objets différents? On ne saurait disconvenir que l'art de guérir ne soit imparfait ou plein d'erreurs dans les ouvrages mêmes des hommes les plus savants qui l'ont cultivé; que sera-t-il donc entre les mains de ceux qui seront dénués des richesses que tant d'écrivains ont ramassées dans l'étude de la nature? Une ébauche méprisable, que la vanité, le préjugé et l'intrigue pourront couvrir du nom d'habileté, d'expérience, de réputation, de talent; noms qui sont toujours un piège pour le vulgaire et qui cachent si souvent l'ignorance sous les apparences du savoir.

L'exercice de l'art et la manière dont se forme l'expérience qui en est la base nous prouvent l'impuissance des efforts que peut faire l'esprit d'un praticien livré à lui seul. Les objets qu'il faut saisir ne passent que successivement devant les yeux; ce n'est qu'après une longue suite d'années qu'on peut se flatter d'avoir vu une partie de ceux qui sont connus aux hommes, même médiocrement instruits par les livres. Ces objets sont obscurcis les uns par les autres; ils présentent des variations perpétuelles: ici la nature confirme nos idées, là elle les contredit; dans d'autres cas, ce qui paraît fort vaste est borné; ce qui paraît resserré dans des bornes étroites, a une grande étendue; or si les hommes les plus éclairés n'ont pu démêler exactement la vérité parmi tant de difficultés, un praticien pourra-t-il espérer de la saisir par ses seules observations?

Mais supposons que pour pénétrer dans les secrets de la nature on eût épuisé tous les secours qu'on trouve dans les observations et dans les expériences connues; ce travail, joint à la pratique la plus étendue, serait insuffisant; il faudrait encore ne laisser échapper aucune des découvertes qui naissent tous les jours des travaux des maîtres de l'art; sans cette étude, le praticien le plus consommé ignorera dans l'espace de vingt années des vérités qui seront familières à des novices; les travaux des autres sont donc une source de travaux pour lui; et sans une nouvelle étude, son savoir même serait flétri par son ignorance.

L'étude continuelle n'est pas moins nécessaire dans la pratique que dans l'anatomie; or si un anatomiste négligeait de s'instruire des nouvelles découvertes, son travail ne serait qu'un travail servile, qu'une imitation, qu'une répétition des travaux de ses premiers maîtres. En vain se flatterait-il de répandre de nouvelles lumières sur la structure des parties; il pourrait saisir par hasard quelqu'objet qui aurait échappé aux autres anatomistes; mais parce qu'il ne serait point guidé par les connaissances qui viennent à éclore tous les jours, ses progrès seraient fort bornés, peut-être même ne verrait-il jamais que ce qu'il aurait vu dans ses premiers essais. Il y en a pour qui les travaux de trente ans n'ont été qu'un exercice des yeux et des mains; les richesses de leur art se sont multipliées, tandis qu'ils sont restés dans une indigence honteuse.

Tels étaient des praticiens célèbres, contemporains d'Harvée. Contents des connaissances qu'ils avaient puisées dans les écrits de leurs prédécesseurs, ils fermèrent les yeux à la lumière que leur présentait ce grand homme; ils parcoururent une longue carrière dans l'exercice de leur art, sans connaître la circulation du sang qui dévoile tant d'erreurs dans les livres des anciens, et tant de faux pas dans leur marche. Des novices éclairés par cette découverte, méprisaient avec raison ces praticiens dédaigneux qui vieillissaient dans leurs erreurs.

Ces idées sont bien différentes des idées de ces praticiens vulgaires, auxquels leur expérience frivole inspire tant d'orgueil; ils croient découvrir dans leurs courses continuelles, qui sont leurs seuls travaux, les vérités qui peuvent perfectionner l'art de guérir: Un grand homme craignait de l'oublier, lorsqu'il était forcé d'abandonner l'étude et de se livrer entièrement au public; il se demandait chaque année, non pas combien il avait vu de malades, mais quels progrès il avait fait dans la connaissances des maladies. Aussi le grand Bœrhaave s'était-il fait une loi inviolable de partager son temps entre l'étude et la pratique.

Si la chirurgie demande tant de travaux, ne serait-ce pas en avoir une idée peu juste que de la réduire à l'art d'opérer? Cet art est sans doute essentiel, c'est principalement l'opération qui caractérise la chirurgie. Mais l'art d'opérer, considéré en lui-même, ne dépend que des connaissances anatomiques et de l'adresse des mains. L'usage donne cette adresse et ne donne pas le génie et les lumières qui doivent la conduire. Ceux donc qui apprécient la chirurgie par l'opération seule, ceux qui croient que ce n'est qu'une longue habitude d'opérer qui forme le grand chirurgien, sont dans une erreur bien grossière. Pour en mieux juger, examinons les opérations telles qu'elles sont en elles-mêmes; elles se réduisent, ou aux opérations décrites, ou à ces opérations qui varient suivant les parties sur lesquelles on les fait, et suivant la diversité des maladies.

La place des opérations décrites est toujours fixée, la route de la main est tracée, les démarches de l'opérateur sont réglées; l'habitude qui conduira un chirurgien dans une route où tous les pas qu'il doit faire sont marqués, et dont il ne saurait s'écarter s'il a de la mémoire et des yeux, cette habitude sera-t-elle une preuve décisive de la capacité et des talents? Les chirurgiens qui fondent uniquement leur mérite sur cette habitude, s'avilissent donc eux-mêmes et flétrissent leur art. Des novices qui n'ont que des talents médiocres, ne font-ils pas, après quelques tentatives sur des cadavres, ces opérations ordinaires avec la sûreté et le succès qu'on pourrait attendre des opérateurs auxquels une longue habitude les a rendues familières? Des hommes grossiers et ignorants n'en pratiquent-ils pas tous les jours quelques-unes des plus délicates sur des animaux? Ne peuvent-ils pas vanter l'adresse de leurs mains, leur habileté, leurs succès? C'est donc avec raison que les plus grands opérateurs conviennent qu'un praticien servilement assujetti au manuel réglé de ces opérations, n'est qu'un ouvrier livré à une misérable routine, souvent pernicieuse pour les malades, et toujours préjudiciable au progrès de l'art. C'est ce qui deviendra très sensible dans quelques exemples.

Il y a eu des chirurgiens qui se sont consacrés à une seule opération; elle les a occupés pendant toute leur vie. Mais cette opération s'est-elle perfectionnée entre leurs mains ? Ne l'ont-ils pas laissée en mourant dans l'état où elle était la première fois qu'ils l'ont tentée? Un lithotomiste qui a adopté une seule méthode ose-t-il la quitter pour avoir recours à d'autres, qui en certains cas seraient moins dangereuses? Ose-t-il même s'élever jusqu'aux perfections que d'autres mains ont données à cette méthode à laquelle il s'est borné? Ce que produit donc l'habitude ou le long exercice, c'est une timidité ou un préjugé qui éloignent de toutes les autres voies, quelque sûres qu'elles puissent être. Cette habitude si vantée, n'arrête-t-elle pas de même les progrès de toutes les autres opérations?

Lorsqu'on ne connaissait que la cruelle ressource du fer brûlant pour arrêter le sang dans les amputations, *Paré*, inspiré par son heureux génie, nous apprit à lier les vaisseaux. Mais cette méthode fut-elle adoptée par les chirurgiens habitués à leur routine dangereuse ou inefficace? Cent ans après cette précieuse découverte, leurs disciples serviles qui ne craignaient pas de faire souffrir inutilement aux malades les plus affreuses douleurs, craignaient encore de lier les vaisseaux. Il fallut attendre que des hommes éclairés, sages et hardis, osassent s'exposer à la censure, et peut-être au mépris de leurs contemporains, pour ramener les esprits prévenus à une méthode si heureusement inventée.

Les anciens chirurgiens ont tenté hardiment et avec succès l'opération de la fistule: cependant, à la honte de ces praticiens ignorants que la routine conduit, combien n'a-t-on pas hésité à la fin du dernier siècle à recourir à l'opération, qui était familière aux premiers maîtres de l'art, et que *Celse* a décrite avec tant de clarté? En vain *Aquapendente* en suivant leurs traces, avait-il donné des exemples persuasifs; les chirurgiens modernes, aveuglément bornés à des procédés souvent inutiles ou dangereux, n'avaient pas reconnu que la fistule ne pouvait trouver un remède sûr que dans le tranchant du fer.

Sans les alarmes que répandit dans la France le danger pressant qui menaçait la vie d'un de nos plus grands rois, peut-être serions-nous privés d'un secours qui a sauvé la vie à tant de malheureux. Ainsi que ne doit-on pas craindre de cette habitude, ou plutôt de cette routine qui fixe un chirurgien dans une même voie, et qui lui donne une marche uniforme dans les cas les plus variés? Ce qui est de certain, c'est que la plupart des opérations dont le manuel paraît réglé dans les livres qui en traitent, n'ont pas cette simplicité si favorable à la routine.

Le trépan par exemple, n'offre-t-il pas beaucoup de variétés? Les parties sur lesquelles on l'applique, les maladies qui l'exigent, ne sont-elles pas si différentes qu'elles demandent dans tous les cas un génie fertile en nouvelles ressources? La multiplicité des trépans (1) ne dépend-t-elle pas de la diversité des cas et des circonstances que le hasard rassemble?

N'est-on pas forcé de sortir des règles prescrites, et d'en chercher d'autres dans la structure des parties et dans la nature des maladies? N'est-ce pas donc le jugement, la sagacité, le savoir, et non une habitude servile, qui doivent conduire la main? Si dans les opérations mêmes qui sont soumises à quelques règles, l'habitude ne peut conduire la main, que doit-on en attendre dans les opérations dont la variété est telle que la variété des blessures et des maladies? Faut-il ouvrir des abcès profonds, pénétrer dans le tissu des parties pour y chercher des corps étrangers, débrider des étranglements mortels, suivre des fistules dont le fond se dérobe d'abord aux doigts et aux instruments, extirper des tumeurs environnées de gros vaisseaux, se faire des routes à travers des parties délicates qu'il faut ménager, découvrir des caries qui exigent des opérations extraordinaires? Dans de tels cas, où les opérations n'ont aucune place fixée ni aucune étendue déterminée par les préceptes, et où les secours de la main ne doivent être réglés que par la nécessité des circonstances qui varient toujours, quelle ressource trouvera-t-on dans cette habitude qui n'est formée que par la répétition de quelques opérations où l'on aura toujours suivi la même méthode?

C'est donc dans ces opérations variées que consiste le fond le plus étendu de l'art d'opérer; ainsi ces hommes, qui ne peuvent marcher que dans des chemins frayés pas les autres, seront des hommes inutiles dans ces cas si difficiles, si fréquents et si dangereux. Mais ces connaissances mêmes si nécessaires dans de tels cas pour conduire la main, ne renferment pas, comme on l'a déjà dit, toutes celles qui forment le chirurgien.

L'opération dont elles sont la règle et qui frappe le plus le

---

(1) Il y a eu des coups à la tête qui ont obligé d'appliquer jusqu'à vingt-sept trépans, comme nous l'apprenons des observations de *Stalpart Wanderwiel.* (Note de l'original.)

vulgaire, n'est qu'un point dans la cure des maladies. La connaissance des cas qui l'exigent, les accidents qui la suivent, le traitement qui doit varier selon la nature et la différence de ces accidents, tous ces objets ne sont-ils pas les objets essentiels de la chirurgie? Qu'il se présente, par exemple, une fracture accompagnée d'une plaie dangereuse, la réduction, quoique souvent très difficile, n'est qu'une petite partie du traitement de cette maladie; les inflammations, les étranglements, la gangrène, les dépôts, les suppurations, les fontes excessives, la fièvre, les convulsions, le délire, tous ces accidents qui surviennent si souvent, demandent des ressources beaucoup plus étendues que celles qui sont nécessaires pour réduire les os à leur place naturelle.

Un exercice borné, la connaissance de la situation des parties, l'industrie et l'adresse, suffisent pour replacer des os; mais des lumières profondes sur l'économie animale, sur l'état où sont les parties blessées, sur les changements des liqueurs, sur la nature des remèdes, sont à peine des secours suffisants pour remédier aux accidents qui suivent ces fractures.

Il s'ensuit de là que l'exercice de la chirurgie demande une théorie lumineuse et profonde; mais les idées du public et des praticiens mêmes ont été si bizarres sur la théorie, qu'il est nécessaire de les apprécier. De simples spéculations et des connaissances puisées dans l'expérience, ont été confondues également sous le nom de théorie; j'appelle de simples spéculations ces fictions de l'imagination, ces idées qui ne sont point tirées du fond des choses, ces principes fondés sur des possibilités et sur des vraisemblances, ces conséquences qu'on en déduit si légèrement et avec tant d'assurance. De telles spéculations ne peuvent pas former la théorie de l'art de guérir; elles ne sauraient produire que des opinions incertaines, que la nature dément presque toujours, et que le temps et la raison effacent bientôt de la mémoire des hommes. Il n'y a que l'imprudence, la précipitation, le défaut de jugement qui puissent les ériger en règles.

C'est de telles spéculations que sont sortis ces systèmes qui se sont détruits mutuellement, et qui ont amusé successivement les esprits. D'une simple vérité, ou d'une supposition, on a prétendu déduire l'art de guérir. Un enchaînement de raisonnements et de conséquences, qui avaient pour appui cette base si chancelante, en a imposé souvent aux esprits les plus sages et les plus difficiles; des explications arbitraires et ingénieuses, où l'imagination trouve des réponses à toutes les difficultés, ont été adoptées comme des explications dictées par la nature même. Telle est cette théorie qui n'est que trop commune, qui a infecté les écoles et qu'on ne saurait assez mépriser; elle est fort séduisante à la vérité, parce qu'elle plaît à l'imagination, et parce que sa facilité dispense des travaux et des recherches qui peuvent nous dévoiler la nature. L'esprit aveuglé par la vanité est flatté de trouver en lui-même les principes de toutes choses.

C'est dans cette espèce de délire et sur des fondements que l'imagination seule a jetés, que des philosophes ont élevé avec complaisance toute la machine de l'univers; que des praticiens célèbres et ignorants ont reconnu pour principe de toutes les maladies, l'acide, l'alcali, la fermentation, l'épaississement du sang ou de la lymphe; qu'ils ont borné l'art de guérir à des indications vagues, faciles à imaginer, mais insuffisantes dans la plupart des maladies. Ce sont de telles indications qui ont renfermé la pratique dans un cercle étroit de remèdes ordinaires. Quand on a placé au hasard beaucoup de saignées, de purgatifs, de délayants, de fondants, de topiques que la routine a consacrés, on croit avoir épuisé les ressources de l'art.

C'est donc sans raison qu'on a confondu avec ces opinions imaginaires qui portent la stérilité, l'erreur et le danger dans la pratique, les connaissances qui en sont les fondements. Ces connaissances puisées dans la physique, déduites de la nature et de l'opération des remèdes, soudées sur des causes de nos maux, sur l'observation de leurs signes, sur les lois de l'économie animale, forment la véritable théorie sans laquelle il n'y a ni art, ni méthode dans le traitement des maladies. Mais telle est la force des préjugés: ces praticiens, que leurs occupations continuelles éloignent de l'étude, et dont l'ignorance réduit l'art de guérir à des ressources connues même du vulgaire; ces praticiens, dis-je, qui se parent d'une simplicité séduisante, regardent avec dédain ceux qui partagent leur application entre l'étude et la pratique; ils inspirent du mépris pour la théorie, et en imposent au public, qui n'en saurait connaître l'utilité. C'est ainsi que l'ignorance la plus grossière trouve dans la crédulité un moyen toujours trop sûr pour flétrir le savoir, qui peut seul assurer nos pas.

La théorie n'est donc que la pratique réduite en préceptes; mais malgré les travaux de tant de siècles, ces préceptes ont toujours des bornes étroites. Dans ces limites, où la certitude nous abandonne, il ne nous reste pour nous conduire que la *conjecture* et l'*analogie*. Ces deux guides sont utiles : cependant les connaissances qui en doivent être la base, peuvent seules leur donner assez d'autorité pour captiver l'esprit ; si la conjecture et l'analogie n'ont pas un tel appui, elles ne seront que des guides trompeurs. Dans les travaux de l'esprit, la conjecture et l'analogie sont des sources de lumière ; la vraisemblance, la comparaison des objets qui se ressemblent, conduisent à des recherches ; et de ces recherches naît quelquefois la connaissance de la vérité ; mais de la conjecture et de l'analogie passer à la pratique, comme d'un principe à sa conséquence, c'est une démarche délicate qui peut jeter dans des voies pleines d'erreurs et de périls. Elle doit donc être interdite à des esprits bornés ou peu éclairés ; à peine doit-elle être permise à des génies supérieurs qui ont les connaissances les plus étendues ; du moins n'est-ce qu'avec une grande réserve qu'ils doivent s'y livrer, lorsqu'il s'agit de la vie des hommes.

Il est facile de tomber dans l'erreur, mais il est difficile d'en sortir ; les observations qui pourraient nous désabuser, nous confirment souvent dans les opinions les plus absurdes.

On trouve dans tous les siècles des exemples de cet égarement.

La sagesse des anciens a trouvé un écueil dans les conjectures ; ils s'étaient trop pressés de remonter aux premières causes. Dans cet essor prématuré que l'obscurité de leur physique devait leur rendre suspect, ils ont ramené la plupart des maladies à des principes que la philosophie de leur temps avait adoptés. La vraisemblance qui les a séduits, et qui paraissait les justifier, a multiplié leurs erreurs. Plusieurs modernes dominés par l'esprit de système, et auxquels les nouvelles découvertes auraient dû cependant inspirer plus de retenue, se sont encore plus livrés à l'imagination ; la conjecture a été pour eux une source d'opinions grossières, l'art qui décide de la vie des hommes n'a été dans leur esprit que l'art dangereux de conjecturer. L'analogie les a jetés dans des écarts qui sont encore plus honteux pour la raison.

Le quinquina que l'expérience avait consacré aux fièvres intermittentes, ils l'ont appliqué avec autant d'opiniâtreté que de témérité aux fièvres continues, aux fièvres malignes, aux fièvres hectiques, aux fièvres causées par des suppurations, etc. Après avoir découvert l'heureuse efficacité du mercure dans les maladies vénériennes et dans quelque autre maladie, ils ne doutèrent pas que ce minéral ne fût un remède universel pour les maladies chroniques ; au lieu de se borner à de simples essais conduits par la prudence, ils le prodiguèrent hardiment dans le traitement du cancer, des ulcères, du scorbut, etc., comme une ressource assurée contre ces maux. Ces erreurs meurtrières, dont ils n'ont pu se désabuser, sont devenues contagieuses, en se perpétuant dans des ouvrages qui en imposent à l'ignorance et à la crédulité; mais malgré l'abus qu'on a fait de la conjecture et de l'analogie, il faut avouer qui si elles peuvent égarer des esprits trop faciles à se laisser séduire par l'apparence, elles peuvent inspirer d'heureuses tentatives à des praticiens qui savent se conduire avec une circonspection éclairée. Les connaissances profondes, qui font la base de la chirurgie, font le mérite et la difficulté de cet art; elles nous montrent en même temps de quelles mains on peut en attendre les progrès.

Les grands chirurgiens sont aussi rares que le génie, le savoir et les talents; le génie est la source des lumières, c'est l'instrument universel; mais il est pour ainsi dire tel que le corps, il s'engourdit quand il est dans l'inaction; l'esprit qui n'a pas été cultivé, est aussi incapable de distinguer les objets, d'en voir les liaisons, de suivre exactement le fil d'un raisonnement, que le corps est incapable d'agilité et de souplesse lorsqu'il n'a pas été exercé.

Il faut donc que l'esprit soit préparé pour entrer dans la chirurgie, comme il doit l'être pour entrer dans les autres sciences; c'est-à-dire qu'il faut porter dans l'étude de cet art les connaissances qui nous dévoilent les opérations de la nature. Sans ces connaissances, on ne saurait pénétrer jusqu'aux vérités qui forment les règles par lesquelles on doit se conduire dans la cure des maladies. Les progrès de la chirurgie ne sont dus qu'à des hommes qui ont été conduits pas ces connaissances: tels étaient les *Lanfranc*, les *Berengarius*, les *Vidus-Vidius*, les *Severin*, les *Fallope*, les *Vesale*, les *Aquapendente*, les *Paré*, les *Magatus*, les *Fabrice*, les *Guillemeau*, les *Pigray*, les *Demarque*, les *Thevenin*, les *Scultet*, les *Nuck*. [1]

Ces illustres praticiens, dont l'esprit était préparé par l'étude des langues savantes, cultivé par les belles-lettres, enrichi des connaissances philosophiques, ont porté le flambeau dans tous les détours de notre art. Ce n'est pas qu'il ne se soit élevé des hommes qui, étant conduits seulement par leur génie, ont laissé dans

---

[1] Plusieurs de ces grands hommes ont allié le titre de médecin à celui de chirurgien, parce que dans les universités étrangères la médecine n'a pas été séparée de la chirurgie comme dans l'université de Paris. (Note de l'original.)

la chirurgie des traces durables de leurs talents; mais de tels hommes sont rares.

L'art serait resserré dans des bornes fort étroites si les richesses n'avaient pu sortir que d'une source que la nature ouvre si rarement. Les travaux de ces praticiens si éclairés ont hâté les progrès de la chirurgie; mais si les maîtres de l'art avaient réuni leurs efforts, s'ils eussent formé des sociétés consacrées à de nouvelles recherches, ces progrès n'eussent-ils pas été plus rapides? Combien n'y a-t-il pas eu de chirurgiens qui ont enseveli avec eux des connaissances précieuses. Ces connaissances ne se seraient pas perdues si quelque compagnie savante en eût été dépositaire et les eût répandues. Des hommes zélés qu'elles auraient instruits en auraient ensuite enrichi leurs ouvrages et la postérité; elles auraient même été plus épurées, puisqu'elles auraient été soumises en naissant à un examen éclairé et rigoureux; enfin elles auraient inspiré de nouvelles recherches et donné de nouvelles lumières, en excitant la curiosité et l'émulation.

L'art trouve donc dans de telles sociétés des ressources qu'il ne trouve jamais dans les travaux des particuliers; elles sont des espèces de bureaux qui appellent de toutes parts les travaux des savants, pour les consacrer à l'utilité publique et aux progrès des sciences; elles établissent un commerce où le public gagne plus que ceux même qui en font les frais; le fonds d'un tel commerce ne périt point; il sera d'âge en âge une source féconde de nouvelles richesses.

C'est pour rassembler ces richesses et pour en cultiver le fonds, qui est déjà si étendu, qu'on a établi l'Académie; c'était là le seul avantage que la chirurgie pouvait envier aux autres sciences. Mais si l'établissement de cette société a été si tardif, l'art trouvera un dédommagement dans ce retardement même; les autres sociétés savantes lui ont préparé des matériaux qui serviront à la perfectionner; tout ce qui pouvait contribuer à hâter ses progrès a été cultivé avec ardeur; la physique s'est enrichie par des découvertes nombreuses; l'anatomie nous a dévoilé la structure de nos organes; la chimie a conduit notre curiosité dans l'intérieur et dans la composition des mixtes. La mécanique perfectionnée peut seconder le génie et l'industrie dans la construction des instruments et des machines qui multiplient les forces. Il était temps de porter ces lumières dans la chirurgie; les anciens étaient privés de la plupart de ces ressources, ils n'étudiaient que les dehors de la nature, ils n'en connaissaient que ce qu'elle présentait d'elle-même à leur observation.

Notre art, qui trouve tant de secours dans les travaux modernes, pourra donc faire des progrès qu'on n'aurait osé espérer autrefois. Le plan que se propose l'Académie est d'élever la chirurgie sur les observations, sur les recherches physiques et sur les expériences. Dans l'usage qu'on en fera, on suivra les règles que nous avons déjà établies, mais les observations seront le fonds le plus riche de ses travaux; elle ne refusera pas même celles qui sont les plus communes, parce qu'elles renferment toujours des circonstances différentes, souvent plus utiles que le principal objet qui a attiré l'attention de l'observateur; en même temps elle ne négligera pas d'autres observations, qui pourraient paraître suspectes par le merveilleux qu'elles renferment.

Si ce merveilleux en a souvent imposé à des esprits crédules, il a été quelquefois rejeté sans raison par des esprits trop difficiles à persuader. Des observations rebutées parce qu'elles présentaient des phénomènes qui paraissaient s'écarter des routes ordinaires de la nature, ont été justifiées par une suite de faits, dont l'autorité a fait évanouir tous les doutes (¹); telles sont les observations qui nous assurent de l'adhérence des pierres dans la vessie, des succès de l'opération césarienne et de la bronchotomie, de la possibilité des hernies par le trou ovalaire, etc. C'est ainsi que la nature en se dévoilant quelquefois aux hommes, malgré eux-mêmes, leur ouvre des voies qu'une prévention opiniâtre leur avait fermées et qui conduisent à des connaissances essentielles dans l'art de guérir.

(1) On prie ceux qui enverront de ces sortes d'observations, de les appuyer de tous les témoignages nécessaires, pour qu'on puisse les donner au public. (Note de l'original.)

ESSAI PHYSIQUE

SUR

L'ÉCONOMIE ANIMALE [1]

I.

ANALYSE CRITIQUE

TIRÉE DES

« GÖTTINGER GELEHRTE ANZEIGEN »

1748

29 Février

M. Quesnay a publié, l'année dernière, une nouvelle édition augmentée de son „Essai physique sur l'économie animale“, en trois volumes, chez Cavalier. Probablement, ce livre aurait dû être au fond une physiologie, mais cet auteur loquace n'a pas voulu s'enfermer dans ces limites

(1) Les pensées médicales de Quesnay sont constamment revenues sur deux points principaux qui sont, d'un côté, la théorie de la *saignée* et d'autre part la théorie *des fièvres*. Dans ces deux matières se fait jour son idée-mère qu'il a maintenue partout et qui repose dans la force curative de la nature. Sur le premier point, il s'est élevé contre la façon exagérée dont la pratique de la saignée était répandue de son temps; sur le second point, il a combattu l'idée que la fièvre avait quelque chose de mauvais en soi, qu'il fallait dans tous les cas la supprimer, alors que souvent elle était le moyen par lequel la nature pouvait s'aider elle-même. On sait qu'il a terminé ses travaux de littérature médicale par l'édition de 1753 du *Traité des fièvres continues*. Ce traité se borne aux questions purement médicales. En revanche, ses études sur la saignée, à la suite desquelles il est entré dans l'arène littéraire, ont été le point de départ, d'abord de ses études physiologico-philosophiques, et, ensuite de ses études philosophico-économiques. Par ses „Observations sur les effets de la saignée“, il a réfuté, en 1730, la théorie de Silva qui lui paraissait dangereuse. Les succès inattendus de ce traité, loin de l'engager à prendre du repos, l'ont au contraire excité à poursuivre encore davantage ses études dans cette direction. En 1736 ont paru simultanément deux produits connexes de sa plume, savoir d'une part: *L'art de guérir par la saignée, où l'on examine en même temps les autres secours qui doivent concourir avec ce remède, ou qui doivent lui être préférés dans la cure des*

données. Le premier volume de 612 pages, une préface de 112 pages non comptée, contient une partie des sciences, notamment celle des éléments. Dans la préface, M. Quesnay juge et condamne les médecins avec

maladies tant médicinales que chirurgicales, et d'autre part l'*Essai physique sur l'économie animale*, ouvrage qui est une sorte d'abrégé de physiologie et dont il a expressément dit qu'il est „un traité préliminaire pour l'intelligence de ce dernier". Les deux ouvrages ont paru plus tard en édition complétée d'une manière importante et remaniée: l'*Essai physique sur l'économie animale*, en l'année 1747 en trois volumes, et l'autre livre en l'année 1750 sous le titre de *Traité des effets et de l'usage de la saignée, nouvelle édition de deux traités de l'auteur sur la saignée, réunis, mis dans un nouvel ordre et très augmentés*. Dans ce dernier livre, les *Observations sur les effets de la saignée* se trouvent réunies avec l'*Art de guérir par la saignée*, qui avait paru plus tard. La deuxième édition de l'*Économie animale* se distingue de la première en ce sens que celle-ci ne contenait que des travaux spécialement physiologiques, abstraction faite d'un *Discours sur la théorie et l'expérience en médecine*, que l'auteur avait présenté peu de temps avant à l'Académie des sciences et belles-lettres de Lyon, et dont le contenu essentiel a passé dans la *Préface* du 1er volume des *Mémoires de l'Académie de chirurgie*, reproduite plus haut, tandis que la seconde édition embrassait tout le cadre de la métaphysique. C'est peut-être ici le premier essai qui ait été tenté de fonder la métaphysique sur la physiologie. Le troisième volume, qui s'étend en particulier sur les matières philosophiques spéciales, renferme déjà les bases du développement ultérieur de la philosophie pratique ou, ce qui chez Quesnay est identique, de la philosophie économique.

Nous avouons que la question de savoir si et dans quelle étendue nous devions tenir compte, dans cet ouvrage, de l'*Economie animale*, a été pour nous difficile à résoudre. Il ne fallait naturellement pas songer à reproduire au complet les trois volumes de l'œuvre avec tous leurs détails physiologiques. Mais, d'un autre côté, si nous avions seulement reproduit le tome troisième, qui renferme les exposés philosophiques, nous n'aurions pas échappé au reproche que nous ne donnons que ce qui est propre à induire en erreur sur l'ensemble du contenu de l'ouvrage. Après mûre réflexion, nous nous sommes déterminé à employer un moyen terme, en donnant un extrait général soigneusement fait et en ajoutant encore le texte original des parties qui importent le plus au but de notre ouvrage, but qui est plutôt de l'ordre économique. Nous avons cru devoir d'autant plus nous arrêter à ce procédé que les idées métaphysiques les plus importantes de l'œuvre sont résumées dans l'article *Evidence* de l'*Encyclopédie*, reproduit ci-après.

Mais il fallait, cela va sans dire, que cet extrait provînt d'une personnalité compétente en matière physiologique. Or, nous croyons avoir trouvé un tel abrégé dans une critique contemporaine des *Göttinger Gelehrte Anzeigen*, dont l'auteur est, selon toute probabilité, ALBRECHT VON HALLER, alors directeur et principal collaborateur de ce célèbre journal littéraire du 18e siècle. Les *Göttinger Gelehrte Anzeigen* suivaient avec assez d'attention l'activité littéraire de Quesnay, bien que ce fût plutôt par curiosité que par approbation scientifique. Dans cette même année 1747, Haller avait publié son ouvrage „Primæ lineæ physiologiæ", dans lequel il entreprenait d'édifier la physiologie sur la base de l'anatomie. Les essais indépendants, on peut presque dire autodidactiques, de son prédécesseur et collègue de la cour de Versailles, ne doivent pas précisément lui avoir inspiré une estime particulière pour leur auteur. On le remarque clairement dans l'analyse critique ci-dessus, qui, à bien des endroits, est d'une sévérité injustifiée. Toujours est-il qu'il était intéressant de faire remarquer le jugement qui avait été porté sur les œuvres de Quesnay par un organe étranger, alors considéré comme la plus haute autorité en cette matière. Il convient toutefois d'ajouter que les travaux économiques de Quesnay et de son école, qui ont paru plus tard, ont été traités avec plus de ménagement par ce même organe.

une désinvolture extraordinaire (¹). Il se vante de 25 ans d'exercice médical, quoiqu'il ne soit que chirurgien (²), et chante en même temps les louanges d'un mécène, le duc de Noailles, qui lui a procuré les loisirs nécessaires à son important travail (³). Il conclut, après une longue divagation, avec tous les autres médecins, qu'il faut nécessairement réunir la théorie à la pratique (⁴). Il célèbre *Bœrhave* qu'il nomme immédiatement après Hippocrate et Galien; mais il se plaint en même temps de son laconisme qui, sans doute, ne peut pas plaire à un Quesnay (⁵). Il se réclame des commentateurs connus des „Institutions" et des „Aphorismes", pour prouver la nécessité absolue de ranger méthodiquement les descriptions et phénomènes servant de bases à la physiologie. Le livre même traite des sept éléments; car M. Quesnay ajoute aux quatre éléments ordinaires le *sel*, l'*huile* et le *mercure*. Le *feu* occupe la plus grande place dans ce traité; sans doute, parce que dernièrement cet élément a été l'objet d'un concours à Paris, de sorte que l'on a beaucoup écrit, présumé et observé à ce sujet, ce dont M. Quesnay profite (⁶).

Mentionnons encore le fait que, de nos jours, l'*Essai physique sur l'économie animale* est devenu un ouvrage très rare. Nous l'avons en vain cherché dans les bibliothèques allemandes. La bibliothèque de l'université de Göttingue, où nous pensions nous le procurer le plus facilement, n'en possède aucun exemplaire. Dans la bibliothèque du British Museum, à Londres, nous n'avons trouvé que la première édition, et dans la bibliothèque nationale, à Paris, que la deuxième édition de l'année 1747, seulement.   A. O.

(1) Dans presque chaque discussion des *Göttinger Gelehrte Anzeigen* sur les œuvres de Quesnay, on trouve ce blâme qui nous semble injustifié. Comme philosophe indépendant, Quesnay devait avoir une attitude passive vis-à-vis de beaucoup de ses prédécesseurs et de ses contemporains. Ce n'est que d'une manière exceptionnelle qu'il prenait un ton vif. C'est ce qui a été une fois reconnu, savoir dans la discussion du dernier ouvrage médical de cet auteur, le *Traité des fièvres continues*, paru en 1753, où il est dit: „Après un examen particulier, M. Quesnay repousse presque tout ce qui a été appris ou cru jusqu'à présent au sujet des fièvres; *mais il le fait avec la plus grande politesse envers les auteurs*, dont les opinions sont considérées par lui comme étant des non sens". A. O.

(2) Dans l'original (édition de 1736), on lit: „Pendant environ vingt *(sic)* ans que j'y ai (à Mantes) exercé sans relâche ces deux profession médecine et la chirurgie) ensemble". Cependant, sur la page-titre, Quesnay se nomme simplement „chirurgien de Monseigneur le duc de Villeroy". Comme on le sait, il n'a obtenu le grade de docteur en médecine qu'en l'année 1744, à Pont-à-Mousson. A. O.

(3) L'ouvrage est, dans ses deux éditions, dédié à Monseigneur Adrien Maurice duc de Noailles, pair et maréchal de France. A. O.

(4) Dans le *Discours préliminaire* se trouvant déjà dans la première édition, mais remanié dans la deuxième sur la base de la *Préface* publiée dans les *Mémoires de l'Académie de chirurgie*. A. O.

(5) Très souvent dans les discussions des traités médicaux de Quesnay, les *Göttinger Gelehrte Anzeigen* lui ont reproché son „style prolixe". Elles disent même de son *Traité de la gangrène*, qu'il est rédigé dans son „style asiatique ordinaire" (avril 1751). Comme on le sait, Quesnay a été, au sujet de ses écrits économiques, exposé à un blâme inverse. On lui a reproché sur ce point d'être obscur à cause de son style concis. A. O.

(6) Dans l'édition de 1747 de la théorie des *Éléments*, comparée à celle de l'année 1736, on remarque des modifications essentielles. Dans la première édition, Quesnay admet seulement six éléments, c'est-à-dire les quatre anciens, plus l'*huile* et le *sel*. Il les groupe de la manière suivante:

Ses idées nous ont paru nouvelles en bien des points; mais quant à leur exactitude, le lecteur en jugera.

M. Quesnay considère l'éther comme cause non pas seulement de la chaleur, mais aussi du froid; il produirait la chaleur en dilatant les corps, et le froid en les comprimant. M. Quesnay réfute avec prolixité ceux qui regardent le feu comme le produit d'un mouvement et le froid comme celui d'un repos. Il se déclare également adversaire de la *force de l'attraction*; il fait, à l'instar de presque tous les Français, comme si cette force fût la seule chose incompréhensible dans la nature. D'après M. Quesnay, l'éther produirait le froid et la chaleur par des mouvements différents: un mouvement tremblant produirait la chaleur, un mouvement comprimant produirait le froid. Et même l'éther ferait ces deux mouvements à la fois, il produirait toujours et constam-

---

„De ces six principes, il y en a deux, savoir le *feu* et l'*air*, qu'on peut regarder comme *actifs* parce que sans cesse ils agissent et remuent partout et parce que ce sont eux qui opèrent dans les corps tous les changements qui leur arrivent, comme on le verra lorsqu'on traitera de ces deux éléments. Les quatre autres, à cause qu'ils se laissent lier et assujettir dans les mixtes et à cause qu'ils y sont soumis à l'activité des deux premiers, peuvent être regardés comme *passifs*" (t. I, chap. I).

Ce n'est que dans l'édition ultérieure que le nombre des éléments est élevé à sept, par l'incorporation, dans ce nombre, du *mercure*; mais Quesnay a renoncé à traiter d'une manière détaillée ce septième élément. En revanche, il réduit le chiffre des principes actifs à un seul, le feu. Les explications qu'il donne à cet égard sont conçues en ces termes:

„Les substances métalliques paraissent renfermer de plus un élément particulier, que les chimistes, qui confondent presque tous les principes des corps sous le nom de terre, appellent *terre mercurielle*. On croit que ce principe ne peut former qu'un corps fluide, lorsqu'il abonde beaucoup plus que les autres éléments dans un mixte; et on est persuadé que c'est de là que dépend la fluidité du vif-argent. Je ne conteste point la réalité de ce septième élément; mais comme il est encore fort peu connu et que d'ailleurs il n'appartient qu'à un genre de mixtes dont il ne sera point parlé dans cet ouvrage, je suis dispensé par ces deux raisons d'entrer dans aucun détail sur sa nature ou sur ses propriétés. On doit donc, si l'on veut s'en tenir aux connaissances qu'on a aujourd'hui sur les principes des corps, reconnaître sept éléments; car l'observation et tous les travaux de la chimie n'ont pu encore pénétrer plus loin dans la division de la matière ou dans la décomposition des mixtes. Des sept éléments dont nous venons de parler, il y en a un, savoir le feu ou l'éther, qui est la première cause de tous les mouvements qui s'opèrent dans les mixtes. Ce principe, qui est toujours en action dans les corps, n'entre point dans leur composition comme les autres éléments, qui en sont les matériaux, qui se fixent et se joignent ensemble pour les former. Ces derniers sont employés de deux manières dans la composition des mixtes; car, outre qu'ils sont les matériaux dont les corps sont composés, ils sont encore, lorsqu'ils sont en liberté et qu'ils sont mis en mouvement par l'éther ou le feu, les instruments par lesquels ce premier agent opère tous les changements qui arrivent dans les mixtes. Le feu est donc le seul élément actif; les autres principes ne peuvent être regardés que comme des éléments passifs, puisqu'ils n'agissent que par le feu qui les met en action et qui agit continuellement sur eux. Parmi ces éléments passifs il y en a qu'il faut reconnaître pour les instruments universels et primitifs de la nature, qui sont l'air et l'eau; les autres ne peuvent être envisagés que comme des instruments particuliers et secondaires, surtout le sel, l'huile et la terre, parce qu'ils n'agissent que par l'entremise de l'air et de l'eau" (tome I, pages 35 et 36). A. O.

ment le chaud et le froid, il dilaterait et comprimerait en même temps les parties des corps (molécules) Cela paraît une contradiction. Mais M. Quesnay prétend le contraire et cite comme exemple les courants opposés dans l'eau et dans l'air. Ensuite, l'éther fait des corps *durs* lorsque les parties se touchent en beaucoup de points, et des corps *liquides* lorsque peu de points seulement sont en rapport. M. Quesnay sait encore beaucoup de choses à dire de l'éther qui produirait aussi l'élasticité par un procédé mécanique que M. Quesnay se fait fort d'expliquer.

En exprimant toutes ces hypothèses, M. Quesnay ne s'est-il donc plus rappelé ce qu'il a dit avec tant d'énergie dans sa préface, à savoir que l'on ne devrait jamais accepter ce qui n'est pas prouvé? Ensuite, tout en reconnaissant à l'éther la lumière aussi bien que la chaleur, il prétend que les deux résultent de mouvements opposés, que la lumière exclut la chaleur et *vice versa*. M. Quesnay a-t-il donc tout à fait oublié les foyers (des miroirs ardents), dans lesquels la lumière rapprochée produit une chaleur d'une intensité plus grande qu'aucun autre feu? Puis, M. Quesnay considère la chaleur extérieure comme l'âme des plantes („âme végétative") et même des animaux, ce qu'il prouve par le ravivement des insectes qui passent du froid au chaud. Quant à l'inflammation, M. Quesnay lui donne par cause la délivrance de l'air fixé dans les corps. Le livre contient beaucoup encore de ces idées extraordinaires.

Les autres éléments sont traités bien plus brièvement. Dans le chapitre traitant de l'*air*, M. Quesnay se sert généralement de la chimie de Bœrhave. Traitant de la *terre*, M. Quesnay réfute la théorie des trois terres de M. Becher et il nie l'existence d'une terre inflammable et vitrifiable. Parlant du verre, il cite l'observation que l'esprit du nitre avait corrodé un vase de verre et composé avec son sel alcalin un sel neutre; ainsi donc, il ne voit pas dans la vitrification une destruction des corps qui change la nature du sel. Quant au *mercure*, M. Quesnay n'en parle pas du tout dans ce volume (¹). Nous remarquons encore que M. Quesnay, contrairement aux habitudes de ses compatriotes, donne des tables des matières extrêmement étendues: à côté de 369 pages du livre, il n'y a pas moins de 245 pages de tables.

14 Mars

Le second volume de la soi-disant „*Economie animale*" de M. Quesnay contient 376 pages. C'est une véritable chimie, ou au moins une partie de la chimie, celle qui traite des *sels* et des *huiles* des trois règnes, et dont une toute petite partie appartient à la physiologie, à savoir celle qui s'occupe des sels et des huiles contenus dans le sang et les autres liquides du corps humain. L'auteur nous assure dès le commencement qu'il est impossible d'écrire une physiologie sans connaître tous ces sels; mais comment peut-on en écrire une sans l'*anatomie*, ce que M. Quesnay a trouvé bon de faire? M. Quesnay commence par la thèse générale du

(1) Voir la note de la page précédente. A. O.

sel acide qu'il considère comme l'essence de tous les sels; les sels alcalins ne seraient que des sels acides masqués par des huiles y accolées. En parlant de ce sel acide, M. Quesnay se sert de termes complètement inconnus; à côté d'une huile vitriolique, il décrit encore une huile du sel et une huile du soufre, noms qu'il lui plaît de donner aux esprits forts du sel et du soufre. Il avoue, à juste raison, qu'il est impossible d'apprécier la force curative des plantes d'après les sels et les corps liquides que l'on peut en extraire par le feu. Il croit que les trois esprits acides ne font qu'un seul, et il cite quelques observations d'après lesquelles l'esprit du sel se transformerait en esprit du nitre, — ainsi que d'autres observations qui prouveraient même la possibilité de réduire le nitre à un tartre. D'accord avec M. Junker qu'il exploite fort, M. Quesnay prétend que l'huile de vitriol est inflammable; mais il ne cite aucune expérience à l'appui de sa thèse et contre celle M. Hofmann qui a nié cette inflammabilité. Au contraire, un fait y est extrêmement suspect: M. Quesnay conseille d'ajouter à l'huile de vitriol un peu d'huile de térébenthine, et celle-ci s'enflamme certainement de soi-même par ses esprits. L'acide fondamental n'est pas, pour M. Quesnay, celui du vitriol, mais celui de l'esprit du sel; pourtant, M. Quesnay reconnaît l'acide du vitriol dans le règne végétal et croit qu'il ne diffère pas beaucoup de l'acide acétique. Ce que M. Quesnay dit de la méthode pour étudier les qualités des plantes, vaut beaucoup mieux; il se sert uniquement du goût et de l'odorat, en quoi il suit la nature et M. Floyer.

Ensuite, M. Quesnay nous donne encore une table de matières désolante de 286 pages; enfin, quelques notes du chirurgien Hevin sur la *Chimie hydraulique* de M. le comte de la Garaye.

Le troisième et dernier volume traite enfin de la physiologie ou d'une partie de cette science. Il contient 470 pages, la table prolixe en compte 298. La classification s'écarte de celle usitée ordinairement; elle rappelle celle des anciens. M. Quesnay passe en revue les liquides du corps humain, le chyle blanc, le sang, les quatre composants principaux du sang et les excrétions. Sa théorie de la digestion est tout à fait celle de Bœrhave. Quant aux quatre composants principaux du sang, il les accepte à cause des anciens. Il admet donc, sans aucune raison valable, un suc bilieux dans le sang; il remplace l'ancienne bile noire par les parties du sang qui se coagulent dans le froid comme le blanc de l'œuf. En disant que, au fond, les globules du sang ne sont pas rouges, M. Quesnay va trop loin; sous un agrandissement moyen on les voit bien rouges encore, et seulement l'agrandissement très fort les fait paraître incolores. L'observation de M. Quesnay à ce sujet est extrêmement grossière et insuffisante.

Ce que M. Quesnay dit de la plupart des autres qualités du sang, est emprunté à Bœrhave ou à ses commentateurs. Du reste, dans toute cette partie c'est ce grand homme — que M. Quesnay, par une très mauvaise habitude, ne mentionne jamais — qui règne en maître. M. Quesnay a même gardé la composition successive des globules du sang, de l'eau jaune, etc., ainsi que la théorie que le corps humain se composerait de vaisseaux qui ne seraient au fond que des nerfs.

Ensuite, M. Quesnay nous donne la *science de l'âme* et des parties obéissant à l'âme. Les esprits vitaux de M. Quesnay sont l'éther; une matière excellente dont on ne sait rien et qui peut servir à tout. Le siège de l'âme est pour M. Quesnay, d'accord avec M. *la Peyronie*, dans la commissure blanche qui réunit les deux parties du cerveau. M. Quesnay cherche à expliquer la mémoire et les autres qualités de l'âme, mais cette explication est elle-même comme cachée derrière un tas de termes équivoques et indécis. Dans cette matière obscure, M. Quesnay est extrêmement hardi et sûr de son affaire. Il parle de *Locke* avec le plus grand mépris et ne fait aucun cas de *Malebranche* (¹). Il nous donne ici

(1) Ici le critique commet une exagération. Il est vrai que Quesnay combat Locke avec une vivacité qui n'est pas dans ses habitudes. Après une longue explication sur l'origine des idées, dans laquelle, remarquons-le en même temps, il exprime son étonnement de ce que „après les recherches profondes que le P. Malebranche a faites sur la nature de nos idées, Locke ait été si diffus et si obscur sur un sujet qui avait été traité si savamment", il dit pour conclure (t. III, page 252):

„L'âme n'a donc point d'idées par elle-même indépendamment de l'action des espèces impresses qui l'affectent; la source ou la cause de ses idées est toujours hors d'elle-même. Mais elle peut, par son attention, découvrir dans ses sensations beaucoup de connaissances qu'elle n'apercevrait pas sans l'exercice de cette faculté intellectuelle; c'est par ces exercices qu'elle se procure des idées ou des perceptions intellectuelles, et qu'elle n'est pas bornée comme l'âme sensitive des bêtes; mais Locke a souvent confondu les facultés de l'âme sur le corps, l'exercice de l'âme sur les sensations, avec les facultés du corps sur l'âme; les sensations avec les idées et les habitudes intellectuelles. Après une lecture ennuyeuse, on s'aperçoit que l'auteur n'avait sur l'entendement humain que des notions obscures, imparfaites, fort vagues et fort confuses."

Au contraire, Malebranche, dont Quesnay accepte le système comme base du sien, a toujours été traité avec la plus grande considération. En parlant de lui, Quesnay n'emploie jamais que l'expression „grand homme", ce qui ne l'empêche naturellement pas de lui opposer aussi sa conviction philosophique plus développée. Pour apprécier le point de vue philosophique, il est important de connaître les divergences faisant l'objet de la polémique; dans ce but, nous donnons ici la partie principale du passage où Quesnay s'explique avec le maître qu'il a pris comme modèle, au sujet de la célèbre théorie de la *vision en Dieu*:

„Ce sage philosophe, si conséquent dans ses raisonnements, n'a pas été assez attentif au peu de solidité du principe sur lequel il a établi sa doctrine des idées représentatives ou son fameux système de la vision en Dieu. On ne peut pas nier cependant que le P. Malebranche n'ait mieux connu qu'aucun philosophe, les opérations de l'âme et la nature de nos idées; mais il s'est livré à des conjectures fort séduisantes qui l'ont conduit dans un système si bien lié dans ses parties, par un enchaînement de conséquences justes, qu'il a cru l'avoir prouvé solidement par l'évidence de ces conséquences mêmes; mais les conséquences qui naissent d'un faux principe ne peuvent servir qu'à nous écarter de plus en plus de la route qui peut nous conduire à la vérité. L'union incompréhensible de l'âme et du corps ne l'a point arrêté; ce philosophe a pensé, au contraire, qu'on devait l'expliquer et qu'on ne pouvait dévoiler ce mystère qu'en adoptant tout ce qu'il a supposé. On est forcé de convenir que l'on ne connaît pas assez la nature ou l'essence de la matière, ni celle de l'esprit, pour comprendre comment l'âme peut agir sur le corps, et le corps sur l'âme. D'où le P. Malebranche conclut qu'on ne peut pas admettre une union physique entre ces deux substances, ni une action réciproque de l'un sur l'autre. Cette conséquence lui paraît évidente; il part de là pour établir toute une pneumatologie qui est passablement matérialiste, car M. Quesnay attribue aux sensations corporelles la soif d'apprendre, les passions et d'autres forces de l'âme. Mais l'intention de l'auteur n'est pas méchante. Il distingue explicitement l'âme humaine de l'âme des animaux; il réfute certains peti.. philosophes modernes dans leur exemple bien-aimé du singe qu'ils cherchent à confondre avec l'homme. D'après M. Quesnay, le singe n'est pas un animal vif et méchant, mais un animal bête, que sa bêtise seule rend impropre à la domestication.

Enfin, après avoir divagué presque sans fin dans les domaines du droit naturel, de l'immortalité de l'âme, du goût, de l'invention et de tant d'autres sujets complètement étrangers à la physiologie, il revient peu à peu à celle-ci. Il traite de la force musculaire qu'il explique d'après les principes du célèbre M. Daniel Bernouilli mais sans nommer celui-ci; il est aussi bref que s'il s'agissait ici d'un sujet tout à fait étranger,

---

seulement entre l'âme et le corps, une union de correspondance, laquelle n'existe que par l'entremise de Dieu même, qui, selon ce métaphysicien, peut seul causer des sentiments à l'âme et mouvoir le corps relativement et conformément aux volontés de l'âme qui naissent des sentiments et des perceptions qu'il lui cause. Selon ce principe, le P. Malebranche semble être autorisé à établir l'idée innée d'une étendue sans borne, car cette idée a un objet réel: or, cet objet ne peut être, dit le P. Malebranche, que l'étendue ou l'immensité de Dieu, qui se fait sentir elle-même à notre âme et qui l'affecte immédiatement et continuellement. Tous les autres objets étendus que nous croyons voir nous sont seulement représentés dans cette étendue infinie, et ces représentations ne sont même que des portions de cette même étendue; c'est donc l'immensité de Dieu qui est elle-même l'objet général de toutes nos idées ou de toutes nos perceptions particulières d'étendue. C'est dans cette étendue infinie, qui environne notre âme, qui lui est unie immédiatement et qui l'affecte continuellement, que nous voyons comme dans un miroir immense, la grandeur, la figure, le mouvement, ou le repos de tous les corps qui frappent nos sens. Cette opinion est très prévenante et elle saisit agréablement l'imagination: les philosophes ont compris dans tous les temps que l'âme ne voit point les corps en eux-mêmes; mais ils ne concevaient pas comment ces objets étendus pouvaient lui être représentés sans une étendue réelle, ni comment elle pouvait avoir une idée générale et abstraite de l'étendue, sans apercevoir effectivement une véritable étendue. Dans le système du P. Malebranche, toutes ces difficultés paraissent aplanies, mais ne nous laissons pas séduire par notre imagination; le mystère n'est pas dévoilé; toutes les difficultés reparaissent dans le système du P. Malebranche. L'immensité de Dieu, dit cet auteur, n'est pas formellement étendue, ce n'est qu'une étendue intelligible. Or, y a-t-il rien de plus inconcevable que cette prétendue étendue intelligible, qui n'est pas formellement ou véritablement étendue. Ainsi le P. Malebranche part, comme nous l'avons remarqué, d'un principe incertain pour former un système qui va se perdre dans une obscurité impénétrable. Mais c'est uniquement l'incertitude du principe qui m'arrête; ce philosophe soutient que les esprits animaux ne peuvent pas causer de sensations à l'âme, et que l'âme ne peut pas déterminer le mouvement de ces esprits; parce qu'il ne comprend pas la possibilité de cette action réciproque entre deux substances, dont il ne connaît pas la nature et dont il n'est pas sûr par conséquent de connaître toutes les propriétés. C'est donc uniquement à cette prétendue impossibilité que se réduisent toutes les preuves du système du P. Malebranche: ce grand homme n'a donc fait que des efforts inutiles pour expliquer ce qui est absolument incompréhensible, et pour vaincre une ignorance à laquelle il faut se soumettre nécessairement," etc. A. O.

puis il retourne immédiatement à sa métaphysique bien-aimée, surtout au lien qui réunit l'âme au corps. Les pages qui restent donnent un résumé de quelques effets de l'organisme. Ici M. Quesnay ne restera probablement pas sans adversaires. Qui croira avec lui que le sang des petites artères se rend d'abord dans les fibres musculaires pour passer de là dans le commencement des veines, tandis que la relation entre les artères et les veines est si bien connue? La théorie de la sécrétion n'est pas plus vraisemblable. Il attribue la sécrétion à la chaleur. Est-ce que les poissons n'ont pas de sécrétion? N'ont-ils pas de bile, un suc salivaire dans la grande glande sous l'estomac, une mucosité dans la peau, un liquide transparent dans l'œil, de la graisse, etc.? Le siège des tempéraments est pour M. Quesnay dans les parties solides du corps. Ici M. Quesnay est de nouveau dans son élément et il termine ainsi la physiologie, sans y avoir presque touché. Car qu'est-ce qu'il dit des intestins, des organes des sens, de la structure des muscles, en un mot de toute l'anatomie animée qu'on appelle la physiologie? Pas même leurs noms!

II.

LA LIBERTÉ [1]

Extrait du tome III.

On s'est formé une idée si peu exacte de la liberté des hommes, qu'il semble que cette faculté ne consiste que dans le pouvoir d'agir ou de ne pas agir dans un même cas et dans les mêmes circonstances; ainsi la liberté ne consisterait que dans le pouvoir que l'homme aurait de se déterminer uniquement par lui-même sans motifs et sans raison. Cette idée étrange de la liberté a fait naître parmi les philosophes et les théologiens beaucoup de contestations,

---

(1) La notion de liberté joue dans la théorie économique de Quesnay un rôle si important que nous ne pouvons nous empêcher de reproduire textuellement la partie de l'*Economie animale* qui traite ce sujet. Nous le faisons surtout parce qu'il s'agit en même temps ici du point de départ des théories sociales que l'auteur a développées plus tard. Nous ne trouvons pas, il est vrai, dans l'*Economie animale,* d'indication spéciale sur le développement nécessaire des idées du côté de l'économie politique ; toutefois il résulte du chapitre ci-dessus reproduit, le fait qu'en 1747 les notions qui furent dominantes dans le futur système physiocratique, c'est-à-dire celles de l'*ordre naturel*, du *droit naturel*, etc., existaient déjà dans l'esprit de Quesnay. A. O.

même sur l'existence de cette faculté. Non seulement les hommes
ne se déterminent peut-être jamais sans motifs, même dans les
actions qui paraissent les plus indifférentes, mais ils doivent encore
le faire avec beaucoup plus d'application dans les cas où il leur
est important de consulter leurs intérêts avant que de se déterminer.
On ne peut pas même supposer que l'Etre tout puissant, la sagesse
suprême agisse librement sans motifs ou sans raison ; une telle
liberté ne peut convenir à aucun être intelligent. La liberté de
l'homme ne consiste donc pas simplement dans le pouvoir d'agir
ou de ne pas agir, elle renferme aussi celui d'examiner et d'apprécier les motifs qui doivent préférablement nous déterminer. Ainsi
la liberté *consiste dans le pouvoir de délibérer pour se déterminer
avec raison à agir ou à ne pas agir.*

L'âme est affectée dans l'exercice de la liberté par plusieurs
motifs ; par des motifs prévenants, par des motifs dirigeants, enfin
par des motifs déterminants. Un marchand, par exemple, toujours
excité par le désir du gain, veut employer une somme d'argent à
acheter quelque marchandise ; il s'en présente à lui de deux sortes
qui peuvent lui être avantageuses ; mais il y en a une qui, au
premier aspect, lui paraît plus profitable ; cependant la crainte de
se méprendre lui fait examiner le prix de l'achat de chacune de
ces marchandises, les frais qu'elles exigent, le détriment qu'elles
peuvent souffrir, la promptitude du débit, le prix qu'il pourra la
vendre ; il parvient par des calculs à évaluer toutes ces choses ;
après avoir comparé, il se détermine pour celle qui lui paraît la
plus avantageuse ; ce marchand est donc d'abord poussé par le
désir du gain à faire valoir son argent ; il est porté ensuite à délibérer par la crainte de se tromper ; enfin il est décidé par la
marchandise qui lui paraît la plus profitable et souvent cette
marchandise n'est pas celle qui lui semblait d'abord la plus avantageuse.

L'homme qui se conduit avec raison n'est donc pas déterminé
immédiatement comme les bêtes par l'objet qui le frappe et l'affecte
le plus. La liberté est donc dans l'homme une faculté réelle et
effective. L'exercice de la liberté exige de la part de l'âme cinq
fonctions.

1° Son acquiescement aux motifs généraux ou particuliers qui la
préviennent ou qui la prédéterminent à vouloir quelque bien particulier sans la déterminer décisivement à se livrer à la jouissance

de ce bien. L'âme acquiesce à ces motifs sans liberté, puisqu'ils préviennent l'exercice et l'usage de la liberté.

2° Son acquiescement aux motifs qui la portent à délibérer: elle est encore déterminée par ces motifs sans liberté, puisqu'ils ne font que conduire à l'exercice même de la liberté.

3° La délibération où l'âme se rappelle toutes les connaissances qui peuvent l'éclairer dans ses recherches sur le parti qu'elle doit prendre, ou sur les moyens les plus convenables qu'elle doit choisir pour réussir. La délibération est la partie la plus essentielle de l'exercice de la liberté; cependant cet exercice ne s'accomplit pas par la seule délibération, puisque l'âme ne parvient à délibérer que par les fonctions précédentes, et qu'elle a encore à juger et à se décider, après avoir délibéré. La délibération exige l'exercice de presque toutes les facultés de l'âme, surtout de la volonté active, de l'attention, de la réflexion et de l'examen. C'est dans ces facultés que consiste le pouvoir de délibérer; mais nous ne connaissons pas au juste l'étendue de ce pouvoir, parce que nous ne pouvons pas en connaître les bornes par l'usage de ce même pouvoir, ni par le sentiment intime, et que nous n'avons point d'autres moyens pour nous en instruire. Les motifs fort pressants affaiblissent beaucoup la volonté active; la lassitude dont l'attention, qui est une action organique excitée par la volonté active, est susceptible, rend cette action de plus en plus pénible; les passions violentes la troublent; les dispositions peu favorables du corps la rendent moins facile; les défauts des organes par lesquels elle s'accomplit, y apportent de l'empêchement. Or, lorsque nous nous arrêtons avant de nous être suffisamment instruits sur notre intérêt, nous ne savons pas si nous cédons à la difficulté ou à l'impuissance, et par conséquent si nous consumons tout le pouvoir que nous avons pour régler notre conduite. Cette incertitude a servi de prétexte à quelques philosophes, trop livrés à leurs opinions, pour soutenir sans raisons que nous sommes toujours arrêtés par l'impuissance, mais de telles décisions qui ne sont point avouées par l'*évidence,* ne sont visiblement que le produit de la prévention ou du préjugé dans ceux qui prononcent si affirmativement.

4° Le jugement par lequel l'âme apprécie les motifs qui peuvent la déterminer est précisément l'acte qui doit régler l'usage de la liberté. Lorsqu'il suffit pour notre intérêt de parvenir à la connaissance du meilleur, il nous est facile de nous décider régulièrement; mais quand notre intérêt est partagé entre deux objets dont l'un est meilleur et l'autre plus agréable, et surtout quand le plus agréable nous affecte plus que le meilleur, nous nous décidons souvent, même avec connaissance, à notre désavantage; mais ordinairement notre âme se trompe alors elle-même librement. Pour comprendre cette vérité, il faut, comme nous l'avons déjà dit, considérer notre volonté comme sensitive et passive, et comme active et intellectuelle. Comme passive, elle est toujours entièrement livrée à ce qui nous plaît le plus; comme active et intellectuelle, elle peut, lorsqu'elle n'est pas invinciblement subjuguée par les motifs qui agissent sur elle, se décider par son intérêt même bien entendu, et par sa force d'intention, à prendre le parti le plus avantageux.

5° La décision qui termine l'exercice de la liberté est une résolution fixe que l'âme prend sur le parti qu'elle choisit avec plus ou moins d'efforts, selon que son intérêt est actuellement plus ou moins partagé entre le meilleur et le plus agréable, et selon qu'elle a plus ou moins cherché à ne se pas tromper. Tant que l'âme demeure indécise, tant qu'elle est dans l'exercice de sa liberté et qu'elle est chancelante entre les différents motifs qui agissent sur elle, elle est alors comme dans un état d'indifférence, elle est également disposée à prendre l'un ou l'autre des partis sur lesquels elle délibère; et s'il est vrai que l'on ne puisse pas savoir si l'âme parvient toujours au dernier terme de son pouvoir lorsqu'elle se détermine, on ne peut pas non plus soutenir que l'âme soit qu'elle délibère, soit qu'elle se détermine, ne soit pas libre ou exempte de contrainte ou d'assujettissement, ni qu'elle se détermine toujours par une nécessité morale ou physique.

Les motifs font naître, il est vrai, la volonté de l'âme; et la volonté suscite l'attention, d'où il paraît que l'âme est toujours assujettie aux motifs qui l'affectent, et que ceux qui l'affectent le plus doivent toujours l'emporter sur ceux qui agissent plus faiblement sur elle; mais il faut avant que se livrer à cette opinion, distinguer entre ces motifs ceux qui affectent le plus l'âme actuellement, d'avec ceux qui lui sont moins sensibles mais qui lui présentent un intérêt plus avantageux; il ne faut pas oublier non plus que ces derniers motifs et plusieurs autres, déterminent la volonté à suspendre, à réfléchir et à délibérer, et que cette volonté, qui suscite l'attention, est fortifiée par l'attention même, qui lui rend tous ces motifs plus sensibles, plus nombreux et plus lumineux, ce qui étend le pouvoir qu'a l'âme d'examiner et de juger. Le pouvoir de la liberté consiste donc radicalement dans le pouvoir de l'attention. Mais cette faculté est, comme nous l'avons dit, exposée à plusieurs obstacles plus ou moins difficiles à vaincre.

L'âme se trouve dans le corps qu'elle habite et qu'elle dirige, comme un nautonier dans un vaisseau en pleine mer, qui ne peut avancer que par le secours des vents réglés par le gouvernail ; mais lorsque le vent est impétueux, qu'il agite violemment la mer, qu'il force le gouvernail et en rend le mouvement et la direction plus difficiles et plus pénibles, le nautonier cède plus ou moins promptement aux obstacles qui lui résistent et qui le fatiguent ; mais ne pouvait-il pas, quoiqu'avec peine, soutenir plus longtemps le travail ou l'a-t-il soutenu en effet jusqu'à ce qu'il se soit trouvé absolument dans l'impuissance de le continuer ? Or, peut-on affirmer que ce nautonier est toujours forcé d'aller au gré des vents, parce que ce n'est que par leur secours qu'il peut avancer ? Peut-on assurer aussi qu'il ne cède jamais à leur impétuosité que lorsqu'il est dans l'impuissance de leur résister ?

Cet exemple donne une juste idée du pouvoir de l'âme dans l'exercice de sa liberté, car c'est l'âme du navigateur qui préside et qui décide ; l'attention est toujours ce gouvernail par lequel elle peut maîtriser et faire valoir les motifs qui la meuvent. Or, selon cette idée, peut-on assurer que l'âme est toujours entraînée par ces motifs, et qu'elle ne cède jamais simplement à la difficulté, mais toujours à l'impuissance ; et qu'ainsi elle n'est point libre ou exempte de contrainte ou de nécessité ?

Une telle opinion ne peut naître que d'une idée très incomplète de l'état de l'âme dans la direction de ses déterminations. On oublie la diversité des motifs dont les uns la préviennent et la poussent vers un bien présent, dont d'autres lui présentent un bien plus intéressant, et dont les autres la retiennent et l'obligent de suspendre. Dans cet état, l'âme demeurerait indéterminée tant que ces différentes impulsions qui l'assujettissent resteraient dans le même équilibre, et elle serait entraînée aussitôt que par quelque changement purement physique, cet équilibre serait rompu et qu'une de ces impulsions deviendrait plus puissante que les autres ; tel est donc précisément le mécanisme auquel ceux qui nient la liberté assujettissent l'âme dans ses déterminations, et il serait tel en effet, si l'âme n'avait par elle-même aucun pouvoir capable d'apporter du changement dans l'état et dans la puissance des motifs prévenants qui agissent sur elle. Mais ces motifs l'engagent à délibérer, et c'est par le secours de son attention qu'elle délibère, c'est-à-dire qu'elle réfléchit, qu'elle examine et qu'elle juge.

Or, toutes ces opérations font non seulement naître de nouveaux motifs qui ne seraient pas survenus sans elles, mais elles changent encore l'état et la puissance de tous ces motifs en les examinant, en les comparant, en les appréciant, et en les réduisant à leur juste valeur.

L'âme n'est donc pas alors simplement déterminée par des causes purement physiques et extrinsèques, mais encore par un concours d'opérations qui lui sont propres et qui changent tout le mécanisme des impulsions physiques qui nous préviennent.

Je ne parle ici que de la liberté naturelle, qui n'est pas soutenue par des secours surnaturels et qui s'exerce non seulement pour les actions purement morales mais encore pour toutes les affaires de la vie. Toutes les opérations de l'âme s'exécutent par le pouvoir de l'attention; or, l'étendue de ce pouvoir, qui est la mesure de l'étendue de la liberté, varie dans tous les cas par la force des motifs et par les dispositions actuelles du corps, et nous ignorons toujours les bornes de ce pouvoir; nous savons seulement qu'il peut se trouver dans trois états; dans l'état de facilité, dans l'état de difficulté, enfin dans l'état d'impuissance par l'invincibilité des obstacles qu'il ne peut surmonter, ce qui établit différents degrés de liberté, et ce qui peut aussi la faire disparaître en diverses circonstances; c'est pourquoi nos déterminations sont quelquefois parfaitement libres, quelquefois en partie libres et en partie machinales, et quelquefois purement machinales; c'est alors ou la prévention ou le bon sens qui nous décide, sans le secours de la raison.

Ce dernier cas se remarque facilement, parce que celui qui agit connaît par son sentiment intime qu'il n'a pas délibéré; mais il ne sait pas toujours s'il ne pouvait pas délibérer, et si véritablement il n'était pas libre lorsqu'il n'a pas agi librement; parce que lorsqu'on ne résiste pas et qu'on ne fait pas d'efforts, on peut être arrêté par des obstacles qui, sans qu'on le sache, n'étaient pas invincibles; de là vient que nous ne pouvons pas toujours nous juger nous-mêmes, et que nous connaissons mal notre mérite et notre démérite dans nos déterminations et dans nos actions morales. Il n'y a que Dieu seul qui puisse être notre juge. Les hommes peuvent juger les actions; mais ils ne peuvent pas en apprécier les causes.

L'exercice de la liberté n'est pas toujours suivi du bon usage de la liberté, et le bon usage de la liberté n'est pas non plus toujours précédé de l'exercice de cette faculté. La première proposition n'est que trop facile à prouver, chacun sait assez que quoique l'on connaisse le mal et que l'on ait même pris la résolution de ne le pas commettre, on succombe enfin; parce que les passions et les appétits, qui continuent de nous solliciter fortement après notre résolution, nous jettent souvent dans ce malheur; surtout lorsque nous ne sommes pas assez attentifs dans les temps de tranquillité à prévenir ces dérèglements.

L'attention peut dans ces temps de calme agir facilement et nous rendre les motifs qui peuvent nous soutenir, plus présents et plus dominants; car il est certain que l'exercice fréquent de cette faculté rend nos idées beaucoup plus sensibles et plus fortes; on conçoit par là quelle est la puissance de l'attention dans l'exercice de la liberté, et combien elle est avantageuse à ceux qui sont continuellement attentifs à se former des idées sûres pour bien régler leur conduite; combien aussi elle est funeste à ceux qui se livrent à leurs mauvaises inclinations et qui sont fort attentifs aux objets illicites qui les flattent; car alors cette faculté déprave les facultés du corps qui agissent sur l'âme, et rend les hommes esclaves de leurs passions.

L'habitude produit les mêmes effets; aussi est-on bien convaincu qu'une des meilleures ressources pour ceux qui s'appliquent soigneusement à éviter le vice, est de contracter, par un exercice continuel de la vertu, des habitudes qui fortifient et qui assurent une conduite si avantageuse; mais cette sagesse ne triomphe complètement que dans les hommes bien nés, je veux dire dans ceux dont les facultés du corps ne dérèglent pas les opérations de l'âme, n'affaiblissent pas les motifs qui l'éclairent sur ses véritables intérêts, ne troublent pas son attention, et ne traversent pas ses bons desseins; c'est à ces hommes, dis-je, qu'il appartient de se former un plan de conduite, de veiller sans cesse sur eux-mêmes, de s'établir des règles, et de pouvoir se flatter de les observer. Les autres hommes, où l'amour de l'ordre, l'excellence et les avantages de la vertu ne dominent pas sur les mauvaises inclinations, trouvent dans l'infamie, dans la crainte du châtiment, dans l'estime des hommes, dans l'espérance de la récompense, de puissants motifs pour réveiller et soutenir leur attention et les porter du moins dans le calme des passions, à se précautionner contre leurs mauvaises dispositions.

Ainsi, sans parler présentement des secours que la religion nous fournit pour les œuvres méritoires des biens surnaturels, les hommes trouvent dans l'ordre naturel de grandes ressources pour les actions morales; aussi y en a-t-il très peu qui n'en tirent journellement un grand profit; cependant l'expérience nous apprend que lorsqu'on attend à exercer sa liberté dans les moments où les appétits et les passions agissent puissamment, on succombe souvent; de là vient principalement que l'exercice de la liberté n'est pas toujours suivi du bon usage de cette faculté.

Il n'est pas moins certain que le bon usage de la liberté n'est pas toujours précédé de l'exercice immédiat de cette même faculté; car les hommes bien instruits sont souvent assez éclairés et assez bien disposés sur le parti qu'ils doivent prendre lorsqu'il faut se déterminer. Les exercices précédents de la liberté, la bonne éducation, l'étendue des connaissances, les bonnes habitudes, la force des motifs légitimes, les secours surnaturels qui nous préviennent, suffisent fort souvent pour nous décider infailliblement et immédiatement à notre avantage. Cependant toutes ces déterminations qui paraissent ne consister que dans un simple acquiescement, sont du genre des actions libres, parce qu'elles sont une suite de l'exercice de la liberté, par lequel nous sommes parvenus à la connaissance du meilleur, et par lequel nous avons formé des résolutions permanentes que nous exécutons ensuite par le secours immédiat des motifs qui nous rappellent et qui nous font sentir et reconnaître des avantages auxquels nous nous sommes fixés, et auxquels nous pouvons raisonnablement acquiescer sans hésiter.

L'homme ne doit pas se considérer lui seul dans l'exercice et dans l'usage de sa liberté; il vit en société avec d'autres hommes qui ont comme lui des droits qu'il doit respecter, et auxquels on ne peut guère préjudicier impunément; ces droits sont *naturels* ou *légitimes.*

J'entends par *droits naturels,* ceux que la nature même nous a assignés; tel est, par exemple, le droit qu'ont à la lumière tous les hommes à qui la nature a donné des yeux; il est manifeste qu'on ne peut en retrancher l'usage à aucun de ces hommes sans violer l'ordre établi par l'intelligence suprême, à moins qu'il ne s'en désiste lui-même librement, ou que quelque raison conforme à l'ordre même ne l'exige. Cet exemple suffit pour se former une idée exacte du juste absolu et de l'injuste absolu.

Les *droits légitimes* sont ceux qui sont réglés par les lois que les hommes ont établies entre eux avec toutes les précautions nécessaires pour en assurer l'exécution. Tous les hommes, considérés dans l'*ordre naturel,* sont originairement égaux; chacun est obligé sous peine de souffrance, de conserver sa vie, et chacun est chargé seul envers soi-même de la rigueur du précepte; un vif intérêt le porte donc à obéir; mais personne n'apporte en naissant le titre qui distingue et fixe la portion des biens dont il a besoin pour sa conservation; tous les hommes ont donc chacun en particulier naturellement droit à tout indistinctement; mais l'ordre veut que chaque homme se désiste de ce droit général et indéterminé; parce que son droit est effectivement borné par la nature même à la quantité de biens qui lui est nécessaire pour se conserver. Les hommes ne peuvent donc, sans agir contre l'ordre naturel et contre leurs propres lumières, se refuser réciproquement cette portion qui, de droit naturel, appartient à chacun d'eux.

Il faut donc, ou qu'ils vivent à la manière des bêtes et que chaque homme s'empare journellement de la portion dont il a besoin, ou qu'ils forment entre eux un partage qui assure à chacun la part qu'il doit avoir, et alors la portion accordée à chaque homme lui appartiendra de droit naturel et de droit légitime; elle lui appartiendra de droit naturel, non seulement parce que selon l'ordre naturel il doit avoir comme les autres ce qui lui est nécessaire pour sa conservation, mais encore parce qu'il est rigoureusement obligé de se conserver. Elle lui appartient de droit légitime, parce qu'elle lui est assignée par les lois que les hommes ont réciproquement jugé à propos d'établir entre eux.

Il est étonnant que malgré des principes si évidents, il se soit élevé tant de contestations sur la réalité du juste absolu et de l'injuste absolu; il faut nécessairement qu'on ait assigné à ces termes de juste ou d'injuste des significations peu exactes; car il n'est pas possible que ces mots aient été introduits dans le langage des hommes sans rien désigner de réel; mais lorsqu'on ne conteste que sur des idées vagues et confuses, la dispute porte presque toujours à faux. L'idée que je viens d'exposer du juste et de l'injuste détermine exactement la question. Je vais examiner les principales objections qu'on y oppose directement.

Première objection.

La force, la ruse et les talents ont paru à quelques philosophes établir tout le droit d'un chacun; parce qu'en effet ces moyens paraissent décider de la fortune des hommes. L'homme est, dit-on, le plus redoutable de tous les animaux; il tend à s'approprier tous les biens pour se rendre maître des autres hommes; il asservit même et réduit en esclavage ses semblables. Les bêtes ont-elles satisfait à leur besoin, leur avidité est assouvie; elles laissent les autres prendre tranquillement leur pâture, elles ne les assujettissent point, elles ne connaissent point les excès auxquels les hommes s'abandonnent. On ne peut donc, dans l'ordre naturel, envisager aucune distribution équitable des biens entre les hommes, puisque leur constitution ou leurs inclinations naturelles s'y opposent entièrement; il ne peut pas non plus s'établir entre eux aucun partage de convent.. ; les hommes libres ne peuvent contracter ensemble avec sûreté; ils ne sont point scrutateurs des pensées les uns des autres; or, leurs conventions dénuées de cette condition essentielle, ne peuvent apporter aucune certitude ni aucune confiance; il y aurait de l'imprudence à l'un des contractants de satisfaire à ses engagements sans être sûr que l'autre remplira les siens.

Les hommes ne peuvent donc, sans oublier entièrement leur intérêt, sans se nuire et sans manquer imprudemment à eux-mêmes, exercer aucune justice entre eux; toutes les voies leur sont ouvertes pour satisfaire à leur besoin et pour les prévenir, tous les moyens leur sont naturellement permis pour pourvoir à leur sûreté et à leur conservation; le juste absolu et l'injuste absolu sont donc des êtres de raison.

Cette avidité insatiable des hommes et cette fureur de dominer les uns sur les autres, peuvent à la vérité s'opposer à une distribution régulière des biens, jeter les hommes les plus féroces dans des dérèglements excessifs et y entraîner même les plus raisonnables et les plus pacifiques; mais elles ne détruisent point leur droit naturel; au contraire, l'incertitude et l'inquiétude qui naissent nécessairement de ce désordre horrible, rendent chaque homme juge de sa propre sûreté; mais des êtres intelligents aperçoivent manifestement que ce n'est pas en opposant le dérèglement au dérèglement, c'est-à-dire en augmentant le désordre même, qu'ils éviteront les malheurs qu'ils veulent prévenir; toute leur ressource est au contraire de réprimer ces dérèglements qui leur sont si funestes; tous leurs efforts, toutes leurs précautions doivent donc tendre à se rapprocher tous de l'ordre, à se contenir réciproquement dans le bon usage de leur liberté en se formant une autorité ou une puissance qui les assujettisse souverainement aux lois qu'elle prescrit et aux engagements libres et réciproques qu'ils peuvent alors légitimement et sûrement contracter entre eux.

Cette puissance ne détruit point le droit naturel de chaque homme; au contraire elle l'assure et le règle selon les vues les plus convenables et les plus intéressantes à la société. Le juste et l'injuste absolus subsistent donc toujours; c'est même la loi fondamentale qui, au défaut des lois positives et des conventions particulières, décide les contestations qui s'élèvent entre les hommes soumis à l'autorité même.

Seconde objection.

Le droit naturel des hommes est originairement égal; pourquoi les uns sont-ils favorisés de tous les avantages de la fortune, lorsque les autres sont plongés dans la misère et dans l'indigence? Quel rapport y a-t-il entre une distribution si irrégulière avec l'équité ou avec le droit naturel et égal des hommes?

Mille causes naturelles contribuent inévitablement et nécessairement à produire cette inégalité; or ces causes ne sont point assujetties à l'ordre moral, elles appartiennent à un système beaucoup plus général, dont les hommes qui ont existé, qui existent et qui existeront, ne font qu'une très petite partie; elles agissent pour la conservation d'un tout, et leur action est réglée selon les vues et les dessins de l'intelligence suprême qui a construit l'univers, qui le gouverne et qui en assure la durée; c'est dans toute l'étendue de cet ordre ou de ce système général qu'il faut en chercher la régularité et non dans la distribution égale ou inégale du droit naturel de chaque homme; c'est aux hommes à se régler sur cet ordre même et non à le méconnaître ou à chercher inutilement ou injustement à s'en affranchir.

Les hommes eux-mêmes contribuent beaucoup aussi à cette inégalité et à cette vicissitude qui se trouvent dans la distribution de leurs droits; ceux qui sont attentifs, laborieux, économes, les augmentent légitimement; ceux qui les négligent, ou qui les aliènent imprudemment, les diminuent par leur faute; les hommes ne sont point chargés réciproquement les uns de réparer les pertes des autres, surtout celles qui nous arrivent par le mauvais usage de notre liberté.

L'autorité réprime les entreprises de ceux qui veulent envahir nos biens ou attenter à notre liberté ou à notre vie; mais elle ne peut sans troubler l'ordre de la société et sans favoriser le dérèglement des hommes qui tombent dans l'indigence par leur mauvaise conduite, remédier aux dérangements qui arrivent continuellement dans la distribution des biens. Mais les hommes qui peuvent se rendre utiles ont une ressource assurée dans leurs talents et dans leurs travaux et ceux qui sont dans l'impuissance de travailler, trouvent du secours dans l'assistance des hommes bienfaisants et attentifs à observer les règles de l'équité et les préceptes de la religion.

L'ordre naturel prescrit aussi aux hommes des devoirs envers eux-mêmes, que la religion et les lois positives règlent selon les vues de l'Auteur de la nature, qui se manifestent par elles-mêmes et selon les avantages de la société. Toutes ces lois fondamentales naissent d'un même principe et si elles paraissent se contrarier en quelque point ou à quelques égards c'est pour mieux s'opposer au mauvais usage de la liberté des hommes et former ensemble un tout plus régulier.

L'intelligence suprême a voulu que l'homme fût libre; or, la liberté est mue par différents motifs qui peuvent le maintenir dans l'ordre, ou le jeter dans le désordre; il fallait des lois précises pour lui marquer exactement son devoir envers Dieu, envers lui-même et envers autrui, qu'il fût intéressé à les observer; c'est dans ces vues que la religion et la politique se sont réunies à l'ordre naturel pour contenir plus sûrement les hommes dans la voie qu'ils doivent suivre.

III.

DE

L'IMMORTALITÉ DE L'AME [1]

Extrait du tome III

Je ne cherche pas à m'assurer par mes faibles connaissances, de l'immortalité de notre âme; j'en suis suffisamment instruit par les

[1] Comme c'est le cas presque partout dans la philosophie du 18e siècle, nous voyons aussi chez Quesnay les notions de *liberté* et d'*immortalité* traitées

lumières de la révélation. Je n'examinerai ici que la conformité des connaissances philosophiques, avec ce dogme important de la foi. Pour me conduire avec clarté et précision dans cet examen, j'exposerai d'abord quelques vérités fondamentales connues et avouées de tous les philosophes et de tous les théologiens.

On a toujours reconnu que toute substance qui existe n'est point susceptible par elle-même de destruction ou d'anéantissement; ainsi toute substance est par elle-même immortelle. La matière, par exemple, qui est successivement employée à former différents corps, ne souffre aucune déperdition de sa substance dans la génération ni dans la destruction de ces corps; les différents corps qu'elle compose tombent seulement en dissolution; mais la substance qui les composait existe toujours et rentre dans la composition des corps qui se reproduisent successivement. On entend donc seulement par la mort des corps, la destruction de leur forme qui arrive par la désunion des éléments ou des parties de la matière qui les compose et nullement la destruction ou l'anéantissement de la matière ou de la substance même de ces corps. La mort, ou la destruction des corps, ne s'étend donc pas jusqu'à leur substance, cette substance est donc immortelle.

C'est pourquoi ceux qui croient que l'âme, ou l'être sensitif des bêtes est matériel, reconnaissent que la substance même de cet être n'est point anéantie par la mort de ces animaux, qu'elle perd seulement l'état dans lequel consiste la vie dont elle jouit dans ces mêmes animaux; parce qu'elle reste privée de toute sensation, de toute jouissance d'elle-même et de toute connaissance de l'état où elle était; il ne lui reste nulle affection, nulle forme particulière de cet état, elle rentre dans la masse commune de la matière et est, selon eux, employée ensuite indistinctement dans la composition des corps qui se reproduisent. C'est donc dans cette abolition de toutes sensations et dans cette extinction ou privation de toutes fonctions sensitives, que consiste la mort de l'âme des bêtes et non dans l'anéantissement de la substance de cette âme, que l'on conjecture

---

immédiatement l'une après l'autre comme dépendant mutuellement l'une de l'autre. Et nous nous sentons d'autant plus engagé à donner aussi le texte original de ce chapitre, que nous avons évidemment à faire ici avec ces idées que Quesnay (du moins d'après les indications de Grand-Jean de Fouchy, voir page 37) a développées plus tard dans son „étude suivie des matières de la religion"; malheureusement, cette étude n'est pas parvenue jusqu'à nous. A. O.

être matérielle et réduite par la mort de l'animal aux propriétés communes de la simple matière ou de la substance générale des corps. Mais que la substance de l'âme des bêtes soit matière, ou non, sa mort est nécessairement la même; car sa vie dépend entièrement de l'union physique de cette substance avec un corps organisé qui lui cause des sensations. Or, ce corps étant détruit, il cesse de produire en elle des sensations et tout son état sensitif est entièrement détruit; il ne lui reste plus, de quelque nature qu'elle soit, que la propriété radicale de pouvoir sentir, par une pareille union avec quelqu'autre corps organisé; car cette propriété est une dépendance essentielle de sa substance; ainsi elle ne peut périr que par l'anéantissement de cette substance et non simplement par la destruction du corps organisé auquel cette même substance était unie.

Mais, comme nous l'avons dit, les substances ne sont point anéanties par la mort; la propriété radicale qu'a l'âme des bêtes de pouvoir sentir, ne peut donc pas être anéantie par leur mort; la mort de l'âme des bêtes ne consiste donc que dans la destruction de l'état, qui constitue la vie animale; or, il suffit de savoir en quoi consiste la vie animale pour être assuré que dans l'ordre physique la mort de l'âme des bêtes est une suite nécessaire de la destruction du corps organisé auquel elle est unie et nulle raison ne peut nous induire à penser que la vie dont elle jouissait avec ce même corps doive lui être conservée par quelqu'autre ordre de causes ou de puissance capables de suppléer au corps organisé auquel elle était unie; elle n'avait par cette union que des fonctions auxquelles elle était nécessairement assujettie; elle ne pouvait ni mériter, ni démériter, elle n'est point comptable envers la justice d'aucun être supérieur, des déterminations auxquelles elle a acquiescé; elle ne doit donc point survivre pour jouir d'aucune récompense, ni pour subir aucune peine.

Il n'en est pas de même de l'âme raisonnable; elle jouit pendant son union avec le corps d'une liberté qui la rend maîtresse de ses déterminations et elle est évidemment soumise à un ordre supérieur et à des lois indispensables qui lui sont communes et qu'elle ne peut violer librement sans crime et sans une désobéissance manifeste envers l'Etre suprême, dont la justice et la puissance doivent être redoutables à toute créature intelligente.

Cette même liberté nous fait penser, en effet, que nous sommes créés pour une fin qui suppose nécessairement des récompenses que nous devons mériter; récompenses préférables aux plaisirs ou aux biens dont la jouissance nous est défendue pendant cette vie; car sans cette fin, on ne voit pas pourquoi l'Auteur de la nature nous aurait donné le pouvoir de transgresser des lois établies avec tant de sagesse et qui, toutes, manifestent les volontés d'un souverain maître, d'un maître tout-puissant; si lui-même n'avait pas voulu que nous lui obéissions par choix, par une volonté éclairée qui connaisse les droits, la sagesse et la puissance de son créateur, qui se détermine elle-même tantôt par des motifs intéressants, comme la crainte et l'espérance qui affectent puissamment et qui intéressent servilement tous les hommes, tantôt par d'autres motifs plus nobles, soit naturels, soit surnaturels et qui nous font sentir la beauté de l'ordre, qui nous en rendent l'observation agréable et plus digne de celui à qui nous obéissons; si l'Etre suprême n'avait pas eu cette intention, il nous aurait assujettis nécessairement à l'exécution de ses volontés, il nous aurait fait agir sans intelligence, sans liberté, comme les bêtes; c'est-à-dire par des impulsions dominantes et purement physiques.

Notre liberté seule doit donc nous faire envisager une autre vie, puisque celle qui subsiste par l'union de notre âme avec notre corps est employée pendant le temps de sa durée à mériter des récompenses ou des punitions, selon le bon ou le mauvais usage que nous faisons de cette liberté.

Non seulement ces connaissances et ces réflexions nous désignent une existence, une vie futures, mais elles nous en assurent encore la réalité; puisque nous savons que la mort ne détruit point les substances; notre âme existera donc après la mort. Mais quel doit être son état; nos propres lumières nous l'indiquent; elle a mérité ou démérité, elle doit donc jouir de la récompense ou subir la peine qu'une justice éclairée et inévitable doit prononcer et exécuter.

Il faudrait pour ne point envisager cet avenir, qui nous est tout ensemble très agréable et très redoutable, méconnaître une telle justice; encore quand nous la méconnaîtrions, en serions-nous plus assurés qu'elle n'existe pas et qu'elle n'existera pas éternellement? Mais pouvons-nous la méconnaître? L'idée d'un Etre suprême qui existe nécessairement et qui a par lui-même l'intelligence, la science et la puissance qui se manifestent dans tout l'univers, n'indique-t-elle pas celle d'une justice éclairée et inséparable d'un maître souverain, dont les volontés auxquelles nous devons nous conformer sont pour nous des ordres et des commandements que nous ne pouvons transgresser librement sans encourir son indignation et les justes châtiments que lui prescrivent les droits et le pouvoir de sa domination sur nous; il n'y a pas moins lieu de croire que si nous les accomplissons librement et dignement, nous lui sommes agréables, et que nous nous rendons dignes des récompenses proportionnées au mérite de nos œuvres.

L'existence de la justice divine nous est donc indiquée par la connaissance que nous avons de l'existence de Dieu même. Mais cette justice ne peut s'exercer que sur des êtres raisonnables et libres, sur des êtres à qui elle peut se manifester lorsqu'elle s'exerce sur eux-mêmes; or, cette manifestation suppose nécessairement que ces êtres se rappellent et reconnaissent les actions par lesquelles ils ont mérité ou démérité.

Il ne suffit donc pas, après la mort, que la substance de l'âme de chaque homme existe simplement avec les propriétés qui lui sont essentielles et qui lui sont communes avec toutes les autres âmes de sa même espèce, ou de sa même nature, elle ne pourrait plus se reconnaître par le ressouvenir de son état passé, elle se trouverait dans le temps même que l'Etre suprême exercerait sur elle la justice, dans une sorte d'aliénation ou d'état qui lui serait entièrement étranger, et où elle ignorerait les causes de son bonheur ou de son malheur; elle ne sentirait que les effets d'une puissance qui agirait sur elle, sans que cette puissance portât avec elle aucun caractère, ni aucun indice de la justice qu'elle exercerait.

Dieu ne peut donc satisfaire à la justice sans que les sentiments de bonheur ou de malheur de l'âme ne rappellent et ne fassent connaître à cette substance les actions par lesquelles elle a mérité la récompense ou la punition qu'elle reçoit. Or, c'est par ce ressouvenir que l'âme se reconnaît elle-même, qu'elle reconnaît son état passé, que cet état lui est toujours présent, et qu'elle continue de vivre avec les mêmes idées dont elle était affectée avant la mort du corps auquel elle était unie.

Toutes ces connaissances et ces réflexions s'accordent donc parfaitement avec les lumières de la révélation, sur la certitude de l'immortalité de l'âme raisonnable, et sur les décrets irrévocables de la justice divine; elles concourent donc aussi à nous avertir de nous tenir sur nos gardes dans l'attente d'une vie future qu'elles nous annoncent, et qu'il nous est très important de prévoir.

Je n'entrerai point ici dans le détail des différents systèmes que l'on a inventés pour concilier notre liberté avec l'efficacité de la grâce, avec les décrets et la prescience de l'Etre suprême; *tous les raisonnements sur lesquels on les établit ne naissent que des idées factices que l'on s'est formées*; c'est-à-dire des manières de se réprésenter et de concevoir la nature incompréhensible de Dieu, les attributs de cet Etre suprême, les règles de sa conduite, son action sur les créatures libres, les mystères de la foi, etc. Tous ces arguments de pur concept sur des vérités impénétrables, ne sont que le fruit de notre ignorance et de nos fictions, et la source d'une multitude d'opinions et de disputes qui se sont introduites dans la philosophie, surtout dans la métaphysique et dans la théologie naturelle, et sur lesquelles on ne s'accordera jamais, parce qu'elles ne peuvent pas être décidées par l'évidence.

ÉVIDENCE

(MÉTAPHYSIQUE)

Extrait de l'*Encyclopédie* (¹)

Le terme *évidence* signifie une certitude si claire et si manifeste par elle-même, que l'esprit ne peut s'y refuser.

Il y a deux sortes de certitude: la foi et l'*évidence*.

La foi nous apprend des vérités qui ne peuvent être connues par les lumières de la raison. L'*évidence* est bornée aux connaissances naturelles.

Cependant la foi est toujours réunie à l'*évidence*; car sans l'*évidence*, nous ne pourrions reconnaître aucun motif de crédibilité, et

---

(1) L'article *Evidence* est le premier travail que Quesnay ait livré à l'*Encyclopédie*. Il a paru, sous le voile de l'anonyme, dans le même tome que l'article *Fermiers* (tome VI, 1756). La *Notice abrégée* de Dupont ne le mentionne pas. En revanche, dans le *Catalogue des écrits composés suivant les principes de la science économique*, que le même auteur a publié dans le numéro de février 1768 des *Ephémérides* à la demande du rédacteur de cette revue, qui était alors Baudeau, l'article dont il s'agit est cité, en première ligne, de la manière suivante:

„En 1756

„Le mot *Evidence* dans l'Encyclopédie par M. Quesnay.“

D'ailleurs, dans d'autres écrits physiocratiques, il est fait mention de ce travail de Quesnay dans des cas innombrables. D'une manière générale, l'article donne un résumé succinct des idées fondamentales sur la métaphysique, telles qu'elles ont été développées en détail dans le troisième volume de l'*Economie animale*. Quant au rapport qui peut avoir existé entre l'ouvrage ultérieur „Psychologie ou science de l'âme“, cité par Grand-Jean de Fouchy (page 34), mais qui n'a pas été publié, et entre les deux précurseurs de cet ouvrage, nous ne possédons aucune indication à ce sujet, pas plus que sur le contenu du traité médical „Observations sur la conservation de la vue“, qui est cité au même endroit et qui n'est également pas arrivé jusqu'à nous, supposé toutefois que le renseignement donné soit exact. A. O.

par conséquent nous ne pourrions être instruits des vérités surnaturelles.

La foi nous est enseignée par la voie des sens; ses dogmes ne
peuvent être exposés que par l'entremise des connaissances naturelles. On ne pourrait avoir aucune idée des mystères de la foi
les plus ineffables, sans les idées même des objets sensibles; on ne
pourrait pas même, sans l'*évidence,* comprendre ce que c'est que
certitude, ce que c'est que *vérité,* ni ce que c'est que la *foi*; car
sans les lumières de la raison, les vérités révélées seraient inaccessibles aux hommes.

L'*évidence* n'est pas dans la foi; mais les vérités que la foi nous
enseigne sont inséparables des connaissances évidentes. Ainsi la foi
ne peut contrarier la certitude de l'*évidence;* et l'*évidence,* bornée
aux connaissances naturelles, ne peut contrarier la foi.

L'*évidence* résulte nécessairement de l'observation intime de nos
propres sensations, comme on le verra par le détail suivant.

Ainsi j'entends par *évidence,* *une certitude à laquelle il nous est
aussi impossible de nous refuser qu'il nous est impossible d'ignorer
nos sensations actuelles.* Cette définition suffit pour apercevoir que
le pyrrhonisme général est de mauvaise foi.

Les sensations séparées ou distinctes de l'image des objets, sont
purement affectives; telles sont les odeurs, le son, les saveurs, la
chaleur, le froid, le plaisir, la douleur, la lumière, les couleurs,
le sentiment de résistance, etc. Celles qui sont représentatives des
objets nous font apercevoir la grandeur de ces objets, leur forme,
leur figure, leur mouvement et leur repos; elles sont toujours réunies à quelques sensations affectives, surtout à la lumière, aux
couleurs, à la résistance et souvent à des sentiments d'attrait ou
d'aversion, qui nous les rendent agréables ou désagréables. De plus,
si on examine rigoureusement la nature des sensations représentatives, on apercevra qu'elles ne sont elles-mêmes que des sensations
affectives réunies et ordonnées de manière qu'elles forment des
sensations de continuité ou d'étendue. En effet, ce sont les sensations simultanées de lumière, de couleurs, de résistance, qui produisent l'idée d'étendue. Lorsque j'aperçois, par exemple, une étendue
de lumière par une fenêtre, cette idée n'est autre chose que les
sensations affectives que me causent chacun en particulier, et tous
ensemble en même temps, les rayons de lumière qui passent par
cette fenêtre. Il en est de même lorsque j'aperçois l'étendue des
corps rouges, blancs, jaunes, bleus, etc., car ces idées représenta-

tives ne sont produites aussi que par les sensations affectives que me causent ensemble les rayons colorés de lumière que ces corps réfléchissent. Si j'applique ma main sur un corps dur, j'aurai des sensations de résistance qui répondront à toutes les parties de ma main, et qui pareillement composent ensemble une sensation représentative d'étendue. Ainsi les idées représentatives d'étendue ne sont composées que de sensations affectives de lumière ou de couleurs, ou de résistance, rassemblées intimement, et senties les unes comme hors des autres, de manière qu'elles semblent former une sorte de continuité qui produit l'idée représentative d'étendue, quoique cette idée elle-même ne soit pas réellement étendue. En effet, il n'est pas nécessaire que les sensations qui la forment soient étendues ; il suffit qu'elles soient senties chacune en particulier distinctement, et conjointement toutes ensemble dans un ordre de continuité.

Nous connaissons nos sensations en elles-mêmes parce qu'elles sont des affections de nous-mêmes, des affections qui ne sont autre chose que sentir. Ainsi nous devons apercevoir que sentir n'est pas la même chose qu'une étendue réelle, telle que celle qui nous est indiquée hors de nous par nos sensations : car on conçoit assez la différence qu'il y a entre sentir et étendue réelle. Il n'est donc pas de la nature du mode sensitif d'étendue, d'être réellement étendu : c'est pourquoi l'idée que j'ai de l'étendue d'une chambre représentée dans un miroir, et l'idée que j'ai de l'étendue d'une chambre réelle, me représentent également de l'étendue ; parce que dans l'une et l'autre de ces deux idées, il n'y a également que l'apparence de l'étendue. Aussi les idées représentatives de l'étendue nous en imposent-elles parfaitement dans le rêve, dans le délire, etc. Ainsi cette apparence d'étendue doit être distinguée de toute étendue réelle, c'est-à-dire de l'étendue des objets qu'elle nous représente. D'où il faut conclure aussi que nous ne voyons point ces objets en eux-mêmes, et que nous n'apercevons jamais que nos idées ou sensations.

De l'idée représentative d'étendue résultent celles de figure, de grandeur, de forme, de situation, de lieu, de proximité, d'éloignement, de mesure, de nombre, de mouvements, de repos, de succession de temps, de permanences, de changements, de rapports, etc. *Voyez* SENSATIONS.

Nous reconnaîtrons que ces deux sortes de sensations, je veux dire les sensations simplement affectives et les sensations représentatives, forment toutes nos affections, toutes nos pensées, et toutes nos connaissances naturelles et évidentes.

Nous ne nous arrêterons pas aux axiomes auxquels on a recours dans les écoles pour prouver la certitude de l'*évidence;* tels sont ceux-ci: *on est assuré que le tout est plus grand que sa partie; que deux et deux font quatre; qu'il est impossible qu'une chose soit et ne soit pas en même temps.* Ces axiomes sont plutôt des résultats que des connaissances primitives; et ils ne sont certains que parce qu'ils sont un rapport nécessaire avec d'autres vérités évidentes par elles-mêmes.

Connaissances naturelles primitives, évidentes. Il est certain:

1° Que nos sensations nous indiquent nécessairement un être en nous qui a la propriété de sentir; car il est évident que nos sensations ne peuvent exister que dans un sujet qui a la propriété de sentir.

2° Que la propriété de sentir est une propriété passive, par laquelle notre être sentitif se sent lui-même, et par laquelle il est assuré de son existence lorsqu'il est affecté de sensations.

3° Que cette propriété passive est radicale et essentielle à l'être sensitif: car, rigoureusement parlant, c'est lui-même qui est cette propriété puisque c'est lui-même qui se sent lorsqu'il est affecté de sensations. Or il ne peut pas se sentir soi-même, qu'il ne soit lui-même celui qui peut se sentir: ainsi sa propriété de se sentir est radicalement et essentiellement inséparable de lui, n'étant pas lui-même séparable de soi-même. De plus, un sujet ne peut recevoir immédiatement aucune forme, aucun accident, qu'autant qu'il en est susceptible par son essence. Ainsi des formes ou des affections accidentelles ne peuvent ajouter à l'être sensitif que des qualités accidentelles, qu'on ne peut confondre avec lui-même, c'est-à-dire avec sa propriété de sentir, par laquelle il est sensible ou sensitif par essence.

Cette propriété ne peut donc pas résulter de l'organisation du corps, comme l'ont prétendu quelques philosophes: l'organisation n'est pas un état primitif de la matière; car elle ne consiste que dans des formes que la matière peut recevoir. L'organisation du corps n'est donc pas le principe constitutif de la capacité passive de recevoir des sensations. Il est seulement vrai que dans l'ordre physique nous recevons toutes nos sensations par l'entremise de l'organisation de notre corps, c'est-à-dire par l'entremise du mécanisme des sens et de la mémoire, qui sont les causes conditionnelles des sensations des animaux; mais il ne faut pas confondre les causes, ni les formes accidentelles, avec les propriétés passives radicales des êtres.

4° Que les sensations ne sont point essentielles à l'être sensitif, parce qu'elles varient, qu'elles se succèdent, qu'elles diminuent, qu'elles augmentent, qu'elles cessent: or ce qui est séparable d'un être n'est point essentiel à cet être.

5° Que les sensations sont les formes ou les affections dont l'être sensitif est susceptible par sa faculté de sentir; car cette propriété n'est que la capacité de recevoir des sensations.

6° Que les sensations n'existent dans l'être sensitif qu'autant qu'elles l'affectent actuellement et sensiblement; parce qu'il est de l'essence des sensations d'affecter sensiblement l'être sensitif.

7° Qu'il n'y a que nos sensations qui nous soient connues en elles-mêmes; que toutes les autres connaissances que nous pouvons acquérir avec *évidence* ne nous sont procurées que par indication, c'est-à-dire par les rapports essentiels ou par les rapports nécessaires qu'il y a entre nos sensations et notre être sensitif entre les sensations et les objets de nos sensations, et entre les causes et les effets; car nous ne connaissons notre être sensitif que parce qu'il nous est indiqué par nos sensations. Nous ne connaissons les causes de nos sensations que parce que nos sensations nous assurent qu'elles sont produites par ces causes; nous ne connaissons les objets de nos sensations que parce qu'ils nous sont représentés par nos sensations. Deux sortes de rapports constituent l'*évidence* indicative; les rapports essentiels et les rapports nécessaires; les rapports essentiels consistent dans les liaisons des choses qui ne peuvent exister les unes sans les autres: tel est le rapport qu'il y a entre les effets et leurs causes, par exemple entre le mouvement et la cause motrice, et pareillement aussi entre le mouvement et le mobile. Mais ces rapports essentiels ne se trouvent pas entre les causes et les effets, ni entre les sujets sur lesquels s'opèrent les effets et ces effets mêmes, ni entre le sujet et la cause; car le mobile peut n'être pas mu, et la cause motrice peut aussi ne pas mouvoir: mais quand le mouvement existe, il établit au moins alors un rapport nécessaire entre les uns et les autres; et ce rapport nécessaire forme ainsi une *évidence* à laquelle nous ne pouvons nous refuser.

8° Que nous ne connaissons avec *évidence* les êtres qui nous sont indiqués par nos sensations que par leurs propriétés, qui ont une liaison essentielle ou nécessaire avec nos sensations; parce que ne connaissant que nos sensations en elles-mêmes, et que les êtres qui nous sont indiqués par nos sensations n'étant pas eux-mêmes nos sensations, nous ne pouvons pas connaître ces êtres en eux-mêmes.

9° Que la simple faculté passive par laquelle l'être sensitif peut être affecté de sensations n'est point elle-même la propriété active, ou la cause qui lui produit les sensations dont il est affecté. Car une propriété purement passive n'est pas une propriété active.

10° Qu'en effet, l'être sensitif ne peut se causer à lui-même aucune sensation: il ne peut, par exemple, quand il sent du froid, se causer par lui-même la sensation de chaleur.

11° Que l'être sensitif a des sensations désagréables dont il ne peut se délivrer; qu'il voudrait en avoir d'agréables qu'il ne peut se procurer. Il n'est donc que le sujet passif de ses sensations.

12° Que l'être sensitif ne pouvant se causer à lui-même ses sensations, elles lui sont causées par une puissance qui agit sur lui, et qui est réellement distincte de lui-même.

13° Que l'être sensitif est dépendant de la puissance qui agit sur lui, et qu'il lui est assujetti.

14° Qu'il n'y a nulle intelligence, ou nulle combinaison d'idées du présent et du passé, sans la mémoire; parce que sans la mémoire, l'être sensitif n'aurait que la sensation de l'instant présent, et ne pourrait réunir à cette sensation aucune de celles qu'il a déjà reçues. Ainsi nulle liaison, nul rapport mutuel, nulle combinaison d'idées ou sensations remémoratives, et par conséquent nulle appréhension consécutive, ou nulle fonction intellectuelle de l'être sensitif.

15° Que l'être sensitif ne tire point de lui les idées ou les sensations dont il se ressouvient; parce qu'il n'existe en lui d'autres sensations que celles dont il est affecté actuellement et sensiblement. Ainsi on ne peut, dans l'ordre naturel, attribuer à l'être sensitif des idées permanentes, habituelles, innées, qui puissent subsister dans l'oubli actuel de ces idées; car l'oubli d'une idée ou sensation est le néant de cette même sensation; et le ressouvenir d'une sensation est la reproduction de cette sensation: ce qui indique nécessairement une cause active qui reproduit les sensations dans l'exercice de la mémoire.

16° Que nous éprouvons que les objets que nous appelons *corps* ou *matières* sont eux-mêmes dans l'ordre naturel les causes physiques de toutes les différentes idées représentatives, des différentes affections, du bonheur, du malheur, des volontés, des passions, des déterminations de notre être sensitif, et que ces objets nous instruisent et nous affectent selon des lois certaines et constantes. Ces mêmes objets, quels qu'ils soient, et ces lois sont donc dans l'ordre naturel des causes nécessaires de nos sentiments, de nos connaissances et de nos volontés.

17° Que l'être sensitif ne peut par lui-même ni changer, ni diminuer, ni augmenter, ni défigurer les sensations qu'il reçoit par l'usage actuel des sens.

18° Que les sensations représentatives que l'âme reçoit par l'usage des sens, ont entre elles des différences essentielles et constantes qui nous instruisent sûrement de la diversité des objets qu'elles représentent. La sensation représentative d'un cercle, par exemple, diffère essentiellement et toujours de la même manière, de la sensation représentative d'un carré.

19° Que l'être sensitif distingue les sensations les unes des autres par les différences que les sensations elles-mêmes ont entre elles. Ainsi le discernement, ou la fonction par laquelle l'âme distingue les sensations et les objets représentés par les sensations, s'exécute par les sensations mêmes.

20° Que le jugement s'opère de la même manière; car juger n'est autre chose qu'apercevoir et reconnaître les rapports, les quantités et les qualités ou façons d'être des objets: or ces attributs font partie des sensations représentatives des objets; une porte fermée fait naître la sensation d'une porte fermée; un ruban blanc, la sensation d'un ruban blanc; un grand bâton et un petit bâton vus ensemble, font naître la sensation du grand bâton et la sensation du petit bâton: ainsi juger qu'une porte est fermée, qu'un ruban est blanc, qu'un bâton est plus grand qu'un autre, n'est autre chose que sentir ou apercevoir ces sensations telles qu'elles sont. Il est donc évident que ce sont les sensations elles-mêmes qui produisent les jugements. Ce qu'on appelle *conséquences* dans une suite de jugements, n'est que l'accord des sensations, aperçu relativement à ces jugements. Ainsi toutes ces appréhensions ou aperceptions ne sont que des fonctions purement passives de l'être sensitif. Il paraît cependant que les affirmations, les négations et les argumentations marquent de l'action dans l'esprit: mais c'est notre langage, et surtout les fausses notions puisées dans la logique scholastique, qui nous en imposent. La logique des collèges a encore d'autres défauts, et surtout celui d'apprendre à convaincre par la forme des syllogismes. Une bonne logique ne doit être que l'art de faire apercevoir dans les sensations ce que l'on veut apprendre aux autres; mais ordinairement le syllogisme n'est pas, pour cet effet, la forme de discours la plus convenable. Tout l'art de la vraie logique ne consiste donc qu'à rappeler les sensations nécessaires, à réveiller et à diriger l'attention, pour faire découvrir dans ces sensations ce qu'on veut y faire apercevoir. *V.* SENSATIONS, § *Déduction.*

21° Qu'il n'y a pas de sensations représentatives simples, par exemple, la sensation d'un arbre renferme celle du tronc, des branches, des feuilles, des fleurs: et celles-ci renferment les sensations d'étendue, de couleurs, de figures, etc.

22° Que de plus, les sensations ont entre elles par la mémoire une multitude de rapports que l'âme aperçoit, qui lient diversement toutes les sensations les unes aux autres, et qui, dans l'exercice de la mémoire, les rappellent à l'âme, selon l'ordre dans lequel elles l'intéressent actuellement; ce qui règle ses recherches, ses examens et ses jugements. Il est certain que la remémoration suivie et volontaire dépend de la liaison intime que les idées ont entre elles, et que cette appréhension consécutive est suscitée et dirigée par l'intérêt même que nous causent les sensations; car c'est l'intérêt qui rend l'esprit attentif aux liaisons par lesquelles il a passé d'une sensation à une autre. Si l'idée actuelle d'un fusil intéresse relativement à la chasse, l'esprit est aussitôt affecté de l'idée de la chasse; si elle l'intéresse relativement à la guerre, il sera affecté de l'idée de la guerre et ne pensera pas à la chasse. Si l'idée de la guerre l'intéresse relativement à un ami qui a été tué à la guerre, il pense aussitôt à cet ami. Si l'idée de son ami l'intéresse relativement à un bienfait qu'il en a reçu, il sera dans l'instant affecté de l'idée de ce bienfait, etc. Ainsi chaque sensation en rappelle une autre par les rapports qu'elles ont ensemble et par l'intérêt qu'elles réveillent; en sorte que l'induction et l'ordre de la remémoration ne sont que 'es effets des sensations mêmes.

La contemplation ou l'examen n'est qu'une remémoration volontaire, dirigée par quelque doute intéressant: alors l'esprit ne peut se décider qu'après avoir acquis par les différentes sensations qui lui sont rappelées, les connaissances dont il a besoin pour s'instruire ou pour apercevoir le résultat ou la totalité des avantages ou des désavantages qui peuvent, dans les délibérations, le décider ou le déterminer à acquiescer ou à se désister.

La conception ou la combinaison des idées ou sensations qui affectent en même temps l'esprit, et qui l'intéressent assez pour fixer son attention aux unes et aux autres, n'est qu'une remémoration simultanée, et une contemplation soutenue par l'intérêt que ces sensations lui causent. Alors toutes ces sensations concourent, par les rapports intéressants et instructifs que l'esprit y aperçoit, à former un jugement ou une décision; mais cette décision sera plus ou moins juste selon que l'esprit a saisi ou aperçu plus ou moins exactement l'accord et le produit qui doivent résulter de ces sensations. L'être sensitif n'a donc encore, dans tous ces exercices, d'autre fonction que celle de découvrir dans ses sensations ce que les sensations qui l'intéressent lui font elles-mêmes apercevoir ou sentir exactement et distinctement.

On a de la peine à comprendre comment le mécanisme corporel de la mémoire fait renaître régulièrement à l'âme, selon son attention, les sensations par lesquelles elle exerce dans la remémoration ses fonctions intellectuelles. Cependant ce mécanisme de la mémoire peut devenir intelligible, en le comparant à celui de la vision. Les rayons de lumière qui frappent l'œil en même temps, peuvent faire voir d'un même regard une multitude innombrable d'objets, quoique l'âme n'aperçoive distinctement, dans chaque instant, que ceux qui fixent son attention. Mais aussitôt qu'elle est déterminée de même par son attention vers d'autres objets, elle les aperçoit distinctement et se détache de ceux qu'elle voyait auparavant. Ainsi, de tous les rayons de lumière qui partent des objets et qui se réunissent sur l'œil, il n'y en a que fort peu qui aient leur effet par rapport à la vision actuelle; mais comme ils sont tous également en action sur l'œil, ils peuvent tous également se prêter dans l'instant à l'attention de l'âme, et lui procurer distinctement des sensations qu'elle n'avait pas, ou qu'elle n'avait que confusément auparavant. Les radiations des esprits animaux établies par l'usage des sens dans les nerfs, et qui forment un confluent au siège de l'âme où elles sont toujours en action, peuvent de même procurer à l'âme, selon son attention, toutes les sensations qu'elle reçoit, ou ensemble, ou successivement dans l'exercice de la remémoration.

23° Que les sensations successives que nous pouvons recevoir par l'usage des sens et de la mémoire se correspondent ou se réunissent les unes aux autres, conformément à la représentation des objets corporels qu'elles nous indiquent. Si j'ai une sensation représentative d'un morceau de glace, je suis assuré que si je touche cette glace, j'aurai une sensation de dureté ou de résistance, et une sensation de froid.

24° Qu'il y a entre les sensations et les objets, et entre les sensations mêmes, des rapports certains et constants qui nous instruisent sûrement des rapports que les objets ont entre eux, et des rapports qu'il y a entre ces objets et nous; que la sensation, par exemple, que nous avons d'un corps en mouvement, change continuellement de relation à l'égard des sensations que nous avons aussi des corps qui environnent ce corps qui est en mouvement, et que par son mouvement, ce même corps produit dans les autres corps des effets conformes aux sensations que nous avons de ces corps; c'est-à-dire que nous sommes assurés par l'expérience que les corps agissent les uns sur les autres, conformément aux sensations que nous avons de leur grosseur, de leur figure, de leur pesanteur, de leur consistance, de leur souplesse, de leur rigidité, de leur proximité, ou de leur éloignement, de la vitesse et de la direction de leur mouvement; qu'un corps mou, par exemple, cédera à l'action d'un corps dur et fort pesant qui appuyera sur lui; qu'un corps mu rapidement cassera un corps fragile qu'il rencontrera; qu'un corps dur et aigu percera un corps tendre contre lequel il sera poussé fortement; qu'un corps chaud me causera une sensation de chaleur, etc. En sorte qu'il y a une correspondance certaine entre les corps et les sensations qu'ils nous procurent, entre nos sensations et les divers effets que les corps peuvent opérer les uns sur les autres, et entre les sensations présentes et les sensations qui peuvent naître en nous par tous les différents mouvements et les différents effets des corps: d'où résulte une *évidence* ou une certitude de connaissances à laquelle nous ne pouvons nous refuser, et par laquelle nous sommes continuellement instruits des sensations agréables que nous pouvons nous procurer, et des sensations désagréables que nous voulons éviter. C'est dans cette correspondance que consistent, dans l'ordre naturel, les règles de notre conduite, nos intérêts, notre science, notre bonheur, notre malheur, et les motifs qui forment et dirigent nos volontés.

25° Que nous distinguons les sensations que nous retenons, ou qui nous sont rappelées par la mémoire, de celles que nous recevons par l'usage actuel des sens. C'est par la distinction de ces deux sortes de sensations que nous jugeons de la présence des objets qui affectent actuellement nos sens, et de l'absence de ceux qui nous sont rappelés par la mémoire. Ces deux sortes de sensations nous affectent différemment lorsque les sens et la mémoire agissent ensemble régulièrement pendant la veille; ainsi nous les distinguons sûrement par la manière dont les unes et les autres nous affectent en même temps. Mais pendant le sommeil, lorsque nous rêvons, nous ne recevons des sensations que par la mémoire dont l'exercice est en grande partie intercepté, et nous n'avons pas, par l'usage actuel des sens, de sensations opposées à celles que nous recevons par la mémoire; celles-ci fixent toute l'attention de l'esprit, et le tiennent dans l'illusion, de manière qu'il croit apercevoir les objets mêmes de ses sensations.

26° Que dans le concours de l'exercice des sens et de l'exercice de la mémoire, nous sommes affectés par les sensations que nous retenons, ou qui nous sont rappelées par la mémoire, de manière que nous reconnaissons que nous avons déjà eu ces sensations; en sorte qu'elles nous instruisent du passé, qu'elles nous indiquent l'avenir, qu'elles nous font apercevoir la durée successive de notre existence et celle des objets de nos sensations, et qu'elles nous assurent que nous les avons toutes reçues primitivement par l'usage des sens, et par l'entremise des objets qu'elles nous rappellent et qui ont agi sur nos sens. En effet nous éprouvons continuellement, par l'exercice alternatif des sens et de la mémoire sur les mêmes objets, que la mémoire ne nous trompe pas lorsque nous nous ressouvenons que ces objets nous sont connus par la voie des sens. La mémoire, par exemple, me rappelle fréquemment le ressouvenir du lit qui est dans ma chambre, et ce ressouvenir est vérifié par l'usage de mes sens toutes les fois que j'entre dans cette chambre. Mes sens m'assurent donc alors de la fidélité de ma mémoire, et il n'y a réellement que l'exercice de mes sens qui puisse m'en assurer: ainsi l'exercice de nos sens est le principe de toute certitude et le fondement de toutes nos connaissances. La certitude de la mémoire dans laquelle consiste toute notre intelligence, ne peut donc être prouvée que par l'exercice des sens. Ainsi les causes sensibles qui agissent sur nos sens, et qui sont les objets de nos sensations, sont eux-mêmes les objets de nos connaissances et la source de notre intelligence, puisque ce sont eux qui nous procurent les sensations par lesquelles nous sommes assurés de l'existence et de la durée de notre être sensitif, et de l'*évidence* de nos raisonnements. En effet, c'est par la mémoire que nous connaissons notre existence successive; et c'est par le retour des sensations que nous procurent les objets sensibles, par l'exercice actuel des sens, que nous sommes assurés de la fidélité de notre mémoire. Ces objets sont donc la source de toute *évidence*.

27° Que la mémoire ou la faculté qui rappelle ou fait renaître les sensations, n'appartient pas essentiellement à l'être sensitif; que c'est une faculté ou cause corporelle et conditionnelle, qui consiste dans l'organisation des corps des animaux; car la mémoire peut être troublée, affaiblie, ou abolie par les maladies ou dérangements de ces corps.

28° Que l'intelligence de l'être sensitif est assujettie aux différents états de perfection et d'imperfection de la mémoire.

29° Que les rêves, les délires, la folie, l'imbécillité, ne consistent que dans l'exercice imparfait de la mémoire. Un homme couché à Paris, qui rêve qu'il est à Lyon, qu'il y voit la chapelle de Versailles, qu'il parle au vicomte de Turenne, est dans l'oubli de beaucoup d'idées qui dissiperaient ses erreurs: il ne se ressouvient pas alors qu'il s'est couché le soir à Paris, qu'il est dans son lit, qu'il est privé de la lumière du jour, que la chapelle de Versailles est fort éloignée de Lyon, que le vicomte de Turenne est mort, etc. Ainsi sa mémoire qui lui rappelle Lyon, la chapelle de Versailles, le vicomte de Turenne, est alors en partie en exercice et en partie interceptée: mais à son réveil, et aussitôt que sa mémoire est en plein exercice, il reconnaît toutes les absurdités de son rêve.

Il en est de même du délire et de la folie: car ces états de dérèglement des fonctions de l'esprit ne consistent aussi que dans l'absence ou privation d'idées intermédiaires dont on ne se ressouvient pas ou qui ne sont pas rappelées régulièrement par le mécanisme de la mémoire. Dans la folie de cet homme qui se croyait le père éternel, la mémoire ne lui rappelait point, ou faiblement, les connaissances de son père, de sa mère, de son enfance, de sa constitution humaine, qui auraient pu prévenir ou dissiper une idée si absurde et si dominante, rappelée fortement et fréquemment par la mémoire. Toute prévention opiniâtre dépend de la même cause, c'est-à-dire d'un dérèglement ou d'une imperfection du mécanisme de la mémoire, qui ne rappelle pas régulièrement, et avec une égale force, les idées qui doivent concourir ensemble à produire et à régler nos jugements. Les écarts de l'esprit, dans les raisonnements de bonne foi, ne consistent encore que dans une privation d'idées intermédiaires oubliées ou méconnues; et alors nous ne nous apercevons pas même que ces connaissances nous manquent.

L'imbécillité dépend aussi de la mémoire, dont l'exercice est si lent et si défectueux que l'intelligence ne peut être que très bornée et très imparfaite.

Le dérèglement moral, qui est une espèce de folie, résulte d'un mécanisme à peu près semblable: car lorsque le mécanisme des sens et de la mémoire cause quelques sensations affectives, trop vives et trop dominantes, ces sensations forment des goûts, des passions, des habitudes, qui subjuguent la raison; on n'aspire à d'autre bonheur qu'à celui de satisfaire des goûts dominants et des passions pressantes. Ceux qui ont le malheur d'être, par la mauvaise organisation de leur corps, livrés à des sentiments ou sensations affectives, trop vives ou habituelles, s'abandonnent à des dérèglements de conduite que leur raison ni leur intérêt bien entendu ne peuvent reprimer. Leur intelligence n'est uniquement occupée qu'à découvrir les ressources et les moyens de satisfaire leurs passions. Ainsi le dérèglement moral est toujours accompagné du dérèglement d'intelligence.

30° Que la mémoire peut nous rappeler les sensations dans un autre ordre et sous d'autres formes que nous ne les avons reçues par l'usage des sens.

Les peintres qui représentent des tritons, des naïades, des sphynx, des lynx, des centaures, des satyres, réunissent, par la mémoire, des parties de corps humain à des parties de corps de bêtes, et forment des objets imaginaires. Les physiciens qui entreprennent d'expliquer des phénomènes dont le mécanisme est inconnu, se représentent des enchaînements de causes et d'effets dont ils se forment des idées représentatives du mécanisme de ces phénomènes; lesquelles n'ont pas plus de réalité que celles des tritons et des naïades.

31° Que les sensations changées ou variées, ou diversement combinées par la mémoire, ne produisent que des idées factices, formées de sensations que nous avons déjà reçues par l'usage des sens. C'est pourquoi les poëtes n'ont pu nous représenter le tartare, les champs élysées, les dieux, les puissances infernales, etc., que sous des formes corporelles; parce qu'il n'y a pas d'autres idées representatives que celles que nous avons reçues par la voie des sens. Il en est de même de toutes les abstractions morales : telles sont les idées abstraites factices de bonheur, de malheur, de passions en général; elles ne sont compréhensibles que par le secours des sensations affectives que nous avons éprouvées par l'usage des sens. Il en est de même encore de toutes les abstractions relatives, morales, ou physiques : telles sont la bonté, la clémence, la justice, la cruauté, l'estime, le mépris, l'aversion, l'amitié, la complaisance, la préférence, le plus, le moins, le meilleur, le pire, etc., car elles tiennent et se rapportent toutes à des objets corrélatifs sensibles. La bonté, par exemple, tient à ceux qui font du bien et se rapporte à ceux qui le reçoivent, et aux bienfaits qui sont les effets de la bonté. Or, tous ces objets ne sont connus que par les sensations, et c'est de ces objets mêmes que se tire l'idée abstraite factice de bonté en général. Les idées factices de projets, de conjectures, de probabilités, de moyens, de possibilités, ne sont encore formées que d'objets sensibles diversement combinés, et dont l'esprit ne peut pas toujours saisir sûrement tous les rapports réels qu'ils ont entre eux. Il est donc évident qu'il ne peut naître en nous aucunes idées factices qui ne soient formées par le ressouvenir des sensations que nous avons reçues par la voie des sens.

32° Que ces idées factices, produites volontairement ou involontairement, sont la source de nos erreurs.

33° Qu'il n'y a que les sensations telles que nous les recevons, ou que nous les avons reçues par l'usage des sens, qui nous instruisent sûrement de la réalité et des propriétés des objets qui nous procurent ou qui nous ont procuré ces sensations; car il n'y a qu'elles qui soient complètes, régulières, immuables et absolument conformes aux objets.

34° Que des idées innées ou des idées que l'âme se produirait elle-même sans l'action d'aucune cause extrinsèque, ne procureraient à l'âme aucune *évidence* de la réalité d'aucun être, ou d'aucune cause distincte de l'âme même; parce que l'âme serait elle-même le sujet, la source et la cause de ces idées, et qu'elle n'aurait par de telles idées aucun rapport nécessaire avec aucun être distinct d'elle-même. Ces idées seraient donc à cet égard destituées de toute *évidence*. Ainsi les idées innées ou essentielles qu'on a voulu attribuer aux parties de la matière, ne leur procureraient aucune aperception d'objets extrinsèques, ni aucunes connaissances réelles.

35° Qu'une sensation abstraite générale n'est que l'idée particulière d'un attribut commun à plusieurs objets déjà connus par des sensations complètes et représentatives de ces objets; or chacun ayant cet attribut, qui leur est commun par similitude ou ressemblance, on s'en forme une idée factice et sommaire d'unité, quoiqu'il soit réellement aussi multiple ou aussi nombreux qu'il y a d'êtres à qui il appartient. La blancheur de la neige, par exemple, n'est pas une seule blancheur; car chaque particule de la neige a réellement et séparément sa blancheur particulière. L'esprit qui ne peut être affecté que de fort peu de sensations distinctes à la fois, réunit et confond ensemble les qualités qui l'affectent de la même manière, et se forme de ces qualités, qui existent réellement et séparément dans chaque être, une idée uniforme et générale. Ainsi l'esprit ne conçoit les idées sommaires ou générales que pour éviter un détail d'idées particulières dont il ne peut pas être affecté distinctement en même temps. C'est donc l'imperfection ou la capacité trop bornée de l'esprit, qui le force à avoir des idées abstraites générales. Il en est de même des idées abstraites particulières ou bornées à un seul objet. Un homme fort attentif, par exemple, à la saveur d'un fruit, cesse de penser dans cet instant à la figure, à la grosseur, à la couleur, et aux autres qualités de ce fruit; parce que l'esprit ne peut être en même temps affecté attentivement que de très peu de sensations. Il n'y a que l'intelligence par essence, l'Être suprême, qui exclue les idées abstraites et qui réunisse, dans chaque instant et toujours, les connaissances détaillées, distinctes et complètes de tous les êtres réels et possibles, et de toutes leurs dépendances.

36° Qu'on ne peut rien déduire sûrement et avec *évidence* d'une sensation sommaire ou générale, qu'autant qu'elle est réunie aux sensations complètes, représentatives et exactes des objets auxquels elle appartient. Par exemple, l'idée abstraite, générale, factice de justice, qui renferme confusément les idées abstraites de justice rétributive, distributive, attributive, arbitraire, etc., n'établit aucune connaissance précise d'où l'on puisse déduire exactement, sûrement et évidemment d'autres connaissances, qu'autant qu'elle sera réduite aux sensations claires et distinctes des objets auxquels cette idée abstraite et relative doit se rapporter. De là il est facile d'apercevoir le vice du système de Spinosa. Selon cet auteur, la substance est ce qui existe nécessairement; *exister nécessairement* est une idée abstraite générale, factice, d'où il déduit son système.

La substance, autre idée abstraite, n'est exprimée que par ces mots *ce qui*, lesquels ne signifient aucune sensation claire et distincte : ainsi tout ce qu'il établit n'est qu'un tissu d'abstractions générales, qui n'a aucun rapport exact et évident avec les objets réels auxquels appartiennent les idées abstraites, générales, factices, de substance et d'existence nécessaire.

37° Que nos sensations nous font apercevoir deux sortes de vérités ; des vérités réelles, et des vérités purement spéculatives ou idéales. Les vérités réelles sont celles qui consistent dans les rapports exacts et évidents qu'ont les objets réels avec les sensations qu'ils procurent. Les vérités purement idéales sont celles qui ne consistent que dans les rapports que les sensations ont entre elles : telles sont les vérités métaphysiques, géométriques, logiques, conjecturales, qu'on déduit d'idées factices, ou d'idées abstraites générales. Les rêves, le délire, la folie produisent aussi des vérités idéales ; parce que dans ces cas l'esprit n'est décidé de même que par les rapports que les sensations dont il est affecté alors, ont entre elles. Un homme qui en rêvant croit être dans un bois où il voit un lion, est saisi de la peur, et se détermine idéalement à monter sur un arbre pour se mettre en sûreté ; l'esprit de cet homme tire des conséquences justes de ses sensations, mais elles n'en sont pas moins fausses relativement aux objets de ces mêmes sensations. Les vérités idéales ne consistent donc que dans les rapports que les sensations ont entre elles, séparément des objets réels de ces sensations.

Telles sont les vérités qui résultent des idées factices, et celles qui résultent des idées sommaires ou générales, lesquelles ne sont aussi elles-mêmes que des idées factices. En effet, il est évident que ces idées factices n'ont aucun rapport avec les objets, tels qu'on les a aperçus par l'usage des sens : ainsi les vérités qu'elles présentent ne peuvent nous instruire de la réalité et des propriétés des objets, ni des propriétés et des fonctions de l'être sensitif, qu'autant que nous saisissons des rapports réels et exacts entre les objets mêmes et nos sensations, et entre nos sensations et notre être sensitif. La certitude de nos connaissances naturelles ne consiste donc que dans l'*évidence* des vérités réelles.

38° Que ce sont les idées factices et les idées abstraites générales qui font méconnaître l'*évidence* et qui favorisent le pyrrhonisme ; parce que les hommes livrés sans discernement à des idées factices, à des idées abstraites générales, et à des idées telles qu'ils les ont reçues par l'usage des sens, tirent de ces diverses idées des conséquences qui se contrarient: d'où il semble qu'il n'y a aucune certitude dans nos connaissances. Mais tous ceux qui seront assujettis dans la déduction des vérités réelles, aux sensations telles qu'ils les ont reçues par l'usage des sens, conviendront toujours de la certitude de ces vérités. Une règle d'arithmétique soumet décisivement les hommes dans les disputes qu'ils ont entre eux sur leurs intérêts: parce qu'alors leur calcul a un rapport exact et évident avec les objets réels qui les intéressent. Les hommes ignorants et les bêtes se bornent ordinairement à des vérités réelles, parce que leurs fonctions sensitives ne s'étendent guère au delà de l'usage des sens: mais les savants beaucoup plus livrés à la méditation, se forment une multitude d'idées factices et d'idées abstraites générales qui les égarent continuellement. Ainsi on ne peut les ramener à l'*évidence* qu'en les assujettissant rigoureusement aux vérités réelles; c'est-à-dire aux sensations des objets, telles qu'on les a reçues par l'usage des sens. Alors toute idée factice disparaît, et toute idée sommaire ou générale se réduit en sensations particulières; car nous ne recevons par la voie des sens que des sensations d'objets particuliers. L'idée générale n'est qu'un résultat ou un ressouvenir imparfait et confus de ces sensations, qui sont trop nombreuses pour affecter l'esprit toutes ensemble et distinctement. Une similitude ou quelque autre rapport commun à une multitude de sensations différentes, forme tout l'objet de l'idée générale ou du ressouvenir confus de ces sensations. C'est pourquoi il faut revenir à ces mêmes sensations en détail et distinctement, pour les reconnaître telles que nous les avons reçues par la voie des sens, qui est l'unique source de nos connaissances naturelles, et l'unique principe de l'*évidence* des vérités réelles.

Il est vrai cependant que relativement aux bornes de l'esprit, les idées sommaires sont nécessaires; elles classent et mettent en ordre les sensations particulières, elles favorisent et règlent l'exercice de la mémoire: mais elles ne nous instruisent point; leurs causes organiques sont, dans le mécanisme corporel de la mémoire, ce que sont les liasses de papier bien arrangées dans les cabinets des gens d'affaires; l'étiquette ou le titre de chaque liasse marque celles où l'on doit trouver les pièces que l'on a besoin d'examiner. Les noms et les idées sommaires d'être, de substance, d'accident, d'esprit, de corps, de minéral, de végétal, d'animal, etc., sont les étiquettes et les liasses où sont arrangées les radiations des esprits animaux qui reproduisent les sensations particulières des objets : ainsi elles renaissent avec ordre lorsque nous voulons examiner ces objets pour les connaître exactement.

39° Que nous ne connaissons les rapports nécessaires entre nos sensations et les objets réels de nos sensations, qu'autant que nous en sommes suffisamment instruits par la mémoire; car, sans le ressouvenir du passé, nous ne pouvons juger sûrement de l'absence ou de la présence des objets qui nous sont indiqués par nos sensations actuelles. Nous ne pouvons pas même distinguer les sensations que nous recevons par la mémoire, de celles qui nous sont procurées par la présence actuelle des objets. Par exemple dans le rêve, dans le délire, dans la folie, nous croyons que les objets absents, qui nous sont rappelés par la mémoire, sont présents; que nous les apercevons par l'usage actuel de nos sens, que nous les voyons, que nous les touchons, que nous les entendons; parce que nous n'avons alors aucune connaissance du passé qui nous instruise sûrement de l'absence de ces objets. Nous n'avons que le ressouvenir de leur présence et de leur aperception par la voie des sens; car soit que la mémoire nous les rappelle distinctement sous la forme que nous les avons aperçus par les sens, soit qu'elle les confonde sous différentes formes qui les diversifient, elle ne nous rappelle dans tous ces cas que des idées que nous avons reçues par la voie des sens. Ainsi dans l'oubli des connaissances qui peuvent nous instruire de l'absence des objets dont nous nous ressouvenons, nous jugeons que ces objets sont présents et que nous les apercevons par l'usage actuel des sens, parce que nous ne les connaissons effectivement que par la voie des sens, et que nous n'avons aucune connaissance actuelle qui nous instruise de leur absence. Les rêves nous jettent fréquemment dans cette erreur. Mais nous la reconnaissons sûrement à notre réveil, lorsque la mémoire est rétablie dans son exercice complet. Nous reconnaissons aussi que l'illusion des rêves ne contredit point la certitude des connaissances que nous avons acquises par l'usage des sens, puisque cette illusion ne consiste que dans des idées représentatives d'objets que nous n'avons connus que par cette voie. Si les rêves nous trompent, ce n'est donc pas relativement à la réalité de ces objets; car nous sommes assurés que notre erreur n'a existé alors que par l'oubli de quelques connaissances qui nous auraient instruits de la présence ou de l'absence de ces mêmes objets. En effet, nous sommes forcés à notre réveil de reconnaître que, dans les rêves, l'exercice corporel de la mémoire est en partie intercepté par un sommeil imparfait.

Cet état nous découvre plusieurs vérités: 1° que le sommeil suspend l'exercice de la mémoire, et qu'un sommeil parfait l'intercepte entièrement; 2° que l'exercice de la mémoire s'exécute par le mécanisme du corps, puisqu'il est suspendu par le sommeil, ou l'inaction des facultés organiques du corps; 3° que dans l'état naturel, l'âme ne peut suppléer en rien par elle-même aux idées dont elle est privée par l'interception de l'exercice corporel de la mémoire, puisqu'elle est absolument assujettie à l'erreur pendant les rêves, et qu'elle ne peut ni s'en apercevoir, ni s'en délivrer; 4° que l'âme ne peut se procurer aucune idée, et qu'elle n'a point d'idées innées, puisqu'elle n'a en elle aucune faculté, aucune connaissance, aucune intelligence par lesquelles elle puisse par elle-même se désabuser de l'illusion des rêves; 5° qu'il lui est inutile de penser pendant le sommeil, puisqu'elle ne peut avoir alors que des idées erronées et chimériques, qui changent son état et forment un autre homme qui ignore dans ce moment s'il a déjà existé, et ce qu'il était auparavant.

40° Que nous sommes aussi assurés de l'existence, de la durée, de la diversité et de la multiplicité des corps, ou des objets de nos sensations, que nous sommes assurés de l'existence et de la durée de notre être sensitif. Car les objets sensibles sont le fondement de nos connaissances, de notre mémoire, de notre intelligence, de nos raisonnements, et la source de toute *évidence*. En effet nous ne parvenons à la connaissance de l'existence de notre être sensitif que par les sensations que nous procurent les objets sensibles par l'usage des sens, et nous ne sommes assurés de la fidélité de notre mémoire que par le retour des sensations qui nous sont procurées de nouveau par l'exercice actuel des sens; car c'est l'exercice alternatif de la mémoire et des sens sur les mêmes objets, qui nous sont représentés par nos sensations, qui nous assurent que la mémoire ne nous trompe point lorsqu'elle nous rappelle le ressouvenir de ces objets. C'est donc par les sensations qui nous sont procurées par les objets, que ces objets eux-mêmes et leur durée nous sont indiqués, que nous avons acquis les connaissances qui nous sont rappelées par la mémoire, et que la fidélité de la mémoire nous est prouvée avec certitude. Or sans la certitude de la fidélité de la mémoire, nous n'aurions aucune *évidence* de l'existence successive de notre être sensitif, ni aucune certitude dans nos jugements.

Nous ne pourrions pas même distinguer sûrement l'existence actuelle de notre être sensitif, d'avec celle de nos sensations, ni d'avec celle des causes de nos sensations, ni d'avec celle des objets de nos sensations. Nous ne pourrions pas non plus déduire une vérité d'une autre vérité, car la déduction suppose des idées consécutives qui exigent certitude de la mémoire. Sans la mémoire, l'être sensitif n'aurait que la sensation ou l'idée de l'instant actuel; il ne pourrait pas tirer de cette sensation la conviction de sa propre existence; car il ne pourrait pas développer les rapports de cette suite d'idées, *je pense, donc je suis*. Il sentirait, mais il ne connaîtrait rien, parce que sans la mémoire il ne pourrait réunir le premier commencement avec le premier progrès d'une sensation; il serait dans un état de stupidité qui exclurait toute attention, tout discernement, tout jugement, toute intelligence, toute *évidence* de vérités réelles, il ne pourrait ni s'instruire, ni s'assurer, ni douter de son existence, ni de l'existence de ses sensations, ni de l'existence des causes de ses sensations, puisqu'il ne pourrait rien observer, rien démêler, rien reconnaître; toutes ses idées seraient dévorées par l'oubli, à mesure qu'elles naîtraient; tous les instants de sa durée seraient des instants de naissance, et des instants de mort; il ne pourrait pas vérifier attentivement son existence par le sentiment même de son existence, ce ne serait qu'un sentiment confus et rapide, qui se déroberait continuellement à l'*évidence*.

Il est évident aussi que nous ne pouvons pas plus douter de la durée de l'existence des corps, ou des objets de nos sensations que de la durée de notre propre existence; car nous ne pouvons être assurés de la durée de notre existence que par la mémoire, et nous ne pouvons être instruits avec certitude par la mémoire, qu'autant que nous sommes certains qu'elle ne nous trompe pas: or nous ne sommes assurés de la fidélité de notre mémoire que parce que nous l'avons vérifiée par le retour des sensations que les mêmes objets nous procurent de nouveau par l'exercice actuel des sens. Ainsi la certitude de la fidélité de notre mémoire suppose nécessairement la durée de l'existence de ces mêmes objets, qui nous procurent en différents temps les mêmes sensations par l'exercice des sens. Nous ne sommes donc assurés de la durée de notre existence que parce que nous sommes assurés par l'exercice alternatif de la mémoire et des sens, de la durée de l'existence des objets de nos sensations; nous ne pouvons donc pas plus douter de la durée de leur existence, que de la durée de notre existence propre. L'*égoïsme* ou la rigueur de la certitude réduite à la connaissance de moi-même, ne serait donc qu'une abstraction captieuse, qui ne pourrait se concilier avec la certitude même que j'ai de mon existence; car cette certitude ne consiste que dans mes sensations qui m'instruisent de l'existence des corps, ou des objets de mes sensations, avec la même *évidence* qu'elles m'instruisent de mon existence. En effet, l'*évidence* avec laquelle nos sensations nous indiquent notre être sensitif, et l'*évidence* avec laquelle les mêmes sensations nous indiquent les corps, est la même; elle se borne de part et d'autre à la simple indication, et n'a d'autre principe que nos sensations, ni d'autre certitude que celle de nos sensations mêmes; mais cette certitude nous maîtrise et nous soumet souverainement.

Cependant ne pourrait-on pas alléguer encore quelques raisons en faveur de l'*égoïsme* métaphysique? Ne m'est-il pas évident, me dira-t-on, qu'il y a un rapport essentiel entre mes sensations et mon être sensitif? Ne m'est-il pas évident aussi qu'il n'y a pas un rapport aussi décisif entre mes sensations et l'objet de mes sensations? J'avoue néanmoins qu'il m'est évident aussi que je ne suis pas moi-même la cause de mes sensations. Mais ne me suffit-il pas de reconnaître une cause qui agisse sur mon être sensitif, indépendamment d'aucun objet sensible, et qui me cause des sensations représentatives d'objets qui n'existent pas? N'en suis-je pas même assuré par mes rêves, où je crois voir et toucher les objets de mes sensations? car j'ai reconnu ensuite que ces sensations étaient illusoires: cependant j'étais persuadé que je voyais et que je touchais ces objets. Ne puis-je pas, quand je veille, être trompé de même par mes sensations? Je suis donc plus assuré de mon existence que de l'existence des objets de mes sensations; je ne connais donc avec *évidence* que l'existence de mon être sensitif et celle de la cause active de mes sensations.

Voilà, je crois, les raisons les plus fortes qu'on puisse alléguer en faveur de l'*égoïsme*. Mais avant qu'elles puissent conduire à cette *évidence* exclusive, qui borne sincèrement un *égoïste* à la seule certitude de l'existence de son être sensitif, et de l'existence de la cause active de ses sensations, il faut qu'il soit assuré évidemment par sa mémoire, de son existence successive, car sans la certitude de la durée de son existence, il ne peut pas avoir une connaissance sûre et distincte des rapports essentiels qu'il y a entre ses sensations et son être sensitif, et entre ses sensations et la cause active de ses sensations; il ne pourra pas s'apercevoir qu'il a eu des sensations qui l'ont trompé dans ses rêves, et il ne sera pas plus assuré de son existence successive, que de l'existence des objets de ses sensations; ainsi il ne peut pas plus douter de l'existence de ces objets, que de son existence successive. S'il doutait de son existence successive, il anéantirait par ce doute toutes les raisons qu'il vient d'alléguer en faveur de son *égoïsme*; s'il ne doute pas de son existence successive, il reconnaît les moyens par lesquels il s'est assuré de la fidélité de sa mémoire; ainsi il ne doutera pas plus de l'existence des objets sensibles, que de son existence successive et de son existence actuelle. Ceux qui opinent en faveur de l'*égoïsme*, doivent donc au moins s'apercevoir que le temps même qu'ils emploient à raisonner contredit leurs raisonnements.

Mon âme, vous direz-vous, ne peut-elle pas être toujours dans un état de pure illusion, où elle serait réduite à des sensations représentatives d'objets qui n'existent point? Ne peut-elle pas aussi avoir sans l'entremise d'aucun objet réel, des sensations affectives qui l'intéressent, et qui la rendent heureuse ou malheureuse? Ces sensations ne seraient-elles pas les mêmes que celles que je suppose qu'elle reçoit par l'entremise des objets qu'elles me représentent? Ne suffiraient-elles pas pour exciter mon attention, pour exercer mon discernement et mon intelligence, pour me faire apercevoir les rapports que ces sensations auraient entre elles, et les rapports qu'elles auraient avec moi-même? d'où résulterait du moins une *évidence* idéale à laquelle je ne pourrais me refuser. Mais vous ne pouvez vous dissimuler qu'en vous supposant dans cet état, vous ne pouvez avoir aucune *évidence* réelle de votre durée, ni de la vérité de vos jugements, et que vous ne pouvez pas même vous en imposer par les raisonnements que vous faites actuellement; car ils supposent non seulement des rapports actuels mais aussi des rapports successifs entre vos idées, lesquels exigent une durée que vous ne pouvez vérifier et dont vous n'auriez aucune *évidence* réelle; ainsi vous ne pouvez pas sérieusement vous livrer à ces raisonnements. Mais si votre pyrrhonisme vous conduit jusqu'à douter de votre durée, ne soyez pas moins attentif à éviter les dangers que vos sensations vous rappellent, de crainte d'en éprouver trop cruellement la réalité; leurs rapports avec vous sont des preuves bien prévenantes de leur existence et de la vôtre.

Mais toujours il n'est pas moins vrai, dira-t-on, qu'il n'y a point de rapport essentiel entre mes sensations et les objets sensibles et qu'effectivement les sensations nous trompent dans les rêves; cette objection se détruit elle-même. Comment savez-vous que vos sensations vous ont trompé dans les rêves? N'est-ce pas par la mémoire? Or la mémoire vous assure aussi que vos sensations ne vous ont point trompé relativement à la réalité des objets, puisqu'elles ne vous ont représenté que des objets qui vous ont auparavant procuré ces mêmes sensations par la voie des sens. S'il n'y a pas de rapport essentiel entre les objets et les sensations, les connaissances que la mémoire vous rappelle, vous assurent au moins que dans notre état actuel il y a un rapport conditionnel et nécessaire. Vous ne connaissez pas non plus de rapport essentiel entre l'être sensitif et les sensations, puisqu'il n'est pas évident que l'être sensitif ne puisse pas exister sans les sensations. Vous avouerez aussi par la même raison qu'il n'y a pas de rapport essentiel entre l'être sensitif et la cause active de nos sensations. Mais toujours est-il évident par la réalité des sensations, qu'il y a au moins un rapport nécessaire entre notre être sensitif et nos sensations, et entre la cause active de nos sensations et notre être sensitif. Or un rapport nécessaire connu nous assure évidemment de la réalité des corrélatifs. Le rapport nécessaire que nous connaissons entre nos sensations et les objets sensibles, nous assure donc avec *évidence* de la réalité de ces objets, quels qu'ils soient; je dis *quels qu'ils soient*, car je ne les connais point en eux-mêmes, mais je ne connais pas plus mon être sensitif; ainsi je ne connais pas moins les corps ou les objets sensibles, que je me connais moi-même. De plus nos sensations nous découvrent aussi entre les corps des rapports nécessaires qui nous assurent que les propriétés de ces corps ne se bornent pas à nous procurer des sensations; car nous reconnaissons qu'ils sont eux-mêmes des causes sensibles, qui agissent réciproquement les unes sur les autres; en sorte que le système général des sensations est une démonstration du système général du mécanisme des corps.

La même certitude s'étend jusqu'à la notion que j'ai des êtres sensitifs des autres hommes; parce que les instructions vraies que j'en ai reçues, et que j'ai vérifiées par l'exercice de mes sens, établissent un rapport nécessaire entre les êtres sensitifs de ces hommes, et mon être sensitif. En effet, je suis aussi assuré de la vérité de ces instructions que j'ai confirmées par l'exercice de mes sens, que de la fidélité de ma mémoire, que de la connaissance

de mon existence successive, et que de l'existence des corps; puisque c'est par la même *évidence* que je suis assuré de la vérité de
toutes ces connaissances. En effet, la vérification des instructions
que j'ai reçues des hommes me prouve que chacun d'eux a, comme
moi, un être sensitif qui a reçu les sensations ou les connaissances qu'il
m'a communiquées, et que j'ai vérifiées par l'usage de mes sens.

41° Qu'un être sensitif, qui est privativement et exclusivement
affecté de sensations bornées à lui, et qui ne sont senties que par
lui-même, est réellement distinct de tout autre être sensitif. Vous
êtes assuré, par exemple, que vous ignorez ma pensée; je suis
assuré aussi que j'ignore la vôtre: nous connaissons donc avec certitude que nous pensons séparément, et que votre être sensitif et
le mien sont réellement et individuellement distincts l'un de l'autre.
Nous pouvons, il est vrai, nous communiquer nos pensées par des
paroles, ou par d'autres signes corporels, convenus, et fondés sur
la confiance; mais nous n'ignorons pas qu'il n'y a aucune liaison
nécessaire entre ces signes et les sensations, et qu'ils sont également le véhicule du mensonge et de la vérité. Nous n'ignorons pas
non plus quand nous nous en servons, que nous n'y avons recours
que parce que nous savons que nos sensations sont incommunicables
par elles-mêmes; ainsi l'usage même de tels moyens est un aveu
continuel de la connaissance que nous avons de l'incommunicabilité
de nos sensations et de l'individualité de nos âmes. On est convaincu par là de la fausseté de l'idée de Spinosa sur l'unité de
substance dans tout ce qui existe.

42° Que les êtres sensitifs ont leurs sensations à part, qui ne
sont qu'à eux, et qui sont renfermées dans les bornes de la réalité
de chaque être sensitif qui en est affecté; parce qu'un être qui
se sent soi-même, ne peut se sentir hors de lui-même, et qu'il n'y a
que lui qui puisse se sentir soi-même: d'où il s'ensuit évidemment
que chaque être sensitif est simple, et réellement distinct de tout
autre être sensitif. Les bêtes mêmes sont assurées de cette vérité;
elles savent par expérience qu'elles peuvent s'entre-causer de la
douleur, et chacune d'elles éprouve qu'elle ne sent point celle
qu'elle cause à une autre; c'est par cette connaissance qu'elles se
défendent, qu'elles se vengent, qu'elles menacent, qu'elles attaquent,
qu'elles exercent leurs cruautés dans les passions qui les animent
les unes contre les autres; et celles qui ont besoin pour leur
nourriture d'en dévorer d'autres, ne redoutent pas la douleur
qu'elles vont leur causer.

43° Qu'on ne peut supposer un assemblage d'êtres qui aient la propriété de sentir, sans reconnaître qu'ils ont chacun en particulier cette propriété; que chacun d'eux doit sentir en son particulier, à part, privativement et exclusivement à tout autre; que leurs sensations sont réciproquement incommunicables par elles-mêmes de l'un à l'autre; qu'un tout composé de parties sensitives ne peut pas former une âme ou un être sensitif individuel: parce que chacune de ces parties penserait séparément et privativement les unes aux autres, et que les sensations de chacun de ces êtres sensitifs n'étant pas communicables de l'un à l'autre, il ne pourrait y avoir de réunion ou de combinaisons intimes d'idées, dans un assemblage d'êtres sensitifs dont les divers états ou positions varie-raient les sensations, et dont les diverses sensations de chacun d'eux seraient inconnues aux autres. De là il est évident qu'une portion de matière, composée de parties réellement distinctes, placées les unes hors des autres, ne peut pas former une âme. Or toute matière étant composée de parties réellement distinctes les unes des autres, les êtres sensitifs individuels ne peuvent pas être des substances matérielles.

44° Que les objets corporels qui occasionnent les sensations agissent sur nos sens par le mouvement.

45° Que le mouvement n'est pas un attribut essentiel de ces objets; car ils peuvent avoir plus ou moins de mouvement, et ils peuvent en être privés entièrement; or ce qui est essentiel à un être en est inséparable et n'est susceptible ni d'augmentation, ni de diminution, ni de cessation.

46° Que le mouvement est une action; que cette action indique une cause; et que les corps sont les sujets passifs de cette action.

47° Que le sujet passif et la cause qui agit sur ce sujet passif sont essentiellement distincts l'un de l'autre.

48° Que nous sommes assurés en effet par nos sensations, qu'un corps ne se remet point par lui-même en mouvement lorsqu'il est en repos, et n'augmente jamais par lui-même le mouvement qu'il a reçu: qu'un corps qui en meut un autre, perd autant de son mouvement que celui-ci en reçoit; ainsi, rigoureusement parlant, un corps n'agit pas sur un autre corps; l'un est mis en mouvement par le mouvement qui se sépare de l'autre; un corps qui communique son mouvement à d'autres corps, n'est donc pas lui-même le mou-vement ni la cause du mouvement qu'il communique à ces corps.

49° Que les corps n'étant point eux-mêmes la cause du mouvement qu'ils reçoivent, ni de l'augmentation du mouvement qui leur survient, ils sont réellement distincts de cette cause.

50° Que les corps ou les objets qui occasionnent nos sensations par le mouvement, n'étant eux-mêmes ni le mouvement ni la cause du mouvement, ils ne sont pas la cause primitive de nos sensations; car ce n'est que par le mouvement qu'ils sont la cause conditionnelle de nos sensations.

51° Que notre âme ou notre être sensitif ne pouvant se causer lui-même ses sensations, et que les corps ou les objets de nos sensations n'en étant pas eux-mêmes la cause primitive, cette première cause est réellement distincte de notre être sensitif et des objets de nos sensations.

52° Que nous sommes assurés par nos sensations, que ces sensations elles-mêmes, tous les effets et tous les changements qui arrivent dans les corps, sont produits par une première cause; que c'est l'action de cette même cause qui vivifie tous les corps vivants, qui constitue essentiellement toutes les formes actives, sensitives et intellectuelles; que la forme essentielle et active de l'homme, en tant qu'animal raisonnable, n'est point une dépendance du corps et de l'âme dont il est composé; car ces deux substances ne peuvent agir, par elles-mêmes, l'une sur l'autre. Ainsi on ne doit point chercher dans le corps ni dans l'âme, ni dans le composé de l'un et de l'autre, la forme constitutive de l'homme moral, c'est-à-dire du principe actif de son intelligence, de sa force d'intention, de sa liberté, de ses déterminations morales, qui le distinguent essentiellement des bêtes. Ces attributs résultent de l'acte même du premier principe de toute intelligence et de toute activité; de l'acte de l'Etre suprême qui agit sur l'âme, qui l'affecte par des sensations, qui exécute ses volontés décisives, et qui élève l'homme à un degré d'intelligence et de force d'intention par lesquelles il peut suspendre ses décisions, et dans lesquelles consiste sa liberté. Cette première cause et son action qui est une création continuelle, nous est *évidemment* indiquée; mais la manière dont elle agit sur nous, les rapports intimes entre cette action et notre âme, sont inaccessibles à nos lumières naturelles; parce que l'âme ne connaît pas intuitivement le principe actif de ses sensations, ni le principe passif de sa faculté de sentir: elle n'aperçoit sensiblement en elle d'autre cause de ses volontés et de ses déterminations, que ses sensations mêmes.

53° Que la cause primitive des formes actives sensitives, intellectuelles, est elle-même une cause puissante, intelligente et directrice;

car les formes actives qui consistent dans des mouvements et dans des arrangements des causes corporelles ou instrumentales, d'où résultent des effets déterminés, sont elles-mêmes des actes de puissance, d'intelligence, de volonté directrice. Les formes sensitives dans lesquelles consistent toutes les différentes sensations de lumière, de couleurs, de bruit, de douleur, de plaisir, d'étendue, etc., ces formes par lesquelles toutes ces sensations ont entre elles des différences essentielles, par lesquelles les êtres sensitifs les distinguent nécessairement les unes des autres, et par lesquelles ils sont eux-mêmes assujettis à ces sensations, sont des effets produits, dans les êtres sensitifs, par des actes de puissance, d'intelligence et de volonté décisive, puisque les sensations sont les effets de ces actes qui, par les sensations mêmes qu'ils nous causent, sont en nous la source et le principe de toute notre intelligence, de toutes nos déterminations, et de toutes nos actions volontaires. Les formes intellectuelles dans lesquelles consistent les liaisons, les rapports et les combinaisons des idées, et par lesquelles nous pouvons déduire de nos idées actuelles d'autres idées ou d'autres connaissances, consistent essentiellement aussi dans des actes de puissance, d'intelligence et de volonté décisive; puisque ces actes sont eux-mêmes la cause constitutive, efficiente et directrice de nos connaissances, de notre raison, de nos intentions, de notre conduite, de nos décisions. La réalité de la puissance, de l'intelligence, des intentions ou des causes finales, nous est connue évidemment par les actes de puissance, d'intelligence, d'intentions et de déterminations éclairées que nous observons en nous-mêmes; ainsi on ne peut contester cette réalité. On ne peut pas contester non plus que ces actes ne soient produits en nous par une cause distincte de nous-mêmes: or une cause dont les actes produisent et constituent les actes mêmes de notre puissance, de notre intelligence, est nécessairement elle-même puissante et intelligente; et ce qu'elle exécute avec intelligence est de même nécessairement décidé avec connaissance et avec intention. Nous ne pouvons donc nous refuser à l'*évidence* de ces vérités que nous observons en nous-mêmes, et qui nous prouvent une puissance, une intelligence et des intentions décisives dans tout ce que cette première cause exécute en nous et hors de nous.

54° Que chaque homme est assuré, par la connaissance intime des fonctions de son âme, que tous les hommes et les autres animaux qui agissent et se dirigent avec perception et discernement, ont des sensations et un être qui a la propriété de sentir; et que cette propriété rend tous les êtres sensitifs, susceptibles des mêmes fonctions naturelles, purement relatives à cette même propriété; puisque dans les êtres sensitifs, la propriété de sentir n'est autre chose que la faculté passive de recevoir des sensations, et que toutes les fonctions naturelles, relatives à cette faculté, s'exercent par les sensations mêmes. Des êtres réellement différents par leur essence peuvent avoir des propriétés communes. Par exemple, la substantialité, la durée, l'individualité, la mobilité, etc., sont communes à des êtres de différente nature. Ainsi la propriété de sentir n'indique point que l'être sensitif des hommes et l'être sensitif des bêtes soient de même nature. Nos lumières naturelles ne s'étendent pas jusqu'à l'essence des êtres. Nous ne pouvons en distinguer la diversité que par des propriétés qui s'excluent essentiellement les unes les autres. Nos connaissances ne peuvent s'étendre plus loin que par la foi. En effet, j'aperçois dans les animaux l'exercice des mêmes fonctions sensitives que je reconnais en moi-même; ces fonctions en général se réduisent à huit, au *discernement*, à la *remémoration,* aux *relations*, aux *indications*, aux *abstractions*, aux *déductions*, aux *inductions*, aux *passions*. Il est évident que les animaux discernent; qu'ils se ressouviennent de ce qu'ils ont appris par leurs sensations; qu'ils aperçoivent les relations ou les rapports qu'il y a entre eux et les objets qui les intéressent, qui leur sont avantageux ou qui leur sont nuisibles; qu'ils ont des sensations indicatives qui les assurent de l'existence des choses qu'ils n'aperçoivent pas par l'usage actuel des sens; que la seule sensation, par exemple, d'un bruit qui les inquiète, leur indique sûrement une cause qui leur occasionne cette sensation; qu'ils ne peuvent avoir qu'une idée abstraite générale de cette cause quand ils ne l'aperçoivent pas; que par conséquent ils ont des idées abstraites; que leurs sensations actuelles les conduisent encore, par déduction ou raisonnement tacite, à d'autres connaissances; que, par exemple, un animal juge par la grandeur d'une ouverture, et par la grosseur de son corps, s'il peut passer par cette ouverture. On ne peut pas non plus douter des inductions que les animaux tirent de leurs sensations et d'où résultent les déterminations de leurs volontés; on aperçoit aussi qu'ils aiment, qu'ils haïssent, qu'ils craignent, qu'ils espèrent, qu'ils sont susceptibles de jalousie, de colère, etc. qu'ils sont par conséquent susceptibles de passions. On aperçoit donc effectivement dans les animaux l'exercice de toutes les fonctions dont les êtres sensitifs sont capables dans l'ordre naturel par l'entremise des corps.

55° Que les volontés animales, ou purement sensitives, ne consistent que dans les sensations, et ne sont que les sensations elles-mêmes, en tant qu'elles sont agréables ou désagréables à l'être sensitif; car vouloir, est agréer une sensation agréable; ne pas vouloir, est *désagréer* une sensation désagréable; être indifférent à une sensation, c'est n'être affecté ni agréablement ni désagréablement par cette sensation. Agréer et désagréer sont de l'essence des sensations agréables ou désagréables: car une sensation qui n'est pas agréée n'est pas agréable, et une sensation qui n'est pas désagréée n'est pas désagréable. En effet, une sensation de douleur qui ne serait pas douloureuse, ne serait point une sensation de douleur, une sensation de plaisir qui ne serait pas agréable, ne serait pas une sensation de plaisir. Il faut juger des sensations agréables et désagréables, comme des autres sensations: or quand l'âme est affectée de sensations de rouge, ou de blanc, ou de vert, etc., elle sent et connaît nécessairement ces sensations telles qu'elles sont; elle voit nécessairement rouge, quand elle a une sensation de rouge. Elle agrée de même nécessairement, quand elle a une sensation qui lui est agréable; car vouloir ou agréer n'est autre chose que sentir agréablement; ne pas vouloir ou désagréer n'est de même autre chose que sentir désagréablement. Nous voulons jouir des objets qui nous causent des sensations agréables, et nous voulons éviter ceux qui nous causent des sensations désagréables; parce que les sensations agréables nous plaisent, et que nous sommes lésés par les sensations désagréables ou douloureuses; en sorte que notre bonheur ou notre malheur n'existe que dans nos sensations agréables ou désagréables. C'est donc dans les sensations que consiste, dans l'ordre naturel, tout l'intérêt qui forme nos volontés; et les volontés sont elles-mêmes de l'essence des sensations. Ainsi, vouloir ou ne pas vouloir ne sont pas des actions de l'être sensitif, mais seulement des affections, c'est-à-dire des sensations qui l'intéressent agréablement ou désagréablement.

Mais il faut distinguer l'acquiescement et le déguisement décisif, d'avec les volontés indécises. Car l'acquiescement et le désistement consistent dans le choix des sensations plus ou moins agréables, et dans le choix des objets qui procurent les sensations et qui peuvent nous être plus ou moins avantageux, ou plus ou moins nuisibles par eux-mêmes. L'être sensitif aperçoit, par les différentes sensations qui produisent en lui des volontés actuelles, souvent opposées, qu'il peut se tromper dans le choix quand il n'est pas suffisamment instruit; alors il se détermine par ses sensations mêmes à examiner et à délibérer avant que d'opter et de se fixer décisivement à la jouissance des objets qui lui sont plus avantageux, ou qui l'affectent plus agréablement. Mais souvent ce qui est actuellement le plus agréable, n'est pas le plus avantageux pour l'avenir, et ce qui intéresse le plus, dans l'instant du choix, forme la volonté décisive dans les animaux, c'est-à-dire la volonté sensitive dominante qui a son effet exclusivement aux autres.

56° Que nos connaissances *évidentes* ne suffisent pas, sans la foi, pour nous connaître nous-mêmes, pour découvrir la différence qui distingue essentiellement l'homme ou l'animal raisonnable, des autres animaux; car, à ne consulter que l'*évidence*, la raison elle-même assujettie aux dispositions du corps, ne paraîtrait pas essentielle aux hommes, parce qu'il y en a qui sont plus stupides, plus féroces, plus insensés que les bêtes; et parce que les bêtes marquent dans leurs déterminations le même discernement que nous observons en nous-mêmes, surtout dans leurs déterminations relatives au bien et au mal physiques. Mais la foi nous enseigne que la sagesse suprême est elle-même la lumière *qui éclaire tout homme venant en ce monde*; que l'homme, par son union avec l'intelligence par essence, est élevé à un plus haut degré de connaissance qui le distingue des bêtes; à la connaissance du bien et du mal moral, par laquelle il peut se diriger avec raison et équité dans l'exercice de sa liberté; par laquelle il reconnaît le mérite et le démérite de ses actions, et par laquelle il se juge lui-même dans les déterminations de son libre arbitre, et dans les décisions de sa volonté.

L'homme n'est pas un être simple, c'est un composé de corps et d'âme; mais cette union périssable n'existe pas par elle-même; ces deux substances ne peuvent agir l'une sur l'autre. C'est l'action de Dieu qui vivifie tous les corps animés, qui produit continuellement toute forme active, sensitive et intellectuelle. L'homme reçoit ses sensations par l'entremise des organes du corps, mais ses sensations elles-mêmes et sa raison sont l'effet immédiat de l'action de Dieu sur l'âme; ainsi c'est dans cette action sur l'âme que consiste la forme essentielle de l'animal raisonnable: l'organisation du corps est la cause conditionnelle ou instrumentale des sensations; et les sensations sont les motifs ou les causes déterminantes de la raison et de la volonté décisive.

C'est dans cet état d'intelligence et dans la force d'intention que consiste le libre arbitre, considéré simplement en lui-même.

Ce n'est du moins que dans ce point de vue que nous pouvons l'envisager et le concevoir, relativement à nos connaissances naturelles; car c'est l'intelligence qui s'oppose aux déterminations animales et spontanées, qui fait hésiter, qui suscite, soutient et dirige l'intention, qui rappelle les règles et les préceptes qu'on doit observer, qui nous instruit sur notre intérêt bien entendu, qui intéresse pour le bien moral. Nous apercevons que c'est moins une faculté active qu'une lumière qui éclaire la voie que nous devons suivre, et qui nous découvre les motifs légitimes et méritoires qui peuvent régler dignement notre conduite. C'est dans ces mêmes motifs, qui nous sont présents, et dans des secours surnaturels, que consiste le pouvoir que nous avons de faire le bien et d'éviter le mal: de même que c'est dans les sensations affectives déréglées, qui forment les volontés perverses, que consiste aussi le pouvoir funeste que nous avons de nous livrer au mal et de nous soustraire au bien.

Il y a dans l'exercice de la liberté plusieurs actes qui, considérés séparément, semblent exclure toute liberté. Lorsque l'âme a des volontés qui se contrarient, qu'elle n'est pas suffisamment instruite sur les objets de ses déterminations, et qu'elle craint de se tromper, elle suspend, elle se décide à examiner et à délibérer, avant que de se déterminer: elle ne peut pas encore choisir décisivement, mais elle veut décisivement délibérer. Or, cette volonté décisive exclut toute autre volonté décisive, car deux volontés décisives ne peuvent pas exister ensemble; elles s'entr'anéantiraient, elles ne seraient pas deux volontés décisives; ainsi l'âme n'a pas alors le double pouvoir moral d'acquiescer ou de ne pas acquiescer décisivement à la même chose: elle n'est donc pas libre à cet égard. Il en est de même lorsqu'elle choisit décisivement, car cette décision est un acte simple et définitif, qui exclut absolument toute autre décision. L'âme n'a donc pas non plus alors le double pouvoir moral de se décider ou de ne se pas décider pour la même chose: elle n'est donc pas libre dans ce moment; ainsi elle n'a pas, dans le temps où elle veut décisivement délibérer, ni dans le temps où elle se détermine décisivement, le double pouvoir actuel d'acquiescer et de se désister, dans lequel consiste la liberté; ce qui paraît en effet exclure toute liberté. Mais il faut être fort attentif à distinguer les volontés indécises des volontés décisives. Quand l'âme a plusieurs volontés indécises qui se contrarient, il faut qu'elle examine et qu'elle délibère; or c'est dans le temps de la délibération qu'elle est réellement libre, qu'elle a indéterminément le double pouvoir d'être décidée ou à se refuser ou à se livrer à une volonté indécise, puisqu'elle délibère effectivement, ou pour se refuser, ou pour se livrer décisivement à cette volonté, selon les motifs qui la décideront après la délibération.

Les motifs naturels sont de deux sortes, *instructifs* et *affectifs*; les motifs instructifs nous déterminent par les lumières de la raison; les motifs affectifs nous déterminent par le sentiment actuel, qui est la même chose dans l'homme que ce qu'on appelle vulgairement *instinct* dans les bêtes.

La liberté naturelle est resserrée entre deux états également opposés à la liberté même: ces deux états sont *l'invincibilité des motifs et la privation des motifs*. Quand les sensations affectives sont trop pressantes et trop vives, relativement aux sensations instructives et aux autres motifs actuels, l'âme ne peut, sans des secours surnaturels, les vaincre par elle-même. La liberté n'existe pas non plus dans la privation d'intérêts et de tout autre motif; car dans cet état d'indifférence les déterminations de l'âme, si l'âme pouvait alors se déterminer, seraient sans motif, sans raison, sans objet: elles ne seraient que des déterminations spontanées, fortuites, et entièrement privées d'intention pour le bien ou pour le mal, et par conséquent de tout exercice de liberté et de toute direction morale. Les motifs sont donc eux-mêmes de l'essence de la liberté; c'est pourquoi les philosophes et les théologiens n'admettent point de libre arbitre versatile par lui-même, ni de libre arbitre nécessité immédiatement par des motifs naturels ou surnaturels.

Dans l'exercice tranquille de la liberté, l'âme se détermine presque toujours sans examen et sans délibération, parce qu'elle est instruite des règles qu'elle doit suivre sans hésiter. Les usages légitimes, établis entre les hommes qui vivent en société, les préceptes et les secours de la religion, les lois du gouvernement qui intéressent par des récompenses ou par des châtiments, les sentiments d'humanité; tous ces motifs réunis à la connaissance intime du bien et du mal moral, à la connaissance naturelle d'un premier principe auquel nous sommes assujettis, et aux connaissances révélées, forment des règles qui soumettent les hommes sensés et vertueux.

La loi naturelle se présente à tous les hommes, mais ils l'interprètent diversement; il leur faut des règles positives et déterminées, pour fixer et assurer leur conduite. Ainsi les hommes sages ont peu à examiner et à délibérer sur leurs intérêts dans le détail de leurs actions morales; dévoués habituellement à la règle et à la nécessité de la règle, ils sont immédiatement déterminés par la règle même.

Mais ceux qui sont portés au dérèglement par des passions vives et habituelles sont moins soumis par eux-mêmes à la règle qu'attentifs à la crainte de l'infamie et des punitions attachées à l'infraction de la règle. Dans l'ordre naturel, les intérêts ou les affections se contrarient; on hésite, on délibère, on répugne à la règle; on est enfin décidé ou par la passion qui domine, ou par la crainte des peines.

Ainsi la règle qui guide les uns suffit dans l'ordre moral pour les déterminer sans hésiter et sans délibérer; au lieu que la contrariété d'intérêt qui affecte les autres, résiste à la règle; d'où naît l'exercice de la liberté animale, qui est toujours dans l'homme un désordre, un combat intenté par des passions trop vives qui résultent d'une mauvaise organisation du corps, naturelle ou contractée par de mauvaises habitudes qui n'ont pas été réprimées. L'âme est livrée alors à des sensations affectives si fortes et si discordantes, qu'elles dominent les sensations instructives qui pourraient la diriger dans ses déterminations; c'est pourquoi on est obligé dans l'ordre naturel de recourir aux punitions et aux châtiments les plus rigoureux, pour contenir les hommes pervers.

Cette liberté animale ou ce conflit des sensations affectives qui bornent l'attention de l'âme à des passions illicites et aux peines qui y sont attachées, c'est-à-dire au bien et au mal physiques; cette prétendue liberté, dis-je, doit être distinguée de la liberté morale ou d'intelligence, qui n'est pas obsédée par des affections déréglées; qui rappelle à chacun ses devoirs envers Dieu, envers soi-même, envers les autres; qui fait apercevoir toute l'indignité du mal moral, de l'iniquité du crime, du dérèglement; qui a pour objet le bien moral, le bon ordre, l'observation de la règle, la probité, les bonnes œuvres, les motifs ou les affections licites, l'intérêt bien entendu. C'est cette liberté qui fait connaître l'équité, la nécessité, les avantages de la règle; qui fait chérir la probité, l'honneur, la vertu, et qui porte dans l'homme l'image de la divinité; car la liberté divine n'est qu'une pure liberté d'intelligence. C'est dans l'idée d'une telle liberté, à laquelle l'homme est élevé par son union avec l'intelligence divine, que nous apercevons que nous sommes réellement libres; et que dans l'ordre naturel nous ne sommes libres effectivement qu'autant que nous pouvons, par notre intelligence, diriger nos déterminations morales, apercevoir, examiner, apprécier les motifs licites qui nous portent à remplir nos devoirs et à résister aux affections qui tendent à nous jeter dans le dérèglement: aussi convient-on que dans l'ordre moral les enfants, les fous, les imbéciles ne sont pas libres. Ces premières vérités *évidentes* sont la base des connaissances surnaturelles, les premiers développements des connaissances naturelles, les vérités fondamentales des sciences, les lois qui dirigent l'esprit dans le progrès des connaissances, les règles de la conduite de tous les animaux dans leurs actions relatives à leur conservation, à leurs besoins, à leurs inclinations, à leur bonheur, et à leur malheur.

APPENDICE

I.

NÉCROLOGUE

DE

M. QUESNAY DE SAINT-GERMAIN

PETIT-FILS DU DOCTEUR QUESNAY

par D. P. D. N.(¹)

(Revue philosophique, littéraire et politique, IVe trimestre, au XIII de l'ère française.)

Les lettres, l'agriculture et la magistrature ont perdu en M. *Quesnay de Saint-Germain* un homme de beaucoup d'esprit et d'instruction, un citoyen éminemment vertueux.

Il était petit-fils et élève du docteur *Quesnay* qui, célèbre par la *Préface des Mémoires de l'Académie de chirurgie* dont il a été le premier secrétaire, et par plusieurs articles importants dans le recueil de cette académie, ainsi que par le *traité des fièvres*, de la *saignée*, de l'*économie animale*, de la *gangrène* et de la *suppuration*, qui ont marqué sa place parmi les médecins du premier ordre, l'est peut-être encore davantage par l'impulsion qu'il a donnée à la science de l'économie politique.

Il est assez singulier que ce soit à Versailles, sous les yeux de Louis XV, dont il était premier médecin ordinaire, et sous la protection d'une favorite, qu'il ait eu le courage d'en semer les principaux éléments, au développement desquels *Adam Smith* et les économistes français ont ensuite appliqué leurs efforts.

M. *Quesnay*, le grand-père, fidèle à ses principes, avait résisté à toute sa famille qui voulait qu'il employât son crédit pour obtenir à son fils une place de fermier-général. *Je ne veux pas*, disait-il, *laisser pénétrer chez moi la tentation de prendre intérêt aux genres d'impôts qui arrêtent les progrès de l'agriculture et du commerce. Le bonheur de mes enfants doit être lié à la prospérité publique.* Il avait en conséquence destiné ce fils qu'il aimait, à la vie paisible et honorable d'un propriétaire, dirigeant avec intelligence l'administration d'un grand domaine. Là, disait encore le docteur, *il ne pourra s'enrichir que d'une manière utile à la patrie.* M. Quesnay, le fils, a rempli cette douce carrière avec une grande distinction dans les deux terres contiguës de Beauvoir et de Saint-Germain en Nivernois où il a passé sa vie:

(1) Du Pont De Nemours. A. O.

agriculteur habile, heureux mari de Mlle d'Esguillon de qui les vertus s'assortissaient à son caractère sage et modéré, père excellent d'une fille et de trois fils dont l'aîné, après avoir été gendarme de la garde et capitaine de cavalerie, s'est retiré sur la même terre, y a mérité comme lui l'estime de tous ses voisins et y est mort il y a deux ans. Le second qui nous occupe aujourd'hui, *Robert-François-Joseph Quesnay de Saint-Germain*, naquit à Valenciennes le 23 janvier 1751, passa sa première enfance au château de Beauvoir, et fit ses études au collège de Nevers (¹). Doué d'une grande facilité et d'une étonnante mémoire, il obtint tous les premiers prix et fut regardé comme l'honneur du collège. Revenu dans la maison paternelle, il y coopéra pendant trois ans à de curieuses expériences d'agriculture, et touchait à sa vingtième année quand son grand-père crut devoir l'appeler à Versailles pour juger la véritable portée de son esprit. On conçoit aisément que le sujet le plus ordinaire de leurs conversations et des essais du jeune homme était cette doctrine à laquelle M. Quesnay consacrait alors presque tous ses moments, qu'il avait inventée et dont nous croyons devoir rappeler ici quelques maximes. Car lorsque nous avons à pleurer un *Quesnay*, il n'est pas hors de propos de justifier nos larmes, en indiquant ce que la nation, et le monde peut-être, doivent à sa famille. Les voici, ces maximes. On verra pourquoi elles ont des prosélytes.

„Soyez juste, avant tout.

„Il n'y a pas deux justices. — Ce qui était juste dans l'état primitif du „genre humain, l'est encore dans l'état de société.

„Jamais il n'a été juste d'attenter à la liberté, ni à la propriété d'autrui. „Il n'y a point d'homme qui n'en ait quelquefois le pouvoir. En aucun temps „aucun homme n'en a eu le *droit*; en aucun temps, ni par aucune institution, „aucun homme ne pourra l'acquérir. Les hommes, en se confédérant et for- „mant des corps politiques, n'ont renoncé à aucun de leurs droits naturels; „car ils n'avaient pas celui de nuire et ne pas nuire; se défendre réci- „proquement contre ceux qui nuiraient, est la seule condition fondamentale „de la société. Loin d'abandonner une partie de leurs droits, c'est pour étendre „l'usage de tous ceux que leur a conférés la nature, pour en garantir l'exer- „cice, pour en accroître les avantages, qu'ils se sont promis une protection „mutuelle et que, pour se la donner avec règle, ils ont établi des magistrats „et sont convenus de suivre des lois. Les *lois* sont des règles de justice, de „morale, de conduite, utiles à tous et à chacun. Les hommes, ni leurs gou- „vernements ne les *font* point, et ne, peuvent pas les *faire*. Ils les recon-

---

(1) Il semble par ce qu'on vient de lire que le docteur Quesnay n'avait pas sa famille avec lui pendant le temps où il était attaché comme médecin au service de la Pompadour (depuis 1749). La circonstance que, dans les renseignements intimes sur la vie quotidienne de Quesnay à Versailles, — renseignements que l'on trouve dans les Mémoires de Madame du Hausset, comme aussi dans Marmontel —, il n'est absolument pas fait mention de la vie de famille du docteur, parle en faveur de cette supposition. Le passage suivant d'une lettre du marquis de Mirabeau à son frère (juillet 1760) concorde avec ce qui précède: „Rends plus de justice au docteur; il est bon valet et fidèle, mais nullement esclave. Dans le temps où tous les profits des fermes étaient ouverts à la commensalité, il a lié ses enfants à la glèbe et iceux relégué dans les campagnes. J'ai été témoin qu'il laissa pied à peine mettre à terre à un sien petit-fils qu'on lui amenait du Nivernais. Je n'aurais pas, dit-il, sauvé le père de l'infection de la capitale si j'avais voulu y ramener le fils," etc. (Loménie, t. II, page 215.) A. O.

„naissent comme conformes à la raison suprême qui gouverne l'univers ; ils
„les déclarent ; ils les *portent* au milieu de la société ; ils les présentent à
„l'obéissance des gens de bien, à la conscience même du méchant. C'est
„pour cela qu'on dit *porteur de loi, législateur*, et recueil *des lois portées,*
„*législation*, et qu'on n'a jamais osé dire *faiseur de loi, législacteur*, ni
„*législaction*. Les lois sont irrévocables, elles tiennent à l'essence des hommes
„et des choses ; elles sont l'expression de la volonté de Dieu ; et plus on y
„réfléchit, plus on les révère. Les *ordonnances* sont l'ouvrage des hommes.
„Elles ont pour objet l'exécution des lois. La soumission provisoire leur est
„due pour le maintien de *l'ordre*. Mais il est dans leur nature de demeurer
„sujettes à l'examen, et d'être révocables quand il devient *évident* qu'elles
„ne sont pas d'accord avec les *lois*. La liberté de chaque homme étant sacrée,
„le respect pour celle des autres est la limite naturelle de l'usage licite que
„chacun peut faire de la sienne. L'individu qui dépasse cette limite se met
„en guerre avec ses semblables. Les évènements d'une telle guerre doivent
„être contre lui. La punition qu'il mérite n'est pas une atteinte à sa *liberté* ;
„car il ne pouvait réclamer celle de faire du mal. Elle est au contraire un
„hommage rendu à la *liberté* de tous. Tout homme tient de la providence
„elle-même les facultés qu'elle lui a départies ; c'est ce qui le constitue *pro-*
„*priétaire de sa personne*. L'usage de sa *propriété personnelle* embrasse la
„liberté du travail, sous l'unique réserve de ne pas mettre obstacle au
„travail d'autrui, de ne pas envahir les acquisitions des autres. *Ne gênes ja-*
„*mais le travail*. Ce que chacun acquiert par son travail, ou par l'emploi
„de sa propriété personnelle, devient *sa propriété mobilière*. Et quand la
„propriété personnelle et la propriété mobilière mettent en état de culture
„un terrain qu'un autre homme n'avait point acquis, la *propriété foncière*
„de ce terrain appartient à celui qu'on ne pourrait en priver sans lui dé-
„rober ce qu'il a consacré de ses deux propriétés originaires à faire naître
„la troisième. *Les propriétés* peuvent être transmises par succession, par do-
„nation, par échange ; et comme il est naturel que les enfants ou les plus
„proches parents d'un homme qui meurt prennent possession du bien
„qu'il délaisse, à l'acquisition duquel l'amour qu'il leur portait et leur propre
„travail ont souvent concouru, et sur lequel nul autre n'a autant de droit ;
„comme on ne donne pas sans raison, comme on n'échange que pour son
„avantage, la société doit garantir ces trois moyens de transmettre des pro-
„priétés, de même qu'elle a protégé ceux de les acquérir. Toute propriété
„est bornée par les propriétés environnantes, comme toute liberté par les
„autres libertés. — Elles se pressent sans se confondre comme les alvéoles
„des abeilles. Nul travail ne peut être effectué sans *des avances* préalables.
„L'enfant a reçu la nourriture de ses parents avant de la chercher. Le premier
„chasseur était pourvu au moins d'un repas, auquel il a dû la force de saisir
„sa première proie. Les armes qu'il s'est fabriquées ont été une grande aug-
„mentation de son *capital*, ou de ses avances. Il en a été et il en sera tou-
„jours ainsi de tous les travaux subséquents. L'augmentation des capitaux
„est donc le principal moyen d'accroître le travail, et le plus grand intérêt
„de la société. Les capitaux et les terres employés à faire naître des pro-
„ductions qui n'existaient pas, ou à en recueillir qui n'étaient pas à l'usage
„de l'homme, tels que ceux de l'agriculture, de la pêche, de l'exploitation

„des mines et des carrières, sont la source des richesses. Ils en sont *produc-*
„*teurs.* La consommation ne peut excéder le produit. *La mesure de la sub-*
„*sistance est celle de la population.* Mais l'économie dans les dépenses, et
„le bon emploi des consommations faites par des hommes utilement *laborieux*
„peuvent accroître presque indéfiniment la masse des capitaux. Les travaux
„et les capitaux du commerce qui servent à faciliter les échanges *sont dis-*
„*tributeurs de richesses;* et en leur ouvrant de part et d'autre dans chaque
„échange un avantageux débouché, ils répartissent les jouissances et les aug-
„mentent; ils les rapprochent d'une heureuse égalité; ils donnent aux travaux
„*producteurs* l'occasion et le moyen de s'étendre. Ne craignez point les effets
„du *débit* de vos productions, c'est *le père de l'abondance.* Ne craignez pas
„d'acheter, car si vous n'achetiez pas, où trouveriez-vous le prix des ventes
„qui entretiennent vos cultivateurs, vos propriétaires, vos artisans? *Acheter*
„*c'est vendre et vendre ι est acheter.* Ne tentez pas de fixer les prix des pro-
„ductions, des marchandises, des travaux, des services: ils échapperaient à
„vos règlements. La concurrence seule peut régler les prix avec équité; seule
„elle les contient dans une modération peu variable; seule elle amène avec
„sûreté l'approvisionnement où sont les besoins, et le travail où il est né-
„cessaire. Ce que l'on appelle la cherté: *cherté foisonne.* Les capitaux et
„les travaux employés aux constructions des bâtiments, des machines, à la
„confection des meubles, des étoffes, des vêtements, des bijoux, etc., sont
„*conservateurs des richesses.* Ils contribuent à la formation des capitaux; ils
„accumulent sur des objets fabriqués, la valeur des consommations faites par
„les ouvriers qui ont servi à la fabrication. Mais ce n'est pas un avantage
„qui leur soit particulier. Le premier élément de la valeur des productions
„de la terre et des eaux est pareillement celle des consommations qu'il a
„fallu faire pour se les procurer, et qui s'incorpore dans les récoltes. On doit
„demander de tous les travaux: Qu'en *reste-t-il?* Cela sert à classer ceux dont
„il demeure des jouissances durables, et les travaux de simple agrément qui
„ne procurent que des plaisirs passagers. Cependant le respect pour la liberté
„et la propriété exige que les hommes et les capitalistes demeurent com-
„plètement des maîtres à l'usage de leurs avances et de leur temps, pourvu
„qu'il n'en résulte ni gêne à la liberté, ni dommage à la propriété de per-
„sonne. *Pas trop gouverner.* Quand l'intérêt n'est pas usurpateur, il est pour
„la plupart des hommes un très bon conseiller; *laissez faire.* — Les capitaux
„s'accroissent et affluent où l'on en peut disposer librement. Respectez donc
„les capitaux. Evitez de donner l'exemple des mœurs qui tendraient à les
„dissiper. Que l'impôt ne porte jamais sur eux. Qu'il ne porte jamais sur les
„avances que les travaux exigent, et qui doivent être remboursées avec profit
„aux entrepreneurs, si l'on ne veut pas tarir ou restreindre la source du
„travail et des richesses. Maintenez dans l'aisance les hommes dont le travail
„est utile, et le plus utile: *Pauvres paysans, pauvre royaume.* Ne demandez
„de contributions qu'aux *revenus nets.* Que les contributions soient impar-
„tiales, dans une proportion régulière, sans faveur, sans surcharge pour aucun
„individu, ni pour aucun genre de produits. Que cette proportion fasse croître
„le revenu public avec la prospérité nationale; qu'elle le fasse décroître, si
„la richesse libre diminue. Que le gouvernement soit averti dans sa caisse
„de l'utilité ou du danger de ses opérations. Qu'il ne se permette aucun des

„actes qu'il est chargé d'interdire. Qu'il aime et propage les lumières; car „où serait sa gloire, *si l'on ne savait pas le juger?*" [1]

Telles étaient les idées que le docteur Quesnay, qui les exprimait avec un style original et profond, inculquait dans la tête de son petit-fils. Il ne s'agit ici ni de les discuter, ni de les défendre, ni de les répandre. Il suffit de les avoir exposées pour montrer que ce n'était pas une éducation vulgaire. Lorsqu'il la crut suffisante, il désira que *Quesnay de Saint-Germain* pût comparer les principes aux faits, et fît des voyages. Le prince *Mussalski*, évêque de Wilna, premier sénateur de Lithuanie, président du conseil de l'instruction publique en Pologne, était alors en France, il offrit d'emmener avec lui le jeune *Quesnay* en Allemagne et dans le nord. Ils s'arrêtèrent longtemps à la cour de Carlsruhe, ou S. A. S. le margrave, aujourd'hui électeur de *Bade*, voulut bien prodiguer toutes sortes de bontés au petit-fils d'un philosophe distingué dans une science que ce pr' :e cultivait et cultive encore avec le plus grand succès. A Varsovie ce fut par d'autres côtés que *Quesnay de Saint-Germain* se fît plus particulièrement remarquer. Des mœurs ingénues et douces, une vivacité qui fait partie du caractère polonais, l'abondance d'une elocution fleurie, le talent de faire en impromptu des vers agréables, lui donnèrent beaucoup d'amis chez une nation spirituelle et brillante. Il en eut deux solides et graves dans le comte *Chreptowiez*, chancelier de Lithuanie, très instruit lui-même en économie politique, et dans le grand chancelier, comte *Zamoïski*, surnommé *l'homme vertueux*. Après un an de séjour, *Quesnay de Saint-Germain* quitta la Pologne, dont il avait parfaitement appris la langue, emportant des marques non équivoques de la bienveillance du roi, *Stanislas Poniatowski*, et conservant avec les deux sœurs de ce prince, mesdames de *Cracovie* et de *Podolie*, une correspondance honorable. M. *Turgot* était alors ministre. Il employa Quesnay, en qualité de chef, dans le bureau dirigé par *Du Pont de Nemours*, bureau de confiance particulière où se traitaient les affaires qui n'avaient pas de département fixe,

(1) Un examen attentif des expressions que Dupont met ici dans la bouche du fondateur du système physiocratique, fait remarquer qu'elles ne concordent pas entièrement avec les exposés du docteur Quesnay, développés dans le présent ouvrage. Le biographe de Dupont, G. Schelle, a eu ce même sentiment, et il a voulu y trouver un rapprochement ultérieur des idées de ce dernier avec les idées d'Adam Smith. Il dit (page 374), de la dernière période de Dupont:

„Son langage n'est pourtant pas tout à fait le même que celui dont il s'était servi dans le *Discours préliminaire* de la *Physiocratie* ou dans les *Ephémérides*. A ce moment, l'école de Quesnay est parvenue à sa dernière période, le comte Garnier, en France, Storch en Allemagne, essayent en vain de résister à l'invasion des doctrines du philosophe de Glasgow; celles-ci ont définitivement triomphé et Dupont de Nemours, tout en restant fidèle à l'ensemble de ses anciennes opinions, abandonne lui-même les expressions dont il s'était servi dans sa jeunesse. Ce changement est déjà marqué dans la notice sur Quesnay de Saint-Germain qui date de 1805; l'auteur met ses réflexions dans la bouche du docteur parlant à son petit-fils; mais les termes qu'il emploie diffèrent complètement de ceux de Quesnay. Le mot de classe stérile n'est pas prononcé; il n'est même plus question de classe subordonnée; le produit net est remplacé par les revenus nets; les avances, par le capital; la terre n'est plus la source unique des richesses, celles-ci naissent du travail, l'augmentation des capitaux est le principal moyen d'accroître le travail. Les capitaux et les travaux employés à faire naître des productions qui n'existaient pas ou à en recueillir qui n'étaient pas à l'usage de l'homme sont la source des richesses."

Le raisonnement de Schelle est en général juste. Et il ressort de ceci une preuve nouvelle que l'on se fait illusion en croyant que l'on peut apprendre à connaître la doctrine de Quesnay, sous sa véritable face, par les œuvres de ses disciples. A. O.

celles qui demandaient le plus de secret et d'intimité. (¹) Un mérite assez rare fit remarquer les extraits et les rapports dont Quesnay fut chargé; c'est celui de commencer par le commencement et de finir par la fin. M. *Turgot*, qui était lui-même un écrivain excellent, voulait aussi que le style fût très soigné; et à cet égard encore, le jeune *Quesnay* ne fut pas indigne d'une telle école. A la disgrâce de ce grand ministre, *Du Pont de Nemours*, exilé par ordre verbal, mais positif de *M. de Maurepas*, dut se retirer à la campagne; le bureau fut supprimé. *Quesnay de Saint-Germain*, dégoûté des intercadences de l'administration, crut devoir se tourner vers une autre carrière où l'on ne semblait pas exposé aux mêmes secousses. Reçu vers la fin de 1776 conseiller à la cour des aides de Paris, l'estime de tous ses collègues y fut le prix de son exactitude laborieuse et de sa scrupuleuse équité. Leur suffrage autant que le choix du gouvernement le porta, en 1783, à la présidence de la cour souveraine de Saumur, charge qu'il a remplie jusqu'à l'époque de sa suppression. Ardent défenseur de l'innocent autant que sévère pour le coupable, il a fait dans cette place tout le bien compatible avec la justice exacte qui était la base de son caractère. On l'a vu passer plusieurs nuits de suite pour faire triompher l'innocence. Il vit dans la révolution la réforme des abus. Mais ennemi des extrèmes, il se contint toujours dans un juste milieu. Son espérance était que le bonheur public, but unique de son travail, le serait de celui de tous les hommes influents; et l'on ne peut disconvenir que la majorité n'ait constamment pensé de même. Il est bien triste que cette majorité vertueuse n'ait pas senti ou déployé sa force, et soit demeurée sans pouvoir contre une turbulente minorité à qui nul moyen n'inspirait de l'horreur. *Quesnay de Saint-Germain* publia en 1789 un projet d'instructions à donner par les communes des pays d'élection à leurs députés aux états généraux. Cet ouvrage montre combien il avait profité des leçons de son aïeul, et médité sur toutes les parties qui constituent un bon gouvernement. Il a fait quelques autres ouvrages pour l'utilité publique, ou dans des affaires privées pour la défense de ses amis. Membre du Musée de Paris, il avait prononcé et fait imprimer en 1784, l'éloge funèbre du savant *Court de Gebelin*, son ami intime, président de cette société littéraire à qui nous devons l'important ouvrage intitulé le *Monde primitif*. Un autre travail de *Quesnay de Saint-Germain* était un projet de division de la France en soixante départements, et celui de chaque département en trois ou quatre districts ou plus. Il se rencontrait dans cette idée avec un membre de l'Assemblée constituante qui, faisant par aperçu le dénombrement des hommes instruits, montrait qu'en établissant un trop grand nombre de corps administratifs et judiciaires, on s'exposait à manquer de citoyens dignes et capables d'en occuper les places, et surtout par renouvellement. Si ces prudentes observations avaient été écoutées, on aurait épargné un tiers des dépenses de l'administration: et elle aurait été incomparablement meilleure. Les bons mémoires, quand ils n'ont point de succès auprès des grandes autorités, n'en donnent quelquefois à leurs auteurs que plus de considération.

---

(1) Suivant d'autres informations, nous avons admis dans la note 1, page 120, que c'était au fils de Quesnay que Turgot avait donné une place dans son administration. La communication de Dupont, d'après laquelle il s'agissait d'un petit-fils du maître, est sans doute la vraie. Quant à nous, nous n'avons pas été à même de faire des recherches sur la postérité de Quesnay. A. O.

Quesnay de Saint-Germain fut député par le département de Maine et Loire à la première Assemblée législative qui remplaça l'Assemblée constituante. Il siégea parmi les modérés ; parmi ceux qui croyaient qu'une constitution telle qu'elle fût était préférable à une nouvelle révolution telle qu'elle pût être, et qui d'ailleurs tenaient de la religion du serment, d'un serment surtout qui, pour la presque totalité de la nation, avait été volontaire. Cette disposition louable, et qui était celle de l'Assemblée, a pendant la session exposé M. Quesnay à plusieurs désagréments de la part de la minorité. Car c'est une remarque sur laquelle il faut revenir encore, et que saura peser l'histoire, que dans tout le cours de nos révolutions successives, c'est toujours la minorité qui a fait la loi, et que ce que l'on a donné comme la volonté générale, n'a jamais été que celle d'un fort petit nombre d'hommes hardis. — Il y a lieu de croire que dans tous les temps il en a été de même de la plupart des révolutions. Retourné à Saumur après celle du 10 août 1792, M. *Quesnay* fut élu juge au tribunal du district de cette ville, et ensuite président du même tribunal. Il n'a pas cessé, tant qu'il a exercé ces magistratures, de payer sa dette de raison et d'équité, ni de recueillir sa récompense en respect et en affection. Retiré des affaires, son premier goût pour l'agriculture s'est réveillé ; et comme le bien public entrait dans toutes ses pensées, il s'est appliqué à l'amélioration des laines dans sa terre de *Bassanges* près Saumur, où il a établi un troupeau de race pure espagnole, aujourd'hui passé à M. *Faulconnier*, son neveu. Cette entreprise, dans laquelle il s'oubliait lui-même, n'était pas une raison pour qu'il fût oublié. Il a été nommé *président du canton nord-est* de Saumur, et il a, en cette qualité, assisté au couronnement de l'empereur. *Puis retournant vite à ses moutons*, imitant les *Daubenton*, les *Gilbert*, les *Chabert*, qui tous trois avaient été ses amis, il s'occupait avec la plus grande activité de la propagation des *mérinos*, si utiles à nos manufactures, quand la mort l'a frappé le 18 germinal dernier, âgé seulement de cinquante-quatre ans. Si sa vie publique lui a mérité l'estime des hommes en place et de tous ses collègues, sa vie privée n'est pas moins digne d'éloges. Une inépuisable gaîté rendait son intérieur toujours agréable. Il faisait autant de frais avec les siens qu'avec les étrangers. Fécond en saillies et en bons mots, il ne s'égayait jamais aux dépens de personne. Sa conversation était aimable sans avoir rien de satirique. Dans les choses, dans les hommes, il voyait toujours le bon côté, et ne parlait que de celui-là. Quoique sa fortune fût médiocre, il donnait de l'aisance à la bonté de son cœur en portant la plus grande économie dans ses jouissances personnelles. Ses parents les plus éloignés ont toujours trouvé en lui une ressource sûre. Nul malheureux ne l'a invoqué en vain. Il avait pour compagne une femme douce et sensible, modèle de toutes les vertus, qui le secondait merveilleusement dans ses œuvres de bienfaisance. Aucun n'a jamais dit mieux que lui et avec un sentiment plus profond, *sacerrima res homo miser*! — Un personnage dont il croyait avoir à se plaindre et qu'il ne voyait plus depuis quelque temps, se trouva lors de la tourmente révolutionnaire enveloppé dans la proscription générale et abandonné de ses propres parents. *Quesnay de Saint-Germain* apprend sa détresse, oublie tout ressentiment, et dit à Mme *Quesnay* : „Voici une somme que je „destine à secourir *un tel*. Fais-la lui remettre ; mais surtout qu'il ignore de „qui elle vient." C'est par une multitude de traits semblables qu'il se faisait aimer de tous ceux qui l'approchaient. A sa mort, le deuil a été général. Une foule immense d'habitants des communes qui environnent sa terre et des gens les plus distingués de la ville de Saumur, accompagnait son convoi, témoignant par des larmes les regrets qu'inspire sa perte. Il ne laisse point d'enfants. Son frère aîné n'en a point laissé. Le plus jeune des trois frères, M. *Quesnay*, ancien gendarme de la garde, et depuis capitaine d'infanterie distingué à la bataille de Jemmappes, dont il a levé, dessiné, fait graver le plan, qui n'a jamais quitté le service militaire que lorsqu'on obligeait les nobles d'en sortir, aujourd'hui contrôleur des contributions directes à Paris, a heureusement un fils dont la tendre jeunesse donne déjà de l'espoir. Cet enfant sera peut-être le seul héritier du nom du *docteur Quesnay*, qui a eu, et aura encore, une si grande postérité philosophique.

TABLEAU COMPLET

DES

ŒUVRES DE QUESNAY

1730.

1) *Observations sur les effets de la saignée,* tant dans les maladies du ressort de la médecine, que de la chirurgie, fondées sur les lois de l'hydrostatique. Avec des remarques critiques sur le traité de l'usage des différentes sortes de saignées, de M. Silva. Par François Quesnay, maître ès arts, membre de la Société des arts, et chirurgien de Mantes, reçu à Saint-Côme. Paris in-12. Dédié à monsieur d'Albon, chevalier, seigneur de Binanville, Arnauville, Boinville, Breuil et autres lieux, conseiller au parlement de Paris.

1736.

2) *Essai physique sur l'économie animale,* par François Quesnay, maître ès arts, chirurgien reçu à St-Côme, membre de la Société académique des arts et de l'Académie des sciences et belles-lettres de Lyon, chirurgien de monseigneur le duc de Villeroy, Paris, in-12. Dédié à monseigneur Adrien Maurice duc de Noailles, pair et maréchal de France, ministre d'Etat, grand d'Espagne de première classe, chevalier des ordres du roi et de celui de la toison d'or, premier capitaine des gardes de Sa Majesté.

Cet ouvrage forme l'introduction du traité suivant qui a paru la même année:

3) *L'art de guérir par la saignée,* ou l'on examine en même temps les autres secours qui doivent concourir avec ce remède, ou qui doivent lui être préférés dans la cure des maladies tant médicinales que chirurgicales, par François Quesnay (suivent ses titres qui sont les mêmes qu'au livre précédent), Paris, in-12. Dédié à M. le duc de Villeroy, de Retz et de Beaupreau, pair de France, chevalier des ordres du roi, capitaine de la première et plus ancienne compagnie française des gardes de son corps, maréchal de camp, gouverneur et lieutenant général pour Sa Majesté de la ville de Lyon, province du Lyonnais, Forêt, Beaujolais, etc.

1743.

Dans les *Mémoires de l'Académie royale de chirurgie,* tome I:

4) *Préface.*

5) *Mémoire sur les vices des humeurs*, dans lequel on établit les principes physiques qui doivent servir de fondement à la doctrine de la suppuration de la gangrène, des tumeurs, des plaies, des ulcères, et d'autres sujets de chirurgie.

6) *Précis de diverses observations sur le trépan dans des cas douteux*, où l'on recherche les raisons qui peuvent en pareils cas déterminer à recourir au trépan, ou à éviter cette opération, avec des remarques sur l'usage des observations en général.

7) *Précis d'observations où l'on expose les différents cas dans lesquels il est nécessaire de multiplier l'opération du trépan*, et où l'on montre par des exemples remarquables que le crâne peut être ouvert avec succès dans une grande étendue, lorsque ces cas l'exigent.

8) *Remarques sur les plaies du cerveau*, où l'on prouve par beaucoup d'observations que le cerveau est susceptible de plusieurs opérations qui peuvent dans beaucoup de cas sauver la vie aux malades, et où l'on examine quels sont les remèdes qui conviennent le mieux pour la cure des plaies de ce viscère.

1747.

9) *Essai physique sur l'économie animale*, par M. Quesnay, seconde édition, augmentée de deux volumes et de tables fort amples. Paris, in-12. Dédié à très haut et très puissant seigneur monseigneur Adrien-Maurice duc de Noailles, etc. (voir n° 2). [1]

1748.

10) *Examen impartial des contestations des médecins et des chirurgiens*, considérées par rapport à l'intérêt public, par M. de B**. Paris, in-12. [2]

---

(1) Cette édition était primitivement accompagnée d'un portrait de Quesnay. Du moins cela ressort du passage suivant d'une discussion de l'ouvrage, publiée dans le troisième volume des *Mémoires de l'Académie royale de chirurgie* (1757): „Qui pouvait mieux les donner, ces notions, que M. Quesnay, *dont le portrait, mis à la tête de son livre,* présente pour tout titre: *in utrâque Medicinâ Magister.* Ce n'est point un titre fastueux, comme le dit l'auteur anonyme d'une *Bibliographie médicinale raisonnée* (1756, page 420). C'est le titre modeste, c'est la qualité d'un homme de mérite qui, pour acquérir les plus hautes connaissances dans l'art de guérir, a suivi les progressions indiquées par Boerhave lui-même, et qui, les ayant acquises, a mérité la confiance de l'auguste monarque fondateur de l'Académie et le titre de son premier médecin ordinaire."

L'exemplaire que nous avons utilisé de la seconde édition de l'*Economie animale*, exemplaire appartenant à la *Bibliothèque nationale* de Paris, ne contient pas le portrait; celui-ci n'a probablement été ajouté qu'à une partie de l'édition et il consiste évidemment en une gravure, de format réduit, du plus ancien des deux portraits qui existent de Quesnay. Ce portrait a été peint en l'année 1745 par J. Chevallier, et deux ans plus tard (1747) J. G. Will l'a gravé sur cuivre en différents formats. Nous possédons un exemplaire de la gravure in-folio qui, actuellement, est devenue assez rare. Le tableau représente Quesnay — qui venait justement de passer sa cinquantième année —, assis à sa table d'études. A l'arrière-plan on voit le buste de Socrate; une feuille de papier se trouvant sur le plancher porte l'inscription: „Jussu et impensis Celsiss, D. Ducis de Villeroy."

Un second portrait de Quesnay (buste) est de l'année 1767, soit de l'époque où la lutte économique était la plus vive. Il est peint par François et gravé par Outhwaite. Ce portrait a été le plus répandu, grâce au fait qu'il a été reproduit dans le *Dictionnaire de l'économie politique* par *Coquelin et Guilla min.* Il montre une figure spirituelle quoique sans beauté. On comprend comment les disciples sont arrivés à mettre aussi en comparaison la physionomie du maître avec celle de Socrate. A. O.

(2) Pendant la longue dispute qui a eu lieu entre les chirurgiens et les médecins dans les trentième et quarantième années du dix-huitième siècle, Quesnay n'a écrit à ce sujet que cet

1749.

11) *Traité de la suppuration*, par M. Quesnay, médecin consultant du roi. Paris, in-12. Dédié à monseigneur le comte de Noailles, grand d'Espagne

ouvrage, ainsi que cela est constaté par le témoignage de Grand-Jean de Fouchy (voir page 28 de ce volume). Une série d'autres publications lui ont été faussement attribuées, et M. Quérard fait preuve d'assez de légèreté en disant dans la *France littéraire* que les écrits suivants sortent aussi de la plume de Quesnay:

a. *Lettres sur les disputes qui se sont élevées entre les médecins et les chirurgiens*, sur le droit qu'a M. Astruc d'entrer dans ces disputes, sur la préférence qu'il se donne en comparant son ouvrage avec celui de Hery; sur les médecins, qui écrivent, selon M. Astruc, mieux que les chirurgiens; sur l'inventeur des frictions; sur le premier qui en a écrit; sur les médecins étrangers, que M. A. appelle au secours pour soutenir la faculté de Paris; sur l'ouvrage de ce docteur *De Morbis Veneris;* sur leur incapacité à traiter les maux vénériens, et sur le droit de propriété que les chirurgiens ont sur le traitement de ces maladies. Par M. **, chirurgien de Rouen à M. ***, chirurgien de Namur et docteur en médecine, 1737, in-4° (cette publication ne porte pas de désignation de lieu).

Il suffit de lire ce titre si long et si prétentieux que Quérard ne reproduit qu'en abrégé, pour mettre immédiatement en doute l'exactitude de l'indication attribuant à Quesnay la paternité de cet écrit. Et ce doute se confirme si l'on jette un simple coup d'œil dans l'écrit même.

b. *Mémoire présenté au roi par son premier chirurgien*, où l'on expose la sagesse de l'ancienne législation sur l'état de la chirurgie en France, 1749, in-4°.

Ici Quérard a évidemment été induit en erreur par une confusion. En effet, Quesnay n'a jamais été „premier chirurgien du roi“, mais en l'année 1749 „médecin consultant du roi“ et plus tard „premier médecin ordinaire du roi“. C'est Pichaut de la Martinière qui avait alors le titre de „premier chirurgien du roi“, et c'est à lui que des traités de médecine attribuent, avec raison, cet écrit.

On est moins au clair en ce qui concerne un troisième ouvrage. Il s'agit du livre paru en 1744 sous le titre:

Recherches critiques et historiques sur l'origine, les divers états et les progrès de la chirurgie en France, Paris, 2 vol. in-4° et in-12.

Cet ouvrage a été plus tard réédité sous le titre:

Histoire de l'origine, des divers états et des progrès de la chirurgie en France, Paris 1749, in-4°, avec un appendice en latin „Index funereus chirurgicorum Parisiensium“ de Pierre Devaux.

Déjà précédemment, Quesnay avait été désigné comme étant l'auteur de ce livre, et d'après *Kellner, Zur Geschichte des Physiocratismus* (page 19), cet ouvrage doit même faire partie de ceux pour lesquels le roi a soi-disant prêté son concours personnel. Mais ces assertions ont été contestées par d'autres écrivains, et Desfontaines et Louis sont nommés comme auteurs dudit ouvrage. Dans son *Histoire des progrès récents de la chirurgie* (1825), Richerand exprime l'opinion que l'ouvrage est de Quesnay. Il dit que le livre est „le plus curieux de ceux que fit éclore la longue et vive dispute entre les médecins et les chirurgiens“. Quant à nous, nous sommes d'avis que l'ouvrage est sorti de l'entourage de Quesnay. Il est aussi possible qu'il y ait contribué en fournissant des matériaux (le second volume ne renferme que des documents historiques se rapportant aux privilèges des chirurgiens), mais après avoir pris connaissance de l'œuvre, nous n'avons pu arriver à la conviction que Quesnay en soit l'unique ou seulement le principal auteur.

D'ailleurs, ni dans les Eloges de Quesnay, ni dans la littérature de l'école physiocratique, on ne trouve non plus une indication à ce sujet, et nous savons du reste que Quesnay s'occupait de toute autre chose que de l'histoire, de sorte que l'on peut difficilement admettre qu'il ait écrit un ouvrage sur le développement historique de la science chirurgicale en France. Quesnay n'avait pas une grande opinion sur la valeur de l'histoire de la théorie. Cela résulte d'un passage de la première édition de l'*Economie animale*. Dans la préface, qui traite de la théorie et de ses rapports avec la pratique, il dit: „La seconde espèce de théorie est l'histoire de la théorie même. Cette espèce de théorie est plus curieuse qu'utile. C'est assez qu'on sache les choses telles qu'elles sont dans leur état présent; il importe peu pour la pratique d'en connaître la date, le lieu de leur origine, les auteurs qui ont traité les premiers les changements qui leur

de première classe, lieutenant général des armées du roi, prince de Poix, marquis de Mouchy, d'Arpajon et du Bouchet, chevalier des ordres de la toison d'or et de Malte, gouverneur et capitaine des chasses des ville, châteaux et parc de Versailles, Marly et dépendances, etc.

12) *Traité de la gangrène*, par M. Quesnay, médecin consultant du roi. Paris, in-12. Dédié à très haut et très puissant seigneur Louis de Noailles, duc d'Ayen, chevalier des ordres du roi, lieutenant général des armées de Sa Majesté, capitaine de la première compagnie et de ses gardes, gouverneur du Roussillon, capitaine et gouverneur de Saint-Germain-en-Laye, etc.

1750.

13) *Traité des effets et de l'usage de la saignée*, par M. Quesnay, médecin consultant du roi. Nouvelle édition de deux traités de l'auteur sur la saignée, réunis, mis dans un nouvel ordre et très augmentés (voir n°s 1 et 3), Paris, in-12. Dédié à très haut et très puissant seigneur François Louis de Neuville, duc de Villeroy et de Retz, etc. (voir n° 3).

1753.

14) *Traités des fièvres continues*, dans lequel on a rassemblé et examiné les principales connaissances que les anciens ont acquises sur les fièvres par l'observation et par la pratique, particulièrement sur les présages, la coction, les crises et la cure de ces maladies. Par M. Quesnay, écuyer, membre de l'Académie des sciences, de la Société royale de Londres, etc., médecin consultant du roi et premier médecin ordinaire de Sa Majesté en survivance; 2 vol.; Paris, in-12. Dédié à Madame de Pompadour.

1756.

15) Article *Evidence* (métaphysique), tome VI de l'*Encyclopédie* par d'Alembert et Diderot, anonyme.

16) Article *Fermiers* (écon. polit.), tome VI de l'*Encyclopédie*, sous le nom de M. Quesnay le fils.

1757.

17) Article *Grains* (écon. polit.), tome VII de l'*Encyclopédie*, sous le nom de M. Quesnay le fils.

1758.

18) *Questions intéressantes sur la population, l'agriculture et le commerce*, proposées aux académies et autres sociétés savantes des provinces (en collaboration avec M. de Marivelt), publiées dans la quatrième partie de l'*Ami des hommes*, anonyme.

19) *Tableau économique* avec son explication et les Maximes générales du

---

sont survenus et toutes les circonstances qui y ont contribué." Dans la seconde édition, l'exposé sur ce sujet a été supprimé. Il ne se trouve pas non plus dans la *Préface* du 1er volume des *Mémoires de l'Académie de chirurgie*, où il est cependant parlé de la même matière. On ne peut certainement pas supposer que cette suppression indique que dans l'intervalle Quesnay a acquis une plus grande estime pour l'étude de la littérature historique. Dans ce cas, on aurait, au contraire, attaché beaucoup plus d'importance à la chose.

Pour toutes ces considérations, nous nous sommes abstenu de placer au nombre des œuvres de Quesnay, l'ouvrage précité sur l'histoire de la chirurgie. A. O.

ent économique, qui y sont jointes sous le titre d'*Extraits des
royales de M. de Sully.* Edition n'existant plus ([1]).

1764.

20) *Traité de la suppuration, seconde édition,* voir n° 11.

1765.

21) *Le droit naturel,* Journal de l'agriculture, du commerce et des finances,
mois de septembre, anonyme.

22) *Mémoire sur les avantages de l'industrie et du commerce et sur la
fécondité de la classe prétendue stérile,* par quelques auteurs économiques,
envoyé avec une lettre de M. H.; Journal de l'agriculture, etc., mois de novembre.

1766.

23) *Réponse au mémoire de M. H. sur les avantages de l'industrie et du
commerce et sur la fécondité de la classe prétendue stérile,* etc., par l'ami
de l'auteur de ce mémoire. Journal de l'agriculture, etc., mois de janvier.

24) *Réponse à la question* proposée dans la Gazette du commerce du 24 décembre 1765 *sur les profits de la fabrication des bas de soie en France,*
Journal de l'agriculture, etc., mois de janvier.

25) *Observations sur l'intérêt de l'argent* par M. Nisaque. Journal de l'agriculture, etc., mois de janvier.

26) *Questions sur les deuils,* par M. N.
Les deuils sont-ils nuisibles au commerce des manufactures? Réponse.
Journal de l'agriculture, etc., mois de janvier.

27) *Répétition de la question* proposée dans la Gazette du commerce du
24 du mois de décembre 1765 *au sujet du bénéfice que la fabrique de bas
de soie établie à Nimes, produit à la France.* Réponse par M. N., Journal
de l'agriculture, etc., mois de février.

28) *Remarques sur l'opinion de l'auteur de l'esprit des lois concernant
les colonies,* par M. de l'Isle. Journal de l'agriculture, etc., mois d'avril.

29) *Suite de la répétition de la question des fabricants des bas de soie
de Nimes sur les effets productifs de la classe prétendue stérile,* par M. H.,
Journal de l'agriculture, etc., mois d'avril.

30) *Analyse du Tableau économique* (sans les Maximes générales), Journal
de l'agriculture, etc., mois de juin.

31) *Du commerce, premier dialogue entre M. H. et M. N.,* Journal de
l'agriculture, etc., mois de juin.

32) *Premier Problème économique,* Journal de l'agriculture, etc., mois
d'août.

33) *Observations sur le commerce par M. Montaudouin* de l'Académie de
la Rochelle, insérées dans le *Mercure* du mois de septembre 1765, *copiées*

---

(1) Grand-Jean de Fouchy (page 34) mentionne, sous les titres suivants: *Psychologie ou science
de l'âme* et *Observations sur la conservation de la vue,* deux mémoires qui ont dû voir le
jour à peu près à la même époque que le *Tableau économique,* mais qui ne sont pas arrivés
jusqu'à nous.
En ce qui concerne le livre *Essai sur l'administration des terres* (par Bellial des Vertus)
paru en l'année 1759 et attribué faussement à Quesnay, voir la note 1, page 358. A. O.

et accompagnées de notes par M. H. Journal de l'agriculture, etc., mois d'octobre.

34) *Sur les travaux des artisans, second dialogue,* Journal de l'agriculture, etc., mois de novembre.

1767.

35) *Analyse du gouvernement des Incas de Pérou,* par M. A., Ephémérides du citoyen, (¹) mois de janvier.

36) *Despotisme de la Chine* par M. A., Ephémérides du citoyen, mois de mars à juin.

37) *Lettre de M. Alpha,* maître ès arts, à l'auteur des Ephémérides *sur le langage de la science économique.* Ephémérides, mois d'octobre.

38) *Second Problème économique,* publié dans l'ouvrage de Dupont *Physiocratie,* qui a paru au mois de novembre 1767, bien qu'il soit muni de l'indication de l'année 1768; cet ouvrage renferme aussi, sous une forme remaniée et développée, les numéros suivants du présent tableau: 19 *(Maximes),* 21, 30, 31, 32, 34.

39) *Traité des fièvres continues, seconde édition,* 2 vol., voir n° 14.

1768.

40) *Lettres d'un fermier et d'un propriétaire* par M. A., Ephémérides du citoyen, mois de février.

1770.

41) *Traité de la suppuration, troisième édition,* voir n°ˢ 11 et 20.

42) *Traité des effets et de l'usage de la saignée, seconde ou troisième édition,* voir n° 13 et n°ˢ 1 et 3.

1771.

43) *Traité de la gangrène, seconde édition,* voir n° 12.

1773.

44) *Recherches philosophiques sur l'évidence des vérités géométriques,* avec un projet de nouveaux éléments de géométrie. Amsterdam et Paris, in-8°, anonyme. (²)

1776.

45) *Traité de la suppuration, quatrième édition,* continué par Hévin, son gendre, in-18, voir n°ˢ 11, 20 et 41 (³).

(1) Ni la *Bibliothèque nationale,* ni la *Bibliothèque de l'Arsenal,* à Paris, ne possèdent un exemplaire complet de l'organe physiocratique *Ephémérides du citoyen.* Il s'en trouve un à la Bibliothèque de l'université de Giessen. Celle-ci l'a mis, avec beaucoup d'obligeance, à notre disposition pour l'exécution du présent ouvrage. A. O.

(2) D'après l'éloge de Grand-Jean de Fouchy (voir page 37), Quesnay doit avoir écrit vers la fin de sa vie une „étude suivant des matières de la religion“. Cette étude n'a pas plus vu le jour que les trois articles économiques que, suivant la même source, Quesnay doit avoir rédigés peu de mois avant sa mort. A. O.

(3) Nous n'avons rien appris au sujet des éditions qui auraient pu être faites des œuvres médicales de Quesnay. Les deux traités de la suppuration et de la gangrène ont été publiés dans les années 1766 et 1767 en traduction allemande (Berlin) par M. Pfingsten. — La publication connue des écrits économiques de Quesnay parus dans la première partie du tome II de la *Collection des principaux économistes* de E. Daire (Paris, Guillaumin), date de l'année 1846; elle consiste en une réimpression des mémoires contenus dans la *Physiocratie* de Dupont, auxquels sont venus s'ajouter les articles *Fermiers* et *Grains* de l'*Encyclopédie* seulement. A. O.

ERRATA

Page 214, note 5, lire „par la note **1**“, au lieu de „par la note **2**“.

   „   350, à la note, lire „page **377**“, au lieu de „page 99“.

   „   662, dernière ligne de la note, au lieu de „page 328“ lire „**329**“.

   „   693, 8ᵉ et 7ᵉ avant-dernières lignes, lire: le duc de La Vauguyon envoya plus tard son fils, le duc de Saint-Mégrin, un des collaborateurs des *Ephémérides*, etc.

   „   695, 35ᵉ ligne, lire „page **71**“, au lieu de „page 1“.

   „   695, 5ᵉ avant-dernière ligne, au lieu de „juillet 1774“, lire „mai 1776“.

www.ingramcontent.com/pod-product-compliance
Lightning Source LLC
Chambersburg PA
CBHW052008230326
41598CB00078B/2145